U0479553

本書爲教育部人文社會科學研究項目（13YJA730003）成果

俄藏黑水城漢文佛教文獻釋録

上册

吴 超　霍紅霞　校注

學苑出版社

图书在版编目（CIP）数据

俄藏黑水城漢文佛教文獻釋録 / 吴超，霍紅霞校注．
— 北京 ：學苑出版社，2018.6
ISBN 978-7-5077-5493-3

Ⅰ．①俄… Ⅱ．①吴… ②霍… Ⅲ．①出土文物－佛教－文獻－研究－額濟納旗－西夏 Ⅳ．① B948

中國版本圖書館 CIP 數據核字 (2018) 第 128676 號

出 版 人：孟　白
責任編輯：洪文雄
排版製作：李紅權
出版發行：學苑出版社
社　　址：北京市豐臺區南方莊 2 號院 1 號樓
郵政編碼：100079
網　　址：www.book001.com
電子信箱：xueyuanpress@163.com
聯系電話：010-67601101（銷售部）010-67603091（總編室）
印 刷 廠　北京虎彩文化傳播有限公司
開本尺寸：787×1092　　1/16
印　　張：85
字　　數：2009 千字
版　　次：2018 年 6 月北京第 1 版
印　　次：2018 年 6 月第 1 次印刷
定　　價：840.00 元（上下册）

凡例

一、本書所收集範圍爲《俄藏黑水城文獻》中的漢文佛教文獻。

二、本書按照《大藏經》對佛教文獻的歸類進行歸類的。

三、本書據《大藏經》對佛教文獻進行點校。

四、本書文字均採用繁體字。在録文時，儘量保持文書原貌，除大小題作縮格處理外，其他回行等格式，概遵從原文獻。

五、佛教文獻中的圖版不予收録，僅録圖版中的文字。

六、文獻中缺一字用“□”；缺多字用“□□□□□□□□□□ □□”表示；疑似字用〔 〕表示；没有釋讀出來的字爲“▨”。

七、文獻命名，均採用《俄藏黑水城》文獻中的定名，《俄藏黑水城》文獻中没有命名的佛教文獻，爲整理者參照《大藏經》的命名，予以命名。

自序

起初，我學習文獻學，是比較盲目的，那時并不知道文獻學是什麼，也没有接觸過文獻學。對文獻學的理解也僅限於一些文獻學的概念、版本、目録的一點粗淺的知識。後來學習敦煌學，敦煌學是國際顯學，但是慚愧的很，對敦煌學也是一知半解

工作之後，主要從事文獻學和歷史地理學的教學科研工作。此時依然想繼續對敦煌文獻進行研究，但由於自身所收藏資料較少，工作單位也没有相關文獻資料，因此研究工作基本陷於停滯。其實剛到工作單位時，還是比較迷茫的，既不知道自己應當幹什麼和怎麼幹，也看不到自己的前途，整天渾渾噩噩的。爲了不讓自己消沉下去，决定爲自己找點事幹。之所以選擇佛教文獻，是因爲我對佛教文獻比較喜歡，但却一直没有時間做。與其整天渾渾噩噩，倒不如去讀讀佛經。因此决定釋讀以前很少接觸的佛教文獻。

以前讀書的時候，翻閱過《敦煌寶藏》，那時對世俗文獻看的比較仔細，對佛教文獻也就是一目十行，一覽而過，雖然有點印象，但是并不深刻。其間雖然也翻閲過《俄藏黑水城文獻》，但其世俗文獻很少，佛教文獻占有很大比例，并未予以足夠的重視。但《俄藏黑水城文獻》中的漢文佛教文獻要遠遠少於《敦煌寶藏》中的佛教文獻。這時偷懶的心理開始作祟，并且也有這樣的想法：或許在釋讀的過程中，就發現或許可以做點什麼。所以就選擇文獻量較少的《俄藏黑水城文獻》中的漢文佛教文獻進行釋讀。

以前雖然對佛教感興趣，對於佛學著作，大多是一覽而過，并没有真正的用心去讀。因此，真正下定决心去釋讀大部頭的《俄藏黑水城佛教文獻》，是要很大毅力的。雖然釋讀佛教文獻有相當大的難度，但是既然下了决心，就要進行下去。爲了彌補自己佛教知識的不足，我在釋讀佛教文獻的時候，一邊查佛教辭典，一邊查閲《大藏經》。該項工作的進程是比較慢的，從 2009 年一直持續到 2015 年，歷時六年。這六年之中，雖然發生了很多事，但是我依然没有放弃對佛教文獻的釋録和整理工作。

本書收録的釋文爲《俄藏黑水城文獻》中的漢文佛教部分。《俄藏黑水城文獻》是 20 世紀在内蒙古額濟納旗黑水城所出土的文獻，其内容十分丰富，既有世俗文獻，亦有相當數量的宗教文獻。目前學者們主要對世俗文獻進行了深入研究，但對於數量巨大的佛教文獻却很少涉獵。這可能是由於世俗文獻更貼近大衆，較易入手，而佛教文獻由於數量多、義理深奧，且識讀起來比較困難，故學者很少涉及。鑒於此，筆者對《俄藏黑水城文獻》

中的漢文佛教文獻進行識讀，并按照《大藏經》所載佛教文獻的分類，對釋録的佛教文獻進行分類、校注。同時參照《俄藏黑水城文獻》中的題解部分，對佛教文獻的版本情況予以介紹。希望佛教文獻研究者和佛學愛好者通過閱讀本書，能夠對黑水城佛教流傳情況有一定的認識，并進而引發對黑水城佛教研究的興趣。

2015 年 9 月，因工作關係，調離包頭師範學院，其間由於各種事情較爲瑣碎，故一直没有對已經釋讀的佛教文獻進行校對。在揚州安頓下來後，才開始着手校對已經釋讀的文獻。我想把已經整理校對的佛教文獻出版出來，以便學者能夠較早地加以利用。友李紅權先生聽聞此事，給予很大幫助，并極力玉成此事。學苑出版社洪文雄先生對此予以極大關注，并予以大力支持。在李紅權先生和洪文雄先生的極力推薦、玉成之下，本書得以順利出版。

出書，是一定要寫序言的，最好能找知名學者或權威專家寫篇序言。對此，我也思考再三，我僅是初涉佛教文獻的愛好者，并非專業佛教文獻研究者，因此，釋文難免會出現這樣或者那樣的錯誤。在此情況下，我有這樣的擔心：一是擔心因爲序言，對學者、專家聲譽造成不良影響；二是擔心我的要求，會對學者、專家正常的工作造成干擾；三是擔心我借助知名學者所寫序言，抬高自己的知名度，有“扯虎皮拉大旗”之嫌。如果真的造成上述影響，那就得不償失了。思之再三，决定不去叨擾專家學者，而是自己羅哩羅嗦地寫篇釋讀歷程，用以充數。

在本書在編輯出版過程中，得到包頭師範學院李紅權先生和學苑出版社洪文雄先生大大力支持和協助，對此予以感謝。

希望本書，能對研究者和佛學愛好者提供一定大幫助。由於釋録者學識有限，難免會有這樣或那樣的錯誤，敬請批評指正。

吴 超

2017 年 3 月

目　録

上

下

前言

一

《俄藏黑水城文獻》是《俄藏黑水城文獻》前六册中量最大的部分，但是相關學者對此却未予以足夠的重視。筆者查詢相關資料，僅有少數學者對此進行了研究，他們的研究成果如下：

榮新江《俄藏〈景德傳燈録〉非敦煌寫本辨》,[①] 認爲該件文書應是黑水城文獻。馬格俠《俄藏黑城出土寫本〈景德傳燈録〉年代考》,[②] 該文考證了黑城寫本《景德傳燈録》的年代，所依據的底本，傳入黑城地區的時間，認爲該寫本所依據的底本是現在傳世的最早版本，可能是《熙寧藏》或更早的版本。

聶鴻音《西夏譯本〈持誦聖佛母般若多心經要門〉述略》,[③] 該文對俄 TK128 號文書釋文，認爲卷中包含四部分内容：1. 卷首版畫“一切如來般若佛母衆會”；2. 德慧譯本《聖佛母般若波羅蜜多心經》；3. 德慧譯本《持誦聖佛母般若多心經要門》；4. 西夏仁宗皇帝御製後序。……德惠譯本《持誦聖佛母般若多心經要門》不見於歷代著録，漢文佛教著作中也没有同名譯本，在日本《大正新修大正藏》“密教部三”所收的唐不空譯《修習般若波羅蜜菩薩行念誦儀軌》及宋施護譯《佛説佛母般若波羅蜜多大明觀想儀軌》和它的主旨有些相近。蘇聯學者弗魯格在 1933 年曾提示讀者比較施護譯本，但事實上施護譯《佛説佛母般若波羅蜜多大明觀想儀軌》的具體内容和德慧譯《持誦聖佛母般若多心經要門》迥然不同。西藏大藏經裏没有不空、施護這两個譯本相應的著作，署名龍樹菩薩撰集的作品也没有《般若心經》念誦法。

宋坤《慈覺禪師生平補考》,[④] 對俄藏 TK132 文書進行了研究。認爲其作者爲宋云門

① 榮新江《俄藏〈景德傳燈録〉非敦煌寫本辨》，見《鳴沙集》，臺北新文豐出版公司出版，1999 年。

② 馬格俠《俄藏黑城出土寫本〈景德傳燈録〉年代考》，《敦煌學輯刊》2005 年第 2 期，第 249—252 頁。

③ 聶鴻音《西夏譯本〈持誦圣佛母般若多心經要門〉述略》，《寧夏社會科學》2005 年第 2 期，第 87—89 頁。

④ 宋坤《慈覺禪師生平補考》，《西夏研究》2010 年第 4 期，第 20—26 頁。

宗高僧宗賾。他的碩士學位論文《俄藏黑水城宋慈覺禪師〈勸化集〉研究》① 對《勸化集》進行了録文，并認爲黑水城本《勸化集》爲現存宗賾文集最早的版本，并對宗賾佛教思想的世俗化、儒家化傾嚮進行了探討。李輝、馮國棟《俄藏黑水城文獻〈慈覺禪師勸化集〉考》，② 該文聯繫傳世文獻，證明《勸化集》的作者爲宋代云門宗、净土宗僧人宗賾。韋兵《佛教世俗化與宋代職業倫理建構——以俄藏黑水城文獻〈慈覺禪師勸化集〉爲中心》，③ 認爲《勸化集》各篇對抱括胥吏、軍人、商人在内的各行業職業操守和佛教修證的關係在理論上和本質上是統一的。陽珺《宋僧慈覺宗賾新研》④ 對俄 TK132 號文書也有所涉及。

方廣錩《俄藏〈大乘入藏録卷上〉研究》⑤ 對大乘入藏録進行了録文，認爲該件文書應爲黑水城出土的文書，文書産生的年代應該産生於五代的後金、後漢，并非西夏文書。編撰該件文書的僧人大概是華嚴宗人。該件文書的主要功用應主要是供人做功德，而不是供人閲讀使用的。這種情况的出現大約與不同時代、不同地區佛教義理衰退有一定的關係。

孫伯君《〈佛説阿彌陀經〉的西夏譯本》⑥ 對俄羅斯科學院東方文獻研究所收藏的 8 個編號的西夏文《佛説阿彌陀經》進行了研究。這些本子有蝴蝶裝、經折裝和卷子裝三種不同的裝幀方式，且有夏惠宗初譯本和仁宗御校本。在 ИHB. No763 文書爲仁宗時期刻本，同屬這一刻本的有 ИHB. No803. 6518。文書題有西夏文：奉天顯道耀武宣文神謀睿智敦睦懿恭皇帝嵬名御校。款題中的很多僧人都是仁宗時期著名的譯師，其中“圓通法師沙門智明”或即“西夏蘭山圓通國師智冥”爲黑水城出土西夏御校漢文本《四分律行事集要顯用記》的譯者；覺行法師德慧爲黑水城漢文佛經《佛説聖母般若波羅蜜心經》《持誦聖佛母般若多心經要門》《佛説聖大乘三歸依經》《聖大乘勝意菩薩經》的譯者。其中《佛説聖母般若波羅蜜心經》《持誦聖佛母般若多心經要門》刊於夏仁宗天盛十九年（1167 年）。ИHB. No7564 爲夏惠宗時期的初譯本，題款有西夏文：“天生全能禄番聖祐式法慈睦正國皇太后梁氏御譯”和“就德主國廣智增福民正久安大明皇帝嵬名御譯”。且本文在研讀的過程中，利用了黑水城出土的漢文本進行了校勘。

黄杰華《大黑根本命咒：西夏大黑天信仰的一個側面》⑦ 該文以俄 TK262 文書爲例，對西夏大黑天信仰進行了考察。認爲這是一篇實修儀軌，當中包含實際的觀想方法、相關

---

① 宋坤《俄藏黑水城宋慈覺禪師〈勸化集〉研究》，河北師範大學 2009 年碩士學位論文。

② 李輝、馮國棟《俄藏黑水城文獻〈慈覺禪師勸化集〉考》，《敦煌研究》2004 年第 2 期，第 104—106 頁。

③ 韋兵《佛教世俗化與宋代職業倫理建構——以俄藏黑水城文獻〈慈覺禪師勸化集〉爲中心》，《學術月刊》2008 年第 9 期，第 132—139 頁。

④ 陽珺《宋僧慈覺宗賾新研》，上海師範大學 2012 年碩士學位論文。

⑤ 方廣錩《俄藏〈大乘入藏録卷上〉研究》，《北京圖書館館刊》1992 年第 1 期，第 72—82 頁。

⑥ 孫伯君《〈佛説阿彌陀經〉的西夏譯本》，《西夏研究》2011 年第 1 期，第 23—32 頁。

⑦ 黄杰華《大黑根本命咒：西夏大黑天信仰的一個側面》，《西夏研究》2010 年第 3 頁，第 34—38 頁。

咒語，是信衆常修行的法本。黄杰華《黑水城出土藏傳佛教實修文書〈慈烏大黑要門〉初探》,[①] 該文對俄 A7 文書進行了考證，并對寫本進行了整理。

孫伯君《西夏寶源譯〈勝相頂尊總持功能依經録〉考略》[②]，對編號俄 TK164 和 TK165 的两件文書進行研究。認爲此譯本不見於歷代著録，當節録自《佛頂尊勝陀羅尼經》。該文根據俄 TK165 與俄 TK164 對校，并標點了御製發願文。并點校了經文。孫伯君《西夏寶源譯〈聖觀自在大悲心總持動能依經録〉考》,[③] 認爲《聖觀自在大悲心總持功能依經録》是寶源在天盛元年前後翻譯成漢文的，其在佛典中通行經名爲《聖觀自在菩薩大悲心陀羅尼經》，此本未見任何著録。本文通過題記及勘同梵藏語經題，推定寶源譯本與藏文經典《聖者大悲觀自在妙集功德陀羅尼》出自同一部梵文原典。同時進行了録文，點校。

聶鴻音《西夏譯本〈持誦聖佛母般若多心經要門〉述略》,[④] 該文對俄 TK128 文書進行研究和録文。認爲該文是西夏國師德慧從梵文翻譯的一部“念誦法”，不見於歷代著録。

鑒於學者們對《俄藏黑水城文獻》没有予以足夠的重視，筆者在相關學者研究的基礎上，對《俄藏黑水城文獻》進行了録文和點校，以期能對《俄藏黑水城文獻》的研究起到一定的作用。

二

“俄藏黑水城文獻有八千多個編號，係中國中古宋、夏、金元時期的西本和刻本，其中絶大部分是西夏文文獻，也有相當數量的漢文及少部分其他民族文字文獻，距今七百至九百年的歷史，均屬珍本、善本或孤本。”[⑤] 這些相當數量的漢文文獻，也是以漢文佛教文獻爲主，筆者依據《俄藏黑水城文獻》（1—6）册所刊漢文佛教文獻，并參照《俄藏黑水城文獻》第六册附録部分對其進行重新分類。本文所用各種資料，如無特别説明，均採用《俄藏黑水城文獻》第六册附録部分，在文中不再予以標注。

（一）敦煌寫本佛教文獻

俄藏黑水城漢文佛教文獻，有部分敦煌文獻，這部分文獻應屬於奥登堡敦煌莫高窟北區所出文獻。[⑥] 這部分文獻以《妙法蓮華經》爲主，兼有供養文。爲唐和五代的文書。筆

① 黄杰華《黑水城出土藏傳佛教實修文書〈慈烏大黑要門〉初探》，《中國藏學》2009 年第 3 期，第 114—120 頁。

② 孫伯君《西夏寶源譯〈勝相頂尊總持功能依經録〉考略》，《西夏學》第一輯，第 69—75 頁。

③ 孫伯君《西夏寶源譯〈圣觀自在大悲心總持動能依經録〉考》，《敦煌學輯刊》2006 年第 2 期，第 34—43 頁。

④ 聶鴻音《西夏譯本〈持誦圣佛母般若多心經要門〉述略》，《寧夏社會科學》2005 年第 1 期，第 87—89 頁。

⑤ 《俄藏黑水城文獻》第一册第 1 頁，史金波《前言》。

⑥ 參見白濱《黑水城文獻的考證與還原》，《河北學刊》2007 年第 4 期。

者對此予以簡要叙述。

俄藏黑水城漢文文獻中，敦煌寫本《妙法蓮華經》，分别爲編號：TK157《妙法蓮華經信解品第四》、TK188《妙法蓮華經授學無學人記品第九》、TK325《妙法蓮華經安樂行品第十四》、B54. B55《妙法蓮華經卷第三》、B56《妙法蓮華經卷第五》、B57《妙法蓮華經提婆達多品第十二》，皆爲唐寫本，卷軸裝。所用紙張有未染楮紙、潢楮紙，未染麻紙。界行多烏絲欄，僅B57《妙法蓮華經提婆達多品第十二》爲隱欄。字體爲楷書，墨色濃勻。行17字，僅B57《妙法蓮華經提婆達多品第十二》爲行18字。

且TK325與B56爲同一版本佛經，且文字相連。另外有編號爲TK317《大般若波羅蜜多經卷第一百三十八題簽》的唐寫本，卷軸裝，潢麻紙，高8.9釐米，寬2.2釐米，共1行，行存7字，楷書，墨色濃，上部殘損，爲敦煌寫經殘紙。（長度單位爲釐米，下同）

編號	高	寬	卷心高	紙幅	天頭	地脚	紙行數
TK188	25.1	14.1	20		2.5		（共）8
TK157	27	34.3	19.3		3.5	4.1	19
TK325	24	115	19.2	48.5	2	2.8	28
B54	24.1	43.5		20	2.4	1.7	（共）24
B55	24.1	663	20	55	2.4	1.7	28
B56	24	703	19.2	48.5	2	2.7	28
B57	24	21.8					13

俄藏黑水城漢文佛教文獻，五代刻本有三個編號，分别爲：TK283《大聖文殊師利菩薩像供養文》、TK288《四十八願阿彌陀佛像供養文》、TK289《大聖文殊師利菩薩像供養文》。卷軸裝，未染麻紙，且都較厚。上半部爲版畫，下半部爲供養文。版框皆爲四周雙邊，字體爲寫刻體，行字數14字，墨色中。

編號	紙幅高	寬	版框高	寬	天頭	地脚	上版高	下版高	行數
TK283	46.5	31.1							
TK288	28.5	19	25	16	1.9	1.6	10.5	14	共13
TK289	29.5	18.5	26.4	16.6	1.4	1.7	11.3	13.8	共13

（二）宋、西夏、元漢文《法華部》文獻

宋、西夏、元刻本漢文《妙法蓮華經》文獻有25個卷子。其中編號：TK1《妙法蓮華經卷第一》；TK41.2《妙法蓮華經方便品第二偈語》；[①] TK2. TK15《妙法蓮華經卷第

① TK41《俄藏黑水城文獻》命名爲《金剛般若波羅蜜經施印題記》，而據宗舜法師研究認爲其命名有誤，因爲李善進抄寫的四句偈語“諸法從本來 常自寂滅相 佛子行道已 來世得作佛”來自鳩摩羅什譯《妙法蓮華經》卷一“方便品第二”的内容，因此命名爲“法華經方便品第二偈語”，筆者從之。宗舜《〈俄藏黑水城文獻〉漢文佛教文獻擬題考辨》，敦煌研究2001年第1期。第82—92頁。

二》；TK157. A27《妙法蓮華經信解品第四》；TK3《妙法蓮華經卷第三》；TK4. A27《妙法蓮華經卷第四》；TK9《妙法蓮華經卷第五》；TK10《妙法蓮華經卷第六》；TK11《妙法蓮華經卷第七》；TK90、TK105 、TK113、TK138、TK154、TK155、TK156、TK167、TK168、TK169、TK170、TK175、TK177《妙法蓮華經觀世音菩薩普門品第二十五》；TK171《妙法蓮華經普賢菩薩勸發願品第二十八》。

1. 宋刻本漢文《妙法蓮華經》

宋刻本漢文《妙法蓮華經》具有以下特點：多爲未染楮紙、未染麻紙、潢楮紙；裝幀方式大多爲經折裝，僅 TK175《妙法蓮華經觀世音菩薩普門品第二十五》爲卷軸裝。以楷體和宋體爲主，兼有寫刻體，墨色深匀。版框大多上下單邊，僅 TK177《妙法蓮華經觀世音菩薩普門品第二十五》爲上單邊，下雙邊。多爲每面 4 行，行 10—12 字之間，僅 TK175《妙法蓮華經觀世音菩薩普門品第二十五》爲每紙 9 行、TK177《妙法蓮華經觀世音菩薩普門品第二十五》爲每面 5 行。

卷號	紙張	折	面	高	寬	面寬	框高	天頭	地脚	面行	行字
TK154	未染楮紙	8	16	20.5		9	18.8	1.1	0.7	4	11
TK155	未染麻紙	1 10	2 20	20.8 20.5		8.8 8.5	16.5 17.9	2.4 1.9	1.6 0.9	4 4	10 11
TK156	未染麻紙	14	28	20.1		8.7	17	1.6	1.6	4	10
TK167	潢楮紙	26	52	21.3		8.7	18.1	1.5	1.7	4	11
TK168	未染麻紙、軟	17	34	19.4		8.3	16.5	1.6	1.5	4	10
TK169	潢楮紙	1	2	20.3		8	17.5	2.2	0.7	4	12
TK170	潢楮紙	18.5	37	21		8	16.6	2.6	1.8	4	10
TK175（殘）	未染楮紙			9.2	25			1.3		9	3
TK177	潢麻紙、細	3	6	27.2		10.8	23.8	2.4	1.4	5	10

2. 西夏刻本漢文《妙法蓮華經》

西夏刻本漢文《妙法蓮華經》具有以下特點，多爲潢麻紙、未染麻紙、未染楮紙；裝幀方式爲經折裝，字體多爲宋體，用墨較深。也有寫刻體如：TK15《妙法蓮華經卷第二》；TK90《妙法蓮華經觀世音菩薩普門品第二十五》甲種本（同 TK91、TK93、TK95、TK96）；TK138《妙法蓮華經觀世音菩薩普門品第二十五》丙種本。版框多爲上下單邊，也有上下雙邊，如 TK15《妙法蓮華經卷第二》；TK90《妙法蓮華經觀世音菩薩普門品第二十五》甲種本（同 TK91、TK93、TK95、TK96）；大多每面 8 行，行 16 字；TK105 TK113《妙法蓮華經觀世音普門菩薩品第二十五》爲每面 7 行，行 12 字；TK TK90《妙法蓮華經觀世音菩薩普門品第二十五》甲種本（同 TK91、TK93、TK95、TK96）、TK138《妙法蓮華經觀世音菩薩普門品第二十五》丙種本爲每面 6 行，行 18 字，TK15《妙法蓮華經卷第二》爲每面 6 行 14 字。據其版式及用紙列表如下：

卷號	紙張	折	面	高	面寬	框高	天頭	地脚	面行	行字
TK1	潢麻紙	41.5	83	14.8	8.9	15.4	2	1.2	8	16
TK2	未染麻紙	3	6	18.9	8.8	15.7	1.7	1.6	8	16
TK3	潢麻紙	39.5	79	18.5	8.5	14.8	2.2	1.1	8	16
TK4	潢麻紙	47	94	18.8	9.1	15.7	2	1.2	8	16
TK9	潢麻紙、薄、細	43.5	87	18.5	9	15.8	1.8	1	8	16
TK10	潢麻紙、細	43	86	18.4	8.7	15.2	2.1	1.3	8	16
TK11	潢麻紙	37.5	75	18.7	8.7	14.8	1.8	1.5	8	16
TK15	潢麻紙	40	80	18.8	8.9	15.3	2.2	3.7	6	14
TK90（甲）	未染楮紙	10.5	21	29	11	23.5	4	1.4	6	18
TK105 TK113	未染麻紙、軟	8	16	9.5	6.1	8.4	0.8	0.3	7	12
TK138（丙）	未染楮紙	10.5	21	25.5	11	22.8	1.8	1.1	6	18

其中TK4《妙法蓮華經卷第四》有刻工“郭苟埋”、TK9《妙法蓮華經卷第五》有刻工“賀善海”、TK10《妙法蓮華經卷第六》有刻工“王善圓”。在TK11《妙法蓮華經卷第七》尾後施印題記如下：①

［前略］
今有清信弟子雕字人王
善惠、王善圓、賀善海、郭狗埋等，同爲法友，特露微誠
以上殿宗室御史台正直本爲結緣之首，命工鏤板
其日費飲食之類，皆宗室給之。雕印斯經一部，普施
一切同欲受持。以兹功德，伏願 皇基永固，同磐石
之安，［帝壽無］疆，逾後天之算。凡隸有生之庶類，普
□罔極之洪休。時大夏國人慶三年歲次丙寅五月
□□□□白。

由此施印題記可知，在大夏國人慶三年（1146年），皇族宗室御史臺正直本爲結緣之首，并由宗室提供費用，命雕工王善慧、王善圓、賀善海、郭苟埋等人雕印《妙法蓮華經》。由此可以推知TK4、TK9、TK10版本的時代當在大夏國人慶三年（1146年）前後。②

3. 元寫本卷軸裝《妙法蓮華經》

另有兩件卷軸裝元寫本《妙法蓮華經》，分别爲編號TK196《妙法蓮華經普賢菩薩勸

① 《俄藏黑水城文獻》第一册第270頁。

② 據史金波《西夏佛教史略》寧夏人民出版社，1988年。認爲“西夏漢文佛經的刻印和流傳，以西夏后期的仁宗朝最爲興盛。”（第95頁），并引用了這一施印題記。

發願品第二十八》，和 A27《妙法蓮華經卷第四》。

TK196《妙法蓮華經普賢菩薩勸發願品第二十八》的用紙爲未染麻紙，軟，高 18.3 釐米，寬 53 釐米，2 紙，共 16 行，行 14 字，楷書，墨色中，有校補字，首尾缺。A27《妙法蓮華經卷第四》用紙爲白麻紙，粗，皺，高 18.2 釐米，寬 17 釐米，共 12 行，行 15 字，楷書，墨色濃匀。

《法華部》的另一種文獻爲《佛説觀世音經》，有兩個卷號，編號爲 TK92 和 TK171。其中 TK171《佛説觀世音經》宋刻本，經折裝，未染麻紙，共 6 折，12 面，高 18.1 釐米，面 8.1 釐米，版框高 16.1 釐米，天頭 0.9 釐米，地脚 1.1 釐米，每面 5 行，行 14 字。上下單邊，宋體，墨色中。TK92《佛説觀世音經》爲西夏刻本，經折裝，乙種本，未染楮紙，共 3 折，6 面，高 29 釐米，面寬 10.5 釐米，版框高 22.7 釐米，天頭 4 釐米，地脚 2.5 釐米，每面 6 行，行 18 字。上下雙邊，寫刻體，墨色深匀。

（三）宋、西夏、元漢文《般若部》文獻

宋、西夏、元漢文《般若部》文獻，有《金剛般若波羅蜜經》《大般若波羅蜜多經》《仁王護國般若波羅蜜多經》《佛説般若波羅蜜多心經》《唐梵般若心經》《佛説聖母般若波羅蜜心經》。

1. 西夏刻本《金剛般若波羅蜜經》

西夏刻本《金剛般若波羅蜜經》文獻有 42 個卷號①，分《金剛般若波羅蜜經》《金剛般若波羅蜜經》甲種本、《金剛般若波羅蜜經》乙種本。其中 TK19. TK31. TK32. TK33. TK35. TK36. TK37. TK38. TK40. TK43. TK308（甲）版式同 TK14；TK47. TK50. TK51. TK53. TK55. TK56. TK89（乙）版式同 TK16；TK126. TK127. TK143 版式同 TK124。

西夏刻本漢文《金剛般若波羅蜜經》用紙主要爲：未染麻紙、未染楮紙、白楮紙、潢楮紙。裝幀方式爲經折裝，字體爲寫刻體和宋體，墨色深匀或深淺不一，版框有上下雙邊、上下單邊兩種。據其版式，列表如下：

卷號	紙張	折	面	高	面寬	框高	天頭	地脚	面行	行字	版框	字體
TK14（甲）	白楮紙	33	66	28.7	11	23	2.8	1.8	6	18	上下雙邊	寫刻體
TK16（乙）	未染楮紙	30.5	61	28.8	10.8	23.2	3.7	2.2	6	14	上下雙邊	寫刻體
TK17（甲）	未染楮紙	31	62	27.3	10.6	23.2	3.2	1.7	6	18	上下雙邊	寫刻體
TK18（甲）	潢麻紙	16.5	33	28.5	11	23.2	4	1.5	6	18	上下雙邊	寫刻體
TK20（甲）	未染麻紙		1	28.8	10.9	23	4.2	0.8	6	18	上下雙邊	寫刻體
TK26	未染麻紙	3	6	12.5	5.5	9.5	1.5	1.4	10	17	上下單邊	宋體
TK27	未染麻紙	2.5	5	13	7	9.5	2	1	6	13	上下單邊	宋體
TK28	未染麻紙	3.5	7	12.3	6.5	9.5	1.5	1	6	13	上下單邊	寫刻體

① TK42 TK44 TK46 TK48 TK49 TK52 TK54 TK5（乙）視爲一個卷號。

續上表

卷號	紙張	折	面	高	面寬	框高	天頭	地脚	面行	行字	版框	字體
TK39（甲）	未染楮紙	4.5	9	26.2	10.7	22.8	3.2	0.8	6	18	上下雙邊	寫刻體
TK42 TK44 TK46 TK48 TK49 TK52 TK54 TK5（乙）	未染麻紙	29.5	59	28.8	10.7	23.3	3.5	2	6	18	上下雙邊	寫刻體
TK45（乙）	未染麻紙	6.5	13	29.2	10.7	23.2	3.7	2.2	6	18	上下雙邊	寫刻體
TK104	未染楮紙	3	6	15.5	6.5	9.9	3.7	2.2	6	13	上下單邊	宋體
TK106	未染麻紙	4	8	23.1	7	20.4	1.6	1.2	6	13	上下單邊	宋體
TK112	未染麻紙	3	6	19	7	16.5	1.3	1.2	6	13	上下單邊	宋體
TK115	未染麻紙厚	1	2	19.5	9.5	14.5	2.5	2.2	7	15	上下單邊	宋體
TK124	未染楮紙	33	66	20.5	9.5	15.3	3.3	2.2	7	15	上下單邊	宋體
TK125	未染麻紙	1.5	13	17.4 20.5	9.5	14.5 12.5	0.9 3.8	2 2.8	7	15	上下單邊	宋體
TK179	未染楮紙	44	88	29.5	11	24.8	2.7	2	5	15	上下單邊	寫刻體
TK180	未染楮紙	14.5	29	20	8.4	16.4	2.5	1.5	5	14	上下雙邊	宋體
TK182（殘）	潢麻紙、粗、硬	10.5	21		8.5		2.5		5	存 11	上單邊	寫刻體
TK247	未染楮紙	1.5	3	20.2	9.7	16	2.7	1.5			上下單邊	

其中 TK14. TK17. TK39. TK41. TK42 TK44 TK46 TK48 TK49 TK52 TK54 TK57 等《金剛般若波羅蜜經》的施印題記爲“大夏乾祐二十年歲次已酉三月二十五日正宫 皇后羅氏謹施”。顯然是羅皇后在 1189 年 4 月 2 日（仁宗時期）同一天施印同一批佛經。而 TK14. TK17 都有楷體黑色方印：“温家寺道院記”，該寺院應是一個印經的場所（始建時間及寺址不詳）。[①] 據此推知，羅皇后在 1189 年 4 月 2 日在温家寺施印佛經。TK18. TK41. 1 署有“李善進”名，可知，這兩個卷號的文書應是同一時期的文書。

TK124 的施印題記有“時天盛十九年（1167 年，仁宗在位）五月□日，□太師上公總領軍國重事秦晋國王 謹願。”天盛十九年爲 1167 年，仁宗也是仁宗在位時期，“太師上公總領軍國重事秦晋國王”據史金波先生考證應爲“任得敬”。[②] 而相關文獻并没有關於任得敬授予“秦晋國王”的記載，文獻可以彌補文獻記載的某些不足。

① 據史金波《西夏佛教史略》，寧夏人民出版社，1988 年，第 121 頁。

② 史金波《西夏“秦晋王”考論》，《寧夏社會科學》1987 年第 3 期，第 72—76 頁。

2. 宋刻本漢文《金剛般若波羅蜜經》

《金剛般若波羅蜜經》有两個卷號，分别爲TK178. TK181。這两個卷號的《金剛般若波羅蜜經》均爲經折裝，墨色深匀。其中TK181破損嚴重。TK178，用紙爲未染麻紙，共9折，18面，高19.5釐米，面寬9，版框高18.3釐米，天頭1.3釐米，地脚0.5釐米，每面5行，行13—14字。上下單邊，寫刻體，墨色深匀。背以漢文、西夏文佛經字條裱補折縫處。TK181用紙爲未染楮紙，共1面，高22釐米，面寬13釐米，下部殘損，天頭2.5釐米，面5行，行存9字，上單邊，宋體，墨色深匀，有小字雙行注音。首行右側印小字“金”。據其版式，列表如下：

卷號	紙張	折	面	高	面寬	框高	天頭	地脚	面行	行字	版框	字體
TK178	未染麻紙	9	18	19.5	9	18.3	1.3	0.5	5	13—14	上下單邊	寫刻體
TK181	未染楮紙		1	22	13		2.5		5	存9		宋體

3. 金刻本漢文《金剛般若波羅蜜經》

金刻本漢文《金剛般若波羅蜜經》有3個卷號，分别爲TK29. TK30. TK101。均爲蝴蝶裝，白口，版心均題“金”字，下有頁碼，版框均爲上下單邊左右雙邊，墨色中。據其版式，列表如下：

卷號	紙張	紙幅高	紙幅寬	版框高	版框寬	天頭	地脚	半頁行	行字	字體
TK29	未染麻紙，厚	9	12	7.5	10.9	0.7	0.6	8	14—15	寫刻體
TK30	未染楮紙	9.5	12.6	7.5	10.5	1.1	0.8	8	14—15	寫刻體
TK101	未染楮紙	10	13	7.4	11.1			8	13—14	宋體

4. 宋本漢文《大般若波羅蜜多經》

宋本《大般若波羅蜜多經》有两個卷號，分别爲TK279. Φ229 Φ241。其中TK279爲宋刻本，宋刻本，卷軸裝，潢楮紙，高16.5釐米，寬25釐米，天頭2.5釐米，下部殘損，共14行，行存12字。上單邊，宋體，墨色深，首尾缺。據蘇州戒幢佛學研究所宗舜研究，文出該經卷第四百七十五。Φ229 Φ241爲宋寫本，卷軸裝，潢麻紙，高25.5釐米，寬619釐米，共15紙，紙幅高44.5釐米，卷心高20.4釐米，天頭2.2釐米，地脚2.9釐米，每紙26行，行17字。烏絲欄，楷書，墨色濃匀。背2種文獻，1. 景德傳燈録卷第十一，宋寫本，寬525釐米，共12紙，卷心高22.8釐米，天頭1.3釐米，地脚1.1釐米，每紙29行，行23字，有雙行小字注釋，烏絲欄，楷書，墨色濃匀，有朱批與校補字。下有朱文方印“李醜兒☐宅經記”與TK186相同。2. 大悲心陀羅尼啓請，宋寫本，寬91釐米，共3紙，卷心同前，每紙24行，行18字，有雙行小字注釋。另英國國家圖書館KK. II0238（k）文獻内容、字體、形制與本號文獻一致，爲同卷遺物。[①]

① 《俄藏黑水城文獻》第六册，叙録，第45頁。

5. 西夏刻本漢文《仁王護國般若波羅蜜多經》

西夏刻本《仁王護國般若波羅蜜多經》有两個卷號，分别爲 TK141. TK307。TK141《仁王護國般若波羅蜜多經卷上》，經折裝，未染楮紙，共 30 折半，61 面，高 17.9 釐米，面寬 9.3 釐米，版框高 14.8 釐米，天頭 1.7 釐米，地脚 1.4 釐米，每面 6 行，行 15 字。上下單邊，宋體，墨色深匀。TK307《仁王護國般若波羅蜜多經奉持品第七》，潢楮紙，厚，硬，高 20 釐米，寬 6.3 釐米，共 2 行半，行 14 字，宋體，墨色偏淡，有“蘇曼那花以供養”等字。①

6. 西夏本漢文《佛説般若波羅蜜多心經》

西夏版本《佛説般若波羅蜜多心經》有三個卷號，分别爲 TK21.2. TK25 和 TK189。TK21.2 和 TK25 爲刻本，TK189 爲寫本。TK21.2 佛説般若波羅蜜多心經，經折裝，偏藍麻紙，共 6 折，12 面，高 12.5 釐米，面寬 6.3 釐米，版框高 8.7 釐米，天頭 2.3 釐米，地脚 1.5 釐米，每面 6 行，行 13 字。上下雙邊，宋體，墨色深匀。TK21 文書後，有印施題記，以行書刊刻，與 TK25 同。TK25《佛説般若波羅蜜多心經》經折裝，未染麻紙。共 4 折半，9 面，高 12.5 釐米，面寬 6.2 釐米．版框高 8.5 釐米，天頭 2.5 釐米，地脚 1.3 釐米，每面 6 行，行 13 字。上下雙邊。宋體，墨色中，首位殘缺。題記不全，但可補 TK121 題記文字不清者。TK21 後五行施印題記如下：

時皇建元年十一月初五日，衆
聖普化寺連批張蓋利，副使沙
門李志寶謹施
西天智圓刁
索智深書②

由此可知，這两個卷號的文書，爲同一時間所印製的。時間爲皇建元年（1210 年 11 月 22 日），襄宗在位期間施印的佛經。衆聖普化寺具體建置時間及地址不詳。西夏漢族僧人“張蓋利”“李志寶”是刻印施經僧人，“索智深”爲寫經僧人。③“西天智圓刁”，“刁”或爲“雕”之訛寫，而“西天”或爲天竺之意，智圓應爲天竺僧人。④ 楊富學在《西夏印度佛教關係考》對天竺僧人智圓也有過論述，認爲是一個雕刻技術嫻熟的工匠。⑤

卷號 TK189《佛説般若波羅蜜多心經》爲西夏寫本，經折裝，白楮紙，共 1 折，2

---

① 《俄藏黑水城文獻》第五册第 7 頁爲未命名佛經，宗舜《〈俄藏黑水城文獻〉漢文佛教文獻擬題考辨》中定名爲《仁王護國般若波羅蜜多經・奉持品第七》，《敦煌研究》2001 年第 1 期，第 82—92 頁。

② 《俄藏黑水城文獻》第二册第 7 頁、第 14 頁，第三册第 79 頁。

③ 史金波《西夏佛教史略》，第 148 頁。

④ 史金波《西夏佛教史略》，第 150 頁。

⑤ 楊富學《西夏印度佛教關係考》，《寧夏社會科學》2009 年第 2 期，第 104—108 頁。

面，高18釐米，面寬8釐米，每面8行，行11字，楷書，墨色濃勻。

7. 其他

俄藏黑水城漢文《般若部》佛教文獻還有《般若波羅蜜多心經》《唐梵般若心經》《佛説聖母般若波羅蜜心經》。分别爲TK144《般若波羅蜜多心經》、TK128. 1《佛説聖母般若波羅蜜心經》、A20. 3《唐梵般若心經》，其中TK144和TK128. 1爲西夏刻本，A20. 3爲元刻本。其版式特點如下：

TK144，爲經折裝，未染麻紙，粗，共3折，6面，高18. 7釐米，面寬8. 3釐米，版框高15. 2釐米，天頭1. 8釐米，地脚1. 7釐米，每面5行，行11—12字。上下單邊，宋體，墨色中。已經裂爲數段。背部有漢文，西夏文對應裱補字條。

TK128. 1，爲經折裝，未染麻紙，共10折半，21面，高22. 2釐米，面寬11. 2釐米，版框高16. 7釐米，天頭3. 4釐米，地脚2. 2釐米，每面8行，行15—16字。上下單邊，宋體，墨色深。在該卷號文書後[①]御製後序，自第12行：

朕睹勝因，遂陳誠願。
尋命蘭山覺行國師沙門德慧，重將梵本，
再譯微言。仍集真空觀門、施食儀軌，附於
卷末，連爲一軸。於
神妣 皇太后周忌之辰，開板印造番
漢共二萬卷，普施臣民。請覺行國師登
燒結滅惡趣中圍壇儀，并拽六道，及講演
《金剛般若經》《般若心經》，做法華會、大乘懺
悔，放神幡，救生命，施貧濟苦登事，懇伸追
薦之儀，用答功勞之德。仰憑覺蔭，冀錫冥
資，直往净方，得生佛土，永住不退，速證法
身。又願▨六朝祖宗，恒游極樂，萬年社稷，永享昇平。
一德大臣，百祥咸萃，更均餘祉，下逮含靈。
天盛十九年歲次丁亥五月初九日，
奉天顯道耀武宣文神謀睿智制儀去邪惇睦懿恭 皇帝 謹施。

這是在仁宗天盛十九年五月初九日（1167年5月29日）於“皇太后周忌之辰”，仁宗大興法事，命蘭山覺行國師沙門德慧等開板印造番漢《佛説聖佛母般若波羅蜜多心經》共两萬卷，散施臣民。請覺行國師等燒結滅惡趣中圍壇儀，并拽六道，及演講《金剛般若經》《般若心經》，作法華會、大乘懺悔，放神幡，救生命，施貧濟苦等。皇太后指已經去世的罔氏。[②]

---

① 以上《俄藏黑水城文獻》第六册，叙録，第15頁。

② 史金波《西夏佛教新探》，《寧夏社會科學》2001年第5期，第71—79頁。

A20.3 唐梵般若心經。元刻本，白口，蝴蝶裝，版心題“般若心”，高 13.5 釐米，雙面寬 13.4 釐米，版框高 11.5 釐米，整頁寬 13 釐米，天頭 1.5 釐米，地脚 1 釐米，每半頁 6 行，梵文與漢文對照，行 10 字。四周雙邊，梵文種子字，漢文宋體字，墨色中。共 1 折半，3 面，首缺，中斷裂，有佚文，尾題“唐梵般若□□”。

（四）漢文《阿含部》佛教文獻

《阿含部》漢文佛教文獻有：Φ317A《長阿含經第一分典尊經第三》、TK274《佛説長阿含經第四分世紀阿須倫品第六》、TK274V《長阿含經卷第二十雜寫》、TK137.1《佛説業報差别經》、TK278.1《中阿含經題簽》、TK309《中阿含經王相應品説本經第二》、TK273《雜阿含經卷第三十四題簽》、Φ123A《增一阿含經利養品第十三》、Φ204A《增一阿含經利養品第四十六》

1. 西夏刻本漢文《阿含部》佛教文獻

西夏刻本《阿含部》佛經，有 TK137.1《佛説業報差别經》、[①] Φ123A《增一阿含經利養品第十三》、Φ204A《增一阿含經利養品第四十六》、Φ317A《長阿含經第一分典尊經第三》。[②]，其裝幀方式 TK137.1 爲經折裝，Φ123A 和 Φ317A 爲卷軸裝，Φ204A 的裝幀方式不詳。版框均爲上下單邊，字體均爲宋體，且用墨較深。依據其版式特點列表如下：

卷號	紙張	折	面	高	寬	面寬	天頭	地脚	面行	行字
TK137.1	未染麻紙、粗	48	96	19.3	8.3				6	15
Φ123A	潢麻紙、薄			26.5	27	卷心高 21.8	4	0.9	共 6	17
Φ204A	潢麻紙			16	16		3.9		共 8	10
Φ317A	潢麻紙			26.4	49	版心高 21.5	3.5	1.4	共 26	17

2. 宋刻本漢文《阿含部》佛教文獻

宋刻本《阿含部》佛教文獻，主要有 TK274《佛説長阿含經第四分世紀阿須倫品第六》、TK309《中阿含經王相應品説本經第二》。[③] TK274《佛説長阿含經第四分世紀阿須倫品第六》，卷軸裝，未染麻紙，粗，共 2 塊殘片。1. 高 14 釐米，寬 8.8 釐米，天頭 4.3 釐米，版畫的右上角 2 釐米。版畫右上角，高 24.5 釐米，寬 31 釐米，天頭 4.3 釐米，下部殘損。TK309《中阿含經王相應品説本經第二》，蝴蝶裝，未染麻紙，存右半頁，高 27.3 釐米，半頁寬 17.2 釐米，版框高 21 釐米，半頁寬 13.7 釐米，天頭 5 釐米，地脚 1.5

---

① TK137.1 版式中的折、面等數字爲 TK137 中 1.《佛説業報差别經》，2.《佛説無常經》，3.《大佛頂白傘蓋心經》，4.《圣六字太明王心咒》共有的數字。

② Φ317A 爲未定名佛經，宗舜《〈俄藏黑水城文獻〉之漢文佛教文獻續考》中定名爲《常阿含經第一分典尊經第三》，《敦煌研究》2004 年第 5 期，第 90—93 頁。

③ TK309 爲未定名佛經，宗舜《〈俄藏黑水城文獻〉漢文佛教文獻擬題考辨》中定名爲《中阿含經王相應品説本經第二》，《敦煌研究》2001 年第 1 期，第 82—92 頁。

釐米，半頁6行，行14字。上下、右單邊。宋體，墨色有深淺。有两個題簽，分别爲TK278.1《中阿含經題簽》和TK273《雜阿含經卷第三十四簽》。TK278.1《中阿含經題簽》，卷軸裝，潢麻紙，高25釐米，寬13.8釐米，版框高22釐米，天頭0.7釐米，地脚1.7釐米，上下雙邊，右單邊，墨色深，右黏小木簽。背黏两層題簽紙，上層有“興”字，爲千字文藏書號，下爲“登”字，爲千字文藏書號。TK273《雜阿含經卷第三十四簽》，未染楮紙，硬，光滑，高16釐米，寬3.5釐米，版框高14.9釐米，寬2.6釐米，四周雙邊，宋體，墨色深匀。經題下有“不”字，爲千字文書號。被黏有小木簽。

（五）漢文《本緣部》佛教文獻

《本緣部》漢文佛教文獻有TK326.1《佛説菩薩本行經》、TK326.2《賢愚經》，這是一個卷號内的2部佛教文獻。TK326爲西夏寫本，綫訂册頁裝，白麻紙，共27個整頁，2個半頁，高21.8釐米，半頁寬14.8釐米，每半頁10行，行26字，楷書，墨色有濃淡，有校改校補字。第一頁背爲西夏文佛經4行。1. 佛説菩薩本行徑，共17個整頁，2個半頁，首缺。2. 賢愚經，共8個整頁，2個半頁。

（六）漢文《華嚴部》佛教文獻

俄藏黑水城漢文《華嚴部》佛教文獻，爲《大方廣華嚴經》，分别爲TK261《大方廣華嚴經華藏世界品第五之二》，TK185. TK246. TK256《大方廣華嚴經梵行品》，A20V. 2《大方廣華嚴經梵行品第十六》，TK88《大方廣花嚴經卷第四十》，B62《大方廣花嚴經》，TK61. TK63A. TK64. TK65. TK69. TK71. TK72. TK73. TK98. TK99. TK100. TK142. 1. TK146. TK147. TK161. TK243. TK258. ИНВ. No. 951. A《大方廣華嚴經入不思議解脱境界普賢行願品》。

1. 金刻本《華嚴部》漢文佛教文獻

金刻本《華嚴部》漢文佛教文獻，有四個卷號，分别爲TK261. TK264. TK142. 1和TK243。這四個卷號的《華嚴部》佛教文獻均爲經折裝，版框爲上下單邊，字體爲宋體，墨色中或深匀。依據其版式特點，列表如下：

卷號	紙張	折	面	高	面寬	框高	天頭	地脚	面行	行字
TK261	白楮紙		1		9.7			3.2	9	11
TK264	未染麻紙	10	20	17.3	9.3	14.5	1.7	1.1	5	9—10
TK142.1	未染楮紙	45.5	91	20	9.5	15.9	2.3	1.9	6	15
TK243	白楮紙	25.5	51	22.5	9.2	16.8	3.5	2.1	6	15

其中TK261背有“賨庯敬獻▨結織蠅拂▨子一把，伏乞▨國公平章大人鈞座▨笑留爲妙”等字，這是賨庯嚮國公平章大人敬獻結織蠅拂子的記載，至於賨庯是何人，筆者查閲相關文獻，没有發現關於賨庯的記載，至於國公平章大人，也不知是何人。TK246經文末

有白文木版章“净信弟子李”，這是李姓的佛教信徒施印的經文，也有可能是他所收藏的經文。TK142 有這個卷號有三部分内容，分别爲《大方廣佛華嚴經入不思議解脱境界普賢行願品》《四分律七佛略説戒偈》《大乘起信論立義分》，其末有 18 行施印題記，根據施印題記的内容應是安亮等人的施印題記。

蓋念荷
君後之優恩，上窮罔極；戴
考妣之元德，旁及無涯。欲期臣子之誠，無出
佛之右。是故暢圓融宏略者，華嚴爲冠；［趣極］
樂玄猷者，净土爲先。仗法界一真之妙宗，仰彌陀
六八之弘願。今安亮等懇斯威福，利彼存亡，屆
亡妣百日之辰，特命工印《普賢行願品》一［萬］有
八卷，繪彌陀主伴尊榮七十有二幀，溥施有緣。
仍肇薨逝之辰，暨於終七。恒興佛事，廣啓法筵。
命諸禪師、律僧、講主，轉大藏及四部大經，禮千
佛與梁武懺法，演大乘懺悔。屢放神幡，數請祝
壽僧誦《法華經》，常命西番衆持《寶集偈》。燃長明
燈，四十九海，讀聲不絶，大般若數十部。至終七之辰，
詮義法師設藥師琉璃光七佛供養，惠照禪師奉
西方無量壽廣大中宫圍，西天禪師提點等燒結滅
惡趣壇，矧六道法事，襲此功德。伏願
帝統延昌，邁山呼之景算，
正宫永福，享坤載之崇光。皇儲協贊於［千秋］。

此爲安亮等人施印《普賢行願品》一萬零八卷，西番僧指天竺僧人。法師一般指通曉并善於講解佛法，致力修行傳法的僧人。① 法師的地位較高，也參加譯經較重等要的佛事活動，有較深的佛學知識。② 禪師是地位稍低於法師之下的高僧。西天禪師應是指天竺僧人。安亮爲何人，尚不可考!

2. 宋本漢文《華嚴部》佛教文獻

宋本漢文《華嚴部》佛教文獻，有 2 個卷號，分别爲：TK185. B62，均爲經折裝，TK185 爲刻本，B62 爲寫本。B62 由四個部分組成，其中前三部分爲《大方廣佛華嚴經》，第四部分爲七言偈語。紙張均爲白麻紙，字體 TK185 爲宋體、B62 爲楷體，用墨深匀。僅有 B62. 1 有烏絲欄界行，其餘没有界行。版框均爲上下單邊。

---

① 史金波《西夏佛教史略》，第 144 頁。
② 史金波《西夏佛教史略》，第 145 頁。

卷號	紙張	折	面	高	寬	面寬	框高	天頭	地脚	面行	行字
TK185	白麻紙，薄	7	14	15		7	11.9	2.2	1	4	19
B62.1	白麻紙，粗		3	18		8.7	12.8（字心高）	3.5	2	6	13
B62.2	白麻紙，粗		10	22		8.7	15（字心高）	4.5	2.2	5	14
B62.3	白麻紙，粗		4	21		8.2	14.3（字心高）	4.1	2.4	5	11

TK185《大方廣佛花嚴經梵行品》有10行施印題記：

粵以靈靈不昧，是萬行
之本源，了了常知，乃一
真之心境。夫《梵行品》者，
意不在此，所以爲三天
之粵義，九會之雄文也。
故特仗鴻動，虔資妙［機］，
伏願慈航典激，作沉迷
曠劫之津梁，寶録苽（瓜）緜，
印社稷萬年之席福，
辛未太原王簡施。

這是太原王簡施印的佛經，王簡何人，不可考。辛未爲天干地支紀年，據此推斷，其年代可能爲天盛九年（1031年）或元佑六年（1091年）。①

3. 西夏刻本漢文《華嚴部》佛教文獻

西夏刻本漢文《華嚴部》佛教文獻，有22個卷號，甲、乙、丙、丁、戊五種本。除TK88爲卷軸裝外，均爲刻本、經折裝，字體有宋體和寫刻體兩種，墨色中匀或深匀。其中 TK61. TK66. TK99. TK100. TK162，同爲乙種本，TK66 與 TK61 版式相同。TK65. TK67. TK68版式相同。TK161. TK162版式相同，但爲乙、丁两種本。用紙以未染麻紙爲主，兼有潢楮紙、潢麻紙、白楮紙、白麻紙。

卷號	折	面	高	寬	面寬	框高	天頭	地脚	面行	行字	版框
TK256		1	13.6	6.3			1.8	1	共4	11	上下單邊
TK88			29.5	131.5（480）	53.（紙幅）	24.2	3.6	1.6	28紙	15	上下雙邊
TK61（乙）	33.5	67	28		11	23.4	2.7	1.7	6	18	上下雙邊
TK63A			29.3	11		23.1	4	2.2	6	18	上下雙邊
TK64（丙）	26	52	27.5		11	23.3	3.2	1.1	6	18	上下雙邊

① 《俄藏黑水城文獻》第六册，叙録，第23頁。

續上表

卷號	折	面	高	寬	面寬	框高	天頭	地脚	面行	行字	版框
TK65（甲）	30.5	61	29.3		11	23.2	4	2	6	18	上下雙邊
TK69（戊）	9	18	29.2		11	22.3	4	3.2	6	18	上下雙邊
TK71（丙）	5	10	28.7	11		23.3	3.7	1.8	6	18	上下雙邊
TK72	43	87	29		10	22.5	3.7	2.5	5	15—17	上下單邊
TK73		2	26.7		9.8	22.3	3.2	1.5	5	15	上下單邊
TK98（甲）	32.5	65	21		9	16.2	3	2	6	15	上下單邊
TK99（乙）	21.5	43	21		9.5	16.4	2.9	1.9	6	15	上下單邊
TK100（乙）	32.5	65	21.5		9.4	16.4	3	2.2	6	15	上下單邊
TK146（丙）					9.4		3	2.2	6	15	上下單邊
TK147	3.5	7	18.5		8.4	14.8	2	1.7	5	14	上下單邊
TK161（丁）	27	54	29.5		11	22.7	4.1	2.7	6	18	上下雙邊
TK258		1	20.2		8.8	15.7	2.8	1.9	5	15	上下單邊
ИHB. No. 951 A	1	2	19.8		9.3	16（版心）	2.1	1.7	6	15	

TK88 有四行施印題記與偈語：

大延壽寺演妙大德沙門 守瓊
散施此經功德。大安十年（1083 年，惠宗在位）八月 日流通。
上報四重恩，下濟三塗苦。普施盡法界，萬類諸含識。
依經行願行，廣大無有盡。滅除惡業罪，速證佛菩提。

此爲大延壽寺演妙大德沙門守瓊施印的佛經，大延壽寺始建時間及地址不詳。[①] 大安十年爲 1083 年，爲西夏惠宗時期的佛經。

TK61 有宋體施印題記两行：

大夏乾祐二十年歲次己酉三月十五日（1189 年 4 月 2 日，仁宗在位）
正宫 皇后羅氏謹施

乾祐二十年歲次已酉三月十五日爲 1189 年 4 月 2 日，仁宗時期，皇后羅氏施印的佛經。此施印題記同 TK69 相同。

TK72 經文末雙行小子：

京市周家□□□

---

① 史金波《西夏佛教史略》，第 119 頁。

僧雕字人王善慧

僧人王善慧爲經文的雕字人，然而出家爲僧，而不廢俗姓，在中原地區并不多見。另有 TK21“沙門李智寶”，TK242“邠州開元寺僧西安州歸義劉德真”，A5“西天金剛大五明傳上師李法海”。可見，西夏僧人出家而不廢俗姓的情況還是比較普遍的。尾題後接《華嚴感通靈傳記》，末爲題記，殘存一行：

大夏［天盛辛］巳十三［年］□□□□□□□□

據此可知，此佛經爲西夏天盛十三年（1161 年）仁宗時期施印的佛經。
TK98 後有 71 行皇太后羅氏印施發願文，自第 32 行開始爲：

今
皇太后羅氏，痛
先帝之遐陞，祈
覺皇而冥薦。謹於大祥之辰，所作福善，
暨三年之中，通興種種利益，俱列於後。
將兹勝善，伏願
仁宗 皇帝，佛光照體，駕龍軒以游净
方，法味資神，運夔乘而禦梵刹，仍願
羅圖鞏固，長臨萬國之尊，寶曆彌新，
永耀閻浮之境。文臣武職，等靈椿以堅
貞；玉葉金枝，并仙桂而鬱翠。兆民賀堯
天之慶，萬姓享舜日之榮。四生悉運於
慈航，八難咸沾於法雨。含靈抱識，普會
真源矣。
大法會燒結壇等三千三百五十五次，
大會齋一十八次，
開讀經文：
大藏經三百二十八藏，
諸般經八十一藏，
大部帙經并零經五百五十四萬八
千一百七十八部；
度僧西番番漢三千員，
散齋僧三萬五百九十員，
放神幡一百七十一口；
散施：
八塔成道像除業障功德共七

萬七千二百七十六幀，
番漢《轉女身經》《仁王經》《行願經》共
九萬三千部，
數珠一萬六千八十八串，
消演番漢大乘經六十一部，
大乘懺悔一千一百四十九遍，
皇太后宫下應有私人盡皆捨放并
作官人；
散囚五十二次，
設貧六十五次，
放生羊七萬七百七十九口，
大赦一次。
【下缺】

TK98《大方廣華嚴經入不思議解脱境界普賢行願品》，據其印施發願文可知，在西夏仁宗死後三年，皇太后羅氏爲其印施佛經。西夏仁宗薨於乾祐二十四年（1193 年），三年之後，當爲天慶三年（1196 年），在其施印發願文中，記載了這三年來所做的包括刻印佛經多少卷，度僧多少人，施齋多少人，散施佛像多少幀，數珠多少串，散囚多少人、濟貧多少次，放生多少牲畜以及大赦等等功德。并且經文爲了避諱，“明”字缺筆。

4. 元刻本漢文《華嚴部》佛教文獻

A20 1. 大隨求陀羅尼 2. 一切如來心陀羅尼 3. 唐梵般若心經

元刻本，蝴蝶裝，白口，版心題“大隨求”“般若心”中有卷頁碼，下有總頁碼，地脚處“中”字表示卷中，被裝裱折疊成經折裝，未染麻紙，共 33 折半，67 面，高 13.5 釐米，整頁 13.4 釐米，版框高 11.5 釐米，整頁寬 13 釐米，天頭 1.5 釐米，地脚 1 釐米，每半頁 6 行，梵文與漢文對照，行 10 字。四周雙邊，梵文種子字，漢文宋體字，墨色中。背裱有 18 種寫本殘紙。①

（七）漢文《寶積部》佛教文獻

漢文《寶積部》佛教文獻有兩個卷號，分别爲 TK14——Дx1336 和 TK245《佛説三十五佛名經》，均爲西夏刻本，經折裝，版框爲上下單邊，宋體字，用墨深匀。

卷號	折	面	高	寬	面寬	框高	天頭	地脚	面行	行字
TK140，ДX1336	8	16	20.3		10	16.1	2.6	1.5	6	15
TK245	6	12	18.2		8.7	15.4	1.1	1.1	5	10

① 《俄藏黑水城文獻》第六册，叙録，第 41 頁。

（八）漢文《經集部》佛教文獻

漢文《經集部》佛教文獻有 TK108. TK109. TK110. TK111《佛説阿彌陀經》；TK48P、ИНВ. No. 1366D《佛名經》；TK296《佛説佛名經》；TK58. TK60. TK81. TK82 TK83. TK86. TK87《觀彌勒菩薩上生兜率天經》；TK8. TK12. TK13《佛説轉女身經》；Ф335. Дх1447《金光明最勝王經善生品第二十一》；TK310A《正法念處經觀天品之二十二》。

1. 西夏刻本漢文《佛説阿彌陀經》

西夏刻本漢文《佛説阿彌陀經》有 4 個卷號，分别爲：TK108. TK109. TK110. 1. TK111。均爲經折裝。紙張除 TK109 爲未染楮紙外，均爲爲未染麻紙。版框爲上下單邊，字體爲宋體，墨色中匀。依據其版式，列表如下：

卷號	折	面	高	面寬	框高	天頭	地脚	面行	行字
TK108	3.5	7		6.3		2.5		8	
TK109	4	8	20.6	6.3	18.1	2.3	0.7	6	15
TK110.1	6	12	17.8	7.6	15.8	2.8	1.2	7	16
TK111	5.5	11	21.5	9.5	17.2	3.2	2	6	15

2. 漢文《佛名經》

漢文《佛名經》，有两個卷號，分别爲 TK48P、ИНВ. No. 1366D。其中 TK48P《佛名經》爲黏補 TK48《金剛般若波羅蜜經》折縫的小殘片，已脱落。潢麻紙。最長者高 25.7 釐米，寬 2.2 釐米，版框高 22.7 釐米，天頭 1.2 釐米，地脚 1.8 釐米，上下雙邊，宋體，墨色深。西夏刻本。ИНВ. No. 1366D 爲 2 塊殘片，烏絲欄，楷書，墨色中。

3. 漢文《佛説佛名經》

漢文《佛説佛名經》，有一個卷號，爲 TK296. 1，爲西夏刻本，未染麻紙，粗，厚，高 18.2 釐米，寬 8.3 釐米，共 4 行。

4. 漢文《觀彌勒菩薩上生兜率天經》

漢文《觀彌勒菩薩上生兜率天經》有個十卷號，分别爲；TK58. TK59. TK60. TK81 TK82 TK83. TK84. TK85. TK86. TK87。有甲乙丙丁四種本，其中 TK58. TK59 同爲甲種本，且版式相同；TK81. TK82 TK83. TK84. TK85 爲丁種本，且版式相同；TK86. TK87 爲乙種本；TK60 爲丙種本。均爲西夏刻本，經折裝，上下雙邊，寫刻體，用墨有較匀，用紙爲潢麻紙、白麻紙和未染麻紙。據其版式列表如下：

卷號	折	面	高	面寬	框高	天頭	地脚	面行	行字
TK58（甲）	25	50	29.5	11.1	23.6	4.2	2.2	6	16
TK60（丙）	20.5	42	28	10.7	22.5	3.5	1.5	6	18
TK81 TK82 TK83（丁）	25	50	29.3	11	22.9	4	2.3	6	18
TK86（乙）	1	2	24.5	11			2.3	6	
TK87（乙）		1	14.5	11			2.4	6	10

TK58 同 TK60 的發願文相同，均爲西夏仁宗（1189 年 10 月 26 日，仁宗在位）時做的印施發願文，自末 15 行爲：

感佛奥理，鏤版斯
經。謹於乾祐己酉二十年九月十五日，恭請宗
律國師、净戒國師、大乘玄密國師、禪法師、僧衆
等，就大度民寺，做求生兜率内宫彌勒廣大法
會，燒結壇，作廣大供養，奉廣大施食。并念佛誦
咒，贊西番番漢藏經及大乘經典，説法作大乘
懺悔，散施番漢《觀彌勒菩薩上生兜率天經》一
十萬卷，漢《金剛經》《普賢行願經》《觀音經》等各五
萬卷。暨飯僧，救生，濟貧，設囚諸般法事，凡七晝
夜，所成功德，伏願 一祖 四宗，證内宫之寶位；
崇考 皇妣，等兜率之蓮臺。歷數無疆，宫闈
有慶，不穀享黄髪之壽，四海視昇平之年。福同
三輪之體空，理契一真而言絶。謹願。
奉天顯道耀武宣文神謀睿智義去
邪惇睦懿恭 皇帝（仁宗）謹施。

乾祐已酉二十年九月十五日爲 1189 年 10 月 26 日，西夏仁宗請宗律國師、净戒國師、大乘玄密國師在大度民寺做法會，并散施《觀彌勒菩薩上生兜率天經》一十萬卷等佛事活動。國師的地位較高“他們是僧侶的上層，具有較高的學識和威望，在推動西夏佛教發展方面起著核心和中堅的作用。當然他們也因此有了相應的、較高的政治地位。……是國主對僧人的封號，起源於印度，……國師在西夏前期是僧人最高稱號。”[①] 大度民寺，始建時間及地址不詳。

TK81 的字體較 TK58 稍肥，有刻工“張知一”名，此可能爲漢人刻字工人。

5. 漢文《佛説轉女身經》

漢文《佛説轉女身經》有三個卷號，分别爲 TK8. TK12. TK13。均爲西夏刻本，經折

① 史金波《西夏佛教史略》，第 143 頁。

裝，上下雙邊，宋體，墨色深匀，用紙 TK8 爲白麻紙，TK12. TK13 爲未染麻紙。據其版式列表如下：

卷號	折	面	高	面寬	框高	天頭	地脚	面行	行字	版框
TK8	62.5	125	21.5	10	15.8	3.4	2	6	14	上下雙邊
TK12	70	140	21.5	9.8	15.7	3	2.5	6	14	上下雙邊
TK13	14	28	21.5	9.8	15.7	3.5	2.3	6	14	上下雙邊

TK8 同 TK12 行款、字體一致，僅段落尾花不同。TK12 印施發願文較爲完整，最後 16 行如下：

今 皇太后羅氏，自惟生居
末世，去聖時遥，宿植良因，幸逢真教
每思
仁宗之厚德，仰憑法力以薦資。遂於
二周之忌辰，命工鏤版，印造斯典，番
漢共三萬餘卷，并彩繪功德三萬餘
幀。散施國内臣民，普今見聞蒙益，所
鳩勝善。伏願
仁宗聖德皇帝，抛離濁境，安住净方，
早超十地之因，速满三身之果。仍願
龍圖永霸，等南山而崇高，帝業長
隆，齊北海而深廣。皇女享千春之
福，宗親延萬業之禎。武職文臣，恒榮
顯於禄位，黎民士庶，克保慶於休祥
六趣四生，咸捨生死，法界含識，悉證
菩提矣。
天慶乙卯二年九月二十日，
皇太后羅氏發願謹施。

在西夏仁宗薨兩周年之際，皇太后羅氏在天慶乙卯二年九月二十日（1195 年 10 月 24 日）所做佛事。

6. 漢文《金光明最勝王經善生王品》

漢文《金光明最勝王經善生王品》有两個卷號，Φ335. ДХ1447。這两個卷號的《金光明最勝王經善生王品》[1] 爲同卷遺物，上下可以拼接。此卷號《金光明最勝王經善生王

① 宗舜《〈俄藏黑水城文獻〉漢文佛教文獻擬題考辨》，《敦煌研究》2001 年第 1 期，第 82—92 頁，把 Φ335 定名爲《金光明最勝王經》卷 9《善生王品第二十一》。

品》爲宋刻本，白楮紙，上蠟，寫刻體，墨色深。其中Φ335，高16.5釐米，寬19.2釐米，上殘，地脚1.6釐米，共11行，行存9字，下單邊。ДX1447，高15.1釐米，寬20.4釐米，天頭3.3釐米，下殘，共11行，行存7字。

7. 漢文《正法念處經》

漢文《正法念處經》爲TK310的两個殘片，分别爲TK310A《正法念處經》卷第43《觀天品之二十二（夜摩天之八）》，TK310BV《正法念處經》卷第43《觀天品之二十二（夜摩天之八）》。[①] TK310A，唐寫本，原卷軸裝，疊成經折裝，未染麻紙，高24.9釐米，寬23.9釐米，卷心高19釐米，天頭3.4釐米，地脚2.5釐米，共13行，行17字。上下單邊，楷書，墨色偏淡，首尾缺。TK310BV，卷心高19.1釐米，天頭3.4釐米，地脚2.2釐米，共13行半，行17字，上下單邊，楷書，墨色淡，首尾缺。

（九）漢文《律部》佛教文獻

漢文《律部》佛教文獻僅有TK278.2《摩訶僧祇律卷第十五題簽》，爲三綫邊框，中有“摩訶僧祇律第十五”，下方寫“登”字，應爲千字文藏書號。

（十）漢文《中觀部》佛教文獻

漢文《中觀部》佛教文獻有一個卷號，爲TK276《般若燈論釋觀聖諦品第二十四》，宋刻本，卷軸裝，潢麻紙，細，高27.5釐米，寬43釐米，版框高19.5釐米，天頭5釐米，地脚2.7釐米，工22行，17字。上下單邊，寫刻體，墨色中。

（十一）漢文《瑜伽部》佛教文獻

漢文《瑜伽部》佛教文獻有二個卷號，分别爲TK253《瑜伽師地論》、A38II.2《大乘百法明門論》。

TK253爲宋刻本，蝴蝶裝，無口，未染楮紙，紙幅高21釐米，寬32.5釐米，版框高17.3釐米，天頭3.7釐米，每半頁6行，行存12字，上、右單邊，左無邊，下部殘。宋體，墨色深。

A38II.2爲夏或元寫本，綫訂册頁裝，白麻紙，共1個整頁，2個半頁，每半頁9行，行20字。楷書，下寫“李腰子文字”被塗去。

（十二）漢文《論集部》佛教文獻

漢文《論集部》佛教文獻爲《釋摩訶衍論》，分别爲卷號：TK77.A38I、

① 宗舜《〈俄藏黑水城文獻〉漢文佛教文獻擬題考辨》，《敦煌研究》2001年第1期，第82—92頁。

A38II. 1. TK78。均爲西夏或元寫本，綫訂册頁裝，TK77. TK78 爲未染麻紙，A38 爲白麻紙，字體爲楷書，墨色濃匀。

卷號	頁	高	半頁寬	天頭	地脚	半頁行	行字	版框
TK77	64	20.4	11.2			半頁 7	18—21	
TK78	18	20	12			半頁 8	19—20	
A38I	40	20.8	12.7	0.9	0.7	半頁 8	20	四周單邊
A38II. 2	31.5	21.6	13.5			半頁 8	20	

其中 TK77 中“明”字不缺筆，而 TK78“明”字缺筆，均有校補字。A38I“明”字有缺筆。A38II. 1 中雖然“明”字有缺筆，但也有不缺筆的。

（十三）漢文《密教部》佛教文獻

漢文《密教部》佛教文獻，是《俄藏黑水城文獻》漢文佛教文獻中卷號最多的。正如沈衛榮：“11 至 14 世紀西域地區之佛教歷史一脉相承，在高昌回鶻、西夏和蒙古的宗教信仰中均占主導地位的既不是漢傳佛教，也不是印度佛教，而是藏傳佛教”。① 漢文《密教部》佛教文獻，可以分爲宋代本、西夏本和元代本。

1. 宋寫本漢文《密教部》佛教文獻

宋本漢文《密教部》佛教文獻有三個卷號，分别爲 ИНВ. No. 4270《大隨求陀羅尼》、TK153 B60《建置曼拏羅真言》、TK218《密教儀軌》。其中 TK218 爲卷軸裝，ИНВ. No. 4270. TK153 B60 爲經折裝。三個卷號均爲寫本，未染麻紙楷書，用墨中匀。依據其版式列表如下：

A. 宋本漢文卷軸裝《密教部》佛教文獻：

卷號	高	寬	紙	卷心高	天頭	地脚	面行	行字	界行
TK218	29.2	58	2	28.2	0.2	0.6	共 24	20	烏絲欄

B. 宋本漢文經折裝《密教部》佛教文獻

卷號	折	面	高	面寬	天頭	地脚	面行	行字	版框	界行
ИНВ. No. 4270	14	28		11.4	1.8	2.2	7	16	上下單邊	烏絲欄
TK153 B60	54	108	19.8	9.5			5—6	不一		

ИНВ. No. 4270《大隨求陀羅尼》有雙行小字注音，并有補貼挖改字，自第 7 面起改爲朱絲欄。TK153 B60《建置曼拏羅真言集》有朱筆圈點，黑筆校改。

① 沈衛榮《重構十一至十四世紀的西域佛教史——基於俄藏黑水城漢文佛教文書的探討》，《歷史研究》2006 年第 5 期，第 23—34 頁。

2. 西夏本漢文《密教部》佛教文獻

西夏本漢文《密教部》佛教文獻，在有53個卷號。根據其裝幀方式的不同，可以分爲：經折裝、卷軸裝、蝴蝶裝和綫訂册頁裝四種。筆者依據其裝幀方式，分别予以論述。

A. 經折裝

西夏本漢文《密教部》經折裝佛教文獻，[①] 分爲刻本和寫本兩種類型。刻本有：ДХ1390《大威德熾盛光消灾吉祥陀羅尼》；TK76. TK21. 1. TK22. TK23. TK24《佛説大乘聖無量壽决定光明王如來陀羅尼經一卷》；TK301《無動如來陀羅尼》；TK102. 1《佛頂放無垢光一切如來心陀羅尼經》；TK102. 2《觀自在菩薩六字大明心咒》；TK129. TK130. TK131《佛説金輪佛頂大威德熾盛光如來陀羅尼經》；TK294《佛頂尊勝陀羅尼經》；TK137. 1《佛説業報差别經》；TK137. 2《佛説無常經》；TK306《佛母大孔雀明王經卷下》；TK174《佛頂心觀世音菩薩大陀羅尼經》；TK123《千手千眼觀世音菩薩廣大圓满無障礙大悲心陀羅尼》；TK107《佛説普遍光明焰鬘清净熾盛思惟如意寶印心無能勝總持大明王大隨求陀羅尼經》；TK271《密咒圓因往生集》；TK39. 2《般若無盡藏真言》；TK39. 3《補闕真言》；TK128. 2《持誦聖佛母般若多心經要門》；TK163《密教儀軌》。寫本有：TK292《文殊智禪定》；ИНВ. No. 274. 1《金剛亥母略施食儀》；TK103《佛説普遍光明焰鬘清净熾盛思惟如意寶印心無能勝總持大明王大隨求陀羅尼經》；ИНВ. No. 274. 2《金剛亥母自標授要門》；Φ315《黑色天母求修次第儀》；Φ221V1《八種粗重犯墮》；Φ221V2《常所作儀軌八種不共》；Φ221V3《大乘秘密起發》。

其中TK21與TK22. TK23. TK24爲同一版本。應爲“皇建元年”同一批施印的佛經（見上文）。紙張以未染麻紙爲主，兼有未染楮紙和潢楮紙，字體以宋體爲主，兼有楷書，墨色中匀。其中Φ221V1，共72行，行21字，楷書；Φ221V2共22行，行字數不一，楷書，非一人所書；Φ221V3共69行，行37字，行楷，有校補字與勾劃。

卷號	折	面	高	寬	面寬	框高	天頭	地脚	面行	行字	版框
ДХ1390			32. 1	22. 8				1. 9	11	18	上下右雙邊
TK76	13. 5	27	20. 8		9	15. 3	3. 7	1. 8	7	14	上下單邊
TK21	19	38	12. 5		6. 3	8. 7	2. 3	1. 5	6	13	上下雙邊
TK22	4. 5	9	12. 5		6. 3	8. 5	2. 3	1. 6	6	13	上下雙邊
TK23	3. 5	7	12. 5		6. 3	8. 8	2. 4	1. 6	6	13	上下雙邊
TK24	3. 5	7	11. 2		6. 2	8. 8	1. 2	1	6	13	上下雙邊
TK301	1	2	19. 2		10. 2	14. 5	2. 7	2. 1	6		上下單邊
TK102	6	12	10. 2		6	7. 7	1. 3	1. 1	6	10	上下雙邊右單邊
TK129	7. 5	15	19. 3		7. 9	15. 3	2. 8	1. 1	5	15	上下單邊
TK130	3	6	19. 6		8. 2	16. 3	3	1. 3	5	13—14	上下單邊

① 筆者把4個無法辨别裝幀方式的卷子也計算在内。這四個卷子分别爲ДХ1390、TK292、ИНВ. No. 274、Φ315。

續上表

卷號	折	面	高	寬	面寬	框高	天頭	地脚	面行	行字	版框
TK131	1	2	20.5		8.2	15	4.2	1.3	3	13	上下單邊
TK294		1	17.1		8	15.4	0.7	1	存3	10	上下單邊
TK137.1 TK137.2	38 6.5	76 13	19.3		8.3	15.1 15.3	2.2 2.3	2.1 2.1	6	15	上下右單邊
TK306		1	21	9.7			2.7		5	存13	上單邊
TK174	10	20	18.4		8.7	16	1.5	0.9	5	14	上下雙邊
TK123	1	2	25		9.8	21.8	2.4	0.8	5	16	上下單邊
TK107	30	60	12.9		6.7	10.3	1.5	1	5	13—14	上下單邊
TK271	10.5	21	10.3		6	7.8	1.3	1.1	6	10	上下雙邊
TK39	4.5	9	26.2		10.7	22.8	3.2	0.8	6	18	上下雙邊
TK128.2	10.5	21	22.2		11.2	16.7	3.4	2.2	8	15—16	上下單邊
TK163	3	6	20.8		8.8	18	1.9	0.8	6	15	上下單邊
TK292			10.6	7.3					5	11—12	
ИНВ. No. 274	8殘片										
Ф315			22.5	45.4			0.8	1	28	26	
TK103	3.5	7	22.3		6.7	19.3	1.5	1	5	18	上下單邊

TK129《佛説金輪佛頂大威德熾盛光如來陀羅尼經》最後10行爲施印題記：

伏願 天威振遠，
聖壽無疆，
金枝 鬱茂，重臣千秋，蠢動含靈，
法界存土，齊成
佛道。雕經善友衆：
尚座袁宗鑒 杜俊乂 朱信忠 杜俊德
安平 陳用 李俊才 杜信忠 袁德宗
杜彦忠 杜用 牛智慧 張用 訛德勝
杜宗慶 薩忠義 張師道 等。
乾祐甲辰十五年八月初一日重開板印施。

據此可知此佛經當是1184年9月7日施印佛經。雕經善友多達17人之多。
TK128有行①御製後序，自第12行：

朕睹勝因，遂陳誠願。

① 《俄藏黑水城文獻》第六册，叙録，第15頁。

尋命蘭山覺行國師沙門德慧，重將梵本，
再譯微言。仍集真空觀門、施食儀軌，附於
卷末，連爲一軸。於
神妣 皇太后周忌之辰，開板印造番
漢共二萬卷，普施臣民。請覺行國師登
燒結滅惡趣中圍壇儀，并拽六道，及講演
《金剛般若經》《般若心經》，做法華會、大乘懺
悔，放神幡，救生命，施貧濟苦登事，懇伸追
薦之儀，用答功勞之德。仰憑覺蔭，冀錫冥
資，直往净方，得生佛土，永住不退，速證法
身。又願
六朝祖宗，恒游極樂，萬年社稷，永享昇平。
一德大臣，百祥咸萃，更均餘祉，下逮含靈。
天盛十九年歲次丁亥五月初九日，
奉天顯道耀武宣文神謀睿智制儀去邪惇睦懿恭 皇帝 謹施。

此爲天盛十九年（1167 年 5 月 29 日）施印的佛經。

B. 卷軸裝

西夏本漢文《密教部》卷軸裝佛教文獻有寫本和刻本两類。刻本爲：TK136《六字大明王功德略》、TK135《聖六字增壽大明陀羅尼經》。寫本爲：Φ249 Φ327《金剛亥母修習儀》；Φ234《多罔天陀羅尼儀軌》；TK329《四字空行母記文卷上》；TK328《顯密十二因緣慶贊中圍法事儀軌》；Φ214《親誦儀》。用紙有未染麻紙、未染楮紙、白麻紙，版框除 TK135. TK136 爲上下右雙邊和上下雙邊外，其餘爲隱欄。字體除 TK135. TK136 爲宋體外，其餘爲楷書。用墨有濃淡。依據其版式，列表如下：

卷號	紙張	高	寬	紙	紙幅	框高	卷心高	天頭	地脚	紙行	行字
TK136	未染麻紙	18.5	69.5	3	41	12.5		4.2	2.3	30	11
TK135	未染麻紙	19.7	145	3	58	16.5		2.4	0.9	30	11
Φ249 Φ327	未染楮紙	13.4 13.3	46.5 47.3				10.9 10.7	1.1 1.5	1.3 1.1	36 34	14—17
Φ234	白麻紙	23	93	3	41					18	21
TK329	未染麻紙	23	337.7	6	57.3		20.2	1.4	1.6	22	20
TK328	白麻紙	25	242	5	55.8		22.3	1.5	1.1	28	17
Φ214	白麻紙	23	157	3	51.7		21.5	0.8	0.5	27	18

TK136《六字大明王功德略》有印施題記 2 行：

乾祐乙巳十六年季秋八
月十五日（1185 年 9 月 10 日，仁宗在位）比丘 智通 施

顯然這是比丘智通在乾祐乙巳十六年八月十五日（1185年9月10日）施印的佛經。

TK135《聖六字增壽大明陀羅尼經》有5行印施題記：

右願印施此經六百餘卷，資薦
亡靈父母及法界有情，同往
净方。
時大夏天慶七年七月十五日（1200年8月26日，桓宗在位）
哀子 仇彦忠等 謹施

此爲西夏天慶七年七月十五日（1200年8月26日）仇彦忠爲亡父母祈福而施印的佛經。

Φ214《親誦儀》後有校勘題記：

天慶丙辰三年十二月廿五日寫 勘了

此爲桓宗時期1197年1月15日的校勘題記。

C. 蝴蝶裝

西夏本漢文《密教部》蝴蝶裝佛教文獻，又分爲包背蝴蝶裝和蝴蝶裝两種裝幀方式；僅TK164. TK165爲刻本，其餘均爲寫本。TK287《金剛劑門》、TK164. 1《聖觀自在大悲心總持功能依經録》、TK164. 2《勝相頂尊總持功能依經録》、TK165. 1《聖觀自在大悲心總持功能依經録》、TK165. 2《勝相頂尊總持功能依經録》、A13《佛眼母儀軌》、A5. 1《念一切如來百字懺悔劑門儀軌》、A5. 2《求佛眼母儀軌》、A3《密教咒語》、TK163《密教儀軌》、TK259《密教儀軌》、ИНВ. No. 272《密教儀軌》、A14《金剛亥母集輪供養次第録》、A19《金剛亥母禪定》、TK327《中有身要門》、A15《夢幻身要門》、A16《甘露中流中有身要門》、A18《拙火能照無明》、A17《捨壽要門》等。其中A14. A19. A18爲包背蝴蝶裝，其餘爲蝴蝶裝。紙張多爲未染麻紙、白麻紙，書口多爲白口或無口。TK164. TK165. TK287. TK259和ИНВ. No. 272爲白口，其餘爲無口。界行除TK287. K259和ИНВ. No. 272爲烏絲欄外，均無界行。墨色中匀。A19. A18. TK287. A13. A5. TK259. ИНВ. No. 272爲四周單邊；TK164. TK165爲上下單邊左右雙邊；A14. A16爲上下單邊左右無邊，其餘不可考。

卷號	整頁	半頁	紙幅高	寬	字心高	框高	天頭	地脚	半頁行	行字	字體
A14	7		13.8	23.5	10.4		1.9	1.4	8	13	楷書
A19	4		14	23.8	11.4		1.4	1.3	8	14	楷書硬筆
A18	8		14	23.7	10.9		1.4	1.6	8	14	楷書硬筆
TK164	24		13.3	17.7		9.4	2.8	1.1	9	13—15	宋體
TK165	18	2	12.9	18		9.5	2.1	1.5	9	13—15	宋體

續上表

卷號	整頁	半頁	紙幅高	寬	字心高	框高	天頭	地脚	半頁行	行字	字體
TK287	4		9	13	6		1.6	1.2	5	10	楷書
A13	8		13.7	19	9.6				5	13	楷書
A5	10	1	9.1	17		6.5	1.4	1.3	7	9	楷書硬筆
TK327	7		14.1	22.1	11.2		1.8	1.1	7	14	楷書
A15	5		14.3	21.9	11.6		1.5	1.2	7	13—15	楷書
A16	5		13.8	23.5	10.6		1.8	1.6	8	13	楷書
A17	2		14.2	22.1	11.6		1.5	1.3	7	14	楷書硬筆
A3	7		9	6	6.5		1.4	1.1	6	8—9	楷書
TK259		9	21	29	18		2	1.2	8	18	行楷
ИНВ. No. 272	2	4		27	19.5				16	16—17	楷書

TK164 的發願文與 TK165 同。自第 25 行

朕
睹兹勝因，倍激誠懇，遂命工鏤版，雕
印番漢一萬五千卷，普施國内臣民，
志心看轉，虔誠頂受。朕亦躬親而仰
服，每當竭意而誦持，欲遂良緣，廣
修衆善。開闡真乘之大教，燒結秘密
之壇儀。讀經不絶於誦聲，披典必全於
大藏。應幹國内之聖像，悉令懇上於
金妝，遍施設供之法筵，及集齊僧之
盛會，放施食於殿宇，行法事於尊榮。
然斯敬信之心，悉竭精誠之懇，今略
聊陳於一二，豈可詳悉而具言。以兹
聖善，伏願
神考崇宗皇帝超陞三界，乘十
地之法云，越度四生，逢一真之性海，
默助無爲之化，潛扶有道之風。之
子之孫，益昌益盛。又願以此善力，
基業泰定，邇遐楊和睦之風；國本
隆昌，終始保清平之運，延宗社
而克永，守歷數以無疆。四方期奠
枕之安，九有獲覆盂之固。祝應□
誠之感，祈臻福善之徵。長遇平□，

畢無變亂。普天率土，共用治□。□
有所求，隨心皆遂，爲祝▨神聖，乃爲頌曰：
法門廣開闢理淵微，持讀□□□□□。
大悲神咒玄密語，□□□□□□□。
奉天顯道耀武宣文神謀睿智制義
去邪惇睦懿恭 皇帝（仁宗）謹施。
此經爲仁宗皇帝施印佛經。

A5 有“上師李法海”，出家不廢俗姓，爲不多見者（TK21“沙門李智寶”，TK72“京市周家□□□▨僧雕字人王善慧”，TK242“邠州開元寺僧西安州歸義劉德真”）

TK327《中有身要門》與 A15《夢幻身要門》A17《捨壽要門》行款、字迹、紙質相似。

A16《甘露中流中有身要門》與 A14 行款，紙質、字迹相似，但 A14“明”不缺筆。此“明”字缺筆。

D. 綫訂册頁裝

西夏本漢文《密教部》綫訂册頁裝佛教文獻，均爲寫本，有 TK75《文殊菩薩修行儀軌》、A8《贊佛稱贊慈尊》、TK74《大集編□□□聲頌一本》、TK262.1《大黑根本命咒》、A11《密教念誦集》。除 TK74 爲白麻紙外均爲未染麻紙，字體均爲楷書，墨色濃匀不一。除 A8. TK74 有烏絲欄界行外，均無界行。除 TK74 版框爲上下單邊左右雙邊，TK262 爲上下單邊外，均無版框。

卷號	整頁	半頁	高	半頁寬	版面寬	字心高	天頭	地脚	半頁行	行字
TK75	20		10.7	7.5					5—7	14
A8	23		10.6	10					7	9—10
TK74	79		16.9		9.5	13.9	2	1	7	18—20
TK262	7	1	20	12.3		14.2	3.2	2.5	9	17—19
A11	33	1	11.3	10.3					6	11

3. 元本漢文《密教部》佛教文獻

元本漢文《密教部》佛教文獻，有刻本和寫本兩類。刻本有：TK184《聖妙吉祥真實名經》、A20.1《大隨求陀羅尼》、A20.2《一切如來心陀羅尼》、A20.3《唐梵般若心經》；寫本有：TK207《陀羅尼》、TK238《□修觀行儀軌一卷》、TK191《密教雜咒經》、B2.2《無量壽如來念誦修觀行儀軌一卷》、A9《本尊禪定》、B59《大黑求修并作法》、A7《慈烏大黑要門》、A21. 1.《神仙方論》、A21.3《吉祥金剛手燒壇儀》、A21.4《修青衣金剛手法事》、A21.5《供養陀羅尼》、TK266《密教儀軌》、TK321《密教儀軌》。

A. 蝴蝶裝

元本漢文《密教部》蝴蝶裝佛教文獻有兩個卷號，爲 TK184 和 A20。其中 A20 爲蝴蝶裝改裝經折裝。均爲刻本，白口，宋體，墨色較深。TK184 爲四周單邊，A20 爲四周雙邊。依據其版式，列表如下：

卷號	折	整頁	半頁	紙幅高	寬	版框高	版框寬	天頭	地脚	半頁行	行字
TK184		4	10	16.5	22	13.8	19.2	1.2	1.8	7	13—15
A20	33.5	67		13.5	13.4	11.5	13	1.5	1	6	10

B. 綫訂册頁裝

元本漢文《密教部》綫訂册頁裝佛教文獻，均爲寫本，未染麻紙，楷書，墨色較好。除 A9 版框爲上下單邊外，其餘没有版框。

卷號	整頁	半頁	高	半頁寬	字心高	天頭	地脚	半頁行	行字
B2.2	16	1	22	14	17.1	2.7	2.3	9	20
A9	14	1	11.1	6.5	9.5	0.9	0.7	6	11—12
B59	34	2	23	14				11	17
A7	15		9.3	9.3				7	9—10
A21	20	2	14	9.8				6—7	12—14
TK266	2		21.8	14				7	15
TK321	36	2	14.6	10.3	11	2	1.5	6	12

C. 卷軸裝及其他

元代漢文《密教部》卷軸裝佛教文文獻，僅有一個卷號 TK191《密教雜咒經》未染麻紙，高 23.6，寬 37，共 18 行，行 24 字。有雙行小字注音。楷書，墨色中，有校補字。

另外還有兩個卷號，無法判斷其裝幀方式。爲 TK207《陀羅尼》和 TK238《□修觀行儀軌一卷》。

TK207 爲潢麻紙，薄，軟，高 20.2 釐米，寬 12.5 釐米，共 7 行，行字數不一，楷書，墨色中，有雙行小字反切注音。首尾缺，據蘇州戒幢佛學研究所宗舜研究，文書出《無量壽如來觀行供養儀軌》中“無量壽如來根本陀羅尼”。

TK238 爲未染麻紙，高 11 釐米，寬 9 釐米，共 6 行，行 9 字，楷書，墨色偏淡。首缺。上部被裁去，後有簽押，末行爲西夏字，被劃去。

（十四）漢文《經疏部》佛教文獻

漢文《經疏部》佛教文獻有 6 個卷號，分别爲 TK116《摩訶般若波羅蜜多心經注》；TK149《金剛般若經抄第五》；TK158. TK159《夾頌心經一卷》；TK148《觀無量壽經甘露疏科文》；TK251《大方廣圓覺修多羅了義經略疏卷上二》；TK303《大方廣圓覺修多羅了義經略疏》。

又可以分爲宋本、金本和西夏本。

A. 宋本《金剛般若經抄第五》

宋本《金剛般若經抄第五》有一個卷號，爲 TK149。卷軸裝，未染楮紙，薄，高 34 釐米，寬 2032 釐米，共 40 紙，紙幅 51，版框上下邊綫多高低不齊，一般高 26.6 釐米，天頭3.7釐米，地脚2.5釐米，每紙28行，行21字，偶有雙行小字注釋，上下單邊，寫刻體，墨色深匀，有朱筆圈點。中有漏刻。有5行印施題記：

雕印功德，廣大如虚空，究竟如法界。
皇庭宴肅，率土豐登。勾當者，實相通神；助緣
者，彌廬積福。飛行水陸，帶角披毛，俱沐良因，齊
等覺岸。時大中祥符九年四月八日雕畢。
朝散大幅行尚書駕部員外郎知丹州軍州兼管内勸農事輕車都尉借紫梁（押印）施一卷。

這是大中祥符九年四月八日（1016年5月16日），真宗時期施印的佛經。在各紙末尾或刻助印施紙功德名單："白水縣王式通前施及二片""比丘悟緣并王仁福""比丘悟緣一片""白水党［行者一片］""伏龍村曹永？施一片""蒲石村楊言施一片""［俗弟子］□""蒲城縣前行尚祚施一片""伏龍村女弟子曹氏一片"。

B. 金刻本漢文《經疏部》佛教文獻

金刻本漢文《經疏部》佛教文獻有两個卷號，分别爲TK116《摩訶般若波羅蜜多心經注》、TK251《大方廣圓覺修多羅了義經略疏卷上二》。

TK116《摩訶般若波羅蜜多心經注》爲蝴蝶裝，白口，未染麻紙。共14個整頁。紙幅高19釐米，版框高15.2釐米，殘寬19.5釐米，天頭2.3釐米，地脚2.1釐米，左右皆殘損。每半頁存5行，行10—12字，有雙行小字注釋。上下單邊，宋體，墨色深匀。本經的裝幀形式，反映了刊刻形式自卷軸嚮蝴蝶裝的過渡。

TK251《大方廣圓覺修多羅了義經略疏卷上二》爲經折裝，未染麻紙，粗，共1折，2面，高20.2釐米，面寬9.5釐米，版框高16.4釐米，天頭3.5釐米，地脚0.4釐米，每面6行，行15字。上下雙邊，宋體，墨色深，首尾缺，切口整齊，中2行陰文"善男子，六塵清净故，地大清净，地▨清净故，水火清净，火大風大，亦復如是"，殊爲少見。①

C. 西夏本漢文《經疏部》佛教文獻

西夏本漢文《經疏部》佛教文獻，有四個卷號，分别爲TK158. TK159《夾頌心經一卷》、TK148《觀無量壽經甘露疏科文》、TK303《十子歌》。其中TK148爲卷軸裝，其餘爲經折裝。TK303爲寫本，其餘均爲刻本。經折裝諸本中，字體爲宋體和楷書，紙爲未染麻紙、未染楮紙，墨色中。TK158. TK159均爲上下單邊，TK303没有版框。

卷號	折	面	高	寬	面寬	框高	天頭	地脚	面行	行字
TK158甲	19.5	39	17.6		8	14	2.4	1.3	5	15
TK159乙	18.5	37	18.4		8	14	2.5	1.8	5	15
TK303	1	2	9.3		5					3

① 《俄藏黑水城文獻》第六册，叙録，第30頁。

TK158 有 11 行印施題記：

蓋聞《般若多心經》者，實謂腥昏衢
之高炬，濟苦海之迅航，拯物導迷，莫
［斯］爲最。文證睹兹法要，隨啓誠心意弘
無漏之言，用賨父母同極之德。今則
特捨凈賄，懇爾良工，雕刻板成，印施
含識。欲使 佛種不斷，善業長流，
薦資考妣，離苦得樂，常生勝處，常
悟因果。願隨 彌勒，以當來願。值
［龍］華相見，然後福沾沙齊，利及
［群生］，有識之儔，皆蒙此益。
天［賜禮］盛國慶五年歲次癸丑八月壬申朔 陸文政施。

此爲陸文政在 1073 年 9 月 5 日惠宗時期施印的佛經。TK158 和 TK159 雖均爲《夾頌心經》，却非相同的内容，爲甲乙两種本子。但是都有异刻字，“敬”字均缺筆。可能是同時代的佛經。

TK148《觀無量壽經甘露疏科文》爲卷軸裝，潢麻紙，高 31.2 釐米，寬 918 釐米，共 16 紙，紙幅 60，版框高 23.8 釐米，天頭 4.3 釐米，地脚 3.1 釐米，每紙 27 行，行字數不一，上有小字科文，下有雙行小字注釋。上下單邊，宋體，墨色中。有朱文方印“翠野樓記”，“明”字缺筆。

（十五）漢文《律疏部》佛教文獻

漢文《律疏部》佛教文獻，有三個卷號，TK150.2《四分律行事集要顯用記卷第四》、TK142.2《四分律七佛略説戒偈》、A26.2《無上圜宗性海解脱三制律》。其中 TK150. A26.2 爲西夏寫本，綫訂册頁裝。TK142.2 爲金刻本，經折裝。

西夏刻本漢文《律疏部》綫訂册頁裝佛教文獻，依據其版式，列表如下：

卷號	整頁	半頁	高	半頁寬	字心高	天頭	地脚	半頁行	行字	版框
TK150	53		21	13	16.7	2.7	1	8	17—22	四周單邊
A26.2	9	2	17.5	10.8	12.3	2.5	2.7	6	13—14	隱欄

金刻本漢文《律疏部》經折裝佛教文獻，爲 TK142.2《四分律七佛略説戒偈》，TK142 卷號有三個内容，分别爲《大方廣佛華嚴經入不思議解脱境界普賢行願品》《四分律七佛略説戒偈》《乘起信論立義分》，爲經折裝，未染楮紙，共 45 折半，91 面，高 20 釐米，面寬 9.5 釐米，版框高 15.9 釐米，天頭 2.3 釐米，地脚 1.9 釐米，每面 6 行，行 15 字，上下雙邊，宋體，墨色深匀。末爲 18 行印施題記：

蓋念荷
君後之優恩，上窮罔極；戴
考妣之元德，旁及無涯。欲期臣子之誠，無出
佛之右。是故暢圓融宏略者，華嚴爲冠；［趣秘］
樂玄猷者，净土爲先。仗法界一真之妙宗，仰彌陀
六八之弘願。今安亮等懇斯威福，利彼存亡，届
亡妣百日之辰，特命工印《普賢行願品》一［萬］有
八卷，繪彌陀主伴尊榮七十有二幀，專施有緣。
仍肇薨逝之辰，曁於終七。恒興佛事，廣啓法筵。
命諸禪師、律僧、講主，轉大藏及四部大經，禮千
佛與梁武懺法，演大乘懺悔。屢放神幡，數請機
壽僧誦《法華經》，常命西番衆持《寶集偈》。燃長明
燈，四十九海，讀聲不絶，大般若數十部。至終七
之辰，詮義法師設藥師琉璃光七佛供養，惠照禪師奉
西方無量壽廣大中宮圍，西天禪師提點等燒結滅
惡趣壇，矧六道法事，襲此功德。伏願
帝統延昌，邁山呼之景算，
正宫永福，享坤載之崇光。皇儲協贊於［千秋］。

（十六）漢文《論疏部》佛教文獻

漢文《論疏部》佛教文獻較少，有 TK79《龍論第一下半》、TK80《龍論第二下半》、ИНВ. No. 1366B《釋摩訶衍論卷第八科文》、ИНВ. No. 1366C《佛經論釋》、TK285《九事顯發光明義等》、TK220《佛經論釋》等。其中 TK79. TK80 爲元或西夏寫本，綫訂册頁裝，TK285 爲蝴蝶裝，其餘多爲殘片，這些殘片的字體爲楷書，墨色濃淡不一。

TK285《九事顯發光明義等》西夏寫本，蝴蝶裝，無口，中有頁碼，白麻紙，紙幅高 14.1 釐米，寬 21.8 釐米，字心高 11.6 釐米，半頁寬 8.8 釐米，天頭 1.3 釐米，地脚 1.3 釐米，每半頁 7 行，行 23 字。隱欄。楷書，硬筆，墨色偏淡，有校補字。“明”字缺筆。

TK79. TK80 爲同一系列寫本，字體爲楷書，墨色濃淡不一，且 TK80 非一人所書。據其版式，列表如下：

卷號	整頁	半頁	高	半頁寬	字心高	天頭	地脚	半頁行	行字
TK79	48		20.5	13.5				7—8	15—21
TK80	50		20.3	13.2				8	19—22

卷號	時代	紙張	高	寬	天頭	地脚	行	行字
ИНВ. No. 1366B	西夏寫本	未染麻紙	24.2	21.9			11	14
			11.3	10.2			3	7
			11.3	6.2			3	7

續上表

卷號	時代	紙張	高	寬	天頭	地脚	行	行字
ИНВ. No. 1366C	西夏寫本	未染麻紙	13. 8	8. 8	1. 8		4	10
TK220	元寫本	未染麻紙	18. 8	14. 2			9	19

（十七）漢文《諸宗部》佛教文獻

1. 卷軸裝

西夏刻本漢文《諸宗部》卷軸裝佛教文獻有两個卷號，TK241《注華嚴法界觀門卷上》、TK242《注華嚴法界觀門卷下》。這两個卷號紙質、形制皆相同，其紙張爲未染麻紙。依據其版式列表如下：

卷號	紙	紙幅高	寬	面寬	版框高	天頭	地脚	每紙行
TK241	28	32. 7	45		23. 6	5. 8	3	16
TK242	18	32. 7	45		23. 6	5. 8	3	16

TK242《注華嚴法界觀門卷下》尾題後有 24 行印施題記，先述文、科、注三者結合之妙用。自第 13 行云：

今者，德真幸居
帝裹，喜遇良規，始欲修習，終難得本，以至口授，則音律參
差，傳寫者，句文脱謬，致罷學心，必成大失。是以恭捨囊資，
募工鏤板，印施流通，備諸學者。若持若誦，情盡見除；或
見聞，功齊種智。仰此上乘，遍嚴法界，延
龍算於皇家，曜
福星於官庶。道如堯舜之風，國等華嚴之境。總總期萬類，
性反一真，不問冤親，將來無對。溥冀含情，
悉如我願，
大圓鏡中，欲垂慈照者也。
皇朝天盛四年歲次壬申望日沔道沙門釋法隨勸緣及記，
邠州開元寺僧西安州歸義劉德真雕版印文。謹就
聖節日散施。

在 1152 年 9 月 15 日仁宗時期，劉德真募工鏤版施印的佛經。劉德真爲邠州開元寺僧人，出家而不廢俗姓，與 TK21“沙門李智寶”、TK72“京市周家□□□☐僧雕字人王善慧”、A5“西天金剛大五明傳上師李法海”异曲同工，可見西夏教界時尚。

2. 西夏刻本漢文《諸宗部》經折裝佛教文獻

西夏刻本漢文《諸宗部》經折裝佛教文獻，能明確辨明其裝幀方式爲經折裝的有两個卷號，分别爲 TK270《顯密圓通成佛心要集卷上》、K71V《華嚴感通靈傳記》，ДX3185. ДX591. ИHB. No. 1044. ИHB. No. 2010 爲殘頁。[①] ДX3185. ДX591. ИHB. No. 1044 爲寫本，TK270. TK71V、ИHB. No. 2010 爲刻本。除 ДX3185 爲白麻紙外均爲未染麻紙，TK270 版框爲上下單邊、TK71V 爲上下單邊、ИHB. No. 2010 爲上下右單邊。ДX3185. ДX591. ИHB. No. 1044 爲楷書，TK270. TK71V、ИHB. No. 2010 爲宋體，TK71V 爲寫刻體。墨色較濃。依據其版式列表如下：

卷號	折	面	高	寬	面寬	框高	天頭	地脚	面行	行字
TK270	4	7. 5	20. 5		9	15. 5	2. 8	2. 2	6	13
TK71V	1	2	27. 5		11	23. 3	3. 2	1. 1	6	18
ДX3185			20. 1	17. 4					8	15
ДX591			111	42						
ИHB. No. 1044			5. 4	20. 1			2		10	4
ИHB. No. 2010			14. 3	12. 2					5	11

3. 西夏寫本漢文《諸宗部》綫訂册頁裝佛教文獻

西夏寫本《諸宗部》綫訂册頁裝佛教文獻有 3 個卷號，分别爲 ДX2823《三寶等問答》、A6《解釋詞義》、A26. 1《立志銘心誡》、A26. 3《沙門恒潤啓》、A26. 4《色財名志詞》。均爲寫本，除 ДX2823 爲白麻紙外均爲未染麻紙，楷書，墨色較好。依據其版式，列表如下：

卷號	整頁	半面	高	半頁寬	字心高	框高	天頭	地脚	半面行	行字
ДX2823	9	2	5. 5	4. 5					3	4—6
A6	40		10. 7	7. 9	8. 3		1. 2	1. 3	7	12
A26. 1	4	2	17. 5	10. 8	12. 3		2. 5	2. 7	6	13—14
A26. 3	3	1	17. 5	10. 8	12. 3		2. 5	2. 7	6	13—14
A26. 4	1	2	17. 5	10. 8	12. 3		2. 5	2. 7	6	13—14

4. 西夏寫本漢文《諸宗部》蝴蝶裝佛教文獻

西夏寫本漢文《諸宗部》蝴蝶裝佛教文獻，有一個卷號爲 A4V《照心圖一本》，爲 A4 的《護國三寶偈》的背面，爲未染麻紙，楷書，墨色較濃。“明”字缺筆。依據其版式列表如下：

---

① 筆者把 ДX3185《説性空之法》、ДX591《衆生心法圖》、ИHB. No. 1044《佛國園悟禪師碧嚴録卷第一》、ИHB. No. 2010《禪宗文獻》四個無法辨認裝幀方式的卷子放在經折裝文獻中。

卷號	書口	整頁	半頁	紙幅高	寬	版框高	版框寬	天頭	地脚	半頁行	行字
A4V		8	1	8.7	12.9		6.5			5	12—14

5. 宋本漢文《諸宗部》佛教文獻

A. 宋本漢文《諸宗部》經折裝佛教文獻

宋本漢文《諸宗部》經折裝佛教文獻，僅有一個卷號 TK186《注清凉心要》，爲宋刻本，未染麻紙，每行字數不一，上下首尾單邊，宋體字，墨色深。并有潢麻紙封套，雙框陰文刻本題簽“注清凉心要”。有“善友施”白文印，并有紫色雙框方印“李醜兒▨宅經記”。依據其版式列表如下：

卷號	折	面	高	寬	面寬	框高	天頭	地脚	面行	行字
TK186	10.5	21	27.4	10.8		21.5	4.5	1.4	5	字數不一

B. 宋本漢文《諸宗部》蝴蝶裝佛教文獻

宋本漢文《諸宗部》蝴蝶裝佛教文獻，有四個卷號，① 分别爲 TK134《通理大師立志銘性解脱三制律》、TK254《中華傳心地禪門師資承襲圖》、TK133《真州長蘆了和尚劫外録》、TK132《慈覺禪師勸化集》。均爲未染麻紙，白口，宋體字，墨色較好。其中 TK133. TK134 爲四周雙邊，TK254 爲上下雙邊，TK132 爲上下雙邊左右雙邊。依據其版式列表如下：

卷號	整頁	半頁	紙幅高	寬	版框高	版框寬	天頭	地脚	半頁行	行字
TK134	4	1	20.5	28.5	16.5	22.9	2.3	1.9	4	14
TK254		2	28	半頁 17.3	23.6	半頁 15.1	2.5	2.2	7	18
TK133	37	1	23	31.5	17.3	24.8	3.3	2.4	8	17
TK132	44	1	20.3	31.2	16.8	24.5	2	1.5	8	15

TK133《真州長蘆了和尚劫外録》末爲“宣和癸卯宴堂自贊”。可知此爲 1123 年，徽宗時期的佛經；TK132《慈覺禪師勸化集》有“崇寧三年九月初八日序”。此爲 1104 年 9 月 28 日。徽宗時期的佛經。

（十八）漢文《目録音義部》佛教文獻

漢文《目録音義部》佛教文獻，有兩個卷號，分别爲 TK252《新集藏經音義隨函録》，宋寫本，蝴蝶裝，白麻紙。共 4 個半頁，紙幅高 16.9 釐米，半頁寬 13.2 釐米，字心高 12.9 釐米，半頁寬 11.5 釐米，天頭 2.5 釐米，地脚 1.8 釐米，每半頁 7 行，行字數不一，大字下雙行小字注直音或反切音，四周單邊。楷書，墨色濃。Φ221Φ228Φ226《大乘入藏録》，五代寫本，經折裝潢寫經紙，薄，高 24.6 釐米，寬 248 釐米，共 5 紙，紙幅

① 把 TK254《中華傳心地禪門師資承襲圖》爲宋或西夏刻本放入宋本蝴蝶裝中加以計算。

47，卷心高 20.9 釐米，天頭 1.4 釐米，地脚 2.3 釐米，共 152 行，烏絲欄，楷書，墨色濃匀。有雙行小字："開元釋教録經當寺藏 □□□□□□□ 玄逸法師略録章目注疏 □□□□□□□。"

（十九）漢文《禮頌俗講部》佛教文獻

禮頌俗講部佛教文獻，也是比較多的佛教文獻之一①。把該部文獻作如下劃分：

A.《禮頌俗講部》經折裝佛教文獻，有可以分爲西夏本和元本。

西夏本主要有 TK250《禮佛文》、TK304《發願文》、TK324《廣大發願頌》、TK111V《懺悔文》。除 TK250 爲寫本、楷書、烏絲欄外，均爲刻本、宋體、經折裝、上下單邊。TK250. TK304 爲未染楮紙，TK324. TK111V 爲未染麻紙。

卷號	折	面	高	寬	面寬	框高	天頭	地脚	面行	行字
TK250	3	6	17		8.3		1.5	1.2	7	13
TK304		1	28.8	11.8		25.2	2	1.5	5	13
TK324	3	6	22		9.3	17.1	2.9	2.3	6	14
TK111	5.5	11	21.5		9.5	17.2	3.2	2	共 45	15

元本《禮頌俗講部》經折裝佛教文獻有一個卷號：TK206《太子出家歌辭》，未染麻紙，軟，共 9 折半，19 面，高 17.6，面寬 9.5，每面 4 行，行 5—9 字，楷書墨色濃匀，首尾缺。

B 蝴蝶裝

《禮頌俗講部》蝴蝶裝佛教文獻，又可以分爲西夏本和元本佛教文獻。

西夏寫本《禮頌俗講部》蝴蝶裝佛教文獻，有一個卷號：A22 A24《圓融懺悔法門》，無口，白麻紙，厚，共 6 個整頁，2 個半頁，紙幅高 15.3 釐米，寬 21.2 釐米，字心高 17.6 釐米，每半頁 8 行，行 16 字，四周單邊，楷書，墨色濃，有雙行小字注釋，首缺，中有題。

元寫本《禮頌俗講部》蝴蝶裝佛教文獻，有兩個卷號，分别爲 TK284《禮佛儀軌》、TK284V《七佛供養儀》，蝴蝶裝，無口，未染楮紙，四周單邊，楷書，墨色偏淡。依據其版式列表如下：

卷號	書口	整頁	半頁	紙幅高	寬	字心高	版框寬	天頭	地脚	半頁行
TK284	無口	1		13.3	28	9.9	23.8	1.8	1.5	共 19
TK284V	無口	1		13.3	28	10	23.7	1.8	1.5	共 17

C. 綫訂册頁裝

《禮頌俗講部》綫訂册頁裝佛教文獻有金本、西夏本和元本。

---

① 釋文中，該部佛教文獻如果在其他部中出現，放在其他部佛教文獻中，不再單獨劃分。

西夏本《禮頌俗講部》綫訂册頁裝佛教文獻有：A12.1《釋迦贊》、A12.2《小西方贊》、TK267《彌勒上生經講經文》。均爲寫本，未染麻紙，楷書，墨色中。

卷號	整頁	半頁	高	半頁寬	面寬	框高	天頭	地脚	半頁行	行字
A12.1 A12.2	7	2	13.7	7.4					3	12
TK267	5	1	18.7	13.2					5	11

TK267《彌勒上生經講經文》後1頁半爲6行，行13字，且文末有題記：

祝贊當今
皇帝聖壽萬歲。
文武官僚，禄位
轉千高。願萬民，修行在兜率天
上。願衆生，盡等彼岸。

金本《禮頌俗講部》綫訂册頁裝佛教文獻，有A32.1《演朝禮一本》A32.2《梁武懺》等，爲寫本，未染麻紙，楷書硬筆，墨色濃淡不一。據其版式列表如下：

卷號	整頁	半頁	高	半頁寬	面寬	框高	天頭	地脚	半頁行	行字
A32.1	6	1	18.5	9.3					4	12
A32.2	7	1	18.5	9.3					4	11

元本《禮頌俗講部》綫訂册頁裝佛教文獻，有B2.1《往生極樂偈》、B2.3《西方净土禮》，爲寫本，未染麻紙，楷書，墨色較濃。依據其版式列表如下：

卷號	整頁	半頁	高	半頁寬	字心高	框高	天頭	地脚	半頁行	行字
B2.1	2	1	22	14	17.1		2.7	2.3	9	20
B2.3	6	1	22	14	17.1		2.7	2.3	9	20

在B2.3《西方净土禮》有“西方净土禮洪濟禪院比丘 普珂開板”。

D. 卷軸裝

西夏本《禮頌俗講部》卷軸裝佛教文獻有两個卷號，爲寫本Φ311《親集耳傳觀音供養贊歎》和刻本TK300《願文等》，均爲未染麻紙，Φ311爲楷書，墨色濃淡不一，TK300爲宋體，墨色中。

卷號	高	寬	紙	紙幅	版框高	卷心高	天頭	地脚	紙行	行字	版框
Φ311	19.5	923	22	48.5		15.8	2.3	1.8	27	18	
TK300	25.4	45			21		3.2	1.2			上下單邊

在Φ311《親集耳傳觀音供養贊歎》的尾題後4行集校題記：

皇建元年十二月十五日門資宗密，沙門本明
依傾𠜂門標授中集 舉
皇建二年六月二十五日重依觀行對勘定 舉，
永爲真本。

據此可知，本佛經用8個月的時間進行勘定，從皇建元年十二月十五日（1211年1月1日）至皇建二年六月二十五日（1211年8月5日）進行勘定。

此外還有兩篇殘頁無法斷定其裝幀方式。分別爲ДХ1445《禮佛文》、X21《請忍偈》。

ДХ1445《禮佛文》西夏刻本，未染麻紙，厚，高9.9釐米，寬29釐米，上下殘，左右雙邊，共19行，行存12字，寫刻體，墨色不勻。

X21《請忍偈》西夏寫本，未染麻紙，高18.9釐米，寬4.3釐米，地脚1.4釐米，共2行，行14字，下單邊，楷書，墨色濃。

（二十）漢文《疑似部》佛教文獻

A. 宋刻本《疑似部》佛教文獻

宋刻本《疑似部》佛教文獻，有TK152《佛說天地八陽神咒經》和Φ337《佛說竺蘭陀心文經》。其中TK152爲蝴蝶裝，白口，魚尾下版心題八陽，下有頁碼“九”，未染麻紙，共1個整頁，紙幅高25.8釐米，寬33.5釐米，版框高22.9釐米，寬29.5釐米，每半頁8行，行20字。上下單邊，左右雙邊。中烏絲欄。宋體，墨色深勻。Φ337，卷軸裝，白麻紙，厚，高26，寬123，共1紙，紙幅42.5釐米，版框高21.6釐米，天頭2.3釐米，地脚2.1釐米，每紙18行，行15字，四周單邊，寫刻體，墨色神韵，有首尾題，尾題後29行小字印施題記：

《竺蘭陀心文經》，大藏所無有也，元豐二年，太
常少卿薛公腫孺死之三年，以地域之苦不
能往生，依陝西都運學士皮公公弼之女求
是經，以解冤結。公哀許之，大索關中，獲古本於
民間，飯僧誦之。一日，薛卿復附語以謝曰：“賴公
之賜，獲生天矣。”公詰以特索是經之意。云：“佛書
幾萬卷，冥間視此經，猶今之時文，方所信重，故
一切苦惱悉能解脱，予是以獲其佑也，”今三秦士民竟傳誦之。
衛州管内僧判兼表白，仁化寺净土院講唯識因明論僧賢慧校勘，
承議郎楊康國男大名府鄉貢進士據璞、琉、環、琚、
瑄、瑞，女四娘、五娘，奉爲
亡妣金華縣君石氏小祥，謹鏤版印施
《竺蘭陀心文經》五百卷，庶緣
勝利，用浸廣於善因；追薦

亡靈，願早
登於净土。
元豐六年三月 日施。

此爲元豐六年（1083年）施印的佛經。此施印題記説明了施印的緣由、施印者以及該佛經的來源等資訊。

B. 西夏刻本《疑似部》經折裝佛教文獻

西夏刻本《疑似部》經折裝佛教文獻有：TK323.1《佛説無常經》；TK119. TK120. TK240《佛説父母恩重經》；TK70《佛説高王觀世音經》；TK117. TK118. TK183《高王觀世音經》、TK122《佛説大乘三歸依經》；TK257《佛説延壽命經》；TK145《聖大乘勝意菩薩經》。除TK270爲寫本、朱絲欄外，其餘均爲刻本、無欄。TK323和TK257爲白麻紙、TK118和TK270爲潢楮紙，其餘爲未染麻紙。TK270爲上下雙邊，其餘均爲上下單邊。除TK270和TK183爲楷體外，其餘均爲宋體。用墨中。依據其版式特點，列表如下：

卷號	折	面	高	寬	面寬	框高	天頭	地脚	面行	行字
TK323.1	9	19	20.2		9.3	17.2	1.8	1.3	6	15
TK120	5.5	11	20.7		8	15	2.3	2.1	5	13
TK240		0.5	22.1	4.5			2.1		3	14
TK119	16	32	20.5		7.8	17.4	2.1	1	5	16—17
TK270	1.5	3	22.2		10		1.3	1.2	6	15—16
TK117	7	14	19.1		8.5	13.8	3.5	1.7	6	12
TK118	5.5	11	28.5		9.9	22.6	3.1	2.7	5	16—17
TK183	3.5	7	18.1		9		1.2		4	存13
TK122乙	9	18	20.5		9.6	16.2	3.4	0.8	5	12
TK257	2	4	殘9.1		9.2			1.1	5	存7
TK145	6	12			9		2.5		6	

TK120《佛説父母恩重經》有施印題記18行，不全：

伏以
《父母恩重經》者，難陀大聖問一身
長養之恩
妙覺世尊開十種劬勞之德。行之，
則人天敬仰；證之，則果位獨尊。誠
謂法藏真詮，教門秘典。仗此難思之力，冀酬
罔極之慈。男兒呱呱等，遂以
亡考中書相公累七至終，敬請
禪師、提點、副判、承旨、座主、山林戒
德、出在家僧衆等七十餘員，燒結

滅惡趣壇各十座，開闡番漢大藏
經各一遍，西番大藏經五遍，作法
華、仁王、孔雀、觀音、金剛、行願經、乾
陀、般若等會各一遍，修設水陸道場
三晝夜。及作無遮大會一遍，
聖容佛上金三遍，放神幡伸静供
演懺法，救放生羊一千口，仍命工
【下缺】

C. 西夏刻本《疑似部》蝴蝶裝和卷軸裝佛教文獻

西夏刻本《疑似部》蝴蝶裝和卷軸裝佛教文獻分别有一個卷號，分别爲 TK139《佛説父母恩重經》和 TK121《佛説聖大乘三歸依經》。

TK139《佛説父母恩重經》，蝴蝶裝，白口，版心題“恩”，下有頁碼。未染麻紙，共 7 頁。除第六頁完整外，1. 3. 5 缺右半，2. 4. 7 缺左半，紙幅高 14 釐米，寬 17 釐米，版框高 12. 2 釐米，寬 15. 2 釐米，天頭 1. 8 釐米，地脚 0. 9 釐米，每半頁 5 行，行 11—12 字。四周單邊，宋體，墨色深。

TK121《佛説聖大乘三歸依經》，卷軸裝，未染麻紙，高 21. 5 釐米，寬 197 釐米，共 4 紙，紙幅 57，版框高 16. 1 釐米，天頭 2. 7 釐米，地脚 2. 5 釐米，每紙 30 行，行 12 字，上下單邊。宋體，墨色中。下有 41 行完整的印施發願文，自第十八行云：

朕適逢□本命之年，特發利生之願，懇命
國師、法師、禪師暨副判、提點、承
旨僧録座主衆生，等遂乃燒施
結壇，攝瓶誦咒，作廣大供養。放
千種施食，讀誦大藏經等尊經，講
演上乘等妙法，亦致打截截，作
懺悔，放生命，喂囚徒，飯僧設貧，
諸多法事。仍敕有司，印造斯經，
番漢五萬一千餘卷，彩畫功德
大小五萬一千餘幀，數珠不等
五萬一千餘串。普施臣吏僧民，
每日誦持供養。所獲福善，伏願
皇基永固，寶運彌昌。
藝祖、神宗，冀齋登於 覺道
崇考，皇妣，祈早往於 净方。
中宫永保壽齡，聖嗣長增
於福履。然後満朝臣庶，共沐
慈光，四海存亡，俱蒙 善利。時

白高大夏國乾祐十五年歲次
甲辰九月十五日，奉天顯道耀武宣文神謀睿智
制義去邪惇睦懿恭皇帝 施。

此爲乾祐十五年（1184 年）10 月 20 日施印的佛經。雖爲卷軸裝，但刊刻行款與 TK122 同名經折裝一致。

另有 A32.5《佛説壽生經》，金寫本，綫訂册頁裝，共 11 個整頁，1 個半頁，高 18.5，半頁寬 9.3，每半頁 4 行，行 11 字，楷書，硬筆，墨色有濃淡。

俄藏黑水城漢文佛教文獻（阿含部）

（一）俄Φ317A《常阿含經第一部分典尊經第三》[①]

【題解】[②]

西夏刻本，卷軸裝，潢麻紙。高26.4釐米，寬49釐米，板框高21.5釐米，天頭3.5釐米，地脚1.4釐米。共26行，行17字。上下單邊，宋體，墨色濃，已裱。據蘇州戒幢佛學研究所宗舜研究，文出《常阿含經第一部分典尊經第三》。

【前缺】
□□大歡
□□來八年
聞帝釋報言
來至真等正　　□不見□□□
在有如來至真十□□□如佛者也，佛□□□
善可講説智□□行不見過去未來□□□□□
微妙如佛者也，佛由此法而自覺悟□□□□
尋以自娱樂，不見過去未來現在能□□□□
而自覺悟通達無礙，以自娱樂如佛者也，諸
賢佛以此法自覺悟已，异能開始涅槃徑路，
親近漸至，入於寂滅，譬如恒河水炎摩水二
水并流入與大海，佛亦如是，若能開始涅槃
徑路，親近漸至□□□滅□見過去未來現

① 《俄藏黑水城文獻》第六册，第127—128頁，命名爲《佛經》。
② 題解部分，爲《俄藏黑水城文獻》第六册叙録部分，有改動。下同。在書中不另作説明。

在，有能開始涅□[①]□□□，佛這也，諸賢如來
眷屬成就刹利婆羅門居士沙門有智□□
皆是如來成就，眷屬不見過□□[②]來現在，眷
屬成就如佛者也，諸賢如來□□成就所請
皆□比丘優婆塞優婆□□□□過去未來
現在，大衆成就如佛者也，諸賢如來言行相
應，所言如行，所行如言，如是則爲法，發成就
□□過去未來現□[③]言行相應法，法成就如
□□也諸賢如來，多所饒益，多所安樂，以慈
□□利益，天人不見過去未來現在多所饒
□□□安樂□□□□□□□賢是爲如來□無
□□佛者□是説言若使世間有□佛
□□□□□□諸□□□□論釋時□利
【後缺】

（二）俄 TK274V《長阿含經卷第二十等》[④]

三菩提
一切□菩提
會衆出□□
長阿含經卷第二十薄
長文天□反也

（三）俄 TK137.1《佛説業報差别經》[⑤]

【題解】

西夏刻本，經折裝，未染麻紙。共48折，96面。高19.3釐米，寬8.3釐米。每面6行，行15字，上下、右雙邊。宋體，墨色深匀。（1）佛説業報差别經，冠佛畫2面。榜題：釋迦佛説法處。天龍八部衆。四部弟子衆。六道有情衆。共38折，76面。版框高

① 疑爲"槃"。
② 疑爲"去未"。
③ 疑爲"在"。
④ 《俄藏黑水城文獻》第四册，第365頁。
⑤ 《俄藏黑水城文獻》第三册，第175—189頁，該件經文同《大藏經》版《佛説業報差别經》經文不同。

15. 1 釐米，天頭 2. 2 釐米，地脚 2. 1 釐米。（2）佛説無常經。冠佛畫 2 面。版心高 15. 7 釐米，天頭 2 釐米，地脚 2 釐米。榜題：釋迦佛説法處。天龍八部衆。四部弟子衆。共 6 折半，13 面。版框高 15. 3 釐米，天頭 2. 3 釐米，地脚 2. 1 釐米。（3）大佛頂白傘蓋心咒，共 7 行。（4）聖六字大明王心經咒，共 1 行。兩咒共 3 折半，7 面。版框同無常經經文。

佛説業報差别經
隋洋川郡守瞿曇法智譯
如是我聞。一時佛住舍衛國祇樹給孤
獨園。爾時。佛告力提耶子首迦長者作
如是言。首迦長者我當爲汝説於世間
善惡業報差别法門。汝當諦聽。善思念
之。是時首迦即白佛言。唯然世尊。願樂
欲聞。
爾時佛告首迦長者。一切衆生系屬於
業。依止於業。隨自業轉。以是因緣。有上
中下差别不同。或復有業能令衆生得
短命報。或復有業能令衆生得長命報。
或復有業能令衆生得多病報。或復有
業能令衆生得少病報。或復有業能令
衆生得醜陋報。或復有業能令衆生得
端正報。或復有業能令衆生得小威勢
報。或復有業能令衆生得大威勢報。或
復有業能令衆生得下族姓報。或復有
業能令衆生得上族姓報。或復有業能
令衆生得少資生報。或復有業能令衆
生得多資生報。或復有業能令衆生得
邪智報。或復有業能令衆生得正智報。
或復有業能令衆生得地獄報。或復有
業能令衆生得畜生報。或復有業能令
衆生得餓鬼報。或復有業能令衆生得
阿修羅報。或復有業能令衆生得人趣
報。或復有業能令衆生得欲界天報。或
復有業能令衆生得色界天報。或復有
業能令衆生得無色界天報。或復有業能
令衆生得决定報。或復有業能令衆生
得不定報。或復有業能令衆生得邊地
報。或復有業能令衆生得中國報。或復
有業能令衆生盡地獄壽。或復有業能

令衆生半地獄壽。或復有業能令衆生暫入即出。或復有業作而不集。或復有業集而不作。或復有業亦作亦集。或復有業不作不集。或復有業能令衆生初樂後苦。或復有業能令衆生初苦後樂。或復有業能令衆生初苦後苦。或復有業能令衆生初樂後樂。或復有業能令衆生貧而樂施。或復有業能令衆生富而慳貪。或復有業能令衆生富而能施。或復有業能令衆生貧而慳貪。或復有業能令衆生得身樂而心不樂。或復有業能令衆生得心樂而身不樂。或復有業能令衆生得身心俱樂。或復有業能令衆生得身心二俱不樂。或復有業能令衆生壽命雖盡而業不盡。或復有業能令衆生其業雖盡而命不盡。或復有業能令衆生業命俱盡。或復有業能令衆生業之與命二俱不盡。而能斷除一切煩惱。或復有業能令衆生生於惡道。形容殊妙。眼目端嚴。膚體光澤。人所樂見。或復有業能令衆生生於惡道。形容醜陋。膚體粗澀。人不喜見。或復有業能令衆生生於惡道。身口臭穢。諸根殘缺。或復有衆生習行世間十不善業。得外惡報。

復次長者若有衆生禮佛塔廟，得十功德。奉施寶蓋。得十功德。奉施繒幡。得十功德。奉施鐘鈴。得十功德。奉施衣服。得十功德。奉施器皿。得十功德。奉施飲食。得十功德。奉施靴履。得十功德。奉施香華。得十功德。奉施燈明。得十功德。恭敬合掌。得十功德。是名略説世間諸業差别法門。

佛告首迦。有十種業。能令衆生得短命報。何等爲十。一自殺生。二勸他殺。三贊歎殺。四者見殺心生隨喜。五者於所怨恨憎之人。欲令喪滅。六者見怨滅已。心生歡喜。七者破壞他胎藏。八者教

他毀壞胎藏。九者建立諸天神天寺。屠殺
衆生。十者戰鬥。自作教人。互相殘害。以
是十業。得短命報。
復有十業。能令衆生得長命報。何等爲
十。一自不殺。二不勸殺。三不贊殺。四見
不殺，心生歡喜。五見被殺。方便救免。六
見死者。安慰其心。七見恐怖者。施與無
畏。八者見諸患苦之人。起慈湣心。九者
見諸急難之人。起大悲心。十者恒常以
諸飲食。惠施衆生。以是十業。得長命報。
復有十業。能令衆生得多病報。何等爲
十。一好喜打一切衆生。二勸他打。三贊
歎打法。四見打歡喜。五惱父母。令心憂愁。六
惱亂賢聖。七者見怨病。心大歡喜。八見怨病
愈。心生不樂。九怨病時。與非治藥。十者
宿食因緣未消。而復更啖。以是十業。得
多病報。
復有十業。能令衆生得少病報。何等爲
十。一不喜打一切衆生。二勸他人不令
鞭杖。三者贊歎不鞭打法。四見不打。心
生歡喜。五者供養自己父母及諸病人。
六見賢聖有病患者。瞻視供養。七者見
怨差已。心生歡喜。八見病苦。施與
良藥。亦勸他施。九於病苦衆生等起
慈湣心。十於諸飲食能自節量。以是十業。
得少病報。
復有十業。能令衆生得醜陋報。何等爲
十。一好忿怒。二好懷嫌恨。三者誑惑。四惱
衆生。五於父母無愛敬心。六於賢聖不
生恭敬。七者侵奪賢聖資生。及諸田業。
八者於佛塔廟之所。斷滅燈明。九見醜
陋不具足人。毀呰輕賤。十者恒常習諸
惡行。以是十業。得醜陋報。
復有十業。能令衆生得端正報。何等爲
十。一者不瞋。二者施衣。三者愛敬父母
尊長。四者尊重賢聖道德。五者恒常飾
佛塔精舍。六者清净泥塗堂宇。七者平治
僧伽藍地。八者掃灑佛塔浮圖。九者見

有醜陋之人，不生輕賤。起恭敬心。十者
見端正净潔。曉悟宿因。知福德感。以
是十業。得端正報。
復有十業。能令衆生得少威勢報。一者
恒於一切諸生，起嫉妒心。二者若見他
人得利。心生惱熱。三者見於他失利。
其心歡喜。四者見他得好名譽。起嫉惡
心。五者若見他失名譽。心大忻悦。六退
菩提心。毁佛形像。七於己父母及賢聖所。無
心奉侍。八者唯勸人修習少威德業。
九者障礙他修行大威德業。十者見
他少威德者。心生輕賤。以是十業。能令
人得少威勢報。
復有十業。能令衆生得大威勢報。何等
爲十。一者恒於一切諸生。心無嫉妒。二
者見他得利。心生歡喜。三者若見
他失利。起憐湣心。四者見他得好名
譽。心生忻悦。五者若見他失名譽。助懷
憂惱。六者若發菩提心。造佛形像。奉
施寶蓋。七者於己父母及賢聖所。
恭敬奉迎。八者勸化他人弃舍少威德
業。九者恒常勸人修行大威德業。十者
若見無威德人。不生輕賤。以是十業。令
衆生得大威勢報。
復有十業。令衆生得下族姓報。一不敬
父。二不敬母。三者不知敬沙門。四者
不知敬婆羅門。五者於諸師友尊長。而
不敬護。六者於諸師長。不起奉迎供養。
七者見諸尊長前來。不迎請請坐。八者於
父母之所。不遵教誨。九者於賢聖
師所。亦不受教。十者輕蔑下族。以
是十業。令衆生得下族姓報。
復有十業。能令衆生得上族姓報。一者善敬
父。二善敬母。三者善知敬沙門。四者
善知敬婆羅門。五者敬護尊長。六
者善知奉迎師長。七者見諸尊長前來。
迎逆請坐。八者於父母之所。敬受教
誨。九者於諸賢聖之所。尊敬受教。十者

敬心，不輕下族。以是十業。令衆生得上
族姓報。
復有十業。能令衆生得少資生報。何等爲
十。一者自行偷盜劫奪。二者勸他竊取
人物。三者贊歎偷盜之法。四者若見偷
盜之人，心生歡喜。五者於己父母之所。
減撤生業。六者於諸賢聖之所。侵奪資
財。七者見他得利。心不歡喜。八者
若見他人得利。爲作留難。九者見他
人行施。無隨喜心。十者若見世饑饉時。
心無憐愍而生歡喜。以是十業。令衆生
得少資生報。
復有十業。能令衆生得多資生報。何等爲
十。一者自離偷盜心。二者恒勸他人
不盜。三者贊歎不偷盜法。四者見他
人不盜。心生歡喜。五者於其父母之所。
供奉生業。六者於諸賢聖尊長。給施所
須。七者見他人得利。心生歡喜。八者
見他求利之人。方便佐助。九者見樂
施者。心生忻悦。十者若見世饑饉時。
心生憐愍。以是十業。令衆生得多資生報。
復有十業。能令衆生得邪智報。何等爲
十。一者不能諮問智慧大德。沙門及婆
羅門。二者恒常顯示惡法。三者不能受
持正法。四者贊非定之法。以爲定法。
五者吝法吝惜不説。六者愛樂親近邪
智。七者遠離正智慧人。八者贊歎邪見
法行。九者弃舍正見之人。十者若見愚
痴惡人。輕慢毁呰。以是十業。得邪智報。
復有十業。能令衆生得正智報。何等爲
十。一者善能諮問智慧聰黠。沙門及婆
羅門。二者顯示説真正法。三者聞持弘
護正法。四者見説定法。歎言善哉。
五者樂説真正法要。六者親近正智慧
人。七者守攝護持正法。八者精勤修習
多聞。九者遠離邪見惡人。十者於諸愚
惡人邊。不生輕毁。以是十業。得大智報。
復有十業。能令衆生得地獄報。何等爲

十。一者身行重惡之業。二者口行重惡
之業。三者意行重惡之業。四者起於斷
見之心。五者起於常見之心。六者起於
無因見心。七者起於無作見心。八者起
於無見見心。九者起於邊見之心。十者
不知他人恩報。以是十業。得地獄報。
復有十業。能令衆生得畜生報。何等爲
十。一者身行中惡之業。二者口行中惡
之業。三者意行中惡之業。四者從貪起
諸惡業。五者從瞋起諸惡業。六者從痴
起諸惡業。七者毁駡諸衆生等。八者惱
害一切衆生。九者施不净之物。十者
行於邪淫之事。以是十業。得畜生報。
復有十業。能令衆生得餓鬼報。何等爲
十。一者身行輕惡之業。二者口行輕惡
之業。三者意行輕惡之業。四者多貪。五
者惡貪。六者嫉妒。七者邪見。八者慳吝
愛著資生。即便命終。九者病困因饑而
亡。十者惱逼枯渴而死。以是十業。得餓
鬼報。
復有十業。能令衆生得阿修羅報。何等爲
十。一者身行微惡之業。二者口行微惡
之業。三者意行微惡之業。四者驕慢。五
者我慢。六者增上慢。七者大慢。八者邪
慢。九者慢慢。十者回諸善根。嚮修
羅趣。以是十業。令衆生得阿修羅報。
復有十業。能令衆生得人趣報。何等爲
十。一者不殺。二者不盗。三不邪淫。四不
妄語。五不綺語。六不两舌。七不惡口。八
者不貪。九者不瞋。十者不邪見。於十善業。
缺漏不全。以是十業。得人趣報。
復有十業。能令衆生得欲天報。所謂勝
妙具足。修行增上十善。
復有十業。能令衆生得色天報。所謂修
行有漏。十善與定相應。
復有四業。能令衆生得無色天報。一者過
於一切色想滅有對想。入空處定。二者
過一切空處想。入識處定。三者過一

切識處。入無所有處定。四者過彼無所
有處。入於非想非非想處定。以是四業。令
衆生得無色天報。
復有業能令衆生得决定報者。若當有
人於佛法僧及好清浄持戒人所。以增
上心。殷重布施。以此善業。發願回嚮。即
得隨意所樂往生。是則名决定報業。
復有業能令衆生得不定報者。若造業
非是增上勇猛心作。更不修習。又不
發願回嚮受生。是則名不定報業。
復有業能令衆生得邊地報。若造業
時於佛法僧浄持戒人。及大衆所。不生
增上勇猛心，施以此善根。則生邊地。生
邊地。故還受輕薄浄不浄報。
復有業能令衆生得中國報者。若作業
時。於佛法僧清浄持戒梵行。人邊及大
衆所。起於增上殷重布施。以是善根。决
定發願求生中國。還得值佛。及聞正法。
受於上妙清浄果報。
復有業能令衆生盡地獄壽者。若有衆
生造於地獄極重業已。無慚無愧。而不
厭離。心無怖畏。反生歡喜。又不懺悔。而
復更造。重增惡業。如提婆達多等。以是
業故。盡地獄壽。
復有業能令衆生墮於地獄中。至半而
夭。不盡其壽。若有衆生造地獄業。積集
成已。後生怖畏。慚愧厭離。懺悔弃舍。非
增上心。以是業故。墮於地獄。後追悔故。
地獄半夭。不盡其壽。
復有業能令衆生墮於地獄。暫入即
出。若有衆生造地獄業。作已怖畏。起增
上信。生慚愧心。厭惡弃舍。殷重懺悔。更
不重造。如阿闍世王殺父等罪。暫入地
獄。即得解脱。於是世尊。即説偈言。
若人造重罪，作已深自責，懺悔更不造，
能拔根本業。
復有於業作而不集。若有衆生。身口意
等造諸惡業。造已怖畏。慚愧遠離。深自

悔責。更不重造。則名爲作而不集。
復有業集而不作。若有衆生。自不作
業。以噁心故。勸人行惡。是則名爲集而
不作。
復有於業亦作亦集。若有衆生。造諸業
已。心無改悔。而復數造。是則名爲亦作
亦集。
復有於業不作不集。若有衆生。自不造
業。亦不教他。無記業等。是則名爲不作
不集。
復有於業初樂後苦。若有衆生。爲人所
勸。歡喜行施。施心不堅。後還追悔。以是
因緣。生在人間。先雖富樂。後還貧苦。是
則名先樂後苦。
復有於業初苦後樂。若有衆生。爲人勸
導。俯仰少施。施已歡喜。心無悔吝。以是
因緣。生在人間。初時貧苦。後還富樂。是
則名初苦後樂。
復有於業初苦後苦。若有衆生。離善知
識。無人勸導。乃至不能少行惠施。以是
因緣。生在人間。初時貧苦。後亦貧苦。
復有於業初樂後樂。若有衆生。近善知
識。勸令行施。便生歡喜。堅修施業。以是
因緣。生在人間。初時富樂。後亦富樂。
復有於業貧而樂施。若有衆生。先曾行
施。不遇福田。流轉生死。在於人道。以不遭
遇良福田故。果報微劣。隨得隨盡。以習
施故。雖處貧窮而樂行施。
復有於業富而慳貪。若有衆生。未曾布
施。遇善知識。暫行一施。值良福田。以田
勝故。資生具足。先不習故。雖富而慳。
復有於業富而能施。若有衆生。值善知
識。多修施業。遇良福田。以是因緣。巨富
饒財。而能行施。
復有於業貧而慳貪。若有衆生。離善
知識。無人勸導。不能行施。以是因緣。生
在貧窮。而復慳貪。
復有於業能令衆生得身樂而心不

樂。猶如世間有福凡夫。
復有於業能令衆生但得心樂而身不
樂。猶如無有福德羅漢。
復有於業能令衆生善得身心二俱安
樂。猶如具足有福羅漢。
復有於業能令衆生報得身心俱不快
樂。猶如世間無福凡夫。
復有於業能令衆生壽命盡而業不
盡。有諸衆生。從地獄死。還生地獄畜生
餓鬼，乃至人天阿修羅等，亦復如是。是
名命盡而業不盡。
復有於業能令衆生所作業盡而命不
盡。如諸衆生。樂盡受苦。苦盡受樂。諸如
是等，是名業盡而命不盡。
復有於業能令衆生業命俱盡。若有衆
生。從地獄出。生於畜生。及以餓鬼。乃至
人天阿修羅等。是則名爲業命俱盡。
復有業能令衆生業之與命二俱不
盡。若有衆生。盡諸煩惱。所謂須陀洹，斯
陀含，阿那含，阿羅漢等。是名業命二俱
不盡。
復有於業能令衆生雖生惡道。形容殊
妙。眼目端嚴。膚體光澤。人所樂見。若
有衆生。因欲煩惱。起破戒業。以是因緣。
雖生惡道。身體鮮潔。毛色姝妍。肌膚
光澤。人所樂見。
復有於業能令衆生生於惡道。形容醜
陋。膚體粗澀。人不喜見。若有衆生。從瞋
煩惱起破戒業。以是因緣。生於惡道。形
容醜陋。皮肉粗澀。人不喜見。
復有於業能令衆生生於惡道。身口臭
穢。諸根殘缺。若有衆生。從痴煩惱起破
戒業。以是因緣。生於惡道。身口臭穢。諸
根殘缺。
復有十業能令衆生得外惡報。若有衆
生於十惡業多修習故。感諸外物。悉不
具足。何等爲十，一者以其殺生業故。令
諸外報。大地城鹵。藥草無力。二者以其

偷盗業故。感外霜雹。螽蝗蟲等。令世饑
饉。三者以其邪淫業故。感惡風雨。及諸
塵埃。四者以其妄語業故。感生外物。皆
悉臭穢。五者以其两舌業故。感外大地。
高下不平。山陵塠阜。株杌丘坑。六者以
其惡口業故。感生外報。瓦石沙礫。粗澀
惡物。不可觸近。七者以其綺語業故。令
諸所草木稠林。枝條棘刺。八者以其
貪多業故。感生外報。令諸苗稼。子實微
細。九者以其瞋恚業故。令諸樹木。果實
苦澀。十者以其邪見業故。感生外報。苗
稼不實。收穫尠少。以是十業。得外惡報。
復有十業。能令衆生得外勝報。若有衆
生。修十善業。與上相乖。當知即獲十外
勝報。若有衆生恭敬禮拜諸佛塔廟。能
令具得十種功德。何等爲十。一者得好
上妙色好聲。二者有所發吐言辭。人皆信
伏。三者堂堂處衆無畏。四者天人世間
愛護。五者具足德力。六者一切威
勢衆生皆來親附。七者常得親近諸佛
及諸菩薩。八者世間具大福報。九者命
盡常生天中。十者速得證於涅槃。是名
禮拜諸佛塔廟。能得如是十種功德。
若有衆生奉施寶蓋。能令具得十種功
德。何等爲十。一者處世如傘蓋。覆護
衆生。二者恒常身心安隱。離諸熱惱。三
者世間一切敬重。無敢輕慢。四者具足
有大威勢。五者常得親近諸佛及諸菩
薩。大威德者人，以爲眷屬。六者恒作轉輪
聖王。七者勸導恒爲上首。修習善業。八
者自在具大福報。九者命終即生天中。
十者速證無爲涅槃。是則名爲奉施寶
蓋。令衆生得十種功德。
若有衆生奉施繒幡。來世得十種功
德。何等爲十。一者處世猶如寶幢國王。
大臣親友知識恭敬供養。二者家生豪
富自在。具大珍寶。三者名稱善能流布。
遍至諸方。四者色陰形具端嚴。壽命長

遠。五者常於所生之處。施行堅固。六者
世間有大名稱。七者人中有大威德。八
者託生恒在上族。九者命終生於天上。
十者速得證涅槃。處是名奉施繒幡。所
得十種功德。
若有衆生奉施鐘鈴。令來世得十種功
德。何等爲十。一者世間得得梵音聲。二者
有大名聞遠播。三者自然得識宿命。四
者出言人皆恭敬。五者常有妙好寶蓋。
而自莊嚴。六者身體有妙瓔珞。以爲服
飾。七者端正人見歡喜。八者具最大
福報。九者命終生天上。十者速得證
於涅槃。
若有衆生奉施衣服。令來世得十種功
德。何等爲十。一者面目清净端嚴。二者
身體肌膚細滑。三者衣裳塵垢不著。四
者生已便具足上妙衣服。五者所受
微妙卧具覆蓋其身。六者恒常具慚愧
服。七者人見悉皆愛敬。八者家中具
大財寶。九者命盡上生天中。十者速得證
於涅槃。是名奉施衣服。得此十種功德。
若有衆生奉施器皿。令來生得十種功
德。何等爲十。一者處在世間如器。二者
得善法潤津澤。三者離諸煩惱渴愛。四
者若渴思欲得水。流泉涌出。五者終不
生餓鬼中。六者得天微妙寶器。七者遠
離一切惡友。八者具足大善福報。九者
命終生於天上。十者速得證於涅槃。是
名奉施器皿。得此十種功德。
若有衆生奉施飲食。令來生得十種功
德。何等爲十。一者得命。二者得色。三者
得力。四者獲得安無礙辯。五者内心得無
所畏。六者身心無諸懈怠。爲衆敬仰。七
者常爲衆人愛樂。八者具足最大福報。
九者命終得生天中。十者速疾證於涅
槃。是名奉施飲食。得十此種功德。
若有衆生奉施靴履。令得來生得十種功
德。一者具足妙乘上乘。二者足趺下安

平好。三者脚足柔軟滑澤。四者遠涉輕
捷剿健。五者身體無憂疲極。六者足指
所行之處。不爲荊棘瓦礫損壞。七者善
得神通之力。八者自然具諸給使。九者
命終得生天上。十者速疾證於涅槃。是
名奉施靴履。得此十種功德。

若有衆生奉施香華。令來生得十種功
德。何等爲十。一者處世净妙如花。二者
身無諸臭穢。三者所有福香戒香遍
满諸方所。四者受身隨所生處。鼻根不壞。
五者超勝一切世間。爲衆歸仰。六者身
常清净香潔。七者心常愛樂正法。讀誦
受持。八者具足大福德報。九者命終得
生天中。十者速疾證涅槃處。是名奉施
香花。得此十種功德。

若有衆生奉施燈明。令來生得得十種功
德。何等爲十。一者家中恒常明照猶如
大燈。二者受身隨所生處，肉眼不壞。三
者人中得於天眼。四者於諸善惡之法。
智慧明瞭。五者隨處除滅大闇。六者心
識得智慧明。七者處在流轉世間。常不
入於黑暗之處。八者具足大善福報。九
者命終生於天上。十者速疾證於涅槃。
是名奉施燈明。得此十種功德。

若有衆生恭敬合掌。令來生得十種功
德。一者常能得勝福報。二者所託生
上族。三者受身得勝妙色。四者口氣得
勝妙聲。五者頭頂得勝妙蓋。六者舌端
得勝妙辯。七者得勝妙信。八者所受得
勝妙戒。九者聽説得勝多聞。十者憶持
得勝妙智。是名恭敬合掌。得此十種功德。

爾時。世尊説此法已。首迦長者於如來
所。得净信心。爾時。首迦頭面禮佛。作如
是言。我今請佛往舍婆提。到於我父刀
提長者所居家内。願令我父及衆生。
於流轉中長夜獲得大安樂報。

爾時。世尊爲利益故。默然受請。爾時。首
迦聞佛所説。心大歡喜。頂禮而退。

佛説業報差別經

（四）俄 TK278.1《中阿含經卷第二十五題簽》①

【題解】

宋刻本，卷軸裝。潢麻紙。高 25 釐米，寬 13.8 釐米。版框高 22 釐米，天頭 0.7 釐米，地脚 1.7 釐米。上下雙邊，右單邊。墨色深。爲版畫右半部分。背黏 2 層題簽紙，上層楷書：中阿含經卷第十五。字拙，墨色淡。下有“興”字，爲千字文藏書號。下層刻本三綫邊框，中有“摩訶僧祇律第十五”宋體，下方寫“登”字，爲千字文藏書號。

中阿含經卷第二十五發

（五）俄 TK309《中阿含經》②

【題解】

宋刻本，蝴蝶裝。未染麻紙。存右半頁。高 27.3 釐米，半頁寬 17.2 釐米。版框高 21 釐米，半頁寬 13.7 釐米。天頭 5 釐米，地脚 1.5 釐米。半頁 6 行，行 14 字。上下、右單邊。宋體，墨色有深淺。據蘇州戒幢佛學研究所宗舜研究命名爲《中阿含經王相應品説本經第二》。

彼爲必度岸，如鳥破網出，得禪自在游，
具樂常歡喜，汝魔必當知，我已相降伏。
於是，魔王復作是念：世尊知我！善逝
見我！愁惱憂戚不能得往，即於彼處
忽没不現。佛説如是，彌勒，阿夷哆，尊
者阿難及諸比丘聞佛所説，歡喜奉行
【後缺】

（六）俄 TK273《雜阿含經卷第三十四題簽》③

① 《俄藏黑水城文獻》第四册，第 368 頁。

② 《俄藏黑水城文獻》第五册，第 7 頁，題名爲《佛經》。蘇州戒幢佛學研究所宗舜研究認爲該文書《中阿含經·王相應品説本經第二》，筆者認爲該文書應爲《王相應品説本經第九》。

③ 《俄藏黑水城文獻》第四册，第 364 頁。

【題解】

宋刻本，未染楮紙，硬，光滑。高 16 釐米，面寬 3. 5 釐米。版框高 14. 9 釐米，寬 2. 6 釐米。四周雙邊，宋體，墨色深匀。經題下有“不”字，爲千字文藏書號。

雜阿含經卷第三十四　　不

（七）俄 Φ123A《增一阿含經利養品第十三》[1]

【題解】

西夏刻本。卷軸裝，潢麻紙，薄。高 26. 5 釐米，寬 27 釐米。卷心高 21. 8 釐米。天頭 4 釐米，地脚 0. 9 釐米。共 6 行，行 17 字。上下單邊，宋體，墨色深。首冠版畫，高 26. 8 釐米，寬 19. 9 釐米。榜題：護法神王。

　　增一阿含經利養品第十三卷六 □ 斯
東晋罽賓三藏瞿曇僧伽提婆譯
聞如是一時佛在舍衛國祇樹給孤獨園，爾
時世尊告諸比丘受人利養甚爲不易，令
□□□□無爲之處所□□□□□□□□□
【後缺】

（八）俄 Φ204A《增一阿含經結禁品第四十六》[2]

【題解】

西夏刻本。潢麻紙，高 16 釐米，寬 16 釐米。天頭 3. 9 釐米，中部殘缺，共 8 行，行 10 字。上下單邊，宋體，墨色中。

　　增一阿含經結禁品第四十□□□□□□□
東晋罽賓□□□□□□□□□
聞如是一時佛在舍衛□□□□□□□
時世尊告諸比丘有□□□□□□□
丘説禁戒云何爲十所□□□□□□□
順安隱聖衆降伏惡人□□□□□□□

---

① 《俄藏黑水城文獻》第六册，第 69 頁。
② 《俄藏黑水城文獻》第六册，第 69 頁。

有惱不信之人使立信□□□□□□
益於現法，十得盡有漏□□□□□□
【後缺】

俄藏黑水城漢文佛教文獻本緣、史傳部部佛經

一、本缘部

（一）俄 TK326.2《佛説菩薩本行經》[①]

【題解】

西夏寫本，綫訂册頁。白麻紙。共 27 個整頁，2 個半頁。高 21.8 釐米，半頁寬 14.8 釐米。每半頁 10 行，行 26 字。楷書，墨色有濃淡。有校改補字。（1）佛説菩薩本行經。共 17 個整頁，2 個半頁。（2）賢愚經。共 8 個整頁，2 個半頁。（3）佛説護净經一卷，共 1 個整頁，1 個半頁。

【前缺】

□[②]變化六通清澈無所挂礙。如其本誓便還見母。現其神足
身陞虚空經行坐卧。身上出水身下出火。身上出火身下出水。分
一身作百作千作萬無數。還合爲一。其母見之歡喜踴躍頭面作禮。母復
問言。從何所而得飲食。答言。乞丐自存。母復白言。莫更乞食當受我
請。從今以往在此園中住。願當日日受我飲食。亦當使我得其福德。
時辟支佛便受母請住於園中。其母日日自往飯之。於彼園中經涉
數年。思惟身分瑕穢不净。身爲苦器何用此爲。便捨身命入於泥
洹而般泥洹。其母即便耶旬起塔花香供養。王於异時到此園中。
見此塔即問左右。而此園中素無是塔。誰起此塔。辟支佛母即
便白言。是王太子之中第一小者。見王出時而問我言。是何大王巍
巍如是。我即答言。修陀梨鄯寧轉輪聖王。是卿之父。復問我言。

① 《俄藏黑水城文獻》第五册，第 92—101 頁。
② 疑爲“騰”。

我當何時應得爲王。我語之曰。汝於千子第一最小不應得王。其子
便言。若使不得應作王者。何用在家作白衣爲。便辭我出家學
道。我便聽之我與共要。若得道者必還見我。剃除鬚髮著於袈
裟。詣山澤中精進坐禪成辟支佛道。如其所誓便還見我。我
即請之在此園中。日日供養飲食所須。經歷數年便般泥洹。在此
耶旬起於塔廟。是其塔也。王聞此語且悲且喜。答夫人言。何不語我。我
即當以轉輪王位而用與之。我不得聞大有折減。而今雖死我以
王位而用與之。即脱天冠七寶拂飾王者威服著於塔上。王大七
寶蓋用覆塔上頭面作禮。花香供養伎樂娛樂。佛告阿難。乃
昔爾時修陀梨鄯甯轉輪王者。今我身是。而我爾時自我之子
成辟支佛供養其塔。而以王位而用施之。大七寶蓋覆於塔上。因是
功德無央數劫作轉輪王。主四天下七寶隨從。常有三千七寶之蓋
自然而至。無央數劫或作天帝。或作梵王至於今日。若我不取佛
者。三千寶蓋常自然至無有窮盡。供養一辟支佛塔。受其功德不
可窮盡。何況供養如來色身。及滅度後舍利起塔。作佛形像供養
之者。計其功德過逾於彼。百千億倍。不可計倍。無以爲喻。於時大衆皆
大歡喜心悦意解。應時有得須陀洹者。斯陀含者。阿那含者。阿羅
漢者。或發無上正真道意者。或住立不退轉者。不可稱計。爾時
大衆皆大歡喜。□[1]説菩薩本行經上卷□□欲字型大小

佛説菩薩本行經卷中 □□欲字號

佛言：我爲屍毗王時。爲一鴿故割其身肉。興立誓願除去一切衆生
危險。摩訶薩埵太子時。爲餓虎故放捨身命。舍屍王時。自以
身肉供養病人經十二年。阿彌陀加良王時。病自合藥而欲服
之。時有辟支佛病與王同。來從乞藥。王自不服。即便持藥施
辟支佛。自作誓願。使一切病皆悉除愈。修陀素彌王時。百王
臨死而濟其命。令迦摩沙颰王使入正見。十二年惡誓使得銷
除。須大拏太子時。二兒及婦持用布施。摩休沙陀太子時。以
藥除衆生病。復入大海得摩尼珠。復除衆生貧困。摩訶婆利
王時。二十四日自以身肉以供病人。羼提婆羅仙人時。割截手
足不起恚意。迦屍王時人民疫病。王受八關齋。起大慈心念於衆
生。人民病者皆悉除差。毗婆浮爲解咒師時。人民疫病。以身血
肉持用解除與鬼啖之。人民衆病皆悉除差。梵天王時。爲一偈故
自剥身皮而用寫經。毗楞竭梨王時。爲一偈故於其身上而豚
千釘。優多梨仙人時。爲一偈故剥身皮爲紙折骨爲筆血
用和墨。跋彌王時。國中人民盡有瘡病。王自行見毒樹。此毒樹
葉墮於水中。人飲此水令人有病。即拔毒樹根株盡隨以

[1] 疑爲“佛”。

火燒之。人民瘡病半得除差。其中故有不差者。王問醫言。
衆生瘡病何以不差。醫答王言。此瘡病重當得魚肉食之乃
差。王聞其言。即到水邊上樹求願作魚。今我以身除衆生
病。持此功德用求佛道。普除一切衆生無量身病意病審如
所願。其有衆生食我肉者病盡除差。即從樹上投身水中。便
化成魚而有聲言。其有病者來取我肉啖病當除差。人民聞聲。
皆來取魚肉食之。病盡除愈。於是世尊自説前世宿行所作。結
於誓願今皆得之。今我以此正真之教。除去一切衆生灾禍。時佛
便自化身作两頭。一頭看毗捨離國。一頭看摩竭國。疫鬼盡去還
於大海。人民衆病皆悉除差。五穀豐熟人民安樂。以法廣
化。并使意中諸欲之病悉得清净立之於道。一切人民皆大歡喜。
於是諸比丘异口同音贊歎如來無量功德。甚奇甚特不可
思議。

捨身修福求佛緣

佛告諸比丘。我不但今除衆生病饑渴之患。過去世時亦復如是。乃往
過去無數世時。此閻浮提有大國王名曰梵天。典閻浮提八萬四
千諸小國王。有二萬夫人婇女一萬。無有太子。晝夜愁憂禱祠
神祇梵天天帝摩訶覇梨天諸大神日月天地因乃得兒。
時子生皆端正殊好有大人相。名大自在天。爲人慈仁聰明
智慧。世之典籍星宿變運日月博蝕。一切技術莫不通達。
復學醫術和合諸藥宜令國中諸有病者悉來詣我。當給
醫藥飲食占視。人民聞令諸有病者盡詣太子。國中大小皆悉
歡喜莫不歎德。更不嚮余醫輕慢餘醫。諸醫師輩盡皆瞋恚
妒忌太子。當於是時舉閻浮提人民疫病加復穀貴。集諸醫
藥不能令差。人民死者日日甚多。王大愁憂命召諸醫問其方
藥。時有一醫妒王太子者。心自念言。今此太子是我怨家。今乃得便。
即白王言。更有一方試盡推覓。王便可之。即時便去明日乃還。前白
王言。推得一方。若使大王得服之者衆病必除。王即告言。須何等藥
便試説之。醫答王言。當得從生以來仁慈滑衆生未曾起於瞋恚
意者。當用其血和藥服之。得其两眼用解遣鬼衆病乃差。王即
答言。從生以來不起瞋恚。此實難有此事甚難。不可得也。太子聞
之白父王言。此事易耳不爲難得。太子白王言。我是父王之子。我從
生以來不曾恚瞋加害於人。常慈滑一切初無惡相。我身非常而
無堅固。不久會亦當死。唯願大王聽我爲藥除衆生病。王便答言。
我無子息。禱祠諸天日月星辰四山五岳。因乃得子。今甯亡身失國
終不聽汝。太子便白父王言。我求佛道。今我以血施與衆生。持此功德
佛諸經法盡當解了。我今以此肉眼施與衆生。以此功德當得如來
智慧之眼。當爲一切而作正導。大王雖無太子故得爲王。若使國土

無有人民。爲誰作王。使諸人民衆病悉除。亦使父王無有憂愁。王復
悲泣答太子言。今我甯弃國王位。可哀之子實不能舍。於是太子長
跪叉手。白父王言。今我求於無上正真之道。若使愛惜臭穢之身。云
何得解如來智慧深妙之法。云何當得一切慧眼。唯願父王莫得
却我無上道心。父王默然更無所説。醫白王言。我試取血持用和藥與
諸病人。若便得差乃出其眼。若不差者不須出眼。於是太子刺
臂出血。作誓願言。我以此血除衆生病。持此功德用成無上正真之道。
審成佛者。一切衆生服此藥者。病當除差。便以血和藥與諸病人病皆
除愈。醫便白王。其有病人服此藥者皆悉除差。目前現事可不信也。
時閻浮提八萬四千諸小王臣民。聞大王太子自出其眼濟救一切莫
不悲泣。皆悉來集長跪叉手白太子言。唯願大王太子。我曹寧自放舍
身命。不使太子毁其眼目。汝之慈濟一切衆生不久成佛。願莫自毁壞
其眼目。於是太子諫謝諸王臣民。今我以此血肉之眼除衆生病。持此功
德用求佛道。我成佛時。當除汝等身病意病。莫得却我無上道心。
爾時諸王一切臣民。聞是語已默然而住。於是太子便敕左右。設施解具
欲挑其眼。語左右人言。誰能挑我眼者。左右人民皆辭不能。時醫妒
太子者。答言我能。太子歡喜。報言甚快。持刀授之。語醫者言。挑眼著
我掌中。便挑一眼著太子掌中。於是太子便立誓言。今我以此肉眼
施與衆生。不求轉輪聖王。不求魔王。不求梵王色聲香味細滑之樂。
持此功德用求無上正真之道。使我得成一切智眼。普爲十方無量衆
生作大醫王。除去一切衆生身病意病。施衆生智慧之眼。作是語已即便持
眼著於案上。審如我心所願者。一切衆生病皆除愈。父母見之即便悶
絶良久乃穌。諸王臣民舉聲啼哭。動於天地宛轉自撲。或有迷
悶絶者。適欲舉刀更挑一眼。應時三千大千世界爲大震動。三界
諸天皆悉來下。見於菩薩爲衆生故自挑其眼而血流出。無數
諸天皆悉悲泣泪如盛雨。時天帝釋到太子前問太子言。汝今慈濟爲
衆生故。不惜身命出其肉眼。如是勤苦實爲甚難。所作功德欲求何等。
求轉輪王天帝魔王梵天。王子求何等願耶。太子答言。不求聖王天
帝魔王梵天王也。不求三界色聲香味細滑之樂。持此功德用求無
上正真之道。爲十方一切衆生作大醫王。普除一切衆生身病意病。
施與衆生智慧之眼。普離生死一切諸患。時天帝釋一切諸天贊言。善
哉善哉。甚快難及。如汝所願成佛不久。時天帝釋即取其眼。還用
持著太子眼中。於時太子眼即平復。絶更明好逾倍於前。無量諸
天即以天花而散其上莫不歡喜。父王及母夫人婇女諸王臣民。皆
大歡喜踴躍無量。時天帝釋敕比婆芩暗摩大將軍。逐諸疫鬼
盡還大海。一切病者皆悉除愈。天帝便雨種種飲食。次雨穀米。
次雨衣服。次雨七寶。一切衆生病盡除差。皆悉飽满無饑渴者。人民
歡喜國遂興隆。却後數年父王命終。便登王位坐於正殿七寶自至。爲

轉輪王主四天下莫不蒙慶。所作功德現世獲之。佛告諸比丘。爾時
太子大自在天者則我身是。爾時父王梵天者則今父王白净是。
爾時母者今我母摩耶是。爾時醫挑我眼者今調達是。爾時閻浮
提人民者今毗捨離國摩竭國人民是。而我爾時亦除其病饑渴之
困。我今亦復除去衆生身病意病。亦使衆生普得慧眼立於
道證。菩薩行檀波羅蜜勤苦如是。時諸比丘聞佛所説。皆大
歡喜爲佛作禮。
佛告阿難。此婆羅門以清净心一偈歎佛。從是以後十三劫中。天上人中
封授自然。常得端正言辭辯慧人所贊歎。不墮三塗八難之處。
却後皆當成辟支佛。名曰歡悦。一切衆會聞佛所説。皆悉歡喜歌
歎佛德。阿難白佛言。如來功德不可思議。此婆羅門一偈歎佛。所
得功德不可限量。快乃如是。佛告阿難。此婆羅門非但今日而
贊歎我而得善利。乃往過去世。波羅奈國王名婆摩達多。而出
游獵。象兵馬兵車兵導從前後。游獵於山得一白象。身白如
雪光澤可愛而有六牙。王得此象大用歡喜。即付象師令使
調之。於時象師即著枷鞅靽大杖閉之。於時其象悲泣泪
出。不欲飲食經於七日。象師怖懅。此王家象若不飲食不久
便死。即白王言。所得白象不肯飲食悲泣泪出。王聞其言即往看
之。王問象言。何以不食。象便作人語而白王言。我心愁憂。唯願大王當
去我愁。王復問言。有何等愁。象答王言。我有父母。年老朽邁不能行
來。更無供養者。唯我供養採取飲食。若我在此拘系無供養者。
便當俱没用爲悲愁。大王若有大慈放我使去。供養父母畢其年
命。自當來還供養大王。不違此誓。王聞其言愴然不樂。即贊歎
言。汝雖畜生修於人行。我雖爲人作畜生行。王即長跪解象
令去。時象便去供養父母經十二年。父母終亡。即便來還詣於
王宫。王見象還益加歡喜。七寶莊嚴瓔珞其身。王欲出時象
在前導。王愛此象過逾太子。衆象中最因名象幡。時有
貧婆羅門。欲詣王乞。便問人言。作何方便可得財賄。有人語之。①

---

① 后面由於文字模糊，據經文補入：王有白象甚爲敬愛。汝若能嘆此象者。乃可大得。時婆羅門伺王出時在路傍住。即嘆白象而説偈言。

汝身甚姝好　　猶若天帝象
衆象相具足　　福德甚巍巍
形影無雙比　　猶若白雪光
身體甚難及　　奇特不可量

爾時國王聞嘆白象大用歡喜。賜婆羅門金錢五百。便用致富。佛告阿難。爾時象幡者。則我身是。時婆羅門者。今此婆羅門是。爾時嘆我而得益利。用濟窮乏。今我成佛而復嘆我。獲其福報不可限量。因得濟度生死之難。阿難長跪前白佛言。若使有人四句一頌贊嘆如來。當得幾許功德之報。佛告阿難。正使億百千那術無數衆生皆得人身。悉得成就辟支佛道。設使有人供養是

等諸辟支佛。衣被飲食醫藥床卧敷具滿百歲中。其人功德寧爲多不。阿難白佛言。甚多甚多不可計量。若使有人四句一偈。以歡喜心贊歎如來。所得功德過於供養諸辟支佛得福德者。上百千萬倍億億無數倍無以爲喻。賢者阿難一切大會。聞佛所説皆大歡喜。繞佛三匝頭面作禮。 中卷竟 欲字號

佛説菩薩本行經卷下 □□□東晋失譯 欲字號①

佛告阿難。乃往過去無央數劫時。有五百長者子。設施大壇竪立大幡擊鼓宣令。沙門婆羅門。貧窮乞丐。悉當惠與。五百長者子。各出珍寶象馬車乘衣被飲食。各隨所乏悉皆與之。時有一貧人。周行諸國至此國中。見五百長者子施立大壇賑窮濟乏周救一切無所遺惜。而問之言。汝等布施所作功德求何等願。即便答言。持此功德欲求佛道。爾時貧人重復問曰。何謂佛道其法云何。諸長者子而答之言。夫佛道者。過於羅漢辟支佛上。三界特尊天人之師。無量大慈無極大哀。普潛五道衆生之類猶如赤子。教化一切悉令爲善。斷絶衆生三塗之苦。度生死海使至泥洹安樂之處。所謂佛者。諸惡永盡諸善普會。無復衆垢諸欲都滅。六度無極皆悉滿畢。以權方便隨時教化而無有極。有十神力四無所畏十八不共奇特之法。三十七品道法之藏而無有極。身紫金色三十二相八十種好。六通清澈無所挂礙。前知無窮却睹無極。現在之事靡所不知。三達遐鑒顯於十句。有如此德。故號爲佛也。諸長者子等。各各歎佛無量德行。悉皆如是。於時貧人聞佛功德。心自念言。我今亦欲學習此願廣度一切。加復貧窮無有財寶。當用何等而行布施。意自念言。當持己身而用惠施。作是念已便行索蜜。而用塗身卧於冢間。便作願言。今我以身施與一切。若有須肉頭目髓腦。我悉與之。持是功德用求佛道廣度一切。作是願已應時三千大千世界爲大震動。諸天宫殿□峨踴没。時諸天人馳動惶懅。釋提桓因即以天眼觀閻浮提。見於菩薩在於冢間以身布施。即便來下而欲試之。化作衆狗飛鳥走獸。欲來食之。於是菩薩而見衆狗諸飛鳥輩來啖其身。心便歡喜無有退轉傾動之意。於時天帝還復釋身而贊歎言。善哉善哉。甚奇難及。所作功德欲求何願。天帝梵王轉輪王乎。於是菩薩便起答言。不求天帝轉輪聖王魔王梵王。亦不願求三界之樂。今我至意欲求佛道。我既貧窮無有財寶可用布施。以身惠施用求佛道。廣度一切無量衆生。爾時天帝釋無數諸天异口同音贊言。善哉善哉。奇特難及。時天帝釋便説偈言。

欲求最勝道，不惜其軀命，弃身如糞土，解子無吾我，

① 以下文字應爲《佛説菩薩本行經》上卷的内容而非卷下的内容。

雖用財寶施，此事不爲難，勇猛如是者，精進得佛疾。

時天帝釋語菩薩言。汝大勇猛精進難及過逾。於此五百菩薩所施者。上百千億倍不可計倍。當先在前而得作佛。帝釋諸天以天香花。而散其上歡喜而去。佛告阿難。爾時貧人者今我身是。五百長者子。今此彌勒五百菩薩是。我以精進勇猛之故。超諸菩薩所作功德而先成佛。精進勤修不可不逮也。菩薩布施如是。於是阿難及諸比丘。聞佛所説莫不歡喜。爲佛作禮。各各精進修建道行。怪貪嗔怒道布施現拽果緣三緣合

聞如是。一時佛在舍衛國祇樹給孤獨園。有一居士財富無數。所有珍寶多於王藏。字摩訶男摩。爲人慳貪不敢衣食不知布施。若行出時乘朽故車。結草爲蓋著弊故衣。食郁陳穀未曾美食。食便閉門。時病困篤遂便喪亡。又無子息。所有財寶。波斯匿王盡奪收去。已身妻女不蒙其恩。波斯匿王往至佛所。稽首佛足却坐常位問世尊言。國有居士名摩訶男摩。爲人慳貪不肯布施不知衣食。今者已死生於何道。佛告王曰。墮於盧獦地獄之中。數千萬歲受衆苦痛。從地獄中出當墮餓鬼。晝夜饑渴身常火燃。百千萬歲初不曾聞水穀之名。王聞佛説心驚毛竪。悲泣哽咽不能自勝。佛告王曰。夫爲智者能舍慳貪行於布施。現世獲祐後世受福。昔過去世此閻浮提有大國王。名迦那迦跋彌。爲人慈仁典閻浮提。八萬四千諸小國王。有萬大臣二萬婇女一萬夫人。人民興盛。時火星運現。太史占之。當旱不雨經十二年。太史白王。星運變現。舉閻浮提。十二年中當旱不雨。若不雨者則五穀不收。人民饑餓國欲大荒。當云何耶。時王聞之大用愁憂。即敕群臣召八萬四千諸小國王。盡來集會。盡皆條踪人民口數。又梡現穀多少斛斗。不問男女豪貴貧賤大小。計人并計日。日與一升粟不得長食。群臣諸王皆悉受教各還本國。宣令所局悉皆如是。從是已後天旱不雨。不耕不種無有米穀。人民饑餓死者甚多。群臣白王。人民饑困死者甚多。王告群臣宣令諸國。告敕人民各持十善。雖復身死神得生天快樂自然。諸臣受教咸各宣令。人民大小皆持十善。其有死者盡得生天。時有一人聰明智慧端正無比。見比舍家母與兒共通。其人見之心便不樂。意自念言。雖得人身作畜生行。色欲所惑。子不識母母不識子。顛倒上下不相分别。生死之中甚大可畏。即便剃頭而著袈裟。詣於山澤坐禪思惟。由有愚痴貪淫瞋恚致有衆行。便受五道生死衆苦。若無三毒則無諸行。諸行已滅則不受身。已無有身衆苦便滅。思惟如是豁然意解諸欲永盡。即時便得辟支佛道。六通清澈無所挂礙。便自思惟。我今當受何誰食耶。觀閻浮提一切人民。皆悉饑餓食不可得。唯當往詣大王迦那迦跋彌所而乞食

耳。即便飛到大王宮内。從王乞食。王言。我食齊此今日便盡。王自念言。今我自食會亦當死。若我不食亦當死耳。今得值此神人難遇。我寧不食飯此快士。自持食分即便用飯此辟支佛。辟支佛食飯已訖。意自念言。今此大王所施難及。當使其王益加歡喜。即於王前陞於虚空飛騰變化。東踴西没。西踴東没。南踴北没。北踴南没。上方踴下方没。下方踴上方没。經行虚空或坐或卧。身上出水身下出火。身下出水身上出火。自分一身作百作千作萬乃至無數。以無數身還合爲一。現變已竟從空來下。住於王前而語王言。汝今所施實爲難及。欲求何願必當與王。王及群臣夫人婇女。皆大歡喜頭面著地禮辟支佛足。而求願言。今我國土人民饑餓。危困至甚命在旦夕。今我持此最後之食施此快士。持此功德除我國中饑困。唯求此願。時辟支佛即答王言。當如所願。言竟即便飛去。應時四方。即云起合於虚空。便作大風吹地不凈。瑕穢糞除悉令化去。便雨自然百味飲食遍閻浮提。復雨五穀。次雨衣被。次雨七寶。閻浮提内八萬四千諸王臣民皆大歡喜。王告敕群臣宣令八萬四千諸王。各敕所局。一切人民皆持十善。時閻浮提五穀豐盛。人民歡喜行於十善。慈心相嚮如父如母如兄如弟。於時人民壽終之後盡得生天。無有墮於三惡道者。佛告王曰。爾時迦那迦跋彌者我身是也。而我爾時直以一食施辟支佛。現世獲福功德如是。因此功德自致成佛。一切衆生諸有饑渴苦惱之者令獲道證。安隱快樂使至無爲。時諸弟子帝王臣民皆大歡喜。女人□現復大富轉身成男□

爾時世尊重告王曰。一切衆生爲慳索所縛。慳蓋所覆不知布施。獲其大報不可稱量。自念曩昔過去世時。此閻浮提有城名不流沙。王名婆檀寧。夫人字跋摩竭提。時國谷貴人民饑餓。加有疫病。時王亦病。夫人自出祠天。街邊有一家。夫行不在時婦産兒。又無婢使産後饑虚。復無有食饑餓欲死。便自念言。今死垂至更無余計。唯當還自啖其兒耳。而用濟命。即便取刀適欲殺兒。心爲悲感舉聲大哭。爾時夫人欲還宫中。聞此婦人悲聲慘切。愴然憐傷便住聽之。而此婦人適欲舉刀欲殺其子。便自念言。何忍啖其子肉。作是念已便復啼哭。夫人便入其舍就而問之。何以啼哭欲作何等。婦即答言。無食食之。加復産後身倍虚羸。欲自殺兒用濟其命。夫人聞之心爲悼滑。語言。莫殺其子。我到宫中當送食來。婦人答言。夫人尊貴或復稽遲。或能忘之。而我今日命在呼吸不逾時節。不如自啖其子以用濟命。夫人問言。更得餘肉食之可不。答言。果得濟命不問好醜也。於是夫人即便取刀自割其乳。便自願言。今我以乳持用布施濟此危厄。不願作轉輪聖王天帝魔王梵王也。持此功德用成無上正真之道。即便持乳與此婦人。適欲舉刀更割一乳。應時三千大千世界爲大震動。諸天宫

殿皆悉動揺。時天帝釋天眼觀之。見夫人自割其乳濟其危
厄。時天帝釋無數諸天。即時來下住虚空中。皆爲悲泣泪如盛
雨。於時天帝住夫人前而便問言。汝今所施甚爲難及。求何願耶。
夫人答言。持此功德用求無上正真之道。度脱一切衆生苦厄。天帝答
言。汝求此願以何爲證。於是夫人即立誓言。今我所施功德審諦成
正覺者。我乳尋當平復如故。其乳尋時平復如故。天帝贊言。善
哉善哉。汝成佛不久。諸天歡喜即便現形歎夫人言。汝今所施得
無悔恨以爲痛耶。答言。我無悔恨不以爲痛。天復答言。若無悔恨
以何爲證。於是夫人便立誓言。我今所施用求佛道無悔恨者。令我
女身變成男子。立誓已訖。應時女身變爲男子。時諸天神贊
言。善哉善哉。如汝所願成佛不久。王及臣民歎甚奇特歡喜無量。
是時國中衆病消除。穀米豐賤人民安樂。却後國王崩亡。群臣
共議當更立王。時天帝釋來下語群臣言。跋摩竭提。變身化成
男子。加有福德應得爲王。諸臣歡喜即拜爲王。人民熾盛國遂興
隆。佛告王言。爾時跋摩竭提者今我身是。而我爾時不惜身命。
布施如是現世獲報。即變其身成於男子得紹王位。因是功德
今得成佛普救一切。菩薩行檀波羅蜜。勇猛如是。諸弟子
國王臣民皆大歡喜。爲佛作禮而去。放養人施草毛髮①
聞如是。一時佛在欝單羅延國。佛與千二百五十沙門俱行詣
村落。如來色相三十有二。八十種好。光明晃煜照曜天地莫不大明。
猶如盛月星中特明。時天盛熱無有蔭凉。有一放羊人。見佛光相
心自念言。如來世尊三界之師。涉冒盛熱無有蔭凉。即編草作
蓋用覆佛上。捉隨佛行。去羊大遠。放蓋擲地還趣羊邊。佛便微
笑。金色光從口中出數千萬岐。岐出百千萬光。遍照十方。上至三十
三天。下至十八地獄。禽獸餓鬼莫不大明。三界天人見佛光明。應
時皆來至於佛所。一切人民及諸龍阿修倫。無數衆會皆大歡
喜。持香花伎樂供養如來。阿難長跪前白佛言。佛不妄笑。
願説其意。佛告阿難。汝今見此放羊人不。對曰。唯然見之。佛
告阿難。此放羊人以恭敬之心。而以草蓋用覆佛上。以此功德十
三劫中。天上世間生尊貴處。常自然有七寶之蓋而在其上。
命終之後不墮三惡道中。竟十三劫出家爲道。成辟支佛名
阿耨婆達。一切大衆聞佛所説。或得道迹往來不還. 無著之證。
成辟支佛。或發無上正真道意者。或得立不退轉地者。衆會
歡喜爲佛作禮而去。作業藏數□
聞如是。一時佛在舍衛國祇樹給孤獨園。佛尊弟子名舍
利弗。晝夜六時常以道眼觀於衆生。應得度者輒往度之。

① 中有脱文，由於兩行之間并没有空缺，所以筆者亦没有補入。

王波斯匿有一大臣。名曰師質。財富無量應時得度。時舍利弗。
明日晨朝著衣持鉢。往詣其家而從乞食。於是師質見即
作禮。問訊請命入坐施設床座飯食。時舍利弗。食訖澡手漱口爲
説經法。富貴榮禄衆苦之本。居家恩愛猶如牢獄之中。一切
所有皆悉非常。三界尊貴猶如幻化。五道生死轉貿身形無
有吾我。師質聞法心意悚然。不慕榮貴不樂恩愛。觀於居
家猶如丘墓。便以居業一切盡以以付其弟。便剃鬚髮而著袈裟。
便入深山坐禪行道。其婦愁憂思念前夫不順後夫。後夫問言。居
家財産珍寶甚多。何所乏短常愁不樂。其婦報言。思念前
夫是以愁耳。其夫復問。汝今與我共爲夫婦。何以晝夜思念
前夫。婦復答言。前夫心意甚好無比。是以思念。其弟見嫂
思念。恐兄返戒還奪其業。便語賊帥。雇汝五百金錢斫彼沙門
頭來。賊帥受錢往到山中見彼沙門。沙門語言。我唯弊衣無有
財産。汝何以來。賊即答言。汝弟雇我使來殺汝。沙門恐怖便語
賊言。我新作道人。又未見佛不解道法。且莫殺我。須我見佛
少解經法。殺我不遲。賊語之言。今必殺汝不得止也。沙門即舉一
臂而語賊言。且斫一臂留我殘命使得見佛。時賊便斫一臂持去
與弟。於是沙門便往見佛作禮却坐。佛爲説法。汝無數劫久遠
以來。割奪其頭手脚之血。多於四大海水。積身之骨高於須彌。
涕泣之泪過於四海。飲親之乳多於江海。汝從無數劫以來不
但今也。一切有身皆受衆苦。一切衆苦皆從習生。由習恩愛
有斯衆苦。痴愛已斷不習衆行。不習衆行便無有身。已無有
身衆苦便滅。唯當思惟八正之道。於是沙門聞佛所説豁然意
解。即於佛前得阿羅漢道。便放身命而般涅槃。賊擔其臂往
持與弟。弟便持臂著於嫂前。語其嫂言。常云思念前婿。此是其
臂。其嫂悲泣哽咽不樂。便往白王。王即推挍如實不虚。便殺
其弟。諸比丘有疑問佛。而此沙門前世之時。作何惡行今見斫臂。修
何德本今值世尊得阿羅漢道。佛告諸比丘。乃昔過去世波羅奈
國。爾時有王名婆羅達。出行游獵馳逐走獸。迷失徑路不知出
處。草木參天無餘方計。而得來出大用恐怖。遂復前行見一
辟支佛。王問其言。迷失徑路從何得出。軍馬人衆在於何所。時辟
支佛臂有惡瘡不能舉手。即便持脚示其道徑。王便瞋恚。此
是我民見我不起。反持其脚示我道徑。王便拔刀斫斷其臂。時
辟支佛意自念言。王若不自悔責以往。當受重罪無有出期。於是
辟支佛即於王前。飛陞虚空神足變現。時王見之以身投
地。舉聲大哭悔過自謝。辟支佛唯願來下受我懺悔。時辟支佛
即便來下受其懺悔。王持頭面著辟支佛足。作禮自陳。唯見矜湣
受我懺悔。願莫使我久受苦痛。時辟支佛便放身命入於無餘

涅槃。王便收取耶旬起塔花香供養。常於塔前懺悔求願而
得度脱。佛言。爾時王者此沙門是。由斫辟支佛臂。五百世中常
見斫臂而死至於今日。由懺悔故不墮地獄。解了智慧而得度
脱成阿羅漢道。佛告諸比丘。一切殃福終不朽敗。諸比丘聞佛所説。莫
不驚悚。頭面作禮。禪塔寺緣
昔佛在阿耨達池告五百阿羅漢。汝等各各自説前世宿行今得
成道。時諸阿羅漢承佛教誨。各各自説宿行所作功德。時有阿羅漢名
婆多竭梨。自説。前世無央數劫。時世有佛。名曰定光如來至真等
正覺明行成爲善逝世間解無上士道法禦天人師有大慈哀衆
祐一切。爲於衆生作大依怙。興出於世教化人天皆令成道。乃取滅度。分
布舍利起於塔廟。法欲末時。我爲貧人。無餘方業窮行采薪。遥
見大澤中有塔寺甚爲巍巍。我時見之心用欣然踴躍難量。即便行
往到其塔所。瞻睹所像歡喜作禮。見諸狐狼飛鳥走獸在中止宿。草
木荊棘不浄满中。迥絶無人無人行迹無供養者。而我睹見心用愴[①]
羅漢。無復惱熱冷而無暖。其心清浄獲於大安。若有能於佛法及
與衆僧所作如毛髮之善。所生之處受報弘大無有窮極。自念往
古所作德行報應如是者乎。婆多竭梨於佛前。自説宿行已。爲佛
作禮却住一面。下卷中□出　欲字號　舉

（二）俄 TK326.3《賢愚經》[②]

微妙比丘尼緣出賢愚經第四卷　貫字號　在家誓咒
聞如是。一時佛在舍衛國祇陀精舍。波斯匿王崩背之後。太子
流離。攝政爲王。暴虐無道。驅逐醉象。蹋殺人民。不可稱計。
時諸貴姓婦女。見其如是。心中摧悴。不樂於俗。即共出家。爲比
丘尼。國中人民。見諸女人。或是釋種。或是王種。尊貴端正。國中
第一。悉舍諸欲。出家爲道。凡五百人。莫不歎美。競共供養。諸
比丘尼。自相謂言。吾等今者。雖名出家。未服法藥消淫怒痴。寧可
共詣偷羅難陀比丘尼所。諮受經法。冀獲所克。即往其所。作禮
問訊。各自陳言。我等雖復爲道。未獲甘露。願見開悟。時偷羅

---

① 後文由於文字模糊不清，據《大藏經》是："然。不曉知如來威神功德之法。但以歡喜誅伐草木。及於掃除不净盡去。掃塔已訖一心歡喜繞之八匝。叉手作禮而去。持此功德。壽終之后得生第十五光音天上。以衆名寶用爲宫殿光明晃煜。於諸天中特爲巍巍不可計量。盡其天壽而復百返爲轉輪圣王。七寶自然典主四域。復畢其壽常生國王大姓長者家。財富無數顏容殊妙無有雙比。人見歡喜莫不愛敬。欲行之時道路自净。虛空之中雨散衆花用此恭敬生處自然。一阿僧祇九十劫中回流宛轉。常生天上及與人中。尊榮豪貴封授自然不墮三涂。我憶此事大自雅奇。今我最后福愿畢满。遭值釋師三界中雄。入於尊法便成沙門。六通清徹無不解達。諸欲永盡得成。"

② 《俄藏黑水城文獻》第五册，第 101—105 頁。筆者認爲此經應爲《微妙比丘尼品第十六》。

難陀。心自念言。我今當教令其反戒。吾攝衣鉢。不亦快乎。即語之曰。汝等尊貴大姓。田業七寶。象馬奴婢。所須不乏。何爲舍之。持佛禁戒。作比丘尼。辛苦如是。不如還家。夫妻男女。共相娱樂。恣意布施。可榮一世。諸比丘尼。聞説是語。心用惘然。即各涕泣。舍之而去。復至微妙比丘尼所。前爲作禮。問訊如法。即各啓曰。我等在家。習俗迷久。今雖出家。心意蕩逸。情欲熾燃不能自解。願見憐湣。爲我説法。開釋罪蓋。爾時微妙。即告之曰。汝於三世。欲問何等。諸比丘尼言。去來且置。願説現在。解我疑結。微妙告曰。夫淫欲者。譬如盛火燒於山澤。蔓莛滋甚。所傷彌廣。人坐淫欲。更相賊害。日月滋長。致墮三塗。無有出期。夫樂家者。貪於合會。恩愛榮樂因緣。生老病死離別。縣官之惱。轉相哭戀。傷壞心肝。絶而復穌。家戀深固。心意纏縛。甚於牢獄。我本生於梵志之家。我父尊貴。國中第一。爾時有梵志子。聰明智慧。聞我端正。即遣媒禮。娉我爲婦。遂成室家。後生子息。夫家父母。轉復終亡。我時妊娠。而語夫言。我今有娠。穢污不净。日月嚮満。儻有危頓。當還我家見我父母。夫即言善。遂便遣歸。至於道半。身體轉痛。止一樹下。時夫别卧。我時夜産。污露大出。毒蛇聞臭。即來殺夫。我時夜唤數反無聲。天轉嚮曉。我自力起。往牽夫手。知被蛇毒。身體腫爛。支節解散。我時見此。即便悶絶。時我大兒。見父身死。失聲號叫。我聞兒聲。即持還穌。便取大兒。擔著項上。小兒抱之。涕泣進路。道復曠險。絶無人民。至於中路。有一大河。既深且廣。即留大兒。著於河邊。先擔小兒。度著彼岸。還迎大者。兒遥見我。即來入水水便漂去。我尋追之。力不能救。浮没而去。我時即還。欲趣小兒。狼已啖訖。但見其血流離在地。我復斷絶。良久乃穌。遂進前路。逢一梵志。是父親友。即問我言。汝從何來。困悴乃爾。我即具以所更苦毒之事告之。爾時梵志。憐我孤苦。相對涕哭。我問梵志。父母親裏。盡平安不。梵志答言。汝家父母大小。近日失火。一時死盡。我時聞之。即復悶絶。良久乃穌。梵志憐我。將我歸家。供給無乏。看視如子。時餘梵志。見我端正。求我爲婦。即相許可。適共爲室。我復妊娠。日月已満。時夫出外。他舍飲酒。日暮來歸。我時欲産。獨閉在内。時産未竟。梵志打門大唤。無人往開。梵志瞋恚。破門來入。即見搥打。我如事説。梵志遂怒。即取兒殺。以酥熬煎。逼我使食。我甚愁惱。不忍食之。復見搥打。食兒之後。心中酸結。自惟薄福。乃值斯人。便弃亡去。至波羅㮈。在於城外。樹下坐息。時彼國中。有長者子。適初喪婦。乃於城外園中埋之。戀慕其婦。日往出城。塳上涕哭。彼時見我。即問我言。汝是何人。獨坐道邊。我如事説。復語我言。今欲與汝入彼園觀。寧可爾不。我便可之。遂爲夫婦。經於數

日。時長者子。得病不救。奄忽壽終。時彼國法若其生時。有所愛
重。臨葬之日。并埋墖中。我雖見埋。命故未絶。時有群賊。來開其墖。
爾時賊帥。見我端正。即用爲婦。數旬之中。復出劫盜。爲主所覺。
即斷其頭。賊下徒衆。即持死屍。而來還我。便共埋之。如國俗法。
以我并埋。時在墖中。經於三日。諸狼狐狗。復來開墖。欲啖死人。我
復得出。重自克責。宿有何殃。旬日之間。遇斯罪苦。死而復生。當何
所奉得全餘命。即自念言。我昔常聞。釋氏之子。弃家學道。
道成號佛。達知去來。寧可往詣身心自歸。即便徑往。馳趣祇洹。
遥見如來。如樹花茂星中之月。爾時世尊。以無漏三達。察
我應度。而來迎我。我時形露。無用自蔽。即便坐地。以手覆乳。
佛告阿難。汝持衣往覆彼女人。我時得衣。即便稽首世尊足
下。具陳罪厄。願見垂滑。聽我爲道。佛告阿難。將此女人。付憍
曇彌。令授戒法。時大愛道。即便受我。作比丘尼。即爲我説四
諦之要苦空非常。我聞是法。克心精進。自致應真。達知去來。
今我現世。所更勤苦。難可具陳。如宿所造。毫分不差。時諸比丘
尼。重復啓白宿有何咎。而獲斯殃。唯願説之。微妙答曰。汝等
静聽。乃往過世。有一長者。財富無數。無有子息。更取小婦。雖
小家女。端正少雙。夫甚愛念。遂便有娠。十月已满。生一男兒。
夫妻敬重。視之無厭。大婦自念。我雖貴族。現無子息可以
繼嗣。今此小兒。若其長大。當領門户。田財諸物。盡當攝持。我唐
勞苦。積聚財産。不得自在。妒心即生。不如早殺。内計已定即
取鐵針。刺兒囟上。令没不現。兒漸痟瘦。旬日之間。遂便命終。
小婦懊惱。氣絶復穌。疑是大婦妒殺我子。即問大婦。汝之無
狀。怨殺我子。大婦即時。自咒誓曰。若殺汝子。使我世世夫爲毒蛇
所殺。有兒子者。水漂狼食。身見生埋。自啖其子。父母大小。失火而
死。何爲謗我。何爲謗我。當於爾時。謂無罪福反報之殃。前所咒
誓。今悉受之。無相代者。欲知爾時大婦者。則我身是。諸
比丘尼。重復問曰。復有何慶。得睹如來。就迎之耶。得在道堂免
於生死。微妙答曰。昔波羅棕儀國。有一大山。名曰仙山。其中恒有
辟支佛聲聞外道神仙。無有空缺。彼時緣覺。入城乞食。有長
者婦。見之歡喜。即供養之。緣覺食已。飛陞虚空。身出水火。坐
卧空中。婦時見之。即發誓言。使我後世得道如是。爾時婦者。則
我身是。緣是之故。得見如來。心意開解。成羅漢道。今日我身。雖
得羅漢。恒熱鐵針。從頂上入。於足下出。晝夜患此。無復竟已。
殃福如是。無有朽敗。爾時五百貴姓比丘尼。聞説是法。心意悚
然。觀欲之本。猶如熾火。貪欲之心。永不復生。在家之苦。甚於牢
獄。諸垢消盡。一時入定。或阿羅漢道。各共齊心。白微妙曰。我等纏綿
系著淫欲。不能自拔。今蒙仁恩導。得度生死。時佛歎曰。快哉微

妙。夫爲道者。能以法教。轉相教誡。可謂佛子。衆會聞説莫
不歡喜。稽首奉行。

設頭羅健寧品

如是我聞。一時佛在羅閱祇竹園中。爾時賢者阿難。從座而
起。整衣服長跪叉手。前白佛言。阿若憍陳如。伴黨五人。宿有
何慶。依何因緣。如來出世。法鼓初震獨先得聞。甘露法味特
先得嘗。唯願垂哀。具爲解説。於時世尊。告阿難言。此五人
者。先世之時。先食我肉。致得安隱。是故今日。先得法食。用致
解脱。爾時阿難重白佛言。先世食肉。有何因緣。願具開示。佛
告之曰。過去久遠。無量無數阿僧祇劫。此閻浮提。有大國王。名
曰設頭羅健寧。領閻浮提。八萬四千國。六萬山川。八十億聚①
則我身是。時五木工。先食我肉者今憍陳如等五比丘是。其諸
人民後食肉者。今八萬諸天。及諸弟子。得度者是。我於爾時。
先以身肉。充彼五人。令得濟活。是故今日最初説法。度彼五人。以
我法身少分之肉。除彼三毒饑乏之苦。賢者阿難及諸會
者。聞佛所説。且悲且喜。頂戴奉行

阿輸迦施土品第第二十二

如是我聞。一時佛在舍衛國祇樹給孤獨園。爾時世尊。朝
與阿難。入城乞食。見群小兒於道中戲。各聚地土。用作
宫舍。及作倉藏財寶五穀。有一小兒。遥見佛來。見佛光相。敬心内發。歡喜
踴躍。生布施心。即取倉中名爲穀者。即以手掬。欲用施佛。
身小不逮。語一小兒。我登汝上。以穀布施。小兒歡喜。報言可爾。
即躡肩上。以土奉佛。佛即下鉢。低頭受土。受之已訖授與阿
難語言。持此塗污我房。乞食既得。還詣祇洹。阿難以土。塗佛
房地。齊污一邊。其土便盡。污已。整衣服。具以白佛。佛告阿難。

---

① 後脱文如下："落。二萬夫人婇女。王有慈悲。憐念一切。人民之類。靡不蒙賴。爾時國中。有火星現。相師尋見。而白王言。若火星現當旱不雨經十二年。今有此變。當如之何。王聞是語。甚大憂愁。若有此灾。柰何民物。民命不濟。無復國土。即合群臣。而共議之。衆臣咸曰。當下諸國計現民口。復令算數倉篅現谷。知定斛斗。十二年中人得幾許。王從其議。即時宣令。急敕算之。都計算竟。一切人民。日得一升。猶尚不足。從是已後。人民饑餓。死亡者衆。王自念曰。當設何計濟活人民。因與夫人婇女。出游園觀。到各休息。王伺衆眠寐。即從座起。嚮四方禮。因立誓言。今此國人。饑羸無食。我舍此身。愿爲大魚。以我身肉。充濟一切。即上樹端。自投於地。即時命終。於大河中。爲化生魚。其身長大。五百由旬。爾時國中。有木工五人。各賫斤斧。往至河邊。規斫材木。彼魚見已。即作人語而告之曰。汝等若饑。欲須食者。來取我肉。若復食飽。可賫持去。汝今先食我肉。而得充飽。後成佛時。當以法食濟脱汝等。汝可并告國人大小。有須食者。悉各來取。五人歡喜。尋各斫取。食飽賫歸。因以其事具語國人。於是人民。展轉相語。遍閻浮提。悉皆來集。啖食其肉。一脅肉盡。即自轉身。復取一脅。皆復食盡。故處還生。復轉身與之。如是翻覆。恒以身肉。給濟一切。經十二年其諸衆生。食其肉者。皆生慈心。命終之後。得生天上。阿難。欲知爾時設頭羅健寧王者。"

嚮者小兒。歡喜施土。土足塗污佛房一邊。緣斯功德。我般涅槃百歲之後。當作國王。字阿輸迦。其次小兒。當作大臣。共領閻浮提一切國土。興顯三寶。廣設供養。分布舍利。遍閻浮提。當爲我起八萬四千塔。阿難歡喜。重白佛言。如來先昔。造何功德。而乃有此多塔之報。佛言。阿難。專心善聽。過去久遠阿僧祇劫。有大國王。名波塞奇。典閻浮提八萬四千國。時世有佛。名曰弗沙。波塞奇王。與諸臣民。供養於佛及比丘僧。四事供養。敬慕無量。爾時其王。心自念言。今此大國。人民之類。常得見佛禮拜供養。其餘小國。各處邊僻人民之類。無由修福。就當圖畫佛之形像。布與諸國。咸令供養。作是念已。即召畫師。敕使圖畫。時諸畫師。來至佛邊。看佛相好。欲得畫之。適畫一處。忘失餘處。重更觀看。復次下手。忘一畫一。不能使成。時弗沙佛。調和衆彩。手自爲畫。以爲模法。畫立一像。於是畫師。乃能圖畫都盡八萬四千之像。極令净妙。端正如佛。布與諸國。一國與一。又作告下。敕令人民辦具花香以用供養。諸國王臣民。得如來像。歡喜敬奉。如視佛身。如是阿難。波塞奇王。今我身是。緣於彼世畫八萬四千如來之像。布與諸國令人供養。緣是功德。世世受福。天上人中。恒爲帝王。所受生處。端正殊妙。三十二相。八十種好。緣是功德。自致成佛。涅槃之後。當復得此八萬四千諸塔果報。賢者阿難。及諸會者。聞佛所説歡喜奉行。

七瓶金施品二十三

如是我聞。一時佛在舍衛國祇樹給孤獨園。爾時諸比丘。各處异國。隨意安居。經九十日。安居已竟。各詣佛所。諮受聖教。爾時世尊。與諸比丘。隔别經久。慈心滑傷。即舉千輻相輪神手。而慰勞之。下意問訊。汝等諸人。住在僻遠。飲食供養。得無乏耶。如來功德。世無儔類。今乃下意。瞻諸比丘。特懷謙敬。阿難見之。甚怪所以。即白佛言。世尊出世。最爲殊特。功德智慧。世之稀有。今乃下意。慰諭問訊諸比丘衆。何其善耶。不審世尊。興發如是謙卑之言爲遠近耶。世尊告曰。欲知不乎。明聽善思。當爲汝説。奉教善聽。佛告阿難。過去久遠。無數無量不可思議阿僧祇劫。此閻浮提。有一大國。名波羅棕。時有一人。好修家業。意偏愛金。勤力積聚。作役其身。四方治生。所得錢財。盡用買金。因得一瓶。於其舍内。掘地藏之。如是種種。勤身苦體。經積年歲。終不衣食。聚之不休。乃得七瓶。悉取埋之。其人後時。遇疾命終。由其愛金。轉身作一毒蛇之身。還其舍内。守此金瓶。經積年歲。其舍摩滅。無人住止。蛇守金瓶。壽命年歲。已復嚮盡。舍其身已。愛心不息。復受本形。自以其身。纏諸金瓶。如是輾轉。經數萬歲。最後受身。厭心復生。自計由來。爲是金故。而受惡形。無有休已。今當用施快福田中。使我世世

蒙其福報。思惟計定。往至道邊。竄身草中。匿身而看。設有
人來。我當語之。爾時毒蛇見有一人順道而過。蛇便呼之。人聞唤
聲。左右顧望。不見有人。但聞其聲。復道而行。蛇復現形。唤言
咄人。可來近我。人答蛇言。汝身毒惡。唤我用爲。我若往汝。
儻爲傷害。蛇答人言。我苟懷惡。設汝不來。亦能作害。其人恐
懼。往至其所。蛇語人言。吾今此處。有一瓶金。欲用相托供養作
福。能爲之不。若不爲者。我當害汝。其人答蛇。我能爲之。時蛇將人。
共至金所。出金與之。又告之曰。卿持此金。供養衆僧。設食之日。好念
持一阿輸提來。取我舁去。其人擔金。至僧伽藍。付僧維那。具以
上事。嚮僧説之。云其毒蛇。欲設供養。克作食日。僧受其金爲設
美膳。作食日至。其人持一小阿輸提。往至蛇所。蛇見其人。心懷歡喜。
慰喻問訊。即盤其身。上阿輸提。於是其人。以疊覆上。擔嚮佛圖。
道逢一人。問擔蛇人。汝從何來。體履佳不。其人默然不答彼問。
再三問之不出一言。所持毒蛇。即便瞋恚。含毒熾盛。欲殺其人。還
自遏折。復自思念。云何此人。不知時宜。他以好意。問訊進止。鄭
重三問。無一言答。何可疾耶。作是念已。毒心復興。隆猛内發。復欲害
之。臨當吐毒。復自思惟。此人爲我作福。未有恩報。如是再三。還
自奄伏。此人於我。已有大恩。雖復作罪。事宜忍之。前到空處。蛇
語其人。下我著地。窮責極切。囑戒以法。其人於是。便自悔責。生
謙下心。垂矜一切。蛇重囑及。莫更爾耶。其人擔蛇。至僧伽藍。著衆僧
前。於時衆僧。食時已到。作行而立。蛇令彼人次第賦香。自以信心。
視受香者。如是盡底。熟看不移。衆僧引行。繞塔周匝。其人
捉水。洗衆僧手。蛇懷敬意。觀洗手人。無有厭心。衆僧食訖。重
爲其蛇。廣爲説法。蛇倍歡喜。更增施心。將僧維那。到本金
所。殘金六瓶。盡用施僧。作福已訖。便取命終。由其福德。生忉利
天。佛告阿難。欲知爾時擔蛇人者。豈异人乎。則我身是。爾時
毒蛇者。今舍利弗是。我乃往日擔蛇之時。爲蛇見責。慚愧立
誓。生謙下心。等視一切。未曾中退。乃至今日。時諸比丘。阿難之等。
聞佛所説。歡喜奉行。　賢愚經□□□貫字號

二、史傳部

（一）俄 Φ229V、Φ241V. 1《景德傳燈録卷第十一》[①]

【題解】

① 《俄藏黑水城文獻》第六册，第 96—102 頁。

宋寫本，寬 525 釐米，共 12 紙。卷心高 22. 8 釐米，天頭 1. 3 釐米，地脚 1. 1 釐米，每紙 29 行，行 23 字。有雙行小字注釋。烏絲欄，楷書墨色濃匀。有朱批與校補字。下鈐朱文方印：李醜兒宅經記。與俄 TK186 相同。

【前缺】

得否。上座曰。但作得道理便得。師乃掣拂子去將云居錫云。什麼處是仰山
一日雨下。上座曰。好雨寂闍梨。師曰：好在什麼處。上座無語。□[①]
曰。某甲却道得。上座曰。好在什麼處。師指雨。溈山與師游行
次。烏銜一紅柹落前。祐將與師。師接得以水。洗了却與祐。祐曰子
什麼處得來。師曰此是和尚道德所感。祐也曰汝也不得空然
即分半與師玄沙云。大小溈山被仰山一坐至今起不得師浣衲衣次。耽源曰正恁麼時作。麼生。
師曰正恁麼時。嚮什麼處見。師盤桓溈。山前後十五載。凡有語
句學衆無不弭伏。暨受溈山密印。領衆住王莽山。化緣未契
遷止仰山學徒臻萃。師上堂示衆云。汝等諸人各自回光
返顧莫記吾言。汝無始劫來背明投暗。妄想根深卒難頓拔。
所以假設方便奪汝粗識。如將黃葉止啼。有什麼是處。亦如人將
百種貨物與金寶作一鋪。貨賣只擬輕重來機。所以道。石頭是
真金鋪。我遮裹是雜貨鋪。有人來覓鼠糞我亦拈與。他來覓真
金我亦拈與。他時有僧問：鼠糞即不要。請和尚真金。師云：嚙
鏃擬開口。驢年亦不會。僧無對師云：索唤則有交易。不索唤無則我。
若説禪宗身邊要一人相伴亦無。豈況有五五百七百衆耶。我若東
説西説。則争頭嚮前采拾。如將空拳誑小兒都無處。我今分明
嚮汝説聖邊事且莫將心凑泊。但嚮自己性海如實而修。不要三
明六通。何以故。此是聖末邊事。如今且要識心達本。但得其本
其不愁其末。他時後日自具去在。若未得本縱饒將情學他亦
不得。汝豈不見。溈山和尚云。凡聖情盡體露真常事理不
二即如如佛。問如何是祖師意。師以手於空作圓相。相中書
佛字。僧無語。師謂第一坐曰。不思善不思惡正恁麼時作
麼生。對曰。正恁麼時是某甲放身命處。師曰：何不問老僧。
對曰。正恁麼時不見有和尚。師曰：扶吾教不起。師因歸溈
山省覲。祐問。子既稱善知識。争辨得諸方來者。知有不知
有。有師承無師承。是義學是玄學。子試説看。師曰：慧寂有
驗處。但見諸方僧來便竪起拂子。問伊。諸方還説遮個不
説。又云。遮個且置。諸方老宿意作麼生。祐歎曰。此是從上宗
門中牙爪。祐問。大地衆生業識茫茫無本可據。子作麼生
知他有之與無。師曰：慧寂有驗處。時有一僧從面前過。師召云。

① 疑爲“師”。

闍梨其僧回頭。師曰：和尚遮個便是業識茫茫無本可據。
祐曰。此是師子一滴乳。迸散六斛驢乳。鄭愚相公問。不斷煩
惱而入涅槃時如何。師竪起拂子。公曰。入之一字不要亦得。
師曰：入之一字不爲相公法燈別云。相公不用煩惱師問僧。什麼處來。曰幽州。
師曰：我恰要個幽州信米作麼價。曰某甲來時無端從市中
過。蹋折他橋梁。師便休。師見僧來竪起拂子。其僧便喝。
師曰：喝即不無。且道老僧過在什麼處。僧曰：和尚不合將境
示人。師乃打之。師問香嚴。師弟近日見處如何。嚴云。某甲卒
説不得。乃有偈曰。去年貧未是貧。今年貧始是貧。去年無
卓錐之地。今年錐也無。師曰：汝只得如來禪。未得祖師禪
玄覺云。且道如來禪與祖師禪分不分。長慶棱云。一時坐却溈山封一面鏡寄師。師上堂提起云。且道。
是溈山鏡仰山鏡。有人道得即不撲破。衆無對。師乃撲破。
師問。雙峰師弟近日見處如何對曰。據某甲見處。實無一法
可當情。師曰：汝解猶在境。雙峰曰。某甲只如此。師兄如何。師
曰。汝豈無能知無一法可當情者。溈山聞云。寂子一句疑殺天下
人玄覺云。金剛經道。實無一法燃燈佛與我受記。他道實無一法可當情。爲什麼道。解猶在境。且道利害在什麼處僧問：法身還解説法
也無。師曰：我説不得。別有一人説得。曰説得底人在什麼處。師推出枕
子溈山聞云。寂子用劍刃上事。師閉目坐次。有僧潛來身
邊立師開目於地上作一圓相。相中書水字顧視其僧。僧無語
師擕一杖子。僧問什麼處得。師便拈嚮背後。僧無語師問一僧。汝會
什麼。僧曰：會蔔。師提起拂子曰。遮個六十四卦中阿那卦收。無對
師自代云。適來是雷天大壯。如今變爲地火明夷。師問僧。名
什麼。曰靈通。師曰：便請入燈籠。曰早個入了也法眼別云。喚什麼作燈籠
僧問：古人道。見色便見心禪床是色。請和尚離色指學人心。師
云。那個是禪床指出來。僧無語玄覺云。忽然被伊却指禪床。作麼生對伊好。有僧云。却請和尚道。玄覺代拊掌三下
僧問：如何是毗盧師。師乃叱之。又問。如何是和尚師。師曰：莫無禮。
師共一僧語。傍有僧曰：語底是文殊默底是維摩。師曰：不語不
默底莫是汝否。僧默之師曰：何不現神通。僧曰：不辭現神通。只
恐和尚收入教。師曰：鑒汝來處。未有教外底眼。問天堂地獄
相去幾何。師將拄杖畫地一畫。師住觀音時出牓云。看經次不
得問事。後有僧來問訊。見師看經傍立而待。師卷却經問。會麼。
僧曰：某甲不看經争得會。師曰：汝已後會去在其僧到岩頭。岩頭問。什麼處來。僧云。江西觀音來。
岩頭云。和尚有何言句。其僧舉前語。岩頭云。遮個老師。我將謂被故紙埋却。元來猶僧問：禪宗頓悟畢竟入門的意
如何。師曰：此意極難。若是祖宗門下上根上智。一聞千悟得大總
持。此根人難得。其有根微智劣。所以古德道。若不安禪静慮
到遮裏總須茫然。僧曰：除此格外。還別有方便令學人得入也
無。師曰：別有別無令汝心不安。汝是什麼處人。曰幽州人。師曰：汝
還思彼處否。曰常思。師曰：彼處樓臺林苑人馬駢闐。汝返思底

還有許多般也無。僧曰：某甲到遮裏一切不見有。師曰：汝解猶在境。信位即是。人位即不是。據汝所解只得一玄。得坐披衣嚮後自看。其僧禮謝而去。師始自仰山后遷觀音。接機利物爲禪宗標準。遷化前數年有偈曰。年滿七十七，老去是今日，任性自浮沉，兩手攀屈膝。於韶州東平山示滅。年七十七。抱膝而逝。敕謚智通大師妙光之塔。後遷塔於仰山。

鄧州香嚴智閑禪師青州人也。厭俗辭親觀方慕道。依潙山會禪。祐和尚知其法器。欲激發智光。一日謂之曰。吾不問汝平生學解及經卷册子上記得者。汝未出胞胎未辨東西時。本分事試道一句來。吾要記汝。師懵然無對。沉吟久之。進數語陳其所解。祐皆不許。師曰：却請和尚爲説。祐曰。吾説得是吾之見解。於汝眼目何有益乎。師遂歸堂。遍檢所集諸方語句無一言可將酬對。乃自歎曰。畫餅不可充饑。於是盡焚之曰。此生不學佛法也。且作個長行粥飯僧免役心神。遂泣辭潙山而去。抵南陽睹忠國師遺迹遂憩止焉。一日因山中芟除草木。以瓦礫擊竹作聲。俄失笑間廓然惺悟。遽歸沐浴焚香遥禮潙山。贊云。和尚大悲恩逾父母。當時若爲我説却。何有今日事也。仍述一偈云。一擊忘所知，更不假修治，處處無踪迹，聲色外威儀，諸方達道者，咸言上上機。師上堂云。道由悟達不在語言。况見密密堂堂。曾無間隔不勞心意。暫借回光日用全功。迷徒自背。問如何是香嚴境。師曰：花木不滋。問如何是仙陀婆。師敲禪床曰。過遮裏來。問如何是見在學。師以扇子旋轉示曰。見麼。僧無語。問如何是正命食。師以手撮而示之。問如何是無表戒。師曰：待闍梨作俗即説。問如何是聲色外相見一句。師曰：如某甲未住香嚴時道在什麼處。僧曰：恁麼時亦不敢道有所在。師曰：如幻人心心所法。僧問：不慕諸聖不重己靈時如何。師曰：萬機休罷千聖不攜。此時疏山在衆作嘔聲曰。是何言歟。師問阿誰。衆曰。師叔。師曰：不諾老僧耶。疏山出曰是。師曰：汝莫道得麼。曰道得。師曰：汝試道看。曰若教某甲道須還師資禮始得。師乃下坐禮拜躡前語問之。疏山曰。何不道肯重不得全。師曰：饒汝恁麼也須三十年倒屙。設住山無柴燒。近水無水吃。分明記取。後住疏山果。如師記。至二十七年病愈。自云。香嚴師兄記我。三十年倒屙。今少三年在。每至食畢以手抉而吐之。以應前記（疏山后問道怤長老。肯重不得全。汝作麼生會。怤云。全歸肯重。疏山云。不得全又作麼生。怤云。個中無肯路疏山云。始愜病僧意）

問如何是聲前句。師曰：大德未問時即答。僧曰：即時如何。師曰：即時問也。問如何是直截根源佛所印。師抛下。拄杖散手而去。問如何是佛法大意。師曰：今年霜降早蕎麥總不收。問如何是西來意。師以手入懷出拳展開與之。僧乃跪膝以兩手作受勢。師曰：是什麼。僧無對。問如何是道。師曰：枯木龍吟。僧曰：學人不會。師曰：髑髏裹眼睛玄沙別云。龍藏枯木問離四句絶百非。請和尚道。師曰：獵師前不得説本師戒。一日謂衆曰。如人在千尺懸崖。口銜樹枝。脚無所蹋。手無所攀。忽有人問如何是西來意。若開口答即喪身失命。若不答又違他所問。當恁麼時作麼生。時有招上座出曰。上樹時即不問。未上樹時如何。師笑而已。師問僧。什麼處來。僧曰：溈山來。師曰：和尚近日有何言句。僧曰：人問如何是西來意。和尚竪起拂子。師聞舉乃曰。彼中兄弟作麼會和尚意旨。僧曰：彼中商量道。即色明心附物顯理。師曰：會即便會。不會著什麼死急。僧却問。師意如何。師還舉拂子玄沙云。只遮香嚴脚跟猶未點地。云居錫云。什麼是香嚴脚跟未點地處師凡示學徒語多簡直。有偈頌二百餘篇。隨緣對機不拘聲律。諸方盛行。後謚襲燈大師。

襄州延慶山法端大師。有人問。蚯蚓斬爲两段两頭俱動。佛性在阿那頭。師展两手洞山別云。問底在阿那頭師滅後敕謚紹真大師。塔曰明金。

杭州徑山洪諲禪師吴興人也。姓吴氏。年十九禮開元寺無上大師落發無上大師嗣鹽官。後住徑山爲第二世也二十二往嵩岳受満足律儀。歸禮本師。師問曰。汝於時中將何報四恩耶。諲不能對。三日忘食。乃辭行脚。往謁云岩機緣未契。後造溈山蒙滯頓除。遭唐會昌沙汰衆皆悲惋。諲曰。大丈夫鐘此厄會豈非命也。何乃效兒女子乎。大中初復沙門相還故鄉西峰院。咸通六年上徑山。明年本師遷神。衆請繼躅爲徑山第三於世。法即溈山之嗣。僧問：掩息如灰時如何。師曰：猶是時人功幹。僧曰：幹後如何。師曰：耕人田不種。僧曰：畢竟如何。師曰：禾熟不臨場。僧問：龍門不假風雷勢便透得者如何。師曰：猶是一品二品。僧曰：此既是階級。嚮上事如何。師曰：吾不知有汝龍門。僧問如霜如雪時如何。師曰：猶是污染。曰不污染時如何。師曰：不同色。許州全明上坐先問石霜。一毫穿衆穴時如何。石霜云。直須萬年後。云萬年後如何。石霜云。登科任汝登科。拔萃。任汝拔萃。後問師云：一毫穿衆穴時如何。師曰：光靴任汝光靴。結果任汝結果。僧問：如何是長。師曰：千聖不能量。曰如何是短。師曰：蟭螟眼裹著不満。其僧不肯便去舉似石霜。石霜云。只爲太近實頭。僧問。如何是長。石霜云。不屈曲。曰如何是短。石霜云。雙陸盤中不喝彩。佛日長老訪師師問曰。伏承長老獨化一方。何以薦游峰頂。佛日曰。朗月當空挂冰霜不自寒師曰：莫即是長老家風否。佛日曰。峭峙萬重關。於中含寶月。師曰：此猶是文言。作麼生是長老家風。曰今日賴遇佛日。佛日却問云。隱密全真時人知有道不得。大省無辜時人知有道得。於此二途猶是時人陞降處。未審長老親道自道如何道。師曰：我家道處無個道。佛日曰。如來路上無私曲。便請玄音和一場。師曰：任汝二輪更互照。碧潭云外不相關。佛日曰。爲報白頭無限衆。此回年少莫歸鄉。師曰：老少同輪無嚮背。我家玄路勿參差。佛日曰。一言定天下四句爲誰留。師曰。汝言有三四。我道其中一也無。師因有偈曰。東西不相顧，南北與誰留，汝即言三四，我即一也無。光化四年九月二十八日白衆而化。

福州靈云志勤禪師本州長溪人也。初在溈山因桃華悟道。有偈曰。三十來年尋劍客，幾逢落葉幾抽枝，自從一見桃華後，直至如今更不疑。祐師覽偈詰其所悟與之符契。祐曰。從緣悟達永無退失。善自護持有僧擧似玄沙。玄沙云。諦當甚諦當。敢保老兄猶未徹。衆疑此語。玄沙問地藏。我恁麼道汝作麼生會。地藏云。不是桂琛。即走殺天下人乃返閩川。玄徒臻集。上堂謂衆曰。諸仁者。所有長短盡至不常。且觀四時草木葉落花開。何況塵劫來天人七趣。地水火風成壞輪轉。因果將盡三惡道苦毛髮不添減。唯根蔕神識常存。上根者遇善友申明。當處解脱便是道場。中下痴愚不能覺照。沉迷三界流轉生死。釋尊爲伊天上人間設教證明顯發智道。汝等還會麼。時有僧問：如何得出離生老病死。師曰：青山元不動，浮云飛去來。僧問：君王出陣時如何。師曰：春明門外不問長安。僧曰：如何得覲天子。師曰：盲鶴下清池。魚從脚底過。僧問：如何是佛法大意。師曰：驢事未去馬事到來。僧未喻旨曰。再請垂示。師曰：彩氣夜常動。精靈日少逢。雪峰有偈。送雙峰出嶺。末句云。雷罷不停聲。師更之曰：雷震不聞聲。雪峰聞之乃曰。靈云山頭古月現。雪峰問云。古人道前三三後三三。意旨如何。師云：水中魚山上鳥。峰云。意旨作麼生。師曰。高可射兮深可釣。問諸方悉皆雜食。未審和尚如何。師云：獨有閩中异雄雄鎮海涯。問久戰砂場。爲什麼功名不就。師曰：君王有道三邊静。何勞萬里築長城。又云。罷息干戈束手歸朝時如何。師云：慈云普潤無邊剎。枯樹無花争奈何長生。問混沌未分時含生何來。師曰：如露柱懷兒，曰分後如何。師曰：如片云點太清。曰未審太清還受點也無。師曰：恁麼即含生不來也。師亦不答。曰直得純清絶點時如何。師曰：猶是真常流注。曰如何是真常流注。師曰：如鏡長明。曰嚮上更有事否。師曰有。曰如何是嚮上事。師曰：打破鏡來相見。問如何是西來意。師曰：井底種林檎。曰學人不會。師曰：今年桃李貴。一顆直千金。問摩尼珠不隨衆色。未審作什麼色。師曰：白色。僧曰：恁麼即隨衆色也。師曰：趙璧本無瑕。相如誑秦主。問君王出陣時如何。師曰：吕才葬虎耳。曰其事如何。師曰。坐見白衣天。僧曰：王今何在。師曰：莫觸龍顔。

益州應天和尚。僧問：人人有佛性如何是和尚佛性。師曰：汝喚什麼作佛性。僧曰：恁麼即和尚無佛性也。師乃叫快活快活。

福州九峰慈慧禪師。初在溈山遇祐師上堂云。汝等諸人只得大體不得大用。師抽身出去。溈山召之。師更不回顧。溈山云。此子堪爲法器。師一日辭溈山入嶺云。某甲辭違和尚。千里之外不離左右。溈山動容曰。善爲。

京兆米和尚亦謂米七師初參學歸受業寺。有老宿問。月中斷井索時人喚作蛇。未審七師見佛喚作什麼。師曰：若有佛見即同衆生法眼别云。此是什麼時節問。法燈别云。喚底不是老宿曰。千年桃核。師令僧去問仰山云。今時還假悟也無。仰山云。悟即不無。争奈落在第二頭。師深肯之。又令僧去問洞山云。那個究竟作麼生。洞山云。却須問他始得。師亦肯之。僧問：如何是衲衣下事。師云：醜陋任君嫌。不挂云霞色。
晋州霍山和尚。仰山一僧到自稱。集云峰下四藤條。天下大禪
佛参師乃喚維那搬柴著大禪佛驟步而去。師聞秘魔
岩和尚凡有僧到禮拜以木叉叉著。師一日遂往訪之。才見不禮拜。
便入秘魔懷裹。秘魔拊師背三下。師起拍手云。師兄我一千里
地來便回。
襄州王敬初常侍視事次。米和尚至。王公乃舉筆。米曰。還判得虚
空否。公擲筆入廳更不復出。米致疑。至明日憑鼓山供養主入
探其意。米亦隨至潜在遮罩間偵伺。供養主才坐問云。昨日米和尚
有什麼言句便不得見。王公曰。師子咬人韓獹逐塊。米師竊聞此語。
即省前謬。遽出朗笑曰。我會也我會也。嘗問一僧。一切衆生還有
佛性也無。僧云。盡有。公指壁畫狗子云。遮個還有也無。僧無對。公
自代云。看咬著。
前福州大安禪師亦稱大溈和尚法嗣。
益州大隋法真禪師。僧問：劫火洞然大千俱壞。未審此個還壞
也無。師云壞。僧云。恁麼即隨他去也。師云：隨他去也。問如何是大
人相。師云：肚上不帖牓。師問僧。什麼處去。僧云。西山住庵去。師云：
我嚮東山頭喚汝。汝還來得麼。僧云。即不然。師云：汝住庵未得。
問生死到來時如何。師云：遇茶吃茶遇飯吃飯。僧云。可誰受供養。
師云：合取鉢盂。師庵側有一龜。僧問：一切衆生皮裹骨。遮個衆生
骨裹皮如何。師拈草履於龜邊著。僧無語。問如何是諸佛法要。師
舉拂子云。會麼。僧云。不會。師云：麈尾拂子。問如何是學人自己。師
云：是我自己。僧云。爲什麼却是和尚自己。師云：是汝自己。問如
何是無縫塔。師云：高五尺。僧云。學人不會。師云：鶻侖塼。問和尚百年
後法付何人師云：露柱火爐。僧云。還受也無。師云：火爐露柱。有行
者領衆到。師問。参得底人喚東作什麼。對曰。不可喚作東。師
咄曰。臭驢漢。不喚作東。喚作什麼。行者無語。衆遂散。問如何是和尚家
風。師云：赤土畫簸箕。僧云。如何是赤土畫簸箕。師云：簸箕有
唇米不跳去。師問一僧。講什麼教法。僧云。百法論。師拈杖子云：
從何而起。對云。從緣而起。師云：苦哉苦哉。師問僧。什麼處去。云禮
普賢去。師舉拂子云。文殊普賢總在遮裹。僧作圓相。拋嚮後
乃禮拜師云：侍者取一帖茶與遮僧。一日衆僧参次。師口作患風
勢云。還有人醫得吾口麼。時衆僧競送藥以至。俗士聞之亦多
送藥。師并不受。七日後師自摑口令正乃云。如許多時鼓遮兩片
皮。至今無人醫得吾口。蜀主欽尚遣使屢征。師皆辭以老病。
署神照大師。
韶州靈樹如敏禪師閩川人也。廣主劉氏奕世欽重。署知聖大師。
有僧問：佛法至理如何。師展手而已。問如何是和尚家風。師云：千年

田八百主。僧云如何是千年田八百主。師云：郎當屋舍没人修。問如何是西來意。師云：童子莫猺兒。僧云。乞師指示。師云：汝從虔州來。問是什麽得恁麽難會。師云：火官頭上風車子。有尼送瓷鉢與師。師托起問云。遮個出在什麽處。尼云。出在定州法燈別云不遠此間師乃撲破。尼無對保福代云。欺敵者亡人問和尚年多少。師云：今日生來日死。又問：和尚生緣什麽處。師云：日出東月落西。師四十餘年化被嶺表。頗有异迹。廣主將興兵。躬入院請師决臧否。師已先知怡然坐化。主怒知事云。和尚何時得疾。對曰。師不曾有疾。適封一函子令俟王來呈之。主開函得一帖子。書云。人天眼目堂中上座。主悟師旨遂寢兵。乃召第一坐開堂説法即云門偃和尚法嗣雪峰是也師全不身散。其葬具龕塔并廣主具辦。今號靈樹真身塔焉。

福州壽山師解禪師行脚時。造洞山法席。洞山問云。闍梨生緣何處。師云：和尚若實問某甲。即是閩中人。洞山云。汝父名什麽。師云：今日蒙和尚致此一問。直得忘前失後。住壽山。上堂云。諸上坐。幸有真實言語相勸。諸兄弟合各自體悉。凡聖情盡體露真如。但一時卸劫從前虚妄攀緣塵垢心。如虚空相似。他時後日合識得些子好惡。閩師問曰。壽山年多少。師云：與虚空齊年。曰虚空年多少。師云：與壽山齊年。

饒州嶢山和尚。有僧問：如何是西來意。師曰：仲冬嚴寒。問如何是和尚深深處。師曰：待汝舌頭落地。即嚮汝道。問如何是丈六金身。師曰：判官斷案相公改。長慶問。從上宗乘此間如何言論。師曰：有願不負先聖。長慶云。不負先聖作麽生。師曰：不露。長慶云。恁麽即請師領話。師曰：什麽處去來。長慶云。只者什麽處去來。

泉州莆田縣國歡崇福院慧日大師。福州侯官縣人也。姓黄氏。生而有异。及長名文矩。爲縣獄卒。往往弃役往神光靈觀和尚及西院大安禪師所。吏不能禁。後謁萬歲塔譚空禪師落髪。不披袈裟不受具戒。唯以雜彩爲挂子。復至觀和尚所。觀曰我非汝師。汝去禮西院去。師攜一小青竹杖入西院法堂。安遥見而笑曰。入涅槃堂去。師應諾。輪竹杖而入。時有五百許僧。染時疾。師以杖次第點之。各隨點而起。閩王禮重創國歡禪苑以居之。厥後頗多靈迹。唐乾寧中示滅。

台州浮江和尚。有時雪峰和尚領衆到問云。即今有二百人寄院過夏得也無。師將拄杖劃地一下云。著不得即道。雪峰無語

潞州渌水和尚。僧問：如何是祖師西來意。師云：還見庭前花藥欄麽。僧無語

廣州文殊院圓明禪師福州人。姓陳氏。本參大潙得旨。後造雪峰請益法無异味。又嘗游五臺山睹文殊化現。乃隨方建院以文殊爲額。開寳中前樞密使李崇矩巡護南方。因入師院睹地藏菩薩像。問僧曰：地藏何以展手。僧曰：手中珠被賊偷却也。李却問師。既是

地藏爲什麼遭賊。師曰：今日捉下也。李乃謝之。淳化元年示滅。壽一百三十有六。

前趙州從諗禪師法嗣。

洪州武甯縣新興嚴陽尊者。僧問：如何是佛。師曰：土塊。曰如何是法。師曰：地動也。曰如何是僧。師曰：吃粥吃飯。僧問：如何是新興水。師曰：前面江裏。僧問：如何是應物現形。師曰：與我拈床子過來。師常有一蛇一虎。隨從左右手中與食。

楊州城東光孝院慧覺禪師。僧問：覺花才綻遍满娑婆。祖印西來合譚何事。師曰：情生智隔。曰此是教意。師曰：汝披什麼衣服。問一棒打破虚空時如何。師曰：困即歇去。師問宋齊丘。還會道麼。宋曰：道也著不得。師曰：有著不得無著不得。宋曰：總不恁麼。師曰：著不得底。宋無對。師領衆出。見露柱師合掌曰。不審世尊。一僧曰：和尚是露柱。師曰：啼得血流無用處。不如緘口過殘春。僧問：遠遠投師師意如何。曰官家嚴切不許安排。曰師豈無方便。師曰：且嚮火倉裏一宿。張居士問。争奈老何。師曰：年多少。張曰。八十也。師曰：可謂老也。曰究竟如何。師曰：直至千歲也未住。有人問。某甲平生愛殺牛。還有罪否。師曰：無罪。曰爲什麼無罪。師曰：殺一個還一個。

隴州國清院奉禪師。問祖意與教意同别。師曰：雨滋三草秀。春風不裹頭。僧曰：畢竟是一是二。師曰：祥云競起岩洞不虧。問如何是和尚家風。師曰：台柈椅子火爐窗牖。問如何是出家人。曰銅頭鐵額鳥嘴鹿身。僧曰：如何是出家人本分事。師曰：早起不審夜間珍重。僧問牛頭未見四祖時。爲什麼鳥獸銜花。師曰：如陝府人送錢財與鐵牛。曰見後爲什麼不銜花。師曰：木馬投明行八百。問十二時中如何降伏其心。師曰：敲冰求火論劫不逢。問十二分教是止啼之義。離却止啼請師一句。師曰：孤峰頂上雙角女。問如何是佛法大意。師曰：釋迦是牛頭獄卒。祖師是馬面阿婆。問如何是西來意。師曰：東壁打西壁。問如何是撲不破底句。師曰：不隔毫釐時人遠嚮。

婺州木陳從朗禪師。僧問：放鶴出籠和雪去時如何。師曰：我道不一色因金剛倒。僧問：既是金剛不壞身。爲什麼却倒地。師敲禪床曰。行住坐卧。師將歸寂。有頌曰。三十年來住木陳，時中無一假功成，有人問我西來意，展似眉毛作麼生。

婺州新建禪師不度小師。有僧問：和尚年老何不畜一童子侍奉。師曰：有瞽聵者爲吾討來。僧辭。師問。什麼處去。僧曰：府下開元寺去。師曰：我有一信附與了寺主，汝將得去否。僧曰：便請。師曰：想汝也不奈何。

杭州多福和尚。僧問：如何是多福一叢竹。師曰：一莖两莖斜。曰學人不會。師曰：三莖四莖曲。僧問：如何是納衣下事。師曰：大有人疑在。曰爲什麼如是。師曰：月裏藏頭。

益州西睦和尚。上堂有一俗士舉手云。和尚便是一頭驢。師曰：老僧被汝騎。彼無語去。後三日再來自言。某甲三日前著賊。師拈拄杖趁出。
師有時驀喚侍者。侍者應諾。師曰：更深夜静共伊商量。
前衢州子湖岩利踪禪師法嗣。
台州勝光和尚。問如何是和尚家風。師曰：福州荔枝泉州刺桐。問如何是佛法两字。師曰：即便道。僧曰：請師道。師曰：穿耳。胡僧笑點頭。龍華照和尚來。師把住云。作麼生。照云。莫錯。師乃放手。照云。久嚮勝光。師默然。照乃辭。師門送云。自此一别什麼處相見。照呵呵而去。
漳州浮石和尚上堂云。山僧開蔔鋪。能斷人貧富定人生死。時有僧出云。離却生死貧富。不落五行請師直道。師云：金木水火土。
紫桐和尚。僧問如何是紫桐境。師曰：阿爾眼裹著沙得麼。曰大好紫桐境也不識。師曰：老僧不諱此事。其僧出去。師下禪床擒住曰：今日好個公案。老僧未得分文入手。曰：賴遇某甲是僧。師曰：禍不單行。日容和尚。奯音豁上座参。師拊掌三下云。猛虎當軒誰是敵者。奯曰。俊鷂冲天阿誰捉得。師曰：彼此難當。曰：且休未斷遮公案。師將拄杖舞歸方丈。奯無語。師曰：死却遮漢也。云山云。奯不别前語。
前鄂州茱萸和尚法嗣。
石梯和尚。僧新到於師前立少頃便出。師曰：有什麼辨白處。僧再立良久。師曰：辨得也辨得也。僧曰：辨後作麼生。師曰：埋却得也。僧曰：蒼天蒼天。師曰：適來却恁麼如今還不當。僧。乃出去。
天龍和尚法嗣。
婺州金華山俱胝和尚初住庵。有尼名實際。到庵戴笠子執錫繞師三匝云。道得即拈下笠子。三問。師皆無對。尼便去。師云：日勢稍晚且留一宿。尼曰。道得即宿。師又無對。尼去後歎曰。我雖處丈夫之形。而無丈夫之氣。擬弃庵往諸方參尋。其夜山神告曰。不須離此山。將有大菩薩來爲和尚説法也。果旬日天龍和尚到庵。師乃迎禮具陳前事。天龍竪一指而示之。師當下大悟。自此凡有參學僧到。師唯舉一指無别提唱。有一童子於外被人詰曰。和尚説何法要。童子竪起指頭。歸而舉似師。師以刀斷其指頭。童子叫喚走出。師召一聲。童子回首。師却竪起指頭。童子豁然領解。師將順世。謂衆曰。吾得天龍一指頭禪一生用不盡。言訖示滅長慶代衆云。美食不中飽人吃。玄沙云。我當時若見。拗折指頭。玄覺云。且道。玄沙恁麼道意作麼生。云居錫云。只如玄沙恁麼道。肯伊不肯伊。若肯何言拗折指頭。若不肯俱胝過在什麼處。先曹山云。俱胝承當處鹵莽。只認得一機一境一種。是拍手拊掌是他西園奇怪。玄覺又云。且道俱胝還悟也未。若悟爲什麼道承當處莽鹵。若不悟又道用一指頭禪不盡。且道曹山意旨在什麼處
前長沙景岑禪師法嗣。
明州雪竇山常通禪師邢州人也。姓李氏。入鵲山出家。年二十本州開元寺受戒。習經律凡七載。乃曰。摩騰入漢譯著斯文。達磨來梁復明何事。遂遠參長沙岑和尚。岑問曰。何處人。師曰：邢州人。岑曰。我道不從彼來。曰和尚還曾住此無。岑然之。乃容入室。後往洞山石霜而法無异味。唐咸通末游宣城。郡守於謝仙山奏置禪

苑。號瑞聖院請師居焉。僧問：如何是密室。師曰：不通風。信曰：如何是密室中人。師曰：諸聖求睹不見。又曰。千佛不能思。萬聖不能議。乾坤壞不壞。虛空包不包。一切比無倫。三世唱不起。問如何是三世諸佛出身處。師曰：伊不肯知有汝三世。良久又曰。薦否。不然者且嚮著佛不得處。體取時中常在。識盡功成瞥然而起。即是傷他而况言句乎。光啓中群寇起。師領徒至四明。大順二年郡守請居雪竇郁然盛化。天祐二年乙丑七月示疾。集衆焚香付囑訖合掌而逝。壽七十二。其年八月七日建石塔於院西南隅。

前關南道常禪師法嗣。

襄州關南道吾和尚。始經村墅聞巫者樂神云識神無。師忽然省悟。後參常禪師印其所解。復游德山門下法味彌著。凡上堂示徒。戴蓮花笠披襴執簡。擊鼓吹笛口稱魯三郎。有時云。打動關南鼓。唱起德山歌。僧問：如何是祖師西來意。師以簡揖云喏。師有時執木劍橫在肩上作舞。僧問：手中劍什麼處得來。師擲於地。僧却置師手中。師曰：什麼處得來。僧無對。師曰：容汝三日内下取一語。其僧亦無對。師自代拈劍肩上作舞云。恁麼始得。問如何是和尚家風。師下禪床作女人拜云。謝子遠來都無只待。師問灌溪。作麼生。灌溪云。無位。師云：莫同虛空麼。云遮屠兒。師云：有生可殺即不倦。

漳州羅漢和尚。始於關南常禪師拳下悟旨（語見師章）乃爲歌曰。咸通七載初參道，到處逢言不識言，心裹痴團若栲栳，三春不樂止林泉，忽遇法王氈上坐，便陳疑懇嚮師前，師從氈上那伽起，袒膊當胸打一拳，駭散痴團獦狚落，舉頭看見日初圓，從玆蹬蹬以碣碣，直至如今常快活，只聞肚裹飽膨脝，更不東西去持鉢。又述偈曰。宇内爲閑客，人中作野僧，任從他笑我，隨處自騰騰。

前高安大愚禪師法嗣。

筠州末山尼了然灌溪閑和尚。游方時到山先云。若相當即住。不然則推倒禪床。乃入堂内。然遣侍者問。上座游山來爲佛法來。閑云。爲佛法來。然乃陞座。閑上參。然問。上座今日離何處。閑云。離路口。然云。何不蓋却。閑無對（禾山代云。争得到遮裏）始禮拜問。如何是末山。然云。不露頂。閑云。如何是末山主。然云。非男女相。閑乃喝云。何不變去。然云。不是神不是鬼變個什麼。閑於是服膺作園頭三載。僧到參。然云。太襤縷生。僧云。雖然如此且是師子兒。然云。既是師子兒爲什麼被文殊騎。僧無對。僧問：如何是古佛心。然云。世界傾壞。僧云。世界爲什麼傾壞。然云。寧無我身。

景德傳燈録卷第十一

（二）俄 Φ229V、Φ241V.2《大悲心陀羅尼啓請》[①]

【題解】

宋寫本，寬 91 釐米，共 3 紙。卷心同前。每紙 24 行，行 18 字。有雙行小字注釋。英國國家圖書館 KK. II. 0238（k）文獻内容，字體，形制與本號文獻一致，爲同卷遺物。

大悲心陀羅尼啓請

囊謨引囉引怛囊二合怛囉二合夜引耶一囊莫去

亞衣嫁切引下同嘌也二合引韈望發切下同苿鷄頂薩嚩回身引囉引野

冐引梯薩怛縛切身引野入聲下同摩賀引薩怛嚩切身引野二

摩賀引葛引嚧呢尼頁切葛上同野三怛你也二合他引唵

引聲音賣藏薩囉韈二合満引達囊請輕捺奴葛切余同囊葛

囉去野四薩囉韈二合霸鉢薩模莫胡切七輪虎第六訥嚕二合引

脞食果切薩囊葛囉去引野五薩囉韈二合咩也切身作滅梯

鉢囉二合殺末囊葛囉上引同野六薩囉韈二合銘引

輪引鉢或作霸捺囉二合韈或作斡縻囊殺囊葛囉引

野七薩囉韈二合潑普末切下同郢以望切下同輪怛囉二合囊

引野怛屑十輪虛第六字□□囊莫去悉吉哩三合鄧都都切八醫

舍亞引囉也二合引韈苿鷄頂或作丁字薩嚩切身引囉怛

韈彌奴禮切攞肝達囊引莫紇哩二合捺煬余是切馬韈

怛攞二合曳瑟也切身七輪虛等六字弭十薩囉韈二合囉達二合娑

引捺囊十一酥或作須字潑井怛囊十二薩囉韈二合薩怛嚩

切身引囊引霸鉢馬嘌遏五割切縻賞捺葛怛你也二合

他引阿韈苿頸或作頭字苿葛末伭或作丁字苿葛轍五割切

伭曳馨曳切身醯摩賀引冐上梯薩怛韈切身十三

馨冐梯薩怛韈切身十四摩賀引冐梯薩怛韈切身十五馨

畢哩二合野冐梯薩怛韈切身十六馨葛去廬呢上同葛薩

末二合囉紇哩二合捺煬十七郢馨曳切身醯亞引嘌也二合嚩

苿鷄頂上同薩嚩切身囉十八鉢囉末每底哩二合唧怛急呼

葛去廬呢葛急呼廬呢葛急呼姑廬急呼姑廬急呼葛囉

蒙娑上同捺野娑上同捺野急呼十九縻傔切身你可頂切呬你呬

銘二十阿吰力江切遏五割切下同蒙遏上同末眉輅引遏末二十一悉

柰庠倪上引嚩切身囉二十二努呼努呼弭嘌也二合烟

---

① 《俄藏黑水城文獻》第六册，第 102—103 頁。

頂三十三摩賀引弭嘌也二合烟頂二十四柰囉柰囉柰囉
彌室勿二合囉二十五入嚩切身攞入嚩切身攞糜末攞母引
嘌頂亞引嘌也二合引轞苽鷄頂引薩嚩切身囉二十六吉
哩二合迄拏二合鼻咏平聲曩撒入吒或作但字謀酤七輪盧第六字吒急呼上同二十七
阿入唛力隆七輪虛第四字訖哩二合怛設哩吰力江切七輪虛呼第二字二十八唛潑鉢囉
二合唛唛二十九糜唛潑摩賀引悉柰酥駄開口呼引聲駄
囉三十抹莫割切下同攞抹攞摩賀引抹攞三十一抹鼻聲攞
末攞摩賀引末攞三十二入嚩切身攞入嚩切身攞摩
賀引入嚩切身攞三十三吉哩二合迄拏二合鉢竭三十四吉哩二合
迄拏二合轞嘌拏二合三十五吉哩二合迄拏二合把囉屑或作者字二合三十六
泥哩二合渴引怛曩三十七馨鉢末二合顯許割切薩怛二合撒
□□□野葛囉三十八顆娑上摻領釋云薩嚩切身囉三十九訖哩
二合迄拏二合薩囉鉢二合吉哩二合怛拽滲切身鉢征怛切身郢
馨曳切身醯抹囉引曷謀七輪盧第六字渴四十一底哩二合逋七輪盧第六字
囉柰曷顆薩嚩切身囉四十二曩引囉引野拏囉嚕
鉢吠無摩切設達或作撻字引聲野四十四馨稱上同攞肝引侘或作達字
馨上摩賀引曷攞引曷領糜歇泥哩二合咏平聲□□
苽葛歇四十五囉引遏上同糜歇曩引歇拏四十六柰□
灑糜歇曩引歇或作者字上同曩四十七懢曷糜歇曩引歇
上同曩四十八你哩二合懢竭拏四十九呼廬呼廬捫摻捫摻
模呼廬模呼廬曷攞曷領五十摩賀引鉢柰末二合
曩引潑五十一薩囉薩囉西黎酥或作須字嘘酥嘘
没駄入没駄冐上駄入野冐上駄野冐駄夜引弭
五十二怛轞苨奴禮切攞肝詑同上五十三郢馨曳切身醯五十四苨攞
肝引詑上同五十五郢馨曳切身醯祃莫駕切引末悉梯二合怛僧□□切
曷模渴曷薩曷薩問七輪虛第三字摻問摻摩賀引
阿入吒同前賀引薩禰哩二合曩泥顆五十六郢馨□□□
【後缺】

俄藏黑水城漢文佛教文獻般若部佛經

（一）俄 TK317《大般若波羅蜜多經卷一百卅八題簽》[①]

【題解】

唐寫本，卷軸裝。潢麻紙。高 8.9 釐米，寬 2.2 釐米。共 1 行，行存 7 字。楷書，墨色濃，上部殘損。爲敦煌寫經包首殘紙。

多經卷一百卅八

（二）俄 Φ229. Φ241《大般若波羅蜜多經卷第一百九十二》[②]

【題解】

宋寫本，卷軸裝，潢麻紙。高 25.5 釐米，寬 619 釐米。共 15 紙。紙幅 44.5 釐米。卷心高 20.4 釐米，天頭 2.2 釐米。每紙 26 行，行 17 字。烏絲欄。楷書，墨色濃勻。有大片水漬印。

【前缺】

育者清净□□智清净，無二、無二分、無□[③]、
無斷故。養育者清净即道相智、一切相智清
净，道相智、一切相智清净即養育者清净。何

---

① 《俄藏黑水城文獻》第五册，第 13 頁。

② 《俄藏黑水城文獻》第六册，第 87—95 頁。筆者認爲改經爲《大般若波羅蜜多經卷第一百九十二》之《初分難信解品第三十四之十一》。

③ 疑爲“别”。

以故？是養育者清净與道相智、一切相智清
净，無二、無二分、無別、無斷故。善現！養育者清
净即一切陀羅尼門清净，一切陀羅尼門清
净即養育者清净。何以故？是養育者清净與
一切陀羅尼門清净，無二、無二分、無別、無斷
故。養育者清净即一切三摩地門清净，一切
三摩地門清净即養育者清净。何以故？是養
育者清净與一切三摩地門清净，無二、無二
分、無別、無斷故。

善現！養育者清净即預流果清净，預流果清
净即養育者清净。何以故？是養育者清净與
預流果清净，無二、無二分、無別、無斷故。養育
者清净即一來、不還、阿羅漢果清净，一來、不
還、阿羅漢果清净即養育者清净。何以故？是
養育者清净與一來、不還、阿羅漢果清净，無
二、無二分、無別、無斷故。善現！養育者清净即
獨覺菩提清净，獨覺菩提清净即養育者
清净。何以故？是養育者清净與獨覺菩提清
净，無二、無二分、無別、無斷故。善現！養育者清净
即一切菩薩摩訶薩行清净，一切菩薩摩訶
薩行清净即養育者清净。何以故？是養育者
清净與一切菩薩摩訶薩行清净，無二、無二
分、無別、無斷故。善現！養育者清净即諸佛無
上正等菩提清净，諸佛無上正等菩提清净
即養育者清净。何以故？是養育者清净與諸
佛無上正等菩提清净，無二、無二分、無別、無斷
故。

復次，善現！士夫清净即色清净，色清净即士
夫清净。何以故？是士夫清净與色清净，無二、
無二分、無別、無斷故。士夫清净即受、想、行、識
清净，受、想、行、識清净即士夫清净。何以故？是
士夫清净與受、想、行、識清净，無二、無二分、無
別、無斷故。善現！士夫清净即眼處清净，眼處
清净即士夫清净。何以故？是士夫清净與眼
處清净，無二、無二分、無別、無斷故。善現士夫
清净即耳、鼻、舌、身、意處清净，耳、鼻、舌、身、意
處清净即士夫清净。何以故？是士夫清净與耳、
鼻、舌、身、意處清净，無二、無二分、無別、無斷故。

善現！士夫清净即色處清净，色處清净即士
夫清净。何以故？是士夫清净與色處清净，無
二、無二分、無别、無斷故。士夫清净即聲、香、味、觸、
觸法處清净，聲、香、味、觸、法處清净即士夫
清净。何以故？是士夫清净與聲、香、味、觸、法處
清净，無二、無二分、無别、無斷故。善現！士夫清净即
眼界清净，眼界清净即士夫清净。何以故？
是士夫清净與眼界清净，無二、無二分、無别、
無斷故。士夫清净即色界、眼識界及眼觸、眼
觸爲緣所生諸受清净，色界乃至眼觸爲緣
所生諸受清净即士夫清净。何以故？是士夫
清净與色界乃至眼觸爲緣所生諸受清净，
無二、無二分、無别、無斷故。善現！士夫清净即
耳界清净，耳界清净即士夫清净。何以故？是
士夫清净與耳界清净，無二、無二分、無别、無
斷故。士夫清净即聲界、耳識界及耳觸、耳
觸爲緣所生諸受清净，聲界乃至耳觸爲緣
所生諸受清净即士夫清净。何以故？是士夫清
净與聲界乃至耳觸爲緣所生諸受清净，無
二、無二分、無别、無斷故。善現！士夫清净即鼻
界清净，鼻界清净即士夫清净。何以故？是士
夫清净與鼻界清净，無二、無二分、無别、無斷
故。士夫清净即香界、鼻識界及鼻觸、鼻觸爲
緣所生諸受清净，香界乃至鼻觸爲緣所生
諸受清净即士夫清净。何以故？是士夫清净
與香界乃至鼻觸爲緣所生諸受清净，無二、
無二分、無别、無斷故。善現！士夫清净即舌界
無二分，無别，無斷故。善現，士夫清净，舌界
清净，舌界清净即士夫清净。何以故？是士夫
清净與舌界清净，無二、無二分、無别、無斷故。
士夫清净即味界、舌識界及舌觸、舌觸爲緣
所生諸受清净，味界乃至舌觸爲緣所生諸
受清净即士夫清净。何以故？是士夫清净與
味界乃至舌觸爲緣所生諸受清净，無二、無
二分、無别、無斷故。善現！士夫清净即身界清
净，身界清净即士夫清净。何以故？是士夫清
净與身界清净，無二、無二分、無别、無斷故。士
夫清净即觸界、身識界及身觸、身觸爲緣

所生諸受清净，觸界乃至身觸爲緣所生諸
受清净即士夫清净。何以故？是士夫清净與觸
界乃至身觸爲緣所生諸受清净，無二、無二
分、無別、無斷故。善現！士夫清净即意界清净，
意界清净即士夫清净。何以故？是士夫清净
與意界清净，無二、無二分、無別、無斷故。士夫
清净即法界、意識界及意觸、意觸爲緣所生
諸受清净，法界乃至意觸爲緣所生諸受清
净即士夫清净。何以故？是士夫清净與法界乃
至意觸爲緣所生諸受清净，無二、無二分、無
別、無斷故。善現！士夫清净即地界清净，地
界清净即士夫清净。何以故？是士夫清净與地
界清净，無二、無二分、無別、無斷故。士夫清净
即水、火、風、空、識界清净，水、火、風、空、識界清净
即士夫清净。何以故？是士夫清净與水、火、風、
空、識界清净，無二、無二分、無別、無斷故。善現！
士夫清净即無明清净，無明清净即士夫清净。
何以故？是士夫清净與無明清净，無二、無
二分、無別、無斷故。士夫清净即行、識、名色、六
處、觸、受、愛、取、有、生、老死愁歎苦憂惱清净，行
乃至老死愁歎苦憂惱清净即士夫清净。何
以故？是士夫清净與行乃至老死愁歎苦憂
惱清净，無二、無二分、無別、無斷故。
善現！士夫清净即布施波羅蜜多清净，布施
波羅蜜多清净即士夫清净。何以故？是士夫
清净與布施波羅蜜多清净，無二、無二分、無
別、無斷故。士夫清净即净戒、安忍、精進、静慮、
般若波羅蜜多清净，净戒乃至般若波羅蜜
多清净即士夫清净。何以故？是士夫清净與
净戒乃至般若波羅蜜多清净，無二、無二分、
無別、無斷故。善現！士夫清净即内空清净，内
空清净即士夫清净。何以故？是士夫清净與
内空清净，無二、無二分、無別、無斷故。士夫清净
即外空、内外空、空空、大空、勝義空、有爲空、
無爲空、畢竟空、無際空、散空、無變异空、本性
空、自相空、共相空、一切法空、不可得空、無性[①]

① 後文闕“空、自性空、無性自性空清净，外空乃至無性”。

自性空清凈即士夫清凈。何以故？是士夫清
凈與外空乃至無性自性空清凈，無二、無二分、
無别、無斷故。善現！士夫清凈即真如清凈，
真如清凈即士夫清凈。何以故？是士夫清凈
與真如清凈，無二、無二分、無别、無斷故。士夫
清凈即法界、法性、不虚妄性、不變异性、平等
性、離生性、法定、法住、實際、虚空界、不思議界
清凈，法界乃至不思議界清凈即士夫清凈。
何以故？是士夫清凈與法界乃至不思議界
清凈，無二、無二分、無别、無斷故。善現！士夫清
凈即苦聖諦清凈，苦聖諦清凈即士夫清
凈。何以故？是士夫清凈與苦聖諦清凈，無
二、無二分、無别、無斷故。士夫清凈即集、滅、道聖諦
清凈，集、滅、道聖諦清凈即士夫清凈。何以故？
是士夫清凈與集、滅、道聖諦清凈，無二、無二
分、無别、無斷故。
善現！士夫清凈即四静慮清凈，四静慮清凈
即士夫清凈。何以故？是士夫清凈與四静慮
清凈，無二、無二分、無别、無斷故。士夫清凈即
四無量、四無色定清凈，四無量、四無色定清凈
即士夫清凈。何以故？是士夫清凈與四無量、
四無色定清凈，無二、無二分、無别、無斷故。
善現！士夫清凈即八解脱清凈，八解脱清凈
即士夫清凈。何以故？是士夫清凈與八解脱
清凈，無二、無二分、無别、無斷故。士夫清凈即
八勝處、九次第定、十遍處清凈，八勝處、九次
第定、十遍處清凈即士夫清凈。何以故？是士
夫清凈與八勝處、九次第定、十遍處清凈，
無二、無二分、無别、無斷故。善現！士夫清凈即四
念住清凈，四念住清凈即士夫清凈。何以故？
是士夫清凈與四念住清凈，無二、無二分、無
别、無斷故。士夫清凈即四正斷、四神足、五根、
五力、七等覺支、八聖道支清凈，四正斷乃至
八聖道支清凈即士夫清凈。何以故？是士夫
清凈與四正斷乃至八聖道支清凈，無二、無
二分、無别、無斷故。善現！士夫清凈即空解脱
門清凈，空解脱門清凈即士夫清凈。何以故？
是士夫清凈與空解脱門清凈，無二、無二分、

無別、無斷故。士夫清凈即無相、無願解脱門清凈，無相、無願解脱門清凈即士夫清凈。何以故？是士夫清凈與無相、無願解脱門清凈，無二、無二分、無別、無斷故。善現！士夫清凈即菩薩十地清凈，菩薩十地清凈即士夫清凈。何以故？是士夫清凈與菩薩十地清凈，無二、無二分、無別、無斷故。

善現！士夫清凈即五眼清凈，五眼清凈即士夫清凈。何以故？是士夫清凈與五眼清凈，無二、無二分、無別、無斷故。士夫清凈即六神通清凈，六神通清凈即士夫清凈。何以故？是士夫清凈與六神通清凈，無二、無二分、無別、無斷故。善現！士夫清凈即佛十力清凈，佛十力清凈即士夫清凈。何以故？是士夫清凈與佛十力清凈，無二、無二分、無別、無斷故。士夫清凈即四無所畏、四無礙解、大慈、大悲、大喜、大舍、十八佛不共法清凈，四無所畏乃至十八佛不共法清凈即士夫清凈。何以故？是士夫清凈與四無所畏乃至十八佛不共法清凈，無二、無二分、無別、無斷故。善現！士夫清凈即無忘失法清凈，無忘失法清凈即士夫清凈。何以故？是士夫清凈與無忘失法清凈，無二、無二分、無別、無斷故。士夫清凈即恒住舍性清凈，恒住舍性清凈即士夫清凈。何以故？是士夫清凈與恒住舍性清凈，無二、無二分、無別、無斷故。善現！士夫清凈即一切智清凈，一切智清凈即士夫清凈。何以故？是士夫清凈與一切智清凈，無二、無二分、無別、無斷故。士夫清凈即道相智、一切相智清凈，道相智、一切相智清凈即士夫清凈。何以故？是士夫清凈與道相智、一切相智清凈，無二、無二分、無別、無斷故。善現！士夫清凈即一切陀羅尼門清凈，一切陀羅尼門清凈即士夫清凈。何以故？是士夫清凈與一切陀羅尼門清凈，無二、無二分、無別、無斷故。士夫清凈即一切三摩地門清凈，一切三摩地門清凈即士夫清凈。何以故？是士夫清凈與一切三摩地門清凈，無二、無二分、無別、無斷故。

善現！士夫清凈即預流果清凈，預流果清
凈即士夫清凈。何以故？是士夫清凈與預流
果清凈，無二、無二分、無別、無斷故。士夫清凈即
一來、不還、阿羅漢果清凈，無二、無二分、無別
無斷故，善現，士士夫清凈。即獨覺菩提清凈
獨覺菩提清凈即士夫清凈。何以故？是士夫
清凈與獨覺菩提清凈，無二、無二分、無別、無故。
善現！士夫清凈即一切菩薩摩訶薩行清
凈，一切菩薩摩訶薩行清凈即士夫清凈。何
以故？是士夫清凈與一切菩薩摩訶薩行清
凈，無二、無二分、無別、無斷故。善現！士夫清凈
即諸佛無上正等菩提清凈，諸佛無上正等
菩提清凈即士夫清凈。何以故？是士夫清凈
與諸佛無上正等菩提清凈，無二、無二分、無
別、無斷故。
復次，善現！補特伽羅清凈即色清凈，色清
凈即補特伽羅清凈。何以故？是補特伽羅清
凈與色清凈，無二、無二分、無別、無斷故。補特伽
羅清凈即受、想、行、識清凈，受、想、行、識清凈
即補特伽羅清凈。何以故？是補特伽羅清凈
與受、想、行、識清凈，無二、無二分、無別、無斷故。善
現！補特伽羅清凈即眼處清凈，眼處清凈
即補特伽羅清凈。何以故？是補特伽羅清凈
與眼處清凈，無二、無二分、無別、無斷故。補特伽
羅清凈即耳、鼻、舌、身、意處清凈，耳、鼻、舌、身、
意處清凈即補特伽羅清凈。何以故？是補特伽
羅清凈與耳、鼻、舌、身、意處清凈，無二、無二
分、無別、無斷故。善現！補特伽羅清凈即色處
清凈，色處清凈即補特伽羅清凈。何以故？是
補特伽羅清凈與色處清凈，無二、無二分、無別、
無斷故。補特伽羅清凈即聲、香、味、觸、法處
清凈，聲、香、味、觸、法處清凈即補特伽羅清凈。何
以故？是補特伽羅清凈與聲、香、味、觸、法處清
凈，無二、無二分、無別、無斷故。善現！補特伽羅清[①]
何以故？是補特伽羅清凈與眼界清凈，無二、
無二分、無別、無斷故。補特伽羅清凈即色界、

① 後文闕“凈即眼界清凈，眼界清凈即補特伽羅清凈。”

眼識界及眼觸、眼觸爲緣所生諸受清净，
色界乃至眼觸爲緣所生諸受清净即補特
伽羅清净。何以故？是補特伽羅清净與色界
乃至眼觸爲緣所生諸受清净，無二、無二分、無
別、無斷故。善現！補特伽羅清净即耳界清
净，耳界清净即補特伽羅清净。何以故？是補
特伽羅清净與耳界清净，無二、無二分、無別、無
斷故。補特伽羅清净即聲界、耳識界及耳
觸、耳觸爲緣所生諸受清净，聲界乃至耳觸
爲緣所生諸受清净即補特伽羅清净。何以故？
是補特伽羅清净與聲界乃至耳觸爲緣
所生諸受清净，無二、無二分、無別、無斷故。善
□[①]補特伽羅清净即鼻界清净，鼻界清净即
補特伽羅清净。何以故？是補特伽羅清净與
鼻界清净，無二、無二分、無別、無斷故。補特伽
羅清净即香界、鼻識界及鼻觸、鼻觸爲緣所
生諸受清净，香界乃至鼻觸爲緣所生諸受
清净即補特伽羅清净。何以故？是補特伽羅
清净與香界乃至鼻觸爲緣所生諸受清
净，無二、無二分、無別、無斷故。善現！補特伽羅清
净即舌界清净，舌界清净即補特伽羅清
净。何以故？是補特伽羅清净與舌界清净，無
二、無二分、無別、無斷故。補特伽羅清净即味界、
舌識界及舌觸、舌觸爲緣所生諸受清净，味
界乃至舌觸爲緣所生諸受清净即補特伽
羅清净。何以故？是補特伽羅清净與味界乃
至舌觸爲緣所生諸受清净，無二、無二分、無
別、無斷故。善現！補特伽羅清净即身界清净，
身界清净即補特伽羅清净。何以故？是補特
伽羅清净與身界清净，無二、無二分、無別、無斷
故。補特伽羅清净即觸界、身識界及身觸、
身觸爲緣所生諸受清净，觸界乃至身觸爲
緣所生諸受清净即補特伽羅清□。[②] 何以故？是
補特伽羅清净與觸界乃至身觸爲緣所
生諸受清净，無二、無二分、無別、無斷故。善現！

---

① 疑爲“現”。

② 疑爲“净”。

補特伽羅清净即意界清净，意界清净即
補特伽羅清净。何以故？是補特伽羅清净與
意界清净，無二、無二分、無別、無斷故。補特伽羅
清净即法界、意識界及意觸、意觸爲緣所生
諸受清净，法界乃至意觸爲緣所生諸受清
净即補特伽羅清净。何以故？是補特伽羅清
净與法界乃至意觸爲緣所生諸受清净，無
二、無二分、無別、無斷故。善現！補特伽羅清净
即地界清净，地界清净即補特伽羅清净。何
以故？是補特伽羅清净與地界清净，無二、無
二分、無別、無斷故。補特伽羅清净即水、火、風、
空、識界清净，水、火、風、空、識界清净即補特伽
羅清净。何以故？是補特伽羅清净與水、火、風、
空、識界清净，無二、無二分、無別、無斷故。善現！
補特伽羅清净即無明清净，無明清净即補
特伽羅清净。何以故？是補特伽羅清净與無
明清净，無二、無二分、無別、無斷故。補特伽羅
清净即行、識、名色、六處、觸、受、愛、取、有、生、老
死愁歎苦憂惱清净，行乃至老死愁歎苦憂
惱清净即補特伽羅清□。[①] 何以故？是補特伽
羅清净與行乃至老死愁歎苦憂惱清净，無
二、無二分、無別、無斷故。
善現！補特伽羅清净即布施波羅蜜多清净，
布施波羅蜜多清净即補特伽羅清净。何以
故？是補特伽羅清净與布施波羅蜜多清净，
無二、無二分、無別、無斷故。補特伽羅清净即
净戒、安忍、精進、静慮、般若波羅蜜多清净，净
戒乃至般若波羅蜜多清净即補特伽羅清
净。何以故？是補特伽羅清净與净戒乃至般
若波羅蜜多清净，無二、無二分、無別、無斷故。善
善現！補特伽羅清净即内空清净，内空清净
即補特伽羅清净。何以故？是補特伽羅清净
與内空清净，無二、無二分、無別、無斷故。補特伽
羅清净即外空、内外空、空空、大空、勝義空、
有爲空、無爲空、畢竟空、無際空、散空、無變异
空、本性空、自相空、共相空、一切法空、不可得

① 疑爲“净”。

空、無性空、自性空、無性自性空清净，外空乃
至無性自性空清净即補特伽羅清净。何以
故？是補特伽羅清净與外空乃至無性自性空
清净，無二、無二分、無别、無斷故。善現！補特伽
羅清净即真如清净，真如清净即補特伽
羅清净。何以故？是補特伽羅清净與真如清
净，無二、無二分、無别、無斷故。補特伽羅清净
即法界、法性、不虚妄性、不變异性、平等性、離
生性、法定、法住、實際、虚空界、不思議界清净，
法界乃至不思議界清净即補特伽羅清净。
何以故？是補特伽羅清净與法界乃至不思
議界清净，無二、無二分、無别、無斷故。善現！補
特伽羅清净即苦聖諦清净，苦聖諦清净即
補特伽羅清净。何以故？是補特伽羅清净與
苦聖諦清净，無二、無二分、無别、無斷故。補特伽
羅清净即集、滅、道聖諦清净，集、滅、道聖諦
清净即補特伽羅清净。何以故？是補特伽羅
清净與集、滅、道聖諦清净，無二、無二分、無别、
無斷故。
善現！補特伽羅清净即四静慮清净，四静
□[①]清净即補特伽羅清净。何以故？是補特伽羅
清净與四静慮清净，無二、無二分、無别、無斷
故。補特伽羅清净即四無量、四無色定清净，
四無量、四無色定清净即補特伽羅清净。何
以故？是補特伽羅清净與四無量、四無色定
清净，無二、無二分、無别、無斷故。善現！補特伽
羅清净即八解脱清净，八解脱清净即補特
伽羅清净。何以故？是補特伽羅清净與八解
脱清净，無二、無二分、無别、無斷故。補特伽羅
清净即八勝處、九次第定、十遍處清净，八勝
處、九次第定、十遍處清净即補特伽羅清净。
何以故？是補特伽羅清净與八勝處、九次第
定、十遍處清净，無二、無二分、無别、無斷故。善
現！補特伽羅清净即四念住清净，四念住清
净即補特伽羅清净。何以故？是補特伽羅清
净與四念住清净，無二、無二分、無别、無斷故。補

---

① 疑爲“慮”。

特伽羅清净即四正斷、四神足、五根、五力、七
等覺支、八聖道支清净，四正斷乃至八聖
道支清净即補特伽羅清净。何以故？是補特
伽羅清净與四正斷乃至八聖道支清净，無
二、無二分、無别、無斷故。善現！補特伽羅清净
即空解脱門清净，空解脱門清净即補特
伽羅清净。何以故？是補特伽羅清净與空解
脱門清净，無二、無二分、無别、無斷故。補特伽羅
清净即無相、無願解脱門清净，無相、無願解
脱門清净即補特伽羅清净。何以故？是補特
伽羅清净與無相、無願解脱門清净，無二、無二
分、無别、無斷故。善現！補特伽羅清净即菩
薩十地清净，菩薩十地清净即補特伽羅清
净。何以故？是補特伽羅清净與菩薩十地清
净，無二、無二分、無别、無斷故。
善現！補特伽羅清净即五眼清净，五眼清净
即補特伽羅清净。何以故？是補特伽羅清净
與五眼清净，無二、無二分、無别、無斷故。補特伽
羅清净即六神通清净，六神通清净即補
特伽羅清净。何以故？是補特伽羅清净與六
神通清净，無二、無二分、無别、無斷故。善現！補
特伽羅清净即佛十力清净，佛十力清净即①
佛十力清净，無二、無二分、無别、無斷故。補特伽
羅清净即四無所畏、四無礙解、大慈、大悲、大
喜、大舍、十八佛不共法清净，四無所畏乃
至十八佛不共法清净即補特伽羅清净。何
以故？是補特伽羅清净與四無所畏乃至十
八佛不共法清净，無二、無二分、無别、無斷故。
善現！補特伽羅清净即無忘失法清净，無
忘失法清净即補特伽羅清净。何以故？是補
特伽羅清净與無忘失法清净，無二、無二分、無
别、無斷故。補特伽羅清净即恒住舍性清净，
恒住舍性清净即補特伽羅清净。何以故？是
補特伽羅清净與恒住舍性清净，無二、無二
分、無别、無斷故。善現！補特伽羅清净即一切智
清净，一切智清净即補特伽羅清净。何以

① 後文闕“補特伽羅清净。何以故？是補特伽羅清净與”。

故？是補特伽羅清净與一切智清净，無二、無
二分、無别、無斷故。補特伽羅清净即道相智、
一切相智清净，道相智、一切相智清净即補
特伽羅清净。何以故？是補特伽羅清净與道
相智、一切相智清净，無二、無二分、無别、無斷故。善
現！補特伽羅清净即一切陀羅尼門清净，一
切陀羅尼門清净即補特伽羅清净。何
以故？是補特伽羅清净與一切陀羅尼門
清净，無二、無二分、無别、無斷故。補特伽羅清
净即一切三摩地門清净，一切三摩地門清净
即補特伽羅清净。何以故？是補特伽羅清净
【後缺】

（三）俄 TK279《大般若波羅蜜多經》[①]

【題解】

宋刻本，卷軸裝。潢楮紙。高 16. 5 釐米，寬 25 釐米。天頭 2. 5 釐米，下部殘損。共 14 行，行存 12 字。上單邊，宋體，墨色深。首尾缺。據蘇州戒幢佛學研究所宗舜研究，文書出該經卷第四百七十五“第二分無闕品第七十九之二”。[②]

☐識界乃
觸亦不可取
所生諸受
亦不可取因緣乃至增上
諸法亦不可取無明乃至老死
無性自性空亦不可取真
不可取苦集滅道聖諦亦不
☐道支亦不可取四静慮四
取八解脱乃至十遍處
☐解脱門亦不可取净觀
取極喜地乃至法云地亦
摩地門亦不可取五
☐乃至十八佛不
好亦不可

① 《俄藏黑水城文獻》第四册，第 369 頁。
② 據其内容，此件可擬題爲：大般若波羅蜜多經卷第四百七十五殘片。

(四) 俄 TK141《仁王護國般若波羅蜜多經卷上》[①]

【題解】

西夏刻本。經折裝。未染楮紙。共30折半，61面。高17.9釐米，面寬9.3釐米。版框高14.8釐米。天頭1.7釐米，地脚1.4釐米。每面6行，行15字。上下單邊，宋體，墨色深匀。首尾缺。每隔5面首行右側上方刻小字“任王上”或“任王經上”，下刻小字“四”至“十六”。

【前缺】

□□□□□□□[②]行，識常樂我净，亦不
□□□□□□□[③]故？以諸法性悉皆
□□□□□□[④]故，由三假故。一切有情藴，
處，界法，造福，非福，不動行等，因果皆有：
三乘賢聖所修諸行，乃至佛果，皆名爲
有：六十二見，亦名爲有。大王！若著名相
分别諸法，六趣，四生，三乘行果，即是不
見諸法實性。波斯匿王白佛言：諸法實
性，清净平等，非有非無，智云何照？佛言：
大王！智照實性，非有非無。所以者何？法
性空故。是即色，受，想，行，識，十二處，十八
界；士夫六界，十二因緣；二諦，四諦，一切
皆空。是諸法等，即生即滅，即有即空，刹
那刹那亦復如是。何以故？一念中有九
十刹那，一刹那經九百生滅，諸有爲法
悉皆空故。以甚深般若波羅蜜多，照見
諸法，一切皆空：内空，外空，内外空，空空，
大空，勝義空，有爲空，無爲空，無始空，畢
竟空，散空，本性空，自相空。一切法空：般
若波羅蜜多空，因空，佛果空，空空故空。
諸有爲法，法集故有，受集故有，名集故
有，因集故有，果集故有，六趣故有，十地

① 《俄藏黑水城文獻》第二册，第205—216頁。
② 疑爲“不住非色。受，想”。
③ 疑爲“住净，不住非净。何以”。
④ 疑爲“空故，由世諦”。

故有，佛果故有，一切皆有。善男子！若菩
薩住□□[①]相，有我相，人相，有情知見，□[②]
住世間即非菩薩。所以者何？一切諸法
悉皆空故。若於諸法而得不動，不生不
滅，無相無無相，不應起見。何以故？一切法
皆如也。諸佛，法，僧亦如也。聖智現前最
初一念，具足八萬四千波羅蜜多，名歡
喜地；障盡解脱，運載名乘；動相滅時，名
金剛定；體相平等，名一切智智。大王！此
般若波羅蜜多文字章句，百佛，千佛，百
千萬億一切諸佛而共同説。若有人於
恒河沙三千大千世界，滿中七寶以用
布施，大千世界一切有情皆得阿羅漢
果；不如有人於此經中乃至起於一念
净信，何况有能受持，讀誦，解一句者。所
以者何？文字性離，無文字相，非法非非
法。般若空故，菩薩亦空。何以故？於十地
中，地地皆有始生，住生及以終生，此三
十生悉皆是空；一切智智亦復皆空。大
王！若菩薩見境，見智，見説，見受，即非聖
見，是愚夫見。有情果報三界虚妄欲界
分别所造諸業，色四静慮定所作業，無
色四空定所起業，三有業果一切皆空，三
界根本無明亦空。聖位諸地無漏生滅，
於三界中余無明習，變易果報亦復皆
空。等覺菩薩得金剛定，二死因果空，一
切智亦空。佛無上覺種智圓满，擇非擇
滅真净法界，性相平等應用亦空。善男
子！若有修習般若波羅蜜多，説者，聽者，
譬如幻士，無説，無聽。法同法性，猶如虚空，
一切法皆如也。大王！菩薩摩訶薩護佛果
爲若此。

爾時世尊告波斯匿王言：汝以何相而
觀如來？波斯匿王言：觀身實相，觀佛亦
然，無前際，無後際，無中際，不住三際，不

① 疑爲“於法”。

② 疑爲“爲”。

離三際；不住五蘊，不離五蘊；不住四大，
不離四大；不住六處，不離六處；不住三界，
不離三界；不住方，不離方；明無明等，非
一非异；非此非彼；非净非穢；非有爲非
無爲；無自相無他相；無名無相；無强無
弱；無示無説；非施非慳；非戒非犯；非忍
非恚；非進非怠；非定非亂；非智非愚；非
來非去；非入非出；非福田非不福田；非
相非無相；非取非舍；非大非小；非見非
聞非覺非知；心行處滅，言語道斷；同真
際，等法性，我以此相而觀如來。
佛言：善男子！如汝所説。諸佛如來力，無
畏等恒沙功德，諸不共法，悉皆如是。修
般若波羅蜜多者，應如是觀，若他觀者
名爲邪觀。説是法時，無量大衆得法眼净。

仁王護國般若波羅蜜多經菩薩行品第三

爾時，波斯匿王白佛言：世尊！護十地行
菩薩摩訶薩，云何修行？云何化衆生？復
以何相而住觀察？佛告大王：諸菩薩摩
訶薩依五忍法以爲修行，所謂：伏忍，信
忍，順忍，無生忍，皆上中下，於寂滅忍而
有上下，名爲菩薩修行般若波羅蜜多。
善男子！初伏忍位，起習種性，修十住行。
初發心相，有恒河沙衆生，見佛法僧，發
於十信，所謂：信心，念心，精進心，惠心，定心，
不退心，戒心，願心，護法心，回嚮心。具此十
心而能少分化諸衆生，超過二乘一切
善地，是爲菩薩初長養心，爲聖胎故。復
次，性種性菩薩修行十種波羅蜜多，起十
對治，所謂：觀察身，受，心，法，不净，諸苦，無常，
無我；治貪，瞋，痴三不善根，起施，慈，惠三
種善根；觀察三世過去因忍，現在因果
忍，未來果忍。此位菩薩廣利衆生，超過
我見，人見，衆生等想，外道倒想所不能
壞。復次，道種性菩薩修十回嚮，起十忍心，
謂觀五蘊：色，受，想，行，識，得戒忍，定忍，惠
忍，解脱忍，解脱知見忍；觀三界因果，得
空忍，無想忍，無願忍；觀二諦假實諸法

無常得無常忍，一切法空得無生忍。此
位菩薩作轉輪王，能廣化利一切衆生。
復次，信忍菩薩，謂：歡喜地，離垢地，發光
地，能斷三障色煩惱縛；行四攝法：布施，
愛語，利行，同事；修四無量：慈無量心，
悲無量心，喜無量心，舍無量心；具四弘
願：斷諸纏蓋，常化衆生，修佛知見，成無
上覺；住三脱門：空解脱門，無相解脱門，
無願解脱門。此是菩薩摩訶薩從初發
心至一切智諸行根本，利益安樂一切
衆生。復次，順忍菩薩，謂：焰惠地，難勝地，
現前地，能斷三障，心煩惱縛，能於一身
遍往十方億佛刹土，現不可説神通變
化，利樂衆生。
復次，無生忍菩薩，謂：遠行地，不動地，善
惠地，能斷三障色心習氣，而能示現不
可説身，隨類饒益一切衆生。復次，寂滅
忍者，佛與菩薩同依此忍，金剛喻定住
下忍位名爲菩薩，至於上忍名一切智。
觀勝義諦，斷無明相，是爲等覺；一相無
相，平等無二，爲第十一一切智地。非有
非無，湛然清净，無來無去，常住不變，同
真際，等法性，無緣大悲常化衆生，乘一
切智乘來化三界。善男子！諸衆生類一
切煩惱，業异熟果二十二根，不出三界，諸
佛示導；應，化，法身亦不離此。若有説言：
於三界外，别更有一衆生界。者，即是外道
大有經説。大王！我常語諸衆生：但斷三界
無明盡者，即名爲佛。自性清净，名本覺
性，即是諸佛一切智智；由此得爲衆生
之本，亦是諸佛菩薩行本，是爲菩薩本
所修行五忍法中十四忍也。
佛言：大王！汝先問言：菩薩云何化衆生？
者，菩薩摩訶薩應如是化，從初一地至
後一地，自所行處及佛行處，一切知見，
故，若菩薩摩訶薩住百佛刹，作贍部洲
轉輪聖王，修百法明門，以檀波羅蜜多
住平等心，化四天下一切衆生；若菩薩

摩訶薩住千佛刹，作忉利天王，修千法明門，説十善道化一切衆生；若菩薩摩訶薩住萬佛刹，作夜摩天王，修萬法明門，依四禪定化一切衆生；若菩薩摩訶薩住億佛刹，作睹史多天王，修億法明門，行菩提分法化一切衆生；若菩薩摩訶薩住百億佛刹，作化樂天王，修百億法明門，二諦四諦化一切衆生；若菩薩摩訶薩住千億佛刹，作他化自在天王，修千億法明門，十二因緣智化一切衆生；若菩薩摩訶薩住萬億佛刹，作初禪梵王，修萬億法明門，方便善巧智化一切衆生；若菩薩摩訶薩住百萬微塵數佛刹，作二禪梵王，修百萬微塵數法明門，雙照平等神通願智化一切衆生；若菩薩摩訶薩住百萬億阿僧祇微塵數佛刹，作三禪梵王，修百萬億阿僧祇微塵數法明門，以四無礙智化一切衆生；若菩薩摩訶薩住不可説不可説佛刹，作第四禪大梵天王，爲三界王，修不可説不可説法明門，得理盡三昧，同佛行處，盡三界原，普利衆生，如佛境界，是爲菩薩摩訶薩現諸王身化導之事。十方如來亦復如是，證無上覺，常遍法界，利樂衆生。

爾時，一切大衆即從座起，散不可説花，焚不可説香，供養，恭敬，稱贊如來。時波斯匿王即於佛前以偈贊曰：

世尊導師金剛體，心行寂滅轉法輪，
八辯圓音爲開演，時衆得道百萬億。
天人俱修出離行，能習一切菩薩道，
五忍功德妙法門，十四菩薩能諦了。
三賢十聖忍中行，唯佛一人能盡原，
佛法衆海三寶藏，無量功德於中攝。
十善菩薩發大心，長别三界苦輪海，
中下品善粟散王，上品十善鐵輪王，
習種銅輪二天下，銀輪三天性種性，
道種堅德轉輪王，七寶金輪四天下，

伏忍聖胎三十人，十住十行十回嚮，
三世諸佛於中學，無不由此伏忍生，
一切菩薩行根本，是故發心信心難。
若得信心必不退，進入無生初地道，
化利自他悉平等，是名菩薩初發心。
歡喜菩薩轉輪王，初照二諦平等理，
權化有情游百國，檀施清净利群生。
入理般若名爲住，住生德行名爲地，
初住一心具衆德，於勝義中而不動。
離垢菩薩忉利王，現形六趣千國土，
戒足清净悉圓滿，永離誤犯諸過失。
無相無緣真實性，無體無生無二照，
發光菩薩夜摩王，應形往萬諸佛刹。
善能通達三摩地，隱顯自在具三明，
歡喜離垢與發光，能滅色縛諸煩惱，
具觀一切身口業，法性清净照皆圓，
焰慧菩薩大精進，睹史天王游億刹，
實智寂滅方便智，達無生理照空有，
難勝菩薩得平等，化樂天王百億國。
空空諦觀無二相，垂形六趣靡不周，
現前菩薩自在王，照見緣生相無二，
勝義智光能遍滿，往千億土化衆生。
焰慧難勝現前地，能斷三障迷心惑，
空慧寂然無緣觀，還照心空無量境。
遠行菩薩初禪王，住於無相無生忍，
方便善巧悉平等，常萬億土化群生。
進入不動法流地，永無分段超諸有，
常觀勝義照無二，二十一生空寂行，
順道法愛無明習，遠行大士獨能斷。
不動菩薩二禪王，得變易身常自在，
能於百萬微塵刹，隨其形類化衆生，
悉知三世無量劫，於第一義而不動。
善慧菩薩三禪王，能於千恒一時現，
常在無爲空寂行，恒沙佛藏一念了。
法云菩薩四禪王，於億恒土化群生，
始入金剛一切了，二十九生永已度，
寂滅忍中下忍觀，一轉妙覺無等等。
不動善慧法云地，除前所有無明習，

無明習相識俱轉，二諦理圓無不盡。
正覺無相遍法界，三十生盡智圓明，
寂照無爲真解脱，大悲應現無與等，
湛然不動常安隱，光明遍照無所照，
三賢十聖住果報，唯佛一人居净土。
一切有情皆暫住，登金剛原常不動，
如來三業德無量，隨諸衆生等憐潛。
法王無上人中樹，普蔭大衆無量光，
口常説法非無義，心智寂滅無緣照。
人中師子爲演説，甚深句義未曾有，
塵沙刹土悉震動，大衆歡喜皆蒙益，
世尊善説十四王，是故我今頭面禮。
爾時，百萬億恒河沙大衆，聞佛世尊及
波斯匿王説十四忍無量功德，獲大法
利，聞法悟解，得無生忍，入於正位。
爾時，世尊告大衆言：是波斯匿王，已於
過去十千劫龍光王佛法中爲四地菩
薩，我爲八地菩薩；今於我前大師子吼。
如是，如是！如汝所説。得真實義不可思
議，唯佛與佛乃知斯事。善男子！此十四
忍，諸佛法身，諸菩薩行，不可思議，不可
稱量。何以故？一切諸佛，皆於般若波羅
蜜多中生，般若波羅蜜多中化，般若波
羅蜜多中滅；而實諸佛，生無所生，化無
所化，滅無所滅。第一無二，非相非無相，無
自無他，無來無去，如虚空故。善男子！一
切衆生，性無生滅，由諸法集幻化而有，
藴，處，界相無合無散，法同法性，寂然空
故。一切衆生，自性清净，所作諸行無縛
無解，非因非果非不因果；諸苦受行煩
惱，所知我相，人相，知見受者，一切皆空
故。法境界空，空，無相，無作，不順顛倒不
順幻化，無六趣相，無四生相，無聖人相，
無三寶相，如虚空故。善男子！甚深般若，
無知無見，不行不緣，不捨不受，正住觀察而
無照相，行斯道者如虚空故。法相如是，
有所得心，無所得心皆不可得。是以般
若，非即五藴非離五藴，非即衆生非

離衆生，非即境界非離境界，非即行
解非離行解，如是等相不可思量。是故
一切菩薩摩訶薩所修諸行，未至究竟
而於中行，一切諸佛知如幻化，得無住
相而於中化，故十四忍不可思量。
善男子！汝今所説此功德藏，有大利益
一切衆生。假使無量恒河沙數十地菩
薩説是功德，百千億分如海一滴，三世
諸佛如實能知，一切賢聖悉皆稱贊，是
故我今略述所説少分功德。善男子！此
十四忍，十方世界過去，現在一切菩薩
之所修行，一切諸佛之所顯示，未來諸
佛，菩薩摩訶薩亦復如是。若佛，菩薩不
由此門得一切智者，無有是處。何以故？
諸佛，菩薩無异路故。善男子！若人聞此
住忍，行忍，回嚮忍，歡喜忍，離垢忍，發光
忍，焰惠忍，難勝忍，現前忍，遠行忍，不動
忍，善惠忍，法云忍，正覺忍，能起一念清
净信者，是人超過百劫，千劫，無量無邊
恒河沙劫一切苦難，不生惡趣，不久當
得阿耨多羅三藐三菩提。是時十億同
名虚空藏菩薩摩訶薩，與無量無數諸
來大衆，歡喜踴躍承佛威神，普見十方
恒沙諸佛，各於道場説十四忍，如我世尊
所説無异，各各歡喜，如説修行般若波
羅蜜多。
爾時，世尊告波斯匿王：汝先問云：復以
何相而住觀察？菩薩摩訶薩應如是觀：
以幻化身而見幻化，正住平等無有彼
我。如是觀察化利衆生，然諸有情於久
遠劫，初刹那識异於木石，生得染净，各
自能爲無量無數染净識本。從初刹那
不可説劫，乃至金剛終一刹那，有不可
説不可説識，生諸有情色，心二法，色名
色藴，心名四藴——皆積聚性，隱覆真實。
大王！此一色法生無量色，眼得爲色，耳
得爲聲，鼻得爲香，舌得爲味，身得爲觸；
堅持名地，津潤名水，暖性名火，輕動名

風；生五識處，名五色根。如是輾轉一色
一心，生不可説無量色心，皆如幻故。善
男子！有情之受，依世俗立，若有若無。但
生有情妄想憶念，作業受果皆名世諦。
三界六趣一切有情，婆羅門，刹帝利，毗
舍，首陀，我人知見，色法心法如夢所見。
善男子！一切諸名，皆假施設。佛未出前，
世諦幻法，無名無義亦無體相；無三界
名，善惡果報六趣名字；諸佛出現，爲有
情故，説於三界，六趣，染净無量名字。如
是一切如呼聲響，諸法相續念念不住，
刹那刹那非一非异，速起速滅非斷非
常，諸有爲法如陽焰故，諸法相待，所謂
色界，眼界，眼識界，乃至法界，意界，意識
界，猶如電光不定相待，有無一异，如第
二月，諸法緣成；藴，處，界法如水上泡，諸
法因成。一切有情，俱時因果，异時因果，
三世善惡如空中云。善男子！菩薩摩訶
薩住無分别，無彼此相，無自他相，常行
化利無化利相。是故應知，愚夫垢識，染
著虚妄爲相所縛；菩薩照見，知如幻士，
無有體相但如空花，是爲菩薩摩訶薩
住利自他如實觀察。説是法時，會中無
量人，天大衆，有得伏忍，空無生忍，一地，
二地乃至十地，無量菩薩得一生補處。

　　仁王護國般若波羅蜜多經二諦品第四

爾時，波斯匿王白佛言：世尊！勝義諦中
有世俗諦不？若言無者，智不應二；若言
有者；智不應一。一二之義，其事云何？佛言：
大王！汝於過去龍光王佛法中已問此
義，我今無説，汝今無聽，無説無聽是即
名爲一義二義。汝今諦聽，當爲汝説。爾
時，世尊即説偈言：

無相勝義諦，體非自他作，因緣如幻有，
亦非自他作，法性本無性，勝義諦空如，
諸有幻有法，三假集假有，無無諦實無，
寂滅勝義空，諸法因緣有，有無義如是，
有無本自二，譬如牛二角，照解見無二，

二諦常不即。解心見無二，求二不可得，
非謂二諦一，一亦不可得，於解常自一，
於諦常自二，了達此一二，真入勝義諦。
世諦幻化起，譬如虛空花，如影如毛輪，
因緣故幻有。幻化見幻化，愚夫名幻諦，
幻師見幻法，諦幻悉皆無。若了如是法，
即解一二義，遍於一切法，應作如是觀。
大王！菩薩摩訶薩住勝義諦化諸有情，
佛及有情一而無二。何以故？有情，菩提
此二皆空。以有情空得置菩提空，以菩
提空得置有情空，以一切法空空故空。
何以故？般若無相，二諦皆空，謂從無明
至一切智，無自相無他相，於第一義見
無所見，若有修行亦不取著，若不修行
亦不取著，非行非不行亦不取著，於一
切法皆不取著。菩薩未成佛，以菩提爲
煩惱；菩薩成佛時，以煩惱爲菩提。何以
故？於第一義而無二故，諸佛如來與一
切法悉皆如故。波斯匿王白佛言：十方
諸佛，一切菩薩，云何不離文字而行實
相？佛言：大王！文字者，謂契經，應頌，記別，
諷誦，自説，緣起，譬喻，本事，本生，方廣，
稀有，論議，所有宣説音聲，語言，文字，章
句，一切皆如，無非實相；若取文字相者，
即非實相。大王！修實相者，如文字修。實
相即是諸佛智母，一切有情根本智母，
此即名爲一切智體。諸佛未成佛，與當
佛爲智母；諸佛已成佛，即爲一切智。未
得爲性，已得爲智。三乘般若，不生不滅，
自性常住。一切有情，此爲覺性。若菩薩
不著文字，不離文字，無文字相非無文
字，能如是修不見修相，是即名爲修文
字者，而能得於般若真性，是爲般若波
羅蜜多。大王！菩薩摩訶薩護佛果，護十
地行，護化有情，爲若此也。
波斯匿王白佛言：真性是一，有情品類
根行無量，法門爲一，爲無量耶？佛言：大
王！法門非一亦非無量。何以故？由諸有

情色法，心法，五取藴相，我人知見，種種
根行品類無邊，法門隨根亦有無量。此
諸法性，非相非無相而非無量。若菩薩
隨諸有情見一見二，是即不見一二之
義，了知一二非一非二，即勝義諦；取
【後缺】

（五）俄 TK307《仁王護國般若波羅蜜多經奉持品第七》[①]

【題解】

西夏刻本，潢楮紙，硬，厚。高 20 釐米，面寬 6. 3 釐米。共 2 行半，行 14 字。宋體，墨色偏淡。據蘇州戒幢佛學研究所宗舜研究，文出《仁王護國般若波羅蜜多經奉持品第七》。

花蘇曼那花，以供養佛，隨起種性得
菩提分法無量無數菩薩摩

（六）俄 TK14《金剛般若波羅蜜經》[②]

【題解】

西夏刻本，經折裝，甲種本，白楮紙。共 33 折，66 面。高 28. 7 釐米，面寬 11 釐米。版框高 23 釐米，天頭 2. 8 釐米，地脚 1. 8 釐米。每面 6 行，行 18 字，上下雙邊。寫刻體，墨色深匀。冠佛説法圖 4 面。下有楷體黑色長方印："温家寺道院記。"與俄 TK17 尾印同。

　　金剛經啓請
若有人受持金剛經者，先須志心念净口業真
言然後啓請八金剛，四菩薩，名號所在之處
當擁護。
　　净口業真言
修唎修唎摩訶修唎修修唎薩婆訶
　　安土地真言

① 《俄藏黑水城文獻》第五册，第 7 頁，題名爲《佛經》。
② 《俄藏黑水城文獻》第一册，第 299—309 頁。

南無三滿多没馱喃唵度嚕度嚕地尾

　　娑婆訶

虚空藏菩薩普供養真言

唵誐誐曩三婆縛韈日囉斛

　　請八金剛

奉請青除灾金剛，奉請辟毒金剛，
奉請黄隨求金剛，奉請白净水金剛，
奉請赤聲金剛，奉請定除灾金剛，
奉請紫賢金剛，奉請大神金剛。

　　請四菩薩

奉請金剛眷菩薩，奉請金剛索菩薩，
奉請金剛愛菩薩，奉請金剛語菩薩。

　　云何梵

云何得長壽，金剛不壞身，復以何因緣，
得大堅固力，云何於此經，究竟到彼岸，
願佛開微蜜，廣爲衆生説。

　　發願文

稽首三界尊，歸命十方佛，我今發弘願，
持此金剛經，上報四重恩，下濟三塗苦，
若有見聞者，悉發菩提心，盡此一報身，
同生極樂國。

　　金剛般若波羅蜜經

姚秦三藏法師鳩摩羅什譯

　　法會因由分第一

如是我聞，一時，佛在舍衛國祇樹給孤獨園，與大比丘衆千二百五十人俱。爾時，世尊食時，著衣持鉢，入舍衛大城乞食。於其城中，次第乞已，還至本處。飯食訖，收衣鉢，洗足已，敷座而坐。

　　善現啓請分第二

時，長老須菩提，在大衆中即從座起，偏袒右肩，右膝著地，合掌恭敬而白佛言：稀有！世尊！如來善護念諸菩薩，善付囑諸菩薩。世尊！善男子，善女人，發阿耨多羅三藐三菩提心，應云何住，云何降伏其心？佛言：善哉，善哉。須菩提！如汝所説，如來善護念諸菩薩，善付囑諸菩薩。汝今諦聽！當爲汝説：善男子，善女人，發阿耨多羅三藐三菩提心，應如是住，如是降伏其心。唯然，世尊！願樂欲聞。

大乘正宗分第三

佛告須菩提：諸菩薩摩訶薩應如是降伏其心。所有一切衆生之類：若卵生，若胎生，若濕生，若化生；若有色，若無色；若有想，若無想，若非有想非無想，我皆令入無餘涅盤而滅度之。如是滅度無量無數無邊衆生，實無衆生得滅度者。何以故？須菩提！若菩薩有我相，人相，衆生相，壽者相，即非菩薩。

妙行無住分第四

復次，須菩提！菩薩於法，應無所住，行於布施，所謂不住色布施，不住聲香味觸法布施。須菩提！菩薩應如是布施，不住於相。何以故？若菩薩不住相布施，其福德不可思量。須菩提！於意云何？東方虚空可思量不？不也，世尊！須菩提！南西北方四維上下虚空可思量不？不也，世尊！須菩提！菩薩無住相布施，福德亦復如是，不可思量。須菩提！菩薩但應如所教住。

如理實見分第五

須菩提！於意云何？可以身相見如來不？不也，世尊！不可以身相得見如來。何以故？如來所説身相，即非身相。佛告須菩提：凡所有相，皆是虚妄。若見諸相非相，即見如來。

正信稀有分第六

須菩提白佛言：世尊！頗有衆生，得聞如是言説章句，生實信不？佛告須菩提：莫作是説。如來滅後，後五百歲，有持戒修福者，於此章句能生信心，以此爲實，當知是人不於一佛二佛三四五佛而種善根，已於無量千萬佛所種諸善根，聞是章句，乃至一念生净信者，須菩提！如來悉知悉見，是諸衆生得如是無量福德。何以故？是諸衆生無復我相，人相，衆生相，壽者相；無法相，亦無非法相。何以故？是諸衆生若心取相，則爲著我，人，衆生，壽者。若取法相，即著我，人，衆生，壽者。何以故？若取非法相，即著我，人，衆生，壽者，是故不應取法，不應取非法。以是義故，如來常説：汝等比丘，知我説法，如筏喻者；法尚應舍，何况非法。

無得無説分第七

須菩提！於意云何？如來得阿耨多羅三藐三菩
提耶？如來有所説法耶？須菩提言：如我解佛所
説義，無有定法，名阿耨多羅三藐三菩提，亦無
有定法，如來可説。何以故？如來所説法，皆不可
取，不可説，非法，非非法。所以者何？一切聖賢，皆
以無爲法而有差别。

依法出生分第八

須菩提！於意云何？若人滿三千大千世界七寶以
用布施，是人所得福德，寧爲多不？須菩提言：甚
多，世尊！何以故？是福德即非福德性，是故如來
説福德多。須菩提，若復有人，於此經中受持，乃
至四句偈等，爲他人説，其福勝彼。何以故？須菩
提！一切諸佛，及諸佛阿耨多羅三藐三菩提法，
皆從此經出。須菩提！所謂佛法者，即非佛法。

一相無相分第九

須菩提！於意云何？須陀洹能作是念：我得須陀
洹果不？須菩提言：不也，世尊！何以故？須陀洹名
爲入流，而無所入，不入色聲香味觸法，是名須陀
洹。須菩提！於意云何？斯陀含能作是念：我得斯
陀含果不？須菩提言：不也，世尊！何以故？斯陀含
名一往來，而實無往來，是名斯陀含。須菩提！於
意云何？阿那含能作是念：我得阿那含果不？須
菩提言：不也，世尊！何以故？阿那含名爲不來，而
實無不來，是名阿那含。須菩提！於意云何？阿
羅漢能作是念，我得阿羅漢道不？須菩提言：不
也，世尊！何以故？實無有法名阿羅漢。世尊！若阿
羅漢作是念：我得阿羅漢道，即爲著我，人，衆生，
壽者。世尊！佛説我得無諍三昧，人中最爲第一，
是第一離欲阿羅漢。世尊，我不作是念：我是離
欲阿羅漢。世尊！我若作是念：我得阿羅漢道，世
尊則不説須菩提是樂阿蘭那行者！以須菩提
實無所行，而名須菩提，是樂阿蘭那行。

莊嚴净土分第十

佛告須菩提：於意云何？如來昔在然燈佛所，於
法有所得不？不也，世尊！如來在然燈佛所，於法
實無所得。須菩提！於意云何？菩薩莊嚴佛土不？
不也，世尊！何以故？莊嚴佛土者，即非莊嚴，是名
莊嚴。是故須菩提！諸菩薩摩訶薩，應如是生清

净心，不應住色生心，不應住聲香味觸法生心，
應無所住而生其心。須菩提！譬如有人，身如須
彌山王，於意云何？是身爲大不？須菩提言：甚大，
世尊！何以故？佛説非身，是名大身。

無爲福勝分第十一

須菩提！如恒河中所有沙數，如是沙等恒河，於
意云何？是諸恒河沙，寧爲多不？須菩提言：甚多，
世尊！但諸恒河尚多無數，何况其沙。須菩提！我
今實言告汝：若有善男子，善女人，以七寶满爾
所恒河沙數三千大千世界，以用布施，得福多
不？須菩提言：甚多，世尊！佛告須菩提：若善男子，
善女人，於此經中，乃至受持四句偈等，爲他人
説，而此福德勝前福德。

尊重正教分第十二

復次，須菩提！隨説是經，乃至四句偈等，當知此
處，一切世間，天人，阿修羅，皆應供養，如佛塔廟，
何况有人盡能受持讀誦。須菩提！當知是人成
就最上第一稀有之法，若是經典所在之處，即
爲有佛，若尊重弟子。

如法受持分第十三

爾時，須菩提白佛言：世尊！當何名此經，我等云
何奉持？佛告須菩提：是經名爲金剛般若波羅
蜜，以是名字，汝當奉持。所以者何？須菩提！佛説
般若波羅蜜，即非般若波羅蜜，是名般若波囉
蜜。須菩提！於意云何？如來有所説法不？須菩提
白佛言：世尊！如來無所説。須菩提！於意云何？三
千大千世界所有微塵是爲多不？須菩提言：甚
多，世尊！須菩提！諸微塵，如來説非微塵，是名微
塵。如來説：世界，非世界，是名世界。須菩提！於意
云何？可以三十二相見如來不？不也，世尊！不可
以三十二相得見如來，何以故？如來説：三十二
相，即是非相，是名三十二相。須菩提！若有善男
子，善女人，以恒河沙等身命布施；若復有人，於
此經中，乃至受持四句偈等，爲他人説，其福甚
多。

離相寂滅分第十四

爾時，須菩提聞説是經，深解義趣，涕泪悲泣，而
白佛言：稀有，世尊！佛説如是甚深經典，我從昔

來所得慧眼，未曾得聞如是之經。世尊！若復有人得聞是經，信心清净，則生實相，當知是人，成就第一稀有功德。世尊！是實相者，即是非相，是故如來説名實相。世尊！我今得聞如是經典，信解受持不足爲難，若當來世，後五百歲，其有衆生，得聞是經，信解受持，是人則爲第一稀有。何以故？此人無我相，人相，衆生相，壽者相。所以者何？我相即是非相，人相，衆生相，壽者相即是非相。何以故？離一切諸相，則名諸佛。佛告須菩提：如是！如是！若復有人得聞是經，不驚，不怖，不畏，當知是人甚爲稀有。何以故？須菩提！如來説第一波羅蜜，即非第一波羅蜜，是名第一波羅蜜。須菩提！忍辱波羅蜜，如來説非忍辱波羅蜜。何以故？須菩提！如我昔爲歌利王割截身體，我於爾時，無我相，無人相，無衆生相，無壽者相。何以故？我於往昔節節支解時，若有我相，人相，衆生相，壽者相，應生嗔恨。須菩提！又念過去於五百世作忍辱仙人，於爾所世，無我相，無人相，無衆生相，無壽者相。是故須菩提！菩薩應離一切相，發阿耨多羅三藐三菩提心，不應住色生心，不應住聲香味觸法生心，應生無所住心。若心有住，則爲非住。是故佛説：菩薩心不應住色布施。須菩提！菩薩爲利益一切衆生，應如是布施。如來説：一切諸相，即是非相。又説：一切衆生，即非衆生。須菩提！如來是真語者，實語者，如語者，不誑語者，不异語者。須菩提！如來所得法，此法無實無虚。須菩提，若菩薩心住於法而行布施，如人入暗，則無所見。若菩薩心不住法而行布施，如人有目，日光明照，見種種色。須菩提！當來之世，若有善男子，善女人，能於此經受持讀誦，則爲如來以佛智慧，悉知是人，悉見是人，皆得成就無量無邊功德。

持經功德分第十五

須菩提！若有善男子，善女人，初日分以恒河沙等身布施，中日分復以恒河沙等身布施，後日分亦以恒河沙等身布施，如是無量百千萬億劫以身布施；若復有人，聞此經典，信心不逆，其福勝彼，何况書寫，受持，讀誦，爲人解説。須菩提！

以要言之，是經有不可思議，不可稱量，無邊功德。如來爲發大乘者説，爲發最上乘者説。若有人能受持讀誦，廣爲人説，如來悉知是人，悉見是人，皆得成就不可量，不可稱，無有邊，不可思議功德。如是人等，則爲荷擔如來阿耨多羅三藐三菩提。何以故？須菩提！若樂小法者，著我見，人見，衆生見，壽者見，則於此經，不能聽受，讀誦，爲人解説。須菩提！在在處處，若有此經，一切世間，天，人，阿修羅，所應供養；當知此處則爲是塔，皆應恭敬，作禮圍繞，以諸華香而散其處。

能净業障分第十六

復次，須菩提！若善男子，善女人，受持讀誦此經，若爲人輕賤，是人先世罪業，應墮惡道，以今世人輕賤故，先世罪業則爲消滅，當得阿耨多羅三藐三菩提。須菩提！我念過去無量阿僧祇劫，於然燈佛前，得值八百四千萬億那由他諸佛，悉皆供養承事，無空過者，若復有人，於後末世，能受持讀誦此經，所得功德，於我所供養諸佛功德，百分不及一，千萬億分，乃至算數譬喻所不能及。須菩提！若善男子，善女人，於後末世，有受持讀誦此經，所得功德，我若具説者，或有人聞，心則狂亂，狐疑不信。須菩提！當知是經義不可思議，果報亦不可思議。

究竟無我分第十七

爾時，須菩提白佛言：世尊！善男子，善女人，發阿耨多羅三藐三菩提心，云何應住？云何降伏其心？佛告須菩提：善男子，善女人，發阿耨多羅三藐三菩提心者，當生如是心，我應滅度一切衆生。滅度一切衆生已，而無有一衆生實滅度者。何以故？須菩提！若菩薩有我相，人相，衆生相，壽者相，則非菩薩。所以者何？須菩提！實無有法發阿耨多羅三藐三菩提心者。須菩提！於意云何？如來於然燈佛所，有法得阿耨多羅三藐三菩提不？不也，世尊！如我解佛所説義，佛於然燈佛所，無有法得阿耨多羅三藐三菩提。佛言：如是！如是！須菩提！實無有法如來得阿耨多羅三藐三菩提。須菩提！若有法如來得阿耨多羅三藐三菩提者，然燈佛則不與我授記：汝於來世，當

得作佛，號釋迦牟尼。以實無有法得阿耨多羅
三藐三菩提，是故然燈佛與我授記，作是言：汝
於來世，當得作佛，號釋迦牟尼。何以故？如來者，即
諸法如義。若有人言：如來得阿耨多羅三藐三
菩提。須菩提！實無有法，佛得阿耨多羅三藐三
菩提。須菩提！如來所得阿耨多羅三藐三菩提，
於是中無實無虛。是故如來說：一切法皆是佛
法。須菩提！所言一切法者，即非一切法，是故名
一切法。須菩提！譬如人身長大。須菩提言：世尊！
如來說：人身長大，則爲非大身，是名大身。須菩
提！菩薩亦如是。若作是言：我當滅度無量衆生，
則不名菩薩。何以故？須菩提！無有法名爲菩
薩。是故佛說：一切法無我，無人，無衆生，無壽者。
須菩提！若菩薩作是言，我當莊嚴佛土，是不名
菩薩。何以故？如來說：莊嚴佛土者，即非莊嚴，是
名莊嚴。須菩提！若菩薩通達無我法者，如來說
名真是菩薩。

一體同觀分第十八

須菩提！於意云何？如來有肉眼不？如是，世尊！如
來有肉眼。須菩提！於意云何？如來有天眼不？如
是，世尊！如來有天眼。須菩提！於意云何？如來有
慧眼不？如是，世尊！如來有慧眼。須菩提！於意云
何？如來有法眼不？如是，世尊！如來有法眼。須菩
提！於意云何？如來有佛眼不？如是，世尊！如來有
佛眼。須菩提！於意云何？恒河中所有沙，佛說
是沙不？如是，世尊！如來說是沙。須菩提！於意云
何？如一恒河中所有沙，有如是等恒河，是諸
恒河所有沙數，佛世界如是，寧爲多不？甚多，世尊！
佛告須菩提：爾所國土中，所有衆生，若干種心，
如來悉知。何以故？如來說：諸心皆爲非心，是名
爲心。所以者何？須菩提！過去心不可得，現在心
不可得，未來心不可得。

法界通分分第十九

須菩提！於意云何？若有人滿三千大千世界七
寶以用布施，是人以是因緣，得福多不？如是，世
尊！此人以是因緣，得福甚多。須菩提！若福德有
實，如來不說得福德多；以福德無故，如來說得
福德多。

離色離相分第二十

須菩提！於意云何？佛可以具足色身見不？不也，世尊！如來不應以具足色身見。何以故？如來説：具足色身，即非具足色身，是名具足色身。須菩提！於意云何？如來可以具足諸相見不？不也，世尊！如來不應以具足諸相見。何以故？如來説：諸相具足，即非具足，是名諸相具足。

非説所説分第二十一

須菩提！汝勿謂如來作是念：我當有所説法。莫作是念，何以故？若人言：如來有所説法，即爲謗佛，不能解我所説故。須菩提！説法者，無法可説，是名説法。爾時，慧命須菩提白佛言：世尊！頗有衆生，於未來世，聞説是法，生信心不？佛言：須菩提！彼非衆生，非不衆生。何以故？須菩提！衆生衆生者，如來説非衆生，是名衆生。

無法可得分第二十二

須菩提白佛言：世尊！佛得阿耨多羅三藐三菩提，爲無所得耶？佛言：如是，如是。須菩提！我於阿耨多羅三藐三菩提乃至無有少法可得，是名阿耨多羅三藐三菩提。

净心行善分第二十三

復次，須菩提！是法平等，無有高下，是名阿耨多羅三藐三菩提；以無我，無人，無衆生，無壽者，修一切善法，即得阿耨多羅三藐三菩提。須菩提！所言善法者，如來説即非善法，是名善法。

福智無比分第二十四

須菩提！若三千大千世界中所有諸須彌山王，如是等七寶聚，有人持用布施；若人以此般若波羅蜜經，乃至四句偈等，受持，讀誦，爲他人説，於前福德百分不及一，百千萬億分，乃至算數譬喻所不能及。

化無所化分第二十五

須菩提！於意云何？危咳甑任鷊^如來作是念：我當度衆生。須菩提！莫作是念。何以故？實無有衆生如來度者。若有衆生如來度者，如來則有我，人，衆生，壽者。須菩提！如來説有我者，則非有我，而凡夫之人以爲有我。須菩提！凡夫者，如來説即非凡夫，是名凡夫。

法身非相分第二十六
須菩提！於意云何？可以三十二相觀如來不？須
菩提言：如是！如是！以三十二相觀如來。佛言：須
菩提！若以三十二相觀如來者，轉輪聖王則是
如來。須菩提白佛言：世尊！如我解佛所説義，不
應以三十二相觀如來。爾時，世尊而説偈言：若
以色見我，以音聲求我，是人行邪道，不能見如來
無斷無滅分第二十七
須菩提！汝若作是念：如來不以具足相故，得阿
耨多羅三藐三菩提。須菩提！莫作是念，如來不
以具足相故，得阿耨多羅三藐三菩提。須菩提！
汝若作是念，發阿耨多羅三藐三菩提心者，説
諸法斷滅。莫作是念！何以故？發阿耨多羅三
藐三菩提心者，於法不説斷滅相。
不受不貪分第二十八
須菩提！若菩薩以滿恒河沙等世界七寶持用
布施；若復有人知一切法無我，得成於忍，此
菩薩勝前菩薩所得功德。何以故？須菩提！以諸菩
薩不受福德故。須菩提白佛言：世尊！云何菩薩
不受福德？須菩提！菩薩所作福德，不應貪著，是
故説不受福德。
威儀寂净分第二十九
須菩提！若有人言：如來若來若去，若坐若卧，是
人不解我所説義。何以故？如來者，無所從來，亦
無所去，故名如來。
一合理相分第三十
須菩提！若善男子，善女人，以三千大千世界碎
爲微塵，於意云何？是微塵衆寧爲多不？須菩提
言：甚多，世尊！何以故？若是微塵衆實有者，佛則
不説是微塵衆，所以者何？佛説：微塵衆，即非微
塵衆，是名微塵衆。世尊！如來所説三千大千世
界，則非世界，是名世界。何以故？若世界實有，
則是一合相。如來説：一合相，則非一合相，是名
一合相。須菩提！一合相者，則是不可説，但凡夫
之人貪著其事。
知見不生分第三十一
須菩提！若人言：佛説我見，人見，衆生見，壽者見。
須菩提！於意云何？是人解我説義不？不也，世

尊！是人不解如來所説義。何以故？世尊説：我見，
人見，衆生見，壽者見，即非我見，人見，衆生見，壽
者見，是名我見，人見，衆生見，壽者見。須菩提！發
阿耨多羅三藐三菩提心者，於一切法，應如是知，
如是見，如是信解，不生法相。須菩提！所言法
相者，如來説即非法相，是名法相。

　　應化非真分第三十二

須菩提！若有人以滿無量阿僧祇世界七寶持
用布施，若有善男子，善女人發菩提心者，持於
此經，乃至四句偈等，受持讀誦，爲人演説，其福
勝彼。云何爲人演説，不取於相，如如不動。何以
故？一切有爲法，如夢幻泡影，如露亦如電，應作
如是觀佛説是經已，長老須菩提及諸比丘，比
丘尼，優婆塞，優婆夷，一切世間，天，人，阿修羅，聞
佛所説，皆大歡喜，信受奉行。

金剛般若波羅蜜經

［温家寺
□□□］大夏乾祐二十年歲次己酉三月十五日
正宫皇后羅氏謹施

（七）俄 TK16《金剛般若波羅蜜經》[①]

【題解】

西夏刻本。經折裝，乙種本。未染。共 30 折半，61 面。高 28. 8 釐米，面寬 10. 8 釐米。版框高 23. 2 釐米，天頭 3. 7 釐米，地脚 2. 2 釐米。每面 6 行，行 14 字。上下雙邊。寫刻體，墨色深匀。自《金剛啓請》以下諸真言，發願文，乃至經文，分題與俄 TK14 相同。唯卷末四句五言偈語分行排列，與俄 TK14 偈語不分行排列版式不一。

　　金剛經啓請

若有人受持金剛經者，先須志心念净口業真
言然後啓請八金剛，四菩薩，名號所在之處
當擁護。

　　净口業真言

修唎修唎摩訶修唎修修唎薩婆訶

　　安土地真言

---

① 《俄藏黑水城文獻》第一册，第 325—335 頁。

南無三満多没馱喃唵度嚕度嚕地尾
娑婆訶

虚空藏菩薩普供養真言

唵誐誐曩三婆縛韈日囉斛

請八金剛

奉請青除灾金剛，奉請辟毒金剛，
奉請黄隨求金剛，奉請白净水金剛，
奉請赤聲金剛，奉請定除灾金剛，
奉請紫賢金剛，奉請大神金剛。

請四菩薩

奉請金剛眷菩薩，奉請金剛索菩薩，
奉請金剛愛菩薩，奉請金剛語菩薩。

云何梵

云何得長壽，金剛不壞身，復以何因緣，
得大堅固力，云何於此經，究竟到彼岸，
願佛開微蜜，廣爲衆生説。

發願文

稽首三界尊，歸命十方佛，我今發弘願，
持此金剛經，上報四重恩，下濟三塗苦，
若有見聞者，悉發菩提心，盡此一報身，
同生極樂國。

金剛般若波羅蜜經

姚秦三藏法師鳩摩羅什譯

法會因由分第一

如是我聞，一時，佛在舍衛國祇樹給孤獨園，與大比丘衆千二百五十人俱。爾時，世尊食時，著衣持鉢，入舍衛大城乞食。於其城中，次第乞已，還至本處。飯食訖，收衣鉢，洗足已，敷座而坐。

善現啓請分第二

時，長老須菩提，在大衆中即從座起，偏袒右肩，右膝著地，合掌恭敬而白佛言：稀有！世尊！如來善護念諸菩薩，善付囑諸菩薩。世尊！善男子，善女人，發阿耨多羅三藐三菩提心，應云何住，云何降伏其心？佛言：善哉，善哉。須菩提！如汝所説，如來善護念諸菩薩，善付囑諸菩薩。汝今諦聽！當爲汝説：善男子，善女人，發阿耨多羅三藐三菩提心，應如是住，如是降伏其心。唯然，世尊！願樂欲聞。

大乘正宗分第三

佛告須菩提：諸菩薩摩訶薩應如是降伏其心。所有一切衆生之類：若卵生，若胎生，若濕生，若化生；若有色，若無色；若有想，若無想，若非有想非無想，我皆令入無餘涅盤而滅度之。如是滅度無量無數無邊衆生，實無衆生得滅度者。何以故？須菩提！若菩薩有我相，人相，衆生相，壽者相，即非菩薩。

妙行無住分第四

復次，須菩提！菩薩於法，應無所住，行於布施，所謂不住色布施，不住聲香味觸法布施。須菩提！菩薩應如是布施，不住於相。何以故？若菩薩不住相布施，其福德不可思量。須菩提！於意云何？東方虚空可思量不？不也，世尊！須菩提！南西北方四維上下虚空可思量不？不也，世尊！須菩提！菩薩無住相布施，福德亦復如是，不可思量。須菩提！菩薩但應如所教住。

如理實見分第五

須菩提！於意云何？可以身相見如來不？不也，世尊！不可以身相得見如來。何以故？如來所説身相，即非身相。佛告須菩提：凡所有相，皆是虚妄。若見諸相非相，即見如來。

正信稀有分第六

須菩提白佛言：世尊！頗有衆生，得聞如是言説章句，生實信不？佛告須菩提：莫作是説。如來滅後，後五百歲，有持戒修福者，於此章句能生信心，以此爲實，當知是人不於一佛二佛三四五佛而種善根，已於無量千萬佛所種諸善根，聞是章句，乃至一念生净信者，須菩提！如來悉知悉見，是諸衆生得如是無量福德。何以故？是諸衆生無復我相，人相，衆生相，壽者相；無法相，亦無非法相。何以故？是諸衆生若心取相，則爲著我，人，衆生，壽者。若取法相，即著我，人，衆生，壽者。何以故？若取非法相，即著我，人，衆生，壽者，是故不應取法，不應取非法。以是義故，如來常説：汝等比丘，知我説法，如筏喻者；法尚應舍，何况非法。

無得無説分第七

須菩提！於意云何？如來得阿耨多羅三藐三菩
提耶？如來有所説法耶？須菩提言：如我解佛所
説義，無有定法，名阿耨多羅三藐三菩提，亦無
有定法，如來可説。何以故？如來所説法，皆不可
取，不可説，非法，非非法。所以者何？一切聖賢，皆
以無爲法而有差别。

依法出生分第八

須菩提！於意云何？若人满三千大千世界七寶以
用布施，是人所得福德，寧爲多不？須菩提言：甚
多，世尊！何以故？是福德即非福德性，是故如來
説福德多。須菩提，若復有人，於此經中受持，乃
至四句偈等，爲他人説，其福勝彼。何以故？須菩
提！一切諸佛，及諸佛阿耨多羅三藐三菩提法，
皆從此經出。須菩提！所謂佛法者，即非佛法。

一相無相分第九

須菩提！於意云何？須陀洹能作是念：我得須陀
洹果不？須菩提言：不也，世尊！何以故？須陀洹名
爲入流，而無所入，不入色聲香味觸法，是名須陀
洹。須菩提！於意云何？斯陀含能作是念：我得斯
陀含果不？須菩提言：不也，世尊！何以故？斯陀含
名一往來，而實無往來，是名斯陀含。須菩提！於
意云何？阿那含能作是念：我得阿那含果不？須
菩提言：不也，世尊！何以故？阿那含名爲不來，而
實無不來，是名阿那含。須菩提！於意云何？阿
羅漢能作是念，我得阿羅漢道不？須菩提言：不
也，世尊！何以故？實無有法名阿羅漢。世尊！若阿
羅漢作是念：我得阿羅漢道，即爲著我，人，衆生，
壽者。世尊！佛説我得無諍三昧，人中最爲第一，
是第一離欲阿羅漢。世尊，我不作是念：我是離
欲阿羅漢。世尊！我若作是念：我得阿羅漢道，世
尊則不説須菩提是樂阿蘭那行者！以須菩提
實無所行，而名須菩提，是樂阿蘭那行。

莊嚴净土分第十

佛告須菩提：於意云何？如來昔在然燈佛所，於
法有所得不？不也，世尊！如來在然燈佛所，於法
實無所得。須菩提！於意云何？菩薩莊嚴佛土不？
不也，世尊！何以故？莊嚴佛土者，即非莊嚴，是名
莊嚴。是故須菩提！諸菩薩摩訶薩，應如是生清

净心，不應住色生心，不應住聲香味觸法生心，
應無所住而生其心。須菩提！譬如有人，身如須
彌山王，於意云何？是身爲大不？須菩提言：甚大，
世尊！何以故？佛説非身，是名大身。

無爲福勝分第十一

須菩提！如恒河中所有沙數，如是沙等恒河，於
意云何？是諸恒河沙，寧爲多不？須菩提言：甚多，
世尊！但諸恒河尚多無數，何况其沙。須菩提！我
今實言告汝：若有善男子，善女人，以七寶满爾
所恒河沙數三千大千世界，以用布施，得福多
不？須菩提言：甚多，世尊！佛告須菩提：若善男子，
善女人，於此經中，乃至受持四句偈等，爲他人
説，而此福德勝前福德。

尊重正教分第十二

復次，須菩提！隨説是經，乃至四句偈等，當知此
處，一切世間，天人，阿修羅，皆應供養，如佛塔廟，
何况有人盡能受持讀誦。須菩提！當知是人成
就最上第一稀有之法，若是經典所在之處，即
爲有佛，若尊重弟子。

如法受持分第十三

爾時，須菩提白佛言：世尊！當何名此經，我等云
何奉持？佛告須菩提：是經名爲金剛般若波羅
蜜，以是名字，汝當奉持。所以者何？須菩提！佛説
般若波羅蜜，即非般若波羅蜜，是名般若波囉
蜜。須菩提！於意云何？如來有所説法不？須菩提
白佛言：世尊！如來無所説。須菩提！於意云何？三
千大千世界所有微塵是爲多不？須菩提言：甚
多，世尊！須菩提！諸微塵，如來説非微塵，是名微
塵。如來説：世界，非世界，是名世界。須菩提！於意
云何？可以三十二相見如來不？不也，世尊！不可
以三十二相得見如來，何以故？如來説：三十二
相，即是非相，是名三十二相。須菩提！若有善男
子，善女人，以恒河沙等身命布施；若復有人，於
此經中，乃至受持四句偈等，爲他人説，其福甚
多。

離相寂滅分第十四

爾時，須菩提聞説是經，深解義趣，涕泪悲泣，而
白佛言：稀有，世尊！佛説如是甚深經典，我從昔

來所得慧眼，未曾得聞如是之經。世尊！若復有人得聞是經，信心清净，則生實相，當知是人，成就第一稀有功德。世尊！是實相者，即是非相，是故如來説名實相。世尊！我今得聞如是經典，信解受持不足爲難，若當來世，後五百歲，其有衆生，得聞是經，信解受持，是人則爲第一稀有。何以故？此人無我相，人相，衆生相，壽者相。所以者何？我相即是非相，人相，衆生相，壽者相即是非相。何以故？離一切諸相，則名諸佛。佛告須菩提：如是！如是！若復有人得聞是經，不驚，不怖，不畏，當知是人甚爲稀有。何以故？須菩提！如來説第一波羅蜜，即非第一波羅蜜，是名第一波羅蜜。須菩提！忍辱波羅蜜，如來説非忍辱波羅蜜。何以故？須菩提！如我昔爲歌利王割截身體，我於爾時，無我相，無人相，無衆生相，無壽者相。何以故？我於往昔節節支解時，若有我相，人相，衆生相，壽者相，應生嗔恨。須菩提！又念過去於五百世作忍辱仙人，於爾所世，無我相，無人相，無衆生相，無壽者相。是故須菩提！菩薩應離一切相，發阿耨多羅三藐三菩提心，不應住色生心，不應住聲香味觸法生心，應生無所住心。若心有住，則爲非住。是故佛説：菩薩心不應住色布施。須菩提！菩薩爲利益一切衆生，應如是布施。如來説：一切諸相，即是非相。又説：一切衆生，即非衆生。須菩提！如來是真語者，實語者，如語者，不誑語者，不异語者。須菩提！如來所得法，此法無實無虚。須菩提，若菩薩心住於法而行布施，如人入暗，則無所見。若菩薩心不住法而行布施，如人有目，日光明照，見種種色。須菩提！當來之世，若有善男子，善女人，能於此經受持讀誦，則爲如來以佛智慧，悉知是人，悉見是人，皆得成就無量無邊功德。

持經功德分第十五

須菩提！若有善男子，善女人，初日分以恒河沙等身布施，中日分復以恒河沙等身布施，後日分亦以恒河沙等身布施，如是無量百千萬億劫以身布施；若復有人，聞此經典，信心不逆，其福勝彼，何况書寫，受持，讀誦，爲人解説。須菩提！

以要言之，是經有不可思議，不可稱量，無邊功
德。如來爲發大乘者説，爲發最上乘者説。若有
人能受持讀誦，廣爲人説，如來悉知是人，悉見
是人，皆得成就不可量，不可稱，無有邊，不可思
議功德。如是人等，則爲荷擔如來阿耨多羅三
藐三菩提。何以故？須菩提！若樂小法者，著我見，
人見，衆生見，壽者見，則於此經，不能聽受，讀誦，
爲人解説。須菩提！在在處處，若有此經，一切世
間，天，人，阿修羅，所應供養；當知此處則爲是塔，
皆應恭敬，作禮圍繞，以諸華香而散其處。

能净業障分第十六

復次，須菩提！若善男子，善女人，受持讀誦此經，
若爲人輕賤，是人先世罪業，應墮惡道，以今世
人輕賤故，先世罪業則爲消滅，當得阿耨多羅
三藐三菩提。須菩提！我念過去無量阿僧祇劫，
於然燈佛前，得值八百四千萬億那由他諸佛，
悉皆供養承事，無空過者，若復有人，於後末世，
能受持讀誦此經，所得功德，於我所供養諸佛
功德，百分不及一，千萬億分，乃至算數譬喻所
不能及。須菩提！若善男子，善女人，於後末世，
有受持讀誦此經，所得功德，我若具説者，或有
人聞，心則狂亂，狐疑不信。須菩提！當知是經義
不可思議，果報亦不可思議。

究竟無我分第十七

爾時，須菩提白佛言：世尊！善男子，善女人，發阿
耨多羅三藐三菩提心，云何應住？云何降伏其
心？佛告須菩提：善男子，善女人，發阿耨多羅三
藐三菩提心者，當生如是心，我應滅度一切衆
生。滅度一切衆生已，而無有一衆生實滅度者。
何以故？須菩提！若菩薩有我相，人相，衆生相，壽
者相，則非菩薩。所以者何？須菩提！實無有法發
阿耨多羅三藐三菩提心者。須菩提！於意云何？
如來於然燈佛所，有法得阿耨多羅三藐三菩
提不？不也，世尊！如我解佛所説義，佛於然燈佛
所，無有法得阿耨多羅三藐三菩提。佛言：如是！
如是！須菩提！實無有法如來得阿耨多羅三藐
三菩提。須菩提！若有法如來得阿耨多羅三藐
三菩提者，然燈佛則不與我授記：汝於來世，當

得作佛，號釋迦牟尼。以實無有法得阿耨多羅三藐三菩提，是故然燈佛與我授記，作是言：汝於來世，當得作佛，號釋迦牟尼。何以故？如來者，即諸法如義。若有人言：如來得阿耨多羅三藐三菩提。須菩提！實無有法，佛得阿耨多羅三藐三菩提。須菩提！如來所得阿耨多羅三藐三菩提，於是中無實無虛。是故如來説：一切法皆是佛法。須菩提！所言一切法者，即非一切法，是故名一切法。須菩提！譬如人身長大。須菩提言：世尊！如來説：人身長大，則爲非大身，是名大身。須菩提！菩薩亦如是。若作是言：我當滅度無量衆生，則不名菩薩。何以故？須菩提！無有法名爲菩薩。是故佛説：一切法無我，無人，無衆生，無壽者。須菩提！若菩薩作是言，我當莊嚴佛土，是不名菩薩。何以故？如來説：莊嚴佛土者，即非莊嚴，是名莊嚴。須菩提！若菩薩通達無我法者，如來説名真是菩薩。

一體同觀分第十八

須菩提！於意云何？如來有肉眼不？如是，世尊！如來有肉眼。須菩提！於意云何？如來有天眼不？如是，世尊！如來有天眼。須菩提！於意云何？如來有慧眼不？如是，世尊！如來有慧眼。須菩提！於意云何？如來有法眼不？如是，世尊！如來有法眼。須菩提！於意云何？如來有佛眼不？如是，世尊！如來有佛眼。須菩提！於意云何？恒河中所有沙，佛説是沙不？如是，世尊！如來説是沙。須菩提！於意云何？如一恒河中所有沙，有如是等恒河，是諸恒河所有沙數，佛世界如是，寧爲多不？甚多，世尊！佛告須菩提：爾所國土中，所有衆生，若干種心，如來悉知。何以故？如來説：諸心皆爲非心，是名爲心。所以者何？須菩提！過去心不可得，現在心不可得，未來心不可得。

法界通分分第十九

須菩提！於意云何？若有人滿三千大千世界七寶以用布施，是人以是因緣，得福多不？如是，世尊！此人以是因緣，得福甚多。須菩提！若福德有實，如來不説得福德多；以福德無故，如來説得福德多。

離色離相分第二十

須菩提！於意云何？佛可以具足色身見不？不也，世尊！如來不應以具足色身見。何以故？如來説：具足色身，即非具足色身，是名具足色身。須菩提！於意云何？如來可以具足諸相見不？不也，世尊！如來不應以具足諸相見。何以故？如來説：諸相具足，即非具足，是名諸相具足。

非説所説分第二十一

須菩提！汝勿謂如來作是念：我當有所説法。莫作是念，何以故？若人言：如來有所説法，即爲謗佛，不能解我所説故。須菩提！説法者，無法可説，是名説法。爾時，慧命須菩提白佛言：世尊！頗有衆生，於未來世，聞説是法，生信心不？佛言：須菩提！彼非衆生，非不衆生。何以故？須菩提！衆生衆生者，如來説非衆生，是名衆生。

無法可得分第二十二

須菩提白佛言：世尊！佛得阿耨多羅三藐三菩提，爲無所得耶？佛言：如是，如是。須菩提！我於阿耨多羅三藐三菩提乃至無有少法可得，是名阿耨多羅三藐三菩提。

净心行善分第二十三

復次，須菩提！是法平等，無有高下，是名阿耨多羅三藐三菩提；以無我，無人，無衆生，無壽者，修一切善法，即得阿耨多羅三藐三菩提。須菩提！所言善法者，如來説即非善法，是名善法。

福智無比分第二十四

須菩提！若三千大千世界中所有諸須彌山王，如是等七實聚，有人持用布施；若人以此般若波羅蜜經，乃至四句偈等，受持，讀誦，爲他人説，於前福德百分不及一，百千萬億分，乃至算數譬喻所不能及。

化無所化分第二十五

須菩提！於意云何？汝等勿謂如來作是念：我當度衆生。須菩提！莫作是念。何以故？實無有衆生如來度者。若有衆生如來度者，如來則有我，人，衆生，壽者。須菩提！如來説有我者，則非有我，而凡夫之人以爲有我。須菩提！凡夫者，如來説即非凡夫，是名凡夫。

法身非相分第二十六
須菩提！於意云何？可以三十二相觀如來不？須
菩提言：如是！如是！以三十二相觀如來。佛言：須
菩提！若以三十二相觀如來者，轉輪聖王則是
如來。須菩提白佛言：世尊！如我解佛所説義，不
應以三十二相觀如來。爾時，世尊而説偈言：
若以色見我，以音聲求我，
是人行邪道，不能見如來

無斷無滅分第二十七
須菩提！汝若作是念：如來不以具足相故，得阿
耨多羅三藐三菩提。須菩提！莫作是念，如來不
以具足相故，得阿耨多羅三藐三菩提。須菩提！
汝若作是念，發阿耨多羅三藐三菩提心者，説
諸法斷滅。莫作是念！何以故？發阿耨多羅三
藐三菩提心者，於法不説斷滅相。

不受不貪分第二十八
須菩提！若菩薩以滿恒河沙等世界七寶持用
布施；若復有人知一切法無我，得成於忍，此菩
薩勝前菩薩所得功德。何以故？須菩提！以諸菩
薩不受福德故。須菩提白佛言：世尊！云何菩薩
不受福德？須菩提！菩薩所作福德，不應貪著，是
故説不受福德。

威儀寂净分第二十九
須菩提！若有人言：如來若來若去，若坐若卧，是
人不解我所説義。何以故？如來者，無所從來，亦
無所去，故名如來。

一合理相分第三十
須菩提！若善男子，善女人，以三千大千世界碎
爲微塵，於意云何？是微塵衆寧爲多不？須菩提
言：甚多，世尊！何以故？若是微塵衆實有者，佛則
不説是微塵衆，所以者何？佛説：微塵衆，即非微
塵衆，是名微塵衆。世尊！如來所説三千大千世
界，則非世界，是名世界。何以故？若世界實有，
則是一合相。如來説：一合相，則非一合相，是名
一合相。須菩提！一合相者，則是不可説，但凡夫
之人貪著其事。

知見不生分第三十一
須菩提！若人言：佛説我見，人見，衆生見，壽者見。

須菩提！於意云何？是人解我説義不？不也，世
尊！是人不解如來所説義。何以故？世尊説：我見，
人見，衆生見，壽者見，即非我見，人見，衆生見，壽
者見，是名我見，人見，衆生見，壽者見。須菩提！發
阿耨多羅三藐三菩提心者，於一切法，應如是，
知如是見，如是信解，不生法相。須菩提！所言法
相者，如來説即非法相，是名法相。

應化非真分第三十二

須菩提！若有人以滿無量阿僧祇世界七寶持
用布施，若有善男子，善女人發菩提心者，持於
此經，乃至四句偈等，受持讀誦，爲人演説，其福
勝彼。云何爲人演説，不取於相，如如不動。何以
故？
一切有爲法，如夢幻泡影，
如露亦如電，應作如是觀
佛説是經已，長老須菩提及諸比丘，比丘尼，優
婆塞，優婆夷，一切世間，天，人，阿修羅，聞佛所説，
皆大歡喜，信受奉行。

（八）俄 TK17《金剛般若波羅蜜經》[①]

【題解】

西夏刻本。經折裝，甲種本。未染楮紙。共 31 折，62 面。高 27.3 釐米，面寬 10.6 釐米。版框高 23.2 釐米，天頭 3.2 釐米，地脚 1.7 釐米。每面 6 行，行 18 字。上下雙邊。寫刻體，墨色深。首冠佛説法圖與尾鈐“温家寺道院記”楷體黑色方印比俄 TK14 完整。唯乾祐二十年羅皇后印施題記佚失。

金剛經啓請

若有人受持金剛經者，先須志心念浄口業真
言然後啓請八金剛，四菩薩，名號所在之處［温家寺道院記］
當擁護。

浄口業真言

修唎修唎摩訶修唎修修唎薩婆訶

安土地真言

南無三滿多没馱喃唵度嚕度嚕地尾

① 《俄藏黑水城文獻》第一册，第 337—348 頁。

娑婆訶

虚空藏菩薩普供養真言

唵誐誐曩三婆縛韈日囉斛

請八金剛

奉請青除灾金剛，奉請辟毒金剛，
奉請黄隨求金剛，奉請白净水金剛，
奉請赤聲金剛，奉請定除灾金剛，
奉請紫賢金剛，奉請大神金剛。

請四菩薩

奉請金剛眷菩薩，奉請金剛索菩薩，
奉請金剛愛菩薩，奉請金剛語菩薩。

云何梵

云何得長壽，金剛不壞身，復以何因緣，
得大堅固力，云何於此經，究竟到彼岸，
願佛開微蜜，廣爲衆生説。

發願文

稽首三界尊，歸命十方佛，我今發弘願，
持此金剛經，上報四重恩，下濟三塗苦，
若有見聞者，悉發菩提心，盡此一報身，
同生極樂國。

金剛般若波羅蜜經

姚秦三藏法師鳩摩羅什譯

法會因由分第一

如是我聞，一時，佛在舍衛國祇樹給孤獨園，與大比丘衆千二百五十人俱。爾時，世尊食時，著衣持鉢，入舍衛大城乞食。於其城中，次第乞已，還至本處。飯食訖，收衣鉢，洗足已，敷座而坐。

善現啓請分第二

時，長老須菩提，在大衆中即從座起，偏袒右肩，右膝著地，合掌恭敬而白佛言：稀有！世尊！如來善護念諸菩薩，善付囑諸菩薩。世尊！善男子，善女人，發阿耨多羅三藐三菩提心，應云何住，云何降伏其心？佛言：善哉，善哉。須菩提！如汝所説，如來善護念諸菩薩，善付囑諸菩薩。汝今諦聽！①薩無住相布施，福德亦復如是，不可思量。須菩提！菩薩但應如所教住。

① 中間有脱文，由於文書中没有空缺，所以筆者没有補入。

如理實見分第五

須菩提！於意云何？可以身相見如來不？不也，世尊！不可以身相得見如來。何以故？如來所說身相，即非身相。佛告須菩提：凡所有相，皆是虛妄。若見諸相非相，即見如來。

正信稀有分第六

須菩提白佛言：世尊！頗有衆生，得聞如是言說章句，生實信不？佛告須菩提：莫作是說。如來滅後，後五百歲，有持戒修福者，於此章句能生信心，以此爲實，當知是人不於一佛二佛三四五佛而種善根，已於無量千萬佛所種諸善根，聞是章句，乃至一念生浄信者，須菩提！如來悉知悉見，是諸衆生得如是無量福德。何以故？是諸衆生無復我相，人相，衆生相，壽者相；無法相，亦無非法相。何以故？是諸衆生若心取相，則爲著我，人，衆生，壽者。若取法相，即著我，人，衆生，壽者。何以故？若取非法相，即著我，人，衆生，壽者，是故不應取法，不應取非法。以是義故，如來常說：汝等比丘，知我說法，如筏喻者；法尚應舍，何況非法。

無得無說分第七

須菩提！於意云何？如來得阿耨多羅三藐三菩提耶？如來有所說法耶？須菩提言：如我解佛所說義，無有定法，名阿耨多羅三藐三菩提，亦無有定法，如來可說。何以故？如來所說法，皆不可取，不可說，非法，非非法。所以者何？一切聖賢，皆以無爲法而有差別。

依法出生分第八

須菩提！於意云何？若人滿三千大千世界七寶以用布施，是人所得福德，寧爲多不？須菩提言：甚多，世尊！何以故？是福德即非福德性，是故如來說福德多。須菩提，若復有人，於此經中受持，乃至四句偈等，爲他人說，其福勝彼。何以故？須菩提！一切諸佛，及諸佛阿耨多羅三藐三菩提法，皆從此經出。須菩提！所謂佛法者，即非佛法。

一相無相分第九

須菩提！於意云何？須陀洹能作是念：我得須陀洹果不？須菩提言：不也，世尊！何以故？須陀洹名

爲入流，而無所入，不入色聲香味觸法，是名須陀
洹。須菩提！於意云何？斯陀含能作是念：我得斯
陀含果不？須菩提言：不也，世尊！何以故？斯陀含
名一往來，而實無往來，是名斯陀含。須菩提！於
意云何？阿那含能作是念：我得阿那含果不？須
菩提言：不也，世尊！何以故？阿那含名爲不來，而
實無不來，是名阿那含。須菩提！於意云何？阿
羅漢能作是念，我得阿羅漢道不？須菩提言：不
也，世尊！何以故？實無有法名阿羅漢。世尊！若阿
羅漢作是念：我得阿羅漢道，即爲著我，人，衆生，
壽者。世尊！佛說我得無諍三昧，人中最爲第一，
是第一離欲阿羅漢。世尊，我不作是念：我是離
欲阿羅漢。世尊！我若作是念：我得阿羅漢道，世
尊則不説須菩提是樂阿蘭那行者！以須菩提
實無所行，而名須菩提，是樂阿蘭那行。

莊嚴净土分第十

佛告須菩提：於意云何？如來昔在然燈佛所，於
法有所得不？不也，世尊！如來在然燈佛所，於法
實無所得。須菩提！於意云何？菩薩莊嚴佛土不？
不也，世尊！何以故？莊嚴佛土者，即非莊嚴，是名
莊嚴。是故須菩提！諸菩薩摩訶薩，應如是生清
净心，不應住色生心，不應住聲香味觸法生心，
應無所住而生其心。須菩提！譬如有人，身如須
彌山王，於意云何？是身爲大不？須菩提言：甚大，
世尊！何以故？佛説非身，是名大身。

無爲福勝分第十一

須菩提！如恒河中所有沙數，如是沙等恒河，於
意云何？是諸恒河沙，寧爲多不？須菩提言：甚多，
世尊！但諸恒河尚多無數，何況其沙。須菩提！我
今實言告汝：若有善男子，善女人，以七寶滿爾
所恒河沙數三千大千世界，以用布施，得福多
不？須菩提言：甚多，世尊！佛告須菩提：若善男子，
善女人，於此經中，乃至受持四句偈等，爲他人
説，而此福德勝前福德。

尊重正教分第十二

復次，須菩提！隨説是經，乃至四句偈等，當知此
處，一切世間，天人，阿修羅，皆應供養，如佛塔廟，
何况有人盡能受持讀誦。須菩提！當知是人成

就最上第一稀有之法，若是經典所在之處，即爲有佛，若尊重弟子。

如法受持分第十三

爾時，須菩提白佛言：世尊！當何名此經，我等云何奉持？佛告須菩提：是經名爲金剛般若波羅蜜，以是名字，汝當奉持。所以者何？須菩提！佛説般若波羅蜜，即非般若波羅蜜，是名般若波囉蜜。須菩提！於意云何？如來有所説法不？須菩提白佛言：世尊！如來無所説。須菩提！於意云何？三千大千世界所有微塵是爲多不？須菩提言：甚多，世尊！須菩提！諸微塵，如來説非微塵，是名微塵。如來説：世界，非世界，是名世界。須菩提！於意云何？可以三十二相見如來不？不也，世尊！不可以三十二相得見如來，何以故？如來説：三十二相，即是非相，是名三十二相。須菩提！若有善男子，善女人，以恒河沙等身命布施；若復有人，於此經中，乃至受持四句偈等，爲他人説，其福甚多。

離相寂滅分第十四

爾時，須菩提聞説是經，深解義趣，涕泪悲泣，而白佛言：稀有，世尊！佛説如是甚深經典，我從昔來所得慧眼，未曾得聞如是之經。世尊！若復有人得聞是經，信心清净，則生實相，當知是人，成就第一稀有功德。世尊！是實相者，即是非相，是故如來説名實相。世尊！我今得聞如是經典，信解受持不足爲難，若當來世，後五百歲，其有衆生，得聞是經，信解受持，是人則爲第一稀有。何以故？此人無我相，人相，衆生相，壽者相。所以者何？我相即是非相，人相，衆生相，壽者相即是非相。何以故？離一切諸相，則名諸佛。佛告須菩提：如是！如是！若復有人得聞是經，不驚，不怖，不畏，當知是人甚爲稀有。何以故？須菩提！如來説第一波羅蜜，即非第一波羅蜜，是名第一波羅蜜。須菩提！忍辱波羅蜜，如來説非忍辱波羅蜜。何以故？須菩提！如我昔爲歌利王割截身體，我於爾時，無我相，無人相，無衆生相，無壽者相。何以故？我於往昔節節支解時，若有我相，人相，衆生相，壽者相，應生嗔恨。須菩提！又念過去於五百世作忍辱仙人，於爾所世，無我相，無人相，無衆生相，無壽者相。是故須菩提！菩薩應離一切相，發阿耨多羅三藐三菩提心，不應住色生心，不應住聲香味觸法生心，應生無所住心。若心有住，則爲非住。是故佛説：菩薩心不應住色布施。須菩提！菩薩爲利益一切衆生，應如是布施。如來説：一切諸相，即是非相。又説：一切衆生，即非衆生。須菩提！如來是真語者，實語者，如語者，不誑語者，不异語者。須菩提！如來所得法，此法無實無虚。須菩提，若菩薩心住於法而行布施，如人入暗，則無所見。若菩薩心不住法而行布施，如人有目，日光明照，見種種色。須菩提！當來之世，若有善男子，善女人，能於此經受持讀誦，則爲如來以佛智慧，悉知是人，悉見是人，皆得成就無量無邊功德。

持經功德分第十五

須菩提！若有善男子，善女人，初日分以恒河沙等身布施，中日分復以恒河沙等身布施，後日分亦以恒河沙等身布施，如是無量百千萬億劫以身布施；若復有人，聞此經典，信心不逆，其福勝彼，何况書寫，受持，讀誦，爲人解説。須菩提！以要言之，是經有不可思議，不可稱量，無邊功德。如來爲發大乘者説，爲發最上乘者説。若有人能受持讀誦，廣爲人説，如來悉知是人，悉見是人，皆得成就不可量，不可稱，無有邊，不可思議功德。如是人等，則爲荷擔如來阿耨多羅三藐三菩提。何以故？須菩提！若樂小法者，著我見，人見，衆生見，壽者見，則於此經，不能聽受，讀誦，爲人解説。須菩提！在在處處，若有此經，一切世間，天，人，阿修羅，所應供養；當知此處則爲是塔，皆應恭敬，作禮圍繞，以諸華香而散其處。

能净業障分第十六

復次，須菩提！若善男子，善女人，受持讀誦此經，若爲人輕賤，是人先世罪業，應墮惡道，以今世人輕賤故，先世罪業則爲消滅，當得阿耨多羅三藐三菩提。須菩提！我念過去無量阿僧祇劫，於然燈佛前，得值八百四千萬億那由他諸佛，悉皆供養承事，無空過者，若復有人，於後末世，

能受持讀誦此經，所得功德，於我所供養諸佛
功德，百分不及一，千萬億分，乃至算數譬喻所
不能及。須菩提！若善男子，善女人，於後末世，
有受持讀誦此經，所得功德，我若具説者，或有
人聞，心則狂亂，狐疑不信。須菩提！當知是經義
不可思議，果報亦不可思議。

究竟無我分第十七

爾時，須菩提白佛言：世尊！善男子，善女人，發阿
耨多羅三藐三菩提心，云何應住？云何降伏其
心？佛告須菩提：善男子，善女人，發阿耨多羅三
藐三菩提心者，當生如是心，我應滅度一切衆
生。滅度一切衆生已，而無有一衆生實滅度者。
何以故？須菩提！若菩薩有我相，人相，衆生相，壽
者相，則非菩薩。所以者何？須菩提！實無有法發
阿耨多羅三藐三菩提心者。須菩提！於意云何？
如來於然燈佛所，有法得阿耨多羅三藐三菩
提不？不也，世尊！如我解佛所説義，佛於然燈佛
所，無有法得阿耨多羅三藐三菩提。佛言：如是！
如是！須菩提！實無有法如來得阿耨多羅三藐
三菩提。須菩提！若有法如來得阿耨多羅三藐
三菩提者，然燈佛則不與我授記：汝於來世，當
得作佛，號釋迦牟尼。以實無有法得阿耨多羅
三藐三菩提，是故然燈佛與我授記，作是言：汝
於來世，當得作佛，號釋迦牟尼。何以故？如來者，即
諸法如義。若有人言：如來得阿耨多羅三藐三
菩提。須菩提！實無有法，佛得阿耨多羅三藐三
菩提。須菩提！如來所得阿耨多羅三藐三菩提，
於是中無實無虚。是故如來説：一切法皆是佛
法。須菩提！所言一切法者，即非一切法，是故名
一切法。須菩提！譬如人身長大。須菩提言：世尊！
如來説：人身長大，則爲非大身，是名大身。須菩
提！菩薩亦如是。若作是言：我當滅度無量衆生，
則不名菩薩。何以故？須菩提！無有法名爲菩
薩。是故佛説：一切法無我，無人，無衆生，無壽者。
須菩提！若菩薩作是言，我當莊嚴佛土，是不名
菩薩。何以故？如來説：莊嚴佛土者，即非莊嚴，是
名莊嚴。須菩提！若菩薩通達無我法者，如來説
名真是菩薩。

一體同觀分第十八

須菩提！於意云何？如來有肉眼不？如是，世尊！如來有肉眼。須菩提！於意云何？如來有天眼不？如是，世尊！如來有天眼。須菩提！於意云何？如來有慧眼不？如是，世尊！如來有慧眼。須菩提！於意云何？如來有法眼不？如是，世尊！如來有法眼。須菩提！於意云何？如來有佛眼不？如是，世尊！如來有佛眼。須菩提！於意云何？恒河中所有沙，佛説是沙不？如是，世尊！如來説是沙。須菩提！於意云何？如一恒河中所有沙，有如是等恒河，是諸恒河所有沙數，佛世界如是，寧爲多不？甚多，世尊！佛告須菩提：爾所國土中，所有衆生，若干種心，如來悉知。何以故？如來説：諸心皆爲非心，是名爲心。所以者何？須菩提！過去心不可得，現在心不可得，未來心不可得。

法界通分分第十九

須菩提！於意云何？若有人滿三千大千世界七寶以用布施，是人以是因緣，得福多不？如是，世尊！此人以是因緣，得福甚多。須菩提！若福德有實，如來不説得福德多；以福德無故，如來説得福德多。

離色離相分第二十

須菩提！於意云何？佛可以具足色身見不？不也，世尊！如來不應以具足色身見。何以故？如來説：具足色身，即非具足色身，是名具足色身。須菩提！於意云何？如來可以具足諸相見不？不也，世尊！如來不應以具足諸相見。何以故？如來説：諸相具足，即非具足，是名諸相具足。

非説所説分第二十一

須菩提！汝勿謂如來作是念：我當有所説法。莫作是念，何以故？若人言：如來有所説法，即爲謗佛，不能解我所説故。須菩提！説法者，無法可説，是名説法。爾時，慧命須菩提白佛言：世尊！頗有衆生，於未來世，聞説是法，生信心不？佛言：須菩提！彼非衆生，非不衆生。何以故？須菩提！衆生衆生者，如來説非衆生，是名衆生。

無法可得分第二十二

須菩提白佛言：世尊！佛得阿耨多羅三藐三菩

提，爲無所得耶？佛言：如是，如是。須菩提！我於阿
耨多羅三藐三菩提乃至無有少法可得，是名
阿耨多羅三藐三菩提。

净心行善分第二十三

復次，須菩提！是法平等，無有高下，是名阿耨多羅三藐三菩提；以無我，無人，無衆生，無壽者，修一切善法，即得阿耨多羅三藐三菩提。須菩提！所言善法者，如來説即非善法，是名善法。

福智無比分第二十四

須菩提！若三千大千世界中所有諸須彌山王，如是等七寶聚，有人持用布施；若人以此般若波羅蜜經，乃至四句偈等，受持，讀誦，爲他人説，於前福德百分不及一，百千萬億分，乃至算數譬喻所不能及。

化無所化分第二十五

須菩提！於意云何？汝等勿謂如來作是念：我當度衆生。須菩提！莫作是念。何以故？實無有衆生如來度者。若有衆生如來度者，如來則有我，人，衆生，壽者。須菩提！如來説有我者，則非有我，而凡夫之人以爲有我。須菩提！凡夫者，如來説即非凡夫，是名凡夫。

法身非相分第二十六

須菩提！於意云何？可以三十二相觀如來不？須菩提言：如是！如是！以三十二相觀如來。佛言：須菩提！若以三十二相觀如來者，轉輪聖王則是如來。須菩提白佛言：世尊！如我解佛所説義，不應以三十二相觀如來。爾時，世尊而説偈言：若以色見我，以音聲求我，是人行邪道，不能見如來

無斷無滅分第二十七

須菩提！汝若作是念：如來不以具足相故，得阿耨多羅三藐三菩提。須菩提！莫作是念，如來不以具足相故，得阿耨多羅三藐三菩提。須菩提！汝若作是念，發阿耨多羅三藐三菩提心者，説諸法斷滅。莫作是念！何以故？發阿耨多羅三藐三菩提心者，於法不説斷滅相。

不受不貪分第二十八

須菩提！若菩薩以滿恒河沙等世界七寶持用布施；若復有人知一切法無我，得成於忍，此

菩薩勝前菩薩所得功德。何以故？須菩提！以諸菩
薩不受福德故。須菩提白佛言：世尊！云何菩薩
不受福德？須菩提！菩薩所作福德，不應貪著，是
故說不受福德。

威儀寂净分第二十九

須菩提！若有人言：如來若來若去，若坐若卧，是
人不解我所說義。何以故？如來者，無所從來，亦
無所去，故名如來。

一合理相分第三十

須菩提！若善男子，善女人，以三千大千世界碎
爲微塵，於意云何？是微塵衆寧爲多不？須菩提
言：甚多，世尊！何以故？若是微塵衆實有者，佛則
不說是微塵衆，所以者何？佛說：微塵衆，即非微
塵衆，是名微塵衆。世尊！如來所說三千大千世
界，則非世界，是名世界。何以故？若世界實有，
則是一合相。如來說：一合相，則非一合相，是名
一合相。須菩提！一合相者，則是不可說，但凡夫
之人貪著其事。

知見不生分第三十一

須菩提！若人言：佛說我見，人見，衆生見，壽者見。
須菩提！於意云何？是人解我說義不？不也，世
尊！是人不解如來所說義。何以故？世尊說：我見，
人見，衆生見，壽者見，即非我見，人見，衆生見，壽
者見，是名我見，人見，衆生見，壽者見。須菩提！發
阿耨多羅三藐三菩提心者，於一切法，應如是，
知如是見，如是信解，不生法相。須菩提！所言法
相者，如來說即非法相，是名法相。

應化非真分第三十二

須菩提！若有人以滿無量阿僧祇世界七寶持
用布施，若有善男子，善女人發菩提心者，持於
此經，乃至四句偈等，受持讀誦，爲人演說，其福
勝彼。云何爲人演說，不取於相，如如不動。何以
故？一切有爲法，如夢幻泡影，如露亦如電，應作
如是觀佛說是經已，長老須菩提及諸比丘，比
丘尼，優婆塞，優婆夷，一切世間，天，人，阿修羅，聞
佛所說，皆大歡喜，信受奉行。

金剛般若波羅蜜經

（九）俄 TK18《金剛般若波羅蜜經》[①]

【題解】

西夏刻本。經折裝，甲種本。潢麻紙，共 16 折半，33 面。高 28.5 釐米，寬 11 釐米。版框高 23.2 釐米，天頭 4 釐米，地脚 1.5 釐米。每面 6 行，行 18 字。上下雙邊，寫刻體，墨色深匀。冠佛畫 6 面，前 2 面非原物，後 4 面與俄 TK14 佛畫相同。但經文至“離相寂滅分第十四”即中斷，别黏結乾祐二十年羅皇后宋體印施題記。題記下有墨色白文印，印文不清。左邊有行楷“李善進”名。

金剛經啓請

若有人受持金剛經者，先須志心念净口業真
言然後啓請八金剛，四菩薩，名號所在之處
當擁護。

净口業真言

修唎修唎摩訶修唎修修唎薩婆訶

安土地真言

南無三满多没馱喃唵度嚕度嚕地尾
娑婆訶

虚空藏菩薩普供養真言

唵誐誐曩三婆縛韈日囉斛

請八金剛

奉請青除灾金剛，奉請辟毒金剛，
奉請黄隨求金剛，奉請白净水金剛，
奉請赤聲金剛，奉請定除灾金剛，
奉請紫賢金剛，奉請大神金剛。

請四菩薩

奉請金剛眷菩薩，奉請金剛索菩薩，
奉請金剛愛菩薩，奉請金剛語菩薩。

云何梵

云何得長壽，金剛不壞身，復以何因緣，
得大堅固力，云何於此經，究竟到彼岸，
願佛開微蜜，廣爲衆生説。

發願文

稽首三界尊，歸命十方佛，我今發弘願，

① 《俄藏黑水城文獻》第一册，第 348—354 頁。

持此金剛經，上報四重恩，下濟三塗苦，
若有見聞者，悉發菩提心，盡此一報身，
同生極樂國。

金剛般若波羅蜜經

姚秦三藏法師鳩摩羅什譯

法會因由分第一

如是我聞，一時，佛在舍衛國祇樹給孤獨園，與大比丘衆千二百五十人俱。爾時，世尊食時，著衣持鉢，入舍衛大城乞食。於其城中，次第乞已，還至本處。飯食訖，收衣鉢，洗足已，敷座而坐。

善現啓請分第二

時，長老須菩提，在大衆中即從座起，偏袒右肩，右膝著地，合掌恭敬而白佛言：稀有！世尊！如來善護念諸菩薩，善付囑諸菩薩。世尊！善男子，善女人，發阿耨多羅三藐三菩提心，應云何住，云何降伏其心？佛言：善哉，善哉。須菩提！如汝所說，如來善護念諸菩薩，善付囑諸菩薩。汝今諦聽！當爲汝說：善男子，善女人，發阿耨多羅三藐三菩提心，應如是住，如是降伏其心。唯然，世尊！願樂欲聞。

大乘正宗分第三

佛告須菩提：諸菩薩摩訶薩應如是降伏其心。所有一切衆生之類：若卵生，若胎生，若濕生，若化生；若有色，若無色；若有想，若無想，若非有想非無想，我皆令入無餘涅盤而滅度之。如是滅度無量無數無邊衆生，實無衆生得滅度者。何以故？須菩提！若菩薩有我相，人相，衆生相，壽者相，即非菩薩。

妙行無住分第四

復次，須菩提！菩薩於法，應無所住，行於布施，所謂不住色布施，不住聲香味觸法布施。須菩提！菩薩應如是布施，不住於相。何以故？若菩薩不住相布施，其福德不可思量。須菩提！於意云何？東方虛空可思量不？不也，世尊！須菩提！南西北方四維上下虛空可思量不？不也，世尊！須菩提！菩薩無住相布施，福德亦復如是，不可思量。須菩提！菩薩但應如所教住。

如理實見分第五

須菩提！於意云何？可以身相見如來不？不也，世
尊！不可以身相得見如來。何以故？如來所説身
相，即非身相。佛告須菩提：凡所有相，皆是虛妄。
若見諸相非相，即見如來。

正信稀有分第六

須菩提白佛言：世尊！頗有衆生，得聞如是言説
章句，生實信不？佛告須菩提：莫作是説。如來滅
後，後五百歲，有持戒修福者，於此章句能生信
心，以此爲實，當知是人不於一佛二佛三四五
佛而種善根，已於無量千萬佛所種諸善根，聞
是章句，乃至一念生浄信者，須菩提！如來悉知
悉見，是諸衆生得如是無量福德。何以故？是諸
衆生無復我相，人相，衆生相，壽者相；無法相，亦
無非法相。何以故？是諸衆生若心取相，則爲著
我，人，衆生，壽者。若取法相，即著我，人，衆生，壽者。
何以故？若取非法相，即著我，人，衆生，壽者，是故
不應取法，不應取非法。以是義故，如來常説：汝
等比丘，知我説法，如筏喻者；法尚應舍，何況非
法。

無得無説分第七

須菩提！於意云何？如來得阿耨多羅三藐三菩
提耶？如來有所説法耶？須菩提言：如我解佛所
説義，無有定法，名阿耨多羅三藐三菩提，亦無
有定法，如來可説。何以故？如來所説法，皆不可
取，不可説，非法，非非法。所以者何？一切聖賢，皆
以無爲法而有差别。

依法出生分第八

須菩提！於意云何？若人滿三千大千世界七寶以
用布施，是人所得福德，寧爲多不？須菩提言：甚
多，世尊！何以故？是福德即非福德性，是故如來
説福德多。須菩提，若復有人，於此經中受持，乃
至四句偈等，爲他人説，其福勝彼。何以故？須菩
提！一切諸佛，及諸佛阿耨多羅三藐三菩提法，
皆從此經出。須菩提！所謂佛法者，即非佛法。

一相無相分第九

須菩提！於意云何？須陀洹能作是念：我得須陀
洹果不？須菩提言：不也，世尊！何以故？須陀洹名
爲入流，而無所入，不入色聲香味觸法，是名須陀

洹。須菩提！於意云何？斯陀含能作是念：我得斯
陀含果不？須菩提言：不也，世尊！何以故？斯陀含
名一往來，而實無往來，是名斯陀含。須菩提！於
意云何？阿那含能作是念：我得阿那含果不？須
菩提言：不也，世尊！何以故？阿那含名爲不來，而
實無不來，是名阿那含。須菩提！於意云何？阿
羅漢能作是念，我得阿羅漢道不？須菩提言：不
若阿
羅漢作是念：我得阿羅漢道，即爲著我，人，衆生，
壽者。世尊！佛説我得無諍三昧，人中最爲第一，
是第一離欲阿羅漢。世尊，我不作是念：我是離
欲阿羅漢。世尊！我若作是念：我得阿羅漢道，世
尊則不説須菩提是樂阿蘭那行者！以須菩提
實無所行，而名須菩提，是樂阿蘭那行。

莊嚴净土分第十

佛告須菩提：於意云何？如來昔在然燈佛所，於
法有所得不？不也，世尊！如來在然燈佛所，於法
實無所得。須菩提！於意云何？菩薩莊嚴佛土不？
不也，世尊！何以故？莊嚴佛土者，即非莊嚴，是名
莊嚴。是故須菩提！諸菩薩摩訶薩，應如是生清
净心，不應住色生心，不應住聲香味觸法生心，
應無所住而生其心。須菩提！譬如有人，身如須
彌山王，於意云何？是身爲大不？須菩提言：甚大，
世尊！何以故？佛説非身，是名大身。

無爲福勝分第十一

須菩提！如恒河中所有沙數，如是沙等恒河，於
意云何？是諸恒河沙，寧爲多不？須菩提言：甚多，
世尊！但諸恒河尚多無數，何况其沙。須菩提！我
今實言告汝：若有善男子，善女人，以七寶満爾
所恒河沙數三千大千世界，以用布施，得福多
不？須菩提言：甚多，世尊！佛告須菩提：若善男子，
善女人，於此經中，乃至受持四句偈等，爲他人
説，而此福德勝前福德。

尊重正教分第十二

復次，須菩提！隨説是經，乃至四句偈等，當知此
處，一切世間，天人，阿修羅，皆應供養，如佛塔廟，
何况有人盡能受持讀誦。須菩提！當知是人成
就最上第一稀有之法，若是經典所在之處，即

爲有佛，若尊重弟子。

如法受持分第十三

爾時，須菩提白佛言：世尊！當何名此經，我等云
何奉持？佛告須菩提：是經名爲金剛般若波羅
蜜，以是名字，汝當奉持。所以者何？須菩提！佛説
般若波羅蜜，即非般若波羅蜜，是名般若波囉
蜜。須菩提！於意云何？如來有所説法不？須菩提
白佛言：世尊！如來無所説。須菩提！於意云何？三
千大千世界所有微塵是爲多不？須菩提言：甚
多，世尊！須菩提！諸微塵，如來説非微塵，是名微
塵。如來説：世界，非世界，是名世界。須菩提！於意
云何？可以三十二相見如來不？不也，世尊！不可
以三十二相得見如來，何以故？如來説：三十二
相，即是非相，是名三十二相。須菩提！若有善男
子，善女人，以恒河沙等身命布施；若復有人，於
此經中，乃至受持四句偈等，爲他人説，其福甚
多。

離相寂滅分第十四

爾時，須菩提聞説是經，深解義趣，涕泪悲泣，而
白佛言：稀有，世尊！佛説如是甚深經典，我從昔
來所得慧眼，未曾得聞如是之經。世尊！若復有
人得聞是經，信心清净，則生實相，當知是人，成
就第一稀有功德。世尊！是實相者，即是非相，是
故如來説名實相。世尊！我今得聞如是經典，信
解受持不足爲難，若當來世，後五百歲，其有衆
生，得聞是經，信解受持，是人則爲第一稀有。何
以故？此人無我相，人相，衆生相，壽者相。所以者
何？我相即是非相，人相，衆生相，壽者相即是非
相。何以故？離一切諸相，則名諸佛。佛告須菩提：
大夏乾祐二十年歲次己酉三月十五日
正宫皇后羅氏謹施（印）
李善進

（十）俄 TK20《金剛般若波羅蜜經》[①]

① 《俄藏黑水城文獻》第一册，第 354 頁。

【題解】

西夏刻本，經折裝，甲種本。未染麻紙。共 1 面。高 28. 8 釐米，面寬 10. 9 釐米。版框高 23 釐米，天頭 4. 2 釐米，地脚 0. 8 釐米。面 6 行，行 18 字。上下雙邊，寫刻體。墨色深匀。

【前缺】

法會因由分第一

如是我聞，一時，佛在舍衛國祇樹給孤獨園，與
大比丘衆千二百五十人俱。爾時，世尊食時，著
衣持鉢，入舍衛大城乞食。於其城中，次第乞已，
還至本處。飯食訖，收衣鉢，洗足已，敷座而坐。

善現啓請分第二

【後缺】

（十一）俄 TK26《金剛般若波羅蜜經》

【題解】

西夏刻本。經折裝，未染麻紙。共 3 折，6 面。高 12. 5 釐米，面寬 5. 5 釐米。版框高 9. 5 釐米，天頭 1. 5 釐米，地脚 1. 4 釐米。每面 10 行。行 17 字。上下單邊，宋體，墨色濃。首尾缺。已裂爲 2 段，有佚文。

【前缺】

奉請紫賢金剛，奉請大神金剛。

請四菩薩

奉請金剛眷菩薩，奉請金剛索菩薩，
奉請金剛愛菩薩，奉請金剛語菩薩。

云何梵

云何得長壽，金剛不壞身，復以何因緣，
得大堅固力，云何於此經，究竟到彼岸，
願佛開微蜜，廣爲衆生説。

發願文

稽首三界尊，歸命十方佛，我今發弘願，
持此金剛經，上報四重恩，下濟三塗苦，
若有見聞者，悉發菩提心，盡此一報身，
同生極樂國。

金剛般若波羅蜜經姚秦三藏法師鳩摩羅什譯

法會因由分第一

如是我聞，一時，佛在舍衛國祇樹給孤獨園，
與大比丘衆千二百五十人俱。
爾時，世尊食時，著衣持鉢，入舍衛大城乞食。
於其城中，次第乞已，還至本處。飯食訖，收衣
鉢，洗足已，敷座而坐。[①]
所謂不住色布施，不住聲香味觸法布施。須
菩提！菩薩應如是布施，不住於相。何以故？若
菩薩不住相布施，其福德不可思量。須菩提！
於意云何？東方虚空可思量不？不也，世尊！須
菩提！南西北方四維上下虚空可思量不？不
也，世尊！須菩提！菩薩無住相布施，福德亦復
如是，不可思量。須菩提！菩薩但應如所教住。

如理實見分第五

須菩提！於意云何？可以身相見如來不？不也，
世尊！不可以身相得見如來。何以故？如來所
説身相，即非身相。佛告須菩提：凡所有相，皆
是虚妄。若見諸相非相，即見如來。

正信稀有分第六

須菩提白佛言：世尊！頗有衆生，得聞如是言
説章句，生實信不？佛告須菩提：莫作是説。如
來滅後，後五百歲，有持戒修福者，於此章句
能生信心，以此爲實，當知是人不於一佛二
佛三四五佛而種善根，已於無量千萬佛所
種諸善根，聞是章句，乃至一念生净信者，須
菩提！如來悉知悉見，是諸衆生得如是無量
福德。何以故？是諸衆生無復我相，人相，衆生
相，壽者相；無法相，亦無非法相。何以故？是諸
衆生若心取相，則爲著我，人，衆生，壽者。若取
法相，即著我，人，衆生，壽者。何以故？若取非法
相，即著我，人，衆生，壽者，是故不應取法，不應
取非法。以是義故，如來常説：汝等比丘，知我
説法，如筏喻者；法尚應舍，何况非法。

無得無説分第七

須菩提！於意云何？如來得阿耨多羅三藐三
菩提耶？如來有所説法耶？須菩提言：如我解

① 後文有脱文，由於該件文書没有空白，所以筆者没有補入。

佛所説義，無有定法，名阿耨多羅三藐三菩
提，亦無有定法，如來可説。何以故？如來所説
法，皆不可取，不可説，非法，非非法。所以者何？
一切聖賢，皆以無爲法而有差别。
　　依法出生分第八
須菩提！於意云何？若人満三千大千世界七
寶以用布施，是人所得福德，寧爲多不？須菩
提言：甚多，世尊！何以故？是福德即非福德性，
是故如來説福德多。須菩提，若復有人，於此經中受
持，乃至四句偈等，爲他人説，其福勝彼。何以
【後缺】

（十二）俄 TK27《金剛般若波羅蜜經》[1]

【題解】

西夏刻本。經折裝，未染麻紙。共 2 折半，5 面。高 13 釐米，面寬 7 釐米。版框高 9. 5 釐米，天頭 2 釐米，地脚 1 釐米。每面 6 行，行 13 字。上下單邊，宋體，墨色深。首尾缺。已裂爲 3 段，文字相連。

【前缺】
是，世尊！如來有肉眼。須菩提！於意
云何？如來有天眼不？如是，世尊！如來
有天眼。須菩提！於意云何？如來有慧
眼不？如是，世尊！如來有慧眼。須菩
提！於意云何？如來有法眼不？如是，世
尊！如來有法眼。須菩提！於意云何？
如來有佛眼不？如是，世尊！如來有
佛眼。須菩提！於意云何？恒河中
所有沙，佛説是沙不？如是，世尊！如
來説是沙。須菩提！於意云何？如一
恒河中所有沙，有如是等恒河，
是諸恒河所有沙數，佛世界如
是，寧爲多不？甚多，世尊！佛告須
菩提：爾所國土中，所有衆生，若干
種心，如來悉知。何以故？如來説：諸

① 《俄藏黑水城文獻》第二册，第 16 頁。

心皆爲非心，是名爲心。所以者何？
須菩提！過去心不可得，現在心不
可得，未來心不可得。
　　法界通分分第十九
須菩提！於意云何？若有人滿三千大
千世界七寶以用布施，是人以是因
緣，得福多不？如是，世尊！此人以是
因緣，得福甚多。須菩提！若福德有
實，如來不説得福德多；以福德無
故，如來説得福德多。
　　離色離相分第二十
須菩提！於意云何？佛可以具足色
身見不？不也，世尊！如來不應以具
足色身見。何以故？如來説：具足色
身，即非具足色身，是名具足色身。
【後缺】

（十三）俄 TK28《金剛般若波羅蜜經》[①]

【題解】

西夏刻本，經折裝。未染麻紙。共 3 折半，7 面。高 12.3 釐米，面寬 6.5 釐米。版框高 9.5 釐米，天頭 1.5 釐米，地脚 1 釐米。每面 6 行，行 13 字。上下單邊，寫刻體，墨色深。首尾殘。已裂爲 2 段，有佚文。與俄 TK27 同一版本。

【前缺】
耨多羅三藐三菩提。須菩提！若有
法如來得阿耨多羅三藐三菩提
者，然燈佛則不與我授記：汝於來
世，當得作佛，號釋迦牟尼。以實無
有法得阿耨多羅三藐三菩提，是
故然燈佛與我授記，作是言：汝於
來世，當得作佛，號釋迦牟尼。何以
故？如來者，即諸法如義。若有人言：
如來得阿耨多羅三藐三菩提。須
菩提！實無有法，佛得阿耨多羅三

① 《俄藏黑水城文獻》第二册，第 17—18 頁。

藐三菩提。須菩提！如來所得阿耨
多羅三藐三菩提，於是中無實無
虛。是故如來説：一切法皆是佛法。
須菩提！所言一切法者，即非一切
法，是故名一切法。須菩提！譬如人
身長大。須菩提言：世尊！如來説：人
身長大，則爲非大身，是名大身。須
菩提！菩薩亦如是。若作是言：我當①
具足諸相見。何以故？如來説：諸相
具足，即非具足，是名諸相具足。

非説所説分第二十一

須菩提！汝勿謂如來作是念：我當
有所説法。莫作是念，何以故？若人
言：如來有所説法，即爲謗佛，不能
解我所説故。須菩提！説法者，無法
可説，是名説法。
爾時，慧命須菩提白佛言：世尊！頗
有衆生，於未來世，聞説是法，生信
心不？佛言：須菩提！彼非衆生，非不
衆生。何以故？須菩提！衆生衆生者，
如來説非衆生，是名衆生。

無法可得分第二十二

須菩提白佛言：世尊！佛得阿耨
多羅三藐三菩提，爲無所得耶？佛
言：如是，如是。須菩提！我於阿耨多
羅三藐三菩提乃至無有少法可
得，是名阿耨多羅三藐三菩提。

净心行善分第二十三

復次，須菩提！是法平等，無有高下，
是名阿耨多羅三藐三菩提；以無
我，無人，無衆生，無壽者，修一切善
法，即得阿耨多羅三藐三菩提。須
【後缺】

---

① 後文有脱文，由於文書中没有空白，所以筆者没有補入。

（十四）俄 TK29《金剛般若波羅蜜經》[①]

【題解】

金刻本。蝴蝶裝，白口，版心題“金”，下有頁碼。未染麻紙，厚。存 7 頁左半，第 8 整頁，第 9 頁右半。紙幅高 9 釐米，寬 12 釐米。版框高 7. 5 釐米，寬 10. 9 釐米，天頭 0. 7 釐米，地脚 0. 6 釐米。每半頁 8 行，行 14—15 字。上下單邊，左右雙邊。寫刻體，墨色中。

【前缺】
一切諸佛，及諸佛阿耨多羅三藐三菩
提法，皆從此經出。須菩提！所謂佛法者，
即非佛法。
　　一相無相分第九
須菩提！於意云何？須陀洹能作是念：
我得須陀洹果不？須菩提言：不也，世尊！
何以故？須陀洹名爲入流，而無所入，不
入色聲香味觸法，是名須陀洹。須菩提！
於意云何？斯陀含能作是念：我得斯
陀含果不？須菩提言：不也，世尊！何以故？
斯陀含名一往來，而實無往來，是名斯
陀含。須菩提！於意云何？阿那含能作
是念：我得阿那含果不？須菩提言：不也，
世尊！何以故？阿那含名爲不來，而實無
來，是名阿那含。須菩提！於意云何？阿
羅漢能作是念，我得阿羅漢道不？須菩
提言：不也，世尊！何以故？實無有法名阿羅
漢。世尊！若阿羅漢作是念：我得阿羅漢
道，即爲著我，人，衆生，壽者。世尊！佛説
我得無諍三昧，人中最爲第一，是第一
離欲阿羅漢。世尊，我不作是念：我是離欲
阿羅漢。世尊！我若作是念：我得阿羅漢
道，世尊則不説須菩提是樂阿蘭那行
者！以須菩提實無所行，而名須菩提，是
樂阿蘭那行。

① 《俄藏黑水城文獻》第二册，第 19—20 頁。

莊嚴净土分第十
佛告須菩提：於意云何？如來昔在然燈佛
所，於法有所得不？不也，世尊！如來在然燈
佛所，於法實無所得。須菩提！於意云何？
菩薩莊嚴佛土不？不也，世尊！何以故？莊
嚴佛土者，即非莊嚴，是名莊嚴。是故須
菩提！諸菩薩摩訶薩，應如是生清净心，
【後缺】

（十五）俄 TK30《金剛般若波羅蜜經》[①]

【題解】

金刻本，蝴蝶裝，白口，版心題“金”。寫有頁碼，未染麻紙，存 10、13、14、19、20、21、22 整頁，第 11 頁右半頁。紙幅高 9.5 釐米，寬 12.6 釐米。版框高 7.5 釐米，寬 10.5 釐米，天頭 1.1 釐米，地脚 0.8 釐米。每半頁 8 行，行 14—15 字。上下單邊，左右雙邊，寫刻體，墨色中匀。

【前缺】
須菩提言：甚多，世尊！但諸恒河尚多無數，
何况其沙。須菩提！我今實言告汝：若有
善男子，善女人，以七寶满爾所恒河沙數
三千大千世界，以用布施，得福多不？須
菩提言：甚多，世尊！佛告須菩提：若善
男子，善女人，於此經中，乃至受持四句偈
等，爲他人説，而此福德勝前福德。
尊重正教分第十二
復次，須菩提！隨説是經，乃至四句偈等，當
知此處，一切世間，天人，阿修羅，皆應供養，
如佛塔廟，何况有人盡能受持讀誦。須
菩提！當知是人成就最上第一稀有之
法，若是經典所在之處，即爲有佛，若
尊重弟子。
如法受持分第十三
爾時，須菩提白佛言：世尊！當何名此
經，我等云何□□□告須菩提：是經

① 《俄藏黑水城文獻》第二册，第 20—23 頁。

名爲金剛般若□□□□是名字，汝
提！佛説般若
波羅蜜，即非般若□□□是名般若
波羅蜜。須菩提！於意□□□□有所説
法不？須菩提白佛言：世尊！如來無所説。
須菩提！於意云何？三千大千世界所有
微塵是□□□須菩提言：甚多，世尊！①
是！如是！若復有人得聞是經，不驚，不
怖，不畏，當知是人甚爲稀有。何以故？須
菩提！如來説第一波羅蜜，即非第一波羅
蜜，是名第一波羅蜜。須菩提！忍辱波羅
蜜，如來説非忍辱波羅蜜。何以故？須菩
提！如我昔爲歌利王割截身體，我於爾
時，無我相，無人相，無衆生相，無壽者相。何
以故？我於往昔節節支解時，若有我相，
人相，衆生相，壽者相，應生嗔恨。須菩
提！又念過去於五百世作忍辱仙人，於
爾所世，無我相，無人相，無衆生相，無壽
者相。是故須菩提！菩薩應離一切相，
發阿耨多羅三藐三菩提心，不應住色
生心，不應住聲香味觸法生心，應生無
所住心。若心有住，則爲非住。是故佛説：
菩薩心不應住色布施。須菩提！菩薩
爲利益一切衆生，應如是布施。如來説：
一切諸相，即是非相。又説：一切衆生，即
非衆生。須菩提！如來是真語
者，實語者，如語者，不誑語者，不异語者。須菩
提！如來所得法，此法無實無虚。須菩
提，若菩薩心住於法而行布施，如人入
暗，則無所見。若菩薩心不住法而行布
施，如人有目，日光明照，見種種色。須菩
提！當來之世，若有善男子，善女人，能於
此經受持讀誦，則爲如來以佛智慧，悉
知是人，悉見是人，皆得成就無量無邊
功德。

持經功德分第十五

---

① 後有脱文，由於文書中没有空白，所以筆者没有補入。

須菩提！若有善男子，善女人，初日分以
恒河沙等身布施，中日分復以恒河沙
等身布施，後日分亦以恒河沙等身布[1]
作是言：我當滅度無量□□□□□
薩。何以故？須菩提！無有法名爲菩
薩。是故佛説：一切法無我，無人，無衆生，
無壽者。須菩提！若菩薩作是言，我當
莊嚴佛土，是不名菩薩。何以故？如來説：
莊嚴佛土者，即非莊嚴，是名莊嚴。須菩
提！若菩薩通達無我法者，如來説名
真是菩薩。

一體同觀分第十八

須菩提！於意云何？如來有肉眼不？如是，
世尊！如來有肉眼。須菩提！於意云何？如
來有天眼不？如是，世尊！如來有天眼。須
菩提！於意云何？如來有慧眼不？如是，世
尊！如來有慧眼。須菩提！於意云何？如
來有法眼不？如是，世尊！如來有法眼。須
菩提！於意云何？如來有佛眼不？如是，世
尊！如來有佛眼。須菩提！□□□□□
恒河中所有沙，佛説是沙不？如是，世尊！
如來説是沙。須菩提！於意云何？如一恒
河中所有沙，有如是等恒河，是諸恒河
所有沙數，佛世界如是，寧爲多不？甚多，
世尊！佛告須菩提：爾所國土中，所有衆
生，若干種心，如來悉知。何以故？如來説：諸
心皆爲非心，是名爲心。所以者何？須菩
提！過去心不可得，現在心不可得，未來
心不可得。

法界通分分第十九

須菩提！於意云何？若有人滿三千大千世
界七寶以用布施，是人以是因緣，得福
多不？如是，世尊！此人以是因緣，得福甚
多。須菩提！若福德有實，如來不説得
福德多；以福德無故，如來説得福德多。

離色離相分第二十

---

① 後有脱文，由於文書中没有空白，所以筆者没有補入。

須菩提！於意云何？佛可以具足色身
見不？不也，世尊！如來不應以具足色
身見。何以故？如來説：具足色身，即非
具足色身，是名具足色身。須菩提！於
意云何？如來可以具足諸相見不？不
也，世尊！如來不應以具足諸相見。何以
故？如來説：諸相具足，即非具足，是名諸
相具足。

非説所説分第二十一

須菩提！汝勿謂如來作是念：我當有
所説法。莫作是念，何以故？若人言：如
來有所説法，即爲謗佛，不能解我所
説故。須菩提！説法者，無法可説，是名
説法。爾時，慧命須菩提白佛言：世尊！
頗有衆生，於未來世，聞説是法，生信
心不？佛言：須菩提！彼非衆生，非不衆生。
何以故？須菩提！衆生衆生者，如來説非
衆生，是名衆生。

無法可得分第二十二

須菩提白佛言：世尊！佛得阿耨多羅三藐三
菩提，爲無所得耶？佛言：如是，如是。須菩
提！我於阿耨多羅三藐三菩提乃至無
有少法可得，是名阿耨多羅三藐三菩提。

净心行善分第二十三

復次，須菩提！是法平等，無有高下，是名
阿耨多羅三藐三菩提；以無我，無人，無衆
生，無壽者，修一切善法，即得阿耨多羅
三藐三菩提。須菩提！所言善法者，如來
説即非善法，是名善法。

福智無比分第二十四

須菩提！若三千大千世界中所有諸須
【後缺】

（十六）俄 TK39.1《金剛般若波羅蜜經》[①]

① 《俄藏黑水城文獻》第二册，第 24—25 頁。

【題解】

西夏刻本，經折裝，甲種本。未染楮紙。紙面髒。共4折半，9面。高26.2釐米，面寬10.7釐米。版框高22.8釐米，天頭3.2釐米，地脚0.8釐米。每面6行，行18字。上下雙邊，寫刻體，墨色有深淺。首缺。

【前缺】
所作福德，不應貪著，是□□□□□□□□□
二十九
來若來若去，若坐若卧，是
以故？如來者，無所從來，亦□□□□□□□□
一合理相分第三十
善男子，善女人，以三千大千世界碎
云何？是微塵衆寧爲多不？須菩提
何以故？若是微塵衆實有者，佛則
衆，所以者何？佛説：微塵衆，即非微
微塵衆。世尊！如來所説三千大千世
世界，是名世界實有，
合相。如來説：一合相，則非一合相，是名
相。須菩提！一合相者，則是不可説，但凡夫
之人貪著其事。
知見不生分第三十一
須菩提！若人言：佛説我見，人見，衆生見，壽者見。
須菩提！於意云何？是人解我説義不？不也，世
尊！是人不解如來所説義。何以故？世尊説：我見，
人見，衆生見，壽者見，即非我見，人見，衆生見，壽
者見，是名我見，人見，衆生見，壽者見。須菩提！發
阿耨多羅三藐三菩提心者，於一切法，應如是知，
如是見，如是信解，不生法相。須菩提！所言法
相者，如來説即非法相，是名法相。
應化非真分第三十二
須菩提！若有人以滿無量阿僧衹世界七寶持
用布施，若有善男子，善女人發菩提心者，持於
此經，乃至四句偈等，受持讀誦，爲人演説，其福
勝彼。云何爲人演説，不取於相，如如不動。何以
故？一切有爲法，如夢幻泡影，如露亦如電，應作
如是觀佛説是經已，長老須菩提及諸比丘，比
丘尼，優婆塞，優婆夷，一切世間，天，人，阿修羅，聞
佛所説，皆大歡喜，信受奉行。

金剛般若波羅蜜經

（十七）俄 TK42，TK44，TK46，TK48，TK49，TK52，TK54，TK57《金剛般若波羅蜜經》[①]

【題解】

西夏刻本，經折裝，乙種本。以俄 TK42 爲主，配以其他同一刻本的 7 個文獻而成。未染麻紙，共 29 折半，59 面，高 28.8 釐米，面寬 10.7 釐米。版框高 23.3 釐米，天頭 3.5 釐米，地脚 2 釐米。每面 6 行，行 18 字。上下雙邊，寫刻體。墨色深。佛畫與《金剛經啓請》缺。自《請八金剛》以下乃至經文、分題與俄 TK14（甲種本）相同。唯卷末 4 句五言偈語分行排列與俄 TK14 偈語不分行接排列版式不一。

【前缺】

奉請青除灾金剛，奉請辟毒金剛，
奉請黄隨求金剛，奉請白净水金剛，
奉請赤聲金剛，奉請定除灾金剛，
奉請紫賢金剛，奉請大神金剛。

請四菩薩

奉請金剛眷菩薩，奉請金剛索菩薩，
奉請金剛愛菩薩，奉請金剛語菩薩。

云何梵

云何得長壽，金剛不壞身，復以何因緣，
得大堅固力，云何於此經，究竟到彼岸，
願佛開微蜜，廣爲衆生説。

發願文

稽首三界尊，歸命十方佛，我今發弘願，
持此金剛經，上報四重恩，下濟三塗苦，
若有見聞者，悉發菩提心，盡此一報身，
同生極樂國。

金剛般若波羅蜜經

姚秦三藏法師鳩摩羅什譯

法會因由分第一

如是我聞，一時，佛在舍衛國祇樹給孤獨園，與
大比丘衆千二百五十人俱。爾時，世尊食時，著
衣持鉢，入舍衛大城乞食。於其城中，次第乞已，
還至本處。飯食訖，收衣鉢，洗足已，敷座而坐。

---

① 《俄藏黑水城文獻》第二册，第 27—35 頁。

善現啓請分第二

時，長老須菩提，在大衆中即從座起，偏袒右肩，右膝著地，合掌恭敬而白佛言：稀有！世尊！如來善護念諸菩薩，善付囑諸菩薩。世尊！善男子，善女人，發阿耨多羅三藐三菩提心，應云何住，云何降伏其心？佛言：善哉，善哉。須菩提！如汝所説，如來善護念諸菩薩，善付囑諸菩薩。汝今諦聽！當爲汝説：善男子，善女人，發阿耨多羅三藐三菩提心，應如是住，如是降伏其心。唯然，世尊！願樂欲聞。

大乘正宗分第三

佛告須菩提：諸菩薩摩訶薩應如是降伏其心。所有一切衆生之類：若卵生，若胎生，若濕生，若化生；若有色，若無色；若有想，若無想，若非有想非無想，我皆令入無餘涅盤而滅度之。如是滅度無量無數無邊衆生，實無衆生得滅度者。何以故？須菩提！若菩薩有我相，人相，衆生相，壽者相，即非菩薩。

妙行無住分第四

復次，須菩提！菩薩於法，應無所住，行於布施，所謂不住色布施，不住聲香味觸法布施。須菩提！菩薩應如是布施，不住於相。何以故？若菩薩不住相布施，其福德不可思量。須菩提！於意云何？東方虚空可思量不？不也，世尊！須菩提！南西北方四維上下虚空可思量不？不也，世尊！須菩提！菩薩無住相布施，福德亦復如是，不可思量。須菩提！菩薩但應如所教住。

如理實見分第五

須菩提！於意云何？可以身相見如來不？不也，世尊！不可以身相得見如來。何以故？如來所説身相，即非身相。佛告須菩提：凡所有相，皆是虚妄。若見諸相非相，即見如來。

正信稀有分第六

須菩提白佛言：世尊！頗有衆生，得聞如是言説章句，生實信不？佛告須菩提：莫作是説。如來滅後，後五百歲，有持戒修福者，於此章句能生信心，以此爲實，當知是人不於一佛二佛三四五佛而種善根，已於無量千萬佛所種諸善根，聞是章句，乃至一念生净信者，須菩提！如來悉知悉見，是諸衆生得如是無量福德。何以故？是諸衆生無復我相，人相，衆生相，壽者相；無法相，亦無非法相。何以故？是諸衆生若心取相，則爲著我，人，衆生，壽者。若取法相，即著我，人，衆生，壽者。何以故？若取非法相，即著我，人，衆生，壽者，是故不應取法，不應取非法。以是義故，如來常説：汝等比丘，知我説法，如筏喻者；法尚應舍，何况非法。

無得無説分第七

須菩提！於意云何？如來得阿耨多羅三藐三菩提耶？如來有所説法耶？須菩提言：如我解佛所説義，無有定法，名阿耨多羅三藐三菩提，亦無有定法，如來可説。何以故？如來所説法，皆不可取，不可説，非法，非非法。所以者何？一切聖賢，皆以無爲法而有差别。

依法出生分第八

須菩提！於意云何？若人滿三千大千世界七寶以用布施，是人所得福德，寧爲多不？須菩提言：甚多，世尊！何以故？是福德即非福德性，是故如來説福德多。須菩提，若復有人，於此經中受持，乃至四句偈等，爲他人説，其福勝彼。何以故？須菩提！一切諸佛，及諸佛阿耨多羅三藐三菩提法，皆從此經出。須菩提！所謂佛法者，即非佛法。

一相無相分第九

須菩提！於意云何？須陀洹能作是念：我得須陀洹果不？須菩提言：不也，世尊！何以故？須陀洹名爲入流，而無所入，不入色聲香味觸法，是名須陀洹。須菩提！於意云何？斯陀含能作是念：我得斯陀含果不？須菩提言：不也，世尊！何以故？斯陀含名一往來，而實無往來，是名斯陀含。須菩提！於意云何？阿那含能作是念：我得阿那含果不？須菩提言：不也，世尊！何以故？阿那含名爲不來，而實無不來，是名阿那含。須菩提！於意云何？阿羅漢能作是念，我得阿羅漢道不？須菩提言：不也，世尊！何以故？實無有法名阿羅漢。世尊！若阿羅漢作是念：我得阿羅漢道，即爲著我，人，衆生，壽者。世尊！佛説我得無諍三昧，人中最爲第一，

是第一離欲阿羅漢。世尊，我不作是念：我是離
欲阿羅漢。世尊！我若作是念：我得阿羅漢道，世
尊則不説須菩提是樂阿蘭那行者！以須菩提
實無所行，而名須菩提，是樂阿蘭那行。

莊嚴净土分第十

佛告須菩提：於意云何？如來昔在然燈佛所，於
法有所得不？不也，世尊！如來在然燈佛所，於法
實無所得。須菩提！於意云何？菩薩莊嚴佛土不？
不也，世尊！何以故？莊嚴佛土者，即非莊嚴，是名
莊嚴。是故須菩提！諸菩薩摩訶薩，應如是生清
净心，不應住色生心，不應住聲香味觸法生心，
應無所住而生其心。須菩提！譬如有人，身如須
彌山王，於意云何？是身爲大不？須菩提言：甚大，
世尊！何以故？佛説非身，是名大身。

無爲福勝分第十一

【中缺】

□□人，於此經中，乃至受持四句偈等，爲他人
説，而此福德勝前福德。

尊重正教分第十二

復次，須菩提！隨説是經，乃至四句偈等，當知此
處，一切世間，天人，阿修羅，皆應供養，如佛塔廟，
何况有人盡能受持讀誦。須菩提！當知是人成
就最上第一稀有之法，若是經典所在之處，即
爲有佛，若尊重弟子。

如法受持分第十三

爾時，須菩提白佛言：世尊！當何名此經，我等云
何奉持？佛告須菩提：是經名爲金剛般若波羅
蜜，以是名字，汝當奉持。所以者何？須菩提！佛説
般若波羅蜜，即非般若波羅蜜，是名般若波囉
蜜。須菩提！於意云何？如來有所説法不？須菩提
白佛言：世尊！如來無所説。須菩提！於意云何？三
千大千世界所有微塵是爲多不？須菩提言：甚
多，世尊！須菩提！諸微塵，如來説非微塵，是名微
塵。如來説：世界，非世界，是名世界。須菩提！於意
云何？可以三十二相見如來不？不也，世尊！不可
以三十二相得見如來，何以故？如來説：三十二
相，即是非相，是名三十二相。須菩提！若有善男
子，善女人，以恒河沙等身命布施；若復有人，於

此經中，乃至受持四句偈等，爲他人説，其福甚多。

離相寂滅分第十四

爾時，須菩提聞説是經，深解義趣，涕泪悲泣，而白佛言：稀有，世尊！佛説如是甚深經典，我從昔來所得慧眼，未曾得聞如是之經。世尊！若復有人得聞是經，信心清净，則生實相，當知是人，成就第一稀有功德。世尊！是實相者，即是非相，是故如來説名實相。世尊！我今得聞如是經典，信解受持不足爲難，若當來世，後五百歲，其有衆生，得聞是經，信解受持，是人則爲第一稀有。何以故？此人無我相，人相，衆生相，壽者相。所以者何？我相即是非相，人相，衆生相，壽者相即是非相。何以故？離一切諸相，則名諸佛。佛告須菩提：如是！如是！若復有人得聞是經，不驚，不怖，不畏，當知是人甚爲稀有。何以故？須菩提！如來説第一波羅蜜，即非第一波羅蜜，是名第一波羅蜜。須菩提！忍辱波羅蜜，如來説非忍辱波羅蜜。何以故？須菩提！如我昔爲歌利王割截身體，我於爾時，無我相，無人相，無衆生相，無壽者相。何以故？我於往昔節節支解時，若有我相，人相，衆生相，壽者相，應生嗔恨。須菩提！又念過去於五百世作忍辱仙人，於爾所世，無我相，無人相，無衆生相，無壽者相。是故須菩提！菩薩應離一切相，發阿耨多羅三藐三菩提心，不應住色生心，不應住聲香味觸法生心，應生無所住心。若心有住，則爲非住。是故佛説：菩薩心不應住色布施。須菩提！菩薩爲利益一切衆生，應如是布施。如來説：一切諸相，即是非相。又説：一切衆生，即非衆生。須菩提！如來是真語者，實語者，如語者，不誑語者，不异語者。須菩提！如來所得法，此法無實無虚。須菩提，若菩薩心住於法而行布施，如人入暗，則無所見。若菩薩心不住法而行布施，如人有目，日光明照，見種種色。須菩提！當來之世，若有善男子，善女人，能於此經受持讀誦，則爲如來以佛智慧，悉知是人，悉見是人，皆得成就無量無邊功德。

持經功德分第十五

須菩提！若有善男子，善女人，初日分以恒河沙等身布施，中日分復以恒河沙等身布施，後日分亦以恒河沙等身布施，如是無量百千萬億劫以身布施；若復有人，聞此經典，信心不逆，其福勝彼，何况書寫，受持，讀誦，爲人解説。須菩提！以要言之，是經有不可思議，不可稱量，無邊功德。如來爲發大乘者説，爲發最上乘者説。若有人能受持讀誦，廣爲人説，如來悉知是人，悉見是人，皆得成就不可量，不可稱，無有邊，不可思議功德。如是人等，則爲荷擔如來阿耨多羅三藐三菩提。何以故？須菩提！若樂小法者，著我見，人見，衆生見，壽者見，則於此經，不能聽受，讀誦，爲人解説。須菩提！在在處處，若有此經，一切世間，天，人，阿修羅，所應供養；當知此處則爲是塔，皆應恭敬，作禮圍繞，以諸華香而散其處。

能净業障分第十六

復次，須菩提！若善男子，善女人，受持讀誦此經，若爲人輕賤，是人先世罪業，應墮惡道，以今世人輕賤故，先世罪業則爲消滅，當得阿耨多羅三藐三菩提。須菩提！我念過去無量阿僧祇劫，於然燈佛前，得值八百四千萬億那由他諸佛，悉皆供養承事，無空過者，若復有人，於後末世，能受持讀誦此經，所得功德，於我所供養諸佛功德，百分不及一，千萬億分，乃至算數譬喻所不能及。須菩提！若善男子，善女人，於後末世，有受持讀誦此經，所得功德，我若具説者，或有人聞，心則狂亂，狐疑不信。須菩提！當知是經義不可思議，果報亦不可思議。

究竟無我分第十七

爾時，須菩提白佛言：世尊！善男子，善女人，發阿耨多羅三藐三菩提心，云何應住？云何降伏其心？佛告須菩提：善男子，善女人，發阿耨多羅三藐三菩提心者，當生如是心，我應滅度一切衆生。滅度一切衆生已，而無有一衆生實滅度者。何以故？須菩提！若菩薩有我相，人相，衆生相，壽者相，則非菩薩。所以者何？須菩提！實無有法發阿耨多羅三藐三菩提心者。須菩提！於意云何？如來於然燈佛所，有法得阿耨多羅三藐三菩提不？不也，世尊！如我解佛所説義，佛於然燈佛所，無有法得阿耨多羅三藐三菩提。佛言：如是！如是！須菩提！實無有法如來得阿耨多羅三藐三菩提。須菩提！若有法如來得阿耨多羅三藐三菩提者，然燈佛則不與我授記：汝於來世，當得作佛，號釋迦牟尼。以實無有法得阿耨多羅三藐三菩提，是故然燈佛與我授記，作是言：汝於來世，當得作佛，號釋迦牟尼。何以故？如來者，即諸法如義。若有人言：如來得阿耨多羅三藐三菩提。須菩提！實無有法，佛得阿耨多羅三藐三菩提。須菩提！如來所得阿耨多羅三藐三菩提，於是中無實無虚。是故如來説：一切法皆是佛法。須菩提！所言一切法者，即非一切法，是故名一切法。須菩提！譬如人身長大。須菩提言：世尊！如來説：人身長大，則爲非大身，是名大身。須菩提！菩薩亦如是。若作是言：我當滅度無量衆生，則不名菩薩。何以故？須菩提！無有法名爲菩薩。是故佛説：一切法無我，無人，無衆生，無壽者。須菩提！若菩薩作是言，我當莊嚴佛土，是不名菩薩。何以故？如來説：莊嚴佛土者，即非莊嚴，是名莊嚴。須菩提！若菩薩通達無我法者，如來説名真是菩薩。

一體同觀分第十八

須菩提！於意云何？如來有肉眼不？如是，世尊！如來有肉眼。須菩提！於意云何？如來有天眼不？如是，世尊！如來有天眼。須菩提！於意云何？如來有慧眼不？如是，世尊！如來有慧眼。須菩提！於意云何？如來有法眼不？如是，世尊！如來有法眼。須菩提！於意云何？如來有佛眼不？如是，世尊！如來有佛眼。須菩提！於意云何？恒河中所有沙，佛説是沙不？如是，世尊！如來説是沙。須菩提！於意云何？如一恒河中所有沙，有如是等恒河，是諸恒河所有沙數，佛世界如是，寧爲多不？甚多，世尊！佛告須菩提：爾所國土中，所有衆生，若干種心，如來悉知。何以故？如來説：諸心皆爲非心，是名爲心。所以者何？須菩提！過去心不可得，現在心不可得，未來心不可得。

法界通分分第十九

須菩提！於意云何？若有人滿三千大千世界七寶以用布施，是人以是因緣，得福多不？如是，世尊！此人以是因緣，得福甚多。須菩提！若福德有實，如來不説得福德多；以福德無故，如來説得福德多。

離色離相分第二十

須菩提！於意云何？佛可以具足色身見不？不也，世尊！如來不應以具足色身見。何以故？如來説：具足色身，即非具足色身，是名具足色身。須菩提！於意云何？如來可以具足諸相見不？不也，世尊！如來不應以具足諸相見。何以故？如來説：諸相具足，即非具足，是名諸相具足。

非説所説分第二十一

須菩提！汝勿謂如來作是念：我當有所説法。莫作是念，何以故？若人言：如來有所説法，即爲謗佛，不能解我所説故。須菩提！説法者，無法可説，是名説法。爾時，慧命須菩提白佛言：世尊！頗有衆生，於未來世，聞説是法，生信心不？佛言：須菩提！彼非衆生，非不衆生。何以故？須菩提！衆生衆生者，如來説非衆生，是名衆生。

無法可得分第二十二

須菩提白佛言：世尊！佛得阿耨多羅三藐三菩提，爲無所得耶？佛言：如是，如是。須菩提！我於阿耨多羅三藐三菩提乃至無有少法可得，是名阿耨多羅三藐三菩提。

净心行善分第二十三

復次，須菩提！是法平等，無有高下，是名阿耨多羅三藐三菩提；以無我，無人，無衆生，無壽者，修一切善法，即得阿耨多羅三藐三菩提。須菩提！所言善法者，如來説即非善法，是名善法。

福智無比分第二十四

須菩提！若三千大千世界中所有諸須彌山王，如是等七寶聚，有人持用布施；若人以此般若波羅蜜經，乃至四句偈等，受持，讀誦，爲他人説，於前福德百分不及一，百千萬億分，乃至算數譬喻所不能及。

化無所化分第二十五

須菩提！於意云何？汝等勿謂如來作是念：我當

度衆生。須菩提！莫作是念。何以故？實無有衆生如來度者。若有衆生如來度者，如來則有我，人，衆生，壽者。須菩提！如來説有我者，則非有我，而凡夫之人以爲有我。須菩提！凡夫者，如來説即非凡夫，是名凡夫。

法身非相分第二十六

須菩提！於意云何？可以三十二相觀如來不？須菩提言：如是！如是！以三十二相觀如來。佛言：須菩提！若以三十二相觀如來者，轉輪聖王則是如來。須菩提白佛言：世尊！如我解佛所説義，不應以三十二相觀如來。爾時，世尊而説偈言：

若以色見我，以音聲求我，

是人行邪道，不能見如來

無斷無滅分第二十七

須菩提！汝若作是念：如來不以具足相故，得阿耨多羅三藐三菩提。須菩提！莫作是念，如來不以具足相故，得阿耨多羅三藐三菩提。須菩提！汝若作是念，發阿耨多羅三藐三菩提心者，説諸法斷滅。莫作是念！何以故？發阿耨多羅三藐三菩提心者，於法不説斷滅相。

不受不貪分第二十八

須菩提！若菩薩以滿恒河沙等世界七寶持用布施；若復有人知一切法無我，得成於忍，此菩薩勝前菩薩所得功德。何以故？須菩提！以諸菩薩不受福德故。須菩提白佛言：世尊！云何菩薩不受福德？須菩提！菩薩所作福德，不應貪著，是故説不受福德。

威儀寂凈分第二十九

須菩提！若有人言：如來若來若去，若坐若卧，是人不解我所説義。何以故？如來者，無所從來，亦無所去，故名如來。

一合理相分第三十

須菩提！若善男子，善女人，以三千大千世界碎爲微塵，於意云何？是微塵衆寧爲多不？須菩提言：甚多，世尊！何以故？若是微塵衆實有者，佛則不説是微塵衆，所以者何？佛説：微塵衆，即非微塵衆，是名微塵衆。世尊！如來所説三千大千世界，則非世界，是名世界。何以故？若世界實有，

則是一合相。如來説：一合相，則非一合相，是名
一合相。須菩提！一合相者，則是不可説，但凡夫
之人貪著其事。

知見不生分第三十一

須菩提！若人言：佛説我見，人見，衆生見，壽者見。
須菩提！於意云何？是人解我説義不？不也，世
尊！是人不解如來所説義。何以故？世尊説：我見，
人見，衆生見，壽者見，即非我見，人見，衆生見，壽
者見，是名我見，人見，衆生見，壽者見。須菩提！發
阿耨多羅三藐三菩提心者，於一切法，應如是，
知如是見，如是信解，不生法相。須菩提！所言法
相者，如來説即非法相，是名法相。

應化非真分第三十二

須菩提！若有人以滿無量阿僧祇世界七寶持
用布施，若有善男子，善女人發菩提心者，持於
此經，乃至四句偈等，受持讀誦，爲人演説，其福
勝彼。云何爲人演説，不取於相，如如不動。何以故？
一切有爲法，如夢幻泡影，
如露亦如電，應作如是觀。
佛説是經已，長老須菩提及諸比丘，比丘尼，優
婆塞，優婆夷，一切世間，天，人，阿修羅，聞佛所説，
皆大歡喜，信受奉行。
金剛般若波羅蜜經
大夏乾祐二十年歲次己酉三月十五日
正宮皇后羅氏謹施

（十八）俄 TK45《金剛般若波羅蜜經》[①]

【題解】

西夏刻本，經折裝，乙種本。未染麻紙。共 6 折半，13 面。高 29. 2 釐米，面寬 10. 7 釐米，版框高 23. 2 釐米，天頭 3. 7 釐米，地脚 2. 2 釐米。每面 6 行，行 18 字。上下雙邊，寫刻體，墨色深淺不一。冠下部殘損的佛畫 2 面。雖與俄 TK16. TK42 等同爲乙種本，但其佛畫爲前者所無。

金剛經啓請

① 《俄藏黑水城文獻》第二册，第 38—40 頁。

若有人受持金剛經者，先須志心念净口業真
言然後啓請八金剛，四菩薩□□□□□□□□
當擁護。

净口□□□□□□□□□

修唎□□□□□□□□□□

安□□□□□□□□□□□□

南無三滿多□□□□□□□□□□□□□

娑婆訶

虚空藏菩薩普供養真言

唵誐誐曩三婆縛韈日囉斛

請八金剛

奉請青除灾金剛，奉請辟毒金剛，
奉請黄隨求金剛，奉請白净水金剛，
奉請赤聲金剛，奉請定除灾金剛，
奉請紫賢金剛，奉□□□□□□□□□□□

請四□□

奉請金□□□□□□□□□□□□□□□
奉請金剛愛菩薩，奉請金剛語□□。

云何梵

云何得長壽，金剛不壞身，復以何因緣，
得大堅固力，云何於此經，究竟到彼岸，
願佛開微蜜，廣爲衆生説。

發願文

稽首三界尊，歸命十方佛，我今發弘願，
持此金剛經，上報四重恩，下濟三塗苦，
若有見聞者，悉發菩提心，盡此一報身，
同生極樂國。

金剛般若波羅蜜經

姚秦三藏法師鳩摩羅什譯

法會因由分第一

如是我聞，一時，佛在舍衛國祇樹給孤獨□□
大比丘衆千二百五十人俱。爾時，世尊食時，著
衣持鉢，入舍衛大城乞食。於其城中，□□乞已，
還至本處。飯食訖，收衣鉢，洗足已，敷座而□。

善現啓請分第二

時，長老須菩提，在大衆中即從座起，偏袒右肩，
右膝著地，合掌恭敬而白佛言：稀有！世尊！如來
善護念諸菩薩，善付囑諸菩薩。世尊！善男子，善

女人，發阿耨多羅三藐三菩提心，應云何住，云
何降伏其心？佛言：善哉，善哉。須菩提！如汝所說，
如來善護念諸菩薩，善付囑諸菩薩。汝□□□
當爲汝説：善男子，善女人，發阿耨多羅□□□
菩提心，應如是住，如是降伏其心。唯然，世尊！願
樂欲聞。

大乘正宗分第三

佛告須菩提：諸菩薩摩訶薩應如是降伏其心。
所有一切衆生之類：若卵生，若胎生，若濕生，若
化生；若有色，若無色；若有想，若無想，若非有想
非無想，我皆令入無餘涅盤而滅度之。如是滅
度無量無數無邊衆生，實無衆生得滅度者。何
以故？須菩提！若菩薩有我相，人相，衆生相，壽者
相，即非菩薩。

妙行無住分第四

復次，須菩提！菩薩於法，應無所住，行於布施，所
謂不住色布施，不住聲香味觸法布施。須菩提！
菩薩應如是布施，不住於相。何以故？若菩薩不住
相布施，其福德不可思量。須菩提！於意云何？東
方虛空可思量不？不也，世尊！須菩提！南西北方
四維上下虛空可思量不？不也，世尊！須菩提！菩
薩無住相布施，福德亦復如是，不可思量。須菩
提！菩薩但應如所教住。

如理實見分第五

須菩提！於意云何？可以身相見如來不？不□□
尊！不可以身相得見如來。何以故？如來所□□
相，即非身相。佛告須菩提：凡所有相，皆是虛妄。
【後缺】

（十九）俄 TK101《金剛般若波羅蜜經》[①]

【題解】

金刻本。蝴蝶裝，白口。版心題“金”，下有頁碼。未染楮紙，厚。共 1 個整頁，2 個半頁。紙幅高 10 釐米，寬 13 釐米。版框高 7. 4 釐米。寬 11. 1 釐米。每半頁 8 行，行 13—14 字。上下單邊，左右雙邊。宋體，墨色不匀。首尾缺。

① 《俄藏黑水城文獻》第二册，第 395—397 頁。

【前缺】
皆以無爲法而有差別。
依法出生分第八
須菩提！於意云何？若人□□□□□□[①]
界七寶以用布施，是人所得福德，寧
爲多不？須菩提言：甚多，世尊！何以故？是
福德即非福德性，是故如來説福德多。
若復有人，於此經中受持，乃至四句偈
等，爲他人説，其福勝彼。何以故？須菩提！
【中缺】
究竟無我分第十七
爾時，須菩提白佛言：世尊！善男子，善女
人，發阿耨多羅三藐三菩提心，云何應
住？云何降伏其心？佛告須菩提：善男子，
善女人，發阿耨多羅三藐三菩提心者，
當生如是心，我應滅度一切衆生。滅度
一切衆生已，而無有一衆生實滅度
者。何以故？須菩提！若菩薩有我相，
人相，衆生相，壽者相，即非菩薩。所
以者何？須菩提！實無有法發阿耨多
羅三藐三菩提心者。須菩提！於意云何？
如來於然燈佛所，有法得阿耨多羅
三藐三菩提不？不也，世尊！如我解佛所
説義，佛於然燈佛所，無有法得阿耨
多羅三藐三菩提。佛言：如是！如是！須
菩提！實無有法如來得阿耨多羅
三藐三菩提。須菩提！若有法如來得□[②]
耨多羅三藐三菩提者，然燈佛則不
與我授記：汝於來世，當得作佛，號
釋迦牟尼。以實無有法得阿耨多羅
三藐□□□□□[③]然燈佛與我授記，
作是言：汝於□□[④]，當得作佛，號釋迦

① 疑爲“滿三千大千世”。
② 疑爲“阿”。
③ 疑爲“三菩提，是故”。
④ 疑爲“來世”。

□[①]尼。何以故？如來者，即諸法如義。若
有□□□[②]來得阿耨多羅三藐三菩
【中缺】
是念，如來不以具足相故，得阿耨多羅
三藐三菩提。須菩提！汝若作是念，
發阿耨多羅三藐三菩提心者，說諸法
斷滅。莫作是念！何以故？發阿耨多羅
三藐三菩提心者，於法不說斷滅相。
　　不受不貪分第二十八
須菩提！若菩薩以滿恒河沙等世界
七寶持用布施；若復有人知一切法無我
【後缺】

（二十）俄 TK104《金剛般若波羅蜜經》[③]

【題解】

西夏刻本，經折裝，未染麻紙。共 3 折，6 面。高 25. 5 釐米，面寬 6. 5 釐米，版框高 19 釐米，天頭 1. 7 釐米，地脚 1. 2 釐米。每面 6 行，行 13 字。上下單邊，宋體，墨色中。首尾缺。

【前缺】
若干種心，如來悉知。何以故？如來
說：諸心皆爲非心，是名爲心。所以
者何？須菩提！過去心不可得，現在
心不可得，未來心不可得。
　　法界通分分第十九
須菩提！於意云何？若有人滿三千
大千世界七寶以用布施，是人以
是因緣，得福多不？如是，世尊！此人
以是因緣，得福甚多。須菩提！若福
德有實，如來不說得福德多；以福
德無故，如來說得福德多。
　　離色離相分第二十

---

① 疑爲“牟”。
② 疑爲“人言：如”。
③ 《俄藏黑水城文獻》第二册，第 400—401 頁。

須菩提！於意云何？佛可以具足色
身見不？不也，世尊！如來不應以具
足色身見。何以故？如來説：具足色
身，即非具足色身，是名具足色身。
須菩提！於意云何？如來可以具足
諸相見不？不也，世尊！如來不應以
具足諸相見。何以故？如來説：諸相
具足，即非具足，是名諸相具足。
非説所説分第二十一
須菩提！汝勿謂如來作是念：我當
有所説法。莫作是念，何以故？若人
言：如來有所説法，即爲謗佛，不能
解我所説故。須菩提！説法者，無法
可説，是名説法。
爾時，慧命須菩提白佛言：世尊！頗
有衆生，於未來世，聞説是法，生信
心不？佛言：須菩提！彼非衆生，非不
衆生。何以故？須菩提！衆生衆生者，
如來説非衆生，是名衆生。
無法可得分第二十二
須菩提白佛言：世尊！佛得阿耨
多羅三藐三菩提，爲無所得耶？佛
言：如是，如是。須菩提！我於阿耨多
羅三藐三菩提乃至無有少法可
【後缺】

(二十一) 俄 TK106《金剛般若波羅蜜經》①

【題解】

西夏刻本，經折裝。未染麻紙。共 4 折，8 面。高 28.1 釐米，面寬 7 釐米，版框高 21.4 釐米，天頭 1.6 釐米，地脚 1.2 釐米。每面 6 行，行 13 字。上下單邊，宋體。墨色深，不匀。首尾缺。

【前缺】
來，而實無不來，是名阿那含。須菩

① 《俄藏黑水城文獻》第三册，第 1—2 頁。

提！於意云何？阿羅漢能作是念，我
得阿羅漢道不？須菩提言：不也，世
尊！何以故？實無有法名阿羅漢。世
尊！若阿羅漢作是念：我得阿羅漢
道，即爲著我，人，衆生，壽者。世尊！佛
説我得無諍三昧，人中最爲第一，
是第一離欲阿羅漢。世尊，我不作
是念：我是離欲阿羅漢。世尊！我若
作是念：我得阿羅漢道，世尊則不
説須菩提是樂阿蘭那行者！以須
菩提實無所行，而名須菩提，是樂
阿蘭那行。

莊嚴净土分第十

佛告須菩提：於意云何？如來昔在
然燈佛所，於法有所得不？不也，世
尊！如來在然燈佛所，於法實無所
得。須菩提！於意云何？菩薩莊嚴佛
土不？不也，世尊！何以故？莊嚴佛土
者，即非莊嚴，是名莊嚴。是故須菩
提！諸菩薩摩訶薩，應如是生清净
心，不應住色生心，不應住聲香味
觸法生心，應無所住而生其心。須
菩提！譬如有人，身如須彌山王，於
意云何？是身爲大不？須菩提言：甚
大，世尊！何以故？佛説非身，是名
大身。

無爲福勝分第十一

須菩提！如恒河中所有沙數，如是
沙等恒河，於意云何？是諸恒河沙，
寧爲多不？須菩提言：甚多，世尊！但
諸恒河尚多無數，何况其沙。須菩
提！我今實言告汝：若有善男子，善
女人，以七寶滿爾所恒河沙數三千
大千世界，以用布施，得福多不？須菩
提言：甚多，世尊！佛告須菩提：若
善男子，善女人，於此經中，乃至受持四
句偈等，爲他人説，而此福德勝前福德。

尊重正教分第十二

復次，須菩提！隨説是經，乃至四句偈
等，當知此處，一切世間，天人，阿修羅，
皆應供養，如佛塔廟，何况有人盡
能受持讀誦。須菩提！當知是人成
就最上第一稀有之法，若是經典
所在之處，即爲有佛，若尊重弟子。
　　如法受持分第十三
爾時，須菩提白佛言：世尊！當何名
此經，我等云何奉持？佛告須菩提：
【後缺】

（二十二）俄 TK112《金剛般若波羅蜜經》[1]

【題解】

西夏刻本，經折裝。未染麻紙。共 3 折，6 面。高 23 釐米，面寬 7 釐米，版框高 20.5 釐米，天頭 1.3 釐米，地脚 1.2 釐米。每面 6 行，行 13 字。上下單邊，宋體，墨色深。

【前缺】
以故？發阿耨多羅三藐三菩提心
者，於法不説斷滅相。
　　不受不貪分第二十八
須菩提！若菩薩以満恒河沙等世
界七寶持用布施；若復有人知一
切法無我，得成於忍，此菩薩勝前
菩薩所得功德。何以故？須菩提！以
諸菩薩不受福德故。須菩提白佛
言：世尊！云何菩薩不受福德？須菩
提！菩薩所作福德，不應貪著，是
故説不受福德。
　　威儀寂净分第二十九
須菩提！若有人言：如來若來若去，
若坐若卧，是人不解我所説義。何
以故？如來者，無所從來，亦無所去，
故名如來。
　　一合理相分第三十

---

① 《俄藏黑水城文獻》第三册，第 26 頁。

須菩提！若善男子，善女人，以三千
大千世界碎爲微塵，於意云何？是
微塵衆寧爲多不？須菩提言：甚多，世尊！何
以故？若是微塵衆實有者，佛即
不説是微塵衆，所以者何？佛説：微
塵衆，即非微塵衆，是名微塵衆。世
尊！如來所説三千大千世界，則非世
界，是名世界。何以故？若世界實有，
者則是一合相。如來説：一合相，則非
一合相，是名一合相。須菩提！一合相
者，則是不可説，但凡夫之人貪著
其事。

知見不生分第三十一

須菩提！若人言：佛説我見，人見，衆
生見，壽者見。須菩提！於意云何？是
人解我説義不？不也，世尊！是人
不解如來所説義。何以故？世尊説：
我見，人見，衆生見，壽者見，即非
我見，人見，衆生見，壽者見，是名
【後缺】

（二十三）俄 TK115《金剛般若波羅蜜經》[①]

【題解】

西夏刻本。經折裝，未染麻紙，厚。共 1 折，2 面。高 19. 5 釐米。面寬 9. 5 釐米。版框高 14. 8 釐米，天頭，2. 5 釐米，地脚 2. 2 釐米。每面 7 行，行 15 字。上下單邊。宋體，墨色中，首尾缺。

【前缺】
云何得長壽，金剛［不壞身］，
復以何因緣，得大堅固力，
云何於此經，究竟到彼岸，
願佛開微蜜，廣爲衆生説。

發願文

稽首三界尊，歸命十方佛，

① 《俄藏黑水城文獻》第三册，第 57—71 頁。

我今發弘願，持此金剛經，
上報四重恩，下濟三塗苦，
若有見聞者，悉發菩提心，
盡此一報身，同生極樂國。
　　金剛般若波羅蜜經
姚秦天竺三藏法師鳩摩羅什譯
　　法會因由分第一
如是我聞，一時，佛在舍衛國衹樹
【後缺】

（二十四）俄 TK124《金剛般若波羅蜜經》

【題解】

西夏刻本，經折裝。未染楮紙。共 33 折，66 面。高 20.5 釐米，面寬 9.5 釐米。版框高 15.3 釐米，天頭 3.3 釐米，地脚 2.2 釐米。每面 7 行，行 15 字。上下單邊，宋體，墨色深匀。冠佛畫 2 面，已殘缺。

　　金剛經啓請
若有人受持金剛經者，先須志心念浄
口業真言然後啓請八金剛，四菩薩，名
號所在之處當擁護。
　　浄口業真言
修唎修唎摩訶修唎修修唎薩
婆訶
　　安土地真言
南無三满多没馱喃唵度嚕度嚕地尾
娑婆賀[①]
　　普供養真言
唵誐誐曩三婆縛韈日囉斛
　　奉請八金剛
奉請青除灾金剛，奉請辟□□□[②]，
奉請黄隨求金剛，奉請白□□□□[③]，
奉請赤聲金剛，奉請定除灾金剛，

① 疑爲“訶”。
② 疑爲“毒金剛”。
③ 疑爲“浄水金剛”。

奉請紫賢金剛，奉請大神金剛。

奉請四菩薩

奉請金剛眷菩薩，奉請金剛索菩薩，

奉請金剛愛菩薩，奉請金剛語菩薩。

云何梵

云何得長壽，金剛不壞身，

復以何因緣，得大堅固力，

云何於此經，究竟到彼岸，

願佛開微蜜，廣爲衆生説。

發願文

稽首三界尊，歸命十方佛，

我今發弘願，持此金剛經，

上報四重恩，下濟三塗苦，

若有見聞者，悉發菩提心，

盡此一報身，同生極樂國。

金剛般若波羅蜜經

姚秦三藏法師鳩摩羅什譯

法會因由分第一

如是我聞，一時，佛在舍衛國祇樹給孤獨園，與大比丘衆千二百五十人俱。爾時，世尊食時，著衣持鉢，入舍衛大城乞食。於其城中，次第乞已，還至本處。飯食訖，收衣鉢，洗足已，敷座而坐。

善現啓請分第二

時，長老須菩提，在大衆中即從座起，偏袒右肩，右膝著地，合掌恭敬而白佛言：稀有！世尊！如來善護念□□□□□□[①]諸菩薩。世尊！善男子，善女人，發阿耨多羅三藐三菩提心，應云何住，云何降伏其心？佛言：善哉，善哉。須菩提！如汝所説，如來善護念諸菩薩，善付囑諸菩薩。汝今諦聽！當爲汝説：善男子，善女人，發阿耨多羅三藐三菩提心，應如是住，如是降伏其心。唯然，世尊！願樂欲聞。

大乘正宗分第三

佛告須菩提：諸菩薩摩訶薩應如是降

① 疑爲“諸菩薩，善付囑”。

伏其心。所有一切衆生之類：若卵生，若
胎生，若濕生，若化生；若有色，若無色；若
有想，若無想，若非有想非無想，我皆令
入無餘涅盤而滅度之。如是滅度無量
無數無邊衆生，實無衆生得滅度者。何
以故？須菩提！若菩薩有我相，人相，衆生
相，壽者相，即非菩薩。

妙行無住分第四

復次，須菩提！菩薩於法，應無所住，行於
布施，所不住色布施，不住聲香味觸
法布施。須菩提！菩薩應如是布施，不住
於相。何以故？若菩薩不住相布施，其福
德不可思量。須菩提！於意云何？東方虚
空可思量不？不也，世尊！須菩提！南西北
方四維上下虚空可思量不？不也，世尊！
須菩提！菩薩無住相布施，福德亦復如
是，不可思量。須菩提！菩薩但應如所教住。

如理實見分第五

須菩提！於意云何？可以身相見如來不？
不也，世尊！不可以身相得見如來。何以
故？如來所説身相，即非身相。佛告須菩
提：凡所有相，皆是虚妄。若見諸相非相，
即見如來。

正信稀有分第六

須菩提白佛言：世尊！頗有衆生，得聞如
是言説章句，生實信不？佛告須菩提：莫
作是説。如來滅後，後五百歲，有持戒修
福者，於此章句能生信心，以此爲實，當
知是人不於一佛二佛三四五佛而種
善根，已於無量千萬佛所種諸善根，聞
是章句，乃至一念生净信者，須菩提！如
來悉知悉見，是諸衆生得如是無量福
德。何以故？是諸衆生無復我相，人相，衆
生相，壽者相；無法相，亦無非法相。何以
故？是諸衆生若心取相，則爲著我，人，衆
生，壽者。若取法相，即著我，人，衆生，壽者。
何以故？若取非法相，即著我，人，衆生，壽
者，是故不應取法，不應取非法。以是義

故，如來常説：汝等比丘，知我説法，如筏喻者；法尚應舍，何况非法。

無得無説分第七

須菩提！於意云何？如來得阿耨多羅三藐三菩提耶？如來有所説法耶？須菩提言：如我解佛所説義，無有定法，名阿耨多羅三藐三菩提，亦無有定法，如來可説。何以故？如來所説法，皆不可取，不可説，非法，非非法。所以者何？一切聖賢，皆以無爲法而有差别。

依法出生分第八

須菩提！於意云何？若人满三千大千世界七寶以用布施，是人所得福德，寧爲多不？須菩提言：甚多，世尊！何以故？是福德即非福德性，是故如來説福德多。若復有人，於此經中受持，乃至四句偈等，爲他人説，其福勝彼。何以故？須菩提！一切諸佛，及諸佛阿耨多羅三藐三菩提法，皆從此經出。須菩提！所謂佛法者，即非佛法。

一相無相分第九

須菩提！於意云何？須陀洹能作是念：我得須陀洹果不？須菩提言：不也，世尊！何以故？須陀洹名爲入流，而無所入，不入色聲香味觸法，是名須陀洹。須菩提！於意云何？斯陀含能作是念：我得斯陀含果不？須菩提言：不也，世尊！何以故？斯陀含名一往來，而實無往來，是名斯陀含。須菩提！於意云何？阿那含能作是念：我得阿那含果不？須菩提言：不也，世尊！何以故？阿那含名爲不來，而實無不來，是故名阿那含。須菩提！於意云何？阿羅漢能作是念，我得阿羅漢道不？須菩提言：不也，世尊！何以故？實無有法名阿羅漢。世尊！若阿羅漢作是念：我得阿羅漢道，則爲著我，人，衆生，壽者。世尊！佛説我得無

諍三昧，人中□□□□[①]是第一離欲□[②]欲
羅漢。世尊，我不作是念：我是離欲阿羅
漢。世尊！我若作是念：我得阿羅漢道，世
尊則不説須菩提是樂阿蘭那行者！以
須菩提實無所行，而名須菩提，是樂阿
蘭那行。

莊嚴浄土分第十

佛告須菩提：於意云何？如來昔在然燈
佛所，於法有所得不？不也，世尊！如來在
然燈佛所，於法實無所得。須菩提！於意
云何？菩薩莊嚴佛土不？不也，世尊！何以
故？莊嚴佛土者，即非莊嚴，是名莊嚴。是
故須菩提！諸菩薩摩訶薩，應如是生清
浄心，不應住色生心，不應住聲香味□[③]
法生心，應無所住而生其心。須菩提！譬
如有人，身如須彌山王，於意云何？是身
爲大不？須菩提言：甚大，世尊！何以故？佛
説非身，是名大身。

無爲福勝分第十一

須菩提！如恒河中所有沙數，如是沙等
恒河，於意云何？是諸恒河沙，寧爲多不？
須菩提言：甚多，世尊！但諸恒河尚多無
數，何况其沙。須菩提！我今實言告汝：若
有善男子，善女人，以七寶滿爾所恒河
沙數三千大千世界，以用布施，得福多
不？須菩提言：甚多，世尊！佛告須菩提：若
善男子，善女人，於此經中，乃至受持四
句偈等，爲他人説，而此福德勝前福德。

尊重正教分第十二

復次，須菩提！隨説是經，乃至四句偈等，
當知此處，一切世間，天人，阿修羅，皆應
供養，如佛塔廟，何况有人盡能受持讀
誦。須菩提！當知是人成就最上第一希
有之法，若是經典所在之處，即爲有佛，

① 疑爲“最爲第一”。
② 疑爲“阿”。
③ 疑爲“觸”。

若尊重弟子。

如法受持分第十三

爾時，須菩提白佛言：世尊！當何名此經，我等云何奉持？佛告須菩提：是經名爲金剛般若波羅蜜，以是名字，汝當奉持。所以者何？須菩提！佛説般若波羅蜜，即非般若波羅蜜，是名般若波羅蜜。須菩提！於意云何？如來有所説法不？須菩提白佛言：世尊！如來無所説。須菩提！於意云何？三千大千世界所有微塵是爲多不？須菩提言：甚多，世尊！須菩提！諸微塵，如來説非微塵，是名微塵。如來説：世界，非世界，是名世界。須菩提！於意云何？可以三十二相見如來不？不也，世尊！不可以三十二相得見如來，何以故？如來説：三十二相，即是非相，是名三十二相。須菩提！若有善男子，善女人，以恒河沙等身命布施；若復有人，於此經中，乃至受持四句偈等，爲他人説，其福甚多。

離相寂滅分第十四

爾時，須菩提聞説是經，深解義趣，涕泪悲泣，而白佛言：稀有，世尊！佛説如是甚深經典，我從昔來所得慧眼，未曾得聞如是之經。世尊！若復有人得聞是經，信心清净，則生實相，當知是人，成就第一稀有功德。世尊！是實相者，即是非相，是故如來説名實相。世尊！我今得聞如是經典，信解受持不足爲難，若當來世，後五百歲，其有衆生，得聞是經，信解受持，是人則爲第一稀有。何以故？此人無我相，人相，衆生相，壽者相。所以者何？我相即是非相，人相，衆生相，壽者相即是非相。何以故？離一切諸相，則名諸佛。佛告須菩提：如是！如是！若復有人得聞是經，不驚，不怖，不畏，當知是人甚爲稀有。何以故？須菩提！如來説第一波羅蜜，即非第一波羅蜜，是名第一波羅蜜。須菩提！忍辱波羅蜜，如來説非忍辱波羅蜜。何以

故？須菩提！如我昔爲歌利王割截身體，
我於爾時，無我相，無人相，無衆生相，無
壽者相。何以故？我於往昔節節支解時，
若有我相，人相，衆生相，壽者相，應生嗔
恨。須菩提！又念過去於五百世作忍辱
仙人，於爾所世，無我相，無人相，無衆生
相，無壽者相。是故須菩提！菩薩應離一
切相，發阿耨多羅三藐三菩提心，不應
住色生心，不應住聲香味觸法生心，應
生無所住心。若心有住，則爲非住。是故
佛説：菩薩心不應住色布施。須菩提！菩
薩爲利益一切衆生，應如是布施。如來
説：一切諸相，即是非相。又説：一切衆生，
即非衆生。須菩提！如來是真語者，實語
者，如語者，不誑語者，不异語者。須菩提！
如來所得法，此法無實無虚。須菩提，若
菩薩心住於法而行布施，如人入暗，則
無所見。若菩薩心不住法而行布施，如
人有目，日光明照，見種種色。須菩提！當
來之世，若有善男子，善女人，能於此經
受持讀誦，則爲如來以佛智慧，悉知是
人，悉見是人，皆得成就無量無邊功德。

持經功德分第十五

須菩提！若有善男子，善女人，初日分以
恒河沙等身布施，中日分復以恒河沙
等身布施，後日分亦以恒河沙等身布
施，如是無量百千萬億劫以身布施；若
復有人，聞此經典，信心不逆，其福勝彼，
何况書寫，受持，讀誦，爲人解説。須菩提！
以要言之，是經有不可思議，不可稱量，
無邊功德。如來爲發大乘者説，爲發最
上乘者説。若有人能受持讀誦，廣爲人
説，如來悉知是人，悉見是人，皆得成就
不可量，不可稱，無有邊，不可思議功德。
如是人等，則爲荷擔如來阿耨多羅三
藐三菩提。何以故？須菩提！若樂小法者，
著我見，人見，衆生見，壽者見，則於此經，
不能聽受，讀誦，爲人解説。須菩提！在在

處處，若有此經，一切世間，天，人，阿修羅，所應供養；當知此處則爲是塔，皆應恭敬，作禮圍繞，以諸華香而散其處。

能净業障分第十六

復次，須菩提！若善男子，善女人，受持讀誦此經，若爲人輕賤，是人先世罪業，應墮惡道，以今世人輕賤故，先世罪業則爲消滅，當得阿耨多羅三藐三菩提。須菩提！我念過去無量阿僧祇劫，於然燈佛前，得值八百四千萬億那由他諸佛，悉皆供養承事，無空過者，若復有人，於後末世，能受持讀誦此經，所得功德，於我所供養諸佛功德，百分不及一，百千萬億分，乃至算數譬喻所不能及。須菩提！若善男子，善女人，於後末世，有受持讀誦此經，所得功德，我若具説者，或有人聞，心則狂亂，狐疑不信。須菩提！當知是經義不可思議，果報亦不可思議。

究竟無我分第十七

爾時，須菩提白佛言：世尊！善男子，善女人，發阿耨多羅三藐三菩提心，云何應住？云何降伏其心？佛告須菩提：善男子，善女人，發阿耨多羅三藐三菩提心者，當生如是心，我應滅度一切衆生。滅度一切衆生已，而無有一衆生實滅度者。何以故？須菩提！若菩薩有我相，人相，衆生相，壽者相，則非菩薩。所以者何？須菩提！實無有法發阿耨多羅三藐三菩提心者。須菩提！於意云何？如來於然燈佛所，有法得阿耨多羅三藐三菩提不？不也，世尊！如我解佛所説義，佛於然燈佛所，無有法得阿耨多羅三藐三菩提。佛言：如是！如是！須菩提！實無有法如來得阿耨多羅三藐三菩提。須菩提！若有法如來得阿耨多羅三藐三菩提者，然燈佛則不與我授記：汝於來世，當得作佛，號釋迦牟尼。以實無有法得阿耨多羅三藐三菩提，是故然燈佛與我授記，作是言：汝於來世，當得作佛，號釋迦牟尼。
何以故？如來者，即諸法如義。若有人言：
如來得阿耨多羅三藐三菩提。須菩提！
實無有法，佛得阿耨多羅三藐三菩提。
須菩提！如來所得阿耨多羅三藐三菩
提，於是中無實無虚。是故如來説：一切
法皆是佛法。須菩提！所言一切法者，即
非一切法，是故名一切法。須菩提！譬如
人身長大。須菩提言：世尊！如來説：人身
長大，則爲非大身，是名大身。須菩提！菩
薩亦如是。若作是言：我當滅度無量衆
生，則不名菩薩。何以故？須菩提！無有
法名爲菩薩。是故佛説：一切法無我，無
人，無衆生，無壽者。須菩提！若菩薩作是
言，我當莊嚴佛土，是不名菩薩。何以故？
如來説：莊嚴佛土者，即非莊嚴，是名莊
嚴。須菩提！若菩薩通達無我法者，如來
説名真是菩薩。

一體同觀分第十八

須菩提！於意云何？如來有肉眼不？如是，
世尊！如來有肉眼。須菩提！於意云何？如
來有天眼不？如是，世尊！如來有天眼。須
菩提！於意云何？如來有慧眼不？如是，世
尊！如來有慧眼。須菩提！於意云何？如來
有法眼不？如是，世尊！如來有法眼。須菩
提！於意云何？如來有佛眼不？如是，世尊！
如來有佛眼。須菩提！於意云何？恒河中
所有沙，佛説是沙不？如是，世尊！如來説
是沙。須菩提！於意云何？如一恒河中所
有沙，有如是等恒河，是諸恒河所有
沙數，佛世界如是，寧爲多不？甚多，世尊！
佛告須菩提：爾所國土中，所有衆生，若
幹種心，如來悉知。何以故？如來説：諸心
皆爲非心，是名爲心。所以者何？須□□[①]
過去心不可得，現在心不可得，未來心
不可得。

① 疑爲“菩提”。

法界通分分第十九

須菩提！於意云何？若有人滿三千大千世界七寶以用布施，是人以是因緣，得福多不？如是，世尊！此人以是因緣，得福甚多。須菩提！若福德有實，如來不説得福德多；以福德無故，如來説得福德多。

離色離相分第二十

須菩提！於意云何？佛可以具足色身見不？不也，世尊！如來不應以具足色身見。何以故？如來説：具足色身，即非具足色身，是名具足色身。須菩提！於意云何？如來可以具足諸相見不？不也，世尊！如來不應以具足諸相見。何以故？如來□□[①]相具足，即非具足，是名諸相具足。

非説所説分第二十一

須菩提！汝勿謂如來作是念：我當有所説法。莫作是念，何以故？若人言：如來有所説法，即爲謗佛，不能解我所説故。須菩提！説法者，無法可説，是名説法。爾時，慧命須菩提白佛言：世尊！頗有衆生，於未來世，聞説是法，生信心不？佛言：須菩提！彼非衆生，非不衆生。何以故？須菩提！衆生衆生者，如來説非衆生，是名衆生。

無法可得分第二十二

須菩提白佛言：世尊！佛得阿耨多羅三藐三菩提，爲無所得耶？佛言：如是，如是。須菩提！我於阿耨多羅三藐三菩提乃至無有少法可得，是名阿耨多羅三藐三菩提。

净心行善分第二十三

復次，須菩提！是法平等，無有高下，是名阿耨多羅三藐三菩提；以無我，無人，無衆生，無壽者，修一切善法，即得阿耨多羅三藐三菩提。須菩提！所言善法者，如來説即非善法，是名善法。

福智無比分第二十四

① 疑爲“説諸”。

須菩提！若三千大千世界中所有諸須
彌山王，如是等七寶聚，有人持用布施；
若人以此般若波羅蜜經，乃至四句偈
等，受持，讀誦，爲他人說，於前福德百分
不及一，百千萬億分，乃至算數譬喻所
不能及。

化無所化分第二十五

須菩提！於意云何？汝等勿謂如來作是
念：我當度衆生。須菩提！莫作是念。何以
故？實無有衆生如來度者。若有衆生如
來度者，如來則有我，人，衆生，壽者。須菩
提！如來說有我者，則非有我，而凡夫之
人以爲有我。須菩提！凡夫者，如來說即
非凡夫，是名凡夫。

法身非相分第二十六

須菩提！於意云何？可以三十二相觀如
來不？須菩提言：如是！如是！以三十二相
觀如來。佛言：須菩提！若以三十二相觀
如來者，轉輪聖王則是如來。須菩提白
佛言：世尊！如我解佛所說義，不應以三
十二相觀如來。爾時，世尊而說偈言：
若以色見我，以音聲求我，
是人行邪道，不能見如來

無斷無滅分第二十七

須菩提！汝若作是念：如來不以具足相
故，得阿耨多羅三藐三菩提。須菩提！莫
作是念，如來不以具足相故，得阿耨多
羅三藐三菩提。須菩提！汝若作是念，發
阿耨多羅三藐三菩提心者，說諸法斷
滅。莫作是念！何以故？發阿耨多羅
三藐三菩提心者，於法不說斷滅相。

不受不貪分第二十八

須菩提！若菩薩以滿恒河沙等世界七
寶持用布施；若復有人知一切法無我，
得成於忍，此菩薩勝前菩薩所得功德。
何以故？須菩提！以諸菩薩不受福德故。
須菩提白佛言：世尊！云何菩薩不受福
德？須菩提！菩薩所作福德，不應貪著，是

故說不受福德。

威儀寂凈分第二十九

須菩提！若有人言：如來若來若去，若坐若卧，是人不解我所說義。何以故？如來者，無所從來，亦無所去，故名如來。

一合理相分第三十

須菩提！若善男子，善女人，以三千大千世界碎爲微塵，於意云何？是微塵衆寧爲多不？[①] 世尊！何以故？若是微塵衆實有者，佛則不說是微塵衆，所以者何？佛說：微塵衆，即非微塵衆，是名微塵衆。世尊！如來所說三千大千世界，則非世界，是名世界。何以故？若世界實有，則是一合相。如來說：一合相，則非一合相，是名一合相。須菩提！一合相者，則是不可說，但凡夫之人貪著其事。

知見不生分第三十一

須菩提！若人言：佛說我見，人見，衆生見，壽者見。須菩提！於意云何？是人解我所說義不？不也，世尊！是人不解如來所說義。何以故？世尊說：我見，人見，衆生見，壽者見，即非我見，人見，衆生見，壽者見，是名我見，人見，衆生見，壽者見。須菩提！發阿耨多羅三藐三菩提心者，於一切法，應如是知，如是見，如是信解，不生法相。須菩提！所言法相者，如來說即非法相，是名法相。

應化非真分第三十二

須菩提！若有人以滿無量阿僧祇世界七寶持用布施，若有善男子，善女人發菩提心者，持於此經，乃至四句偈等，受持讀誦，爲人演說，其福勝彼。云何爲人演說，不取於相，如如不動。何以故？

一切有爲法，如夢幻泡影，

如露亦如電，應作如是觀，

佛說是經已，長老須菩提及諸比丘，比

---

① 疑後有脱文“須菩提言：甚多”。

丘尼，優婆塞，優婆夷，一切世間，天，人，阿修羅，聞佛所説，皆大歡喜，信受奉行。

金剛般若波羅蜜經

般若無盡藏真言

納謨薄伽伐帝[一]鉢唎(二合)若(而也切)[二]波羅蜜多
曳[三]怛侄他[四]唵[五]紇唎(二合)地唎(二合延邏切)[延]室
唎(二合)[六]戍嚕(二合上最出反力鶻反切)知(丁以切)[七]三蜜栗知(上同)佛
(方逸反)社曳莎訶

金剛心陀羅尼

唵烏倫泥娑婆訶

補闕真言

南謨喝囉怛那哆囉夜耶[一]佉囉佉囉
[二]俱住俱住[三]摩囉摩囉[四]虎囉[五]吽[六]
賀賀[七]蘇怛拏[八]吽[九]潑抹拏[十]娑婆訶

普回嚮真言

唵娑摩囉娑摩囉弭摩曩薩
摩訶斫迦囉嚩吽

發願文

竊以有作之修，終成幻妄；無爲之□□契真如。故

我世雄，頓開迷網，爲除四相，特闡三空。辟智慧之門，拂執著之迹。情波永息，性水長澄。乘般若之慈舟，達涅盤之彼岸者，則斯經之意也。然此經旨趣，極盡深玄。示住修降伏之儀，顯常樂我凈之理。人法俱遣，聲色匪求。讀誦受持，福德無量；書寫解説，果報難窮。誠出佛之宗源乃度生之根本，予論道之暇，恒持此經。每竭誠心篤生實信。今者灾迍伏累，疾病纏綿。日月雖多，藥石無效。故陳誓願，鏤板印施，仗此勝因，冀資冥佑。儻或天年未盡，速愈沈痾；必若運數難逃，早生凈土。又願：

邦家鞏固，曆服延長。歲稔時豐，民安俗阜。塵刹蕴識，悉除有漏之因；沙界含靈，并證無爲之果。時天盛十九年五月日

太師上公總領軍國重事秦晋國王謹願。

（二十五）俄 TK125《金剛般若波羅蜜經》[①]

【題解】

西夏刻本，經折裝。未染麻紙。两種不同版本的斷片混編於一號内。(1) 共 1 面。高 17. 4 釐米，面寬 9. 5 釐米。版框高 14. 5 釐米，天頭 0. 9 釐米，地脚 2 釐米。面 7 行，行 15 字。上下單邊，宋體墨色中匀。(2) 共 1 折半，3 面，高 20. 5 釐米，面寬 9. 5 釐米，版框高 15. 2 釐米，天頭 3. 8 釐米，地脚 2. 8 釐米。每面 7 行，行 5 字。上下單邊，宋體墨色中匀。

【前缺】
□□□□[②]輪聖王則是如來。須菩提□□□[③]
世尊！如我解佛所説義，不應以□[④]
十二相觀如來。爾時，世尊而説偈言：
若以色見我，以音聲求我，
是人行邪道，不能見如來
　　無斷無滅分第二十七
須菩提！汝若作是念：如來不以具足相
【中缺】
須菩提！若菩薩以满恒河沙等世界七
寶持用布施；若復有人知一切法無我，
得成於忍，此菩薩勝前菩薩所得功德。
何以故？須菩提！以諸菩薩不受福德故。
須菩提白佛言：世尊！云何菩薩不受福
德？須菩提！菩薩所作福德，不應貪著，是
故説不受福德。
　　威儀寂净分第二十九
須菩提！若有人言：如來若來若去，若坐
若卧，是人不解我所説義。何以故？如來
者，無所從來，亦無所去，故名如來。
　　一合理相分第三十
須菩提！若善男子，善女人，以三千大千

① 《俄藏黑水城文獻》第三册，第 72 頁。
② 疑爲“如來者，轉”。
③ 疑爲“白佛言”。
④ 疑爲“三”。

世界碎爲微塵，於意云何？是微塵衆寧
爲多不？[①] 世尊！何以故？若是微塵衆
實有者，佛則不説是微塵衆，所以者何？
佛説：微塵衆，即非微塵衆，是名微塵衆。
世尊！如來所説三千大千世界，則非世
界，是名世界。何以故？若世界實有，則
是一合相。如來説：一合相，則非一合相，
是名一合相。須菩提！一合相者，則是不
【後缺】

（二十六）俄 TK178《金剛般若波羅蜜經》[②]

【題解】

宋刻本。經折裝，未染麻紙。共 9 折，18 面。高 19.5 釐米。面寬 9 釐米。版框高 18.3 釐米。天頭 1.3 釐米，地脚 0.5 釐米。每面 5 行，行 13—14 字。上下單邊，寫刻體，墨色深匀。已裂爲 3 段，有佚文。

【前缺】
有持戒修福者，於此□□□□□□[③]
以此爲實，當知是人不□□□□□[④]
三四五佛而種善根，已□□□□□[⑤]
佛所種諸善根，聞是章□□□□[⑥]
念生□□[⑦]者，須菩□□□□□[⑧]
【中缺】
者，以須菩提
□□□□□□[⑨]須菩提，是樂阿蘭
□□[⑩]

① 疑後有脱文“須菩提言：甚多”。
② 《俄藏黑水城文獻》第四册，第 125—128 頁。
③ 疑爲“章句能生信心”。
④ 疑爲“於一佛二佛”。
⑤ 疑爲“於無量千萬”。
⑥ 疑爲“句，乃至一”。
⑦ 疑爲“净信”。
⑧ 疑爲“提！如來悉知”。
⑨ 疑爲“實無所行，而名”。
⑩ 疑爲“那行”。

莊嚴□□[①]分第十

佛告須菩提：於意云何？如來昔在
然燈佛所，於法有所得不？不，世尊！如來
□□□□□□□□[②]實無所得。須菩提！
□□□□□□[③]莊嚴佛土不？不也，世尊！
□□□□□[④]佛土者，即非莊嚴，是名
□□[⑤]是故須菩提！諸菩薩摩訶薩，
□□[⑥]是生清净心，不應住色生心，不
□□□□□[⑦]觸法生心，應無所住而
生其心。須菩提！譬如有人，身如須
彌山王，於意云何？是身爲大不？須菩
提言：甚大，世尊！何以故？佛説非身，是
名大身。

無爲福勝分第十一

須菩提！如恒河中所有沙數，如是沙
□□□□[⑧]意云何？是諸恒河沙，
□□□[⑨]不？須菩提言：甚多，世尊！但諸恒
河尚多無數，何况其沙。須菩提！我今
實言告汝：若有善男子，善女人，以七
寶满爾所恒河沙數三千大千世界，
以用布施，得福多不？須菩提言：甚
多，世尊！佛告須菩提：若善男子，善女
人，於此經中，乃至受持四句偈等，爲
他人説，而此福德勝前福德。

尊重正教分第十二

□□[⑩]須菩提！隨説是經，乃至四句偈
□□[⑪]知此處，一切世間，天人，阿修羅，

---

① 疑爲“净土”。
② 疑爲“在然燈佛所，於法”。
③ 疑爲“於意云何？菩薩”。
④ 疑爲“何以故？莊嚴”。
⑤ 疑爲“莊嚴”。
⑥ 疑爲“應如”。
⑦ 疑爲“應住聲香味”。
⑧ 疑爲“等恒河，於”。
⑨ 疑爲“寧爲多”。
⑩ 疑爲“復次”。
⑪ 疑爲“等，當”。

皆應供養，如佛塔廟，何况有人盡
能受持讀誦。須菩提！當知是人成就
最上第一稀有之法，若是經典所
在之處，即爲有佛，若尊重弟子。

如法受持分第十三

爾時，須菩提白佛言：世尊！當何名此
經，我等云何奉持？佛告須菩提：是
經名爲金剛般若波羅蜜，以是名字，
汝當奉持。所以者何？須菩提！佛説般
若波羅蜜，即非般若波羅蜜，是名般若波囉蜜。須菩
提！於意云何？如來有所説法不？須菩
提白佛言：世尊！如來無所説。須菩提！
於意云何？三千大千世界所有微塵
是爲多不？須菩提言：甚多，世尊！須
菩提！諸微塵，如來説非微塵，是名微
【中缺】
得成就不可量，不可稱，無有邊，不
可思議功德。如是人等，則爲荷擔如
來阿耨多羅三藐三菩提。何以故？須
菩提！若樂小法者，著我見，人見，衆生
見，壽者見，則於此經，不能聽受，讀
誦，爲人解説。須菩提！在在處處，若
有此經，一切世間，天，人，阿修羅，所應
供養；當知此處則爲是塔，皆應恭
敬，作禮圍繞，以諸華香而散其處。

能净業障分第十六

復次，須菩提！若善男子，善女人，受持
讀誦此經，若爲人輕賤，是人先世罪
業，應墮惡道，以今世人輕賤故，先
世罪業則爲消滅，當得阿耨多羅
三藐三菩提。須菩提！我念過去無
【中缺】
菩提：善男子，善女人，發阿耨多羅
三藐三菩提心者，當生如是心，我應
滅度一切衆生。滅度一切衆生已，而
無有一衆生實滅度者。何以故？若菩
薩有我相，人相，衆生相，壽者相，則非
菩薩。所以者何？須菩提！實無有法

發阿耨多羅三藐三菩提心者。須菩
提！於意云何？如來於然燈佛所，有
法得阿耨多羅三藐三菩提不？不
也，世尊！如我解佛所說義，佛於然
百千萬億分，乃至算數譬喻所不
能及。須菩提！若善男子，善女人，於後
末世，有受持讀誦此經，所得功德，
我若具說者，或有人聞，心則狂亂，狐疑
不信。須菩提！當知是經義不可思
議，果報亦不可思議。
　　究竟無我分第十七
爾時，須菩提白佛言：世尊！善男子，
善女人，發阿耨多羅三藐三菩提
心，云何應住？云何降伏其心？佛告[①]
量阿僧祇劫，於然燈佛前，得值八
百四千萬億那由他諸佛，悉皆供
養承事，無空過者，若復有人，於
□□□□[②]受持讀誦此經，所得功德，
於我所供養諸佛功德，百分不及一，
【後缺】

（二十七）俄 TK179《金剛般若波羅蜜經》[③]

【題解】

西夏刻本。經折裝，未染麻紙。共 44 折，88 面。高 29. 5 釐米，面寬 11 釐米。版框高 24. 8 釐米。天頭 2. 7 釐米，地脚 2 釐米。每面 5 行，行 15 字。上下單邊，寫刻體，墨色深匀。冠佛畫 4 面，有榜題：十大弟子、八大金剛、須菩提、獨孤長者、舍衛國王、天人衆、祁陀太子、婆羅門、比丘衆。分題下或印圓狀陰文“金、三”或印“四、五、六、七、十六、十七”，或印方框陽文“八、十四、十五”等，或尾印尾花。已裱。

　　金剛經啓請，若有人受持金剛經者，先
須志心念净口業真言，然後啓請八金
剛，四菩薩，名號所在之處當擁護。

---

① 筆者：下文應是“能净業障分第十六”的内容。
② 疑爲“後末世，能”。
③ 《俄藏黑水城文獻》第四册，第 131—144 頁。

净口業真言

修唎修唎摩訶修唎修修唎薩婆訶

安土地真言

南無三滿多没馱喃唵度嚕度嚕地尾

娑婆訶普供養真言

唵誐誐曩三婆縛韈日囉斛

請八金剛

【中缺】

發願文稽首三界尊，歸依十方佛，

我今發弘願，持此金剛經，上報四重恩，

下濟三塗苦，若有見聞者，悉發菩提心，

盡此一報身，同生極樂國。云何梵

云何得長壽，金剛不壞身，復以何因緣，

得大堅固力，云何於此經，究竟到彼岸，

願佛開微密，廣爲衆生説。

金剛般若波羅蜜經姚秦三藏鳩摩羅什奉詔譯

法會因由分第一

如是我聞，一時，佛在舍衛國祇樹給孤

獨園，與大比丘衆千二百五十人俱。爾

時，世尊食時，著衣持鉢，入舍衛大城乞

食。於其城中，次第乞已，還至本處。飯

食訖，收衣鉢，洗足已，敷座而坐。

善現啓請分第二　二

時，長老須菩提，在大衆中即從座起，偏

袒右肩，右膝著地，合掌恭敬而白佛言：

稀有！世尊！如來善護念諸菩薩，善付囑

諸菩薩。世尊！善男子，善女人，發阿耨多

羅三藐三菩提心，應云何住，云何降伏

其心？佛言：善哉，善哉。須菩提！如汝所説，

如來善護念諸菩薩，善付囑諸菩薩。汝

今諦聽！當爲汝説：善男子，善女人，發阿

耨多羅三藐三菩提心，應如是住，如是

降伏其心。唯然，世尊！願樂欲聞。

大乘正宗分第三　三

佛告須菩提：諸菩薩摩訶薩應如是降

伏其心。所有一切衆生之類：若卵生，若

胎生，若濕生，若化生；若有色，若無色；若

有想，若無想，若非有想非無想，我皆

令入無餘涅盤而滅度之。如是滅度無
量無數無邊衆生，實無衆生得滅度者。
何以故？須菩提！若菩薩有我相，人相，衆
生相，壽者相，即非菩薩。

妙行無住分第四　四

復次，須菩提！菩薩於法，應無所住，行於
布施，所謂不住色布施，不住聲香味觸
法布施。須菩提！菩薩應如是布施，不住
於相。何以故？若菩薩不住相布施，其福
德不可思量。須菩提！於意云何？東方虛
空可思量不？不也，世尊！須菩提！南西北
方四維上下虛空可思量不？不也，世尊！須
菩提！菩薩無住相布施，福德亦復如是，
不可思量。須菩提！菩薩但應如所教住。

如理實見分第五

須菩提！於意云何？可以身相見如來不？
不也，世尊！不可以身相得見如來。何以
故？如來所說身相，即非身相。佛告須菩
提：凡所有相，皆是虛妄。若見諸相非相，
即見如來。

正信稀有分第六

須菩提白佛言：世尊！頗有衆生，得聞如
是言說章句，生實信不？佛告須菩提：莫
作是說。如來滅後，後五百歲，有持戒修
福者，於此章句能生信心，以此爲實，當
知是人不於一佛二佛三四五佛而種
善根，已於無量千萬佛所種諸善根，聞
是章句，乃至一念生净信者，須菩提！如
來悉知悉見，是諸衆生得如是無量福
德。何以故？是諸衆生無復我相，人相，衆
生相，壽者相；無法相，亦無非法相。何以
故？是諸衆生若心取相，則爲著我，人，衆
生，壽者。若取法相，即著我，人，衆生，壽者。
何以故？若取非法相，即著我，人，衆生，壽
者，是故不應取法，不應取非法。以是義
故，如來常說：汝等比丘，知我說法，如筏
喻者；法尚應舍，何况非法。

無得無說分第七　五

須菩提！於意云何？如來得阿耨多羅三
藐三菩提耶？如來有所説法耶？須菩提
言：如我解佛所説義，無有定法，名阿耨
多羅三藐三菩提，亦無有定法，如來可
説。何以故？如來所説法，皆不可取，不可
説，非法，非非法。所以者何？一切聖賢，皆
以無爲法而有差別。

依法出生分第八

須菩提！於意云何？若人滿三千大千世
界七寶以用布施，是人所得福德，寧爲
多不？須菩提言：甚多，世尊！何以故？是福
德即非福德性，是故如來説福德多，若
復有人，於此經中受持，乃至四句偈等，
爲他人説，其福勝彼。何以故？須菩提！一
切諸佛，及諸佛阿耨多羅三藐三菩提
法，皆從此經出。須菩提！所謂佛法者，即
非佛法。

一相無相分第九

須菩提！於意云何？須陀洹能作是念：我
得須陀洹果不？須菩提言：不也，世尊！何
以故？須陀洹名爲入流，而無所入，不入
色聲香味觸法，是名須陀洹。須菩提！於
意云何？斯陀含能作是念：我得斯陀含
果不？須菩提言：不也，世尊！何以故？斯陀
含名一往來，而實無往來，是名斯陀含。
須菩提！於意云何？阿那含能作是念：我
得阿那含果不？須菩提言：不也，世尊！何
以故？阿那含名爲不來，而實無不來，是
故名阿那含。須菩提！於意云何？阿羅漢
能作是念，我得阿羅漢道不？須菩提言：
不也，世尊！何以故？實無有法名阿羅漢。
世尊！若阿羅漢作是念：我得阿羅漢道，
則爲著我，人，衆生，壽者。世尊！佛説我得
無諍三昧，人中最爲第一，是第一離欲
阿羅漢。世尊，我不作是念：我是離欲阿
羅漢。世尊！我若作是念：我得阿羅漢道，
世尊則不説須菩提是樂阿蘭那行者！
以須菩提實無所行，而名須菩提，是樂

阿蘭那行。

莊嚴净土分第十

佛告須菩提：於意云何？如來昔在然燈佛所，於法有所得不？不也，世尊！如來在然燈佛所，於法實無所得。須菩提！於意云何？菩薩莊嚴佛土不？不也，世尊！何以故？莊嚴佛土者，即非莊嚴，是

故須菩提！諸菩薩摩訶薩，應如是生清净心，不應住色生心，不應住聲香味觸法生心，應無所住而生其心。須菩提！譬如有人，身如須彌山王，於意云何？是身爲大不？須菩提言：甚大，世尊！何以故？佛説非身，是名大身。

無爲福勝分第十一

須菩提！如恒河中所有沙數，如是沙等恒河，於意云何？是諸恒河沙，寧爲多不？須菩提言：甚多，世尊！但諸恒河尚多無數，何况其沙。須菩提！我今實言告汝：若有善男子，善女人，以七寶滿爾所恒河沙數三千大千世界，以用布施，得福多不？須菩提言：甚多，世尊！佛告須菩提：若善男子，善女人，於此經中，乃至受持四句偈等，爲他人説，而此福德勝前福德。

尊重正教分第十二

復次，須菩提！隨説是經，乃至四句偈等，當知此處，一切世間，天人，阿修羅，皆應供養，如佛塔廟，何况有人盡能受持讀誦。須菩提！當知是人成就最上第一希有之法，若是經典所在之處，即爲有佛，若尊重弟子。

如法受持分第十三

爾時，須菩提白佛言：世尊！當何名此經，我等云何奉持？佛告須菩提：是經名爲金剛般若波羅蜜，以是名字，汝當奉持。所以者何？須菩提！佛説般若波羅蜜，即非般若波羅蜜，是名般若波囉蜜。須菩提！於意云何？如來有所説法不？須菩提白佛言：世尊！如來無所説。須菩提！於意

云何？三千大千世界所有微塵是爲多
不？須菩提言：甚多，世尊！須菩提！諸微塵，
如來説非微塵，是名微塵。如來説：世界，
非世界，是名世界。須菩提！於意云何？可
以三十二相見如來不？不也，世尊！不可以
三十二相得見如來，何以故？如來説：三十
二相，即是非相，是名三十二相。須菩提！
若有善男子，善女人，以恒河沙等身命
布施；若復有人，於此經中，乃至受持四
句偈等，爲他人説，其福甚多。

離相寂滅分第十四

爾時，須菩提聞説是經，深解義趣，涕泪
悲泣，而白佛言：稀有，世尊！佛説如是甚
深經典，我從昔來所得慧眼，未曾得聞
如是之經。世尊！若復有人得聞是經，信
心清净，則生實相，當知是人，成就第一
稀有功德。世尊！是實相者，即是非相，是
故如來説名實相。世尊！我今得聞如是
經典，信解受持不足爲難，若當來世，後
五百歲，其有衆生，得聞是經，信解受持，
是人則爲第一稀有。何以故？此人無我
相，人相，衆生相，壽者相。所以者何？我相
即是非相，人相，衆生相，壽者相即是非
相。何以故？離一切諸相，則名諸佛。佛告
須菩提：如是！如是！若復有人得聞是經，
不驚，不怖，不畏，當知是人甚爲稀有。何
以故？須菩提！如來説第一波羅蜜，即非第
一波羅蜜，是名第一波羅蜜。須菩提！忍
辱波羅蜜，如來説非忍辱波羅蜜。是名
忍辱波羅蜜。[①] 何以故？須菩提！如我昔爲
歌利王割截身體，我於爾時，無我相，無
人相，無衆生相，無壽者相。何以故？我於
往昔節節支解時，若有我相，人相，衆生
相，壽者相，應生嗔恨。須菩提！又念過去
於五百世作忍辱仙人，於爾所世，無我
相，無人相，無衆生相，無壽者相。是故須

① "是名忍辱波羅蜜"其他同名經中没有該句，疑爲衍文。

菩提！菩薩應離一切相，發阿耨多羅三
藐三菩提心，不應住色生心，不應住聲
香味觸法生心，應生無所住心。若心有
住，則爲非住。是故佛說：菩薩心不應住
色布施。須菩提！菩薩爲利益一切衆生，應
如是布施。如來說：一切諸相，即是非相。
又說：一切衆生，即非衆生。須菩提！如來
是真語者，實語者，如語者，不誑語者，不
异語者。須菩提！如來所得法，此法無實
無虚。須菩提，若菩薩心住於法而行布
施，如人入暗，則無所見。若菩薩心不住
法而行布施，如人有目，日光明照，見種
種色。須菩提！當來之世，若有善男子，善
女人，能於此經受持讀誦，則爲如來以
佛智慧，悉知是人，悉見是人，皆得成就
無量無邊功德。

持經功德分第十五

須菩提！若有善男子，善女人，初日分以
恒河沙等身布施，中日分復以恒河沙
等身布施，後日分亦以恒河沙等身布
施，如是無量百千萬億劫以身布施；若
復有人，聞此經典，信心不逆，其福勝彼，
何况書寫，受持，讀誦，爲人解說。須菩提！
以要言之，是經有不可思議，不可稱量，
無邊功德。如來爲發大乘者說，爲發最
上乘者說。若有人能受持讀誦，廣爲人
說，如來悉知是人，悉見是人，皆得成就
不可量，不可稱，無有邊，不可思議功德。
如是人等，則爲荷擔如來阿耨多羅三
藐三菩提。何以故？須菩提！若樂小法者，
著我見，人見，衆生見，壽者見，則於此經，
不能聽受，讀誦，爲人解說。須菩提！在在
處處，若有此經，一切世間，天，人，阿修羅，
所應供養；當知此處則爲是塔，皆應恭
敬，作禮圍繞，以諸華香而散其處。

能净業障分第十六

復次，須菩提！若善男子，善女人，受持讀誦
此經，若爲人輕賤，是人先世罪業，應墮

惡道，以今世人輕賤故，先世罪業則爲
消滅，當得阿耨多羅三藐三菩提。須菩
提！我念過去無量阿僧祇劫，於然燈佛
前，得值八百四千萬億那由他諸佛，悉
皆供養承事，無空過者，若復有人，於後
末世，能受持讀誦此經，所得功德，於我
所供養諸佛功德，百分不及一，千萬億
分，乃至算數譬喻所不能及。須菩提！若
善男子，善女人，於後末世，有受持讀誦
此經，所得功德，我若具説者，或有人聞，
心則狂亂，狐疑不信。須菩提！當知是經
義不可思議，果報亦不可思議。

究竟無我分第十七

爾時，須菩提白佛言：世尊！善男子，善女
人，發阿耨多羅三藐三菩提心，云何應
住？云何降伏其心？佛告須菩提：善男子，
善女人，發阿耨多羅三藐三菩提心者，
當生如是心，我應滅度一切衆生。滅度
一切衆生已，而無有一衆生實滅度者。
何以故？須菩提！若菩薩有我相，人相，衆
生相，壽者相，則非菩薩。所以者何？須菩
提！實無有法發阿耨多羅三藐三菩提
心者。須菩提！於意云何？如來於然燈佛
所，有法得阿耨多羅三藐三菩提不？不
也，世尊！如我解佛所説義，佛於然燈佛
所，無有法得阿耨多羅三藐三菩提。佛
言：如是！如是！須菩提！實無有法如來得
阿耨多羅三藐三菩提。須菩提！若有法
如來得阿耨多羅三藐三菩提者，然燈
佛則不與我授記：汝於來世，當得作佛，
號釋迦牟尼。以實無有法得阿耨多羅
三藐三菩提，是故然燈佛與我授記，作
是言：汝於來世，當得作佛，號釋迦牟尼。
何以故？如來者，即諸法如義。若有人言：
如來得阿耨多羅三藐三菩提。須菩提！
實無有法，佛得阿耨多羅三藐三菩提。
須菩提！如來所得阿耨多羅三藐三菩
提，於是中無實無虚。是故如來説：一切

法皆是佛，法。須菩提！所言一切法者，即
非一切法，是故名一切法。須菩提！譬如
人身長大。須菩提言：世尊！如來説：人身
長大，則爲非大身，是名大身。須菩提！菩
薩亦如是。若作是言：我當滅度無量衆
生，則不名菩薩。何以故？須菩提！無有
法名爲菩薩。是故佛説：一切法無我，無
人，無衆生，無壽者。須菩提！若菩薩作是
言，我當莊嚴佛土，是不名菩薩。何以故？
如來説：莊嚴佛土者，即非莊嚴，是名莊
嚴。須菩提！若菩薩通達無我法者，如來
説名真是菩薩。

一體同觀分第十八

須菩提！於意云何？如來有肉眼不？如是，
世尊！如來有肉眼。須菩提！於意云何？如
來有天眼不？如是，世尊！如來有天眼。須
菩提！於意云何？如來有慧眼不？如是，世
尊！如來有慧眼。須菩提！於意云何？如來
有法眼不？如是，世尊！如來有法眼。須菩
提！於意云何？如來有佛眼不？如是，世尊！
如來有佛眼。須菩提！於意云何？如恒河
中所有沙，佛説是沙不？如是，世尊！如來
説是沙。須菩提！於意云何？如一恒河中
所有沙，有如是等恒河，是諸恒河所有
沙數，佛世界如是，寧爲多不？甚多，世尊！
佛告須菩提：爾所國土中，所有衆生，若
幹種心，如來悉知。何以故？如來説：諸心
皆爲非心，是名爲心。所以者何？須菩提！
過去心不可得，現在心不可得，未來心
不可得。

法界通分分第十九　十四

須菩提！於意云何？若有人滿三千大千
世界七寶以用布施，是人以是因緣，得
福多不？如是，世尊！此人以是因緣，得福
甚多。須菩提！若福德有實，如來不説得
福德多；以福德無故，如來説得福德多。

離色離相分第二十

須菩提！於意云何？佛可以具足色身見

不？不也，世尊！如來不應以具足色身見。
何以故？如來説：具足色身，即非具足色
身，是名具足色身。須菩提！於意云何？如
來可以具足諸相見不？不也，世尊！如來
不應以具足諸相見。何以故？如來説：諸
相具足，即非具足，是名諸相具足。

非説所説分第二十一

須菩提！汝勿謂如來作是念：我當有所
説法。莫作是念，何以故？若人言：如來有
所説法，即爲謗佛，不能解我所説故。須
菩提！説法者，無法可説，是名説法。
爾時，慧命須菩提白佛言：世尊！頗有衆
生，於未來世，聞説是法，生信心不？佛言：
須菩提！彼非衆生，非不衆生。何以故？須菩
提！衆生衆生者，如來説非衆生，是名衆生。

無法可得分第二十二

須菩提白佛言：世尊！佛得阿耨多羅三藐
三菩提，爲無所得耶？佛言：如是，如是。須菩
提！我於阿耨多羅三藐三菩提乃至無有
少法可得，是名阿耨多羅三藐三菩提。

净心行善分第二十三

復次，須菩提！是法平等，無有高下，是名
阿耨多羅三藐三菩提；以無我，無人，無
無衆生，無壽者，修一切善法，即得阿耨
多羅三藐三菩提。須菩提！所言善法者，
如來説即非善法，是名善法。

福智無比分第二十四　十五

須菩提！若三千大千世界中所有諸須彌
山王，如是等七寶聚，有人持用布施；若人
以此般若波羅蜜經，乃至四句偈等，受
持，讀誦，爲他人説，於前福德百分不及一，
百千萬億分，乃至算數譬喻所不能及。

化無所化分第二十五

須菩提！於意云何？汝等勿謂如來作是
念：我當度衆生。須菩提！莫作是念。何以
故？實無有衆生如來度者。若有衆生如
來度者，如來則有我，人，衆生，壽者。須菩
提！如來説有我者，則非有我，而凡夫之

人以爲有我。須菩提！凡夫者，如來説即
非凡夫，是名凡夫。

法身非相分第二十六

須菩提！於意云何？可以三十二相觀如
來不？須菩提言：如是！如是！以三十二相
觀如來。佛言：須菩提！若以三十二相觀
如來者，轉輪聖王則是如來。須菩提白
佛言：世尊！如我解佛所説義，不應以三
十二相觀如來。爾時，世尊而説偈言：
若以色見我，以音聲求我，　十
是人行邪道，不能見如來　六

無斷無滅分第二十七

須菩提！汝若作是念：如來不以具足相
故，得阿耨多羅三藐三菩提。須菩提！莫
作是念，如來不以具足相故，得阿耨多
羅三藐三菩提。須菩提！汝若作是念，發
阿耨多羅三藐三菩提心者，説諸法斷
滅。莫作是念！何以故？發阿耨多羅三
藐三菩提心者，於法不説斷滅相。

不受不貪分第二十八

須菩提！若菩薩以滿恒河沙等世界七
寶持用布施；若復有人知一切法無我，
得成於忍，此菩薩勝前菩薩所得功德。
何以故？須菩提！以諸菩薩不受福德故。
須菩提白佛言：世尊！云何菩薩不受福
德？須菩提！菩薩所作福德，不應貪著，是
故説不受福德。

威儀寂浄分第二十九

須菩提！若有人言：如來若來若去，若坐若
卧，是人不解我所説義。何以故？如來者，無
所從來，亦無所去，故名如來。

一合理相分第三十　十七

須菩提！若善男子，善女人，以三千大千世
界碎爲微塵，於意云何？是微塵衆寧爲
多不？須菩提言：甚多，世尊！何以故？若是
微塵衆實有者，佛則不説是微塵衆，所
以者何？佛説：微塵衆，即非微塵衆，是名
微塵衆。世尊！如來所説三千大千世界，

則非世界，是名世界。何以故？若世界實有，則是一合相。如來説：一合相，即非一合相，是名一合相。須菩提！一合相者，即是不可説，但凡夫之人貪著其事。

知見不生分第三十一

須菩提！若人言：佛説我見，人見，衆生見，壽者見。須菩提！於意云何？是人解我所説義不？不也，世尊！是人不解如來所説義。何以故？世尊説：我見，人見，衆生見，壽者見，即非我見，人見，衆生見，壽者見，是名我見，人見，衆生見，壽者見。須菩提！發阿耨多羅三藐三菩提心者，於一切法，應如是知，如是見，如是信解，不生法相。須菩提！所言法相者，如來説即非法相，是名法相。

應化非真分第三十二

須菩提！若有人以滿無量阿僧祇世界七寶持用布施，若有善男子，善女人發菩提心者，持於此經，乃至四句偈等，受持讀誦，爲人演説，其福勝彼。云何爲人演説，不取於相，如如不動。何以故？

一切有爲法，如夢幻泡影，
如露亦如電，應作如是觀。

佛説是經已，長老須菩提及諸比丘，比丘尼，優婆塞，優婆夷，一切世間，天，人，阿修羅，聞佛所説，皆大歡喜，信受奉行。

金剛般若波羅蜜經

般若無盡藏真言

納謨薄伽伐帝[一]鉢唎[若而也切二]波羅蜜多曳[三]
怛姪他[四]唵[五]紇唎[二合]地唎[二合延邐]切室唎[二合]六戍嚕
[二合反力上鶻最反出切]知[丁以切七]三蜜栗知[上尚]佛方逸反社曳莎訶

隨心真言

那謨薄伽伐帝鈸唎讓波羅蜜多泄
怛姪他唵吽跋折羅末駼娑婆呵
金剛心中陀羅尼唵烏倫尼娑婆呵
補闕圓滿真言曰
南謨喝囉怛那哆囉夜耶[一]佉囉佉囉[二]俱
住俱住[三]摩囉摩囉[四]虎囉[五]吽[六]賀賀

七蘇怛拏八吽九潑抹拏十娑婆訶十一
【後缺】

（二十八）俄 TK180《金剛般若波羅蜜經》①

【題解】

西夏刻本。經折裝。未染楮紙。共 14 折半，29 面。高 20 釐米，面寬 8.4 釐米，版框高 16.4 釐米，天頭 2.5 釐米，地脚 1.5 釐米。每面 5 行，行 14 字。上下雙邊。宋體，墨色中匀。已裂爲數段，有佚文。

金剛經啓請
□□②人受持金剛經者，先須志心念
净口業真言然後啓請八金剛，四菩
薩，名號所在之處當擁護。
净口業真言
□□③修唎摩訶修唎修修唎
□④婆訶
安土地真言
□□□囉日囉怛訶賀斛
普供養真言
唵誐誐曩三婆縛韤日□□⑤
請八金剛
□⑥請青除灾金剛，奉請辟毒金剛，
［奉］請□⑦請黄隨求金剛，奉請白净水金剛，
□請赤聲金剛，奉請定除灾金剛，
□□⑧紫賢金剛，奉請大神金剛。
請四菩薩
奉請金剛眷菩薩，奉請金剛索菩薩，
奉請金剛愛菩薩，奉請金剛語菩薩。

---

① 《俄藏黑水城文獻》第四册，第 144—149 頁。
② 疑爲“若有”。
③ 疑爲“修唎”。
④ 疑爲“薩”。
⑤ 疑爲“啰斛”。
⑥ 疑爲“奉”。
⑦ 疑爲“奉”。
⑧ 疑爲“奉請”。

云何梵
云何得長壽，金剛不壞□，□①
以何因緣，得大堅固力，
云何於此經，究竟到彼岸，
願佛開微蜜，廣爲衆生説。
發願文
□②首三界尊，歸命十□□③十，
我今發弘願，持此□□□④，
上報四重恩，下濟□□□⑤，
若有見聞者，悉發菩提□⑥，
盡此一報身，同生極樂□⑦。
金剛般若波羅蜜經爲平生爲
姚秦天竺三藏鳩摩羅什譯
□□⑧因由分第一
□□□□□⑨時，佛在舍衛國祇樹
□□□□⑩與大比丘衆千二百五十
□□⑪
□□⑫世尊□□⑬著衣持鉢，入舍衛大
城乞食。於其城中，次第乞已，還至本
處。飯食訖，收衣鉢，洗足已，敷座而坐。
善現啓請分第二
時，長老須菩提，在大衆中即從座□⑭，
偏袒右肩，右膝著地，合掌恭敬而白
佛言：稀有！世尊！如來善護念諸菩薩，

---

① 疑爲“身，復”。
② 疑爲“稽”。
③ 疑爲“方佛”。
④ 疑爲“金剛經”。
⑤ 疑爲“三涂苦”。
⑥ 疑爲“心”。
⑦ 疑爲“國”。
⑧ 疑爲“法會”。
⑨ 疑爲“如是我聞，一”。
⑩ 疑爲“給孤獨園”。
⑪ 疑爲“人俱”。
⑫ 疑爲“爾時”。
⑬ 疑爲“食時”。
⑭ 疑爲“起”。

□□□□□□[①]世尊！善男子，善女人，
□□□[②]多羅三藐三菩提心，應云何
□□□[③]降降伏其心？佛言：善哉，善哉。須
菩提！如汝所説，如來善護念諸菩薩，
善付囑諸菩薩。汝今諦聽！當□[④]汝説：
善男子，善女人，發阿耨多羅三藐三
菩提心，應如是住，如是降伏其心。□[⑤]
然，世尊！願樂欲聞。

大乘正宗分第三

佛告須菩□□[⑥]菩薩摩訶薩應如
是降伏其心。所有一切衆生之類：若
□□[⑦]若胎生，若濕生，若化生；若有色，
□□[⑧]色若有想，若無想，若非有想非
無想，我皆令入無餘涅盤而滅度之。
如是滅度無量無數無邊衆生，實無
衆生得滅度者。何以故？須菩提！若菩
薩有我相，人相，衆生相，壽者相，即非
菩薩。

妙行無住分第四

復次，須菩提！菩薩於法，應無所住，行
於布施，所謂不住色布施，不住聲香
味觸法布施。須菩提！□□□□□□[⑨]
施，不□□□□□□□□□□□□□[⑩]
布施，□[⑪]福德不可思量。須菩提！於意
云何？東方虚空可思量不？不也，世尊！
須菩提！南西北方四維上下虚空可
思量不？不也，世尊！須菩提！菩薩無住

---

① 疑爲“善付囑諸菩薩”。
② 疑爲“發阿耨”。
③ 疑爲“住，云何”。
④ 疑爲“爲”。
⑤ 疑爲“唯”。
⑥ 疑爲“ 提：諸”。
⑦ 疑爲“卵生”。
⑧ 疑爲“若無”。
⑨ 疑爲“菩薩應如是布”。
⑩ 疑爲“住於相。何以故？若菩薩不住相”。
⑪ 疑爲“其”。

相布施，福德亦復如是，不□□□□[①]
菩提！菩薩但應如所教住。

如理實見分第五

□□□□[②]意云何？可以身相□□□□[③]
□□□□[④]不可以身相得見如□□□[⑤]
【中缺】
須菩提！於意云何？若人滿三千大千
世界七寶以用布施，是人所得福德，
寧爲多不？須菩提言：甚多，世尊！何以
故？是福德即非福德性，是故如來説
福德多。須菩提，若復有人，於此經中受持，乃
至四句偈等，爲他人説，其福勝彼。何
以故？須菩提！一切諸佛，及諸佛阿耨
多羅三藐三菩提法，皆從此經出。須
菩提！所謂佛法者，即非佛法。

一相無相分第九

須菩提！於意云何？須陀洹能作是念：
我得須陀洹果不？須菩提言：不也，世
尊！何以故？須陀洹名爲入流，而無所
入，不入色聲香味觸法，是名須陀洹。
須菩提！於意云何？斯陀含能作是念：
我得斯陀含果不？須菩提言：不也，世
尊！何以故？斯陀含名一往來，而實無
往來，是名斯陀含。須菩提！於意云何？
阿那含能作是念：我得阿那含果不？
須菩提言：不也，世尊！何以故？阿那含
【中缺】
菩薩亦如是。若作是言：我當滅度無
量衆生，則不名菩薩。何以故？須菩提！
實無有法名爲菩薩。是故佛説：一切
法無我，無人，無衆生，無壽者。須菩提！
若菩薩作是言，我當莊嚴佛土，是不

---

① 疑爲“可思量。須”。
② 疑爲“須菩提！於”。
③ 疑爲“見如來不”。
④ 疑爲“不也，世尊”。
⑤ 疑爲“來。何以”。

名菩薩。何以故？如來説：莊嚴佛土者，即非莊嚴，是名莊嚴。須菩提！若菩薩通達無我法者，如來説名真是菩薩。

一體同觀分第十八

須菩提！於意云何？如來有肉眼不？如

【中缺】

是沙等恒河，是諸恒河所有沙數，佛世界如是，寧爲多不？甚多，世尊！佛告須菩提：爾所國土中，所有衆生，若干種心，如來悉知。何以故？如來説：諸心皆爲非心，是名爲心。所以者何？須菩提！過去心不可得，現在心不可得，未來心不可得。

法界通分分第十九

須菩提！於意云何？若有人滿三千大千世界七寶以用布施，是人以是因緣，得福多不？如是，世尊！此人以是因緣，得福甚多。須菩提！若福德有實，如來不説得福德多；以福德無故，如來説得福德多。

離色離相分第二十

須菩提！於意云何？佛可以具足色身見不？不也，世尊！如來不應以具足色身見。何以故？如來説：具足色身，即非具足色身，是名具足色身。須菩提！於意云何？如來可以具足諸相見不？不也，世尊！如來不應以具足諸相見。何以故？如來説：諸相具足，即非具足，是名諸相具足。

非説所説分第二十一

須菩提！汝勿謂如來作是念：我當有所説法。莫作是念，何以故？若人言：如來有所説法，即爲謗佛，不能解我所説故。須菩提！説法者，無法可説，是名説法。

爾時，慧命須菩提白佛言：世尊！頗有

【後缺】

（二十九）俄 TK181《金剛般若波羅蜜經》[①]

【題解】

宋刻本。經折裝。未染楮紙。共 1 面。高 22 釐米，面寬 13 釐米，下部殘損，天頭 2.5 釐米。面 5 行，行存 9 字。上單邊。宋體，墨色深匀。有小字雙行注音。首行右側印小字“金”。首尾缺。

【前缺】
是，世尊！如來　金
云何？如一恒
沙等恒河，是諸恒
佛世界如是，寧爲多不 [章韋訓是] 多，
尊！佛告須菩提：爾所國土
【後缺】

（三十）俄 TK182《金剛般若波羅蜜經》[②]

【題解】

西夏刻本。經折裝。潢麻紙，粗，硬。共 10 折半，21 面。下部嚴重殘損。殘高 17 釐米，面寬 8.5 釐米，天頭 2.5 釐米。每面 5 行，行 14 字。上單邊。寫刻體，墨色深匀。每 5 頁第 3 行上方右側印小字“五”至“七”。

【前缺】
故，如來常説：汝等□□□□□□□□[③]
筏喻者；法尚應舍，何况非□[④]
　　無得無説分第七
須菩提！於意云何？□□□□□□□□[⑤]
三藐三菩提耶？如來有所□□□□[⑥]

---

① 《俄藏黑水城文獻》第四册，第 149 頁。
② 《俄藏黑水城文獻》第四册，第 150—153 頁。
③ 疑爲“比丘，知我説法，如”。
④ 疑爲“法”。
⑤ 疑爲“如來得阿耨多羅”。
⑥ 疑爲“説法耶？須”。

菩提言：如我解佛所説義，無有□□①
名阿耨多羅三藐三菩提，□□□□②
法，如來可説。何以故？如來所□□□③
不可取，不可説，非法，非非□□□□④
何？一切聖賢，皆以無爲□□□□□⑤
依法出生分□□⑥
須菩提！於意云何？若人滿□□□□⑦
世界七實以用布施，是人□□□□⑧
寧爲多不？須菩提言：甚多，□□□⑨
以故？是福德即非福德性，是□□□⑩
説福德多。須菩提，若復有人，□□□□□□⑪
乃至四句偈等，□□□□□□□□⑫
何以故？須菩提！一切諸□□□□⑬
阿耨多羅三藐三菩提法，□□□□⑭
出。須菩提！所謂佛法者，□□□□⑮
一相無相分第□⑯
須菩提！於意云何？須陀洹□□□⑰
念：我得須陀洹果不？須菩提□□□⑱
世尊！何以故？須陀□□□□□□□⑲
所入，不入色聲香味觸法，是□□□⑳

---

① 疑爲“定法”。
② 疑爲“亦無有定”。
③ 疑爲“説法，皆”。
④ 疑爲“法。所以者”。
⑤ 疑爲“法而有差别”。
⑥ 疑爲“第八”。
⑦ 疑爲“三千大千”。
⑧ 疑爲“所得福德”。
⑨ 疑爲“世尊！何”
⑩ 疑爲“故如來”。
⑪ 疑爲“於此經中受持”。
⑫ 疑爲“爲他人説，其福勝彼”。
⑬ 疑爲“佛，及諸佛”。
⑭ 疑爲“皆從此經”。
⑮ 疑爲“即非佛法”。
⑯ 疑爲“九”。
⑰ 疑爲“能作是”。
⑱ 疑爲“言：不也”。
⑲ 疑爲“洹名爲入流，而無”。
⑳ 疑爲“名須陀”。

洹。須菩提！於意云何？斯陀含能□□[1]
念：我得斯陀含果□□□□□□□[2]
世尊！何以故？斯陀□□□□□□□[3]
無往來，是名斯陀含。□□□□□[4]
何？阿那含能作是念：我□□□□□[5]
不？須菩提言：不也，世尊！□□□□□[6]
含名爲不來，而實無□□□□□□[7]
含。須菩提！於意云何？□□□□□□[8]
念，我得阿羅漢道不？須菩□□□□[9]
世尊！何以故？實無有法名阿羅□□[10]
尊！若阿羅漢作是念：我得阿□□[11]
道，即爲著我，人，衆生，壽者。□□□□[12]
我得無諍三昧，人中□□□□□□[13]
一離欲阿羅漢。世尊，□□□□□□[14]
是離欲阿羅漢。世尊！我□□□□□[15]
得阿羅漢道，世尊即□□□□□[16]
是樂阿蘭那行者！以□□□□□[17]
所行，而名須菩提，□□□□□□[18]

莊嚴净土□□[19]十

佛告須菩提：於意云何？如來□□[20]

---

① 疑爲“作是”。
② 疑爲“不？須菩提言：不也”。
③ 疑爲“含名一往來，而實”。
④ 疑爲“須菩提！於意云”。
⑤ 疑爲“得阿那含果”。
⑥ 疑爲“何以故？阿那”。
⑦ 疑爲“不來，是名阿那”。
⑧ 疑爲“阿羅漢能作是”。
⑨ 疑爲“提言：不也”。
⑩ 疑爲“漢。世”。
⑪ 疑爲“羅漢”。
⑫ 疑爲“世尊！佛説”。
⑬ 疑爲“最爲第一，是第”。
⑭ 疑爲“我不作是念：我”。
⑮ 疑爲“若作是念：我”。
⑯ 疑爲“不説須菩提”。
⑰ 疑爲“須菩提實無”。
⑱ 疑爲“是樂阿蘭那行”。
⑲ 疑爲“分第”。
⑳ 疑爲“昔在”。

然燈佛所，於法有所得不？不□□□[1]
如來在然燈佛所，□□□□□□[2]
須菩提！於意云何？□□□□□□[3]
不？不也，世尊！何以故？□□□□□[4]
即非莊嚴，是名莊嚴。是□□□□[5]
諸菩薩摩訶薩，應如是□□□□[6]
不應住色生心，不□□□□□□[7]
法生心，應無所住□□□□□□[8]
提！譬如有人，身如□□□□□□[9]
云何？是身爲大不？須菩提言：□□[10]
世尊！何以故？佛説非身，是名□□[11]
無爲福勝分第□□[12]
須菩提！如恒河中□□□□□□□[13]
等恒河，於意云何？是□□□□□[14]
爲多不？須菩提言：甚多，□□□□□[15]
河尚多無數，何況其沙。□□□□[16]
今實言告汝：若有善□□□□□□[17]
七寶満爾所恒河沙數三□□□□[18]
界，以用布施，得福多不？□□□□[19]
甚多，世尊！佛告須菩提：若□□□[20]

① 疑爲“也，世尊”。
② 疑爲“於法實無所得”。
③ 疑爲“菩薩莊嚴佛土”。
④ 疑爲“莊嚴佛土者”。
⑤ 疑爲“故須菩提”。
⑥ 疑爲“生清净心”。
⑦ 疑爲“應住聲香味觸”。
⑧ 疑爲“而生其心。須菩”。
⑨ 疑爲“須彌山王，於意”。
⑩ 疑爲“甚大”。
⑪ 疑爲“大身”。
⑫ 疑爲“十一”。
⑬ 疑爲“所有沙數，如是沙”。
⑭ 疑爲“諸恒河沙，寧”。
⑮ 疑爲“世尊！但諸恒”。
⑯ 疑爲“須菩提！我”。
⑰ 疑爲“男子，善女人，以”。
⑱ 疑爲“千大千世”。
⑲ 疑爲“須菩提言”。
⑳ 疑爲“善男子”。

善女人，於此經中，乃至受持□□□[①]
等，爲他人説，而此福德勝前□□[②]
尊重正教分第十□[③]
復次，須菩提！隨説是經，乃□□□□[④]
等，當知此處，一切世間，□□□□□[⑤]
皆應供養，如佛塔廟，□□□□□[⑥]
能受持讀誦。須菩提！當□□□□[⑦]
就最上第一稀有之法，若□□□[⑧]
所在之處，即爲有佛，若尊重□□[⑨]
如法受持分第十三
爾時，須菩提白佛言：世尊！當□□□[⑩]
經，我等云何奉持？佛□□□□□□[⑪]
名爲金剛般若波羅□□□□□□[⑫]
當奉持。所以者何？須菩□□□□□[⑬]
波羅蜜，即非般若波羅□□□□□[⑭]
波羅蜜。須菩提！於意□□□□□□[⑮]
説法不？須菩提白佛□□□□□□[⑯]
所説。須菩提！於意□□□□□□□□[⑰]
所有微塵是爲多不？須菩提□□□[⑱]
世尊！須菩提！諸微塵，如來□□□□[⑲]

---

① 疑爲“四句偈”。
② 疑爲“福德”。
③ 疑爲“二”。
④ 疑爲“至四句偈”。
⑤ 疑爲“天人，阿修羅”。
⑥ 疑爲“何况有人盡”。
⑦ 疑爲“知是人成”。
⑧ 疑爲“是經典”。
⑨ 疑爲“弟子”。
⑩ 疑爲“何名此”
⑪ 疑爲“告須菩提：是經”。
⑫ 疑爲“蜜，以是名字，汝”。
⑬ 疑爲“提！佛説般若”。
⑭ 疑爲“蜜，是名般若”。
⑮ 疑爲“云何？如來有所”。
⑯ 疑爲“言：世尊！如來無”。
⑰ 疑爲“云何？三千大千世界”。
⑱ 疑爲“言：甚多”。
⑲ 疑爲“説非微塵”。

是名微塵。如來說：世界，非世□□□[①]
世界。須菩提！於意云何？可以□□□[②]
相見如來不？不也，□□□□□□□[③]
二相得見如來，何以故？□□□□□[④]
二相，即是非相，是名三□□□□□[⑤]三
提！若有善男子，善女人□□□□□[⑥]
身命布施；若復有人，□□□□□□[⑦]
受持四句偈等，爲□□□□□□□[⑧]

離相寂滅分第十四

爾時，須菩提聞說是經，深解□□□[⑨]
泪悲泣，而白佛言：稀有，世尊！□□□[⑩]
是甚深經典，我從昔來所得□□□[⑪]
曾得聞如是之經。世□□□□□□[⑫]
聞是經，信心清净，則生□□□□□[⑬]
人，成就第一稀有功德。□□□□□[⑭]
者，即是非相，是故如□□□□□□[⑮]
尊！我今得聞如□□□□□□□□[⑯]
足爲難，若當來世，□□□□□□□[⑰]
生，得聞是經，信解受持，是人則□□[⑱]
一稀有。何以故？此人無我相，□□□[⑲]

---

① 疑爲“界，是名”。
② 疑爲“三十二”。
③ 疑爲“世尊！不可以三十”。
④ 疑爲“如來說：三十”。
⑤ 疑爲“十二相。須菩”。
⑥ 疑爲“以恒河沙等”。
⑦ 疑爲“於此經中，乃至”。
⑧ 疑爲“他人説，其福甚多”。
⑨ 疑爲“義趣，涕”。
⑩ 疑爲“佛説如”。
⑪ 疑爲“慧眼，未”。
⑫ 疑爲“尊！若復有人得”。
⑬ 疑爲“實相，當知是”。
⑭ 疑爲“世尊！是實相”。
⑮ 疑爲“來説名實相。世”。
⑯ 疑爲“是經典，信解受持不”。
⑰ 疑爲“后五百歲，其有衆”。
⑱ 疑爲“爲第”。
⑲ 疑爲“人相，衆”。

【後缺】

(三十一) 俄 A20V. 17《金剛般若波羅蜜經》[①]

何如來
得不不也
法實無
薩莊嚴
莊嚴佛土

(三十二) 俄 TK296V《金剛般若波羅蜜經等》[②]

(1)
從無可
□□生
安樂無爲果自
頌曰
(2)
净口業真言
净口業真言
修唎□□□摩訶修唎修
□□□□□□□真言
(3)
舍知識而等正興
欲汝涅槃本
我言瞿賢
衣苦以身救
(4)
切蟻蟲
詣切計切赫弈

(三十三) 俄 TK63B《金剛般若波羅蜜經》[③]

① 《俄藏黑水城文獻》第五册, 第 285 頁。
② 《俄藏黑水城文獻》第四册, 第 385 頁。該件文書由四個殘片組成。
③ 《俄藏黑水城文獻》第二册, 第 66 頁。該件文書題名爲《佛經》, 未定名。筆者認爲應是《金剛般若波羅蜜經》殘片。

【題解】

西夏刻本，經折裝，未染麻紙。高 33.7 釐米，面寬 8 釐米。

【前缺】
復有人得聞是經
知是人甚爲稀有
來説第一波羅蜜
是名第一波羅蜜須
【中缺】
説法不須菩提白佛言：世尊如來無□□
所説須菩提，於意云何？三千大世界□□
所有微塵是爲多不？須菩提言：甚多□□
世尊，須菩提諸微塵，如來説非微塵□□
【後缺】

（三十四）俄 TK64V《金剛經等》[①]

【前缺】
爾時須菩提白佛言：世尊，善男子
善女人，發多羅三藐三菩提
【中缺】
□□何應住云？何降伏其□□□
【後缺】

（三十五）俄 TK161V《金剛經等》[②]

我當莊嚴佛土。是不名菩薩。何以
實無有法，名阿羅漢世來説：莊嚴佛
諍三昧，人中最爲第一，漢作是念，我
我人根生受諸世界阿那含果。不須
□菩薩
大地積釋長空布瑞正憑應時錯位，莊嚴須菩提是
故如
我法者如來説名真

① 《俄藏黑水城文獻》第二册，第 77 頁。
② 《俄藏黑水城文獻》第四册，第 24—27 頁。

法應
一體同觀第十八
宋三十一人
陸碳微子峻弘肅□雇實先
堂堂根麼祇，如今無能無伎倆，若猛
須菩提於意運何，如來有肉眼不
如是世尊。如來有肉眼，須菩提
來有慧眼，不如是。世尊如來有回便出

（三十六）俄 TK178V《佛經》[①]

來者菩是
肯重未得十
妙行無
復次須
（西夏文略）
須菩提於意云何
尊是人不解如來
生見壽者
見
（西夏文略）

（三十七）俄 TK21. 2《佛説般若波羅蜜多心經》[②]

【題解】

冠韋陀菩薩像 1 頁。經文未有咒語，偈語。

觀自在菩薩，行深般若波羅蜜多
時，照見五蘊皆空，度一切苦厄。舍
利子，色不异空，空不异色，色即是
空，空即是色，受想行識，亦復如是。
舍利子，是諸法空相，不生不滅，不

① 《俄藏黑水城文獻》第四册，第 128—130 頁。該件文書《佛經》爲未定名佛經，筆者認爲這件文書應是《金剛經》殘片，但有衍文、倒文。衍文不知出於何處。

② 《俄藏黑水城文獻》第二册，第 5—6 頁。該件文書題名爲《佛説般若波羅蜜多心經》，筆者認爲應爲玄奘譯《摩訶般若波羅蜜多心經注》。

垢不净，不增不減。是故空中無色，
無受想行識，無眼耳鼻舌身意，無
色聲香味觸法，無眼界，乃至無意
識界。無無明，亦無無明盡，乃至
無老死，亦無老死盡。無苦集滅道，無
智亦無得。以無所得故，菩提薩埵，
依般若波羅蜜多故，心無挂礙，無
挂礙故，無有恐怖，遠離顛倒夢想，
究竟涅槃。三世諸佛，依般若波羅
蜜多故，得阿耨多羅三藐三菩提。
故知般若波羅蜜多，是大神咒，是
大明咒，是無上咒，是無等等咒，能
除一切苦，真實不虚。故説般若波
羅蜜多咒，即説咒曰：
揭諦，揭諦，波羅揭諦，
波羅僧揭諦，菩提薩婆訶。[①]
天阿蘇羅藥叉等，來聽法者應至心，
擁護佛法使長存，各各勤行世尊教。
諸有聽徒來至此，或在地上或居空，
常於人世起慈心，晝夜自身依法住。
願諸世界常安隱，無邊福智益群生，
所有罪業并消除，遠離衆苦歸圓寂。
恒用戒香塗瑩體，常持定服以資身，
菩提妙華徧莊嚴，隨所住處常安樂。[②]
願以此功德，普及於一切，
我等與衆生，皆共成佛道。

（三十八）俄 TK25.1《佛説般若波羅蜜多心經》[③]

【題解】

西夏刻本。經折裝，未染麻紙。共 4 折半，9 面。高 12.5 釐米，面寬 6.2 釐米，版框高 8.5 釐米，天頭 2.5 釐米，地脚 1.3 釐米。每面 6 行，行 13 字。上下雙邊，宋體，墨色中。首尾殘缺。

---

① 下面八行文字爲《佛説無常經》的内容。
② 下面两行文字爲《妙法蓮華經》或《添品妙法蓮花經》的内容。
③ 《俄藏黑水城文獻》第二册，第 13 頁。

【前缺】
垢不净，不增不減。是故空中無色，
無受想行識，無眼耳鼻舌身意，無
色聲香味觸法，無眼界，乃至無意
識界。無無明，亦無無明盡，乃至無
老死，亦無老死盡。無苦集滅道，無
智亦無得。以無所得故，菩提薩埵，
依般若波羅蜜多故，心無挂礙，無
挂礙故，無有恐怖，遠離顛倒夢想，
究竟涅槃。三世諸佛，依般若波羅
蜜多故，得阿耨多羅三藐三菩提。
故知般若波羅蜜多，是大神咒，是
大明咒，是無上咒，是無等等咒，能
除一切苦，真實不虚。故説般若波
羅蜜多咒，即説咒曰：
揭諦，揭諦，波羅揭諦，
波羅僧揭諦，菩提薩婆訶。①
天阿蘇羅藥叉等，來聽法者應至心，
擁護佛法使長存，各各勤行世尊教。
諸有聽徒來至此，或在地上或居空，
常於人世起慈心，晝夜自身依法住。
願諸世界常安隱，無邊福智益群生，
所有罪業并消除，遠離衆苦歸圓寂。
恒用戒香塗瑩體，常持定服以資身，
菩提妙華遍莊嚴，隨所住處常安樂。②
願以此功德，普及於一切，
我等與衆生，皆共成佛道。

（三十九）俄 TK189《佛説般若波羅蜜多心經》③

【題解】

西夏寫本。經折裝。白楮紙。共 1 折半，2 面。高 18 釐米，面寬 8 釐米，每面 8 行，

① 下面八行文字爲《佛説無常經》的内容。
② 下面兩行文字爲《妙法蓮華經》或《添品妙法蓮花經》的内容。
③ 《俄藏黑水城文獻》第四册，第 190 頁。

行 11 字。楷書，墨色濃匀。

佛說般若波羅蜜多心經
觀自在菩薩，行深般若波羅
蜜多時，照見五藴皆空，度一
切苦厄。舍利子，色不异空，
空不异色，色即是空，空即是
色，受想行識，亦復如是。舍利
子，是諸法空相，不生不滅，不
垢不净，不增不減。是故空中
【後缺】

（四十）俄 TK144《般若波羅蜜多心經》[1]

【題解】

西夏刻本。經折裝。未染楮紙，粗。共 3 折，6 面。高 18. 7 釐米，面寬 8. 3 釐米。版框高 15. 2 釐米。天頭 1. 8 釐米，地脚 1. 6 釐米。每面 5 行，行 11—12 字。上下單邊，宋體，墨色中。

觀自在［菩］薩，行深般若波羅
蜜多時，照見五藴皆空，度一
切苦厄。舍利子，色不异空，空
不异色，色即是空，空即是色，
受想行識，亦復如是。舍利子，
是諸法空相，不生不滅，不垢不
净，不增不減。是故空中無色，
無受想行識，無眼耳鼻舌身
意，無色聲□[2]味觸法，無眼界，
乃□□□□[3]界，無無明，亦無
無明盡，乃至無老死，亦無老死
盡。無苦集□[4]道，無智亦無得。以
無所得故。菩提薩埵，依般若

① 《俄藏黑水城文獻》第三册，第 234—235 頁。
② 疑爲“香”。
③ 疑爲“至無意識”。
④ 疑爲“滅”。

波羅蜜多故，心無挂礙。無挂礙
故，無有恐怖，遠離顛倒夢想，
【中缺】
故説般若波羅蜜多咒，即説
咒曰：揭諦揭諦，波羅揭諦，
波羅僧揭諦，菩提薩婆訶。①
天阿蘇囉藥叉等，來聽法者應志心。②
擁護佛法使長存，各各勤行世尊教，
諸有聽徒來至此，或在地上或居空，
常於人世起慈心，日夜自身依法住，
願諸世界常安樂，無邊福智益群生，
□□③罪業并消除，遠離衆苦歸圓寂④
如是一切諸業障，悉皆消滅盡無餘，
念念智周於法界，廣度衆生皆不退，
乃至虚空世界盡，衆生及業煩惱盡，
如是四法廣無邊，願今回嚮亦如是。
般若波羅蜜多心經。

（四十一）俄 A20.3《唐梵般若心經》⑤

三麼满□□□薩囉嚩(二合)耨欠(一)鉢囉(二合)舍
摩囊一娑底也(二合)蜜體拽(二合)特嚩(二合)鉢囉怛拏(二合)娑鈿
囉弭跢野(一)穆(入)訖妒(二合)满怛囉(二合)怛引你也(二合)
他(去)訖諦誐諦播囉誐諦夜
囉僧誐諦□地(引)娑嚩(二合)賀(引)
唐梵般若

（四十二）俄 TK128.1《佛説聖佛母般若波羅蜜多心經》⑥

【題解】

① 下文六行文字應爲《佛母大孔雀明王經卷上》或《普遍光明清净熾盛如意寶印心無能勝大明王大隨求陀羅尼經卷上》的内容。
② 雖然文書中間有很大的空白處，疑似有缺文，但是從文書内容來看，是相互銜接的。
③ 疑爲“所有”。
④ 下文四行文字見於見與《瑜伽集要焰口施食儀》亦見於《禮舍利塔儀式發愿回嚮》。
⑤ 《俄藏黑水城文獻》第五册，第 270 頁。該件文書爲一行漢文，一行梵文，筆者僅録漢文。
⑥ 《俄藏黑水城文獻》第三册，第 73—74 頁。筆者按：該件文書同大藏經本有諸多的差异。

西夏刻本。經折裝，未染麻紙，共 10 折半，21 面。高 22.2 釐米，面寬 11.2 釐米。版框高 16.7 釐米，天頭 3.4 釐米，地脚 2.2 釐米。每面 8 行，行 15—16 字。上下單邊，宋體。墨色深。冠佛畫 2 面。有榜題：一切如來般若佛母衆會。

梵云啊吟拽末遏斡帝不囉哩鉢囉
彌怛嘥哩捺也須嘚囉
此云佛説聖佛母般若波羅蜜多心經
蘭山覺行國師沙門德慧奉敕譯
奉天顯道耀武宣文神謀睿智制義去邪惇睦懿貢皇帝詳定
敬禮般若佛母
如是我聞。一時佛在祇舍崛山與大比丘
衆并諸菩薩摩訶薩等，無量衆會簽後
圍繞。
爾時世尊。即入甚深三摩地。於時會中觀
自在菩薩即行甚深般若波羅蜜多。照見
五蘊自性皆空。時舍利子。承佛神力。而白
觀自在菩薩言：若善男子善女人，欲行甚
深般若波羅蜜多者，云何學？願垂演説
時觀自在菩薩告舍利子言：若善男子
善女人，欲行甚深般若波羅蜜多者，應觀
五蘊自性皆空。色即是空，空即是色，色不
异於空，空不异於色。受想行識，亦復如是。是故
舍利子，諸法性空，不生，不滅，不垢，不净，不
增，不減。是故空中無色，無受想行識，無眼
耳鼻舌身意，無色聲香味觸法。無眼界，乃
至無意界，無意識界。無無明。亦無無明盡。乃至無
老死，亦無老死盡。無苦集滅道。無智。亦無
無智，無得。亦無無得。是故舍利子。諸菩薩
摩訶薩亦無娑得。故依般若波羅蜜多心
無挂礙，無有恐怖，遠離一切顛倒，究竟涅槃，三
世諸佛。依般若波羅蜜多，故悉得阿耨多
羅三藐三菩提。是舍利子應知。般若波
羅蜜多。是大神咒，是大明咒，是無上咒。是
無等等咒，能除一切苦。真實不虚。故即説
般若波羅蜜多咒曰：
怛甯達唵遏帝遏帝鉢囉遏帝鉢囉
僧遏帝磨溺莎訶
是故舍利子。諸菩薩，摩訶薩。應當修學甚

甚深般若波羅蜜多。復次世尊，即出甚深三
摩地，贊觀自在菩薩言：善哉善哉，汝今所
説，般若波羅蜜多者，諸菩薩，摩訶薩等應
當修學。我等諸佛悉皆隨喜。佛説此經已。
舍利子與觀自在菩薩等無量衆會。天龍
夜叉，乾闥婆，阿修羅，迦樓羅，緊那羅摩和
羅伽，人，非人等。聞佛所説皆大歡喜。
信受奉行。
佛説聖佛母般若波羅蜜多心經

俄藏黑水城漢文文獻法華部佛經

（一）俄 TK1《妙法蓮花經卷第一》[①]

【題解】

西夏刻本。經折裝。潢麻紙。共 41 折半，83 面。高 14. 8 釐米，面寬 8. 9 釐米，版框高 15. 4 釐米，天頭 2 釐米，地脚 1. 2 釐米。每面 8 行，行 16 字，上下單邊，宋體，墨色不勻。首冠佛說法圓輿因果報應故事畫 4 面，四周雙邊。已裱。

奉天顯道耀武宣文神謀睿
智制義去邪惇睦懿貢皇帝
　　妙法蓮華經弘傳序一
終南山釋道宣述
妙法蓮華經者，統諸佛降靈之本致也。蘊
結大夏，出彼千齡。東傳震旦，三百餘載。西
晋惠帝永康年中，長安青門，敦煌菩薩竺
法護者，初翻此經，名正法華。東晋安帝，隆
安年中，後秦弘始，丘兹沙門鳩摩羅什，次
翻此經，名妙法蓮華。隋氏仁壽，大興善寺，
北天竺沙門闍那，笈多，後所翻者，同名妙
法。三經重遝，文旨互陳。時所宗尚，皆弘秦
本。自余支品，别偈，不無其流。具如叙曆，故
所非述。夫以靈岳降靈，非大聖無由開
化。適化所及，非昔緣無以導心。所以仙苑
告成，機分小大之別。金河顧命，道殊半満

① 《俄藏黑水城文獻》第一册，第 1—16 頁。

之科。豈非教被乘時，無足核其高會。是知五千退席，爲進增慢之儔。五百授記，俱崇蜜化之迹。所以放光現瑞，開發請之教源。出定揚德，暢佛慧之宏略。朽宅通入大之文軌，化城引昔緣之不墜。系珠明理性之常在，鑿井顯示悟之多方。詞義宛然，喻陳惟遠。自非大哀曠濟，拔滯溺之沉流。一極悲心，極昏迷之失性。自漢至唐六百餘載，總曆群籍，四千餘軸。受持盛者，無出此經。將非機教相扣，并智勝之遺塵。聞而深敬，俱威王之餘績。輒於經首，序而綜之。庶得早净六根，仰慈尊之嘉會。速成四德，趣樂土之玄猷。弘贊莫窮，永貽諸後云爾。

妙法蓮華經序品第一爲平聲爲去聲

姚秦三藏法師鳩摩羅什奉詔譯

如是我聞。一時，佛住王舍城，耆闍崛山中，與大比丘衆萬二千人俱。皆是阿羅漢，諸漏已盡，無復煩惱，逮得己利，盡諸有結，心得自在。其名曰：阿若憍陳如，摩訶迦葉，優樓頻螺迦葉，伽耶迦葉，那提迦葉，舍利弗，大目犍連，摩訶迦旃延，阿㝹樓馱，劫賓那，憍梵波提，離婆多，畢陵伽婆蹉，薄拘羅，摩訶拘絺羅，難陀，孫陀羅難陀，富樓那彌多羅尼子，須菩提，阿難，羅侯羅，如是衆所知識，大阿羅漢等。復有學，無學二千人。摩訶波闍波提比丘尼，與眷屬六千人俱。羅侯羅母耶輸陀羅比丘尼，亦與眷屬俱。菩薩摩訶薩八萬人，皆於阿耨多羅三藐三菩提不退轉，皆得陀羅尼。樂説辯才，轉不退轉法輪。供養無量百千諸佛，於諸佛所，植衆德本，常爲諸佛之所稱歎。以慈修身，善入佛慧。通達大智，到於彼岸。名稱普聞無量世界，能度無數百千衆生。其名曰：文殊師利菩薩，觀世音菩薩，得大勢菩薩，常精進菩薩，不休息菩薩，寶掌菩薩，藥王菩薩，勇施菩薩，寶月菩薩，月光菩薩，满月菩薩，大力菩薩，無量力菩薩，越三界菩薩，跋陀婆羅菩薩，彌勒菩薩，寶積菩薩，導師菩薩，如是等菩薩摩訶薩八萬人俱。
爾時釋提桓因，與其眷屬二萬天子俱。復有名月天子，普香天子，寶光天子，四大天王，與其眷屬萬天子俱。自在天子，大自在天子，與其眷屬三萬天子俱。娑婆世界主，梵天王，屍弃大梵，光明大梵等，與其眷屬萬二千天子俱。有八龍王，難陀龍王，跋難陀龍王，娑伽羅龍王，和修吉龍王，德叉迦龍王，阿那婆達多龍王，摩那斯龍王，優鉢羅龍王等，各與若干百千眷屬俱。有四緊那羅王，法緊那羅王，妙法緊那羅王，大法緊那羅王，持法緊那羅王，各與若干百千眷屬俱。有四乾闥婆王，樂乾闥婆王，樂音乾闥婆王，美乾闥婆王，美音乾闥婆王，各與若干百千眷屬俱。有四阿修羅王，婆稚阿修羅王，佉羅騫馱阿修羅王，毗摩質多羅阿修羅王，羅侯阿修羅王，各與若干百千眷屬俱。有四迦樓羅王，大威德迦樓羅王，大身迦樓羅王，大满迦樓羅王，如意迦樓羅王，各與若干百千眷屬俱。韋提希子阿闍世王，與若干百千眷屬俱。各禮佛足，退坐一面。
爾時世尊，四衆圍繞，供養，恭敬，尊重，贊歎。爲諸菩薩説大乘經，名無量義，教菩薩法，佛所護念。佛説此經已，結跏趺坐，入於無量義處三昧，身心不動。是時天雨曼陀羅華，摩訶曼陀羅華，曼殊沙華，摩訶曼殊沙華，而散佛上，及諸大衆。普佛世界，六種震動。爾時會中，比丘，比丘尼，優婆塞，優婆夷，天龍，夜叉，乾闥婆，阿修羅，迦樓羅，緊那羅，摩侯羅伽，人非人，及諸小王，轉輪聖王。是諸大衆，得未曾有，歡喜合掌，一心觀佛。爾時佛放眉間白毫相光，照東方萬八千世界，靡不周遍，下至阿鼻地獄，上至阿迦尼吒天。於此世界，盡見彼土六趣衆生，又見彼土現在諸佛。及聞諸佛所説經法。并見彼諸比丘，比丘尼，優婆塞，優婆夷，諸修行得道者。復見諸菩薩摩訶薩，種種因緣，種

種信解，種種相貌，行菩薩道。復見諸佛般
涅盤者。復見諸佛般涅盤後，以佛舍利，起
七寶塔。爾時彌勒菩薩作是念：今者，世尊
現神變相，以何因緣而有此瑞。今佛世尊
入於三昧，是不可思議，現稀有事，當以問
誰，誰能答者。復作此念：是文殊師利，法王
之子，已曾親近供養過去無量諸佛，必應
見此稀有之相，我今當問。爾時比丘，比丘
尼，優婆塞，優婆夷，及諸天龍，鬼神等，咸作
此念：是佛光明神通之相，今當問誰？爾時
彌勒菩薩，欲自決疑，又觀四衆比丘，比丘
尼，優婆塞，優婆夷，及諸天龍，鬼神等，衆會
之心，而問文殊師利言：以何因緣，而有此
瑞，神通之相，放大光明，照於東方萬八千
土，悉見彼佛國界莊嚴？於是彌勒菩薩欲
重宣此義，以偈問曰：
文殊師利，導師何故，眉間白毫，大光普照。
雨曼陀羅，曼殊沙華，栴檀香風，悦可衆心。
以是因緣，地皆嚴净，而此世界，六種震動。
時四部衆，咸皆歡喜，身意快然，得未曾有。
眉間光明，照於東方，萬八千土，皆如金色，
從阿鼻獄，上至有頂。諸世界中，六道衆生，
生死所趣，善惡業緣，受報好醜，於此悉見。
又睹諸佛，聖主師子，演説經典，微妙第一。
其聲清净，出柔軟音，教諸菩薩，無數億萬，
梵音深妙，令人樂聞。各於世界，講説正法，
種種因緣。以無量喻，照明佛法，開悟衆生。
若人遭苦，厭老病死，爲説涅盤，盡諸苦際。
若人有福，曾供養佛，志求勝法，爲説緣覺。
若有佛子，修種種行，求無上慧，爲説净道。
文殊師利，我住於此，見聞若斯，及千億事，
如是衆多，今當略説。我見彼土，恒沙菩薩，
種種因緣，而求佛道。或有行施，金銀珊瑚，
真珠摩尼，硨磲瑪瑙，金剛諸珍，奴婢車乘，
寶飾輦輿，歡喜布施。回嚮佛道，願得是乘，
三界第一，諸佛所歎。或有菩薩，駟馬寶車，
欄楯華蓋，軒飾布施。復見菩薩，身肉手足，
及妻子施，求無上道。又見菩薩，頭目身體，

欣樂施與，求佛智慧。文殊師利，我見諸王，
往詣佛所，問無上道，便舍樂土，宮殿臣妾，
剃除鬚髪，而被法服。或見菩薩，而作比丘，
獨處閒静，樂誦經典。又見菩薩，勇猛精進，
入於深山，思惟佛道。又見離欲，常處空閒，
深修禪定，得五神通。又見菩薩，安禪合掌，
以千萬偈，贊諸法王。復見菩薩，智深志固，
能問諸佛，聞悉受持。又見佛子，定慧具足，
以無量喻，爲衆講法，欣樂説法，化諸菩薩，
破魔兵衆，而擊法鼓。又見菩薩，寂然宴默，
天龍恭敬，不以爲喜。又見菩薩，處林放光，
濟地獄苦，令入佛道。又見佛子，未嘗睡眠，
經行林中，勤求佛道。又見具戒，威儀無缺，
净如寶珠，以求佛道。又見佛子，住忍辱力，
增上慢人，惡罵捶打，皆悉能忍，以求佛道。
又見菩薩，離諸戲笑，及痴眷屬，親近智者，
一心除亂，攝念山林，億千萬歲，以求佛道。
或見菩薩，肴膳飲食，百種湯藥，施佛及僧。
名衣上服，價值千萬，或無價衣，施佛及僧。
千萬億種，栴檀寶舍，衆妙卧具，施佛及僧。
清净園林，花果茂盛，流泉浴池，施佛及僧。
如是等施，種果微妙，歡喜無厭，求無上道。
或有菩薩，説寂滅法，種種教詔，無數衆生。
或見菩薩，觀諸法性，無有二相，猶如虚空。
又見佛子，心無所著，以此妙慧，求無上道。
文殊師利，又有菩薩，佛滅度後，供養舍利。
又見佛子，造諸塔廟，無數恒沙，嚴飾國界，
寶塔高妙，五千由旬，縱廣正等，二千由旬。
一一塔廟，各千幢幡，珠交露幔，寶鈴和鳴。
諸天龍神，人及非人，香華妓樂，常以供養。
文殊師利，諸佛子等，爲供舍利，嚴飾塔廟，
國界自然，殊特妙好，如天樹王，其華開敷，
佛放一光。我及衆會，見此國界，種種殊妙，
諸佛神力，智慧稀有，放一净光，照無量國。
我等見此，得未曾有。佛子文殊，願决衆疑，
四衆欣仰，瞻仁及我，世尊何故，放斯光明。
佛子時答，决疑令喜，何所饒益，演斯光明。
佛坐道場，所得妙法，爲欲説此，爲當授記，

示諸佛土 衆寶嚴净，及見諸佛。此非小緣，
文殊當知。四衆龍神，瞻察仁者，爲説何等。
爾時文殊師利語彌勒菩薩摩訶薩，及諸
大士，善男子等：如我惟忖，今佛世尊欲説
大法，雨大法雨，吹大法螺，擊大法鼓，演大
法義。諸善男子，我於過去諸佛，曾見此瑞，
放斯光已，即説大法。是故當知今佛現光，
亦復如是，欲令衆生，咸得聞知一切世間
難信之法，故現斯瑞。諸善男子，如過去無
量無邊不可思議阿僧祇劫，爾時有佛，號
日月燈明如來，應供，正遍知，明行足，善逝
世間解，無上士，調御丈夫，天人師，佛，世尊，
演説正法，初善，中善，後善，其義深遠，其語
巧妙，純一無雜，具足清白梵行之相。爲求
聲聞者，説應四諦法，度生老病死，究竟涅
盤。爲求辟支佛者，説應十二因緣法。爲諸
菩薩，説應六波羅蜜，令得阿耨多羅三藐
三菩提，成一切種智。次復有佛，亦名日月
燈明，次復有佛，亦名日月燈明，如是二萬
佛，皆同一字，號日月燈明，又同一姓，姓頗
羅墮。彌勒當知，初佛後佛，皆同一字，名日
月燈明，十號具足。所可説法，初中後善。其
最後佛，未出家時，有八王子，一名有意，二
名善意，三名無量意，四名寶意，五名增意，
六名除疑意，七名嚮意，八名法意。是八王
子，威德自在，各領四天下。是諸王子，聞父
出家，得阿耨多羅三藐三菩提。悉舍王位，
亦隨出家，發大乘意，常修梵行，皆爲法師，
已於千萬佛所，植諸善本。是時日月燈明
佛説大乘經，名無量義，教菩薩法，佛所護
念。説是經已，即於大衆中，結跏趺坐，入於
無量義處三昧，身心不動。是時，天雨曼陀
羅華，摩訶曼陀羅華，曼殊沙華，摩訶曼殊
沙華，而散佛上，及諸大衆。普佛世界，六種
震動。爾時會中，比丘，比丘尼，優婆塞，優婆
夷，天龍，夜叉，乾闥婆，阿修羅，迦樓羅，緊那
羅，摩侯羅伽，人非人，及諸小王，轉輪聖王
等。是諸大衆，得未曾有，歡喜合掌，一心觀

佛。爾時如來放眉間白毫相光，照東方萬
八千佛土，靡不周遍，如今所見，是諸佛土。
彌勒當知，爾時會中，有二十億菩薩，樂欲
聽法。是諸菩薩，見此光明，普照佛土，得未
曾有，欲知此光所爲因緣。時有菩薩，名曰
妙光，有八百弟子。是時日月燈明佛從三
昧起，因妙光菩薩，説大乘經，名妙法蓮華，
教菩薩法，佛所護念。六十小劫，不起於座。
時會聽者，亦坐一處，六十小劫，身心不動，
聽佛所説，謂如食頃。是時衆中，無有一人，
若身若心而生懈倦。日月燈明佛於六十
小劫説是經已，即於梵，魔，沙門，婆羅門，及
天，人，阿修羅衆中，而宣此言，如來於今日
中夜，當入無餘涅盤。時有菩薩，名曰德藏，
日月燈明佛即授其記。告諸比丘：是德藏
菩薩，次當作佛，號曰浄身，多陀阿伽度，阿
羅訶，三藐三佛陀。佛授記已，便於中夜，入
無餘涅盤。佛滅度後，妙光菩薩持妙法蓮
華經，滿八十小劫，爲人演説。日月燈明佛
八子，皆師妙光。妙光教化，令其堅固阿耨
多羅三藐三菩提。是諸王子，供養無量百
千萬億佛已，皆成佛道，其最後成佛者，名
曰燃燈。八百弟子中，有一人，號曰求名，貪
著利養，雖復讀誦衆經，而不通利，多所忘
失，故號求名。是人亦以種諸善根因緣故，
得值無量百千萬億諸佛，供養，恭敬，尊重，
贊歎。彌勒當知，爾時妙光菩薩，豈异人乎，
我身是也，求名菩薩，汝身是也。今見此瑞，
與本無异，是故惟忖，今日如來當説大乘
經，名妙法蓮華，教菩薩法，佛所護念。爾時
文殊師利於大衆中，欲重宣此義，而説偈
言：　一

我念過去世，無量無數劫，有佛人中尊，
號日月燈明。世尊演説法，度無量衆生，
無數億菩薩，令入佛智慧。佛未出家時，
所生八王子，見大聖出家，亦隨修梵行。
時佛説大乘，經名無量義，於諸大衆中，
而爲廣分別。佛説此經已，即於法座上，

跏趺坐三昧，名無量義處。天雨曼陀華，
天鼓自然鳴，諸天龍鬼神，供養人中尊。
一切諸佛土，即時大震動。佛放眉間光，
現諸稀有事，此光照東方，萬八千佛土，
示一切衆生，生死業報處。有見諸佛土，
以衆寶莊嚴，琉璃玻璃色，斯由佛光照。
及見諸天人，龍神夜叉衆，乾闥緊那羅，
各供養其佛。又見諸如來，自然成佛道，
身色如金山，端嚴甚微妙，如净琉璃中，
内現真金像。世尊在大衆，敷演深法義。
一一諸佛土，聲聞衆無數，因佛光所照，
悉見彼大衆。或有諸比丘，在於山林中，
精進持净戒，猶如護明珠。又見諸菩薩，
行施忍辱等，其數如恒沙，斯由佛光照。
又見諸菩薩，深入諸禪定，身心寂不動，
以求無上道。又見諸菩薩，知法寂滅相，
各於其國土，説法求佛道。爾時四部衆，
見日月燈佛，現大神通力，其心皆歡喜，
各各自相問，是事何因緣。天人所奉尊，
適從三昧起，贊妙光菩薩，汝爲世間眼，
一切所歸信，能奉持法藏，如我所説法，
唯汝能證知。世尊既贊歎，令妙光歡喜，
説是法華經，満六十小劫，不起於此座。
所説上妙法，是妙光法師，悉皆能受持。
佛説是法華，令衆歡喜已，尋即於是日，
告於天人衆，諸法實相義，已爲汝等説，
我今於中夜，當入於涅盤。汝一心精進，
當離於放逸，諸佛甚難值，億劫時一遇。
世尊諸子等，聞佛入涅盤，各各懷悲惱，
佛滅一何速。聖主法之王，安慰無量衆，
我若滅度時，汝等勿憂怖，是德藏菩薩，
於無漏實相，心已得通達，其次當作佛，
號曰爲净身，亦度無量衆。佛此夜滅度，
如薪盡火滅，分布諸舍利，而起無量塔。
比丘比丘尼，其數如恒沙，倍復加精進，
以求無上道。是妙光法師，奉持佛法藏，
八十小劫中，廣宣法華經。是諸八王子，
妙光所開化，堅固無上道，當見無數佛。

供養諸佛已，隨順行大道，相繼得成佛，
轉次而授記。最後天中天，號曰燃燈佛，
諸仙之導師，度脱無量衆。是妙光法師，
時有一弟子，心常懷懈怠，貪著於名利，
求名利無厭，多游族姓家，弃舍所習誦，
廢忘不通利。以是因緣故，號之爲求名。
亦行衆善業，得見無數佛，供養於諸佛，
隨順行大道，具六波羅蜜，今見釋師子。
其後當作佛，號名曰彌勒，廣度諸衆生，
其數無有量。彼佛滅度後，懈怠者汝是，
妙光法師者，今則我身是。我見燈明佛，
本光瑞如此，以是知今佛，欲説法華經。
今相如本瑞，是諸佛方便，今佛放光明，
助發實相義。諸人今當知，合掌一心待，
佛當雨法雨，充足求道者。諸求三乘人，
若有疑悔者，佛當爲除斷，令盡無有餘。

妙法蓮華經方便品第二

爾時，世尊從三昧安詳而起，告舍利弗：諸佛智慧，甚深無量，其智慧門，難解難入，一切聲聞，辟支佛，所不能知。所以者何。佛曾親近百千萬億無數諸佛，盡行諸佛無量道法，勇猛精進，名稱普聞。成就甚深未曾有法，隨宜所説，意趣難解。舍利弗，吾從成佛已來，種種因緣，種種譬喻，廣演言教，無數方便，引導衆生，令離諸著。所以者何。如來方便知見波羅蜜，皆已具足。舍利弗，如來知見，廣大深遠，無量無礙，力，無所畏，禪定，解脱三昧，深入無際，成就一切未曾有法。舍利弗，如來能種種分別，巧説諸法，言詞柔軟，悦可衆心。舍利弗，取要言之，無量無邊未曾有法，佛悉成就。止，舍利弗，不須復説。所以者何。佛所成就第一稀有難解之法，唯佛與佛，乃能究盡諸法實相。所謂諸法，如是相，如是性，如是體，如是力，如是作，如是因，如是緣，如是果，如是報，如是本末究竟等。爾時世尊欲重宣此義，而説偈言：一一

世雄不可量，諸天及世人，一切衆生類，

無能知佛者。佛力無所畏，解脱諸三昧，
及佛諸餘法，無能測量者。本從無數佛，
具足行諸道，甚深微妙法，難見難可了。
於無量億劫，行此諸道已，道場得成果，
我已悉知見。如是大果報，種種性相義，
我及十方佛，乃能知是事。是法不可示，
言辭相寂滅，諸余衆生類，無有能得解，
除諸菩薩衆，信力堅固者。諸佛弟子衆，
曾供養諸佛，一切漏已盡，住是最後身，
如是諸人等，其力所不堪。假使满世間，
皆如舍利弗，盡思共度量，不能測佛智。
正使满十方，皆如舍利弗，及余諸弟子，
亦满十方刹，盡思共度量，亦復不能知。
辟支佛利智，無漏最後身，亦满十方界，
其數如竹林，斯等共一心，於億無量劫，
欲思佛實智，莫能知少分。新發意菩薩，
供養無數佛，了達諸義趣，又能善説法，
如稻麻竹葦，充满十方刹，一心以妙智，
於恒河沙劫，咸皆共思量，不能知佛智。
不退諸菩薩，其數如恒沙，一心共思求，
亦復不能知。又告舍利弗，無漏不思議，
甚深微妙法，我今已具得，唯我知是相，
十方佛亦然。舍利弗當知，諸佛語無异，
於佛所説法，當生大信力，世尊法久後，
要當説真實。告諸聲聞衆，及求緣覺乘，
我令脱苦縛，逮得涅盤者，佛以方便力，
示以三乘教，衆生處處著，引之令得出。
爾時大衆中，有諸聲聞漏盡阿羅漢阿若
憍陳如等，千二百人，及發聲聞辟支佛心，
比丘，比丘尼，優婆塞，優婆夷，各作是念：今
者，世尊何故殷勤稱歎方便，而作是言，佛
所得法，甚深難解，有所言説，意趣難知，一
切聲聞，辟支佛，所不能及。佛説一解脱義，
我等亦得此法，到於涅盤，而今不知是義
所趨。爾時舍利弗知四衆心疑，自亦未了，
而白佛言：世尊，何因何緣，殷勤稱歎諸佛
第一方便，甚深微妙，難解之法。我自昔來，
未曾從佛，聞如是説，今者，四衆咸皆有疑。

惟願世尊敷演斯事，世尊何故殷勤稱歎
甚深微妙難解之法。爾時舍利弗欲重宣
此義，而説偈言：　一
慧日大聖尊，久乃説是法，自説得如是
力無畏三昧，禪定解脱等，不可思議法。
道場所得法，無能發問者。我意難可測，
亦無能問者。無問而自説，稱歎所行道，
智慧甚微妙，諸佛之所得。無漏諸羅漢，
及求涅盤者，今皆墮疑網，佛何故説是。
其求緣覺者，比丘比丘尼，諸天龍鬼神，
及乾闥婆等，相視懷猶豫，瞻仰两足尊，
是事爲云何，願佛爲解説。於諸聲聞衆，
佛説我第一。我今自於智，疑惑不能了，
爲是究竟法，爲是所行道。佛口所生子，
合掌瞻仰待，願出微妙音，時爲如實説。
諸天龍神等，其數如恒沙，求佛諸菩薩，
大數有八萬，又諸萬億國，轉輪聖王至，
合掌以敬心，欲聞具足道。
爾時佛告舍利弗：止，止，不須復説。若説是
事，一切世間諸天，及人，皆當驚疑。舍利弗
重白佛言：世尊，惟願説之，惟願説之。所以
者何。是會無數百千萬億阿僧祇衆生，曾
見諸佛，諸根猛利，智慧明瞭，聞佛所説，則
能敬信。爾時舍利弗欲重宣此義，而説偈
言：　一一
法王無上尊，惟説願勿慮。是會無量衆，
有能敬信者。
佛復止舍利弗：若説是事，一切世間天，人，
阿修羅，皆當驚疑，增上慢比丘，將墜於大
坑。爾時世尊重説偈言：
止止不須説，我法妙難思，諸增上慢者，
聞必不敬信。
爾時舍利弗重白佛言：世尊，惟願説之，惟
願説之。今此會中，如我等比，百千萬億，世
世已曾從佛受化。如此人等，必能敬信，長
夜安隱，多所饒益。爾時舍利弗欲重宣此
義，而説偈言：
無上两足尊，願説第一法，我爲佛長子，

惟垂分别説。是會無量衆，能敬信此法，
佛已曾世世，教化如是等，皆一心合掌，
欲聽受佛語。我等千二百，及餘求佛者，
願爲此衆故，惟垂分别説。是等聞此法，
則生大歡喜。
爾時世尊告舍利弗：汝已殷勤三請，豈得
不説。汝今諦聽，善思念之，吾當爲汝分别
解説。説此語時，會中有比丘，比丘尼，優婆
塞，優婆夷，五千人等，即從座起，禮佛而退。
所以者何。此輩罪根深重，及增上慢，未得
謂得，未證謂證，有如此失，是以不住。世尊
默然而不制止。爾時佛告舍利弗：我今此
衆，無復枝葉，純有貞實。舍利弗，如是增上
慢人，退亦佳矣。汝今善聽，當爲汝説。舍利
弗言，唯，然，世尊，願樂欲聞。佛告舍利弗：如
是妙法，諸佛如來，時乃説之，如優曇鉢華，
時一現耳。舍利弗，汝等當信佛之所説，言
不虚妄。舍利弗，諸佛隨宜説法，意趣難解。
所以者何。我以無數方便，種種因緣，譬喻
言辭，演説諸法，是法，非思量分别之所能
解，唯有諸佛乃能知之。所以者何。諸佛世
尊唯以一大事因緣故，出現於世。舍利弗，
云何名諸佛世尊唯以一大事因緣故，出
現於世。諸佛世尊欲令衆生開佛知見，使
得清净故，出現於世。欲示衆生，佛之知見
故，出現於世。欲令衆生悟佛知見故，出現
於世。欲令衆生入佛知見道故，出現於世。
舍利弗，是爲諸佛以一大事因緣故，出現
於世。佛告舍利弗：諸佛如來但教化菩薩，
諸有所作，常爲一事，唯以佛之知見，示悟
衆生。舍利弗，如來但以一佛乘故，爲衆生
説法，無有餘乘，若二，若三。舍利弗，一切十
方諸佛，法亦如是。舍利弗，過去諸佛，以無
量無數方便，種種因緣，譬喻言辭，而爲衆
生演説諸法，是法，皆爲一佛乘故。是諸衆
生，從諸佛聞法，究竟皆得一切種智。舍利
弗，未來諸佛，當出於世，亦以無量無數方
便，種種因緣，譬喻言辭，而爲衆生演説諸

法，是法，皆爲一佛乘故。是諸衆生，從佛聞
法，究竟皆得一切種智。舍利弗，現在十方
無量百千萬億佛土中，諸佛世尊，多所饒
益，安樂衆生，是諸佛，亦以無量無數方便，
種種因緣，譬喻言辭，而爲衆生演説諸法，
是法，皆爲一佛乘故。是諸衆生，從佛聞法，
究竟皆得一切種智。舍利弗，是諸佛，但教
化菩薩，欲以佛之知見，示衆生故，欲以佛
之知見，悟衆生故，欲令衆生入佛之知見
故。舍利弗，我今亦復如是，知諸衆生有種
種欲，深心所著，隨其本性，以種種因緣，譬
喻言辭，方便力，而爲説法。舍利弗，如此，皆
爲得一佛乘，一切種智故。舍利弗，十方世
界中，尚無二乘，何况有三。舍利弗，諸佛出
於五濁惡世，所謂劫濁，煩惱濁，衆生濁，見
濁，命濁。如是舍利弗，劫濁亂時，衆生垢重，
慳貪嫉妒，成就諸不善根故，諸佛以方便
力，於一佛乘，分别説三。舍利弗，若我弟子，
自謂阿羅漢，辟支佛者，不聞不知諸佛如
來，但教化菩薩事，此非佛弟子，非阿羅漢，
非辟支佛。又，舍利弗，是諸比丘，比丘尼，自
謂已得阿羅漢，是最後身，究竟涅盤，便不
復志求阿耨多羅三藐三菩提，當知此輩
皆是增上慢人。所以者何。若有比丘，實得
阿羅漢，若不信此法，無有是處。除佛滅度
後，現前無佛。所以者何。佛滅度後，如是等
經，受持讀誦解義者，是人難得。若遇餘佛，
於此法中，便得决了。舍利弗，汝等當一心
信解受持佛語。諸佛如來，言無虚妄，無有
餘乘，唯一佛乘。爾時世尊欲重宣此義，而
説偈言：

比丘比丘尼，有懷增上慢，優婆塞我慢，
優婆夷不信，如是四衆等，其數有五千，
不自見其過，於戒有缺漏，護惜其瑕疵。
是小智已出，衆中之糟糠，佛威德故去，
斯人鮮福德，不堪受是法。此衆無枝葉，
唯有諸貞實。舍利弗善聽，諸佛所得法，
無量方便力，而爲衆生説。衆生心所念，

種種所行道，若干諸欲性，先世善惡業。
佛悉知是已，以諸緣譬喻，言辭方便力，
令一切歡喜。或説修多羅，伽陀及本事，
本生未曾有。亦説於因緣，譬喻并祇夜，
優波提舍經。鈍根樂小法，貪著於生死，
於諸無量佛，不行深妙道，衆苦所惱亂，
爲是説涅盤。我設是方便，令得入佛慧，
未曾説汝等，當得成佛道。所以未曾説，
説時未至故，今正是其時，决定説大乘。
我此九部法，隨順衆生説，入大乘爲本，
以故説是經。有佛子心净，柔軟亦利根，
無量諸佛所，而行深妙道。爲此諸佛子，
説是大乘經。我記如是人，來世成佛道，
以深心念佛，修持净戒故。此等聞得佛，
大喜充遍身，佛知彼心行，故爲説大乘。
聲聞若菩薩，聞我所説法，乃至於一偈，
皆成佛無疑。十方佛土中，唯有一乘法，
無二亦無三。除佛方便説，但以假名字，
引導於衆生，説佛智慧故。諸佛出於世，
唯此一事實，餘二則非真，終不以小乘，
濟度於衆生。佛自住大乘，如其所得法，
定慧力莊嚴，以此度衆生。自證無上道，
大乘平等法，若以小乘化，乃至於一人，
我則墮慳貪，此事爲不可。若人信歸佛，
如來不欺誑，亦無貪嫉意，斷諸法中惡。
故佛於十方，而獨無所畏。我以相嚴身，
光明照世間，無量衆所尊，爲説實相印。
舍利弗當知，我本立誓願，欲令一切衆，
如我等無异。如我昔所願，今者已滿足，
化一切衆生，皆令入佛道。若我遇衆生，
盡教以佛道，無智者錯亂，迷惑不受教。
我知此衆生，未曾修善本，堅著於五欲，
痴愛故生惱。以諸欲因緣，墜墮三惡道，
輪回六趣中，備受諸苦毒，受胎之微形，
世世常增長。薄德少福人，衆苦所逼迫，
入邪見稠林，若有若無等。依止此諸見，
具足六十二，深著虚妄法，堅受不可舍，
我慢自矜高，諂曲心不實，於千萬億劫，

不聞佛名字，亦不聞正法，如是人難度。
是故舍利弗，我爲設方便，説諸盡苦道，
示之以涅盤。我雖説涅盤，是亦非真滅，
諸法從本來，常自寂滅相。佛子行道已，
來世得作佛，我有方便力，開示三乘法。
一切諸世尊，皆説一乘道，今此諸大衆，
皆應除疑惑，諸佛語無异，唯一無二乘。
過去無數劫，無量滅度佛，百千萬億種，
其數不可量。如是諸世尊，種種緣譬喻，
無數方便力，演説諸法相。是諸世尊等，
皆説一乘法，化無量衆生，令入於佛道。
又諸大聖主，知一切世間，天人群生類，
深心之所欲，更以异方便，助顯第一義。
若有衆生類，值諸過去佛，若聞法布施，
或持戒忍辱，精進禪智等，種種修福慧。
如是諸人等，皆已成佛道。諸佛滅度已，
若人善軟心，如是諸衆生，皆已成佛道。
諸佛滅度已，供養舍利者，起萬億種塔，
金銀及玻璃，硨磲與瑪瑙，玫瑰琉璃珠，
清净廣嚴飾，莊校於諸塔。或有起石廟，
栴檀及沉水，木蜜并餘材，磚瓦泥土等。
若於曠野中，積土成佛廟。乃至童子戲，
聚沙爲佛塔。如是諸人等，皆已成佛道。
若人爲佛故，建立諸形像，刻雕成衆相，
皆已成佛道。或以七寶成，鍮石赤白銅，
白鑞及鉛錫，鐵木及與泥，或以膠漆布，
嚴飾作佛像，如是諸人等，皆已成佛道。
彩畫作佛像，百福莊嚴相，自作若使人，
皆已成佛道。乃至童子戲，若草木及筆，
或以指爪甲，而畫作佛像，如是諸人等，
漸漸積功德，具足大悲心，皆已成佛道。
但化諸菩薩，度脱無量衆。若人於塔廟，
寶像及畫像，以華香幡蓋，敬心而供養。
若使人作樂，擊鼓吹角貝，簫笛琴箜篌，
琵琶鐃銅鈸，如是衆妙音，盡持以供養。
或以歡喜心，歌唄頌佛德，乃至一小音，
皆已成佛道。若人散亂心，乃至以一華，
供養於畫像，漸見無數佛。或有人禮拜，

或復但合掌，乃至舉一手，或復小低頭，
以此供養像，漸見無量佛。自成無上道，
廣度無數衆，入無餘涅盤，如薪盡火滅。
若人散亂心，入於塔廟中，一稱南無佛，
皆已成佛道。於諸過去佛，在世或滅後，
若有聞是法，皆已成佛道。未來諸世尊，
其數無有量，是諸如來等，亦方便説法。
一切諸如來，以無量方便，度脱諸衆生，
入佛無漏智，若有聞法者，無一不成佛。
諸佛本誓願，我所行佛道，普欲令衆生，
亦同得此道。未來世諸佛，雖説百千億，
無數諸法門，其實爲一乘。諸佛两足尊，
知法常無性，佛種從緣起，是故説一乘。
是法住法位，世間相常住，於道場知已，
導師方便説。天人所供養，現在十方佛，
其數如恒沙，出現於世間，安隱衆生故，
亦説如是法。知第一寂滅，以方便力故，
雖示種種道，其實爲佛乘。知衆生諸行，
深心之所念，過去所習業，欲性精進力，
及諸根利鈍，以種種因緣，譬喻亦言辭，
隨應方便説。今我亦如是，安隱衆生故，
以種種法門，宣示於佛道。我以智慧力，
知衆生性欲，方便説諸法，皆令得歡喜。
舍利弗當知，我以佛眼觀，見六道衆生，
貧窮無福慧，入生死險道，相續苦不斷，
深著於五欲，如犛牛愛尾，以貪愛自弊，
盲瞑無所見。不求大勢佛，及與斷苦法，
深入諸邪見，以苦欲舍苦。爲是衆生故，
而起大悲心。我始坐道場，觀樹亦經行，
於三七日中，思惟如是事。我所得智慧，
微妙最第一。衆生諸根鈍，著樂痴所盲，
如斯之等類，云何而可度，爾時諸梵王，
及諸天帝釋，護世四天王，及大自在天，
并余諸天衆，眷屬百千萬，恭敬合掌禮，
請我轉法輪。我即自思惟，若但贊佛乘，
衆生没在苦，不能信是法，破法不信故，
墜於三惡道。我寧不説法，疾入於涅盤。
尋念過去佛，所行方便力，我今所得道，

亦應説三乘。作是思惟時，十方佛皆現，
梵音慰喻我，善哉釋迦文，第一之導師，
得是無上法，隨諸一切佛，而用方便力。
我等亦皆得，最妙第一法，爲諸衆生類，
分别説三乘。少智樂小法，不自信作佛，
是故以方便，分别説諸果。雖復説三乘，
但爲教菩薩。舍利弗當知，我聞聖師子，
深浄微妙音，喜稱南無佛。復作如是念，
我出濁惡世，如諸佛所説，我亦隨順行。
思惟是事已，即趣波羅奈，諸法寂滅相，
不可以言宣。以方便力故，爲五比丘説。
是名轉法輪，便有涅盤音，及以阿羅漢，
法僧差别名。從久遠劫來，贊是涅盤法，
生死苦永盡，我常如是説。舍利弗當知，
我見佛子等，志求佛道者，無量千萬億，
咸以恭敬心，皆來至佛所，曾從諸佛聞，
方便所説法。我即作是念，如來所以出，
爲説佛慧故，今正是其時。舍利弗當知，
鈍根小智人，著相憍慢者，不能信是法。
今我喜無畏，於諸菩薩中，正直舍方便，
但説無上道。菩薩聞是法，疑網皆已除，
千二百羅漢，悉亦當作佛。如三世諸佛，
説法之儀式，我今亦如是，説無分别法。
諸佛興出世，懸遠值遇難，正使出於世，
説是法復難，無量無數劫，聞是法亦難，
能聽是法者，斯人亦復難。譬如優曇花，
一切皆愛樂，天人所稀有，時時乃一出。
聞法歡喜贊，乃至發一言，則爲已供養，
一切三世佛，是人甚稀有，過於優曇花。
汝等勿有疑，我爲諸法王，普告諸大衆，
但以一乘道，教化諸菩薩，無聲聞弟子。
汝等舍利弗，聲聞及菩薩，當知是妙法，
諸佛之秘要。以五濁惡世，但樂著諸欲，
如是等衆生，終不求佛道。當來世惡人，
聞佛説一乘，迷惑不信受，破法墮惡道。
有慚愧清浄，志求佛道者，當爲如是等，
廣贊一乘道。舍利弗當知，諸佛法如是，
以萬億方便，隨宜而説法，其不習學者，

不能曉了此。汝等既已知，諸佛世之師，
隨宜方便事，無復諸疑惑，心生大歡喜，
自知當作佛。
　　妙法蓮華經卷第一

（二）俄 TK41.2《偈語》[1]

諸法從本來，常自寂滅相
佛子行道已，來世得作佛李善進

（三）俄 TK2《妙法蓮花經卷第二》[2]

【題解】

西夏刻本。經折裝。未染麻紙。共 3 折，6 面。高 18.9 釐米．面寬 8.8 釐米。版框高 15.7 釐米，天頭 1.7 釐米，地脚 1.6 釐米。每面 8 行，行 16 字。上下單邊。宋體，墨色深匀。

【前缺】
其形長大
聾騃無足，宛轉腹行，爲諸小蟲，之所咂食，
晝夜受苦，無有休息，謗斯經故，獲罪如是。
若得爲人，諸根闇鈍，矬陋攣躄，盲聾背傴，
有所言説，人不信受，口氣常臭，鬼魅所著，
貧窮下賤，爲人所使，多病痟瘦，無所依怙，
雖親附人，人不在意，若有所得，尋復忘失。
若修醫道，順方治病，更增他疾，或復致死。
若自有病，無人救療，設服良藥，而復增劇。
若他反逆，抄劫竊盗，如是等罪，横羅其殃。
如斯罪人，永不見佛，衆聖之王，説法教化，
如斯罪人，常生難處，狂聾心亂，永不聞法。
於無數劫，如恒河沙，生輒聾啞，諸根不具，
□□地獄，如游園觀，在餘惡道，如己舍宅，
駝驢猪狗，是其行處，謗斯經故，獲罪如是。
若得爲人，聾盲喑啞，貧窮諸衰，以自莊嚴，

① 《俄藏黑水城文獻》第二册，第 27 頁。
② 《俄藏黑水城文獻》第一册，第 16—17 頁。

水腫乾痟，疥癩癰疽，如是等病，以爲衣服，
身常臭處，垢穢不净，深著我見，增益嗔恚，
淫欲熾盛，不擇禽獸，謗斯經故，獲罪如是。
告舍利弗，謗斯經者，若説其罪，窮劫不盡。
以是因緣，我故語汝，無智人中，莫説此經。
若有利根，智慧明瞭，多聞强識，求佛道者，
如是之人，乃可爲説。若人曾見，億百千佛，
植諸善本，深心堅固，如是之人，乃可爲説。
若人精進，常修慈心，不惜身命，乃可爲説。
若人恭敬，無有异心，離諸凡愚，獨處山澤，
如是之人，乃可爲説。又舍利弗，若見有人，
舍惡知識，親近善友，如是之人，乃可爲説。
若見佛子，持戒清潔，如净明珠，求大乘經，
如是之人，乃可爲説。若人無嗔，質直柔軟，
常湣一切，恭敬諸佛，如是之人，乃可爲説。
復有佛子，於大衆中，以清净心，種種因緣，
譬喻言辭，説法無礙，如是之人，乃可爲説。
若有比丘，爲一切智，四方求法，合掌頂受，
但樂受持，大乘經典，乃至不受，餘經一偈，
如是之人，乃可爲説。如人至心，求佛舍利，
如是求經，得已頂受，其人不復，志求餘經，
亦未曾念，外道典籍，如是之人，乃可爲説。
告舍利弗，我説是相，求佛道者，窮劫不盡，
如是等人，則能信解，汝當爲説，妙法華經。

妙法蓮華經信解品第四

爾時慧命須菩提，摩訶迦旃延，摩訶迦葉，
摩訶目犍連，從佛所，聞未曾有法，世尊授
舍利弗阿耨多羅三藐三菩提記，發稀有
心，歡喜踴躍，即從座起，整衣服，偏袒右肩，
右膝著地，一心合掌，屈躬恭敬，瞻仰尊顔，
而白佛言：我等居僧之首，年并朽邁，自謂
已得涅盤，無所堪任，不復進求阿耨多羅
三藐三菩提。世尊往昔説法既久，我時在
【後缺】

（四）俄 TK15《妙法蓮花經卷第二》[1]

① 《俄藏黑水城文獻》第一册，第 310—324 頁。

【題解】

西夏刻本，經折裝，潢麻紙。共 40 折，80 面。高 18. 8 釐米，面寬 8. 9 釐米。版框高 15. 3 釐米，天頭 2. 2 釐米，地脚 1. 4 釐米。每面 8 行，行 16 字。上下單邊。宋體，墨色不勻。

妙法蓮華經卷第二

譬喻品第三

爾時舍利弗踴躍歡喜，即起，合掌，瞻仰尊
顔，而白佛言：今從世尊聞此法音，心懷踴
躍，得未曾有。所以者何。我昔從佛聞如是
法，見諸菩薩授記作佛，而我等不與斯事，
甚自感傷，失於如來無量知見。世尊，我常
獨處山林樹下，若坐若行，每作是念：我等
同入法性，云何如來以小乘法而見濟度？
是我等咎，非世尊也。所以者何。若我等待
説所因，成就阿耨多羅三藐三菩提者，必
以大乘而得度脱。然我等不解方便隨宜
所説，初聞佛法，遇，便信受，思惟取證。世尊，
我從昔來，終日竟夜，每自克責。而今從佛，
聞所未聞，未曾有法，斷諸疑悔，身意泰然，
快得安隱。今日乃知真是佛子，從佛口生，
從法化生，得佛法分。爾時舍利弗欲重宣
此義，而説偈言：
我聞是法音，得所未曾有，心懷大歡喜，
疑網皆已除。昔來蒙佛教，不失於大乘，
佛音甚稀有，能除衆生惱，我已得漏盡，
聞亦除憂惱。我處於山谷，或在樹林下，
若坐若經行，常思惟是事，嗚呼深自責，
云何而自欺。我等亦佛子，同入無漏法，
不能於未來，演説無上道。金色三十二，
十力諸解脱，同共一法中，而不得此事，
八十種妙好，十八不共法，如是等功德，
而我皆已失，我獨經行時，見佛在大衆，
名聞滿十方，廣饒益衆生。自惟失此利，
我爲自欺誑。我常於日夜，每思惟是事，
欲以問世尊，爲失爲不失，我常見世尊，
稱贊諸菩薩，以是於日夜，籌量此是事。
今聞佛音聲，隨宜而説法，無漏難思議，

令衆至道場。我本著邪見，爲諸梵志師，
世尊知我心，拔邪説涅槃。我悉除邪見，
於空法得證，爾時心自謂，得至於滅度。
而今乃自覺，非是實滅度，若得作佛時，
具三十二相，天人夜叉衆，龍神等恭敬，
是時乃可謂，永盡滅無餘。佛於大衆中，
説我當作佛，聞如是法音，疑悔悉已除。
初聞佛所説，心中大驚疑，將非魔作佛，
惱亂我心耶。佛以種種緣，譬喻巧言説，
其心安如海，我聞疑網斷。佛説過去世，
無量滅度佛，安住方便中，亦皆説是法。
現在未來佛，其數無有量，亦以諸方便，
演説如是法。如今者世尊，從生及出家，
得道轉法輪，亦以方便説。世尊説實道，
波旬無此事，以是我定知，非是魔作佛。
我墮疑網故，謂是魔所爲，聞佛柔軟音，
深遠甚微妙，演暢清净法。我心大歡喜，
疑悔永已盡，安住實智中。我定當作佛，
爲天人所敬，轉無上法輪，教化諸菩薩。
爾時佛告舍利弗：吾今於天，人，沙門，婆羅
門，等，大衆中説，我昔曾於二萬億佛所，爲
無上道故，常教化汝，汝亦長夜隨我受學。
我以方便引導汝故，生我法中。舍利弗，我
昔教汝志願佛道，汝今悉忘，而便自謂，已
得滅度。我今還欲令汝憶念本願所行道
故，爲諸聲聞説是大乘經，名妙法蓮華，教
菩薩法，佛所護念。舍利弗，汝於未來世，過
無量無邊，不可思議劫，供養若干千萬億
佛，奉持正法，具足菩薩所行之道，當得作
佛，號曰華光如來，應供，正遍知，明行足，善
逝世間解，無上士，調御丈夫，天人師，佛，世
尊。國名離垢，其土平正，清净嚴飾，安隱，豐
樂，天人熾盛。琉璃爲地，有八交道，黄金爲
繩，以界其側。其傍，各有七寶行樹，常有華
果。華光如來，亦以三乘教化衆生。舍利弗，
彼佛出時，雖非惡世，以本願故，説三乘法。
其劫，名大寶莊嚴。何故名曰大寶莊嚴，其
國中以菩薩爲大寶故。彼諸菩薩，無量無

邊，不可思議，算數譬喻所不能及，非佛智力，無能知者。若欲行時，實華承足。此諸菩薩，非初發意，皆久植德本，於無量百千萬億佛所，凈修梵行，恒爲諸佛之所稱歎。常修佛慧，具大神通，善知一切諸法之門，質直無伪，志念堅固。如是菩薩，充满其國。舍利弗，華光佛，壽十二小劫，除爲王子，未作佛時。其國人民，壽八小劫。華光如來過十二小劫，授堅满菩薩，阿耨多羅三藐三菩提記。告諸比丘，是堅满菩薩，次當作佛，號曰華足安行，多陀阿伽度，阿羅訶，三藐三佛陀，其佛國土，亦復如是。舍利弗，是華光佛滅度之後，正法住世，三十二小劫，像法住世，亦三十二小劫。爾時世尊欲重宣此義，而説偈言：

舍利弗來世，成佛普智尊，號名曰華光，
當度無量衆。供養無數佛，具足菩薩行，
十力等功德，證於無上道。過無量劫已，
劫名大寶嚴，世界名離垢，清凈無瑕穢。
以琉璃爲地，金繩界其道，七寶雜色樹，
常有花果實。彼國諸菩薩，志念常堅固，
神通波羅蜜，皆已悉具足。於無數佛所，
善學菩薩道，如是等大士，華光佛所化。
佛爲王子時，弃國舍世榮，於最末後身，
出家成佛道。華光佛住世，壽十二小劫，
其國人民衆，壽命八小劫。佛滅度之後，
正法住於世，三十二小劫，廣度諸衆生。
正法滅盡已，像法三十二，舍利廣流布，
天人普供養。華光佛所爲，其事皆如是，
其兩足聖尊，最勝無倫匹。彼即是汝身，
宜應自欣慶。

爾時四部衆，比丘，比丘尼，優婆塞，優婆夷，天龍，夜叉，乾闥婆，阿修羅，迦樓羅，緊那羅，摩侯羅伽，等大衆，見舍利弗於佛前受阿耨多羅三藐三菩提記，心大歡喜，踴躍無量，各各脱身所著上衣，以供養佛。釋提桓因，梵天王，等，與無數天子，亦以天妙衣，天曼陀羅華，摩訶曼陀羅華，等，供養於佛。所散天衣，住虛空中，而自回轉。諸天妓樂，百千萬種，於虛空中，一時俱作，雨衆天華。而作是言：佛昔於波羅奈，初轉法輪，今乃復轉無上最大法輪。爾時諸天子欲重宣此義，而説偈言：

昔於波羅奈，轉四諦法輪，分别説諸法，
五衆之生滅。今復轉最妙，無上大法輪，
是法甚深奧，少有能信者。我等從昔來，
數聞世尊説，未曾聞如是，深妙之上法。
世尊説是法，我等皆隨喜。大智舍利弗，
今得受尊記，我等亦如是，必當得作佛，
於一切世間，最尊無有上。佛道叵思議，
方便隨宜説。我所有福業，今世若過世，
及見佛功德，盡回嚮佛道。

爾時舍利弗白佛言：世尊，我今無復疑悔，親於佛前，得受阿耨多羅三藐三菩提記。是諸千二百心自在者，昔住學地，佛常教化，言我法，能離生老病死，究竟涅槃。是學無學人，亦各自以離我見及有無見等，謂得涅槃。而今於世尊前，聞所未聞，皆墮疑惑。善哉，世尊，願爲四衆説其因緣，令離疑悔。爾時佛告舍利弗：我先不言，諸佛世尊，以種種因緣，譬喻言辭，方便説法，皆爲阿耨多羅三藐三菩提耶。是諸所説，皆爲化菩薩故。然舍利弗，今當復以譬喻，更明此義，諸有智者，以譬喻得解。舍利弗，若國邑聚落，有大長者，其年衰邁，財富無量，多有田宅，及諸僮僕。其家廣大，唯有一門，多諸人衆，一百，二百，乃至五百人，止住其中。堂閣朽故，墻壁隤落，柱根腐敗，梁棟傾危，周匝俱時，欻然火起，焚燒舍宅。長者諸子，若十，二十，或至三十，在此宅中。長者見是大火從四面起，即大驚怖，而作是念：我雖能於此所燒之門，安隱得出，而諸子等，於火宅内，樂著嬉戲，不覺不知，不驚不怖，火來逼身，苦痛切己，心不厭患，無求出意。舍利弗，是長者作是思惟：我身手有力，當以衣裓，若以幾案，從舍出之。復更思惟：是舍，唯有一門，而復狹小。諸子幼稚，未有所識，戀著戲處，或當墮落，爲火所燒。我當爲説怖畏之事，此舍已燒，宜時疾出，勿令爲火之所燒害。作是念已，如所思惟，具告諸子，汝等速出。父雖憐愍，善言誘喻，而諸子等樂著嬉戲，不肯信受，不驚不畏，了無出心。亦復不知何者是火，何者爲舍，云何爲失，但東西走戲，視父而已。爾時長者即作是念：此舍已爲大火所燒，我及諸子若不時出，必爲所焚，我今當設方便，令諸子等得免斯害。父知諸子，先心各有所好，種種珍玩奇异之物，情必樂著。而告之言：汝等所可玩好，稀有難得，汝若不取，後必憂悔。如此種種羊車，鹿車，牛車，今在門外，可以游戲。汝等於此火宅，宜速出來，隨汝所欲，皆當與汝。爾時諸子聞父所説珍玩之物，適其願故，心各勇鋭，互相推排，競共馳走，争出火宅。是時長者見諸子等安隱得出，皆於四衢道中，露地而坐，無復障礙，其心泰然，歡喜踴躍。時諸子等各白父言：父先所許玩好之具，羊車，鹿車，牛車，願時賜與。舍利弗，爾時長者各賜諸子，等一大車，其車高廣，衆寶莊校，周匝欄楯，四面懸鈴。又於其上，張設幰蓋，亦以珍奇雜寶而嚴飾之，寶繩交絡，垂諸華纓，重敷婉綖，安置丹枕。駕以白牛，膚色充潔，形體姝好，有大筋力，行步平正，其疾如風。又多僕從，而侍衛之。所以者何。是大長者，財富無量，種種諸藏，悉皆充溢。而作是念，我財物無極，不應以下劣小車，與諸子等，今此幼童，皆是吾子，愛無偏党，我有如是七寶大車，其數無量，應當等心，各各與之，不宜差别。所以者何。以我此物，周給一國，猶尚不匱，何况諸子。是時諸子各乘大車，得未曾有，非本所望。舍利弗，於汝意云何，是長者，等與諸子珍寶大車，寧有虚妄否？舍利弗言：不也，世尊，是長者，但令諸子得免火難，全其軀命，非爲虚妄。何以故。若全身命，便爲已得玩好之

具，况復方便，於彼火宅而拔濟之。世尊，若
是長者，乃至不與最小一車，猶不虚妄。何
以故。是長者先作是意：我以方便，令子得
出。以是因緣，無虚妄也。何况長者，自知財
富無量，欲饒益諸子，等與大車。佛告舍利
弗：善哉善哉，如汝所言。舍利弗，如來亦復
如是，則爲一切世間之父。於諸怖畏，衰惱，
憂患，無明闇蔽，永盡無餘，而悉成就無量
知見，力無所畏，有大神力及智慧力，具足
方便，智慧波羅蜜，大慈，大悲，常無懈倦，恒
求善事，利益一切。而生三界朽故火宅，爲
度衆生，生老病死，憂悲，苦惱，愚痴，闇蔽，三
毒之火，教化，令得阿耨多羅三藐三菩提。
見諸衆生爲生老病死，憂悲，苦惱，之所燒
煮，亦以五欲財利故，受種種苦，又以貪著
追求故，現受衆苦，後受地獄，畜生，餓鬼，之
苦，若生天上，及在人間，貧窮困苦，愛别離
苦，怨憎會苦，如是等種種諸苦。衆生没在
其中，歡喜游戲，不覺不知，不驚不怖，亦不
生厭，不求解脱。於此三界火宅，東西馳走，
雖遭大苦，不以爲患。舍利弗，佛見此已，便
作是念：我爲衆生之父，應拔其苦難，與無
量無邊佛智慧樂，令其游戲。舍利弗，如來
復作是念：若我但以神力，及智慧力，舍於
方便，爲諸衆生贊如來知見，力無所畏者，
衆生不能以是得度。所以者何。是諸衆生，
未免生老病死，憂悲，苦惱，而爲三界火宅
所燒，何由能解佛之智慧。舍利弗，如彼長
者，雖復身手有力，而不用之，但以殷勤方
便，勉濟諸子火宅之難，然後各與珍寶大
車。如來亦復如是，雖有力，無所畏，而不用
之，但以智慧方便，於三界火宅，拔濟衆生，
爲説三乘，聲聞，辟支佛，佛乘，而作是言：汝
等莫得樂住三界火宅，勿貪粗敝，色聲香味
觸也。若貪著生愛，則爲所燒。汝速出三
界，當得三乘，聲聞，辟支佛，佛乘，我今爲汝
保任此事，終不虚也。汝等但當勤修精進。
如來以是方便，誘進衆生，復作是言：汝等

當知此三乘法，皆是聖所稱歎，自在無系，
無所依求。乘是三乘，以無漏根，力，覺，道，禪
定，解脱，三昧，等，而自娱樂，便得無量安隱
快樂。舍利弗，若有衆生，内有智性，從佛世
尊聞法信受，殷勤精進，欲速出三界，自求
涅槃，是名聲聞乘，如彼諸子爲求羊車，出
於火宅。若有衆生，從佛世尊聞法信受，殷
勤精進，求自然慧，樂獨善寂，深知諸法因
緣，是名辟支佛乘，如彼諸子爲求鹿車，出
於火宅。若有衆生，從佛世尊聞法信受，勤
修精進，求一切智，佛智，自然智，無師智，如
來知見，力無所畏，滑念，安樂無量衆生，利
益天人，度脱一切，是名大乘，菩薩求此乘
故，名爲摩訶薩，如彼諸子爲求牛車，出於
火宅。舍利弗，如彼長者，見諸子等安隱得出
火宅，到無畏處，自惟財富無量，等以大
車而賜諸子。如來亦復如是，爲一切衆生
之父，若見無量億千衆生，以佛教門，出三
界苦，怖畏險道，得涅槃樂。如來爾時便作
是念：我有無量無邊智慧，力無畏等諸佛
法藏，是諸衆生，皆是我子，等與大乘，不令
有人獨得滅度。皆以如來滅度而滅度之。
是諸衆生脱三界者，悉與諸佛禪定，解脱，
等娱樂之具，皆是一相，一種，聖所稱歎，能
生净妙第一之樂。舍利弗，如彼長者，初以
三車誘引諸子，然後但與大車，寶物莊嚴，
安隱第一，然彼長者無虚妄之咎。如來亦
復如是，無有虚妄，初説三乘，引導衆生，然
後但以大乘而度脱之。何以故。如來有無
量智慧，力無所畏諸法之藏，能與一切
衆生大乘之法，但不盡能受。舍利弗，以是因
緣，當知諸佛方便力故，於一佛乘，分别説
三。佛欲重宣此義，而説偈言：
譬如長者，有一大宅，其宅久故，而復頓敝，
堂舍高危，柱根摧朽，梁棟傾斜，基陛隤毁，
墻壁圮坼，泥塗褫落，覆苫亂墜，椽梠差脱，
周障屈曲，雜穢充遍。有五百人，止住其中。
鴟梟雕鷲，烏鵲鳩鴿，蚖蛇蝮蠍，蜈蚣蚰蜒，

守宮百足，狖狸鼷鼠，諸惡蟲輩，交横馳走。
屎尿臭處，不净流溢，蜣蜋諸蟲，而集其上。
狐狼野干，咀嚼踐蹋，嚌嚙死屍，骨肉狼藉。
由是群狗，競來搏撮，饑羸慞惶，處處求食。
鬥諍摣掣，啀喍嘷吠，其舍恐怖，變狀如是。
處處皆有，魑魅魍魎，夜叉惡鬼，食啖人肉，
毒蟲之屬，諸惡禽獸，孚乳産生，各自藏護。
夜叉競來，争取食之，食之既飽，噁心轉熾，
鬥諍之聲，甚可怖畏。鳩槃荼鬼，蹲踞土埵，
或時離地，一尺二尺，往返游行，縱逸嬉戲，
捉狗两足，撲令失聲，以脚加頸，怖狗自樂。
復有諸鬼，其身長大，裸形黑瘦，常住其中，
發大惡聲，叫呼求食。復有諸鬼，其咽如針。
復有諸鬼，首如牛頭，或食人肉，或復啖狗，
頭髮蓬亂，殘害凶險，饑渴所逼，叫唤馳走。
夜叉餓鬼，諸惡鳥獸，饑急四嚮，窺看窗牖，
如是諸難，恐畏無量。是朽故宅，屬於一人。
其人近出，未久之間，於後舍宅，忽然火起，
四面一時，其炎俱熾。棟梁椽柱，爆聲震裂，
摧折墮落，墻壁崩倒。諸鬼神等，揚聲大叫。
雕鷲諸鳥，鳩槃荼等，周章惶怖，不能自出。
惡獸毒蟲，藏竄孔穴，毗舍闍鬼，亦住其中，
薄福德故，爲火所逼，共相殘害，飲血啖肉。
野干之屬，并已前死，諸大惡獸，競來食啖，
臭烟烽焞，四面充塞。蜈蚣蚰蜒，毒蛇之類，
爲火所燒，争走出穴，鳩槃荼鬼，隨取而食。
又諸餓鬼，頭上火燃，饑渴熱惱，周章悶走。
其宅如是，甚可怖畏，毒害火灾，衆難非一。
是時宅主在門外立，聞有人言，汝諸子等，
先因游戲，來入此宅，稚小無知，歡娱樂著。
長者聞已，驚入火宅，方宜救濟，令無燒害。
告喻諸子，説衆患難，惡鬼毒蟲，灾火蔓延，
衆苦次第，相續不絶。毒蛇蚖蝮，及諸夜叉，
鳩槃荼鬼，野干狐狗，雕鷲鵄梟，百足之屬，
饑渴惱急，甚可怖畏，此苦難處，况復大火。
諸子無知，雖聞父誨，猶故樂著，嬉戲不已。
是時長者，而作是念，諸子如此，益我愁惱。
今此舍宅，無一可樂，而諸子等，耽湎嬉戲，

不受我教，將爲火害。即便思惟，設諸方便，
告諸子等，我有種種，珍玩之具，妙寶好車，
羊車鹿車，大牛之車，今在門外。汝等出來，
吾爲汝等，造作此車，隨意所樂，可以游戲。
諸子聞説，如此諸車，即時奔競，馳走而出，
到於空地，離諸苦難。長者見子，得出火宅，
住於四衢，坐師子座，而自慶言，我今快樂。
此諸子等，生育甚難，愚小無知，而入險宅。
多諸毒蟲，魑魅可畏，大火猛炎，四面俱起，
而此諸子，貪著嬉戲，我已救之，令得脱難。
是故諸人，我今快樂。爾時諸子，知父安坐，
皆詣父所，而白父言，願賜我等，三種寶車。
如前所許，諸子出來，當以三車，隨汝所欲，
今正是時，惟垂給與。長者大富，庫藏衆多，
金銀琉璃，硨磲瑪瑙，以衆寶物，造諸大車。
莊校嚴飾，周匝欄楯，四面懸鈴，金繩交絡。
真珠羅網，張施其上，金華諸瓔，處處垂下，
衆彩雜飾，周匝圍繞，柔軟繒纊，以爲茵蓐。
上妙細疊，價值千億，鮮白净潔，以覆其上。
有大白牛，肥壯多力，形體姝好，以駕寶車。
多諸儐從，而侍衛之。以是妙車，等賜諸子。
諸子是時，歡喜踴躍，乘是寶車，游於四方，
嬉戲快樂，自在無礙。告舍利弗，我亦如是，
衆聖中尊，世間之父。一切衆生，皆是吾子，
深著世樂，無有慧心。三界無安，猶如火宅，
衆苦充满，甚可怖畏，常有生老 病死憂患，
如是等火，熾燃不息。如來已離，三界火宅，
寂然閒居，安處林野。今此三界，皆是我有，
其中衆生，悉是吾子。而今此處，多諸患難，
唯我一人，能爲救護。雖復教詔，而不信受，
於諸欲染，貪著深故。以是方便，爲説三乘，
令諸衆生，知三界苦，開示演説，出世間道。
是諸子等，若心决定，具足三明，及六神通，
有得緣覺，不退菩薩。汝舍利弗，我爲衆生，
以此譬喻，説一佛乘，汝等若能，信受是語，
一切皆當，成得佛道。是乘微妙，清净第一，
於諸世間，爲無有上，佛所悦可，一切衆生，
所應稱贊，供養禮拜。無量億千，諸力解脱，

禪定智慧，及佛餘法，得如是乘。令諸子等，
日夜劫數，常得游戲，與諸菩薩，及聲聞衆，
乘此實乘，直至道場。以是因緣，十方諦求，
更無餘乘，除佛方便。告舍利弗，汝諸人等，
皆是吾子，我則是父。汝等累劫，衆苦所燒，
我皆濟拔，令出三界。我雖先説，汝等滅度，
但盡生死，而實不滅，今所應作，唯佛智慧。
若有菩薩，於是衆中，能一心聽，諸佛實法，
諸佛世尊，雖以方便，所化衆生，皆是菩薩。
若人小智，深著愛欲，爲此等故，説於苦諦。
衆生心喜，得未曾有，佛説苦諦，真實無异。
若有衆生，不知苦本，深著苦因，不能暫舍，
爲是等故，方便説道。諸苦所因，貪欲爲本，
若滅貪欲，無所依止，滅盡諸苦，名第三諦。
爲滅諦故，修行於道，離諸苦縛，名得解脱。
是人於何，而得解脱，但離虚妄，名爲解脱，
其實未得，一切解脱。佛説是人，未實滅度，
斯人未得，無上道故，我意不欲，令至滅度。
我爲法王，於法自在，安隱衆生，故現於世。
汝舍利弗，我此法印，爲欲利益，世間故説，
在所游方，勿妄宣傳。若有聞者，隨喜頂受，
當知是人，阿鞞跋致。若有信受，此經法者，
是人已曾，見過去佛，恭敬供養，亦聞是法。
若人有能，信汝所説，則爲見我，亦見於汝，
及比丘僧，并諸菩薩。斯法華經，爲深智説，
淺識聞之，迷惑不解，一切聲聞，及辟支佛，
於此經中，力所不及。汝舍利弗，尚於此經，
以信得入，况余聲聞。其餘聲聞，信佛語故，
隨順此經，非己智分。又舍利弗，憍慢懈怠，
計我見者，莫説此經。凡夫淺識，深著五欲，
聞不能解，亦勿爲説。若人不信，毁謗此經，
則斷一切，世間佛種。或復顰蹙，而懷疑惑，
汝當聽説，此人罪報。若佛在世，若滅度後，
其有誹謗，如斯經典，見有讀誦，書持經者，
輕賤憎嫉，而懷結恨，此人罪報，汝今復聽，
其人命終，入阿鼻獄，具足一劫，劫盡更生，
如是輾轉，至無數劫，從地獄出，當墮畜生，
若狗野幹，其影領瘦，黧黮疥癩，人所觸嬈，

又復爲人，之所惡賤，常困饑渴，骨肉枯竭，
生受楚毒，死被瓦石，斷佛種故，受斯罪報。
若作駱駝，或生驢中，身常負重，加諸杖捶，
但念水草，餘無所知，謗斯經故，獲罪如是。
有作野幹，來入聚落，身體疥癩，又無一目，
爲諸童子 之所打擲，受諸苦痛，或時致死。
於此死已，更受蟒身，其形長大，五百由旬，
聾騃無足，宛轉腹行，爲諸小蟲，之所唼食，
晝夜受苦，無有休息，謗斯經故，獲罪如是。
若得爲人，諸根闇鈍，矬陋攣躄，盲聾背傴，
有所言説，人不信受，口氣常臭，鬼魅所著，
貧窮下賤，爲人所使，多病痟瘦，無所依怙，
雖親附人，人不在意，若有所得，尋復忘失。
若修醫道，順方治病，更增他疾，或復致死。
若自有病，無人救療，設服良藥，而復增劇。
若他反逆，抄劫竊盗，如是等罪，横羅其殃。
如斯罪人，永不見佛，衆聖之王，説法教化，
如斯罪人，常生難處，狂聾心亂，永不聞法。
於無數劫，如恒河沙，生輒聾啞，諸根不具，
常處地獄，如游園觀，在餘惡道，如己舍宅，
駝驢猪狗，是其行處，謗斯經故，獲罪如是。
若得爲人，聾盲瘖啞，貧窮諸衰，以自莊嚴，
水腫幹痟，疥癩癰疽，如是等病，以爲衣服，
身常臭處，垢穢不净，深著我見，增益嗔恚，
淫欲熾盛，不擇禽獸，謗斯經故，獲罪如是。
告舍利弗，謗斯經者，若説其罪，窮劫不盡。
以是因緣，我故語汝，無智人中，莫説此經。
若有利根，智慧明瞭，多聞强識，求佛道者，
如是之人，乃可爲説。若人曾見，億百千佛，
植諸善本，深心堅固，如是之人，乃可爲説。
若人精進，常修慈心，不惜身命，乃可爲説。
若人恭敬，無有异心，離諸凡愚，獨處山澤，
如是之人，乃可爲説。又舍利弗，若見有人，
舍惡知識，親近善友，如是之人，乃可爲説。
若見佛子，持戒清潔，如净明珠，求大乘經，
如是之人，乃可爲説。若人無嗔，質直柔軟，
常湣一切，恭敬諸佛，如是之人，乃可爲説。
復有佛子，於大衆中，以清净心，種種因緣，

譬喻言辭，説法無礙，如是之人，乃可爲説。
若有比丘，爲一切智，四方求法，合掌頂受，
但樂受持，大乘經典，乃至不受，餘經一偈，
如是之人，乃可爲説。如人至心，求佛舍利，
如是求經，得已頂受，其人不復，志求餘經，
亦未曾念，外道典籍，如是之人，乃可爲説。
告舍利弗，我説是相，求佛道者，窮劫不盡，
如是等人，則能信解，汝當爲説，妙法華經。

妙法蓮華經信解品第四

爾時慧命須菩提，摩訶迦旃延，摩訶迦葉，
摩訶目犍連，從佛所，聞未曾有法，世尊授
舍利弗阿耨多羅三藐三菩提記，發稀有
心，歡喜踴躍，即從座起，整衣服，偏袒
右肩，右膝著地，一心合掌，屈躬恭敬，瞻仰尊顔，
而白佛言：我等居僧之首，年并朽邁，自謂
已得涅槃，無所堪任，不復進求阿耨多羅
三藐三菩提。世尊往昔説法既久，我時在
座，身體疲懈，但念空，無相，無作，於菩薩法，
游戲神通，净佛國土，成就衆生，心不喜樂。
所以者何。世尊令我等出於三界，得涅槃
證，又今我等年已朽邁，於佛教化菩薩阿
耨多羅三藐三菩提，不生一念好樂之心。
我等今於佛前，聞授聲聞阿耨多羅三藐
三菩提記，心甚歡喜，得未曾有，不謂於今，
忽然得聞稀有之法，深自慶幸，獲大善利，
無量珍寶，不求自得。世尊，我等今者樂説
譬喻，以明斯義，譬若有人，年既幼稚，捨父
逃逝，久住他國，或十，二十，至五十歲，年既
長大，加復窮困，馳騁四方，以求衣食，漸漸
游行，遇嚮本國。其父先來，求子不得，中止
一城。其家大富，財寶無量，金，銀，琉璃，珊瑚，琥珀，
玻璃，珠，等，其諸倉庫，悉皆盈溢，多有
僮僕，臣佐，吏民，象馬，車乘，牛羊，無數，出入
息利，乃遍他國，商估賈客，亦甚衆多。時貧
窮子，游諸聚落，經歷國邑，遂到其父所止
之城。父母念子，與子離别五十餘年，而未
曾嚮人説如此事，但自思惟，心懷悔恨，自
念老朽，多有財物，金銀，珍寶，倉庫盈溢，無

有子息，一旦終没，財物散失，無所委付，是
以殷勤，每憶其子。復作是念：我若得子，委
付財物，坦然快樂，無復憂慮。世尊，爾時窮
子，傭賃輾轉，遇到父舍，住立門側。遥見其
父，踞師子床，實幾承足，諸婆羅門，刹利，居
士，皆恭敬圍繞，以真珠瓔珞，價值千萬，莊
嚴其身，吏民，僮僕，手執白拂，侍立左右。覆
以實帳，垂諸華幡，香水灑地，散衆名華，羅
列實物，出内取與，有如是等種種嚴飾，威
德特尊。窮子見父有大力勢，即懷恐怖，悔
來至此。竊作是念：此或是王，或是王等，非
我傭力得物之處，不如往至貧裏，肆力有
地，衣食易得，若久住此，或見逼迫，强使我
作。作是念已，疾走而去。時富長者於師子
座，見子便識，心大歡喜。即作是念：我財物
庫藏，今有所付，我常思念此子，無由見之，
而忽自來，甚適我願，我雖年朽，猶故貪惜。
即遣傍人，急追將還。爾時使者，疾走往捉。
窮子驚愕，稱怨，大唤：我不相犯，何爲見捉？
使者執之愈急，强牽將還。於時窮子，自念
無罪，而被囚執，此必定死，轉更惶怖，悶絶
躄地。父遥見之，而語使言：不需此人，勿强
將來，以冷水灑面，令得醒悟，莫復與語。所
以者何。父知其子，志意下劣，自知豪貴，爲
子所難，審知是子，而以方便，不語他人，云
是我子。使者語之：我今放汝，隨意所趨。窮
子歡喜，得未曾有，從地而起，往至貧裏，以
求衣食。爾時長者將欲誘引其子，而設方
便，蜜遣二人，形色憔悴，無威德者：汝可詣
彼，徐語窮子，此有作處，倍與汝值。窮子若
許，將來，使作。若言，欲何所作，便可語之，雇
汝除糞，我等二人，亦共汝作。時二使人即
求窮子，既已得之，具陳上事。爾時窮子先
取其價，尋與除糞。其父見子，湣而怪之。又
以他日，於窗牖中，遥見子身，羸瘦憔悴，糞
土塵坌，污穢不凈。即脱瓔珞，細軟上服，嚴
飾之具，更著粗敝垢膩之衣，塵土坌身，右
手執持除糞之器，狀有所畏。語諸作人：汝

等勤作，勿得懈息。以方便故，得近其子。後
復告言：咄，男子，汝常此作，勿復餘去，當加
汝價。諸有所需，盆器米麵，鹽醋之屬，莫自
疑難，亦有老敝使人，需者相給，好自安意，
我如汝父，勿復憂慮。所以者何。我年老大，
而汝少壯，汝常作時，無有欺怠，嗔恨怨言，
都不見汝有此諸惡，如餘作人，自今已後，
如所生子。即時長者，更與作字，名之爲兒。
爾時窮子，雖欣此遇，猶故自謂，客作賤人。
由是之故，於二十年中，常令除糞。過是已
後，心相體信，入出無難，然其所止，猶在本
處。世尊，爾時長者有疾，自知將死不久。語
窮子言：我今多有金銀珍寶，倉庫盈溢，其
中多少，所應取與，汝悉知之，我心如是，當
體此意。所以者何。今我與汝，便爲不异，宜
加用心，無令漏失。爾時窮子，即受教敕，領
知衆物，金銀珍寶，及諸庫藏，而無希取一
餐之意，然其所止，故在本處，下劣之心，亦
未能舍。復經少時，父知子意，漸已通泰，成
就大志，自鄙先心。臨欲終時，而命其子，并
會親，族，國王，大臣，刹利，居士，皆悉已集，即
自宣言：諸君當知，此是我子，我之所生，於
某城中，舍吾逃走，伶俜辛苦，五十餘年，其
本字某，我名某甲，昔在本城，懷憂推覓，忽
於此間，遇會得之，此實我子，我實其父，今
我所有一切財物，皆是子有，先所出内，是
子所知。世尊，是時窮子聞父此言，即大歡
喜，得未曾有，而作是念，我本無心，有所希
求，今此寶藏自然而至。世尊，大富長者，則
是如來，我等皆似佛子，如來常説，我等爲
子。世尊，我等以三苦故，於生死中，受諸熱
惱，迷惑無知，樂著小法。今日世尊，令我等
思惟捐除諸法戲論之糞，我等於中勤加
精進，得至涅槃一日之價，既得此已，心大
歡喜，自以爲足，便自謂言：於佛法中勤精
進故，所得宏多。然世尊先知我等心著敝
欲，樂於小法，便見縱舍，不爲分别，汝等當
有如來知見寶藏之分。世尊以方便力，説

如來智慧，我等從佛，得涅槃一日之價，以爲大得，於此大乘，無有志求。我等又因如來智慧，爲諸菩薩，開示演説，而自於此無有志願。所以者何。佛知我等心樂小法，以方便力，隨我等説，而我等不知真是佛子。今我等方知世尊於佛智慧，無所吝惜。所以者何。我等昔來真是佛子，而但樂小法，若我等有樂大之心，佛則爲我説大乘法。於此經中，唯説一乘，而昔於菩薩前，毀呰聲聞樂小法者，然佛實以大乘教化，是故我等説，本無心有所希求。今法王大寶自然而至，如佛子所應得者，皆已得之。爾時摩訶迦葉欲重宣此義，而説偈言：

我等今日，聞佛音教，歡喜踴躍，得未曾有。
佛説聲聞，當得作佛，無上寶聚，不求自得。
譬如童子，幼稚無識，捨父逃逝，遠到他土，
周流諸國，五十餘年。其父憂念，四方推求，
求之既疲，頓止一城，造立舍宅，五欲自娱。
其家巨富，多諸金銀，硨磲瑪瑙，真珠琉璃，
象馬牛羊，輦輿車乘，田業僮僕，人民衆多，
出入息利，乃遍他國，商估賈人，無處不有，
千萬億衆，圍繞恭敬，常爲王者 之所愛念，
群臣豪族，皆共宗重。以諸緣故，往來者衆，
豪富如是，有大力勢。而年朽邁，益憂念子，
夙夜惟念，死時將至，痴子捨我，五十餘年，
庫藏諸物，當如之何。爾時窮子，求索衣食，
從邑至邑，從國至國，或有所得，或無所得，
饑餓羸瘦，體生瘡癬，漸次經歷，到父住城，
傭賃輾轉，遂至父舍。爾時長者，於其門内，
施大寶帳，處師子座，眷屬圍繞，諸人侍衛，
或有計算，金銀寶物，出内財産，注記券疏。
窮子見父，豪貴尊嚴，謂是國王，若國王等，
驚怖自怪，何故至此。覆自念言，我若久住，
或見逼迫，强驅使作。思惟是已，馳走而去，
借問貧裏，欲往傭作。長者是時，在師子座，
遥見其子，默而識之，即敕使者，追捉將來。
窮子驚唤，迷悶躄地，是人執我，必當見殺，
何用衣食，使我至此。長者知子，愚痴狹劣，

不信我言，不信是父。即以方便，更遣餘人，
眇目矬陋，無威德者，汝可語之，云當相雇，
除諸糞穢，倍與汝價。窮子聞之，歡喜隨來，
爲除糞穢，凈諸房舍。長者於牖，常見其子，
念子愚劣，樂爲鄙事。於是長者，著敝垢衣，
執除糞器，往到子所，方便附近，語令勤作。
既益汝價，并塗足油，飲食充足，薦席厚暖，
如是苦言，汝當勤作，又以軟語，若如我子。
長者有智，漸令入出，經二十年，執作家事，
示其金銀，真珠玻璃，諸物出入，皆使令知。
猶處門外，止宿草庵，自念貧事，我無此物。
父知子心，漸已廣大，欲與財物，即聚親族，
國王大臣，剎利居士。於此大衆，説是我子，
捨我他行，經五十歲，自見子來，已二十年，
昔於某城，而失是子，周行求索，遂來至此。
凡我所有，舍宅人民，悉以付之，恣其所用。
子念昔貧，志意下劣，今於父所，大獲珍寶，
并及舍宅，一切財物，甚大歡喜，得未曾有。
佛亦如是，知我樂小，未曾説言，汝等作佛，
而説我等，得諸無漏，成就小乘，聲聞弟子。
佛敕我等，説最上道，修習此者，當得成佛。
我承佛教，爲大菩薩，以諸因緣，種種譬喻，
若干言辭，説無上道。諸佛子等，從我聞法，
日夜思惟，精勤修習。是時諸佛，即授其記，
汝於來世，當得作佛，一切諸佛，秘藏之法，
但爲菩薩，演其實事，而不爲我，説斯真要。
如彼窮子，得近其父，雖知諸物，心不希取。
我等雖説，佛法寶藏，自無志願，亦復如是。
我等内滅，自謂爲足，唯了此事，更無餘事。
我等若聞，凈佛國土，教化衆生，都無欣樂。
所以者何，一切諸法，皆悉空寂，無生無滅，
無大無小，無漏無爲，如是思惟，不生喜樂。
我等長夜，於佛智慧，無貪無著，無復志願，
而自於法，謂是究竟。我等長夜，修習空法，
得脱三界，苦惱之患，住最後身，有餘涅槃。
佛所教化，得道不虚，則爲已得，報佛之恩。
我等雖爲，諸佛子等，説菩薩法，以求佛道，
而於是法，永無願樂。導師見舍，觀我心故，

初不勸進，説有實利。如富長者，知子志劣，
以方便力，柔伏其心，然後乃付，一切財物。
佛亦如是，現稀有事 知樂小者，以方便力，
調伏其心，乃教大智。我等今日，得未曾有，
非先所望，而今自得，如彼窮子，得無量寶。
世尊我今，得道得果，於無漏法，得清净眼。
我等長夜，持佛净戒，始於今日，得其果報，
法王法中，久修梵行，今得無漏，無上大果。
我等今者，真是聲聞，以佛道聲，令一切聞。
我等今者，真阿羅漢，於諸世間，天人魔梵，
普於其中，應受供養。世尊大恩，以稀有事，
憐湣教化，利益我等，無量億劫，誰能報者。
手足供給，頭頂禮敬，一切供養，皆不能報。
若以頂戴，两肩荷負，於恒沙劫，盡心恭敬，
又以美膳，無量寶衣，及諸卧具，種種湯藥，
牛頭栴檀，及諸珍寶，以起塔廟，寶衣布地，
如斯等事，以用供養，於恒沙劫，亦不能報。
諸佛稀有，無量無邊，不可思議，大神通力，
無漏無爲，諸法之王，能爲下劣，忍於斯事，
取相凡夫，隨宜爲説。諸佛於法，得最自在，
知諸衆生，種種欲樂，及其志力，隨所堪任，
以無量喻，而爲説法，隨諸衆生，宿世善根，
又知成熟，未成熟者，種種籌量，分别知已，
於一乘道，隨宜説三

妙法蓮花經卷第二　王善□

（五）俄 TK157《妙法蓮華經信解品第四》①

【題解】

唐寫本。卷軸裝。潢楮紙。高 27 釐米，寬 34.3 釐米，卷心高 19.3 釐米，天頭 3.5 釐米，地脚 4.1 釐米。共 19 行，行 17 字。烏絲欄，淡，楷書。墨色濃匀。被裁剪，切口整齊。天頭有藏文草書。下部有水漬印。爲敦煌遺書。

【前缺】

其父，踞師子床，寶幾承足，諸婆羅門，剎利，居

① 《俄藏黑水城文獻》第三册，第 384 頁。

士，皆恭敬圍繞，以真珠瓔珞，價值千萬，莊嚴
其身，吏民，僮僕，手執白拂，侍立左右。覆以寶
帳，垂諸華幡，香水灑地，散衆名華，羅列寶物，
出内取與，有如是等種種嚴飾，威德特尊。窮
子見父有大力勢，即懷恐怖，悔來至此。竊作
是念：此或是王，或是王等，非我傭力得物之
處，不如往至貧裏，肆力有地，衣食易得，若久
住此，或見逼迫，强使我作。作是念已，疾走而
去。時富長者於師子座，見子便識，心大歡喜。
即作是念：我財物庫藏，今有所付，我常思念
此子，無由見之，而忽自來，甚適我願，我雖年
朽，猶故貪惜。即遣傍人，急追將還。爾時使者，
疾走往捉。窮子驚愕，稱怨，大唤：我不相犯，何
爲見捉？使者執之愈急，强牽將還。於時窮［子］，
自念無罪，而被囚執，此必定死，轉更惶怖，悶
絶躄地。父遥見之，而語使言：不需此人，勿强
將來，以冷水灑面，令得醒悟，莫復與語。所以
者何。父知其子，志意下劣，自知豪貴，爲子所
【後缺】

（六）俄 TK3《妙法蓮華經卷第三》①

【題解】

西夏刻本。經折裝，潢麻紙，共 39 折半，79 面。高 18.5 釐米，面寬 8.5 釐米。版框高 14.8 釐米，天頭 2.2 釐米，地脚 1.1 釐米。每面 8 行，行 16 字。上下單邊，宋體，墨色深。冠佛説法圖與因果報應故事畫 2 面。右雙邊。經文中偶有刻字不清，經描補。

妙法蓮華經卷第三
妙法蓮華經藥草喻品第五
爾時世尊告摩訶迦葉，及諸大弟子：善哉，
善哉，迦葉善説如來真實功德。誠如所言，
如來復有無量無邊阿僧祇功德，汝等若
於無量億劫，説不能盡。迦葉，當知如來是
諸法之王，若有所説，皆不虚也。於一切法，
以智方便而演説之，其所説法，皆悉到於

① 《俄藏黑水城文獻》第一册，第 17—31 頁。

一切智地。如來觀知一切諸法之所歸趣，
亦知一切衆生深心所行，通達無礙，又於
諸法究盡明瞭，示諸衆生一切智慧。迦葉，
譬如三千大千世界，山川溪穀土地，所生
卉木叢林，及諸藥草，種類若干，名色各异。
蜜云彌布，遍覆三千大千世界，一時等澍，
其澤普洽。卉木叢林，及諸藥草，小根小莖，
小枝小葉，中根中莖，中枝中葉，大根大莖，
大枝大葉，諸樹大小，隨上中下，各有所受，
一云所雨，稱其種性而得生長，花果敷實。
雖一地所生，一雨所潤，而諸草木，各有差别。
迦葉，當知如來亦復如是，出現於世，如
大云起，以大音聲，普遍世界天，人，阿修羅，
如彼大云遍覆三千大千國土。於大衆中，
而唱是言：我是如來，應供，正遍知，明行足，
善逝世間解，無上士，調御丈夫，天人師，佛，
世尊，未度者令度，未解者令解，未安者令
安，未涅盤者令得涅盤，今世後世，如實知
之。我是一切知者，一切見者，知道者，開道
者，説道者，汝等天，人，阿修羅衆，皆應到此，
爲聽法故。爾時無數千萬億種衆生，來至
佛所，而聽法。如來於時，觀是衆生諸根利
鈍，精進，懈怠，隨其所堪，而爲説法，種種無
量，皆令歡喜，快得善利。是諸衆生，聞是法
已，現世安隱，後生善處，以道受樂，亦得聞
法。既聞法已，離諸障礙，於諸法中，任力所
能，漸得入道。如彼大云，雨於一切卉木叢
林，及諸藥草，如其種性，具足蒙潤，各得生
長。如來説法，一相一味，所謂解脱相，離相，
滅相，究竟至於一切種智。其有衆生，聞如
來法，若持讀誦，如説修行，所得功德，不自
覺知。所以者何。唯有如來，知此衆生種相
體性，念何事，思何事，修何事，云何念，云何
思，云何修，以何法念，以何法思，以何法修，
以何法得何法，衆生住於種種之地，唯有
如來，如實見之，明瞭無礙。如彼卉木叢林，
諸藥草等，而不自知上中下性，如來知是
一相一味之法，所謂解脱相，離相，滅相，究

竟涅盤，常寂滅相，終歸於空。佛知是已，觀
衆生心欲，而將護之，是故不即爲説一切
種智。汝等迦葉，甚爲稀有，能知如來隨宜
説法，能信能受。所以者何。諸佛世尊，隨宜
説法，難解難知。爾時世尊欲重宣此義，而
説偈言：　三二
破有法王，出現世間，隨衆生欲，種種説法。
如來尊重，智慧深遠，久默斯要，不務速説。
智若聞，則能信解，無智疑悔，則爲永失。
是故迦葉，隨力爲説，以種種緣，令得正見。
迦葉當知，譬如大云，起於世間，遍覆一切，
慧云含潤，電光晃曜，雷聲遠震，令衆悦豫。
日光掩蔽，地上清凉，靉靆垂布，如可承攬。
其雨普等，四方俱下，流澍無量，率土充洽。
山川險穀，幽邃所生，卉木藥草，大小諸樹，
百穀苗稼，甘蔗葡萄，雨之所潤，無不豐足，
乾地普洽，藥木并茂。其云所出，一味之水，
草木叢林，隨分受潤。一切諸樹，上中下等，
稱其大小，各得生長，根莖枝葉，花果光色，
一雨所及，皆得鮮澤。如其體相，性分大小，
所潤是一，而各滋茂。佛亦如是，出現於世，
譬如大云，普覆一切。既出於世，爲諸衆生，
分别演説，諸法之實。大聖世尊，於諸天人，
一切衆中，而宣是言，我爲如來，两足之尊，
出於世間，猶如大云，充潤一切，枯槁衆生，
皆令離苦，得安隱樂，世間之樂，及涅盤樂。
諸天人衆，一心善聽，皆應到此，覲無上尊。
我爲世尊，無能及者，安隱衆生，故現於世，
爲大衆説，甘露净法。其法一味，解脱涅盤，
以一妙音，演暢斯義，常爲大乘，而作因緣。
我觀一切，普皆平等，無有彼此，愛憎之心。
我無貪著，亦無限礙，恒爲一切，平等説法，
如爲一人，衆多亦然。常演説法，曾無他事，
去來坐立，終不疲厭，充足世間，如雨普潤。
貴賤上下，持戒毁戒，威儀具足，及不具足，
正見邪見，利根鈍根，等雨法雨，而無懈倦。
一切衆生，聞我法者，隨力所受，住於諸地。
或處人天，轉輪聖王，釋梵諸王，是小藥草。

知無漏法，能得涅盤，起六神通，及得三明，
獨處山林，常行禪定，得緣覺證，是中藥草。
求世尊處，我當作佛，行精進定，是上藥草。
又諸佛子，專心佛道，常行慈悲，自知作佛，
決定無疑，是名小樹。安住神通，轉不退輪，
度無量億，百千衆生，如是菩薩，名爲大樹。
佛平等説，如一味雨，隨衆生性，所受不同，
如彼草木，所稟各异，佛以此喻，方便開示，
種種言辭，演説一法，於佛智慧，如海一滴。
我雨法雨，充满世間，一味之法，隨力修行，
如彼叢林，藥草諸樹，隨其大小，漸增茂好。
諸佛之法，常以一味，令諸世間，普得具足，
漸次修行，皆得道果。聲聞緣覺，處於山林，
住最後身，聞法得果，是名藥草，各得增長。
若諸菩薩，智慧堅固，了達三界，求最上乘，
是名小樹，而得增長。復有住禪，得神通力，
聞諸法空，心大歡喜，放無數光，度諸衆生，
是名大樹，而得增長。如是迦葉，佛所説法，
譬如大云，以一味雨，潤於人華，各得成實。
迦葉當知，以諸因緣，種種譬喻，開示佛道，
是我方便，諸佛亦然。今爲汝等，説最實事，
諸聲聞衆，皆非滅度，汝等所行，是菩薩道，
漸漸修學，悉當成佛。

妙法蓮華經授記品第六　三四

爾時世尊説是偈已，告諸大衆，唱如是言：
我此弟子摩訶迦葉，於未來世，當得奉覲
三百萬億諸佛世尊，供養，恭敬，尊重，贊歎，
廣宣諸佛無量大法。於最後身，得成爲佛，
名曰光明如來，應供，正遍知，明行足，善逝
世間解，無上士，調御丈夫，天人師，佛，世尊。
國名光德，劫名大莊嚴。佛壽，十二小劫，正
法住世，二十小劫，像法亦住二十小劫。國
界嚴飾，無諸穢惡，瓦礫荊棘，便利不净。其
土平正，無有高下，坑坎堆阜。琉璃爲地，寶
樹行列，黄金爲繩，以界道側，散諸寶華，周
遍清净。其國菩薩，無量千億，諸聲聞衆，亦
復無數，無有魔事，雖有魔及魔民，皆護佛
法。爾時世尊欲重宣此義，而説偈言：

告諸比丘，我以佛眼，見是迦葉。於未來世，
過無數劫，當得作佛。而於來世，供養奉覲，
三百萬億，諸佛世尊，爲佛智慧，净修梵行。
供養最上，二足尊已，修習一切，無上之慧，
於最後身，得成爲佛。其土清净，琉璃爲地，
多諸寶樹，行列道側，金繩界道，見者歡喜。
常出好香，散衆名華，種種奇妙，以爲莊嚴。
其地平正，無有丘坑。諸菩薩衆，不可稱計，
其心調柔，逮大神通，奉持諸佛，大乘經典。
諸聲聞衆，無漏後身，法王之子，亦不可計，
乃以天眼，不能數知。其佛當壽，十二小劫，
正法住世，二十小劫，像法亦住，二十小劫。
光明世尊，其事如是。
爾時大目犍連，須菩提，摩訶迦栴延等，皆
悉悚慄，一心合掌，瞻仰尊顔，目不暫舍，即
共同聲而説偈言：
大雄猛世尊，諸釋之法王，哀愍我等故，
而賜佛音聲。若知我深心，見爲授記者，
如以甘露灑，除熱得清凉。如從饑國來，
忽遇大王膳，心猶懷疑懼，未敢即便食，
若復得王教，然後乃敢食。我等亦如是，
每惟小乘過，不知當云何，得佛無上慧。
雖聞佛音聲，言我等作佛，心尚懷憂懼，
如未敢便食，若蒙佛授記，爾乃快安樂。
大雄猛世尊，常欲安世間，願賜我等記，
如饑需教食。　三□
爾時世尊知諸大弟子心之所念，告諸比
丘：是須菩提，於當來世，奉覲三百萬億那
由他佛，供養恭敬，尊重贊歎，常修梵行，具
菩薩道。於最後身，得成爲佛，號曰名相如
來，應供，正遍知，明行足，善逝世間解，無上
士，調御丈夫，天人師，佛，世尊。劫名有寶。國
名寶生。其土平正，頗梨爲地，寶樹莊嚴，無
諸丘坑，沙礫，荊棘，便利之穢，寶華覆地，周
遍清净。其土人民，皆處寶台，珍妙樓閣。聲
聞弟子，無量無邊，算數譬喻所不能知。諸
菩薩衆，無數千萬億那由他。佛壽，十二小
劫。正法住世，二十小劫，像法亦住二十小

劫。其佛常處虚空，爲衆説法，度脱無量菩
薩，及聲聞衆。爾時世尊欲重宣此義，而説偈言：
諸比丘衆，今告汝等，皆當一心，聽我所説。
我大弟子，須菩提者，當得作佛，號曰名相。
當供無數，萬億諸佛，隨佛所行，漸具大道。
最後身得，三十二相，端正姝妙，猶如寶山。
其佛國土，嚴浄第一，衆生見者，無不愛樂，
佛於其中，度無量衆。其佛法中，多諸菩薩，
皆悉利根，轉不退輪。彼國常以，菩薩莊嚴，
諸聲聞衆，不可稱數，皆得三明，具六神通，
住八解脱，有大威德。其佛説法，現於無量，
神通變化，不可思議。諸天人民，數如恒沙，
皆共合掌，聽受佛語。其佛當壽，十二小劫，
正法住世，二十小劫，像法亦住，二十小劫。
爾時世尊復告諸比丘衆：我今語汝，是大
迦旃延，於當來世，以諸供具，供養奉事八
千億佛，恭敬，尊重。諸佛滅後，各起塔廟，高
千由旬，縱廣正等五百由旬，皆以金，銀，琉璃，
硨磲，瑪瑙，真珠，玫瑰，七寶合成，衆華，瓔珞，
塗香，末香，燒香，繒蓋，幢幡，供養塔廟。過是
已後，當復供養二萬億佛，亦復如是。供養
是諸佛已，具菩薩道。當得作佛，號曰閻浮
那提金光如來，應供，正遍知，明行足，善逝
世間解，無上士，調御丈夫，天人師，佛，世尊。
其土平正，頗梨爲地，寶樹莊嚴，黄金爲繩，
以界道側，妙華覆地，周遍清浄，見者歡喜。
無四惡道，地獄，餓鬼，畜生，阿修羅道。多有
天，人，諸聲聞衆，及諸菩薩，無量萬億，莊嚴
其國。佛壽，十二小劫，正法住世，二十小劫，
像法亦住二十小劫。爾時世尊欲重宣此
義，而説偈言：
諸比丘衆，皆一心聽，如我所説，真實無异。
是迦栴延，當以種種，妙好供具，供養諸佛。
諸佛滅後，起七寶塔，亦以華香，供養舍利。
其最後身，得佛智慧，成等正覺。國土清浄，
度脱無量，萬億衆生，皆爲十方，之所供養，
佛之光明，無能勝者。其佛號曰，閻浮金光。
菩薩聲聞，斷一切有，無量無數，莊嚴其國。

爾時世尊復告大衆：我今語汝，是大目犍
連，當以種種供具，供養八千諸佛，恭敬，尊
重。諸佛滅後，各起塔廟，高千由旬，縱廣正
等五百由旬，皆以金，銀，琉璃，硨磲，瑪瑙，真珠，
玫瑰，七寶合成，衆華，瓔珞，塗香，末香，燒香，
繒蓋，幢幡，以用供養。過是已後，當復供養
二百萬億諸佛，亦復如是。當得成佛，號曰
多摩羅跋栴檀香如來，應供，正遍知，明行
足，善逝世間解，無上士，調御丈夫，天人師，
佛，世尊。劫名喜滿，國名意樂。其土平正，頗
梨爲地，寶樹莊嚴，散真珠華，周遍清凈，見
者歡喜。多諸天，人，菩薩，聲聞，其數無量。佛
壽二十四小劫，正法住世，四十小劫，像法
亦住四十小劫。爾時世尊欲重宣此義，而
説偈言：

我此弟子，大目犍連，捨是身已，得見八千，
二百萬億，諸佛世尊，爲佛道故，供養恭敬。
於諸佛所，常修梵行，於無量劫，奉持佛法。
諸佛滅後，起七寶塔，長表金刹，華香妓樂，
而以供養，諸佛塔廟。漸漸具足，菩薩道已，
於意樂國，而得作佛，號多摩羅，栴檀之香。
其佛壽命，二十四劫，常爲天人，演説佛道。
聲聞無量，如恒河沙，三明六通，有大威德。
菩薩無數，志固精進，於佛智慧，皆不退轉。
佛滅度後，正法當住，四十小劫，像法亦爾。
我諸弟子，威德具足，其數五百，皆當授記。
於未來世，咸得成佛。
我及汝等，宿世因緣，吾今當説，汝等善聽。

妙法蓮華經化城喻品第七

佛告諸比丘：乃往過去無量無邊不可思
議阿僧祇劫，爾時有佛，名大通智勝如來，
應供，正遍知，明行足，善逝世間解，無上士，
調御丈夫，天人師，佛，世尊，其國名好城，劫
名大相。諸比丘，彼佛滅度已來，甚大久遠，
譬如三千大千世界所有地種，假使有人，
摩以爲墨，過於東方千國土，乃下一點，大
如微塵，又過千國土，復下一點，如是輾轉
盡地種墨，於汝等意云何，是諸國土，若算

師，若算師弟子，能得邊際，知其數不？不也，
世尊。諸比丘，是人所經國土，若點不點，盡
抹爲塵，一塵一劫，彼佛滅度已來，復過是
數無量無邊百千萬億阿僧祇劫，我以如
來知見力故，觀彼久遠，猶若今日。爾時世
尊欲重宣此義，而説偈言：
我念過去世，無量無邊劫，有佛兩足尊，
名大通智勝。如人以力磨，三千大千土，
盡此諸地種，皆悉以爲墨，過於千國土，
乃下一塵點，如是輾轉點，盡此諸塵墨。
如是諸國土，點與不點等，復盡抹爲塵，
一塵爲一劫。此諸微塵數，其劫復過是，
彼佛滅度來，如是無量劫。如來無礙智，
知彼佛滅度，及聲聞菩薩，如見今滅度。
諸比丘當知，佛智浄微妙，無漏無所礙，
通達無量劫。
佛告諸比丘：大通智勝佛，壽五百四十萬
億那由他劫。其佛本坐道場，破魔軍已，垂
得阿耨多羅三藐三菩提，而諸佛法不現
在前，如是一小劫乃至十小劫，結跏趺坐，
身心不動，而諸佛法猶不在前。爾時忉利
諸天，先爲彼佛，於菩提樹下，敷師子座，高
一由旬，佛於此座，當得阿耨多羅三藐三
菩提。適坐此座，時諸梵天王，雨衆天華，面
百由旬，香風時來，吹去萎華，更雨新者，如
是不絶，滿十小劫供養於佛，乃至滅度，常
雨此華。四王諸天，爲供養佛，常擊天鼓，其
余諸天，作天妓樂，滿十小劫，至於滅度，亦
復如是。諸比丘，大通智勝佛過十小劫，諸
佛之法，乃現在前，成阿耨多羅三藐三菩
提。其佛未出家時，有十六子，其第一者，名
曰智積。諸子各有種種珍异玩好之具，聞
父得成阿耨多羅三藐三菩提，皆舍所珍，
往詣佛所。諸母涕泣而隨送之。其祖轉輪
聖王，與一百大臣，及余百千萬億人民，皆
共圍繞，隨至道場。咸欲親近大通智勝如
來，供養，恭敬，尊重，贊歎。到已，頭面禮足，繞
佛畢已，一心合掌，瞻仰世尊，以偈頌曰：

大威德世尊，爲度衆生故，於無量億歲，
爾乃得成佛，諸願已具足，善哉吉無上。
世尊甚稀有，一坐十小劫，身體及手足，
静然安不動。其心常惔怕，未曾有散亂，
究竟永寂滅，安住無漏法。今者見世尊，
安隱成佛道，我等得善利，稱慶大歡喜。
衆生常苦惱，盲瞑無導師，不識苦盡道，
不知求解脱。長夜增惡趣，減損諸天衆，
從冥入於冥，永不聞佛名。今佛得最上，
安隱無漏道，我等及天人，爲得最大利，
是故咸稽首，歸命無上尊。
爾時十六王子，偈贊佛已，勸請世尊轉於
法輪，咸作是言：世尊説法，多所安隱，憐滑，
饒益，諸天人民。重説偈言：
世雄無等倫，百福自莊嚴，得無上智慧。
願爲世間説，度脱於我等，及諸衆生類，
爲分别顯示，令得是智慧。若我等得佛，
衆生亦復然。世尊知衆生 深心之所念，
亦知所行道，又知智慧力，欲樂及修福，
宿命所行業。世尊悉知已，當轉無上輪。
佛告諸比丘：大通智勝佛，得阿耨多羅三
藐三菩提時，十方各五百萬億諸佛世界，
六種震動，其國中間幽冥之處，日月威光
所不能照，而皆大明。其中衆生，各得相見，
咸作是言：此中云何忽生衆生，又其國界，
諸天宫殿，乃至梵宫，六種震動，大光普照，
遍满世界，勝諸天光。爾時東方五百萬億
諸國土中，梵天宫殿，光明照曜，倍於常明。
諸梵天王，各作是念：今者宫殿光明，昔所
未有。以何因緣，而現此相？是時諸梵天王，
即各相詣，共議此事。時彼衆中，有一大梵
天王，名救一切，爲諸梵衆而説偈言：
我等諸宫殿，光明昔未有，此是何因緣，
宜各共求之。爲大德天生，爲佛出世間，
而此大光明，遍照於十方。
爾時五百萬億國土諸梵天王，與宫殿俱，
各以衣裓，盛諸天華，共詣西方，推尋是相。
見大通智勝如來，處於道場菩提樹下，坐

師子座，諸天，龍王，乾闥婆，緊那羅，摩侯羅
伽，人非人，等，恭敬圍繞，及見十六王子，請
佛轉法輪。即時諸梵天王頭面禮佛，繞百
千匝，即以天華而散佛上。其所散華，如須
彌山，并以供養佛菩提樹，其菩提樹，高十
由旬，華供養已，各以宫殿奉上彼佛，而作
是言：惟見哀滑，饒益我等，所獻宫殿，願垂
納受。時諸梵天王，即於佛前，一心同聲，以
偈頌曰：
世尊甚稀有，難可得值遇，具無量功德，
能救護一切。天人之大師，哀滑於世間，
十方諸衆生，普皆蒙饒益。我等所從來，
五百萬億國，舍深禪定樂，爲供養佛故。
我等先世福，宫殿甚嚴飾，今以奉世尊，
唯願哀納受。
爾時諸梵天王，偈贊佛已，各作是言：惟願
世尊轉於法輪，度脱衆生，開涅盤道。時諸
梵天王，一心同聲，而説偈言：
世雄两足尊，惟願演説法，以大慈悲力，
度苦惱衆生。
爾時大通智勝如來，默然許之。又諸比丘，
東南方五百萬億國土，諸大梵王，各自見
宫殿光明照曜，昔所未有。歡喜踴躍，生希
有心，即各相詣，共議此事。時彼衆中，有一
大梵天王，名曰大悲，爲諸梵衆而説偈言：
是事何因緣，而現如此相，我等諸宫殿，
光明昔未有。爲大德天生，爲佛出世間，
未曾見此相，當共一心求。過千萬億土，
尋光共推之，多是佛出世，度脱苦衆生。
爾時五百萬億諸梵天王，與宫殿俱，各以
衣裓盛諸天華，共詣西北方，推尋是相。見
大通智勝如來，處於道場菩提樹下，坐師
子座，諸天，龍王，乾闥婆，緊那羅，摩侯羅伽，
人非人，等，恭敬圍繞，及見十六王子，請佛
轉法輪。時諸梵天王頭面禮佛，繞百千匝，
即以天華而散佛上。所散之華，如須彌山，
并以供養佛菩提樹。華供養已，各以宫殿
奉上彼佛，而作是言：惟見哀滑，饒益我等，

所獻宫殿，願垂納受。爾時諸梵天王，即於
佛前，一心同聲，以偈頌曰：
聖主天中王，迦陵頻伽聲，哀湣衆生者，
我等今敬禮。世尊甚稀有，久遠乃一現，
一百八十劫，空過無有佛，三惡道充滿，
諸天衆减少，今佛出於世，爲衆生作眼，
世間所歸趨，救護於一切，爲衆生之父，
哀湣饒益者。我等宿福慶，今得值世尊。
爾時諸梵天王，偈贊佛已，各作是言：惟願
世尊哀湣一切，轉於法輪，度脱衆生。時諸
梵天王，一心同聲，而説偈言：
大聖轉法輪，顯示諸法相，度苦惱衆生，
令得大歡喜。衆生聞此法，得道若生天，
諸惡道减少，忍善者增益。
爾時大通智勝如來默然許之。又，諸比丘，
南方五百萬億國土，諸大梵王，各自見宫
殿光明照曜，昔所未有。歡喜踴躍，生稀有
心，即各相詣，共議此事：以何因緣，我等宫
殿有此光曜？時彼衆中，有一大梵天王，名
曰妙法，爲諸梵衆，而説偈言：
我等諸宫殿，光明甚威曜，此非無因緣，
是相宜求之。過於百千劫，未曾見是相，
爲大德天生，爲佛出世間。
爾時五百萬億諸梵天王，與宫殿俱，各以
衣裓盛諸天華，共詣北方，推尋是相。見大
通智勝如來，處於道場菩提樹下，坐師子
座，諸天，龍王，乾闥婆，緊那羅，摩侯羅伽，人
非人，等，恭敬圍繞，及見十六王子請佛轉
法輪。時諸梵天王，頭面禮佛，繞百千匝，即
以天華而散佛上。所散之華，如須彌山，并
以供養佛菩提樹。華供養已，各以宫殿，奉
上彼佛，而作是言：惟見哀湣，饒益我等，所
獻宫殿，願垂納受。爾時諸梵天王，即於佛
前，一心同聲，以偈頌曰：
世尊甚難見，破諸煩惱者，過百三十劫，
今乃得一見。諸饑渴衆生，以法雨充滿，
昔所未曾睹，無量智慧者，如優曇鉢華，
今日乃值遇。我等諸宫殿，蒙光故嚴飾，

世尊大慈湣，惟願垂納受。
爾時諸梵天王，偈贊佛已，各作是言：惟願
世尊轉於法輪，令一切世間，諸天，魔，梵，沙
門，婆羅門，皆獲安隱，而得度脱。時諸梵天
王，一心同聲，以偈頌曰：
惟願天人尊，轉無上法輪，擊於大法鼓，
而吹大法螺，普雨大法雨，度無量衆生。
我等咸歸請，當演深遠音。
爾時大通智勝如來默然許之。西南方，乃
至下方，亦復如是。爾時上方五百萬億國
土，諸大梵王，皆悉自睹所止宫殿，光明威
曜，昔所未有。歡喜踴躍，生稀有心，即各相
詣，共議此事：以何因緣，我等宫殿，有斯光
明？時彼衆中，有一大梵天王，名曰屍弃，爲
諸梵衆而説偈言：
今以何因緣，我等諸宫殿，威德光明曜，
嚴飾未曾有。如是之妙相，昔所未聞見，
爲大德天生，爲佛出世間。
爾時五百萬億諸梵天王，與宫殿俱，各以
衣裓盛諸天華，共詣下方，推尋是相。見大
通智勝如來，處於道場菩提樹下，坐師子
座，諸天，龍王，乾闥婆，緊那羅，摩侯羅伽，人
非人，等，恭敬圍繞，及見十六王子請佛轉
法輪。時諸梵天王頭面禮佛，繞百千匝，即
以天華而散佛上。所散之華，如須彌山，并
以供養佛菩提樹。華供養已，各以宫殿，奉
上彼佛，而作是言：惟見哀湣，饒益我等，所
獻宫殿，願垂納受。時諸梵天王，即於佛前，
一心同聲，以偈頌曰：
善哉見諸佛，救世之聖尊，能於三界獄，
勉出諸衆生。普智天人尊，哀湣群萌類，
能開甘露門，廣度於一切。於昔無量劫，
空過無有佛，世尊未出時，十方常暗冥，
三惡道增長，阿修羅亦盛，諸天衆轉減，
死多墮惡道。不從佛聞法，常行不善事，
色力及智慧，斯等皆減少，罪業因緣故，
失樂及樂想，住於邪見法，不識善儀則，
不蒙佛所化，常墮於惡道。佛爲世間眼，

久遠時乃出，哀愍諸衆生，故現於世間。
超出成正覺，我等甚欣慶，及餘一切衆，
喜歎未曾有。我等諸宫殿，蒙光故嚴飾，
今以奉世尊，惟垂哀納受。願以此功德，
普及於一切，我等與衆生，皆共成佛道。
爾時五百萬億諸梵天王，偈贊佛已，各白
佛言：惟願世尊轉於法輪，多所安隱，多所
度脱。時諸梵天王而説偈言：
世尊轉法輪，擊甘露法鼓，度苦惱衆生，
開示涅盤道。惟願受我請，以大微妙音，
哀愍而敷演，無量劫集法。
爾時大通智勝如來，受十方諸梵天王，及
十六王子請，即時三轉十二行法輪，若沙
門，婆羅門，若天，魔，梵，及餘世間所不能轉，
謂是苦，是苦集，是苦滅，是苦滅道。及廣説
十二因緣法，無明緣行，行緣識，識緣名色，
名色緣六入，六入緣觸，觸緣受，受緣愛，愛
緣取，取緣有，有緣生，生緣老死憂悲苦惱。
無明滅，則行滅，行滅，則識滅，識滅，則名色
滅，名色滅，則六入滅，六入滅，則觸滅，觸滅，
則受滅，受滅，則愛滅，愛滅，則取滅，取滅，則
有滅，有滅，則生滅，生滅，則老死憂悲苦惱
滅。佛於天人大衆之中，説是法時，六百萬
億那由他人，以不受一切法故，而於諸漏，
心得解脱，皆得深妙禪定，三明，六通，具八
解脱。第二第三第四説法時，千萬億恒河
沙那由他等衆生，亦以不受一切法故，而
於諸漏，心得解脱。從是已後，諸聲聞衆，無
量無邊不可稱數。爾時十六王子，皆以童
子出家，而爲沙彌，諸根通利，智慧明瞭，已
曾供養百千萬億諸佛，净修梵行，求阿耨
多羅三藐三菩提。俱白佛言：世尊，是諸無
量千萬億大德聲聞，皆已成就，世尊，亦當
爲我等説阿耨多羅三藐三菩提法，我等
聞已，皆共修學。世尊，我等志願如來知見，
深心所念，佛自證知。爾時轉輪聖王所將
衆中，八萬億人，見十六王子出家，亦求出
家。王即聽許。爾時彼佛受沙彌請，過二萬

劫已，乃於四衆之中，説是大乘經，名妙法
蓮華，教菩薩法，佛所護念。説是經已，十六
沙彌爲阿耨多羅三藐三菩提故，皆共受
持，諷誦通利。説是經時，十六菩薩沙彌皆
悉信受，聲聞衆中，亦有信解，其餘衆生，千
萬億種，皆生疑惑。佛説是經，於八千劫，未
曾休廢，説此經已，即入静室，住於禪定，八
萬四千劫。是時十六菩薩沙彌，知佛入室，
寂然禪定，各陞法座，亦於八萬四千劫，爲
四部衆，廣説分别妙法華經，一一皆度六
百萬億那由他恒河沙等衆生，示教，利喜，
令發阿耨多羅三藐三菩提心。大通智勝
佛過八萬四千劫已，從三昧起，往詣法座，
安詳而坐，普告大衆：是十六菩薩沙彌，甚
爲稀有，諸根通利，智慧明瞭，已曾供養無
量千萬億數諸佛。於諸佛所，常修梵行，受
持佛智，開示衆生，令入其中。汝等皆當數
數親近而供養之。所以者何。若聲聞，辟支
佛，及諸菩薩，能信是十六菩薩所説經法，
受持不毁者，是人皆當得阿耨多羅三藐
三菩提，如來之慧。佛告諸比丘：是十六菩
薩，常樂説是妙法蓮華經，一一菩薩，所化六
百萬億那由他恒河沙等衆生，世世所生，
與菩薩俱，從其聞法，悉皆信解，以此因緣，
得值四百萬億諸佛世尊，於今不盡。諸比丘，
我今語汝，彼佛弟子十六沙彌，今皆得阿
耨多羅三藐三菩提，於十方國土，現在説
法，有無量百千萬億菩薩，聲聞，以爲眷屬。
其二沙彌，東方作佛，一名阿，在歡喜國，
二名須彌頂。東南方二佛，一名師子音，二
名師子相。南方二佛，一名虚空住，二名常
滅。西南方二佛，一名帝相，二名梵相。西方
二佛，一名阿彌陀，二名度一切世間苦惱。
西北方二佛，一名多摩羅跋栴檀香神通，
二名須彌相。北方二佛，一名云自在，二名
云自在王。東北方佛，名壞一切世間怖畏，
第十六，我釋迦牟尼佛，於娑婆國土，成阿
耨多羅三藐三菩提。諸比丘，我等爲沙彌

時，各各教化無量百千萬億恒河沙等衆生，從我聞法，爲阿耨多羅三藐三菩提。此諸衆生，於今有住聲聞地者，我常教化阿耨多羅三藐三菩提，是諸人等，應以是法，漸入佛道。所以者何。如來智慧，難信難解。爾時所化無量恒河沙等衆生者，汝等諸比丘，及我滅度後，未來世中聲聞弟子是也。我滅度後，復有弟子，不聞是經，不知不覺菩薩所行，自於所得功德，生滅度想，當入涅盤。我於余國作佛，更有异名，是人雖生滅度之想，入於涅盤，而於彼土，求佛智慧，得聞是經，惟以佛乘而得滅度，更無餘乘，除諸如來方便説法。諸比丘，若如來自知涅盤時到，衆又清净，信解堅固，了達空法，深入禪定，便集諸菩薩及聲聞衆，爲説是經。世間無有二乘而得滅度，惟一佛乘得滅度耳。比丘當知，如來方便，深入衆生之性，如其志樂小法，深著五欲，爲是等故，説於涅盤，是人若聞，則便信受。譬如五百由旬險難惡道，曠絶無人，怖畏之處，若有多衆，欲過此道，至珍寶處。有一導師，聰慧明達，善知險道通塞之相，將導衆人，欲過此難。所將人衆，中路懈退，白導師言：我等疲極，而復怖畏，不能復進，前路猶遠，今欲退還。導師多諸方便，而作是念，此等可湣，云何舍大珍寶而欲退還。作是念已，以方便力，於險道中，過三百由旬，化作一城。告衆人言：汝等勿怖，莫得退還。今此大城，可於中止，隨意所作，若入是城，快得安隱。若能前至寶所，亦可得去。是時疲極之衆，心大歡喜，歎未曾有：我等今者，免斯惡道，快得安隱。於是衆人前入化城，生已度想，生安隱想。爾時導師，知此人衆既得止息，無復疲倦。即滅化城，語衆人言：汝等去來，寶處在近。嚮者大城，我所化作，爲止息耳。諸比丘，如來亦復如是，今爲汝等作大導師，知諸生死煩惱惡道，險難長遠，應去應度。若衆生但聞一佛乘者，則不欲見佛，不欲

親近，便作是念：佛道長遠，久受勤苦，乃可
得成。佛知是心，怯弱下劣，以方便力，而於
中道爲止息故，説二涅盤。若衆生住於二
地，如來爾時即便爲説：汝等所作未辦，汝
所住地，近於佛慧，當觀察籌量所得涅盤，
非真實也。但是如來方便之力，於一佛乘，
分别説三。如彼導師，爲止息故，化作大城。
既知息已，而告之言：寶處在近，此城非實，
我化作耳。爾時世尊欲重宣此義，而説偈言：
大通智勝佛，十劫坐道場，佛法不現前，
不得成佛道。諸天神龍王，阿修羅衆等，
常雨於天華，以供養彼佛，諸天擊天鼓，
并作衆妓樂，香風吹萎華，更雨新好者。
過十小劫已，乃得成佛道，諸天及世人，
心皆懷踴躍。彼佛十六子，皆與其眷屬，
千萬億圍繞，俱行至佛所，頭面禮佛足，
而請轉法輪。聖師子法雨，充我及一切，
世尊甚難值，久遠時一現，爲覺悟群生，
震動於一切。東方諸世界，五百萬億國，
梵宫殿光曜，昔所未曾有。諸梵見此相，
尋來至佛所，散花以供養，并奉上宫殿，
請佛轉法輪，以偈而讃歎。佛知時未至，
受請默然坐。三方及四維，上下亦復爾，
散華奉宫殿，請佛轉法輪，世尊甚難值，
願以大慈悲，廣開甘露門，轉無上法輪。
無量慧世尊，受彼衆人請，爲宣種種法，
四諦十二緣，無明至老死，皆從生緣有。
如是衆過患，汝等應當知。宣暢是法時，
六百萬億垓，得盡諸苦際，皆成阿羅漢。
第二説法時，千萬恒沙衆，於諸法不受，
亦得阿羅漢。從是後得道，其數無有量，
萬億劫算數，不能得其邊。時十六王子，
出家作沙彌，皆共請彼佛，演説大乘法。
我等及營從，皆當成佛道，願得如世尊，
慧眼第一净。佛知童子心，宿世之所行，
以無量因緣，種種諸譬喻，説六波羅蜜，
及諸神通事。分别真實法，菩薩所行道，
説是法華經，如恒河沙偈。彼佛説經已，

静室入禪定，一心一處坐，八萬四千劫。
是諸沙彌等，知佛禪未出，爲無量億衆，
説佛無上慧，各各坐法座，説是大乘經，
於佛宴寂後，宣揚助法化。一一沙彌等，
所度諸衆生，有六百萬億，恒河沙等衆。
彼佛滅度後，是諸聞法者，在在諸佛土，
常與師俱生。是十六沙彌，具足行佛道，
今現在十方，各得成正覺。爾時聞法者，
各在諸佛所，其有住聲聞，漸教以佛道。
我在十六數，曾亦爲汝説，是故以方便，
引汝趣佛慧。以是本因緣，今説法華經，
令汝入佛道，慎勿懷驚懼。譬如險惡道，
迥絶多毒獸，又復無水草，人所怖畏處。
無數千萬衆，欲過此險道，其路甚曠遠，
經五百由旬。時有一導師，强識有智慧，
明瞭心决定，在險濟衆難。衆人皆疲倦，
而白導師言，我等今頓乏，於此欲退還。
導師作是念，此輩甚可愍，如何欲退還，
而失大珍寶。尋時思方便，當設神通力，
化作大城郭，莊嚴諸舍宅，周匝有園林，
渠流及浴池，重門高樓閣，男女皆充滿。
即作是化已，慰衆言勿懼，汝等入此城，
各可隨所樂。諸人既入城，心皆大歡喜，
皆生安隱想，自謂已得度。導師知息已，
集衆而告言，汝等當前進，此是化城耳。
我見汝疲極，中路欲退還，故以方便力，
權化作此城，汝今勤精進，當共至寶所。
我亦復如是，爲一切導師。見諸求道者，
中路而懈廢，不能度生死，煩惱諸險道。
故以方便力，爲息説涅盤，言汝等苦滅，
所作皆已辦。既知到涅盤，皆得阿羅漢，
爾乃集大衆，爲説真實法。諸佛方便力，
分别説三乘，唯有一佛乘，息處故説二。
今爲汝説實，汝所得非滅，爲佛一切智，
當發大精進。汝證一切智，十力等佛法，
具三十二相，乃是真實滅。諸佛之導師，
爲息説涅盤，既知是息已，引入於佛慧。

（七）俄 B54《妙法蓮華經卷第三》[1]

【題解】

唐寫本，卷軸裝，潢楮紙，厚。高 24.1 釐米，寬 43.5 釐米。共 2 紙。卷心高 20 釐米，天頭 2.4 釐米，地脚 1.7 釐米。共 24 行，行 17 字。烏絲欄，楷書。墨色濃匀。首尾被裁。并被改疊成經折裝。與 B55 爲敦煌所出同卷文書，但文字不相連接。

【前缺】
諸聲聞衆，皆非滅度，汝等所行，是菩薩道，
漸漸修學，悉當成佛。
　　妙法蓮華經授記品第六
爾時世尊説是偈已，告諸大衆，唱如是言：我
此弟子摩訶迦葉，於未來世，當得奉覲三百
萬億諸佛世尊，供養，恭敬，尊重，贊歎，廣宣
諸佛無量大法。於最後身，得成爲佛，名曰光
明如來，應供，正遍知，明行足，善逝世間解，無上
士，調御丈夫，天人師，佛，世尊。國名光德，劫名
大莊嚴。佛壽，十二小劫，正法住世，二十小劫，
像法亦住二十小劫。國界嚴飾，無諸穢惡，
瓦礫荊棘，便利不净。其土平正，無有高下，坑
坎堆阜。琉璃爲地，寶樹行列，黄金爲繩，以界
道側，散諸寶華，周遍清净。其國菩薩，無量
千億，諸聲聞衆，亦復無數，無有魔事，雖有
魔及魔民，皆護佛法。爾時世尊欲重宣此義，
而説偈言：
告諸比丘，我以佛眼，見是迦葉。於未來世，
過無數劫，當得作佛。而於來世，供養奉覲，
三百萬億，諸佛世尊，爲佛智慧，净修梵行。
供養最上，二足尊已，修習一切，無上之慧，
於最後身，得成爲佛。其土清净，琉璃爲地，
多諸寶樹，行列道側，金繩界道，見者歡喜。
常出好香，散衆名華，種種奇妙，以爲莊嚴。
【後缺】

---

① 《俄藏黑水城文獻》第六册第 71 頁。

(八) 俄 B55《妙法蓮華經卷第三》[1]

【題解】

唐寫本，卷軸裝，潢楮紙，厚。高 24. 1 釐米，寬 663 釐米。共 14 紙。紙幅 55 釐米，卷心高 20 釐米，天頭 2. 4 釐米，地脚 1. 7 釐米。每紙 28 行，行 17 字。烏絲欄，楷書。墨色濃匀。首尾被裁。并被改疊成經折裝。背畫天地綫。與 B54 爲敦煌所出同卷文書，但文字不相連接。

【前缺】
佛，供養，恭敬，尊重，贊歎。常修梵行，具菩薩
道，於最後身，得成爲佛，號曰光明如來，應供，
正遍知，明行足，善逝世間解，無上士，調御
丈夫，天人師，佛，世尊。劫名有寶國，名寶生，其土平
正，頗梨爲寶樹莊嚴。無諸比丘坑沙礫荊棘，
便利之穢，寶華覆地，周遍清净，其主人民皆
處寶台，珍妙樓閣聲聞弟子無量無邊算數
譬喻所不能知諸菩薩衆，無數千萬億那由
他佛壽，十二小劫，正法住世，二十小劫，像法
亦住二十小劫。其佛常處虚空，爲衆説法度
脱無量菩薩及聲聞衆，爾時世尊欲重宣此義，而説偈言：
諸比丘衆，今告汝等，皆當一心，聽我所説。
我大弟子，須菩提者，當得作佛，號曰名相。
當供無數，萬億諸佛，隨佛所行，漸具大道。
最後身得，三十二相，端正姝妙，猶如寶山。
其佛國土，嚴净第一，衆生見者，無不愛樂，
佛於其中，度無量衆。其佛法中，多諸菩薩，
【中缺】
意樂。其土平正，玻璃爲地，寶樹莊嚴，散真
珠華，周遍清净，見者歡喜。多諸天，人，菩薩，聲
聞，其數無量。佛壽二十四小劫，正法住世，四十
小劫，像法亦住四十小劫。爾時世尊欲重宣
此義，而説偈言：
我此弟子，大目犍連，捨是身已，得見八千，
二百萬億，諸佛世尊，爲佛道故，供養恭敬。

---

① 《俄藏黑水城文獻》第六册，第 18—28 頁。

於諸佛所，常修梵行，於無量劫，奉持佛法。
諸佛滅後，起七寶塔，長表金刹，華香伎樂，
而以供養，諸佛塔廟。漸漸具足，菩薩道已，
於意樂國，而得作佛，號多摩羅，栴檀之香。
其佛壽命，二十四劫，常爲天人，演説佛道。
聲聞無量，如恒河沙，三明六通，有大威德。
菩薩無數，志固精進，於佛智慧，皆不退轉。
佛滅度後，正法當住，四十小劫，像法亦爾。
我諸弟子，威德具足，其數五百，皆當授記。
於未來世，咸得成佛。我及汝等，宿世因緣，
吾今當説，汝等善聽。

妙法蓮華經化城喻品第七

佛告諸比丘：乃往過去無量無邊不可思議
阿僧祇劫，爾時有佛，名大通智勝如來，應供，
正遍知，明行足，善逝世間解，無上士，調御丈
夫，天人師，佛，世尊，其國名好城，劫名大相。諸
比丘，彼佛滅度已來，甚大久遠，譬如三千大
千世界所有地種，假使有人，磨以爲墨，過於
東方千國土，乃下一點，大如微塵，又過千國
土，復下一點，如是輾轉盡地種墨，於汝等
意云何，是諸國土，若算師，若算師弟子，能得
邊際，知其數否？不也，世尊。諸比丘，是人所經
國土，若點不點，盡抹爲塵，一塵一劫，彼佛滅
度已來，復過是數無量無邊百千萬億阿僧
祇劫，我以如來知見力故，觀彼久遠，猶若今
日。爾時世尊欲重宣此義，而説偈言：
我念過去世，無量無邊劫，有佛兩足尊，名大通智勝。
如人以力磨，三千大千土，盡此諸地種，皆悉以爲墨，
過於千國土，乃下一塵點，如是輾轉點，盡此諸塵墨。
如是諸國土，點與不點等，復盡抹爲塵，一塵爲一劫。
此諸微塵數，其劫復過是，彼佛滅度來，如是無量劫。
如來無礙智，知彼佛滅度，及聲聞菩薩，如見今滅度。
諸比丘當知，佛智浄微妙，無漏無所礙，通達無量劫。
佛告諸比丘：大通智勝佛，壽五百四十萬億
那由他劫。其佛本坐道場，破魔軍已，垂得
阿耨多羅三藐三菩提，而諸佛法不現在前，
如是一小劫乃至十小劫，結跏趺坐，身心不動，
而諸佛法猶不在前。爾時忉利諸天，先爲彼

佛，於菩提樹下，敷師子座，高一由旬，佛於此
座，當得阿耨多羅三藐三菩提。適坐此座，
時諸梵天王，雨衆天華，面百由旬，香風時來，
吹去萎華，更雨新者，如是不絶，滿十小劫供養
於佛，乃至滅度，常雨此華。四王諸天，爲供養
佛，常擊天鼓，其餘諸天，作天伎樂，滿十小劫，
至於滅度，亦復如是。諸比丘，大通智勝佛過
十小劫，諸佛之法，乃現在前，成阿耨多羅三
藐三菩提。其佛未出家時，有十六子，其第一
者，名曰智積。諸子各有種種珍异玩好之具，
聞父得成阿耨多羅三藐三菩提，皆舍所珍，
往詣佛所。諸母涕泣而隨送之。其祖轉輪聖
王，與一百大臣，及余百千萬億人民，皆共圍
繞，隨至道場。咸欲親近大通智勝如來，供養，
恭敬，尊重，贊歎。到已，頭面禮足，繞佛畢已，一心
合掌，瞻仰世尊，以偈頌曰：
大威德世尊，爲度衆生故，於無量億劫，爾乃得成佛，
諸願已具足，善哉吉無上。世尊甚稀有，一坐十小劫，
身體及手足，静然安不動。其心常惔怕，未曾有散亂，
究竟永寂滅，安住無漏法。今者見世尊 安隱成佛道，
我等得善利，稱慶大歡喜。衆生常苦惱，盲瞑無導師，
不識苦盡道，不知求解脱。長夜增惡趣，減損諸天衆，
從冥入於冥，永不聞佛名。今佛得最上，安隱無漏道，
我等及天人，爲得最大利，是故咸稽首，歸命無上尊。
爾時十六王子偈贊佛已，勸請世尊轉於法
輪，咸作是言：世尊説法，多所安隱，憐滑，饒益，
諸天人民。重説偈言：
世雄無等倫，百福自莊嚴，得無上智慧。願爲世間説，
度脱於我等，及諸衆生類，爲分别顯示，令得是智慧。
若我等得佛，衆生亦復然。世尊知衆生 深心之所念，
亦知所行道，又知智慧力，欲樂及修福，宿命所行業。
世尊悉知已，當轉無上輪。
佛告諸比丘：大通智勝佛，得阿耨多羅三藐
三菩提時，十方各五百萬億諸佛世界，六種
震動，其國中間幽冥之處，日月威光所不能
照，而皆大明。其中衆生，各得相見，咸作是言：
此中云何忽生衆生，又其國界，諸天宫殿，乃
至梵宫，六種震動，大光普照，遍滿世界，勝諸

天光。爾時東方五百萬億諸國土中，梵天宫
殿，光明照曜，倍於常明。諸梵天王，各作是念：
今者宫殿光明，昔所未有。以何因緣，而現此
相？是時諸梵天王，即各相詣，共議此事。而彼
衆中，有一大梵天王，名救一切，爲諸梵衆而
説偈言：

我等諸宫殿，光明昔未有，此是何因緣，宜各共求之。
爲大德天生，爲佛出世間，而此大光明，遍照於十方。

爾時五百萬億國土諸梵天王，與宫殿俱，各
以衣祴，盛諸天華，共詣西方，推尋是相。見大
通智勝如來，處於道場菩提樹下，坐師子座，
諸天，龍王，乾闥婆，緊那羅，摩侯羅伽，人非人，
等，恭敬圍繞，及見十六王子，請佛轉法輪。即
時諸梵天王頭面禮佛，繞百千匝，即以天華
而散佛上。其所散華，如須彌山，并以供養佛
菩提樹，其菩提樹，高十由旬，華供養已，各以
宫殿奉上彼佛，而作是言：惟見哀湣，饒益我
等，所獻宫殿，願垂納受。時諸梵天王，即於佛
前，一心同聲，以偈頌曰：

世尊甚稀有，難可得值遇，具無量功德，能救護一切。
天人之大師，哀湣於世間，十方諸衆生，普皆蒙饒益。
我等所從來，五百萬億國，舍深禪定樂，爲供養佛故。
我等先世福，宫殿甚嚴飾，今以奉世尊，唯願哀納受。

爾時諸梵天王，偈贊佛已，各作是言：惟願世
尊轉於法輪，度脱衆生，開涅槃道。時諸梵天
王，一心同聲，而説偈言：

世雄两足尊，惟願演説法，以大慈悲力，度苦惱衆生。

爾時大通智勝如來，默然許之。又諸比丘，東南
方五百萬億國土，諸大梵王，各自見宫殿光明
照曜，昔所未有。歡喜踴躍，生稀有心，即各
相詣，共議此事。時彼衆中，有一大梵天王，
名曰大悲，爲諸梵衆而説偈言：

是事何因緣，而現如此相，我等諸宫殿，光明昔未有。
爲大德天生，爲佛出世間，未曾見此相，當共一心求。
過千萬億土，尋光共推之，多是佛出世，度脱苦衆生。

爾時五百萬億諸梵天王，與宫殿俱，各以衣祴
盛諸天華，共詣西北方，推尋是相。見大通智
勝如來，處於道場菩提樹下，坐師子座，諸天，

龍王，乾闥婆，緊那羅，摩侯羅伽，人非人，等，
恭敬圍繞，及見十六王子，請佛轉法輪。時諸
梵天王頭面禮佛，繞百千匝，即以天華而散
佛上。所散之華，如須彌山，并以供養佛菩提
樹。華供養已，各以宫殿奉上彼佛，而作是言：
惟見哀滑，鐃益我等，所獻宫殿，願垂納受。
爾時諸梵天王，即於佛前，一心同聲，以偈頌曰：
聖主天中王，迦陵頻伽聲，哀滑衆生者，我等今敬禮。
世尊甚稀有，久遠乃一現，一百八十劫，空過無有佛，
三惡道充満，諸天衆減少，今佛出於世，爲衆生作眼，
世間所歸趨，救護於一切，爲衆生之父，哀滑鐃益者。
我等宿福慶，今得值世尊。
爾時諸梵天王，偈贊佛已，各作是言：惟願世
尊哀滑一切，轉於法輪，度脱衆生。時諸梵天
王，一心同聲，而説偈言：
大聖轉法輪，顯示諸法相，度苦惱衆生，令得大歡喜。
衆生聞此法，得道若生天，諸惡道減少，忍善者增益。
爾時大通智勝如來默然許之。又，諸比丘，南
方五百萬億國土，諸大梵王，各自見宫殿光
明照曜，昔所未有。歡喜踴躍，生稀有心，即各
相詣，共議此事：以何因緣，我等宫殿有此光
曜？時彼衆中，有一大梵天王，名曰妙法，爲諸
梵衆，而説偈言：
我等諸宫殿，光明甚威曜，此非無因緣，是相宜求之。
過於百千劫，未曾見是相，爲大德天生，爲佛出世間。
爾時五百萬億諸梵天王，與宫殿俱，各以衣
裓盛諸天華，共詣北方，推尋是相。見大通智
勝如來，處於道場菩提樹下，坐師子座，諸天，
龍王，乾闥婆，緊那羅，摩侯羅伽，人非人，等，恭
敬圍繞，及見十六王子請佛轉法輪。時諸梵天
王，頭面禮佛，繞百千匝，即以天華而散佛上。
所散之華，如須彌山，并以供養佛菩提樹。華
供養已，各以宫殿，奉上彼佛，而作是言：惟見
哀滑，鐃益我等，所獻宫殿，願垂納受。爾時諸
梵天王，即於佛前，一心同聲，以偈頌曰：
世尊甚難見，破諸煩惱者，過百三十劫，今乃得一見。
諸饑渴衆生，以法雨充満，昔所未曾睹，無量智慧者，
如優曇鉢華，今日乃值遇。我等諸宫殿，蒙光故嚴飾，

世尊大慈愍，惟願垂納受。
爾時諸梵天王，偈贊佛已，各作是言：惟願世
尊轉於法輪，令一切世間，諸天，魔，梵，沙門，婆
羅門，皆獲安隱，而得度脱。時諸梵天王，一心
同聲，以偈頌曰：
惟願天人尊，轉無上法輪，擊於大法鼓，而吹大法螺，
普雨大法雨，度無量衆生。我等咸歸請，當演深遠音。
爾時大通智勝如來默然許之。西南方，乃至
下方，亦復如是。爾時上方五百萬億國土，諸大
梵王，皆悉自睹所止宫殿，光明威曜，昔所未
有。歡喜踴躍，生稀有心，即各相詣，共議此事：
以何因緣，我等宫殿，有斯光明？時彼衆中，有
一大梵天王，名曰屍弃，爲諸梵衆而説偈言：
今以何因緣，我等諸宫殿，威德光明曜，嚴飾未曾有。
如是之妙相，昔所未聞見，爲大德天生，爲佛出世間。
爾時五百萬億諸梵天王，與宫殿俱，各以衣
裓盛諸天華，共詣下方，推尋是相。見大通智
勝如來，處於道場菩提樹下，坐師子座，諸天，
龍王，乾闥婆，緊那羅，摩侯羅伽，人非人，等，恭
敬圍繞，及見十六王子請佛轉法輪。時諸梵
天王頭面禮佛，繞百千匝，即以天華而散佛
上。所散之華，如須彌山，并以供養佛菩提樹。華
供養已，各以宫殿，奉上彼佛，而作是言：惟見
哀愍，饒益我等，所獻宫殿，願垂納受。時諸梵
天王，即於佛前，一心同聲，以偈頌曰：
善哉見諸佛，救世之聖尊，能於三界獄，勉出諸衆生。
普智天人尊，哀愍群萌類，能開甘露門，廣度於一切。
於昔無量劫，空過無有佛，世尊未出時，十方常暗冥，
三惡道增長，阿修羅亦盛，諸天衆轉减，死多墮惡道。
不從佛聞法，常行不善事，色力及智慧，斯等皆减少，
罪業因緣故，失樂及樂想，住於邪見法，不識善儀則，
不蒙佛所化，常墮於惡道。佛爲世間眼，久遠時乃出，
哀愍諸衆生，故現於世間。超出成正覺，我等甚欣慶，
及餘一切衆，喜歎未曾有。我等諸宫殿，蒙光故嚴飾，
今以奉世尊，惟垂哀納受。願以此功德，普及於一切，
我等與衆生，皆共成佛道。
爾時五百萬億諸梵天王，偈贊佛已，各白佛
言：惟願世尊轉於法輪，多所安隱，多所度脱。

時諸梵天王而説偈言：

世尊轉法輪，擊甘露法鼓，度苦惱衆生，開示涅槃道。

惟願受我請，以大微妙音，哀湣而敷演，無量劫集法。

爾時大通智勝如來，受十方諸梵天王，及十六王子請，即時三轉十二行法輪，若沙門，婆羅門，若天，魔，梵，及餘世間所不能轉，謂是苦，是苦集，是苦滅，是苦滅道。及廣説十二因緣法，無明緣行，行緣識，識緣名色，名色緣六入，六入緣觸，觸緣受，受緣愛，愛緣取，取緣有，有緣生，生緣老死憂悲苦惱。無明滅，則行滅，行滅，則識滅，識滅，則名色滅，名色滅，則六入滅，六入滅，則觸滅，觸滅，則受滅，受滅，則愛滅，愛滅，則取滅，取滅，則有滅，有滅，則生滅，生滅，則老死憂悲苦惱滅。佛於天人大衆之中，説是法時，六百萬億那由他人，以不受一切法故，而於諸漏，心得解脱，皆得深妙禪定，三明，六通，具八解脱。第二第三第四説法時，千萬億恒河沙那由他等衆生，亦以不受一切法故，而於諸漏，心得解脱。從是已後，諸聲聞衆，無量無邊不可稱數。爾時十六王子，皆以童子出家，而爲沙彌，諸根通利，智慧明瞭，已曾供養百千萬億諸佛，净修梵行，求阿耨多羅三藐三菩提。俱白佛言：世尊，是諸無量千萬億大德聲聞，皆已成就，世尊，亦當爲我等説阿耨多羅三藐三菩提法，我等聞已，皆共修學。世尊，我等志願如來知見，深心所念，佛自證知。爾時轉輪聖王所將衆中，八萬億人，見十六王子出家，亦求出家。王即聽許。爾時彼佛受沙彌請，過二萬劫已，乃於四衆之中，説是大乘經，名妙法蓮華，教菩薩法，佛所護念。説是經已，十六沙彌爲阿耨多羅三藐三菩提故，皆共受持，諷誦通利。説是經時，十六菩薩沙彌皆悉信受，聲聞衆中，亦有信解，其餘衆生，千萬億種，皆生疑惑。佛説是經，於八千劫，未曾休廢，説此經已，即入静室，住於禪定，八萬四千劫。是時十六菩薩沙彌，知佛入室，寂然禪定，各陞法座，亦於八萬四千劫，爲四部衆，廣説分别妙法華經，一一皆度六百萬億

那由他恒河沙等衆生，示教，利喜，令發阿耨
多羅三藐三菩提心。大通智勝佛過八萬四
千劫已，從三昧起，往詣法座，安詳而坐，普告
大衆：是十六菩薩沙彌，甚爲稀有，諸根通
利，智慧明瞭，已曾供養無量千萬億數諸佛。
於諸佛所，常修梵行，受持佛智，開示衆生，令
入其中。汝等皆當數數親近而供養之。所以者
何。若聲聞，辟支佛，及諸菩薩，能信是十六菩
薩所説經法，受持不毁者，是人皆當得阿耨多
羅三藐三菩提，如來之慧。佛告諸比丘：是十
六菩薩，常樂説是妙法蓮華經，一一菩薩，
所化六百萬億那由他恒河沙等衆生，世世
所生，與菩薩俱，從其聞法，悉皆信解，以此因
緣，得值四百萬億諸佛世尊，於今不盡。諸比丘，
我今語汝，彼佛弟子十六沙彌，今皆得阿耨
多羅三藐三菩提，於十方國土，現在説法，有
無量百千萬億菩薩，聲聞，以爲眷屬。其二沙
彌，東方作佛，一名阿，在歡喜國，二名須彌
頂。東南方二佛，一名師子音，二名師子相。南
方二佛，一名虚空住，二名常滅。西南方二佛，
一名帝相，二名梵相。西方二佛，一名阿彌陀，
二名度一切世間苦惱。西北方二佛，一名多
摩羅跋栴檀香神通，二名須彌相。北方二佛，
一名云自在，二名云自在王。東北方佛，名壞
一切世間怖畏，第十六，我釋迦牟尼佛，於娑
婆國土，成阿耨多羅三藐三菩提。諸比丘，我
等爲沙彌時，各各教化無量百千萬億恒河
沙等衆生，從我聞法，爲阿耨多羅三藐三
菩提。此諸衆生，於今有住聲聞地者，我常教化
阿耨多羅三藐三菩提，是諸人等，應以是法，
漸入佛道。所以者何。如來智慧，難信難解。爾
時所化無量恒河沙等衆生者，汝等諸比丘，
及我滅度後，未來世中聲聞弟子是也。我
滅度後，復有弟子，不聞是經，不知不覺菩薩
所行，自於所得功德，生滅度想，當入涅槃。我於
余國作佛，更有异名，是人雖生滅度之想，入
於涅槃，而於彼土，求佛智慧，得聞是經，惟以
佛乘而得滅度，更無餘乘，除諸如來方便説

法。諸比丘，若如來自知涅槃時到，衆又清净，
信解堅固，了達空法，深入禪定，便集諸菩薩
及聲聞衆，爲説是經。世間無有二乘而得
滅度，惟一佛乘得滅度耳。比丘當知，如來方便，
深入衆生之性，如其志樂小法，深著五欲，爲
是等故，説於涅槃，是人若聞，則便信受。譬如
五百由旬險難惡道，曠絶無人，怖畏之處，若
有多衆，欲過此道，至珍寶處。有一導師，聰
慧明達，善知險道通塞之相，將導衆人，欲過
此難。所將人衆，中路懈退，白導師言：我等疲
極，而復怖畏，不能復進，前路猶遠，今欲退還。
導師多諸方便，而作是念，此等可湣，云何舍大
珍寶而欲退還。作是念已，以方便力，於險道
中，過三百由旬，化作一城。告衆人言：汝等勿
怖，莫得退還。今此大城，可於中止，隨意所作，
若入是城，快得安隱。若能前至寶所，亦可得
去。是時疲極之衆，心大歡喜，歎未曾有：我等
今者，免斯惡道，快得安隱。於是衆人前入化
城，生已度想，生安隱想。爾時導師，知此人衆
既得止息，無復疲倦。即滅化城，語衆人言：汝
等去來，寶處在近。嚮者大城，我所化作，爲止
息耳。諸比丘，如來亦復如是，今爲汝等作大
導師，知諸生死煩惱惡道，險難長遠，應去應
度。若衆生但聞一佛乘者，則不欲見佛，不欲
親近，便作是念：佛道長遠，久受勤苦，乃可得
成。佛知是心，怯弱下劣，以方便力，而於中道
爲止息故，説二涅槃。若衆生住於二地，如來
爾時即便爲説：汝等所作未辦，汝所住地，近
於佛慧，當觀察籌量所得涅槃，非真實也。
但是如來方便之力，於一佛乘，分别説三。如彼
導師，爲止息故，化作大城。既知息已，而告之
言：寶處在近，此城非實，我化作耳。爾時世尊
欲重宣此義，而説偈言：
大通智勝佛，十劫坐道場，佛法不現前，不得成佛道。
諸天神龍王，阿修羅衆等，常雨於天華，以供養彼佛，
諸天擊天鼓，并作衆伎樂，香風吹萎華，更雨新好者。
過十小劫已，乃得成佛道，諸天及世人，心皆懷踴躍。
彼佛十六子，皆與其眷屬，千萬億圍繞，俱行至佛所，

頭面禮佛足，而請轉法輪。聖師子法雨，充我及一切，
世尊甚難值，久遠時一現，爲覺悟群生，震動於一切。
東方諸世界，五百萬億國，梵宫殿光曜，昔所未曾有。
諸梵見此相，尋來至佛所，散花以供養，并奉上宫殿，
請佛轉法輪，以偈而贊歎。佛知時未至，受請默然坐。
三方及四維，上下亦復爾，散華奉宫殿，請佛轉法輪，
世尊甚難值，願以大慈悲，廣開甘露門，轉無上法輪。
無量慧世尊，受彼衆人請，爲宣種種法，四諦十二缘，
無明至老死，皆從生缘有。如是衆過患，汝等應當知。
宣暢是法時，六百萬億垓，得盡諸苦際，皆成阿羅漢。
第二説法時，千萬恒沙衆，於諸法不受，亦得阿羅漢。
從是後得道，其數無有量，萬億劫算數，不能得其邊。
時十六王子，出家作沙彌，皆共請彼佛，演説大乘法。
我等及營從，皆當成佛道，願得如世尊，慧眼第一净。
佛知童子心，宿世之所行，以無量因缘，種種諸譬喻，
説六波羅蜜，及諸神通事。分别真實法，菩薩所行道，
説是法華經，如恒河沙偈。彼佛説經已，静室入禪定，
一心一處坐，八萬四千劫。是諸沙彌等，知佛禪未出，
爲無量億衆，説佛無上慧，各各坐法座，説是大乘經，
於佛宴寂後，宣揚助法化。一一沙彌等，所度諸衆生，
有六百萬億，恒河沙等衆。彼佛滅度後，是諸聞法者，
在在諸佛土，常與師俱生。是十六沙彌，具足行佛道，
今現在十方，各得成正覺。爾時聞法者，各在諸佛所，
其有住聲聞，漸教以佛道。我在十六數，曾亦爲汝説，
是故以方便，引汝趣佛慧。以是本因缘，今説法華經，
令汝入佛道，慎勿懷驚懼。譬如險惡道，迥絶多毒獸，
又復無水草，人所怖畏處。無數千萬衆，欲過此險道，
其路甚曠遠，經五百由旬。時有一導師，强識有智慧，
明瞭心决定，在險濟衆難。衆人皆疲倦，而白導師言，
我等今頓乏，於此欲退還。導師作是念，此輩甚可湣，
如何欲退還，而失大珍寶。尋時思方便，當設神通力，
化作大城郭，莊嚴諸舍宅，周匝有園林，渠流及浴池，
重門高樓閣，男女皆充滿。即作是化已，慰衆言勿懼，
汝等入此城，各可隨所樂。諸人既入城，心皆大歡喜，
皆生安隱想，自謂已得度。導師知息已，集衆而告言，
汝等當前進，此是化城耳。我見汝疲極，中路欲退還
【後缺】

（九）俄 TK4《妙法蓮花經卷第四》[①]

【題解】

西夏刻本，經折裝，潢麻紙，共 47 折，94 面，高 18.8 釐米，面寬 9.1 釐米。版框高 15.7 釐米，天頭 2 釐米，地脚 1.2 釐米。每面 8 行，行 16 字，上下單邊，宋體，墨色深。封面楷書題簽。冠佛説法圖與因果報應故事畫 2 面。已裱。

妙法蓮華經卷第四
爾時富樓那彌多羅尼子，從佛聞是智慧
方便，隨宜説法，又聞授諸大弟子阿耨多
羅三藐三菩提記，復聞宿世因緣之事，復
聞諸佛有大自在神通之力，得未曾有，心
净踴躍。即從座起，到於佛前，頭面禮足，却
住一面，瞻仰尊顔，目不暫捨。而作是念：世
尊甚奇特，所爲稀有。隨順世間若干種性，
以方便知見，而爲説法，拔出衆生處處貪
著。我等於佛功德，言不能宣，惟佛世尊能
知我等深心本願。爾時佛告諸比丘：汝等
見是富樓那彌多羅尼子不。我常稱其於
説法人中，最爲第一。亦常歎其種種功德，
精勤護持，助宣我法，能於四衆，示教利喜，
具足解釋佛之正法，而大饒益同梵行者。
自舍如來，無能盡其言論之辯。汝等勿謂
富樓那但能護持助宣我法，亦於過去九
十億諸佛所，護持助宣佛之正法，於彼説
法人中，亦最第一。又於諸佛所説空法，明
了通達，得四無礙智，常能審諦清净説法，
無有疑惑，具足菩薩神通之力。隨其壽命，
常修梵行，彼佛世人，咸皆謂之實是聲聞。
而富樓那以斯方便，饒益無量百千衆生，
又化無量阿僧祇人，令立阿耨多羅三藐
三菩提。爲净佛土故，常作佛事，教化衆生。
諸比丘，富樓那亦於七佛説法人中，而得
第一，今於我所説法人中，亦爲第一，於賢

① 《俄藏黑水城文獻》第一册，第 32—49 頁。該件文書有封面。

劫中當來諸佛，説法人中，亦復第一，而皆
護持，助宣佛法。亦於未來，護持助宣無量
無邊諸佛之法，教化饒益無量衆生，令立
阿耨多羅三藐三菩提。爲净佛土故，常勤
精進，教化衆生，漸漸具足菩薩之道。過無
量阿僧祇劫，當於此土，得阿耨多羅三藐
三菩提，號曰法明如來，應供，正遍知，明行
足，善逝世間解，無上士，調御丈夫，天人師，
佛，世尊。其佛，以恒河沙等三千大千世界，
爲一佛土，七寶爲地，地平如掌，無有山陵
溪澗溝壑，七寶台觀，充満其中，諸天宫殿，
近處虚空，人天交接，两得相見。無諸惡道，
亦無女人，一切衆生，皆以化生，無有淫欲。
得大神通，身出光明，飛行自在，志念堅固，
精進智慧，普皆金色，三十二相，而自莊嚴。
其國衆生，常以二食，一者，法喜食，二者，禪
悦食。有無量阿僧祇千萬億那由他諸菩
薩衆，得大神通，四無礙智，善能教化衆生
之類。其聲聞衆，算數校計所不能知，皆得
具足六通，三明，及八解脱。其佛國土，有如
是等無量功德莊嚴成就。劫名寶明，國名
善净。其佛，壽命無量阿僧祇劫。法住甚久，
佛滅度後，起七寶塔，遍満其國。爾時世尊
欲重宣此義，而説偈言：　　四
諸比丘諦聽，佛子所行道，善學方便故，
不可得思議。知衆樂小法，而畏於大智，
是故諸菩薩，作聲聞緣覺，以無數方便，
化諸衆生類。自説是聲聞，去佛道甚遠，
度脱無量衆，皆悉得成就，雖小欲懈怠，
漸當令作佛。内秘菩薩行，外現是聲聞，
少欲厭生死，實自净佛土。示衆有三毒，
又現邪見相，我弟子如是，方便度衆生。
若我具足説，種種現化事，衆生聞是者，
心則懷疑惑。今此富樓那，於昔千億佛，
勤修所行道，宣護諸佛法。爲求無上慧，
而於諸佛所，現居弟子上。多聞有智慧，
所説無所畏，能令衆歡喜，未曾有疲倦，
而以助佛事。已度大神通，具四無礙智，

知諸根利鈍，常説清净法，演暢如是義，
教諸千億衆，令住大乘法，而自净佛土。
未來亦供養，無量無數佛，護助宣正法，
亦自净佛土。常以諸方便，説法無所畏，
度不可計衆，成就一切智。供養諸如來，
護持法寶藏，其後得成佛，號名曰法明。
其國名善净，七寶所合成，劫名爲寶明。
菩薩衆甚多，其數無量億，皆度大神通，
威德力具足，充滿其國土。聲聞亦無數，
三明八解脱，得四無礙智，以是等爲僧。
其國諸衆生，淫欲皆已斷，純一變化生，
具相莊嚴身。法喜禪悦食，更無餘食想。
無有諸女人，亦無諸惡道。富樓那比丘，
功德悉成滿，當得斯净土，賢聖衆甚多。
如是無量事，我今但略説。
爾時千二百阿羅漢心自在者，作是念：我等歡喜，得未曾有，若世尊各見授記，如餘大弟子者，不亦快乎。佛知此等心之所念，告摩訶迦葉：是千二百阿羅漢，我今當現前次第與授阿耨多羅三藐三菩提記。於此衆中，我大弟子憍陳如比丘，當供養六萬二千億佛，然後得成爲佛，號曰普明如來，應供，正遍知，明行足，善逝世間解，無上士，調御丈夫，天人師，佛，世尊。其五百阿羅漢，優樓頻螺迦葉，伽耶迦葉，那提迦葉，迦留陀夷，優陀夷，阿㝹樓馱，離婆多，劫賓那，薄拘羅，周陀，莎伽陀，等，皆當得阿耨多羅三藐三菩提，盡同一號，名曰普明。爾時世尊欲重宣此義，而説偈言：
憍陳如比丘，當見無量佛，過阿僧祇劫，
乃成等正覺。常放大光明，具足諸神通，
名聞遍十方，一切之所敬，常説無上道，
故號爲普明。其國土清净，菩薩皆勇猛，
咸陞妙樓閣，游諸十方國，以無上供具，
奉獻於諸佛。作是供養已，心懷大歡喜，
須臾還本國，有如是神力。佛壽六萬劫，
正法住倍壽，像法復倍是，法滅天人憂。
其五百比丘，次第當作佛，同號曰普明，

轉次而授記。我滅度之後，某甲當作佛，
其所化世間，亦如我今日。國土之嚴净，
及諸神通力，菩薩聲聞衆，正法及像法，
壽命劫多少，皆如上所説。迦葉汝已知，
五百自在者，余諸聲聞衆，亦當復如是。
其不在此會，汝當爲宣説。　　四四
爾時五百阿羅漢，於佛前得受記已，歡喜
踴躍，即從座起，到於佛前，頭面禮足，悔過
自責：世尊，我等常作是念，自謂已得究竟
滅度，今乃知之，如無智者。所以者何。我等
應得如來智慧，而便自以小智爲足。世尊，
譬如有人至親友家，醉酒而卧。是時親友
官事當行，以無價寶珠，系其衣裹，與之而
去。其人醉卧，都不覺知。起已，游行，到於他
國。爲衣食故，勤力求索，甚大艱難，若少有
所得，便以爲足。於後，親友會遇見之，而作
是言：咄哉，丈夫，何爲衣食乃至如是。我昔
欲令汝得安樂，五欲自恣，於某年月日，以
無價寶珠，系汝衣裹，今故現在。而汝不知，
勤苦憂惱，以求自活，甚爲痴也。汝今可以
此寶，貿易所需，常可如意，無所乏短。佛亦
如是，爲菩薩時，教化我等，令發一切智心。
而尋廢忘，不知不覺，既得阿羅漢道，自謂
滅度，資生艱難，得少爲足。一切智願，猶在，
不失。今者，世尊覺悟我等，作如是言：諸比
丘，汝等所得，非究竟滅。我久令汝等種佛
善根，以方便故，示涅盤相，而汝謂爲實得
滅度。世尊，我今乃知實是菩薩，得受阿耨
多羅三藐三菩提記，以是因緣，甚大歡喜，
得未曾有。爾時阿若憍陳如等，欲重宣此
義，而説偈言：
我等聞無上，安隱授記聲，歡喜未曾有，
禮無量智佛。今於世尊前，自悔諸過咎，
於無量佛寶，得少涅盤分，如無智愚人，
便自以爲足。譬如貧窮人，往至親友家，
其家甚大富，具設諸肴膳。以無價寶珠，
系著内衣裹，默與而舍去，時卧不覺知。
是人既已起，游行詣他國，求衣食自濟，

資生甚艱難，得少便爲足，更不願好者，
不覺内衣裹，有無價寶珠。與珠之親友，
後見此貧人，苦切責之已，示以所系珠。
貧人見此珠，其心大歡喜，富有諸財物，
五欲而自恣。我等亦如是，世尊於長夜，
常湣見教化，令種無上願。我等無智故，
不覺亦不知，得少涅盤分，自足不求餘。
今佛覺悟我，言非實滅度，得佛無上慧，
爾乃爲真滅。我今從佛聞 授記莊嚴事，
及轉次受决，身心遍歡喜。

妙法蓮華經授學無學人記品第九

爾時阿難，羅侯羅，而作是念：我等每自思惟，設得授記，不亦快乎。即從座起，到於佛前，頭面禮足，俱白佛言：世尊，我等於此，亦應有分，惟有如來，我等所歸。又我等爲一切世間天，人，阿修羅，所見知識，阿難常爲侍者，護持法藏，羅侯羅是佛之子，若佛見授阿耨多羅三藐三菩提記者，我願既满，衆望亦足。爾時學無學聲聞弟子二千人，皆從座起，偏袒右肩，到於佛前，一心合掌，瞻仰世尊，如阿難，羅侯羅，所願，住立一面。爾時佛告阿難：汝於來世，當得作佛，號山海慧自在通王如來，應供，正遍知，明行足，善逝世間解，無上士，調御丈夫，天人師，佛，世尊。當供養六十二億諸佛，護持法藏，然後得阿耨多羅三藐三菩提。教化二十千萬億恒河沙諸菩薩等，令成阿耨多羅三藐三菩提。國名常立勝幡，其土清浄，琉璃爲地，劫名妙音遍満。其佛，壽命無量千萬億阿僧祇劫，若人於千萬億無量阿僧祇劫中，算數校計，不能得知。正法住世，倍於壽命，像法住世，復倍正法。阿難，是山海慧自在通王佛，爲十方無量千萬億恒河沙等諸佛如來，所共贊歎，稱其功德。爾時世尊欲重宣此義，而説偈言：

我今僧中説，阿難持法者，當供養諸佛，
然後成正覺，號曰山海慧，自在通王佛。
其國土清浄，名常立勝幡，教化諸菩薩，

其數如恒沙。佛有大威德，名聞滿十方。
壽命無有量，以愍衆生故。正法倍壽命，
像法復倍是。如恒河沙等，無數諸衆生，
於此佛法中，種佛道因緣。
爾時會中新發意菩薩八千人，咸作是念：
我等尚不聞諸大菩薩得如是記，有何因
緣，而諸聲聞得如是决？爾時世尊知諸菩
薩，心之所念，而告之曰：諸善男子，我與阿
難等，於空王佛所，同時發阿耨多羅三藐
三菩提心。阿難常樂多聞，我常勤精進。是
故我已得成阿耨多羅三藐三菩提，而阿
難護持我法，亦護將來諸佛法藏，教化成
就諸菩薩衆，其本願如是，故獲斯記。阿難
面於佛前，自聞授記，及國土莊嚴，所願具
足，心大歡喜，得未曾有。即時憶念過去無
量千萬億諸佛法藏，通達無礙，如今所聞，
亦識本願。爾時阿難而説偈言：
世尊甚稀有，令我念過去，無量諸佛法，
如今日所聞。我今無復疑，安住於佛道，
方便爲侍者，護持諸佛法。
爾時佛告羅侯羅：汝於來世，當得作佛，號
蹈七寶華如來，應供，正遍知，明行足，善逝
世間解，無上士，調御丈夫，天人師，佛，世尊。
當供養十世界微塵等數諸佛如來，常爲
諸佛而作長子，猶如今也。是蹈七寶華佛，
國土莊嚴，壽命劫數，所化弟子，正法，像法，
亦如山海慧自在通王如來無异，亦爲此
佛而作長子。過是已後，當得阿耨多羅三
藐三菩提。爾時世尊欲重宣此義，而説偈
言：
我爲太子時，羅侯爲長子，我今成佛道，
受法爲法子，於未來世中，見無量億佛，
皆爲其長子，一心求佛道。羅侯羅蜜行，
惟我能知之，現爲我長子，以示諸衆生。
無量億千萬 功德不可數，安住於佛法，
以求無上道。
爾時世尊見學無學二千人，其意柔軟，寂
然清净，一心觀佛。佛告阿難：汝見是學無

學二千人不。唯，然，已見。阿難，是諸人等，當
供養五十世界微塵數諸佛如來，恭敬，尊
重，護持法藏。末後，同時於十方國，各得成
佛，皆同一號，名曰寶相如來，應供，正遍知，
明行足，善逝世間解，無上士，調御丈夫，天
人師，佛，世尊。壽命一劫。國土莊嚴，聲聞，菩
薩，正法，像法，皆悉同等。爾時世尊重宣
此義，而說偈言：
是二千聲聞，今於我前住，悉皆與授記，
未來當成佛。所供養諸佛，如上說塵數，
護持其法藏，後當成正覺。各於十方國，
悉同一名號，俱時坐道場，以證無上慧，
皆名爲寶相。國土及弟子，正法與像法，
悉等無有异。咸以諸神通，度十方衆生，
名聞普周遍，漸入於涅盤。
爾時學無學二千人，聞佛授記，歡喜踴躍，
而說偈言：
世尊慧燈明，我聞授記音，心歡喜充满，
如甘露見灌。

妙法蓮華經法師品第十

爾時世尊因藥王菩薩，告八萬大士：藥王，
汝見是大衆中，無量諸天，龍王，夜叉，乾闥
婆，阿修羅，迦樓羅，緊那羅，摩侯羅伽，人與
非人，及比丘，比丘尼，優婆塞，優婆夷，求聲
聞者，求辟支佛者，求佛道者，如是等類，咸
於佛前，聞妙法華經一偈一句，乃至一念
隨喜者，我皆與授記，當得阿耨多羅三藐
三菩提。佛告藥王：又如來滅度之後，若有
人聞妙法華經，乃至一偈一句，一念隨喜
者，我亦與授阿耨多羅三藐三菩提記。若
復有人，受持，讀誦，解説，書寫妙法華經，乃
至一偈，於此經卷，敬視如佛，種種供養，華，
香，瓔珞，末香，塗香，燒香，繒蓋，幢幡，衣服，妓
樂，乃至合掌恭敬。藥王，當知是諸人等，已
曾供養十萬億佛，於諸佛所，成就大願，湣
衆生故，生此人間。藥王，若有人問，何等衆
生，於未來世，當得作佛。應示，是諸人等，於
未來世，必得作佛。何以故。若善男子，善女

人，於法華經，乃至一句，受持，讀誦，解説，書
寫，種種供養經卷，華，香，瓔珞，末香，塗香，燒
香，繒蓋，幢幡，衣服，妓樂，合掌恭敬，是人，一
切世間所應瞻奉，應以如來供養而供養
之。當知此人是大菩薩，成就阿耨多羅三
藐三菩提，哀湣衆生，願生此間，廣演分别
妙法華經。何况盡能受持，種種供養者？藥
王，當知是人，自舍清净業報，於我滅度後，
湣衆生故，生於惡世，廣演此經。若是善男
子，善女人，我滅度後，能竊爲一人説法華
經，乃至一句，當知是人，則如來使，如來所
遣，行如來事。何况於大衆中，廣爲人説？藥
王，若有惡人，以不善心，於一劫中，現於佛
前，常毁駡佛，其罪尚輕，若人以一惡言，毁
呰在家出家讀誦法華經者，其罪甚重。藥
王，其有讀誦法華經者，當知是人，以佛莊
嚴而自莊嚴，則爲如來肩所荷擔。其所至
方，應隨嚮禮，一心合掌，恭敬，供養，尊重，贊
歎，華，香，瓔珞，末香，塗香，燒香，繒蓋，幢幡，衣
服，肴饌，作諸妓樂，人中上供，而供養之，應
持天寶，而以散之，天上寶聚，應以奉獻。所
以者何。是人歡喜説法，須臾聞之，即得究
竟阿耨多羅三藐三菩提故。爾時世尊欲
重宣此義，而説偈言：
若欲住佛道，成就自然智，常當勤供養，
受持法華者。其有欲疾得，一切種智慧，
當受持是經，并供養持者。若有能受持，
妙法華經者，當知佛所使，湣念諸衆生。
諸有能受持，妙法華經者，舍於清净土，
湣衆故生此。當知如是人，自在所欲生，
能於此惡世，廣説無上法。應以天華香，
及天寶衣服，天上妙寶聚，供養説法者。
吾滅後惡世，能持是經者，當合掌禮敬，
如供養世尊，上饌衆甘美，及種種衣服，
供養是佛子，冀得須臾聞。若能於後世，
受持是經者，我遣在人中，行於如來事。
若於一劫中，常懷不善心，作色而駡佛，
獲無量重罪，其有讀誦持，是法華經者，

須臾加惡言，其罪復過彼。有人求佛道，
而於一劫中，合掌在我前，以無數偈贊。
由是贊佛故，得無量功德，歎美持經者，
其福復過彼。於八十億劫，以最妙色聲，
及與香味觸，供養持經者，如是供養已，
若得須臾聞，則應自欣慶，我今獲大利。
藥王今告汝，我所説諸經，而於此經中，
法華最第一。
爾時佛復告藥王菩薩摩訶薩：我所説經
典，無量千萬億，已説，今説，當説，而於其中，
此法華經，最爲難信難解。藥王，此經是諸
佛秘要之藏，不可分布，妄授與人，諸佛世
尊之所守護，從昔已來，未曾顯説。而此經
者，如來現在，猶多怨嫉，况滅度後？藥王，當
知如來滅後，其能書，持，讀，誦，供養，爲他人
説者，如來則爲以衣覆之，又爲他方現在
諸佛之所護念。是人有大信力，及志願力，
諸善根力，當知是人，與如來共宿，則爲如
來手摩其頭。藥王，在在處處，若説，若讀，若
誦，若書，若經卷所住處，皆應起七寶塔，極
令高廣嚴飾，不需復安舍利。所以者何。此
中已有如來全身，此塔，應以一切華，香，瓔
珞，繒蓋，幢幡，妓樂，歌頌，供養，恭敬，尊重，贊
歎。若有人得見此塔，禮拜，供養，當知是等，
皆近阿耨多羅三藐三菩提。藥王，多有人，
在家出家行菩薩道，若不能得見，聞，讀，誦，
書，持，供養，是法華經者，當知是人未善行
菩薩道，若有得聞是經典者，乃能善行菩
薩之道。其有衆生，求佛道者，若見，若聞，是
法華經，聞已，信解受持者，當知是人，得近
阿耨多羅三藐三菩提。藥王，譬如有人，渴
乏需水，於彼高原，穿鑿求之，猶見乾土，知
水尚遠，施功不已，轉見濕土，遂漸至泥，其
心决定，知水必近。菩薩亦復如是，若未聞，
未解，未能修習是法華經者，當知是人，去阿
耨多羅三藐三菩提尚遠，若得聞，解，思惟，
修習，必知得近阿耨多羅三藐三菩提。所
以者何。一切菩薩阿耨多羅三藐三菩提，

皆屬此經，此經開方便門，示真實相。是法
華經藏，深固幽遠，無人能到，今佛教化成
就菩薩，而爲開示。藥王，若有菩薩聞是法
華經，驚疑，怖畏，當知是爲新發意菩薩，若
聲聞人聞是經，驚疑，怖畏，當知是爲增上
慢者。藥王，若有善男子，善女人，如來滅後，
欲爲四衆説是法華經者，云何應説。是善
男子，善女人，入如來室，著如來衣，坐如來
座，爾乃應爲四衆廣説斯經。如來室者，一
切衆生中，大慈悲心是，如來衣者，柔和忍
辱心是，如來座者，一切法空是，安住是中，
然後以不懈怠心，爲諸菩薩及四衆，廣説
是法華經。藥王，我於余國，遣化人，爲其集
聽法衆，亦遣化比丘，比丘尼，優婆塞，優婆夷，
聽其説法，是諸化人，聞法信受，隨順不
逆。若説法者在空閒處，我時廣遣天龍，鬼
神，乾闥婆，阿修羅，等，聽其説法。我雖在异
國，時時令説法者得見我身。若於此經忘失
句讀，我還爲説，令得具足。爾時世尊
欲重宣此義，而説偈言：
欲捨諸懈怠，應當聽此經，是經難得聞，
信受者亦難。如人渴需水，穿鑿於高原，
猶見乾燥土，知去水尚遠，漸見濕土泥，
決定知近水。藥王汝當知，如是諸人等，
不聞法華經，去佛智甚遠，若聞是深經，
決了聲聞法。是諸經之王，聞已諦思惟，
當知此人等，近於佛智慧。若人説此經，
應入如來室，著於如來衣，而坐如來座，
處衆無所畏，廣爲分別説。大慈悲爲室，
柔和忍辱衣，諸法空爲座，處此爲説法。
若説此經時，有人惡口駡，加刀杖瓦石，
念佛故應忍。我千萬億土，現净堅固身，
於無量億劫，爲衆生説法。若我滅度後，
能説此經者，我遣化四衆，比丘比丘尼，
及清信士女，供養於法師，引導諸衆生，
集之令聽法。若人欲加惡，刀杖及瓦石，
則遣變化人，爲之作衛護。若説法之人，
獨在空閒處，寂寞無人聲，讀誦此經典，

我爾時爲現 清净光明身。若忘失章句，
爲說令通利。若人具是德，或爲四衆說，
空處讀誦經，皆得見我身。若人在空閒，
我遣天龍王，夜叉鬼神等，爲作聽法衆。
是人樂說法，分別無挂礙，諸佛護念故，
能令大衆喜。若親近法師，速得菩薩道，
隨順是師學，得見恒沙佛。

妙法蓮華經見寶塔品第十一

爾時佛前有七寶塔，高五百由旬，縱廣二
百五十由旬，從地涌出，住在空中，種種寶
物而莊校之。五千欄楯，龕室千萬，無數幢
幡以爲嚴飾，垂寶瓔珞寶鈴萬億而懸其
上。四面皆出多摩羅跋栴檀之香，充遍世
界。其諸幡蓋，以金，銀，琉璃，硨磲，瑪瑙，真珠，
玫瑰，七寶合成，高至四天王宮。三十三天，
雨天曼陀羅華，供養寶塔。余諸天龍，夜叉，
乾闥婆，阿修羅，迦樓羅，緊那羅，摩侯羅伽，
人非人，等，千萬億衆，以一切華，香，瓔珞，幡
蓋，妓樂，供養寶塔，恭敬，尊重，贊歎。爾時寶
塔中，出大音聲，歎言：善哉善哉，釋迦牟尼
世尊，能以平等大慧教菩薩法，佛所護念，
妙法華經，爲大衆說。如是如是，釋迦牟尼
世尊，如所說者，皆是真實。爾時四衆見大
寶塔住在空中，又聞塔中所出音聲，皆得
法喜，怪未曾有，從座而起，恭敬合掌，却住
一面。爾時有菩薩摩訶薩，名大樂説，知一
切世間天，人，阿修羅，等，心之所疑，而白佛言，
世尊：以何因緣，有此寶塔，從地涌出，又
於其中發是音聲？爾時佛告大樂説菩薩：
此寶塔中，有如來全身，乃往過去，東方無
量千萬億阿僧祇世界，國名寶净，彼中有
佛，號曰多寶。其佛行菩薩道時，作大誓願：
若我成佛，滅度之後，於十方國土，有說法
華經處，我之塔廟，爲聽是經故，涌現其前，
爲作證明，贊言，善哉。彼佛成道已，臨滅度
時，於天人大衆中，告諸比丘，我滅度後，欲
供養我全身者，應起一大塔。其佛以神通
願力，十方世界，在在處處，若有說法華經

者，彼之寶塔，皆涌出其前，全身在於塔中，
贊言：善哉善哉。大樂説，今多寶如來塔，聞
説法華經故，從地涌出，贊言：善哉善哉。是
時大樂説菩薩，以如來神力故，白佛言：世
尊，我等願欲見此佛身。佛告大樂説菩薩
摩訶薩：是多寶佛，有深重願，若我寶塔，爲
聽法華經故，出於諸佛前時，其有欲以我
身示四衆者，彼佛分身諸佛，在於十方世
界説法，盡還集一處，然後我身乃出現耳。
大樂説，我分身諸佛，在於十方世界説法
者，今應當集。大樂説白佛言：世尊，我等亦
願欲見世尊分身諸佛，禮拜供養。爾時佛
放白毫一光，即見東方五百萬億那由他
恒河沙等國土諸佛，彼諸國土，皆以頗梨
爲地，寶樹，寶衣，以爲莊嚴，無數千萬億菩
薩，充滿其中，遍張寶幔，寶網羅上。彼國諸
佛，以大妙音而説諸法，及見無量千萬億
菩薩，遍滿諸國，爲衆説法。南西北方，四維
上下，白毫相光所照之處，亦復如是。爾時
十方諸佛，各告衆菩薩言：善男子，我今應
往娑婆世界，釋迦牟尼佛所，并供養多寶
如來寶塔。時娑婆世界，即變清净，琉璃爲
地，寶樹莊嚴，黄金爲繩，以界八道，無諸聚
落，村營，城邑，大海，江河，山川，林藪。燒大寶
香，曼陀羅華，遍布其地，以寶網幔，羅覆其
上，懸諸寶鈴。惟留此會衆，移諸天人，置於
他土。是時，諸佛各將一大菩薩，以爲侍者，至
娑婆世界，各到寶樹下。一一寶樹，高五
百由旬，枝，葉，華，果，次第莊嚴，諸寶樹下，皆
有師子之座，高五由旬，亦以大寶而校飾
之。爾時諸佛，各於此座結跏趺坐。如是展
轉遍滿三千大千世界，而於釋迦牟尼佛，
一方所分之身，猶故未盡。時釋迦牟尼佛，
欲容受所分身諸佛故，八方各更變二百
萬億那由他國，皆令清净，無有地獄，餓鬼，
畜生，及阿修羅，又移諸天，人，置於他土。所
化之國，亦以琉璃爲地，寶樹莊嚴，樹高五
百由旬，枝，葉，華，果，次第嚴飾，樹下皆有寶

師子座，高五由旬，種種諸寶以爲莊校。亦
無大海，江河，及目真鄰陀山，摩訶目真鄰
陀山，鐵圍山，大鐵圍山，須彌山等，諸山王，
通爲一佛國土。寶地平正，寶交露幔，遍覆
其上，懸諸幡蓋，燒大寶香，諸天寶華遍布
其地。釋迦牟尼佛爲諸佛當來坐故，復於
八方，各更變二百萬億那由他國，皆令清
净，無有地獄，餓鬼，畜生，及阿修羅，又移諸
天，人，置於他土。所化之國，亦以琉璃爲地，
寶樹莊嚴，樹高五百由旬，枝，葉，華，果，次第
莊嚴，樹下皆有寶師子座，高五由旬，亦以
大寶而校飾之。亦無大海，江河，及目真鄰
陀山，摩訶目真鄰陀山，鐵圍山，大鐵圍山，
須彌山等，諸山王，通爲一佛國土。寶地平
正，寶交露幔，遍覆其上，懸諸幡蓋，燒大寶
香，諸天寶華，遍布其地。爾時東方釋迦牟
尼佛所分之身，百千萬億那由他恒河沙等
國土中諸佛，各各説法，來集於此，如是次
第十方諸佛，皆悉來集，坐於八方，爾時一
一方，四百萬億那由他國土諸佛如來，遍
満其中。是時，諸佛各在寶樹下，坐師子座，
皆遣侍者問訊釋迦牟尼佛，各賫寶華満
掬，而告之言：善男子，汝往詣耆闍崛山，釋
迦牟尼佛所。如我辭曰：少病，少惱，氣力安
樂，及菩薩，聲聞衆，悉安隱不？以此寶華，散
佛供養，而作是言：彼某甲佛，與欲開此寶
塔，諸佛遣使，亦復如是。爾時釋迦牟尼佛，
見所分身佛悉已來集，各各坐於師子之
座，皆聞諸佛與欲同開寶塔。即從座起，住
虚空中。一切四衆，起立，合掌，一心觀佛。於
是釋迦牟尼佛，以右指開七寶塔户，出大
音聲，如却關鑰，開大城門。即時一切衆會，
皆見多寶如來，於寶塔中坐師子座，全身
不散，如入禪定。又聞其言：善哉善哉，釋迦
牟尼佛，快説是法華經，我爲聽是經故，而
來至此。爾時四衆等，見過去無量千萬億
劫滅度佛説如是言，歎未曾有，以天寶華
聚，散多寶佛及釋迦牟尼佛上。爾時多寶

佛，於寶塔中，分半座與釋迦牟尼佛，而作
是言：釋迦牟尼佛，可就此座。即時釋迦牟
尼佛入其塔中，坐其半座，結跏趺坐。爾時，
大衆見二如來在七寶塔中師子座上，結
加趺坐，各作是念：佛座高遠，惟願如來以
神通力，令我等輩，俱處虛空。即時釋迦牟
尼佛，以神通力，接諸大衆，皆在虛空。以大
音聲，普告四衆：誰能於此娑婆國土，廣説
妙法華經，今正是時。如來不久當入涅盤，
佛欲以此妙法華經，付囑有在。爾時世尊
欲重宣此義，而説偈言：
聖主世尊，雖久滅度，在寶塔中，尚爲法來，
諸人云何，不勤爲法。此佛滅度，無央數劫，
處處聽法，以難遇故。彼佛本願，我滅度後，
在在所往，常爲聽法。又我分身，無量諸佛，
如恒沙等，來欲聽法。及見滅度，多寶如來，
各捨妙土，及弟子衆，天人龍神，諸供養事，
令法久住，故來至此。爲坐諸佛，以神通力，
移無量衆，令國清净。諸佛各各，詣寶樹下，
如清净池，蓮華莊嚴。其寶樹下，諸師子座，
佛坐其上，光明嚴飾，如夜闇中，燃大炬火。
身出妙香，遍十方國，衆生蒙熏，喜不自勝，
譬如大風，吹小樹枝。以是方便，令法久住。
告諸大衆，我滅度後，誰能護持，讀説斯經，
今於佛前，自説誓言。其多寶佛，雖久滅度，
以大誓願，而獅子吼。多寶如來，及與我身，
所集化佛，當知此意。諸佛子等，誰能護法，
當發大願，令得久住。其有能護，此經法者，
則爲供養，我及多寶。此多寶佛，處於寶塔，
常游十方，爲是經故，亦復供養，諸來化佛，
莊嚴光飾，諸世界者，若説此經，則爲見我，
多寶如來，及諸化佛。諸善男子，各諦思惟，
此爲難事，宜發大願。諸餘經典，數如恒沙，
雖説此等，未足爲難。若接須彌，擲置他方，
無數佛土，亦未爲難。若以足指，動大千界，
遠擲他國，亦未爲難。若立有頂，爲衆演説，
無量餘經，亦未爲難。若佛滅後，於惡世中，
能説此經，是則爲難。假使有人，手把虛空，

而以游行，亦未爲難。於我滅後，若自書持，
若使人書，是則爲難。若以大地，置足甲上，
陞於梵天，亦未爲難。佛滅度後，於惡世中，
暫讀此經，是則爲難。假使劫燒，擔負乾草，
入中不燒，亦未爲難。我滅度後，若持此經，
爲一人説，是則爲難。若持八萬，四千法藏，
十二部經，爲人演説，令諸聽者，得六神通，
雖能如是，亦未爲難。於我滅後，聽受此經，
問其義趣，是則爲難。若人説法，令千萬億，
無量無數，恒沙衆生，得阿羅漢，具六神通，
雖有是益，亦未爲難。於我滅後，若能奉持，
如斯經典，是則爲難。我爲佛道，於無量土，
從始至今，廣説諸經，而於其中，此經第一。
若有能持，則持佛身。諸善男子，於我滅後，
誰能受持，讀誦此經，今於佛前，自説誓言。
此經難持，若暫持者，我則歡喜，諸佛亦然，
如是之人，諸佛所歎。是則勇猛，是則精進，
是名持戒，行頭陀者，則爲疾得，無上佛道。
能於來世，讀持此經，是真佛子，住淳善地。
佛滅度後，能解其義，是諸天人，世間之眼。
於恐畏世，能須臾説，一切天人，皆應供養。

妙法蓮華經提婆達多品第十二

爾時佛告諸菩薩，及天人四衆：吾於過去
無量劫中，求法華經，無有懈倦。於多劫中，
常作國王，發願求於無上菩提，心不退轉。
爲欲滿足六波羅蜜，勤行布施，心無吝惜，
象，馬，七珍，國，城，妻，子，奴婢，僕從，頭，目，髓，腦，
身，肉，手，足，不惜軀命。時世人民，壽命無量，爲
於法故，捐舍國位，委政太子，擊鼓宣令，
四方求法：誰能爲我説大乘者，吾當終身
供給走使。時有仙人，來白王言：我有大乘，
名妙法蓮華經，若不違我，當爲宣説。王聞仙
言，歡喜踴躍，即隨仙人，供給所需，采果，汲
水，拾薪，設食，乃至以身而爲床座，身心無
倦。於時奉事，經於千歲，爲於法故，精勤給
侍，令無所乏。爾時世尊欲重宣此義，而説
偈言：
我念過去劫，爲求大法故，雖作世國王，

不貪五欲樂。捶鐘告四方，誰有大法者，
若爲我解説，身當爲奴僕。時有阿私仙，
來白於大王，我有微妙法，世間所稀有，
若能修行者，吾當爲汝説。時王聞仙言，
心生大喜悦，即便隨仙人，供給於所需。
采薪及果蓏，隨時恭敬與，情存妙法故，
身心無懈倦。普爲諸衆生，勤求於大法，
亦不爲己身，及以五欲樂。故爲大國王，
勤求獲此法，遂致得成佛，今故爲汝説。
佛告諸比丘：爾時王者，則我身是。時仙人
者，今提婆達多是。由提婆達多善知識故，
令我具足六波羅蜜，慈悲喜舍，三十二相，
八十種好，紫磨金色，十力，四無所畏，四攝
法，十八不共，神通道力，成等正覺，廣度衆
生，皆因提婆達多善知識故。告諸四衆：提
婆達多却後過無量劫，當得成佛，號曰天
王如來，應供，正遍知，明行足，善逝世間解，
無上士，調御丈夫，天人師，佛，世尊。世界名
天道。時天王佛，住世二十中劫，廣爲衆生
説於妙法，恒河沙衆生得阿羅漢果，無量
衆生發緣覺心，恒河沙衆生發無上道心，
得無生忍，至不退轉。時天王佛般涅盤後，
正法住世二十中劫。全身舍利，起七寶塔，
高六十由旬，縱廣四十由旬，諸天人民，悉
以雜華，末香，燒香，塗香，衣服，瓔珞，幢幡，寶
蓋，妓樂，歌頌，禮拜，供養七寶妙塔。無量衆
生，得阿羅漢果，無量衆生，悟辟支佛，不可
思議衆生，發菩提心，至不退轉。佛告諸比
丘：未來世中，若有善男子，善女人，聞妙法
華經提婆達多品，净心信敬，不生疑惑者，
不墮地獄，餓鬼，畜生，生十方佛前，所生之
處，常聞此經。若生人天中，受勝妙樂，若在
佛前，蓮華化生。於時下方多寶世尊，所從
菩薩，名曰智積，白多寶佛：當還本土。釋迦
牟尼佛告智積曰：善男子，且待須臾，此有
菩薩，名文殊師利，可與相見，論説妙法，可
還本土。爾時文殊師利，坐千葉蓮華，大如
車輪，俱來菩薩亦坐寶蓮華，從於大海娑

竭羅龍宮，自然涌出，住虚空中，詣靈鷲山，
從蓮華下，至於佛所，頭面敬禮二世尊足。
修敬已畢，往智積所，共相慰問，却坐一面。
智積菩薩問文殊師利：仁往龍宫，所化衆
生，其數幾何？文殊師利言：其數無量，不可
稱計，非口所宣，非心所測，且待須臾，自當
證知。所言未竟，無數菩薩，坐寶蓮華，從海
涌出，詣靈鷲山，住虚空中。此諸菩薩，皆是
文殊師利之所化度，具菩薩行，皆共論説
六波羅蜜。本聲聞人，在虚空中説聲聞行，
今皆修行大乘空義。文殊師利謂智積曰：
於海教化，其事如是。爾時智積菩薩，以偈
贊曰：
大智德勇健，化度無量衆，今此諸大會，
及我皆已見。演暢實相義，開闡一乘法，
廣導諸衆生，令速成菩提，
文殊師利言：我於海中，惟常宣説妙法華
經。智積問文殊師利言：此經甚深微妙，諸
經中寶，世所稀有，頗有衆生，勤加精進，修
行此經，速得佛不？文殊師利言：有裟竭羅
龍王女，年始八歲，智慧利根，善知衆生諸
根行業，得陀羅尼，諸佛所説甚深秘藏，悉
能受持。深入禪定，了達諸法，於刹那頃，發
菩提心，得不退轉，辯才無礙。慈念衆生，猶
如赤子，功德具足，心念口演，微妙廣大，慈
悲仁讓，志意和雅，能至菩提。智積菩薩言：
我見釋迦如來，於無量劫，難行苦行，積功
累德，求菩提道，未曾止息。觀三千大千世
界，乃至無有如芥子許，非是菩薩捨身命
處，爲衆生故，然後乃得成菩提道。不信此
女於須臾頃，便成正覺。言論未訖，時龍王
女，忽現於前，頭面禮敬，却住一面，以偈贊曰：
深達罪福相，遍照於十方，微妙净法身，
具相三十二，以八十種好，用莊嚴法身。
天人所戴仰，龍神咸恭敬，一切衆生類，
無不宗奉者。又聞成菩提，唯佛當證知，
我闡大乘教，度脱苦衆生。
時舍利弗語龍女言：汝謂不久得無上道，

是事難信。所以者何。女身垢穢，非是法器，
云何能得無上菩提。佛道懸曠，經無量劫，
勤苦積行，具修諸度，然後乃成。又女人身，
猶有五障，一者，不得作梵天王，二者，帝釋，
三者，魔王，四者，轉輪聖王，五者，佛身，云何
女身速得成佛？爾時龍女有一寶珠，價直
三千大千世界，持以上佛。佛即受之。龍女
謂智積菩薩，尊者舍利弗言：我獻寶珠，世
尊納受，是事疾不？答言：甚疾。女言：以汝神
力，觀我成佛，復速於此。當時衆會，皆見龍
女，忽然之間，變成男子，具菩薩行，即往南
方無垢世界，坐寶蓮華，成等正覺，三十二
相，八十種好，普爲十方一切衆生，演説妙
法。爾時娑婆世界，菩薩，聲聞，天龍八部，人
與非人，皆遥見彼龍女成佛，普爲時會人
天説法，心大歡喜，悉遥敬禮。無量衆生，聞
法解悟，得不退轉，無量衆生，得受道記，無
垢世界，六反震動，娑婆世界，三千衆生住不
退地，三千衆生發菩提心，而得受記。智
積菩薩，及舍利弗，一切衆會，默然信受。

妙法蓮華經勸持品第十三

爾時藥王菩薩摩訶薩，及大樂説菩薩摩
訶薩，與二萬菩薩眷屬俱，皆於佛前，作是
誓言：惟願世尊不以爲慮，我等於佛滅後，
當奉持，讀誦，説此經典。後惡世衆生，善根轉
少，多增上慢，貪利供養，增不善根，遠離
解脱。雖難可教化，我等當起大忍力，讀誦
此經，持説，書寫，種種供養，不惜身命。爾時
衆中五百阿羅漢得受記者，白佛言：世尊，
我等亦自誓願，於异國土，廣説此經。復有
學無學八千人，得受記者，從座而起，合掌
嚮佛，作是誓言：世尊，我等亦當於他國土，
廣説此經。所以者何。是娑婆國中，人多敝
惡，懷增上慢，功德淺薄，瞋濁，諂曲，心不實
故。爾時佛姨母摩訶波闍波提比丘尼，與
學無學比丘尼六千人俱，從座而起，一心
合掌，瞻仰尊顔，目不暫舍。於時世尊告憍
曇彌：何故憂色而視如來，汝心，將無謂我

不説汝名，授阿耨多羅三藐三菩提記耶？
憍曇彌，我先總説，一切聲聞皆已授記，今
汝欲知記者，將來之世，當於六萬八千億
諸佛法中，爲大法師。及六千學無學比丘
尼，俱爲法師。汝如是漸漸具菩薩道，當得
作佛，號一切衆生喜見如來，應供，正遍知，
明行足，善逝世間解，無上士，調御丈夫，天
人師，佛，世尊。憍曇彌，是一切衆生喜見佛，
及六千菩薩，轉次授記，得阿耨多羅三藐
三菩提。爾時羅侯羅母耶輸陀羅比丘尼
作是念：世尊於授記中，獨不説我名。佛告
耶輸陀羅：汝於來世百千萬億諸佛法中，
修菩薩行，爲大法師，漸具佛道。於善國中，
當得作佛，號具足千萬光相如來，應供，正
遍知，明行足，善逝世間解，無上士，調御丈
夫，天人師，佛，世尊。佛壽無量阿僧祇劫。爾
時摩訶波闍波提比丘尼，及耶輸陀羅比
丘尼，并其眷屬，皆大歡喜，得未曾有，即於
佛前而説偈言：
世尊導師，安隱天人，我等聞記，心安具足。
諸比丘尼説是偈已，白佛言：世尊，我等亦
能於他方國土，廣宣此經。爾時世尊視八十
萬億那由他諸菩薩摩訶薩。是諸菩薩，皆
是阿惟越致，轉不退法輪，得諸陀羅尼。即
從座起，至於佛前，一心合掌，而作是念：若
世尊告敕我等，持説此經者，當如佛教，廣
宣斯法。復作是念：佛今默然，不見告敕，我當
云何？時諸菩薩敬順佛意，并欲自滿本
願，便於佛前，作師子吼，而發誓言：世尊，我
等於如來滅後，周旋往返十方世界，能令
衆生書寫此經，受持，讀誦，解説其義，如法
修行，正憶念，皆是佛之威力，惟願世尊，在
於他方，遥見守護。即時諸菩薩俱同發聲，
而説偈言：
惟願不爲慮，於佛滅度後，恐怖惡世中，
我等當廣説。有諸無智人，惡口罵詈等，
及加刀杖者，我等皆當忍。惡世中比丘，
邪智心諂曲，未得謂爲得，我慢心充滿。

或有阿練若，納衣在空閒，自謂行真道，
輕賤人間者。貪著利養故，與白衣説法，
爲世所恭敬，如六通羅漢。是人懷噁心，
常念世俗事，假名阿練若，好出我等過，
而作如是言，此諸比丘等，爲貪利養故，
説外道論議，自作此經典，誑惑世間人，
爲求名聞故。分别於是經，常在大衆中，
欲毁我等故，嚮國王大臣，婆羅門居士，
及餘比丘衆，誹謗説我惡，謂是邪見人，
説外道論議。我等敬佛故，悉忍是諸惡。
爲斯所輕言，汝等皆是佛，如此輕慢言，
皆當忍受之。濁劫惡世中，多有諸恐怖，
惡鬼入其身，駡詈毁辱我。我等敬信佛，
當著忍辱鎧，爲説是經故，忍此諸難事。
我不愛身命，但惜無上道，我等於來世，
護持佛所囑，世尊自當知。濁世惡比丘，
不知佛方便，隨宜所説法，惡口而顰蹙，
數數見擯出，遠離於塔寺。如是等衆惡，
念佛告敕故，皆當忍是事。諸聚落城邑，
其有求法者，我皆到其所，説佛所囑法。
我是世尊使，處衆無所畏，我當善説法，
願佛安隱住。我於世尊前，諸來十方佛，
發如是誓言，佛自知我心。
郭苟埋
　　妙法蓮華經卷第四

（十）俄 A27《妙法蓮花經卷第四》[①]

【題解】

元寫本，卷軸裝，白麻紙，粗皺。高 18.2 釐米，寬 17 釐米，共 12 行，行 15 字。楷書，墨色濃匀。

【前缺】
空處讀誦經，皆得見我身。若人在空閒，
我遣天龍王，夜叉鬼神等，爲作聽法衆。

① 《俄藏黑水城文獻》第五册，第 317 頁。

是人樂説法，分别無挂礙，諸佛護念故，
能令大衆喜。若親近法師，速得菩薩道，
隨順是師學，得見恒沙佛。
　　妙法蓮華經見寶塔品第十一
爾時佛前有七寶塔，高五百由旬，縱廣
二百五十由旬，從地涌出，住在空中，種
種寶物而莊校之。五千欄楯，龕室千
萬，無數幢幡以爲嚴飾，垂寶瓔珞
寶鈴萬億而懸其上。四面皆出多摩
羅跋栴檀之香，充遍世界。其諸幡
【後缺】

（十一）俄 TK188《妙法蓮華經授學無學人記品第九》[①]

【題解】

唐寫本。卷軸裝。未染楮紙。高 25.1 釐米，寬 14.1 釐米，卷心高 20 釐米，天頭 2.6 釐米，地脚 2.5 釐米。共 8 行，行 17 字或 4 句五言偈。烏絲欄，楷書，墨色濃。爲敦煌遺書。

【前缺】
是二千聲聞，今於我前住，悉皆與授記，未來當成佛。
所供養諸佛，如上説塵數，護持其法藏，後當成正覺。
各於十方國，悉同一名號，俱時坐道場，以證無上慧，
皆名爲寶相。國土及弟子，正法與像法，悉等無有异。
咸以諸神通，度十方衆生，名聞普周遍，漸入於涅槃。
爾時學無學二千人，聞佛授記，歡喜踴躍，而
説偈言：
世尊慧燈明，我聞授記音，心歡喜充满，如甘露見灌。

（十二）俄 TK325《妙法蓮華經安樂行品第十四》[②]

【題解】

① 《俄藏黑水城文獻》第四册，第 190 頁。
② 《俄藏黑水城文獻》第五册，第 89—91 頁。

唐寫本，卷軸裝。潢楮紙。高 24 釐米，寬 115 釐米。共 3 紙，紙幅 48.5 釐米。卷心高 19.2 釐米，天頭 2 釐米，地脚 2.8 釐米。每紙 28 行，行 17 字。烏絲欄，楷書，墨色濃匀。第 10 行首字以朱筆改寫爲“不”。另有多塊製片，形狀規則，書寫工整。與 B56 同爲敦煌所出同卷遺書，文字相連。

【前缺】
□□□□①以順法故，不多不少，乃至深愛法
者，亦不爲多説。文殊師利，是菩□□□□②
於後末世，法欲滅時，有成就是第三安樂行
者，説是法時，無能惱亂，得好同學，共讀誦是
經，亦得大衆而來聽受，聽已，能持，持已，能誦，
誦已，能説，説已，能書，若使人書，供養經卷，恭
敬，尊重，贊歎。爾時世尊欲重宣此義，而説偈
言：
若欲説是經，當舍嫉恚慢，諂誑邪伪心，常修質直心，
不輕蔑於人，亦不戲論法，不令他疑悔，云汝不得佛。
是佛子説法，常柔和能忍，慈悲於一切，不生懈怠心。
十方大菩薩，湣衆故行道，應生恭敬心，是則我大師。
於諸佛世尊，生無上父想，破於憍慢心，説法無障礙，
第三法如是，智者應守護，一心安樂行，無量衆所敬。
又文殊師利，菩薩摩訶薩，於後末世，法欲滅
時，有持是法華經者，於在家出家人中，生大慈
心，於非菩薩人中，生大悲心，應作是念：如是
之人，則爲大失。如來方便隨宜説法，不聞不
知不覺，不問不信不解，其人雖不問不信不
解是經，我得阿耨多羅三藐三菩提時，隨在
何地，以神通力，智慧力，引之，令得住是法中。
文殊師利，是菩薩摩訶薩，於如來滅後，有成
就此第四法者，説是法時，無有過失，常爲比
丘，比丘尼，優婆塞，優婆夷，國王，王子，大臣，人
民，婆羅門，居士，等，供養，恭敬，尊重，贊歎。虚空
諸天，爲聽法故，亦常隨侍，若在聚落，城邑，空
閑林中，有人來，欲難問者，諸天晝夜，常爲法
故而衛護之，能令聽者皆得歡喜。所以者何。
此經是一切過去未來現在諸佛，神力所護

① 疑爲“平等説法”。
② 疑爲“薩摩訶薩”。

故。文殊師利，是法華經，於無量國中，乃至名字不可得聞，何況得見，受持讀誦？文殊師利，譬如强力轉輪聖王，欲以威勢降伏諸國，而諸小王不順其命，時轉輪王，起種種兵而往討伐。王見兵衆，戰有功者，即大歡喜，隨功賞賜，或與田宅，聚落，城邑，或與衣服，嚴身之具，或與種種珍寶，金銀，琉璃，硨磲，瑪瑙，珊瑚，琥珀，象，馬，車乘，奴婢，人民，惟髻中明珠，不以與之。所以者何。獨王頂上有此一珠，若以與之，王諸眷屬，必大驚怪。文殊師利，如來亦復如是，以禪定智慧力，得法國土，王於三界，而諸魔王不肯順伏。如來賢聖諸將，與之共戰，其有功者，心亦歡喜，於四衆中，爲説諸經，令其心悦，賜以禪定，解脱，無漏根力，諸法之財，又復賜與涅槃之城，言得滅度，引導其心，令皆歡喜，而不爲説是法華經。文殊師利，如轉輪王，見諸兵衆有大功者，心甚歡喜，以此難信之珠，久在髻中，不妄與人，而今與之。如來亦復如是，於三界中，爲大法王，以法教化一切衆生，見賢聖軍，與五陰魔，煩惱魔，死魔，共戰，有大功勛，滅三毒，出三界，破魔網，爾時如來亦大歡喜，此法華經，能令衆生至一切智，一切世間，多怨難信，先所未説，而今説之。文殊師利，此法華經，是諸如來第一之説，於諸説中，最爲甚深，末後賜與，如彼强力之王，久護明珠，今乃與之。文殊師利，此法華經，諸佛如來秘密之藏，於諸經中，最在其上，長夜守護，不妄宣説，始於今日，乃與汝等而敷演之。爾時世尊欲重宣此義，而説偈言：

常行忍辱，哀湣一切，乃能演説，佛所贊經。
後末世時，持此經者，於家出家，及非菩薩，
應生慈悲，斯等不聞，不信是經，則爲大失。
我得佛道，以諸方便，爲説此法，令住其中。
譬如强力，轉輪之王，兵戰有功，賞賜諸物，
象馬車乘，嚴身之具，及諸田宅，聚落城邑，
或與衣服，種種珍寶，奴婢財物，歡喜賜與。
如有勇健，能爲難事，王解髻中，明珠賜之。

如來亦爾，爲諸法王，忍辱大力，智慧寶藏，①

【中缺】

(1)

我等□□□□□□□□□□□□□上之慧

若有□□□□□□□□□□□□□教人持

如是□□□□□□□□□□□□□幡繒蓋

又阿□□□□□□□□□□□□□無邊能

人所□□□□□□□□□□□□□人聞我

何况□□□□□□□□□□□□□在耆闍

□□□□□□□□□□□□又見此

□□□□□□□□□□□□檀金以

□□□□□□□□□□□□成真言

□□□□□□□□□□□□知是爲

□□□□□□□□□□□□而不毁

(2)

速，解其言趣，是

(3)

有限量，能起如來無

教人聞，若自持，若

(4)

□□□□□②頂受此經典，願我於未來，長壽度衆生，

□□□□□③諸釋中之王，道場師子吼，説法無所畏。

□□□□□④一切所尊敬，坐於道場時，説壽亦如是。

□□□□□⑤清净而質直，多聞能總持，隨義解佛語，

(十三) 俄 TK9《妙法蓮華經卷第五》⑥

【題解】

西夏刻本，經折裝，潢麻紙，薄，細。共 43 折半，87 面，高 18.5 釐米，面寬 9 釐米，版框高 15.8 釐米，天頭 1.8 釐米，地脚 1 釐米。每面 8 行，行 16 字，上下單邊，宋

① 以下文字應爲《妙法蓮華經分別功德品第十七》。這四片殘片的順序爲 4、3、2、1。

② 疑爲“如是諸人等”。

③ 疑爲“如今日世尊”。

④ 疑爲“我等未來世”。

⑤ 疑爲“若有深心者”。

⑥ 《俄藏黑水城文獻》第一册，第 225—240 頁。

體，墨色深匀。有朱筆點校。

【前缺】

處及親近處，能爲衆生演説是經。文殊師利，
云何名菩薩摩訶薩行處，若菩薩摩訶薩
住忍辱地，柔和善順，而不卒暴，心亦不驚，
又復於法，無所行，而觀諸法如實相，亦不
行，不分别，是名菩薩摩訶薩行處。云何名
菩薩摩訶薩親近處。菩薩摩訶薩不親近
國王，王子，大臣，官長，不親近諸外道梵志，
尼犍子等，及造世俗文筆，讚咏外書，及路
伽耶陀，逆路伽耶陀者，亦不親近諸有凶
戲，相叉相撲，及那羅等種種變現之戲，又
不親近旃陀羅，及畜猪羊鷄狗，畋獵漁捕，
諸惡律儀。如是人等，或時來者，則爲説法，
無所希望。又不親近求聲聞比丘，比丘尼，
優婆塞，優婆夷，亦不問訊。若於房中，若經
行處，若在講堂中，不共住止。或時來者，隨
宜説法，無所希求。文殊師利，又菩薩摩訶
薩不應於女人身，取能生欲想相，而爲説
法，亦不樂見。若入他家，不與小女，處女，寡
女等共語。亦復不近五種不男之人，以爲
親厚，不獨入他家，若有因緣，須獨入時，但
一心念佛。若爲女人説法，不露齒笑，不現
胸臆，乃至爲法，猶不親厚，况復餘事。不樂
畜年少弟子，沙彌，小兒，亦不樂與同師。常
好坐禪，在於閑處，修攝其心。文殊師利，是
名初親近處。復次，菩薩摩訶薩觀一切法
空，如實相，不顛倒，不動，不退，不轉，如虚空，
無所有性。一切語言道斷，不生，不出，不起，
無名，無相，實無所有，無量，無邊，無礙，無障，
但以因緣有，從顛倒生，故説。常樂觀如是
法相，是名菩薩摩訶薩第二親近處。爾時
世尊欲重宣此義，而説偈言：
若有菩薩，於後惡世，無怖畏心，欲説是經，
應入行處，及親近處。常離國王，及國王子，
大臣官長，凶險戲者，及旃陀羅，外道梵志。
亦不親近，增上慢人，貪著小乘，三藏學者，

破戒比丘，名字羅漢。及比丘尼，好戲笑者，
深著五欲，求現滅度，諸優婆夷，皆勿親近。
若是人等，以好心來，到菩薩所，爲聞佛道，
菩薩則以，無所畏心，不懷希望，而爲説法。
寡女處女，及諸不男，皆勿親近，以爲親厚。
亦莫親近，屠兒魁膾，畋獵漁捕，爲利殺害，
販肉自活，炫賣女色，如是之人，皆勿親近。
凶險相撲，種種嬉戲，諸淫女等，盡勿親近。
莫獨屏處，爲女説法，若説法時，無得戲笑。
入裹乞食，將一比丘，若無比丘，一心念佛。
是則名爲，行處近處，以此二處，能安樂説。
又復不行，上中下法，有爲無爲，實不實法，
亦不分别，是男是女，不得諸法，不知不見，
是則名爲，菩薩行處。一切諸法，空無所有，
無有常住，亦無起滅，是名智者，所親近處。
顛倒分别，諸法有無，是實非實，是生非生。
在於閑處，修攝其心，安住不動，如須彌山。
觀一切法，皆無所有，猶如虚空，無有堅固，
不生不出，不動不退，常住一相，是名近處。
若有比丘，於我滅後，入是行處，及親近處，
説斯經時，無有怯弱。菩薩有時，入於静室，
以正憶念，隨義觀法。從禪定起。爲諸國王，
王子臣民，婆羅門等，開化演暢，説斯經典，
其心安隱，無有怯弱。文殊師利，是名菩薩，
安住初法，能於後世，説法華經。

又，文殊師利，如來滅後，於末法中，欲説是經，應住安樂行。若口宣説，若讀經時，不樂説人，及經典過。亦不輕慢諸余法師，不説他人好惡，長短。於聲聞人，亦不稱名説其過惡，亦不稱名贊歎其美，又亦不生怨嫌之心。善修如是安樂心故，諸有聽者，不逆其意，有所難問，不以小乘法答，但以大乘而爲解説，令得一切種智。爾時世尊欲重宣此義，而説偈言：

菩薩常樂 安隱説法，於清净地，而施床座，
以油塗身，澡浴塵穢，著新净衣，内外俱净。
安處法座，隨問爲説。若有比丘，及比丘尼，
諸優婆塞，及優婆夷，國王王子，群臣士民，

以微妙義，和顔爲說。若有難問，隨義而答。
因緣譬喻，敷演分別，以是方便，皆使發心，
漸漸增益，入於佛道。除懶惰意，及懈怠想，
離諸憂惱，慈心說法。晝夜常說，無上道教，
以諸因緣，無量譬喻，開示衆生，咸令歡喜。
衣服卧具，飲食醫藥，而於其中，無所希望。
但一心念，說法因緣，願成佛道，令衆亦爾，
是則大利，安樂供養。我滅度後，若有比丘，
能演說斯，妙法華經，心無嫉恚，諸惱障礙，
亦無憂愁，及罵詈者，又無怖畏 加刀杖等，
亦無擯出，安住忍故。智者如是，善修其心，
能住安樂，如我上說。其人功德，千萬億劫，
算數譬喻，說不能盡。

又，文殊師利菩薩摩訶薩，於後末世，法欲滅時，受持，讀誦，斯經典者，無懷嫉妒諂誑之心，亦勿輕罵學佛道者，求其長短。若比丘，比丘尼，優婆塞，優婆夷，求聲聞者，求辟支佛者，求菩薩道者，無得惱之，令其疑悔。語其人言：汝等去道甚遠，終不能得一切種智，所以者何？汝是放逸之人，於道懈怠故。又亦不應戲論諸法，有所諍競。當於一切衆生，起大悲想，於諸如來，起慈父想，於諸菩薩，起大師想，於十方諸大菩薩，常應深心，恭敬禮拜。於一切衆生，平等說法，以順法故，不多不少，乃至深愛法者，亦不爲多說。文殊師利，是菩薩摩訶薩，於後末世，法欲滅時，有成就是第三安樂行者，說是法時，無能惱亂，得好同學，共讀誦是經，亦得大衆而來聽受，聽已，能持，持已，能誦，誦已，能說，說已，能書，若使人書，供養經卷，恭敬，尊重，贊歎。爾時世尊欲重宣此義，而說偈言：

若欲說是經，當舍嫉恚慢，諂誑邪伪心，
常修質直行，不輕蔑於人，亦不戲論法，
不令他疑悔，云汝不得佛。是佛子說法，
常柔和能忍，慈悲於一切，不生懈怠心。
十方大菩薩，湣衆故行道，應生恭敬心，
是則我大師。於諸佛世尊，生無上父想，

破於憍慢心，説法無障礙，第三法如是，
智者應守護，一心安樂行，無量衆所敬。
又，文殊師利，菩薩摩訶薩，於後末世，法欲
滅時，有持是法華經者，於在家出家人中，
生大慈心，於非菩薩人中，生大悲心，應作
是念：如是之人，則爲大失。如來方便隨宜
説法，不聞不知不覺，不問不信不解，其人
雖不問不信不解是經，我得阿耨多羅三
藐三菩提時，隨在何地，以神通力，智慧力，
引之，令得住是法中。文殊師利，是菩薩摩
訶薩，於如來滅後，有成就此第四法者，説
是法時，無有過失，常爲比丘，比丘尼，優婆
塞，優婆夷，國王，王子，大臣，人民，婆羅門，居
士，等，供養，恭敬，尊重，贊歎。虚空諸天，爲聽
法故，亦常隨侍，若在聚落，城邑，空閑林中，
有人來，欲難問者，諸天晝夜，常爲法故而
衛護之，能令聽者皆得歡喜。所以者何。此
經是一切過去未來現在諸佛，神力所護
故。文殊師利，是法華經，於無量國中，乃至
名字不可得聞，何況得見，受持讀誦？文殊
師利，譬如强力轉輪聖王，欲以威勢降伏
諸國，而諸小王不順其命，時轉輪王，起種
種兵而往討罰。王見兵衆，戰有功者，即大
歡喜，隨功賞賜，或與田宅，聚落，城邑，或與
衣服，嚴身之具，或與種種珍寶，金銀，琉璃，
硨磲，瑪瑙，珊瑚，琥珀，象，馬，車乘，奴婢，人民，
惟髻中明珠，不以與之。所以者何。獨王頂
上有此一珠，若以與之，王諸眷屬，必大驚
怪。文殊師利，如來亦復如是，以禪定智慧
力，得法國土，王於三界，而諸魔王不肯順
伏。如來賢聖諸將，與之共戰，其有功者，心
亦歡喜，於四衆中，爲説諸經，令其心悦，賜
以禪定，解脱，無漏根力，諸法之財，又復賜
與涅盤之城，言得滅度，引導其心，令皆歡
喜，而不爲説是法華經。文殊師利，如轉輪
王，見諸兵衆有大功者，心甚歡喜，以此難
信之珠，久在髻中，不妄與人，而今與之。如
來亦復如是，於三界中，爲大法王，以法教

化一切衆生，見賢聖軍，與五陰魔，煩惱魔，死魔，共戰，有大功勛，滅三毒，出三界，破魔網，爾時如來亦大歡喜，此法華經，能令衆生至一切智，一切世間，多怨難信，先所未說，而今說之。文殊師利，此法華經，是諸如來第一之說，於諸說中，最爲甚深，末後賜與，如彼强力之王，久護明珠，今乃與之。文殊師利，此法華經，諸佛如來秘蜜之藏，於諸經中，最在其上，長夜守護，不妄宣說，始於今日，乃與汝等而敷演之。爾時世尊欲重宣此義，而說偈言：

常行忍辱，哀愍一切，乃能演說，佛所贊經。
後末世時，持此經者，於家出家，及非菩薩，
應生慈悲，斯等不聞，不信是經，則爲大失。
我得佛道，以諸方便，爲說此法，令住其中。
譬如强力，轉輪之王，兵戰有功，賞賜諸物，
象馬車乘，嚴身之具，及諸田宅，聚落城邑，
或與衣服，種種珍寶，奴婢財物，歡喜賜與。
如有勇健，能爲難事，王解髻中，明珠賜之。
如來亦爾，爲諸法王，忍辱大力，智慧寶藏，
以大慈悲，如法化世。見一切人，受諸苦惱，
欲求解脱，與諸魔戰。爲是衆生，說種種法，
以大方便，說此諸經。既知衆生，得其力已，
末後乃爲，說是法華，如王解髻，明珠與之。
此經爲尊，衆經中上，我常守護，不妄開示，
今正是時，爲汝等說，我滅度後，求佛道者，
欲得安隱，演說斯經，應當親近，如是四法。
讀是經者，常無憂惱，又無病痛，顔色鮮白，
不生貧窮，卑賤醜陋。衆生樂見，如慕賢聖，
天諸童子，以爲給使。刀杖不加，毒不能害，
若人惡駡，口則閉塞。游行無畏，如師子王，
智慧光明，如日之照。若於夢中，但見妙事。
見諸如來，坐師子座，諸比丘衆，圍繞說法。
又見龍神，阿修羅等，數如恒沙，恭敬合掌，
自見其身，而爲說法。又見諸佛，身相金色，
放無量光，照於一切，以梵音聲，演說諸法。
佛爲四衆，說無上法，見身處中，合掌贊佛，
聞法歡喜，而爲供養，得陀羅尼，證不退智。

佛知其心，深入佛道，即爲授記，成最正覺。
汝善男子，當於來世，得無量智，佛之大道，
國土嚴净，廣大無比，亦有四衆，合掌聽法。
又見自身，在山林中，修習善法，證諸實相，
深入禪定，見十方佛。　　五六
諸佛身金色，百福相莊嚴，聞法爲人説，
常有是好夢。又夢作國王，捨宫殿眷屬，
及上妙五欲，行詣於道場。在菩提樹下，
而處師子座，求道過七日，得諸佛之智。
成無上道已，起而轉法輪，爲四衆説法，
經千萬億劫，説無漏妙法，度無量衆生。
後當入涅盤，如烟盡燈滅。若後惡世中，
説是第一法，是人得大利，如上諸功德。
　　妙法蓮華經從地涌出品第十五
爾時他方國土諸來菩薩摩訶薩，過八恒
河沙數，於大衆中起，合掌作禮，而白佛言：
世尊，若聽我等，於佛滅後，在此娑婆世界，
勤加精進，護持，讀誦，書寫，供養，是經典者，
當於此土而廣説之。爾時佛告諸菩薩摩
訶薩衆：止，善男子，不需汝等護持此經。所
以者何。我娑婆世界，自有六萬恒河沙等
菩薩摩訶薩，一一菩薩，各有六萬恒河沙
眷屬，是諸人等，能於我滅後，護持讀誦廣
説此經。佛説是時，娑婆世界三千大千國
土，地皆震裂，而於其中，有無量千萬億菩
薩摩訶薩，同時涌出。是諸菩薩，身皆金色，
三十二相，無量光明，先盡在此娑婆世界
之下，此界虚空中住。是諸菩薩，聞釋迦牟
尼佛所説音聲，從下發來。一一菩薩，皆是
大衆唱導之首，各將六萬恒河沙眷屬，况
將五萬，四萬，三萬，二萬，一萬，恒河沙等眷
屬者，况復乃至一恒河沙，半恒河沙，四分
之一，乃至千萬億那由他分之一，况復千
萬億那由他眷屬，况復億萬眷屬，况復千
萬，百萬，乃至一萬，况復一千，一百，乃至一
十，况復將五，四，三，二，一，弟子者，况復單己，
樂遠離行，如是等比，無量無邊，算數譬喻
所不能知。是諸菩薩從地出已，各詣虚空

七寶妙塔多寶如來，釋迦牟尼佛，所，到已，
嚮二世尊頭面禮足，及至諸寶樹下師子
座上佛所，亦皆作禮，右繞三匝，合掌恭敬，
以諸菩薩種種贊法，而以贊歎，住在一面，
欣樂瞻仰於二世尊。是諸菩薩摩訶薩，從
初涌出，以諸菩薩種種贊法，而贊於佛，如
是時間，經五十小劫。是時釋迦牟尼佛默
然而坐，及諸四衆，亦皆默然五十小劫，佛
神力故，令諸大衆謂如半日。爾時四衆亦
以佛神力故，見諸菩薩，遍滿無量百千萬
億國土虚空。是菩薩衆中，有四導師，一，名
上行，二，名無邊行，三，名净行，四，名安立行，
是四菩薩，於其衆中，最爲上首唱導之師，
在大衆前，各共合掌，觀釋迦牟尼佛，而問
訊言：世尊，少病，少惱，安樂行不，所應度者，
受教易不，不令世尊生疲勞耶？爾時四大
菩薩而説偈言：　　五七
世尊安樂，少病少惱，教化衆生，得無疲倦。
又諸衆生，受化易不，不令世尊，生疲勞耶。
爾時世尊，於菩薩大衆中而作是言：如是，
如是，諸善男子，如來安樂，少病，少惱，諸衆
生等，易可化度，無有疲勞。所以者何。是諸
衆生，世世已來，常受我化，亦於過去諸佛，
恭敬尊重，種諸善根。此諸衆生，始見我身，
聞我所説，即皆信受，入如來慧。除先修習，
學小乘者，如是之人，我今亦令得聞是經，
入於佛慧。爾時諸大菩薩而説偈言：
善哉善哉，大雄世尊，諸衆生等，易可化度。
能問諸佛，甚深智慧，聞已信行，我等隨喜。
於時世尊贊歎上首諸大菩薩：善哉，善哉，
善男子，汝等能於如來，發隨喜心。爾時彌
勒菩薩及八千恒河沙諸菩薩衆，皆作是
念：我等從昔已來，不見不聞如是大菩薩
摩訶薩衆，從地涌出，住世尊前，合掌，供養，
問訊如來。時彌勒菩薩摩訶薩，知八千恒
河沙諸菩薩等，心之所念，并欲自決所疑，
合掌嚮佛，以偈問曰：　　五八
無量千萬億，大衆諸菩薩，昔所未曾見，

願两足尊説，是從何所來，以何因緣集。
巨身大神通，智慧叵思議，其志念堅固，
有大忍辱力，衆生所樂見，爲從何所來。
一一諸菩薩，所將諸眷屬，其數無有量，
如恒河沙等。或有大菩薩，將六萬恒沙，
如是諸大衆，一心求佛道。是諸大師等，
六萬恒河沙，俱來供養佛，及護持是經。
將五萬恒沙，其數過於是。四萬及三萬，
二萬至一萬，一千一百等，乃至一恒沙，
半及三四分，億萬分之一，千萬那由他，
萬億諸弟子，乃至於半億，其數復過上。
百萬至一萬，一千及一百，五十與一十，
乃至三二一，單己無眷屬，樂於獨處者，
俱來至佛所，其數轉過上。如是諸大衆，
若人行籌數，過於恒沙劫，猶不能盡知。
是諸大威德，精進菩薩衆，誰爲其説法，
教化而成就。從誰初發心，稱揚何佛法，
受持行誰經，修習何佛道。如是諸菩薩，
神通大智力，四方地震裂，皆從中涌出。
世尊我昔來，未曾見是事，願説其所從，
國土之名號。我常游諸國，未曾見是衆，
我於此衆中，乃不識一人，忽然從地出，
願説其因緣。今此之大會，無量百千億，
是諸菩薩等，皆欲知此事。是諸菩薩衆，
本末之因緣，無量德世尊，惟願决衆疑。

爾時釋迦牟尼分身諸佛，從無量千萬億他方國土來者，在於八方諸寶樹下，師子座上，結跏趺坐。其佛侍者，各各見是菩薩大衆，於三千大千世界，四方，從地涌出，住於虚空。各白其佛言：世尊，此諸無量無邊阿僧祇菩薩大衆，從何所來？爾時諸佛各告侍者：諸善男子，且待須臾，有菩薩摩訶薩，名曰彌勒，釋迦牟尼佛之所授記，次後作佛，已問斯事，佛今答之，汝等自當因是得聞。爾時釋迦牟尼佛告彌勒菩薩：善哉，善哉，阿逸多，乃能問佛如是大事。汝等當共一心，被精進鎧，發堅固意，如來今欲顯發宣示諸佛智慧，諸佛自在神通之力，諸

佛師子奮迅之力，諸佛威猛大勢之力。爾
時世尊欲重宣此義，而説偈言：
當精進一心，我欲説此事，勿得有疑悔，
佛智叵思議。汝今出信力，住於忍善中，
昔所未聞法，今皆當得聞。我今安慰汝，
勿得懷疑懼，佛無不實語，智慧不可量。
所得第一法，甚深叵分別，如是今當説，
汝等一心聽。　　五九
爾時世尊説此偈已，告彌勒菩薩：我今於
此大衆，宣告汝等，阿逸多，是諸大菩薩摩
訶薩，無量無數阿僧祇，從地涌出，汝等昔
所未見者，我於是娑婆世界，得阿耨多羅
三藐三菩提已，教化示導是諸菩薩，調伏
其心，令發道意。此諸菩薩，皆於是娑婆世
界之下，此界虚空中住，於諸經典，讀誦通
利，思惟分別，正憶念。阿逸多，是諸善男子
等，不樂在衆，多有所説，常樂静處，勤行精
進，未曾休息。亦不依止人天而住。常樂深
智，無有障礙，亦常樂於諸佛之法，一心精
進，求無上慧。爾時世尊欲重宣此義，而説
偈言：
阿逸汝當知，是諸大菩薩，從無數劫來，
修習佛智慧，悉是我所化，令發大道心。
此等是我子，依止是世界，常行頭陀事，
志樂於静處，捨大衆憒鬧，不樂多所説。
如是諸子等，學習我道法，晝夜常精進，
爲求佛道故，在娑婆世界，下方空中住，
志念力堅固，常勤求智慧，説種種妙法，
其心無所畏。我於伽耶城，菩提樹下坐，
得成最正覺，轉無上法輪。爾乃教化之，
令初發道心，今皆住不退，悉當得成佛。
我今説實語，汝等一心信，我從久遠來，
教化是等衆。
爾時，彌勒菩薩摩訶薩，及無數諸菩薩等，
心生疑惑，怪未曾有，而作是念：云何世尊
於少時間，教化如是無量無邊阿僧祇諸
大菩薩，令住阿耨多羅三藐三菩提？即白
佛言：世尊，如來爲太子時，出於釋宫，去伽

耶城不遠，坐於道場，得成阿耨多羅三藐
三菩提，從是已來，始過四十餘年，世尊，云
何於此少時，大作佛事，以佛勢力，以佛功
德，教化如是無量大菩薩衆，當成阿耨多
羅三藐三菩提？世尊，此大菩薩衆，假使有
人，於千萬億劫，數不能盡，不得其邊，斯等
久遠已來，於無量無邊諸佛所，植諸善根，
成就菩薩道，常修梵行。世尊，如此之事，世
所難信。譬如有人，色美發黑，年二十五，指
百歲人，言是我子，其百歲人，亦指年少，言
是我父，生育我等，是事難信。佛亦如是，得
道已來，其實未久，而此大衆諸菩薩等，已
於無量千萬億劫，爲佛道故，勤行精進，善
入出住無量百千萬億三昧，得大神通，久
修梵行，善能次第習諸善法，巧於問答，人
中之寶，一切世間甚爲稀有。今日世尊方
云，得佛道時，初令發心，教化示導，令嚮
阿耨多羅三藐三菩提，世尊得佛未久，乃能
作此大功德事。我等雖覆信佛隨宜所説，
佛所出言，未曾虛妄，佛所知者，皆悉通達，
然諸新發意菩薩，於佛滅後，若聞是語，或
不信受，而起破法罪業因緣。惟，然，世尊，願
爲解説，除我等疑，及未來世諸善男子，聞
此事已，亦不生疑。爾時彌勒菩薩欲重宣
此義，而説偈言：　　　五十
佛昔從釋種，出家近伽耶，坐於菩提樹，
爾來尚未久。此諸佛子等，其數不可量，
久已行佛道，住於神通力，善學菩薩道，
不染世間法，如蓮華在水，從地而涌出，
皆起恭敬心，住於世尊前。是事難思議，
云何而可信，佛得道甚近，所成就甚多，
願爲除衆疑，如實分別説。譬如少壯人，
年始二十五，示人百歲子，發白而面皺，
是等我所生，子亦説是父，父少而子老，
舉世所不信。世尊亦如是，得道來甚近。
是諸菩薩等，志固無怯弱，從無量劫來，
而行菩薩道，巧於難問答，其心無所畏，
忍辱心決定，端正有威德，十方佛所贊，

善能分別説，不樂在人衆，常好在禪定，
爲求佛道故，於下空中住。我等從佛聞，
於此事無疑，願佛爲未來，演説令開解。
若有於此經，生疑不信者，即當墮惡道。
願今爲解説，是無量菩薩，云何於少時，
教化令發心，而住不退地。

妙法蓮華經如來壽量品第十六　　五十一

爾時，佛告諸菩薩及一切大衆：諸善男子，
汝等當信解如來誠諦之語。復告大衆：汝
等當信解如來誠諦之語。又復告諸大衆：
汝等當信解如來誠諦之語。是時菩薩大
衆，彌勒爲首，合掌白佛言：世尊，惟願説之，
我等當信受佛語。如是三白已，復言：惟願
説之，我等當信受佛語。爾時世尊知諸菩
薩三請不止，而告之言：汝等諦聽，如來秘
蜜神通之力。一切世間天，人，及阿修羅，皆
謂，今釋迦牟尼佛，出釋氏宫，去伽耶城不
遠，坐於道場，得阿耨多羅三藐三菩提。然
善男子，我實成佛已來，無量無邊，百千萬
億那由他劫。譬如五百千萬億那由他，阿
僧祇，三千大千世界，假使有人，抹爲微塵，
過於東方五百千萬億那由他阿僧祇國，
乃下一塵，如是東行，盡是微塵，諸善男子，
於意云何，是諸世界，可得思惟校計，知其
數不。彌勒菩薩等，俱白佛言：世尊，是諸世
界，無量無邊，非算數所知，亦非心力所及，
一切聲聞，辟支佛，以無漏智，不能思惟，知
其限數，我等住阿惟越致地，於是事中，亦
所不達，世尊，如是諸世界，無量無邊。爾時
佛告大菩薩衆：諸善男子，今當分明宣語
汝等，是諸世界，若著微塵及不著者，盡以
爲塵，一塵一劫，我成佛已來，復過於此百
千萬億那由他阿僧祇劫。自從是來，我常
在此娑婆世界，説法教化，亦於餘處百千
萬億那由他阿僧祇國，導利衆生。諸善男
子，於是中間，我説燃燈佛等，又復言其入
於涅盤，如是，皆以方便分別。諸善男子，若
有衆生，來至我所，我以佛眼，觀其信等，諸

根利鈍，隨所應度，處處自説，名字不同，年紀大小，亦復現言，當入涅盤，又以種種方便，説微妙法，能令衆生發歡喜心。諸善男子，如來見諸衆生，樂於小法，德薄垢重者，爲是人説，我少出家，得阿耨多羅三藐三菩提，然我實成佛已來，久遠若斯，但以方便，教化衆生，令入佛道，作如是説。諸善男子，如來所演經典，皆爲度脱衆生，或説己身，或説他身，或示己身，或示他身，或示己事，或示他事，諸所言説，皆實不虛。所以者何。如來如實知見三界之相，無有生死，若退若出，亦無在世，及滅度者，非實非虛，非如非异，不如三界，見於三界，如斯之事，如來明見，無有錯謬。以諸衆生有種種性，種種欲，種種行，種種憶想分别故，欲令生諸善根，以若干因緣，譬喻，言辭，種種説法，所作佛事，未曾暫廢。如是，我成佛已來，甚大久遠，壽命無量阿僧祇劫，常住不滅。諸善男子，我本行菩薩道，所成壽命，今猶未盡，復倍上數。然今非實滅度，而便唱言，當取滅度，如來以是方便，教化衆生。所以者何。若佛久住於世，薄德之人，不種善根，貧窮下賤，貪著五欲，入於憶想妄見網中，若見如來常在不滅，便起憍恣，而懷厭怠，不能生難遭之想，恭敬之心，是故如來以方便説：比丘當知，諸佛出世，難可值遇。所以者何。諸薄德人，過無量百千萬億劫，或有見佛，或不見者，以此事故，我作是言：諸比丘，如來難可得見。斯衆生等，聞如是語，必當生於難遭之想，心懷戀慕，渴仰於佛，便種善根，是故如來雖不實滅，而言滅度。又，善男子，諸佛如來，法皆如是，爲度衆生，皆實不虛。譬如良醫，智慧聰達，明練方藥，善治衆病。其人多諸子息，若十，二十，乃至百數，以有事緣，遠至余國。諸子於後，飲他毒藥，藥發，悶亂，宛轉於地。是時其父還來歸家，諸子飲毒，或失本心，或不失者，遥見其父，皆大歡喜，拜跪，問訊，善安隱歸：我等愚痴，

誤服毒藥，願見救療，更賜壽命。父見子等
苦惱如是，依諸經方，求好藥草，色香美味，
皆悉具足，擣篩和合，與子令服，而作是言：
此大良藥，色香美味，皆悉具足，汝等可服，
速除苦惱，無復衆患。其諸子中，不失心者，
見此良藥，色香俱好，即便服之，病盡除愈。
餘失心者，見其父來，雖亦歡喜問訊，求索
治病，然與其藥，而不肯服。所以者何。毒氣
深入，失本心故，於此好色香藥，而謂不美。
父作是念：此子可湣，爲毒所中，心皆顛倒，
雖見我喜，求索救療，如是好藥，而不肯服，
我今當設方便，令服此藥。即作是言：汝等
當知，我今衰老，死時已至，是好良藥，今留
在此，汝可取服，勿憂不瘥。作是教已，復至
他國，遣使還告：汝父已死。是時諸子聞父
背喪，心大憂惱，而作是念：若父在者，慈湣
我等，能見救護，今者，捨我遠喪他國。自惟
孤露，無復恃怙，常懷悲感，心遂醒悟，乃知
此藥色味香美。即取服之，毒病皆愈。其父
聞子悉已得瘥，尋便來歸，咸使見之。諸善
男子，於意云何，頗有人，能説此良醫虚妄
罪不？不也，世尊。佛言：我亦如是，成佛已來，
無量無邊百千萬億那由他阿僧祇劫，爲
衆生故，以方便力，言當滅度，亦無有能如
法説我虚妄過者。爾時世尊欲重宣此義，
而説偈言：　五十三
自我得佛來，所經諸劫數，無量百千萬，
億載阿僧祇，常説法教化，無數億衆生，
令入於佛道。爾來無量劫，爲度衆生故，
方便現涅盤，而實不滅度，常住此説法。
我常住於此，以諸神通力，令顛倒衆生，
雖近而不見。衆見我滅度，廣供養舍利，
咸皆懷戀慕，而生渴仰心。衆生既信伏，
質直意柔軟，一心欲見佛，不自惜身命。
時我及衆僧，俱出靈鷲山，我時語衆生，
常在此不滅，以方便力故，現有滅不滅。
余國有衆生，恭敬信樂者，我復於彼中，
爲説無上法，汝等不聞此，但謂我滅度。

我見諸衆生，没在於苦惱，故不爲現身，
令其生渴仰，因其心戀慕，乃出爲説法。
神通力如是，於阿僧祇劫，常在靈鷲山，
及余諸住處，衆生見劫盡，大火所燒時，
我此土安隱，天人常充满。園林諸堂閣，
種種寶莊嚴，寶樹多花果，衆生所游樂。
諸天擊天鼓，常作衆妓樂，雨曼陀羅花，
散佛及大衆。我净土不毁，而衆見燒盡，
憂怖諸苦惱，如是悉充满。是諸罪衆生，
以惡業因緣，過阿僧祇劫，不聞三寶名。
諸有修功德，柔和質直者，則皆見我身，
在此而説法。或時爲此衆，説佛壽無量，
久乃見佛者，爲説佛難值。我智力如是，
慧光照無量，壽命無數劫，久修業所得。
汝等有智者，勿於此生疑，當斷令永盡，
佛語實不虚。如醫善方便，爲治狂子故，
實在而言死，無能説虚妄。我亦爲世父，
救諸苦患者，爲凡夫顛倒，實在而言滅。
以常見我故，而生憍恣心，放逸著五欲，
墮於惡道中。我常知衆生，行道不行道，
隨所應可度，爲説種種法。每自作是意，
以何令衆生，得入無上惠，速成就佛身。

妙法蓮華經分別功德品第十七　二十四

爾時大會，聞佛説壽命劫數長遠如是，無量無邊阿僧祇衆生，得大饒益。於時世尊告彌勒菩薩摩訶薩：阿逸多，我説是如來壽命長遠時，六百八十萬億那由他恒河沙衆生，得無生法忍，復有千倍菩薩摩訶薩，得聞持陀羅尼門，復有一世界微塵數菩薩摩訶薩，得樂説無礙辯才，復有一世界微塵數菩薩摩訶薩，得百千萬億無量旋陀羅尼，復有三千大千世界微塵數菩薩摩訶薩，能轉不退法輪，復有二千中國土微塵數菩薩摩訶薩，能轉清净法輪，復有小千國土微塵數菩薩摩訶薩，八生當得阿耨多羅三藐三菩提，復有四四天下微塵數菩薩摩訶薩，四生當得阿耨多羅三藐三菩提，復有三四天下微塵數菩薩

摩訶薩，三生當得阿耨多羅三藐三菩提，
復有二四天下微塵數菩薩摩訶薩，二生
當得阿耨多羅三藐三菩提，復有一四天
下微塵數菩薩摩訶薩，一生當得阿耨多
羅三藐三菩提，復有八世界微塵數衆生，
皆發阿耨多羅三藐三菩提心。佛説是諸
菩薩摩訶薩得大法利時，於虚空中，雨曼
陀羅華，摩訶曼陀羅華，以散無量百千萬
億衆寶樹下，師子座上，諸佛，并散七寶塔中，
師子座上，釋迦牟尼佛，及久滅度多寶如
來，亦散一切諸大菩薩，及四部衆。又雨細
末栴檀，沉水香等，於虚空中，天鼓自鳴，妙
聲深遠，又雨千種天衣，垂諸瓔珞，真珠瓔
珞，摩尼珠瓔珞，如意珠瓔珞，遍於九方，衆
寶香爐，燒無價香，自然周至，供養大會。一
一佛上，有諸菩薩，執持幡蓋，次第而上，至
於梵天。是諸菩薩，以妙音聲，歌無量頌，贊
歎諸佛。爾時彌勒菩薩從座而起，偏袒右
肩，合掌嚮佛，而説偈言：
佛説稀有法，昔所未曾聞，世尊有大力，
壽命不可量。無數諸佛子，聞世尊分別，
説得法利者，歡喜充遍身。或住不退地，
或得陀羅尼，或無礙樂説，萬億旋總持，
或有大千界，微塵數菩薩，各各皆能轉，
不退之法輪。復有中千界，微塵數菩薩，
各各皆能轉，清净之法輪。復有小千界，
微塵數菩薩，余各八生在，當得成佛道。
復有四三二，如此四天下，微塵諸菩薩，
隨數生成佛。或一四天下，微塵數菩薩，
餘有一生在，當成一切智。如是等衆生，
聞佛壽長遠，得無量無漏，清净之果報。
復有八世界，微塵數衆生，聞佛説壽命，
皆發無上心。世尊説無量，不可思議法，
多有所饒益，如虚空無邊。雨天曼陀羅，
摩訶曼陀羅，釋梵如恒沙，無數佛土來。
雨栴檀沉水，繽紛而亂墜，如鳥飛空下，
供散於諸佛。天鼓虚空中，自然出妙聲，
天衣千萬種，旋轉而來下，衆寶妙香爐，

燒無價之香，自然悉周遍，供養諸世尊。
其大菩薩衆，執七寶幡蓋，高妙萬億種，
次第至梵天，一一諸佛前，寶幢懸勝幡。
亦以千萬偈，歌咏諸如來。如是種種事，
昔所未曾有，聞佛壽無量，一切皆歡喜。
佛名聞十方，廣饒益衆生，一切具善根，
以助無上心。　五十五

爾時佛告彌勒菩薩摩訶薩：阿逸多，其有衆生，聞佛壽命長遠如是，乃至能生一念信解，所得功德，無有限量。若有善男子，善女人，爲阿耨多羅三藐三菩提故，於八十萬億那由他劫，行五波羅蜜，檀波羅蜜，屍羅波羅蜜，羼提波羅蜜，毗梨耶波羅蜜，禪波羅蜜，除般若波羅蜜，以是功德比前功德，百分，千分，百千萬億分，不及其一，乃至算數譬喻所不能知。若善男子，善女人，有如是功德，於阿耨多羅三藐三菩提，退者，無有是處。爾時世尊欲重宣此義，而説偈言：

若人求佛慧，於八十萬億，那由他劫數，
行五波羅蜜。於是諸劫中，布施供養佛，
及緣覺弟子，并諸菩薩衆，珍异之飲食，
上服與卧具，栴檀立精舍，以園林莊嚴。
如是等布施，種種皆微妙，盡此諸劫數，
以回嚮佛道。若復持禁戒，清净無缺漏，
求於無上道，諸佛之所歎。若復行忍辱，
住於調柔地，設衆惡來加，其心不傾動。
諸有得法者，懷於增上慢，爲此所輕惱，
如是亦能忍。若復勤精進，志念常堅固，
於無量億劫，一心不懈息。又於無數劫，
住於空閑處，若坐若經行，除睡常攝心，
以是因緣故，能生諸禪定，八十億萬劫，
安住心不亂，持此一心福，願求無上道。
我得一切智，盡諸禪定際，是人於百千，
萬億劫數中，行此諸功德，如上之所説。
有善男女等，聞我説壽命，乃至一念信，
其福過於彼。若人悉無有，一切諸疑悔，
深心須臾信，其福爲如此。其有諸菩薩，
無量劫行道，聞我説壽命，是則能信受。

如是諸人等，頂受此經典，願我於未來，
長壽度衆生，如今日世尊，諸釋中之王，
道場師子吼，説法無所畏。我等未來世，
一切所尊敬，坐於道場時，説壽亦如是。
若有深心者，清净而質直，多聞能總持，
隨義解佛語，如是諸人等，於此無有疑。
又，阿逸多，若有聞佛壽命長遠，解其言趣，
是人所得功德，無有限量，能起如來無上之
慧。何况廣聞是經，若教人聞，若自持，若
教人持，若自書，若教人書，若以華，香，瓔珞，
幢幡，繒蓋，香油，酥燈，供養經卷，是人功德，
無量無邊，能生一切種智。阿逸多，若善男
子，善女人，聞我説壽命長遠，深心信解，則
爲見佛常在耆闍崛山，共大菩薩，諸聲聞
衆，圍繞説法。又見此娑婆世界，其地琉璃，
坦然平正，閻浮檀金，以界八道，寶樹行列，
諸台樓觀，皆悉寶成，其菩薩衆，咸處其中。
若有能如是觀者，當知是爲深信解相。又
復如來滅後，若聞是經，而不毁呰，起隨喜
心，當知已爲深信解相，何况讀誦，受持之
者，斯人則爲頂戴如來。阿逸多，是善男子，
善女人，不須爲我復起塔寺，及作僧坊，以
四事供養衆僧。所以者何。是善男子，善女
人，受持讀誦是經典者，爲已起塔，造立僧
坊，供養衆僧。則爲以佛舍利，起七寶塔，高
廣漸小，至於梵天，懸諸幡蓋，及衆寶鈴，華，
香，瓔珞，末香，塗香，燒香，衆鼓，妓樂，簫，笛，箜
篌，種種舞戲，以妙音聲，歌唄贊頌，則爲於
無量千萬億劫，作是供養已。阿逸多，若我
滅後，聞是經典，有能受持，若自書，若教人
書，則爲起立僧坊，以赤栴檀，作諸殿堂三
十有二，高八多羅樹，高廣嚴好，百千比丘，
於其中止，園林，浴池，經行，禪窟，衣服，飲食，
床褥，湯藥，一切樂具，充滿其中，如是僧坊，
堂閣，若干百千萬億，其數無量，以此現前，
供養於我，及比丘僧。是故我説，如來滅後，
若有受持，讀誦，爲他人説，若自書，若教人
書，供養經卷，不須復起塔寺，及造僧坊，供

養衆僧。況復有人能持是經，兼行布施，持
戒，忍辱，精進，一心，智慧，其德最勝，無量無
邊，譬如虚空，東西南北，四維，上下，無量無
邊，是人功德，亦復如是無量無邊，疾至一
切種智。若人讀誦受持是經，爲他人説，若
自書，若教人書，復能起塔，及造僧坊，供養
贊歎聲聞衆僧，亦以百千萬億贊歎之法，
贊歎菩薩功德，又爲他人，種種因緣，隨義
解説此法華經，復能清净持戒，與柔和者
而共同止，忍辱無嗔，志念堅固，常貴坐禪，
得諸深定，精進勇猛，攝諸善法，利根智慧，
善答問難。阿逸多，若我滅後，諸善男子，善
女人，受持讀誦是經典者，復有如是諸善
功德，當知是人，已趨道場，近阿耨多羅三
藐三菩提，坐道樹下。阿逸多，是善男子，善
女人，若坐，若立，若經行處，此中便應起塔，一
切天人，皆應供養如佛之塔。爾時世尊欲
重宣此義，而説偈言：
若我滅度後，能奉持此經，斯人福無量，
如上之所説。是則爲具足，一切諸供養，
以舍利起塔，七寶而莊嚴，表刹甚高廣，
漸小至梵天，寶鈴千萬億，風動出妙音。
又於無量劫，而供養此塔，華香諸瓔珞，
天衣衆妓樂，燃香油酥燈，周匝常照明。
惡世法末時，能持是經者，則爲已如上，
具足諸供養。若能持此經，則如佛現在，
以牛頭栴檀，起僧坊供養，堂有三十二，
高八多羅樹，上饌妙衣服，床卧皆具足，
百千衆住處，園林諸浴池，經行及禪窟，
種種皆嚴好。若有信解心，受持讀誦書，
若復教人書，及供養經卷，散華香末香，
以須曼薝卜，阿提目多伽，熏油常燃之。
如是供養者，得無量功德，如虚空無邊，
其福亦如是。況復持此經，兼布施持戒，
忍辱樂禪定，不嗔不惡口，恭敬於塔廟，
謙下諸比丘，遠離自高心，常思惟智慧，
有問難不嗔，隨順爲解説，若能行是行，
功德不可量。若見此法師，成就如是德，

應以天華散，天衣覆其身，頭面接足禮，
生心如佛想。又應作是念，不久詣道場，
得無漏無爲，廣利諸人天。其所住止處，
經行若坐卧，乃至説一偈，是中應起塔，
莊嚴令妙好，種種以供養。佛子住此地，
則是佛受用，常在於其中，經行及坐卧。
賀善海
　　妙法蓮華經卷第五

（十四）俄 B56《妙法蓮華經卷第五》①

【題解】

唐寫本，卷軸裝，潢楮紙，厚。高 24 釐米，寬 703 釐米。共 16 紙。紙幅 48. 5 釐米，卷心高 19. 2 釐米，天頭 2 釐米，地脚 2. 7 釐米。每紙 28 行，行 17 字。烏絲欄，楷書。墨色濃匀。首尾被裁。并被改疊成經折裝。爲敦煌文書。

【前缺】
以大慈悲，如法化世。見一切人，受諸苦惱，
欲求解脱，與諸魔戰。爲是衆生，説種種法，
以大方便，説此諸經。既知衆生，得其力已，
末後乃爲，説是法華，如王解髻，明珠與之。
此經爲尊，衆經中上，我常守護，不妄開示，
今正是時，爲汝等説，我滅度後，求佛道者，
欲得安隱，演説斯經，應當親近，如是四法。
讀是經者，常無憂惱，又無病痛，顔色鮮白，
不生貧窮，卑賤醜陋。衆生樂見，如慕賢聖，
天諸童子，以爲給使。刀杖不加，毒不能害，
若人惡駡，口則閉塞。游行無畏，如師子王，
智慧光明，如日之照。若於夢中，但見妙事。
見諸如來，坐師子座，諸比丘衆，圍繞説法。
又見龍神，阿修羅等，數如恒沙，恭敬合掌，
自見其身，而爲説法。又見諸佛，身相金色，
放無量光，照於一切，以梵音聲，演説諸法。
佛爲四衆，説無上法，見身處中，合掌贊佛，
聞法歡喜，而爲供養，得陀羅尼，證不退智。

① 《俄藏黑水城文獻》第六册，第 28—40 頁。

佛知其心，深入佛道，即爲授記，成最正覺。
汝善男子，當於來世，得無量智，佛之大道，
國土嚴净，廣大無比，亦有四衆，合掌聽法。
又見自身，在山林中，修習善法，證諸實相，
深入禪定，見十方佛。
諸佛身金色，百福相莊嚴，聞法爲人説，常有是好夢。
又夢作國王，捨宫殿眷屬，及上妙五欲，行詣於道場。
在菩提樹下，而處師子座，求道過七日，得諸佛之智。
成無上道已，起而轉法輪，爲四衆説法，經千萬億劫，
説無漏妙法，度無量衆生。後當入涅槃，如烟盡燈滅。
若後惡世中，説是第一法，是人得大利，如上諸功德。

妙法蓮華經從地涌出品第十五

爾時他方國土諸來菩薩摩訶薩，過八恒河沙數，於大衆中起，合掌作禮，而白佛言：世尊，若聽我等，於佛滅後，在此娑婆世界，勤加精進，護持，讀誦，書寫，供養，是經典者，當於此土而廣説之。爾時佛告諸菩薩摩訶薩衆：止，善男子，不需汝等護持此經。所以者何。我娑婆世界，自有六萬恒河沙等菩薩摩訶薩，一一菩薩，各有六萬恒河沙眷屬，是諸人等，能於我滅後，護持讀誦廣説此經。佛説是時，娑婆世界三千大千國土，地皆震裂，而於其中，有無量千萬億菩薩摩訶薩，同時涌出。是諸菩薩，身皆金色，三十二相，無量光明，先盡在此娑婆世界之下，此界虚空中住。是諸菩薩，聞釋迦牟尼佛所説音聲，從下發來。一一菩薩，皆是大衆唱導之首，各將六萬恒河沙眷屬，况將五萬，四萬，三萬，二萬，一萬，恒河沙等眷屬者，况復乃至一恒河沙，半恒河沙，四分之一，乃至千萬億那由他分之一，况復千萬億那由他眷屬，况復億萬眷屬，况復千萬，百萬，乃至一萬，况復一千，一百，乃至一十，况復將五，四，三，二，一，弟子者，况復單己，樂遠離行，如是等比，無量無邊，算數譬喻所不能知。是諸菩薩從地出已，各詣虚空七寶妙塔多寶如來，釋迦牟尼佛，所，到已，嚮二世尊頭面禮足及至諸寶樹下師子座上佛所，亦皆作禮，右繞三匝，合掌恭敬，以諸菩薩種種贊法，而以

贊歎，住在一面，欣樂瞻仰於二世尊。是諸菩
薩摩訶薩，從初涌出，以諸菩薩種種贊法，而
贊於佛，如是時間，經五十小劫。是時釋迦牟
尼佛默然而坐，及諸四衆，亦皆默然五十小
劫，佛神力故，令諸大衆謂如半日。爾時四衆
亦以佛神力故，見諸菩薩，遍滿無量百千萬
億國土虚空。是菩薩衆中，有四導師，一，名
上行，二，名無邊行，三，名净行，四，名安立行，是四
菩薩，於其衆中，最爲上首唱導之師，在大衆
前，各共合掌，觀釋迦牟尼佛，而問訊言：世尊，
少病，少惱，安樂行否，所應度者，受教易不，不
令世尊生疲勞耶？爾時四大菩薩而説偈言：
世尊安樂，少病少惱，教化衆生，得無疲倦。
又諸衆生，受化易否，不令世尊，生疲勞耶。
爾時世尊，於菩薩大衆中而作是言：如是，如
是，諸善男子，如來安樂，少病，少惱，諸衆生等，
易可化度，無有疲勞。所以者何。是諸衆生，世
世已來，常受我化，亦於過去諸佛，供養尊重，
種諸善根。此諸衆生，始見我身，聞我所説，即
皆信受，入如來慧。除先修習，學小乘者，如是
之人，我今亦令得聞是經，入於佛慧。爾時諸
大菩薩而説偈言：
善哉善哉，大雄世尊，諸衆生等，易可化度。
能問諸佛，甚深智慧，聞已信行，我等隨喜。
於時世尊贊歎上首諸大菩薩：善哉，善哉，善
男子，汝等能於如來，發隨喜心。爾時彌勒菩
薩及八千恒河沙諸菩薩衆，皆作是念：我等
從昔已來，不見不聞如是大菩薩摩訶薩衆，
從地涌出，住世尊前，合掌，供養，問訊如來。時
彌勒菩薩摩訶薩，知八千恒河沙諸菩薩等，
心之所念，并欲自决所疑，合掌嚮佛，以偈
問曰：
無量千萬億，大衆諸菩薩，昔所未曾見，願兩足尊説，
是從何所來，以何因緣集。巨身大神通，智慧叵思議，
其志念堅固，有大忍辱力，衆生所樂見，爲從何所來。
一一諸菩薩，所將諸眷屬，其數無有量，如恒河沙等。
或有大菩薩，將六萬恒沙，如是諸大衆，一心求佛道。
是諸大師等，六萬恒河沙，俱來供養佛，及護持是經。

將五萬恒沙，其數過於是。四萬及三萬，二萬至一萬，
一千一百等，乃至一恒沙，半及三四分，億萬分之一，
千萬那由他，萬億諸弟子，乃至於半億，其數復過上。
百萬至一萬，一千及一百，五十與一十，乃至三二一，
單己無眷屬，樂於獨處者，俱來至佛所，其數轉過上。
如是諸大衆，若人行籌數，過於恒沙劫，猶不能盡知。
是諸大威德，精進菩薩衆，誰爲其説法，教化而成就。
從誰初發心，稱揚何佛法，受持行誰經，修習何佛道。
如是諸菩薩，神通大智力，四方地震裂，皆從中涌出。
世尊我昔來，未曾見是事，願説其所從，國土之名號。
我常游諸國，未曾見是衆，我於此衆中，乃不識一人，
忽然從地出，願説其因緣。今此之大會，無量百千億，
是諸菩薩等，皆欲知此事。是諸菩薩衆，本末之因緣，
無量德世尊，惟願决衆疑。

爾時釋迦牟尼分身諸佛，從無量千萬億
他方國土來者，在於八方諸寶樹下，獅子座
上，結跏趺坐。其佛侍者，各各見是菩薩大衆，
於三千大千世界，四方，從地涌出，住於虚空。
各白其佛言：世尊，此諸無量無邊阿僧衹菩
薩大衆，從何所來？爾時諸佛各告侍者：諸善
男子，且待須臾，有菩薩摩訶薩，名曰彌勒，釋迦
牟尼佛之所授記，次後作佛，已問斯事，佛今
答之，汝等自當因是得聞。爾時釋迦牟尼佛
告彌勒菩薩：善哉，善哉，阿逸多，乃能問佛如
是大事。汝等當共一心，被精進鎧，發堅固意，
如來今欲顯發宣示諸佛智慧，諸佛自在神
通之力，諸佛師子奮迅之力，諸佛威猛大勢
之力。爾時世尊欲重宣此義，而説偈言：

當精進一心，我欲説此事，勿得有疑悔，佛智叵思議。
汝今出信力，住於忍善中，昔所未聞法，今皆當得聞。
我今安慰汝，勿得懷疑懼，佛無不實語，智慧不可量。
所得第一法，甚深叵分别，如是今當説，汝等一心聽。

爾時世尊説此偈已，告彌勒菩薩：我今於此
大衆，宣告汝等，阿逸多，是諸大菩薩摩訶薩，
無量無數阿僧衹，從地涌出，汝等昔所未見
者，我於是娑婆世界，得阿耨多羅三藐三菩
提已，教化示導是諸菩薩，調伏其心，令發道
意。此諸菩薩，皆於是娑婆世界之下，此界虚

空中住，於諸經典，讀誦通利，思惟分別，正憶念。阿逸多，是諸善男子等，不樂在衆，多有所説，常樂静處，勤行精進，未曾休息。亦不依止人天而住。常樂深智，無有障礙，亦常樂於諸佛之法，一心精進，求無上慧。爾時世尊欲重宣此義，而説偈言：

阿逸汝當知，是諸大菩薩，從無數劫來，修習佛智慧，
悉是我所化，令發大道心。此等是我子，依止是世界，
常行頭陀事，志樂於静處，捨大衆憒閙，不樂多所説。
如是諸子等，學習我道法，晝夜常精進，爲求佛道故，
在娑婆世界，下方空中住，志念力堅固，常勤求智慧，
説種種妙法，其心無所畏。我於伽耶城，菩提樹下坐，
得成最正覺，轉無上法輪。爾乃教化之，令初發道心，
今皆住不退，悉當得成佛。我今説實語，汝等一心信，
我從久遠來，教化是等衆。

爾時，彌勒菩薩摩訶薩，及無數諸菩薩等，心生疑惑，怪未曾有，而作是念：云何世尊於少時間，教化如是無量無邊阿僧祇諸大菩薩，令住阿耨多羅三藐三菩提？即白佛言：世尊，如來爲太子時，出於釋宫，去伽耶城不遠，坐於道場，得成阿耨多羅三藐三菩提，從是已來，始過四十餘年，世尊，云何於此少時，大作佛事，以佛勢力，以佛功德，教化如是無量大菩薩衆，當成阿耨多羅三藐三菩提？世尊，此大菩薩衆，假使有人，於千萬億劫，數不能盡，不得其邊，斯等久遠已來，於無量無邊諸佛所，植諸善根，成就菩薩道，常修梵行。世尊，如此之事，世所難信。譬如有人，色美發黑，年二十五，指百歲人，言是我子，其百歲人，亦指年少，言是我父，生育我等，是事難信。佛亦如是，得道已來，其實未久，而此大衆諸菩薩等，已於無量千萬億劫，爲佛道故，勤行精進，善入出住無量百千萬億三昧，得大神通，久修梵行，善能次第習諸善法，巧於問答，人中之寶，一切世間甚爲稀有。今日世尊方云，得佛道時，初令發心，教化示導，令嚮阿耨多羅三藐三菩提，世尊得佛未久，乃能作此大功德事。我等雖覆信佛隨宜所説，佛所出言，未曾虚

妄，佛所知者，皆悉通達，然諸新發意菩薩，於
佛滅後，若聞是語，或不信受，而起破法罪業
因緣。惟，然，世尊，願爲解説，除我等疑，及未來
世諸善男子，聞此事已，亦不生疑。爾時彌勒
菩薩欲重宣此義，而説偈言：

佛昔從釋種，出家近伽耶，坐於菩提樹，爾來尚未久。
此諸佛子等，其數不可量，久已行佛道，住於神通力，
善學菩薩道，不染世間法，如蓮華在水，從地而涌出，
皆起恭敬心，住於世尊前。是事難思議，云何而可信，
佛得道甚近，所成就甚多，願爲除衆疑，如實分別説。
譬如少壯人，年始二十五，示人百歲子，發白而面皺，
是等我所生，子亦説是父，父少而子老，舉世所不信。
世尊亦如是，得道來甚近。是諸菩薩等，志固無怯弱，
從無量劫來，而行菩薩道，巧於難問答，其心無所畏，
忍辱心決定，端正有威德，十方佛所贊，善能分別説，
不樂在人衆，常好在禪定，爲求佛道故，於下空中住。
我等從佛聞，於此事無疑，願佛爲未來，演説令開解。
若有於此經，生疑不信者，即當墮惡道。願今爲解説，
是無量菩薩，云何於少時，教化令發心，而住不退地。

妙法蓮華經如來壽量品第十六

爾時，佛告諸菩薩及一切大衆：諸善男子，汝
等當信解如來誠諦之語。復告大衆：汝等當
信解如來誠諦之語。又復告諸大衆：汝等當
信解如來誠諦之語。是時菩薩大衆，彌勒爲
首，合掌白佛言：世尊，惟願説之，我等當信受
佛語。如是三白已，復言：惟願説之，我等當信
受佛語。爾時世尊知諸菩薩三請不止，而告
之言：汝等諦聽，如來秘密神通之力。一切世
間天，人，及阿修羅，皆謂，今釋迦牟尼佛，出釋
氏宫，去伽耶城不遠，坐於道場，得阿耨多羅
三藐三菩提。然善男子，我實成佛已來，無量
無邊，百千萬億那由他劫。譬如五百千萬億
那由他，阿僧祇，三千大千世界，假使有人，末
爲微塵，過於東方五百千萬億那由他阿僧
祇國，乃下一塵，如是東行，盡是微塵，諸善男
子，於意云何，是諸世界，可得思惟校計，知其
數否。彌勒菩薩等，俱白佛言：世尊，是諸世界，
無量無邊，非算數所知，亦非心力所及，一切

聲聞，辟支佛，以無漏智，不能思惟，知其限數，我等住阿惟越致地，於是事中，亦所不達，世尊，如是諸世界，無量無邊。爾時佛告大菩薩衆：諸善男子，今當分明宣語汝等，是諸世界，若著微塵及不著者，盡以爲塵，一塵一劫，我成佛已來，復過於此百千萬億那由他阿僧祇劫。自從是來，我常在此娑婆世界，説法教化，亦於餘處百千萬億那由他阿僧祇國，導利衆生。諸善男子，於是中間，我説燃燈佛等，又復言其入於涅槃，如是，皆以方便分別。諸善男子，若有衆生，來至我所，我以佛眼，觀其信等，諸根利鈍，隨所應度，處處自説，名字不同，年紀大小，亦復現言，當入涅槃，又以種種方便，説微妙法，能令衆生發歡喜心。諸善男子，如來見諸衆生，樂於小法，德薄垢重者，爲是人説，我少出家，得阿耨多羅三藐三菩提，然我實成佛已來，久遠若斯，但以方便，教化衆生，令入佛道，作如是説。諸善男子，如來所演經典，皆爲度脱衆生，或説己身，或説他身，或示己身，或示他身，或示己事，或示他事，諸所言説，皆實不虚。所以者何。如來如實知見三界之相，無有生死，若退若出，亦無在世，及滅度者，非實非虚，非如非异，不如三界，見於三界，如斯之事，如來明見，無有錯謬。以諸衆生有種種性，種種欲，種種行，種種憶想分別故，欲令生諸善根，以若干因緣，譬喻，言辭，種種説法，所作佛事，未曾暫廢。如是，我成佛已來，甚大久遠，壽命無量阿僧祇劫，常住不滅。諸善男子，我本行菩薩道，所成壽命，今猶未盡，復倍上數。然今非實滅度，而便唱言，當取滅度，如來以是方便，教化衆生。所以者何。若佛久住於世，薄德之人，不種善根，貧窮下賤，貪著五欲，入於憶想妄見網中，若見如來常在不滅，便起憍恣，而懷厭怠，不能生難遭之想，恭敬之心，是故如來以方便説：比丘當知，諸佛出世，難可值遇。所以者何。諸薄德人，過無量百千萬億劫，或有見佛，或不見者，以此事故，我作是言：諸比丘，如來難可得見。斯衆生等，聞如是語，必當生於難遭之想，心懷戀慕，渴仰於佛，便種善根，是故如來雖不實滅，而言滅度。又，善男子，諸佛如來，法皆如是，爲度衆生，皆實不虚。譬如良醫，智慧聰達，明練方藥，善治衆病。其人多諸子息，若十，二十，乃至百數，以有事緣，遠至余國。諸子於後，飲他毒藥，藥發，悶亂，宛轉於地。是時其父還來歸家，諸子飲毒，或失本心，或不失者，遥見其父，皆大歡喜，拜跪，問訊，善安隱歸：我等愚痴，誤服毒藥，願見救療，更賜壽命。父見子等苦惱如是，依諸經方，求好藥草，色香美味，皆悉具足，擣篩和合，與子令服，而作是言：此大良藥，色香美味，皆悉具足，汝等可服，速除苦惱，無復衆患。其諸子中，不失心者，見此良藥，色香俱好，即便服之，病盡除愈。餘失心者，見其父來，雖亦歡喜問訊，求索治病，然與其藥，而不肯服。所以者何。毒氣深入，失本心故，於此好色香藥，而謂不美。父作是念：此子可湣，爲毒所中，心皆顛倒，雖見我喜，求索救療，如是好藥，而不肯服，我今當設方便，令服此藥。即作是言：汝等當知，我今衰老，死時已至，是好良藥，今留在此，汝可取服，勿憂不瘥。作是教已，復至他國，遣使還告：汝父已死。是時諸子聞父背喪，心大憂惱，而作是念：若父在者，慈湣我等，能見救護，今者，捨我遠喪他國。自惟孤露，無復恃怙，常懷悲感，心遂醒悟，乃知此藥色味香美。即取服之，毒病皆愈。其父聞子悉已得瘥，尋便來歸，咸使見之。諸善男子，於意云何，頗有人，能説此良醫虚妄罪否？不也，世尊。佛言：我亦如是，成佛已來，無量無邊百千萬億那由他阿僧祇劫，爲衆生故，以方便力，言當滅度，亦無有能如法説我虚妄過者。爾時世尊欲重宣此義，而説偈言：

自我得佛來，所經諸劫數，無量百千萬 億載阿僧祇，
常説法教化 無數億衆生，令入於佛道。爾來無量劫，
爲度衆生故，方便現涅槃，而實不滅度，常住此説法。
我常住於此，以諸神通力，令顛倒衆生，雖近而不見。
衆見我滅度，廣供養舍利，咸皆懷戀慕，而生渴仰心。

衆生既信伏，質直意柔軟，一心欲見佛，不自惜身命。
時我及衆僧，俱出靈鷲山，我時語衆生，常在此不滅，
以方便力故，現有滅不滅。余國有衆生，恭敬信樂者，
我復於彼中，爲説無上法，汝等不聞此，但謂我滅度。
我見諸衆生，没在於苦惱，故不爲現身，令其生渴仰，
因其心戀慕，乃出爲説法。神通力如是，於阿僧祇劫，
常在靈鷲山，及余諸住處，衆生見劫盡，大火所燒時，
我此土安隱，天人常充满。園林諸堂閣，種種寶莊嚴，
寶樹多花果，衆生所游樂。諸天擊天鼓，常作衆伎樂，
雨曼陀羅花，散佛及大衆。我净土不毁，而衆見燒盡，
憂怖諸苦惱，如是悉充满。是諸罪衆生，以惡業因緣，
過阿僧祇劫，不聞三寶名。諸有修功德，柔和質直者，
則皆見我身 在此而説法。或時爲此衆，説佛壽無量，
久乃見佛者，爲説佛難值。我智力如是，慧光照無量，
壽命無數劫，久修業所得。汝等有智者，勿於此生疑，
當斷令永盡，佛語實不虚。如醫善方便，爲治狂子故，
實在而言死，無能説虚妄。我亦爲世父，救諸苦患者，
爲凡夫顛倒，實在而言滅。以常見我故，而生憍恣心，
放逸著五欲，墮於惡道中。我常知衆生，行道不行道，
隨所應可度，爲説種種法。每自作是意，以何令衆生，
得入無上惠，速成就佛身。

妙法蓮華經分別功德品第十七

爾時大會，聞佛説壽命劫數長遠如是，無量無邊阿僧祇衆生，得大饒益。於時世尊告彌勒菩薩摩訶薩：阿逸多，我説是如來壽命長遠時，六百八十萬億那由他恒河沙衆生，得無生法忍，復有千倍菩薩摩訶薩，得聞持陀羅尼門，復有一世界微塵數菩薩摩訶薩，得樂説無礙辯才，復有一世界微塵數菩薩摩訶薩，得百千萬億無量旋陀羅尼，復有三千大千世界微塵數菩薩摩訶薩，能轉不退法輪，復有二千中國土微塵數菩薩摩訶薩，能轉清净法輪，復有小千國土微塵數菩薩摩訶薩，八生當得阿耨多羅三藐三菩提，復有四四天下微塵數菩薩摩訶薩，四生當得阿耨多羅三藐三菩提，復有三四天下微塵數菩薩摩訶薩，三生當得阿耨多羅三藐三菩提，復有二四天下微塵數菩薩摩訶薩，二生當得

阿耨多羅三藐三菩提，復有一四天下微塵
數菩薩摩訶薩，一生當得阿耨多羅三藐三
菩提，復有八世界微塵數衆生，皆發阿耨多
羅三藐三菩提心。佛説是諸菩薩摩訶薩得
大法利時，於虚空中，雨曼陀羅華，摩訶曼陀
羅華，以散無量百千萬億衆寶樹下，獅子座上，
諸佛，并散七寶塔中，獅子座上，釋迦牟尼佛，
及久滅度多寶如來，亦散一切諸大菩薩，及
四部衆。又雨細末栴檀，沉水香等，於虚空中，
天鼓自鳴，妙聲深遠，又雨千種天衣，垂諸瓔
珞，真珠瓔珞，摩尼珠瓔珞，如意珠瓔珞，遍於
九方，衆寶香爐，燒無價香，自然周至，供養大
會。一一佛上，有諸菩薩，執持幡蓋，次第而上，
至於梵天。是諸菩薩，以妙音聲，歌無量頌，贊
歎諸佛。爾時彌勒菩薩從座而起，偏袒右肩，
合掌嚮佛，而説偈言：
佛説稀有法，昔所未曾聞，世尊有大力，壽命不可量。
無數諸佛子，聞世尊分別，説得法利者，歡喜充遍身。
或住不退地，或得陀羅尼，或無礙樂説，萬億旋總持，
或有大千界，微塵數菩薩，各各皆能轉，不退之法輪。
或有中千界，微塵數菩薩，各各皆能轉，清净之法輪。
復有小千界，微塵數菩薩，余各八生在，當得成佛道。
復有四三二，如此四天下，微塵諸菩薩，隨數生成佛。
或一四天下，微塵數菩薩，余有一生在，當成一切智。
如是等衆生，聞佛壽長遠，得無量無漏，清净之果報。
復有八世界，微塵數衆生，聞佛説壽命，皆發無上心。
世尊説無量，不可思議法，多有所饒益，如虚空無邊。
雨天曼陀羅，摩訶曼陀羅，釋梵如恒沙，無數佛土來。
雨栴檀沉水，繽紛而亂墜，如鳥飛空下，供散於諸佛。
天鼓虚空中，自然出妙聲，天衣千萬種，旋轉而來下，
衆寶妙香爐，燒無價之香，自然悉周遍，供養諸世尊。
其大菩薩衆，執七寶幡蓋，高妙萬億種，次第至梵天，
一一諸佛前，寶幢懸勝幡。亦以千萬偈，歌咏諸如來。
如是種種事，昔所未曾有，聞佛壽無量，一切皆歡喜。
佛名聞十方，廣饒益衆生，一切具善根，以助無上心。
爾時佛告彌勒菩薩摩訶薩：阿逸多，其有衆
生，聞佛壽命長遠如是，乃至能生一念信解，
所得功德，無有限量。若有善男子，善女人，爲

阿耨多羅三藐三菩提故，於八十萬億那由他
劫，行五波羅蜜，檀波羅蜜，屍羅波羅蜜，羼提
波羅密，毗梨耶波羅蜜，禪波羅蜜，除般若波
羅蜜，以是功德比前功德，百分，千分，百千萬
億分，不及其一，乃至算數譬喻所不能知。若
善男子，善女人，有如是功德，於阿耨多羅三藐三菩
提，退者，無有是處。爾時世尊欲重宣此義，而
説偈言：
若人求佛慧，於八十萬億，那由他劫數，行五波羅蜜。
於是諸劫中，布施供養佛，及緣覺弟子，并諸菩薩衆，
珍异之飲食，上服與卧具，栴檀立精舍，以園林莊嚴。
如是等布施，種種皆微妙，盡此諸劫數，以回嚮佛道。
若復持禁戒，清净無缺漏，求於無上道，諸佛之所歎。
若復行忍辱，住於調柔地，設衆惡來加，其心不傾動。
諸有得法者，懷於增上慢，爲此所輕惱，如是亦能忍。
若復勤精進，志念常堅固，於無量億劫，一心不懈息。
又於無數劫，住於空閒處，若坐若經行，除睡常攝心，
以是因緣故，能生諸禪定，八十億萬劫，安住心不亂，
持此一心福，願求無上道。我得一切智，盡諸禪定際，
是人於百千，萬億劫數中，行此諸功德，如上之所説。
有善男女等，聞我説壽命，乃至一念信，其福過於彼。
若人悉無有，一切諸疑悔，深心須臾信，其福爲如此。
其有諸菩薩，無量劫行道，聞我説壽命，是則能信受。
【中缺】
男子，善女人，不須爲我復起塔寺，及作僧坊，
以四事供養衆僧。所以者何。是善男子，善女
人，受持讀誦是經典者，爲已起塔，造立僧坊，
供養衆僧。則爲以佛舍利，起七寶塔，高廣漸
小，至於梵天，懸諸幡蓋，及衆寶鈴，華，香，瓔珞，
末香，塗香，燒香，衆鼓，伎樂，簫，笛，箜篌，種種舞
戲，以妙音聲，歌唄贊頌，則爲於無量千萬億
劫，作是供養已。阿逸多，若我滅後，聞是經典，
有能受持，若自書，若教人書，則爲起立僧坊，
以赤栴檀，作諸殿堂三十有二，高八多羅樹，
高廣嚴好，百千比丘，於其中止，園林，浴池，經
行，禪窟，衣服，飲食，床褥，湯藥，一切樂具，充满
其中，如是僧坊，堂閣，若干百千萬億，其數無
量，以此現前，供養於我，及比丘僧。是故我説，

如來滅後，若有受持，讀誦，爲他人説，若自書，
若教人書，供養經卷，不須復起塔寺，及造僧
坊，供養衆僧。况復有人能持是經，兼行布施，
持戒，忍辱，精進，一心，智慧，其德最勝，無量無
邊，譬如虚空，東西南北，四維，上下，無量無邊，
是人功德，亦復如是無量無邊，疾至一切種
智。若人讀誦受持是經，爲他人説，若自書，若
教人書，復能起塔，及造僧坊，供養贊歎聲聞
衆僧，亦以百千萬億贊歎之法，贊歎菩薩功
德，又爲他人，種種因緣，隨義解説此法華經，
復能清净持戒，與柔和者而共同止，忍辱無
嗔，志念堅固，常貴坐禪，得諸深定，精進勇猛，
攝諸善法，利根智慧，善答問難。阿逸多，若我
滅後，諸善男子，善女人，受持讀誦是經典者，
復有如是諸善功德，當知是人，已趨道場，近
阿耨多羅三藐三菩提，坐道樹下。阿逸多，是
善男子，善女人，若坐，若立，若經行處，此中便應起塔，一
切天人，皆應供養如佛之塔。爾時世尊欲重
宣此義，而説偈言：
若我滅度後，能奉持此經，斯人福無量，如上之所説。
是則爲具足 一切諸供養，以舍利起塔，七寶而莊嚴，
【後缺】
革香諸瓔珞
惡世法末時　善男子善女　則如佛現在
　　　　高八多羅樹
　　是觀者堂　園林諸流池
　　右聞是經　手持讀誦書
而供養此塔 □葉相阿　 以須旁瞻幻
周匝常照明　　得無量功德
　　香瓔珞幢　兼布施持戒
多時善
　界八道寶樹行列諸台
　薩衆咸處其中，若有能
□人等
逸多若　堀山共大菩薩諸聲
　者 娑頗世界其地琉璃
□□□□
廣聞是經　□□□□□□□

說壽命長達深心
【後缺】

（十五）俄 TK10《妙法蓮華經卷第六》①

【題解】

西夏刻本，經折裝，潢麻紙，細。共 43 折，86 面。高 18.4 釐米，面寬 8.7 釐米。版框高 15.2 釐米，天頭 2.1 釐米，地脚 1.3 釐米。每面 8 行，行 16 字。上下單邊，宋體。墨色深匀。封面楷書題簽。已裱。

妙法蓮花經卷第六（封面）
妙法蓮華經隨喜功德品第十八
爾時，彌勒菩薩摩訶薩白佛言：世尊，若有
善男子，善女人，聞是法華經，隨喜者，得幾
所福？而說偈言：
世尊滅度後，其有聞是經，若能隨喜者，
爲得幾所福。　一
爾時佛告彌勒菩薩摩訶薩：阿逸多，如來
滅後，若比丘，比丘尼，優婆塞，優婆夷，及餘
智者，若長若幼，聞是經，隨喜已，從法會出，
至於餘處，若在僧坊，若空閒地，若城邑，巷
陌，聚落，田裏，如其所聞，爲父母，宗親，善友，
知識，隨力演說，是諸人等，聞已，隨喜，復行
轉教，余人聞已，亦隨喜轉教，如是輾轉，至
第五十，阿逸多，其第五十善男子，善女人，
隨喜功德，我今說之，汝當善聽。若四百萬
億阿僧祇世界六趣四生衆生，卵生，胎生，
濕生，化生，若有形，無形，有想，無想，非有想，
非無想，無足，二足，四足，多足，如是等，在衆
生數者，有人求福，隨其所欲娛樂之具，皆
給與之，一一衆生，與滿閻浮提金，銀，琉璃，
硨磲，瑪瑙，珊瑚，琥珀，諸妙珍寶，及象，馬，車
乘，七寶所成宫殿樓閣等，是大施主，如是
布施，滿八十年已，而作是念：我已施衆生
娛樂之具，隨意所欲，然此衆生，皆已衰老，

---

① 《俄藏黑水城文獻》第一册，第 241—256 頁。

年過八十，發白，面皺，將死不久，我當以佛
法而訓導之。即集此衆生，宣布法化，示教
利喜，一時皆得須陀洹道，斯陀含道，阿那
含道，阿羅漢道，盡諸有漏，於深禪定，皆得
自在，具八解脱。於汝意云何，是大施主所
得功德，寧爲多不？彌勒白佛言：世尊，是人
功德甚多，無量無邊，若是施主，但施衆生
一切樂具，功德無量，何况令得阿羅漢果。
佛告彌勒：我今分明語汝，是人以一切樂
具，施於四百萬億阿僧祇世界六趣衆生，
又令得阿羅漢果，所得功德，不如是第五
十人聞法華經一偈，隨喜功德，百分，千分，
百千萬億分，不及其一，乃至算數譬喻所
不能知。阿逸多，如是第五十人輾轉聞法
華經隨喜功德，尚無量無邊阿僧祇，何况
最初於會中，聞而隨喜者，其福復勝，無量
無邊阿僧祇，不可得比。又，阿逸多，若人爲
是經故，往詣僧坊，若坐，若立，須臾聽受，緣
是功德，轉身所生，得好上妙象，馬，車乘，珍
寶輦輿，及乘天宫。若復有人，於講法處坐，
更有人來，勸令坐聽，若分座令坐，是人功
德，轉身得帝釋坐處，若梵王坐處，若轉輪
聖王所坐之處。阿逸多，若復有人，語餘人
言：有經，名法華，可共往聽。即受其教，乃至
須臾間聞，是人功德，轉身得與陀羅尼菩
薩共生一處，利根智慧，百千萬世，終不喑
啞，口氣不臭，舌常無病，口亦無病，齒不垢
黑，不黄，不疏，亦不缺落，不差，不曲，唇不下
垂，亦不褰縮，不粗澀，不瘡胗，亦不缺壞，亦
不喎斜，不厚，不大，亦不黧黑，無諸可惡，鼻
不匾㔸，亦不曲戾，面色不黑，亦不狹長，亦
不窊曲，無有一切不可喜相，唇舌牙齒，悉
皆嚴好，鼻修，高直，面貌圓滿，眉高而長，額
廣，平，正，人相具足，世世所生，見佛聞法，信
受教誨。阿逸多，汝且觀是，勸於一人令往
聽法，功德如此，何况一心聽説，讀誦，而於
大衆，爲人分別如説修行？爾時世尊欲重
宣此義，而説偈言：　六二

若人於法會，得聞是經典，乃至於一偈，
隨喜爲他説，如是輾轉教，至於第五十，
最後人獲福，今當分别之。如有大施主，
供給無量衆，具滿八十歲，隨意之所欲，
見彼衰老相，發白而面皺，齒疏形枯竭，
念其死不久，我今應當教，令得於道果。
即爲方便説，涅槃真實法，世皆不牢固，
如水沫泡焰，汝等咸應當，疾生厭離心。
諸人聞是法，皆得阿羅漢，具足六神通，
三明八解脱。最後第五十，聞一偈隨喜，
是人福勝彼，不可爲譬喻。如是輾轉聞，
其福尚無量，何况於法會，初聞隨喜者。
若有勸一人，將引聽法華，言此經深妙，
千萬劫難遇，即受教往聽，乃至須臾聞，
斯人之福報，今當分别説。世世無口患，
齒不疏黄黑，唇不厚褰缺，無有可惡相，
舌不乾黑短，鼻高修且直，額廣而平正，
面目悉端嚴，爲人所喜見，口氣無臭穢，
優鉢華之香，當從其口出。若故詣僧坊，
欲聽法華經，須臾聞歡喜，今當説其福。
後生天人中，得妙象馬車，珍寶之輦輿，
及乘天宫殿。若於講法處，勸人坐聽經，
是福因緣得，釋梵轉輪座。何况一心聽，
解説其義趣，如説而修行，其福不可量。

妙法蓮華經法師功德品第十九

爾時佛告常精進菩薩摩訶薩：若善男子，
善女人，受持是法華經，若讀，若誦，若解説，
若書寫，是人當得八百眼功德，千二百耳
功德，八百鼻功德，千二百舌功德，八百身
功德，千二百意功德，以是功德，莊嚴六根，
皆令清净。是善男子，善女人，父母所生清
净肉眼，見於三千大千世界，内外所有山
林河海，下至阿鼻地獄，上至有頂，亦見其
中一切衆生，及業因緣，果報生處，悉見悉
知。爾時世尊欲重宣此義，而説偈言：
若於大衆中，以無所畏心，説是法華經，
汝聽其功德。是人得八百，功德殊勝眼，
以是莊嚴故，其目甚清净。父母所生眼，

悉見三千界，内外彌樓山，須彌及鐵圍，
并諸余山林，大海江河水，下至阿鼻獄，
上至有頂處，其中諸衆生，一切皆悉見。
雖未得天眼，肉眼力如是。　六四
復次，常精進，若善男子，善女人，受持此經，
若讀，若誦，若解説，若書寫，得千二百耳功
德。以是清净耳，聞三千大千世界，下至阿
鼻地獄，上至有頂，其中内外種種語言音
聲，象聲，馬聲，牛聲，車聲，啼哭聲，愁歎聲，螺
聲，鼓聲，鐘聲，鈴聲，笑聲，語聲，男聲，女聲，童
子聲，童女聲，法聲，非法聲，苦聲，樂聲，凡夫
聲，聖人聲，喜聲，不喜聲，天聲，龍聲，夜叉聲，
乾闥婆聲，阿修羅聲，迦樓羅聲，緊那羅聲，
摩侯羅伽聲，火聲，水聲，風聲，地獄聲，畜生
聲，餓鬼聲，比丘聲，比丘尼聲，聲聞聲，辟支
佛聲，菩薩聲，佛聲。以要言之，三千大千世
界中，一切内外所有諸聲，雖未得天耳，以
父母所生清净常耳，皆悉聞知，如是分别
種種音聲，而不壞耳根。爾時世尊欲重宣
此義，而説偈言：
父母所生耳，清净無濁穢，以此常耳聞，
三千世界聲。象馬車牛聲，鐘鈴螺鼓聲，
琴瑟箜篌聲，簫笛之音聲，清净好歌聲，
聽之而不著，無數種人聲，聞悉能解了。
又聞諸天聲，微妙之歌音，及聞男女聲，
童子童女聲。山川險穀中，迦陵頻伽聲，
命命等諸鳥，悉聞其音聲。地獄衆苦痛，
種種楚毒聲，餓鬼饑渴逼，求索飲食聲，
諸阿修羅等，居在大海邊，自共言語時，
出於大音聲。如是説法者，安住於此間，
遥聞是衆聲，而不壞耳根。十方世界中，
禽獸鳴相呼，其説法之人，於此悉聞之。
其諸梵天上，光音及遍净，乃至有頂天，
言語之音聲，法師住於此，悉皆得聞之。
一切比丘衆，及諸比丘尼，若讀誦經典，
若爲他人説，法師住於此，悉皆得聞之。
復有諸菩薩，讀誦於經法，若爲他人説，
撰集解其義，如是諸音聲，悉皆得聞之。

諸佛大聖尊，教化衆生者，於諸大會中，
演説微妙法，持此法華者，悉皆得聞之。
三千大千界，内外諸音聲，下至阿鼻獄，
上至有頂天，皆聞其音聲，而不壞耳根，
其耳聰利故，悉能分别知。持是法華者，
雖未得天耳，但用所生耳，功德已如是。
復次，常精進，若善男子，善女人，受持是經，
若讀，若誦，若解説，若書寫，成就八百鼻功
德。以是清净鼻根，聞於三千大千世界，上
下内外種種諸香，須曼那華香，闍提華香，
末利華香，瞻卜華香，波羅羅華香，赤蓮華
香，青蓮華香，白蓮華香，華樹香，果樹香，栴
檀香，沉水香，多摩羅跋香，多伽羅香，及千
萬種和香，若末，若丸，若塗香，持是經者，於
此間住，悉能分别。又復别知衆生之香，象
香，馬香，牛羊等香，男香，女香，童子香，童女
香，及草木叢林香，若近，若遠，所有諸香，悉
皆得聞，分别不錯。持是經者，雖住於此，亦
聞天上諸天之香，波利質多羅，拘鞞陀羅
樹香，及曼陀羅華香，摩訶曼陀羅華香，曼
殊沙華香，摩訶曼殊沙華香，栴檀，沉水，種
種末香，諸雜華香，如是等天香，和合所出
之香，無不聞知。又聞諸天身香，釋提桓因，
在勝殿上，五欲娱樂嬉戲時香，若在妙法
堂上，爲忉利諸天説法時香，若於諸園游
戲時香，及餘天等，男女身香，皆悉遥聞。如
是輾轉，乃至梵世，上至有頂，諸天身香，亦
皆聞之。并聞諸天所燒之香，及聲聞香，辟
支佛香，菩薩香，諸佛身香，亦皆遥聞，知其
所在。雖聞此香，然於鼻根不壞不錯，若欲
分别爲他人説，憶念不謬。爾時世尊欲重
宣此義，而説偈言：
是人鼻清净，於此世界中，若香若臭物，
種種悉聞知。須曼那闍提，多摩羅栴檀，
沉水及桂香，種種花果香，及知衆生香，
男子女人香，説法者遠住，聞香知所在。
大勢轉輪王，小轉輪及子，群臣諸宫人，
聞香知所在。身所著珍寶，及地中寶藏，

轉輪王寶女，聞香知所在。諸人嚴身具，
衣服及瓔珞，種種所塗香，聞香知其身。
諸天若行坐，游戲及神變，持是法華者，
聞香悉能知。諸樹花果實，及酥油香氣，
持經者住此，悉知其所在。諸山深險處，
栴檀樹花敷，衆生在中者，聞香皆能知。
鐵圍山大海，地中諸衆生，持經者聞香，
悉知其所在。阿修羅男女，及其諸眷屬，
鬥諍游戲時，聞香皆能知。曠野險隘處，
獅子象虎狼，野牛水牛等，聞香知所在。
若有懷妊者，未辯其男女，無根及非人，
聞香悉能知。以聞香力故，知其初懷妊，
成就不成就，安樂産福子。以聞香力故，
知男女所念，染欲痴恚心，亦知修善者。
地中衆伏藏，金銀諸珍寶，銅器之所盛，
聞香悉能知。種種諸瓔珞，無能識其價，
聞香知貴賤，出處及所在。天上諸華等，
曼陀曼殊沙，波利質多樹，聞香悉能知。
天上諸宫殿，上中下差别，衆寶花莊嚴，
聞香悉能知。天園林勝殿，諸觀妙法堂，
在中而娱樂，聞香悉能知。諸天若聽法，
或受五欲時，來往行坐卧，聞香悉能知。
天女所著衣，好華香莊嚴，周旋游戲時，
聞香悉能知。如是輾轉上，乃至於梵世，
入禪出禪者，聞香悉能知。光音遍浄天，
乃至於有頂，初生及退没，聞香悉能知。
諸比丘衆等，於法常精進，若坐若經行，
及讀誦經典，或在林樹下，專精而坐禪，
持經者聞香，悉知其所在。菩薩志堅固，
坐禪若讀誦，或爲人説法，聞香悉能知。
在在方世尊，一切所恭敬，湣衆而説法，
聞香悉能知。衆生在佛前，聞經皆歡喜，
如法而修行，聞香悉能知。雖未得菩薩，
無漏法生鼻，而是持經者，先得此鼻相。
復次，常精進，若善男子，善女人，受持是經，
若讀，若誦，若解説，若書寫，得千二百舌功
德。若好，若醜，若美，不美，及諸苦澀物，在其
舌根，皆變成上味，如天甘露，無不美者。若

以舌根，於大衆中有所演説，出深妙聲，能
入其心，皆令歡喜快樂。又諸天子，天女，釋
梵諸天，聞是深妙音聲，有所演説，言論次
第，皆悉來聽。及諸龍，龍女，夜叉，夜叉女，乾
闥婆，乾闥婆女，阿修羅，阿修羅女，迦樓羅，
迦樓羅女，緊那羅，緊那羅女，摩侯羅伽，摩
侯羅伽女，爲聽法故，皆來親近，恭敬供養。
及比丘，比丘尼，優婆塞，優婆夷，國王，王子，
群臣，眷屬，小轉輪王，大轉輪王，七寶千子
内外眷屬，乘其宫殿，俱來聽法，以是菩薩
善説法故。婆羅門，居士，國内人民，盡其形
壽，隨侍供養。又諸聲聞，辟支佛，菩薩，諸佛，
常樂見之。是人所在方面，諸佛皆嚮其處
説法，悉能受持一切佛法，又能出於深妙
法音。爾時世尊欲重宣此義，而説偈言：
是人舌根净，終不受惡味，其有所食啖，
悉皆成甘露。以深净妙聲，於大衆説法，
以諸因緣喻，引導衆生心，聞者皆歡喜，
設諸上供養。諸天龍夜叉，及阿修羅等，
皆以恭敬心，而共來聽法，是説法之人，
若欲以妙音，遍満三千界，隨意即能至。
大小轉輪王，及千子眷屬，合掌恭敬心，
常來聽受法。諸天龍夜叉，羅刹毗舍闍，
亦以歡喜心，常樂來供養。梵天王魔王，
自在大自在，如是諸天衆，常來至其所。
諸佛及弟子，聞其説法音，常念而守護，
或時爲現身。
復次，常精進，若善男子，善女人，受持是經，
若讀，若誦，若解説，若書寫，得八百身功德。
得清净身，如净琉璃，衆生喜見。其身净故，
三千大千世界衆生，生時，死時，上下，好醜，
生善處，惡處，悉於中現。及鐵圍，大鐵圍，彌
樓山，摩訶彌樓山，等諸山，及其中衆生，悉
於中現。下至阿鼻地獄，上至有頂，所有及
衆生，悉於中現。若聲聞，辟支佛，菩薩，諸佛，
説法，皆於身中現其色像。爾時世尊欲重
宣此義，而説偈言：
若持法華者，其身甚清净，如彼净琉璃，

衆生皆喜見，又如净明鏡，悉見諸色像，
菩薩於净身，皆見世所有，唯獨自明瞭，
餘人所不見。三千世界中，一切諸群萌，
天人阿修羅，地獄鬼畜生，如是諸色像，
皆於身中現。諸天等宫殿，乃至於有頂，
鐵圍及彌樓，摩訶彌樓山，諸大海水等，
皆於身中現。諸佛及聲聞，佛子菩薩等，
若獨若在衆，説法悉皆現。雖未得無漏，
法性之妙身，以清净常體，一切於中現。
復次，常精進，若善男子，善女人，如來滅後，
受持是經，若讀，若誦，若解説，若書寫，得千
二百意功德。以是清净意根，乃至聞一偈
一句，通達無量無邊之義，解是義已，能演
説一句一偈，至於一月，四月，乃至一歲，諸
所説法，隨其義趣，皆與實相不相違背。若
説俗間經書，治世語言，資生業等，皆順正
法。三千大千世界，六趣衆生，心之所行，心
所動作，心所戲論，皆悉知之，雖未得無漏
智慧，而其意根，清净如此。是人有所思惟，
籌量，言説，皆是佛法，無不真實，亦是先佛，
經中所説。爾時世尊欲重宣此義，而説偈
言：
是人意清净，明利無濁穢，以此妙意根，
知上中下法，乃至聞一偈，通達無量義，
次第如法説，月四月至歲。是世界内外，
一切諸衆生，若天龍及人，夜叉鬼神等，
其在六趣中，所念若干種，持法華之報，
一時皆悉知。十方無數佛，百福莊嚴相，
爲衆生説法，悉聞能受持。思惟無量義，
説法亦無量，終始不忘錯，以持法華故。
悉知諸法相，隨義識次第，達名字語言，
如所知演説。此人有所説，皆是先佛法，
以演此法故，於衆無所畏。持法華經者，
意根净若斯，雖未得無漏，先有如是相，
是人持此經，安住稀有地，爲一切衆生，
歡喜而愛敬。能以千萬種，善巧之語言，
分别而説法，持法華經故。

妙法蓮華經常不輕菩薩品第二十

爾時佛告得大勢菩薩摩訶薩：汝今當知，
若比丘，比丘尼，優婆塞，優婆夷，持法華經
者，若有惡口，罵詈誹謗，獲大罪報，如前所
説，其所得功德，如嚮所説，眼耳鼻舌身意
清净。得大勢，乃往古昔，過無量無邊不可
思議阿僧祇劫，有佛，名威音王如來，應供，
正遍知，明行足，善逝世間解，無上士，調御
丈夫，天人師，佛，世尊。劫名離衰，國名大成。
其威音王佛，於彼世中，爲天，人，阿修羅，説
法，爲求聲聞者，説應四諦法，度生老病死，
究竟涅槃，爲求辟支佛者，説應十二因緣
法，爲諸菩薩，因阿耨多羅三藐三菩提，説
應六波羅蜜法，究竟佛慧。得大勢，是威音
王佛，壽四十萬億那由他恒河沙劫，正法
住世劫數，如一閻浮提微塵，像法住世劫
數，如四天下微塵，其佛饒益衆生已，然後
滅度。正法像法滅盡之後，於此國土，復有
佛出，亦號威音王如來，應供，正遍知，明行
足，善逝世間解，無上士，調御丈夫，天人師，
佛，世尊。如是次第有二萬億佛，皆同一號。
最初威音王如來，既已滅度，正法滅後，於
像法中，增上慢比丘有大勢力。爾時有一
菩薩比丘，名常不輕，得大勢以何因緣，名
常不輕，是比丘，凡有所見，若比丘，比丘尼，
優婆塞，優婆夷，皆悉禮拜贊歎，而作是言：
我深敬汝等，不敢輕慢。所以者何。汝等皆
行菩薩道，當得作佛。而是比丘，不專讀誦
經典，但行禮拜，乃至遠見四衆，亦復故往
禮拜贊歎，而作是言：我不敢輕於汝等，汝
等皆當作佛。四衆之中，有生嗔恚，心不净
者，惡口罵詈言：是無智比丘，從何所來？自
言我不輕汝，而與我等授記，當得作佛，我
等不用如是虚妄授記。如此經歷多年，常
被罵詈，不生嗔恚，常作是言：汝當作佛。説
是語時，衆人或以杖木瓦石而打擲之，避
走遠住，猶高聲唱言：我不敢輕於汝等，汝
等皆當作佛。以其常作是語故，增上慢比
丘，比丘尼，優婆塞，優婆夷，號之爲常不輕。

是比丘，臨欲終時，於虚空中，具聞威音王
佛，先所説法華經二十千萬億偈，悉能受
持，即得如上眼根清凈，耳鼻舌身意根清
凈。得是六根清凈已，更增壽命二百萬億
那由他歲，廣爲人説是法華經。於時增上
慢四衆，比丘，比丘尼，優婆塞，優婆夷，輕賤
是人，爲作不輕名者，見其得大神通力，樂
説辯力，大善寂力，聞其所説，皆信伏隨從。
是菩薩復化千萬億衆，令住阿耨多羅三
藐三菩提。命終之後，得值二千億佛，皆號
日月燈明，於其法中，説是法華經，以是因
緣，復值二千億佛，同號云自在燈王，於此
諸佛法中，受持讀誦，爲諸四衆説此經典
故，得是常眼清凈，耳鼻舌身意諸根清凈，
於四衆中説法，心無所畏。得大勢，是常不
輕菩薩摩訶薩，供養如是若干諸佛，恭敬，
尊重，贊歎，種諸善根，於後復值千萬億佛，
亦於諸佛法中，説是經典，功德成就，當得
作佛。得大勢，於意云何，爾時常不輕菩薩，
豈异人乎，則我身是。若我於宿世，不受持
讀誦此經，爲他人説者，不能疾得阿耨多
羅三藐三菩提，我於先佛所，受持讀誦此
經，爲人説故，疾得阿耨多羅三藐三菩提。
得大勢，彼時四衆，比丘，比丘尼，優婆塞，優
婆夷，以嗔恚意，輕賤我故，二百億劫，常不
值佛，不聞法，不見僧，千劫於阿鼻地獄受
大苦惱，畢是罪已，復遇常不輕菩薩，教化
阿耨多羅三藐三菩提。得大勢，於汝意云
何，爾時四衆常輕是菩薩者，豈异人乎，今
此會中，跋陀婆羅等五百菩薩，師子月等
五百比丘，尼思佛等，五百優婆塞，皆於阿
耨多羅三藐三菩提不退轉者是。得大勢，
當知是法華經，大饒益諸菩薩摩訶薩，能
令至於阿耨多羅三藐三菩提，是故諸菩薩
摩訶薩，於如來滅後，常應受持，讀誦，解
説，書寫是經。爾時世尊欲重宣此義，而説
偈言：　六
過去有佛，號威音王，神智無量，將導一切，

天人龍神，所共供養。是佛滅後，法欲盡時，
□□菩薩，名常不輕。時諸四衆，計著於法。
不輕菩薩，往到其所，而語之言，我不輕汝，
汝等行道，皆當作佛。諸人聞已，輕毀駡詈，
不輕菩薩，能忍受之。其罪畢已，臨命終時，
得聞此經，六根清净，神通力故，增益壽命，
復爲諸人，廣説是經。諸著法衆，皆蒙菩薩，
教化成就，令住佛道。不輕命終，值無數佛，
説是經故，得無量福，漸具功德，疾成佛道。
彼時不輕，則我身是。時四部衆，著法之者，
聞不輕言，汝當作佛，以是因緣，值無數佛。
此會菩薩，五百之衆，并及四部，清信士女，
今於我前，聽法者是。我於前世，勸是諸人，
聽受斯經，第一之法。開示教人，令住涅槃，
世世受持，如是經典。億億萬劫，至不可議，
時乃得聞，是法華經。億億萬劫，至不可議，
諸佛世尊，時説是經。是故行者，於佛滅後，
聞如是經，勿生疑惑。應當一心，廣説此經，
世世值佛，疾成佛道。

妙法蓮華經如來神力品第二十一

爾時千世界微塵等菩薩摩訶薩，從地涌
出者，皆於佛前，一心合掌，瞻仰尊顔，而白
佛言：世尊，我等於佛滅後，世尊分身所在
國土，滅度之處，當廣説此經，所以者何。我
等亦自欲得是真净大法，受持，讀誦，解説，
書寫，而供養之。爾時世尊於文殊師利等，
無量百千萬億舊住娑婆世界菩薩摩訶
薩，及諸比丘，比丘尼，優婆塞，優婆夷，天龍，
夜叉，乾闥婆，阿修羅，迦樓羅，緊那羅，摩侯
羅伽，人非人等，一切衆前，現大神力，出廣
長舌上至梵世，一切毛孔，放於無量無數
色光，皆悉遍照十方世界。衆寶樹下，師子
座上諸佛，亦復如是，出廣長舌，放無量光。
釋迦牟尼佛，及寶樹下諸佛，現神力時，滿
百千歲，然後還攝舌相。一時謦欬，俱共彈
指，是二音聲，遍至十方諸佛世界，地皆六
種震動。其中衆生，天龍，夜叉，乾闥婆，阿修
羅，迦樓羅，緊那羅，摩侯羅伽，人非人等，以

佛神力故，皆見此娑婆世界，無量無邊百
千萬億衆寶樹下，師子座上諸佛，及見釋
迦牟尼佛，共多寶如來，在寶塔中，坐師子
座，又見無量無邊百千萬億菩薩摩訶薩，
及諸四衆，恭敬圍繞釋迦牟尼佛，既見是
已，皆大歡喜，得未曾有。即時諸天，於虛空
中，高聲唱言：過此無量無邊百千萬億阿
僧祇世界，有國，名娑婆，是中有佛，名釋迦
牟尼，今爲諸菩薩摩訶薩説大乘經，名妙
法蓮華，教菩薩法，佛所護念，汝等當深心
隨喜，亦當禮拜供養釋迦牟尼佛。彼諸衆
生，聞虛空中聲已，合掌嚮娑婆世界，作如
是言：南無釋迦牟尼佛。南無釋迦牟尼佛。
以種種華，香，瓔珞，幡蓋，及諸嚴身之具，珍
寶妙物，皆共遥散娑婆世界。所散諸物，從
十方來，譬如雲集，變成寶帳，遍覆此間諸
佛之上。於時十方世界，通達無礙，如一佛
土。爾時佛告上行等菩薩大衆：諸佛神力，
如是無量無邊，不可思議，若我以是神力，
於無量無邊百千萬億阿僧祇劫，爲囑累
故，説此經功德，猶不能盡。以要言之，如來
一切所有之法，如來一切自在神力，如來
一切所秘要之藏，如來一切甚深之事，皆於
此經，宣示顯説。是故汝等於如來滅後，應
一心受持，讀誦，解説，書寫，如説修行。所在
國土，若有受持，讀誦，解説，書寫，如説修行，
若經卷所住之處，若於園中，若於林中，若
於樹下，若於僧坊，若白衣舍，若在殿堂，若
山谷曠野，是中皆應起塔供養。所以者何。
當知是處，即是道場，諸佛於此，得阿耨多
羅三藐三菩提，諸佛於此，轉於法輪，諸佛
於此，而般涅槃。爾時世尊欲重宣此義，而説
偈言：
諸佛救世者，住於大神通，爲悦衆生故，
現無量神力，舌相至梵天，身放無數光，
爲求佛道者，現此稀有事。諸佛謦欬聲，
及彈指之聲，周聞十方國，地皆六種動。
以佛滅度後，能持是經故，諸佛皆歡喜，

現無量神力。囑累是經故，贊美受持者，
於無量劫中，猶故不能盡。是人之功德，
無邊無有窮，如十方虛空，不可得邊際。
能持是經者，則爲已見我，亦見多寶佛，
及諸分身者，又見我今日，教化諸菩薩。
能持是經者，令我及分身，滅度多寶佛，
一切皆歡喜。十方現在佛，并過去未來，
亦見亦供養，亦令得歡喜。諸佛坐道場，
所得秘要法，能持是經者，不久亦當得。
能持是經者，於諸法之義，名字及言辭，
樂説無窮盡，如風於空中，一切無障礙。
於如來滅後，知佛所説經，因緣及次第，
隨義如實説，如日月光明，能除諸幽冥。
斯人行世間，能滅衆生闇，教無量菩薩，
畢竟住一乘。是故有智者，聞此功德利，
於我滅度後，應受持斯經，是人於佛道，
決定無有疑。

妙法蓮華經囑累品第二十二

爾時釋迦牟尼佛從法座起，現大神力，以
右手摩無量菩薩摩訶薩頂，而作是言：我
於無量百千萬億阿僧祇劫，修習是難得
阿耨多羅三藐三菩提法，今以付囑汝等，
汝等應當一心流布此法，廣令增益。如是
三摩諸菩薩摩訶薩頂，而作是言：我於無
量百千萬億阿僧祇劫，修習是難得阿耨
多羅三藐三菩提法，今以付囑汝等，汝等
當受持，讀誦，廣宣此法，令一切衆生，普得
聞知。所以者何。如來有大慈悲，無諸慳吝，
亦無所畏，能與衆生，佛之智慧，如來智慧，
自然智慧，如來是一切衆生之大施主。汝
等亦應隨學如來之法，勿生慳吝，於未來
世，若有善男子，善女人，信如來智慧者，當
爲演説此法華經，使得聞知，爲令其人得
佛慧故。若有衆生不信受者，當於如來餘
深法中，示教利喜，汝等若能如是，則爲
已報諸佛之恩。時諸菩薩摩訶薩，聞佛作
是説已，皆大歡喜，遍滿其身，益加恭敬，曲
躬，低頭，合掌嚮佛，俱發聲言：如世尊敕，當

具奉行，唯，然，世尊，願不有慮。諸菩薩摩訶
薩衆，如是三反，俱發聲言：如世尊敕，當具
奉行，唯，然，世尊，願不有慮。爾時釋迦牟尼
佛令十方來諸分身佛，各還本土，而作是
言：諸佛各隨所安，多寶佛塔，還可如故。説
是語時，十方無量分身諸佛，坐寶樹下師
子座上者，及多寶佛，并上行等無邊阿僧
祇菩薩大衆，舍利弗等聲聞四衆，及一切
世間，天，人，阿修羅，等，聞佛所説，皆大歡喜。

妙法蓮華經藥王菩薩本事品第二十三

爾時宿王華菩薩白佛言：世尊，藥王菩薩，
云何游於娑婆世界，世尊，是藥王菩薩，有
若干百千萬億那由他難行苦行，善哉，世
尊，願少解説。諸天，龍，神，夜叉，乾闥婆，阿修
羅，迦樓羅，緊那羅，摩侯羅伽，人非人，等，又
他國土，諸來菩薩，及此聲聞衆，聞皆歡喜。
爾時佛告宿王華菩薩：乃往過去無量恒
河沙劫，有佛，號日月净明德如來，應供，正
遍知，明行足，善逝世間解，無上士，調御丈
夫，天人師，佛，世尊。其佛有八十億大菩薩
摩訶薩，七十二恒河沙大聲聞衆，佛壽四
萬二千劫，菩薩壽命亦等。彼國無有女人，
地獄，餓鬼，畜生，阿修羅等，及以諸難，地平
如掌，琉璃所成，寶樹莊嚴，寶帳覆上，垂寶
華幡，寶瓶香爐，周遍國界，七寶爲台，一樹
一台，其樹去台，盡一箭道。此諸寶樹，皆有
菩薩，聲聞，而坐其下，諸寶臺上，各有百億
諸天，作天妓樂，歌歎於佛，以爲供養。爾時
彼佛爲一切衆生喜見菩薩，及衆菩薩，諸
聲聞衆，説法華經。是一切衆生喜見菩薩，
樂習苦行，於日月净明德佛法中，精進經
行，一心求佛，滿萬二千歲已，得現一切色
身三昧。得此三昧已，心大歡喜，即作念言，
我得現一切色身三昧，皆是得聞法華經
力，我今當供養日月净明德佛，及法華經。
即時入是三昧，於虚空中，雨曼陀羅華，摩
訶曼陀羅華，細末堅黑栴檀，滿虚空中，如
云而下，又雨海此岸栴檀之香，此香六銖，

價值娑婆世界，以供養佛。作是供養已，從
三昧起，而自念言：我雖以神力供養於佛，
不如以身供養。即服諸香，栴檀，薰陸，兜樓
婆，畢力迦，沉水，膠香，又飲瞻卜諸華香油，
滿千二百歲已，香油塗身，於日月净明德
佛前，以天寶衣而自纏身，灌諸香油，以神
通力願，而自燃身，光明遍照八十億恒河
沙世界。其中諸佛，同時贊言：善哉，善哉，善
男子，是真精進，是名真法供養如來。若以
華，香，瓔珞，燒香，末香，塗香，天繒，幡蓋，及海
此岸栴檀之香，如是等種種諸物供養，所
不能及，假使國城，妻子，布施，亦所不及。善
男子，是名第一之施，於諸施中，最尊最上，
以法供養諸如來故。作是語已，而各默然。
其身火燃，千二百歲，過是已後，其身乃盡。
一切衆生喜見菩薩，作如是法供養已，命
終之後，復生日月净明德佛國中，於净德
王家，結跏趺坐，忽然化生。即爲其父而説
偈言：
大王今當知，我經行彼處，即時得一切，
現諸身三昧，勤行大精進，捨所愛之身，
供養於世尊，爲求無上慧。
説是偈已，而白父言：日月净明德佛，今故
現在。我先供養佛已，得解一切衆生語言
陀羅尼，復聞是法華經八百千萬億那由
他，甄迦羅，頻婆羅，阿婆，等，偈。大王，我今
當還供養此佛。白已即坐七寶之台，上陞
虚空，高七多羅樹，往到佛所，頭面禮足，合
十指爪，以偈贊佛：
容顏甚奇妙，光明照十方，我適曾供養，
今復還親覲。
爾時一切衆生喜見菩薩説是偈已，而白
佛言：世尊，世尊猶故在世。爾時日月净明
德佛，告一切衆生喜見菩薩：善男子，我涅
槃時到，滅盡時至，汝可安施床座，我於今
夜，當般涅槃。又敕一切衆生喜見菩薩：善
男子，我以佛法，囑累於汝，及諸菩薩，大弟
子，并阿耨多羅三藐三菩提法，亦以三千

大千七寶世界，諸寶樹，寶台，及給侍諸天，
悉付於汝，我滅度後，所有舍利，亦付囑汝，
當令流布，廣設供養，應起若干千塔。如是
日月净明德佛，敕一切衆生喜見菩薩已，
於夜後分，入於涅槃。爾時一切衆生喜見
菩薩見佛滅度，悲感，懊惱，戀慕於佛，即以
海此岸栴檀爲藉，供養佛身，而以燒之。火
滅已後，收取舍利，作八萬四千寶瓶，以起
八萬四千塔，高三世界，表刹莊嚴，垂諸幡
蓋，懸衆寶鈴。爾時一切衆生喜見菩薩復
自念言：我雖作是供養，心猶未足，我今當
更供養舍利。便語諸菩薩大弟子，及天龍，
夜叉，等一切大衆：汝等當一心念，我今供
養日月净明德佛舍利。作是語已，即於八
萬四千塔前，燃百福莊嚴臂七萬二千歲，
而以供養，令無數求聲聞衆，無量阿僧祇
人，發阿耨多羅三藐三菩提心，皆使得住
現一切色身三昧。爾時諸菩薩，天，人，阿修
羅，等，見其無臂，憂惱悲哀，而作是言：此一
切衆生喜見菩薩，是我等師，教化我者，而
今燒臂，身不具足。於時一切衆生喜見菩
薩，於大衆中立此誓言：我捨两臂，必當得
佛金色之身，若實不虚，令我两臂還復如
故。作是誓已，自然還復，由斯菩薩福德智
慧淳厚所致。當爾之時，三千大千世界，六
種震動，天雨寶華，一切人天，得未曾有。佛
告宿王華菩薩：於汝意云何，一切衆生喜
見菩薩，豈异人乎，今藥王菩薩是也，其所
捨身布施，如是無量百千萬億那由他數。
宿王華，若有發心欲得阿耨多羅三藐三
菩提者，能燃手指，乃至足一指，供養佛塔，
勝以國城妻子，及三千大千國土山林河
池，諸珍寶物，而供養者，若復有人，以七寶
满三千大千世界，供養於佛，及大菩薩，辟
支佛，阿羅漢，是人所得功德，不如受持此
法華經，乃至一四句偈，其福最多。宿王華，
譬如一切川流江河，諸水之中，海爲第一，
此法華經，亦復如是，於諸如來所説經中，

最爲深大。又如土山，黑山，小鐵圍山，大鐵
圍山，及十寶山，衆山之中，須彌山爲第一，
此法華經，亦復如是，於諸經中，最爲其上。
又如衆星之中，月天子最爲第一，此法華
經亦復如是，於千萬億種諸經法中，最爲
照明。又如日天子能除諸闇，此經亦復如
是，能破一切不善之闇。又如諸小王中，轉
輪聖王最爲第一，此經亦復如是，於衆經
中，最爲其尊。又如帝釋，於三十三天中王，
此經亦復如是，諸經中王。又如大梵天王，
一切衆生之父，此經亦復如是，一切賢聖，
學，無學，及發菩薩心者之父。又如一切凡
夫人中，須陀洹，斯陀含，阿那含，阿羅漢，辟
支佛，爲第一，此經亦復如是，一切如來所
説，若菩薩所説，若聲聞所説，諸經法中，最
爲第一，有能受持是經典者，亦復如是，於
一切衆生中，亦爲第一。一切聲聞辟支佛
中，菩薩爲第一，此經亦復如是，於一切諸
經法中，最爲第一。如佛爲諸法王，此經亦
復如是，諸經中王。宿王華，此經能救一切
衆生者，此經能令一切衆生離諸苦惱，此
經能大饒益一切衆生，充满其願。如清凉
池，能满一切諸渴乏者，如寒者得火，如裸
者得衣，如商人得主，如子得母，如渡得船，
如病得醫，如暗得燈，如貧得寶，如民得王，
如賈客得海，如炬除暗，此法華經亦復如
是，能令衆生離一切苦，一切病痛，能解一
切生死之縛。若人得聞此法華經，若自書，
若使人書，所得功德，以佛智慧，籌量多少，
不得其邊。若書是經卷，華，香，瓔珞，燒香，末
香，塗香，幡蓋，衣服，種種之燈，酥燈，油燈，諸
香油燈，瞻蔔油燈，須曼那油燈，波羅羅油
燈，婆利師迦油燈，那婆摩利油燈，供養，所
得功德，亦復無量。宿王華，若有人，聞是藥
王菩薩本事品者，亦得無量無邊功德。若
有女人，聞是藥王菩薩本事品，能受持者，
盡是女身，後不復受。若如來滅後，後五百
歲中，若有女人，聞是經典，如説修行，於此

命終，即往安樂世界，阿彌陀佛，大菩薩衆，
圍繞住處，生蓮華中，寶座之上，不復爲貪
欲所惱，亦復不爲嗔恚愚痴所惱，亦復不
爲憍慢嫉妒諸垢所惱，得菩薩神通，無生
法忍。得是忍已，眼根清净，以是清净眼根，
見七百萬二千億那由他恒河沙等諸佛
如來。是時諸佛遥共贊言：善哉，善哉，善男
子，汝能於釋迦牟尼佛法中，受持讀誦思
惟是經，爲他人説，所得福德，無量無邊，火
不能燒，水不能漂，汝之功德，千佛共説，不
能令盡。汝今已能破諸魔賊，壞生死軍，諸
餘怨敵，皆悉摧滅。善男子，百千諸佛，以神
通力，共守護汝，於一切世間，天人之中，無
如汝者，惟除如來，其諸聲聞，辟支佛，乃至
菩薩，智慧禪定，無有與汝等者。宿王華，此
菩薩成就如是功德智慧之力。若有人聞
是藥王菩薩本事品，能隨喜贊善者，是人
現世，口中常出青蓮華香，身毛孔中常出
牛頭栴檀之香，所得功德，如上所説。是故
宿王華，以此藥王菩薩本事品，囑累於汝，
我滅度後，後五百歲中，廣宣流布於閻浮
提，無令斷絶，惡魔，魔民，諸天龍，夜叉，鳩槃
茶等，得其便也。宿王華，汝當以神通之力，
守護是經。所以者何。此經則爲閻浮提人，
病之良藥，若人有病，得聞是經，病即消滅，
不老不死。宿王華，汝若見有受持是經者，
應以青蓮花，盛滿末香，供散其上，散已，作
是念言：此人不久，必當取草坐於道場，破
諸魔軍，當吹法螺，擊大法鼓，度脱一切衆
生，老病死海。是故求佛道者，見有受持是
經典人，應當如是生恭敬心。説是藥王菩
薩本事品時，八萬四千菩薩，得解一切衆
生語言陀羅尼。多寶如來，於寶塔中贊宿
王華菩薩言：善哉，善哉，宿王華，汝成就不
可思議功德，乃能問釋迦牟尼佛如此之
事，利益無量一切衆生。
王善圓
　　妙法蓮華經卷第六

（十六）俄 TK321.4《妙法蓮華經藥王菩薩本事品第二十三》[①]

施於諸
故作其説
歲過妃是已
菩薩做如是法
是凈名德佛國
心然化生即惡
經行彼處，即
行大精進，舍
復
中轉
衆經
中王
大王

（十七）俄 TK322.5《鐵發亥頭欲護神求修序等》[②]

（1）鐵發亥頭欲護神求修序
鐵發亥頭欲護神求修序
添釋沙門智深述
（2）初學記・星第四・叙事.
虚危青州，營室東壁并州，奎婁□□□□□□
觿以彌反參益州，東井鬼雍州，柳七星□□□□□
堪輿家云：玄枵爲齊之分，星紀吴越之分，析
鶉尾楚
（3）妙法蓮華經藥王菩薩本事品第二十三殘片
□珞，燒香，末香，塗香，天繒，幡蓋，及□
□□□栴檀之香，如是等種種諸物供養，所
□□□假使國城，妻子，布施，亦所不及。善
（4）妙法蓮華經藥王菩薩本事品第二十三殘片

---

① 《俄藏黑水城文獻》第五册，第 34. 該件文書爲未定名《佛經》，筆者認爲應爲《妙法蓮華經藥王菩薩本事品第二十三》殘片。

② 《俄藏黑水城文獻》第五册，第 82 頁。該件文書由 4 個殘片，其中第三片和第四片爲《妙法蓮華經藥王菩薩本事品第二十三》。

□□□爲第一，此經亦復如是，於一切諸經法
□□爲第一。如佛爲諸法王，此經亦
□□□經中王。宿王華，此經能救一切
□□□□□能令一切衆生離諸苦惱，此

（十八）俄 TK11《妙法蓮華經卷第七》[①]

【題解】

西夏刻本，經折裝，潢麻紙。共 37 折半，75 面，高 18.7 釐米，寬 8.7 釐米。版框高 14.8 釐米，天頭 1.5 釐米，地脚 1.5 釐米。每面 8 行，行 16 字，上下單邊。宋體，墨色深匀。首冠佛説法圖 2 面，高 15.4 釐米，寬 17.7 釐米。已裱。

妙法蓮華經卷第七
妙法蓮華經妙音菩薩品第二十四
爾時釋迦牟尼佛放大人相，肉髻光明，及
放眉間白毫相光，遍照東方百八萬億那
由他恒河沙等諸佛世界。過是數已，有世
界，名净光莊嚴，其國有佛，號净華宿王智
如來，應供，正遍知，明行足，善逝世間解，無
上士，調御丈夫，天人師，佛，世尊，爲無量無
邊菩薩大衆恭敬圍繞，而爲説法，釋迦牟
尼佛白毫光明遍照其國。爾時一切净光
莊嚴國中，有一菩薩，名曰妙音，久已植衆
德本，供養親近無量百千萬億諸佛，而悉
成就甚深智慧，得妙幢相三昧，法華三昧，
净德三昧，宿王戲三昧，無緣三昧，智印三
昧，解一切衆生語言三昧，集一切功德三
昧，清净三昧，神通游戲三昧，慧炬三昧，莊
嚴王三昧，净光明三昧，净藏三昧，不共三
昧，日旋三昧，得如是等百千萬億恒河沙
等諸大三昧。釋迦牟尼佛光照其身，即白
净華宿王智佛言：世尊，我當往詣娑婆世
界，禮拜，親近，供養，釋迦牟尼佛，及見文殊
師利法王子菩薩，藥王菩薩，勇施菩薩，宿
王華菩薩，上行意菩薩，莊嚴王菩薩，藥上

① 《俄藏黑水城文獻》第一册，第 257—270 頁。

菩薩。爾時凈華宿王智佛告妙音菩薩：汝
莫輕彼國，生下劣想。善男子，彼娑婆世界，
高下不平，土石諸山，穢惡充满，佛身卑小，
諸菩薩衆，其形亦小，而汝身四萬二千由
旬，我身六百八十萬由旬，汝身第一端正，
百千萬福，光明殊妙，是故汝往，莫輕彼國，
若佛菩薩，及國土，生下劣想。妙音菩薩白
其佛言：世尊，我今詣娑婆世界，皆是如來
之力，如來神通游戲，如來功德智慧莊嚴。
於是妙音菩薩不起於座，身不動摇，而入
三昧，以三昧力，於耆闍崛山，去法座不遠，
化作八萬四千衆寶蓮華，閻浮檀金爲莖，
白銀爲葉，金剛爲須，甄叔迦寶以爲其台。
爾時文殊師利法王子，見是蓮華，而白佛
言：世尊，是何因緣，先現此瑞，有若干千萬
蓮華，閻浮檀金爲莖，白銀爲葉，金剛爲須，
甄叔迦寶以爲其台。爾時釋迦牟尼佛告
文殊師利：是妙音菩薩摩訶薩，欲從凈華
宿王智佛國，與八萬四千菩薩，圍繞而來，
至此娑婆世界，供養，親近，禮拜，於我，亦欲
供養，聽法華經。文殊師利白佛言：世尊，是
菩薩種何善本？修何功德？而能有是大神
通力？行何三昧？願爲我等説是三昧名字，
我等亦欲勤修行之，行此三昧，乃能見是
菩薩色相大小，威儀進止。惟願世尊以神
通力，彼菩薩來，令我得見。爾時釋迦牟尼
佛告文殊師利：此久滅度多寶如來，當爲
汝等而現其相。時多寶佛告彼菩薩：善男
子，來，文殊師利法王子欲見汝身。於時妙
音菩薩於彼國没，與八萬四千菩薩，俱共
發來，所經諸國，六種震動，皆悉雨於七寶
蓮華，百千天樂，不鼓自鳴。是菩薩目如廣
大青蓮華葉，正使和合百千萬月，其面貌
端正，復過於此，身真金色，無量百千功德
莊嚴，威德熾盛，光明照曜，諸相具足，如那
羅延堅固之身。入七寶台，上陞虚空，去地
七多羅樹，諸菩薩衆恭敬圍繞，而來詣此
娑婆世界耆闍崛山。到已下七寶台，以價

直百千瓔珞，持至釋迦牟尼佛所，頭面禮足，奉上瓔珞，而白佛言：世尊，净華宿王智佛問訊世尊，少病，少惱，起居輕利，安樂行不，四大調和不，世事可忍不，衆生易度不，無多貪欲，嗔恚，愚痴，嫉妒，慳慢不，無不孝父母，不敬沙門，邪見，不善心，不攝五情不，世尊，衆生能降伏諸魔怨不，久滅度多寶如來在七寶塔中，來聽法不，又問訊多寶如來，安隱，少惱，堪忍久住不。世尊，我今欲見多寶佛身，惟願世尊，示我令見。爾時釋迦牟尼佛語多寶佛：是妙音菩薩欲得相見。時多寶佛告妙音言：善哉，善哉，汝能爲供養釋迦牟尼佛，及聽法華經，并見文殊師利等，故來至此。爾時華德菩薩白佛言：世尊，是妙音菩薩，種何善根，修何功德，有是神力。佛告華德菩薩：過去有佛，名云雷音王多陀阿伽度，阿羅訶，三藐三佛陀，國名現一切世間，劫名喜見，妙音菩薩於萬二千歲，以十萬種妓樂，供養云雷音王佛，并奉上八萬四千七寶鉢，以是因緣果報，今生净華宿王智佛國，有是神力。華德，於汝意云何，爾時云雷音王佛所，妙音菩薩，妓樂供養，奉上寶器者，豈异人乎，今此妙音菩薩摩訶薩是。華德，是妙音菩薩，已曾供養親近無量諸佛，久植德本，又值恒河沙等百千萬億那由他佛。華德，汝但見妙音菩薩，其身在此，而是菩薩，現種種身，處處爲諸衆生説是經典，或現梵王身，或現帝釋身，或現自在天身，或現大自在天身，或現天大將軍身，或現毗沙門天王身，或現轉輪聖王身，或現諸小王身，或現長者身，或現居士身，或現宰官身，或現婆羅門身，或現比丘，比丘尼，優婆塞，優婆夷身，或現長者居士婦女身，或現宰官婦女身，或現婆羅門婦女身，或現童男童女身，或現天龍，夜叉，乾闥婆，阿修羅，迦樓羅，緊那羅，摩侯羅伽，人非人，等身，而説是經。諸有地獄，餓鬼，畜生，及衆難處，皆能救濟，乃至於

王后宫，變爲女身，而説是經。華德，是妙音
菩薩，能救護娑婆世界諸衆生者，是妙音
菩薩如是種種變化現身，在此娑婆國土，
爲諸衆生説是經典，於神通，變化，智慧，無
所損減。是菩薩，以若干智慧，明照娑婆世
界，令一切衆生，各得所知，於十方恒河沙
世界中，亦復如是，若應以聲聞形得度者，
現聲聞形而爲説法，應以辟支佛形得度
者，現辟支佛形而爲説法，應以菩薩形得
度者，現菩薩形而爲説法，應以佛形得度
者，即現佛形而爲説法，如是種種，隨所應
度而爲現形，乃至應以滅度而得度者，示
現滅度，華德，妙音菩薩摩訶薩，成就大神
通智慧之力，其事如是。爾時華德菩薩白
佛言：世尊，是妙音菩薩，深種善根，世尊，是
菩薩，住何三昧，而能如是在所變現，度脱
衆生？佛告華德菩薩：善男子，其三昧，名現
一切色身，妙音菩薩住是三昧中，能如是
饒益無量衆生。説是妙音菩薩品時，與妙
音菩薩俱來者八萬四千人，皆得現一切
色身三昧，此娑婆世界無量菩薩，亦得是
三昧，及陀羅尼。爾時妙音菩薩摩訶薩供
養釋迦牟尼佛，及多寶佛塔已，還歸本土，
所經諸國，六種震動，雨寶蓮華，作百千萬
億種種妓樂。既到本國，與八萬四千菩薩，
圍繞至净華宿王智佛所，白佛言：世尊，我
到娑婆世界，饒益衆生，見釋迦牟尼佛，及
見多寶佛塔，禮拜，供養，又見文殊師利法
王子菩薩，及見藥王菩薩，得勤精進力菩
薩，勇施菩薩等，亦令是八萬四千菩薩，得
現一切色身三昧。説是妙音菩薩來往品
時，四萬二千天子，得無生法忍，華德菩薩，
得法華三昧。

妙法蓮華經觀世音菩薩普門品第二十五
爾時無盡意菩薩，即從座起，偏袒右肩，合
掌嚮佛，而作是言：世尊，觀世音菩薩，以何
因緣，名觀世音？佛告無盡意菩薩：善男子，
若有無量百千萬億衆生，受諸苦惱，聞是

觀世音菩薩，一心稱名，觀世音菩薩即時
觀其音聲，皆得解脱。若有持是觀世音菩
薩名者，設入大火，火不能燒，由是菩薩威
神力故。若爲大水所漂，稱其名號，即得淺
處。若有百千萬億衆生，爲求金，銀，琉璃，硨
磲，瑪瑙，珊瑚，琥珀，真珠，等寶，入於大海，假
使黑風吹其船舫，飄墮羅刹鬼國，其中若
有乃至一人，稱觀世音菩薩名者，是諸人
等，皆得解脱羅刹之難。以是因緣，名觀世
音。若復有人，臨當被害，稱觀世音菩薩名
者，彼所執刀杖，尋段段壞，而得解脱。若三
千大千國土，满中夜叉，羅刹，欲來惱人，聞
其稱觀世音菩薩名者，是諸惡鬼，尚不能
以惡眼視之，况復加害。設復有人，若有罪，
若無罪，杻械，枷鎖，檢系其身，稱觀世音菩
薩名者，皆悉斷壞，即得解脱。若三千大千
國土，满中怨賊，有一商主，將諸商人，賫持
重寶，經過險路，其中一人，作是唱言：諸善
男子，勿得恐怖，汝等應當一心稱觀世音
菩薩名號，是菩薩能以無畏施於衆生，汝
等若稱名者，於此怨賊，當得解脱。衆商人
聞，俱發聲言：南無觀世音菩薩。稱其名故，
即得解脱。無盡意，觀世音菩薩摩訶薩威
神之力，巍巍如是。若有衆生，多於淫欲，常
念恭敬觀世音菩薩，便得離欲。若多嗔恚。
常念恭敬觀世音菩薩，便得離嗔。若多愚
痴，常念恭敬觀世音菩薩，便得離痴。無盡
意，觀世音菩薩，有如是等大威神力，多所
饒益，是故衆生，常應心念。若有女人，設欲
求男，禮拜供養觀世音菩薩，便生福德智
慧之男，設欲求女，便生端正有相之女，宿
植德本，衆人愛敬。無盡意，觀世音菩薩有
如是力，若有衆生，恭敬禮拜觀世音菩薩，
福不唐捐，是故衆生皆應受持觀世音菩
薩名號。無盡意，若有人，受持六十二億恒
河沙菩薩名字，復盡形供養飲食，衣服，卧
具，醫藥，於汝意云何，是善男子，善女人，功
德多不？無盡意言：甚多，世尊。佛言：若復有

人，受持觀世音菩薩名號，乃至一時禮拜，
供養，是二人福，正等無异，於百千萬億劫，
不可窮盡，無盡意，受持觀世音菩薩名號，
得如是無量無邊福德之利。無盡意菩薩
白佛言：世尊，觀世音菩薩，云何游此娑婆
世界，云何而爲衆生説法，方便之力，其事
云何？佛告無盡意菩薩：善男子，若有國土
衆生，應以佛身得度者，觀世音菩薩即現
佛身而爲説法。應以辟支佛身得度者，即
現辟支佛身而爲説法。應以聲聞身得度
者，即現聲聞身而爲説法。應以梵王身得
度者，即現梵王身而爲説法。應以帝釋身
得度者，即現帝釋身而爲説法。應以自在
天身得度者，即現自在天身而爲説法。應
以大自在天身得度者，即現大自在天身
而爲説法。應以天大將軍身得度者，即現
天大將軍身而爲説法。應以毗沙門身得
度者，即現毗沙門身而爲説法。應以小王
身得度者，即現小王身而爲説法。應以長
者身得度者，即現長者身而爲説法。應以
居士身得度者，即現居士身而爲説法。應
以宰官身得度者，即現宰官身而爲説法。
應以婆羅門身得度者，即現婆羅門身而
爲説法。應以比丘，比丘尼，優婆塞，優婆夷
身得度者，即現比丘，比丘尼，優婆塞，優婆
夷身而爲説法。應以長者，居士，宰官，婆羅
門婦女身得度者，即現婦女身而爲説法。
應以童男，童女身得度者，即現童男，童女
身而爲説法。應以天龍，夜叉，乾闥婆，阿修
羅，迦樓羅，緊那羅，摩侯羅伽，人非人，等身，
得度者，即皆現之而爲説法。應以執金剛
神得度者，即現執金剛神而爲説法。無盡
意，是觀世音菩薩成就如是功德，以種種
形，游諸國土，度脱衆生，是故汝等應當一
心供養觀世音菩薩。是觀世音菩薩摩訶
薩，於怖畏急難之中，能施無畏，是故此娑
婆世界，皆號之爲施無畏者。無盡意菩薩
白佛言：世尊，我今當供養觀世音菩薩。即

解頸衆寶珠瓔珞，價值百千两金，而以與
之，作是言：仁者，受此法施珍寶瓔珞。時觀
世音菩薩不肯受之。無盡意復白觀世音
菩薩言：仁者，湣我等故，受此瓔珞。爾時佛
告觀世音菩薩：當湣此無盡意菩薩，及四
衆，天，龍，夜叉，乾闥婆，阿修羅，迦樓羅，緊那
羅，摩侯羅伽，人非人，等故，受是瓔珞。即時
觀世音菩薩湣諸四衆，及於天，龍，人非人，
等，受其瓔珞，分作二分，一分奉釋迦牟尼
佛，一分奉多寶佛塔。無盡意，觀世音菩薩
有如是自在神力，游於娑婆世界。爾時無
盡意菩薩以偈問曰：
世尊妙相具，我今重問彼，佛子何因緣，
名爲觀世音。具足妙相尊，偈答無盡意。
汝聽觀音行，善應諸方所，宏誓深如海，
歷劫不思議，侍多千億佛，發大清净願。
我爲汝略説，聞名及見身，心念不空過，
能滅諸有苦。假使興害意，推落大火坑，
念彼觀音力，火坑變成池。或漂流巨海，
龍魚諸鬼難，念彼觀音力，波浪不能没。
或在須彌峰，爲人所推墮，念彼觀音力，
如日虚空住。或被惡人逐，墮落金剛山，
念彼觀音力，不能損一毛。或值怨賊繞，
各執刀加害，念彼觀音力，咸即起慈心。
或遭王難苦，臨刑欲壽終，念彼觀音力，
刀尋段段壞。或囚禁枷鎖，手足被杻械，
念彼觀音力，釋然得解脱。咒詛諸毒藥，
所欲害身者，念彼觀音力，還著於本人。
或遇惡羅刹，毒龍諸鬼等，念彼觀音力，
時悉不敢害。若惡獸圍繞，利牙爪可怖，
念彼觀音力，疾走無邊方。蚖蛇及蝮蠍，
氣毒烟火燃，念彼觀音力，尋聲自回去。
云雷鼓掣電，降雹澍大雨，念彼觀音力，
應時得消散。衆生被困厄，無量苦逼身，
觀音妙智力，能救世間苦。具足神通力，
廣修智方便，十方諸國土，無刹不現身。
種種諸惡趣，地獄鬼畜生，生老病死苦，
以漸悉令滅。真觀清净觀，廣大智慧觀，

悲觀及慈觀，常願常瞻仰。無垢清净光，
慧日破諸闇，能伏灾風火，普明照世間。
悲體戒雷震，慈意妙大云，澍甘露法雨，
滅除煩惱焰。諍訟經官處，怖畏軍陣中，
念彼觀音力，衆怨悉退散。妙音觀世音，
梵音海潮音，勝彼世間音，是故須常念，
念念勿生疑。觀世音净聖，於苦惱死厄，
能爲作依怙。具一切功德，慈眼視衆生，
福聚海無量，是故應頂禮。
爾時持地菩薩即從座起，前白佛言：世尊，
若有衆生，聞是觀世音菩薩品，自在之業，
普門示現神通力者，當知是人功德不少。
佛説是普門品時，衆中八萬四千衆生，皆
發無等等阿耨多羅三藐三菩提心。

妙法蓮華經陀羅尼品第二十六

爾時藥王菩薩，即從座起，偏袒右肩，合掌
嚮佛，而白佛言：世尊，若善男子，善女人，有
能受持法華經者。若讀誦通利，若書寫經
卷，得幾所福？佛告藥王：若有善男子，善女
人，供養八百萬億那由他恒河沙等諸佛，
於汝意云何，其所得福，寧爲多不？甚多，世
尊。佛言：若善男子，善女人，能於是經，乃至
受持一四句偈，讀誦，解義，如説修行，功德
甚多。
爾時藥王菩薩白佛言：世尊，我今當與説
法者陀羅尼咒，以守護之。即説咒曰：
安爾一曼爾二摩禰三摩摩禰四旨隸五遮梨第
六賒咩羊鳴音七賒履多瑋八膻輸乾反帝九目帝十目多
履十一娑履十二阿瑋娑十三桑覆十四娑履十五叉裔
十六阿叉裔十七阿耆膩十八膻帝十九賒履二十陀羅尼
二十一阿盧伽婆娑蘇奈反簸蔗毗叉膩二十二禰毗剃二十三
阿便哆都我反邏禰履剃二十四阿亶哆波隸輸地
塗買反二十五漚究隸二十六牟究隸二十七阿羅隸二十八波羅
隸二十九首迦差初幾反三十阿三磨三履三十一佛馱毗吉
利替帝三十二達磨波利差猜離反帝三十三僧伽涅瞿
沙禰三十四婆舍婆舍輸地三十五曼哆邏三十六曼哆
邏叉夜多三十七郵樓哆三十八郵樓哆憍舍略來加反三
十九惡叉邏四十惡叉冶多冶四十一阿婆盧四十二阿磨若

(荏義反)那多夜[四十三]
世尊，是陀羅尼神咒，六十二億恒河沙等
諸佛所説，若有侵毁此法師者，則爲侵毁
是諸佛已。時釋迦牟尼佛贊藥王菩薩言：
善哉，善哉，藥王，汝湣念擁護此法師故，説
是陀羅尼，於諸衆生，多所饒益。爾時勇施
菩薩白佛言：世尊，我亦爲擁護讀誦受持
法華經者，説陀羅尼，若此法師得是陀羅
尼，若夜叉，若羅刹，若富單那，若吉遮，若鳩
槃荼，若餓鬼，等，伺求其短，無能得便。即於
佛前而説咒曰：
痤(誓蝟反)隷[一]摩訶痤隷[二]鬱枳[三]目枳[四]阿隷[五]阿羅
婆第[六]涅隷第[七]涅隷多婆第[八]伊致(猪履反)柅[九]
韋致柅[十]旨致柅[十一]涅隷墀柅[十二]涅犁墀婆底[十三]
世尊，是陀羅尼神咒，恒河沙等諸佛所説，
亦皆隨喜，若有侵毁此法師者，則爲侵毁
是諸佛已。
爾時毗沙門天王護世者白佛言：世尊，我
亦爲湣念衆生，擁護此法師故，説是陀羅
尼。即説咒曰：
阿梨[一]那梨[二]㝹那梨[三]阿那盧[四]那履[五]拘
那履[六]
世尊，以是神咒，擁護法師，我亦自當擁護
持是經者，令百由旬内，無諸衰患。
爾時持國天王，在此會中，與千萬億那由
他乾闥婆衆，恭敬圍繞，前詣佛所，合掌白
佛言：世尊，我亦以陀羅尼神咒，擁護持法
華經者。即説咒曰：
阿伽禰[一]伽禰[二]瞿利[三]乾陀利[四]旃陀利[五]摩
蹬耆[六]常求利[七]浮樓莎柅[八]頞底[九]
世尊，是陀羅尼神咒，四十二億諸佛所説，
若有侵毁此法師者，則爲侵毁是諸佛已。
爾時有羅刹女等，一名藍婆，二名毗藍婆，
三名曲齒，四名華齒，五名黑齒，六名多發，
七名無厭足，八名持瓔珞，九名睾帝，十名
奪一切衆生精氣，是十羅刹女，與鬼子母，
并其子，及眷屬，俱詣佛所，同聲白佛言：世
尊，我等亦欲擁護讀誦受持法華經者，除

其衰患，若有伺求法師短者，令不得便。即
於佛前，而說咒曰：
伊提履[一]伊提泯[二]伊提履[三]阿提履[四]伊提
履[五]泥履[六]泥履[七]泥履[八]泥履[九]泥履[十]樓醯
[十一]樓醯[十二]樓醯[十三]樓醯[十四]多醯[十五]多醯[十六]多醯[十七]兜
醯[十八]㝹醯[十九]
甯上我頭上，莫惱於法師。若夜叉，若羅刹，
若餓鬼，若富單那，若吉遮，若毗陀羅，若犍
馱，若烏摩勒伽，若阿跋摩羅，若夜叉吉遮，
若人吉遮，若熱病，若一日，若二日，若三日，
若四日，乃至七日，若常熱病，若男形，若女
形，若童男形，若童女形，乃至夢中，亦復莫
惱。即於佛前，而說偈言：　　七九
若不順我咒，惱亂說法者，頭破作七分，
如阿梨樹枝。如殺父母罪，亦如壓油殃，
鬥秤欺誑人，調達破僧罪。犯此法師者，
當獲如是殃。
諸羅刹女說此偈已，白佛言：世尊，我等亦
當身自擁護受持，讀誦，修行，是經者，令得
安隱，離諸衰患，消衆毒藥。佛告諸羅刹女：
善哉，善哉，汝等但能擁護受持法華名者，
福不可量，何況擁護具足受持，供養經卷，
華，香，瓔珞，末香，塗香，燒香，幡蓋，妓樂，燃種
種燈，酥燈，油燈，諸香油燈，蘇摩那華油燈，
瞻卜華油燈，婆師迦華油燈，優鉢羅華油
燈，如是等百千種供養者。睪帝，汝等及眷
屬，應當擁護如是法師。說是陀羅尼品時，
六萬八千人，得無生法忍。

妙法蓮華經妙莊嚴王本事品第二十七

爾時佛告諸大衆：乃往古世，過無量無邊
不可思議阿僧祇劫，有佛，名云雷音宿王
華智，多陀阿伽度，阿羅訶，三藐三佛陀，國
名光明莊嚴，劫名喜見。彼佛法中有王，名
妙莊嚴，其王夫人，名曰净德，有二子，一名
净藏，二名净眼。是二子，有大神力，福德智
慧，久修菩薩所行之道，所謂檀波羅蜜，屍
羅波羅蜜，羼提波羅蜜，毗梨耶波羅蜜，禪
波羅蜜，般若波羅蜜，方便波羅蜜，慈悲喜

舍，乃至三十七品助道法，皆悉明瞭通達。
又得菩薩净三昧，日星宿三昧，净光三昧，
净色三昧，净照明三昧，長莊嚴三昧，大威
德藏三昧，於此三昧，亦悉通達。爾時彼佛
欲引導妙莊嚴王，及湣念衆生故，説是法
華經。時净藏净眼二子，到其母所，合十指
爪掌，白言：願母往詣云雷音宿王華智佛
所，我等亦當侍從，親近供養禮拜。所以者
何。此佛於一切天人衆中，説法華經，宜應
聽受。母告子言：汝父信受外道，深著婆羅
門法，汝等應往白父，與共俱去。净藏，净眼，
合十指爪掌白母：我等是法王子，而生此
邪見家。母告子言：汝等當憂念汝父，爲現
神變，若得見者，心必清净，或聽我等，往至
佛所。於是二子念其父故，涌在虚空，高七
多羅樹，現種種神變，於虚空中，行住坐卧，
身上出水，身下出火，身下出水，身上出火，
或現大身滿虚空中，而復現小，小復現大，
於空中滅，忽然在地，入地如水，履水如地，
現如是等種種神變，令其父王心净信解。
時父見子神力如是，心大歡喜，得未曾有，
合掌嚮子言：汝等，師爲是誰，誰之弟子？二
子白言：大王，彼云雷音宿王華智佛，今在
七寶菩提樹下，法座上坐，於一切世間天
人衆中，廣説法華經，是我等師，我是弟子。
父語子言：我今亦欲見汝等師，可共俱往。
於是二子從空中下，到其母所，合掌白母：
父王今已信解，堪任發阿耨多羅三藐三
菩提心。我等爲父，已作佛事，願母見聽，於
彼佛所，出家修道。爾時二子欲重宣其意，
以偈白母：
願母放我等，出家作沙門，諸佛甚難值，
我等隨佛學。如優曇鉢華，值佛復難是，
脱諸難亦難，願聽我出家。
母即告言：聽汝出家。所以者何。佛難值故。
於是二子白父母言：善哉，父母，願時往詣
云雷音宿王華智佛所，親近供養，所以者
何。佛難得值，如優曇鉢羅華，又如一眼之

龜，值浮木孔。而我等宿福深厚，生值佛法，
是故父母當聽我等，令得出家。所以者何。
諸佛難值，時亦難遇。彼時妙莊嚴王后宫
八萬四千人，皆悉堪任受持是法華經。净
眼菩薩，於法華三昧，久已通達，净藏菩薩，
已於無量百千萬億劫，通達離諸惡趣三
昧，欲令一切衆生離諸惡趣故。其王夫人，
得諸佛集三昧，能知諸佛秘蜜之藏。二子
如是以方便力，善化其父，令心信解，好樂
佛法。於是妙莊嚴王，與群臣眷屬俱，净德
夫人，與後宫婇女眷屬俱，其王二子，與四
萬二千人俱，一時共詣佛所，到已，頭面禮
足，繞佛三匝，却住一面。爾時彼佛爲王説
法，示教利喜。王大歡悦。爾時妙莊嚴王，及
其夫人，解頸真珠瓔珞，價值百千，以散佛
上，於虚空中，化成四柱寶台，台中有大寶
床，敷百千萬天衣，其上有佛，結跏趺坐，放
大光明。爾時妙莊嚴王作是念：佛身稀有，
端嚴殊特，成就第一微妙之色。時云雷音
宿王華智佛告四衆言：汝等見是妙莊嚴
王，於我前合掌立不。此王，於我法中，作比
丘，精勤修習，助佛道法，當得作佛，號娑羅
樹王，國名大光，劫名大高王。其娑羅樹王
佛，有無量菩薩衆，及無量聲聞，其國平正，
功德如是。其王即時以國付弟，與夫人，二
子，并諸眷屬，於佛法中，出家修道。王出家
已，於八萬四千歲，常勤精進，修行妙法華
經，過是已後，得一切净功德莊嚴三昧。即
陞虚空，高七多羅樹，而白佛言：世尊，此我
二子，已作佛事，以神通變化，轉我邪心，令
得安住於佛法中，得見世尊。此二子者，是
我善知識，爲欲發起宿世善根，饒益我故，
來生我家。爾時云雷音宿王華智佛告妙
莊嚴王言：如是，如是，如汝所言，若善男子，
善女人，種善根故，世世得善知識，其善知
識，能作佛事，示教利喜，令入阿耨多羅三
藐三菩提，大王，當知善知識者，是大因緣，
所謂化導令得見佛，發阿耨多羅三藐三

菩提心。大王，汝見此二子不。此二子，已曾
供養六十五百千萬億那由他恒河沙諸
佛，親近恭敬，於諸佛所，受持法華經，湣念
邪見衆生，令住正見。妙莊嚴王即從虚空
中下，而白佛言：世尊，如來甚稀有，以功德
智慧故，頂上肉髻，光明顯照，其眼長廣，而
紺青色，眉間毫相，白如珂月，齒白齊蜜，常
有光明，唇色赤好，如頻婆果。爾時妙莊嚴
王，贊歎佛如是等無量百千萬億功德已，
於如來前，一心合掌，復白佛言：世尊，未曾
有也，如來之法，具足成就不可思議微妙
功德，教誡所行，安隱快善，我從今日，不復
自隨心行，不生邪見，憍慢嗔恚諸惡之心。
説是語已，禮佛而出。佛告大衆：於意云何，
妙莊嚴王，豈异人乎，今華德菩薩是。其净
德夫人，今佛前光照莊嚴相菩薩是，哀湣
妙莊嚴王及諸眷屬故，於彼中生。其二子
者，今藥王菩薩，藥上菩薩是，是藥王藥上
菩薩，成就如此諸大功德，已於無量百千
萬億諸佛所，植衆德本，成就不可思議諸
善功德，若有人，識是二菩薩名字者，一切
世間諸天人民，亦應禮拜。佛説是妙莊嚴
王本事品時，八萬四千人，遠塵離垢，於諸
法中，得法眼净。

妙法蓮華經普賢菩薩勸發品第二十八

爾時普賢菩薩，以自在神通力，威德名聞，
與大菩薩無量無邊不可稱數，從東方來，
所經諸國，普皆震動，雨寶蓮華，作無量百
千萬億種種妓樂。又與無數諸天，龍，夜叉，
乾闥婆，阿修羅，迦樓羅，緊那羅，摩侯羅伽，
人非人等，大衆圍繞，各現威德神通之力。
到娑婆世界，耆闍崛山中，頭面禮釋迦牟
尼佛，右繞七匝，白佛言：世尊，我於寶威德
上王佛國，遥聞此娑婆世界，説法華經，與
無量無邊百千萬億諸菩薩衆，共來聽受，
惟願世尊當爲説之，若善男子，善女人，於
如來滅後，云何能得是法華經？佛告普賢
菩薩：若善男子，善女人，成就四法，於如來

滅後，當得是法華經，一者，爲諸佛護念，二
者，植衆德本，三者，入正定聚，四者，發救一
切衆生之心，善男子，善女人，如是成就四
法，於如來滅後，必得是經。爾時普賢菩薩
白佛言：世尊，於後五百歲，濁惡世中，其有
受持是經典者，我當守護，除其衰患，令得
安隱，使無伺求，得其便者，若魔，若魔子，若
魔女，若魔民，若爲魔所著者，若夜叉，若羅
刹，若鳩槃荼，若毗舍闍，若吉遮，若富單那，
若韋陀羅等，諸惱人者，皆不得便。是人若
行，若立，讀誦此經，我爾時乘六牙白象王，
與大菩薩衆，俱詣其所，而自現身，供養守
護，安慰其心，亦爲供養法華經故。是人若
坐，思惟此經，爾時我復乘白象王，現其人
前，其人若於法華經，有所忘失一句一偈，
我當教之，與共讀誦，還令通利。爾時受持
讀誦法華經者，得見我身，甚大歡喜，轉復
精進，以見我故，即得三昧，及陀羅尼，名爲
旋陀羅尼，百千萬億旋陀羅尼，法音方便
陀羅尼，得如是等陀羅尼。世尊，若後世後
五百歲，濁惡世中，比丘，比丘尼，優婆塞，優
婆夷，求索者，受持者，讀誦者，書寫者，欲修
習是法華經，於三七日中，應一心精進，滿
三七日已，我當乘六牙白象，與無量菩薩
而自圍繞，以一切衆生所喜見身，現其人
前，而爲説法，示教利喜，亦復與其陀羅尼
咒，得是陀羅尼故，無有非人，能破壞者，亦
不爲女人之所惑亂，我身亦自常護是人，
惟願世尊聽我説此陀羅尼咒。即於佛前
而説咒曰：

阿檀地塗買反一檀陀婆地二檀陀婆帝三檀陀鳩舍
隸四檀陀修陀隸五修陀隸六修陀羅婆底七佛
馱波羶禰八薩婆陀羅尼阿婆多尼九薩婆婆
沙阿婆多尼十修阿婆多尼十一僧伽婆履叉尼
十二僧伽涅伽陀尼十三阿僧祇十四僧伽波伽地十五帝
隸阿惰僧伽兜略盧悪反阿羅帝婆羅帝十六薩
婆僧伽三摩地伽蘭地十七薩婆達磨修波
利刹帝十八薩婆薩埵樓馱憍捨略阿㝹伽地

十九辛阿毗吉利地帝二十

世尊，若有菩薩得聞是陀羅尼者，當知普賢神通之力，若法華經，行閻浮提，有受持者，應作此念：皆是普賢威神之力。若有受持，讀誦，正憶念，解其義趣，如説修行，當知是人，行普賢行，於無量無邊諸佛所，深種善根，爲諸如來，手摩其頭。若但書寫，是人命終，當生忉利天上，是時八萬四千天女，作衆妓樂而來迎之，其人即著七寶冠，於采女中，娱樂快樂，何况受持，讀誦，正憶念，解其義趣，如説修行。若有人受持，讀誦，解其義趣，是人命終，爲千佛授手，令不恐怖，不墮惡趣，即往兜率天上，彌勒菩薩所，彌勒菩薩，有三十二相大菩薩衆所共圍繞，有百千萬億天女眷屬，而於中生，有如是等功德利益。是故智者，應當一心自書，若使人書，受持，讀誦，正憶念，如説修行。世尊，我今以神通力故，守護是經，於如來滅後，閻浮提内，廣令流布，使不斷絶。爾時釋迦牟尼佛贊言：善哉，善哉，普賢，汝能護助是經，令多所衆生，安樂利益，汝已成就不可思議功德，深大慈悲，從久遠來，發阿耨多羅三藐三菩提意，而能作是神通之願，守護是經，我當以神通力，守護能受持普賢菩薩名者。普賢，若有受持，讀誦，正憶念，修習書寫是法華經者，當知是人，則見釋迦牟尼佛，如從佛口，聞此經典，當知是人，供養釋迦牟尼佛，當知是人，佛贊善哉，當知是人，爲釋迦牟尼佛手摩其頭，當知是人，爲釋迦牟尼佛衣之所覆，如是之人，不復貪著世樂，不好外道經書，手筆，亦復不喜親近其人，及諸惡者，若屠兒，若畜猪羊鶏狗，若獵師，若炫賣女色，是人心意質直，有正憶念，有福德力，是人不爲三毒所惱，亦復不爲嫉妒，我慢，邪慢，增上慢，所惱，是人少欲知足，能修普賢之行普賢，若如來滅後，後五百歲，若有人，見受持讀誦法華經者，應作是念：此人，不久當詣道場，破諸魔衆，

得阿耨多羅三藐三菩提，轉法輪，擊法鼓，
吹法螺，雨法雨，當坐天人大衆中，師子法
座上。普賢，若於後世，受持讀誦是經典者，
是人不復貪著衣服，卧具，飲食，資生之物，
所願不虚，亦於現世得其福報，若有人輕
毁之，言汝狂人耳，空作是行，終無所獲，如
是罪報，當世世無眼，若有供養贊歎之者，
當於今世得現果報。若復見受持是經者，
出其過惡，若實，若不實，此人現世得白癩
病，若有輕笑之者，當世世牙齒疏缺，醜脣，平
鼻，手脚繚戾，眼目角睞，身體臭穢，惡瘡，膿
血，水腹，短氣，諸惡重病，是故普賢，若見受
持是經典者，當起遠迎，當如敬佛。説是普
賢勸發品時，恒河沙等無量無邊菩薩，得
百千萬億旋陀羅尼，三千大千世界微塵
等諸菩薩，具普賢道。佛説是經時，普賢等，
諸菩薩，舍利弗等，諸聲聞，及諸天，龍，人
非人等，一切大會，皆大歡喜，受持佛語，作禮
而去。

妙法蓮華經卷第七

奥以蓮經者入不思議之妙法也，故衣珠設譬謂自
性之無知，火宅導迷宫，窅心之罔覺，以慈悲喜舍之
旨，啓開示悟入之門，難焚於烈艷之中，永轉於法輪
之内，二十八品皆覺皇宣演之，書七萬餘言，咸真聖
玄微之理，洞究而須推七喻，力窮而在畢三周，誦之
則舌變紅蓮，於億年供之，則帙放華光於满室，誠釋
門之扃鑰，真苦海之津梁，今有清信弟子，雕字人王
善惠，王善圓，賀善海，郭狗理等同爲法友，特露微誠，
以上殿宗室御史臺正直本，爲結緣之首，命工鏤板
其日費飲食之類，皆宗室給之，雕印斯經一部，普施
一切同欲受持，以兹功德伏願皇基永固同磐石
之安，萬壽無疆，逾後天之算，幾隸有生之庶類□
□□□之洪休時，大夏國人慶三年歲次丙寅五月
□□□□白

【後缺】

（十九）俄 TK90《妙法蓮花經觀世音菩薩普門品第二十五》[①]

① 《俄藏黑水城文獻》第二册，第 326—329 頁。

【題解】

西夏刻本。經折裝，甲種本，未染楮紙。共 10 折半，21 面。高 29 釐米，面寬 11 釐米。版框高 23.5 釐米，天頭 4 釐米，地脚 1.4 釐米。每面 6 行，行 18 字。上下雙邊，寫刻體。墨色中匀。冠佛畫 4 面，上下雙邊，左右單邊。有榜題：若惡獸圍繞，或囚禁枷鎖，如日空中坐，蚖蛇及蝮蠍，刀兵段段壞，云雷鼓掣電，火坑變成池，還著於本人。經文每 5 面首行右側上方刻小字“音一”至“音四”。已裱。

妙法蓮華經觀世音菩□□□□[①]第二十五

爾時無盡意菩薩，即從座起，偏袒右肩，合掌嚮
佛，而作是言：世尊，觀世音菩薩，以何因緣，名觀
世音？佛告無盡意菩薩：善男子，若有無量百千
萬億衆生，受諸苦惱，聞是觀世音菩薩，一心稱
名，觀世音菩薩即時觀其音聲，皆得解脱。若有
持是觀世音菩薩名者，設入大火，火□□□□[②]
是菩薩威神力故。若爲大水所漂，稱其名號，即
得淺處。若有百千萬億衆生，爲求金，銀，琉璃，車
磲，瑪瑙，珊瑚，琥珀，真珠，等寶，入於大海，假使黑
風吹其船舫，飄墮羅刹鬼國，其中若有乃至一
人，稱觀世音菩薩名者，是諸人等，皆得解脱羅
刹之難。以是因緣，名觀世音。若復有人，臨當被
害，稱觀世音菩薩名者，彼所執刀杖，尋段段壞，
而得解脱。若三千大千國土，滿中夜叉，羅刹，欲
來惱人，聞其稱觀世音菩薩名者，是諸惡鬼，尚
不能以惡眼視之，况復加害。設復有人，若有罪，
若無罪，杻械，枷鎖，檢系其身，稱觀世音菩薩名
者，皆悉斷壞，即得解脱。若三千大千國土，滿中
怨賊，有一商主，將諸商人，賫持重寶，經過險路，
其中一人，作是唱言：諸善男子，勿得恐怖，汝等
應當一心稱觀世音菩薩名號，是菩薩能以無
畏施於衆生，汝等若稱名者，於此怨賊，當得解
脱。衆商人聞，俱發聲言：南無觀世音菩薩。稱其
名故，即得解脱。無盡意，觀世音菩薩摩訶薩威
神之力，巍巍如是。若有衆生，多於淫欲，常念恭
敬觀世音菩薩，便得離欲。若多嗔恚。常念恭敬
觀世音菩薩，便得離嗔。若多愚痴，常念恭敬觀

① 疑爲“薩普門品”。

② 疑爲“不能燒，由”。

世音菩薩，便得離痴。無盡意，觀世音菩薩，有如是等大威神力，多所饒益，是故衆生，常應心念。若有女人，設欲求男，禮拜供養觀世音菩薩，便生福德智慧之男，設欲求女，便生端正有相之女，宿植德本，衆人愛敬。無盡意，觀世音菩薩有如是力，若有衆生，恭敬禮拜觀世音菩薩，福不唐捐，是故衆生皆應受持觀世音菩薩名號。無盡意，若有人，受持六十二億恒河沙菩薩名字，復盡形供養飲食，衣服，卧具，醫藥，於汝意云何，是善男子，善女人，功德多不？無盡意言□□□[①]尊。佛言：若復有人，受持觀世音菩薩名號，□□[②]一時禮拜，供養，是二人福，正等無异，於百千萬億劫，不可窮盡，無盡意，受持觀世音菩薩名號，得如是無量無邊福德之利。無盡意菩薩白佛言：世尊，觀世音菩薩，云何游此娑婆世界，云何而爲衆生説法，方便之力，其事云何？佛告無盡意菩薩：善男子，若有國土衆生，應以佛身得度者，觀世音菩薩即現佛身而爲説法。應以辟支佛身得度者，即現辟支佛身而爲説法。應以聲聞身得度者，即現聲聞身而爲説法。應以梵王身得度者，即現梵王身而爲説法。應以帝釋身得度者，即現帝釋身而爲説法。應以自在天身得度者，即現自在天身而爲説法。應以大自在天身得度者，即現大自在天身而爲説法。應以天大將軍身得度者，即現天大將軍身而爲説法。應以毗沙門身得度者，即現毗沙門身而爲説法。應以小王身得度者，即現小王身而爲説法。應以長者身得度者，即現長者身而爲説法。應以居士身得度者，即現居士身而爲説法。應以宰官身得度者，即現宰官身而爲説法。應以婆羅門身得度者，即現婆羅門身而爲説法。應以比丘，比丘尼，優婆塞，優婆夷身得度者，即現比丘，比丘尼，優婆塞，優婆夷身而爲説法。應以長者，居士，宰官，婆羅門婦女身得度者，即現婦女身而爲説法。應以童男，童女身得度者，即現

---

① 疑爲“甚多，世”。

② 疑爲“乃至”。

童男，童女身而爲説法。應以天龍，夜叉，乾闥婆，
阿修羅，迦樓羅，緊那羅，摩侯羅伽，人非人等身
得度者，即皆現之而爲説法。應以執金剛神得
度者，即現執金剛神而爲説法。無盡意，是觀世
音菩薩成就如是功德，以種種形，游諸國土，度
脱衆生，是故汝等應當一心供養觀世音菩薩。
是觀世音菩薩摩訶薩，於怖畏急難之中，能施
無畏，是故此娑婆世界，皆號之爲施無畏者。無
盡意菩薩白佛言：世尊，我今當供養觀世音菩
薩。即解頸衆寶珠瓔珞，價值百千两金，而以與
之，作是言：仁者，受此法施珍寶瓔珞。時觀世音
菩薩不肯受之。無盡意復白觀世音菩薩言：仁
者，湣我等故，受此瓔珞。爾時佛告觀世音菩薩：
當湣此無盡意菩薩，及四衆，天，龍，夜叉，乾闥婆，
阿修羅，迦樓羅，緊那羅，摩侯羅伽，人非人等故，
受是瓔珞。即時觀世音菩薩湣諸四衆，及於天，
龍，人非人等，受其瓔珞，分作二分，一分奉釋迦
牟尼佛，一分奉多寶佛塔。無盡意，觀世音菩薩
有如是自在神力，游於娑婆世界。爾時無盡意
菩薩以偈問曰：

世尊妙相具，我今重問彼，佛子何因緣，
名爲觀世音。具足妙相尊，偈答無盡意。
汝聽觀音行，善應諸方所，宏誓深如海，
歷劫不思議，侍多千億佛，發大清净願。
我爲汝略説，聞名及見身，心念不空過，
能滅諸有苦。假使興害意，推落大火坑，
念彼觀音力，火坑變成池。或漂流巨海，
龍魚諸鬼難，念彼觀音力，波浪不能没。
或在須彌峰，爲人所推墮，念彼觀音力，
如日虚空住。或被惡人逐，墮落金剛山，
念彼觀音力，不能損一毛。或值怨賊繞，
各執刀加害，念彼觀音力，咸即起慈心。
或遭王難苦，臨刑欲壽終，念彼觀音力，
刀尋段段壞。或囚禁枷鎖，手足被杻械，
念彼觀音力，釋然得解脱。咒詛諸毒藥，
所欲害身者，念彼觀音力，還著於本人。
或遇惡羅刹，毒龍諸鬼等，念彼觀音力，
時悉不敢害。若惡獸圍繞，利牙爪可怖，

念彼觀音力，疾走無邊方。蚖蛇及蝮蠍，
【後缺】

（二十）俄 TK105，TK113《妙法蓮華經觀世音菩薩普門品第二十五》①

【題解】

西夏刻本，經折裝，未染麻紙，軟。共 7 折，14 面。高 15 釐米，面寬 4. 1 釐米，版框高 11 釐米，天頭 1. 3 釐米，地脚 1. 3 釐米。每面 7 行，行 12 字。上下單邊，宋體。墨色偏淡，不匀。首尾缺。

【前缺】
觀世音菩薩名者，皆悉斷壞，即
得解脱。若三千大千國土，满中
怨賊，有一商主，將諸商人，賫持
重寶，經過險路，其中一人，作是
唱言：諸善男子，勿得恐怖，汝等
應當一心稱觀世音菩薩名號，
是菩薩能以無畏施於衆生，汝
等若稱名者，於此怨賊，當得解
脱。衆商人聞，俱發聲言：南無觀
世音菩薩。稱其名，故即得解脱。
無盡意，觀世音菩薩摩訶薩威
神之力，巍巍如是。若有衆生，多
於淫欲，常念恭敬觀世音菩薩，
便得離欲。若多嗔恚。常念恭敬
觀世音菩薩，便得離嗔。若多愚
痴，常念恭敬觀世音菩薩，便得
離痴。無盡意，觀世音菩薩，有如
是等大威神力，多所饒益，是故
衆生，常應心念。若有女人，設欲
求男，禮拜供養觀世音菩薩，便
生福德智慧之男，設欲求女，便
生端正有相之女，宿植德本，衆
人愛敬。無盡意，觀世音菩薩有
如是力，若有衆生，恭敬禮拜觀

① 《俄藏黑水城文獻》第二册，第 402—404 頁。

世音菩薩，福不唐捐，是故衆生
皆應受持觀世音菩薩名號。無
盡意，若有人，受持六十二億恒
河沙菩薩名字，復盡形供養飲
食，衣服，卧具，醫藥，於汝意云何，
是善男子，善女人，功德多不？無
盡意言：甚多，世尊。佛言：若復有
人，受持觀世音菩薩名號，乃至
一時禮拜，供養，是二人福，正等
無异，於百千萬億劫，不可窮盡，
無盡意，受持觀世音菩薩名號，
得如是無量無邊福德之利。無
盡意菩薩白佛言：世尊，觀世音
菩薩，云何游此娑婆世界，云何
而爲衆生説法，方便之力，其事
云何？佛告無盡意菩薩：善男子，
若有國土衆生，應以佛身得度
者，觀世音菩薩即現佛身而爲
説法。應以辟支佛身得度者，即
現辟支佛身而爲説法。應以聲
聞身得度者，即現聲聞身而爲
説法。應以梵王身得度者，即現
梵王身而爲説法。應以帝釋身
得度者，即現帝釋身而爲説法。
應以自在天身得度者，即現自
在天身而爲説法。應以大自在
天身得度者，即現大自在天身
而爲説法。應以天大將軍身得
度者，即現天大將軍身而爲説
法。應以毗沙門身得度者，即現
毗沙門身而爲説法。應以小王
身得度者，即現小王身而爲説
法。應以長者身得度者，即現長
者身而爲説法。應以居士身得
度者，即現居士身而爲説法。應
以宰官身得度者，即現宰官身

□□□□□□□□[1]門身得度
□□□□□□□□□[2]説法。應
以比丘，比丘尼，優婆塞，優婆夷
□[3]得度者，即現比丘，比丘尼，優
婆塞，優婆夷身而爲説法。應以
長者，居士，宰官，婆羅門婦女身
得度者，即現婦女身而爲説法。
應以童男，童女身得度者，即現
童男，童女身而爲説法。應以天
龍，夜叉，乾闥婆，阿修羅，迦樓羅，
緊那羅，摩侯羅伽，人非人等身
得度者，即皆現之而爲説法。應
以執金剛身得度者，即現執金
剛身而爲説法。無盡意，是觀世
音菩薩成就如是功德，以種種
形，游諸國土，度脱衆生，是故汝
等應當一心供養觀世音菩薩。
薩摩訶薩，於怖畏急難之中，能施
無畏，是故此娑婆世界，皆號之
爲施無畏者。無盡意菩薩白佛
言：世尊，我今當供養觀世音菩
薩。即解頸衆寶珠瓔珞，價值百
千两金，而以與之，作是言：仁者，
受此法施珍寶瓔珞。時觀世音
菩薩不肯受之。無盡意復白觀
世音菩薩言：仁者，湣我等故，受
此瓔珞。爾時佛告觀世音菩薩：
當湣此無盡意菩薩，及四衆，天，
龍，夜叉，乾闥婆，阿修羅，迦樓羅，
緊那羅，摩侯羅伽，人非人等故，
受是瓔珞。即時觀世音菩薩湣
諸四衆，及於天，龍，人非人等，受
其瓔珞，分作二分，一分奉釋迦

① 疑爲“而爲説法。應以婆羅”。
② 疑爲“者，即現婆羅門身而爲”。
③ 疑爲“身”。

□□□□[①]分奉多寶佛塔。無盡
□□□□□□[②]有如是自在神
力，游於□□[③]世界。爾時無盡意
菩薩以偈問曰：
世尊妙相具，我今重問彼
【後缺】

（二十一）俄 TK138《妙法蓮華經觀世音菩薩普門品第二十五》[④]

【題解】

西夏刻本。經折裝，丙種本。未染楮紙。共 10 折半，21 面。高 25.5 釐米，面寬 11 釐米。版框高 22.8 釐米。天頭 1.8 釐米，地脚 1.1 釐米。每面 6 行，行 18 字。上下雙邊，寫刻體，墨色深匀。經文每 5 面首行右側上方刻小字“觀音一”“音二”至“音五”。

妙法蓮華經觀世音菩薩普門品第二十五
爾時無盡意菩薩，即從座起，偏袒右肩，合掌嚮
佛，而作是言：世尊，觀世音菩薩，以何因緣，名觀
世音？佛告無盡意菩薩：善男子，若有無量百千
萬億衆生，受諸苦惱，聞是觀世音菩薩，一心稱
名，觀世音菩薩即時觀其音聲，皆得解脱。若有
持是觀世音菩薩名者，設入大火，火不能燒，由
是菩薩威神力故。若爲大水所漂，稱其名號，即
得淺處。若有百千萬億衆生，爲求金，銀，琉璃，車
磲，瑪瑙，珊瑚，琥珀，真珠，等寶，入於大海，假使黑
風吹其船舫，飄墮羅刹鬼國，其中若有乃至一
人，稱觀世音菩薩名者，是諸人等，皆得解脱羅
刹之難。以是因緣，名觀世音。若復有人，臨當被
害，稱觀世音菩薩名者，彼所執刀杖，尋段段壞，
而得解脱。若三千大千國土，滿中夜叉，羅刹，欲
來惱人，聞其稱觀世音菩薩名者，是諸惡鬼，尚
不能以惡眼視之，况復加害。設復有人，若有罪，
若無罪，杻械，枷鎖，檢系其身，稱觀世音菩薩名

① 疑爲“牟尼佛，一”。
② 疑爲“意，觀世音菩薩”。
③ 疑爲“娑婆”。
④ 《俄藏黑水城文獻》第三册，第 193—196 頁。

者，皆悉斷壞，即得解脱。若三千大千國土，滿中
怨賊，有一商主，將諸商人，賫持重寶，經過險路，
其中一人，作是唱言：諸善男子，勿得恐怖，汝等
應當一心稱觀世音菩薩名號，是菩薩能以無
畏施於衆生，汝等若稱名者，於此怨賊，當得解
脱。衆商人聞，俱發聲言：南無觀世音菩薩。稱其
名故，即得解脱。無盡意，觀世音菩薩摩訶薩威
神之力，巍巍如是。若有衆生，多於淫欲，常念恭
敬觀世音菩薩，便得離欲。若多嗔恚。常念恭敬
觀世音菩薩，便得離嗔。若多愚痴，常念恭敬觀
世音菩薩，便得離痴。無盡意，觀世音菩薩，有如
是等大威神力，多所饒益，是故衆生，常應心念。
若有女人，設欲求男，禮拜供養觀世音菩薩，便
生福德智慧之男，設欲求女，便生端正有相之
女，宿植德本，衆人愛敬。無盡意，觀世音菩薩有
如是力，若有衆生，恭敬禮拜觀世音菩薩，福不
唐捐，是故衆生皆應受持觀世音菩薩名號。無
盡意，若有人，受持六十二億恒河沙菩薩名字，
復盡形供養飲食，衣服，卧具，醫藥，於汝意云何，
是善男子，善女人，功德多不？無盡意言：甚多，世
尊。佛言：若復有人，受持觀世音菩薩名號，乃至
一時禮拜，供養，是二人福，正等無异，於百千萬
億劫，不可窮盡，無盡意，受持觀世音菩薩名號，
得如是無量無邊福德之利。無盡意菩薩白佛
言：世尊，觀世音菩薩，云何游此娑婆世界，云何
而爲衆生説法，方便之力，其事云何？佛告無盡
意菩薩：善男子，若有國土衆生，應以佛身得度
者，觀世音菩薩即現佛身而爲説法。應以辟支
佛身得度者，即現辟支佛身而爲説法。應以聲
聞身得度者，即現聲聞身而爲説法。應以梵王
身得度者，即現梵王身而爲説法。應以帝釋身
得度者，即現帝釋身而爲説法。應以自在天身
得度者，即現自在天身而爲説法。應以大自在
天身得度者，即現大自在天身而爲説法。應以
天大將軍身得度者，即現天大將軍身而爲説
法。應以毗沙門身得度者，即現毗沙門身而爲
説法。應以小王身得度者，即現小王身而爲説
法。應以長者身得度者，即現長者身而爲説法。

應以居士身得度者，即現居士身而爲說法。應
以宰官身得度者，即現宰官身而爲說法。應以
婆羅門身得度者，即現婆羅門身而爲說法。應
以比丘，比丘尼，優婆塞，優婆夷身得度者，即現
比丘，比丘尼，優婆塞，優婆夷身而爲說法。應以
長者，居士，宰官，婆羅門婦女身得度者，即現婦
女身而爲說法。應以童男，童女身得度者，即現
童男，童女身而爲說法。應以天龍，夜叉，乾闥婆，
阿修羅，迦樓羅，緊那羅，摩侯羅伽，人非人等身
得度者，即皆現之而爲說法。應以執金剛神得
度者，即現執金剛神而爲說法。無盡意，是觀世
音菩薩成就如是功德，以種種形，游諸國土，度
脱衆生，是故汝等應當一心供養觀世音菩薩。
是觀世音菩薩摩訶薩，於怖畏急難之中，能施
無畏，是故此娑婆世界，皆號之爲施無畏者。無
盡意菩薩白佛言：世尊，我今當供養觀世音菩
薩。即解頸衆寶珠瓔珞，價值百千两金，而以與
之，作是言：仁者，受此法施珍寶瓔珞。時觀世音
菩薩不肯受之。無盡意復白觀世音菩薩言：仁
者，湣我等故，受此瓔珞。爾時佛告觀世音菩薩：
當湣此無盡意菩薩，及四衆，天，龍，夜叉，乾闥婆，
阿修羅，迦樓羅，緊那羅，摩侯羅伽，人非人等故，
受是瓔珞。即時觀世音菩薩湣諸四衆，及於天，
龍，人非人，等，受其瓔珞，分作二分，一分奉釋迦
牟尼佛，一分奉多寶佛塔。無盡意，觀世音菩薩
有如是自在神力，游於娑婆世界。爾時無盡意
菩薩以偈問曰：

世尊妙相具，我今重問彼，佛子何因緣，
名爲觀世音。具足妙相尊，偈答無盡意。
汝聽觀音行，善應諸方所，宏誓深如海，
歷劫不思議，侍多千億佛，發大清净願。
我爲汝略說，聞名及見身，心念不空過，
能滅諸有苦。假使興害意，推落大火坑，
念彼觀音力，火坑變成池。或漂流巨海，
龍魚諸鬼難，念彼觀音力，波浪不能没。
或在須彌峰，爲人所推墮，念彼觀音力，
如日虚空住。或被惡人逐，墮落金剛山，
念彼觀音力，不能損一毛。或值怨賊繞，

各執刀加害，念彼觀音力，咸即起慈心。
或遭王難苦，臨刑欲壽終，念彼觀音力，
刀尋段段壞。或囚禁枷鎖，手足被杻械，
念彼觀音力，釋然得解脱。咒詛諸毒藥，
所欲害身者，念彼觀音力，還著於本人。
或遇惡羅刹，毒龍諸鬼等，念彼觀音力，
時悉不敢害。若惡獸圍繞，利牙爪可怖，
念彼觀音力，疾走無邊方。蚖蛇及蝮蠍，
氣毒烟火燃，念彼觀音力，尋聲自回去。
云雷鼓掣電，降雹澍大雨，念彼觀音力，
應時得消散。衆生被困厄，無量苦逼身，
觀音妙智力，能救世間苦。具足神通力，
廣修智方便，十方諸國土，無刹不現身。
種種諸惡趣，地獄鬼畜生，生老病死苦，
以漸悉令滅。真觀清净觀，廣大智慧觀，
悲觀及慈觀，常願常瞻仰。無垢清净光，
慧日破諸闇，能伏灾風火，普明照世間。
悲體戒雷震，慈意妙大云，澍甘露法雨，
滅除煩惱焰。諍訟經官處，怖畏軍陣中，
念彼觀音力，衆怨悉退散。妙音觀世音，
梵音海潮音，勝彼世間音，是故須常念，
念念勿生疑。觀世音净聖，於苦惱死厄，
能爲作依怙。具一切功德，慈眼視衆生，
福聚海無量，是故應頂禮。
爾時持地菩薩即從座起，前白佛言：世尊，若有衆生，聞是觀世音菩薩品，自在之業，普門示現神通力者，當知是人功德不少。佛説是普門品時，衆中八萬四千衆生，皆發無等等阿耨多羅三藐三菩提心。

佛説觀世音經

（二十二）俄 TK154《妙法蓮華經觀世音普門品第二十五》[①]

【題解】

宋刻本。經折裝。未染楮紙。共 8 折，16 面。高 20.5 釐米，面寬 9 釐米。版框高

① 《俄藏黑水城文獻》第三册，第 372—374 頁。

18.8 釐米，天頭 1.1 釐米，地脚 0.7 釐米。每面 4 行，行 11 字。上下單邊，楷體，墨色中匀。有斷句，有朱筆圈點。已裂爲 4 段，有佚文。

【前缺】
若有罪，若無罪，杻械，枷鎖，
檢系其身，稱觀世音菩薩名
者，皆悉斷壞，即得解脱。若三
千大千國土，满中怨賊，有一
商主，將諸商人，賫持重寶，
經過險路，其中一人，作是唱
言：諸善男子，勿得恐怖，汝等
應當一心稱觀世音菩薩名號，
【中缺】
世音菩薩名號，乃至一時禮
拜，供養，是□[①]人福，正等無异，
於百千萬□[②]劫，不可窮盡，無
盡意，受持□□□□[③]薩名□[④]
得如是無量無邊□□□□[⑤]
無盡意菩薩白佛言：□□□[⑥]
世音菩薩，云何游此□□□[⑦]
界，云何而爲衆生説法，□□[⑧]
之力，其事云何？佛告無□□[⑨]
菩薩：善男子，若有國□□□[⑩]
應以佛身得度□□□□[⑪]
薩即現佛身□□□□□□[⑫]

① 疑爲“二”。
② 疑爲“億”。
③ 疑爲“觀世音菩”。
④ 疑爲“號”。
⑤ 疑爲“福德之利”。
⑥ 疑爲“世尊，觀”。
⑦ 疑爲“娑婆世”。
⑧ 疑爲“方便”。
⑨ 疑爲“盡意”。
⑩ 疑爲“土衆生”。
⑪ 疑爲“者，觀世音菩”。
⑫ 疑爲“而爲説法。應以”。

辟支佛身得□[①]者，即現辟□[②]
佛身而爲説法。應以聲□□[③]
得度者，即現聲聞身而□□[④]
法。應以梵王身得度者，即□[⑤]
梵王身而爲説法。應□□□[⑥]
身得度者，即現帝釋身□□[⑦]
説法。應以自在天身得□□[⑧]
即現自在天身而爲説法。□[⑨]
以大自在天身得度者，即現
【中缺】
沙門身得度者，即現毗沙門
身而爲説法。應以小王身得
度者，即現小王身而爲説法。
應以長者身得度者，即現長
者身而爲説法。應以居士身
得度者，即現居士身而爲説
法。應以宰官身得度者，即現
宰官身而爲説法。應以婆羅
【中缺】
金，而以與之，作是言：仁者，受
此法施珍寶瓔珞。時觀世音菩
薩不肯受之。無盡意復白
觀世音菩薩言：仁者，滑我等
故，受此瓔珞。爾時佛告觀世
音菩薩：當滑此無盡意菩薩，
及四衆，天，龍，夜叉，乾闥婆，阿
修羅，迦樓羅，緊那羅，摩侯羅
伽，人非人，等故，受是瓔珞。即
時觀世音菩薩滑諸四衆，及

---

① 疑爲“度”。
② 疑爲“支”。
③ 疑爲“聞身”。
④ 疑爲“爲説”。
⑤ 疑爲“現”。
⑥ 疑爲“以帝釋”。
⑦ 疑爲“而爲”。
⑧ 疑爲“度者”。
⑨ 疑爲“應”。

於天，龍，人非人，等，受其瓔珞，
分作二分，一分奉釋迦牟尼
佛，一分奉多寶佛塔。無盡意，
觀世音菩薩有如是自在神
力，游於娑婆世界。爾時無盡
意菩薩以偈問曰：
世尊妙相具，我今重問彼，
佛子何因緣，名爲觀世音。
具足妙相尊，偈答無盡意。
汝聽觀音行，善應諸方所，
宏誓深如海，歷劫不思議，
侍多千億佛，發大清净願。
我爲汝略説，聞名及見身，
心念不空過，能滅諸有苦。
假使興害意，推落大火坑，
念彼觀音力，火坑變成池。
或漂流巨海，龍魚諸鬼難，
念彼觀音力，波浪不能没。
【後缺】

（二十三）俄 TK155《妙法蓮華經觀世音菩薩普門品第二十五》①

【題解】

宋刻本，經折裝，未染麻紙。兩種不同版本的斷片混編於一號内。（1）共 1 折，2 面。高 20. 8 釐米，面寬 8. 8 釐米。版框高 16. 5 釐米，天頭 2. 4 釐米，地脚 1. 6 釐米。每面 4 行，行 10 字。上下單邊，宋體，墨色中。（2）共 10 折，20 面。高 20. 5 釐米，面寬 8. 5 釐米。版框高 17. 9 釐米，天頭 1. 9 釐米，地脚 0. 9 釐米。每面 4 行，行 11 字。上下單邊。宋體，墨色中。

【前缺】
若有國土衆生，應以佛身
得度者，觀世音菩薩即現
佛身而爲説法。應以辟支佛
身得度者，即現辟支佛
身而爲説法。應以聲聞身

① 《俄藏黑水城文獻》第三册，第 375—378 頁。

得度者，即現聲聞身而爲
説法。應以梵王身得度者，
即現梵王身而爲説法。應
【中缺】
土，度脱衆生，是故汝等應當
一心供養觀世音菩薩。是觀
世音菩薩摩訶薩，於怖畏急
難之中，能施無畏，是故此娑
婆世界，皆號之爲施無畏者。
盡意菩薩白佛言：世尊，我
今當供養觀世音菩薩。即解
頸衆寶珠瓔珞，價值百千两
金，而以與之，作是言：仁者，受
此法施珍寶瓔珞。時觀世音
菩薩不肯受之。無盡意復白
觀世音菩薩言：仁者，湣我等
故，受此瓔珞。爾時佛告觀世
音菩薩：當湣此無盡意菩薩，
及四衆，天，龍，夜叉，乾闥婆，阿
修羅，迦樓羅，緊那羅，摩侯羅
伽，人非人，等故，受是瓔珞。即
時觀世音菩薩湣諸四衆，及
於天，龍，人非人等，受其瓔珞，
分作二分，一分奉釋迦牟尼
佛，一分奉多寶佛塔。無盡意，
觀世音菩薩有如是自在神
力，游於娑婆世界。爾時無盡
意菩薩以偈問曰：
世尊妙相具，我今重問彼，
佛子何因緣，名爲觀世音。
具足妙相尊，偈答無盡意。
汝聽觀音行，善應諸方所，
宏誓深如海，歷劫不思議，
侍多千億佛，發大清净願。
我爲汝略説，聞名及見身，
心念不空過，能滅諸有苦。
假使興害意，推落大火坑，
念彼觀音力，火坑變成池。

或漂流巨海，龍魚諸鬼難，
念彼觀音力，波浪不能没。
或在須彌峰，爲人所推墮，
念彼觀音力，如日虚空住。
或被惡人逐，墮落金剛山，
念彼觀音力，不能損一毛。
或值怨賊繞，各執刀加害，
念彼觀音力，咸即起慈心。
或遭王難苦，臨刑欲壽終，
念彼觀音力，刀尋段段壞。
或囚禁枷鎖，手足被杻械，
念彼觀音力，釋然得解脱。
咒詛諸毒藥，所欲害身者，
念彼觀音力，還著於本人。
或遇惡羅刹，毒龍諸鬼等，
念彼觀音力，時悉不敢害。
若惡獸圍繞，利牙爪可怖，
念彼觀音力，疾走無邊方。
蚖蛇及蝮蠍，氣毒烟火燃，
念彼觀音力，尋聲自回去。
云雷鼓掣電，降雹澍大雨，
念彼觀音力，應時得消散。
衆生被困厄，無量苦逼身，
觀音妙智力，能救世間苦。
具足神通力，廣修智方便，
十方諸國土，無刹不現身。
種種諸惡趣，地獄鬼畜生，
生老病死苦，以漸悉令滅。
真觀清净觀，廣大智慧觀，
悲觀及慈觀，常願常瞻仰。
無垢清净光，慧日破諸闇，
能伏灾風火，普明照世間。
悲體戒雷震，慈意妙大雲，
澍甘露法雨，滅除煩惱焰。
諍訟經官處，怖畏軍陣中，
念彼觀音力，衆怨悉退散。
妙音觀世音，梵音海潮音，
勝彼世間音，是故須常念，

念念勿生疑。觀世音净聖，
於苦惱死厄，能爲作依怙。
具一切功德，慈眼視衆生，
福聚海無量，是故應頂禮。
爾時持地菩薩即從座起，前
白佛言：世尊，若有衆生，聞是
觀世音菩薩品，自在之業，普
門示現神通力者，當知是人
【後缺】

（二十四）俄 TK156《妙法蓮花經觀世音菩薩普門品第二十五》[①]

【題解】

宋刻本，經折裝，未染麻紙，共 14 折，28 面。高 20.1 釐米，面寬 8.7 釐米。版框高 17 釐米，天頭 1.6 釐米，地脚 1.6 釐米。每面 4 行，行 10 字。上下單邊，楷體，墨色中。每 5—6 面首行右側上方刻小字“音六”“觀八”。

【前缺】
□[②]號，得如是無量□[③]
德之利。無盡意菩薩白佛
言：世尊，觀世音菩薩云何
□[④]此娑婆世界，云何而爲
□[⑤]生説法，方便之力，其事
□[⑥]何？佛告無盡意菩薩：善
□□[⑦]若有國土衆生，應以
佛身得度者，觀世音菩薩
即現佛身而爲説法。應□□[⑧]
支佛身得度者□□□

---

① 《俄藏黑水城文獻》第三册，第 379—383 頁。
② 疑爲“名”。
③ 疑爲“無邊福”。
④ 疑爲“游”。
⑤ 疑爲“衆”。
⑥ 疑爲“云”。
⑦ 疑爲“男子”。
⑧ 疑爲“以辟”。

□□□□□□□□□□①
聞身得度者，即現聲聞身
而爲説法。應以梵王身得
□②者，即現梵王身而爲説
□③應以帝釋身得度者，即
□④帝釋身而爲説法。應以
□⑤在天身得度者，即現自
在天身而爲説法。應以大
□⑥在天身得度者，即現大
□⑦在天身而爲説法。應以
天大將軍身得度者，即現
□⑧大將軍身而爲説法。應
□□⑨沙門身得度者，即現
□□⑩門身而爲説法。應以
□⑪王身得度者，即現小王
□⑫而爲説法。應以長者身
□⑬度者，即現長者身而爲
□⑭法。應以居士身得度者，
□⑮現居士身而爲説法。應
□⑯宰官身得度者，即現宰
□⑰身而爲説法。應以婆羅
門身得度者，即現婆羅門

① 疑爲“即現辟支佛身而爲説法。應以聲”。
② 疑爲“度”。
③ 疑爲“法”。
④ 疑爲“現”。
⑤ 疑爲“自”。
⑥ 疑爲“自”。
⑦ 疑爲“自”。
⑧ 疑爲“天”。
⑨ 疑爲“以毗”。
⑩ 疑爲“毗沙”。
⑪ 疑爲“小”。
⑫ 疑爲“身”。
⑬ 疑爲“得”。
⑭ 疑爲“説”。
⑮ 疑爲“即”。
⑯ 疑爲“以”。
⑰ 疑爲“官”。

身而爲説法。應以比丘，比
丘尼，優婆塞，優婆夷身得
度者，即現比丘，比丘尼，優
婆塞，優婆夷身而爲説法。
應以長者，居士，宰官，婆羅
門婦女身得度者，即現婦
女身而爲説法。應以童男，
童女身得度者，即現童男，
童女身而爲説法。應以天
龍，夜叉，乾闥婆，阿修羅，迦
樓羅，緊那羅，摩侯羅伽，人
非人等，身得度者，即皆現
之而爲説法。應以執金剛
神得度者，即現執金剛神
而爲説法。無盡意，是觀世
音菩薩成就如是功德，以
種種形，游諸國土，度脱衆
生，是故汝等應當一心供
養觀世音菩薩。是觀世音菩
薩摩訶薩，於怖畏急難
之中，能施無畏，是故此娑
婆世界，皆號之爲施無畏
者。無盡意菩薩白佛言：世
尊，我今當供養觀世音菩
薩。即解頸衆寶珠瓔珞，價
值百千两金，而以與之，作
是言：仁者，受此法施珍寶
瓔珞。時觀世音菩薩不肯
受之。無盡意復白觀世音
菩薩言：仁者，湣我等故，受
此瓔珞。爾時佛告觀世音
菩薩：當湣此無盡意菩薩，
及四衆，天，龍，夜叉，乾闥婆，
阿修羅，迦樓羅，緊那羅，摩
侯羅伽，人非人等故，受是
瓔珞。即時觀世音菩薩湣
諸四衆，及於天，龍，人非人
等，受其瓔珞，分作二分，一

分奉釋迦牟尼佛，一分奉
多寶佛塔。無盡意，觀世音
菩薩有如是自在神力，游
於娑婆世界。爾時無盡意
菩薩以偈問曰：
世尊妙相具，我今重問彼，
佛子何因緣，名爲觀世音。
具足妙相尊，偈答無盡意。
汝聽觀音行，善應諸方所，
宏誓深如海，歷劫不思議，
侍多千億佛，發大清净願。
我爲汝略説，聞名及見身，
心念不空過，能滅諸有苦。
假使興害意，推落大火坑，
念彼觀音力，火坑變成池。
或漂流巨海，龍魚諸鬼難，
念彼觀音力，波浪不能没。
或在須彌峰，爲人所推墮，
念彼觀音力，如日虚空住。
或被惡人逐，墮落金剛山，
念彼觀音力，不能損一毛。
或值怨賊繞，各執刀加害，
念彼觀音力，咸即起慈心。
或遭王難苦，臨刑欲壽終，
念彼觀音力，刀尋段段壞。
或囚禁枷鎖，手足被杻械，
念彼觀音力，釋然得解脱。
咒詛諸毒藥，所欲害身者，
念彼觀音力，還著於本人。
或遇惡羅刹，毒龍諸鬼等，
念彼觀音力，時悉不敢害。
若惡獸圍繞，利牙爪可怖，
念彼觀音力，疾走無邊方。
蚖蛇及蝮蠍，氣毒烟火燃，
念彼觀音力，尋聲自回去。
云雷鼓掣電，降雹澍大雨，
念彼觀音力，應時得消散。
衆生被困厄，無量苦逼身，

觀音妙智力，能救世間苦。
具足神通力，廣修智方便，
十方諸國土，無刹不現身。
【後缺】

（二十五）俄 TK167《妙法蓮華經觀世音菩薩普門品第二十五》[①]

【題解】

宋刻本，經折裝，甲種本。潢楮紙。共 26 折，52 面。高 21.3 釐米，面寬 8.7 釐米，版框高 18.1 釐米，天頭 1.5 釐米，地脚 1.7 釐米。每面 4 行，行 11 字。上下單邊，宋體。墨色深匀。封面有楷書題簽。冠佛畫 3 面。右側魚尾下刻："杭州晏家重開大字"。經文已斷句。末尾佚文字及尾題"觀世音經"皆以楷書抄補。每隔 6 面第 2 行上方刻小字"二"至"九"。已裱。

妙法蓮華經觀世音菩薩普門
品第二十五（真言唵哆唎多唎咄哆唎咄咄哆唎薩婆訶）
爾時無盡意菩薩，即從座起，
偏袒右肩，合掌嚮佛，而作是言：
世尊，觀世音菩薩，以何因
緣，名觀世音？佛告無盡意菩
薩：善男子，若有無量百千萬
億衆生，受諸苦惱，聞是觀世
音菩薩，一心稱名，觀世音菩
薩即時觀其音聲，皆得解脱。
若有持是觀世音菩薩名者，
設入大火，火不能燒，由是菩
薩威神力故。若爲大水所漂，
稱其名號，即得淺處。若有百
千萬億衆生，爲求金，銀，琉璃，
硨磲，瑪瑙，珊瑚，琥珀，真珠，等
寶，入於大海，假使黑風吹其
船舫（甫妄），飄墮羅刹鬼國，其中
若有乃至一人，稱觀世音菩
薩名者，是諸人等，皆得解脱
羅刹之難。以是因緣，名觀世

① 《俄藏黑水城文獻》第四册，第 58—67 頁。

音。若復有人，臨當被害，稱觀
世音菩薩名者，彼所執刀杖，
尋段段壞，而得解脱。若三千
大千國土，满中夜叉，羅刹，欲
來惱人，聞其稱觀世音菩薩
名者，是諸惡鬼，尚不能以惡
眼視之，况復加害。設復有人，
若有罪，若無罪，杻械胡介，枷鎖，
檢系其身，稱觀世音菩薩名
者，皆悉斷壞，即得解脱。若三
千大千國土，满中怨賊，有一
商主，將諸商人，賷持重寶，
經〻過險路，其中一人，作是唱
言：諸善男子，勿得恐怖，汝等
應當一心稱觀世音菩薩名
號，是菩薩能以無畏施於衆
生，汝等若稱名者，於此怨賊，
當得解脱。衆商人聞，俱發聲
言：南無觀世音菩薩。稱其名
故，即得解脱。無盡意，觀世音
菩薩摩訶薩威神之力，巍巍
如是。若有衆生，多於淫欲，常
念恭敬觀世音菩薩，便得
離欲。若多嗔恚。常念恭敬
觀世音菩薩，便得離嗔。若多愚
痴，常念恭敬觀世音菩薩，便
得離痴。無盡意，觀世音菩
薩，有如是等大威神力，多所
饒益，是故衆生，常應心念。若
有女人，設欲求男，禮拜供養
觀世音菩薩，便生福德智慧
之男，設欲求女，便生端正有
相之女，宿植德本，衆人愛敬。
無盡意，觀世音菩薩有如是
力，若有衆生，恭敬禮拜觀世
音菩薩，福不唐捐，是故衆生
皆應受持觀世音菩薩名號。
無盡意，若有人，受持六十二

億恒河沙菩薩名字，復盡形
供養飲食，衣服，卧具，醫藥，於
汝意云何，是善男子，善女人，
功德多不？無盡意言：甚多，
世尊。佛言：若復有人，受持觀
世音菩薩名號，乃至一時禮
拜，供養，是二人福，正等無异，
於百千萬億劫，不可窮盡，無
盡意，受持觀世音菩薩名號，
得如是無量無邊福德之利。
無盡意菩薩白佛言：世尊，觀
世音菩薩，云何游此娑婆世
界，云何而爲衆生説法，方便
之力，其事云何？佛告無盡意
菩薩：善男子，若有國土衆生，
應以佛身得度者，觀世音菩
薩即現佛身而爲説法。應以
辟支佛身得度者，即現辟支
佛身而爲説法。應以聲聞身
得度者，即現聲聞身而爲説
法。應以梵王身得度者，即現
梵王身而爲説法。應以帝釋
身[五]得度者，即現帝釋身而爲
説法。應以自在天身得度者，
即現自在天身而爲説法。應
以大自在天身得度者，即現
大自在天身而爲説法。應以
天大將軍身得度者，即現天
大將軍身而爲説法。應以毗
沙門身得度者，即現毗沙門
身而爲説法。應以小王身得
度者，即現小王身而爲説法。
應以長者身得度者，即現長
者身而爲説法。應以居士身
得度者，即現居士身而爲説
法。應以宰官身得度者，即現
宰官身而爲説法。應以婆羅
門身得度者，即現婆羅門身

而爲説法。應以比丘，比丘尼，
優婆塞，優婆夷身得度者，即
現比丘，比丘尼，優婆塞，優婆
夷身而爲説法。應以長者，居
士，宰官，婆羅門婦女身得度
者，即現婦女身而爲説法。應
以童男，童女身得度者，即現
童男，童女身而爲説法。應以
天龍，夜叉，乾闥婆，阿修羅，迦
樓羅，緊那羅，摩侯羅伽，人非
人，等身，得度者，即皆現之而
爲説法。應以執金剛神得度
者，即現執金剛神而爲説法。
無盡意，是觀世音菩薩成就
如是功德，以種種形，游諸國
土，度脱衆生，是故汝等應當
一心供養觀世音菩薩。是觀
世音菩薩摩訶薩，於怖畏急
難之中，能施無畏，是故此娑
婆世界，皆號之爲施無畏者。
無盡意菩薩白佛言：世尊，我
今當供養觀世音菩薩。即解
頸衆寶珠瓔珞，價值百千两
金，而以與之，作是言：仁者，受
此法施珍寶瓔珞。時觀世音
菩薩不肯受之。無盡意復白
觀世音菩薩言：仁者，湣我等
故，受此瓔珞。爾時佛告觀世
音菩薩：當湣此無盡意菩薩，
及四衆，天，龍，夜叉，乾闥婆，阿
修羅，迦樓羅，緊那羅，摩侯羅
伽，人非人，等故，受是瓔珞。即
時觀世音菩薩湣諸四衆，及
於天龍，人非人，等，受其瓔珞，
分作二分，一分奉釋迦牟尼
佛，一分奉多寶佛塔。無盡意，
觀世音菩薩有如是自在神
力，游於娑婆世界。爾時無盡

意菩薩以偈問曰：
世尊妙相具，我今重問彼，
佛子何因緣，名爲觀世音。
具足妙相尊，偈答無盡意。
汝聽觀音行，善應諸方所，
宏誓深如海，歷劫不思議，
侍多千億佛，發大清净願。
我爲汝略説，聞名及見身，
心念不空過，能滅諸有苦。
假使興害意，推落大火坑，
念彼觀音力，火坑變成池。
或漂流巨海，龍魚諸鬼難，
念彼觀音力，波浪不能没。
或在須彌峰，爲人所推墮，
念彼觀音力，如日虚空住。
或被惡人逐，墮落金剛山，
念彼觀音力，不能損一毛。
或值怨賊繞，各執刀加害，
念彼觀音力，咸即起慈心。
或遭王難苦，臨刑欲壽終，
念彼觀音力，刀尋段段壞。
或囚禁枷鎖，手足被杻械，
念彼觀音力，釋然得解脱。
咒詛諸毒藥，所欲害身者，
念彼觀音力，還著於本人。
或遇惡羅刹，毒龍諸鬼等，
念彼觀音力，時悉不敢害。
若惡獸圍繞，利牙爪可怖，
念彼觀音力，疾走無邊方。
蚖蛇及蝮蠍，氣毒烟火燃，
念彼觀音力，尋聲自回去。
云雷鼓掣電，降雹澍大雨，
念彼觀音力，應時得消散。
衆生被困厄，無量苦逼身，
觀音妙智力，能救世間苦。
具足神通力，廣修智方便，
十方諸國土，無刹不現身。
種種諸惡趣，地獄鬼畜生，

生老病死苦，以漸悉令滅。
真觀清净觀，廣大智慧觀，
悲觀及慈觀，常願常瞻仰。
無垢清净光，慧日破諸闇，
能伏灾風火，普明照世間。
悲體戒雷震，慈意妙大雲，
澍甘露法雨，滅除煩惱焰。
諍訟經官處，怖畏軍陣中，
念彼觀音力，衆怨悉退散。
妙音觀世音，梵音海潮音，
勝彼世間音，是故須常念，
念念勿生疑。觀世音净聖，
於苦惱死厄，能爲作依怙。
具一切功德，慈眼視衆生，
福聚海無量，是故應頂禮。
爾時持地菩薩即從座起，前
白佛言：世尊，若有衆生，聞是
觀世音菩薩品，自在之業，普
門示現神通力者，當知□□[①]
功德不少。佛説是普門品□[②]
衆中八萬四千衆生，皆發無
等等阿耨多羅三藐三菩提
心。□□[③]觀世音經。

（二十六）俄 TK168《妙法蓮華經觀世音菩薩普門品第二十五》[④]

【題解】

宋刻本，經折裝。未染麻紙。共 17 折，34 面。高 19.4 釐米，面寬 8.3 釐米，版框高 16.5 釐米，天頭 1.6 釐米，地脚 1.5 釐米。每面 4 行，行 10 字。上下單邊，宋體。墨色深匀。首尾缺。

【前缺】

---

① 疑爲“是人”。
② 疑爲“時”。
③ 疑爲“佛説”。
④ 《俄藏黑水城文獻》第四册，第 67—73 頁。

無盡意，觀世音菩薩摩訶
薩威神之力，巍巍如是。若
有衆生，多於淫欲，常念恭
敬觀世音菩薩，便得離欲。
若多嗔恚。常念恭敬觀世
音菩薩，便得離嗔。若多愚
痴，常念恭敬觀世音菩薩，
便得離痴。無盡意，觀世音
菩薩，有如是等大威神力，
多所饒益，是故衆生，常應
心念。若有女人，設欲求男，
禮拜供養觀世音菩薩，便
生福德智慧之男，設欲求
女，便生端正有相之女，宿
植德本，衆人愛敬。無盡意，
觀世音菩薩有如是力，若
有衆生，恭敬禮拜觀世音
菩薩，福不唐捐，是故衆生
皆應受持觀世音菩薩名
號。無盡意，若有人，受持六
十二億恒河沙菩薩名字，
復盡形供養飲食，衣服，卧
具，醫藥，於汝意云何，是善
男子，善女人，功德多不？無
盡意言：甚多，世尊。佛言：若
復有人，受持觀世音菩薩
名號，乃至一時禮拜，供養，
是二人福，正等無异，於百
千萬億劫，不可窮盡，無盡
意，受持觀世音菩薩名號，
得如是無量無邊福德之
利。無盡意菩薩白佛言：世
尊，觀世音菩薩，云何游此
娑婆世界，云何而爲衆生
説法，方便之力，其事云何？
佛告無盡意菩薩：善男子，
若有國土衆生，應以佛身
得度者，觀世音菩薩即現

佛身而爲説法。應以辟支
佛身得度者，即現辟支佛
身而爲説法。應以聲聞身
得度者，即現聲聞身而爲
説法。應以梵王身得度者，
即現梵王身而爲説法。應
以帝釋身得度者，即現帝
釋身而爲説法。應以自在
天身得度者，即現自在天
身而爲説法。應以大自在
天身得度者，即現大自在
天身而爲説法。應以天大
將軍身得度者，即現天大
將軍身而爲説法。應以毗
沙門身得度者，即現毗沙
門身而爲説法。應以小王
身得度者，即現小王身而
爲説法。應以長者身得度
者，即現長者身而爲説法。
應以居士身得度者，即現
居士身而爲説法。應以宰
官身得度者，即現宰官身
而爲説法。應以婆羅門身
得度者，即現婆羅門身而
爲説法。應以比丘，比丘尼，
優婆塞，優婆夷身得度者，
即現比丘，比丘尼，優婆塞，
優婆夷身而爲説法。應以
長者，居士，宰官，婆羅門婦
女身得度者，即現婦女身
而爲説法。應以童男，童女
身得度者，即現童男，童女
身而爲説法。應以天龍，夜
叉，乾闥婆，阿修羅，迦樓羅，
緊那羅，摩侯羅伽，人非人
等，身得度者，即皆現之而爲
説法。應以執金剛神得度
者，即現執金剛神而爲説

法。無盡意，是觀世音菩薩
成就如是功德，以種種形，
游諸國土，度脱衆生，是故
汝等應當一心供養觀世
音菩薩。是觀世音菩薩摩
訶薩，於怖畏急難之中，能
施無畏，是故此娑婆世界，
皆號之爲施無畏者。無盡
意菩薩白佛言：世尊，我今
當供養觀世音菩薩。即解
頸衆寶珠瓔珞，價值百千
两金，而以與之，作是言：仁
者，受此法施珍寶瓔珞。時
觀世音菩薩不肯受之。無
盡意復白觀世音菩薩言：
仁者，湣我等故，受此瓔珞。
爾時佛告觀世音菩薩：當
湣此無盡意菩薩，及四衆，
天，龍，夜叉，乾闥婆，阿修羅，
迦樓羅，緊那羅，摩侯羅伽，
人非人等故，受是瓔珞。即
時觀世音菩薩湣諸四衆，
及於天，龍，人非人等，受其
瓔珞，分作二分，一分奉釋
迦牟尼佛，一分奉多寶佛
塔。無盡意，觀世音菩薩有
如是自在神力，游於娑婆
世界。爾時無盡意菩薩以
偈問曰：
世尊妙相具，我今重問彼，
佛子何因緣，名爲觀世音。
具足妙相尊，偈答無盡意。
汝聽觀音行，善應諸方所，
宏誓深如海，歷劫不思議，
侍多千億佛，發大清凈願。
我爲汝略説，聞名及見身，
心念不空過，能滅諸有苦。
假使興害意，推落大火坑，

念彼觀音力，火坑變成池。
或漂流巨海，龍魚諸鬼難，
念彼觀音力，波浪不能没。
或在須彌峰，爲人所推墮，
念彼觀音力，如日虚空住。
或被惡人逐，墮落金剛山，
念彼觀音力，不能損一毛。
或值怨賊繞，各執刀加害，
念彼觀音力，咸即起慈心。
或遭王難苦，臨刑欲壽終，
念彼觀音力，刀尋段段壞。
或囚禁枷鎖，手足被杻械，
念彼觀音力，釋然得解脱。
咒詛諸毒藥，所欲害身者，
念彼觀音力，還著於本人。
或遇惡羅刹，毒龍諸鬼等，
念彼觀音力，時悉不敢害。
若惡獸圍繞，利牙爪可怖，
念彼觀音力，疾走無邊方。
蚖蛇及蝮蠍，氣毒烟火燃，
念彼觀音力，尋聲自回去。
云雷鼓掣電，降雹澍大雨，
念彼觀音力，應時得消散。
衆生被困厄，無量苦逼身，
觀音妙智力，能救世間苦。
具足神通力，廣修智方便，
十方諸國土，無刹不現身。
種種諸惡趣，地獄鬼畜生，
生老病死苦，以漸悉令滅。
真觀清净觀，廣大智慧觀，
【後缺】

（二十七）俄 TK169《妙法蓮華經觀世音菩薩普門品第二十五》[①]

【題解】

① 《俄藏黑水城文獻》第四册，第 75 頁。

宋刻本，經折裝。潢楮紙。共 1 折，2 面。高 20.3 釐米，面寬 8 釐米，版框高 17.5 釐米，天頭 2.2 釐米，地脚 0.7 釐米。每面 4 行，行 12 字。上下單邊，宋體。墨色深。

【前缺】
天大將軍身而爲説法。應以毗
沙門身得度者，即現毗沙門身
而爲説法。應以小王身得度者，
即現小王身而爲説法。應以長
者身得度者，即現長者身而爲
説法。應以居士身得度者，即現
居士身而爲説法。應以宰官身
得度者，即現宰官身而爲説法。
【後缺】

（二十八）俄 TK170《妙法蓮華經觀世音菩薩普門品第二十五》[①]

【題解】

宋刻本，經折裝。潢楮紙。共 19 折半，37 面。高 21 釐米，面寬 8 釐米，版框高 16.6 釐米，天頭 2.6 釐米，地脚 1.8 釐米。每面 4 行，行 10 字。上下單邊，寫刻體。墨色深匀。已裂成 3 段，有佚文。經文已斷句。

【前缺】
銀，琉璃，硨磲，□□□[②]瑚，琥
珀，真珠，等寶，入於大海，假
使黑風吹其船舫，飄墮羅
刹鬼國，其中若有乃至一
人，稱觀世音菩薩名者，是
諸人等，皆得解脱羅刹之
難。以是因緣，名觀世音。若
復有人，臨當被害，稱觀世
音菩薩名者，彼所執刀杖，
尋段段壞，而得解脱。若三
千大千國土，満中夜叉，羅
刹，欲來惱人，聞其稱觀世

① 《俄藏黑水城文獻》第四册，第 75—81 頁。
② 疑爲“瑪瑙，珊”。

音菩薩名者，是諸惡鬼，尚
不能以惡眼視之，況復加
害。設復有人，若有罪，若無
罪，杻械，枷鎖，檢系其身，稱
觀世音菩薩名者，皆悉斷
壞，即得解脱。若三千大千
國土，滿中怨賊，有一商主，
將諸商人，賫持重寶，經過
險路，其中一人，作是唱言：
諸善男子，勿得恐怖，汝等
應當一心稱觀世音菩薩
名號，是菩薩能以無畏施
於衆生，汝等若稱名者，於
此怨賊，當得解脱。衆商人
聞，俱發聲言：南無觀世音
菩薩。稱其名故，即得解脱。
無盡意，觀世音菩薩摩訶
薩威神之力，巍巍如是。若
有衆生，多於淫欲，常念恭
敬觀世音菩薩，便得離欲。
若多嗔恚。常念恭敬觀世
音菩薩，便得離嗔。若多愚
痴，常念恭敬觀世音菩薩，
便得離痴。無盡意，觀世音
菩薩，有如是等大威神力，
多所饒益，是故衆生，常應
心念。若有女人，設欲求男，
禮拜供養觀世音菩薩，便
生福德智慧之男，設欲求
女，便生端正有相之女，宿
植德本，衆人愛敬。無盡意，
觀世音菩薩有如是力，若
有衆生，恭敬禮拜觀世音
菩薩，福不唐捐，是故衆生
皆應受持觀世音菩薩名
號。無盡意，若有人，受持六
十二億恒河沙菩薩名字，
復盡形供養飲食，衣服，卧

具，醫藥，於汝意云何，是善
男子，善女人，功德多不？無
盡意言：甚多，世尊。佛言：若
復有人，受持觀世音菩薩
名號，乃至一時禮拜，供養，
是二人福，正等無异，於百
千萬億劫，不可窮盡，無盡
意，受持觀世音菩薩名號，
得如是無量無邊福德之
利。無盡意菩薩白佛言：世
尊，觀世音菩薩，云何游此
娑婆世界，云何而爲衆生
説法，方便之力，其事云何？
佛告無盡意菩薩：善男子，
若有國土衆生，應以佛身
得度者，觀世音菩薩即現
佛身而爲説法。應以辟支
佛身得度者，即現辟支佛
身而爲説法。應以聲聞身
得度者，即現聲聞身而爲
説法。應以梵王身得度者，
即現梵王身而爲説法。應
以帝釋身得度者，即現帝
釋身而爲説法。應以自在
天身得度者，即現自在天
身而爲説法。應以大自在
天身得度者，即現大自在
天身而爲説法。應以天大
將軍身得度者，即現天大
將軍身而爲説法。應以毗
沙門身得度者，即現毗沙
門身而爲説法。應以小王
身得度者，即現小王身而
爲説法。應以長者身得度
者，即現長者身而爲説法。
應以居士身得度者，即現
居士身而爲説法。應以宰
官身得度者，即現宰官身

而爲説法。應以婆羅門身
得度者，即現婆羅門身而
爲説法。應以比丘，比丘尼，
優婆塞，優婆夷身得度者，
【中缺】
爾時佛告觀世音菩薩：當
湣此無盡意菩薩，及四衆，
天龍，夜叉，乾闥婆，阿修羅，
迦樓羅，緊那羅，摩侯羅伽，
人非人等故，受是瓔珞。即
時觀世音菩薩湣諸四衆，
及於天龍，人非人等，受其
瓔珞，分作二分，一分奉釋
迦牟尼佛，一分奉多竇佛
塔。無盡意，觀世音菩薩有
如是自在神力，游於娑婆
世界。爾時無盡意菩薩以
偈問曰：
世尊妙相具，我今重問彼，
佛子何因緣，名爲觀世音。
具足妙相尊，偈答無盡意。
汝聽觀音行，善應諸方所，
宏誓深如海，歷劫不思議，
侍多千億佛，發大清净願。
我爲汝略説，聞名及見身，
心念不空過，能滅諸有苦。
假使興害意，推落大火坑，
念彼觀音力，火坑變成池。
或漂流巨海，龍魚諸鬼難，
念彼觀音力，波浪不能没。
或在須彌峰，爲人所推墮，
念彼觀音力，如日虚空住。
或被惡人逐，墮落金剛山，
念彼觀音力，不能損一毛。
或值怨賊繞，各執刀加害，
念彼觀音力，咸即起慈心。
或遭王難苦，臨刑欲壽終，
念彼觀音力，刀尋段段壞。

或囚禁枷鎖，手足被杻械，
念彼觀音力，釋然得解脱。
咒詛諸毒藥，所欲害身者，
念彼觀音力，還著於本人。
或遇惡羅刹，毒龍諸鬼等，
念彼觀音力，時悉不敢害。
若惡獸圍繞，利牙爪可怖，
念彼觀音力，疾走無邊方。
蚖蛇及蝮蠍，氣毒烟火燃，
念彼觀音力，尋聲自回去。
云雷鼓掣電，降雹澍大雨，
念彼觀音力，應時得消散。
衆生被困厄，無量苦逼身，
觀音妙智力，能救世間苦。
具足神通力，廣修智方便，
【中缺】
勝彼世間音，是故須常念，
念念勿生疑。觀世音净聖，
於苦惱死厄，能爲作依怙。
具一切功德，慈眼視衆生，
福聚海無量，是故應頂禮。
爾時持地菩薩即從座起，
前白佛言：世尊，若有衆生，
聞是觀世音菩薩品，自在
【後缺】

（二十九）俄 TK175《妙法蓮華經觀世音菩薩普門品第二十五》[①]

【題解】

宋刻本，卷軸裝。未染楮紙。高 9.2 釐米，寬 25 釐米，上大部殘損，地脚 1.3 釐米。共 9 行，行存 3 字。下單邊，宋體。墨色中。

損一毛
刀加害
起慈心

① 《俄藏黑水城文獻》第四册，第 123 頁。

欲壽終
段段壞
被杻械
得解脱
害身者
於本人

（三十）俄 TK177《妙法蓮華經觀世音菩薩普門品第二十五》①

【題解】

宋刻本，經折裝，潢麻紙。共 3 折，6 面。高 27.7 釐米，面寬 10.8 釐米，版框高 23.8 釐米，天頭 2.4 釐米，地脚 1.4 釐米。上方佛畫高 5.5 釐米。下方經文版心高 17.6 釐米，每面 5 行，行 10 字。上雙邊，下單邊。寫刻體。墨色深匀。

【前缺】
菩薩，福不唐捐，是故衆生
皆應受持觀世音菩薩名
號。無盡意，若有人，受持六
十二億恒河沙菩薩名字，
復盡形供養飲食，衣服，卧
具，醫藥，於汝意云何，是善
男子，善女人，功德多不？無
盡意言：甚多，世尊。佛言：若
復有人，受持觀世音菩薩
名號，乃至一時禮拜，供養，
是二人福，正等無异，於百
千萬億劫，不可窮盡，無盡
意，受持觀世音菩薩名號，
得如是無量無邊福德之
利。無盡意菩薩白佛言：世
尊，觀世音菩薩，云何游此
娑婆世界，云何而爲衆生
説法，方便之力，其事云何？
佛告無盡意菩薩：善男子，
若有國土衆生，應以佛身

① 《俄藏黑水城文獻》第四册，第 124 頁。

得度者，觀世音菩薩即現
佛身而爲説法。應以辟支
佛身得度者，即現辟支佛
身而爲説法。應以聲聞身
得度者，即現聲聞身而爲
説法。應以梵王身得度者，
即現梵王身而爲説法。應
以帝釋身得度者，即現帝
釋身而爲説法。應以自在
天身得度者，即現自在天
【後缺】

（三十一）俄 TK92《佛説觀世音經》[1]

【題解】

西夏刻本。經折裝，乙種本。未染楮紙，共 3 折，6 面。高 29 釐米。面寬 10. 5 釐米。版框高 22. 7 釐米，天頭 4 釐米，地脚 2. 5 釐米。每面 6 行，行 18 字。上下雙邊。寫刻體。墨色深匀。冠佛畫 1 面，上下、左單邊。榜題：如日虚空住，還著於本人，刀尋段段壞。配圖與俄 TK90 不同。爲《妙法蓮華經觀世音菩薩普門品第二十五》之异稱。每面第 2 行，右側上方刻小字“世音”，下刻“四”“五”等字。

【前缺】
觀世音菩薩即時□□□[2]聲，皆得解脱。若有持
是觀世音菩薩□□[3]，設入大火，火不能燒，由是
菩薩威神力故。若爲大水所漂，稱其名號，即得
淺處。若有百千萬億衆生，爲求金，銀，琉璃，車磲，
瑪瑙，珊瑚，琥珀，真珠等寶，入於大海，假使黑風
吹其船舫，飄墮羅刹鬼國，其中若有乃至一人，
稱觀世音菩薩名者，是諸人等，皆得解脱羅刹
之難。以是因緣，名觀世音。若復有人，臨當被害，
稱觀世音菩薩名者，彼所執刀杖，尋段段壞，而
得解脱。若三千大千國土，满中夜叉，羅刹，欲來
惱人，聞其稱觀世音菩薩名者，是諸惡鬼，尚不

① 《俄藏黑水城文獻》第二册，第 329—331 頁。
② 疑爲“觀其音”。
③ 疑爲“名者”。

能以惡眼視之，□□□□□[①]復有人，若有罪，若
□□□□□[②]鎖，檢系其身，稱觀世音菩薩名者，
□□□□□□□□□□□□[③]大千國土，滿中怨
□□□□□□□□□□□□[④]重寳，經過險路，
□□□[⑤]人，作是唱言：□[⑥]善男子，勿得恐怖，汝等
□□□[⑦]心稱觀世音菩薩名號，是菩薩能以無
□□□[⑧]衆生，汝等若稱名者，於此怨賊，當得解
【中缺】
是等大威神□[⑨]，多所饒益，是故□□□□[⑩]心念。
若有女人，設欲求男，禮拜□□□□[⑪]音菩薩，便
生福德智慧之男，設欲求女，便生端正有相之
女，宿植德本，衆人愛敬。無盡意，觀世音菩薩有
如是力，若有衆生，恭敬禮拜觀世音菩薩，福不
唐捐，是故衆生皆應受持觀世音菩薩名號。無
盡意，若有人，受持六十二億恒河沙菩薩名字，
復盡形供養飲食，衣服，卧具，醫藥，於汝意云何，
是善男子，善女人，功德多不？無盡意言：甚多，世
尊。佛言：若復有人，受持觀世音菩薩名號，乃至
一時禮拜，供養，是二人福，正等無异，於百千萬
億劫，不可窮盡，無盡意，受持觀世音菩薩名號，
得如是無量無邊福德之利。無盡意菩薩白佛
言：世尊，觀世音菩薩，云何游此娑婆世界，云何
而爲衆生説法，方便之力，其事云何？佛告無盡
意菩薩：善男子，若有國土衆生，應以佛身得度
者，觀世音菩薩即現佛身而爲説法。應以辟支
佛身得度者，即現辟支佛身而爲説法。應以聲
聞身得度者，即現聲聞身而爲説法。應以梵王

---

① 疑爲“况復加害。設”。
② 疑爲“無罪，杻械，枷”。
③ 疑爲“皆悉斷壞，即得解脱。若三千”。
④ 疑爲“賊，有一商主，將諸商人，賫持”。
⑤ 疑爲“其中一”。
⑥ 疑爲“諸”。
⑦ 疑爲“應當一”。
⑧ 疑爲“畏施於”。
⑨ 疑爲“力”。
⑩ 疑爲“衆生，常應”。
⑪ 疑爲“供養觀世”。

身得度者，即現梵王身而爲説法。應以帝釋身
得度者，即現帝釋身而爲説法。應以自在天身
得度者，即現自在天身而爲説法。應以大自在
天身得度者，即現大自在天身而爲説法。應以
天大將軍身得度者，即現天大將軍身而爲説
法。應以毗沙門身得度者，即現毗沙門身而爲
説法。應以小王身得度者，即現小王身而爲説
法。應以長者身得度者，即現長者身而爲説法。
應以居士身得度者，即現居士身而爲説法。應
以宰官身得度者，即現宰官身而爲説法。應
以婆羅門身得度者，即現婆羅門身而爲説法。應
【中缺】
念彼觀音力，火坑變成池。或漂流巨海，
龍魚諸鬼難，念彼觀音力，波浪不能没。
或在須彌峰，爲人所推墮，念彼觀音力，
如日虚空住。或被惡人逐，墮落金剛山，
念彼觀音力，不能損一毛。或值怨賊繞，
各執刀加害，念彼觀音力，咸即起慈心。
或遭王難苦，臨刑欲壽終，念彼觀音力，
刀尋段段壞。或囚禁枷鎖，手足被杻械，
念彼觀音力，釋然得解脱。咒詛諸毒藥，
所欲害身者，念彼觀音力，還著於本人。
或遇惡羅刹，毒龍諸鬼等，念彼觀音力，
時悉不敢害。若惡獸圍繞，利牙爪可怖，
念彼觀音力，疾走無邊方。蚖蛇及蝮蠍，
氣毒烟火燃，念彼觀音力，尋聲自回去。
云雷鼓掣電，降雹澍大雨，念彼觀音力，
應時得消散。衆生被困厄，無量苦逼身，
觀音妙智力，能救世間苦。具足神通力，
廣修智方便，十方諸國土，無刹不現身。
【中缺】
念彼觀音力，衆怨悉退散。妙音觀世音，
梵音海潮音，勝彼世間音，是故須常念，
念念勿生疑。觀世音浄聖，於苦惱死厄，
能爲作依怙。具一切功德，慈眼視衆生，
福聚海無量，是故應頂禮。
爾時持地菩薩即從座起，前白佛言：世尊，若有
衆生，聞是觀世音菩薩品，自在之業，普門示現

神通力者，當知是人功德不少。佛説是普門品
時，衆中八萬四千衆生，皆發無等等阿耨多羅
三藐三菩提心。
佛説觀世音
【後缺】

（三十二）俄 TK171《佛説觀世音經》[①]

【題解】

西夏刻本，經折裝，未染麻紙。共 6 折，12 面。高 18.1 釐米，面寬 8.1 釐米，版框高 16.1 釐米，天頭 0.9 釐米，地脚 1.1 釐米。每面 5 行，行 14 字。上下單邊，宋體。墨色中。已裂爲 2 段，有佚文。

佛説觀世音經
姚秦三藏沙門鳩摩羅什奉詔譯
爾時無盡意菩薩，即從座起，偏袒右
肩，合掌嚮佛，而作是言：世尊，觀世音
菩薩，以何因緣，名觀世音？佛告無盡
意菩薩：善男子，若有無量百千萬億
衆生，受諸苦惱，聞是觀世音菩薩，一
心稱名，觀世音菩薩即時觀其音聲，
皆得解脱。若有持是觀世音菩薩名
者，設入大火，火不能燒，由是菩薩威
神力故。若爲大水所漂，稱其名號，即
得淺處。若有百千萬億衆生，爲求金，
銀，琉璃，硨磲，瑪瑙，珊瑚，琥珀，真珠，等
寶，入於大海，假使黑風吹其船舫，飄
墮羅刹鬼國，其中若有乃至一人，稱
觀世音菩薩名者，是諸人等，皆得解
脱羅刹之難。以是因緣，名觀世音。若
復有人，臨當被害，稱觀世音菩薩名
者，彼所執刀杖，尋段段壞，而得解脱。
若三千大千國土，満中夜叉，羅刹，欲
來惱人，聞其稱觀世音菩薩名者，是

① 《俄藏黑水城文獻》第四册，第 82—83 頁。該題《佛説觀世音經》是《妙法蓮華經觀世音菩薩普門品第二十五》之别稱。

諸惡鬼，尚不能以惡眼視之，况復加
害。設復有人，若有罪，若無罪，杻械，枷
鎖，檢系其身，稱觀世音菩薩名者，皆
悉斷壞，即得解脱。若三千大千國土，
満中怨賊，有一商主，將諸商人，賫持
重寶，經過險路，其中一人，作是唱言：
諸善男子，勿得恐怖，汝等應當一心
稱觀世音菩薩名號，是菩薩能以無
畏施於衆生，汝等若稱名者，於此怨
賊，當得解脱。衆商人聞，俱發聲言：南
無觀世音菩薩。稱其名故，即得解脱。
無盡意，觀世音菩薩摩訶薩威神之
力，巍巍如是。若有衆生，多於淫欲，常
念恭敬觀世音菩薩，便得離欲。若多
嗔恚。常念恭敬觀世音菩薩，便得離
嗔。若多愚痴，常念恭敬觀世音菩薩，
便得離痴。無盡意，觀世音菩薩，有如
是等大威神力，多所饒益，是故衆生，
常應心念。若有女人，設欲求男，禮拜
【中缺】
薩，於怖畏急難之中，能施無畏，是故
此娑婆世界，皆號之爲施無畏者。無
盡意菩薩白佛言：世尊，我今當供養
觀世音菩薩。即解頸衆寶珠瓔珞，價
值百千两金，而以與之，作是言：仁者，
受此法施珍寶瓔珞。時觀世音菩薩
不肯受之。無盡意復白觀世音菩薩
言：仁者，湣我等故，受此瓔珞。爾時佛
告觀世音菩薩：當湣此無盡意菩薩，
及四衆，天，龍，夜叉，乾闥婆，阿修羅，迦
樓羅，緊那羅，摩侯羅伽，人非人，等故，
受是瓔珞。即時觀世音菩薩湣諸四
衆，及於天，龍，人非人，等，受其瓔珞，分
作二分，一分奉釋迦牟尼佛，一分奉
多寶佛塔。無盡意，觀世音菩薩有如
是自在神力，游於娑婆世界。爾時無
盡意菩薩以偈問曰：
世尊妙相具，我今重問彼，佛子何因緣，

名爲觀世音。具足妙相尊，偈答無盡意。
【後缺】

（三十三）俄 TK196《妙法蓮華經普賢菩薩勸發願品第二十八》[①]

【題解】

元寫本。卷軸裝。未染麻紙，軟。高 18.3 釐米，面寬 53 釐米，2 紙。共 16 行，行 14 字。楷書，墨色中。有校補字。

【前缺】
東□□□□□□□□□□□□□□[②]
華，作無量百千萬億種種伎樂。又與無
數諸天，龍，夜叉，乾闥婆，阿修羅，迦樓
羅，緊那羅，摩侯羅伽，人非人，等，大衆
圍繞，各現威德神通之力。到娑婆世
界，耆闍崛山中，頭面禮釋迦牟尼佛，右
繞七匝，白佛言：世尊，我於寶威德上王
佛國，遥聞此娑婆世界，説法華經，與
無量無邊百千萬億諸菩薩衆，共
來聽受，惟願世尊當爲説之，若善子
男，善女人，於如來滅後，云何能得是法
華經？佛告普賢菩薩：若善男子，善女
人，成就四法，於如來滅後，當得是法華經，一者，爲
諸佛護念，二者，植衆德本，三者，入正定聚，
四者，發救一切衆生之心，善男子，善女子[③]人，
如是成就四法，於如來滅後，必得是經。爾時
【後缺】

（三十四）俄 B57B《妙法蓮華經提婆達多品第十二》[④]

【題解】

① 《俄藏黑水城文獻》第四册，第 200 頁。
② 疑爲“方來，所經諸國，普皆震動，雨寶蓮”。
③ 疑“子”爲衍文。
④ 《俄藏黑水城文獻》第六册，第 41 頁。

唐寫本，卷軸裝，未染麻紙，粗。高 24 釐米，寬 21.8 釐米。共 13 行，行 18 字。隱欄，墨色中。另有華嚴三聖版畫 1 面，西夏刻本，未染麻紙，薄，高 24 釐米，寬 11 釐米。板框高 23.3 釐米，天頭 0.3 釐米，地脚 0.7 釐米。上下雙邊。版畫與 TK61 左面同。

【前缺】
共，神通道力，成等正覺，廣度衆生，皆因提
婆達多善知識故。告諸四衆：提婆達多却後
過無量劫，當得成佛，號曰天王如來，應供，正
遍知，明行足，善逝世間解，無上士，調御丈夫，天
人師，佛，世尊。世界名天道。時天王佛，住世二十
中劫，廣爲衆生説於妙法，恒河沙衆生得
阿羅漢果，無量衆生發緣覺心，恒河沙衆生
發無上道心，得無生忍，至不退轉。時天王佛
般涅槃後，正法住世二十中劫。全身舍利，起
七寶塔，高六十由旬，縱廣四十由旬，諸天人民，
悉以雜華，末香，燒香，塗香，衣服，瓔珞，幢
幡，寶蓋，伎樂，歌頌，禮拜，供養七寶妙塔。無量
衆生，得阿羅漢果，無量衆生，悟辟支佛，不可思
【後缺】

俄藏黑水城漢文佛教文獻華嚴部佛經

（一）俄 TK261《大方廣佛華嚴經世界品第五之二》[1]

【題解】

金刻本，經折裝。白楮紙。共 1 面，高 20 釐米，上部被裁去，殘高 12.9 釐米，面寬 9.7 釐米。地脚 3.2 釐米。面 9 行，行存 11 字。下單邊，宋體，墨色中。

【前缺】
普音；佛號：一切智遍照。此上
大樹緊那羅音；佛號：無量福
世界，有世界，名：無邊淨光明；
微塵數世界，有世界，名：最勝
刹微塵數世界，有世界，名：衆
過佛刹微塵數世界，有世界，
行光明。此上過佛刹微塵數
海。此上過佛
佛號：寶焰幢。此上過佛
【後缺】

（二）俄 TK185《大方廣佛花嚴經梵行品》[2]

【題解】

① 《俄藏黑水城文獻》第四册，第 329 頁。
② 《俄藏黑水城文獻》第四册，第 162—165 頁。

宋刻本。經折裝。白麻紙，薄。共 7 折，14 面。高 15 釐米，面寬 7 釐米，版框高 11.9 釐米，天頭 2.2 釐米，地脚 1. 釐米。每面 4 行，行 9 字。上下單邊。宋體，墨色中匀。

【前缺】
剃髮是戒耶？著袈裟衣
是戒耶？乞食是戒耶？正
命是戒耶？如是觀已，於
身無所取，於修無所著，
於法無所住；過去已滅，
未來未至，現在空寂；無
作業者，無受報者；此世
不移動，彼世不改變。此
中何法名爲梵行？梵行
從何處來？誰之所有？體
爲是誰？由誰而作？爲是
有，爲是無？爲是色，爲非
色？爲是受，爲非受？爲是
想，爲非想？爲是行，爲非
行？爲是識，爲非識？如是
觀察，梵行法不可得故，
三世法皆空寂故，意無
取著故，心無障礙故，所
行無二故，方便自在故，
受無相[行]法故[五]，觀無相法
故，知佛法平等故，具一
切佛法故，如是名爲清
净梵行。復應修習十種
法。何者爲十？所謂：處非
處智，過現未來業報
智，諸禪解脱三昧智，諸
根勝劣智，種種解智，種
種界智，一切至處道智，
天眼無礙智，宿命無礙
智，永斷習氣智。於如來
十力，一一觀察；一一力
中，有無量義，悉應諮問。
聞已，應起大慈悲心，觀

察衆生而不捨離；思惟
諸法，無有休息；行無上
業，不求果報；了知境界
如幻如夢，如影如響，亦
如變化。若諸菩薩能與
如是觀行相應，於諸法
中不生二解，一切佛法
疾得現前，初發心時即
得阿耨多羅三藐三菩
提，知一切法即心自性，
成就慧身，不由他悟。
大方廣佛花嚴經梵行品
粤以靈靈不昧是萬行
之本源，了了常知乃一
真之心境，夫梵行品者，
意不外此，所以爲三天
之奥義，九會之雄文也。
故特仗鴻勛，虔資抄□
伏願慈航電激作沉迷
曠劫之津梁，寶録套
緜印社稷萬年之席福
辛末伏願王簡迤
【後缺】

（三）俄 TK246《大方廣佛華嚴經梵行品》①

【題解】

金刻本。經折裝。未染麻紙。共 10 折，20 面。高 17. 3 釐米，面寬 9. 3 釐米，版框高 14. 5 釐米，天頭 1. 7 釐米，地脚 1. 1 釐米。每面 5 行，行 9—10 字。上下單邊。宋體，墨色深匀。冠佛畫 1 面。已裱。

大方廣佛華嚴經梵行品
唐于闐國三藏實叉難陀譯
爾時，正念天子白法慧菩
薩言：佛子！一切世界諸菩

① 《俄藏黑水城文獻》第四册，第 308—312 頁。

薩衆，依如來教，染衣出家。
云何而得梵行清净，從菩
薩位逮於無上菩提之道？
法慧菩薩言：佛子！菩薩摩
訶薩修梵行時，應以十法
而爲所緣，作意觀察。所謂：
身，身業，語，語業，意，意業，佛，
法，僧，戒。應如是觀：爲身是
梵行耶？乃至戒是梵行耶？
若身是梵行者，當知梵行
則爲非善，則爲非法，則爲
渾濁，則爲臭惡，則爲不净，
則爲可厭，則爲違逆，則爲
雜染，則爲死屍，則爲蟲聚。
若身業是梵行者，梵行則
是行住坐卧，左右顧視，屈
伸俯仰。若語是梵行者，梵
行則是音聲風息，脣舌喉
吻，吐納抑縱，高低清濁。若
語業是梵行者，梵行則是
起居問訊，略説，廣説，喻説，
直説，贊説，毁説，安立説，隨
俗説，顯了説。若意是梵行
者，梵行則應是覺，是觀，是
分别，是種種分别，是憶念，
是種種憶念，是思惟，是種
種思惟，是幻術，是眠夢。若
意業是梵行者，當知梵行
則是思想，寒熱，饑渴，苦樂，
憂喜。若佛是梵行者，爲色
是佛耶？受是佛耶？想是佛
耶？行是佛耶？識是佛耶？爲
相是佛耶？好是佛耶？神通
是佛耶？業行是佛耶？果報
是佛耶？若法是梵行者，爲
寂滅是法耶？涅槃是法耶？
不生是法耶？不起是法耶？
不可説是法耶？無分别是

法耶？無所行是法耶？不合
集是法耶？[①] 若僧是梵行者，
爲預流嚮是僧耶？預流果
是僧耶？一來嚮是僧耶？一
來果是僧耶？不還嚮是僧
耶？不還果是僧耶？阿羅漢
嚮是僧耶？阿羅漢果是僧
耶？三明是僧耶？六通是僧
耶？若戒是梵行者，爲壇場
是戒耶？問清净是戒耶？教
威儀是戒耶？三説羯磨是
戒耶？和尚是戒耶？阿闍梨
是戒耶？剃髪是戒耶？著袈
裟衣是戒耶？乞食是戒耶？
正命是戒耶？如是觀已，於
身無所取，於修無所著，於
法無所住；過去已滅，未來
未至，現在空寂；無作業者，
無受報者；此世不移動，彼
世不改變。此中何法名爲
梵行？梵行從何處來？誰之
所有？體爲是誰？由誰而作？
爲是有，爲是無？爲是色，爲
非色？爲是受，爲非受？爲是
想，爲非想？爲是行，爲非行？
爲是識，爲非識？如是觀察，
梵行法不可得故，三世法
皆空寂故，意無取著故，心
無障礙故，所行無二故，方
便自在故，受無相法故，觀
無相法故，知佛法平等故，
具一切佛法故，如是名爲
清净梵行。復應修習十種
法。何者爲十？所謂：處非處
智，過現未來業報智，諸禪
解脱三昧智，諸根勝劣智，

① 疑有脱文“不隨順是法耶？無所得是法耶？”

種種解智，種種界智，一切
至處道智，天眼無礙智，宿
命無礙智，永斷習氣智。於
如來十力，一一觀察；一一
力中，有無量義，悉應諮問。
聞已，應起大慈悲心，觀察
衆生而不捨離；思惟諸法，
無有休息；行無上業，不求
果報；了知境界如幻如夢，
如影如響，亦如變化。若諸
菩薩能與如是觀行相應，
於諸法中不生二解，一切
佛法疾得現前，初發心時
即得阿耨多羅三藐三菩
提，知一切法即心自性，成
就慧身，不由他悟。□□□□□①
　　大方廣佛華嚴經梵行品

（四）俄 TK256《大方廣佛華嚴經梵行品》②

【題解】

西夏刻本，經折裝。未染麻紙。存1面的右半部分，呈月牙形。高13.6釐米，寬6.3釐米。版框高11釐米，天頭1.8釐米，地脚1釐米。共4行，行11字。上下單邊，宋體，墨色偏淡。

【前缺】
若戒是梵行者爲壇場是戒
耶問□□□□□教威儀是
□□□□□□□□耶和上
□□□□□□□□□□發
【後缺】

① 疑爲"净信弟子李"。
② 《俄藏黑水城文獻》第四册，第325頁。

（五）俄 A20V.2《大方廣佛華嚴經梵行品第十六》①

【前缺】
來未至現在空寂無作□
報者此世不移動彼世□
何法名爲梵行梵行從□
之，所有體爲是誰由誰□
有爲是無爲是色，爲非□
爲非受爲是想爲非想□
非行爲是識爲非識如□
行法不可得，故三世法皆□
【中缺】
牛只□　法耶
有且□　説是
有田絶　法耶
雨鷉□　有爲
藏密大　一來
修白□　還嚮
釣魚□　漢嚮
圓曆□　工表
【中缺】
是僧耶阿羅漢果是僧□
僧耶，六通是僧耶，若戒是□
壇場，是戒耶，問清净具□
儀，是戒耶，三説羯磨是□
戒耶，阿闍梨是戒耶，剃□
【中缺】
隨俗説顯了，若意是
則應是覺是觀是分別
種種憶念是思維是種
術是眠夢，若意業是
梵行則是思想，寒熱饑
細，若佛是梵行者，爲色

① 《俄藏黑水城文獻》第五册，第 271—288 頁。

是佛耶，爲相是佛耶，好是
是佛耶，業行是佛耶，
佛耶若法是梵行者，爲
涅槃是法耶，不生是法耶
法耶無分别，是法耶，無
不合急是法耶，若僧是
預，流嚮是僧耶，預流果
嚮是僧耶，一來果是僧
是僧耶，不還果是僧耶
□□□□□□□□□□
十行十
等覺
所得
覺明
垢洗
鬼神
提無
若諸
行者
是憶
思維
行者
苦浪
是佛
佛耶
佛耶
菩薩言佛
依如來教
梵行品

（六）俄 TK88《大方廣佛花嚴經卷第四十》[①]

【題解】

西夏刻本。卷軸裝。潢楮紙。已裂爲 2 段，有佚文。（1）高 29.5 釐米，寬 131.5 釐

① 《俄藏黑水城文獻》第二册，第 317—325 頁。筆者按：雖然尾題爲《大方廣佛花嚴經卷第四十》但其實應命名爲《大方廣佛華嚴經入不思議解脱境界普賢行願品》

米。(2) 高 29.5 釐米，寬 480 釐米。共 12 紙，紙幅 53.5 釐米。版框高 24.2 釐米，天頭 3.6 釐米，地脚 1.6 釐米。每紙 28 行，行 15 字。上下雙邊，宋體，墨色中匀。每紙第 2 行右側上方刻小字“行願經”，空格後刻“三”“四”至“十四”，以計用紙序數。首題缺。經文句末常刻各種圓形尾花。

【前缺】
行願力故。起深信解。現前知見。悉以上
妙諸供養具。而爲供養。所謂華雲鬘雲。
天音樂雲。天傘蓋雲。天衣服雲。天種種
香塗香燒香末香。如是等雲。一一量如
須彌山王。燃種種燈。酥燈油燈諸香油
燈。一一燈柱。如須彌山。一一燈油。如大
海水。以如是等諸供養具。常爲供養。善
男子。諸供養中。法供養最。所謂如説修
行供養。利益衆生供養。攝受衆生供養。
代衆生苦供養。勤修善根供養。不捨菩
薩業供養。不離菩提心供養。善男子。如
前供養無量功德。比法供養。一念功德。
百分不及一。千分不及一。百千俱胝那
由他分。迦羅分。算分。數分。諭分。優波尼
沙陀分。亦不及一。何以故。以諸如來尊
重法故。以如説修行出生諸佛故。若諸菩
薩。行法供養。則得成就供養如來。如是
修行。是真供養故。此廣大最勝供養。虚
空界盡。衆生界盡。衆生業盡。衆生煩惱
盡。我供乃盡。而虚空界。乃□□□□□①
盡故。我此供養。亦無有盡。□□□□□②
有間斷。身語意業無有疲厭。
復次善男子。言懺除業障者。菩□□□③
我於過去無始劫中。由貪嗔疑□□□④
意。作諸惡業。無量無邊。若此惡業□□⑤
相者。盡虚空界不能容受。我今悉以清

① 疑爲“至煩惱。不可”。
② 疑爲“念念相續無”。
③ 疑爲“薩自念”。
④ 疑爲“發身口”。
⑤ 疑爲“有體”。

净三業。遍於法界極微塵刹一切諸佛菩薩衆前。誠心懺悔。後不復造。恒住净戒。一切功德。如是虚空界盡。衆生界盡。衆生業盡。衆生煩惱盡。我懺乃盡。而虚空界。乃至衆生煩惱。不可盡故。我此懺悔無有窮盡。念念相續無有間斷。身語意業無有疲厭。

復次善男子。言隨喜功德者。所有盡法界。虚空界。十方三世一切佛刹極微塵數諸佛如來。從初發心。爲一切智。勤修福聚。不惜身命。經不可説不可説佛刹極微塵數劫。一一劫中。舍不可説不可説佛刹極微塵數頭目手足。如是一切難行苦行。圓满種種波羅蜜門。證入種種菩薩智地。成就諸佛無上菩提。及般涅槃。分布舍利。所有善根。我皆隨喜。及彼十方一切世界。六趣四生。一切種類。所有功德。乃至一塵。我皆隨喜。十方三世一切聲聞。及辟支□□□□□□□①功德。我皆隨□□□②菩薩所□□□□□③苦行。志求□□□□④菩提。廣大□□⑤我皆隨喜。如是虚空界盡。衆生界盡。衆生業盡。衆生煩惱盡。我此隨喜。無有窮盡。念念相續無有間斷。身語意業無有疲厭。

復次善男子。言請轉法輪者。所有盡法界。虚空界。十方三世一切佛刹極微塵中。一一各有不可説不可説佛刹極微塵數廣大佛刹。一一刹中。念念有不可説不可説。佛刹極微塵數一切諸佛成等正覺。一切菩薩海會圍繞。而我悉以身口意業。種種方便。殷勤□□□□□⑥

---

① 疑爲“佛。有學無學。所有”。

② 疑爲“喜，一切”。

③ 疑爲“修無量難行”。

④ 疑爲“無上正等”。

⑤ 疑爲“功德”。

⑥ 疑爲“勸請。轉妙法”。

輪。如是虚空界盡。衆生□□□□□□①
衆生煩惱盡。我常勸請□□□□□□②
法輪。無有窮盡。念念相續□□□□□③
語意業無有疲厭。
復次善男子。言請佛住□□□□□□④
界。虚空界。十方三世一切□□□□□⑤
數諸佛如來。將欲示現般涅槃□□□⑥
菩薩。聲聞緣覺。有學無學。□□□□□⑦
善知識。我悉勸請。莫入涅槃。經□□□⑧
【中缺】
□□□□□□□□⑨示其正路。於闇夜
□□□□□□⑩貧窮者。令得伏藏。菩薩
如是平等饒益一切衆生。何以故。若菩薩
能隨順衆生。則爲隨順供養諸佛。若
於衆生。尊重承事。則爲尊重承事如來。
若令衆生生歡喜者。則令一切如來歡
喜。何以故。諸佛如來。以大悲心而爲體
故。因於衆生。而起大悲。因於大悲。生菩
提心。因菩提心成等正覺。譬如曠野沙
磧之中。有大樹王。若根得水。枝葉花果
悉皆繁茂。生死曠野菩提樹王。亦復如
是。一切衆生而爲樹根。諸佛菩薩而爲
花果。以大悲水。饒益衆生。則能成就諸
佛菩薩智慧花果。何以故。若諸菩薩。以
大悲水。饒益衆生。則能成就阿耨多羅
三藐三菩提故。是故菩提。屬於衆生。若
無衆生。一切菩薩。終不能成無上正覺。
善男子。汝於此義。應如是解。以於衆生

---

① 疑爲“界盡。衆生業盡”。
② 疑爲“一切諸佛。轉正”。
③ 疑爲“無有間斷。身”。
④ 疑爲“世者。所有盡法”。
⑤ 疑爲“佛刹極微塵”。
⑥ 疑爲“者。及諸”。
⑦ 疑爲“乃至一切諸”。
⑧ 疑爲“於一切”。
⑨ 疑爲“爲作良醫。於失道者”。
⑩ 疑爲“中。爲作光明。於”。

心平等故。則能成就圓滿大悲。以大悲
心。隨衆生故。則能成就供養如來。菩薩
如是隨順衆生。虚空界盡。衆生界盡。衆
生業盡。衆生煩惱盡。我此隨順無有窮
盡。念念相續無有間斷。身語意業無有
疲厭。
復次善男子。言普皆回嚮者。從初禮拜。
乃至隨順。所有功德。悉皆回嚮。盡法界。
虚空界。一切衆生。願令衆生常德安樂。
無諸病苦。欲行惡法皆悉不成。所修善
業。悉皆成就。關閉一切諸惡趣門。開示
人涅槃正路。若諸衆生。因其積集諸
惡業故。所感一切極重苦果。我皆代受。
令彼衆生悉得解脱。究竟成就無上菩
提。菩薩如是所修回嚮。虚空界盡。衆生
界盡。衆生業盡。衆生煩惱盡。我此回嚮
無有窮盡。念念相續無有間斷。身語意
業無有疲厭。
善男子。是爲菩薩摩訶薩十種大願具
足圓满。若諸菩薩。於此大願。隨順趣入。
則能成熟一切衆生。則能隨順阿耨多
羅三藐三菩提。則能成满普賢菩薩諸
行願海。是故善男子。汝於此義。應如是
知。若有善男子善女人。以满十方無量
無邊不可説不可説佛刹極微塵數一
切世界。上妙七寶及諸人天最勝安樂。
布施爾所一切世界所有衆生。供養爾
所一切世界諸佛菩薩。經爾所佛刹極
微塵數劫。相續不斷。所得功德。若復有
人。聞此願王。一經於耳。所有功德。比前
功德。百分不及一。千分不及一。乃至優
婆泥沙陀分。亦不及一。若復有人。以深
信心。於此大願。受持讀誦。乃至書寫一
四句偈。速能除滅五無間業。所有世間
身心等病。種種苦惱。乃至佛刹極微塵
數一切惡業。皆得銷除。一切魔軍。夜叉
羅刹。若鳩槃荼若毗舍闍。若部多等。飲
血啖肉。諸惡鬼神。悉皆捨離。或時發心。

親近守護。是故若人誦此願者。行於世
間。無有障礙。如空中月出於燈翳。諸佛
菩薩之所稱贊。一切人天皆應禮敬。一
切衆生悉應供養。此善男子。善得人身。
圓満普賢所有功德。不久當如普賢菩
薩速得成就微妙色身。具三十二大丈
夫相。若生人天。所在之處。常居勝族。悉
能破壞一切惡趣。悉能遠離一切惡友。
悉能制伏一切外道。悉能解脱一切煩
惱。如師子王摧伏群獸。堪受一切衆生
供養。又復是人。臨命終時。最後刹那。一
切諸根悉皆散壞。一切親屬悉皆捨離。
一切威勢悉皆退失。輔相大臣。宫城内
外象馬車乘。珍寶伏藏。如是一切無復
相隨。唯此願王不相捨離。於一切時。引
導其前。一刹那中。即得往生極樂世界。
到已即見阿彌陀佛。文殊師利菩薩。普
賢菩薩。觀自在菩薩。彌勒菩薩等。此諸
菩薩色相端嚴。功德具足。所共圍繞。其
人自見。生蓮華中。蒙佛授記。得授記已。
經於無數百千萬億那由他劫。普於十
方不可説不可説世界。以智慧力。隨衆
生心。而爲利益。不久當坐菩提道場。降
伏魔軍。成等正覺。轉妙法輪。能令佛刹
極微塵數世界衆生。發菩提心。隨其根
性。教化成熟。乃至盡於未來劫海。廣能
利益一切衆生。善男子。彼諸衆生。若聞
若信此大願王。受持讀誦。廣爲人説。所
有功德。除佛世尊餘無知者。是故汝等。
聞此願王。莫生疑念。應當諦受。受已能
讀。讀已能誦。誦已能持。乃至書寫。廣爲
人説。是諸人等。於一念中。所有行願。皆
得成就。所獲福聚無量無邊。能於煩惱
大苦海中。拔濟衆生。令其出離。皆得往
生阿彌陀佛極樂世界。

爾時普賢菩薩摩訶薩。欲重宣此義。普①
悉以普賢行願力，普遍供養諸如來。
我昔所造諸惡業，皆由無始貪恚疑。
從身語意之所生，一切我今皆懺悔。
十方一切諸衆生，二乘有學及無學。
一切如來與菩薩，所有功德皆隨喜。
十方所有世間燈，最初成就菩提者。
我今一切皆勸請，轉於無上妙法輪。
諸佛若欲示涅槃，我悉至誠而勸請。
唯願久住剎塵劫，利樂一切諸衆生。
所有禮贊供養福，請佛住世轉法輪。
隨喜懺悔諸善根，回嚮衆生及佛道。
我隨一切如來學，修行普賢圓満行。
供養過去諸如來，及與現在十方佛。
未來一切天人師，一切意樂皆圓満。
我願普隨三世學，速得成就大菩提。
所有十方一切剎，廣大清凈妙莊嚴。
衆會圍繞諸如來，悉在菩提樹王下。
十方所有諸衆生，願離憂患常安樂。
獲得甚深正法利，滅除煩惱盡無餘。
我爲菩提修行時，一切趣中成宿命。
常得出家修凈戒，無垢無破無穿漏。
天龍夜叉鳩槃荼，乃至人與非人等。
所有一切衆生語，悉以諸音而所法。
勤修清凈波羅蜜，恒不忘失菩提心。
滅除障垢無有餘，一切妙行皆成就。
於諸惑業及魔境，世間道中得解脱。
猶如蓮華不著水，亦如日月不住空。
悉除一切惡道苦，等與一切群生樂。
如是經於剎塵劫，十方利益恒無盡。
我常隨順諸衆生，盡於未來一切劫。
恒修普賢廣大行，圓満無上大菩提。

① 脱文如下："觀十方。而説偈言。所有十方世界中，三世一切人師子。我以清凈身語意，一一遍禮盡無餘。普賢行願威神力，普現一切如來前。一身復現剎塵身，一一遍禮剎塵佛。於一塵中塵數佛，各處菩薩衆會中。無盡法界塵亦然，深信諸佛皆充満。各以一切音聲海，普出無盡妙言辭。盡於未來一切劫，贊佛甚深功德海。以諸最勝妙華鬘，妓樂塗香及傘蓋。如是最勝莊嚴具，我以供養諸如來。最勝衣服最勝香，末香燒相與燈燭。一一皆如妙高聚，我悉供養諸如來。我以廣大勝解心，深信三世一切佛。"

所有與我同行者，於一切處同集會。
身口意業皆同等，一切行願同修學。
所有益我善知識，爲我顯示普賢行。
常願與我同集會，於我常生歡喜心。
願常面見諸如來，及諸佛子衆圍繞。
於彼皆興廣大供，盡未來劫無疲厭。
願持諸佛微妙法，光顯一切菩提行。
究竟清净普賢道，盡未來劫常修習。
我於一切諸有中，所修福智恒無量。
定慧方便及解脱，獲諸無盡功德藏。
一塵中有塵數刹，一一刹有難思佛。
一一佛處衆會中，我見恒演菩提行。
普盡十方諸刹海，一一毛端三世海。
佛海及與國土海，我遍修行經劫海。
一切如來與清净，一言具衆音聲海。
隨諸衆生意樂旨，一一流佛辯才海。
三世一切諸如來，於彼無盡語言海。
恒轉理趣妙法輪，我深智力普能入。
我能深入於未來，盡一切劫爲一念。
三世所有一切劫，爲一念際我皆入。
我於一念見三世，所有一切人師子。
亦常如佛境界中，如幻解脱及威力。
於一毛端極微中，出現三世莊嚴刹。
十方塵刹諸毛端，我皆深入而嚴净。
所有未來照世燈，成道轉法悟群有。
究竟佛事示涅槃，我皆往詣而親近。
速疾周遍神通力，普門遍入大乘力。
智行普修功德力，威神普覆大慈力。
遍净莊嚴勝福力，無著無依智慧力。
定慧方便諸威力，普能積集菩提力。
清净一切善業力，摧滅一切煩惱力。
降伏一切諸魔力，圓滿普賢諸行力。
普能嚴净諸刹海，解脱一切衆生海。
善能分别諸法海，能甚深入智慧海。
普能清净諸行海，圓滿一切諸願海。
親近供養諸佛海，修行無倦經劫海。
三世一切諸如來，最勝菩提諸行願。
我皆供養圓滿修，以普賢行悟菩提。

一切如來有長子，彼名號曰普賢尊。
我今回嚮諸善根，願諸智行悉同彼。
願身口意恒清净，諸行刹土亦復然。
如是智慧號普賢，願我與彼皆同等。
我爲遍净普賢行，文殊師利諸大願。
满彼事業盡無餘，未來際劫恒無倦。
我所修行無有量，獲得無量諸功德。
安住無量諸行中，了達一切神通力。
文殊師利勇猛智，普賢慧行亦復然。
我今回嚮諸善根，隨彼一切常修學。
三世諸佛所稱歎，如是最勝諸大願。
我今回嚮諸善根，爲得普賢殊勝行。
願我臨欲命終時，除盡一切諸障礙。
面見彼佛阿彌陀，即得往生安樂刹。
我既往生彼國已，現前成就此大願。
一切圓满盡無餘，利樂一切衆生界。
彼佛衆會咸清净，我時於勝蓮華生。
親睹如來無量光，現前授我菩提記。
蒙彼如來授記已，化身無數百俱胝。
智力廣大遍十方，普利一切衆生界。
乃至虚空世界盡，衆生及業煩惱盡。
如是一切無盡時，我願究竟恒無盡。
十方所有無邊刹，莊嚴衆寶供如來。
最勝安樂施天人，經一切刹微塵劫。
若人於此勝願王，一經於耳能生信。
求勝菩提心渴仰，獲勝功德過於彼。
即常遠離惡知識，永離一切諸惡道。
速見如來無量光，具此普賢最勝願。
此人善得勝壽命，此人善來人中生。
此人不久當成就，如彼普賢菩薩行。
往昔由無智慧力，所造極惡五無間。
誦此普賢大願王，一念速疾皆銷滅。
族姓種類及容色，相好智慧咸圓满。
諸魔外道不能摧，堪爲三界所應供。
速詣菩提大樹王，坐已降服諸魔衆。
成等正覺轉法輪，普利一切諸含識。
若人於此普賢願，讀誦受持及演説。
果報唯佛能證知，决定獲勝菩提道。

若人誦此普賢願，我説少分之善根。
一念一切悉皆圓，成就衆生清净願。
我此普賢殊勝行，無邊勝福皆回嚮。
普願沉溺諸衆生，速往無量光佛所。
爾時普賢菩薩摩訶薩。於如來前。説此
普賢廣大願王清净偈已。善財童子。踴
躍無量。一切菩薩皆大歡喜。如來讚言。
善哉善哉。
爾時世尊。與諸聖者菩薩摩訶薩。演説
如是不可思議解脱境界勝法門時。文
殊師利菩薩而爲上首。諸大菩薩。及所
成熟。六千比丘。彌勒菩薩而爲上首。賢
劫一切諸大菩薩。無垢普賢菩薩而爲
上首。一生補處住灌頂位諸大菩薩。及
餘十方種種世界。普來集會。一切刹海
極微塵數諸菩薩摩訶薩衆。大智舍利
弗。摩訶目犍連等。而爲上首。諸大聲聞。
并諸人天一切世主。天龍。夜叉。乾闥婆。
阿修羅。迦樓羅。緊那羅。摩睺羅伽。人。非
人。等一切大衆。聞佛所説。皆大歡喜。信
受奉行。
　　大方廣佛華嚴經卷第四十
大延壽寺演妙大德沙門守瓊
散施此經功德大安十年八月日流通[①]
上包四重恩，下濟三塗苦，普施盡法界，萬類諸含識，
依經行願行，廣大無有盡，滅除惡業罪，速證佛菩提。

（七）俄 B62《大方廣佛花嚴經》[②]

【題解】

宋寫本，經折裝。白麻紙，粗皺。共 9 折，18 面。楷書，墨色濃匀，已裂爲數段，有佚文。(1) 大周新譯大方廣佛華嚴經序，3 面，高 18 釐米，面寬 8.7 釐米。字心高 12.8 釐米，天頭 3.5 釐米，地脚 2 釐米。每面 6 行，行 13 字。上下雙邊，中烏絲欄。(2) 大

---

① 筆者按：此大安年號究竟是西夏大安十年（1084 年），還是遼大安十年（1094 年），如果以出土文書地點來講，應是西夏大安十年。

② 《俄藏黑水城文獻》第六册，第 61—64 頁。

方廣佛花嚴經菩薩問明品第十，共10面。高22釐米，面寬8.7釐米，字心高15釐米，天頭4.5釐米，地脚2.2釐米，每面5行，行14字，上下單邊。有佚文。（3）大方廣佛花嚴經入不思議解脱境界普賢行願品。4面。高21釐米，面寬8.2釐米，字心高14.3釐米。天頭4.1釐米，地脚2.4釐米。每面5行，行11字。上下單邊，有佚文。（4）七言偈語。1面。高12.3釐米，面寬8.4釐米。地脚2.2釐米。共3行，行存7字。下單邊，上半部裁去。

大周新譯大方廣佛華嚴經序

天册金輪聖神皇帝　製

蓋聞：造化權輿之首，天道未分；龜
龍系象之初，人文始著。雖萬八千
歲，同臨有截之區；七十二君，詎無
無邊之義。由是人迷四忍，輪回於
六趣之中；家纏五蓋，没施於三塗
之下。及夫鷲岩西峙，象駕東驅，
慧日法王超四大而高視，中天調
禦越十地以居尊，包括鐵圍，延促
沙劫。其爲體也，則不生不滅；其爲
相也，則無去來來。念處、正勤，三
【中缺】
無邊；一毫之中，置刹土而非隘。摩竭
陀，肇興妙會之緣；普光法堂，爰
【中缺】①
譬如他性一，衆生各别住，
地無一异念，諸佛法如是。
亦如火性一，能燒一切物，
火焰無分别，諸佛法如是。
亦如大海一，波濤千萬异，
水無種種殊，諸佛法如是。
【中缺】
如地界一，能生種種芽，
□②地有殊异，諸佛法如是。
如日無云曀，普□③於十方，

① 下文的内容爲：《大方廣華嚴經》卷第十三《菩薩問明品第十》。

② 疑爲“非”。

③ 疑爲“照”。

光明無异性，諸□[①]法如是。
亦如空中月，世間□□□[②]
【中缺】
譬如大梵王，應現满三千，
其身無别异，諸佛法如是。
爾時，文殊師利菩薩問目首菩薩
言：佛子！如來福田，等一無异。云何而
見衆生布施果報不同？所謂：種種
【中缺】
衆生贊歎布施，或贊持戒，或贊堪忍，
或贊精進，或贊禪定，或贊智慧，或
復贊歎慈、悲、喜、舍？而終無有唯以一
法，而得出離成阿耨多羅三藐三菩
提者。時，智首菩薩以頌答曰：
【中缺】
差别。無有不具一切佛法，而成阿耨
多羅三藐三菩提者。時，賢首菩薩
以頌答曰：
文殊法常爾，法王唯一法，
一切無礙人，一道出生死。
【中缺】
辯才，演暢如來所有境界！何等是
佛境界？何等是佛境界因？何等
是佛境界度？何等是佛境界入？
何等是佛境界智？何等是佛境
界法？何等是佛境界説？何等是
【中缺】
如來深境界，
億萬常宣説
隨其心智惠，
如是度衆生
世間諸國王
【中缺】
智身無有色，
諸佛智自在，

① 疑爲“佛”。
② 疑爲“靡不見”。

如是惠境界，
法界衆生界，
一切悉了知。
【中缺】
無照無所行，平等行世間。
一切衆生心，普在三世中，
如來於一念，一切悉明達。
爾時，此娑婆世界中，一切衆
生所有法差别、業差别、世間差
别、身差别、根差别、受生差别、持
戒果差别、犯戒果差别、國土
果差别，以佛神力，悉皆明現。如
是，東方百千億那由他無數無
邊無等、不可數、不可稱、不可
【中缺】[①]
善財言。善男子。如來功德。假使
十方一切諸佛經不可説不
可説佛刹極微塵數劫。相續
演説不可窮盡。若欲成就此
功德門。應修十種廣大行願。
【中缺】
生十者普皆回嚮。
善財白言：大聖。云何禮敬乃至
回嚮？普賢菩薩。告善財言：善
男子。言禮敬諸佛者。所有盡法
界。虚空界。十方三世一切佛刹
極微塵數諸佛世尊。我以普
賢行願力故。起深信解。如對
目前。悉以清净身語意業。
常修禮敬。一一佛所。皆現不可
説佛刹極微塵數身。一一身
【中缺】
盡。而衆生界。乃至煩惱□□[②]
盡故。我此禮敬無有窮盡。念
念相續。無有間斷。身語意業

① 下文爲《大方廣佛華嚴經入不思議解脱境界普賢行願品》。
② 疑爲“無有”。

無有疲厭。
復次善男子。言稱贊如來者。
【中缺】
回嚮法界諸衆生，
同見西方無量方，
成就普賢廣大願。

（八）俄 TK61《大方廣佛華嚴經入不思議解脱境界普賢行願品》[①]

【題解】

西夏刻本。經折裝，乙種本。未染楮紙。共 33 折半，67 面。高 28 釐米，面寬 11 釐米。版框高 23.4 釐米，天頭 2.7 釐米，地脚 1.7 釐米。每面 6 行，行 18 字。上下上邊，寫刻體，墨色中匀。冠華嚴三聖佛畫三面（右爲誤黏《金剛經》佛畫 1 面）。題記款刻與俄 TK14《金剛經》（甲種本）、俄 TK42《金剛經》（乙種本）相同。經文每 5 面首行右側上方另刻小字“行一”至“行十三”。

俄 TK61. TK64. TK65. TK161 爲《華嚴經普賢行願品》的四種刻本，行款大體相似，但個别字刻法不同。在《華嚴感通靈傳記》最後句“紅蓮生於舌表”旁雙行小字排式，俄 TK61 與俄 TK64 完全不同。

大方廣佛華嚴經罽賓國三藏般若奉詔譯
入不思議解脱境界普賢行願品
爾時普賢菩薩摩訶薩。稱歎如來勝功德已。告
諸菩薩及善財言。善男子。如來功德。假使十方
一切諸佛經不可説不可説佛刹極微塵數劫。
相續演説不可窮盡。若欲成就此功德門。應修
十種廣大行願。何等爲十？一者禮敬諸佛，二者
稱贊如來，三者廣修供養，四者懺悔業障，五者
隨喜功德，六者請轉法輪，七者請佛住世，八者
常隨佛學，九者恒順衆生，十者普皆回嚮。
善財白言：大聖。云何禮敬乃至回嚮？普賢菩薩
告善財言：善男子。言禮敬諸佛者。所有盡法界。
虚空界。十方三世一切佛刹極微塵數諸佛世
尊。我以普賢行願力故。起深信解。如對目前。悉
以清净身語意業。常修禮敬。一一佛所。皆現不
可説不可説佛刹極微塵數身。一一身體遍禮不

① 《俄藏黑水城文獻》第二册，第 55—65 頁。

可説不可説佛刹極微塵數佛。虚空界盡。我禮乃盡。而虚空界不可盡故。我此禮敬無有窮盡。如是乃至衆生界盡。衆生業盡。衆生煩惱盡。我禮乃盡。而衆生界。乃至煩惱無有盡故。我此禮敬無有窮盡。念念相續。無有間斷。身語意業無有疲厭。

復次善男子。言稱贊如來者。所有盡法界。虚空界。十方三世一切刹土。所有極微。一一塵中。皆有一切世界極微塵數佛。一一佛所。皆有菩薩海會圍繞。我當悉以甚深勝解。現前知見。各以出過辯才天女微妙舌根。一一舌根。出無盡音聲海。一一音聲。出一切言辭海。稱揚贊歎一切如來諸功德海。窮未來際。相續不斷。盡於法界。無不周遍。如是虚空界盡。衆生界盡。衆生業盡。衆生煩惱盡。我贊乃盡。而虚空界乃至煩惱。無有盡故。我此贊歎無有窮盡。念念相續。無有間斷。身語意業無有疲厭。

復次善男子。言廣修供養者。所有盡法界。虚空界。十方三世一切佛刹極微塵中。一一各有一切世界極微塵數佛。一一佛所。種種菩薩海會圍繞。我以普賢行願力故。起深信解。現前知見。悉以上妙諸供養具。而爲供養。所謂華雲鬘雲。天音樂雲。天傘蓋雲。天衣服雲。天種種香塗香燒香末香。如是等雲。一一量如須彌山王。燃種種燈。酥燈油燈諸香油燈。一一燈柱。如須彌山。一一燈油。如大海水。以如是等諸供養具。常爲供養。善男子。諸供養中。法供養最。所謂如説修行供養。利益衆生供養。攝受衆生供養。代衆生苦供養。勤修善根供養。不捨菩薩業供養。不離菩提心供養。善男子。如前供養無量功德。比法供養。一念功德。百分不及一。千分不及一。百千俱胝那由他分。迦羅分。算分。數分。諭分。優波尼沙陀分。亦不及一。何以故。以諸如來尊重法故。以如説修行出生諸佛故。若諸菩薩。行法供養。則得成就供養如來。如是修行。是真供養故。此廣大最勝供養。虚空界盡。衆生界盡。衆生業盡。衆生煩惱盡。我供乃盡。而虚空界。乃至煩惱。不可盡故。我此供養。亦無有盡。念念相續無有間斷。身語意業無有疲厭。

復次善男子。言懺除業障者。菩薩自念。我於過去無始劫中。由貪嗔疑。發身口意。作諸惡業。無量無邊。若此惡業。有體相者。盡虛空界不能容受。我今悉以清净三業。遍於法界極微塵刹一切諸佛菩薩衆前。誠心懺悔。後不復造。恒住净戒。一切功德。如是虛空界盡。衆生界盡。衆生業盡。衆生煩惱盡。我懺乃盡。而虛空界。乃至衆生煩惱。不可盡故。我此懺悔無有窮盡。念念相續無有間斷。身語意業無有疲厭。

復次善男子。言隨喜功德者。所有盡法界。虛空界。十方三世一切佛刹極微塵數諸佛如來。從初發心。爲一切智。勤修福聚。不惜身命。經不可説不可説極微塵數劫。一一劫中。捨不可説不可説佛刹極微塵數頭目手足。如是一切難行苦行。圓満種種波羅蜜門。證入種種菩薩智地。成就諸佛無上菩提。及般涅槃。分布舍利。所有善根。我皆隨喜。及彼十方一切世界。六趣四生。一切種類。所有功德。乃至一塵。我皆隨喜。十方三世一切聲聞。及辟支佛。有學無學。所有功德。我皆隨喜。一切菩薩所修無量難行苦行。志求無上正等菩提。廣大功德。我皆隨喜。如是虛空界盡。衆生界盡。衆生業盡。衆生煩惱盡。我此隨喜。無有窮盡。念念相續無有間斷。身語意業無有疲厭。

復次善男子。言請轉法輪者。所有盡法界。虛空界。十方三世一切佛刹極微塵中。一一各有不可説不可説佛刹極微塵數廣大佛刹。一一刹中。念念有不可説不可説。佛刹極微塵數一切諸佛成等正覺。一切菩薩海會圍繞。而我悉以身口意業。種種方便。殷勤勸請。轉妙法輪。如是虛空界盡。衆生界盡。衆生業盡。衆生煩惱盡。我常勸請一切諸佛。轉正法輪。無有窮盡。念念相續無有間斷。身語意業無有疲厭。

復次善男子。言請佛住世者。所有盡法界。虛空界。十方三世一切佛刹極微塵數諸佛如來。將欲示現般涅槃者。及諸菩薩。聲聞緣覺。有學無學。乃至一切諸善知識。我悉勸請。莫入涅槃。經於一切佛刹極微塵數劫。爲欲利樂一切衆生。
如是虚空界盡。衆生界盡。衆生業盡。衆生煩惱
盡。我此勸請無有窮盡。念念相續無有間斷。身
語意業無有疲厭。
復次善男子。言常隨佛學者。如此娑婆世界。毗
盧遮那如來。從初發心。精進不退。以不可説不
可説身命而爲布施。剥皮爲紙。折骨爲筆。刺血
爲墨。書寫經典。積如須彌。爲重法故。不惜身命。
何况王位。城邑聚落。宫殿園林。一切所有。及餘
種種難行苦行。乃至樹下成大菩提。示種種神
通。起種種變化。現種種佛身。處種種衆會。或處
一切諸大菩薩衆會道場。或處聲聞辟支佛
衆會道場。或處轉輪聖王小王眷屬衆會道場。
或處刹利及婆羅門長者居士衆會道場。乃至
或處天龍八部人非人等衆會道場。處於如是
種種衆會。以圓满音。如大雷震。隨其樂欲成熟
衆生。乃至示現入於涅槃。如是一切我皆隨學。
如今世尊毗盧遮那。如是盡法界。虚空界。十方
三世一切佛刹所有塵中。一切如來亦皆如是。
於念念中。我皆隨學。①
復次善男子。言恒順衆生者。謂盡法界。虚空界。
十方刹海。所有衆生種種差别。所謂卵生。胎生。
濕生。化生。或有依於地水火風而生住者。或有
依空及諸卉木而生住者。種種生類。種種色身。
種種形狀。種種相貌。種種壽量。種種族類。種種
名號。種種心性。種種知見。種種欲樂。種種意行。
種種威儀。種種衣服。種種飲食。處於種種村營
聚落城邑宫殿。乃至一切天龍八部人非人等。
無足二足。四足多足。有色無色。有想無想。非有
想。非無想。如是等類。我皆於彼。隨順而轉。種種
承事。種種供養。如敬父母。如奉師長。及阿羅漢。
乃至如來。等無有异。於諸病苦。爲作良醫。於失
道者。示其正路。於闇夜中。爲作光明。於貧窮者。
令得伏藏。菩薩如是平等饒益一切衆生。何以
故。若菩薩能隨順衆生。則爲隨順供養諸佛。若

---

① 疑有脱文"如是虚空界盡衆生界盡衆生業，盡衆生煩惱，盡我此隨學，無有窮盡，念念相續無有間斷，身語意業，無有疲厭。"

於衆生。尊重承事。則爲尊重承事如來。若令衆生生歡喜者。則令一切如來歡喜。何以故。諸佛如來。以大悲心而爲體故。因於衆生。而起大悲。因於大悲。生菩提心。因菩提心成等正覺。譬如曠野沙磧之中。有大樹王。若根得水。枝葉花果悉皆繁茂。生死曠野菩提樹王。亦復如是。一切衆生而爲樹根。諸佛菩薩而爲花果。以大悲水。饒益衆生。則能成就諸佛菩薩智慧花果。何以故。若諸菩薩。以大悲水。饒益衆生。則能成就阿耨多羅三藐三菩提故。是故菩提。屬於衆生。若無衆生。一切菩薩。終不能成無上正覺。善男子。汝於此義。應如是解。以於衆生心平等故。則能成就圓滿大悲。以大悲心。隨衆生故。則能成就供養如來。菩薩如是隨順衆生。虚空界盡。衆生界盡。衆生業盡。衆生煩惱盡。我此隨順無有窮盡。念念相續無有間斷。身語意業無有疲厭。

復次善男子。言普皆回嚮者。從初禮拜。乃至隨順。所有功德。悉皆回嚮。盡法界。虚空界。一切衆生。願令衆生常德安樂。無諸病苦。欲行惡法皆悉不成。所修善業。悉皆成就。關閉一切諸惡趣門。開示人涅槃正路。若諸衆生。因其積集諸惡業故。所感一切極重苦果。我皆代受。令彼衆生悉得解脱。究竟成就無上菩提。菩薩如是所修回嚮。虚空界盡。衆生界盡。衆生業盡。衆生煩惱盡。我此回嚮無有窮盡。念念相續無有間斷。身語意業無有疲厭。

善男子。是爲菩薩摩訶薩十種大願具足圓满。若諸菩薩。於此大願。隨順趣入。則能成熟一切衆生。則能隨順阿耨多羅三藐三菩提。則能成满普賢菩薩諸行願海。是故善男子。汝於此義。應如是知。若有善男子善女人。以满十方無量無邊不可説不可説佛刹極微塵數一切世界。上妙七寶及諸人天最勝安樂。布施爾所一切世界所有衆生。供養爾所一切世界諸佛菩薩。經爾所佛刹極微塵數劫。相續不斷。所得功德。若復有人。聞此願王。一經於耳。所有功德。比前功德。百分不及一。千分不及一。乃至優婆泥沙陀分。亦不及一。若復有人。以深信心。於此大願。

受持讀誦。乃至書寫一四句偈。速能除滅五無間業。所有世間身心等病。種種苦惱。乃至佛刹極微塵數一切惡業。皆得銷除。一切魔軍。夜叉羅刹。若鳩槃荼若毗舍闍。若部多等。飲血啖肉。諸惡鬼神。悉皆捨離。或時發心。親近守護。是故若人誦此願者。行於世間。無有障礙。如空中月出於雲翳。諸佛菩薩之所稱贊。一切人天皆應禮敬。一切衆生悉應供養。此善男子。善得人身。圓滿普賢所有功德。不久當如普賢菩薩速得成就微妙色身。具三十二大丈夫相。若生人天。所在之處。常居勝族。悉能破壞一切惡趣。悉能遠離一切惡友。悉能制伏一切外道。悉能解脱一切煩惱。如師子王摧伏群獸。堪受一切衆生供養。又復是人。臨命終時。最後刹那。一切諸根悉皆散壞。一切親屬悉皆捨離。一切威勢悉皆退失。輔相大臣。宫城内外象馬車乘。珍寶伏藏。如是一切無復相隨。唯此願王不相捨離。於一切時。引導其前。一刹那中。即得往生極樂世界。到已即見阿彌陀佛。文殊師利菩薩。普賢菩薩。觀自在菩薩。彌勒菩薩等。此諸菩薩色相端嚴。功德具足。所共圍繞。其人自見。生蓮華中。蒙佛授記。得授記已。經於無數百千萬億那由他劫。普於十方不可説不可説世界。以智慧力。隨衆生心。而爲利益。不久當坐菩提道場。降服魔軍。成等正覺。轉妙法輪。能令佛刹極微塵數世界衆生。發菩提心。隨其根性。教化成熟。乃至盡於未來劫海。廣能利益一切衆生。善男子。彼諸衆生。若聞若信此大願王。受持讀誦。廣爲人説。所有功德。除佛世尊餘無知者。是故汝等。聞此願王。莫生疑念。應當諦受。受已能讀。讀已能誦。誦已能持。乃至書寫。廣爲人説。是諸人等。於一念中。所有行願。皆得成就。所獲福聚無量無邊。能於煩惱大苦海中。拔濟衆生。令其出離。皆得往生阿彌陀佛極樂世界。爾時普賢菩薩摩訶薩。欲重宣此義。普觀十方。而説偈言。

所有十方世界中，三世一切人師子。
我以清净身語意，一一遍禮盡無餘。
普賢行願威神力，普現一切如來前。

一身復現刹塵身，一一遍禮刹塵佛。
於一塵中塵數佛，各處菩薩衆會中。
無盡法界塵亦然，深信諸佛皆充満。
各以一切音聲海，普出無盡妙言辭。
盡於未來一切劫，贊佛甚深功德海。
以諸最勝妙華鬘，妓樂塗香及傘蓋。
如是最勝莊嚴具，我以供養諸如來。
最勝衣服最勝香，末香燒相與燈燭。
一一皆如妙高聚，我悉供養諸如來。
我以廣大勝解心，深信三世一切佛。
悉以普賢行願力，普遍供養諸如來。
我昔所造諸惡業，皆由無始貪恚疑。
從身語意之所生，一切我今皆懺悔。
十方一切諸衆生，二乘有學及無學。
一切如來與菩薩，所有功德皆隨喜。
十方所有世間燈，最初成就菩提者。
我今一切皆勸請，轉於無上妙法輪。
諸佛若欲示涅槃，我悉至誠而勸請。
唯願久住刹塵劫，利樂一切諸衆生。
所有禮贊供養福，請佛住世轉法輪。
隨喜懺悔諸善根，回嚮衆生及佛道。
我隨一切如來學，修行普賢圓満行。
供養過去諸如來，及與現在十方佛。
未來一切天人師，一切意樂皆圓満。
我願普隨三世學，速得成就大菩提。
所有十方一切刹，廣大清凈妙莊嚴。
衆會圍繞諸如來，悉在菩提樹王下。
十方所有諸衆生，願離憂患常安樂。
獲得甚深正法利，滅除煩惱盡無餘。
我爲菩提修行時，一切趣中成宿命。
常得出家修凈戒，無垢無破無穿漏。
天龍夜叉鳩槃荼，乃至人與非人等。
所有一切衆生語，悉以諸音而所法。
勤修清凈波羅蜜，恒不忘失菩提心。
滅除障垢無有餘，一切妙行皆成就。
於諸惑業及魔境，世間道中得解脱。
猶如蓮華不著水，亦如日月不住空。
悉除一切惡道苦，等與一切群生樂。

如是經於剎塵劫，十方利益恒無盡。
我常隨順諸衆生，盡於未來一切劫。
恒修普賢廣大行，圓満無上大菩提。
所有與我同行者，於一切處同集會。
身口意業皆同等，一切行願同修學。
所有益我善知識，爲我顯示普賢行。
常願與我同集會，於我常生歡喜心。
願常面見諸如來，及諸佛子衆圍繞。
於彼皆興廣大供，盡未來劫無疲厭。
願持諸佛微妙法，光顯一切菩提行。
究竟清浄普賢道，盡未來劫常修習。
我於一切諸有中，所修福智恒無量。
定慧方便及解脱，獲諸無盡功德藏。
一塵中有塵數剎，一一剎有難思佛。
一一佛處衆會中，我見恒演菩提行。
普盡十方諸剎海，一一毛端三世海。
佛海及與國土海，我遍修行經劫海。
一切如來與清浄，一言具衆音聲海。
隨諸衆生意樂旨，一一流佛辯才海。
三世一切諸如來，於彼無盡語言海。
恒轉理趣妙法輪，我深智力普能入。
我能深入於未來，盡一切劫爲一念。
三世所有一切劫，爲一念際我皆入。
我於一念見三世，所有一切人師子。
亦常如佛境界中，如幻解脱及威力。
於一毛端極微中，出現三世莊嚴剎。
十方塵剎諸毛端，我皆深入而嚴浄。
所有未來照世燈，成道轉法悟群有。
究竟佛事示涅槃，我皆往詣而親近。
速疾周遍神通力，普門遍入大乘力。
智行普修功德力，威神普覆大慈力。
遍浄莊嚴勝福力，無著無依智慧力。
定慧方便諸威力，普能積集菩提力。
清浄一切善業力，摧滅一切煩惱力。
降伏一切諸魔力，圓満普賢諸行力。
普能嚴浄諸剎海，解脱一切衆生海。
善能分別諸法海，能甚深入智慧海。
普能清浄諸行海，圓満一切諸願海。

親近供養諸佛海，修行無倦經劫海。
三世一切諸如來，最勝菩提諸行願。
我皆供養圓满修，以普賢行悟菩提。
一切如來有長子，彼名號曰普賢尊。
我今回嚮諸善根，願諸智行悉同彼。
願身口意恒清净，諸行剎土亦復然。
如是智慧號普賢，願我與彼皆同等。
我爲遍净普賢行，文殊師利諸大願。
满彼事業盡無餘，未來際劫恒無倦。
我所修行無有量，獲得無量諸功德。
安住無量諸行中，了達一切神通力。
文殊師利勇猛智，普賢慧行亦復然。
我今回嚮諸善根，隨彼一切常修學。
三世諸佛所稱歎，如是最勝諸大願。
我今回嚮諸善根，爲得普賢殊勝行。
願我臨欲命終時，除盡一切諸障礙。
面見彼佛阿彌陀，即得往生安樂剎。
我既往生彼國已，現前成就此大願。
一切圓满盡無餘，利樂一切衆生界。
彼佛衆會咸清净，我時於勝蓮華生。
親睹如來無量光，現前授我菩提記。
蒙彼如來授記已，化身無數百俱胝。
智力廣大遍十方，普利一切衆生界。
乃至虚空世界盡，衆生及業煩惱盡。
如是一切無盡時，我願究竟恒無盡。
十方所有無邊剎，莊嚴衆寳供如來。
最勝安樂施天人，經一切剎微塵劫。
若人於此勝願王，一經於耳能生信。
求勝菩提心渴仰，獲勝功德過於彼。
即常遠離惡知識，永離一切諸惡道。
速見如來無量光，具此普賢最勝願。
此人善得勝壽命，此人善來人中生。
此人不久當成就，如彼普賢菩薩行。
往昔由無智慧力，所造極惡五無間。
誦此普賢大願王，一念速疾皆銷滅。
族姓種類及容色，相好智慧咸圓满。
諸魔外道不能摧，堪爲三界所應供。
速詣菩提大樹王，坐已降服諸魔衆。

成等正覺轉法輪，普利一切諸含識。
若人於此普賢願，讀誦受持及演說。
果報唯佛能證知，决定獲勝菩提道。
若人誦此普賢願，我説少分之善根。
一念一切悉皆圓，成就衆生清净願。
我此普賢殊勝行，無邊勝福皆回嚮。
普願沈溺諸衆生，速往無量光佛刹。

爾時普賢菩薩摩訶薩。於如來前。説此普賢廣大願王清净偈已。善財童子。踴躍無量。一切菩薩皆大歡喜。如來贊言。善哉善哉。

爾時世尊。與諸聖者菩薩摩訶薩。演説如是不可思議解脱境界勝法門時。文殊師利菩薩而爲上首。諸大菩薩。及所成熟。六千比丘。彌勒菩薩而爲上首。賢劫一切諸大菩薩。無垢普賢菩薩而爲上首。一生補處住灌頂位諸大菩薩。及餘十方種種世界。普來集會。一切刹海極微塵數諸菩薩摩訶薩衆。大智舍利弗。摩訶目犍連等。而爲上首。諸大聲聞。并諸人天一切世主。天龍。夜叉。乾闥婆。阿修羅。迦樓羅。緊那羅。摩睺羅伽。人。非人。等一切大衆。聞佛所説。皆大歡喜。信受奉行。

大方廣佛華嚴經卷終

太原崇福寺沙門澄觀校勘詳定譯

華嚴經感通靈應傳記

爾乃十種受持經云十種者，一受持，二讀，三誦，四解説，五寫，六施他，七聽聞，八正聞演，九思惟，十修習誦偈破鐵城之極苦垂拱三年賢安坊中有郭神亮死經十日却蘇云：有一使者，追至冥司，引送地獄，忽見一僧云：我欲救汝獄之苦，教念一偈云，若人欲了知，三世一切佛應觀法界性，一切惟心造，當誦之時受罪者，數千萬人皆得離苦，此乃華嚴經十行品中偈文天帝請講垂拱三年西域有實意三藏常講華嚴經，忽有二人於大衆中禮三藏曰：弟子從切利天帝釋使來請法師天上講華嚴經，法師當時與都講維那等於高座上一時遷化才觀奥怛知思議之難窮龍樹祖師於龍宫見此華嚴經稱是不思議之典，上中本非世傳持惟誦得下本有十萬偈頌因此傳持於世間乍聽靈文弘小典而何及西域無著菩薩弟天親初業小乘，因聞華嚴大教方，獲信悟，深敬華嚴一乘是諸佛境界，遂舍小乘，深自悔疚，欲以利刀割舌，無著誡知，曰：嚮以汝口激揚權教，令還以汝舌，贊美真乘，自滅深累，何斷舌爲？天親於是入山造華嚴十地論上聖同推下類知經云：此經十方諸佛同説，同贊，海會菩薩俱來菩提又云：若菩薩億那由他劫，行六波羅蜜，不聞此經，雖聞不信是等，稱爲假名菩薩但聞其名不墮修羅之四趣傳云：聞大方廣佛華嚴經題七字者，决定不墮修羅餓鬼，地獄，畜生

等四蹵，何況受持法界圓宗真如牓樣華嚴是一乘圓教，乃成佛之宗，得道
之本陞天而能退强敵聖歷年中於闐國中有沙彌，名伽軍，誦華嚴，天帝請迎，乃曰：
每被修羅見擾，故屈師表師，受持華嚴經，諸天護持，請爲誦經，以讓彼敵。遂登華座，誦華嚴經，修羅軍衆觀此威神
即便退却修禪習慧真通九會之中顯慶年中，九龍山有一尼師
精佛乘華嚴秘藏，入山受持十餘載，禮誦無替，依教修行，性定心寂，遂證慈眼，得因陀羅□□境界十方世界
微塵刹海，九會道場，了了明見如鏡中像焉·此典幽玄不可妄傳經云此經
不落一切余衆，生手唯除諸大菩薩種佛善根者水洗持華嚴人之手諸
類承著命盡生天總章元年西域有梵僧來至京洛，見僧看華嚴經，乃曰：此土亦
有此不可思議典，西域傳記中說：有人轉華嚴經，以洗手水滴著一蟻子，命終生切利天，何況受持·非
大非小塵塵諦了此華嚴經是不思議之典，非情量所拘，說大，說小，經云十方諸
佛於一微塵中常轉如是無量法輪，無有間斷金光孕於口中上元年，中洛州敬受寺有
僧歸洛州覲友，路投店宿，與一僧同宿，見此僧問主任索酒肉啖之，其敬受寺僧怒而呵之，續見其僧綏發梵音誦
華嚴經，口角两邊俱放光明，狀若金色，誦至五帙以上，真光漸收，却如僧口。又禪師修德專業華
嚴，書寫此經，識誦之時，金光遠照徹百餘裏紅蓮生於舌表如意元年，漳州有尼戒行
精苦，常誦華嚴，忽然坐化，三年墳上生紅蓮五莖，因發墳破棺，見從舌上而生，光彩鮮艷。
大夏乾祐二十年歲次己酉三月十五日
正宫皇后羅氏謹施

（九）俄 TK63A《大方廣佛華嚴經入不思議解脱境界普賢行願品》①

【題解】

西夏刻本，經折裝，乙種本。參見 TK61。另附 3 塊殘片，分别變爲 A. B. C。

西夏刻本，經折裝，未染麻紙。高 29. 3 釐米，面寬 11 釐米。版框高 23. 1 釐米，天頭 4 釐米，地脚 2. 2 釐米。每面 6 行，行 18 字。上下雙邊。寫刻體。墨色深匀。爲該品最後 2 面經文。

【前缺】
可思議解脱境界勝法門時。文殊師利菩薩而
爲上首。諸大菩薩。及所成熟。六千比丘。彌勒菩
薩而爲上首。賢劫一切諸大菩薩。無垢普賢菩
薩而爲上首。一生補處住灌頂位諸大菩薩。及
餘十方種種世界。普來集會。一切剎海極微塵
數諸菩薩摩訶薩衆。大智舍利弗。摩訶目犍連
【後缺】

① 《俄藏黑水城文獻》第二册，第 66 頁。

（十）俄 TK63AV《大方廣佛華嚴經入不思議解脱境界普賢行願品》[①]

【前缺】
等而爲上首，諸大聲聞并諸人天，一切世主，天
龍，夜叉，乾闥婆，阿修羅，迦樓羅，緊那羅，摩睺羅
伽，人非人等一切大衆，聞佛所説，皆大歡喜信
□□□華嚴
【後缺】

（十一）俄 TK64《大方廣佛華嚴經入不思議解脱境界普賢行願品》[②]

【題解】

西夏刻本。經折裝，丙種本。未染麻紙，粗。共 26 折，52 面。高 27.5 釐米，面寬 11 釐米。版框高 23.3 釐米，天頭 3.2 釐米，地脚 1.1 釐米，每面 6 行，行 18 字。上下雙邊，寫刻體，墨色深匀。冠華嚴三聖佛畫 2 面。最末頁版式與俄 TK61. TK69 不同，與 TK71V 相同。

大方廣佛華嚴經罽賓國三藏般若奉詔譯
入不思議解脱境界普賢行願品
爾時普賢菩薩摩訶薩。稱歎如來勝功德已。告
諸菩薩及善財言。善男子。如來功德。假使十方
一切諸佛經不可説不可説佛刹極微塵數劫。
相續演説不可窮盡。若欲成就此功德門。應修
十種廣大行願。何等爲十？一者禮敬諸佛，二者
稱贊如來，三者廣修供養，四者懺悔業障，五者
隨喜功德，六者請轉法輪，七者請佛住世，八者
常隨佛學，九者恒順衆生，十者普皆回嚮。
善財白言：大聖。云何禮敬乃至回嚮？普賢菩薩
告善財言：善男子。言禮敬諸佛者。所有盡法界。
虚空界。十方三世一切佛刹極微塵數諸佛世
尊。我以普賢行願力故。起深信解。如對目前。悉
以清净身語意業。常修禮敬。一一佛所。皆現不

① 《俄藏黑水城文獻》第二册，第 66 頁。
② 《俄藏黑水城文獻》第二册，第 67—76 頁。

可說不可說佛刹極微塵數身。一一身體遍禮不
可說不可說佛刹極微塵數佛。虚空界盡。我禮
乃盡。而虚空界不可盡故。我此禮敬無有窮盡。
如是乃至衆生界盡。衆生業盡。衆生煩惱盡。我
禮乃盡。而衆生界。乃至煩惱無有盡故。我此禮
敬無有窮盡。念念相續。無有間斷。身語意業無
有疲厭。
復次善男子。言稱贊如來者。所有盡法界。虚空
界。十方三世一切刹土。所有極微。一一塵中。皆
有一切世界極微塵數佛。一一佛所。皆有菩薩
海會圍繞。我當悉以甚深勝解。現前知見。各以
出過辯才天女微妙舌根。一一舌根。出無盡音
聲海。一一音聲。出一切言辭海。稱揚贊歎一切
如來諸功德海。窮未來際。相續不斷。盡於法界。
無不周遍。如是虚空界盡。衆生界盡。衆生業盡。
衆生煩惱盡。我贊乃盡。而虚空界乃至煩惱。無
有盡故。我此贊歎無有窮盡。念念相續。無有間
斷。身語意業無有疲厭。
復次善男子。言廣修供養者。所有盡法界。虚空
界。十方三世一切佛刹極微塵中。一一各有一
切世界極微塵數佛。一一佛所。種種菩薩海會
圍繞。我以普賢行願力故。起深信解。現前知見。
悉以上妙諸供養具。而爲供養。所謂華雲鬘雲。
天音樂雲。天傘蓋雲。天衣服雲。天種種香塗香
燒香末香。如是等雲。一一量如須彌山王。燃種
種燈。酥燈油燈諸香油燈。一一燈柱。如須彌山。
一一燈油。如大海水。以如是等諸供養具。常爲
供養。善男子。諸供養中。法供養最。所謂如說修
行供養。利益衆生供養。攝受衆生供養。代衆生
苦供養。勤修善根供養。不捨菩薩業供養。不離
菩提心供養。善男子。如前供養無量功德。比法
供養。一念功德。百分不及一。千分不及一。百千
俱胝那由他分。迦羅分。算分。數分。諭分。優波尼
沙陀分。亦不及一。何以故。以諸如來尊重法故。
以如說修行出生諸佛故。若諸菩薩。行法供養。則
得成就供養如來。如是修行。是真供養故。此廣
大最勝供養。虚空界盡。衆生界盡。衆生業盡。衆生
煩惱盡。我供乃盡。而虚空界。乃至煩惱。不可盡

故。我此供養。亦無有盡。念念相續無有間斷。身語意業無有疲厭。

復次善男子。言懺除業障者。菩薩自念。我於過去無始劫中。由貪嗔癡。發身口意。作諸惡業。無量無邊。若此惡業。有體相者。盡虚空界不能容受。我今悉以清凈三業。遍於法界極微塵刹一切諸佛菩薩衆前。誠心懺悔。後不復造。恒住凈戒。一切功德。如是虚空界盡。衆生界盡。衆生業盡。衆生煩惱盡。我懺乃盡。而虚空界。乃至衆生煩惱。不可盡故。我此懺悔無有窮盡。念念相續無有間斷。身語意業無有疲厭。

復次善男子。言隨喜功德者。所有盡法界。虚空界。十方三世一切佛刹極微塵數諸佛如來。從初發心。爲一切智。勤修福聚。不惜身命。經不可説不可説極微塵數劫。一一劫中。捨不可説不可説佛刹極微塵數頭目手足。如是一切難行苦行。圓滿種種波羅蜜門。證入種種菩薩智地。成就諸佛無上菩提。及般涅槃。分布舍利。所有善根。我皆隨喜。及彼十方一切世界。六趣四生。一切種類。所有功德。乃至一塵。我皆隨喜。十方三世一切聲聞。及辟支佛。有學無學。所有功德。我皆隨喜。一切菩薩所修無量難行苦行。志求無上正等菩提。廣大功德。我皆隨喜。如是虚空界盡。衆生界盡。衆生業盡。衆生煩惱盡。我此隨喜。無有窮盡。念念相續無有間斷。身語意業無有疲厭。

復次善男子。言請轉法輪者。所有盡法界。虚空界。十方三世一切佛刹極微塵中。一一各有不可説不可説佛刹極微塵數廣大佛刹。一一刹中。念念有不可説不可説。佛刹極微塵數一切諸佛成等正覺。一切菩薩海會圍繞。而我悉以身口意業。種種方便。殷勤勸請。轉妙法輪。如是虚空界盡。衆生界盡。衆生業盡。衆生煩惱盡。我常勸請一切諸佛。轉正法輪。無有窮盡。念念相續無有間斷。身語意業無有疲厭。

復次善男子。言請佛住世者。所有盡法界。虚空界。十方三世一切佛刹極微塵數諸佛如來。將欲示現般涅槃者。及諸菩薩。聲聞緣覺。有學無

學。乃至一切諸善知識。我悉勸請。莫入涅槃。經
於一切佛刹極微塵數劫。爲欲利樂一切衆生。
如是虚空界盡。衆生界盡。衆生業盡。衆生煩惱
盡。我此勸請無有窮盡。念念相續無有間斷。身
語意業無有疲厭。
復次善男子。言常隨佛學者。如此娑婆世界。毗
盧遮那如來。從初發心。精進不退。以不可説不
可説身命而爲布施。剥皮爲紙。折骨爲筆。刺血
爲墨。書寫經典。積如須彌。爲重法故。不惜身命。
何况王位。城邑聚落。宫殿園林。一切所有。及餘
種種難行苦行。乃至樹下成大菩提。示種種神
通。起種種變化。現種種佛身。處種種衆會。或處
一切諸大菩薩衆會道場。或處聲聞辟支佛
衆會道場。或處轉輪聖王小王眷屬衆會道場。
或處刹利及婆羅門長者居士衆會道場。乃至
或處天龍八部人非人等衆會道場。處於如是
種種衆會。以圓滿音。如大雷震。隨其樂欲成熟
衆生。乃至示現入於涅槃。如是一切我皆隨學。
如今世尊毗盧遮那。如是盡法界。虚空界。十方
三世一切佛刹所有塵中。一切如來亦皆如是。
於念念中。我皆隨學。①
復次善男子。言恒順衆生者。謂盡法界。虚空界。
十方刹海。所有衆生種種差别。所謂卵生。胎生。
濕生。化生。或有依於地水火風而生住者。或有
依空及諸卉木而生住者。種種生類。種種色身。
種種形狀。種種相貌。種種壽量。種種族類。種種
名號。種種心性。種種知見。種種欲樂。種種意行。
種種威儀。種種衣服。種種飲食。處於種種村營
聚落城邑宫殿。乃至一切天龍八部人非人等。
無足二足。四足多足。有色無色。有想無想。非有
想。非無想。如是等類。我皆於彼。隨順而轉。種種
承事。種種供養。如敬父母。如奉師長。及阿羅漢。
乃至如來。等無有异。於諸病苦。爲作良醫。於失
道者。示其正路。於闇夜中。爲作光明。於貧窮者。
令得伏藏。菩薩如是平等饒益一切衆生。何以

① 疑有脱文“如是虚空界盡衆生界盡衆生業，盡衆生煩惱，盡我此隨學，無有窮盡，念念相續無有間斷，身語意業，無有疲厭。”

故。若菩薩能隨順衆生。則爲隨順供養諸佛。若於衆生。尊重承事。則爲尊重承事如來。若令衆生生歡喜者。則令一切如來歡喜。何以故。諸佛如來。以大悲心而爲體故。因於衆生。而起大悲。因於大悲。生菩提心。因菩提心成等正覺。譬如曠野沙磧之中。有大樹王。若根得水。枝葉花果悉皆繁茂。生死曠野菩提樹王。亦復如是。一切衆生而爲樹根。諸佛菩薩而爲花果。以大悲水。饒益衆生。則能成就諸佛菩薩智慧花果。何以故。若諸菩薩。以大悲水。饒益衆生。則能成就阿耨多羅三藐三菩提故。是故菩提。屬於衆生。若無衆生。一切菩薩。終不能成無上正覺。善男子。汝於此義。應如是解。以於衆生心平等故。則能成就圓满大悲。以大悲心。隨衆生故。則能成就供養如來。菩薩如是隨順衆生。虚空界盡。衆生界盡。衆生業盡。衆生煩惱盡。我此隨順無有窮盡。念念相續無有間斷。身語意業無有疲厭。

復次善男子。言普皆回嚮者。從初禮拜。乃至隨順。所有功德。悉皆回嚮。盡法界。虚空界。一切衆生。願令衆生常德安樂。無諸病苦。欲行惡法皆悉不成。所修善業。悉皆成就。關閉一切諸惡趣門。開示人涅槃正路。若諸衆生。因其積集諸惡業故。所感一切極重苦果。我皆代受。令彼衆生悉得解脱。究竟成就無上菩提。菩薩如是所修回嚮。虚空界盡。衆生界盡。衆生業盡。衆生煩惱盡。我此回嚮無有窮盡。念念相續無有間斷。身語意業無有疲厭。

善男子。是爲菩薩摩訶薩十種大願具足圓满。若諸菩薩。於此大願。隨順趣入。則能成熟一切衆生。則能隨順阿耨多羅三藐三菩提。則能成满普賢菩薩諸行願海。是故善男子。汝於此義。應如是知。若有善男子善女人。以满十方無量無邊不可説不可説佛刹極微塵數一切世界。上妙七寶及諸人天最勝安樂。布施爾所一切世界所有衆生。供養爾所一切世界諸佛菩薩。經爾所佛刹極微塵數劫。相續不斷。所得功德。若復有人。聞此願王。一經於耳。所有功德。比前功德。百分不及一。千分不及一。乃至優婆泥沙陀分。亦不及一。若復有人。以深信心。於此大願。
受持讀誦。乃至書寫一四句偈。速能除滅五無
間業。所有世間身心等病。種種苦惱。乃至佛刹
極微塵數一切惡業。皆得銷除。一切魔軍。夜叉
羅刹。若鳩槃荼若毗舍闍。若部多等。飲血啖肉。
諸惡鬼神。悉皆捨離。或時發心。親近守護。是故
若人誦此願者。行於世間。無有障礙。如空中月
出於雲翳。諸佛菩薩之所稱贊。一切人天皆應
禮敬。一切衆生悉應供養。此善男子。善得人身。
圓滿普賢所有功德。不久當如普賢菩薩速得
成就微妙色身。具三十二大丈夫相。若生人天。
所在之處。常居勝族。悉能破壞一切惡趣。悉能
遠離一切惡友。悉能制伏一切外道。悉能解脱
一切煩惱。如師子王摧伏群獸。堪受一切衆生
供養。又復是人。臨命終時。最後刹那。一切諸根
悉皆散壞。一切親屬悉皆捨離。一切威勢悉皆
退失。輔相大臣。宫城内外象馬車乘。珍寶伏藏。
如是一切無復相隨。唯此願王不相捨離。於一
切時。引導其前。一刹那中。即得往生極樂世界。
到已即見阿彌陀佛。文殊師利菩薩。普賢菩薩。
觀自在菩薩。彌勒菩薩等。此諸菩薩色相端嚴。
功德具足。所共圍繞。其人自見。生蓮華中。蒙佛
授記。得授記已。經於無數百千萬億那由他劫。
普於十方不可説不可説世界。以智慧力。隨衆
生心。而爲利益。不久當坐菩提道場。降服魔軍。
成等正覺。轉妙法輪。能令佛刹極微塵數世界
衆生。發菩提心。隨其根性。教化成熟。乃至盡於
未來劫海。廣能利益一切衆生。善男子。彼諸衆
生。若聞若信此大願王。受持讀誦。廣爲人説。所
有功德。除佛世尊餘無知者。是故汝等。聞此願
王。莫生疑念。應當諦受。受已能讀。讀已能誦。誦
已能持。乃至書寫。廣爲人説。是諸人等。於一念
中。所有行願。皆得成就。所獲福聚無量無邊。能
於煩惱大苦海中。拔濟衆生。令其出離。皆得往
生阿彌陀佛極樂世界。爾時普賢菩薩摩訶薩。
欲重宣此義。普觀十方。而説偈言。
所有十方世界中，三世一切人師子。
我以清净身語意，一一遍禮盡無餘。

普賢行願威神力，普現一切如來前。
一身復現刹塵身，一一遍禮刹塵佛。
於一塵中塵數佛，各處菩薩衆會中。
無盡法界塵亦然，深信諸佛皆充滿。
各以一切音聲海，普出無盡妙言辭。
盡於未來一切劫，贊佛甚深功德海。
以諸最勝妙華鬘，妓樂塗香及傘蓋。
如是最勝莊嚴具，我以供養諸如來。
最勝衣服最勝香，末香燒相與燈燭。
一一皆如妙高聚，我悉供養諸如來。
我以廣大勝解心，深信三世一切佛。
悉以普賢行願力，普遍供養諸如來。
我昔所造諸惡業，皆由無始貪恚疑。
從身語意之所生，一切我今皆懺悔。
十方一切諸衆生，二乘有學及無學。
一切如來與菩薩，所有功德皆隨喜。
十方所有世間燈，最初成就菩提者。
我今一切皆勸請，轉於無上妙法輪。
諸佛若欲示涅槃，我悉至誠而勸請。
唯願久住刹塵劫，利樂一切諸衆生。
所有禮贊供養福，請佛住世轉法輪。
隨喜懺悔諸善根，回嚮衆生及佛道。
我隨一切如來學，修行普賢圓満行。
供養過去諸如來，及與現在十方佛。
未來一切天人師，一切意樂皆圓満。
我願普隨三世學，速得成就大菩提。
所有十方一切刹，廣大清净妙莊嚴。
衆會圍繞諸如來，悉在菩提樹王下。
十方所有諸衆生，願離憂患常安樂。
獲得甚深正法利，滅除煩惱盡無餘。
我爲菩提修行時，一切趣中成宿命。
常得出家修净戒，無垢無破無穿漏。
天龍夜叉鳩槃荼，乃至人與非人等。
所有一切衆生語，悉以諸音而所法。
勤修清净波羅蜜，恒不忘失菩提心。
滅除障垢無有餘，一切妙行皆成就。
於諸惑業及魔境，世間道中得解脱。
猶如蓮華不著水，亦如日月不住空。

悉除一切惡道苦，等與一切群生樂。
如是經於刹塵劫，十方利益恒無盡。
我常隨順諸衆生，盡於未來一切劫。
恒修普賢廣大行，圓满無上大菩提。
所有與我同行者，於一切處同集會。
身口意業皆同等，一切行願同修學。
所有益我善知識，爲我顯示普賢行。
常願與我同集會，於我常生歡喜心。
願常面見諸如來，及諸佛子衆圍繞。
於彼皆興廣大供，盡未來劫無疲厭。
願持諸佛微妙法，光顯一切菩提行。
究竟清浄普賢道，盡未來劫常修習。
我於一切諸有中，所修福智恒無量。
定慧方便及解脱，獲諸無盡功德藏。
一塵中有塵數刹，一一刹有難思佛。
一一佛處衆會中，我見恒演菩提行。
普盡十方諸刹海，一一毛端三世海。
佛海及與國土海，我遍修行經劫海。
一切如來與清浄，一言具衆音聲海。
隨諸衆生意樂旨，一一流佛辯才海。
三世一切諸如來，於彼無盡語言海。
恒轉理趣妙法輪，我深智力普能入。
我能深入於未來，盡一切劫爲一念。
三世所有一切劫，爲一念際我皆入。
我於一念見三世，所有一切人師子。
亦常如佛境界中，如幻解脱及威力。
於一毛端極微中，出現三世莊嚴刹。
十方塵刹諸毛端，我皆深入而嚴浄。
所有未來照世燈，成道轉法悟群有。
究竟佛事示涅槃，我皆往詣而親近。
速疾周遍神通力，普門遍入大乘力。
智行普修功德力，威神普覆大慈力。
遍浄莊嚴勝福力，無著無依智慧力。
定慧方便諸威力，普能積集菩提力。
清浄一切善業力，摧滅一切煩惱力。
降伏一切諸魔力，圓满普賢諸行力。
普能嚴浄諸刹海，解脱一切衆生海。
善能分别諸法海，能甚深入智慧海。

普能清净諸行海，圓滿一切諸願海。
親近供養諸佛海，修行無倦經劫海。
三世一切諸如來，最勝菩提諸行願。
我皆供養圓滿修，以普賢行悟菩提。
一切如來有長子，彼名號曰普賢尊。
我今回嚮諸善根，願諸智行悉同彼。
願身口意恒清净，諸行刹土亦復然。
如是智慧號普賢，願我與彼皆同等。
我爲遍净普賢行，文殊師利諸大願。
满彼事業盡無餘，未來際劫恒無倦。
我所修行無有量，獲得無量諸功德。
安住無量諸行中，了達一切神通力。
文殊師利勇猛智，普賢慧行亦復然。
我今回嚮諸善根，隨彼一切常修學。
三世諸佛所稱歎，如是最勝諸大願。
我今回嚮諸善根，爲得普賢殊勝行。
願我臨欲命終時，除盡一切諸障礙。
面見彼佛阿彌陀，即得往生安樂刹。
我既往生彼國已，現前成就此大願。
一切圓滿盡無餘，利樂一切衆生界。
彼佛衆會咸清净，我時於勝蓮華生。
親睹如來無量光，現前授我菩提記。
蒙彼如來授記已，化身無數百俱胝。
智力廣大遍十方，普利一切衆生界。
乃至虚空世界盡，衆生及業煩惱盡。
如是一切無盡時，我願究竟恒無盡。
十方所有無邊刹，莊嚴衆寶供如來。
最勝安樂施天人，經一切刹微塵劫。
若人於此勝願王，一經於耳能生信。
求勝菩提心渴仰，獲勝功德過於彼。
即常遠離惡知識，永離一切諸惡道。
速見如來無量光，具此普賢最勝願。
此人善得勝壽命，此人善來人中生。
此人不久當成就，如彼普賢菩薩行。
往昔由無智慧力，所造極惡五無間。
誦此普賢大願王，一念速疾皆銷滅。
族姓種類及容色，相好智慧咸圓满。
諸魔外道不能摧，堪爲三界所應供。

速詣菩提大樹王，坐已降服諸魔衆。
成等正覺轉法輪，普利一切諸含識。
若人於此普賢願，讀誦受持及演説。
果報唯佛能證知，决定獲勝菩提道。
若人誦此普賢願，我説少分之善根。
一念一切悉皆圓，成就衆生清净願。
我此普賢殊勝行，無邊□□□回嚮。
普願沈溺諸衆生，速往無量光佛刹。

爾時普賢菩薩摩訶薩。於如來前。説此普賢廣大願王清净偈已。善財童子。踴躍無量。一切菩薩皆大歡喜。如來贊言。善哉善哉。

爾時世尊。與諸聖者菩薩摩訶薩。演説如是不可思議解脱境界勝法門時。文殊師利菩薩而爲上首。諸大菩薩。及所成熟。六千比丘。彌勒菩薩而爲上首。賢劫一切諸大菩薩。無垢普賢菩薩而爲上首。一生補處住灌頂位諸大菩薩。及餘十方種種世界。普來集會。一切刹海極微塵數諸菩薩摩訶薩衆。大智舍①

華嚴經感通靈應傳記

爾乃十種受持經云十種者，一受持，二讀，三誦，四解説，五寫，六施他，七聽聞，八正聞演，九思惟，十修習誦偈破鐵城之極苦垂拱三年賢安坊中有郭神亮死經十日却蘇云：有一使者，追至冥司，引送地獄，忽見一僧云：我欲救汝獄之苦，教念一偈云，若人欲了知，三世一切佛，應觀法界性，一切惟心造，當誦之時受罪者，數千萬人皆得離苦，此乃華嚴經十行品中偈文天帝請講垂拱三年西域有實意三藏常講華嚴經，忽有二人於大衆中禮三藏曰：弟子從切利天帝釋使來請法師天上講華嚴經，法師當時與都講維那等於高座上一時遷化才觀奧但知思議之難窮龍樹祖師於龍宫見此華嚴經稱是不思議之典，上中本非世傳持惟誦得下本有十萬偈頌因此傳持於世間乍聽靈文弘小典而何及西域無著菩薩弟天親初業小乘，因聞華嚴大教方，獲信悟，深敬華嚴一乘是諸佛境界，遂舍小乘，深自悔疚，欲以利刀割舌，無著誡知，曰：嚮以汝口激揚權教，令還以汝舌，贊美真乘，自滅深累，何斷舌爲？天親於是入山造華嚴十地論上聖同推下類知經云：此經十方諸佛同説，同贊，海會菩薩俱來菩提又云：若菩薩億那由他劫，行六波羅蜜，不聞此經，雖聞不信是等，稱爲假名菩薩但聞其名不墮修羅之四趣傳云：聞大方廣佛華嚴經題七字者，决定不墮修羅餓鬼，地獄，畜生等四趣，何况受持法界圓宗真如牓樣華嚴是一乘圓教，乃成佛之宗，得道之本陞天而能退强敵聖曆年中於闐國中有沙彌，名伽車，誦華嚴，天帝請迎，乃曰：每被修羅見擾，故屈師表師，受持華嚴經，諸天護持，請爲誦經，以讓彼敵。遂登華座，誦華嚴經，修羅軍衆觀此威神即便退却修禪習慧真通九會之中顯慶年中，九龍山有一尼師

① 中有脱文。

精佛乘華嚴秘藏，入山受持十餘載，禮誦無替，依教修行，性定心寂，遂證慈眼，得因陀羅□□境界十方世界
微塵刹海，九會道場，了了明見如鏡中像焉此典幽玄不可妄傳經云此經
不落一切余衆，生手唯除諸大菩薩種佛善根者水洗持華嚴人之手諸
類承著命盡生天總章元年西域有梵僧來至京洛，見僧看華嚴經，乃曰：此土亦
有此不可思議典，西域傳記中説：有人轉華嚴經，以洗手水滴著一蟻子，命終生切利天，何况受持非
大非小塵塵諦了此華嚴經是不思議之典，非情量所拘，説大，説小，經云十方諸
佛於一微塵中常轉如是無量法輪，無有間斷金光孕於口中上元年，中洛州敬受寺有
僧歸洛州觀友，路投店宿，與一僧同宿，見此僧問主任索酒肉啖之，其敬受寺僧怒而呵之，續見其僧緩發梵音誦
華嚴經，口角两邊俱放光明，狀若金色，誦至五帙以上，真光漸收，却如僧口。又禅師修德專業華
嚴，書寫此經，讖誦之時，金光遠照徹百餘裹紅蓮生於舌表如意元年，漳州有尼戒行
精苦，常誦華嚴，忽然坐化，三年墳上生紅蓮五莖，因發墳破棺，見從舌上而生，光彩鮮艷。

（十二）俄 TK65《大方廣佛華嚴經入不思議解脱境界普賢行願品》①

【題解】

西夏刻本，經折裝，甲種本。潢楮紙。共 30 折半，61 面。高 29.3 釐米，面寬 11 釐米。版框高 23.2 釐米，天頭 4 釐米，地脚 2 釐米。每面 6 行，行 18 字。上下雙邊，寫刻體。墨色中。

大方廣佛華嚴經罽賓國三藏般若奉□□
入不思議解脱境界普賢行願品
爾時普賢菩薩摩訶薩。稱歎如來勝功德已。告
諸菩薩及善財言。善男子。如來功德。假使十方
一切諸佛經不可説不可説佛刹極微塵數劫。
相續演説不可窮盡。若欲成就此功德門。應修
十種廣大行願。何等爲十？一者禮敬諸佛，二者
稱贊如來，三者廣修供養，四者懺悔業障，五者
隨喜功德，六者請轉法輪，七者請佛住世，八者
常隨佛學，九者恒順衆生，十者普皆回嚮。
善財白言：大聖。云何禮敬乃至回嚮？普賢菩薩
告善財言：善男子。言禮敬諸佛者。所有盡法界。
虚空界。十方三世一切佛刹極微塵數諸佛世
尊。我以普賢行願力故。起深信解。如對目前。悉
以清净身語意業。常修禮敬。一一佛所。皆現不
可説不可説佛刹極微塵數身。一一身體遍禮不

① 《俄藏黑水城文獻》第二册，第 77—87 頁。

可說不可說佛刹極微塵數佛。虛空界盡。我禮乃盡。而虛空界不可盡故。我此禮敬無有窮盡。如是乃至衆生界盡。衆生業盡。衆生煩惱盡。我禮乃盡。而衆生界。乃至煩惱無有盡故。我此禮敬無有窮盡。念念相續。無有間斷。身語意業無有疲厭。

復次善男子。言稱贊如來者。所有盡法界。虛空界。十方三世一切刹土。所有極微。一一塵中。皆有一切世界極微塵數佛。一一佛所。皆有菩薩海會圍繞。我當悉以甚深勝解。現前知見。各以出過辯才天女微妙舌根。一一舌根。出無盡音聲海。一一音聲。出一切言辭海。稱揚贊歎一切如來諸功德海。窮未來際。相續不斷。盡於法界。無不周遍。如是虛空界盡。衆生界盡。衆生業盡。衆生煩惱盡。我贊乃盡。而虛空界乃至煩惱。無有盡故。我此贊歎無有窮盡。念念相續。無有間斷。身語意業無有疲厭。

復次善男子。言廣修供養者。所有盡法界。虛空界。十方三世一切佛刹極微塵中。一一各有一切世界極微塵數佛。一一佛所。種種菩薩海會圍繞。我以普賢行願力故。起深信解。現前知見。悉以上妙諸供養具。而爲供養。所謂華雲鬘雲。天音樂雲。天傘蓋雲。天衣服雲。天種種香塗香燒香末香。如是等雲。一一量如須彌山王。燃種種燈。酥燈油燈諸香油燈。一一燈柱。如須彌山。一一燈油。如大海水。以如是等諸供養具。常爲供養。善男子。諸供養中。法供養最。所謂如說修行供養。利益衆生供養。攝受衆生供養。代衆生苦供養。勤修善根供養。不捨菩薩業供養。不離菩提心供養。善男子。如前供養無量功德。比法供養。一念功德。百分不及一。千分不及一。百千俱胝那由他分。迦羅分。算分。數分。諭分。優波尼沙陀分。亦不及一。何以故。以諸如來尊重法故。以如說修行出生諸佛故。若諸菩薩。行法供養。則得成就供養如來。如是修行。是真供養故。此廣大最勝供養。虛空界盡。衆生界盡。衆生業盡。衆生煩惱盡。我供乃盡。而虛空界。乃至煩惱。不可盡故。我此供養。亦無有盡。念念相續無有間斷。身語意業無有疲厭。

復次善男子。言懺除業障者。菩薩自念。我於過去無始劫中。由貪嗔疑。發身口意。作諸惡業。無量無邊。若此惡業。有體相者。盡虛空界不能容受。我今悉以清净三業。遍於法界極微塵刹一切諸佛菩薩衆前。誠心懺悔。後不復造。恒住净戒。一切功德。如是虛空界盡。衆生界盡。衆生業盡。衆生煩惱盡。我懺乃盡。而虛空界。乃至衆生煩惱。不可盡故。我此懺悔無有窮盡。念念相續無有間斷。身語意業無有疲厭。

復次善男子。言隨喜功德者。所有盡法界。虛空界。十方三世一切佛刹極微塵數諸佛如來。從初發心。爲一切智。勤修福聚。不惜身命。經不可説不可説極微塵數劫。一一劫中。捨不可説不可説佛刹極微塵數頭目手足。如是一切難行苦行。圓满種種波羅蜜門。證入種種菩薩智地。成就諸佛無上菩提。及般涅槃。分布舍利。所有善根。我皆隨喜。及彼十方一切世界。六趣四生。一切種類。所有功德。乃至一塵。我皆隨喜。十方三世一切聲聞。及辟支佛。有學無學。所有功德。我皆隨喜。一切菩薩所修無量難行苦行。志求無上正等菩提。廣大功德。我皆隨喜。如是虛空界盡。衆生界盡。衆生業盡。衆生煩惱盡。我此隨喜。無有窮盡。念念相續無有間斷。身語意業無有疲厭。

復次善男子。言請轉法輪者。所有盡法界。虛空界。十方三世一切佛刹極微塵中。一一各有不可説不可説佛刹極微塵數廣大佛刹。一一刹中。念念有不可説不可説。佛刹極微塵數一切諸佛成等正覺。一切菩薩海會圍繞。而我悉以身口意業。種種方便。殷勤勸請。轉妙法輪。如是虛空界盡。衆生界盡。衆生業盡。衆生煩惱盡。我常勸請一切諸佛。轉正法輪。無有窮盡。念念相續無有間斷。身語意業無有疲厭。

復次善男子。言請佛住世者。所有盡法界。虛空界。十方三世一切佛刹極微塵數諸佛如來。將欲示現般涅槃者。及諸菩薩。聲聞緣覺。有學無學。乃至一切諸善知識。我悉勸請。莫入涅槃。經於一切佛刹極微塵數劫。爲欲利樂一切衆生。
如是虚空界盡。衆生界盡。衆生業盡。衆生煩惱
盡。我此勸請無有窮盡。念念相續無有間斷。身
語意業無有疲厭。
復次善男子。言常隨佛學者。如此娑婆世界。毗
盧遮那如來。從初發心。精進不退。以不可説不
可説身命而爲布施。剥皮爲紙。折骨爲筆。刺血
爲墨。書寫經典。積如須彌。爲重法故。不惜身命。
何況王位。城邑聚落。宫殿園林。一切所有。及餘
種種難行苦行。乃至樹下成大菩提。示種種神
通。起種種變化。現種種佛身。處種種衆會。或處
一切諸大菩薩衆會道場。或處聲聞辟支佛
衆會道場。或處轉輪聖王小王眷屬衆會道場。
或處刹利及婆羅門長者居士衆會道場。乃至
或處天龍八部人非人等衆會道場。處於如是
種種衆會。以圓滿音。如大雷震。隨其樂欲成熟
衆生。乃至示現入於涅槃。如是一切我皆隨學。
如今世尊毗盧遮那。如是盡法界。虚空界。十方
三世一切佛刹所有塵中。一切如來亦皆如是。
於念念中。我皆隨學。①
復次善男子。言恒順衆生者。謂盡法界。虚空界。
十方刹海。所有衆生種種差別。所謂卵生。胎生。
濕生。化生。或有依於地水火風而生住者。或有
依空及諸卉木而生住者。種種生類。種種色身。
種種形狀。種種相貌。種種壽量。種種族類。種種
名號。種種心性。種種知見。種種欲樂。種種意行。
種種威儀。種種衣服。種種飲食。處於種種村營
聚落城邑宫殿。乃至一切天龍八部人非人等。
無足二足。四足多足。有色無色。有想無想。非有
想。非無想。如是等類。我皆於彼。隨順而轉。種種
承事。種種供養。如敬父母。如奉師長。及阿羅漢。
乃至如來。等無有异。於諸病苦。爲作良醫。於失
道者。示其正路。於闇夜中。爲作光明。於貧窮者。
令得伏藏。菩薩如是平等饒益一切衆生。何以
故。若菩薩能隨順衆生。則爲隨順供養諸佛。若

① 疑有脱文“如是虚空界盡衆生界盡衆生業，盡衆生煩惱，盡我此隨學，無有窮盡，念念相續無有間斷，身語意業，無有疲厭。”

於衆生。尊重承事。則爲尊重承事如來。若令衆生生歡喜者。則令一切如來歡喜。何以故。諸佛如來。以大悲心而爲體故。因於衆生。而起大悲。因於大悲。生菩提心。因菩提心成等正覺。譬如曠野沙磧之中。有大樹王。若根得水。枝葉花果悉皆繁茂。生死曠野菩提樹王。亦復如是。一切衆生而爲樹根。諸佛菩薩而爲花果。以大悲水。饒益衆生。則能成就諸佛菩薩智慧花果。何以故。若諸菩薩。以大悲水。饒益衆生。則能成就阿耨多羅三藐三菩提故。是故菩提。屬於衆生。若無衆生。一切菩薩。終不能成無上正覺。善男子。汝於此義。應如是解。以於衆生心平等故。則能成就圓滿大悲。以大悲心。隨衆生故。則能成就供養如來。菩薩如是隨順衆生。虛空界盡。衆生界盡。衆生業盡。衆生煩惱盡。我此隨順無有窮盡。念念相續無有間斷。身語意業無有疲厭。

復次善男子。言普皆回嚮者。從初禮拜。乃至隨順。所有功德。悉皆回嚮。盡法界。虛空界。一切衆生。願令衆生常德安樂。無諸病苦。欲行惡法皆悉不成。所修善業。悉皆成就。關閉一切諸惡趣門。開示人涅槃正路。若諸衆生。因其積集諸惡業故。所感一切極重苦果。我皆代受。令彼衆生悉得解脱。究竟成就無上菩提。菩薩如是所修回嚮。虛空界盡。衆生界盡。衆生業盡。衆生煩惱盡。我此回嚮無有窮盡。念念相續無有間斷。身語意業無有疲厭。

善男子。是爲菩薩摩訶薩十種大願具足圓满。若諸菩薩。於此大願。隨順趣入。則能成熟一切衆生。則能隨順阿耨多羅三藐三菩提。則能成满普賢菩薩諸行願海。是故善男子。汝於此義。應如是知。若有善男子善女人。以满十方無量無邊不可説不可説佛刹極微塵數一切世界。上妙七寶及諸人天最勝安樂。布施爾所一切世界所有衆生。供養爾所一切世界諸佛菩薩。經爾所佛刹極微塵數劫。相續不斷。所得功德。若復有人。聞此願王。一經於耳。所有功德。比前功德。百分不及一。千分不及一。乃至優婆泥沙陀分。亦不及一。若復有人。以深信心。於此大願。

受持讀誦。乃至書寫一四句偈。速能除滅五無
間業。所有世間身心等病。種種苦惱。乃至佛刹
極微塵數一切惡業。皆得銷除。一切魔軍。夜叉
羅刹。若鳩槃荼若毗舍闍。若部多等。飲血啖肉。
諸惡鬼神。悉皆捨離。或時發心。親近守護。是故
若人誦此願者。行於世間。無有障礙。如空中月
出於雲翳。諸佛菩薩之所稱贊。一切人天皆應
禮敬。一切衆生悉應供養。此善男子。善得人身。
圓满普賢所有功德。不久當如普賢菩薩速得
成就微妙色身。具三十二大丈夫相。若生人天。
所在之處。常居勝族。悉能破壞一切惡趣。悉能
遠離一切惡友。悉能制伏一切外道。悉能解脱
一切煩惱。如師子王摧伏群獸。堪受一切衆生
供養。又復是人。臨命終時。最後刹那。一切諸根
悉皆散壞。一切親屬悉皆捨離。一切威勢悉皆
退失。輔相大臣。宫城内外象馬車乘。珍寶伏藏。
如是一切無復相隨。唯此願王不相捨離。於一
切時。引導其前。一刹那中。即得往生極樂世界。
到已即見阿彌陀佛。文殊師利菩薩。普賢菩薩。
觀自在菩薩。彌勒菩薩等。此諸菩薩色相端嚴。
功德具足。所共圍繞。其人自見。生蓮華中。蒙佛
授記。得授記已。經於無數百千萬億那由他劫。
普於十方不可説不可説世界。以智慧力。隨衆
生心。而爲利益。不久當坐菩提道場。降服魔軍。
成等正覺。轉妙法輪。能令佛刹極微塵數世界
衆生。發菩提心。隨其根性。教化成熟。乃至盡於
未來劫海。廣能利益一切衆生。善男子。彼諸衆
生。若聞若信此大願王。受持讀誦。廣爲人説。所
有功德。除佛世尊餘無知者。是故汝等。聞此願
王。莫生疑念。應當諦受。受已能讀。讀已能誦。誦
已能持。乃至書寫。廣爲人説。是諸人等。於一念
中。所有行願。皆得成就。所獲福聚無量無邊。能
於煩惱大苦海中。拔濟衆生。令其出離。皆得往
生阿彌陀佛極樂世界。爾時普賢菩薩摩訶薩。
欲重宣此義。普觀十方。而説偈言。
所有十方世界中，三世一切人師子。
我以清净身語意，一一遍禮盡無餘。
普賢行願威神力，普現一切如來前。

一身復現刹塵身，一一遍禮刹塵佛。
於一塵中塵數佛，各處菩薩衆會中。
無盡法界塵亦然，深信諸佛皆充滿。
各以一切音聲海，普出無盡妙言辭。
盡於未來一切劫，贊佛甚深功德海。
以諸最勝妙華鬘，妓樂塗香及傘蓋。
如是最勝莊嚴具，我以供養諸如來。
最勝衣服最勝香，末香燒相與燈燭。
一一皆如妙高聚，我悉供養諸如來。
我以廣大勝解心，深信三世一切佛。
悉以普賢行願力，普遍供養諸如來。
我昔所造諸惡業，皆由無始貪恚疑。
從身語意之所生，一切我今皆懺悔。
十方一切諸衆生，二乘有學及無學。
一切如來與菩薩，所有功德皆隨喜。
十方所有世間燈，最初成就菩提者。
我今一切皆勸請，轉於無上妙法輪。
諸佛若欲示涅槃，我悉至誠而勸請。
唯願久住刹塵劫，利樂一切諸衆生。
所有禮贊供養福，請佛住世轉法輪。
隨喜懺悔諸善根，回嚮衆生及佛道。
我隨一切如來學，修行普賢圓满行。
供養過去諸如來，及與現在十方佛。
未來一切天人師，一切意樂皆圓满。
我願普隨三世學，速得成就大菩提。
所有十方一切刹，廣大清净妙莊嚴。
衆會圍繞諸如來，悉在菩提樹王下。
十方所有諸衆生，願離憂患常安樂。
獲得甚深正法利，滅除煩惱盡無餘。
我爲菩提修行時，一切趣中成宿命。
常得出家修净戒，無垢無破無穿漏。
天龍夜叉鳩槃荼，乃至人與非人等。
所有一切衆生語，悉以諸音而所法。
勤修清净波羅蜜，恒不忘失菩提心。
滅除障垢無有餘，一切妙行皆成就。
於諸惑業及魔境，世間道中得解脱。
猶如蓮華不著水，亦如日月不住空。
悉除一切惡道苦，等與一切群生樂。

如是經於刹塵劫，十方利益恒無盡。
我常隨順諸衆生，盡於未來一切劫。
恒修普賢廣大行，圓满無上大菩提。
所有與我同行者，於一切處同集會。
身口意業皆同等，一切行願同修學。
所有益我善知識，爲我顯示普賢行。
常願與我同集會，於我常生歡喜心。
願常面見諸如來，及諸佛子衆圍繞。
於彼皆興廣大供，盡未來劫無疲厭。
願持諸佛微妙法，光顯一切菩提行。
究竟清净普賢道，盡未來劫常修習。
我於一切諸有中，所修福智恒無量。
定慧方便及解脱，獲諸無盡功德藏。
一塵中有塵數刹，一一刹有難思佛。
一一佛處衆會中，我見恒演菩提行。
普盡十方諸刹海，一一毛端三世海。
佛海及與國土海，我遍修行經劫海。
一切如來與清净，一言具衆音聲海。
隨諸衆生意樂旨，一一流佛辯才海。
三世一切諸如來，於彼無盡語言海。
恒轉理趣妙法輪，我深智力普能入。
我能深入於未來，盡一切劫爲一念。
三世所有一切劫，爲一念際我皆入。
我於一念見三世，所有一切人師子。
亦常如佛境界中，如幻解脱及威力。
於一毛端極微中，出現三世莊嚴刹。
十方塵刹諸毛端，我皆深入而嚴净。
所有未來照世燈，成道轉法悟群有。
究竟佛事示涅槃，我皆往詣而親近。
速疾周遍神通力，普門遍入大乘力。
智行普修功德力，威神普覆大慈力。
遍净莊嚴勝福力，無著無依智慧力。
定慧方便諸威力，普能積集菩提力。
清净一切善業力，摧滅一切煩惱力。
降伏一切諸魔力，圓满普賢諸行力。
普能嚴净諸刹海，解脱一切衆生海。
善能分别諸法海，能甚深入智慧海。
普能清净諸行海，圓满一切諸願海。

親近供養諸佛海，修行無倦經劫海。
三世一切諸如來，最勝菩提諸行願。
我皆供養圓满修，以普賢行悟菩提。
一切如來有長子，彼名號曰普賢尊。
我今回嚮諸善根，願諸智行悉同彼。
願身口意恒清净，諸行剎土亦復然。
如是智慧號普賢，願我與彼皆同等。
我爲遍净普賢行，文殊師利諸大願。
满彼事業盡無餘，未來際劫恒無倦。
我所修行無有量，獲得無量諸功德。
安住無量諸行中，了達一切神通力。
文殊師利勇猛智，普賢慧行亦復然。
我今回嚮諸善根，隨彼一切常修學。
三世諸佛所稱歎，如是最勝諸大願。
我今回嚮諸善根，爲得普賢殊勝行。
願我臨欲命終時，除盡一切諸障礙。
面見彼佛阿彌陀，即得往生安樂剎。
我既往生彼國已，現前成就此大願。
一切圓满盡無餘，利樂一切衆生界。
彼佛衆會咸清净，我時於勝蓮華生。
親睹如來無量光，現前授我菩提記。
蒙彼如來授記已，化身無數百俱胝。
智力廣大遍十方，普利一切衆生界。
乃至虚空世界盡，衆生及業煩惱盡。
如是一切無盡時，我願究竟恒無盡。
十方所有無邊剎，莊嚴衆寶供如來。
最勝安樂施天人，經一切剎微塵劫。
若人於此勝願王，一經於耳能生信。
求勝菩提心渴仰，獲勝功德過於彼。
即常遠離惡知識，永離一切諸惡道。
速見如來無量光，具此普賢最勝願。
此人善得勝壽命，此人善來人中生。
此人不久當成就，如彼普賢菩薩行。
往昔由無智慧力，所造極惡五無間。
誦此普賢大願王，一念速疾皆銷滅。
族姓種類及容色，相好智慧咸圓满。
諸魔外道不能摧，堪爲三界所應供。
速詣菩提大樹王，坐已降服諸魔衆。

成等正覺轉法輪，普利一切諸含識。
若人於此普賢願，讀誦受持及演説。
果報唯佛能證知，决定獲勝菩提道。
若人誦此普賢願，我説少分之善根。
一念一切悉皆圓，成就衆生清净願。
我此普賢殊勝行，無邊勝福皆回嚮。
普願沈溺諸衆生，速往無量光佛刹。

爾時普賢菩薩摩訶薩。於如來前。説此普賢廣大願王清净偈已。善財童子。踴躍無量。一切菩薩皆大歡喜。如來贊言。善哉善哉。

爾時世尊。與諸聖者菩薩摩訶薩。演説如是不可思議解脱境界勝法門時。文殊師利菩薩而爲上首。諸大菩薩。及所成熟。六千比丘。彌勒菩薩而爲上首。賢劫一切諸大菩薩。無垢普賢菩薩而爲上首。一生補處住灌頂位諸大菩薩。及餘十方種種世界。普來集會。一切刹海極微塵數諸菩薩摩訶薩衆。大智舍利弗。摩訶目犍連等。而爲上首。諸大聲聞。并諸人天一切世主。天龍。夜叉。乾闥婆。阿修羅。迦樓羅。緊那羅。摩睺羅伽。人。非人。等一切大衆。聞佛所説。皆大歡喜。信受奉行。

大方廣佛華嚴經卷終

太原崇福寺沙門澄觀校勘詳定譯

華嚴經感通靈應傳記

爾乃十種受持經云十種者，一受持，二讀，三誦，四解説，五寫，六施他，七聽聞，八正聞演，九思惟，十修習誦偈破鐵城之極苦垂拱三年賢安坊中有郭神亮死經十日却蘇云：有一使者，追至冥司，引送地獄，忽見一僧云：我欲救汝獄之苦，教念一偈云，若人欲了知，三世一切佛應觀法界性，一切惟心造，當誦之時受罪者，數千萬人皆得離苦，此乃華嚴經十行品中偈文天帝請講垂拱三年西域有實意三藏常講華嚴經，忽有二人於大衆中禮三藏曰：弟子從切利天帝釋使來請法師天上講華嚴經，法師當時與都講維那等於高座上一時遷化才觀奥怛知思議之難窮龍樹祖師於龍宫見此華嚴經稱是不思議之典，上中本非世傳持惟誦得下本有十萬偈頌因此傳持於世間乍聽靈文弘小典而何及西域無著菩薩弟天親初業小乘，因聞華嚴大教方，獲信悟，深敬華嚴一乘是諸佛境界，遂舍小乘，深自悔疚，欲以利刀割舌，無著誡知，曰：嚮以汝口激揚權教，今還以汝舌，贊美真乘，自滅深累，何斷舌爲？天親於是入山造華嚴十地論上聖同推下類知經云：此經十方諸佛同説，同贊，海會菩薩俱來菩提又云：若菩薩億那由他劫，行六波羅蜜，不聞此經，雖聞不信是等，稱爲假名菩薩但聞其名不墮修羅之四趣傳云：聞大方廣佛華嚴經題七字者，决定不墮修羅餓鬼，地獄，畜生等四趣，何况受持法界圓宗真如牓樣華嚴是一乘圓教，乃成佛之宗，得道之本陸天而能退强敵聖歷年中於闐國中有沙彌，名伽車，誦華嚴，天帝請迎，乃曰：

每被修羅見擾，故屈師表師，受持華嚴經，諸天護持，請爲誦經，以讓彼敵。遂登華座，誦華嚴經，修羅軍衆覩此威神

即便退却修禪習慧真通九會之中顯慶年中，九龍山有一尼師

精佛乘華嚴秘藏，入山受持十餘載，禮誦無替，依教修行，性定心寂，遂證慈眼，得因陀羅□□境界十方世界

微塵刹海，九會道場，了了明見如鏡中像焉，此典幽玄不可妄傳經云此經

不落一切余衆，生手唯除諸大菩薩種佛善根者水洗持華嚴人之手諸

類承著命盡生天總章元年西域有梵僧來至京洛，見僧看華嚴經，乃曰：此土亦

有此不可思議典，西域傳記中説：有人轉華嚴經，以洗手水滴著一蟻子，命終生忉利天，何況受持，非

【後缺】

（十三）俄 TK69《大方廣佛華嚴經入不思議解脱境界普賢行願品》①

【題解】

西夏刻本，經折裝，戊重本。潢麻紙。共 9 折，18 面。高 29.2 釐米，面寬 11 釐米。版框高 22.3 釐米，天頭 4 釐米，地脚 3.2 釐米。每面 6 行，行 18 字。上下雙邊。寫刻體，墨色深匀。首尾缺，已裂爲 7 段，有佚文。版式與俄 TK61 相同。經文每 5 面第二行右側上方另刻小字“行願經”，下面刻四、七、十、十一、十三，以計用紙序數。與俄 TK61（乙種本）、TK64（丙種本）、TK65（甲種本）、TK161（丁種本）刻“行一”完全不同。

【前缺】

初發心。爲一切智。勤修福聚。不惜身命。經不可
説不可説極微塵數劫。一一劫中。舍不可説
不可説佛刹極微塵數頭目手足。如是一切難
行苦行。圓滿種種波羅蜜門。證入種種菩薩智
地。成就諸佛無上菩提。及般涅槃。分布舍利。所
有善根。我皆隨喜。及彼十方一切世界。六趣四
生。一切種類。所有功德。乃至一塵。我皆隨喜。十
方三世一切聲聞。及辟支佛。有學無學。所有功
德。我皆隨喜。一切菩薩所修無量難行苦行。志
求無上正等菩提。廣大功德。我皆隨喜。如是虛
空界盡。衆生界盡。衆生業盡。衆生煩惱盡。我此
隨喜。無有窮盡。念念相續無有間斷。身語意業

【中缺】

身口意業。種種方便。殷勤勸請。轉妙法輪。如是
虛空界盡。衆生界盡。衆生業盡。衆生煩惱盡。我

---

① 《俄藏黑水城文獻》第二册，第 87—90 頁。

常勸請一切諸佛。轉正法輪。無有窮盡。念念相續無有間斷。身語意業無有疲厭。

復次善男子。言請佛住世者。所有盡法界。虚空界。十方三世一切佛刹極微塵數諸佛如來。將欲示現般涅槃者。及諸菩薩。聲聞緣覺。有學無學。乃至一切諸善知識。我悉勸請。莫入涅槃。經於一切佛刹極微塵數劫。爲欲利樂一切衆生。如是虚空界盡。衆生界盡。衆生業盡。衆生煩惱盡。我此勸請無有窮盡。念念相續無有間斷。身語意業無有疲厭。

復次善男子。言常隨佛學者。如此娑婆世界。毗盧遮那如來。從初發心。精進不退。以不可説不可説身命而爲布施。剥皮爲紙。折骨爲筆。刺血爲墨。書寫經典。積如須彌。爲重法故。不惜身命。何况王位。城邑聚落。宫殿園林。一切所有。及餘

【中缺】

供養。又復是人。臨命終時。最後刹那。一切諸根悉皆散壞。一切親屬悉皆捨離。一切威勢悉皆退失。輔相大臣。宫城内外象馬車乘。珍寶伏藏。如是一切無復相隨。唯此願王不相捨離。於一切時。引導其前。一刹那中。即得往生極樂世界。到已即見阿彌陀佛。文殊師利菩薩。普賢菩薩。觀自在菩薩。彌勒菩薩等。此諸菩薩色相端嚴。功德具足。所共圍繞。其人自見。生蓮華中。蒙佛授記。得授記已。經於無數百千萬億那由他劫。普於十方不可説不可説世界。以智慧力。隨衆□心。而爲利益。不久當坐菩提道場。降服魔軍。□等正覺。轉妙法輪。能令佛刹極微塵數世界

【中缺】

願持諸佛微妙法，光顯一切菩提行。
究竟清净普賢道，盡未來劫常修習。
我於一切諸有中，所修福智恒無量。
定慧方便及解脱，獲諸無盡功德藏。
一塵中有塵數刹，一一刹有難思佛。
一一佛處衆會中，我見恒演菩提行。
普盡十方諸刹海，一一毛端三世海。
佛海及與國土海，我遍修行經劫海。
一切如來與清净，一言具衆音聲海。

隨諸衆生意樂旨，一一流佛辯才海。
三世一切諸如來，於彼無盡語言海。
□□理趣妙法輪，我深智力普能入。
□□深入於未來，盡一切劫爲一念。
□世所有一切劫，爲一念際我皆入。
我於一念見三世，所有一切人師子。
亦常如佛境界中，如幻解脱及威力。
於一毛端極微中，出現三世莊嚴刹。
十方塵刹諸毛端，我皆深入而嚴凈。
所有未來照世燈，成道轉法悟群有。
究竟佛事示涅槃，我皆往詣而親近。
速疾周遍神通力，普門遍入大乘力。
智行普修功德力，威神普覆大慈力。
遍凈莊嚴勝福力，無著無依智慧力。
定慧方便諸威力，普能積集菩提力。
清凈一切善業力，摧滅一切煩惱力。
降伏一切諸魔力，圓满普賢諸行力。
普能嚴凈諸刹海，解脱一切衆生海。
善能分别諸法海，能甚深入智慧海。
普能清凈諸行海，圓满一切諸願海。
親近供養諸佛海，修行無倦經劫海。
三世一切諸如來，最勝菩提諸行願。
我皆供養圓满修，以普賢行悟菩提。
一切如來有長子，彼名號曰普賢尊。
我今回嚮諸善根，願諸智行悉同彼。
願身口意恒清凈，諸行刹土亦復然。
如是智慧號普賢，願我與彼皆同等。
我爲遍凈普賢行，文殊師利諸大願。
满彼事業盡無餘，未來際劫恒無倦。
我所修行無有量，獲得無量諸功德。
安住無量諸行中，了達一切神通力。
文殊師利勇猛智，普賢慧行亦復然。
我今回嚮諸善根，隨彼一切常修學。
三世諸佛所稱歎，如是最勝諸大願。
我今回嚮諸善根，爲得普賢殊勝行。
願我臨欲命終時，除盡一切諸障礙。
面見彼佛阿彌陀，即得往生安樂刹。
我既往生彼國已，現前成就此大願。

一切圓満盡無餘，利樂一切衆生界。
彼佛衆會咸清净，我時於勝蓮華生。
親睹如來無量光，現前授我菩提記。
蒙彼如來授記已，化身無數百俱胝。
智力廣大遍十方，普利一切衆生界。
乃至虚空世界盡，衆生及業煩惱盡。
如是一切無盡時，我願究竟恒無盡。
【中缺】
大非小塵塵諦了此華嚴經是不思議之典，非情量所拘，說大，說小，經云十方諸
佛於一微塵中常轉如是無量法輪，無有間斷金光孕於口中上元年，中洛州敬受寺有
僧歸洛州覲友，路投店宿，與一僧同宿，見此僧問主任索酒肉啖之，其敬受寺僧怒而呵之，續見其僧緩發梵音誦
華嚴經，口角两邊俱放光明，狀若金色，誦至五帙以上，真光漸收，却如僧口。又禪師修德專業華
嚴，書寫此經，讖誦之時，金光遠照徹百餘裏紅蓮生於舌表如意元年，漳州有尼戒行
精苦，常誦華嚴，忽然坐化，三年墳上生紅蓮五莖，因發墳破棺，見從舌上而生，光彩鮮艷。
大夏乾祐二十年歲次己酉三月十五日
正宫皇后羅氏謹施

（十四）俄 TK71《大方廣佛華嚴經入不思議解脱境界普賢行願品》[①]

【題解】

西夏刻本。經折裝，丙種本。未染楮紙。共 5 折，10 面。高 28.7 釐米，面寬 11 釐米。版框高 23.3 釐米，天頭 3.7 釐米，天頭 1.8 釐米。每面 6 行，行 18 字。上下雙邊，寫刻體，墨色淺匀。首尾缺。裂爲 2 段，有佚文。背面爲《華嚴感通靈傳記》最末面，版式與俄 TK64（丙種本）相同，與俄 TK61（乙種本）、TK69（戊重本）不同。

【前缺】
十種廣大行願。何等爲十？一者禮敬諸佛，二者
稱贊如來，三者廣修供養，四者懺悔業障，五者
隨喜功德，六者請轉法輪，七者請佛住世，八者
常隨佛學，九者恒順衆生，十者普皆回嚮。
善財白言：大聖。云何禮敬乃至回嚮？普賢菩薩
告善財言：善男子。言禮敬諸佛者。所有盡法界。
虚空界。十方三世一切佛刹極微塵數諸佛世
尊。我以普賢行願力故。起深信解。如對目前。悉
以清净身語意業。常修禮敬。一一佛所。皆現不

① 《俄藏黑水城文獻》第二册，第 92—94 頁。

可説不可説佛刹極微塵數身。一一身體遍禮不可説不可説佛刹極微塵數佛。虚空界盡。我禮乃盡。而虚空界不可盡故。我此禮敬無有窮盡。如是乃至衆生界盡。衆生業盡。衆生煩惱盡。我禮乃盡。而衆生界。乃至煩惱無有盡故。我此禮敬無有窮盡。念念相續。無有間斷。身語意業無有疲厭。

復次善男子。言稱贊如來者。所有盡法界。虚空界。十方三世一切刹土。所有極微。一一塵中。皆有一切世界極微塵數佛。一一佛所。皆有菩薩海會圍繞。我當悉以甚深勝解。現前知見。各以出過辯才天女微妙舌根。一一舌根。出無盡音聲海。一一音聲。出一切言辭海。稱揚贊歎一切如來諸功德海。窮未來際。相續不斷。盡於法界。無不周遍。如是虚空界盡。衆生界盡。衆生業盡。衆生煩惱盡。我贊乃盡。而虚空界乃至煩惱。無有盡故。我此贊歎無有窮盡。念念相續。無有間斷。身語意業無有疲厭。

復次善男子。言廣修供養者。所有盡法界。虚空界。十方三世一切佛刹極微塵中。一一各有一切世界極微塵數佛。一一佛所。種種菩薩海會圍繞。我以普賢行願力故。起深信解。現前知見。悉以上妙諸供養具。而爲供養。所謂華雲鬘雲。天音樂雲。天傘蓋雲。天衣服雲。天種種香塗香燒香末香。如是等云。一一量如須彌山王。燃種種燈。酥燈油燈諸香油燈。一一燈柱。如須彌山。一一燈油。如大海水。以如是等諸供養具。常爲供養。善男子。諸供養中。法供養最。所謂如説修行供養。利益衆生供養。攝受衆生供養。代衆生苦供養。勤修善根供養。不捨菩薩業供養。不離菩提心供養。善男子。如前供養無量功德。比法供養。一念功德。百分不及一。千分不及一。百千俱胝那由他分。迦羅分。算分。數分。諭分。優波尼沙陀分。亦不及一。何以故。以諸如來尊重法故。以如説修行出生諸佛故。若諸菩薩。行法供養。則得成就供養如來。如是修行。是真供養故。此廣大最勝供養。虚空界盡。衆生界盡。衆生業盡。衆生煩惱盡。我供乃盡。而虚空界。乃至煩惱。不可盡

故。我此供養。亦無有盡。念念相續無有間斷。身
【中缺】
無有疲厭。
復次善男子。言請轉法輪者。所有盡法界。虚空
界。十方三世一切佛刹極微塵中。一一各有不
可説不可説佛刹極微塵數廣大佛刹。一一刹
中。念念有不可説不可説。佛刹極微塵數一切
諸佛成等正覺。一切菩薩海會圍繞。而我悉以
身口意業。種種方便。殷勤勸請。轉妙法輪。如是
虚空界盡。衆生界盡。衆生業盡。衆生煩惱盡。我
常勸請一切諸佛。轉正法輪。無有窮盡。念念相
續無有間斷。身語意業無有疲厭。
復次善男子。言請佛住世者。所有盡法界。虚空
界。十方三世一切佛刹極微塵數諸佛如來。將
【中缺】
獲得甚深正法利，滅除煩惱盡無餘。
我爲菩提修行時，一切趣中成宿命。
常得出家修净戒，無垢無破無穿漏。
天龍夜叉鳩槃荼，乃至人與非人等。
所有一切衆生語，悉以諸音而所法。
勤修清净波羅蜜，恒不忘失菩提心。
【後缺】

（十五）俄 TK71V《華嚴感通靈傳記》①

【前缺】
大非小塵塵諦了此華嚴經是不思議之典，非情量所拘，說大，說小，經云十方諸
佛於一微塵中常轉如是無量法輪，無有間斷金光孕於口中上元年，中洛州敬受寺有
僧歸洛州覲友，路投店宿，與一僧同宿，見此僧問主任索酒肉啖之，其敬受寺僧怒而呵之，續見其僧綫發梵音誦
華嚴經，口角兩邊俱放光明，狀若金色，誦至五帙以上，真光漸收，却如僧口。又禪師修德專業華
嚴，書寫此經，識誦之時，金光遠照徹百餘裏紅蓮生於舌表如意元年，漳州有尼戒行
精苦，常誦華嚴，忽然坐化，三年墳上生紅蓮五莖，因發墳破棺，見從舌上而生，光彩鮮艷。
【後缺】

① 《俄藏黑水城文獻》第二册，第 94 頁。

（十六）俄 TK72《大方廣佛華嚴經入不思議解脱境界普賢行願品》[①]

【題解】

西夏刻本。經折裝，白麻紙，共 43 折半，87 面。高 29 釐米，面寬 10 釐米，版框高 22.5 釐米，天頭 3.7 釐米，地脚 2.5 釐米。每面 5 行，行 15—17 字。上下單邊。宋體，墨色中匀。冠佛畫 5 面，上下雙邊。中央榜題：教主大毗盧遮那佛。右榜題：善財童子。左榜題：威光太子。

大方廣佛華嚴經入不思議解脱境界
普賢行願品罽賓國三藏般若奉詔譯
爾時普賢菩薩摩訶薩。稱歎如來勝功德
已。告諸菩薩及善財言。善男子。如來
功德。假使十方一切諸佛經不可説不可
説佛刹極微塵數劫。相續演説不可窮
盡。若欲成就此功德門。應修十種廣大
行願。何等爲十？一者禮敬諸佛，二者稱
贊如來，三者廣修供養，四者懺悔業障，五
者隨喜功德，六者請轉法輪，七者請
佛住世，八者常隨佛學，九者恒順衆生，
十者普皆回嚮。
善財白言：大聖。云何禮敬乃至回嚮？普
賢菩薩告善財言：善男子。言禮敬諸佛
者。所有盡法界。虚空界。十方三世一切
佛刹極微塵數諸佛世尊。我以普賢行
願力故。起深信解。如對目前。悉以清净
身語意業。常修禮敬。一一佛所。皆現不
可説不可説佛刹極微塵數身。一一身
體遍禮不可説不可説佛刹極微塵數佛。
虚空界盡。我禮乃盡。而虚空界不可盡
故。我此禮敬無有窮盡。如是乃至衆生
界盡。衆生業盡。衆生煩惱盡。我禮乃盡。
而衆生界。乃至煩惱無有盡故。我此禮
敬無有窮盡。念念相續。無有間斷。身語
意業無有疲厭。

---

① 《俄藏黑水城文獻》第二册，第 94—107 頁。

復次善男子。言稱贊如來者。所有盡法
界。虚空界。十方三世一切剎土。所有極
微。一一塵中。皆有一切世界極微塵數
佛。一一佛所。皆有菩薩海會圍繞。我當
悉以甚深勝解。現前知見。各以出過辯
才天女微妙舌根。一一舌根。出無盡音
聲海。一一音聲。出一切言辭海。稱揚贊
歎一切如來諸功德海。窮未來際。相續
不斷。盡於法界。無不周遍。如是虚空界
盡。衆生界盡。衆生業盡。衆生煩惱盡。我贊
乃盡。而虚空界乃至煩惱。無有盡故。
我此贊歎無有窮盡。念念相續。無有間
斷。身語意業無有疲厭。
復次善男子。言廣修供養者。所有盡法
界。虚空界。十方三世一切佛剎極微塵
中。一一各有一切世界極微塵數佛。一一
佛所。種種菩薩海會圍繞。我以普賢
行願力故。起深信解。現前知見。悉以上
妙諸供養具。而爲供養。所謂華雲鬘雲。
天音樂雲。天傘蓋雲。天衣服雲。天種種
香塗香燒香末香。如是等雲。一一量如
須彌山王。燃種種燈。酥燈油燈諸香油
燈。一一燈柱。如須彌山。一一燈油。如大海
水。以如是等諸供養具。常爲供養。善男
子。諸供養中。法供養最。所謂如説修行
供養。利益衆生供養。攝受衆生供養。代
衆生苦供養。勤修善根供養。不捨菩薩
業供養。不離菩提心供養。善男子。如前
供養無量功德。比法供養。一念功德。百
分不及一。千分不及一。百千俱胝那由他
分。迦羅分。算分。數分。諭分。優波尼沙陀
分。亦不及一。何以故。以諸如來尊重法故。
以如説修行出生諸佛故。若諸菩薩。行法
供養。則得成就供養如來。如是修行。是
真供養故。此廣大最勝供養。虚空界盡。
衆生界盡。衆生業盡。衆生煩惱盡。我
供乃盡。而虚空界。乃至煩惱。不可盡故。
我此供養。亦無有盡。念念相續無有間

斷。身語意業無有疲厭。
復次善男子。言懺除業障者。菩薩自念。
我於過去無始劫中。由貪嗔疑。發身口
意。作諸惡業。無量無邊。若此惡業。有體
相者。盡虚空界不能容受。我今悉以清
净三業。遍於法界極微塵剎一切諸佛
菩薩衆前。誠心懺悔。後不復造。恒住净
戒。一切功德。如是虚空界盡。衆生界盡。
衆生業盡。衆生煩惱盡。我懺乃盡。而虚
空界。乃至衆生煩惱。不可盡故。我此懺
悔無有窮盡。念念相續無有間斷。身語
意業無有疲厭。
復次善男子。言隨喜功德者。所有盡法
界。虚空界。十方三世一切佛剎極微塵
數諸佛如來。從初發心。爲一切智。勤修
福聚。不惜身命。經不可説不可説。佛剎①
極微塵數劫。一一劫中。舍不可説不可説
佛剎極微塵數頭目手足。如是一切難
行苦行。圓满種種波羅蜜門。證入種
種菩薩智地。成就諸佛無上菩提。及般
涅槃。分布舍利。所有善根。我皆隨喜。及
彼十方一切世界。六趣四生。一切種類。所有
功德。乃至一塵。我皆隨喜。十方三世一切
聲聞。及辟支佛。有學無學。所有功德。我
皆隨喜。一切菩薩所修無量難行苦行。
志求無上正等菩提。廣大功德。我皆隨
喜。如是虚空界盡。衆生界盡。衆生業盡。
衆生煩惱盡。我此隨喜。無有窮盡。念念
相續無有間斷。身語意業無有疲厭。
復次善男子。言請轉法輪者。所有盡法
界。虚空界。十方三世一切佛剎極微塵
中。一一各有不可説不可説佛剎極微塵
數廣大佛剎。一一剎中。念念有不可説
不可説。佛剎極微塵數一切諸佛成等
正覺。一切菩薩海會圍繞。而我悉以身
口意業。種種方便。殷勤勸請。轉妙法輪。

① 疑“佛剎”爲衍文。

如是虚空界盡。衆生界盡。衆生業盡。衆生煩惱盡。我常勸請一切諸佛。轉正法輪。無有窮盡。念念相續無有間斷。身語意業無有疲厭。

復次善男子。言請佛住世者。所有盡法界。虚空界。十方三世一切佛刹極微塵數諸佛如來。將欲示現般涅槃者。及諸菩薩。聲聞緣覺。有學無學。乃至一切諸善知識。我悉勸請。莫入涅槃。經於一切佛刹極微塵數劫。爲欲利樂一切衆生。如是虚空界盡。衆生界盡。衆生業盡。衆生煩惱盡。我此勸請無有窮盡。念念相續無有間斷。身語意業無有疲厭。

復次善男子。言常隨佛學者。如此娑婆世界。毗盧遮那如來。從初發心。精進不退。以不可説不可説身命而爲布施。剥皮爲紙。折骨爲筆。刺血爲墨。書寫經典。積如須彌。爲重法故。不惜身命。何况王位。城邑聚落。宫殿園林。一切所有。及餘種種難行苦行。乃至樹下成大菩提。示種種神通。起種種變化。現種種佛身。處種種衆會。或處一切諸大菩薩衆會道場。或處聲聞辟支佛衆會道場。或處轉輪聖王小王眷屬衆會道場。或處刹利及婆羅門長者居士衆會道場。乃至或處天龍八部人非人等衆會道場。處於如是種種衆會。以圓滿音。如大雷震。隨其樂欲成熟衆生。乃至示現入於涅槃。如是一切我皆隨學。如今世尊毗盧遮那。如是盡法界。虚空界。十方三世一切佛刹所有塵中。一切如來亦皆如是。於念念中。我皆隨學。①

復次善男子。言恒順衆生者。謂盡法界。虚空界。十方刹海。所有衆生種種差别。所謂卵生。胎生。濕生。化生。或有依於地

① 疑有脱文“如是虚空界盡衆生界盡衆生界，盡衆生煩惱，盡我此隨學，無有窮盡，念念相續無有間斷，身語意業，無有疲厭。”

水火風而生住者。或有依空及諸卉木
而生住者。種種生類。種種色身。種種形
狀。種種相貌。種種壽量。種種族類。種種
名號。種種心性。種種知見。種種欲樂。種
種意行。種種威儀。種種衣服。種種飲食。
處於種種村營聚落城邑宫殿。乃至一
切天龍八部人非人等。無足二足。四足多
足。有色無色。有想無想。非有想。非無想。
如是等類。我皆於彼。隨順而轉。種種承
事。種種供養。如敬父母。如奉師長。及阿
羅漢。乃至如來。等無有异。於諸病苦。爲
作良醫。於失道者。示其正路。於闇夜中。
爲作光明。於貧窮者。令得伏藏。菩薩如
是平等饒益一切衆生。何以故。若菩薩
能隨順衆生。則爲隨順供養諸佛。若於
衆生。尊重承事。則爲尊重承事如來。若
令衆生生歡喜者。則令一切如來歡喜。何
以故。諸佛如來。以大悲心而爲體故。因
於衆生。而起大悲。因於大悲。生菩提心。
因菩提心成等正覺。譬如曠野沙磧之中。
有大樹王。若根得水。枝葉花果悉皆繁
茂。生死曠野菩提樹王。亦復如是。一切衆
生而爲樹根。諸佛菩薩而爲花果。以大
悲水。饒益衆生。則能成就諸佛菩薩智
慧花果。何以故。若諸菩薩。以大悲水。饒
益衆生。則能成就阿耨多羅三藐三菩
提故。是故菩提。屬於衆生。若無衆生。一
切菩薩。終不能成無上正覺。善男子。汝
於此義。應如是解。以於衆生心平等故。
則能成就圓満大悲。以大悲心。隨衆生
故。則能成就供養如來。菩薩如是隨順
衆生。虚空界盡。衆生界盡。衆生業盡。衆
生煩惱盡。我此隨順無有窮盡。念念相
續無有間斷。身語意業無有疲厭。
復次善男子。言普皆回嚮者。從初禮拜。乃
至隨順。所有功德。悉皆回嚮。盡法界。虚
空界。一切衆生。願令衆生常德安樂。無
諸病苦。欲行惡法皆悉不成。所修善業。

悉皆成就。關閉一切諸惡趣門。開示人
涅槃正路。若諸衆生。因其積集諸惡
業故。所感一切極重苦果。我皆代受。令
彼衆生悉得解脱。究竟成就無上菩提。
菩薩如是所修回嚮。虚空□□衆生界
盡。衆生業盡。衆生煩惱盡。我此回嚮無
有窮盡。念念相續無有間斷。身語意
業無有疲厭。
善男子。是爲菩薩摩訶薩十種大願具
足圓满。若諸菩薩。於此大願。隨順趣入。
則能成熟一切衆生。則能隨順阿耨多
羅三藐三菩提。則能成满普賢菩薩諸
行願海。是故善男子。汝於此義。應如是
知。若有善男子善女人。以满十方無量
無邊不可説不可説佛刹極微塵數一
切世界。上妙七寶及諸人天最勝安樂。
布施爾所一切世界所有衆生。供養爾
所一切世界諸佛菩薩。經爾所佛刹極
微塵數劫。相續不斷。所得功德。若復有
人。聞此願王。一經於耳。所有功德。比前功
德。百分不及一。千分不及一。乃至優婆
泥沙陀分。亦不及一。若復有人。以深信心。
於此大願。受持讀誦。乃至書寫一四句
偈。速能除滅五無間業。所有世間身心
等病。種種苦惱。乃至佛刹極微塵數
一切惡業。皆得銷除。一切魔軍。夜叉羅
刹。若鳩槃荼若毗舍闍。若部多等。飲
血啖肉。諸惡鬼神。悉皆捨離。或時發心。
親近守護。是故若人誦此願者。行於
世間。無有障礙。如空中月出於雲翳。諸佛
菩薩之所稱贊。一切人天皆應禮敬。一切
衆生悉應供養。此善男子。善得人身。
圓满普賢所有功德。不久當如普賢
菩薩速得成就微妙色身。具三十二大丈
夫相。若生人天。所在之處。常居勝族。悉
能破壞一切惡趣。悉能遠離一切惡友。
悉能制伏一切外道。悉能解脱一切煩
惱。如師子王摧伏群獸。堪受一切衆生

供養。又復是人。臨命終時。最後刹那。一
切諸根悉皆散壞。一切親屬悉皆①離。
一切威勢悉皆退失。輔相大臣。宫城内
外象馬車乘。珍寶伏藏。如是一切無復
相隨。唯此願王不相捨離。於一切時。引導
其前。一刹那中。即得往生極樂世界。到
已即見阿彌陀佛。文殊師利菩薩。普賢
菩薩。觀自在菩薩。彌勒菩薩等。此諸
菩薩色相端嚴。功德具足。所共圍繞。其
人自見。生蓮華中。蒙佛授記。得授記已。
經於無數百千萬億那由他劫。普於十
方不可説不可説世界。以智慧力。隨衆
生心。而爲利益。不久當坐菩提道場。降
服魔軍。成等正覺。轉妙法輪。能令佛刹
極微塵數世界衆生。發菩提心。隨其根
性。教化成熟。乃至盡於未來劫海。廣能
利益一切衆生。善男子。彼諸衆生。若聞
若信此大願王。受持讀誦。廣爲人説。所
有功德。除佛世尊餘無知者。是故汝等。
聞此願王。莫生疑念。應當諦受。受已能
讀。讀已能誦。誦已能持。乃至書寫。廣爲
人説。是諸人等。於一念中。所有行願。皆
得成就。所獲福聚無量無邊。能於煩惱
大苦海中。拔濟衆生。令其出離。皆得往
生阿彌陀佛極樂世界。爾時普賢菩薩
摩訶薩。欲重宣此義。普觀十方。而説偈言。
所有十方世界中，三世一切人師子。
我以清净身語意，一一遍禮盡無餘。
普賢行願威神力，普現一切如來前。
一身復現刹塵身，一一遍禮刹塵佛。
於一塵中塵數佛，各處菩薩衆會中。
無盡法界塵亦然，深信諸佛皆充满。
各以一切音聲海，普出無盡妙言辭。
盡於未來一切劫，贊佛甚深功德海。
以諸最勝妙華鬘，妓樂塗香及傘蓋。
如是最勝莊嚴具，我以供養諸如來。

① 疑有脱文“遠”。

最勝衣服最勝香，末香燒相與燈燭。
一一皆如妙高聚，我悉供養諸如來。
我以廣大勝解心，深信三世一切佛。
悉以普賢行願力，普遍供養諸如來。
我昔所造諸惡業，皆由無始貪恚疑。
從身語意之所生，一切我今皆懺悔。
十方一切諸衆生，二乘有學及無學。
一切如來與菩薩，所有功德皆隨喜。
十方所有世間燈，最初成就菩提者。
我今一切皆勸請，轉於無上妙法輪。
諸佛若欲示涅槃，我悉至誠而勸請。
唯願久住刹塵劫，利樂一切諸衆生。
所有禮贊供養福，請佛住世轉法輪。
隨喜懺悔諸善根，回嚮衆生及佛道。
我隨一切如來學，修行普賢圓滿行。
供養過去諸如來，及與現在十方佛。
未來一切天人師，一切意樂皆圓满。
我願普隨三世學，速得成就大菩提。
所有十方一切刹，廣大清净妙莊嚴。
衆會圍繞諸如來，悉在菩提樹王下。
十方所有諸衆生，願離憂患常安樂。
獲得甚深正法利，滅除煩惱盡無餘。
我爲菩提修行時，一切趣中成宿命。
常得出家修净戒，無垢無破無穿漏。
天龍夜叉鳩槃荼，乃至人與非人等。
所有一切衆生語，悉以諸音而所法。
勤修清净波羅蜜，恒不忘失菩提心。
滅除障垢無有餘，一切妙行皆成就。
於諸惑業及魔境，世間道中得解脱。
猶如蓮華不著水，亦如日月不住空。
悉除一切惡道苦，等與一切群生樂。
如是經於刹塵劫，十方利益恒無盡。
我常隨順諸衆生，盡於未來一切劫。
恒修普賢廣大行，圓满無上大菩提。
所有與我同行者，於一切處同集會。
身口意業皆同等，一切行願同修學。
所有益我善知識，爲我顯示普賢行。
常願與我同集會，於我常生歡喜心。

願常面見諸如來，及諸佛子衆圍繞。
於彼皆興廣大供，盡未來劫無疲厭。
願持諸佛微妙法，光顯一切菩提行。
究竟清凈普賢道，盡未來劫常修習。
我於一切諸有中，所修福智恒無量。
定慧方便及解脱，獲諸無盡功德藏。
一塵中有塵數刹，一一刹有難思佛。
一一佛處衆會中，我見恒演菩提行。
普盡十方諸刹海，一一毛端三世海。
佛海及與國土海，我遍修行經劫海。
一切如來與清凈，一言具衆音聲海。
隨諸衆生意樂旨，一一流佛辯才海。
三世一切諸如來，於彼無盡語言海。
恒轉理趣妙法輪，我深智力普能入。
我能深入於未來，盡一切劫爲一念。
三世所有一切劫，爲一念際我皆入。
我於一念見三世，所有一切人師子。
亦常如佛境界中，如幻解脱及威力。
於一毛端極微中，出現三世莊嚴刹。
十方塵刹諸毛端，我皆深入而嚴凈。
所有未來照世燈，成道轉法悟群有。
究竟佛事示涅槃，我皆往詣而親近。
速疾周遍神通力，普門遍入大乘力。
智行普修功德力，威神普覆大慈力。
遍凈莊嚴勝福力，無著無依智慧力。
定慧方便諸威力，普能積集菩提力。
清凈一切善業力，摧滅一切煩惱力。
降伏一切諸魔力，圓滿普賢諸行力。
普能嚴凈諸刹海，解脱一切衆生海。
善能分别諸法海，能甚深入智慧海。
普能清凈諸行海，圓滿一切諸願海。
親近供養諸佛海，修行無倦經劫海。
三世一切諸如來，最勝菩提諸行願。
我皆供養圓滿修，以普賢行悟菩提。
一切如來有長子，彼名號曰普賢尊。
我今回嚮諸善根，願諸智行悉同彼。
願身口意恒清凈，諸行刹土亦復然。
如是智慧號普賢，願我與彼皆同等。

我爲遍净普賢行，文殊師利諸大願。
满彼事業盡無餘，未來際劫恒無倦。
我所修行無有量，獲得無量諸功德。
安住無量諸行中，了達一切神通力。
文殊師利勇猛智，普賢慧行亦復然。
我今回嚮諸善根，隨彼一切常修學。
三世諸佛所稱歎，如是最勝諸大願。
我今回嚮諸善根，爲得普賢殊勝行。
願我臨欲命終時，除盡一切諸障礙。
面見彼佛阿彌陀，即得往生安樂刹。
我既往生彼國已，現前成就此大願。
一切圓满盡無餘，利樂一切衆生界。
彼佛衆會咸清净，我時於勝蓮華生。
親睹如來無量光，現前授我菩提記。
蒙彼如來授記已，化身無數百俱胝。
智力廣大遍十方，普利一切衆生界。
乃至虚空世界盡，衆生及業煩惱盡。
如是一切無盡時，我願究竟恒無盡。
十方所有無邊刹，莊嚴衆寶供如來。
最勝安樂施天人，經一切刹微塵劫。
若人於此勝願王，一經於耳能生信。
求勝菩提心渴仰，獲勝功德過於彼。
即常遠離惡知識，永離一切諸惡道。
速見如來無量光，具此普賢最勝願。
此人善得勝壽命，此人善來人中生。
此人不久當成就，如彼普賢菩薩行。
往昔由無智慧力，所造極惡五無間。
誦此普賢大願王，一念速疾皆銷滅。
族姓種類及容色，相好智慧咸圓满。
諸魔外道不能摧，堪爲三界所應供。
速詣菩提大樹王，坐已降服諸魔衆。
成等正覺轉法輪，普利一切諸含識。
若人於此普賢願，讀誦受持及演説。
果報唯佛能證知，决定獲勝菩提道。
若人誦此普賢願，我説少分之善根。
一念一切悉皆圓，成就衆生清净願。
我此普賢殊勝行，無邊勝福皆回嚮。
普願沈溺諸衆生，速往無量光佛刹。

爾時普賢菩薩摩訶薩。於如來前。説此
普賢廣大願王清净偈已。善財童子。踴
躍無量。一切菩薩皆大歡喜。如來贊言。
善哉善哉。
爾時世尊。與諸聖者菩薩摩訶薩。演説
如是不可思議解脱境界勝法門時。文
殊師利菩薩而爲上首。諸大菩薩。及所
成熟。六千比丘。彌勒菩薩而爲上首。賢
劫一切諸大菩薩。無垢普賢菩薩而爲
上首。一生補處住灌頂位諸大菩薩。及
餘十方種種世界。普來集會。一切刹
海極微塵數諸菩薩摩訶薩衆。大□
舍利弗。摩訶目犍連等。而爲上首。諸
大聲聞。并諸人天一切世主。天龍。夜
叉。乾闥婆。阿修羅。迦樓羅。緊那羅。
摩睺羅伽。人。非人。等一切大衆。聞佛
所説。皆大歡喜。信受奉行。京市屬□□□僧雕字人□□

大方廣佛華嚴經普賢行願品

華嚴經感通靈應傳記

爾乃十種受持經云十種者，一受持，二讀，三誦，四解説，五寫，六施他，七聽聞，八正聞演，九思惟，十修習誦
偈破鐵城之極苦垂拱三年賢安坊中有郭神亮死經十日却蘇云：有一使者，追至冥司，引送地獄，忽見一僧云：我欲救汝獄之苦，教念一偈云，若人欲了知，三世一切佛應觀法界性，一切惟心造，當誦之時受罪者，數千萬人皆得離苦，此乃華嚴經十行品中偈文
天帝請講垂拱三年西域有實意三藏常講華嚴經，忽有二人於大衆中禮三藏曰：弟子從切利天帝釋使來請法師天上講華嚴經，法師當時與都講維那等於高座上一時遷化才觀奥怛知思議之難窮龍樹祖師於龍宫見此華嚴經稱是不思議之典，上中本非世傳持惟誦得下本有十萬偈頌因此傳持於世間□□□□
弘小典而何及西域無著菩薩弟天親初業小乘，因聞華嚴大教方，獲信悟，深敬華嚴一乘是諸佛境界，遂舍小乘，深自悔疚，欲以利刀割舌，無著誡知，曰：嚮以汝口激揚權教，令還以汝舌，贊美真乘，自滅深累，何斷舌爲？天親於是入山造華嚴十地論上聖同推下類知經云：此經十方諸佛同説，同贊，海會菩薩俱來菩提又云：若菩薩億那由他劫，行六波羅蜜，不聞此經，雖聞不信是等，稱爲假名菩薩但聞其名不墮
修羅之四趣傳云：聞大方廣佛華嚴經題七字者，決定不墮修羅餓鬼，地獄，畜生等四趣，何況受持法
界圓宗真如膀樣華嚴是一乘圓教，乃成佛之宗，得道之本陞天而
能退强敵聖歷年中於闐國中有沙彌，名伽車，誦華嚴，天帝請迎，乃曰：每被修羅見擾，故屈師表師，受持華嚴經，諸天護持，請爲誦經，以讓彼敵。遂登華座，誦華嚴經，修羅軍衆觀此威神即便退却修禪習慧
真通九會之中顯慶年中，九龍山有一尼師精佛乘華嚴秘藏，入山受持十餘載，禮誦無替，依教修行，性定心寂，遂證慈眼，得因陀羅□□境界十方世界微塵刹海，九會道場，了了明見如鏡中像焉□典□
玄不可妄傳經云此經不落一切余衆，唯除諸大菩薩種佛善根者生手水洗持
華嚴人之手諸類承著命盡生天總章元年西域有梵僧來至京洛，見僧看華嚴經，乃曰：此士亦有此不可思議典，西域傳記中説：有人轉華嚴經，以洗手水滴著一蟻子，命終生切利

天，何況受持非大非小塵塵諦了此華嚴經是不思議之典，非情量所拘，説

大，説小，經云十方諸佛於一微塵中常轉如是無量法輪，無有間斷金光孕於口中上元年，中

洛州敬受寺有僧歸洛州覷友，路投店宿，與一僧同宿，見此僧問主任素酒肉啖之，其敬受寺僧怒而呵之，續見其僧綏發梵

音誦華嚴經，口角兩邊俱放光明，狀若金色，誦至五帙以上，真光漸收，却如僧口。又禪師修德專業華嚴，書

寫此經，纔誦之時，金光遠照徹百餘裹紅蓮生於舌表如意元年，漳州有尼戒行精苦，

常誦華嚴，忽然坐化，三年墳上生紅蓮五莖，因發墳破棺，見從舌上而生，光彩鮮艷。

大夏□□□十三

【後缺】

（十七）俄 TK73《大方廣佛華嚴經入不思議解脱境界普賢行願品》①

【題解】

西夏刻本，經折裝。潢麻紙，粗。共 2 面，不相連接。高 26.7 釐米，面寬 9.8 釐米。版框高 22.3 釐米，天頭 3.2 釐米，地脚 1.5 釐米。每面 5 行，行 15 字。上下單邊，宋體，墨色中匀。首尾缺。

【前缺】

生而爲樹根。諸佛菩薩而爲花果。以大

悲水。饒益衆生。則能成就諸佛菩薩智

慧花果。何以故。若諸菩薩。以大悲水。饒

益衆生。則能成就阿耨多羅三藐三菩

提故。是故菩提。屬於衆生。若無衆生。一

【中缺】

諸病苦。欲行惡法皆悉不成。所修善業。

皆速②成就。關閉一切諸惡趣門。開示人

天③涅槃正路。若諸衆生。因其積集諸惡

業故。所感一切極重苦果。我皆代受。令

彼衆生悉得解脱。究竟成就無上菩提。

【後缺】

（十八）俄 TK98《大方廣華嚴經入不思議解脱境界普賢行願品》④

---

① 《俄藏黑水城文獻》第二册，第 107 頁。

② “皆速”疑爲“悉皆”。

③ 疑“天”爲衍文。

④ 《俄藏黑水城文獻》第二册，第 360—373 頁。

【題解】

西夏刻本。經折裝，甲種本（不同於 TK65 的另一類甲種本）。未染麻紙。共 32 折半，65 面。高 21 釐米，面寬 9 釐米。版框高 16.2 釐米，天頭 3 釐米，地脚 2 釐米。每面 6 行，行 15 字。上下單邊。宋體。墨色深匀。冠《行願經變相》佛畫 6 面，四周雙邊。第 1 面榜題：教主毗盧遮那佛。自第 2 面至第 6 面爲佛故事和因果報應畫。榜題：一禮敬諸佛，二稱贊如來，四懺除業障，五隨喜功德（補題隨喜及涅槃，分布舍利善根），六請轉法輪，七請佛住世，八常隨佛學（補題：示種種神通，處種種衆會，刺血爲墨，書寫經典），九恒順衆生，十普皆回嚮（補題：極重苦果，我皆代受）。

大方廣佛華嚴經入不思議解脱境界
普賢行願品
罽賓國三藏般若奉詔譯
爾時普賢菩薩摩訶薩。稱歎如來勝功
德已。告諸菩薩及善財言。善男子。如來
功德。假使十方一切諸佛經不可説不
可説佛刹極微塵數劫。相續演説不可
窮盡。若欲成就此功德門。應修十種廣
大行願。何等爲十？一者禮敬諸佛，二者
稱贊如來，三者廣修供養，四者懺悔業
障，五者隨喜功德，六者請轉法輪，七者
請佛住世，八者常隨佛學，九者恒順衆
生，十者普皆回嚮。　一
善財白言：大聖。云何禮敬乃至回嚮？普
賢菩薩告善財言：善男子。言禮敬諸佛
者。所有盡法界。虚空界。十方三世一切
佛刹極微塵數諸佛世尊。我以普賢行
願力故。起深信解。如對目前。悉以清净
身語意業。常修禮敬。一一佛所。皆現不
可説不可説佛刹極微塵數身。一一身體
遍禮不可説不可説佛刹極微塵數佛。
虚空界盡。我禮乃盡。而虚空界不可盡
故。我此禮敬無有窮盡。如是乃至衆生
界盡。衆生業盡。衆生煩惱盡。我禮乃盡。
而衆生界。乃至煩惱無有盡故。我此禮
敬無有窮盡。念念相續。無有間斷。身語
意業無有疲厭。
復次善男子。言稱贊如來者。所有盡法
界。虚空界。十方三世一切刹土。所有極

微。一一塵中。皆有一切世界極微塵數[①]
中。一一各有一切世界極微塵數佛。一
一佛所。種種菩薩海會圍繞。我以普賢
行願力故。起深信解。現前知見。悉以上
妙諸供養具。而爲供養。所謂華雲鬘雲。
天音樂雲。天傘蓋雲。天衣服雲。天種種
香塗香燒香末香。如是等雲。一一量如
須彌山王。燃種種燈。酥燈油燈諸香油
燈。一一燈柱。如須彌山。一一燈油。如大
海水。以如是等諸供養具。常爲供養。善
男子。諸供養中。法供養最。所謂如説修
行供養。利益衆生供養。攝受衆生供養。
代衆生苦供養。勤修善根供養。不捨菩
薩業供養。不離菩提心供養。善男子。如
前供養無量功德。比法供養。一念功德。
百分不及一。千分不及一。百千俱胝那
由他分。迦羅分。算分。數分。諭分。優波尼
沙陀分。亦不及一。何以故。以諸如來尊
重法故。以如説修行出生諸佛故。若諸菩
薩。行法供養。則得成就供養如來。如是
修行。是真供養故。此廣大最勝供養。虚
空界盡。衆生界盡。衆生業盡。衆生煩惱
盡。我供乃盡。而虚空界。乃至煩惱。不可
盡故。我此供養。亦無有盡。念念相續無
有間斷。身語意業無有疲厭。
復次善男子。言懺除業障者。菩薩自念。
我於過去無始劫中。由貪嗔疑。發身口
意。作諸惡業。無量無邊。若此惡業。有體
相者。盡虚空界不能容受。我今悉以清
净三業。遍於法界極微塵刹一切諸佛菩
薩衆前。誠心懺悔。後不復造。恒住净
戒。一切功德。如是虚空界盡。衆生界盡。

---

① 中有脱文如下："一佛所。種種菩薩海會圍繞。我當悉以甚深勝解。現前知見。各以出過辯才天女微妙舌根。一一舌根。出無盡音聲海。一一音聲。出一切言辭海。稱揚贊歎一切如來諸功德海。窮未來際。相續不斷。盡於法界。無不周遍。如是虚空界盡。衆生界盡。衆生業盡。衆生煩惱盡。我贊乃盡。而虚空界乃至煩惱。無有盡故。我此贊歎無有窮盡。念念相續。無有間斷。身語意業無有疲厭。復次善男子。言廣修供養者。所有盡法界。虚空界。十方三世一切佛刹極微塵"。

衆生業盡。衆生煩惱盡。我懺乃盡。而虚
空界。乃至衆生煩惱。不可盡故。我此懺
悔無有窮盡。念念相續無有間斷。身語
意業無有疲厭。　三
復次善男子。言隨喜功德者。所有盡法
界。虚空界。十方三世一切佛刹極微塵
數諸佛如來。從初發心。爲一切智。勤修
福聚。不惜身命。經不可説不可説佛刹[1]
極微塵數劫。一一劫中。舍不可説不可
説佛刹極微塵數頭目手足。如是一切
難行苦行。圓满種種波羅蜜門。證入種
種菩薩智地。成就諸佛無上菩提。及般
涅槃。分布舍利。所有善根。我皆隨喜。及
彼十方一切世界。六趣四生。一切種類。
所有功德。乃至一塵。我皆隨喜及[2]。
彼十方[3]
世一切聲聞。及辟支佛。有學無學。所有
功德。我皆隨喜。一切菩薩所修無量難
行苦行。志求無上正等菩提。廣大功德。
我皆隨喜。如是虚空界盡。衆生界盡。衆
生業盡。衆生煩惱盡。我此隨喜。無有窮
盡。念念相續無有間斷。身語意業無有
疲厭。
復次善男子。言請轉法輪者。所有盡法
界。虚空界。十方三世一切佛刹極微塵
中。一一各有不可説不可説佛刹極微
塵數廣大佛刹。一一刹中。念念有不可
説不可説。佛刹極微塵數一切諸佛成
等正覺。一切菩薩海會圍繞。而我悉以
身口意業。種種方便。殷勤勸請。轉妙法
輪。如是虚空界盡。衆生界盡。衆生業盡。
衆生煩惱盡。我常勸請一切諸佛。轉正
法輪。無有窮盡。念念相續無有間斷。身
語意業無有疲厭。

---

① 筆者查，其他版本均無“佛刹”。

② 筆者查，其他版本無“及，彼”。

③ 中有脱文如下：“一切世界六趣四生一切種類所有功德乃至一塵，我皆有隨喜十方三”。

復次善男子。言請佛住世者。所有盡法
界。虚空界。十方三世一切佛刹極微塵
數諸佛如來。將欲示現般涅槃者。及諸
菩薩。聲聞緣覺。有學無學。乃至一切諸
善知識。我悉勸請。莫入涅槃。經於一切
佛刹極微塵數劫。爲欲利樂一切衆生。
如是虚空界盡。衆生界盡。衆生業盡。衆
生煩惱盡。我此勸請無有窮盡。念念相
續無有間斷。身語意業無有疲厭。
復次善男子。言常隨佛學者。如此娑婆
世界。毗盧遮那如來。從初發心。精進不
退。以不可説不可説身命而爲布施。剥
皮爲紙。折骨爲筆。刺血爲墨。書寫經典。
積如須彌。爲重法故。不惜身命。何况王
位。城邑聚落。宫殿園林。一切所有。及餘
種種難行苦行。乃至樹下成大菩提。示
種種神通。起種種變化。現種種佛身。處
種種衆會。或處一切諸大菩薩衆會道
場。或處聲聞辟支佛衆會道場。或處
轉輪聖王小王眷屬衆會道場。或處刹
利及婆羅門長者居士衆會道場。乃至
或處天龍八部人非人等衆會道場。處
於如是種種衆會。以圓满音。如大雷震。
隨其樂欲成熟衆生。乃至示現入於涅
槃。如是一切我皆隨學。如今世尊毗盧
遮那。如是盡法界。虚空界。十方三世一
切佛刹所有塵中。一切如來亦皆如是。
於念念中。我皆隨學。如是虚空界盡衆
生界盡衆生業，盡衆生煩惱，盡我此隨
學，無有窮盡，念念相續無有間斷，身語
意業，無有疲厭。
復次善男子。言恒順衆生者。謂盡法界。
虚空界。十方刹海。所有衆生種種差别。
所謂卵生。胎生。濕生。化生。或有依於地
水火風而生住者。或有依空及諸卉木
而生住者。種種生類。種種色身。種種形
狀。種種相貌。種種壽量。種種族類。種種
名號。種種心性。種種知見。種種欲樂。

種種意行。種種威儀。種種衣服。種種飲食。
處於種種村營聚落城邑宫殿。乃至一
切天龍八部人非人等。無足二足。四足
多足。有色無色。有想無想。非有想。非無
想。如是等類。我皆於彼。隨順而轉。種種
承事。種種供養。如敬父母。如奉師長。及
阿羅漢。乃至如來。等無有异。於諸病苦。
爲作良醫。於失道者。示其正路。於闇夜
中。爲作光明。於貧窮者。令得伏藏。菩薩
如是平等饒益一切衆生。何以故。菩薩
若能隨順衆生。則爲隨順供養諸佛。若
於衆生。尊重承事。則爲尊重承事如來。
若令衆生生歡喜者。則令一切如來歡
喜。何以故。諸佛如來。以大悲心而爲體
故。因於衆生。而起大悲。因於大悲。生菩
提心。因菩提心成等正覺。譬如曠野沙
磧之中。有大樹王。若根得水。枝葉華果
悉皆繁茂。生死曠野菩提樹王。亦復如
是。一切衆生而爲樹根。諸佛菩薩而爲
華果。以大悲水。饒益衆生。則能成就諸
佛菩薩智慧花果。何以故。若諸菩薩。以
大悲水。饒益衆生。則能成就阿耨多羅
三藐三菩提故。是故菩提。屬於衆生。若
無衆生。一切菩薩。終不能成無上正覺。
善男子。汝於此義。應如是解。以於衆生
心平等故。則能成就圓滿大悲。以大悲
心。隨衆生故。則能成就供養如來。菩薩
如是隨順衆生。虚空界盡。衆生界盡。衆
生業盡。衆生煩惱盡。我此隨順無有窮
盡。念念相續無有間斷。身語意業無有
疲厭。　五
復次善男子。言普皆回嚮者。從初禮拜。
乃至隨順。所有功德。悉皆回嚮。盡法界。
虚空界。一切衆生。願令衆生常德安樂。
無諸病苦。欲行惡法皆悉不成。所修善
業。悉皆成就。關閉一切諸惡趣門。開示
人涅槃正路。若諸衆生。因其積集諸
惡業故。所感一切極重苦果。我皆代受。

令彼衆生悉得解脱。究竟成就無上菩
提。菩薩如是所修回嚮。虚空界盡。衆生
界盡。衆生業盡。衆生煩惱盡。我此回嚮
無有窮盡。念念相續無有間斷。身語意
業無有疲厭。　六
善男子。是爲菩薩摩訶薩十種大願具
足圓満。若諸菩薩。於此大願。隨順趣入。
則能成熟一切衆生。則能隨順阿耨多
羅三藐三菩提。則能成満普賢菩薩諸
行願海。是故善男子。汝於此義。應如是
知。若有善男子善女人。以満十方無量
無邊不可説不可説佛刹極微塵數一
切世界。上妙七寶及諸人天最勝安樂。
布施爾所一切世界所有衆生。供養爾
所一切世界諸佛菩薩。經爾所佛刹極
微塵數劫。相續不斷。所得功德。若復有
人。聞此願王。一經於耳。所有功德。比前
功德。百分不及一。千分不及一。乃至優
波泥沙陀分。亦不及一。若復有人。以深
信心。於此大願。受持讀誦。乃至書寫一
四句偈。速能除滅五無間業。所有世間
身心等病。種種苦惱。乃至佛刹極微塵
數一切惡業。皆得銷除。一切魔軍。夜叉
羅刹。若鳩槃荼若毗舍闍。若部多等。飲
血啖肉。諸惡鬼神。悉皆捨離。或時發心。
親近守護。是故若人誦此願者。行於世
間。無有障礙。如空中月出於雲翳。諸佛
菩薩之所稱贊。一切人天皆應禮敬。一
切衆生悉應供養。此善男子。善得人身。
圓満普賢所有功德。不久當如普賢菩
薩速得成就微妙色身。具三十二大丈
夫相。若生人天。所在之處。常居勝族。悉
能破壞一切惡趣。悉能遠離一切惡友。
悉能制伏一切外道。悉能解脱一切煩
惱。如師子王摧伏群獸。堪受一切衆生
供養。又復是人。臨命終時。最後刹那。一
切諸根悉皆散壞。一切親屬悉皆捨離。
一切威勢悉皆退失。輔相大臣。宫城内

外象馬車乘。珍寶伏藏。如是一切無復
相隨。唯此願王不相捨離。於一切時。引
導其前。一刹那中。即得往生極樂世界。
到已即見阿彌陀佛。文殊師利菩薩。普
賢菩薩。觀自在菩薩。彌勒菩薩等。此諸
菩薩色相端嚴。功德具足。所共圍繞。其
人自見。生蓮華中。蒙佛授記。得授記已。
經於無數百千萬億那由他劫。普於十
方不可説不可説世界。以智慧力。隨衆
生心。而爲利益。不久當坐菩提道場。降
伏魔軍。成等正覺。轉妙法輪。能令佛刹
極微塵數世界衆生。發菩提心。隨其根
性。教化成熟。乃至盡於未來劫海。廣能
利益一切衆生。善男子。彼諸衆生。若聞
若信此大願王。受持讀誦。廣爲人説。所
有功德。除佛世尊餘無知者。是故汝等。
聞此願王。莫生疑念。應當諦受。受已能
讀。讀已能誦。誦已能持。乃至書寫。廣爲
人説。是諸人等。於一念中。所有行願。皆得
成就。所獲福聚無量無邊。能於煩惱大
苦海中。拔濟衆生。令其出離。皆得往生
阿彌陀佛極樂世界。爾時普賢菩薩摩
訶薩。欲重宣此義。普觀十方。而説偈言。
所有十方世界中，三世一切人師子。
我以清净身語意，一一遍禮盡無餘。
普賢行願威神力，普現一切如來前。
一身復現刹塵身，一一遍禮刹塵佛。
於一塵中塵數佛，各處菩薩衆會中。
無盡法界塵亦然，深信諸佛皆充满。
各以一切音聲海，普出無盡妙言辭。
盡於未來一切劫，贊佛甚深功德海。
以諸最勝妙華鬘，妓樂塗香及傘蓋。①

① 中有脱文如下："如是最勝莊嚴具，我以供養諸如來。最勝衣服最勝香，末香燒相與燈燭。一一皆如妙高聚，我悉供養諸如來。我以廣大勝解心，深信三世一切佛。悉以普賢行願力，普遍供養諸如來。我昔所造諸惡業，皆由無始貪恚疑。從身語意之所生，一切我今皆懺悔。十方一切諸衆生，二乘有學及無學。一切如來與菩薩，所有功德皆隨喜。十方所有世間燈，最初成就菩提者。我今一切皆勸請，轉於無上妙法輪。諸佛若欲示涅槃，我悉至誠而勸請。"

唯願久住刹塵劫，利樂一切諸衆生。
所有禮贊供養福，請佛住世轉法輪。
隨喜懺悔諸善根，回嚮衆生及佛道。
我隨一切如來學，修行普賢圓満行。
供養過去諸如來，及與現在十方佛。
未來一切天人師，一切意樂皆圓満。
我願普隨三世學，速得成就大菩提。
所有十方一切刹，廣大清净妙莊嚴。
衆會圍繞諸如來，悉在菩提樹王下。
十方所有諸衆生，願離憂患常安樂。
獲得甚深正法利，滅除煩惱盡無餘。
我爲菩提修行時，一切趣中成宿命。
常得出家修净戒，無垢無破無穿漏。
天龍夜叉鳩槃荼，乃至人與非人等。
所有一切衆生語，悉以諸音而所法。
勤修清净波羅蜜，恒不忘失菩提心。
滅除障垢無有餘，一切妙行皆成就。
於諸惑業及魔境，世間道中得解脱。
猶如蓮華不著水，亦如日月不住空。
悉除一切惡道苦，等與一切群生樂。
如是經於刹塵劫，十方利益恒無盡。
我常隨順諸衆生，盡於未來一切劫。
恒修普賢廣大行，圓満無上大菩提。
所有與我同行者，於一切處同集會。
身口意業皆同等，一切行願同修學。
所有益我善知識，爲我顯示普賢行。
常願與我同集會，於我常生歡喜心。
願常面見諸如來，及諸佛子衆圍繞。
於彼皆興廣大供，盡未來劫無疲厭。
願持諸佛微妙法，光顯一切菩提行。
究竟清净普賢道，盡未來劫常修習。
我於一切諸有中，所修福智恒無量。
定慧方便及解脱，獲諸無盡功德藏。
一塵中有塵數刹，一一刹有難思佛。
一一佛處衆會中，我見恒演菩提行。
普盡十方諸刹海，一一毛端三世海。
佛海及與國土海，我遍修行經劫海。
一切如來與清净，一言具衆音聲海。

隨諸衆生意樂旨，一一流佛辯才海。
三世一切諸如來，於彼無盡語言海。
恒轉理趣妙法輪，我深智力普能入。
我能深入於未來，盡一切劫爲一念。
三世所有一切劫，爲一念際我皆入。
我於一念見三世，所有一切人師子。
亦常如佛境界中，如幻解脱及威力。
於一毛端極微中，出現三世莊嚴刹。
十方塵刹諸毛端，我皆深入而嚴净。
所有未來照世燈，成道轉法悟群有。
究竟佛事示涅槃，我皆往詣而親近。
速疾周遍神通力，普門遍入大乘力。
智行普修功德力，威神普覆大慈力。
遍净莊嚴勝福力，無著無依智慧力。
定慧方便諸威力，普能積集菩提力。
清净一切善業力，摧滅一切煩惱力。
降伏一切諸魔力，圓满普賢諸行力。
普能嚴净諸刹海，解脱一切衆生海。
善能分别諸法海，能甚深入智慧海。
普能清净諸行海，圓满一切諸願海。
親近供養諸佛海，修行無倦經劫海。
三世一切諸如來，最勝菩提諸行願。
我皆供養圓满修，以普賢行悟菩提。
一切如來有長子，彼名號曰普賢尊。
我今回嚮諸善根，願諸智行悉同彼。
願身口意恒清净，諸行刹土亦復然。
如是智慧號普賢，願我與彼皆同等。
我爲遍净普賢行，文殊師利諸大願。
满彼事業盡無餘，未來際劫恒無倦。
我所修行無有量，獲得無量諸功德。
安住無量諸行中，了達一切神通力。
文殊師利勇猛智，普賢慧行亦復然。
我今回嚮諸善根，隨彼一切常修學。
三世諸佛所稱歎，如是最勝諸大願。

【中缺】

捺麼囉嘚二合捺嘚囉二合也引也唵葛
上聲葛禰禰葛上聲葛禰浪拶禰浪拶禰
嘚浪二合怛禰嘚浪二合怛禰嘚囉二合薩禰

嘚囉二合薩禰不囉二合帝訶不囉二合帝
訶捺薩吟斡二合葛吟麻二合鉢囉合口鉢
囉引禰銘莎引訶引　三
經云若善男子善女人於不動如來所
至誠禮拜稱銘供養於此總持名誦一
遍或帶項上彼人所有罪業及横天惡
夢惡相不詳等兆，悉皆消滅若有衆生
臨命終時以此神咒誦曆耳邊聞已命
終不墮惡趣，若爲利益亡過者，清净受
齋於舍利塔處，禮拜行道成亡者名誦
持此咒百千億遍設墮地獄即得解脱
生净居天地宿命智或以芝麻芥子，若
沙若米及以净水加持誦咒，散灑骨上
屍上或墳冢上其彼亡者，由宿業故設
生惡趣不過七日，必得解脱人天净土
隨意化生見佛聞法，若以樺皮等上書
寫此咒一心專誦，造一億塔香花供養
其彼塔等或弃河海長流水中彼中衆
生罪苦清净諸佛前善根圓满，若復
有人不敬三寶，父母尊人造五無聞業
四重十惡毁諸賢聖，謗正法罪由，誦此
咒，皆得消滅，臨命終時，彼不動佛與諸
菩薩親來迎接，贊歎慰喻其人，命終决
定往生不動如來清净佛土。
恭聞舍靈失本猶潜塵之大經正覺開迷
若燭幽之杲日是以王毫散彩，拯苦惱於
群生梵説流徽奥旨於一致今斯
大方廣佛説花嚴經經普賢行願品者，圓宗
至教法界，真詮包括五乘該羅九會十
種願行攝難思之廟門一軸，靈文爲無
盡之教，本情含剎土，誓等虚空示諸佛
之真源，明如來之智，印身同毗盧之
果海，出世玄猶，心心往普賢之因，門利
生要路，繇是一偈，書寫除五逆之深，殃
四句誦持滅三塗之重苦今。
皇太后羅氏慟
先帝之遐陞祈
覺皇而冥薦謹於大祥之辰所作福善

暨三年之中，通興種種利益俱列於後
將兹勝善伏願
仁宗皇帝佛光照體駕龍軒以游净
方，法味資神運夔乘而禦梵刹乃願
蘿圖鞏固長臨萬國之尊。寶曆彌新
永耀閻浮之境，文臣武職等靈椿以堅
貞玉葉金枝并仙桂而鬱翠兆民賀堯
天之慶，萬姓享舜日之榮，四生悉運於
慈航八難，咸霑於法雨含靈，抱識普會
真源矣。
大法會燒結壇等三千三百五十五次
大會齋一十八次
開讀經文
藏經三百二十八藏
大藏經二百四十七藏
諸般經八十一藏
大部帙經并零經五百五十四萬
八千一百七十八部
度僧西番番漢三千員
散齋僧三萬五百九十員
放神幡一百七十一口
散施
八塔成道像净除業障功德共六
萬七千二百七十六幀
番漢轉女身經，仁王經，行願經共
九萬三千部
數珠一萬六千八十八串
消演番漢大乘經六十一部
大乘懺悔一千一百四十九遍
皇太后宫下應有似然盡有舍放并
作官人
散囚五十二次
設貧六十五次
放生羊七萬七百七十九口
大赦一次
【後缺】

（十九）俄 TK99《大方廣佛華嚴經入不思議解脱境界普賢行願品》[1]

【題解】

西夏刻本。經折裝，乙種本（不同於俄 TK61 的另一類乙種本）。未染麻紙，共 21 折半，43 面。高 21 釐米，面寬 9.5 釐米。版框高 16 釐米，天頭 2.9 釐米。地脚 1.9 釐米。每面 6 行，行 15 字。上下單邊。宋體，墨色深匀。首尾缺。有小字"三"至"六"，句末常刻各種尾花。但與俄 TK98 明顯不同。

【前缺】
盡。念念相續無有□□□□□□□□[2]
疲厭。
復次善男子。言請轉法輪者。所有盡法
界。虚空界。十方三世一切佛刹極微塵
中。一一各有不可説不可説佛刹極微
塵數廣大佛刹。一一刹中。念念有不可
説不可説。佛刹極微塵數一切諸佛成
等正覺。一切菩薩海會圍繞。而我悉以
身口意業。種種方便。殷勤勸請。轉妙法
輪。如是虚空界盡。衆生界盡。衆生業盡。
衆生煩惱盡。我常勸請一切諸佛。轉正
法輪。無有窮盡。念念相續無有間斷。身
語意業無有疲厭。
復次善男子。言請佛住世者。所有盡法
界。虚空界。十方三世一切佛刹極微塵
數諸佛如來。將欲示現般涅槃者。及諸
菩薩。聲聞緣覺。有學無學。乃至一切諸
善知識。我悉勸請。莫入涅槃。經於一切
佛刹極微塵數劫。爲欲利樂一切衆生。
如是虚空界盡。衆生界盡。衆生業盡。衆
生煩惱盡。我此勸請無有窮盡。念念相
續無有間斷。身語意業無有疲厭。
復次善男子。言常隨佛學者。如此娑婆
世界。毗盧遮那如來。從初發心。精進不

① 《俄藏黑水城文獻》第二册，第 374—382 頁。
② 疑爲"間斷。身語意業無有"。

退。以不可説不可説身命而爲布施。剥皮爲紙。折骨爲筆。刺血爲墨。書寫經典。積如須彌。爲重法故。不惜身命。何况王位。城邑聚落。宫殿園林。一切所有。及餘種種難行苦行。乃至樹下成大菩提。示種種神通。起種種變化。現種種佛身。處種種衆會。或處一切諸大菩薩衆會道場。或處聲聞辟支佛衆會道場。或處轉輪聖王小王眷屬衆會道場。或處刹利及婆羅門長者居士衆會道場。乃至或處天龍八部人非人等衆會道場。處於如是種種衆會。以圓滿音。如大雷震。隨其樂欲成熟衆生。乃至示現入於涅槃。如是一切我皆隨學。如今世尊毗盧遮那。如是盡法界。虚空界。十方三世一切佛刹所有塵中。一切如來亦皆如是。於念念中。我皆隨學。如是虚空界盡衆生界盡衆生業，盡衆生煩惱，盡我此隨學，無有窮盡，念念相續無有間斷，身語意業，無有疲厭。

復次善男子。言恒順衆生者。謂盡法界。虚空界。十方刹海。所有衆生種種差别。所謂卵生。胎生。濕生。化生。或有依於地水火風而生住者。或有依空及諸卉木而生住者。種種生類。種種色身。種種形狀。種種相貌。種種壽量。種種族類。種種名號。種種心性。種種知見。種種欲樂。種種意行。種種威儀。種種衣服。種種飲食。處於種種村營聚落城邑宫殿。乃至一切天龍八部人非人等。無足二足。四足多足。有色無色。有想無想。非有想。非無想。如是等類。我皆於彼。隨順而轉。種種承事。種種供養。如敬父母。如奉師長。及阿羅漢。乃至如來。等無有异。於諸病苦。爲作良醫。於失道者。示其正路。於闇夜中。爲作光明。於貧窮者。令得伏藏。菩薩如是平等饒益一切衆生。何以故。菩薩若能隨順衆生。則爲隨順供養諸佛。若於衆生。尊重承事。則爲尊重承事如來。
若令衆生生歡喜者。則令一切如來歡
喜。何以故。諸佛如來。以大悲心而爲體
故。因於衆生。而起大悲。因於大悲。生菩
提心。因菩提心成等正覺。譬如曠野沙
磧之中。有大樹王。若根得水。枝葉花果
悉皆繁茂。生死曠野菩提樹王。亦復如
是。一切衆生而爲樹根。諸佛菩薩而爲
化果。以大悲水。饒益衆生。則能成就諸
佛菩薩智慧花果。何以故。若諸菩薩。以
大悲水。饒益衆生。則能成就阿耨多羅
三藐三菩提故。是故菩提。屬於衆生。若
無衆生。一切菩薩。終不能成無上正覺。
善男子。汝於此義。應如是解。以於衆生
心平等故。則能成就圓滿大悲。以大悲
心。隨衆生故。則能成就供養如來。菩薩
如是隨順衆生。虚空界盡。衆生界盡。衆
生業盡。衆生煩惱盡。我此隨順無有窮
盡。念念相續無有間斷。身語意業無有
疲厭。
復次善男子。言普皆回嚮者。從初禮拜。
乃至隨順。所有功德。悉皆回嚮。盡法界。
虚空界。一切衆生。願令衆生常德安樂。
無諸病苦。欲行惡法皆悉不成。所修善
業。悉皆成就。關閉一切諸惡趣門。開示
人涅槃正路。若諸衆生。因其積集諸
惡業故。所感一切極重苦果。我皆代受。
令彼衆生悉得解脱。究竟成就無上菩
提。菩薩如是所修回嚮。虚空界盡。衆生
界盡。衆生業盡。衆生煩惱盡。我此回嚮
無有窮盡。念念相續無有間斷。身語意業
無有疲厭。
善男子。是爲菩薩摩訶薩十種大願具
足圓满。若諸菩薩。於此大願。隨順趣入。
則能成熟一切衆生。則能隨順阿耨多
羅三藐三菩提。則能成满普賢菩薩諸
行願海。是故善男子。汝於此義。應如是
知。若有善男子善女人。以满十方無量

無邊不可說不可說佛刹極微塵數一
切世界。上妙七寶及諸人天最勝安樂。
布施爾所一切世界所有衆生。供養爾
所一切世界諸佛菩薩。經爾所佛刹極
微塵數劫。相續不斷。所得功德。若復有
人。聞此願王。一經於耳。所有功德。比前
功德。百分不及一。千分不及一。乃至優
波泥沙陀分。亦不及一。若復有人。以深
信心。於此大願。受持讀誦。乃至書寫一
四句偈。速能除滅五無間業。所有世間
身心等病。種種苦惱。乃至佛刹極微塵
數一切惡業。皆得銷除。一切魔軍。夜叉
羅刹。若鳩槃荼若毗舍闍。若部多等。飲
血啖肉。諸惡鬼神。悉皆捨離。或時發心。
親近守護。是故若人誦此願者。行於世
間。無有障礙。如空中月出於雲翳。諸佛
菩薩之所稱贊。一切人天皆應禮敬。一
切衆生悉應供養。此善男子。善得人身。
圓满普賢所有功德。不久當如普賢菩
薩速得成就微妙色身。具三十二大丈
夫相。若生人天。所在之處。常居勝族。悉
能破壞一切惡趣。悉能遠離一切惡友。
悉能制伏一切外道。悉能解脱一切煩
惱。如師子王摧伏群獸。堪受一切衆生
供養。又復是人。臨命終時。最後刹那。一
切諸根悉皆散壞。一切親屬悉皆捨離。
一切威勢悉皆退失。輔相大臣。宫城内
外象馬車乘。珍寶伏藏。如是一切無復
相隨。唯此願王不相捨離。於一切時。引
導其前。一刹那中。即得往生極樂世界。
到已即見阿彌陀佛。文殊師利菩薩。普
賢菩薩。觀自在菩薩。彌勒菩薩等。此諸
菩薩色相端嚴。功德具足。所共圍繞。其
人自見。生蓮華中。蒙佛授記。得授記已。
經於無數百千萬億那由他劫。普於十
方不可說不可說世界。以智慧力。隨衆
生心。而爲利益。不久當坐菩提道場。降
伏魔軍。成等正覺。轉妙法輪。能令佛刹

極微塵數世界衆生。發菩提心。隨其根
性。教化成熟。乃至盡於未來劫海。廣能
利益一切衆生。善男子。彼諸衆生。若聞
若信此大願王。受持讀誦。廣爲人説。所
有功德。除佛世尊餘無知者。是故汝等。
聞此願王。莫生疑念。應當諦受。受已能
讀。讀已能誦。誦已能持。乃至書寫。廣爲
人説。是諸人等。於一念中。所有行願。皆得
成就。所獲福聚無量無邊。能於煩惱大
苦海中。拔濟衆生。令其出離。皆得往生
阿彌陀佛極樂世界。爾時普賢菩薩摩
訶薩。欲重宣此義。普觀十方。而説偈言。
所有十方世界中，三世一切人師子。
我以清凈身語意，一一遍禮盡無餘。
普賢行願威神力，普現一切如來前。
一身復現刹塵身，一一遍禮刹塵佛。
於一塵中塵數佛，各處菩薩衆會中。
無盡法界塵亦然，深信諸佛皆充满。
各以一切音聲海，普出無盡妙言辭。
盡於未來一切劫，贊佛甚深功德海。
以諸最勝妙華鬘，妓樂塗香及傘蓋。
如是最勝莊嚴具，我以供養諸如來。
最勝衣服最勝香，末香燒相與燈燭。
一一皆如妙高聚，我悉供養諸如來。
我以廣大勝解心，深信三世一切佛。
悉以普賢行願力，普遍供養諸如來。
我昔所造諸惡業，皆由無始貪恚疑。
從身語意之所生，一切我今皆懺悔。
十方一切諸衆生，二乘有學及無學。
一切如來與菩薩，所有功德皆隨喜。
十方所有世間燈，最初成就菩提者。
我今一切皆勸請，轉於無上妙法輪。
諸佛若欲示涅槃，我悉至誠而勸請。
唯願久住刹塵劫，利樂一切諸衆生。
所有禮贊供養福，請佛住世轉法輪。
隨喜懺悔諸善根，回嚮衆生及佛道。
我隨一切如來學，修行普賢圓满行。
供養過去諸如來，及與現在十方佛。

未來一切天人師，一切意樂皆圓滿。
我願普隨三世學，速得成就大菩提。
所有十方一切刹，廣大清浄妙莊嚴。
衆會圍繞諸如來，悉在菩提樹王下。
十方所有諸衆生，願離憂患常安樂。
獲得甚深正法利，滅除煩惱盡無餘。
我爲菩提修行時，一切趣中成宿命。
常得出家修浄戒，無垢無破無穿漏。
天龍夜叉鳩槃荼，乃至人與非人等。
所有一切衆生語，悉以諸音而所法。
勤修清浄波羅蜜，恒不忘失菩提心。
滅除障垢無有餘，一切妙行皆成就。
於諸惑業及魔境，世間道中得解脱。
猶如蓮華不著水，亦如日月不住空。
悉除一切惡道苦，等與一切群生樂。
如是經於刹塵劫，十方利益恒無盡。
我常隨順諸衆生，盡於未來一切劫。
恒修普賢廣大行，圓滿無上大菩提。
所有與我同行者，於一切處同集會。
身口意業皆同等，一切行願同修學。
所有益我善知識，爲我顯示普賢行。
常願與我同集會，於我常生歡喜心。
願常面見諸如來，及諸佛子衆圍繞。
於彼皆興廣大供，盡未來劫無疲厭。
願持諸佛微妙法，光顯一切菩提行。
究竟清浄普賢道，盡未來劫常修習。
我於一切諸有中，所修福智恒無量。
定慧方便及解脱，獲諸無盡功德藏。
一塵中有塵數刹，一一刹有難思佛。
一一佛處衆會中，我見恒演菩提行。
普盡十方諸刹海，一一毛端三世海。
佛海及與國土海，我遍修行經劫海。
一切如來與清浄，一言具衆音聲海。
隨諸衆生意樂旨，一一流佛辯才海。
三世一切諸如來，於彼無盡語言海。
恒轉理趣妙法輪，我深智力普能入。
我能深入於未來，盡一切劫爲一念。
三世所有一切劫，爲一念際我皆入。

我於一念見三世，所有一切人師子。
亦常如佛境界中，如幻解脱及威力。
於一毛端極微中，出現三世莊嚴刹。
十方塵刹諸毛端，我皆深入而嚴净。
所有未來照世燈，成道轉法悟群有。
究竟佛事示涅槃，我皆往詣而親近。
速疾周遍神通力，普門遍入大乘力。
智行普修功德力，威神普覆大慈力。
遍净莊嚴勝福力，無著無依智慧力。
定慧方便諸威力，普能積集菩提力。
清净一切善業力，摧滅一切煩惱力。
降伏一切諸魔力，圓满普賢諸行力。
普能嚴净諸刹海，解脱一切衆生海。
善能分别諸法海，能甚深入智慧海。
普能清净諸行海，圓满一切諸願海。
親近供養諸佛海，修行無倦經劫海。
三世一切諸如來，最勝菩提諸行願。
我皆供養圓满修，以普賢行悟菩提。
一切如來有長子，彼名號曰普賢尊。
我今回嚮諸善根，願諸智行悉同彼。
願身口意恒清净，諸行刹土亦復然。
如是智慧號普賢，願我與彼皆同等。
我爲遍净普賢行，文殊師利諸大願。
满彼事業盡無餘，未來際劫恒無倦。
我所修行無有量，獲得無量諸功德。
安住無量諸行中，了達一切神通力。
文殊師利勇猛智，普賢慧行亦復然。
我今回嚮諸善根，隨彼一切常修學。
三世諸佛所稱歎，如是最勝諸大願。
我今回嚮諸善根，爲得普賢殊勝行。
願我臨欲命終時，除盡一切諸障礙。
面見彼佛阿彌陀，即得往生安樂刹。
我既往生彼國已，現前成就此大願。
一切圓满盡無餘，利樂一切衆生界。
彼佛衆會咸清净，我時於勝蓮華生。
親睹如來無量光，現前授我菩提記。
蒙彼如來授記已，化身無數百俱胝。
智力廣大遍十方，普利一切衆生界。

乃至虚空世界盡，衆生及業煩惱盡。
如是一切無盡時，我願究竟恒無盡。
十方所有無邊刹，莊嚴衆寶供如來。
【後缺】

（二十）俄 TK100《大方廣華嚴經入不思議解脱境界普賢行願品》[①]

【題解】

西夏刻本。經折裝。乙種本。未染麻紙。共 32 折半，65 面。高 21.5 釐米，面寬 9.4 釐米。版框高 16.4 釐米，天頭 3 釐米，地脚 2 釐米。每面 6 行，行 15 字。上下單邊，宋體墨色深匀。首缺。裂爲 4 段。有佚文。尾題前面 6 經，爲俄 TK98 所無。下接《净除一切業障如來陀羅尼咒》7 行。有小字“二”至“六”。

【前缺】
盡。衆生界盡。衆生業盡。衆生煩惱盡。我
贊乃盡。而虚空界乃至煩惱。無有盡故。
我此贊歎無有窮盡。念念相續。無有間
斷。身語意業無有疲厭。
復次善男子。言廣修供養者。所有盡法
界。虚空界。十方三世一切佛刹極微塵
中。一一各有一切世界極微塵數佛。一
一佛所。種種菩薩海會圍繞。我以普賢
行願力故。起深信解。現前知見。悉以上
妙諸供養具。而爲供養。所謂華雲鬘雲。
天音樂雲。天傘蓋雲。天衣服雲。天種種
香塗香燒香末香。如是等雲。一一量如
須彌山王。燃種種燈。酥燈油燈諸香油
燈。一一燈柱。如須彌山。一一燈油。如大
海水。以如是等諸供養具。常爲供養。善
男子。諸供養中。法供養最。所謂如説修
行供養。利益衆生供養。攝受衆生供養。
代衆生苦供養。勤修善根供養。不捨菩
薩業供養。不離菩提心供養。善男子。如
前供養無量功德。比法供養。一念功德。
百分不及一。千分不及一。百千俱胝那

① 《俄藏黑水城文獻》第二册，第 382—394 頁。

由他分。迦羅分。算分。數分。諭分。優波尼
沙陀分。亦不及一。何以故。以諸如來尊
重法故。以如説修行出生諸佛故。若諸菩
薩。行法供養。則得成就供養如來。如是
修行。是真供養故。此廣大最勝供養。虚
空界盡。衆生界盡。衆生業盡。衆生煩惱
盡。我供乃盡。而虚空界。乃至煩惱。不可
盡故。我此供養。亦無有盡。念念相續無
有間斷。身語意業無有疲厭。

復次善男子。言懺除業障者。菩薩自念。
我於過去無始劫中。由貪嗔疑。發身口
意。作諸惡業。無量無邊。若此惡業。有體
相者。盡虚空界不能容受。我今悉以清
净三業。遍於法界極微塵刹一切諸佛
菩薩衆前。誠心懺悔。後不復造。恒住净
戒。一切功德。如是虚空界盡。衆生界盡。
衆生業盡。衆生煩惱盡。我懺乃盡。而虚
空界。乃至衆生煩惱。不可盡故。我此懺,
悔無有窮盡。念念相續無有間斷。身語
意業無有疲厭。

復次善男子。言隨喜功德者。所有盡法界。
虚空界。十方三世一切佛刹極微塵
數諸佛如來。從初發心。爲一切智。勤修
福聚。不惜身命。經不可説不可説佛刹
極微塵數劫。一一劫中。舍不可説不可
説佛刹極微塵數頭目手足。如是一切
難行苦行。圓满種種波羅蜜門。證入種
種菩薩智地。成就諸佛無上菩提。及般
涅槃。分布舍利。所有善根。我皆隨喜。及
彼十方一切世界。六趣四生。一切種類。
所有功德。乃至一塵。我皆隨喜。十方三
世一切聲聞。及辟支佛。有學無學。所有
功德。我皆隨喜。一切菩薩所修無量難
行苦行。志求無上正等菩提。廣大功德。
我皆隨喜。如是虚空界盡。衆生界盡。衆
生業盡。衆生煩惱盡。我此隨喜。無有窮
盡。念念相續無有間斷。身語意業無有
疲厭。　三

復次善男子。言請轉法輪者。所有盡法界。虛空界。十方三世一切佛刹極微塵中。一一各有不可説不可説佛刹極微塵數廣大佛刹。一一刹中。念念有不可説不可説。佛刹極微塵數一切諸佛成等正覺。一切菩薩海會圍繞。而我悉以身口意業。種種方便。殷勤勸請。轉妙法輪。如是虛空界盡。衆生界盡。衆生業盡。衆生煩惱盡。我常勸請一切諸佛。轉正法輪。無有窮盡。念念相續無有間斷。身語意業無有疲厭。

復次善男子。言請佛住世者。所有盡法界。虛空界。十方三世一切佛刹極微塵數諸佛如來。將欲示現般涅槃者。及諸菩薩。聲聞緣覺。有學無學。乃至一切諸善知識。我悉勸請。莫入涅槃。經於一切佛刹極微塵數劫。爲欲利樂一切衆生。如是虛空界盡。衆生界盡。衆生業盡。衆生煩惱盡。我此勸請無有窮盡。念念相續無有間斷。身語意業無有疲厭。

復次善男子。言常隨佛學者。如此娑婆世界。毗盧遮那如來。從初發心。精進不退。以不可説不可説身命而爲布施。剥皮爲紙。折骨爲筆。刺血爲墨。書寫經典。積如須彌。爲重法故。不惜身命。何况王位。城邑聚落。宫殿園林。一切所有。及餘種種難行苦行。乃至樹下成大菩提。示種種神通。起種種變化。現種種佛身。處種種衆會。或處一切諸大菩薩衆會道場。或處聲聞辟支佛衆會道場。或處轉輪聖王小王眷屬衆會道場。或處刹利及婆羅門長者居士衆會道場。乃至或處天龍八部人非人等衆會道場。處於如是種種衆會。以圓滿音。如大雷震。隨其樂欲成熟衆生。乃至示現入於涅槃。如是一切我皆隨學。如今世尊毗盧遮那。如是盡法界。虛空界。十方三世一切佛刹所有塵中。一切如來亦皆如是。

於念念中。我皆隨學。如是虛空界盡衆
生界盡衆生業，盡衆生煩惱，盡我此隨
學，無有窮盡，念念相續無有間斷，身語
意業，無有疲厭。四
復次善男子。言恒順衆生者。謂盡法界。
虛空界。十方剎海。所有衆生種種差别。
所謂卵生。胎生。濕生。化生。或有依於地
水火風而生住者。或有依空及諸卉木
而生住者。種種生類。種種色身。種種形
狀。種種相貌。種種壽量。種種族類。種種
名號。種種心性。種種知見。種種欲樂。種
種意行。種種威儀。種種衣服。種種飲食。
處於種種村營聚落城邑宫殿。乃至一
切天龍八部人非人等。無足二足。四足
多足。有色無色。有想無想。非有想。非無
想。如是等類。我皆於彼。隨順而轉。種種
承事。種種供養。如敬父母。如奉師長。及
阿羅漢。乃至如來。等無有异。於諸病苦。
爲作良醫。於失道者。示其正路。於闇夜
中。爲作光明。於貧窮者。令得伏藏。菩薩
如是平等饒益一切衆生。何以故。菩薩
若能隨順衆生。則爲隨順供養諸佛。若
於衆生。尊重承事。則爲尊重承事如來。
若令衆生生歡喜者。則令一切如來歡
喜。何以故。諸佛如來。以大悲心而爲體
故。因於衆生。而起大悲。因於大悲。生菩
提心。因菩提心成等正覺。譬如曠野沙
磧之中。有大樹王。若根得水。枝葉華果
悉皆繁茂。生死曠野菩提樹王。亦復如
是。一切衆生而爲樹根。諸佛菩薩而爲
華果。以大悲水。饒益衆生。則能成就諸
佛菩薩智慧花果。何以故。若諸菩薩。以
大悲水。饒益衆生。則能成就阿耨多羅
三藐三菩提故。是故菩提。屬於衆生。若
無衆生。一切菩薩。終不能成無上正覺。
善男子。汝於此義。應如是解。以於衆生
心平等故。則能成就圓滿大悲。以大悲
心。隨衆生故。則能成就供養如來。菩薩

如是隨順衆生。虚空界盡。衆生界盡。衆
生業盡。衆生煩惱盡。我此隨順無有窮
盡。念念相續無有間斷。身語意業無有
疲厭。

復次善男子。言普皆回嚮者。從初禮拜。
乃至隨順。所有功德。悉皆回嚮。盡法界。
虚空界。一切衆生。願令衆生常德安樂。
無諸病苦。欲行惡法皆悉不成。所修善
業。悉皆成就。關閉一切諸惡趣門。開示
人天涅槃正路。若諸衆生。因其積集諸
惡業故。所感一切極重苦果。我皆代受。
令彼衆生悉得解脱。究竟成就無上菩
提。菩薩如是所修回嚮。虚空界盡。衆生
界盡。衆生業盡。衆生煩惱盡。我此回嚮
無有窮盡。念念相續無有間斷。身語意
業無有疲厭。

善男子。是爲菩薩摩訶薩十種大願具
足圓満。若諸菩薩。於此大願。隨順趣入。
則能成熟一切衆生。則能隨順阿耨多
羅三藐三菩提。則能成満普賢菩薩諸
行願海。是故善男子。汝於此義。應如是
知。若有善男子善女人。以満十方無量
無邊不可説不可説佛刹極微塵數一
切世界。上妙七寶及諸人天最勝安樂。
布施爾所一切世界所有衆生。供養爾
所一切世界諸佛菩薩。經爾所佛刹極
微塵數劫。相續不斷。所得功德。若復有
人。聞此願王。一經於耳。所有功德。比前
功德。百分不及一。千分不及一。乃至優
波泥沙陀分。亦不及一。若復有人。以深
信心。於此大願。受持讀誦。乃至書寫一
四句偈。速能除滅五無間業。所有世間
身心等病。種種苦惱。乃至佛刹極微塵
數一切惡業。皆得銷除。一切魔軍。夜叉
羅刹。若鳩槃荼若毗舍闍。若部多等。飲
血啖肉。諸惡鬼神。悉皆捨離。或時發心。
親近守護。是故若人誦此願者。行於世
間。無有障礙。如空中月出於雲翳。諸佛

菩薩之所稱贊。一切人天皆應禮敬。一
切衆生悉應供養。此善男子。善得人身。
圓満普賢所有功德。不久當如普賢菩
薩速得成就微妙色身。具三十二大丈
夫相。若生人天。所在之處。常居勝族。悉
能破壞一切惡趣。悉能遠離一切惡友。
悉能制伏一切外道。悉能解脱一切煩
惱。如師子王摧伏群獸。堪受一切衆生
供養。又復是人。臨命終時。最後刹那。一
切諸根悉皆散壞。一切親屬悉皆捨離。
一切威勢悉皆退失。輔相大臣。宫城内
外象馬車乘。珍寶伏藏。如是一切無復
相隨。唯此願王不相捨離。於一切時。引
導其前。一刹那中。即得往生極樂世界。
到已即見阿彌陀佛。文殊師利菩薩。普
賢菩薩。觀自在菩薩。彌勒菩薩等。此諸
菩薩色相端嚴。功德具足。所共圍繞。其
人自見。生蓮華中。蒙佛授記。得授記已。
經於無數百千萬億那由他劫。普於十
方不可説不可説世界。以智慧力。隨衆
生心。而爲利益。不久當坐菩提道場。降
伏魔軍。成等正覺。轉妙法輪。能令佛刹
極微塵數世界衆生。發菩提心。隨其根
性。教化成熟。乃至盡於未來劫海。廣能
利益一切衆生。善男子。彼諸衆生。若聞
若信此大願王。受持讀誦。廣爲人説。所
有功德。除佛世尊餘無知者。是故汝等。
聞此願王。莫生疑念。應當諦受。受已能
讀。讀已能誦。誦已能持。乃至書寫。廣爲
人説。是諸人等。於一念中。所有行願。皆得
成就。所獲福聚無量無邊。能於煩惱大
苦海中。拔濟衆生。令其出離。皆得往生
阿彌陀佛極樂世界。爾時普賢菩薩摩
訶薩。欲重宣此義。普觀十方。而説偈言。
所有十方世界中，三世一切人師子。
我以清浄身語意，一一遍禮盡無餘。
普賢行願威神力，普現一切如來前。
一身復現刹塵身，一一遍禮刹塵佛。

於一塵中塵數佛，各處菩薩衆會中。
無盡法界塵亦然，深信諸佛皆充滿。
各以一切音聲海，普出無盡妙言辭。
盡於未來一切劫，贊佛甚深功德海。
以諸最勝妙華鬘，妓樂塗香及傘蓋。
如是最勝莊嚴具，我以供養諸如來。
最勝衣服最勝香，末香燒相與燈燭。
一一皆如妙高聚，我悉供養諸如來。
我以廣大勝解心，深信三世一切佛。
悉以普賢行願力，普遍供養諸如來。
我昔所造諸惡業，皆由無始貪恚疑。
從身語意之所生，一切我今皆懺悔。
十方一切諸衆生，二乘有學及無學。
一切如來與菩薩，所有功德皆隨喜。
十方所有世間燈，最初成就菩提者。
我今一切皆勸請，轉於無上妙法輪。
諸佛若欲示涅槃，我悉至誠而勸請。
唯願久住刹塵劫，利樂一切諸衆生。
所有禮贊供養福，請佛住世轉法輪。
隨喜懺悔諸善根，回嚮衆生及佛道。
我隨一切如來學，修行普賢圓滿行。
供養過去諸如來，及與現在十方佛。
未來一切天人師，一切意樂皆圓滿。
我願普隨三世學，速得成就大菩提。
所有十方一切刹，廣大清净妙莊嚴。
衆會圍繞諸如來，悉在菩提樹王下。
十方所有諸衆生，願離憂患常安樂。
獲得甚深正法利，滅除煩惱盡無餘。
我爲菩提修行時，一切趣中成宿命。
常得出家修净戒，無垢無破無穿漏。
天龍夜叉鳩槃荼，乃至人與非人等。
所有一切衆生語，悉以諸音而所法。
勤修清净波羅蜜，恒不忘失菩提心。
滅除障垢無有餘，一切妙行皆成就。
於諸惑業及魔境，世間道中得解脱。
猶如蓮華不著水，亦如日月不住空。
悉除一切惡道苦，等與一切群生樂。
如是經於刹塵劫，十方利益恒無盡。

我常隨順諸衆生，盡於未來一切劫。
恒修普賢廣大行，圓滿無上大菩提。
所有與我同行者，於一切處同集會。
身口意業皆同等，一切行願同修學。
所有益我善知識，爲我顯示普賢行。
常願與我同集會，於我常生歡喜心。
願常面見諸如來，及諸佛子衆圍繞。
於彼皆興廣大供，盡未來劫無疲厭。
願持諸佛微妙法，光顯一切菩提行。
究竟清净普賢道，盡未來劫常修習。
我於一切諸有中，所修福智恒無量。
定慧方便及解脱，獲諸無盡功德藏。
一塵中有塵數刹，一一刹有難思佛。
一一佛處衆會中，我見恒演菩提行。
普盡十方諸刹海，一一毛端三世海。
佛海及與國土海，我遍修行經劫海。
一切如來與清净，一言具衆音聲海。
隨諸衆生意樂旨，一一流佛辯才海。
三世一切諸如來，於彼無盡語言海。
恒轉理趣妙法輪，我深智力普能入。
我能深入於未來，盡一切劫爲一念。
三世所有一切劫，爲一念際我皆入。
我於一念見三世，所有一切人師子。
亦常如佛境界中，如幻解脱及威力。
於一毛端極微中，出現三世莊嚴刹。
十方塵刹諸毛端，我皆深入而嚴净。
所有未來照世燈，成道轉法悟群有。
究竟佛事示涅槃，我皆往詣而親近。
速疾周遍神通力，普門遍入大乘力。
智行普修功德力，威神普覆大慈力。
遍净莊嚴勝福力，無著無依智慧力。
定慧方便諸威力，普能積集菩提力。
清净一切善業力，摧滅一切煩惱力。
降伏一切諸魔力，圓滿普賢諸行力。
普能嚴净諸刹海，解脱一切衆生海。
善能分别諸法海，能甚深入智慧海。
普能清净諸行海，圓滿一切諸願海。
親近供養諸佛海，修行無倦經劫海。

三世一切諸如來，最勝菩提諸行願。①
滿彼事業盡無餘，未來際劫恒無倦。
我所修行無有量，獲得無量諸功德。
安住無量諸行中，了達一切神通力。
文殊師利勇猛智，普賢慧行亦復然。
我今回嚮諸善根，隨彼一切常修學。
三世諸佛所稱歎，如是最勝諸大願。
我今回嚮諸善根，爲得普賢殊勝行。
願我臨欲命終時，除盡一切諸障礙。
面見彼佛阿彌陀，即得往生安樂刹。
我既往生彼國已，現前成就此大願。
一切圓滿盡無餘，利樂一切衆生界。
彼佛衆會咸清净，我時於勝蓮華生。
親睹如來無量光，現前授我菩提記。
蒙彼如來授記已，化身無數百俱胝。
智力廣大遍十方，普利一切衆生界。
乃至虚空世界盡，衆生及業煩惱盡。
如是一切無盡時，我願究竟恒無盡。
十方所有無邊刹，莊嚴衆寶供如來。
最勝安樂施天人，經一切刹微塵劫。
若人於此勝願王，一經於耳能生信。
求勝菩提心渴仰，獲勝功德過於彼。
即常遠離惡知識，永離一切諸惡道。
速見如來無量光，具此普賢最勝願。
此人善得勝壽命，此人善來人中生。②
普願沈溺諸衆生，速往無量光佛刹。
爾時普賢菩薩摩訶薩。於如來前。説此
普賢廣大願王清净偈已。善財童子。踴
躍無量。一切菩薩皆大歡喜。如來贊言。
善哉善哉。

---

① 中有脱文如下：“我皆供養圓滿修，以普賢行悟菩提。一切如來有長子，彼名號曰普賢尊。我今回嚮諸善根，願諸智行悉同彼。願身口意恒清净，諸行刹土亦復然。如是智慧號普賢，願我與彼皆同等。我爲遍净普賢行，文殊師利諸大願。”

② 中有脱文如下：“此人不久當成就，如彼普賢菩薩行。往昔由無智慧力，所造極惡五無間。誦此普賢大願王，一念速疾皆銷滅。族姓種類及容色，相好智慧咸圓滿。諸魔外道不能摧，堪爲三界所應供。速詣菩提大樹王，坐已降服諸魔衆。成等正覺轉法輪，普利一切諸含識。若人於此普賢願，讀誦受持及演説。果報唯佛能證知，决定獲勝菩提道。若人誦此普賢願，我説少分之善根。一念一切悉皆圓，成就衆生清净願。我此普賢殊勝行，無邊勝福皆回嚮。”

爾時世尊。與諸聖者菩薩摩訶薩。演説
如是不可思議解脱境界勝法門時。文
殊師利菩薩而爲上首。諸大菩薩。及所
成熟。六千比丘。彌勒菩薩而爲上首。賢劫
一切諸大菩薩。無垢普賢菩薩而爲上首。
一生補處住灌頂位諸大菩薩。及餘十方
種種世界。普來集會。一切刹海極微塵
數諸菩薩摩訶薩衆。大智舍利弗。摩訶
目犍連等。而爲上首。諸大聲聞。并諸人
天一切世主。天龍。夜叉。乾闥婆。阿修羅。迦
樓羅。緊那羅。摩睺羅伽。人。非人。等一切
大衆。聞佛所説。皆大歡喜。信受奉行。

大方廣佛華嚴經普賢行願品

净除一切業障如來陀羅尼咒曰
捺麼囉嘚(二合)捺嘚囉(二合)也(引)也唵葛
(上齶)葛禰禰葛(上齶)葛禰浪撈禰浪撈禰
嘚浪(二合)怛禰嘚浪(二合)怛禰嘚囉(二合)薩禰
嘚囉(二合)薩禰不囉(二合)帝訶不囉(二合)帝
訶捺薩吟斡(二合)葛吟麻(二合)鉢囉(合口)鉢
囉(引)禰銘莎(引)訶(引)　十二
經云若善男子善女人於不動如來所
至誠禮拜稱銘供養於此總持名誦一
遍或帶項上彼人所有罪業及横夭惡
夢惡相不詳等兆，悉皆消滅若有衆生
臨命終時以此神咒誦曆耳邊聞已命
終不墮惡趣，若爲利益亡過者，清净受
齋於舍利塔處，禮拜行道成亡者名誦
持此咒百千億遍設墮地獄即得解脱
生净居天地宿命智或以芝麻芥子，若
沙若米及以净水加持誦咒，散灑骨上
屍上或墳冢上其彼亡者，由宿業故設
生惡趣不過七日，必得解脱人天净土
隨意化生見佛聞法，若以樺皮等上書
寫此咒一心專誦，造一億塔香花供養
其彼塔等或弃河海長流水中彼中衆
生罪苦清净諸佛前善根圓滿，若復
有人不敬三寶，父母尊人造五無間業
四重十惡毁諸賢聖，謗正法罪由，誦此

咒，皆得消滅，臨命終時，彼不動佛與諸
菩薩親來迎接，贊歎慰喻其人，命終决
定往生不動如來清净佛土。
恭聞舍靈失本猶潜塵之大經正覺開迷
若燭幽之杲日是以王毫散彩，拯苦惱於
群生梵説流徽奥旨於一致今斯
大方廣佛説花嚴經經普賢行願品者，圓宗
至教法界，真詮包括五乘該羅九會十
種願行攝難思之廟門一軸，靈文爲無
盡之教，本情含刹土，誓等虚空示諸佛
之真源，明如來之智，印身同毗盧之①
貞玉葉金枝并仙桂而鬱翠兆民賀堯
天之慶，萬姓享舜日之榮，四生悉運於
慈航八難，咸霑於法雨含靈，抱識普會
真源矣。
大法會燒結壇等三千三百五十五次
大會齋一十八次
開讀經文
藏經三百二十八藏
大藏經二百四十七藏
諸般經八十一藏
大部帙經并零經五百五十四萬
八千一百七十八部
度僧西番番漢三千員
散齋僧三萬五百九十員
放神幡一百七十一口
散施
八塔成道像净除業障功德共六
萬七千二百七十六幀
番漢轉女身經，仁王經，行願經共九
萬三千部
數珠一萬六千八十八串
消演番漢大乘經六十一部

① 中有缺文如下："果海，出世玄猶，心心往普賢之因，門利生要路，繇是一偈，書寫除五逆之深，殃四句誦持滅三塗之重苦今。皇太后羅氏慟先帝之遐陞祈覺皇而冥薦謹於大祥之辰所作福善暨三年之中，通興種種利益俱列於後將兹勝善伏願仁宗皇帝佛光照體駕龍軒以游净方，法味資神運變乘而禦梵刹乃願蘿圖鞏固長臨萬國之尊。寶曆彌新永耀閻浮之境，文臣武職等靈椿以堅"。

大乘懺悔一千一百四十九遍
【後缺】

（二十一）俄 TK142.1《大方廣佛華嚴經入不思議解脱境界普賢行願品》[①]

【題解】

金刻本。經折裝。未染楮紙。共 45 折半，91 面。高 20 釐米，面寬 9.5 釐米。版框高 15.9 釐米。天頭 2.3 釐米，地脚 1.9 釐米。每面 6 行，行 15 字。上下雙邊，宋體，墨色深匀。（1）大方廣佛華嚴經入不思議解脱境界普賢行願品。冠《大花嚴經/九會聖衆》畫 5 面，榜題：教主大毗盧遮那佛。請法上首。菩薩天主。（2）四分律七佛略説戒偈。有小字注解。尾題同首題，下有“竟”字。（3）大佛起信論立義分。尾題同首題，下有竟字。句末有尾花，已裱。

大方廣佛華嚴經普賢行願品疏序
太原府太崇福寺沙門澄觀奉詔述
大哉真界萬法資始包空有而絶真相，入
言象而無迹，妙有得之而不有真空，得
之而不空生滅，得之而真常緣起，得之
而交映我佛，得之妙踐真覺，廓凈塵習，
寂寥於萬化之域，動用於一虚之中，融
身刹以相含，流聲光以遐燭，我皇得之，
靈鑒虚極，保合大和聖文，掩於百王，淳
風吹於萬國，敷玄化以覺夢，垂天真以
性情，是知不有太虚曷展無涯之照，不
有真界，豈凈等空之心，大方廣佛華嚴
經者，即窮斯旨趣，盡其源流，故厭廓宏
遠包納沖邃，不可得而思議矣，指其源
也，情塵有經智海，無外妄惑，非取重玄，
不空四句之火，莫焚萬法之門，皆入冥
二際，而不一動千變而非多事理，交徹
而雙亡以性，融相而無盡，若秦鏡之互
照，猶帝珠之相，含重重交光，歷歷齊現，
故得圓至功於頃剋，見佛境於塵毛，諸
佛心内，衆生新新作佛，衆生心中，諸佛
念念證真一字法門，海墨而不盡一，

① 《俄藏黑水城文獻》第三册，第 216—229 頁

豪之善空界，盡而無窮，語其定也，最一
如於無心，即萬動而恒寂，海湛真智光，
含性空星，羅法身影，落心水圓，圓音非扣
而長演果海，離念而心傳萬行，忘照而
齊修漸頓，無礙而雙入雖四心被廣八
難，頓超而一極，唱高二乘，絶聽當其器
也，百城詢友，一道栖神明正爲南方盡
南矣，益我爲友人，皆友焉。遇三毒而三
德圓，入一塵而一心净，千化不變其慮，
萬境順通於道契文殊之妙，智宛是初
心，入普賢之玄門，曾無别體，失其旨也，
徒修因於曠劫得其門也，等諸佛於一
朝，杳矣，妙矣，廣矣，大矣，實乃罄諸佛之
靈府，拔玄根之幽，致陞慧日以廓妄扇，
慈風以長春，包性相之洪流掩群經之
光彩，豈唯明逾朝徹静越坐而忘而已耶，
然玄籍百千幽關，半掩我皇禦宇德合
乾坤，光宅萬方，重譯來貢，東風入律西
天輪越海之誠，南印御書，北闕獻朝宗，
之敬，特回明詔，再譯真經，光闡大猷，增
輝新理，澄觀顧多天幸欽矚盛明，奉詔
譯場承旨幽贊，揆躍兢惕，三復竭愚，露
滴天池，喜合百川之味，塵培華岳，無增
萬仞之高，大方廣所證法也，佛華嚴能
證人也，極虚空之可度體無邊涯，大也，
竭滄溟之可飲法門無盡，方也。碎塵殺
而可數用無能測，廣也。離覺所覺，朗萬
法之幽邃，佛也，芬數萬行榮耀，衆德華
也，圓兹行德飾，彼十身，嚴也。貫攝玄妙
以成真光之彩經也。
總斯經七字爲一部之宏綱，則無盡法門
思過半矣。
稽首歸依真法界，光明遍照諸如來，
普賢文殊海會尊，顧得冥資贊玄妙，
此經，南天竺國王，手自書寫梵本，進奉大唐皇帝於
貞元十二年六月五日奉詔，令長安崇福寺内譯罽
賓三藏般若，宣梵文沙門廣濟譯語，沙門圓照筆受
沙門智深，智通回綴，沙門道宏監，虚潤文，沙門道章

大通校勘證義，太原崇福寺沙門澄觀工道邃詳定。

大方廣佛華嚴經入不思議解脱境界

普賢行願品

罽賓國三藏般若奉詔譯

爾時普賢菩薩摩訶薩。稱歎如來勝功德已。告諸菩薩及善財言。善男子。如來功德。假使十方一切諸佛經不可説不可説佛刹極微塵數劫。相續演説不可窮盡。若欲成就此功德門。應修十種廣大行願。何等爲十？一者禮敬諸佛，二者稱贊如來，三者廣修供養，四者懺悔業障，五者隨喜功德，六者請轉法輪，七者請佛住世，八者常隨佛學，九者恒順衆生，十者普皆回嚮。

善財白言：大聖。云何禮敬乃至回嚮？普賢菩薩告善財言：善男子。言禮敬諸佛者。所有盡法界。虚空界。十方三世一切佛刹極微塵數諸佛世尊。我以普賢行願力故。起深信解。如對目前。悉以清净身語意業。常修禮敬。一一佛所。皆現不可説不可説佛刹極微塵數身。一一身體遍禮不可説不可説佛刹極微塵數佛。虚空界盡。我禮乃盡。而虚空界不可盡故。我此禮敬無有窮盡。如是乃至衆生界盡。衆生業盡。衆生煩惱盡。我禮乃盡。而衆生界。乃至煩惱無有盡故。我此禮敬無有窮盡。念念相續。無有間斷。身語意業無有疲厭。

復次善男子。言稱贊如來者。所有盡法界。虚空界。十方三世一切刹土。所有極微。一一塵中。皆有一切世界極微塵數一[①]佛所。皆有[②]菩薩海會圍繞。我當悉以甚深勝解。現前知見。各以出過辯才天女微妙舌根。一一舌根。出無盡音聲海。一一音聲。出一切言辭海。稱揚贊

① 疑脱文“佛一”。

② “皆有”其他版本爲“所有”。

歎一切如來諸功德海。窮未來際。相續不斷。盡於法界。無不周遍。如是虛空界盡。衆生界盡。衆生業盡。衆生煩惱盡。我贊乃盡。而虛空界乃至煩惱。無有盡故。我此贊歎無有窮盡。念念相續。無有間斷。身語意業無有疲厭。

復次善男子。言廣修供養者。所有盡法界。虛空界。十方三世一切佛刹極微塵中。一一各有一切世界極微塵數佛。一一佛所。種種菩薩海會圍繞。我以普賢行願力故。起深信解。現前知見。悉以上妙諸供養具。而爲供養。所謂華雲鬘雲。天音樂雲。天傘蓋雲。天衣服雲。天種種香塗香燒香末香。如是等雲。一一量如須彌山王。燃種種燈。酥燈油燈諸香油燈。一一燈柱。如須彌山。一一燈油。如大海水。以如是等諸供養具。常爲供養。善男子。諸供養中。法供養最。所謂如説修行供養。利益衆生供養。攝受衆生供養。代衆生苦供養。勤修善根供養。不捨菩薩業供養。不離菩提心供養。善男子。如前供養無量功德。比法供養。一念功德。百分不及一。千分不及一。百千俱胝那由他分。迦羅分。算分。數分。諭分。優波尼沙陀分。亦不及一。何以故。以諸如來尊重法故。以如説修行出生諸佛故。若諸菩薩。行法供養。則得成就供養如來。如是修行。是真供養故。此廣大最勝供養。虛空界盡。衆生界盡。衆生業盡。衆生煩惱盡。我供乃盡。而虛空界。乃至煩惱。不可盡故。我此供養。亦無有盡。念念相續無有間斷。身語意業無有疲厭。

復次善男子。言懺除業障者。菩薩自念。我於過去無始劫中。由貪嗔疑。發身口意。作諸惡業。無量無邊。若此惡業。有體相者。盡虛空界不能容受。我今悉以清净三業。遍於法界極微塵刹一切諸佛菩薩衆前。誠心懺悔。後不復造。恒住净戒。一切功德。如是虚空界盡。衆生界盡。衆生業盡。衆生煩惱盡。我懺乃盡。而虚空界。乃至衆生煩惱。不可盡故。我此懺悔無有窮盡。念念相續無有間斷。身語意業無有疲厭。

復次善男子。言隨喜功德者。所有盡法界。虚空界。十方三世一切佛刹極微塵數諸佛如來。從初發心。爲一切智。勤修福聚。不惜身命。經不可説不可説佛刹①極微塵數劫。一一劫中。捨不可説不可説佛刹極微塵數頭目手足。如是一切難行苦行。圓満種種波羅蜜門。證入種種菩薩智地。成就諸佛無上菩提。及般涅槃。分布舍利。所有善根。我皆隨喜。及彼十方一切世界。六趣四生。一切種類。所有功德。乃至一塵。我皆隨喜十方三世一切聲聞。及辟支佛。有學無學。所有功德。我皆隨喜。一切菩薩所修無量難行苦行。志求無上正等菩提。廣大功德。我皆隨喜。如是虚空界盡。衆生界盡。衆生業盡。衆生煩惱盡。我此隨喜。無有窮盡。念念相續無有間斷。身語意業無有疲厭。

復次善男子。言請轉法輪者。所有盡法界。虚空界。十方三世一切佛刹極微塵中。一一各有不可説不可説佛刹極微塵數廣大佛刹。一一刹中。念念有不可説不可説。佛刹極微塵數一切諸佛成等正覺。一切菩薩海會圍繞。而我悉以身口意業。種種方便。殷勤勸請。轉妙法輪。如是虚空界盡。衆生界盡。衆生業盡。衆生煩惱盡。我常勸請一切諸佛。轉正法輪。無有窮盡。念念相續無有間斷。身語意業無有疲厭。

復次善男子。言請佛住世者。所有盡法界。虚空界。十方三世一切佛刹極微塵

① 其他版本無“佛刹”。

數諸佛如來。將欲示現般涅槃者。及諸
菩薩。聲聞緣覺。有學無學。乃至一切諸
善知識。我悉勸請。莫入涅槃。經於一切
佛刹極微塵數劫。爲欲利樂一切衆生。
如是虚空界盡。衆生界盡。衆生業盡。衆
生煩惱盡。我此勸請無有窮盡。念念相
續無有間斷。身語意業無有疲厭。
復次善男子。言常隨佛學者。如此娑婆
世界。毗盧遮那如來。從初發心。精進不
退。以不可説不可説身命而爲布施。剥
皮爲紙。折骨爲筆。刺血爲墨。書寫經典。
積如須彌。爲重法故。不惜身命。何況王
位。城邑聚落。宫殿園林。一切所有。及餘
種種難行苦行。乃至樹下成大菩提。示
種種神通。起種種變化。現種種佛身。處
種種衆會。或處一切諸大菩薩衆會道
場。或處聲聞辟支佛衆會道場。或處
轉輪聖王小王眷屬衆會道場。或處刹
利及婆羅門長者居士衆會道場。乃至
或處天龍八部人非人等衆會道場。處
於如是種種衆會。以圓满音。如大雷震。
隨其樂欲成熟衆生。乃至示現入於涅
槃。如是一切我皆隨學。如今世尊毗盧
遮那。如是盡法界。虚空界。十方三世一
切佛刹所有塵中。一切如來亦皆如是。
於念念中。我皆隨學。如是虚空界盡衆
生界盡衆生業，盡衆生煩惱，盡我此隨
學，無有窮盡，念念相續無有間斷，身語
意業，無有疲厭。
復次善男子。言恒順衆生者。謂盡法界。
虚空界。十方刹海。所有衆生種種差別。
所謂卵生。胎生。濕生。化生。或有依於地
水火風而生住者。或有依空及諸卉木
而生住者。種種生類。種種色身。種種形
狀。種種相貌。種種壽量。種種族類。種種
名號。種種心性。種種知見。種種欲樂。
種種意行。種種威儀。種種衣服。種種飲食。
處於種種村營聚落城邑宫殿。乃至一

切天龍八部人非人等。無足二足。四足
多足。有色無色。有想無想。非有想。非無
想。如是等類。我皆於彼。隨順而轉。種種
承事。種種供養。如敬父母。如奉師長。及
阿羅漢。乃至如來。等無有异。於諸病苦。
爲作良醫。於失道者。示其正路。於闇夜
中。爲作光明。於貧窮者。令得伏藏。菩薩
如是平等饒益一切衆生。何以故。菩薩
若能隨順衆生。則爲隨順供養諸佛。若
於衆生。尊重承事。則爲尊重承事如來。
若令衆生生歡喜者。則令一切如來歡
喜。何以故。諸佛如來。以大悲心而爲體
故。因於衆生。而起大悲。因於大悲。生菩
提心。因菩提心成等正覺。譬如曠野沙
磧之中。有大樹王。若根得水。枝葉華果
悉皆繁茂。生死曠野菩提樹王。亦復如
是。一切衆生而爲樹根。諸佛菩薩而爲
華果。以大悲水。饒益衆生。則能成就諸
佛菩薩智慧華果。何以故。若諸菩薩。以
大悲水。饒益衆生。則能成就阿耨多羅
三藐三菩提故。是故菩提。屬於衆生。若
無衆生。一切菩薩。終不能成無上正覺。
善男子。汝於此義。應如是解。以於衆生
心平等故。則能成就圓滿大悲。以大悲
心。隨衆生故。則能成就供養如來。菩薩
如是隨順衆生。虚空界盡。衆生界盡。衆
生業盡。衆生煩惱盡。我此隨順無有窮
盡。念念相續無有間斷。身語意業無有
疲厭。　五
復次善男子。言普皆回嚮者。從初禮拜。
乃至隨順。所有功德。悉皆回嚮。盡法界。
虚空界。一切衆生。願令衆生常德安樂。
無諸病苦。欲行惡法皆悉不成。所修善
業。皆速成就。關閉一切諸惡趣門。開示
人天涅槃正路。若諸衆生。因其積集諸
惡業故。所感一切極重苦果。我皆代受。
令彼衆生悉得解脱。究竟成就無上菩
提。菩薩如是所修回嚮。虚空界盡。衆生

界盡。衆生業盡。衆生煩惱盡。我此回嚮
無有窮盡。念念相續無有間斷。身語意
業無有疲厭。
善男子。是爲菩薩摩訶薩十種大願具
足圓满。若諸菩薩。於此大願。隨順趣入。
則能成熟一切衆生。則能隨順阿耨多
羅三藐三菩提。則能成满普賢菩薩諸
行願海。是故善男子。汝於此義。應如是
知。若有善男子善女人。以滿十方無量
無邊不可説不可説佛刹極微塵數一
切世界。上妙七寶及諸人天最勝安樂。
布施爾所一切世界所有衆生。供養爾
所一切世界諸佛菩薩。經爾所佛刹極
微塵數劫。相續不斷。所得功德。若復有
人。聞此願王。一經於耳。所有功德。比前
功德。百分不及一。千分不及一。乃至優
波泥沙陀分。亦不及一。若復有人。以深
信心。於此大願。受持讀誦。乃至書寫一
四句偈。速能除滅五無間業。所有世間
身心等病。種種苦惱。乃至佛刹極微塵
數一切惡業。皆得銷除。一切魔軍。夜叉
羅刹。若鳩槃荼若毗舍闍。若部多等。飲
血啖肉。諸惡鬼神。悉皆捨離。或時發心。
親近守護。是故若人誦此願者。行於世
間。無有障礙。如空中月出於雲翳。諸佛
菩薩之所稱贊。一切人天皆應禮敬。一
切衆生悉應供養。此善男子。善得人身。
圓满普賢所有功德。不久當如普賢菩
薩速得成就微妙色身。具三十二大丈
夫相。若生人天。所在之處。常居勝族。悉
能破壞一切惡趣。悉能遠離一切惡友。
悉能制伏一切外道。悉能解脱一切煩
惱。如師子王摧伏群獸。堪受一切衆生
供養。又復是人。臨命終時。最後刹那。一
切諸根悉皆散壞。一切親屬悉皆捨離。
一切威勢悉皆退失。輔相大臣。宫城内
外象馬車乘。珍寶伏藏。如是一切無復
相隨。唯此願王不相捨離。於一切時。引

導其前。一刹那中。即得往生極樂世界。
到已即見阿彌陀佛。文殊師利菩薩。普
賢菩薩。觀自在菩薩。彌勒菩薩等。此諸
菩薩色相端嚴。功德具足。所共圍繞。其
人自見。生蓮華中。蒙佛授記。得授記已。
經於無數百千萬億那由他劫。普於十
方不可説不可説世界。以智慧力。隨衆
生心。而爲利益。不久當坐菩提道場。降
伏魔軍。成等正覺。轉妙法輪。能令佛刹
極微塵數世界衆生。發菩提心。隨其根
性。教化成熟。乃至盡於未來劫海。廣能
利益一切衆生。善男子。彼諸衆生。若聞
若信此大願王。受持讀誦。廣爲人説。所
有功德。除佛世尊餘無知者。是故汝等。
聞此願王。莫生疑念。應當諦受。受已能
讀。讀已能誦。誦已能持。乃至書寫。廣爲
人説。是諸人等。於一念中。所有行願。皆得
成就。所獲福聚無量無邊。能於煩惱大
苦海中。拔濟衆生。令其出離。皆得往生
阿彌陀佛極樂世界。爾時普賢菩薩摩
訶薩。欲重宣此義。普觀十方。而説偈言。
所有十方世界中，三世一切人師子。
我以清净身語意，一一遍禮盡無餘。
普賢行願威神力，普現一切如來前。
一身復現刹塵身，一一遍禮刹塵佛。
於一塵中塵數佛，各處菩薩衆會中。
無盡法界塵亦然，深信諸佛皆充满。
各以一切音聲海，普出無盡妙言辭。
盡於未來一切劫，讚佛甚深功德海。
以諸最勝妙華鬘，妓樂塗香及傘蓋。
如是最勝莊嚴具，我以供養諸如來。
最勝衣服最勝香，末香燒相與燈燭。
一一皆如妙高聚，我悉供養諸如來。
我以廣大勝解心，深信三世一切佛。
悉以普賢行願力，普遍供養諸如來。
我昔所造諸惡業，皆由無始貪恚疑。
從身語意之所生，一切我今皆懺悔。
十方一切諸衆生，二乘有學及無學。

一切如來與菩薩，所有功德皆隨喜。
十方所有世間燈，最初成就菩提者。
我今一切皆勸請，轉於無上妙法輪。
諸佛若欲示涅槃，我悉至誠而勸請。
唯願久住刹塵劫，利樂一切諸衆生。
所有禮贊供養福，請佛住世轉法輪。
隨喜懺悔諸善根，回嚮衆生及佛道。
我隨一切如來學，修行普賢圓满行。
供養過去諸如來，及與現在十方佛。
未來一切天人師，一切意樂皆圓满。
我願普隨三世學，速得成就大菩提。
所有十方一切刹，廣大清净妙莊嚴。
衆會圍繞諸如來，悉在菩提樹王下。
十方所有諸衆生，願離憂患常安樂。
獲得甚深正法利，滅除煩惱盡無餘。
我爲菩提修行時，一切趣中成宿命。
常得出家修净戒，無垢無破無穿漏。
天龍夜叉鳩槃荼，乃至人與非人等。
所有一切衆生語，悉以諸音而所法。
勤修清净波羅蜜，恒不忘失菩提心。
滅除障垢無有餘，一切妙行皆成就。
於諸惑業及魔境，世間道中得解脱。
猶如蓮華不著水，亦如日月不住空。
悉除一切惡道苦，等與一切群生樂。
如是經於刹塵劫，十方利益恒無盡。
我常隨順諸衆生，盡於未來一切劫。
恒修普賢廣大行，圓满無上大菩提。
所有與我同行者，於一切處同集會。
身口意業皆同等，一切行願同修學。
所有益我善知識，爲我顯示普賢行。
常願與我同集會，於我常生歡喜心。
願常面見諸如來，及諸佛子衆圍繞。
於彼皆興廣大供，盡未來劫無疲厭。
願持諸佛微妙法，光顯一切菩提行。
究竟清净普賢道，盡未來劫常修習。
我於一切諸有中，所修福智恒無量。
定慧方便及解脱，獲諸無盡功德藏。
一塵中有塵數刹，一一刹有難思佛。

一一佛處衆會中，我見恒演菩提行。
普盡十方諸刹海，一一毛端三世海。
佛海及與國土海，我遍修行經劫海。
一切如來與清凈，一言具衆音聲海。
隨諸衆生意樂旨，一一流佛辯才海。
三世一切諸如來，於彼無盡語言海。
恒轉理趣妙法輪，我深智力普能入。
我能深入於未來，盡一切劫爲一念。
三世所有一切劫，爲一念際我皆入。
我於一念見三世，所有一切人師子。
亦常如佛境界中，如幻解脱及威力。
於一毛端極微中，出現三世莊嚴刹。
十方塵刹諸毛端，我皆深入而嚴凈。
所有未來照世燈，成道轉法悟群有。
究竟佛事示涅槃，我皆往詣而親近。
速疾周遍神通力，普門遍入大乘力。
智行普修功德力，威神普覆大慈力。
遍凈莊嚴勝福力，無著無依智慧力。
定慧方便諸威力，普能積集菩提力。
清凈一切善業力，摧滅一切煩惱力。
降伏一切諸魔力，圓滿普賢諸行力。
普能嚴凈諸刹海，解脱一切衆生海。
善能分别諸法海，能甚深入智慧海。
普能清凈諸行海，圓滿一切諸願海。
親近供養諸佛海，修行無倦經劫海。
三世一切諸如來，最勝菩提諸行願。
我皆供養圓滿修，以普賢行悟菩提。
一切如來有長子，彼名號曰普賢尊。
我今回嚮諸善根，願諸智行悉同彼。
願身口意恒清凈，諸行刹土亦復然。
如是智慧號普賢，願我與彼皆同等。
我爲遍凈普賢行，文殊師利諸大願。
滿彼事業盡無餘，未來際劫恒無倦。
我所修行無有量，獲得無量諸功德。
安住無量諸行中，了達一切神通力。
文殊師利勇猛智，普賢慧行亦復然。
我今回嚮諸善根，隨彼一切常修學。
三世諸佛所稱歎，如是最勝諸大願。

我今回嚮諸善根。爲得普賢殊勝行。
願我臨欲命終時。除盡一切諸障礙。
面見彼佛阿彌陀。即得往生安樂刹。
我既往生彼國已。現前成就此大願。
一切圓满盡無餘。利樂一切衆生界。
彼佛衆會咸清净。我時於勝蓮華生。
親睹如來無量光。現前授我菩提記。
蒙彼如來授記已。化身無數百俱胝。
智力廣大遍十方。普利一切衆生界。
乃至虚空世界盡。衆生及業煩惱盡。
如是一切無盡時。我願究竟恒無盡。
十方所有無邊刹。莊嚴衆寶供如來。
最勝安樂施天人。經一切刹微塵劫。
若人於此勝願王。一經於耳能生信。
求勝菩提心渴仰。獲勝功德過於彼。
即常遠離惡知識。永離一切諸惡道。
速見如來無量光。具此普賢最勝願。
此人善得勝壽命。此人善來人中生。
此人不久當成就。如彼普賢菩薩行。
往昔由無智慧力。所造極惡五無間。
誦此普賢大願王。一念速疾皆銷滅。
族姓種類及容色。相好智慧咸圓满。
諸魔外道不能摧。堪爲三界所應供。
速詣菩提大樹王。坐已降服諸魔衆。
成等正覺轉法輪。普利一切諸含識。
若人於此普賢願。讀誦受持及演説。
果報唯佛能證知。決定獲勝菩提道。
若人誦此普賢願。我説少分之善根。
一念一切悉皆圓。成就衆生清净願。
我此普賢殊勝行。無邊勝福皆回嚮。
普願沈溺諸衆生。速往無量光佛刹。
爾時普賢菩薩摩訶薩。於如來前。説此
普賢廣大願王清净偈已。善財童子。踴
躍無量。一切菩薩皆大歡喜。如來贊言。
善哉善哉。
爾時世尊。與諸聖者菩薩摩訶薩。演説
如是不可思議解脱境界勝法門時。文
殊師利菩薩而爲上首。諸大菩薩。及所

成熟。六千比丘。彌勒菩薩爲上首。賢
劫一切諸大菩薩。無垢普賢菩薩而爲
上首。一生補處住灌頂位諸大菩薩。及
餘十方種種世界。普來集會。一切刹海
極微塵數諸菩薩摩訶薩衆。大智舍利弗。
摩訶目犍連等。而爲上首。諸大聲聞。并諸
人天一切世主。天龍。夜叉。乾闥婆。阿修羅。
迦樓羅。緊那羅。摩睺羅伽。人。非人。等一切
大衆。聞佛所説。皆大歡喜。信受奉行。
大方廣佛華嚴經普賢行願品

(二十二) 俄 TK146《大方廣華嚴經入不思議解脱境界普賢行願品》①

【題解】

西夏刻本。經折裝。丙種本（不同於俄 TK71 的另一類丙種本）未染麻紙。多塊殘片，面寬9.4釐米。天頭3釐米，地脚2.2釐米。每面6行。上下單邊，宋體，墨色深匀。本號與 TK100 同名經乙種本款式、紙質等相似，但尾花不同。

【前缺】

善財□□□②云何禮敬乃至回□□③
賢□□□□□□□④善男子。言禮敬□□⑤
者。所有盡法界。虚空界。十方□□□□⑥
□□□□□□□⑦諸佛世尊。我以□□□⑧
願力故。□□□⑨解。如對目前。悉□□□⑩
身語意□□□⑪禮敬。一一佛所。□□□⑫

① 《俄藏黑水城文獻》第三册，第238—240頁。
② 疑爲“白言：大聖”。
③ 疑爲“嚮普”。
④ 疑爲“菩薩告善財言”。
⑤ 疑爲“諸佛”。
⑥ 疑爲“三世一切”。
⑦ 疑爲“佛刹極微塵數”。
⑧ 疑爲“普賢行”。
⑨ 疑爲“起深信”。
⑩ 疑爲“以清净”。
⑪ 疑爲“業。常修”。
⑫ 疑爲“皆現不”。

可説不可説佛刹極微塵數身。一□□□[①]
遍禮不可説□[②]可説佛刹極微塵數佛。
虚空界盡。我□[③]乃盡。而虚空界不可盡
□□□□□□[④]有窮盡。如是乃至衆
□□□□□□□[⑤]衆生煩惱盡。我
【中缺】
種燈。酥燈油燈諸香□□□□□□□[⑥]
須彌山。一一燈油。如□□□□□□□[⑦]
諸供養具。常爲供養。□□□□□□□[⑧]
法供養最。所謂如説□□□□□□□[⑨]
生供養。攝受衆生供□□□□□□□[⑩]
勤修善根供養。□□□□□□□□□[⑪]
菩提心供養。善男□□□□□□□□[⑫]
德。比法供養。一念□□□□□□□□[⑬]
分不及一。百千俱胝□□□□□□□[⑭]
算分。數分。諭分。優波□□□□□□□[⑮]
一。何以故。以諸□□□□□□□□□□[⑯]
行出生□□□□□□[⑰]
薩。行法□□□□[⑱]法成就供養如來。如□[⑲]
修行。是真□□[⑳]故。此廣大最勝供養。虚

① 疑爲“一身體”。
② 疑爲“不”。
③ 疑爲“禮”。
④ 疑爲“故。我此禮敬無”。
⑤ 疑爲“生界盡。衆生業盡”。
⑥ 疑爲“油燈。一一燈柱。如”。
⑦ 疑爲“大海水。以如是等”。
⑧ 疑爲“善男子。諸供養中”。
⑨ 疑爲“修行供養。利益衆”。
⑩ 疑爲“養。代衆生苦供養”。
⑪ 疑爲“不捨菩薩業供養。不離”。
⑫ 疑爲“子。如前供養無量功”。
⑬ 疑爲“功德。百分不及一。千”。
⑭ 疑爲“那由他分。迦羅分”。
⑮ 疑爲“尼沙陀分。亦不及”。
⑯ 疑爲“如來尊重法故。以如説修”。
⑰ 疑爲“諸佛故。若諸菩”。
⑱ 疑爲“供養。則得”。
⑲ 疑爲“是”。
⑳ 疑爲“供養”。

空界盡。衆生界盡。衆生業盡。衆生煩惱盡。我供乃盡。而虚空界。乃至煩惱。□□[①]盡故。我此供養。亦無有盡。念念相續無有間斷。身語意業無有疲厭。

【中缺】

就諸佛□□□□□□□[②]

涅槃。分□□□[③]。所有善根。我皆□□□[④]彼十方一切世界。六趣四生。一切種類。所有功德。乃至一塵。我皆隨喜。十方三世一切聲聞。及辟支佛。有學無學。所有功德。我皆隨喜。一切菩薩所修無□□[⑤]行苦行。□□□[⑥]上正等菩提。廣□□□[⑦]我皆隨喜。□□[⑧]虚空界盡。衆生界盡。衆生業盡。□□□[⑨]惱盡。我此隨喜。無有窮盡。念念相續無有間斷。身語意業無有疲厭。

復次□□□□[⑩]請轉法輪□□[⑪]有盡□□□□[⑫]

【中缺】

續無有間斷。身語意業無有疲厭。

復次善男子。言常隨佛學者。如此娑□[⑬]□[⑭]界。毗盧遮那如來。從初發心。精□□[⑮]退。以不可説不可説身命而爲布施。□[⑯]

---

① 疑爲“不可”。
② 疑爲“無上菩提。及般”
③ 疑爲“布舍利”。
④ 疑爲“隨喜。及”。
⑤ 疑爲“量難”
⑥ 疑爲“志求無”。
⑦ 疑爲“大功德”。
⑧ 疑爲“如是”。
⑨ 疑爲“衆生煩”。
⑩ 疑爲“善男子言”。
⑪ 疑爲“者，所”。
⑫ 疑爲“法界，虚空”。
⑬ 疑爲“婆”。
⑭ 疑爲“世”。
⑮ 疑爲“進不”。
⑯ 疑爲“剥”。

皮爲紙。折骨爲筆。刺血爲墨。書□□[①]
【中缺】
殿園林。□□□□□□□□□□□□[②]
乃至樹下成大菩提。□□□□□□[③]
種種變化。現種種佛身。處□□□□□□[④]
一切諸大菩薩衆會□□□□□□[⑤]
辟支佛。衆會道場。或□□□□□□□[⑥]
眷屬衆會道場。或□□□□□□□□[⑦]
者居士衆會道場。乃□□□□□□□[⑧]
人非人等衆會道場。□□□□□□□[⑨]
會。以圓滿音。如大雷□□□□□□□[⑩]
衆生。乃至示現入於□□□□□□□[⑪]
皆隨學。如今世尊毗□□□□□□□[⑫]
界。虚空界。十方三□□□□□□[⑬]
【中缺】
普會
三千三百五十五次
十七藏
藏
五百五十四萬八
八部
千員
【後缺】

① 疑爲"寫經"。
② 疑爲"一切所有。及餘種種難行苦行"。
③ 疑爲"示種種神通。起"。
④ 疑爲"種種衆會。或處"。
⑤ 疑爲"道場。或處聲聞"。
⑥ 疑爲"處轉輪聖王小王"。
⑦ 疑爲"處剎利及婆羅門長"。
⑧ 疑爲"至或處天龍八部"。
⑨ 疑爲"處於如是種種衆"。
⑩ 疑爲"震。隨其樂欲成熟"。
⑪ 疑爲"涅槃。如是一切我"。
⑫ 疑爲"盧遮那。如是盡法"。
⑬ 疑爲"世一切佛剎所"。

（二十三）俄 TK147《大方廣佛華嚴經入不思議解脱境界普賢行願品》[①]

【題解】

西夏刻本。經折裝。未染楮紙。共 2 折半，5 面。高 18.5 釐米，面寬 8.4 釐米。版框高 14.8 釐米。天頭 2 釐米，地脚 1.7 釐米。每面 5 行，行 14 字。上下單邊，宋體，墨色深匀。

【前缺】

一身復現刹塵身，一一遍禮刹塵佛。
於一塵中塵□□[②]，各處菩薩衆會中。
無盡法界塵亦然，深信諸佛皆充滿。
各以一切音聲海，普出無盡妙言辭。
盡於未來一切劫，贊佛甚深功德海。
以諸最勝妙華鬘，妓樂塗香及傘蓋。
如是最勝莊嚴具，我以供養諸如來。
最勝衣服最勝香，末香燒相與燈燭。
一一皆如妙□□[③]，我悉供養諸如來。
我以廣大□□□[④]，深信三世一切佛。
悉以普賢行願力，普遍供養諸如來。
我昔所造諸□□[⑤]，皆由無始貪恚疑。
從身語意之所生，一切我今皆懺悔。
十方一切諸衆生，二乘有學及無學。
一切如來與菩薩，所有功德皆隨喜。
十方所有世間燈，最初成就菩提者。
我今一切皆勸請，轉於無上妙法輪。
諸佛若欲示涅槃，我悉至誠而勸請。
唯願久住刹塵劫，利樂一切諸衆生。
所有禮贊供養福，請佛住世轉法輪。
隨喜懺悔諸善根，回嚮衆生及佛道。
願將以此勝功德，回嚮無上真法界。

---

① 《俄藏黑水城文獻》第三册，第 240—241 頁。
② 疑爲“數佛”。
③ 疑爲“高聚”。
④ 疑爲“勝解心”。
⑤ 疑爲“惡業”。

性相佛法及僧伽，二諦融同三昧印。
如是無量功德海，我今皆悉盡回嚮，
所有衆生身口意，見惑貪謗我法華。①
【後缺】

（二十四）俄 TK161《大方廣佛華嚴經入不思議解脱境界普賢行願品》②

【題解】

西夏刻本，經折裝，丁種本。未染麻紙。共 27 折，54 面。高 29.5 釐米，面寬 11 釐米，版框高 22.7 釐米，天頭 4.1 釐米，地脚 2.7 釐米。每面 6 行，行 18 字。上下雙邊，寫刻體。墨色不中。首缺。已裂爲 2 段，佚失 2 面。經文每 5 面首行右側上方另刻小字“行二”至“行十二”。

【前缺】
十種廣大行願。何等爲十？一者禮敬諸佛，二者
稱贊如來，三者廣修供養，四者懺悔業障，五者
隨喜功德，六者請轉法輪，七者請佛住世，八者
常隨佛學，九者恒順衆生，十者普皆回嚮
善財白言：大聖。云何禮敬乃至回嚮？普賢菩薩。
告善財言：善男子。言禮敬諸佛者。所有盡法界。
虚空界。十方三世一切佛刹極微塵數諸佛世
尊。我以普賢行願力故。起深信解。如對目前。悉
以清净身語意業。常修禮敬。一一佛所。皆現不
可説不可説佛刹極微塵數身。一一身體遍禮不
可説不可説佛刹極微塵數佛。虚空界盡。我禮
乃盡。而虚空界不可盡故。我此禮敬無有窮盡。
如是乃至衆生界盡。衆生業盡。衆生煩惱盡。我
禮乃盡。而衆生界。乃至煩惱無有盡故。我此禮
敬無有窮盡。念念相續。無有間斷。身語意業無
有疲厭。
復次善男子。言稱贊如來者。所有盡法界。虚空

① 筆者按：“願將以此勝功德，回嚮無上真法界。性相佛法及僧伽，二諦融同三昧印。如是無量功德海，我今皆悉盡回嚮，所有衆生身口意，見惑貪謗我法華。”不是華嚴經的内容，見於《瑜伽集要焰口施食儀》而本卷文書全文均見於《瑜伽集要焰口施食儀》故該卷文書應命名爲《瑜伽集要焰口施食儀》而非《大方廣佛華嚴經入不思議解脱境界普賢行願品》

② 《俄藏黑水城文獻》第四册，第 15—23 頁。

界。十方三世一切刹土。所有極微。一一塵中。皆有一切世界極微塵數佛。一一佛所。皆有菩薩海會圍繞。我當悉以甚深勝解。現前知見。各以出過辯才天女微妙舌根。一一舌根。出無盡音聲海。一一音聲。出一切言辭海。稱揚贊歎一切如來諸功得海。窮未來際。相續不斷。盡於法界。無不周遍。如是虚空界盡。衆生界盡。衆生業盡。衆生煩惱盡。我贊乃盡。而虚空界乃至煩惱。無有盡故。我此贊歎無有窮盡。念念相續。無有間斷。身語意業無有疲厭。

復次善男子。言廣修供養者。所有盡法界。虚空界。十方三世一切佛刹極微塵中。一一各有一切世界極微塵數佛。一一佛所。種種菩薩海會圍繞。我以普賢行願力故。起深信解。現前知見。悉以上妙諸供養具。而爲供養。所謂華雲鬘雲。天音樂雲。天傘蓋雲。天衣服雲。天種種香塗香燒香末香。如是等云。一一量如須彌山王。然種種燈。酥燈油燈諸香油燈。一一燈柱。如須彌山。一一燈油。如大海水。以如是等諸供養具。常爲供養。善男子。諸供養中。法供養最。所謂如説修行供養。利益衆生供養。攝受衆生供養。代衆生苦供養。勤修善根供養。不捨菩薩業供養。不離菩提心供養。善男子。如前供養無量功德。比法供養。一念功德。百分不及一。千分不及一。百千俱胝那由他分。迦羅分。算分。數分。諭分。優波尼沙陀分。亦不及一。何以故。以諸如來尊重法故。以如説修行出生諸佛故。若諸菩薩。行法供養。則得成就供養如來。如是修行。是真供養故。此廣大最勝供養。虚空界盡。衆生界盡。衆生業盡。衆生煩惱盡。我供乃盡。而虚空界。乃至煩惱。不可盡故。我此供養。亦無有盡。念念相續無有間斷。身語意業無有疲厭。

復次善男子。言懺除業障者。菩薩自念。我於過去無始劫中。由貪鎮疑。發身口意。作諸惡業。無量無邊。若此惡業。有體相者。盡虚空界不能容受。我今悉以清净三業。遍於法界極微塵刹一切諸佛菩薩衆前。誠心懺悔。後不復造。恒住净戒。一切功德。如是虚空界盡。衆生界盡。衆生業

盡。衆生煩惱盡。我懺乃盡。而虚空界。乃至衆生
煩惱。不可盡故。我此懺悔無有窮盡。念念相續
無有間斷。身語意業無有疲厭。
復次善男子。言隨喜功德者。所有盡法界。虚空
界。十方三世一切佛刹極微塵數諸佛如來。從
初發心。爲一切智。勤修福聚。不惜身命。經不可
説不可説極微塵數劫。一一劫中。舍不可説
不可説佛刹極微塵數頭目手足。如是一切難
行苦行。圓满種種波羅蜜門。證入種種菩薩智
地。成就諸佛無上菩提。及般涅槃。分布舍利。所
有善根。我皆隨喜。及彼十方一切世界。六趣四
生。一切種類。所有功德。乃至一塵。我皆隨喜。十
方三世一切聲聞。及辟支佛。有學無學。所有功
德。我皆隨喜。一切菩薩所修無量難行苦行。志
求無上正等菩提。廣大功德。我皆隨喜。如是虚
空界盡。衆生界盡。衆生業盡。衆生煩惱盡。我此
隨喜。無有窮盡。念念相續無有間斷。身語意業
無有疲厭。
復次善男子。言請轉法輪者。所有盡法界。虚空
界。十方三世一切佛刹極微塵中。一一各有不
可説不可説佛刹極微塵數廣大佛刹。一一刹
中。念念有不可説不可説。佛刹極微塵數一切
諸佛成等正覺。一切菩薩海會圍繞。而我悉以
身口意業。種種方便。殷勤勸請。轉妙法輪。如是
虚空界盡。衆生界盡。衆生業盡。衆生煩惱盡。我
常勸請一切諸佛。轉正法輪。無有窮盡。念念相
續無有間斷。身語意業無有疲厭。
復次善男子。言請佛住世者。所有盡法界。虚空
界。十方三世一切佛刹極微塵數諸佛如來。將
欲示現般涅槃者。及諸菩薩。聲聞緣覺。有學無
學。乃至一切諸善知識。我悉勸請。莫入涅槃。經
於一切佛刹極微塵數劫。爲欲利樂一切衆生。
如是虚空界盡。衆生界盡。衆生業盡。衆生煩惱
盡。我此勸請無有窮盡。念念相續無有間斷。身
語意業無有疲厭。
復次善男子。言常隨佛學者。如此娑婆世界。毗
盧遮那如來。從初發心。精進不退。以不可説不
可説身命而爲布施。剥皮爲紙。折骨爲筆。刺血

爲墨。書寫經典。積如須彌。爲重法故。不惜身命。
何況王位。城邑聚落。宫殿園林。一切所有。及餘
種種難行苦行。乃至樹下成大菩提。示種種神
通。起種種變化。現種種佛身。處種種衆會。或處
一切諸大菩薩衆會道場。或處聲聞及辟支佛
衆會道場。或處轉輪聖王小王眷屬衆會道場。
或處刹利及婆羅門長者居士衆會道場。乃至
或處天龍八部人非人等衆會道場。處於如是
種種衆會。以圓滿音。如大雷震。隨其樂欲成熟
衆生。乃至示現入於涅槃。如是一切我皆隨學。
如今世尊毗盧遮那。如是盡法界。虚空界。十方
三世一切佛刹所有塵中。一切如來亦皆如是。
於念念中。我皆隨學。如是虚空界盡，衆生界盡
衆生業盡，衆生煩惱盡，我此隨學無有窮盡，念
念相續無有間斷，身語意業，無有疲厭。
復次善男子。言恒順衆生者。謂盡法界。虚空界。
十方刹海。所有衆生種種差別。所謂卵生。胎生。
濕生。化生。或有依於地水火風而生住者。或有
依空及諸卉木而生住者。種種生類。種種色身。
種種形狀。種種相貌。種種壽量。種種族類。種種
名號。種種心性。種種知見。種種欲樂。種種意行。
種種威儀。種種衣服。種種飲食。處於種種村營
聚落城邑宫殿。乃至一切天龍八部人非人等。
無足二足。四足多足。有色無色。有想無想。非有
想。非無想。如是等類。我皆於彼。隨順而轉。種種
承事。種種供養。如敬父母。如奉師長。及阿羅漢。
乃至如來。等無有异。於諸病苦。爲作良醫。於失
道者。示其正路。於闇夜中。爲作光明。於貧窮者。
令得伏藏。菩薩如是平等饒益一切衆生。何以
故。若菩薩能隨順衆生。則爲隨順供養諸佛。若
於衆生。尊重承事。則爲尊重承事如來。若令衆
生生歡喜者。則令一切如來歡喜。何以故。諸佛
如來。以大悲心而爲體故。因於衆生。而起大悲。
因於大悲。生菩提心。因菩提心成等正覺。譬如
曠野沙磧之中。有大樹王。若根得水。枝葉花果
悉皆繁茂。生死曠野菩提樹王。亦復如是。一切
衆生而爲樹根。諸佛菩薩而爲華果。以大悲水。
饒益衆生。則能成就諸佛菩薩智慧華果。何以

故。若諸菩薩。以大悲水。饒益衆生。則能成就阿
【中缺】
惡業故。所感一切極重苦果。我皆代受。令彼衆
生悉得解脱。究竟成就無上菩提。菩薩如是所
修回嚮。虛空界盡。衆生界盡。衆生業盡。衆生煩
惱盡。我此回嚮無有窮盡。念念相續無有間斷。
身語意業無有疲厭。
善男子。是爲菩薩摩訶薩十種大願具足圓满。
若諸菩薩。於此大願。隨順趣入。則能成熟一切
衆生。則能隨順阿耨多羅三藐三菩提。則能成
满普賢菩薩諸行願海。是故善男子。汝於此義。
應如是知。若有善男子善女人。以满十方無量
無邊不可説不可説佛刹極微塵數一切世界。
上妙七寶及諸人天最勝安樂。布施爾所一切
世界所有衆生。供養爾所一切世界諸佛菩薩。
經爾所佛刹極微塵數劫。相續不斷。所得功德。
若復有人。聞此願王。一經於耳。所有功德。比前
功德。百分不及一。千分不及一。乃至優婆泥沙
陀分。亦不及一。若復有人。以深信心。於此大願。
受持讀誦。乃至書寫一四句偈。速能除滅五無
間業。所有世間身心等病。種種苦惱。乃至佛刹
極微塵數一切惡業。皆得銷除。一切魔軍。夜叉
羅刹。若鳩槃荼若毗舍闍。若部多等。飲血啖肉。
諸惡鬼神。悉皆遠離。或時發心。親近守護。是故
若人誦此願者。行於世間。無有障礙。如空中月
出於雲翳。諸佛菩薩之所稱贊。一切人天皆應
禮敬。一切衆生悉應供養。此善男子。善得人身。
圓满普賢所有功德。不久當如普賢菩薩速得成
就微妙色身。具三十二大丈夫相。若生人天。
所在之處。常居勝族。悉能破壞一切惡趣。悉能
遠離一切惡友。悉能制伏一切外道。悉能解脱
一切煩惱。如師子王摧伏群獸。堪受一切衆生
供養。又復是人。臨命終時。最後刹那。一切
悉諸根悉皆散壞。一切親屬悉皆遠離。一切威勢悉皆
退失。輔相大臣。城宫内外象馬車乘。珍寶伏藏。
如是一切無復相隨。唯此願王不相捨離。於一
切時。引導其前。一刹那中。即得往生極樂世界。
到已即見阿彌陀佛。文殊師利菩薩。普賢菩薩。

觀自在菩薩。彌勒菩薩等。此諸菩薩色相端嚴。
功德具足。所共圍繞。其人自見。生蓮華中。蒙佛
授記。得授記已。經於無數百千萬億那由他劫。
普於十方不可説不可説世界。以智慧力。隨衆
生心。而爲利益。不久當坐菩提道場。降服魔軍。
成等正覺。轉妙法輪。能令佛刹極微塵數世界
衆生。發菩提心。隨其根性。教化成熟。乃至盡於
未來劫海。廣能利益一切衆生。善男子。彼諸衆
生。若聞若信此大願王。受持讀誦。廣爲人説。所
有功德。除佛世尊餘無知者。是故汝等。聞此願
王。莫生疑念。應當諦受。受已能讀。讀已能誦。誦
已能持。乃至書寫。廣爲人説。是諸人等。於一念
中。所有行願。皆得成就。所獲福聚無量無邊。能
於煩惱大苦海中。拔濟衆生。令其出離。皆得往
生阿彌陀佛極樂世界。爾時普賢菩薩摩訶薩。
欲重宣此義。普觀十方。而説偈言。
所有十方世界中。三世一切人師子。
我以清浄身語意。一一遍禮盡無餘。
普賢行願威神力。普現一切如來前。
一身復現刹塵身。一一遍禮刹塵佛。
於一塵中塵數佛。各處菩薩衆會中。
無盡法界塵亦然。深信諸佛皆充满。
各以一切音聲海。普出無盡妙言辭。
盡於未來一切劫。贊佛甚深功德海。
以諸最勝妙華鬘。伎樂塗香及傘蓋。
如是最勝莊嚴具，我以供養諸如來。
最勝衣服最勝香。末香燒相與燈燭。
一一皆如妙高聚。我悉供養諸如來。
我以廣大勝解心。深信三世一切佛。
悉以普賢行願力。普遍供養諸如來。
我昔所造諸惡業。皆由無始貪恚疑。
從身語意之所生。一切我今皆懺悔。
十方一切諸衆生。二乘有學及無學。
一切如來與菩薩。所有功德皆隨喜。
十方所有世間燈。最初成就菩提者。
我今一切皆勸請。轉於無上妙法輪。
諸佛若欲示涅槃。我悉至誠而勸請。
唯願久住刹塵劫。利樂一切諸衆生。

所有禮贊供養福。請佛住世轉法輪。
隨喜懺悔諸懺悔。回嚮衆生及佛道。
我隨一切如來學。修行普賢圓满行。
供養過去諸如來。及與現在十方佛。
未來一切天人師。一切意樂皆圓满。
我願普隨三世學。速得成就大菩提。
所有十方一切刹。廣大清净妙莊嚴。
衆會圍繞諸如來。悉在菩提樹王下。
十方所有諸衆生。願離憂患常安樂。
獲得甚深正法利。滅除煩惱盡無餘。
我爲菩提修行時。一切趣中成宿命。
常得出家修净戒。無垢無破無穿漏。
天龍夜叉鳩槃荼。乃至人與非人等。
所又一切衆生語。悉以諸音而所法。
勤修清净波羅蜜。恒不忘失菩提心。
滅除障垢無有餘。一切妙行皆成就。
於諸惑業及魔境。世間道中得解脱。
猶如蓮華不著水。亦如日月不住空。
悉除一切惡道苦。等與一切群生樂。
如是經於刹塵劫。十方利益恒無盡。
我常隨順諸衆生。盡於未來一切劫。
恒修普賢廣大行。圓满無上大菩提。
所有與我同行者。於一切處同集會。
身口意業皆同等。一切行願同修學。
所有益我善知識。爲我顯示普賢行。
常願與我同集會。於我常生歡喜心。
願常面見諸如來。及諸佛子衆圍繞。
於彼皆興廣大供。盡未來劫無疲厭。
願持諸佛微妙法。光顯一切菩提行。
究竟清净普賢道。盡未來劫常修習。
我於一切諸有中。所修福智恒無量。
定慧方便及解脱。獲諸無盡功德藏。
一塵中有塵數刹。一一刹有難思佛。
一一佛處衆會中。我見恒演菩提行。
普盡十方諸刹海。一一毛端三世海。
佛海及與國土海。我遍修行經劫海。
一切如來與清净。一言具衆音聲海。
隨諸衆生意樂旨。一一流佛辯才海。

三世一切諸如來。於彼無盡語言海。
恒轉理趣妙法輪。我深智力普能入。
我能深入於未來。盡一切劫爲一念。
三世所有一切劫。爲一念際我皆入。
我於一念見三世。所有一切人師子。
亦常如佛境界中。如幻解脱及威力。
於一毛端極微中。出現三世莊嚴刹。
十方塵刹諸毛端。我皆深入而嚴净。
所有未來照世燈。成道轉法悟群有。
究竟佛事示涅槃。我皆往詣而親近。
速疾周遍神通力。普門遍入大乘力。
智行普修功德力。威神普覆大慈力。
遍净莊嚴勝福力。無著無依智慧力。
定慧方便諸威力。普能積集菩提力。
清净一切善業力。摧滅一切煩惱力。
降伏一切諸魔力。圓滿普賢諸行力。
普能嚴净諸刹海。解脱一切衆生海。
善能分别諸法海。能甚深入智慧海。
普能清净諸行海。圓滿一切諸願海。
親近供養諸佛海。修行無倦經劫海。
三世一切諸如來。最勝菩提諸行願。
我皆供養圓滿修。以普賢行悟菩提。
一切如來有長子。彼名號曰普賢尊。
我今回嚮諸善根。願諸智行悉同彼。
願身口意恒清净。諸行刹土亦復然。
如是智慧號普賢。願我與彼皆同等。
我爲遍净普賢行。文殊師利諸大願。
滿彼事業盡無餘。未來際劫恒無倦。
我所修行無有量。獲得無量諸功德。
安著無量諸行中。了達一切神通力。
文殊師利勇猛智。普賢慧行亦復然。
我今回嚮諸善根。隨彼一切常修學。
三世諸佛所稱歎。如是最勝諸大願。
我今回嚮諸善根。爲得普賢殊勝行。
願我臨欲命終時。除盡一切諸障礙。
面見彼佛阿彌陀。即得往生安樂刹。
我既往生彼國已。現前成就此大願。
一切圓滿盡無餘。利樂一切衆生界。

彼佛衆會咸清净。我時於勝蓮華生。
親睹如來無量光。現前授我菩提記。
蒙彼如來授記已。化身無數百俱胝。
智力廣大遍十方。普利一切衆生界。
乃至虚空世界盡。衆生及業煩惱盡。
如是一切無盡時。我願究竟恒無盡。
十方所有無邊刹。莊嚴衆寳供如來。
最勝安樂施天人。經一切刹微塵劫。
若人於此勝願王。一經於耳能生信。
求勝菩提心渴仰。獲勝功德過於彼。
即常遠離惡知識。永離一切諸惡道。
速見如來無量光。具此普賢最勝願。
此人善得勝壽命。此人善來人中生。
此人不久當成就。如彼普賢菩薩行。
往昔由無智慧力。所造極惡五無間。
誦此普賢大願王。一念速疾皆銷滅。
族姓種類及容色。相好智慧咸圓满。
諸魔外道不能摧。堪爲三界所應供。
速詣菩提大樹王。坐已降服諸魔衆。
成等正覺轉法輪。普利一切諸含識。
若人於此普賢願。讀誦受持及演説。
果報唯佛能證知。決定獲勝菩提道。
若人誦此普賢願。我説少分之善根。
一念一切悉皆圓。成就衆生清净願。
我此普賢殊勝行。無邊勝福皆回嚮。
普願沈溺諸衆生。速往無量光佛刹。
爾時普賢菩薩摩訶薩。於如來前。説此普賢廣
大願王清净偈已。善財童子。踴躍無量。一切菩
【中缺】
可思議解脱境界勝法門時。文殊師利菩薩而
爲上首。諸大菩薩。及所成熟。六千比丘。彌勒菩
薩爲上首。賢劫一切諸大菩薩。無垢普賢菩
薩而爲上首。一生補處住灌頂位諸大菩薩。及
餘十方種種世界。普來集會。一切刹海極微塵
數諸菩薩摩訶薩衆。大智舍利弗。摩訶目犍連
等。而爲上首。諸大聲聞。并諸人天一切世主。天
龍。夜叉。乾闥婆。阿修羅。迦樓羅。緊那羅。摩睺羅
伽。人。非人。等一切大衆。聞佛所説。皆大歡喜。信

受奉行。

大方廣佛華嚴經卷終

太原崇福寺沙門澄觀校勘詳定譯

華嚴經感通靈應傳記

爾乃十種受持經云十種者，一受持，二讀，三誦，四解說，五寫，六施他，七聽聞，八正
聞演，九思惟，十修習誦偈破鐵城之極苦垂拱三年賢安坊中有郭神亮死經
十日却蘇云：有一使者，追至冥司，引送地獄，忽見一僧云：我欲救汝獄之苦，教念一偈云，若人欲了知，三世
一切佛應觀法界性，一切惟心造，當誦之時受罪者，數千萬人皆得離苦，此乃華嚴經十行品中偈文天
帝請講垂拱三年西域有實意三藏常講華嚴經，忽有二人於大衆中禮三藏曰：弟子從忉利天
帝釋使來請法師天上講華嚴經，法師當時與都講維那等於高座上一時遷化才觀奥怛
知思議之難窮龍樹祖師於龍宫見此華嚴經稱是不思議之典，上中本非世傳持惟
誦得下本有十萬偈頌因此傳持於世間乍聽靈文弘小典而何及西域
無著菩薩弟天親初業小乘，因聞華嚴大教方，獲信悟，深敬華嚴一乘是諸佛境界，遂舍小乘，深自悔疚，欲以
利刀割舌，無著誡知，曰：儞以汝口激揚權教，令還以汝舌，贊美真乘，自滅深累，何斷舌爲？天親於是入山造華
嚴十地論上聖同推下類知經云：此經十方諸佛同說，同贊，海會菩薩俱來

【下缺】

（二十五）俄 TK243《大方廣佛華嚴經入不思議解脱境界普賢行願品》[①]

【題解】

金刻本。經折裝。白楮紙。共 25 半，51 面。高 202.5 釐米，面寬 9.2 釐米，版框高 16.8 釐米，天頭 3.5 釐米，地脚 2.1 釐米。每面 6 行，行 15 字。上下單邊。宋體，墨色深。冠佛畫 2 面。上下雙邊，中央榜題：毗盧遮那佛。已裂爲 5 段，有佚文。接紙處刻印小字“行六”“行七”。

大方廣佛華嚴經入不思議解脱境界

普賢行願品

大唐罽賓國三藏般若奉詔譯

爾時普賢菩薩摩訶薩。稱歎如來勝功
德已。告諸菩薩及善財言。善男子。如來
功德。假使十方一切諸佛經不可說不
可說佛刹極微塵數劫。相續演說不可
窮盡。若欲成就此功德門。應修十種廣
大行願。何等爲十？一者禮敬諸佛，二者
稱贊如來，三者廣修供養，四者懺除業

① 《俄藏黑水城文獻》第四册，第 296—305 頁。

障，五者隨喜功德，六者請轉法輪，七者請佛住世，八者常隨佛學，九者恒順衆生，十者普皆回嚮。

善財白言：大聖。云何禮敬乃至回嚮？普賢菩薩告善財言：善男子。言禮敬諸佛者。所有盡法界。虚空界。十方三世一切佛刹極微塵數諸佛世尊。我以普賢行願力故。起深信解。如對目前。悉以清净身語意業。常修禮敬。一一佛所。皆現不可説不可説佛刹極微塵數身。一一身遍禮不可説不可説佛刹極微塵數佛。虚空界盡。我禮乃盡。而虚空界不可盡故。我此禮敬無有窮盡。如是乃至衆生界盡。衆生業盡。衆生煩惱盡。我禮乃盡。而衆生界。乃至煩惱無有盡故。我此禮敬無有窮盡。念念相續。無有間斷。身語意業無有疲厭。

復次善男子。言稱贊如來者。所有盡法界。虚空界。十方三世一切刹土。所有極微。一一塵中。皆有一切世界極微塵數佛。一一佛所。皆有菩薩海會圍繞。我當悉以甚深勝解。現前知見。各以出過辯才天女微妙舌根。一一舌根。出無盡音聲海。一一音聲。出一切言辭海。稱揚贊歎一切如來諸功德海。窮未來際。相續不斷。盡於法界。無不周遍。如是虚空界盡。衆生界盡。衆生業盡。衆生煩惱盡。我贊乃盡。而虚空界乃至煩惱。無有盡故。我此贊歎無有窮盡。念念相續。無有間斷。身語意業無有疲厭。

復次善男子。言廣修供養者。所有盡法界。虚空界。十方三世一切佛刹極微塵中。一一各有一切世界極微塵數佛。一一佛所。種種菩薩海會圍繞。我以普賢行願力故。起深信解。現前知見。悉以上妙諸供養具。而爲供養。所謂華雲鬘雲。天音樂雲。天傘蓋雲。天衣服雲。天種種香塗香燒香末香。如是等雲。一一量如

須彌山王。燃種種燈。酥燈油燈諸香油
燈。一一燈柱。如須彌山。一一燈油。如大
海水。以如是等諸供養具。常爲供養。善
男子。諸供養中。法供養最。所謂如説修
行供養。利益衆生供養。攝受衆生供養。
代衆生苦供養。勤修善根供養。不捨菩
【中缺】
薩。行法供養。則得成就供養如來。如是
修行。是真供養故。此廣大最勝供養。虚
空界盡。衆生界盡。衆生業盡。衆生煩惱
盡。我供乃盡。而虚空界。乃至煩惱。不可
盡故。我此供養。亦無有盡。念念相續無
有間斷。身語意業無有疲厭。
復次善男子。言懺除業障者。菩薩自念。
我於過去無始劫中。由貪嗔疑。發身口
意。作諸惡業。無量無邊。若此惡業。有體
相者。盡虚空界不能容受。我今悉以清
净三業。遍於法界極微塵刹一切諸佛
菩薩衆前。誠心懺悔。後不復造。恒住净
戒。一切功德。如是虚空界盡。衆生界盡。
衆生業盡。衆生煩惱盡。我懺乃盡。而虚
空界。乃至衆生煩惱。不可盡故。我此懺
悔無有窮盡。念念相續無有間斷。身語
意業無有疲厭。
復次善男子。言隨喜功德者。所有盡法
界。虚空界。十方三世一切佛刹極微塵
數諸佛如來。從初發心。爲一切智。勤修
福聚。不惜身命。經不可説不可説佛刹
極微塵數劫。一一劫中。捨不可説不可
説佛刹極微塵數頭目手足。如是一切
難行苦行。圓满種種波羅蜜門。證入種
種菩薩智地。成就諸佛無上菩提。及般
涅槃。分布舍利。所有善根。我皆隨喜。及
彼十方一切世界。六趣四生。一切種類。
所有功德。乃至一塵。我皆隨喜。十方三
世一切聲聞。及辟支佛。有學無學。所有
功德。我皆隨喜。一切菩薩所修無量難
行苦行。志求無上正等菩提。廣大功德。

我皆隨喜。如是虚空界盡。衆生界盡。衆生業盡。衆生煩惱盡。我此隨喜。無有窮盡。念念相續無有間斷。身語意業無有疲厭。

復次善男子。言請轉法輪者。所有盡法界。虚空界。十方三世一切佛刹極微塵中。一一各有不可説不可説佛刹極微塵數廣大佛刹。一一刹中。念念有不可説不可説。佛刹極微塵數一切諸佛成等正覺。一切菩薩海會圍繞。而我悉以身口意業。種種方便。殷勤勸請。轉妙法輪。如是虚空界盡。衆生界盡。衆生業盡。衆生煩惱盡。我常勸請一切諸佛。轉正法輪。無有窮盡。念念相續無有間斷。身語意業無有疲厭。

復次善男子。言請佛住世者。所有盡法界。虚空界。十方三世一切佛刹極微塵數諸佛如來。將欲示現般涅槃者。及諸菩薩。聲聞緣覺。有學無學。乃至一切諸善知識。我悉勸請。莫入涅槃。經於一切佛刹極微塵數劫。爲欲利樂一切衆生。如是虚空界盡。衆生界盡。衆生業盡。衆生煩惱盡。我此勸請無有窮盡。念念相續無有間斷。身語意業無有疲厭。

復次善男子。言常隨佛學者。如此娑婆世界。毗盧遮那如來。從初發心。精進不退。以不可説不可説身命而爲布施。剥皮爲紙。折骨爲筆。刺血爲墨。書寫經典。積如須彌。爲重法故。不惜身命。何況王位。城邑聚落。宫殿園林。一切所有。及餘種種難行苦行。乃至樹下成大菩提。示種種神通。起種種變化。現種種佛身。處種種衆會。或處一切諸大菩薩衆會道場。或處聲聞辟支佛衆會道場。或處轉輪聖王小王眷屬衆會道場。或處刹利及婆羅門長者居士衆會道場。乃至或處天龍八部人非人等衆會道場。處於如是種種衆會。以圓满音。如大雷震。

隨其樂欲成熟衆生。乃至示現入於涅
槃。如是一切我皆隨學。如今世尊毗盧
遮那。如是盡法界。虚空界。十方三世一
切佛刹所有塵中。一切如來亦皆如是。
於念念中。我皆隨學。如是虚空界盡衆
生界盡，衆生業，盡衆生煩惱，盡我此
隨學，無有窮盡，念念相續無有間斷，身
語意業，無有疲厭。
復次善男子。言恒順衆生者。謂盡法界。
虚空界。十方刹海。所有衆生種種差别。
所謂卵生。胎生。濕生。化生。或有依於地
水火風而生住者。或有依空及諸卉木
而生住者。種種生類。種種色身。種種形
狀。種種相貌。種種壽量。種種族類。種種
名號。種種心性。種種知見。種種欲樂。種
種意行。種種威儀。種種衣服。種種飲食。
處於種種村營聚落城邑宫殿。乃至一
切天龍八部人非人等。無足二足。四足
多足。有色無色。有想無想。非有想。非無
想。如是等類。我皆於彼。隨順而轉。種種
承事。種種供養。如敬父母。如奉師長。及
阿羅漢。乃至如來。等無有异。於諸病苦。
爲作良醫。於失道者。示其正路。於闇夜
中。爲作光明。於貧窮者。令得伏藏。菩薩
如是平等饒益一切衆生。何以故。菩薩
若能隨順衆生。則爲隨順供養諸佛。若
於衆生。尊重承事。則爲尊重承事如來。
若令衆生生歡喜者。則令一切如來歡
喜。何以故。諸佛如來。以大悲心而爲體
故。因於衆生。而起大悲。因於大悲。生菩
提心。因菩提心成等正覺。譬如曠野沙
磧之中。有大樹王。若根得水。枝葉華果
悉皆繁茂。生死曠野菩提樹王。亦復如
是。一切衆生而爲樹根。諸佛菩薩而爲
華果。以大悲水。饒益衆生。則能成就諸
佛菩薩智慧華果。何以故。若諸菩薩。以
大悲水。饒益衆生。則能成就阿耨多羅
三藐三菩提故。是故菩提。屬於衆生。若

無衆生。一切菩薩。終不能成無上正覺。善男子。汝於此義。應如是解。以於衆生心平等故。則能成就圓満大悲。以大悲心。隨衆生故。則能成就供養如來。菩薩如是隨順衆生。虛空界盡。衆生界盡。衆生業盡。衆生煩惱盡。我此隨順無有窮盡。念念相續無有間斷。身語意業無有疲厭。

復次善男子。言普皆回嚮者。從初禮拜。乃至隨順。所有功德。悉皆回嚮。盡法界。虛空界。一切衆生。願令衆生常德安樂。無諸病苦。欲行惡法皆悉不成。所修善業。悉皆成就。關閉一切諸惡趣門。開示人天涅槃正路。若諸衆生。因其積集諸惡業故。所感一切極重苦果。我皆代受。令彼衆生悉得解脱。究竟成就無上菩提。菩薩如是所修回嚮。虛空界盡。衆生界盡。衆生業盡。衆生煩惱盡。我此回嚮無有窮盡。念念相續無有間斷。身語意業無有疲厭。

善男子。是爲菩薩摩訶薩十種大願具足圓満。若諸菩薩。於此大願。隨順趣入。則能成熟一切衆生。則能隨順阿耨多羅三藐三菩提。則能成満普賢菩薩諸行願海。是故善男子。汝於此義。應如是知。若有善男子善女人。以満十方無量無邊不可説不可説佛刹極微塵數一切世界。上妙七寶及諸人天最勝安樂。布施爾所一切世界所有衆生。供養爾所一切世界諸佛菩薩。經爾所佛刹極微塵數劫。相續不斷。所得功德。若復有人。聞此願王。一經於耳。所有功德。比前功德。百分不及一。千分不及一。乃至優婆泥沙陀分。亦不及一。若復有人。以深信心。於此大願。受持讀誦。乃至書寫一四句偈。速能除滅五無間業。所有世間身心等病。種種苦惱。乃至佛刹極微塵數一切惡業。皆得銷除。一切魔軍。夜叉

羅刹。若鳩槃荼若毗舍闍。若部多等。飲
血啖肉。諸惡鬼神。悉皆捨離。或時發心。
親近守護。是故若人誦此願者。行於世
間。無有障礙。如空中月出於雲翳。諸佛
菩薩之所稱贊。一切人天皆應禮敬。一
切衆生悉應供養。此善男子。善得人身。
圓满普賢所有功德。不久當如普賢菩
薩速得成就微妙色身。具三十二大丈
夫相。若生人天。所在之處。常居勝族。悉
能破壞一切惡趣。悉能遠離一切惡友。
悉能制伏一切外道。悉能解脱一切煩
惱。如師子王摧伏群獸。堪受一切衆生
供養。又復是人。臨命終時。最後刹那。一
切諸根悉皆散壞。一切親屬悉皆捨離。
一切威勢悉皆退失。輔相大臣。宫城内
外象馬車乘。珍寶伏藏。如是一切無復
相隨。唯此願王不相捨離。於一切時。引
導其前。一刹那中。即得往生極樂世界。
到已即見阿彌陀佛。文殊師利菩薩。普
賢菩薩。觀自在菩薩。彌勒菩薩等。此諸
菩薩色相端嚴。功德具足。所共圍繞。其
人自見。生蓮華中。蒙佛授記。得授記已。
經於無數百千萬億那由他劫。普於十
方不可説不可説世界。以智慧力。隨衆
生心。而爲利益。不久當坐菩提道場。降
伏魔軍。成等正覺。轉妙法輪。能令佛刹
極微塵數世界衆生。發菩提心。隨其根
性。教化成熟。乃至盡於未來劫海。廣
能利益一切衆生。善男子。彼諸衆生。若聞
若信此大願王。受持讀誦。廣爲人説。所
有功德。除佛世尊餘無知者。是故汝等。
聞此願王。莫生疑念。應當諦受。受已能
讀。讀已能誦。誦已能持。乃至書寫。廣爲
人説。是諸人等。於一念中。所有行願。皆
得成就。所獲福聚無量無邊。能於煩惱
大苦海中。拔濟衆生。令其出離。皆得往
生阿彌陀佛極樂世界。

爾時普賢菩薩摩訶薩。欲重宣此義。普

觀十方。而説偈言。
所有十方世界中，三世一切人師子。
我以清净身語意，一一遍禮盡無餘。
普賢行願威神力，普現一切如來前。
一身復現刹塵身，一一遍禮刹塵佛。
於一塵中塵數佛，各處菩薩衆會中。
無盡法界塵亦然，深信諸佛皆充满。
各以一切音聲海，普出無盡妙言辭。
盡於未來一切劫，贊佛甚深功德海。
以諸最勝妙華鬘，妓樂塗香及傘蓋。
如是最勝莊嚴具，我以供養諸如來。
最勝衣服最勝香，末香燒相與燈燭。
一一皆如妙高聚，我悉供養諸如來。
我以廣大勝解心，深信三世一切佛。
悉以普賢行願力，普遍供養諸如來。
我昔所造諸惡業，皆由無始貪恚疑。
從身語意之所生，一切我今皆懺悔。
十方一切諸衆生，二乘有學及無學。
一切如來與菩薩，所有功德皆隨喜。
十方所有世間燈，最初成就菩提者。
我今一切皆勸請，轉於無上妙法輪。
諸佛若欲示涅槃，我悉至誠而勸請。
唯願久住刹塵劫，利樂一切諸衆生。
所有禮贊供養福，請佛住世轉法輪。
隨喜懺悔諸善根，回嚮衆生及佛道。
我隨一切如來學，修行普賢圓满行。
供養過去諸如來，及與現在十方佛。
【中缺】
我爲遍净普賢行，文殊師利諸大願。
满彼事業盡無餘，未來際劫恒無倦。
我所修行無有量，獲得無量諸功德。
安住無量諸行中，了達一切神通力。
文殊師利勇猛智，普賢慧行亦復然。
我今回嚮諸善根，隨彼一切常修學。
三世諸佛所稱歎，如是最勝諸大願。
我今回嚮諸善根，爲得普賢殊勝行。
願我臨欲命終時，除盡一切諸障礙。
面見彼佛阿彌陀，即得往生安樂刹。

我既往生彼國已，現前成就此大願。
一切圓满盡無餘，利樂一切衆生界。
【中缺】
此人善得勝壽命，此人善來人中生。
此人不久當成就，如彼普賢菩薩行。
往昔由無智慧力，所造極惡五無間。
誦此普賢大願王，一念速疾皆銷滅。
族姓種類及容色，相好智慧咸圓满。
諸魔外道不能摧，堪爲三界所應供。
速詣菩提大樹王，坐已降服諸魔衆。
成等正覺轉法輪，普利一切諸含識。
若人於此普賢願，讀誦受持及演説。
果報唯佛能證知，决定獲勝菩提道。
若人誦此普賢願，我説少分之善根。
一念一切悉皆圓，成就衆生清净願。
【中缺】
極微塵數諸菩薩摩訶薩衆。大智舍利
弗。摩訶目犍連等。而爲上首。諸大聲聞。
并諸人天一切世主。天龍。夜叉。乾闥婆。阿
修羅。迦樓羅。緊那羅。摩睺羅伽。人。非人。等
一切大衆。聞佛所説。皆大歡喜。信受奉行。
　　大方廣佛華嚴經普賢行願品

（二十六）俄 TK258《大方廣佛華嚴經入不思議解脱境界普賢行願品》[①]

【題解】

西夏刻本，經折裝。未染麻紙，軟。存 1 面，高 20. 2 釐米，面寬 8. 8 釐米。版框高 15. 7 釐米，天頭 2. 8 釐米，地脚 1. 9 釐米。面 5 行，行 15 字。上下單邊，宋體，墨色淡。此爲發願文之斷片。

【前缺】
終不墮惡趣，若爲利益亡過者，清净受
齋於舍利塔處，禮拜行道成亡者名誦
持此咒百千億遍設墮地獄即得解脱
生净居天地宿命智或以芝麻芥子，若

① 《俄藏黑水城文獻》第四册，第 326 頁。

沙若米及以净水加持誦咒，散灑骨上
屍上或墳冢上其彼亡者，由宿業故設
【後缺】

（二十七）俄 ИHB. No. 951A《大方廣佛華嚴經》[①]

【題解】

西夏刻本，經折裝。白麻紙，共1折，2面餘。高19.8釐米，面寬9.3釐米。版心高16釐米，天頭2.1釐米，地脚1.7釐米。每面6行，行15字。宋體墨色深。據蘇州戒幢佛學研究所宗舜研究，文出《大方廣佛華嚴經入不思議解脱境界普賢行願品》。

【前缺】
悉能制伏一切外道，悉能解脱一切煩
惱，如師子王摧伏群獸，堪受一切衆生
供養。又復，是人臨命終時，最後刹那一
切諸根悉皆散壞，一切親屬悉皆捨離，
一切威勢悉皆退失，輔相、大臣、宫城内
外，象馬車乘，珍寶伏藏，如是一切無復
相隨，唯此願□□□□□□□□□□[②]
導其前。一刹那中即得往生極樂世界，
到已即見阿彌陀佛、文殊師利菩薩、普
賢菩薩、觀自在菩薩、彌勒菩薩等，此諸
菩薩色相端嚴，功德具足，所共圍繞。其
人自見生蓮華中，蒙佛授記；得授記已，
經於無數百千萬億那由他劫，普於十
【後缺】

① 《俄藏黑水城文獻》第六册，第287頁。該卷文書題名爲《佛經》，據蘇州戒幢佛學研究所宗舜研究，文出《大方廣佛華嚴經入不思議解脱境界普賢行願品》。

② 應爲“王不相捨離，於一切時引”。

俄藏黑水城漢文佛教文獻寶積部佛經

（一）俄 TK140. ДX1336《佛説三十五佛名經》[①]

【題解】

西夏刻本。經折裝。未染楮紙。共 8 折，16 面。高 20.3 釐米，面寬 10 釐米。版框高 16.1 釐米。天頭 2.6 釐米，地脚 1.5 釐米。每面 6 行，行 15 字。上下單邊，宋體，墨色深匀。冠佛畫 1 面，榜題：長者居士。

佛説三十五佛名經（出大寶積經優波離會第二十四）

大唐三藏菩提流志奉詔譯

復次，舍利弗，若有菩薩犯波羅夷者，應

對清浄十比丘前以質直心殷重懺悔。

犯僧殘者，對五浄僧殷重懺悔。若爲女

人染心所觸，及因相顧而生愛著，應對

一二清浄僧前殷重懺悔。舍利弗，若諸

菩薩成就五無間罪，犯波羅夷，或犯僧

殘戒，犯塔犯僧，及犯餘罪。菩薩應當於

三十五佛前晝夜獨處殷重懺悔。應自

稱云：我𦬇。

歸依十方盡虚空界一切諸佛

歸依十方盡虚空界一切尊法

歸依十方盡虚空界一切賢聖僧

南無釋迦牟尼佛

南無金剛不壞佛

---

① 《俄藏黑水城文獻》第三册，第 201—204 頁。

南無寶光佛
南無龍尊王佛
南無精進軍佛
南無精進喜佛
南無寶火佛
南無寶月光佛
南無現無愚佛
南無寶月佛
南無無垢佛
南無離垢佛
南無勇施佛
南無清净佛
南無清净施佛
南無娑留那佛
南無水天佛
南無堅德佛
南無栴檀功德佛
南無無量掬光佛
南無光德佛
南無無憂德佛
南無那羅延佛
南無功德花佛
南無蓮花光游戲神通佛
南無財功德佛
南無德念佛
南無善名稱功德佛
南無紅炎帝幢王佛
南無善游步功德佛
南無鬥戰勝佛
南無善游步佛
南無周匝莊嚴功德佛
南無寶花游步佛
南無寶蓮花善住娑羅樹王佛

如是等一切世界諸佛世尊常住在世，是諸世尊當慈念我。若我此生，若我前生，從無始生死已來所作衆罪，若自作若教他作，見作隨喜。若塔若僧，若四方僧物，若自取，若教他取，見取隨喜。五無

間罪，若自作□□□[①]作，見作隨喜。十不
【後缺】

（二）俄 TK245《佛説三十五佛名經》[②]

【題解】

西夏刻本。經折裝。未染楮紙。共 6 折半，12 面。高 8.2 釐米，面寬 8.7 釐米，版框高 15.4 釐米，天頭 1.1 釐米，地脚 1.1 釐米。每面 5 行，行 10 字。上下單邊。宋體，墨色深。因曾斷裂，故有佚文。而藏書家重裱，致成錯簡。

佛説三十五佛名經出大寶積經優波離會第二十四
大唐三藏菩提流志奉詔□
復次，舍利弗，若有菩薩犯波羅
夷者，應對清净十比丘前以質
直心殷重懺悔。犯僧殘者，對五净
僧殷重懺悔。若爲女人□□
所觸，及因相顧而生愛著。
應對一二清净僧前殷重
懺悔。舍利弗，若諸菩薩成
就五無間罪，犯波羅夷，或
【中缺】
南無精進喜佛
南無寶火佛
南無寶月光佛
南無現無愚佛
南無寶月佛
南無無垢佛
南無離垢佛
南無勇施佛
南無清净佛
南無清净施佛
南無娑留那佛
南無水天佛
南無堅德佛

① 疑爲“若教他”。
② 《俄藏黑水城文獻》第四册，第 306—308 頁。

南無栴檀功德佛
南無無量掬光佛
南無光德佛
南無無憂德佛
南無那羅延佛
南無功德花佛
南無蓮花光遊戲神通佛
【中缺】
皆得解脱
　　佛説三十五佛名經三
所有十方世界中，三世一切人師子。
我以清净身語意，一一遍禮盡無餘。
普賢行願威神力,[1] □□□□□□□
一切如來應作如是□□□懺悔，菩
薩若能滅除此罪，爾時詣佛即現
其身爲度一切諸衆生，故示現如
是種種之相而於法界亦無所動。
隨請衆生種種樂，欲悉令圓満。
及請佛功德，願成無上智，
去來現在佛，於衆生最勝，
無量功德海，我今歸命禮。
如是舍利弗。菩薩應當一心觀
此三十五佛而爲□□。復應頂禮[2]
【中缺】
□集校計算量皆□□□
耨多羅三藐三菩提，如過去未
來現在諸佛所作回嚮，我亦如
是回嚮。
衆罪皆懺悔，諸福盡隨喜。
言若我此生，若於生曾行布
施或守净戒乃至施與畜生一博
之食或修净行所有善根，成就
衆生所有善根，修行菩提所有

① “所有十方世界中，三世一切人師子。我以清净身語意，一一遍禮盡無餘。普賢行願威神力,” 見於《華嚴經普賢行願品》

② “及請佛功德，願成無上智，去來現在佛，於衆生最勝，無量功德海，我今歸命禮。如是舍利弗。菩薩應當一心觀此三十五佛而爲□□。復應頂禮” 見於《大寶積經》。

善根，及無上智所有善根，一切
覆藏魔墮地獄餓鬼畜生諸
餘惡趣，邊地下賤及蔑度車如
是等處，所作罪障，今皆懺悔，
今諸佛世尊當證知，我當憶念，
我我復於諸佛世尊前作如是

俄藏黑水城漢文佛教文獻經集部佛經

(一) 俄 TK108《佛説阿彌陀經》①

【題解】

西夏刻本。經折裝，未染麻紙。共 3 折半，7 面。下部殘損。天頭 1.5 釐米。每面 8 行，上單邊，宋體。墨色中匀。

佛説阿彌陀經

如是我聞，一時佛在舍衛國□□□□□②

園，與大比丘僧千二百五□□□□□□③

阿羅漢，衆所知識：長老舍□□□□□□④

連，摩訶迦葉，摩訶迦旃延，摩□□□□□⑤

婆多，周利盤陀伽，難陀，阿□□□□□□⑥

梵波提，賓頭盧頗羅墮，迦□□□□□□⑦

賓那，薄拘羅，阿㝹樓馱，如是□□□□□⑧

并諸菩薩摩訶薩：文殊師□□□□□□⑨

---

① 《俄藏黑水城文獻》第三册，第 16—17 頁。

② 疑爲“祇樹給孤獨”。

③ 疑爲“十人俱，皆是大”。

④ 疑爲“利弗，摩訶目犍”。

⑤ 疑爲“訶俱絺羅，離”。

⑥ 疑爲“難陀，羅睺羅，憍”。

⑦ 疑爲“留陀夷，摩訶劫”。

⑧ 疑爲“等諸大弟子”。

⑨ 疑爲“利法王子，阿逸”。

多菩薩，乾陀訶提菩薩，常精進□□□□[1]
是等諸大菩薩，及釋提桓因□□□□□[2]
大衆俱。
爾時，佛告長老舍利弗：從□□□□□□[3]
億佛土，有世界名曰極樂。□□□□□□[4]
彌陀，今現在説法。舍利弗，□□□□□□[5]
極樂？其國衆生，無有衆苦，□□□□□□[6]
極樂。
又舍利弗，極樂國□□□□□□□□□[7]
七重行樹，皆是四寶□□□□□□□□[8]
名爲極樂。
又舍利弗，極樂國土游有□□□□□□□[9]
充滿其中。池底純以金沙布地。□□□□[10]
金，銀，琉璃，玻璃合成。上有樓閣，亦以□□[11]
琉璃，玻璃，硨磲，赤珠，瑪瑙而嚴飾□□□[12]
蓮花，大如車輪，青色青光，黄色□□□□[13]
赤光，白色白光，微妙香潔。舍利弗□□□[14]
土成就如是功德莊嚴。
又舍利弗，彼佛國土，常□□□□□□□[15]
晝夜六時，雨天曼陀羅□□□□□□□[16]
清旦，各以衣裓盛衆□□□□□□□□[17]

---

① 疑爲“菩薩，與如”。
② 疑爲“等，無量諸天”。
③ 疑爲“是西方，過十萬”。
④ 疑爲“其土有佛，號阿”。
⑤ 疑爲“彼土何故名爲”。
⑥ 疑爲“但受諸樂，故名”。
⑦ 疑爲“土，七重欄楯，七重羅網”。
⑧ 疑爲“周匝圍繞，是故彼國”。
⑨ 疑爲“七寶池，八功德水”。
⑩ 疑爲“四邊階道”。
⑪ 疑爲“金，銀”。
⑫ 疑爲“之。池中”。
⑬ 疑爲“黄光，赤色”。
⑭ 疑爲“極樂國”。
⑮ 疑爲“作天樂，黄金爲地”。
⑯ 疑爲“花。其土衆生，常以”。
⑰ 疑爲“妙花，供養他方十萬”。

億佛。即以食時□□□□□□□□□□①
弗，極樂國土成□□□□□□□②
復次舍利弗，□□□□□□□□□□□③
鳥，白鶴，孔雀，鸚□□□□□□□□□□□④
鳥。是諸衆鳥，晝□□□□□□□□□□⑤
暢五根，五力，七菩提分，□□□□□□□⑥
法。其土衆生，聞是音已，□□□□□□□⑦
僧。
舍利弗，汝勿謂此鳥實是罪□□□□□⑧
者何？彼佛國土無三惡道。□□□□□□⑨
土尚無惡道之名，何况有□□□□□□⑩
是阿彌陀佛欲令法音宣流，□□□□□⑪
利弗，彼佛國土，微風吹動諸□□□□□⑫
羅網，出微妙音。譬如□□□□□□□□⑬
聞是音者，自然皆生念□□□□□□□⑭
舍利弗，其佛國土成□□□□□□□□⑮
利弗，於汝意云何？□□□□□□□□□⑯
利弗，彼佛光明□□□□□□□□□□⑰
是故號爲阿□□□□□□□□□□□⑱
其人民，無量□□□□□□□□□□□⑲

---

① 疑爲“還到本國，飯食經行。舍利”。
② 疑爲“就如是功德莊嚴”。
③ 疑爲“彼國常有種種奇妙雜色之”。
④ 疑爲“鵡，舍利，迦陵頻伽，共命之”。
⑤ 疑爲“夜六時，出和雅音，其音演”。
⑥ 疑爲“八聖道分，如是等”。
⑦ 疑爲“皆悉念佛，念法，念”。
⑧ 疑爲“報所生。所以”。
⑨ 疑爲“舍利弗，其佛國”。
⑩ 疑爲“實？是諸衆鳥，皆”。
⑪ 疑爲“變化所作。舍”。
⑫ 疑爲“寶行樹及寶”。
⑬ 疑爲“百千種樂，同時俱作”。
⑭ 疑爲“佛，念法，念僧之心”。
⑮ 疑爲“就如是功德莊嚴。舍”。
⑯ 疑爲“彼佛何故號阿彌陀？舍”。
⑰ 疑爲“無量，照十方國，無所障礙”。
⑱ 疑爲“彌陀。又舍利弗，彼佛壽命，及”。
⑲ 疑爲“無邊阿僧祇劫，故名阿彌陀”。

舍利弗，阿彌陀佛成□□□□□□□□①
舍利弗，彼佛有無量無□□□□□□□②
羅漢，非是算數之所能□□□□□□□③
如是。舍利弗，彼佛國土成□□□□□□④
嚴。
又舍利弗，極樂國土衆生生□□□□□□□⑤
【後缺】

（二）俄 TK109《佛説阿彌陀經》⑥

【題解】

西夏刻本，經折裝，未染楮紙，共 4 折，8 面。高 20.6 釐米，面寬 6.8 釐米，版框 18.3 釐米，天頭 1.8 釐米，地脚 1.4 釐米，每面 4 行，行 13 字。上下單邊，宋體墨色深匀。已裂爲 2 段。有佚文。

【前缺】
及釋提桓因等，無量諸天大衆俱。
爾時，佛告長老舍利弗：從是西方，過十
萬億佛土，有世界名曰極樂。其土有佛，
號阿彌陀，今現在説法。舍利弗，彼土何
故名爲極樂？其國衆生，無有衆苦，但受
諸樂，故名極樂。又舍利弗，極樂國土，七
重欄楯，七重羅網，七重行樹，皆是四寶
周匝圍繞，是故彼國名爲極樂。
又舍利弗，極樂國土有七寶池，八功德
水充满其中。池底純以金沙布地。四邊
階道，金，銀，琉璃，玻璃合成。上有樓閣，亦
以金，銀，琉璃，玻璃，硨磲，赤珠，瑪瑙而嚴
飾之。池中蓮花，大如車輪，青色青光，黄
色黄光，赤色赤光，白色白光，微妙香潔。

---

① 疑爲“佛以來，於今十劫。又”。
② 疑爲“邊聲聞弟子，皆阿”。
③ 疑爲“知。諸菩薩衆，亦復”。
④ 疑爲“就如是功德莊”。
⑤ 疑爲“者，皆是阿鞞跋致”。
⑥ 《俄藏黑水城文獻》第三册，第 19—20 頁。

舍利弗，極樂國土成就如是功德莊嚴。
又舍利弗，彼佛國土，常作天樂，黄金爲
地。晝夜六時，雨天曼陀羅花。其土衆生，
常以清旦，各以衣裓盛衆妙花，供養他[①]
【中缺】
其音演暢五根，五力，七菩提分，□□□[②]
分，如是等法。其土衆生，聞是音已，皆悉
念佛，念法，念僧。舍利弗，汝勿謂此鳥實
是罪報所生。所以者何？彼佛國土無三
惡道。舍利弗，其佛國土尚無惡道之名，
何况有實？是諸衆鳥，皆是阿彌陀佛欲
令法音宣流，變化所作。舍利弗，彼佛國
土，微風吹動諸寶行樹及寶羅網，出微
妙音。譬如百千種樂，同時俱作。聞是音
者，自然皆生念佛，念法，念僧之心。舍利
弗，其佛國土成就如是功德莊嚴。
舍利弗，於汝意云何？彼佛何故號阿彌
□□□□□□[③]光明無量，照十方國，無
所障礙，是故號爲阿彌陀。又舍利弗，彼
佛壽命，及其人民，無量無邊阿僧祇劫，
故名阿彌陀。舍利弗，阿彌陀佛成佛已
來，於今十劫。又舍利弗，彼佛有無量無
邊聲聞弟子，皆阿羅漢，非是算數之所
能知。諸菩薩衆，亦復如是。舍利弗，彼佛
國土成就如是功德莊嚴。
又舍利弗，極樂國土衆生生者，皆是阿
鞞跋致。其中多有一生補處，其數甚多，
非是算數所能知之，但可以無量無邊
阿僧祇説。舍利弗，衆生聞者，應當發
願，願生彼國。所以者何？得與如是諸上
善人，俱會一處。舍利弗，不可以少善根，
福德，因緣，得生彼國。舍利弗，若有善男

---

① 闕文如下："方十萬億佛。即以食時，還到本國，飯食經行。舍利弗，極樂國土成就如是功德莊嚴。復次舍利弗，彼國常有種種奇妙雜色之鳥，白鶴，孔雀，鸚鵡，舍利，迦陵頻伽，共命之鳥。是諸衆鳥，晝夜六時，出和雅音"。

② 疑爲"八聖道"。

③ 疑爲"陀？舍利弗，彼佛"。

子，善女人，聞説阿彌陀佛，執持名號，若
一日，若二日，若三日，若四日，若五日，若
六日，若七日，一心不亂，其人臨命終時，
【後缺】

（三）俄 TK110《佛説阿彌陀經》[①]

【題解】

西夏刻本，經折裝，未染麻紙。共 11 折，22 面。高 27. 8 釐米，面寬 7. 6 釐米。版框高 25. 8 釐米，天頭 0. 8 釐米，地脚 1. 2 釐米。每面 7 行，行 16 字。上下單邊，宋體，墨色深淺不勻。首缺。

【前缺】
暢五根，五力，七菩提分，八聖道分，如是等
法。其土衆生，聞是音已，皆悉念佛，念法，念
僧。
舍利弗，汝勿謂此鳥實是罪報所生。所以
者何？彼佛國土無三惡道。舍利弗，其佛國
土尚無惡道之名，何况有實？是諸衆鳥，皆
是阿彌陀佛欲令法音宣流，變化所作。舍
□□□□□□□[②]風吹動諸寶行樹及寶
□□□□□□□[③]如百千種樂，同時俱作。
□□□□□[④]然皆生念佛，念法，念僧之心。
□□□□□[⑤]國土成就如是功德莊嚴。舍
□□□□[⑥]意云何？彼佛何故號阿彌陀？舍
□□□□[⑦]光明無量，照十方國，無所障礙，

① 《俄藏黑水城文獻》第三册，第 20—22 頁。
② 疑爲“利弗，彼佛國土，微”。
③ 疑爲“羅網，出微妙音。譬”。
④ 疑爲“聞是音者，自”。
⑤ 疑爲“舍利弗，其佛”。
⑥ 疑爲“利弗，於汝”。
⑦ 疑爲“利弗，彼佛”。

□□□[①]爲阿彌陀。又舍利弗，彼佛壽命，及[②]
若四日，若五日，□□□□□□[③]，一心不亂，
其人臨命終時，阿彌陀佛與諸聖衆，現在
其前。是人終時，心不顛倒，即得往生阿彌
陀佛極樂國土。舍利弗，我見是利，故説此
言。若有衆生聞是説者，應當發願，生彼國
土。

舍利弗，如我今者，贊歎阿彌陀佛不可思
議功德之利，東方亦有阿閦鞞佛，須彌相
佛，大須彌佛，須彌光佛，妙音佛，如是等恒
河沙數諸佛，各於其國出廣長舌相，遍覆
三千大千世界，説誠實言：汝等衆生，當信
是稱贊不可思議功德一切諸佛所護念
經。

舍利弗，南方世界有日月燈□□□□□[④]
大焰肩佛，須彌燈佛，無量精進佛，□□□[⑤]
恒河沙數諸佛，各於其國出廣長舌□□[⑥]
覆三千大千世界，説誠實言：汝等衆生，當
信是稱贊不可思議功德一切諸佛所護
念經。

舍利弗，西方世界有無量壽佛，無量相佛，
無量幢佛，大光佛，大明佛，寶相佛，净光佛，
如是等恒河沙數諸佛，各於其國出廣長
舌相，遍覆三千大千世界，説誠實言：汝等
衆生，當信是稱贊不可思議功德一切諸
佛所護念經。舍利弗，北方世界有焰肩佛，

---

① 疑爲“是故號”。

② 闕文如下：“其人民，無量無邊阿僧祇劫，故名阿彌陀。舍利弗，阿彌陀佛成佛以來，於今十劫。又舍利弗，彼佛有無量無邊聲聞弟子，皆阿羅漢，非是算數之所能知。諸菩薩衆，亦復如是。舍利弗，彼佛國土成就如是功德莊嚴。又舍利弗，極樂國土衆生生者，皆是阿鞞跋致。其中多有一生補處，其數甚多，非是算數所能知之，但可以無量無邊阿僧祇説。舍利弗，衆生聞者，應當發願，願生彼國。所以者何？得與如是諸上善人，俱會一處。舍利弗，不可以少善根，福德，因緣，得生彼國。舍利弗，若有善男子，善女人，聞説阿彌陀佛，執持名號，若一日，若二日，若三。”

③ 疑爲“若六日，若七日”。

④ 疑爲“佛，名聞光佛”。

⑤ 疑爲“如是等”。

⑥ 疑爲“相，遍”。

最勝音佛，難沮佛，日生佛，網明佛，如□□①
恒河沙數諸佛，各於其國出廣長舌□□②
覆三千大千世界，説誠實言：汝□□□□③
信是稱贊不可思議功德一切諸佛所護
念經。
舍利弗，下方世界有獅子佛，名聞佛，名光
佛，達摩佛，法幢佛，持法佛，如是等恒河沙
數諸佛，各於其國出廣長舌相，遍覆三千
大千世界，説誠實言：汝等衆生，當信是稱
贊不可思議功德一切諸佛所護念經。
舍利弗，上方世界有梵音佛，宿王佛，香上
佛，香光佛，大焰肩佛，雜色寶花嚴身佛，娑
羅樹王佛，寶華德佛，見一切義佛，如須彌
山佛，如是等恒河沙數諸佛，各於其國出
廣長舌相，遍覆三千大千世界，説誠實言：
汝等衆生，當信是稱贊不可思議功德一
切諸佛所護念經。
舍利弗，於汝意□□□□□□④一切諸佛
所護念經？
舍利弗，若有善男子，善女人，聞是經受持
者，及聞諸佛名者，是諸善男子，善女人，皆
爲一切諸佛之所護念，皆得不退轉於阿
耨多羅三藐三菩提。是故舍利弗，汝等皆
當信受我語及諸佛所説。
舍利弗，若有人已發願，今發願，當發願，欲
生阿彌陀佛國者，是諸人等，皆得不退轉
於阿耨多羅三藐三菩提，於彼國土若已
生，若今生，若當生。是故舍利弗，諸善男子，
善女人，若有信者，應當發願，生彼國土。
舍利弗，如我今者稱贊諸佛不可思議功
德，彼諸佛等，亦稱贊我不可思議功德，而
作是言：釋迦牟尼佛，能爲甚難稀有之事，
能於娑婆國土，五濁惡世，劫濁，見濁，煩惱

① 疑爲“是等”。
② 疑爲“相，遍”。
③ 疑爲“等衆生，當”。
④ 疑爲“云何？何故名爲”。

濁，衆生濁，命濁中，得阿耨多羅三藐三菩
提，爲諸衆生説是一切世間難信之法。舍
利弗，當知我於五濁惡世行此難事，得阿
耨多羅三藐三菩提，爲一切世間説此難
信之法，是爲甚難。
佛説此經已，舍利弗及諸比丘，一切世間
天，人，阿修羅等，聞佛所説，歡喜信受，作禮
而去。
　　佛説阿彌陀經
無量壽佛説往生净土咒
南無阿彌多婆夜，哆他伽哆夜，哆地夜他

（四）俄 TK111《佛説阿彌陀經》[①]

【題解】

西夏刻本，經折裝。未染麻紙。共 5 折半，11 面，高 20. 5 釐米，面寬 9. 5 釐米，版框高 17. 2 釐米，天頭 1. 5 釐米，地脚 2 釐米。每面 6 行，行 15 字。上下單邊，宋體墨色中匀。首尾缺。已裂爲 3 段。

【前缺】
俱絺羅，離婆多，周利盤陀伽，難陀，阿難
陀，羅睺羅，憍梵波提，賓頭盧頗羅墮，迦
留陀夷，摩訶劫賓那，薄拘羅，阿㝹樓馱，
如是等諸大弟子，并諸菩薩摩訶□□[②]
殊師利法王子，阿逸多菩□□□□□[③]
菩薩，常精進菩薩，與如是□□□□□□[④]
【中缺】
□□□□□□□[⑤]白光，微妙香潔。
□□□□□□□[⑥]成就如是功德莊嚴。

① 《俄藏黑水城文獻》第三册，第 22—24 頁。
② 疑爲“薩：文”。
③ 疑爲“薩，乾陀訶提”。
④ 疑爲“等諸大菩薩，及”。
⑤ 疑爲“光，赤色赤光，白色”。
⑥ 疑爲“舍利弗，極樂國土”。

□□□□[①]彼佛國土，常作天樂，黄金爲
天□□□□□[②]天雨曼陀羅花。其土衆生，
□□□□□□[③]衣裓□[④]衆妙花，供養他
□□□□□□[⑤]以食時，還到本國，飯食
□□□□[⑥]弗，極樂國土成就如是功德
□□[⑦]
□□□□□□□[⑧]常有種種奇妙雜色
□□□□□□□□□□□[⑨]利，迦陵頻伽，共
□□□□□□□□□□□[⑩]出和雅音，
【中缺】
□□□□□□□□□[⑪]照十方國，無
□□[⑫]礙，是故號爲阿彌陀。又舍利弗，彼
□□□[⑬]及其人民，無量無邊阿僧祇劫，
□□□[⑭]彌陀。舍利弗，阿彌陀佛成佛已
□□□[⑮]十劫。又舍利弗，彼佛有無量無
□□□□□[⑯]皆阿羅漢，非是算數之所
□□□□□□[⑰]亦復如是。舍利弗，彼佛
□□□□[⑱]如是功德莊嚴。
□□□□[⑲]極樂國土衆生生者，皆是阿
□□□[⑳]其中多有一生補處，其數甚多，

---

① 疑爲“又舍利弗”。
② 疑爲“地。晝夜六時”。
③ 疑爲“常以清旦，各以”。
④ 疑爲“盛”。
⑤ 疑爲“方十萬億佛。即”。
⑥ 疑爲“經行。舍利”。
⑦ 疑爲“莊嚴”。
⑧ 疑爲“復次舍利弗，彼國”。
⑨ 疑爲“之鳥，白鶴，孔雀，鸚鵡，舍”。
⑩ 疑爲“命之鳥。是諸衆鳥，晝夜六時”。
⑪ 疑爲“舍利弗，彼佛光明無量”。
⑫ 疑爲“所障”。
⑬ 疑爲“佛壽命”。
⑭ 疑爲“故名阿”。
⑮ 疑爲“來，於今”。
⑯ 疑爲“邊聲聞弟子”。
⑰ 疑爲“能知。諸菩薩衆”。
⑱ 疑爲“國土成就”。
⑲ 疑爲“又舍利弗”。
⑳ 疑爲“鞞跋致”。

□□[①]算數所能知之，但可以無量無邊
□□□□[②]舍利□□□[③]聞者，應當發
□□□[④]彼國。所以者何？得與如是諸上
□[⑤]人，俱會一處。舍利弗，不可以少善根，
□□[⑥]因緣，得生彼國。舍利弗，若有善男
□□□[⑦]人，聞説阿彌陀佛，執持名號，若
□□□[⑧]二日，若三日，若四日，若五日，若
□□□□□□□[⑨]心不亂，其人臨命終時，
□□□□□□[⑩]諸聖衆，現在其前。是人終
□□□□[⑪]倒，即得往生阿彌陀佛極樂
□□□[⑫]利弗，我見是利，故説此言。若有
□□[⑬]聞是説者，應當發願，生彼國土。
□[⑭]利弗，如我今者，贊歎阿彌陀佛不可
□□□□□□[⑮]利，東方亦有阿閦鞞佛，須
□□□□□□[⑯]彌佛，須彌光佛，妙音佛，如
□□[⑰]恒河沙數諸佛，各於其國出廣長
□□□[⑱]覆三千大千世界，説誠實言：汝
□□□□[⑲]信是稱贊不可思議功德一
□□□□[⑳]護念經。

---

① 疑爲“非是”。
② 疑爲“阿僧祇説”。
③ 疑爲“弗，衆生”。
④ 疑爲“願，願生”。
⑤ 疑爲“善”。
⑥ 疑爲“福德。
⑦ 疑爲“子，善女”。
⑧ 疑爲“一日，若”。
⑨ 疑爲“六日，若七日，一”。
⑩ 疑爲“阿彌陀佛與”。
⑪ 疑爲“時，心不顛”。
⑫ 疑爲“國土。舍”。
⑬ 疑爲“衆生”。
⑭ 疑爲“舍”。
⑮ 疑爲“思議功德之”。
⑯ 疑爲“彌相佛，大須”。
⑰ 疑爲“是等”。
⑱ 疑爲“舌相，遍”。
⑲ 疑爲“等衆生，當”。
⑳ 疑爲“切諸佛所”。

□□□□□□[①]界有日月燈佛，名聞光
□□□□□□□[②]燈佛，無量精進佛，如
□□□□□[③]數諸佛，各於其國出廣長
□□□□[④]三千大千世界，説誠實言：汝
□□[⑤]生，當信是稱贊不可思議功德一
切諸佛所護念經。
□□□□□[⑥]世界有無量壽佛，無量相
□□□□□□[⑦]光佛，大明佛，寶相佛，净
□□□□□[⑧]恒河沙數諸佛，各於其國
□□□□□[⑨]遍覆三千大千世界，説誠
□□□□□□[⑩]當信是稱贊不可思議
□□□□□□[⑪]所護□[⑫]經。
□□□□□□□□□□□□□□[⑬]
□□□□□□□□□□□□[⑭]恒河沙
□□□□□□□□[⑮]廣長舌相，遍覆三
□□□□□□□□[⑯]言：汝等衆生，當信
□□□□□□□[⑰]功德一切諸佛所護
【後缺】

（五）俄 TK176《佛説阿彌陀經》[⑱]

① 疑爲“舍利弗，南方世”。
② 疑爲“佛，大焰肩佛，須彌”。
③ 疑爲“是等恒河沙”。
④ 疑爲“舌相，遍覆”。
⑤ 疑爲“等衆”。
⑥ 疑爲“舍利弗，西方”。
⑦ 疑爲“佛，無量幢佛，大”。
⑧ 疑爲“光佛，如是等”。
⑨ 疑爲“出廣長舌相”。
⑩ 疑爲“實言：汝等衆生”。
⑪ 疑爲“功德一切諸佛”。
⑫ 疑爲“念”。
⑬ 疑爲“舍利弗，北方世界有焰肩佛，最勝音佛”。
⑭ 疑爲“難沮佛，日生佛，網明佛，如是等”。
⑮ 疑爲“數諸佛，各於其國出”。
⑯ 疑爲“千大千世界，説誠實”。
⑰ 疑爲“是稱贊不可思議”。
⑱ 《俄藏黑水城文獻》第四册，第 123 頁。

【題解】

宋刻本，經折裝，甲種本。未染楮紙。共 1 面。高 23. 2 釐米，寬 11. 1 釐米，上方佛畫高 8. 9 釐米，下方經文版框高 12. 8 釐米，地脚 1. 8 釐米。共 6 行，行 10 字。上下單邊，宋體。墨色深。

【前缺】
羅，阿㝹樓馱，如是等□□[①]
弟子，并諸菩薩摩訶薩：文
殊師利法王子，阿逸多菩
薩，乾陀訶提菩薩，常精進
菩薩，與如是等諸大菩薩，
及釋提桓因等，無量諸天
【後缺】

（六）俄 TK48P《佛名經》[②]

【題解】

西夏刻本，黏補俄 TK48《金剛般若波羅蜜經》折縫的小殘片，已脱落。潢麻紙。最長著高 25. 7 釐米，寬 2. 2 釐米。版框高 22. 7 釐米，天頭 1. 2 釐米，地脚 1. 8 釐米。上下雙邊，宋體墨色深。有坐佛左半像。

南無龍尊王佛
德佛
無憂

（七）俄 ИНВ. No. 1366D《佛名經》[③]

【前缺】
南無威神大佛，南無□名稱
南無覺光佛，南無最音如
南無堅意佛，南無力

① 疑爲“諸大”。
② 《俄藏黑水城文獻》第二册，第 37 頁。
③ 《俄藏黑水城文獻》第六册，第 295—296 頁。

【中缺】
南無盈利意佛，南無護王
南無蓮華眼佛，南無思名稱
南無樹幢佛，南無净護
南無師子步佛，南無德悦
南無德香悦佛，南無智者□
南無下
南無上
如是十
南無莫能
已
南無普
南無大游
南無堅固
南無天所
南無最
南無堅
南無大音
南無大
【後缺】

（八）俄 TK296《佛説佛名經等》[1]

【題解】

西夏刻本。未染麻紙，粗，厚。楷書，墨色濃匀。（1）佛説佛名經，高 18.2 釐米，寬 8.3 釐米。共 4 行。（2）律藏文獻。高 18.2 釐米，寬 8.5 釐米。共 4 行，行存 11 字。有朱點。另有小殘片。

【前缺】
南無□□□，南無世紀牟尼□
南無勇施佛，南無清净
南無清净施佛，南無娑留那
【中缺】
□從今以□□□□誓當□
無邊現前一切衆□一起大慈悲

① 《俄藏黑水城文獻》第四册，第 384 頁。

際衆生若有三塗重罪，若有□
難某甲等誓不□□□□□□
□□□□□□□□集念不可稱
不可
【後缺】

(九) 俄 TK58《觀彌勒菩薩上生兜率天經》①

【題解】

西夏刻本。經折裝，甲種本，潢麻紙，硬。共 25 折，50 面，高 29.5 釐米，面寬 11.1 釐米。版框高 23.6 釐米，天頭 4.2 釐米，地脚 2.2 釐米。每面 6 行，行 18 字。上下雙邊，寫刻體，墨色深匀。冠佛畫 8 面，四周雙邊。分三部分。(1) 2 面，右側榜題：釋迦麼禰佛於給孤獨園内與彌勒菩薩授記處。(2) 5 面。中央榜題：牢度大神額寶珠，中化四十九重宫殿供養彌勒之處。右側中部榜題：五百億天子奉施寶冠。(3) 1 面，共 6 幅德行圖。

觀彌勒菩薩上生兜率天經宋居士沮渠京聲譯
如是我聞。一時佛在舍衛國祇樹給孤獨園。爾
時世尊於初夜分舉身放光。其光金色。繞雙陀
園周遍七匝。照須達舍亦作金色。有金色光猶
如段云。遍舍衛國處處皆雨金色蓮花。其光明
中。有無量百千諸大化佛。皆唱是言。今於此中
有千菩薩。最初成佛名拘留孫。最後成佛名曰
樓至。説是語已。尊者阿若憍陳如即從禪起。與
其眷屬二百五十人俱。尊者摩訶迦葉。與其眷
屬二百五十人俱。尊者大目犍連。與其眷屬二
百五十人俱。尊者舍利弗。與其眷屬二百五十人
俱。摩訶波闍波提比丘尼。與其眷屬千比丘尼
俱。須達長者與三千優婆塞俱。毗舍佉母與二
千優婆夷俱。復有菩薩摩訶薩。名跋陀婆羅。與
其眷屬十六菩薩俱。文殊師利法王子。與其眷
屬五百菩薩俱。天龍夜叉乾闥婆等一切大衆。
睹佛光明皆悉雲集。
爾時世尊出廣長舌相放千光明。一一光明各
有千色。一一色中有無量化佛。是諸化佛异口

① 《俄藏黑水城文獻》第二册，第 41—48 頁。

同音。皆説清净諸大菩薩甚深不可思議諸陀
羅尼法。所謂阿難陀目佉陀羅尼，空慧陀羅尼，
無礙性陀羅尼，大解脱無相陀羅尼。爾時世尊
以一音聲。説百億陀羅尼門。説此陀羅尼已。爾
時會中有一菩薩名曰彌勒。聞佛所説。應時即
得百萬億陀羅尼門。即從座起整衣服。叉手合
掌住立佛前

爾時優波離亦從座起。頭面作禮而白佛言。世
尊。世尊往昔於毗尼中及諸經藏説阿逸多次
當作佛。此阿逸多具凡夫身未斷諸漏。此人命
終當生何處。其人今者雖復出家。不修禪定不
斷煩惱。佛記此人成佛無疑。此人命終生何國土。
佛告優波離。諦聽諦聽善思念之。如來應正遍
知。今於此衆説彌勒菩薩摩訶薩阿耨多羅三
藐三菩提記。此人從今十二年後命終。必得往
生兜率陀天上。爾時兜率陀天上。有五百萬億天子。
一一天子皆修甚深檀波羅蜜。爲供養一生補
處菩薩故。以天福力造作宫殿。各各脱身栴檀
摩尼寶冠。長跪合掌發是願言。我今持此無價
寶珠及以天冠。爲供養大心衆生故。此人來世
不久當成阿耨多羅三藐三菩提。我於彼佛莊
嚴國界得受記者。令我寶冠化成供具。如是諸
天子等各各長跪。發弘誓願亦復如是。時諸天
子作是願已。是諸寶冠化作五百萬億寶宫。一
一寶宫有七重垣。一一垣七寶所成。一一寶出
百億光明。一一光明中有五百億蓮華。一一蓮華化
作五百億七寶行樹。一一樹葉有五百億寶
色。一一寶色有五百億閻浮檀金光。一一閻浮
檀金光中。出五百億諸天寶女。一一寶女住立
樹下。執百億寶無數瓔珞。出妙音樂。時樂音中
演説不退轉地法輪之行。其樹生果如頗黎色。
一切衆色入頗梨色中。是諸光明右旋婉轉流出
衆音。衆音演説大慈大悲法。一一垣墻高六
十二由旬厚十四由旬。五百億龍王圍繞此
垣。一一龍王雨五百億七寶行樹。莊嚴垣上。自
然有風吹動此樹。樹相振觸。演説苦空無常無
我諸波羅蜜。

爾時此宫有一大神。名牢度跋提。即從座起遍

禮十方佛。發弘誓願。若我福德應爲彌勒菩薩
造善法堂。令我額上自然出珠。既發願已額上
自然出五百億寶珠。琉璃頗梨一切衆色無不具
足。如紫紺摩尼表裹映徹。此摩尼光回旋空中。
化爲四十九重微妙寶宫。一一欄楯萬億梵摩
尼寶所共合成。諸欄楯間自然化生九億天子
五百億天女。一一天子手中化生無量億萬七
寶蓮華。一一蓮華上有無量億光。其光明中具
諸樂器。如是天樂不鼓自鳴。此聲出時。諸女自
然執衆樂器。競起歌舞。所咏歌音演説十善四
弘誓願。諸天聞者皆發無上道心。時諸園中有
八色琉璃渠。一一渠有五百億寶珠而用合成。
一一渠中有八味水。八色具足。其水上涌游梁
棟間。於四門外化生四花。水出華中如寶華流。
一一華上有二十四天女。身色微妙如諸菩薩
莊嚴身相。手中自然化五百億寶器。一一器中
天諸甘露自然盈满。左肩荷佩無量瓔珞。右肩
復負無量樂器。如云住空從水而出。贊歎菩薩
六波羅蜜。若有往生兜率天上。自然得此天女
侍禦。亦有七寶大師子座。高四由旬。閻浮檀金
無量衆寶以爲莊嚴。座四角頭生四蓮華。一一
蓮華百寶所成。一一寶出百億光明。其光微妙
化爲五百億衆寶雜花莊嚴寶帳。時十方面百
千梵王。各各持一梵天妙寶。以爲寶鈴懸寶帳
上。時小梵王持天衆寶。以爲羅網彌覆帳上。爾
時百千無數天子天女眷屬。各持寶華以布座
上。是諸蓮花自然皆出五百億寶女。手執白拂
侍立帳内持宫四角有四寶柱一一寶柱有百
千樓閣。梵摩尼珠以爲絞絡。時諸閣間有百千
天女。色妙無比手執樂器。其樂音中演説苦空
無常無我諸波羅蜜。如是天宫有百億萬無量
寶色。一一諸女亦同寶色。爾時十方無量諸天
命終。皆願往生兜率天宫。時兜率天宫有五大神
第一大神名曰寶幢。身雨七寶散宫墻内。一一
寶珠化成無量樂器。懸處空中不鼓自鳴。有無
量音適衆生意。
第二大神名曰花德。身雨衆花彌覆宫墻化成
花蓋。一一花蓋百千幢幡以爲導引。

第三大神名曰香音。身毛孔中雨出微妙海此
岸旃檀香。其香如云作百寶色繞宫七匝。
第四大神名曰喜樂。雨如意珠。一一寶珠自然
住在幢幡之上。顯説無量歸佛歸法歸比丘僧。
及説五戒。無量善法諸波羅蜜。饒益勸助菩提
意者。
第五大神名曰正音聲。身諸毛孔流出衆水。一
一水上有五百億花。一一華上有二十五玉女。
一一玉女身諸毛孔。出一切音聲勝天魔後所
有音樂。佛告優波離。此名兜率陀天十善報應
勝妙福處。若我住世一小劫中廣説一生補處
菩薩報應及十善果者不能窮盡。今爲汝等略
而解説佛告優波離。若有比丘及一切大衆。不
厭生死樂生天者。愛敬無上菩提心者。欲爲彌
勒作弟子者。當作是觀。作是觀者應持五戒八
齋具足戒身心精進不求斷結修十善法一一思
惟兜率陀天上上妙快樂。作是觀者名爲正觀。
若他觀者名爲邪觀。爾時優波離即從座起。整
衣服頭面作禮。白佛言。世尊兜率陀天上乃有
如是極妙樂事。今此大士何時於閻浮提没生
於彼天。佛告優波離却後十二年二月十五日。
於波羅捺國劫波利村波婆利大婆羅門家本
所生，處結加趺坐如入滅定。身紫金色光明艷[①]
赫如百千日。上至兜率陀天。其身舍利如鑄金
像不動不摇。身圓光中有首楞嚴三昧般若波
羅蜜字義炳然。時諸人天尋即爲起衆寶妙塔
供養舍利。時兜率陀天七寶台内摩尼殿上師
子床座忽然化生。於蓮華上結加趺坐。身如閻
浮檀金色長十六由旬。三十二相八十種好皆悉
具足。頂上肉髻發紺琉璃色。釋迦毗楞伽摩尼。
百千萬億甄叔迦寶以嚴天冠。其天寶冠有百
萬億色。一一色中有無量百千化佛。諸化菩薩以
爲侍者。復有他方諸大菩薩。作十八變隨意自
在住天冠中。彌勒眉間有白毫相光。流出衆光
作百寶色。三十二相一一相中有五百億寶色。

---

① 此處爲倒文:“十二年二月十五日。於波羅捺國劫波利村波婆利大婆羅門家本所生，處結加趺坐如入滅定。身紫金色光明艷。”

一一好亦有五百億寶色。一一相好艷出八萬四千光明云。與諸天子各坐花座。晝夜六時常説不退轉地法輪之行。經一時中成就五百億天子。令不退轉於阿耨多羅三藐三菩提。如是處兜率陀天晝夜恒説此法。此不退轉法輪度諸天[1]子。閻浮提歲數五十六億萬歲。爾乃下生於閻浮提。如彌勒下生經説。佛告優波離。是名彌勒菩薩於閻浮提没生兜率陀天因緣。佛滅度後我諸弟子。若有精勤修諸功德威儀不缺掃塔塗地。以衆名香妙花供養行衆三昧深入正受讀誦經典。如是等人應當至心。雖不斷結如得六通。應當繫念念佛形像稱彌勒名。如是等輩若一念頃受八戒齋。修諸净業發弘誓願。命終之後譬如壯士屈申臂頃。即得往生兜率陀天。於蓮華上結加趺坐。百千天子作天妓樂。持天曼陀羅花摩訶曼陀羅華。以散其上讚言。善哉善哉善男子。汝於閻浮提廣修福業來生此處。此處名兜率陀天。今此天主名曰彌勒。汝當歸依。應聲即禮禮已。諦觀眉間白毫相光。即得超越九十億劫生死之罪。是時菩薩隨其宿緣爲説妙法。令其堅固不退轉於無上道心。如是等衆生若净諸業行六事法。必定無疑當得生於兜率天上。值遇彌勒亦隨彌勒下閻浮提。第一聞法。於未來世值遇賢劫一切諸佛。於星宿劫亦得值遇諸佛世尊。於諸佛前受菩提記。佛告優波離。佛滅度後。比丘比丘尼優婆塞優婆夷。天龍夜叉乾闥婆阿修羅迦樓羅緊那羅摩睺羅伽等。是諸大衆。若有得聞彌勒菩薩摩訶薩名者。聞已歡喜恭敬禮拜。此人命終如彈指頃即得往生。如前無异。但得聞是彌勒名者。命終亦不墮黑闇處邊地邪見諸惡律儀。恒生正見眷屬成就不謗三寶。佛告優波離。若善男子善女人。犯諸禁戒造衆惡業。聞是菩薩大悲名字。五體投地誠心懺悔。是諸惡業速得清净。未來世中諸衆生等。聞是菩薩大悲名稱。造立形像香華衣服繒蓋幢幡禮拜繫念。此人命欲終時。彌

① 疑“此不退轉法輪度諸天”爲衍文。

勒菩薩放眉間白毫大人相光。與諸天子雨曼
陀羅花。來迎此人。此人須臾即得往生。值遇彌
勒頭面禮敬。未舉頭頃便得聞法。即於無上道
得不退轉。於未來世得值恒河沙等諸佛如來。
佛告優波離。汝今諦聽。是彌勒菩薩於未來
世當爲衆生。作大歸依處。若有歸依彌勒菩薩
者。當知是人於無上道得不退轉。彌勒菩薩成
多陀阿伽度阿羅訶三藐三佛陀時。如此行人
見佛光明即得授記。佛告優波離。佛滅度後四
部弟子天龍鬼神。若有欲生兜率陀天者。當作是
觀繫念思惟。念兜率陀天持佛禁戒。一日至七日。
思念十善行十善道。以此功德回嚮願生彌勒
前者。當作是觀。作是觀者。若見一天人見一蓮
花。若一念頃稱彌勒名。此人除却千二百劫生
死之罪。但聞彌勒名合掌恭敬。此人除却五十
劫生死之罪。若有敬禮彌勒者。除却百億劫生
死之罪。設不生天未來世中龍花菩提樹下亦
得值遇。發無上心説是語時。無量大衆即從
坐起。頂禮佛足禮彌勒足。繞佛及彌勒菩薩百
千匝。未得道者各發誓願。我等天人八部。今於
佛前發誠實誓願。於未來世值遇彌勒。舍此身
已皆得上生兜率陀天。世尊記曰。汝等及未來
世修福持戒。皆當往生彌勒菩薩前爲彌勒菩
薩之所攝受。佛告優波離。作是觀者名爲正觀。
若他觀者名爲邪觀
爾時尊者阿難即從座起。叉手長跪白佛言。世
尊。善哉世尊。快説彌勒所有功德。亦記未來世
修福衆生所得果報。我今隨喜。唯然世尊此法
之要云何受持。當何名此經。佛告阿難。汝持佛
語慎勿忘失。爲未來世開生天路示菩提相莫
斷佛種。此經名彌勒菩薩般涅槃。亦名觀彌勒
菩薩生兜率陀天勸發菩提心如是受持。佛
説是經時。他方來會十萬菩薩。得首楞嚴三
昧。八萬億諸天發菩提心。皆願隨從彌勒下生。
佛説是經時。四部弟子天龍八部。聞佛所説皆
大歡喜禮佛而退。

觀彌勒菩薩上生兜率天經

慈氏真言

曩謨阿隸野梅麼哩拽冒地薩棰野怛
你也二合他唵海麼哩梅麼哩梅怛羅摩曩洗
薩婆訶

生内院真言

曩謨三满哆没馱喃阿日擔拽野薩縛薩
棰杜野努誐哆娑縛二合訶

夫持上生經者，行住坐卧或持經或誦心咒及
念彌勒名號，皆得往生兜率内宫，如無功，則四
威儀中但念三歸依，亦定上生兜率内宫也。
應誦彌勒尊佛心咒曰：
唵昧引嘚吟二合也莎引訶引
或念彌勒尊佛名號曰：
南無大慈大悲大聖彌勒尊佛卐
或念三歸依曰：
南無歸依一切佛，南無歸依一切法，
南無歸依一切僧。

施經發願文

朕聞蓮花秘藏，總萬發以指迷，進口遺言示三
乘而化衆。世尊大教誠益斷民，今觀彌勒菩
薩上生經者，義統玄機，道存至理，乃啓優波離之
發問，以彰阿逸多之前因，具闡上生之善緣，
廣説兜率之勝境，十萬天衆，願生此中，若習十
善，而持八齋，及守五戒而修六事。命終如壯士
伸臂隨願，力往陞彼。夫寶蓮中生彌勒來接，未
舉頭須，即聞法音，令發無上不退堅固之心，得
超九十億劫生死之罪。聞名號則不墜黑暗邊
地之聚。若歸依，則必預成道授記之中。佛言未
來修此，衆生亦得，彌勒攝受，感佛奥理，鏤板斯
經，謹施於乾祐己酉二十年九月十五日，恭請宗
律國師，净戒國師，大乘玄秘國師禪法師僧衆
等，就大度民寺作求生兜率内宫彌勒廣大法
會，燒結壇作廣大供養，奉廣大施食并念佛，誦
咒，讀西番，番漢藏經及大乘經典説法，作大乘
懺悔，散施番漢觀彌勒菩薩上生兜率天經一
十萬卷，漢金剛經，普賢行願經，觀音經等各五
萬卷，暨飯僧放生，濟貧，設囚諸般法事，凡七晝
夜，所成功德，伏願：一祖，四宗證内宫之寶位
崇考皇妣登兜率之蓮臺，歷數無疆宫闈

有慶不殺享黃髪之壽，四海視生平之年，福同
三輪之體，空理契一真而言絶，謹施。
奉天顯道耀武宣文深謀睿智制義去
邪惇睦懿恭皇帝謹施

（十）俄 TK60《觀彌勒菩薩上生兜率天經》[①]

【題解】

西夏刻本，經折裝，丙種本。白麻紙。共 20 折半，41 面。高 28 釐米，面寬 10.7 釐米。版框高 22.5 釐米，天頭 3.5 釐米，地脚 1.5 釐米。每面 6 行，行 18 字。上下雙邊，寫刻體，墨色稍淺。卷中有殘破處。

彌勒菩薩上生兜率天經，宋居士沮渠京聲譯
如是我聞。一時佛在舍衛國祇樹給孤獨園。爾
時世尊於初夜分舉身放光。其光金色。繞雙陀
園周遍七匝。照須達舍亦作金色。有金色光猶
如段云。遍舍衛國處處皆雨金色蓮花。其光明
中唱是言。今於此中
有千留孫。最後成佛名曰
樓至。說是語已。尊者阿若憍陳如即從禪起。與
其眷屬二百五十人俱。尊者摩訶迦葉。與其眷
屬二百五十人俱。尊者大目犍連。與其眷屬二
百五十人俱。尊者舍利弗。與其眷屬二百五十
人俱。摩訶波闍波提比丘尼。與其眷屬千比丘
尼俱。須達長者與三千優婆塞俱。毗舍佉母與
二千優婆夷俱。復有菩薩摩訶薩。名跋陀婆羅。
與其眷屬十六菩薩俱。文殊師利法王子。與其
眷屬五百菩薩俱。天龍夜叉乾闥婆等一切大
衆。睹佛光明皆悉雲集。
爾時千光明。一一光明各
有千色。有無量化佛。是諸化佛异口
同音。皆說清净諸大菩薩甚深不可思議諸陀羅
尼法。所謂阿難陀目佉陀羅尼．空慧陀羅尼．無
礙性陀羅尼．大解脱無相陀羅尼。爾時世尊以
一音聲。說百億陀羅尼門。說此陀羅尼已。爾時

① 《俄藏黑水城文獻》第二册，第 49—55 頁。

會中有一菩薩名曰彌勒。聞佛所説。應時即得
百萬億陀羅尼門。即從座起整衣服。叉手合掌
住立佛前
爾時優波離亦從座起。頭面作禮而白佛言。世
尊。世尊往昔於毗尼中及諸經藏説阿逸多次
當作佛。此阿逸多具凡夫身未斷諸漏。此人命
終當人今者雖復出家。不修禪定不
斷煩成佛無疑。此人命終生何國土。
佛告優波離。諦聽諦聽善思念之。如來應正遍
知。今於此衆説彌勒菩薩摩訶薩阿耨多羅三
藐三菩提記。此人從今十二年後命終。必得往
生兜率陀天上。爾時兜率陀天上。有五百萬億天子。
一一天子皆修甚深檀波羅蜜。爲供養一生補
處菩薩故。以天福力造作宮殿。各各脱身栴檀
摩尼寶冠。長跪合掌發是願言。我今持此無價
寶珠及以天冠。爲供養大心衆生故。此人來世
不久當成阿耨多羅三藐三菩提。我於彼佛莊
嚴國界得受記者。令我寶冠化成供具。如是諸
天子等發弘誓願亦復如是。時諸天
子作是寶冠化作五百萬億寶宮。一
一寶宮有七重垣。一一垣七寶所成。一一寶出
五百億光明。一一光明中有五百億蓮華。一一蓮華
化作五百億七寶行樹。一一樹葉有五百億寶
色。一一寶色有五百億閻浮檀金光。一一閻浮
檀金光中。出五百億諸天寶女。一一寶女住立
樹下。執百億寶無數瓔珞。出妙音樂。時樂音中
演説不退轉地法輪之行。其樹生果如頗黎色。
一切衆色入頗梨色中。是諸光明右旋婉轉流
出衆音。衆音演説大慈大悲法。一一垣墻高六
十二由旬厚十四由旬。五百億龍王圍繞此
垣。一一龍王雨五百億七寶行樹。莊嚴垣上。自
然有風樹相振觸。演説苦空無常無
我諸波羅蜜。
爾時此宮有一大神。名牢度跋提。即從座起遍
禮十方佛。發弘誓願。若我福德應爲彌勒菩薩
造善法堂。令我額上自然出珠。既發願已額上
自然出五百億寶珠。琉璃頗梨一切衆色無不具
足。如紫紺摩尼表裏映徹。此摩尼光回旋空中。

化爲四十九重微妙寶宫。一一欄楯萬億梵摩
尼寶所共合成。諸欄楯間自然化生九億天子
五百億天女。一一天子手中化生無量億萬七
寶蓮華。一一蓮華上有無量億光。其光明中具
諸樂器。如是天樂不鼓自鳴。此聲出時。諸女自
然執衆樂器。競起歌舞。所咏歌音演説十善四
弘誓願。諸天聞者皆發無上道心。時諸園中有
八色琉璃渠。一一渠有五百億寶珠而用合成。
一一渠中有八味水。八色具足。其水上涌游梁
棟間。於四門外化生四花。水出華中如寶花流。
一一華上有二十四天女。身色微妙如諸菩薩
莊嚴身相。手中自然化五百億寶器。一一器中
天諸甘露自然盈满。左肩荷佩無量瓔珞。右肩
復負無量樂器。如云住空從水而出。贊歎菩薩
六波羅蜜。若有往生兜率天上。自然得此天女
侍禦。亦有七寶大師子座。高四由旬。閻浮檀金
無量衆寶以爲莊嚴。座四角頭生四蓮華。一一
蓮華百寶所成。一一寶出百億光明。其光微妙
化爲五百億衆寶雜花莊嚴寶帳。時十方面百
千梵王。各各持一梵天妙寶。以爲寶鈴懸寶帳上。
時小梵王持天衆寶。以爲羅網彌覆帳上。爾時
百千無數天子天女眷屬。各持寶華以布座上。
是諸蓮花自然皆出五百億寶女。手執白拂侍
立帳内持宫四角有四寶柱一一寶柱有百千
樓閣。梵摩尼珠以爲絞絡。時諸閣間有百千天
女。色妙無比手執樂器。其樂音中演説苦空無
常無我諸波羅蜜。如是天宫有百億萬無量寶
色。一一諸女亦同寶色。爾時十方無量諸天
命終。皆願往生兜率天宫。時兜率天宫有五大神
第一大神名曰寶幢。身雨七寶散宫墻内。一一
寶珠化成無量樂器。懸處空中不鼓自鳴。有無
量音適衆生意。
第二大神名曰花德。身雨衆花彌覆宫墻化成
花蓋。一一花蓋百千幢幡以爲導引。
第三大神名曰香音。身毛孔中雨出微妙海此
岸旃檀香。其香如云作百寶色繞宫七匝。
第四大神名曰喜樂。雨如意珠。一一寶珠自然
住在幢幡之上。顯説無量歸佛歸法歸比丘僧。

及説五戒。無量善法諸波羅蜜。饒益勸助菩提
意者。
第五大神名曰正音聲。身諸毛孔流出衆水。一
一水上有五百億花。一一華上有二十五玉女。
一一玉女身諸毛孔。出一切音聲勝天魔後所
有音樂。
佛告優波離。此名兜率陀天十善報應勝妙福
處。若我住世一小劫中廣説一生補處菩薩報
應及十善果者不能窮盡。今爲汝等略而解説
佛告優波離。若有比丘及一切大衆。不厭生死
樂生天者。愛敬無上菩提心者。欲爲彌勒作弟
子者。當作是觀。作是觀者應持五戒八齋具足①
身心精進不求斷結修十善法一一思惟兜率陀
天上上妙快樂。作是觀者名爲正觀。若他觀者
名爲邪觀。爾時優波離即從座起。整衣服頭面
作禮。白佛言。世尊兜率陀天上乃有如是極妙
樂事。今此大士何時於閻浮提没生於彼天。佛
告優波離②却後十二年二月十五日。於波羅捺③
國劫波利村波婆利大婆羅門家④本生處結
加趺坐如入滅定。身紫金色光明艶赫如百千
日。上至兜率陀天。其身舍利如鑄金像不動不
摇。身圓光中有首楞嚴三昧般若波羅蜜字義
炳然。時諸人天尋即爲起衆寶妙塔供養舍利。
時兜率陀天七寶台内摩尼殿上師子床座忽然
化生。於蓮華上結加趺坐。身如閻浮檀金色
長十六由旬。三十二相八十種好皆悉具足。頂
上肉髻發紺琉璃色。釋迦毗楞伽摩尼。百千萬
億甄叔迦寶以嚴天冠。其天寶冠有百萬億色。
一一色中有無量百千化佛。諸化菩薩以爲侍
者。復有他方諸大菩薩。作十八變隨意自在住
天冠中。彌勒眉間有白毫相光。流出衆光作百
寶色。三十二相一一相中有五百億寶色。一一好
亦有五百億寶色。一一相好艶出八萬四千光

① 疑後有脱文“戒”。
② 疑此處有脱文“彌勒先於波羅捺國劫波利村波婆利大婆羅門家生”。
③ 疑“於波羅捺”爲衍文。
④ 疑“國劫波利村波婆利大婆羅門家”爲衍文。

明云。與諸天子各坐花座。晝夜六時常説不退轉地法輪之行。經一時中成就五百億天子。令不退轉於阿耨多羅三藐三菩提。如是處兜率陀天晝夜恒説此不退轉輪法。度諸天子。閻浮提歲數五十六億萬歲。爾乃下生於閻浮提。如彌勒下生經説。佛告優波離。是名彌勒菩薩於閻浮提没生兜率陀天因緣。佛滅度後我諸弟子。若有精勤修諸功德威儀不缺掃塔塗地。以衆名香妙花供養行衆三昧深入正受讀誦經典。如是等人應當至心。雖不斷結如得六通。應當繫念念佛形像稱彌勒名。如是等輩若一念頃受八戒齋。修諸浄業發弘誓願。命終之後譬如壯士屈申臂頃。即得往生兜率陀天。於蓮華上結加趺坐。百千天子作天妓樂。持天曼陀羅花摩訶曼陀羅華。以散其上贊言。善哉善哉善男子。汝於閻浮提廣修福業來生此處。此處名兜率陀天。今此天主名曰彌勒。汝當歸依。應聲即禮禮已。諦觀眉間白毫相光。即得超越九十億劫生死之罪。是時菩薩隨其宿緣爲説妙法。令其堅固不退轉於無上道心。如是等衆生若浄諸業行六事法。必定無疑當得生於兜率天上。值遇彌勒亦隨彌勒下閻浮提。第一聞法。於未來世值遇賢劫一切諸佛。於星宿劫亦得值遇諸佛世尊。於諸佛前受菩提記。佛告優波離。佛滅度後。比丘比丘尼優婆塞優婆夷。天龍夜叉乾闥婆阿修羅迦樓羅緊那羅摩睺羅伽等。是諸大衆。若有得聞彌勒菩薩摩訶薩名者。聞已歡喜恭敬禮拜。此人命終如彈指頃即得往生。如前無异。但得聞是彌勒名者。命終亦不墮黑闇處邊地邪見諸惡律儀。恒生正見眷屬成就不謗三寶。佛告優波離。若善男子善女人。犯諸禁戒造衆惡業。聞是菩薩大悲名字。五體投地誠心懺悔。是諸惡業速得清浄。未來世中諸衆生等。聞是菩薩大悲名稱。造立形像香華衣服繒蓋幢幡禮拜繫念。此人命欲終時。彌勒菩薩放眉間白毫大人相光。與諸天子雨曼陀羅華。來迎此人。此人須臾即得往生。值遇彌勒頭面禮敬。未舉頭頃便得聞法。即於無上道得不

退轉。於未來世得值恒河沙等諸佛如來。佛告
優波離。汝今諦聽。是彌勒菩薩於未來世一
切衆生。作大歸依處。若有歸依彌勒菩薩者。當
知是人於無上道得不退轉。彌勒菩薩成多陀
阿伽度阿羅訶三藐三佛陀時。如此行人見佛
光明即得授記。佛告優波離。佛滅度後四部弟
子天龍鬼神。若有欲生兜率陀天者。當作是觀系
念思惟。念兜率陀天持佛禁戒。一日至七日。思
念十善行十善道。以此功德回嚮願生彌勒前者。
當作是觀。作是觀者。若見一天人見一蓮華。若
一念頃稱彌勒名。此人除却千二百劫生死之
罪。但聞彌勒名合掌恭敬。此人除却五十劫生
死之罪。若有敬禮彌勒者。除却百億劫生死之
罪。設不生天未來世中龍花菩提樹下亦得值
遇。發無上心説是語時。無量大衆即從坐起。頂
禮佛足禮彌勒足。繞佛及彌勒菩薩百千匝。未
得道者各發誓願。我等天人八部。今於佛前發
誠實誓願。於未來世值遇彌勒。舍此身已皆得
上生兜率陀天。世尊記曰。汝等及未來世修福
持戒。皆當往生彌勒菩薩前爲彌勒菩薩之所
攝受。佛告優波離。作是觀者名爲正觀。若他觀
者名爲邪觀爾時尊者阿難即從座起。叉手長
跪白佛言。世尊。善哉世尊。快説彌勒所有功德。
亦記未來世修福衆生所得果報。我今隨喜。唯
然世尊此法之要云何受持。當何名此經。佛告
阿難。汝持佛語慎勿忘失。爲未來世開生天路
示菩提相莫斷佛種。此經名彌勒菩薩般涅槃。
亦名觀彌勒菩薩生兜率陀天勸發菩提心
如是受持。佛説是語時。他方來會十萬菩薩。得
首楞嚴三昧。八萬億諸天發菩提心。皆願隨從
彌勒下生。佛説是語時。四部弟子天龍八部。聞
佛所説皆大歡喜作禮佛而退

觀彌勒菩薩上生兜率天經

慈氏真言

曩謨阿隸野梅麼哩拽冒地薩棰野怛
你也二合他唵海麼哩梅麼哩梅怛羅摩曩洗
薩婆訶

生内院真言

曩謨三满哆没馱喃阿日攙拽野薩縛薩
棰杜野訶
夫持□□經者□□□□□□□或誦心咒及
念彌勒名號，皆得往生兜率内宫，如無功，則四
威儀中但念三歸依，亦定上生兜率内宫也。
應誦彌勒尊佛心咒曰：
唵昧引嘚吟二合也莎引訶引
或念彌勒尊佛名號曰：
南無大慈大悲大聖彌勒尊佛𡿨
或念三歸依曰：
南無歸依一切佛，南無歸依一切法，
南無歸依一切僧。

施經發願文

朕聞示三
乘而觀彌勒菩
薩上生經者，義統玄□□□□□乃啓優波離之
發問，以彰阿逸多之前因，具闡上生之善緣，
廣説兜率之勝境，十萬天衆，願生此中，若習十
善，而持八齋，及守五戒而修六事。命終如壯士
伸臂隨願，力往陞彼。夫寶蓮中生彌勒來接，未
舉頭須，即聞法音，令發無上不退堅固之心，得
超九十億劫生死之罪。聞名號則不墜黑暗邊
地之聚。若歸依，則必預成道授記之中。佛言未
來修此，衆生亦得，彌勒攝受，感佛奥理，鏤板斯
經，謹施於乾祐己酉二十年□□十五日，恭請宗
律法師僧衆
等，就彌勒廣大法
會，燒結壇作廣大供養，奉廣大施食并念佛，誦
咒，讀西番，番漢藏經及大乘經典説法，作大乘
懺悔，散施番漢觀彌勒菩薩上生兜率天經一
十萬卷，漢金剛經，普賢行願經，觀音經等各五
萬卷，暨飯僧放生，濟貧，設囚諸般法事，凡七晝
夜，所成功德，伏願：一祖，四宗證内宫之寶位
崇考皇妣登兜率之蓮臺，歷數無疆宫闈
有慶不殺享黄髮之壽，四海視生平之年，福同
三輪之體，空□□一真□□□□□願。
去
【後缺】

（十一）俄 TK81，TK82，TK83《觀彌勒菩薩上生兜率天經》[①]

【題解】

西夏刻本，經折裝，潢麻紙。共 25 折。高 29. 3 釐米，面看 11 釐米，版框高 22. 9 釐米，天頭 4 釐米，地脚 2. 3 釐米。每面 6 行，行 18 字。上下雙邊，寫刻體，墨色深勻。字體較俄 TK58（甲種本）稍肥。以俄 TK81 佛畫、俄 TK83 經文并慈氏真言、生內院真言、俄 TK82 宋體彌勒尊佛心咒、彌勒尊佛名號、三皈依及施經發願文（前 3 面，19 行），俄 TK81 施經發願文（後 2 面 6 行）拼配而成。

觀彌勒菩薩上生兜率天經宋居士沮渠京聲譯
如是我聞。一時佛在舍衛國祇樹給孤獨園。爾
時世尊於初夜分舉身放光。其光金色。繞雙陀
園周遍七匝。照須達舍亦作金色。有金色光猶
如段云。遍舍衛國處處皆雨金色蓮花。其光明
中。有無量百千諸大化佛。皆唱是言。今於此中
有千菩薩。最初成佛名拘留孫。最後成佛名曰
樓至。說是語已。尊者阿若憍陳如即從禪起。與
其眷屬二百五十人俱。尊者摩訶迦葉。與其眷
屬二百五十人俱。尊者大目犍連。與其眷屬二
百五十人俱。尊者舍利弗。與其眷屬二百五十人
俱。摩訶波闍波提比丘尼。與其眷屬千比丘尼
俱。須達長者與三千優婆塞俱。毗舍佉母與二
千優婆夷俱。復有菩薩摩訶薩。名跋陀婆羅。與
其眷屬十六菩薩俱。文殊師利法王子。與其眷
屬五百菩薩俱。天龍夜叉乾闥婆等一切大衆。
睹佛光明皆悉雲集。
爾時世尊出廣長舌相放千光明。一一光明各
有千色。一一色中有無量化佛。是諸化佛异口
同音。皆說清净諸大菩薩甚深不可思議諸陀
羅尼法。所謂阿難陀目佉陀羅尼，空慧陀羅尼，
無礙性陀羅尼，大解脱無相陀羅尼。爾時世尊
以一音聲。說百億陀羅尼門。說此陀羅尼已。爾
時會中有一菩薩名曰彌勒。聞佛所說。應時即
得百萬億陀羅尼門。即從座起整衣服。叉手合

① 《俄藏黑水城文獻》第二册，第 307—315 頁。

掌住立佛前
爾時優波離亦從座起。頭面作禮而白佛言。世尊。世尊往昔於毗尼中及諸經藏說阿逸多次當作佛。此阿逸多具凡夫身未斷諸漏。此人命終當生何處。其人今者雖復出家。不修禪定不斷煩惱。佛記此人成佛無疑。此人命終生何國土。佛告優波離。諦聽諦聽善思念之。如來應正遍知。今於此衆說彌勒菩薩摩訶薩阿耨多羅三藐三菩提記。此人從今十二年後命終。必得往生兜率陀天上。爾時兜率陀天上。有五百萬億天子。一一天子皆修甚深檀波羅蜜。爲供養一生補處菩薩故。以天福力造作宫殿。各各脱身栴檀摩尼寶冠。長跪合掌發是願言。我今持此無價寶珠及以天冠。爲供養大心衆生故。此人來世不久當成阿耨多羅三藐三菩提。我於彼佛莊嚴國界得受記者。令我寶冠化成供具。如是諸天子等各各長跪。發弘誓願亦復如是。時諸天子作是願已。是諸寶冠化作五百萬億寶宫。一一寶宫有七重垣。一一垣七寶所成。一一寶出百億光明。一一光明中有五百億蓮華。一一蓮華化作五百億七寶行樹。一一樹葉有五百億寶色。一一寶色有五百億閻浮檀金光。一一閻浮檀金光中。出五百億諸天寶女。一一寶女住立樹下。執百億寶無數瓔珞。出妙音樂。時樂音中演説不退轉地法輪之行。其樹生果如頗黎色。一切衆色入頗梨色中。是諸光明右旋婉轉流出衆音。衆音演説大慈大悲法。一一垣墻高六十二由旬厚十四由旬。五百億龍王圍繞此垣。一一龍王雨五百億七寶行樹。莊嚴垣上。自然有風吹動此樹。樹相振觸。演説苦空無常無我諸波羅蜜。
爾時此宫有一大神。名牢度跋提。即從座起遍禮十方佛。發弘誓願。若我福德應爲彌勒菩薩造善法堂。令我額上自然出珠。既發願已額上自然出五百億寶珠。琉璃頗梨一切衆色無不具足。如紫紺摩尼表裏映徹。此摩尼光回旋空中。化爲四十九重微妙寶宫。一一欄楯萬億梵摩尼寶所共合成。諸欄楯間自然化生九億天子五百億天女。一一天子手中化生無量億萬七寶蓮華。一一蓮華上有無量億光。其光明中具諸樂器。如是天樂不鼓自鳴。此聲出時。諸女自然執衆樂器。競起歌舞。所咏歌音演說十善四弘誓願。諸天聞者皆發無上道心。時諸園中有八色琉璃渠。一一渠有五百億寶珠而用合成。一一渠中有八味水。八色具足。其水上涌游梁棟間。於四門外化生四花。水出華中如寶華流。一一華上有二十四天女。身色微妙如諸菩薩莊嚴身相。手中自然化五百億寶器。一一器中天諸甘露自然盈满。左肩荷佩無量瓔珞。右肩復負無量樂器。如云住空從水而出。贊歎菩薩六波羅蜜。若有往生兜率天上。自然得此天女侍禦。亦有七寶大師子座。高四由旬。閻浮檀金無量衆寶以爲莊嚴。座四角頭生四蓮華。一一蓮華百寶所成。一一寶出百億光明。其光微妙化爲五百億衆寶雜花莊嚴寶帳。時十方面百千梵王。各各持一梵天妙寶。以爲寶鈴懸寶帳上。時小梵王持天衆寶。以爲羅網彌覆帳上。爾時百千無數天子天女眷屬。各持寶華以布座上。是諸蓮花自然皆出五百億寶女。手執白拂侍立帳内持宫四角有四寶柱一一寶柱有百千樓閣。梵摩尼珠以爲絞絡。時諸閣間有百千天女。色妙無比手執樂器。其樂音中演說苦空無常無我諸波羅蜜。如是天宫有百億萬無量寶色。一一諸女亦同寶色。爾時十方無量諸天命終。皆願往生兜率天宫。時兜率天宫有五大神第一大神名曰寶幢。身雨七寶散宫墙内。一一寶珠化成無量樂器。懸處空中不鼓自鳴。有無量音適衆生意。

第二大神名曰花德。身雨衆花彌覆宫墙化成花蓋。一一花蓋百千幢幡以爲導引。

第三大神名曰香音。身毛孔中雨出微妙海此岸旃檀香。其香如云作百寶色繞宫七匝。

第四大神名曰喜樂。雨如意珠。一一寶珠自然住在幢幡之上。顯說無量歸佛歸法歸比丘僧。及說五戒。無量善法諸波羅蜜。饒益勸助菩提音者。

第五大神名曰正音聲。身諸毛孔流出衆水。一
一水上有五百億花。一一華上有二十五玉女。
一一玉女身諸毛孔。出一切音聲勝天魔後所
有音樂。佛告優波離。此名兜率陀天十善報應
勝妙福處。若我住世一小劫中廣説一生補處
菩薩報應及十善果者不能窮盡。今爲汝等略
而解説佛告優波離。若有比丘及一切大衆。不
厭生死樂生天者。愛敬無上菩提心者。欲爲彌
勒作弟子者。當作是觀。作是觀者應持五戒八
齋具足戒身心精進不求斷結修十善法一一思
惟兜率陀天上上妙快樂。作是觀者名爲正觀。
若他觀者名爲邪觀。爾時優波離即從座起。整
衣服頭面作禮。白佛言。世尊兜率陀天上乃有
如是極妙樂事。今此大士何時於閻浮提没生
於彼天。佛告優波離却後[1]
赫如百千日。上至兜率陀天。其身舍利如鑄金
像不動不摇。身圓光中有首楞嚴三昧般若波
羅蜜字義炳然。時諸人天尋即爲起衆寶妙塔
供養舍利。時兜率陀天七寶台内摩尼殿上師
子床座忽然化生。於蓮華上結加趺坐。身如閻
浮檀金色長十六由旬。三十二相八十種好皆悉
具足。頂上肉髻發紺琉璃色。釋迦毗楞伽摩尼。
百千萬億甄叔迦寶以嚴天冠。其天寶冠有百
萬億色。一一色中有無量百千化佛。諸化菩薩以
爲侍者。復有他方諸大菩薩。作十八變隨意自
在住天冠中。彌勒眉間有白毫相光。流出衆光
作百寶色。三十二相一一相中有五百億寶色。
一一好亦有五百億寶色。一一相好艷出八萬
四千光明云。與諸天子各坐花座。晝夜六時常
説不退轉地法輪之行。經一時中成就五百億
天子。令不退轉於阿耨多羅三藐三菩提。如是
處兜率陀天晝夜恒説此法。此不退轉法輪度諸天[2]
子。閻浮提歲數五十六億萬歲。爾乃下生於閻
浮提。如彌勒下生經説。佛告優波離。是名彌勒

---

① 此處有倒文："十二年二月十五日。於波羅捺國劫波利村波婆利大婆羅門家本所生，處結加趺坐如入滅定。身紫金色光明艷。"

② 疑"此不退轉法輪度諸天"爲衍文。

菩薩於閻浮提没生兜率陀天因緣。佛滅度後
我諸弟子。若有精勤修諸功德威儀不缺掃塔
塗地。以衆名香妙花供養行衆三昧深入正受
讀誦經典。如是等人應當至心。雖不斷結如得
六通。應當繫念念佛形像稱彌勒名。如是等輩
若一念頃受八戒齋。修諸净業發弘誓願。命終
之後譬如壯士屈申臂頃。即得往生兜率陀天。
於蓮華上結加趺坐。百千天子作天妓樂。持天
曼陀羅花摩訶曼陀羅華。以散其上讚言。善哉
善哉善男子。汝於閻浮提廣修福業來生此處。
此處名兜率陀天。今此天主名曰彌勒。汝當歸
依。應聲即禮禮已。諦觀眉間白毫相光。即得超
越九十億劫生死之罪。是時菩薩隨其宿緣爲
説妙法。令其堅固不退轉於無上道心。如是等
衆生若净諸業行六事法。必定無疑當得生於
兜率天上。值遇彌勒亦隨彌勒下閻浮提。第一
聞法。於未來世值遇賢劫一切諸佛。於星宿劫
亦得值遇諸佛世尊。於諸佛前受菩提記。佛告
優波離。佛滅度後。比丘比丘尼優婆塞優婆夷。
天龍夜叉乾闥婆阿修羅迦樓羅緊那羅摩睺
羅伽等。是諸大衆。若有得聞彌勒菩薩摩訶薩
名者。聞已歡喜恭敬禮拜。此人命終如彈指頃
即得往生。如前無异。但得聞是彌勒名者。命終
亦不墮黑闇處邊地邪見諸惡律儀。恒生正見
眷屬成就不謗三寶。佛告優波離。若善男子善
女人。犯諸禁戒造衆惡業。聞是菩薩大悲名字。
五體投地誠心懺悔。是諸惡業速得清净。未來
世中諸衆生等。聞是菩薩大悲名稱。造立形像
香華衣服繒蓋幢幡禮拜繫念。此人命欲終時。彌
勒菩薩放眉間白毫大人相光。與諸天子雨曼
陀羅花。來迎此人。此人須臾即得往生。值遇彌
勒頭面禮敬。未舉頭頃便得聞法。即於無上道
得不退轉。於未來世得值恒河沙等諸佛如來。
佛告優波離。汝今諦聽。是彌勒菩薩於未來
世一切衆生。作大歸依處。若有歸依彌勒菩薩
者。當知是人於無上道得不退轉。彌勒菩薩成
多陀阿伽度阿羅訶三藐三佛陀時。如此行人
見佛光明即得授記。佛告優波離。佛滅度後四

部弟子天龍鬼神。若有欲生兜率陀天者。當作是觀繫念思惟。念兜率陀天持佛禁戒。一日至七日。思念十善行十善道。以此功德回嚮願生彌勒前者。當作是觀。作是觀者。若見一天人見一蓮花。若一念頃稱彌勒名。此人除却千二百劫生死之罪。但聞彌勒名合掌恭敬。此人除却五十劫生死之罪。若有敬禮彌勒者。除却百億劫生死之罪。設不生天未來世中龍花菩提樹下亦得值遇。發無上心説是語時。無量大衆即從坐起。頂禮佛足禮彌勒足。繞佛及彌勒菩薩百千匝。未得道者各發誓願。我等天人八部。今於佛前發誠實誓願。於未來世值遇彌勒。舍此身已皆得上生兜率陀天。世尊記曰。汝等及未來世修福持戒。皆當往生彌勒菩薩前爲彌勒菩薩之所攝受。佛告優波離。作是觀者名爲正觀。若他觀者名爲邪觀

爾時尊者阿難即從座起。叉手長跪白佛言。世尊。善哉世尊。快説彌勒所有功德。亦記未來世修福衆生所得果報。我今隨喜。唯然世尊此法之要云何受持。當何名此經。佛告阿難。汝持佛語慎勿忘失。爲未來世開生天路示菩提相莫斷佛種。此經名彌勒菩薩般涅槃。亦名觀彌勒菩薩生兜率陀天勸發菩提心如是受持。佛説是經時。他方來會十萬菩薩。得首楞嚴三昧。八萬億諸天發菩提心。皆願隨從彌勒下生。佛説是經時。四部弟子天龍八部。聞佛所説皆大歡喜禮佛而退。

觀彌勒菩薩上生兜率天經

慈氏真言

曩謨阿隸野梅麼哩拽冒地薩棰野怛
你也二合他唵海麼哩梅麼哩梅怛羅摩曩洗
薩婆訶

生内院真言

曩謨三満哆没馱喃阿日擔拽野薩縛薩
棰杜野努誐哆娑縛二合訶

夫持上生經者，行住坐卧或持經或誦心咒及念彌勒名號，皆得往生兜率内宫，如無功，則四威儀中但念三歸依，亦定上生兜率内宫也。

應誦彌勒尊佛心咒曰：
唵昧(引)嘚呤(二合)也莎(引)訶(引)
或念彌勒尊佛名號曰：
南無大慈大悲大聖彌勒尊佛𫝆
或念三歸依曰：
南無歸依一切佛，南無歸依一切法，
南無歸依一切僧。

施經發願文

朕聞蓮花秘藏，總萬發以指迷，進口遺言示三乘而化衆。世尊大教誠益斷民，今觀彌勒菩薩上生經者，義統玄機，道存至理，乃啓優波離之發問，以彰阿逸多之前因，具闡上生之善緣，廣説兜率之勝境，十萬天衆，願生此中，若習十善，而持八齋，及守五戒而修六事。命終如壯士伸臂隨願，力往陞彼。夫寶蓮中生彌勒來接，未舉頭須，即聞法音，令發無上不退堅固之心，得超九十億劫生死之罪。聞名號則不墜黑暗邊地之聚。若歸依，則必預成道授記之中。佛言未來修此，衆生亦得，彌勒攝受，感佛奧理，鏤板斯經，謹施於乾祐己酉二十年九月十五日，恭請宗律國師，净戒國師，大乘玄秘國師禪法師僧衆等，就大度民寺作求生兜率内宫彌勒廣大法會，燒結壇作廣大供養，奉廣大施食并念佛，誦咒，讀西番，番漢藏經及大乘經典説法，作大乘懺悔，散施番漢觀彌勒菩薩上生兜率天經一十萬卷，漢金剛經，普賢行願經，觀音經等各五萬卷，暨飯僧放生，濟貧，設囚諸般法事，凡七晝夜，所成功德，伏願：一祖，四宗證内宫之寶位崇考皇妣登兜率之蓮臺，歷數無疆宫闈有慶不殺享黄髮之壽，四海視生平之年，□□[①]三輪之體，空理契一真而言絶，謹施。
奉天顯道耀武宣文深謀睿智□□□[②]
邪惇睦懿恭皇帝謹施

① 疑爲“福同”。
② 疑爲“制義去”。

（十二）俄 TK86《觀彌勒菩薩上生兜率天經》[①]

【題解】

西夏刻本。經折裝，乙種本。未染麻紙。共 1 折，2 面。高 24. 5 釐米，面寬 11 釐米。上部殘，地脚 2. 3 釐米。每面 6 行，下雙邊。寫刻體。墨色中匀。

【前缺】
有千色。一一色中有無量化佛。□□□□□□[②]
同音。皆説清净諸大菩薩甚深不可思議諸陀
□[③]尼法。所謂阿難陀目佉陀羅尼，空慧陀羅尼，
□[④]礙性陀羅尼，大解脱無相陀羅尼。爾時世尊
□[⑤]一音聲。説百億陀羅尼門。説此陀羅尼已。爾
□[⑥]會中有一菩薩名曰彌勒。聞佛所説。應時即
□□□□□□□□□[⑦]從座起整衣服。叉手合
掌住立佛前
□[⑧]時優波離亦從座起。頭面作禮而白佛言。世
□[⑨]。世尊往昔於毗尼中及諸經藏説阿逸多次
當作佛。此阿逸多具凡夫身未斷諸漏。此人命
終當生何處。其人今者雖復出家。不修禪定不
【後缺】

（十三）俄 TK87《觀彌勒菩薩上生兜率天經》[⑩]

【題解】

---

① 《俄藏黑水城文獻》第二册，第 316 頁。
② 疑爲“是諸化佛异口”。
③ 疑爲“羅”。
④ 疑爲“無”。
⑤ 疑爲“以”。
⑥ 疑爲“時”。
⑦ 疑爲“得百萬億陀羅尼門。即”。
⑧ 疑爲“爾”。
⑨ 疑爲“尊”。
⑩ 《俄藏黑水城文獻》第二册，第 316 頁。

西夏刻本，經折裝，乙種本。潢麻紙。共 1 面。高 14.5 釐米，面寬 11 釐米。上半部裁去。地脚 2.4 釐米。面 6 行，行 10 字。寫刻體。墨色中匀。

【前缺】
□□□□□□□□□[1]量百千化佛。諸化菩薩以
□□□□□□□□□[2]菩薩。作十八變隨意自
□□□□□□□□[3]間有白毫相光。流出衆光
□□□□□□□□[4]一一相中有五百億寶色。
□□□□□□□□[5]寶色。一一相好艷出八萬
□□□□□□□□□[6]各坐花座。晝夜六時常
【後缺】

（十四）俄 TK17P1《佛經》[7]

【題解】

漢文佛經寫本。未染麻紙。高 18.3 釐米，寬 8.5 釐米。共兩行，行 12—13 字。楷書，墨色濃。有圈點。據蘇州戒幢佛學研究所宗舜研究，此爲《佛説觀彌勒菩薩上生兜率天經殘字》。

【前缺】
最初命拘。留孫最後樓至。有此嬌
陳。迦葉大目揵連。舍利佛天。龍

（十五）俄 TK8《佛説轉女身經一卷》[8]

【題解】

西夏刻本，經折裝，白麻紙。共 62 折半，125 面。高 21.5 釐米，面寬 10 釐米，版框

① 疑爲“萬億色。一一色中有無”。
② 疑爲“爲侍者。復有他方諸大”。
③ 疑爲“在住天冠中。彌勒眉”。
④ 疑爲“作百寶色。三十二相”。
⑤ 疑爲“一一好亦有五百億”。
⑥ 疑爲“四千光明云。與諸天子”。
⑦ 《俄藏黑水城文獻》第一册，第 347 頁。
⑧ 《俄藏黑水城文獻》第一册，第 198—224 頁。

高 15.8 釐米，天頭 3.4 釐米，地脚 2 釐米。每面 6 行，行 14 字，上下雙邊。宋體。有尾題，經音和印施發願文。本號文書與俄 TK22 同名經行款，字體一致，唯經中段落尾花不同。已裱。

宋罽賓三藏曇摩蜜多譯
如是我聞，一時佛住王舍城耆闍崛
山中，與大比丘衆一千人俱，菩薩八
千，皆是衆所知識。或有他方佛土來
在會者，及諸天龍夜叉乾闥婆阿修
羅緊那羅摩睺羅伽等，與百千眷屬
俱來在會。爾時世尊，四衆圍繞而爲
説法。初語亦善，中語亦善，後語亦善。
文義巧妙，具足顯説梵行之相。爾時
會中，有婆羅門，名須達多，其妻净日，
身懷女胎，在衆中坐。其所懷女雖處
胎中，諸根具足不雜垢穢，一心合掌嚮
佛聽法，欲有所問。爾時尊者阿泥盧
豆，已得不增減明净天眼過於人眼，
見净日身中所懷之女，諸根具足不
雜垢穢，一心合掌嚮佛聽法，欲有所問。
爾時尊者阿泥盧豆，見是事已。白佛
言：世尊，是净日所懷之女，諸根具足
不雜垢穢，一心合掌嚮佛聽法，欲有所
問。佛言：阿泥盧豆，我先明見此女在
胎而不説之，所以者何？若有衆生，不信
如來誠諦之言，此人長夜受大苦惱。
爾時世尊，放大光明，普照三千大千
世界，悉令周遍。復以神力。令此衆會
皆見此女在母胎中，諸根具足不雜
垢穢，一心合掌嚮佛聽法，欲有所問。
爾時世尊，出一切衆生樂聞之音，其
音清净，所謂易解聲，質直聲，清净聲，
可適耳根無過失聲，能令身心生歡
喜樂聲，離諸煩亂如净月聲，美妙相
續不斷絶聲，不粗强聲，善入人心能去
貪欲嗔恚愚痴之聲，令人歡喜信樂
之聲。過梵音聲，如雷震聲，如天樂
聲，如師子吼演法之聲。於百千萬億

阿僧祇那由他劫積集善根果報之聲。
以如是等和雅音聲，而告女言，汝
爲何事而來聽受。欲有所問。佛威神
故。女在胎中，而白佛言：世尊，有諸衆
生貪著我見，虚妄分別從顛倒生，無
有衆生起衆生相，無我計我。無命無
人，無有長養，計命人長養，爲如是等
諸衆生故。欲有所問，復有衆生貪著
我見。於一乘道不能解了。欲爲開悟
一乘道故，復有衆生，爲無明有愛之
所覆系，不能解了明解脱法。欲令解
了明解脱，故復有衆生，爲貪欲嗔恚
愚痴盲冥之所覆蔽，不能進求空無相
無作三解脱門，欲令修證三解脱故。
復有衆生墮四顛倒。無常計常。苦謂
爲樂。無我見我，不净見净。欲爲解説
四諦法故。所謂是苦，是苦集，是苦滅，
是苦滅道。復有衆生，爲五蓋所覆，不
修五根。欲令具足五根法故。復有衆
生，貪依六入不證六通。欲爲解説六
通法故復有衆生樂七識住。不能曉
了七菩提分。欲爲解説七覺法故復
有衆生行八邪道。不能解了八聖道
分。欲爲解説聖道分故復有衆生心
懷九惱。不能得入九次第定。欲爲解
説諸禪解脱三摩提故。有衆生住
十惡業。不能勤修十善業道。欲令滿
足十善道故。復有衆生。墮於邪聚或
不定聚。於無漏法便爲非器。欲令曉
了正聚法故。欲令衆生成就善根。而
自調伏。隨所願求而爲説法。世尊。我
今爲如是等諸因緣故。嚮佛聽法欲
有所問。爾時一切衆會。歎未曾有而
作是言。如來之法甚爲稀有。菩提薩
埵雖處胎中。饒益衆生法言不廢。若
善男子善女人。有見聞者。其誰不發
阿耨多羅三藐三菩提心。爾時此女
以佛神力。猶如後邊身菩薩。從母右

脅忽然化生。此女福慧因緣力故。令
其母身無諸惱患。平復如故。其女生
已未久之間。地大震動雨衆天華。一
切樂器不鼓自鳴。陸地生華大如車
輪。種種莊嚴色香妙好悦可人心。有
百千葉。黄金爲莖。白銀爲葉。馬瑙爲
須。赤真珠台。女在上立。身形猶如二
三歲兒。顔貌端政甚可愛敬。皆從前
世善果報生。爾時釋提桓因。持天衣
瓔珞。往詣其所。而語之言。善女著此
衣服瓔珞。莫裸形立。女報釋提桓因
言。夫爲菩薩。不以是衣服瓔珞而自
莊嚴。所以者何。菩薩恒以菩提之心。
以爲衣服瓔珞。而自莊嚴。則勝一切
世間天人莊嚴。復次憍尸迦。菩薩有
十種衣服瓔珞而自莊嚴。何等爲十。
所謂不失菩提之心。不忘廢深心。常
以大慈爲一切衆生而作救護。大悲
爲本勤行精進。度諸衆生不捨成就
一切衆生。常以慚愧莊嚴身口意業。
一切物施不望其報。持諸戒行頭陀
功德終不違犯。住忍辱力能忍難忍。
以正方便求勝善根。其心雖住禪無
量等諸三昧中。終不求證非時解脱。
憍尸迦。是名菩薩十種衣服瓔珞莊
嚴。於一切時常不遠離。復次憍尸迦。
菩薩以相好嚴身。勝諸瓔珞。而此相
好從福慧生。何等福慧。所謂種種布
施愛重之物。能舍與他。於諸衆生無
恚恨心。常求善行不限布施令他满
足。觀一切衆生皆是福田。憍尸迦。是
名菩薩第一衣服瓔珞莊嚴。若菩薩
欲證聲聞辟支佛乘。不名莊嚴。若住
慳心破戒心。嗔恚心懈怠心。亂想心
惡慧。雜諸煩惱卑小之心。我不能得
阿耨多羅三藐三菩提。驚怖悔恨。則
非菩薩莊嚴。所以者何。遠離菩薩莊
嚴法故。爾時衆會。聞説菩薩諸莊嚴

法。有萬二千諸天及人。先種善根。皆
發阿耨多羅三藐三菩提心。
爾時世尊告此女言。汝可受是釋提
桓因衣服瓔珞。女白佛言。世尊。我不
堪受。所以者何。共我志同應同衣服
瓔珞莊嚴。而此帝釋。願求小智所樂
卑下。厭患生死常懷怖畏。欲速入涅
盤。恒從他邊聽受法要。所有慧明惟
獨照已不及他人。如執草束欲度江
河。不能爲人作净福田。永離諸佛清
净智眼。不能曉了諸衆生根。世尊。我
今著堅固鎧願求大乘。欲饒益一切。
集大法船度未度者。求自然智轉於
法輪。不於他人有所悕求。以如來智
而自莊嚴。亦令一切悉得諸佛清净
智眼。世尊。我從彼國來生此間。欲見
如來釋迦牟尼。禮拜供養聽説法耳。
彼佛世尊。自當與我衣服瓔珞。使我
著之。爾時衆會諸天人等。皆作是念。
此女來處世界名何。去此近遠。爲在
何方。彼國如來復名何等。今爲現在
説法教不
爾時世尊。知此衆會心之所念。告舍
利弗言。東南方去此世界。過三十六
那由他佛土。有世界名净住。佛號無
垢稱王如來應等正覺。今現在説法。
舍利弗。此女從净住世界没。來生此
間。欲成就衆生。亦欲禮拜供養於我。
聽説法教。佛説是已未久之間。彼無
垢稱王如來。發滑念心。即以神力送
諸菩薩所著衣服瓔珞莊嚴。來在女
前懸虛空中。又出聲言。善女。净住世
界。無垢稱王如來遣此衣服瓔珞與
汝。汝可著之。當如此間諸菩薩等。若
著衣服瓔珞莊嚴。即時皆得具五神
通。汝亦應爾。其女爾時。於虛空中。取
衣服瓔珞。即便著之。須臾之間。衣服
瓔珞出妙光明。除如來光。其餘梵釋

護世天王。日月光明悉不復現。其女即時具五神通。下蓮華台行詣佛所。舉足下足。大地即時六種震動。到佛前已。頭面禮足繞佛七匝。白佛言。世尊。惟願如來。爲諸菩薩摩訶薩。説攝菩提增長之法。令諸菩薩於無上道。而不退轉過諸魔行。速成阿耨多羅三藐三菩提。

爾時世尊告此女言。若菩薩成就四法。能攝菩提亦令增長。何等爲四。一者净心。二者深心。三者方便。四者不舍菩提之心。是名爲四。復有四法。一者恒欲利益一切衆生。二者常當慈心滑諸衆生。三者當以大悲度脱衆生。四者堅固精進具足一切佛法。是名爲四。復有四法。一者分别諸法多生信心。二者遠離聲聞辟支佛心。三者樂觀勝法。欲具满一切佛法。四者勤行精進必成其果。是名爲四。復有四法。一者離於憍慢。二者除自大心。三者敬重尊長。四者易可教誨。是名爲四。復有四法。一者於來求者不生恚恨。二者舍一切物不求其報。三者已施不悔。四者所有善根盡回嚮菩提。是名爲四。復有四法。一者不破戒。二者不穿戒。三者不雜戒。四者不濁戒。是名爲四。復有四法。一者性和能忍。二者善護他意。三者自護己身終不犯他。四者回嚮菩提。是名爲四。復有四法。一者堅固精進。二者明净精進。三者不怯弱精進。四者回嚮菩提。是名爲四。復有四法。一者身强堪能。二者心强堪能。三者善能修集諸禪及支。四者恒不忘失菩提之心。是名爲四。復有四法。一者布施。二者愛語。三者利益。四者同事。是名爲四。復有四法。一者慈心遍一切處。二者大悲無有厭惓。三者喜心深愛敬法。四者舍心離於憎愛。是名爲四。復有四法。一者聽法無厭。二者正觀思惟。三者隨法能行。四者回嚮菩提。是名爲四。復有四法。一者知諸行無常。二者決定知陰是苦。三者定知諸法而無有我。四者定知涅盤是寂滅法。是名爲四。復有四法。一者得利不喜。二者失利不憂。三者雖有名譽其心常等。四者雖聞惡名心亦不惱。是名爲四。復有四法。一者他毀不嗔。二者稱贊不喜。三者遭苦能忍。四者雖樂不逸亦不輕他。是名爲四。復有四法。一者觀因。二者知果。三者離二邊見。四者覺緣起法。是名爲四。復有四法。一者知内無我。二者知外無有衆生。三者俱知内外無有壽命。四者畢竟清凈無人。是名爲四。復有四法。一者行空不畏。二者觀無相不没。三者不分别無願。四者樂觀諸法無作。是名爲四。復有四法。一者不證苦智。二者不證集智。三者不證滅智。四者不證道智。是名爲四。復有四法。一者深觀菩提。二者不謗正法。三者身在僧數終不退轉。四者於法不起諍訟。是名爲四。復有四法。一者能令貪欲不起。二者亦斷攀緣。三者斷貪欲嗔恚愚痴。四者及餘煩惱亦復如是。是名爲四。復有四法。一者於諸衆生心常平等。二者等觀衆生皆是福田。三者佛及衆生皆悉平等。四者法及衆生亦悉平等。是名爲四。復有四法。一者不顯己身。二者不下他人。三者不輕未學。四者於已學者愛敬如師。是名爲四。復有四法。一者遠離無益之言。二者恒求閒静。三者樂住阿蘭若處而無厭足。四者勤求阿蘭若諸功德利。是名爲四。復有四法。一者少欲。二者知足。三者凈物知量。四者樂行頭陀不貪上妙衣服飲食。是名爲四。復有四法。一者知己。二者知他。三者知時。四者知義。是名爲四。復有四法。一者樂法。二者樂義。三者樂諦。四者樂成就衆生。是名爲四。復有四法。一者内净能護自心。二者外净能護衆生。三者法净行善之處。四者智净能離憍慢。是名爲四。復有四法。一者離我。二者去我所。三者除諸見。四者斷愛恚。是名爲四。復有四法。一者善權攝慧。二者慧攝善權。三者大悲攝一切施。四者精進攝一切道品之法。善女。菩薩成就如是四法。能攝菩提亦令增長

爾時世尊。説此四法能攝菩提。亦令增長之。時會中有三萬二千諸天及人。皆發阿耨多羅三藐三菩提心。爾時尊者舍利弗。問此女言。汝父母爲汝作字。名曰何等。時女報言。尊者舍利弗。一切諸法本無名字。雖隨分別而立名字。非是真實。無定主故。又尊者舍利弗。菩薩摩訶薩。隨其所行而立名字。若得净心名净心者。若逮深心名深心者。若行方便名净方便者。若行布施名善能施者。若修屍羅名净戒者。若住忍辱名有忍力者。若勤精進名著精進鎧者。若住諸禪名常三昧者。逮得智慧名大慧者。若住慈悲喜舍。名大慈大悲大喜大舍者。若住阿蘭若處。名閒居無事者。若不捨頭陀。名行清净功德者。若樂集善法。名喜求法者。略而言之。隨其以何善根發趣大乘。而得名字

爾時世尊。告舍利弗言。當此女著衣服瓔珞之時。放大光明普照大衆。是故此女名無垢光。當憶持之。爾時尊者舍利弗。復問無垢光女言。汝從净住世界無垢稱王佛所。受此女身來此間也。無垢光女答言。尊者舍利弗。

彼佛世界無有女人。舍利弗言。汝今
何故。以此女形來生此間。女即答言。
我今不以男形女形。亦不以色受想
行識來生此間。所以者何。尊者舍利
弗。於意云何。如來所作化人。從一佛
國至一佛國。爲有男女陰界諸入差
別相不。舍利弗言。不也。所以者何。如
來所化無有差別。女言。尊者舍利弗。
如如來所化無有差別。一切諸法皆
悉如化。若知諸法悉同化相。從一佛
國至一佛國不見差別。舍利弗言。汝
於諸法見無差別。云何能成就衆生。
女答言。尊者舍利弗。若於諸法見差
別者。是則不能成就衆生。若於諸法
不見差別。是則必能成就衆生。舍利
弗問女言。汝今爲已成就幾所衆生。
女答言。如尊者舍利弗所斷煩惱。舍
利弗言。我所斷煩惱性無所有。女言。
衆生之性。亦無所有。舍利弗言。無性
衆生何所成就。女言。煩惱無性復何
所斷。舍利弗言。無分別故是名爲斷。
女言。如尊者舍利弗所言。若不分別
彼我。是亦名爲成就衆生。舍利弗復
問女言。云何名衆生成就。女答言。於
諸有中不起染愛。是名衆生成就。舍
利弗又問女言。汝於三乘。爲以何乘
成就衆生。女答言。尊者舍利弗。譬如
空中等霔甘雨。於上中下種子苗稼。
藥草樹木皆令生長。其雨頗有分別
相不。舍利弗言。其水雖能生長苗稼。
而無分別。如是舍利弗。諸佛菩薩。其
所説法亦無分別。隨諸衆生於三乘
道善根熟者而調伏之。舍利弗復問
女言。云何調伏。其義云何。時女答曰。言
調伏者。能觀邪道即是正道。是名調
伏。所以者何。凡夫顛倒不能正觀故
不調伏。若觀邪道平等之相。不隨不
顛倒諸邪道者。是則名爲畢竟調伏。

又舍利弗。言調伏者。於我無我亦名調伏。所以者何。無我見者。於諸煩惱不愛不起。是名解脱。女問舍利弗言。尊者得解脱耶。舍利弗言。我得解脱。女言。誰縛汝者。言得解脱。舍利弗言。無有縛者而得解脱。而其本性是解脱相。是故我言得解脱耳。女言。若其本性無縛無解。是解脱相。汝何故言我得解脱。舍利弗言。一切諸法皆解脱相。是故我言我得解脱。女言。如尊者舍利弗所言。若知諸法皆解脱相。是則名爲究竟解脱。舍利弗言。若諸漏盡阿羅漢所説。汝今所説等無有异。

女言。尊者舍利弗。今我亦是漏盡阿羅漢。舍利弗言。以何緣故而作是説。女言。我亦遠離一切塵垢。緣覺聲聞所有道品。我悉知見而不願樂。惟求佛智。是故我言。是阿羅漢諸漏已盡。

舍利弗言。頗有因緣。而諸菩薩作羅漢耶。女答言有。舍利弗言。以何緣有。女言。若有衆生先種善根。應以聲聞身得度者。即現聲聞身。而作是言。我是阿羅漢。爲衆生説證羅漢法。是名菩薩作羅漢也。説此法時。二百比丘不受漏法。心得解脱。是諸比丘白佛言。世尊。此女辯才。是佛威神爲自力耶。佛言。是佛威神。其女亦自有辯才之力。　四

爾時無垢光女。白佛言。世尊。今此會中諸比丘比丘尼。優婆塞優婆夷願樂欲聞。修何善行。得離女身速成男子。能發無上菩提之心。惟願世尊當爲解説。爾時世尊。欲利益成就四部衆故。告無垢光女言。若女人成就一法。得離女身速成男子。何謂爲一。所謂深心求於菩提。所以者何。若有女

人發菩提心。則是大善人心。大丈夫
心。大仙人心。非下人心。永離二乘狹
劣之心。能破外道异論之心。於三世
中最是勝心。能除煩惱不雜結習清
净之心。若諸女人發菩提心。則更不
雜女人諸結縛心。以不雜故。永離女
身得成男子。所有善根亦當回嚮無
上菩提。是名爲一。
復次女人成就二法。能離女身速成男
子。何謂爲二。所謂除其慢心。離於欺誑。
不作幻惑。所有善根。遠離女身速成
男子。悉以回嚮無上菩提。是名爲二。
復次女人成就三法。能離女身速成男
子。何謂爲三。一身業清净持身三戒。二
口業清净離口四過。三意業清净離於
嗔恚邪見愚痴。以此十善所生善根。願
離女身速成男子。回嚮菩提。是名爲三。
復次女人成就四法。得離女身速成
男子。何謂爲四。一不恚害。二不嗔恨。三
不隨煩惱。四住忍辱力。是名爲四。
復次女人成就五法。得離女身速成
男子。何謂爲五。一樂求善法。二尊重正
法。三以正法而自娱樂。四於説法者敬
如師長。五如説修行。以此善根。願離
女身速成男子。回嚮菩提。是名爲五。
復次女人成就六法。得離女身速成
男子。何謂爲六。一常念佛願成佛身。
二常念法欲轉法輪。三常念僧欲覆
護僧。四常念戒欲滿諸願。五常念施
欲舍一切諸煩惱垢。六常念天欲滿
天中之天一切種智。是名爲六。
復次女人成就七法。得離女身速成
男子。何謂爲七。一於佛得不壞信。二
於法得不壞信。三於僧得不壞信。四
不事餘天惟奉敬佛。五不積聚慳惜
隨言能行。六出言無過恒常質直。七
威儀具足。是名爲七。
復次女人成就八法。得離女身速成

男子。何謂爲八。一不偏愛己男。二不
偏愛己女。三不偏愛己夫。四不專念
衣服瓔珞。五不貪著華飾塗香。六不
爲美食因緣。猶如羅刹殺生食之。七
不吝所施之物。常追憶之而生歡喜。
八所行清凈常懷慚愧。是名爲八。
復次女人成就九法。得離女身速成
男子。何謂爲九。所謂息九惱法。憎我
所愛。已憎今憎當憎。愛我所憎。已愛
今愛當愛。於我已憎今憎當憎。是名
爲九。
復次女人成就十法。得離女身速成
男子。何謂爲十。一不自大。二除憍慢。
三敬尊長。四所言必實。五無嫌恨。六
不粗言。七不難教。八不貪惜。九不暴
惡。十不調戲。是名爲十。
復次善女。若有女人。能如實觀女人
身過者。生厭離心。速離女身疾成男
子。女人身過者。所謂欲嗔痴心并餘
煩惱。重於男子。又此身中有一百户
蟲。恒爲苦患愁惱因緣。是故女人煩
惱偏重。應當善思觀察。此身便爲不
凈之器。臭穢充満。亦如枯井空城破
村。難可愛樂。是故於身應生厭離。又
觀此身。猶如婢使不得自在。恒爲男
女衣服飲食。家業所須之所苦惱。必
除糞穢涕唾不凈。於九月中懷子在
身衆患非一。及其生時受大苦痛命
不自保。是故女人應生厭離女人之
身。又復女人雖生在王宫。必當屬他
盡其形壽。猶如婢使隨逐大家。亦如
弟子奉事於師。又爲種種刀杖瓦石
手拳打擲惡言罵辱。如是等苦不得
自在。是故女人應於此身生厭離心。
又此女身常被系閉。猶如蛇鼠在深
穴中不得妄出。又女人法制不由身。
常於他邊稟受飲食衣服花香。種種
瓔珞嚴身之具象馬車乘。是故應當

厭離女身。又此女身。爲他所使不得
自在。執作甚多搗藥舂米。若炒若磨。
大小豆麥。抽㲲紡疊。如是種種苦役
無量。是故女人應患此身。欲求永離
如是衆苦。當以此法教示餘人。常念
如來所言誠實。贊歎出家。能報佛恩。
當發此心。願離女身速成男子。於佛
法中出家修道。不復貪求花鬘瓔珞
游戲園林。衣服飲食嚴身之具。當觀
自身及侍立眷屬。猶如機關木人。筋
牽屈申舉下而已。此身虛偽血肉所
成不久壞滅。此身如厠九孔流出種
種不净。此身愚小之人於中起著。而
恒四大所成。此身諸陰猶如怨家。此
身虛偽中無堅實。如空聚落。此身無
主從父母生。復以行業而嚴飾之。此
身不净純盛臭穢。此身即是屎尿之
器。不久弃捐無可貪處。此身歸死。出
息入息必當斷故。此身無我。如草木
瓦石。此身無作者。從因緣生。此身是
衆鳥狼狗野幹之食。弃冢間故。此身
是苦聚。四百四病之所困故。此身恒
爲風寒冷熱等分衆病之所壞散。恒
以藥力得存立故。此身不知恩。以飲
食養之無止足故。此身無知。内無作
者故。此身是後邊。必當死故。是故女
人應當如是觀察此身。生厭離心修
行善法。修善行時。若得新好花果可
食之物。先奉諸佛菩薩無上福田及
師長父母。然後自食。應作是念。如我
今者以新花果。施與尊重清净福田。
願離穢故女人之身。更得新好男子
之身。當佛説此法時。會中五百比丘
尼。皆發阿耨多羅三藐三菩提心。而
作是言。我等所有善根。願離女身速
成男子。爾時會中。有七十五諸居士
婦。聞説此法心大歡喜。即持身上所
著瓔珞以散佛上。佛神力故。所散瓔

珞即於空中當佛頂上。化成七十五
四柱寶台。端嚴殊妙甚可愛樂。台中
悉有衆寶之座。各有如來而坐其上。
與比丘僧菩薩大衆。前後圍繞自然
顯現。爾時諸居士婦。見此神變倍復
歡喜踴躍無量。前詣佛所頭面禮足
右繞三匝。作如是言。世尊。我等所有
善根今悉合集。同發阿耨多羅三藐
三菩提心。得離女身。亦回嚮無上菩
提。世尊大悲廣説女人受身過惡。悉
如佛言無不實者。我等今當勤修方
便。永離如是諸惡過咎。從今已去盡
其形壽。奉持五戒净修梵行。以此善
根共一切衆生成等正覺。爾時尊者
舍利弗。語諸居士婦言。姊妹能作如
是大師子吼。甚爲稀有。然汝等夫。爲
聽汝等修梵行不。應當問之。諸居士
婦白尊者舍利弗言。若我等各問其
夫。我從何處來生此間。從此間没當
生何處。雖爲我夫而不能答。何用問
爲。尊者舍利弗。若問如來我等從何
處没來生此間。於此間没當生何處。
如來明見。悉爲我等分别説之。是故
如來。是我等父母。是我等所尊。是我
等大師。是我等福田。是我等寶洲歸
依之處。今修梵行。何用問其夫爲。從
今已去。我等勤修方便。更不屬夫
如余女人。所以者何。若人能除貪欲嗔
恚愚痴諸結縛者。終不更能患累其
人。今我身心便是我夫。心修梵行不
亦快乎。又尊者舍利弗。若非我夫而
作夫想。奪我命者自守其心。净修梵
行無悔恨也。爾時尊者舍利弗。語諸
居士婦言。當勤方便離女人身。所以
者何。女人之身。不能得阿耨多羅三
藐三菩提。諸居士婦。白尊者舍利弗
言。我等從今不復更起女人煩惱。即
禮佛足而作是言。世尊。今於佛前頭

面禮足。不轉女身成男子者。終不起也。佛言。諸姊妹我常説言。或有女人。能爲男子勇猛之行。然諸姊妹。有十六法若能修行。隨所願求皆得從意。何等十六。一戒清净。二心清净。三空清净。四無願清净。五無相清净。六無作清净。七知身業如影。八知口業如響。九知意業如幻。十知緣起法。十一離二邊見。十二善知因緣。十三觀法如幻。十四知法如夢。十五相法如炎。十六深心寂静。當佛説此十六清净法時。大地震動。佛之威神。七十五居士婦。其夫即時來詣佛所。各見其妻頂禮佛足。問尊者舍利弗言。今我曹妻以何緣故頂禮佛足。舍利弗言。此諸姊等。聞佛解説離女身法。心大歡喜踴躍無量。即發阿耨多羅三藐三菩提心。盡其形壽奉持五戒净修梵行。今於佛前頭面禮足。作是誓言。若我於此不轉女身成男子者。終不起也。又諸居士。汝當放此諸姊妹等。於佛法中出家修道。諸居士曰。如尊者言。悉聽出家。又尊者舍利弗。我等今者。於佛法中貪得出家。先度我等。然後女人。爾時舍利弗白佛言。世尊。是諸居士。於佛正法欲得出家。願佛聽之。佛告諸居士。於我法中隨意出家。時諸居士白佛言。願爲我等出家。佛言。善來比丘。皆成沙門袈裟著身成就威儀。爾時諸居士婦。佛之威神。自善根力正觀思惟。得離女身變成男子。佛神力故。即陞虛空高七多羅樹。异口同音而説偈言:

諸法悉如幻，但從分別生，於第一義中，
無有男女相，幻師以幻術，於四衢道中，
化作男女像，兵衆共鬥戰，皆共相侵害，
其事非真實，我今觀生死，如幻無有异，
如人於夢中，造作種種事，以其無真實，

覺已無所見，諦觀於我見，惟是陰入界，
無有真實體，但從顛倒生，譬如水中月，
可見不可捉，法性同水月，其實無去來，
亦如熱時炎，現有動摇相，或見是河池，
而無有真實，諸法皆如炎，其性無所有，
但從顛倒生，畢竟無有我，我本爲女身，
而從顛倒生，今觀男子身，皆空無所有，
若有能知空，不應分别生，則於見中空，
身證無挂礙，是佛境界力，復從宿福生，
亦修現前法，得離女人身，若有諸女人，
欲成男子身，當發菩提心，所願便成就。
爾時轉女身出家菩薩。從虚空中下
頂禮佛足。語其本夫諸居士言。善知
識。汝曹皆當發阿耨多羅三藐三菩
提心。佛出世難。不生諸難亦復甚難。
以大悲心爲諸衆生。發阿耨多羅三
藐三菩提心。此亦復難。若人能發菩
提之心。則爲供養去來今佛。時諸比
丘。語轉女身諸菩薩言。汝曹皆是我
等大善知識能教化我等。爲衆生故。
發阿耨多羅三藐三菩提心。我等今
於佛前發菩提心。願未來世得成爲
佛。悉如世尊釋迦牟尼如來阿羅訶
三藐三佛陀。爾時轉女身諸菩薩等
白佛言。世尊。願爲我等出家。莫如善
來比丘出家之法。亦不欲於聲聞人
邊而得出家。
爾時世尊。告彌勒菩薩。汝當爲此諸
善男子。如法出家。彌勒菩薩白佛言。
唯然世尊。當爲出家。爾時無垢光女。
詣其母所白言。阿婆當發阿耨多羅
三藐三菩提心。若母發心。我爲已報
蓭婆之恩。母言。我已發心。所以者何。
汝於十月在我腹中。從是已來不生
慳心破戒心。嗔恚懈怠亂念惡慧邪
見貪欲嗔恚愚痴之心。常歡喜踴躍
身心安樂。恒於夢中見諸如來共比
丘僧。前後圍繞而爲説法。我於是時

心自念言。今我腹中所懷之子。必是菩薩。我於夢中見於如來身心歡樂。即發阿耨多羅三藐三菩提心。汝今勸我。當隨汝語重更發心。爾時無垢光女。左手之中自然而出上妙寶蓋。持至母所而白母言。以此寶蓋奉上如來。當發大願爲諸天世人。作法寶之蓋。爾時净日夫人。取其寶蓋奉上如來。發是願言。以此善根。令我將來爲諸天世人。作法寶之蓋。

爾時世尊。告舍利弗言。此無垢光女。游戲神通。從無垢稱王佛國。現受女身來生此間。又舍利弗。此女本是菩薩。名無垢光。已於阿耨多羅三藐三菩提。而不退轉。爲成就衆生故現受女身。非因行業。又舍利弗。汝見是七十五居士婦皆成男子者不。舍利弗言。已見。佛告舍利弗。皆是此女前世父母。舍利弗。無垢光女長夜發願。若有衆生是我父母者。必當令其於阿耨多羅三藐三菩提而不退轉。又舍利弗。此三千大千世界。所有星宿其數易知。此無垢光女前世父母。受其勸導修行善法。於阿耨多羅三藐三菩提而不退轉者。其數難知。爾時無垢光女。前禮佛足而作是言。一切諸法無男無女。此言若實。令我女身化成男子。發此言時。三千大千世界六種震動。無垢光女女形即滅。變化成就相好莊嚴男子之身。爾時尊者舍利弗語無垢光菩薩言。仁者。未得阿耨多羅三藐三菩提。能作佛事。乃至如此甚爲稀有。無垢光菩薩。語尊者舍利弗。誠如所言。諸菩薩摩訶薩。大誓莊嚴。欲利益成就一切衆生。甚爲稀有。譬如阿伽樓樹所有華葉。但出阿伽樓香。如是諸菩薩摩訶薩。乃至發一心之善。皆爲阿耨多羅三藐三菩提。恒出佛法功德之香。説是法時。會中萬二千衆生。發阿耨多羅三藐三菩提心。地大震動。虚空諸天雨種種華。諸天樂器不鼓自鳴。咸作是言。此無垢光菩薩。説真净法。若有衆生聞其法者。深心信樂得大威勢。離衆患難修諸善行。若有女人得聞此經。當知此身最是後邊。所以者何。此經廣説女人之身種種過患。亦廣解説種種諸行。得離女身清净法故。

爾時世尊告阿難言。汝當受持此經讀誦通利。爲他解説廣令流布。所以者何。阿難。若有女人。以種種珍寶滿閻浮提。施佛世尊。以其善根求離女身復有女人。得聞此經信解歡喜。以其善根求離女身。阿難當知。聞此經名斯則疾矣。阿難白佛言。此經名何等。云何受持。佛言。阿難。此經名轉女人身。亦名無垢光菩薩所問。復名無過稱菩薩道教。當念受持。佛説是已。無垢光菩薩。并他方國土來會菩薩。及無垢光父母。長老阿難。時會諸天乾闥婆阿修羅人非人等。聞佛所説。皆大歡喜。作禮奉行。

佛説轉女身經一卷

經音此下實音字如本韵内無者，就鄰韵同聲字而借音之，若全無者，但安切脚

罽音計曇音談耆音其闍音成崛渠物切闥他達切

睺音後適音釋粗音粗强音狂震之刃切雅魚賈切

瞋音嗔恚音位覆音副蔽音閉倒音到埵音朶

耨奴歎切貊彌樂切肋音肋陸音六碼音馬礎音楚須

音須貃音弁詣音藝裸胡瓦切慚音慚愧音貴憍音嬌慳

若閑切懈音戒怠音代厭音厭渡音杜鎧若改切瓔音英

珞音落懸音玄臾音餘誨音會怯音儉弱音肉譽音喻諍

音爭訟音誦攀普班切蘭音蘭若音惹逮音代稼音嫁頗

音叵狹音匣誑居況切娛音愚樂音落偏音篇飾音□□

協力切憎音增嫌胡兼切暴音瀑戲音戲蟲音蟲臭音臭

村千尊切糞音分涕音弟唾音惰保音寶拳音權打音□

擲音直被音譬擊音計穴胡使切稟彼錦切搗音□舂書容切

燉音鼈抽田由切毳音墜紡音仿氎音牒役音疫鬘音蠻筋
音斤牽音愆伪危睡切厠初事切屎音矢尿奴吊切捐音緣狼
音郎冢音種柱音處踴音勇躍音藥姊音紫妹音昧洲音周
奪徒活切鄉音鄉袈音加升音升幻音患術音述衢
音渠焰音焰摇音遥書音書礙音導庵烏舍切腹音覆蓋音蓋
夫女人身者，過患之本，惡業之根，系鏁
三拘纏縛，五障隨情，起染八十四嬌態，
難防觸境生迷一十種惡因，易就同毒
樹而可伐，類蚖虵以寧，親圊厠不堪猛
焰無比是，故應當厭弃女身，故律云十
方國土，有女人處，則有地獄，又稱揚諸
佛功德，經云若能斷弃女人身，則爲
斷絶衆生無量諸苦壞，衆惡行閉絶，三
塗開，泥洹門，故佛世尊説轉女身法經
云：若有讀誦此經，聽聞受持，厭離女身，
速成男子，如不能讀誦但能志心歸
依三寶，或稱佛名號，或念六字神咒，必
離女身，决定無疑，今依諸經僅録於後
弟子某甲南無歸依佛南無歸
依法南無歸依僧
大威德陀羅尼經云：婦人有六種法具足轉
婦女身得丈夫根。何等爲六？歸依佛，歸依法，
歸依僧，護己夫，主不妒嫉
心發願爲先厭惡女身
南無藥師琉璃光佛
藥師琉璃光七佛本願功德經云：若有女
人爲女，衆苦之所逼切，極生厭離，願舍女
身，若聞我名，至心稱念，即於現身轉成男
子，具丈夫相，乃至菩提。又云：若是女人得
心受持，於後不復更受女身
南無阿彌陀佛
無量壽經云：設我得佛，其有女人聞我名
字，歡喜信樂，發菩提心，厭惡女身，壽終之
後復爲女像
者不取正覺
南無寶王大光照佛
金光明長勝王經云：若有女人聞是佛名
者，臨命終時得見，彼佛來至其所見佛

已究竟不復
更受女身
唵麻彌鉢啼啼二合銘吽
大悲總持經云：若有女人厭女求男，誦大
悲咒或誦心咒六字咒也不成男子者我誓不取正覺
然准大藏經説轉女身成男子法
門甚多，依諸聖教略陳七種：一者歸依
三寶，二者稱念佛名，三者持誦神咒，四
者造佛形象，五者供佛菩薩師長父母
六者聽聞此經，七者如法修行前之三門如上
説已四造佛形象者，大乘造像功德經云：
佛告彌勒菩薩言：若有女人能造佛像，
永不復受女人之身，五供佛菩薩師長
父母者，此經云若得新好華菓可食之
物，先奉諸佛菩薩，無上福田及師長父
母，然後自食。應作是念，如我今者以新
華菓施與尊重清浄福田願離故穢女
人之身，更得新好男子之身，六聽聞此
經者，經云復有女人得聞此經，信解歡
喜以其善根求離女身，聞此經名，斯則
疾矣。又云若有女人得聞此經，當知此
身，最是後邊，七如法修行者，此經廣
説離女身法從一至十增數十法，又云
若有女人能如實觀女人身過者，生厭
離心速離女身，疾成男子。或有不能讀
誦此經者，如上所説七種法門之中隨
修一行，稱一佛名，誦一神咒等，皆得轉
離女人之身，又不唯女人聽聞修習速
離女身，獲諸功德，若有男子聽聞讀誦
修行此法，永離諸難疾證菩提
恭聞竺乾大覺特開甘露之玄門沙
界含靈普獲真常之寶藏今斯
轉女身經者上乘秘典了義真詮，談
無相無名之妙，心願非男非女之真
性，大權應迹，右肋化生，摧天帝不受，
珠衣挫聲聞直談妙理，慈親獻蓋報
此世之洪恩，諸婦轉形酬多生之育
德，聞經歡喜，定轉女身，信樂受持，速

登聖果，今皇太后羅氏自惟生居
末世，去聖時遥宿植良因，幸逢真教
每思。
仁宗之厚德，仰憑法力，以薦資遂於
【後缺】

（十六）俄 TK12《佛説轉女身經一卷》[①]

【題解】

西夏刻本，經折裝，未染麻紙。共 70 折，140 面，高 21.5 釐米，面寬 9.8 釐米。版框高 15.7 釐米，天頭 3 釐米，地脚 2.5 釐米。每面 6 行，行 14 字。上下雙邊。宋體，墨色深匀。首缺。

【前缺】
已白佛
言：世尊，是净日所懷之女，諸根具足
不雜垢穢，一心合掌嚮佛聽法，欲有所
問。佛言：阿泥盧豆，我先明見此女在
胎而不説之，所以者何？若有衆生，不信
如來誠諦之言，此人長夜受大苦惱。
爾時世尊，放大光明，普照三千大千
世界，悉令周遍。復以神力。令此衆會
皆見此女在母胎中，諸根具足不雜
垢穢，一心合掌嚮佛聽法，欲有所問。
爾時世尊，出一切衆生樂聞之音，其
音清净，所謂易解聲，質直聲，清净聲，
可適耳根無過失聲，能令身心生歡
喜樂聲，離諸煩亂如净月聲，美妙相
續不斷絶聲，不粗强聲，善入人心能
去貪欲嗔恚愚痴之聲，令人歡喜信
樂之聲。過梵音聲，如雷震聲，如天樂
聲，如師子吼演法之聲。於百千萬億
阿僧祇那由他劫積集善根果報之
聲。以如是等和雅音聲，而告女言，汝
爲何事而來聽受。欲有所問。佛威神

① 《俄藏黑水城文獻》第一册，第 271—292 頁。

故。女在胎中，而白佛言：世尊，有諸衆
生貪著我見，虚妄分别從顛倒生，無
有衆生起衆生相，無我計我。無命無
人，無有長養，計命人長養，爲如是等
諸衆生故。欲有所問，復有衆生貪著
我見。於一乘道不能解了。欲爲開悟
一乘道故，復有衆生，爲無明有愛之
所覆系，不能解了明解脱法。欲令解
了明解脱，故復有衆生，爲貪欲嗔恚
愚痴盲冥之所覆蔽，不能進求空無相
無作三解脱門，欲令修證三解脱故。
復有衆生墮四顛倒。無常計常。苦謂
爲樂。無我見我，不净見净。欲爲解説
四諦法故。所謂是苦，是苦集，是苦滅，
是苦滅道。復有衆生，爲五蓋所覆，不
修五根。欲令具足五根法故。復有衆
生，貪依六入不證六通。欲爲解説六
通法故復有衆生樂七識住。不能曉
了七菩提分。欲爲解説七覺法故復
有衆生行八邪道。不能解了八聖道
分。欲爲解説聖道分故復有衆生心
懷九惱。不能得入九次第定。欲爲解
説諸禪解脱三摩提故。有衆生住
十惡業。不能勤修十善業道。欲令满
足十善道故。復有衆生。墮於邪聚或
不定聚。於無漏法便爲非器。欲令曉
了正聚法故。欲令衆生成就善根。而
自調伏。隨所願求而爲説法。世尊。我
今爲如是等諸因緣故。嚮佛聽法欲
有所問。爾時一切衆會。歎未曾有而
作是言。如來之法甚爲稀有。菩提薩
埵雖處胎中。饒益衆生法言不廢。若
善男子善女人。有見聞者。其誰不發
阿耨多羅三藐三菩提心。爾時此女
以佛神力。猶如後邊身菩薩。從母右
脅忽然化生。此女福慧因緣力故。令
其母身無諸惱患。平復如故。其女生
已未久之間。地大震動雨衆天華。一

切樂器不鼓自鳴。陸地生華大如車
輪。種種莊嚴色香妙好悦可人心。有
百千葉。黄金爲莖。白銀爲葉。馬瑙爲
須。赤真珠台。女在上立。身形猶如二
三歲兒。顔貌端正甚可愛敬。皆從前
世善果報生。爾時釋提桓因。持天衣
瓔珞。往詣其所。而語之言。善女著此
衣服瓔珞。莫裸形立。女報釋提桓因
言。夫爲菩薩。不以是衣服瓔珞而自
莊嚴。所以者何。菩薩恒以菩提之心。
以爲衣服瓔珞。而自莊嚴。則勝一切
世間天人莊嚴。復次憍屍迦。菩薩有
十種衣服瓔珞而自莊嚴。何等爲十。
所謂不失菩提之心。不忘廢深心。常
以大慈爲一切衆生而作救護。大悲
爲本勤行精進。度諸衆生不捨成就
一切衆生。常以慚愧莊嚴身口意業。
一切物施不望其報。持諸戒行頭陀
功德終不違犯。住忍辱力能忍難忍。
以正方便求勝善根。其心雖住禪無
量等諸三昧中。終不求證非時解脱。
憍屍迦。是名菩薩十種衣服瓔珞莊
嚴。於一切時常不遠離。復次憍屍迦。
菩薩以相好嚴身。勝諸瓔珞。而此相
好從福慧生。何等福慧。所謂種種布
施愛重之物。能舍與他。於諸衆生無
恚恨心。常求善行不限布施令他满
足。觀一切衆生皆是福田。憍屍迦。是
名菩薩第一衣服瓔珞莊嚴。若菩薩
欲證聲聞辟支佛乘。不名莊嚴。若住
慳心破戒心。嗔恚心懈怠心。亂想心
惡慧。雜諸煩惱卑小之心。我不能得
阿耨多羅三藐三菩提。驚怖悔恨。則
非菩薩莊嚴。所以者何。遠離菩薩莊
嚴法故。爾時衆會。聞説菩薩諸莊嚴
法。有萬二千諸天及人。先種善根。皆
發阿耨多羅三藐三菩提心。

爾時世尊告此女言。汝可受是釋提

桓因衣服瓔珞。女白佛言。世尊。我不
堪受。所以者何。共我志同應同衣服
瓔珞莊嚴。而此帝釋。願求小智所樂
卑下。厭患生死常懷怖畏。欲速入涅
盤。恒從他邊聽受法要。所有慧明惟
獨照已不及他人。如執草束欲度江
河。不能爲人作浄福田。永離諸佛清
浄智眼。不能曉了諸衆生根。世尊。我
今著堅固鎧願求大乘。欲饒益一切。
集大法船度未度者。求自然智轉於
法輪。不於他人有所悕求。以如來智
而自莊嚴。亦令一切悉得諸佛清浄
智眼。世尊。我從彼國來生此間。欲見
如來釋迦牟尼。禮拜供養聽説法耳。
彼佛世尊。自當與我衣服瓔珞。使我
著之。爾時衆會諸天人等。皆作是念。
此女來處世界名何。去此近遠。爲在
何方。彼國如來復名何等。今爲現在
説法教不
爾時世尊。知此衆會心之所念。告舍
利弗言。東南方去此世界。過三十六
那由他佛土。有世界名浄住。佛號無
垢稱王如來應等正覺。今現在説法。
舍利弗。此女從浄住世界没。來生此
間。欲成就衆生。亦欲禮拜供養於我。
聽説法教。佛説是已未久之間。彼無
垢稱王如來。發滑念心。即以神力送
諸菩薩所著衣服瓔珞莊嚴。來在女
前懸虚空中。又出聲言。善女。浄住世
界。無垢稱王如來遣此衣服瓔珞與
汝。汝可著之。當如此間諸菩薩等。若
著衣服瓔珞莊嚴。即時皆得具五神
通。汝亦應爾。其女爾時。於虚空中。取
衣服瓔珞。即便著之。須臾之間。衣服
瓔珞出妙光明。除如來光。其餘梵釋
護世天王。日月光明悉不復現。其女
即時具五神通。下蓮華台行詣佛所。
舉足下足。大地即時六種震動。到佛

前已。頭面禮足繞佛七匝。白佛言。世
尊。惟願如來。爲諸菩薩摩訶薩。説攝
菩提增長之法。令諸菩薩於無上道。
而不退轉過諸魔行。速成阿耨多羅
三藐三菩提。
爾時世尊告此女言。若菩薩成就四
法。能攝菩提亦令增長。何等爲四。一
者净心。二者深心。三者方便。四者不
舍菩提之心。是名爲四。復有四法。一
者恒欲利益一切衆生。二者常當慈
心滑諸衆生。三者當以大悲度脱衆
生。四者堅固精進具足一切佛法。是
名爲四。復有四法。一者分别諸法多
生信心。二者遠離聲聞辟支佛心。三
者樂觀勝法。欲具满一切佛法。四者
勤行精進必成其果。是名爲四。復有
四法。一者離於憍慢。二者除自大心。
三者敬重尊長。四者易可教誨。是名
爲四。復有四法。一者於來求者不生
恚恨。二者舍一切物不求其報。三者
已施不悔。四者所有善根盡回嚮菩
提。是名爲四。復有四法。一者不破戒。
二者不穿戒。三者不雜戒。四者不濁
戒。是名爲四。復有四法。一者性和能
忍。二者善護他意。三者自護己身終
不犯他。四者回嚮菩提。是名爲四。復
有四法。一者堅固精進。二者明净精
進。三者不怯弱精進。四者回嚮菩提。
是名爲四。復有四法。一者身强堪能。
二者心强堪能。三者善能修集諸禪
及支。四者恒不忘失菩提之心。是名
爲四。復有四法。一者布施。二者愛語。
三者利益。四者同事。是名爲四。復有
四法。一者慈心遍一切處。二者大悲
無有厭惓。三者喜心深愛敬法。四者
舍心離於憎愛。是名爲四。復有四法。
一者聽法無厭。二者正觀思惟。三者
隨法能行。四者回嚮菩提。是名爲四。

復有四法。一者知諸行無常。二者决
定知陰是苦。三者定知諸法而無有
我。四者定知涅盤是寂滅法。是名爲
四。復有四法。一者得利不喜。二者失
利不憂。三者雖有名譽其心常等。四
者雖聞惡名心亦不惱。是名爲四。復
有四法。一者他毁不嗔。二者稱贊不
喜。三者遭苦能忍。四者雖樂不逸亦
不輕他。是名爲四。復有四法。一者觀
因。二者知果。三者離二邊見。四者覺
緣起法。是名爲四。復有四法。一者知
内無我。二者知外無有衆生。三者俱
知内外無有壽命。四者畢竟清净無
人。是名爲四。復有四法。一者行空不
畏。二者觀無相不没。三者不分别無
願。四者樂觀諸法無作。是名爲四。復
有四法。一者不證苦智。二者不證集
智。三者不證滅智。四者不證道智。是
名爲四。復有四法。一者深觀菩提。二
者不謗正法。三者身在僧數終不退
轉。四者於法不起諍訟。是名爲四。復
有四法。一者能令貪欲不起。二者亦
斷攀緣。三者斷貪欲嗔恚愚痴。四者
及餘煩惱亦復如是。是名爲四。復有
四法。一者於諸衆生心常平等。二者
等觀衆生皆是福田。三者佛及衆生
皆悉平等。四者法及衆生亦悉平等。
是名爲四。復有四法。一者不顯己身。
二者不下他人。三者不輕未學。四者
於已學者愛敬如師。是名爲四。復有
四法。一者遠離無益之言。二者恒求
閒静。三者樂住阿蘭若處而無厭足。
四者勤求阿蘭若諸功德利。是名爲
四。復有四法。一者少欲。二者知足。三
者净物知量。四者樂行頭陀不貪上
妙衣服飲食。是名爲四。復有四法。一
者知己。二者知他。三者知時。四者知
義。是名爲四。復有四法。一者樂法。二

者樂義。三者樂諦。四者樂成就衆生。是名爲四。復有四法。一者内浄能護自心。二者外浄能護衆生。三者法浄行善之處。四者智浄能離憍慢。是名爲四。復有四法。一者離我。二者去我所。三者除諸見。四者斷愛恚。是名爲四。復有四法。一者善權攝慧。二者慧攝善權。三者大悲攝一切施。四者精進攝一切道品之法。善女。菩薩成就如是四法。能攝菩提亦令增長

爾時世尊。説此四法能攝菩提。亦令增長之。時會中有三萬二千諸天及人。皆發阿耨多羅三藐三菩提心。爾時尊者舍利弗。問此女言。汝父母爲汝作字。名曰何等。時女報言。尊者舍利弗。一切諸法本無名字。雖隨分别而立名字。非是真實。無定主故。又尊者舍利弗。菩薩摩訶薩。隨其所行而立名字。若得浄心名浄心者。若逮深心名深心者。若行方便名浄方便者。若行布施名善能施者。若修尸羅名浄戒者。若住忍辱名有忍力者。若勤精進名著精進鎧者。若住諸禪名常三昧者。逮得智慧名大慧者。若住慈悲喜舍。名大慈大悲大喜大舍者。若住阿蘭若處。名閒居無事者。若不捨頭陀。名行清浄功德者。若樂集善法。名喜求法者。略而言之。隨其以何善根發趣大乘。而得名字。

爾時世尊。告舍利弗言。當此女著衣服瓔珞之時。放大光明普照大衆。是故此女名無垢光。當憶持之。爾時尊者舍利弗。復問無垢光女言。汝從浄住世界無垢稱王佛所。受此女身來此間也。無垢光女答言。尊者舍利弗。彼佛世界無有女人。舍利弗言。汝今何故。以此女形來生此間。女即答言。我今不以男形女形。亦不以色受想

行識來生此間。所以者何。尊者舍利
弗。於意云何。如來所作化人。從一佛
國至一佛國。爲有男女陰界諸入差
別相不。舍利弗言。不也。所以者何。如
來所化無有差別。女言。尊者舍利弗。
如如來所化無有差別。一切諸法皆
悉如化。若知諸法悉同化相。從一佛
國至一佛國不見差別。舍利弗言。汝
於諸法見無差別。云何能成就衆生。
女答言。尊者舍利弗。若於諸法見差
別者。是則不能成就衆生。若於諸法
不見差別。是則必能成就衆生。舍利
弗問女言。汝今爲已成就幾所衆生。
女答言。如尊者舍利弗所斷煩惱。舍
利弗言。我所斷煩惱性無所有。女言。
衆生之性。亦無所有。舍利弗言。無性
衆生何所成就。女言。煩惱無性復何
所斷。舍利弗言。無分別故是名爲斷。
女言。如尊者舍利弗所言。若不分別
彼我。是亦名爲成就衆生。舍利弗復
問女言。云何名衆生成就。女答言。於
諸有中不起染愛。是名衆生成就。舍
利弗又問女言。汝於三乘。爲以何乘
成就衆生。女答言。尊者舍利弗。譬如
空中等霔甘雨。於上中下種子苗稼。
藥草樹木皆令生長。其雨頗有分別
相不。舍利弗言。其水雖能生長苗稼。
而無分別。如是舍利弗。諸佛菩薩。其
所説法亦無分別。隨諸衆生於三乘
道善根熟者而調伏之。舍利弗復問
女言。云何調伏。其義云何。時女答曰。言
調伏者。能觀邪道即是正道。是名調
伏。所以者何。凡夫顛倒不能正觀故
不調伏。若觀邪道平等之相。不隨不
顛倒諸邪道者。是則名爲畢竟調伏。
又舍利弗。言調伏者。於我無我亦名
調伏。所以者何。無我見者。於諸煩惱
不愛不起。是名解脱。女問舍利弗言。

尊者得解脱耶。舍利弗言。我得解脱。女言。誰縛汝者。言得解脱。舍利弗言。無有縛者而得解脱。而其本性是解脱相。是故我言得解脱耳。女言。若其本性無縛無解。是解脱相。汝何故言我得解脱。舍利弗言。一切諸法皆解脱相。是故我言我得解脱。女言。如尊者舍利弗所言。若知諸法皆解脱相。是則名爲究竟解脱。舍利弗言。若諸漏盡阿羅漢所説。汝今所説等無有异。

女言，尊者舍利弗。今我亦是漏盡阿羅漢。舍利弗言。以何緣故而作是説。女言，我亦遠離一切塵垢。緣覺聲聞所有道品。我悉知見而不願樂。惟求佛智。是故我言。是阿羅漢諸漏已盡。

舍利弗言。頗有因緣。而諸菩薩作羅漢耶。女答言有。舍利弗言。以何緣有。女言。若有衆生先種善根。應以聲聞身得度者。即現聲聞身。而作是言。我是阿羅漢。爲衆生説證羅漢法。是名菩薩作羅漢也。説此法時。二百比丘不受漏法。心得解脱。是諸比丘白佛言。世尊。此女辯才。是佛威神爲自力耶。佛言。是佛威神。其女亦自有辯才之力。　四

爾時無垢光女。白佛言。世尊。今此會中諸比丘比丘尼。優婆塞優婆夷願樂欲聞。修何善行。得離女身速成男子。能發無上菩提之心。惟願世尊當爲解説。爾時世尊。欲利益成就四部衆故。告無垢光女言。若女人成就一法。得離女身速成男子。何謂爲一。所謂深心求於菩提。所以者何。若有女人發菩提心。則是大善人心。大丈夫心。大仙人心。非下人心。永離二乘狹劣之心。能破外道异論之心。於三世

中最是勝心。能除煩惱不雜結習清
浄之心。若諸女人發菩提心。則更不
雜女人諸結縛心。以不雜故。永離女
身得成男子。所有善根亦當回嚮無
上菩提。是名爲一。
復次女人成就二法。能離女身速成男
子。何謂爲二。所謂除其慢心。離於欺誑。
不作幻惑。所有善根。遠離女身速成
男子。悉以回嚮無上菩提。是名爲二。
復次女人成就三法。能離女身速成男
子。何謂爲三。一身業清浄持身三戒。二
口業清浄離口四過。三意業清浄離於
嗔恚邪見愚痴。以此十善所生善根。願
離女身速成男子。回嚮菩提。是名爲三。
復次女人成就四法。得離女身速成
男子。何謂爲四。一不恚害。二不嗔恨。三
不隨煩惱。四住忍辱力。是名爲四。
復次女人成就五法。得離女身速成
男子。何謂爲五。一樂求善法。二尊重正
法。三以正法而自娱樂。四於説法者敬
如師長。五如説修行。以此善根。願離
女身速成男子。回嚮菩提。是名爲五。
復次女人成就六法。得離女身速成
男子。何謂爲六。一常念佛願成佛身。
二常念法欲轉法輪。三常念僧欲覆
護僧。四常念戒欲満諸願。五常念施
欲舍一切諸煩惱垢。六常念天欲満
天中之天一切種智。是名爲六。
復次女人成就七法。得離女身速成
男子。何謂爲七。一於佛得不壞信。二
於法得不壞信。三於僧得不壞信。四
不事餘天惟奉敬佛。五不積聚慳惜
隨言能行。六出言無過恒常質直。七
威儀具足。是名爲七。
復次女人成就八法。得離女身速成
男子。何謂爲八。一不偏愛已男。二不
偏愛已女。三不偏愛已夫。四不專念
衣服瓔珞。五不貪著華飾塗香。六不

爲美食因緣。猶如羅刹殺生食之。七
不吝所施之物。常追憶之而生歡喜。
八所行清净常懷慚愧。是名爲八。
復次女人成就九法。得離女身速成
男子。何謂爲九。所謂息九惱法。憎我
所愛。已憎今憎當憎。愛我所憎。已愛
今愛當愛。於我已憎今憎當憎。是名
爲九。
復次女人成就十法。得離女身速成
男子。何謂爲十。一不自大。二除憍慢。
三敬尊長。四所言必實。五無嫌恨。六
不粗言。七不難教。八不貪惜。九不暴
惡。十不調戲。是名爲十。
復次善女。若有女人。能如實觀女人
身過者。生厭離心。速離女身疾成男
子。女人身過者。所謂欲嗔痴心并餘
煩惱。重於男子。又此身中有一百户
蟲。恒爲苦患愁惱因緣。是故女人煩
惱偏重。應當善思觀察。此身便爲不
净之器。臭穢充滿。亦如枯井空城破
村。難可愛樂。是故於身應生厭離。又
觀此身。猶如婢使不得自在。恒爲男
女衣服飲食。家業所須之所苦惱。必
除糞穢涕唾不净。於九月中懷子在
身衆患非一。及其生時受大苦痛命
不自保。是故女人應生厭離女人之
身。又復女人雖生在王宫。必當屬他
盡其形壽。猶如婢使隨逐大家。亦如
弟子奉事於師。又爲種種刀杖瓦石
手拳打擲惡言罵辱。如是等苦不得
自在。是故女人應於此身生厭離心。
又此女身常被系閉。猶如蛇鼠在深
穴中不得妄出。又女人法制不由身。
常於他邊稟受飲食衣服花香。種種
瓔珞嚴身之具象馬車乘。是故應當
厭離女身。又此女身。爲他所使不得
自在。執作甚多擣藥舂米。若炒若磨。
大小豆麥。抽㲲紡疊。如是種種苦役

無量。是故女人應患此身。欲求永離
如是衆苦。當以此法教示餘人。常念
如來所言誠實。贊歎出家。能報佛恩。
當發此心。願離女身速成男子。於佛
法中出家修道。不復貪求花鬘瓔珞
游戲園林。衣服飲食嚴身之具。當觀
自身及侍立眷屬。猶如機關木人。筋
牽屈申舉下而已。此身虚伪血肉所
成不久壞滅。此身如厠九孔流出種
種不净。此身愚小之人於中起著。而
恒四大所成。此身諸陰猶如怨家。此
身虚伪中無堅實。如空聚落。此身無
主從父母生。復以行業而嚴飾之。此
身不净純盛臭穢。此身即是屎尿之
器。不久弃捐無可貪處。此身歸死。出
息入息必當斷故。此身無我。如草木
瓦石。此身無作者。從因緣生。此身是
衆鳥狼狗野乾之食。弃冢間故。此身
是苦聚。四百四病之所困故。此身恒
爲風寒冷熱等分衆病之所壞散。恒
轉女身經　十六
【中缺】
我於此不轉女身成男子者。終不起
也。又諸居士。汝當放此諸姊妹等。於
佛法中出家修道。諸居士曰。如尊者
言。悉聽出家。又尊者舍利弗。我等今
者。於佛法中貪得出家。先度我等。
然後女人。爾時舍利弗白佛言。世尊。
是諸居士。於佛正法欲得出家。願佛
聽之。佛告諸居士。於我法中隨意出
家。時諸居士白佛言。願爲我等出家。
佛言。善來比丘。皆成沙門袈裟著身
成就威儀。爾時諸居士婦。佛之威神。
自善根力正觀思惟。得離女身變成
男子。佛神力故。即陞虚空高七多羅
樹。异口同音而説偈言：
諸法悉如幻，但從分别生，於第一義中，
無有男女相，幻師以幻術，於四衢道中，

化作男女像，兵衆共鬥戰，皆共相侵害，
其事非真實，我今觀生死，如幻無有异，
如人於夢中，造作種種事，以其無真實，
覺已無所見，諦觀於我見，惟是陰入界，
無有真實體，但從顛倒生，譬如水中月，
可見不可捉，法性同水月，其實無去來，
亦如熱時炎，現有動摇相，或見是河池，
而無有真實，諸法皆如炎，其性無所有，
但從顛倒生，畢竟無有我，我本爲女身，
而從顛倒生，今觀男子身，皆空無所有，
若有能知空，不應分別生，則於見中空，
身證無挂礙，是佛境界力，復從宿福生，
亦修現前法，得離女人身，若有諸女人，
欲成男子身，當發菩提心，所願便成就。

爾時轉女身出家菩薩。從虛空中下頂禮佛足。語其本夫諸居士言。善知識。汝曹皆當發阿耨多羅三藐三菩提心。佛出世難。不生諸難亦復甚難。以大悲心爲諸衆生。發阿耨多羅三藐三菩提心。此亦復難。若人能發菩提之心。則爲供養去來今佛。時諸比丘。語轉女身諸菩薩言。汝曹皆是我等大善知識能教化我等。爲衆生故。發阿耨多羅三藐三菩提心。我等今於佛前發菩提心。願未來世得成爲佛。悉如世尊釋迦牟尼如來阿羅訶三藐三佛陀。爾時轉女身諸菩薩等白佛言。世尊。願爲我等出家。莫如善來比丘出家之法。亦不欲於聲聞人邊而得出家。

爾時世尊。告彌勒菩薩。汝當爲此諸善男子。如法出家。彌勒菩薩白佛言。唯然世尊。當爲出家。爾時無垢光女。詣其母所白言。阿婆當發阿耨多羅三藐三菩提心。若母發心。我爲已報庵婆之恩。母言。我已發心。所以者何。汝於十月在我腹中。從是已來不生慳心破戒心。嗔恚懈怠亂念惡慧邪

見貪欲嗔恚愚痴之心。常歡喜踴躍
身心安樂。恒於夢中見諸如來共比
丘僧。前後圍繞而爲説法。我於是時
心自念言。今我腹中所懷之子。必是
菩薩。我於夢中見於如來身心歡樂。
即發阿耨多羅三藐三菩提心。汝今
勸我。當隨汝語重更發心。爾時無垢
光女。左手之中自然而出上妙寶蓋。
持至母所而白母言。以此寶蓋奉上
如來。當發大願爲諸天世人。作法寶
之蓋。爾時净日夫人。取其寶蓋奉上
如來。發是願言。以此善根。令我將來
爲諸天世人。作法寶之蓋。
爾時世尊。告舍利弗言。此無垢光女。
游戲神通。從無垢稱王佛國。現受女
身來生此間。又舍利弗。此女本是
菩薩。名無垢光。已於阿耨多羅三藐
三菩提。而不退轉。爲成就衆生故現
受女身。非因行業。又舍利弗。汝見是
七十五居士婦皆成男子者不。舍利
弗言。已見。佛告舍利弗。皆是此女前
世父母。舍利弗。無垢光女長夜發願。
若有衆生是我父母者。必當令其於
阿耨多羅三藐三菩提而不退轉。又
舍利弗。此三千大千世界。所有星宿
其數易知。此無垢光女前世父母。受
其勸導修行善法。於阿耨多羅三藐
三菩提而不退轉者。其數難知。爾時
無垢光女。前禮佛足而作是言。一切
諸法無男無女。此言若實。令我女身
化成男子。發此言時。三千大千世界
六種震動。無垢光女女形即滅。變化
成就相好莊嚴男子之身。爾時尊者
舍利弗語無垢光菩薩言。仁者。未得
阿耨多羅三藐三菩提。能作佛事。乃
至如此甚爲稀有。無垢光菩薩。語尊
者舍利弗。誠如所言。諸菩薩摩訶薩。
大誓莊嚴。欲利益成就一切衆生。甚

爲稀有。譬如阿伽樓樹所有華葉。但出阿伽樓香。如是諸菩薩摩訶薩。乃至發一心之善。皆爲阿耨多羅三藐三菩提。恒出佛法功德之香。説是法時。會中萬二千衆生。發阿耨多羅三藐三菩提心。地大震動。虚空諸天雨種種華。諸天樂器不鼓自鳴。咸作是言。此無垢光菩薩。説真浄法。若有衆生聞其法者。深心信樂得大威勢。離衆患難修諸善行。若有女人得聞此經。當知此身最是後邊。所以者何。此經廣説女人之身種種過患。亦廣解説種種諸行。得離女身清浄法故。

爾時世尊告阿難言。汝當受持此經讀誦通利。爲他解説廣令流布。所以者何。阿難。若有女人。以種種珍寶滿閻浮提。施佛世尊。以其善根求離女身復有女人。得聞此經信解歡喜。以其善根求離女身。阿難當知。聞此經名斯則疾矣。阿難白佛言。此經名何等。云何受持。佛言。阿難。此經名轉女人身。亦名無垢光菩薩所問。復名無過稱菩薩道教。當念受持。佛説是已。無垢光菩薩。并他方國土來會菩薩。及無垢光父母。長老阿難。時會諸天乾闥婆阿修羅人非人等。聞佛所説。皆大歡喜。作禮奉行。

佛説轉女身經一卷

經音（此下實音字如本韵内無者，就鄰韵同聲字而借音之，若全無者，但安切脚）

罽（音計）曇（音談）耆（音其）闍（音成）崛（渠物切）闥（他達切）

睺（音後）適（音釋）粗（音粗）强（音狂）震（之刃切）雅（魚賈切）

瞋（音嗔）恚（音位）覆（音副）蔽（音閉）倒（音到）埵（音朵）

耨（奴歟切）貊（彌樂切）肋（音肋）陸（音六）碼（音馬）礎（音休）須（音須）貃（音弁）詣（音議）裸（胡瓦切）慚（音慚）愧（音貴）憍（音嬌）慳（若閑切）懈（音戒）怠（音代）厭（音厭）渡（音杜）鎧（若改切）瓔（音英）

珞（音落）懸（音玄）臾（音餘）誨（音會）怯（音饑）弱（音肉）譽（音喻）諍（音爭）訟（音誦）攀（普班切）蘭（音蘭）若（音惹）逮（音代）稼（音嫁）頗（音叵）狹（音匣）誑（居况切）娛（音愚）樂（音落）偏（音篇）飾（音□）□

協力切憎音增嫌胡兼切暴音瀑戲音戲蟲音蟲臭音臭
村千尊切糞音分涕音弟唾音惰保音寶拳音權打音項
擲音直被音譬擊音計穴胡使切稟彼錦切捀音□春書容切
燉音龍抽田由切毳音墜紡音仿氎音牒役音疫鬘音蠻筋
音斤牽音慾伪危睡切厠初事切屎音矢尿奴吊切捐音緣狼
音郎冢音種柱音處踴音勇躍音藥姊音紫妹音昧洲音周
奪徒活切鄉音鄉袈音加升音升幻音患術音述衢
音渠焰音焰摇音遥書音書礙音尋庵烏舍切腹音覆蓋音蓋
夫女人身者，過患之本，惡業之根，系鏁
三拘纏縛，五障隨情，起染八十四嬌態，
難防觸境生迷一十種惡因，易就同毒
樹而可伐，類蚖虵以寧，親圊厠不堪猛
焰無比是，故應當厭弃女身，故律云十
方國土，有女人處，則有地獄，又稱揚諸
佛功德，經云若能斷弃女人身，則爲
斷絶衆生無量諸苦壞，衆惡行閉絶，三
塗開，泥洹門，故佛世尊説轉女身法經
云：若有讀誦此經，聽聞受持，厭離女身，
速成男子，如不能讀誦但能志心歸
依三寶，或稱佛名號，或念六字神咒，必
離女身，決定無疑，今依諸經僅録於後
弟子某甲南無歸依佛南無歸
依法南無歸依僧
大威德陀羅尼經云：婦人有六種法具足轉
婦女身得丈夫根。何等爲六？歸依佛，歸依法，
歸依僧，護己夫，主不妒嫉
心發願爲先厭惡女身
南無藥師琉璃光佛
藥師琉璃光七佛本願功德經云：若有女
人爲女，衆苦之所逼切，極生厭離，願舍女
身，若聞我名，至心稱念，即於現身轉成男
子，具丈夫相，乃至菩提。又云：若是女人得
聞藥師琉璃光如來名號
心受持，於後不復更受女身
南無阿彌陀佛
無量壽經云：設我得佛，其有女人聞我名
字，歡喜信樂，發菩提心，厭惡女身，壽終之
後復爲女像

者不取正覺
南無寶王大光照佛
金光明長勝王經云：若有女人聞是佛名
者，臨命終時得見，彼佛來至其所見佛
已究竟不復
更受女身
唵麻彌鉢嚨二合銘吽
大悲總持經云：若有女人厭女求男，誦大
悲咒或誦心咒六字咒也不成男子者我誓不取正覺
然准大藏經說轉女身成男子法
門甚多，依諸聖教略陳七種：一者歸依
三寶，二者稱念佛名，三者持誦神咒，四
者造佛形象，五者供佛菩薩師長父母
六者聽聞此經，七者如法修行前之三說門如上已
四造佛形象者，大乘造像功德經云：
佛告彌勒菩薩言：若有女人能造佛像，
永不復受女人之身，五供佛菩薩師長
父母者，此經云若得新好華菓可食之
物，先奉諸佛菩薩，無上福田及師長父
母，然後自食。應作是念，如我今者以新
華菓施與尊重清净福田願離故穢女
人之身，更得新好男子之身，六聽聞此
經者，經云復有女人得聞此經，信解歡
喜以其善根求離女身，聞此經名，斯則
疾矣。又云若有女人得聞此經，當知此
身，最是後邊，七如法修行者，此經廣
說離女身法從一至十增數十法，又云
若有女人能如實觀女人身過者，生厭
離心速離女身，疾成男子。或有不能讀
誦此經者，如上所說七種法門之中隨
修一行，稱一佛名，誦一神咒等，皆得轉
離女人之身，又不唯女人聽聞修習速
離女身，獲諸功德，若有男子聽聞讀誦
修行此法，永離諸難疾證菩提
恭聞竺乾大覺特開甘露之玄門沙
界舍靈普獲真常之寶藏今斯
轉女身經者上乘秘典了義真詮，談
無相無名之妙，心願非男非女之真

性，大權應迹，右肋化生，摧天帝不受，
珠衣挫聲聞直談妙理，慈親獻蓋報
此世之洪恩，諸婦轉形酬多生之育
德，聞經歡喜，定轉女身，信樂受持，速
登聖果，今皇太后羅氏自惟生居
末世，去聖時遥宿植良因，幸逢真教
每思。
仁宗之厚德，仰憑法力，以薦資遂於
二周之忌，晨命工鏤板印造斯典，番
漢共三萬餘卷，并彩繪功德三萬餘
幀，散施國内臣民，普令見聞，蒙益所
鳩勝善伏願
仁宗聖德皇帝抛離濁境安住净方，
早超十地之因，速满三身之果，仍願
龍圖永霸，等南山而崇高帝業長
隆，齊北海而深廣皇女享千春之
福，宗親延萬業之禎，武職文臣恒榮
顯於禄位。黎民士庶克保慶於休祥，
六趣四生，咸捨生死法界，捨識悉證
菩提矣。
天慶乙卯二年九月二十日
皇太后羅氏發願謹施

（十七）俄 TK13《佛説轉女身經一卷》[1]

【題解】

西夏刻本，經折裝，未染麻紙。共 14 折，28 面。高 21.5 釐米，面寬 9.8 釐米。版框高 15.7 釐米，天頭 3.5 釐米，地脚 2.3 釐米。每年 6 行，行 14 字。上下雙邊，宋體，墨色深匀。

轉女身經　十七
爾時轉女身出家菩薩。從虚空中下
頂禮佛足。語其本夫諸居士言。善知
識。汝曹皆當發阿耨多羅三藐三菩
提心。佛出世難。不生諸難亦復甚難。

① 《俄藏黑水城文獻》第一册，第 293—298 頁。

以大悲心爲諸衆生。發阿耨多羅三藐三菩提心。此亦復難。若人能發菩提之心。則爲供養去來今佛。時諸比丘。語轉女身諸菩薩言。汝曹皆是我等大善知識能教化我等。爲衆生故。發阿耨多羅三藐三菩提心。我等今於佛前發菩提心。願未來世得成爲佛。悉如世尊釋迦牟尼如來阿羅訶三藐三佛陀。爾時轉女身諸菩薩等白佛言。世尊。願爲我等出家。莫如善來比丘出家之法。亦不欲於聲聞人邊而得出家。

爾時世尊。告彌勒菩薩。汝當爲此諸善男子。如法出家。彌勒菩薩白佛言。唯然世尊。當爲出家。爾時無垢光女。詣其母所白言。阿婆當發阿耨多羅三藐三菩提心。若母發心。我爲已報菴婆之恩。母言。我已發心。所以者何。汝於十月在我腹中。從是已來不生慳心破戒心。嗔恚懈怠亂念惡慧邪見貪欲嗔恚愚痴之心。常歡喜踴躍身心安樂。恒於夢中見諸如來共比丘僧。前後圍繞而爲説法。我於是時心自念言。今我腹中所懷之子。必是菩薩。我於夢中見於如來身心歡樂。即發阿耨多羅三藐三菩提心。汝今勸我。當隨汝語重更發心。爾時無垢光女。左手之中自然而出上妙寶蓋。持至母所而白母言。以此寶蓋奉上如來。當發大願爲諸天世人。作法寶之蓋。爾時净日夫人。取其寶蓋奉上如來。發是願言。以此善根。令我將來爲諸天世人。作法寶之蓋。

爾時世尊。告舍利弗言。此無垢光女。游戲神通。從無垢稱王佛國。現受女身來生此間。又舍利弗。此女本是菩薩。名無垢光。已於阿耨多羅三藐三菩提。而不退轉。爲成就衆生故現

受女身。非因行業。又舍利弗。汝見是
七十五居士婦皆成男子者不。舍利
弗言。已見。佛告舍利弗。皆是此女前
世父母。舍利弗。無垢光女長夜發願。
若有衆生是我父母者。必當令其於
阿耨多羅三藐三菩提而不退轉。又
舍利弗。此三千大千世界。所有星宿
其數易知。此無垢光女前世父母。受
其勸導修行善法。於阿耨多羅三藐
三菩提而不退轉者。其數難知。爾時
無垢光女。前禮佛足而作是言。一切
諸法無男無女。此言若實。令我女身
化成男子。發此言時。三千大千世界
六種震動。無垢光女女形即滅。變化
成就相好莊嚴男子之身。爾時尊者
舍利弗語無垢光菩薩言。仁者。未得
阿耨多羅三藐三菩提。能作佛事。乃
至如此甚爲稀有。無垢光菩薩。語尊
者舍利弗。誠如所言。諸菩薩摩訶薩。
大誓莊嚴。欲利益成就一切衆生。甚
爲稀有。譬如阿伽樓樹所有華葉。但
出阿伽樓香。如是諸菩薩摩訶薩。乃
至發一心之善。皆爲阿耨多羅三藐
三菩提。恒出佛法功德之香。説是法
時。會中萬二千衆生。發阿耨多羅三
藐三菩提心。地大震動。虚空諸天雨
種種華。諸天樂器不鼓自鳴。咸作是
言。此無垢光菩薩。説真净法。若有衆
生聞其法者。深心信樂得大威勢。離
衆患難修諸善行。若有女人得聞此
經。當知此身最是後邊。所以者何。此
經廣説女人之身種種過患。亦廣解
説種種諸行。得離女身清净法故。
爾時世尊告阿難言。汝當受持此經
讀誦通利。爲他解説廣令流布。所以
者何。阿難。若有女人。以種種珍寶滿
閻浮提。施佛世尊。以其善根求離女
身復有女人。得聞此經信解歡喜。以

其善根求離女身。阿難當知。聞此經名斯則疾矣。阿難白佛言。此經名何。等云何受持。佛言。阿難。此經名轉女人身。亦名無垢光菩薩所問。復名無過稱菩薩道教。當念受持。佛説是已。無垢光菩薩。并他方國土來會菩薩。及無垢光父母。長老阿難。時會諸天乾闥婆阿修羅人非人等。聞佛所説。皆大歡喜。作禮奉行。

佛説轉女身經一卷

經音此下實音字如本韵内無者，就鄰韵同聲字而借音之，若全無者，但安切脚
罽音計曇音談耆音其閣音成崛渠物切闥他達切
睺音後適音釋粗音粗强音狂震之刃切雅魚賈切
瞋音嗔恚音位覆音副蔽音閉倒音到埵音朵
耨奴歟切貊彌樂切肋音肋陸音六碼音馬磋音休須
音須貊音弁詣音議裸胡瓦切慚音慚愧音貴憍音嬌慳
若關切懈音戒怠音代厭音厭渡音杜鎧若改切瓔音英
珞音落懸音玄臾音餘誨音會怯音饜弱音肉譽音喻諍
音争訟音誦攀普班切蘭音蘭若音惹逮音代稼音嫁頗
音叵狹音匣誑居况切娱音愚樂音落偏音篇飾音□□
協力切憎音增嫌胡兼切暴音瀑戲音戲蟲音蟲臭音臭
村千尊切糞音分涕音弟唾音惰保音寶拳音權打音□
擲音直被音譬擊音計穴胡使切稟彼錦切搞音□春書容切
燉音龍抽田由切毳音墜紡音仿氈音牒役音疫鬘音蠻筋
音斤牽音慾伪危睡切厕初事切屎音矢尿奴吊切捐音緣狼
音郎冢音種柱音處踴音勇躍音藥姊音紫妹音昧洲音周
奪徒活切鄉音鄉袈音加升音升幻音患術音述衢
音渠焰音焰摇音遥書音書礙音尋庵烏舍切腹音覆蓋音蓋

夫女人身者，過患之本，惡業之根，系鏁三拘纏縛，五障隨情，起染八十四嬌態，難防觸境生迷一十種惡因，易就同毒樹而可伐，類蚖虵以寧，親圊厠不堪猛焰無比是，故應當厭弃女身，故律云十方國土，有女人處，則有地獄，又稱揚諸佛功德，經云若能斷弃女人身，則爲斷絶衆生無量諸苦壞，衆惡行閉絶，三塗開，泥洹門，故佛世尊説轉女身法經云：若有讀誦此經，聽聞受持，厭離女身，

速成男子，如不能讀誦但能志心歸
依三寶，或稱佛名號，或念六字神咒，必
離女身，决定無疑，今依諸經僅録於後
弟子某甲南無歸依佛南無歸
依法南無歸依僧
大威德陀羅尼經云：婦人有六種法具足轉
婦女身得丈夫根。何等爲六？歸依佛，歸依法，
歸依僧，護己夫，主不妒嫉
心發願爲先厭惡女身
南無藥師琉璃光佛
藥師琉璃光七佛本願功德經云：若有女
人爲女，衆苦之所逼切，極生厭離，願舍女
身，若聞我名，至心稱念，即於現身轉成男
子，具丈夫相，乃至菩提。又云：若是女人得
聞藥師琉璃光如來名號至
心受持，於後不復更受女身
南無阿彌陀佛
無量壽經云：設我得佛，其有女人聞我名
字，歡喜信樂，發菩提心，厭惡女身，壽終之
後復爲女像
者不取正覺
南無寶王大光照佛
金光明長勝王經云：若有女人聞是佛名
者，臨命終時得見，彼佛來至其所見佛
已究竟不復
更受女身
唵麻彌鉢𠰱二合銘吽
大悲總持經云：若有女人厭女求男，誦大
悲咒或誦心咒六字咒也不成男子者我誓不取正覺
然准大藏經説轉女身成男子法
門甚多，依諸聖教略陳七種：一者歸依
三寶，二者稱念佛名，三者持誦神咒，四
者造佛形象，五者供佛菩薩師長父母
六者聽聞此經，七者如法修行前之三説門如上已
四造佛形象者，大乘造像功德經云：
佛告彌勒菩薩言：若有女人能造佛像，
永不復受女人之身，五供佛菩薩師長
父母者，此經云若得新好華菓可食之

物，先奉諸佛菩薩，無上福田及師長父
母，然後自食。應作是念，如我今者以新
華菓施與尊重清净福田願離故穢女
人之身，更得新好男子之身，六聽聞此
經者，經云復有女人得聞此經，信解歡
喜以其善根求離女身，聞此經名，斯則
疾矣。又云若有女人得聞此經，當知此
身，最是後邊，七如法修行者，此經廣
説離女身法從一至十增數十法，又云
若有女人能如實觀女人身過者，生厭
離心速離女身，疾成男子。或有不能讀
誦此經者，如上所説七種法門之中隨
修一行，稱一佛名，誦一神咒等，皆得轉
離女人之身，又不唯女人聽聞修習速
離女身，獲諸功德，若有男子聽聞讀誦
修行此法，永離諸難疾證菩提
恭聞竺乾大覺特開甘露之玄門沙
界含靈普獲真常之寶藏今斯
轉女身經義真詮，談
無相無
性，大權應
珠衣挫聲
【後缺】

(十八) 俄 Φ335《供養偈》[①]

【題解】

宋刻本。白楮紙，上蠟。高 16.5 釐米，寬 19.2 釐米，上殘，地脚 1.6 釐米。共 11 行，行存 9 字。下單邊，寫刻體，墨色淡。已裱。據蘇州戒幢佛學研究所宗舜研究，文出《金光明最勝王經喜生王品第二十一》。與 Дx1447 爲同卷遺物。上下可拼接。

【前缺】
□□□□□□□，合掌一心唱隨喜，
□□□□□□□，身心大喜皆充遍，
□□□□□□□，爲欲供養此經故，

① 《俄藏黑水城文獻》第六册，第 128 頁。

□□□□□□□寶，發願咸爲諸衆生，
□□□□□□葉洲，普雨七寶瓔珞具，
□□□□□□□者，皆得隨心受安樂，
□□□□□□□寶，悉皆充足四洲中，
□□□□□□□須，衣服飲食皆無之，
□□□□□□□王，漸次四洲雨珍貴，
□□□□□□□□，所有遺教苾蒭僧，
□□□□□□□□，即我釋迦牟尼是。
【後缺】

（十九）俄 ДX1447《金光明最勝王經善生品第二十一》[①]

【題解】

宋刻本，白楮紙，上蠟。高 15.1 釐米，寬 20.4 釐米。天頭 3.3 釐米，下殘。共 11 行，行存 7 字。上單邊，寫刻體，墨色深。與 Φ335 爲同卷遺物，上下可拼接。

【前缺】
王即得聞如是法
聞法稀有泪交流
於時國主善生
受持如意末尾
今可於斯贍□
所有匱乏資財
即便遍雨於七
瓔珞嚴身隨所
爾時國主善生
咸持供養寶髻佛
應知過去善生王
【後缺】

（二十）俄 TK310A《佛經》[②]

① 《俄藏黑水城文獻》第六册，第 135 頁。
② 《俄藏黑水城文獻》第五册，第 98 頁。筆者按：該經爲《正法念處經》卷第四十一《觀天品》第六之《二十夜摩天》之六。

【題解】

唐寫本，原卷軸裝，改爲經折裝，未染麻紙。高 24.9 釐米，寬 23.3 釐米。卷心高 19 釐米，天頭 3.4 釐米，地脚 2.5 釐米。共 15 行，行 17 字。上下單邊，楷書，墨色偏淡。

【前缺】
少物施。得物更多。或得十倍。或得八倍。如
是惡食，善人則舍。又舍惡食言惡貪者。所謂法師。説法取物。得
如是物。非三寶用。①
非法中用。人中□□□□□□□□□□□□②
世間法。智者呵毁。智者捨離。
云何名爲天中惡食。汝等天中。如是大樂。猶
故惡食。如是現見此金銀山。毗琉璃山。青寶
之山大青寶山。頗梨山中。汝等一一游戲受
樂。於一山中既受樂已。復嚮餘山。共諸天女
種種受樂。天衆圍繞。如是一切。由貪故爾。非
餘所作。汝等天衆。愛共貪縛。墮於惡道。而不
覺知。不生怖畏。
【後缺】

（二十一）俄 TK326.4《佛説護净經一卷》③

佛説護净經一卷　失譯人　今附東晋録　□字號
佛往昔共阿難行。遇值一池。東西四十裹。南北四十裹。深四十裹。
池中有蟲。其形似科蚪形黑如墨。佛語阿難。識此池中蟲不。答言
不識。佛語阿難。此池中蟲者。十方世界大衆僧。食不净食。
墮此臭穢糞屎池中。常食不净。五百萬世中受此苦惱竟。後復五百萬世
中復墮餓狗中。常食不净。復墮猪中。五百世常食不净。復墮
蜣螂中常食不净。亦五百世得出爲人。常生貧窮家。衣不
覆形。食不充口。常食糠飯。恒饑不足。佛語諸比丘。有
如是者。受罪尤苦。無量無邊。誡語後世末法中諸比丘。不
可不慎。一切衆僧。有住止處。作不净食。不足往食。欲净食者。一
切白衣食。如法著衣持鉢。稱四威儀。如法往造。乞是真比丘。

---

① 闕文如下："此是惡食。則應捨離。又舍惡食言惡貪者。謂出家人。或白象牙所作佛像。或刺綉像。或氎等上畫作佛像。或刻木像。或銅等像。賣如是像。彼是惡食。既得物已。"
② 疑爲"則有如是惡食。妨世間法出"。
③《俄藏黑水城文獻》第五册，第 105—106 頁。

除其邪命。如法活命。佛不妄言。福報如影響。往昔比丘。新得
阿羅漢有結業身有便利患。夜闇上厠。見一比丘。
在厠邊呻吟。阿羅漢語是比丘。汝本好用意人。云何墮餓鬼
中。呻吟如是。餓鬼比丘答言。我餓渴來久。五百餘年。不見
漿水。正欲趣厠用食不浄。護厠鬼神。鐵杖打我。不得
近厠。憶念本曾作比丘。知僧事時。是用觸衆僧浄。食以不浄
食食衆僧。故致此殃。遇值阿羅漢善知識。阿羅漢。爲比丘僧
中。燒香咒願。即免餓鬼。還復人道。佛語諸比丘。不可不慎。一
【後缺】
落二萬夫人婇女。王有慈悲。憐念一切。人民之類。靡不蒙賴。爾
時國中。有火星現。相師尋見。而白王言。若火星現當旱不雨經
十二年。今有此變。當如之何。王聞是語。甚大憂愁。若有此灾。奈何
民物。民命不濟。無復國土。即合群臣。而共議之。衆臣咸曰。當下
諸國計現民口。復令算數倉篅現穀。知定斛斗。十二年中
人得幾許。王從其議。即時宣令。急敕算之。都計算竟。一
切人民。日得一升。猶尚不足。從是已後。人民饑餓。死亡者衆。王自
念曰。當設何計濟活人民。因與夫人婇女。出游園觀。到各休息。王
伺衆眠寐。即從座起。嚮四方禮。因立誓言。今此國人。饑羸
無食。我舍此身。願爲大魚。以我身肉。充濟一切。即上樹端。自①
【後缺】

① 從“落二萬……即上樹端。自”爲《賢愚經設頭羅健寧品丹本爲二十一》的内容。

本書爲教育部人文社會科學研究項目（13YJA730003）成果

俄藏黑水城漢文佛教文獻釋録

下册

吴 超　霍紅霞　校注

學苑出版社

俄藏黑水城漢文佛教文獻律、論部佛經

（一）俄 TK278.2《摩訶僧祇律卷第十五題簽》①

摩訶僧祇律卷第十五發
智清
辭□
清净故
清净
二無

（二）俄 TK276《般若燈論釋觀聖諦品第二十四》②

【題解】

宋刻本，卷軸裝。潢麻紙，細。高 27.5 釐米，寬 43 釐米。版框高 19.5 釐米，天頭 5 釐米，地脚 2.7 釐米。共 22 行，行 17 字。上下單邊，寫刻體，墨色中。中殘損嚴重。

【前缺】
般若燈論釋十四
告大慧。我説一切法空。□□□□□□□□③
空之异名。何以故。因施設□□□□□□□④

① 《俄藏黑水城文獻》第四册，第 368 頁。
② 《俄藏黑水城文獻》第四册，第 366—367 頁。
③ 疑爲“若言從緣生者。亦是”。
④ 疑爲“故。世間出世間法”。

并是世諦所作。如是施設名□□□□□□①
摩訶般若波羅蜜經説。云何□□□□□□②
起無起及有無等邊故。名□□□□□□③
體無起無不起。非有非無。非□□□□□□④
非不空。修中道者。觀□□□□□□□□□□⑤
眼無體。乃至色受想行識□□□□□□□⑥
又如寶積□□□□□□□□□□□□□⑦
邊。離二中間。則無□□□□□□□□□□⑧
名爲得證實相□□□□□□□□□⑨
未曾有一法，不從因□□□□□□⑩法，無不是空者
釋曰。此謂從緣所□□□□□⑪等丈夫畢竟
無體。僧佉人言。□□□⑫等不從緣生。從緣生
法爲出因者。於彼宗中一分之義此義不成。
□□□⑬因之過。論者言。虚空之過已如先説。
□⑭過咎者。今聚汝身難可逃避。云何過咎。如
□⑮偈説。
□□⑯切不空，無起亦無滅，無四聖諦體，過還在汝身
□□□⑰義云何。若苦非空有自體者。則無作
□□⑱作者故。不從緣生。執是有者。世諦之中
□□□□□□⑲第一義耶。以是故。如論偈説。

① 疑爲“字即是中道。如”。
② 疑爲“名中道。謂離有”。
③ 疑爲“爲中道。所謂諸”。
④ 疑爲“常非無常。非空”。
⑤ 疑爲“察之時。不見眼有體。不見”。
⑥ 疑爲“不見體。不見無體”。
⑦ 疑爲“經説。佛告迦葉。有是一邊。無是一”。
⑧ 疑爲“色無受想行識。如是中道”。
⑨ 疑爲“方便。以是故。如論偈説”。
⑩ 疑爲“緣生，如是一切”。
⑪ 疑爲“起物。譬如幻”。
⑫ 疑爲“如虚空”。
⑬ 疑爲“是彼出”。
⑭ 疑爲“大”。
⑮ 疑爲“論”。
⑯ 疑爲“若一”。
⑰ 疑爲“釋曰。此”。
⑱ 疑爲“者。無”。
⑲ 疑爲“亦所不信。何况”。

【後缺】

（三）俄 TK253《瑜伽師地論三十二》[①]

【題解】

宋刻本。蝴蝶裝。無口。未染楮紙。紙幅高 21 釐米，寬 32.5 釐米。版框殘高 17.3 釐米，天頭 3.7 釐米。每半頁 6 行，行存 12 字。上右單邊，左無邊，下部殘損。宋體，墨色深。

【前缺】

瑜伽師地論三十二
無相想無分別想。寂静想。□□□□□
思慕無躁擾想。離諸□□□□□□
又於其中汝當審諦周遍□□□□
亂相。分明現前如如審諦。□□□□
亂不亂相。如是如是汝能了□□□
尋思隨煩惱中所有亂相。及□□□
心一境性隨六想修諸不亂□□□
於此亂不亂相。如是如□□□□□
便能安住一所緣境亦能□□□□
寂止。諸心相續諸心流注。□□□□
無相無分別寂静而轉。又若□□□□
【後缺】

（四）俄 TK166P《佛經殘片》[②]

□起猛力愛重歡□
□□□□□□□□□明
□□菩薩
曼□説於疏
齋更□一善有
初別明□□等聞離
合爲如

① 《俄藏黑水城文獻》第四册，第 322 頁。
② 《俄藏黑水城文獻》第四册，第 58 頁。

之曰欲

（五）俄 A38. II. 2《大乘百法明門論》[①]

大乘百法明門論

大乘百法明門論　本寧分中　略略名數

天親菩薩造　唐三藏法師釋　玄奘譯

如世尊言：一切法無我，何等一切法？云何爲無我？一切法者，
略有五種：一者心法，二者心所有法，三者色法，四者不
相應行法，五者無爲法。一切最勝故，與此相應故，
二所現影故，三位差别故，四所顯示故，如是次第。
第一心法，有八種：一眼識，□□□□□□[②]四舌識，五身
識，六意識，七末那識，八阿賴□□□□□[③]所有法，
略有五種，一遍行有五，二别境有五，三善有十一，四
根本煩惱有六，五隨煩惱有二十，六不定有四。一遍行
有五者：一作有意，二觸，三受，四想，五思。二别境五者：
一欲，二勝解，三念，四摩地，五慧。三善有十一者：一信，
二精進，三慚，四愧，五無貪，六無嗔，七無痴，八輕安，九
不放逸，十行捨，十一不害。根本煩惱有六者：一貪，二
嗔，三慢，四無明，五疑，六不正見。隨煩惱有二十者：
一忿，二恨，三惱，四覆，五誑，六諂，七驕，八害，九嫉，十慳，十一
無慚，十二無愧，十三不信，十四懈怠，十五放逸，十六昏沉，十七
掉舉，十八失念，十九不正知，二十散亂。不定有四者：一睡
眠，二惡作，三尋，四伺。第三色法，略有十一種：一眼，二耳，三鼻，
四舌，五身，六色，七聲，八香，九味，十觸，十一法處所攝色。
第四心不相應行法，略有二十四種：一得，二命根，三衆同分，四异
生性，五無想定，六滅盡定，七無□□□□□□□□□[④]十文
身，十一生，十二老，十三住，十四無常，十五□□□□□□[⑤]异，十七
相應，十八勢速，十九次第，二十時，二十一方，二十二數，二十三
和合性，二十四不和合性。第五□□□□□□□□□□□□□□□□[⑥]
擇滅無爲，三非擇滅無爲，四不動□□□□□□□□[⑦]

① 《俄藏黑水城文獻》第五册，第 375—377 頁。
② 疑爲“二耳識，三鼻識”。
③ 疑爲“耶識。第二心”。
④ 疑爲“想報，八名身，九句身”。
⑤ 疑爲“流轉，十六定”。
⑥ 疑爲“無爲法者，略有六種：一虚空無爲，二”。
⑦ 疑爲“滅無爲，五想受滅無”。

爲，六真如無爲。言無我者，略有二種：一補特伽
羅無我，二法無我。
大乘百法明門論一卷　□□□□□字

（六）俄 TK77《釋摩訶衍論卷第二》①

【題解】

夏或元寫本。綫訂册頁裝。未染麻紙，軟。共 64 整頁。高 20.4 釐米，半頁寬 11.2 釐米。每半頁 7 行，行 18—21 字。楷書，多人所寫，墨色濃匀。有朱筆點句與改補字。與俄 TK78. A38I、A38II 爲同系列寫本。俄 TK79. TK80 與本號字、紙近似，爲同時代同範疇寫本。

釋摩訶衍論卷第二
龍樹菩薩造姚秦三藏筏提摩多奉 詔譯
已説立義分。次説解釋分，解釋分中法門名字其數幾有。
其相云何。頌曰：唯有四種法，餘二十九門，
略不解釋故，九論已説故。
論曰：解釋分中唯釋四法。所餘法門略不別釋。云何爲四。
一者一體摩訶衍。二者三自摩訶衍。三者□□門。
四者生滅門。何故餘法略不解釋。一□□□□九論
中已解釋故。所謂一心遍満論中唯釋四法。所餘法門
略不別釋。云何爲四。一者一體一心摩訶衍。二者三自
一心摩訶衍。三者一體一心門。四者三自一心門。融俗歸
真論中唯釋四法。所餘法門略不別釋。云何爲四。一者
無量無邊諸法差別不增不減體大摩訶衍。二者
寂静無雜一味平等不增不減體大摩訶衍。三者諸法差
別不增不減體大門。四者一味平等不增不減體大門。
法界中藏論中唯釋四法。所餘法門略不別釋。云何爲
四。一者如來藏功德相大摩訶衍。二者具足性
功德相大摩訶衍。三者如來藏功德相大門。四者具足
性功德相大門。秘密微妙論中唯釋四法。所餘法門略不
別釋。云何爲四。一者能生一切世間因果用大摩
訶衍。二者能生一切出世間善因果用大摩
訶衍。三者世間因果用大門。四者出世間善因
果用大門。衆命合一論中唯釋四法。所餘法門略

① 《俄藏黑水城文獻》第二册，第 163—195 頁。

不別釋。云何爲四。一者無量無邊諸法差別不增不減摩訶衍。二者寂静無雜一味平等不增不減摩訶衍。三者諸法差別不增不減門。四者一味平等不增不減門。真如三昧論中唯釋四法。所餘法門略不別釋。云何爲四。一者如來藏功德摩訶衍。二者具足性功德摩訶衍。三者如來藏功德門。四者具足性功德門。心性清净論中唯釋四法。所餘法門略不別釋。云何爲四。一者能生一切世間因果摩訶衍。二者能生一切出世間善因果摩訶衍。三者世間因果門。四者出世間善因果門。不動本原甚深玄理二種論中唯釋一法。所餘法門略不別釋。云何爲一所謂不二摩訶衍法。廣説略説各差別故。何故諸論建立門中備攝本數。散説門中各闕其數。爲欲顯示法體不分義門得別故。復次爲欲令使學者增長思惟力故。復次爲欲令使開示教理甚深極玄。出生尊重賛歎心故。復次爲欲顯示法門廣大如虚空界。義理無窮如澄神海。言説不能具談。思惟不知其量故

已説本數。次當別釋□□。解釋有三種。云何爲三。一者顯示正義。二者對治邪執。三者分別發趣道相。

論曰：如是三門解釋四法大門數量本曰。顯示正義者。依一心法有二種門。云何爲二。一者心真如門。二者心生滅門。是二種門皆各總攝一切法。此義云何。以是二門不相離故論曰：即是略説分。此中有三門。云何爲三。一者建立四種法相門。二者法門該攝圓滿門。三者發起問答顯因門。依一心法有二種門。云何爲二。一者心真如門。二者心生滅門者。即是建立四種法相門。二法二門名字差別。其數幾有其相云何。頌曰：各有十種名，契經异説故，而無有別體，隨能立名故。論曰：二法二門各有十名。諸契經中別別説故。而其法體無有差別。隨彼功能立其名故。二種本法十名其相。云何？頌曰：毗摩訶健那，摩訶鳩屍帝，摩屍，陀那羅，摩迦羅俱舍，必薩伊尼禄，婆伽婆俱舍，必達摩邊那，或名摩訶衍，婆伽叉一婆，必阿素摩利 如是十種名。通二種本法。論曰：二種本法各有十名。名通義別。云何爲十。一者名爲廣大神王。此中有二。云何爲二。一者鳩那耶神王。二者遮毗佉羅神王。第一神王住金剛山。一嚮出生吉祥神衆。第二神王住大海中。遍通出生

一切種種吉祥神衆過患神衆。二種本法廣大神王
亦復如是。一體本法。一嚮出生真如净法。三自本法。
遍通出生一切種種清白品法染污品法故。自體契
經中作如是説。文殊師利前白佛言。世尊甚深極
妙二種大乘。不知不覺同异極疑衆心。如宜世
尊爲衆更説。佛造作相而告文殊言。善男子如是二法。
譬如金剛神王及主海神王其相各差别。謂如金
剛神王住金剛山現諸境界。唯現金光不現餘
光。真如一心金剛神王亦復如是。唯有净法無有
餘法故。又如金剛神王唯出生清净眷屬。嘗不
出生雜亂眷屬。真如一心亦復如是。唯出生無垢
清净法故。復次譬如主海神王住大海中。出生種種
粗惡眷屬種種善妙眷屬。生滅一心主海神王亦
復如是。出生一切染净法故。二者名爲大虚空王。此中
有二。云何爲二。一者空自在空王。二者色自在空王。
第一空王以空容受而爲自在。第二空王以色容
受而爲自在。二種本法亦復如是。一體空王以無住
處而爲自在。三自空王以有住處而爲自在故。金
剛三昧契經中作如是説。一心如法理自體空無。如彼
空王本無住處。一地契經中作如是説。一心法體於諸
障礙。無有障礙令住諸法。譬如空王於一切色。得自
在故容受大種故。三者名爲出生龍王。此中有二。云
何爲二。一者出生光明龍王。二者出生風水龍王。第
一龍王以净光明而爲依止。第二龍王以風水德而
爲依止。二種本法出生龍王亦復如是。一體本法以純
净法而爲其體。三自本法以染净法而爲其德故。
順理契經中作如是説。一心本法純一無雜。譬如光明
龍王以净光明而爲宫殿。以净光明而爲相身。以净
光明而爲徒衆。無始契經中作如是説。譬如大海中
有大龍王。名曰出生風水。從其頭頂出生澄水。從
其尾末出生攝嵐。由是龍王故大海水。風常恒相續
無有斷絶。一心龍王亦復如是。能生一切差别平等
種種諸法。常恒相續無有斷絶故。四者名爲如意
珠藏。此中有二。云何爲二。一者金主如意。二者满主
如意。第一如意唯出金剛。第二如意具足出生善
不善物。二種本法亦復如是。一體如意唯生净法。
三自如意通生染净法故。如如契經中作如是説。佛告
金剛藏菩薩言。佛子譬如金翅鳥王命終。然

後其心入海爲如意珠。能生金沙利益龍王。一心
本法亦復如是。能生真理利圓満者。故本性智契
經中作如是説。譬如遮多利鬼。爲報恩故於一萬劫。
爲如意珠利益海生。一心如意亦復如是。能生長
生死及涅盤法故。五者名爲方寸。此中有二。云何爲
二。一者白毫方寸。二者亂色方寸。第一方寸中
唯現前天像。第二方寸中通現前五趣。如是二毫
衆生身分。顯了分明譬如明鏡。二種本法亦復
如是故。攝無量契經中作如是説。清浄法界如白
必薩伊尼禄。無盡法界如亂必薩伊尼禄故。六者
名爲如來藏。此中有二。云何爲二。一者遠轉遠縛如來藏。
二者與行與相如來藏。實際契經中作如是説。
佛子如來藏者。唯有覺者唯有如如。離流轉因
離慮知縛。一一白白。是故名爲如來之藏。楞伽契
經中作如是説。如來藏者。爲善不善因受苦樂。
與因俱若生若滅。猶如伎兒故。七者名爲一法界。
此中有二。云何爲二。一者純白一法界。二者無盡一
法界。第一法界如空劫時。第二法界如住劫時。真如
法界契經中作如是説。空種無礙如空長時。遍種
無礙如有長時故。八者名爲摩訶衍義如前説。
九者名爲中實。此中有二。云何爲二。一者等住
中實。二者別住中實。第一中實如獨明珠。第二
中實如順明珠。明中實契經中作如是説。離
邊真心。若真如依如异同珠。若生滅依如同异
珠故。十者名爲一心。此中有二。云何爲二。一者是
一是一一心。二者是一切是一切一心。第一一心隨所作
立名。第二一心隨能作立名。一心法契經中作如
是説。爾時舍利弗白佛言。世尊本地修多羅
中作如是唱。其心體性非大非小。非法非非法。非
同非异非一非一切。何因緣故。今日自言真如一心
因一故一。生滅一心因多故一。將非世尊無有前後
相違過耶。佛言善男子莫作如是説。所以者何。心
法非一。因所作一故假名爲一。心法非一切。因所作一切
故假名爲一切。而言一心不説一切心者。隨能作心
立其名故。乃至廣説。是名爲十。如是十名總攝
諸佛一切法藏根本名字，已説二法十種别名。次説
二門名字差别。真如十名，其相云何？頌曰：
婆伽婆俱舍，健遮阿多那，必菩提婆梨

健訶健婆那，阿陀阿雙尼，阿伽阿始耶，
度羅諾補帝，漢呼健那地，摩訶攝陀一，
婆阿叉尼禄，如是十種名，真如不共稱。
論曰：心真如門有十種名。云何爲十。一者名爲如來藏門。無雜亂故。二者名爲不二平等門。無差別故。三者名爲一道清净門。無异岐故。四者名爲不起不動門。離作業故。五者名爲無斷無縛門。無治障故。六者名爲無去無來門。無上下故。七者名爲出世間門。無四相故。八者名爲寂滅寂静門。無往嚮故。九者名爲大總相門。無别相故。十者名爲真如門。無虚伪故。是名爲十。如是十名。總攝諸佛一切法藏平等義理法門名字。生滅十名其相云何。頌曰：
阿梨耶鍵摩，婆伽婆俱舍，阿伊婆那羅，
健訶健雙尼，健伽健始耶，叉叉筏那羅，
羅諾補帝尼，闍縛多涅盤，呵雙伽那屍，
多跋多健舍，如是十種名，生滅不共稱。
論曰：心生滅門有十種名。云何爲十。一者名爲藏識門。攝持一切染净法故。二者名爲如來藏門。覆藏如來法身體故。三者名爲起動門。相續作業故。四者名爲有斷有縛門。有治障故。五者名爲有去有來門。有上下故。六者名爲多相分异門。染净之法過恒沙故。七者名爲世間門。四相俱轉故。八者名爲流轉還滅門。具足生死及涅盤故。九者名爲相待俱成門。無自成法故。十者名爲生滅門。表無常相故。是名爲十。如是十名。總攝諸佛一切法藏種種差别法門，名字已説二門十種别名。次説同异分相門。二種本法同异差别，其相云何。頌曰：
有三异二同，各依門境别，各遍名同故，
同名异義故
論曰：二種本法有三异二同。云何爲三异。一者依异。各有所依摩訶衍故。二者門异。各具能入門差别故。三者境异。各緣自依爲境界故。是名爲三异。云何爲二同。一者遍同。周遍法界等其量故。二者名同。十種名字通二法故。是名爲二同。何故如是。同名异義故。二種法門同异差别其相云何。頌曰：
有七异一同，人法依行體，境界位别故，
异名异義故。

論曰：是二種門有七异一同。云何爲七异。一者人衆异。真如門中唯有清净解脱者故。生滅門中備有三聚諸衆生故。二者法門异。真如門中唯有一嚮清白品故。生滅門中備有一切染净法故。三者所依异。各有所依摩訶衍故。四者行法异。真如門中一心一念生縛。不生以爲其行故。生滅門中以生滅生以滅滅滅。以爲其行故。五者體相异。心真如門與其本等故。心生滅門與其本别故。楞伽契經中作如是説。寂滅者名爲一心。一心者名如來藏故。六者境界异。各緣自依爲境界故。七者位地异。真如門中相雜住故。生滅門中往嚮住故。是名爲七异。云何爲一同。所謂遍同故。何故如是。异名异義故。二門位地何等契經分明顯説。各有幾位。頌曰：

楞伽等契經，真如有一種，生滅門有二，
唯亂上下故。

論曰：二門位地楞伽等契經中明瞭顯説謂大本楞伽契經中作如是説：

回嚮即信心，信心即佛地，佛地即十地，
十地即發心。

分流楞伽契經中作如是説

十地爲初地，初地爲八地，九地爲七地，
七地爲八地，二地爲三地，四地爲五地，
三地爲六地，寂滅有何次。

真修契經中作如是説：

一歲母一時，生五十歲兒，彼五十歲兒，
懷妊一歲母，生五十一歲，大丈夫男子，
或豈如是有，或豈如是無。

如是等諸經依心。真如門建立其位地。於真如門唯有一嚮雜亂住位無有餘位。是故頌曰：唯亂。余契經中次第往嚮種種位地。依生滅門而所安立。應審觀察。於生滅門有二種位。云何爲二。一者嚮上門。二者嚮下門。如是兩門生滅决擇自當顯説。心生滅門正智所證性真如理何門所攝。生滅門所攝。非真如門。分界别故。二門真如復有何别。真如門理理自理故。生滅門理智自理故。二門位地以何義故其理各别。無障有障故。舉是一隅隨

應應觀。已説建立四種法相門。是二種門皆
各總攝。一切法者。即是法門該攝圓满門。
謂以真如門攝一切法。無一一法而非真如。以
生滅門攝一切法。無一一法而非生滅故。然真
如門。不能攝生滅門一切諸法。又生滅門。不能
攝真如門一切諸法。而言總攝一切法者。總
攝生滅一切法故。總攝真如一切法故。所以者
何。如是二門皆悉平等各各別故。已説
法門該攝圓满門。此義云何。以是二門不相
離故者。即是發起問答顯因門。謂直表問
故直説答故已説略説分。次説廣説分本曰。
心真如者。即是一法界大總相法門體。所
謂心性不生不滅。一切諸法。唯依妄念而有差別。
若離心念則無一切境界之相。是故一切法從本已
來。離言説相離名字相。離心緣相畢竟平等。
無有變异不可破壞。唯是一心故名真如以一切言
説假名無實。但隨妄念不可得故。言真如者
亦無有相。謂言説之極。因言遣言。此真如體
無有可遣。以一切法悉皆真故。亦無可立。以一切法
皆同如故。當知一切法。不可説不可念故。名爲真如。問曰。
若如是義者。諸衆生等云何隨順而能得入。答
曰若知一切法。雖説無有能説可説。雖念亦無能念
可念。是名隨順。若離説念名爲得入。復次真如者。
依言説分別有二種義。云何爲二。一者如實空。以
能究竟顯實故。二者如實不空。以有自體具
足無漏性功德故。所言空者從本已來。一切染法不
相應故。謂離一切法差別之相。以無虚妄心念故。
當知真如自性。非有相非無相。非非有相非非
無相。非有無俱相。非一相非异相。非非一相。非非
异相。非一异俱相。乃至總説。依一切衆生以有妄
心。念念分別皆不相應故説爲空。若離妄心實
無可空故。所言不空者。已顯法體空無妄故。即是
真心常恒不變净法满足。則名不空。亦無有相
可取。以離念境界唯證相應故。
論曰：即是廣説分。此中有三門。云何爲三。一者根
本體性真如門。二者發起問答决疑門。三者假
説開相真如門。第一門中即有三門。云何爲三。
一者建立名字門。二者直詮真體門。三者解

釋名字門。心真如者即是一法界大總相法門
體者。即是建立名字門。謂隨功能立其名
故。一心真如各有十名。何故除餘唯立是名。
作業當故。所餘衆名必非如是故略不立。此
義①旁有云何。一心作大業。法作總業。界作相業。故法
之門。門則是體。是故説言法門體。種種別相
率嚮應審。已説建立名字門。次説直詮真體
門。所謂心性不生不滅者。直詮真如門而簡生
滅門。謂真如法非生非滅無生無滅。非住非异
無住無异。非如生滅之法。是生是滅有生有滅。
是住是异有住有异故。以相有無爲差别故。復
次非是言不。非謂是非故言不焉。所以者何。其真
如法百非非非。千是非是。非非非是。於非二亦不
住故。一切諸法唯依妄念而有差別者。且假彼有
顯此是無。謂假生滅門之假有。示真如門之實
無故。若離心念則無一切境界之相者。若離諸戲
論之識。無有一切妄境界故。是故一切法從本已來
離言説相離名字相離心緣相者。直顯示真如
法離絶之相故。言説名字心量各有幾數。其相云何。
頌曰：
言説有五種，名字有二種，心量有十種，契經异説故，
論曰：言説有五。云何爲五。一者相言説。二者夢言説。三
者妄執言説。四者無始言説。五者如義言説。楞伽契
經中作如是説。大慧。相言説者。所謂執著色等諸相而
生。大慧。夢言説者。念本受用虚妄境界。依境
界夢。覺已知依虚妄境界不實而生。大慧。執
著言説者。念本所聞所作業而生。大慧。無始言説者。
從無始來執著戲論。煩惱種子熏習而生。金剛三昧
契經中作如是説。舍利弗言。一切萬法皆悉
言文。言文之相即非爲義。如實之義不可言
説。今者如來云何説法。佛言我説法者。以汝衆生
在生説故。説不可説。是故説之。我所説者義語
非文。衆生説者文語非義。非義語者皆悉空
無。空無之言無言於義。不言義者皆是妄語。如義
語者實空不空。空實不實。離於二相中間不中。
不中之法離於三相。不見處所如如如説故。如是

① 原文有“故”修改爲“義”的痕迹。

五中前四言説。虚妄説故不能談真。後一言説。
如實説故得談真理。馬鳴菩薩據前四故。作如
是説。離言説相。名有二種。云何爲二。一者字字名。二
者字影名。楞伽契經中作如是説。大慧。復次名身
者。所謂諸字從名字差别。從阿字乃至呵字名
爲名身。道品契經中作如是説。鏡中共説名爲
影名故。字有二種。云何爲二。一者依聲字。二者依空
字。楞伽契經中作如是説大慧。復次字身者。謂聲長短
音韵高下名爲字身。大海契經中作如是説。佛
告文殊師利言。汝所前問。云何名爲虚空輪字者。
譬如虚空中飛鳥。逾明耀時出十種和聲。虚空
輪字應如是觀故。如是二中各初一種。不能詮表甚
深真理。各後一種得詮真理故。今據前門作如是説。
離名字相。心量有十。云何爲十。一者眼識心。二者
耳識心。三者鼻識心。四者舌識心。五者身識心。六
者意識心。七者末那識心。八者阿梨耶識心。九
者多一識心。十者一一識心。如是十中。初九種心不
緣真理。後一種心得緣真理而爲境界。今據
前九作如是説。離心緣相。本有契經中作如是
説。甚深真理非餘境界。唯自所依緣爲境界故。
畢竟平等無有變异不可破壞者。顯示三離之
功德故謂一切差别以四種妄言説。而爲根本而轉。一
切外道九種變論十種异執。唯以名字爲本而轉。
一切煩惱破障一切所知壞障。唯以心品爲依轉故。
而真體中離三相故滿三德耳。唯是一心故名真
如者。總結體真如。以一切言説假名無實但隨妄念
不可得故者。顯示三離之因緣故。謂以一切言説
無實。一切假名無實。一切心識但隨妄念不可
得故。不可言説真實理中。不離三相故。虚假之相。
如實之法極相違故。言真如者亦無有相者。第
二轉言遣執著之過。謂愚衆生作如是執。遠離三
相圓滿三德體真如理。雖無假相而有實相。自然
常住决定實有。由如是計墮於常邊無出離
時。是故爲遣如是見故。言言真如者亦無有相。
謂言説之極因言遣言者。直示真如無相之
因緣。謂諸言説極於真如更莫超過。既絶言説。
豈得有相無言。故得因言遣言而已。於是
能遣如如如説。所遣四種虚妄言説。大本維

摩詰契經中作如是説。爾時文殊師利菩薩
摩訶薩。語鳩那阿筏陀多言。我等諸大衆。
皆悉各各隨所自樂。宣説八千一種嚮不二門。
如宜維摩詰爲我等大衆。離言説言説説非
不二不二。除遣假説之垢。於是維摩詰默然無
所説。爾時文殊贊維摩言。善哉善哉居士。如言
説如如耳聽如。善哉善哉斯乃真實不二法門。
斯乃真實不二法體故。已説直詮真體門。次
説解釋名字門。此真如體無有可遣以一切法悉
皆真故者。約真釋名。亦無可立。以一切法皆同如
故者。約如釋名。此文明何義。所謂顯示無有斷
證智故。此義云何。謂斷道起必因治障。不能自
起。而真體中。無有染法而可除遣故。無有能治
之斷道。所以者何。以無有一一法而非真體故。復
次若有障智隨心高下。應可建立一切位地。而如體
中。無有分位而可建立故。無有能立之方便所以
者何。以無有一一法而非如體故。當知一切法不可
説不可念故名爲真如者。總結所上説故，已説
根本體性真如門。次説發起問答决疑門問
曰。若如是義者諸衆生等云何隨順而能得入者。
生疑致問。問者依何等句發何等疑。所謂依不
可説不可念句故。發難隨順之疑。依第二轉言
句故。發難得入之疑。於是隨順之句直疑其因。
得入之句直疑其果。所以者何。善巧言説生長
聞慧隨順方便。聞所成慧生長思慧隨順方
便。思所成慧生長修慧隨順方便。一切善教
極於言説。一切三慧盡於念法。若無言説則無
三慧。若無三慧則無萬行。而真如法不可説故
無有言教。不可念故則無三慧。無三慧故無以
成就十地萬行。諸衆生等以何爲依漸漸進修。
如是疑故。作問而言云何隨順。行因能起果德所
起。若無起因則無能入。若無能入不得所入。能入
謂金剛心。所入謂金剛地而已。無因以何爲門。證
入於如來薩婆若海中。如是疑故。作問而言而
能得入。如是二問依生滅門疑真如門。謂有衆生
作如是疑。如生滅門中斷一切惡修一切善。備足因
行圓満果德。真如門中亦復如是。豈不可
説撥加行善。不可念誹五等位。今舉此意發

如是問。答曰若知一切法雖説無有能説可説雖
念亦無能念可念是名隨順若離説念名爲
得入者。如其次第决彼二疑。所謂隨順自有二
種。云何爲二。一者生滅隨順。二者真如隨順。生
滅隨順中而有其二種。云何爲二。一者嚮上隨順。
二者嚮下隨順。嚮上隨順者。從信乃至金剛。能爲
菩提果隨順方便故。嚮下隨順者。從自性浄
妙藏乃至第一念信。能爲耶耶地隨順方
便故。所言嚮上隨順者。因無常音聲言説。
生長無常之聞慧。因無常之聞慧。生長無
常之思慧。因無常之思慧。生長無常之修慧。
因無常之修慧。生長無常之行德。是名嚮上。所
言嚮下隨順者。因常之行德。生長常之修慧。
因常之修慧。生長常之思慧。因常之思慧。
生長常之聞慧。因常之聞慧。生長常之言説。
是名嚮下。如是二門同時具足無有前後。障
智别相至於文處自當顯説。真如門中作如
是説。不可説者。以無有常無常之音聲言
説故。不可念者。以無有常無常之三慧故。非無
自門之言説及念。作如是説不可説不可念。以此
義故。不可以异門難异門。此有故彼有。彼有
故此有。若爾真如門中言説及念何等相
耶。謂有言説。非常音聲非無常音聲。謂無
能説可説如如如説。復次有念。非常三慧非無
常三慧。謂無能念可念寂滅寂静念。所以者
何。真如門中無有往嚮。雜亂住故。云何名爲真
如隨順。謂若知一切法雖説。無有常説説無無
常説説。無能説説無可説説。是名爲隨順於
真如音聲。若與此相違。是名爲顛倒於真
如音聲。復次若知一切法雖念。無常慧念
無無常慧念。無能念念無可念念。是名爲
隨順於寂滅寂静念。若與此相違。是名爲
顛倒於寂滅寂静念。已説隨順相。次决得
入疑。此中有二。云何爲二。一者生滅得入。二者
真如得入。生滅得入中而有其二種。云何爲
二。一者嚮上得入。二者嚮下得入。言嚮上得入者。即金
剛地。言嚮下者。則耶耶地。須隨順句應審
觀察。真如得入者。則自所依。以何得入。謂是

雜位。云何得入。謂離説念。離何等説念耶。謂
真如門俱非言説及俱非念。是故説言若
離説念名爲得入。第一轉言得成就故。第二
轉疑决斷理明已説發起問答决疑門。次
説假説開相真如門。此中有二門。云何爲二。一
者如實空真如門。二者如實不空真如門。
如實空者。如如體中。過於恒沙一切染法。
皆悉空空無所有故。如實不空者。如如體
中。過於恒沙一切净法。皆悉具足無所少故。如是
二門隨一一具不相捨離。於是應誦玄理頌言。
如彼頌言：遠離三假相，圓満三實德，
以此因緣故，建立體真如，遠離四句相，
圓満四法德，以此因緣故，建立相真如，
一切過患行，三四相爲本，一切功德品，
三四德爲本，以此因緣故，不增亦不減，
止於數量品，作如是安立，今誦此頌本
應持真如門。以離念境界唯證相應故者。
是亂住證非往嚮證已説心真如門。次説心
生滅門本曰。心生滅者。依如來藏故有生
滅心。所謂不生不滅與生滅和合。非一非异
名爲阿梨耶識。此識有二種義。能攝一切法
能生一切法。云何爲二。一者覺義。二者不覺義
論曰：此中有二門。云何爲二。一者所依總相門。二
者能依别相門。此中有二重。住思應觀察。謂
生滅門一心爲依。生滅門攝覺義不覺義。
梨耶爲依故。先説初門。心生滅者者。唱上立
故。依如來藏故者。所依一心。彼多一心亦名如
來藏故。則是上心字下降建立异名故。有生滅
心者。能依法門。謂生滅門故。今當依經如來藏
門分明顯示。如來之藏其數幾有。今如來藏
何所攝耶。頌曰：如來藏有十，契經异説故，
此中如來藏，與行與相攝 論曰：如來藏有
十種。於契經中别别説故。云何爲十。一者大總
持如來藏。盡攝一切如來藏故。諸佛無盡藏契
經中作如是説。佛告文殊。有如來藏。名曰大寶
無盡殊勝圓満陀羅尼。盡攝諸藏無所不通無
所不當。圓満圓満平等平等。一切所有諸如來藏。
無有以此非爲根本。何以故此如來藏。如來藏王

如來藏主。如來藏天如來藏地。以此義故。名曰大
寶無盡殊勝圓滿陀羅尼如來藏故。此經文
明何義。所謂顯示陀羅尼藏所依總相。餘契經中
諸如來藏能依別相故。以何義故名如來藏。謂
攝持故。二者遠轉遠縛如來藏。一清一滿故。實際
契經中作如是説。佛子如來藏者。唯有覺者唯有如如。
離流轉因離慮知縛一一白白。是故名爲如來之藏故。
此經文明何義。所謂顯示真如門一心。無有惑
因無有覺因。無有惑果無有覺果。一真一如唯
有净妙如來體故。以何義故名如來藏。謂
無雜故。三者與行與相如來藏。與流轉力法身
如來令覆藏故。楞伽契經中作如是説。如來藏
者。爲善不善因受苦樂。與因俱若生若滅。猶如
伎兒故。此經文明何義。所謂顯示生滅門一心。於
惑與力於覺與力。出現生死涅槃之法。譬如非
幻幻人於諸幻事。隨其所應與力用故。以何
義故名如來藏。謂令覆故。四者真如真如如來藏。
唯有如故。真修契經中作如是説。如理如理如
來藏。非建立非誹謗。非常非無常。非正體
智之所證得。亦非意意識之所緣境界。何
以故。唯有理理無彼彼故。此經文明何義。所
謂顯示真如門中性真如理。唯理自理非智
自理故。以何義故名如來藏。謂無他故。五者
生滅真如如來藏不生不滅被生滅之染故。
楞伽契經中作如是説。大慧。愚痴凡夫不覺
不知。執著諸法刹那不住。墮在邪見而作是
言。無漏之法亦刹那不住。破彼真如如來藏故。復
次大慧。金剛如來藏如來證法。非刹那不住。
大慧。如來證法若刹那不住者。一切聖人不成
聖人故。此經文明何義。所謂顯示生滅門中性
真如理。遠離無常之相不生不滅之法故。以何義
故名如來藏。謂被染故。六者空如來藏。一切諸
空覆藏如來故。勝鬘契經中作如是説。世尊空
如來藏。若離若脱若异一切煩惱藏故。此經文
明何義。所謂顯示生滅門中一切染法。隱覆自
本覺無量性功德故。以何義故一切染法總名
爲空。所謂一切染法幻化差别。體相無實作
用非真故名爲空。而能隱覆法身如來實德

真體。是故名爲如來之藏。從能藏染立其名故。七者不空如來藏。一切不空被空染故。勝鬘契經中作如是説。世尊不空如來藏。過恒沙不離不脱不异不思議佛法故。此經文明何義。所謂顯示生滅門中自相本覺。備過恒沙一切功德。被過恒沙一切染法之所染故。以何義故一切净法總名不空。所謂一切净法自體中實作用勝妙。遠離虚假超越巧伪。故名不空。被染之覆名如來藏。於出現時名爲法身。於隱覆時名如來藏故。從所藏净立其名故。八者能攝如來藏。無明藏中自性净心。能攝一切諸功德故。不增不減契經中作如是説。如來藏本際相應體及清净法。此法如實不虚妄不離不脱智不思議法。無始本際來。有此清净相應法體故。此經文明何義。所謂顯示一切諸衆生自性清净心。從無始已來具足三智圓満四德無所闕失故。以何義故名如來藏。由顛倒心不知不覺故。從能所净立其名故。九者所攝如來藏。一切染法無明地藏。既乃出離圓満覺者爲所攝故。不增不減契經中作如是説。如來藏本際不相應體。及煩惱纏不清净法。此本際離脱不相應。煩惱纏不清净法。唯有如來菩提智之所能斷故。此經文明何義。所謂顯示始覺満佛。斷一切障具一切智。智明爲外障闇爲内。一切染[1]智所攝持故。以何義故名如來藏。謂攝持故。十者隱覆如來藏。法身如來煩惱所覆隱没藏故。不增不減契經中作如是説。如來藏未來際平等恒及有法。則是一切諸法根本。備一切法具一切法。於世法中不離不脱故。此經文明何義。所謂顯示多一心體。等於法界遍於三際。具足圓満染净諸法。無所不通無所不至故。復次顯示隨緣門中自性净心。於染法中隱藏沉没。法身如來未出現故。是名爲十。如是十中今如來藏。與行與相已説如來藏門。次説阿梨耶識門。所謂不生不滅與生滅和合非一非异名阿梨耶識者。略去分名建立満名。雖義具足言未足故。此中所説不生不滅及與生滅。各何等

① 疑脱文“法”。

法分際云何。頌曰：總攝諸無爲，
名爲不生滅，總攝諸有爲，故名爲生滅。
論曰：總攝一切無爲法故。是故名爲不生不滅。[①] 諸
無爲法之總相故。總攝一切有爲法故。故名生
滅。生滅之言諸有爲法之總相故。如是有爲
無爲二法各有幾數。何等名字。頌曰：
無爲雖無量，略説有四種，謂真如本覺，
始覺與虚空，有爲雖無量，略説有五種，
謂根本無明，及與四相。
論曰：無爲法有四種。云何爲四。一者真如無
爲。二者本覺無爲。三者始覺無爲。四者虚
空無爲。是名爲四。有爲法有五種。云何爲五。
一者根本無明有爲。二者生相有爲。三者住相
有爲。四者异相有爲。五者滅相有爲。是名爲
五。且四無爲以何爲體。有何等用。頌曰：
依各有二種，所謂通及别，如體用亦爾，
隨釋應觀察。論曰：真如無爲有二所依。
云何爲二。一者通所依。非有爲非無爲一心本
法以爲體故。二者别所依。生滅門内寂静理法
以爲體故。本覺無爲有二所依。云何爲二。一者通
所依。非有爲非無爲一心本法以爲體故。二者别所
依。生滅門内自然本智以爲體故。始覺無爲有二
所依。云何爲二。一者通所依。非有爲非無爲一心本
法以爲體故。二者别所依。生滅門内隨他起智
以爲體故。虚空無爲有二所依。云何爲二。一者通
所依。非有爲非無爲一心本法以爲體故。二者别
所依。生滅門内無所有事以爲體故。是名二依。復次
真如無爲有二種用。云何爲二。一者通用。一切諸法
令出生故。二者别用。平等之性令不失故。本覺無
爲有二種用。云何爲二。一者通用。不守自性故。二者别
用。不轉變故。始覺無爲有二種用。云何爲二。一者通
用。隨妄轉故。二者别用。對治自過故。虚空無爲有
二種用。云何爲二。一者通用。欲有令有故二者别用。空
無之性令不失故。是名二用。此中所説通謂他義别
謂自義。依此二言應廣觀察。種種别相至於文處
自當顯説。五種有爲以何爲體。有何等用。頌曰：

① 疑脱文“不生不滅”。

依各有二種，所謂通及別，如體用亦爾，
隨釋應觀察。論曰：根本無明有爲有二
種依。云何爲二。一者通依。非有爲非無爲一心本法以
爲體故。二者別依。生滅門内大力住地以爲體
故。生相有爲有二種依。云何爲二。一者通依。非有
爲非無爲一心本法以爲體故。二者別依。生滅
門内細分染法以爲體故。住相有爲有二種依。云
何爲二。一者通依非有爲非無爲一心本法以爲體
故。二者別依。生滅門内粗分染法以爲體故。异
相有爲有二種依。云何爲二。一者通依。非有爲非
無爲一心本法以爲體故。二者別依。生滅門内粗
分染法以爲體故。滅相有爲有二種依。云何爲
二。一者通依。非有爲非無爲一心本法以爲體故。
二者別依。生滅門内粗分染法以爲體故。是名
二依。復次根本無明有二種用。云何爲二。一者
通用。能生一切諸染法故。二者別用。隨所至
處作礙事故。生相有爲有二種用。云何爲二。一者
通用。於上下中與其力故。二者別用隨所至處
作礙事故。如説生相住异亦爾。滅相有爲有二
種用。云何爲二。一者通用。於上及自與其力故。二
者別用。能作礙事故。是名二用。種種別相至於
文處自當顯説。以何義故作如是説。有爲
無爲一切諸法。通以一心而爲其體。於契經中
如是説故。何等契經。謂道智經。云何説耶。於
彼經中作如是説。爾時文殊師利白佛言。世尊
阿梨耶識。具一切法備一切法。過於恒沙過於恒
沙。如是諸法以誰爲本生於何處。佛言如是有
爲無爲一切諸法。生處殊勝不可思議。何以故。
於非有爲非無爲處。是有爲法是無爲法而能
生故。文殊師利又白佛言。世尊云何名爲非有
爲非無爲處。佛言非有爲非無爲處者。所
謂即是一心本法。非有爲故能作有爲。非
無爲故能作無爲。是故我説生處殊勝不可
思議。復次善男子。譬如庶子有二所依。一者
大王。二者父母。有爲無爲一切諸法亦復如是。
各有二依。謂通達依及支分依。復次善男子。譬
如一切草木有二所依。一者大地。二者種子。有爲
無爲。一切諸法亦復如是。各有二依。謂通達依

及支分依。乃至廣説故。與和合者。即是開
示能熏所熏之差别故。云何開示。所謂顯示染
净諸法。有力無力互有勝劣故。今當作二門分明
顯説。云何爲二。一者下轉門。二者上轉門。生滅門中
不出此二。如是二門云何差别。頌曰：
諸染法有力，諸净法無力，背本下下轉，
名爲下轉門，諸净法有力，諸染法無力，
嚮原上上轉，名爲上轉門。
論曰：由染净諸法互有勝劣故。二種轉門
得成而已。今當先説初下轉門根本無明
以何等法而爲所熏於何時中而作熏事。
頌曰：
所熏有五種，謂一法界心，及四種無爲，
非初非中後，取初中後故，如契經明説。
論曰：根本無明以五種法而爲所熏。謂
一法界及四無爲。熏一法界其相云何。頌曰：
一種法界心，有二種自在，謂有爲無爲，
是根本無明，依於初自在，而能作熏事。
論曰：一法界心有二種自在。云何爲二。一者有
爲自在。能爲有爲法而作依止故。二者無爲
自在。能爲無爲法而作依止故。根本無明依
初自在能作熏事。非後自在。中實契經中
作如是説。根本無明熏自所依分際之量。
非他所依故熏真如法其相云何。頌曰：
真如無爲法，有二種作用，所謂通及别，
如前决擇説，是根本無明，依於初作用，
而能作熏事，余無爲亦爾。
論曰：真如無爲有二種用。謂通及别。如前所
説。根本無明依初作用能作熏事。非後作
用。如説真如余三無爲亦復如是。皆依初用非
後用故。作熏事時量。非初亦非中後。取初中
後故。本智契經中作如是説。大力無明作熏
事時。初及中後一時具取。而非别取故。此中所説
能熏所熏以何義故名言爲熏。謂能引彼法。
而合自體不相捨離。俱行俱轉故名能熏。又
能彼法不作障礙。若隨若順不逆違故。名
爲所熏。謂五有爲法。能熏四種無爲法及一
法界心。所熏五法隨來。而與五能熏共會和合

同事俱轉。是故説言不生不滅與生滅和合。如大無明一心本法爲通依故。依初自在作熏習事。四相有爲應如是知。如大無明依四無爲通達作用能作熏事。四相有爲應如是知。如是等義至自決擇其理分明。非一非异者。即是開示有爲無爲同异差别故。云何開示。所謂顯示一法界心無爲自在。四種無爲别事作用。與一法界心有爲自在。四種無爲通達作用不同理故。名爲非一。爲欲顯示受能熏染法一法界心有爲自在四種無爲通達作用。與能作熏事五種有爲不异理故。名爲非异。復次所熏净法與能薰染法。各差别故名爲非一。能熏所熏俱一心作。無有他故名爲非异。名爲阿梨耶識者。總結圓满字已説下轉門。次説上轉門。若欲成立此上轉門。更應安置經本之辭。所謂楞伽王契經中作如是説。爾時世尊告大衆言。諸佛子我念往昔。於出時中我來依他。於入時中他來依我故。此經文明何義。謂顯示二轉故。云何顯示。謂於出時中我來依他者。即是下轉。於入時中他來依我者。即是上轉。此義云何。我謂則是真如本覺如來藏佛故。來謂受熏之義故。依他者背自本覺依無明他故。依此經文作解釋故。是故説言不生不滅與生滅和合。則是下轉門。若欲成立上轉門者。可言生滅與不生不滅和合。以此義故玄理論中則存斯詞。馬鳴菩薩本阿世耶。比來次第分明顯了。舉一兼一影示而已。是故無有闕失過咎。上轉門義於對治分其理自明。已説上轉門。次説該攝安立門。諸識差别其數幾有。何等契經中各説幾種識。頌曰：

牟尼大覺尊，一代聖説中，總集有十種，
各异説契經，
謂一種爲始，十種而爲終，歸本等契經，
分明顯説故。

論曰：凡集一代諸聖説中异説契經。總有十種。謂從一種識乃至十種識。云何爲十種差别經。一者立一種識總攝諸識。此中有四。云何

爲四。一者立一切一心識總攝諸識。所謂以一心識
遍於二種自在無所不安立故。一心法契經中作
如是說。爾時文殊師利承佛威神之力。即白
佛言。世尊説幾種識。體相如何。當願爲
我分別開示。爾時世尊告文殊言。善哉善
哉文殊師利。爲諸大衆當問此事。諦聽
諦聽善思念之。我當爲汝分別解說。於
是文殊白佛言。善哉世尊願欲樂聞。佛告文
殊言。我唯建立一種識。所余之識非建立
焉。所以者何。一種識者多一一識。此識有種種
力。能作一切種種名字。而唯一識終無餘法。是故
我說建立一種識。所余之識非建立焉故。二者
立阿梨耶識總攝諸識。所謂以阿梨耶識。具足
障礙義無障礙義無所不攝故。阿梨耶識契
經中作如是說。爾時觀自在菩薩即白佛言。世尊
云何名爲通達總相識。以何義故名爲總相。佛告
觀自在菩薩言。所言通達總相識者。即是阿梨
耶識。此識有礙事及非礙事。具一切法備一切法。
譬如大海爲水波等作總相名。以此義故名爲
總相故。三者立末那識總攝諸識。所謂以末那
識具足十一種義無所不攝故。顯了契經中作
如是說。種種心識雖有無量。唯末那轉無有
餘法。所以者何。是末那識具足十一義。無所不作
故。四者立一意識總攝諸識。所謂以意識有七種
轉變自在。隨能作其事故。七化契經中作如是
說。譬如幻師唯是一人。以幻術力變化七人。愚人見
之謂有七人。而智者見唯有一人無餘七人。意識
幻師亦復如是。唯是一識能作七事。凡夫見之謂
有七事。而覺者見唯有意識無餘七事故。是名
建立同一種識四種契經。二者立二種識總攝諸
識。云何爲二。一者阿梨耶識。二者意識。阿梨
耶識者。總舉業轉現三識故。意識者。總舉七種
轉識故。楞伽契經中作如是說。大慧廣説
有八種識。略說有二種。何等爲二。一者了別
識。二者分別事識。乃至廣說故。三者立三種識
總攝諸識。云何爲三。一者阿梨耶識。二者末那識。
三者意識。阿梨耶識者。總舉三相識故。末那識
者。直意根故。意識者。總舉六種轉識故。慈云

契經中作如是説。復次敬首廣説有十種識。
總説有三種識。何者爲三。一者細相性識。二者
根相性識。三者分離相性識。乃至廣説故。四者
立四種識總攝諸識。云何爲四。謂前三中加一心識
故。無相契經中作如是説。識法雖無量不出四
種識。云何爲四。一者所依本一識。二者能依持藏
識。三者意持識。四者遍分別識。乃至廣説故。
五者立五種識總攝諸識。云何爲五。謂前四中加
隨順遍轉識故。大無量契經中作如是説。復次
有識。非彼彼識攝。遍於彼彼識。所謂隨順遍
轉識故。六者立六種識總攝諸識。云何爲六。所
謂眼等五種別識。及第六意識故。四聖諦契經
中作如是説。佛告樹王。我爲小根諸衆生故。以
密意趣作如是唱。但有六識無有餘識。而實
本意。爲欲令知六種識中具一切識。於大衆中作如
是唱故。七者立七種識總攝諸識。云何爲七。謂
前六中加末那識故。法門契經中作如是説。復次
文殊師利識法有七種。云何爲七。所謂六識身及
末那識。如是七識或一時轉或前後轉。復次第
七識有殊勝力故。或時造作持藏之用。或時造
作分別之依故。八者立八種識總攝諸識。云何
爲八。謂前七中加阿梨耶識故。道智契經中作如是
説。心王有八。云何爲八。一者眼識心王。乃至八者异熟
報識心王。種種識法不出此數故。九者立九種
識總攝諸識。云何爲九。謂前八中加唵摩羅識
故。金剛三昧契經中作如是説。爾時無住菩薩
而白佛言。尊者以何利轉。而轉衆生一切情識
入唵摩羅。佛言諸佛如來常以一覺。而轉諸識
入唵摩羅故。十者立十種識總攝諸識。云何爲十。
謂前九中加一切一心識故。法門契經中作如是説。心
量雖無量而不出十識。乃至廣説故。是名十種
异説契經。如是十種於實册中云何該攝。云何安
立。頌曰：

於本論雖明，今更作重釋，將契經散文，
屬斯論總言。

論曰：於本論中。雖分明説。而今爲鈍更作
重釋。將契經文屬當論言。所謂一心法契經
中。總所建立一切一心識。摩訶衍論一法界攝。義如

前說。阿梨耶識契經中。總所建立阿梨耶識。摩訶衍論總阿梨耶攝。所以者何。於本論中作如是說。所謂不生不滅與生滅和合。非一非异名爲阿梨耶識。此識有二種義。能攝一切法能生一切法。云何爲二。一者覺義。二者不覺義故。顯了契經中。總所建立大末那識。摩訶衍論總末那攝。所以者何。於本論中作如是說。復次生滅因緣者。所謂衆生依心意意識轉故。此義云何。以依阿梨耶識。說有無明不覺而起。能見能現能取境界。起念相續故説爲意。此意復有五種名。云何爲五。一者名爲業識。謂無明力不覺心動故。二者名爲轉識。依於動心能見相故。三者名爲現識。所謂能現一切境界。猶如明鏡現於色像。現識亦爾。隨其五塵對至。即現無有前後。以一切時任運而起常在前故。四者名爲智識。謂分别染净法故。五者名爲相續識。以念相應不斷故。乃至廣説故。七化契經中總所建立同一意識。摩訶衍論一分意識攝。説相雖闕具密意故。於本論中作如是説。復次言意識者。即此相續識。依諸凡夫取著轉深。計我我所種種妄執。隨事攀緣分别六塵。名爲意識。乃至廣説故。如是如是彼彼諸經。隨應當處應如如配。已説該攝安立門。次説藏識剖字門。阿梨耶識名字差别其數幾有。契經异説其相云何。何等字義屬何等處。頌曰：有十阿梨耶，契經异説故，
摩訶鍵怛摽，鍵阿屍伽羅，白白唵摩羅，
黑白唵摩羅，羯羅羅鍵摩，縛多提鍵摩，
奢呵那鍵摩，婆阿叉尼禄，白白迦薩羅，
黑白迦薩羅，如是十種識，摩訶衍論中，
分明顯説故，隨應各配屬。

論曰：阿梨耶識總有十種。所以者何。於契經中别别説故。云何爲十。一者名爲大攝主阿梨耶識。所謂即是總相大識。義如前説。二者名爲根本無明阿梨耶識。所謂根本無明别立。以爲阿梨耶故。十種妄想契經

中作如是説。刹奢雙多提王識。直是妄法。不能了達一法界體。一切染法阿梨耶識以爲根本。出生增長無斷絶時。若無提王識。黑品眷屬永無所依不能生長故。此阿梨耶識當何决擇攝。於本論中作如是説。所言不覺義者。謂不如實知真如法一故。不覺心起而有其念。乃至廣説故。三者名爲清净本覺阿梨耶識。所謂自然本智别立。以爲阿梨耶故。本覺契經中作如是説。自體净佛阿梨耶識。具足無漏圓満功德。常恒清净常恒决定。無受熏相無變异相。智體不動具足白品。是故名爲獨一净識故。此阿梨耶識當何决擇攝。於本論中作如是説。復次覺體相者有四種大義。與虚空等猶如净鏡。乃至廣説故。四者名爲染净本覺阿梨耶識。所謂不守自性陀羅尼智。别立以爲阿梨耶故。本因緣起契經中作如是説。爾時光嚴童子即白佛言。尊者以何因緣故。難入未曾有會中作如是説。隨他緣起陀羅尼智名。爲楞伽王識。云何名爲楞伽王。以之爲喻示彼緣起陀羅尼智。於是尊者告光嚴童子言。此楞伽王常在大海摩羅山中。率十萬六千鬼神之衆以爲眷屬。如是諸眷屬皆乘化宫殿游於諸刹。皆悉承賴彼楞伽王。方得游行。所謂諸鬼神衆作如是言。我等神衆無有威德無有氣力。於諸所作無有其能。如宜大王。我等衆中與堪能力。彼楞伽王即隨其時與殊勝力。不相捨離而共轉故。謂楞伽王雖非分身。而能遍満諸神衆中。各各令得全身之量。於一切時於一切處共轉不離。不守自性智亦復如是。能受一切無量無邊煩惱染法鬼神衆熏。不相捨離而俱轉故。以此因緣故。我難入會中作如是説。隨轉覺智名爲楞伽王識故。此阿梨耶識當何决擇攝。於本論中作如是説。自性清净心。因無明風動。心與無明。俱無形相不相捨離。乃至廣説故。五者名爲業相業識阿梨耶

識。所謂根本業相及與業識。別立以爲阿
梨耶故。本性智契經中作如是説。阿梨耶
識無能了作無所了作。不可分析不可隔別。
唯由精動隱流義故。名爲鍵摩故。此阿梨耶
識當何決擇攝。於本論中作如是説。復次依
不覺故生三種相。與彼不覺相應不離。云何
爲三。一者無明業相。以依不覺故。心動説名
爲業。覺則不動。動則有苦。果不離因故。六者
名爲轉相轉識阿梨耶識。所謂能見境界
之相及與轉識。別立以爲阿梨耶故。大無量契
經中作如是説。阿梨耶識有見見轉無見見
起故。此阿梨耶識當何決擇攝。於本論中作如是
説。二者能見相。以依動故能見。不動則無見故。七者
名爲現相現識阿梨耶識。所謂境界之相及
與現識。別立以爲阿梨耶故。實際契經中作
如是説。別异別异現前地轉。相异相异具
足行轉。是故名爲阿梨耶識。復次此阿梨耶
識。真是异熟無記之法。净白相故或名
成就故。此阿梨耶識當何決擇攝。於本論中
作如是説。三者境界相。以依能見故。境界妄
現。離見則無境界故。八者名爲性真如理阿
梨耶識。所謂正智所證清净真如。別立以爲
阿梨耶故。諸法同體契經中作如是説。有識
是識非識識攝。所謂如如阿梨耶識故。此阿
梨耶識當何決擇攝。所謂清净般若質境真
如攝故。九者名爲清净始覺阿梨耶識。所謂
本有清白始覺般若。別立以爲阿梨耶識故。
果圓满契經中作如是説。佛告菩提樹王言。自
然始覺阿梨耶識。當常不離清净本覺。
清净本覺當常不離始覺净識。隨是彼
有。隨彼是有。或非同種或非异種故。此阿梨耶識
當何決擇攝。於本論中作如是説。本覺義
者對始覺説。以始覺者即同□□□□□□□□□□□①
□□□□□□□□□□□□□□□②

---

① 疑爲“本覺故。十者名爲染净始”。

② 疑爲“覺阿梨耶識。所謂隨緣始覺般若”。

別立以爲阿梨□□□□□□□□□[①]如是説。
復次樹王。如始□□□□□□□□□□□□□[②]
覺阿梨耶識。不守□□□□□□□□[③]如是
故。此阿梨耶識當何決擇□□[④]本論中□□□[⑤]
説。始覺義者。依本覺故而有不覺。依□[⑥]覺
故説有始覺。又以覺心原故名究竟覺。不覺
心原故非□□□□□□□□□□□□□[⑦]
至自決擇自□□□□□□□□□□□□□[⑧]
後文中隨次□□□□□□□□□□□□□□□[⑨]
相門。次説總識□□□□□□□□□□□□□□[⑩]
一切法能生一切法。
【後缺】

（七）俄 A38. I《釋摩訶衍論卷第三》[⑪]

【題解】

夏或元寫本。綫訂册頁裝。白麻紙，薄。共 40 個整頁。高 20. 8 釐米，半頁寬 12. 7 釐米。字心高 19. 2 釐米，天頭 0. 9 釐米，地脚 0. 7 釐米。每半頁 8 行，行 20 字。四周單邊，楷書，非一人所寫。墨色濃匀，有校補校改字。有題簽。“明”字有缺筆也有不缺筆。與俄 A38II、TK77. TK78 爲同系列寫本，TK79. TK80 爲同時代範疇寫本。

釋摩訶衍論卷第三
龍樹菩薩造 姚秦三藏筏提摩多奉　詔譯
已説總識攝生圓満門。次説總相剖分散説門本
曰。所言覺義者。謂心體離念相。離念相者等
虚空界。無所不遍法界一相。即是如來平等法

① 疑爲“耶故。果圓満契經中作”。
② 疑爲“覺净識及白净本覺。説染净始”。
③ 疑爲“自性緣起本覺。亦復”。
④ 疑爲“攝。於”。
⑤ 疑爲“作如是”。
⑥ 疑爲“不”。
⑦ 疑爲“究竟覺。乃至廣説故。如是等義”。
⑧ 疑爲“當備演。十種末那六種意識。於”。
⑨ 疑爲“釋故。今略而已。已説藏識剖字門。分”。
⑩ 疑爲“攝生圓満門。此識有二種義。能攝”。
⑪ 《俄藏黑水城文獻》第三册，第 338—358 頁。

身。依此法身説名本覺。何以故本覺義者對始
覺説。以始覺者即同本覺。始覺義者。依本覺故
而有不覺。依不覺故説有始覺。又以覺心原故名究
竟覺。不覺心原故非究竟覺。論曰。於此文中即
有二門。云何爲二。一者略説本覺安立門。二者略説始覺
安立門。本覺門中即有二門。云何爲二。一者清净本覺門。
二者染净本覺門。始覺門中又有二門。云何爲二。
一者清净始覺門。二者染净始覺門。云何名爲清
净本覺。本有法身從無始來。具足圓满過恒沙
德常明净故。云何名爲染净本覺。自性净心受無明
熏。流轉生死無斷絶故。云何名爲清净始覺。無
漏性智出離一切無量無明。不受一切無明熏故。云何
名爲染净始覺。始覺般若受無明熏不能離
故。如是諸覺皆智眷屬。當證何理以爲體分。謂性
真如及虚空理。如是二理各有幾種。各有二故。云何
名爲二種真如。一者清净真如。二者染净真如。
虚空之理亦復如是。云何名爲清净真如。二種
净覺所證真如。離熏習故。云何名爲染净真如。
二種染净覺所證真如。不離熏故。虚空之理亦復
如是。以何義故强名本覺。字事差别其相云何。
頌曰：本覺各有十，體雖同字事，各各差别故，
謂根鏡等義。論曰。本覺各十。云何十本。一者根
字事本。本有法身能善住持一切功德。譬如
樹根能善住持一切枝葉及花果等不壞失故。
二者本字事本。本有法身從無始來。自然性
有不始起故。三者遠字事本。本有法身其有
德時。重重久遠無分界故。四者自字事本。本有
修於萬行，證得法身，本有法身，本曰此法身名本竟者[①]
法身我自成我。非他成我故。五者體字事本。本有
法身爲諸枝德作依止故。六者性字事本。本有法身
不轉之義。常建立故。七者住字事本。本有法身住於
無住無去來故。八者常字事本。本有法身决定
實際無流轉故。九者堅字事本。本有法身遠離
風相。堅固不動若金剛故。十者總字事本。本有
法身廣大圓满。無所不遍爲通體故。是名爲十。
云何十覺。一者鏡字事覺。薩般若慧清净明白

---

① 此行在界欄外。

無塵累故。二者開字事覺。薩般若慧通達顯了無障礙故。三者一字事覺。薩般若慧獨尊獨一無比量故。四者離字事覺。薩般若慧自性解脱。出離一切種種縛故。五者满字事覺。薩般若慧具足無量種種功德。無所少故。六者照字事覺。薩般若慧放大光明。遍照一切無量境故。七者察字事覺。薩般若慧常恒分明無迷亂故。八者顯字事覺。薩般若慧清净體中净品眷屬悉現前故。九者知字事覺。薩般若慧於一切法無不窮故。十者覺字事覺。薩般若慧所有功德唯有覺照。無一一法而非覺故。是名爲十。如是十種本覺字事義。唯依一種大性法身隨義异釋。據其自體無别而已。此中所説二本覺中當何本覺。謂清净本覺。非染净本覺。染净本覺字義差别其相云何。頌曰;

染净本覺中，或各有十義，

前説十事中，各有離性故。

論曰。此本覺中或各有十義。所以者何。前十義中各有不守自性義故。字事配屬依嚮應知。如是二覺同耶异耶。非同同故非异异故。以此義故或同或异。或非是同或非是异。是故皆是皆非而已。以何義故强名始覺。字事差别其相云何。頌曰：

從無始已來，無有惑亂時，

今日始初覺，故名爲始覺，

論曰。從無始來始覺般若。無有惑亂時。而無惑時今始初覺。故名始覺。如是始覺前惑後覺即非始覺。而無惑時理常今常初故。名爲始覺。如是始覺二始覺中當何覺耶。謂清净始覺非染净始覺。染净始覺字事差别其相云何。頌曰：清净始覺智，

不守自性故，而能受染熏，故名染净覺。

論曰：清净始覺雖無惑時。而不守自性故。能受染熏隨緣流轉。以此義故。是故名爲染净始覺。以何義故强名真如。字事差别其相云何。頌曰：性真如理體，

平等平等一，無有一多相，故名爲真如

論曰。性真如理平等平等。唯同一相。亦無一相亦無多相。無一相故遠離同緣。無多相故遠離异緣。以此義故名爲真如。如是真如二種净智親所内證。復次真如各有十義。云何爲十真。一者根字事真。乃至第十總字事真。如是十真十種本義。相應俱有不相捨離。

是故同名表示而已。云何十如。一者鏡字事如。乃至第
十覺字事如。如是十如十種覺義。相應俱有不
相捨離。是故同名表示而已。所以者何。十種真理。本有
法身有德方便。十種如理。薩般若慧有覺方便。以此
義故更重言詞作如是示。此中所説二真如中當何
真如。謂清净真如。非染净真如。染净真如字事差
別其相云何。頌曰：清净真如理，不守自性故，
而能受染熏，名染净真如。
論曰。清净真如從無始來。平等平等自性清净。不
生不滅亦無去來亦無住所。而真如理性不守自性故
隨緣動轉。是故名爲染净真如。如是真如二染净智
親所内證。相應俱有不相捨離。如是等義。觀前所説
比類應知。以何義故强名虚空。字事差別其相云何。
頌曰：虚空有十義，體雖同義事，
各各差別故，謂無礙等義。
論曰。性虚空理有十種義。云何爲十。一者無障礙義。諸
色法中無障礙故二者周遍義。無所不至故。三者平
等義。無簡擇故。四者廣大義。無分際故。五者無相義。
絶色相故。六者清净義。無塵累故。七者不動義。無成
壞故。八者有空義。滅有量故。九者空空義。離空著
故。十者無得義。不能執故。是名爲十。如是十事義用
差別。若據其體無別而已。此虚空理二種净智親所内
證。相應俱有不相捨離。二虚空中當何虚空。謂清净
虚空非染净虚空。染净虚空字事差別其相云何。頌
曰：清净虚空理，不守自性故，而能受染熏，
名染净虚空。論曰：清净虚空具足十德。亦無染，
相亦無净相。而虚空性不守自性故。能受染熏隨緣流
轉。是故名爲染净虚空。能熏所熏建立誹謗等種
種門。至廣説分其理具顯。已説字事門。次説隨釋門。
所言覺義者者。即是總句。從此自下皆是別句。總者通表
一切覺故。別者各各差別説故。就別句中先説清净
本覺清净始覺。次説染净本覺染净始覺。如其次
第説相可見。謂心體離念相者。即是清净本覺。心
謂即是自性清净心。體謂即是本有法身體。如是心
體即名本覺。離念相者。即是顯示清净之義。所謂
遠離大無明念故言離念。遠離四種無常之相故言
離相。過於恒沙煩惱眷屬。此五有爲以爲根本。是故
舉本無。示眷屬皆空。離念相者者。即唱清净本覺人

辭者即人故。等虚空界無所不遍者。如是覺者善
證具足十種德義虚空理故。法界一相者。如是覺者於
所證之真如法界。而共和合。一味一相無差别故。即是如
來平等法身者。善證二種勝妙之理清净覺者。即是
法身如來自性自體故。依此法身説名本覺者。本有
法身自性德中。而作歸依。建立清净本覺稱。故已説
清净本覺。次説清净始覺。何以故者。即請問辭。謂
欲建立清净始覺作如是請。問相云何。謂有衆生
作如是難。本有法身從本已來。具足無量性之功德。
常恒明净常恒自在。依此義故名本覺者。如是本覺
於何時中。何因緣故。具足一切無量功德名本覺耶。
若作是説。此本覺者有大智力。能善斷除一切過患。
具足圓満諸功德者。即此本覺前惑後覺。非本覺
明。即此功德斷已前隱斷已後顯。非自性明。豈惑覺
隱顯。本有之義而得成立。若作是説常斷更不斷。
常具足更不具足。是故應有本斷本德者。此義亦
不成立。無功德過故。謂一切障。從本斷訖更不待斷。一
切功德。從本具足更不待具足覺者。即是始覺非彼
本覺。是故般若波羅蜜中作如是説。若覺者是始覺。
若不覺者即是無明。若離此二者即名爲本覺。
以何義故作如是説。本有法身自性德中。而作歸依
説名本覺。故言何以故。本覺義者對始覺説者。直
决彼疑。謂馬鳴師自通而言。清净本覺。從本已來
不生不滅。非建立有非誹謗無。或非過患或非功德。言
語道絶心行處滅。而有言説。具足圓満過於恒沙無
量性德名本覺者。當知從無始來。而有清净始覺。
發大智力發大定力。於一切時於一切處。常恒對治
過於恒沙無量無邊過患之海。具足圓満過於恒
沙無量無邊功德净品。對此清净始覺者故。立彼清
净本覺之稱。以始覺者即同本覺者。作其所由。
謂以自然始覺與彼本覺同故。得對始覺示本覺故。
如是二覺熏習差别其相云何。頌曰：
清净本始覺，從無始已來，遠離一切染，
湛明若虚空，是故此門中，無能薰染法，
無所熏净法，唯有自家德。
論曰：如是二覺無有能熏所熏差别。唯有自家真
實功德故。此門中不應建立能熏所熏。若如是者
於此門中有何熏義。所謂有熏。染法净法不相待成。

所謂即是具足轉熏。此熏云何。謂白白故。三身本有
契經中作如是説。本有本覺本有始覺。唯有德熏無
患德熏。唯有滿轉無分轉事故。已説清净始覺。次説
離性二覺。始覺義者依本覺故而有不覺依不覺
故説有始覺者。通示二種離性本始。謂依本覺故而有
不覺者。即是離性本覺。依不覺故説有始覺者。
即是離性始覺。此義云何。本覺般若不守自
性故。善受染熏彼諸染法令得住止。即是本覺離
性之義。始覺般若不守自性故。依諸染法如今方
起被彼染誑。即是始覺離性之義。始覺般若能斷
諸障證諸功德。何故説言始覺之智被染誑耶。於
無過法立諸過患。斷除障。故於無德法立諸功德。證
得理故。若爾始覺於何時中而得離妄。極解脱道
時。方得究竟離。於彼時中到無念故。滿分二事下
當顯示已説略説两覺安立門。次説廣説两覺决
擇門，本曰。此義云何。如凡夫人。覺知前念起惡。故能
止後念令其不起。雖復名覺即是不覺故。如二乘觀
智初發意菩薩等。覺於念异念無异相。以舍粗分
別執著相。故名相似覺。如法身菩薩等。覺於念住
念無住相。以離分別粗念相。故名隨分覺如菩薩地
盡。滿足方便一念相應。覺心初起心無初相。以遠離微
細念故。得見心性心即常住。名究竟覺。是故修多羅
説。若有衆生能觀無念者。即爲嚮佛地故。又心起者。無有
初相可知。而言知初相者。即謂無念。是故一切衆生
不名爲覺。以從本來念念相續未曾離念故。説無
始無明。若得無念者。則知心相生住异滅。以無念等
故。而實無有始覺之异。以四相俱時而有。皆無自立。本
來平等同一覺故論曰。即是廣説始覺决擇分。此
文中有二門。云何爲二。一者建立四相門。二者建立隨覺
門。四相門中即有四種。云何爲四。一者粗重過患四相。二
者微細過患四相。三者無常功德四相。四者常住功
德四相。粗四相者即長時故。細四相者即短時故。無常相
者。過患相違始起德故。常住相者。過患相違德常
住有故。隨覺門中即有二門。云何爲二。一者滿覺門。
二者分覺門。滿覺門者。明一覺故。分覺門者。具
足顯示覺不覺故。云何名爲長時四相。從十信位乃至
極解脱道時。方究竟離故。云何名爲短時四相。因
緣有法不過一剎那故。云何名爲始起四相。起滅

滅滅起异异异。起住德住起生德生。是故説言始起四相。
翻過患故名爲功德。今始起故名爲無常。云何名爲
常住四相。今始起德本來有故。云何名爲一種覺耶。
覺與不覺無有二故。云何名爲覺不覺。覺或受
染熏。或不受故。如其次第説相可觀。此中四相有二
次第。云何爲二。一者前後次第。二者俱有次第。
前後者。彼無時中前後差别故。俱有者。彼有時
中前後一時故。彼無時者。據斷時故。彼有時者。據
亂時故。俱有次第其相云何。頌曰：
生住异滅相，如是四種相，一時即前後，非漸次轉得，
一時故俱有，前後故次第，俱故成一相，别故成四相。
論曰。俱有次第四相者。一者生相。二者住相。三者异相。
四者滅相。如是四相或是一時。或是前後。以何義故名
爲一時。由得同故。以何義故名爲前後。粗細别故。非
漸次轉得者。别爲顯示一時義故。以何義故名爲俱
有。由一時故。以何義故名爲次第。由前後故。如是四相
俱有故一。粗細故四。此中一時當何時耶。根本無明熏
真心時。於此時中具起四相。不知不覺一切諸法真
實之性周遍。建立過於恒沙無量煩惱。而能
隱覆自性净心還原無日。是故名爲俱有四相。何
故名生乃至名滅。字義差别其相云何。頌曰：
大無明住地，熏本覺時中，生三種細相，
故名爲生相。論曰。根本無明熏本覺時生三種
相。故名生相。云何爲三。一者獨力業相。二者獨力隨
相。三者俱合動相。獨力業相者。非取無明之體。
取無明之業故。獨力隨相者。非取本覺之體。取本覺之用故。俱合動相者。取和合動相故。總舉
此三故名生相。生相之稱立初生故。住相字義其相
云何。頌曰：智相及相續，住相有四種，
轉相與現相，智相及相續，是名爲四種。論曰：
住相有四。云何爲四。一者轉相。二者現相。三者智相。
四者相續相。是名爲四。如是四相。以何義故説名爲住。
此中住義隨應差别。所謂若據轉相説其住相。而能
住持心識熏習故名爲住相。若據現相説其住相。而能
住持色相熏習故名住相。若據智相説其住相。而能
住持六種漸次分别智相應染故名爲住相。若據
相續相説其住相。而能住持分别事識連
續染污。故名住相。即是細分非粗分故。异相字義
其相云何。頌曰：异相有二種，執取計名字，

如是二種相，直是人執品。論曰。异相有二。云
何爲二。一者執取相。二者計名字相。如是二相直人執
品。如是二相以何義故名爲异相。若據執取説其异
相。能緣一切無量别相。隨其諸相。粗分别識而執能
著。异自成异故名异相。若據名字説其异相。隨相
立名。依其名字而起著。故名爲异相。滅相字義其相云何。頌曰：
滅相有二種，起業及果報，破壞前异心，
令受苦名滅。論曰：滅相有二。云何爲二。一者起業
相。二者業系苦相。如是二相壞前异位令受苦輪。故名
滅相。復次受苦輪時。能滅一切無量善品。故名滅相。
復次發起業時。佛性善根漸漸損滅。故名滅相。已説
俱有。次説前後。其相云何。頌曰：滅异住生相，
如是四種相，隨智力劣勝，有增減不同。
論曰。前後次第者。一者滅相。二者异相。三者住相。四
者生相。如是四相隨智慧量增減不同。此義云何。以
信位人闕一具三。三賢位人闕二具二。於十地中第
九地中闕三具一。第十地中闕粗一分具細一分。如
來地中四相都無究竟清净。是故説言增減不
同已説建立門。次説隨釋門。依彼四相明覺差
别即有五位。云何爲五。一者十信位。二者三□[①]位。
三者九地位。四者因满位。五者果满位。前四位中各
有四事。云何爲四。一者趣嚮行者。二者修行因相。
三者行因果相。四者熏離俱相。第五位中唯有三事。
云何爲三。一者能圓满者。二者對治行相。三者满究
竟相。如其次第説相應觀。第一位言如凡夫人者。即
是趣嚮行者。位在十信。未得不退名爲凡夫。已出邪
定名爲覺者。覺知前念起惡者。即是顯示修行
因相。謂未得入十信已前。二種滅相是大過患不知不
覺。具造種種一切惡業。遍受一切無量苦果。常恒
輪回五趣四生無休息時。而今以承知識妙緣聖
説净則。而能得入十信位中。覺諸惡業是極過失。
知諸苦果是實無樂故。言覺知前念起惡。即是
顯示覺滅相義。故能止後念令其不起者。即是顯示
行因果相。謂此位中始起治道。氣力極弱故名爲
故。發心已去發起治道轉自在故。復次前不覺知
常起惡業。今覺知故有慚愧心不作惡業。滅相

① 疑爲“賢”。

之穢止息不起。雖復名覺即是不覺故者。即是顯
示熏離俱相。所謂覺知滅相之法實是過患。彼
滅相品不作滅事。故言熏離。彼滅相品。無始已來體
性清凈實是功德不知不覺。故言熏俱。此中字句
遠流應至於第十地。復次顯示覺與不覺。互相即
通是一味故。第二位言如二乘觀智初發意菩薩等
者。即是趣嚮行者。位在三賢。於此位中人空無漏。成
就自在無所疑畏。故將二乘同於菩薩總明而已。
復次顯示一切二乘。皆悉修行菩薩之道。證入自在
大覺地之海故。覺於念异者。即是顯示修行因相。謂
二種异相互相與力。而能執取境界之相。發起愛著
尋求名字。分别言相故。是故無厭我我所轉盛攀
緣思慮更增終日無息。而今發起人空般若。建立方
便法空現前。覺知本覺凈心爲無明眠。夢於异相
起一切障。分分漸漸與遠離智而共相應。從彼夢
念得於覺悟。是故説言覺於念异。念無异相者。即是
顯示行因果相。謂始覺正念中。二種异相無所
有故。以舍粗分别執著相者。即是顯示無异相緣。
所謂意識有二分别。而能分别一切諸法。云何爲二。
一者粗分别。二者細分别。粗者起貪嗔等。能善分
别違順境故。細者法執分别。恒流注故。今所遠離彼
粗分别。非細分别。細分别者極喜離故。故名相似
覺者。即是結前。并粗顯示熏離俱相。此中相似義即
有二種。云何爲二。一者异類相似。异類相似者。二乘
相似同類相似者。菩薩相似。二乘人空形三賢空作相
似義。三賢菩薩方便法空。形凈心地作相似義。是
故總言相似覺焉。第三位言如法身菩薩等者。
即是趣嚮行者。位在九地。九地菩薩真如法界以爲
自身。般若實智以爲自心。垢累已出縛障悉
斷。清凈明白無礙自在。是故名爲法身菩薩。覺
於念住者。即是顯示修行因相。謂四種住相於一
切時。而能發起法執分别。離性本覺能令睡眠。本
覺之心夢於住相。不能覺曉狂亂而住。今發始覺
般若之日。照迷亂住相之闇。始覺正智無分别性。
迷亂住相有分别性。有無覺亂極相違故。不能俱
行。如是道理分明現前。是故説言覺於念住。念無
住相者。即是顯示行因果相。以離分别粗念相者。
即是顯示無住相緣。謂四種住相形於彼生相極粗

現故。恐生住際互相雜亂。作如是説止思應觀。如是
如是四種迷亂住相。如其次第。於極喜地過三有地
寂滅净地善慧地中。各離一相。故名隨分覺者。
即是結前。并粗顯示熏離俱相。生相細念未出離
故。第四位言如菩薩地盡者。即是趣嚮行者。此字句中
自有二人。云何爲二。一者因圓満者。二者果圓満者。因
圓満者。學地盡故。果圓満者。無學之果満究竟故
初人對治俱合動相。後人對治獨力業相及大無明。
獨力隨相非斷法故。無對治道。自此已下顯示二種
圓満者焉。満足方便一念相應者。即是顯示因圓満者。
謂此位中即有二種金剛喻定。云何爲二。一者方便金
剛。二者正體金剛無垢行者二種金剛喻三摩提以爲
自體。是故舉道而標彼人。覺心初起心無初相者。即是
顯示果圓満者。大圓鏡智分明現前。無所不通無所
不窮。法界一體無有與等。獨力業相根本無明不能自
有。平等虚空一相無相。無初念故。以遠離微細念故
得見心性心即常住名究竟覺者。即是顯示始覺般
若圓満之相。而得到於無生覺故。是故修多羅説若
有衆生能觀無念者即爲嚮佛地故者。即是引經
贊自所説。如是經文爲證何義。證佛果中證成。
遠離二種念故。云何爲二。一者大無明念。二者細業
相念。如是二念極解脱道一時相翻不能俱行。是
故説言佛果無念。若無妄念當有何念。謂正念故。
云何名正念。十德相應故。云何爲十。一者出離功
德。遠離一切諸難處故。二者同體功德。一切染法歸
於自故。三者常住功德。遠離始有之過失故。四者
一味功德。圓満始覺常本覺故。五者俱離功德。遠
離一切染净法故。六者還轉功德。周遍誕生於諸趣故。
七者無住功德。於一切處無在處故。八者修行功德。爲
諸衆生修萬行故。九者圓満功德。爲諸衆生成覺
道故。十者虚空功德。如前所説種種功德。從本已來
自性皆空無所有故。是名爲十。如是十德與極解脱
初刹那中。俱行俱起無有前後。一時俱轉是名正念。所
引經文不出此義。應審觀察。又心起者無有初相
可知而言知初相者即謂無念者。即是除疑令生
勝解。謂有衆生作如是疑。極解脱道會本覺時微細
初生。知得有耶知得無耶。若知有者。極解脱道當非無念。所以
者何。知有初念有初念故。若知無者。極解脱道當

不能有。所以者何。既無初念。待何念無立解脱道有。如是疑故。今自通言。所知之相從本已來自性空無。能知之智從本已來無有起時。既無所覺之相。亦無能覺之智。豈可得言有細初相智慧可知。而有言説知初相者。即是顯示無念道理。所以者何。法性之理。雖無所知之初起相。亦無能知之始覺智。而能通達無所知相無能知智。無所有覺都非空無。是故今且衣此道理。作如是説知初相耳。是故一切衆生不名爲覺以從本來念念相續未曾離念故説無始無明者。即是成立上無念義。謂金剛已還一切衆生。獨力業相大無明念未出離故。即是顯示一切衆生皆是有念名爲衆生。一切諸佛皆得無念名爲佛故。自此已下顯示始覺境界周遍圓满。謂大覺者已到彼岸。遍知一切無量衆生。一心流轉作四相故。如本。若得無念者即知心相生住异滅故。以何義故如是知耶。得自無念時。一切諸衆生平等得故。如本以無念等故故。以何義故。唯一行者得無念時。一切衆生悉得無念。一一衆生皆悉各各有本覺故。此義云何。謂一行者始覺圓满同本覺時。遍同一切無量衆生本覺心中。非自本覺。所以者何。自性本覺遍衆生界。無所不至故。清净覺者得無念時。一切衆生皆得無念者。清净覺者斷無明時。一切衆生亦可斷耶。若爾何過。若始覺者斷無明時。一切衆生皆得斷者。何故上言金剛已還一切衆生。獨力業相大無明念。未出離故不名爲覺。若諸衆生無始無明未得出離。而與諸佛同得無念者。無念等義。唯有言説無有實義。豈可得言一切衆生皆有本覺亦有始覺。决斷此難即有二門。云何爲二。一者自宗决斷。二者望別决斷。自宗决斷者。此論正宗。爲欲顯示一切衆生。同一相續無差別故。是故可得一修行者無始無明究竟斷時。一切衆生亦同斷盡。一修行者满始覺時。一切衆生亦同得满。是故三身本有契經中作如是説。爾時世尊告文殊師利言。我由二等而成正覺。云何爲二。一者斷等。二者得等。言斷等者。我極解脱道初發起時。一切衆生所有無量無始無明。一時究竟頓决斷故。言得等者。我初成道满始覺時。一切衆生皆满足故。是名二等故。望別决斷者。舉圓满者望衆生界。

無一一法而非清净。舉諸衆生望無上尊。入無明藏無所覺知。皆悉清净無所障礙。無念等義而得成立。入無明藏無所覺知。上所説文無相違過。舉此一隅應廣觀察。自此已下融諸始覺令同本覺謂五十一分满始覺。實無轉勝漸次之异。亦無究竟圓满之極。所以者何。一切始覺四相俱時。而得住止皆自無自立。從本已來一味平等自性圓满。契同無二一相覺故。如本而實無有始覺之异以四相俱時而有皆無自立本來平等同一覺故故。大總持契經中作如是説。悟滅相品始覺般若。有滅相位中而共俱時有。無滅時中始覺隨無。悟异相品始覺般若。有异相位中而共俱時有。無异時中始覺隨無。悟住相品始覺般若。有住相位中而共俱時有。無住時中始覺隨無。悟生相品始覺般若。有生相位中而共俱時有。無生時中始覺隨無。所以者何。一切始覺不能自起。當待染法方得而起。一切染法不能自滅。當待智力方得滅盡。廣説乃至從本已來。一切染法自體空無。而始覺者本無處中作有之解。俱時而轉不名正故已説廣説始覺決擇分。次説廣説本覺決擇分本曰。復次本覺隨染分别生二種相。與彼本覺不相捨離。云何爲二。一者智净相。二者不思議業相。智净相者。謂依法力熏習如實修行满足方便故。破和合識相滅相續心相。顯現法身智淳净故。此義云何。以一切心識之相皆是無明。無明之相不離覺性。非可壞非不可壞。如大海水因風波動。水相風相不相捨離。而水非動性。若風止滅動相即滅濕性不壞。如是衆生自性清净心。因無明風動。心與無明俱無形相不相捨離。而心非動性。若無明滅相續則滅。智性不壞故。不思議業相者。以依智净。能作一切勝妙境界。所謂無量功德之相常無斷絶。隨衆生根自然相應。種種而現得利益故論曰。即是廣説隨染本覺決擇分。於此文中即有二門。云何爲二。一者本有性智清净門。二者業用自在無礙門。第一門中即有二門。云何爲二。一者不守自性隨緣門。二者對治一切業障門。第二門中復有二門。云何爲二。一者隨順機根契當門。二者不動本性常寂門。如是四門隨釋應配。本覺隨染者即是簡句。簡异清净本覺智故。此句爲欲顯示何義。謂爲顯

示受熏義故。直唱本覺受無明熏不守自性。隨緣
無礙俱時轉故。是故名爲本覺隨染。即此字句從所
隨染立名而已。自此已下直顯能隨本覺體相。分別生
二種相與彼本覺不相捨離云何爲二。一者智净相。二者
不思議業相者如是二種殊勝之相。與彼隨染本
覺性智。俱行俱轉不相捨離故。如是本覺智净行
相其相云何。頌曰：破滅一切障，
顯現法性身，實智清净故，名爲智净相。
論曰。斷一切惡修一切善。具足功德圓满智慧。莊嚴法
身名智净相。斷一切障當須何力。須满足力。满
足力者其數幾有。有二種故。云何爲二。一者法力熏
習满足方便力。二者如實修行满足方便力。如是二種
方便之力。從無始來自然常住不始而起。如是二中。依
法力熏習满足方便力故。破根本無明及獨力業相。
依如實修行满足方便力故。滅俱合業相能見相
及與現相分别智相并相續相。破根本無明獨力業
相故。自性身體分明現前。滅俱合相等相續故。般若
實智淳净明白。如本智净相者謂依法力熏習如
實修行满足方便故。破和合識相滅相續心相顯現
法身智淳净故故。何故三賢及十信位元略不顯示。比來
次第分明顯故。何故今此門中。最初對治根本無
明。乃至最後對治滅相。爲欲簡异始覺般若悟次第
故。何故始覺背凡嚮聖。上上去去爲次第轉。隨染本
覺背聖嚮凡。下下來來爲次第轉。以法爾故。如是二轉
當一時耶當前後耶。决定一時即無前後。如是等義
何契經中明瞭顯説。謂證説經。彼契經中如何説耶。
謂彼證説契經中作如是説。爾時陀羅尼菩薩發
十千問問於如來。於是如來即作十萬决疑難答開
菩薩問。如其次第答彼問已即告陀羅尼菩薩言。何
故仁者。一事不問須問餘事。加宜佛子更問開發。
爲自他利問於如來。爾時陀羅尼菩薩。即承
佛威神而白佛言。世尊何因緣故。於大衆中唱如是言：
諦聽諸佛子，我從具縛凡，具經一切地，圓满行因海，
莊嚴大覺果，我從清净地，具經一切地，將一切萬行，
得第一信位，入無明藏海，如是二大事，一時非前後。
我及一切諸大衆海。皆悉懷疑無解脱時。如宜世尊
爲諸佛子。種種方便隨宜開示。爾時世尊告總持言。
諦聽諦聽善思念之。我當爲汝略説其要。善男子此

二大事顯示二種般若覺智。云何爲二。一者始覺般若。
二者本覺般若。善男子始覺般若者。從具縛地漸
漸出離。乃至金剛圓满因行發究竟道。頓斷根本
無明住地。覺日圓照無所不遍。是故名爲始覺般若。
善男子本覺般若者。從清净性漸漸遠離。乃至信
初發究竟智。斷滅相品入無明海隨緣動轉。是故名
爲本覺般若。於是總持及諸大衆聞此語已。覺知
諸法一相一體。亦無一相亦無一體。亦空無言空無言亦
空。而諸法性亦是實相亦是常住。亦是决定亦是實有
故。自此已下别釋散説顯示因緣。此義云何者即是總
問。以一切心識之相皆是無明者。即是總答。所謂種種
諸戲論識。發起種種諸攀缘量。慮知一切無量境界。或
著一切境界之相不捨離者。皆是無明之氣分故。
即是成立上中所説破滅二義。自此已下顯示斷非斷
之差别。此中無明當定可斷耶。當不可斷耶。此何所
疑。若可斷者。本覺之心亦當可斷。何以故。無明染法本
覺性智。俱行俱轉不相捨離。譬如眠士夫及與悟士
夫。俱行俱轉不相離故。亦不可言斬眠士時悟士
不傷。相續一故。亦不可説得悟士時眠士空無。相
續同故。若言异者。過失太故。若不可斷者。自性清
净心常爲無明覆。輪轉五道無出離時。是故若
若言不可斷者。過失亦太。如是無明亦可斷除。亦
不斷除。此義云何。無明本覺有二義故。云何爲二。
一者同體同相義。二者异體异相義。言同義者。一
切諸法皆是理故。言异義者。一切諸法功德過患各
差别故。若據初門不可斷除。若據後門亦可斷除。諸法
無行契經中作如是説。頌曰：
貪欲是涅槃，恚痴亦如是，如是三事中，
有無量佛道，見非見一相，著不著亦然，
此無佛無法，知此名世智。
本性契經中作如是説：
根本無明闇，其力最大故，能障一切智，令得不自住，
斷須般若劍，飾須功德寶，無明海漸竭，法身山徐顯。
如本。無明之相不離覺性非可壞非不可壞故。自
此已下顯示喻説。大海者喻阿梨耶識。此識有二
種義。廣大圓满如大海故。水者喻本覺心。自性清
净心顯了明白。如净水故。風者喻根本無明。根本不覺
能起動轉慮知之識。如彼風故。波動者喻諸戲論

論識。如是諸識遷動流轉。往來無常如海波故。水
相風相不相捨離者。喻真妄相資俱行合轉。謂
本覺心不自起故。當資無明之力方得而起。根本
無明不自轉故。要因真心之力。方得而轉如水不自
作波浪故。當因風之力方得作波。風不自現動相
故。要資彼水方得而現動轉相故。而水非動性者。
喻本覺心離有爲相。謂本覺真心從覺本已來。
遠離動念解脱結縛。體性清净相用自在。而不
守自性故。隨無明之緣作種種相。如水非動性
而不守自性故。隨風之緣作種種波故。若風止滅動
相則滅者。喻根本無明滅戲論諸識皆滅無餘。本
覺斷障先對治根本無明。後對治慮知攀緣之
諸識故。濕性不壞者。喻本覺之智離斷滅法故。謂
無明滅諸識皆盡。本覺真心無有壞滅。如彼風滅
諸波皆息而清白水終不壞滅故。自此已下顯示合
説。如其次第應配屬焉。大海風水從誰而生。謂從
龍王生故。各從何處而生。所謂若水從其頭頂而出。
若風從其尾末而出。何故海水爲風所動。作動種種
波不斷絶耶。謂由二事故。云何爲二。一者有同類大
大種故。二者由法爾故。此義云何。彼水大中亦有風
大。彼風大中亦有水大。互相有故。而共和合作種種
波。常恒相續不斷絶焉。若水大中無彼風大。風當
不能令水動。若風大中無彼水大。水當不能隨風
轉。何以故。以四大種俱生俱轉不相離故。而隨一大
分明現知不了餘大者。增相減相而不同故。復次從
無始來由法爾故。無明本覺亦復如是。大龍王
者。喻一心法。風者喻無明住地。從尾未出者。顯示此
法下劣形相。水者喻本覺真心。從頭頂出者。顯示此
法勝妙形相。彼水大中亦有風大者。喻自性清净
本覺心中有根本無明。彼風大中亦有水大者。喻根
本無明藏中有本覺佛性。此論本意异相爲初
同相爲後。隨釋應觀。諸佛無盡藏契經中作如是
説。煩惱大海中有圓満如來。宣説實相常住之理。本
覺實性中有無明衆生。起無量無邊煩惱之波。
如是大事佛菩薩境界。非凡夫二乘之所能知故。
已説本有性智清净門。次説業用自在無礙門。謂
此門中。本有性智以爲所依。起應化用。爲一切修
行者。顯示種種勝妙色相。爲眼根作境界。出現種

種勝妙音聲。爲耳根作境界。發起種種勝妙芬
香。爲鼻根作境界。出現種種勝妙法味。爲舌根
作境界。發起種種勝妙三昧觸。爲身根作境界。
出現種種甚深法藏。爲意根作境界。如其次第。
光明日月寶德如來。音聲梵響清浄如來。香積
芬流圓満如來。一味無雜平等如來。覺觸分明
顯相如來。智慧明達遍満如來。具足成就隨時
隨處隨機根量。教化利益無礙自在。不動一念遍三
世中。不分一身満十方中而能作佛事故。如本不
思議業相者以依智浄能作一切勝妙境界所謂
無量功德之相常無斷絶隨衆生根自然相應
種種而現得利益故故已説廣説隨染本覺門。次
説廣説性浄本覺門本曰。復次覺體相者。有
四種大義。與虚空等猶如浄鏡。云何爲四。一者如
實空鏡。遠離一切心境界相無法可現。非覺照
義故。二者因熏習鏡。謂如實不空。一切世間境界
悉於中現。不出不入不失不壞常住一心。以一切法即
真實性故。又一切染法所不能染。智體不動具足
無漏熏衆生故。三者法出離鏡。謂不空法出煩惱
礙智礙。離和合相淳浄明故。四者緣熏習鏡。謂依
法出離故。遍照衆生之心令修善根。隨念示現故
論曰：即是廣説性浄本覺分。此四種大義中各
有二義。與彼大義不相捨離。云何爲二。一者等空義。
二者同鏡義。如本復次覺體相者有四種大義與虚空
等猶如浄鏡故。云何名爲如實空鏡。及有二義其
相云何。頌曰：性浄本覺中，遠離慮知如，遠離妄境實，
示遠離義空，鏡摩奢跌娑，舉一示一故。論曰：浄性
本覺之體性中。遠離一切攀緣慮知諸戲論識。成
就一味平等之義故名爲如。遠離一切虚妄境界種
種相分。成就決定真實之相故名爲實。爲欲顯示遠
離之義故名爲空。鏡謂喻名。然此中鏡即喻摩奢跌
娑珠鏡。非餘種種油摩等鏡以爲譬喻。何以故。取
此摩奢跌娑珠鏡安置一處。珠鏡前中或藴種種石。
或藴種種飲食。或藴種種莊嚴具。或藴同類珠鏡。
彼珠鏡中餘像不現。唯同類珠分明顯了故。如實空
鏡亦復如是。於此鏡中唯同自類清浄功德安立集
成。種種异類諸過患法皆遠離故。如本云何爲四。一者
如實空鏡。遠離一切心境界相無法可現故。何故各有

二種義。而唯示同鏡義等。空之義不顯示耶。以舉
一義兼示一義故。若如是者。云何名爲等空之義耶。
謂如虚空清净無染四障所不能覆。廣大無邊
三世所不能攝。如實空鏡亦復如是故。非覺照義者。
即是顯示遠離因緣。謂如彼摩奢趺娑珠鏡中。石等
諸像不現前者。石等諸法皆鄙穢故。此本覺珠鏡中。
種種妄法不現前者。一切染法皆悉是無明不覺之
相。無照達義故。云何名爲因熏習鏡。及有二義其
相云何。頌曰：性净本覺智，三種世間法，
皆悉不捨離，爲一覺熏習，莊嚴法身果，
故名因熏習，鏡輪多梨花，空容受遍一。
論曰：性净本覺三世間中皆悉不離。熏習彼三而爲
一覺。莊嚴一大法身之果。是故名爲因熏習鏡。云何
名爲三種世間。一者衆生世間。二者器世間。三者智正
覺世間。衆生世間者。謂异生性界。器世間者。謂所依
止土。智正覺世間者。謂佛菩薩。是名爲三。此中鏡
者。謂輪多梨花鏡。如取輪多梨花。安置一處同集
諸物。由此花熏一切諸物皆悉明净。又明净物花
中現前皆悉無餘。一切諸物中彼華現前亦復無餘
因熏習鏡亦復如是。熏一切法爲清净覺令平
等故。復次虚空義者。即有二種。云何爲二。一者容受
義。二者遍一義。容受義者。容受諸色無障礙故。遍
一義者。種種諸色唯同一種大虚空故。如本二者因熏
習鏡謂如實不空一切世間境界悉於中現故。如是本覺
從無始來遠離四種過。自性清净常住一心。云何爲四。
一者遠離不遍之過。三種世間不出本覺清净鏡故。
如本不出故。二者遠離雜亂之過。一切諸法不入本覺清
净鏡故。如本不入故。三者遠離過患之過本覺鏡中現
前諸法。無不本覺净功德故。如本不失故。四者遠離無
常之過。本覺鏡中現前諸法。無不常住無爲智故。如本
不壞故。遠離邊過圓満中實。是故説言常住一心。自此
已下顯示因緣。何因緣故本覺智中種種諸法。如彼本覺
離諸過耶。種種諸法皆悉無不真實體故。如本以一切
法即真實性故故。自此已下作緣決疑。謂有衆生作如
是疑。三世間中衆生世間無明染法具足圓満。流轉遷
動無休息時。如是世間現本覺者。不可得言本覺清
净遠離諸過。以此義故今通而言。又一切染法所不能染。
般若實智其體不動。自性清净具足無漏。常恒熏習

衆生世間令清净故。如本又一切染法所不能染智體
不動具足無漏熏衆生故故。云何名爲法出離鏡。及有二
義其相云何。頌曰：如實不空法，出離三過失，
圓滿三種德，故名法出離，鏡消練頗梨，空出離色義。
論曰：無漏性德。出離三過圓滿三德。名法出離。云何名爲
三種過失。一者無明染品。名煩惱礙。二者根本無明。名爲
智礙。三者俱合轉相。名戲論識。是名爲三。如是三過究
竟離故。名爲出離。如本三者法出離鏡謂不空法出
煩惱礙智礙離和合相故。云何名爲三種功德。一者淳成
就功德。二者净成就功德。三者明成就功德。是名爲三。如
本淳净明故故。出離何過圓滿何德。謂出離煩惱礙
圓滿净成就功德。出離智礙圓滿明成就功德。出離和
合轉相圓滿淳成就功德。何以故相對法爾故。此中鏡者
謂頗梨珠。譬如頗梨珠淪深泥中。即便涌現出離彼泥。外
騰一丈量。若置濁水中驅渾成塵累。唯止清水安住其
中。若置福多伽林中。出現香氣礙彼穢香。遠去而住。法
出離鏡亦復爾故。此中喻詮者。喻自體净義。住思應觀。
等空義者。出離色義。謂如虚空遠離大種一嚮清净。法
出離鏡亦復爾故。云何名爲緣熏習鏡。及有二義其相
云何。頌曰：於無量無邊，諸衆生緣中，出無量無邊，
殊勝應化身，熏習衆生心，出生諸善根，增長两輪花，
莊嚴法身果，故名緣熏習，鏡碧中頗梨，空隨順成義，
如法應觀察。論曰：譬如取頗梨珠安置一處。周匝積
集種種色珠。彼頗梨珠隨嚮珠色現前轉變。緣熏習
鏡亦復爾故。又譬如虚空有自在力故。於一切所作之事
中隨順成立。緣熏習鏡亦復如是。於一切衆生修行
之事中。隨應建立故。如本四者緣熏習鏡謂依法出離
故遍照衆生之心令修善根隨念示現故故。如是四種
大鏡大義。遍一切衆生界一切二乘界。一切菩薩界一切
如來界中。無不住處無不照處。無不通處無不至處。具足圓
滿具足圓滿。

釋摩訶衍論卷第三

（八）俄 A38. II. 1《釋摩訶衍論卷第五》①

①《俄藏黑水城文獻》第五册，第 359—375 頁。

【題解】

夏或元寫本。綫訂册頁裝。白麻紙，薄。共 33 個整頁，1 個半頁。高 21.6 釐米，半頁寬 13.5 釐米。每半頁 8 行，行 20 字。四周單邊，楷書，非一人所寫。墨色濃匀，有校補校改字。有題簽。“明”字有缺筆也有不缺筆。（2）大乘百法明門輪，共 1 個整頁，2 個半頁。每半頁 9 行，行 20 字。楷書，墨色濃匀。

與馬鳴菩薩造起信正論
龍樹菩薩造於十論總標百本經文雖十訶經該一代義包五教
利鈍千門登，海納百於川
尚面金龍進賨
釋摩訶衍論卷第五
龍樹菩薩造 姚秦三藏筏提摩多奉 詔譯
自此已下顯示生滅之相差別。本曰：復次
分別生滅相者。有二種。云何爲二。一者粗與心相
應故。二者細與心不相應故。又粗中之粗凡夫境
界。粗中之細及細中之粗菩薩境界。細中之細
是佛境界。此二種生滅。依於無明熏習而有。
所謂依因依緣。依因者不覺義故。依緣者妄
作境界義故。若因滅則緣滅。因滅故不相
應心滅。緣滅故相應心滅。問曰若心滅者云
何相續。若相續者云何説究竟滅。答曰所言滅
者。唯心相滅非心體滅。如風依水而有動
相。若波水滅者則風斷絶無所依止。以水不滅
風相相續。唯風滅故動相隨滅。非是水滅無
明亦爾。依心體而動。若心體滅則衆生斷絶無
所依止。以體不滅心得相續。唯痴滅故心相隨
滅。非心智滅。論曰：則此文中自有五門。云何爲五。一
者標釋俱成示相門。二者率相屬當假人門。三者顯示
粗細所依門。四者本覺對治次第門。五者發起
問答決疑門。言標釋俱成示相門者。粗重生
滅與心相應故。微細生滅與心不相應故。云何
名爲粗重生滅。當與何識而相應耶。謂末末故。
與分別事識而共相應故。云何名爲微細生滅。當
與何識而不相應耶。所謂末故與三位本識而不
相應故。馬鳴菩薩依何經本作此解釋。謂楞伽
經。彼契經中如何説耶。謂一本分流楞伽契經中
作如是説。爾時大慧菩薩摩訶薩復白佛言。世尊識
有幾種生住滅。佛告大慧。諸識有二種生住滅。非

思量所知。諸識有二種生。謂流注生及相生。有
二種住。謂流注住及相住。有二種滅。謂流注滅及
相滅。又一本分流楞伽契經中作如是說。大慧。諸識
有二種滅。何等爲二。一者相滅。二者相續滅。有
二種生。何等爲二。一者相生。二者相續生。有二種住。何
等爲二。一者相住。二者相續住。又大本楞伽契經
中作如是說。爾時文殊師利即白佛言。世尊諸心識
法。有幾無常之相。佛告文殊。若第一有縛細識。
有上品非離生滅。若中轉有縛細識。有中品非離
生滅。若遠轉縛細識。有下品非離生滅。如
遍分別粗識。有分離面鏡非離生滅。如是三本楞伽
契經爲明何義。爲欲顯示粗重微
細二種生滅差别相故。於契經中唯出名字不
示其義。以此義故馬鳴菩薩。分契不契顯示粗
細二種生滅。如本復次分别生滅相者則有二種。云
何爲二。一者粗與心相應故。二者細與心不相應故
已説標釋俱成示相門。次説率相屬當假人門。此中
假人即有三種。云何爲三。一者不退凡夫。二者分
清净者。三者满清净者。是名爲三。初人以何相
應而爲自境界耶。謂執相應染以爲自境界故。如本
又粗中之粗凡夫境界故。中人以何等染而爲
自境界耶。謂後二相應初二不相應。及業識之一
分以爲自境界故。如本粗中之細及細中之粗菩
薩境界故。後人以何不相應染爲自境界耶。謂
俱合動相之一分。及獨力業相之全分以爲自境
界故。如本細中之細是佛境界故已説率相屬當
假人門。次説顯示粗細所依門。此中所依即
有二種。云何爲二。一者是通。二者是别。通者二種生滅。
皆以無明爲所依故。别者二種生滅如其次第。
各因及緣爲所依故。如本此二種生滅依於無明熏
習而有所謂依因依緣。依因者不覺義故。依緣
者妄作境界義故故。今此論文依何經起。謂楞伽經。
彼契經中如何説耶。謂分流楞伽契經中作如是
説。大慧。不思議熏及不思議變。是現識因。取種種
塵及無始妄想熏。是分别事識因。又大本楞伽
契經中作如是説。復次不離染因者。可思議熏
不可思議熏。及可思議變不可思議變。復次分
離染因者。種種猛風。妄想現鏡識乃至廣説。何

法名爲不思議熏。所謂即是根本無明。以何義
故名不思議熏。謂甚深故。云何甚深。謂金剛還
一切衆生不了此處。是故名爲不思議熏。如熏
變亦爾故大本經中作如是説。可思議不可思
議者。就金剛還上之人故已説顯示粗細所依門。
次説本覺對治次第門。謂本覺智根本無明
爲始。滅相爲終。如其次第漸對治故。然此中斷不
捨無明以爲其斷。非以斷除而爲斷故。若爾云
何斷義成耶。謂斷煩惱心。斷除不起故。是名本覺
治道次第。如本若因滅則緣滅。因滅故不相應心
滅。緣滅故相應心滅故。已説本覺對治次第門。次
説發起問答决疑門。即此門中自有二意。云何
爲二。一者兩難閉關門。二者開通决疑門。文相可
見。本覺明智斷根本無明。三種細染永滅不起。已
三細無六粗之心亦不能起。三六種心永滅不起。
本覺性智不能自有。所以者何。三六種心但非
無明。亦本覺俱。真妄和合名三六心故。然若言
三六心滅者。本覺同滅無所有也。豈可得言本
覺之心而得相續至於邪定。故言問曰若心滅者云
何相續。即是初關。若言本覺是功德法非斷之
法。常恒相續無斷絶者。豈可得言三六種心永
滅不起。故言若相續者云何説究竟滅。即是第
二關。自此已下作釋决疑。文相明故不須重釋從
上已來。生滅之相决擇分已焉。自此已下顯示染净
相熏相生不斷絶義。本曰。復次有四種法熏習義
故。染法净法起不斷絶。云何爲四。一者净法。名爲真
如。二者一切染因。名爲無明。三者妄心。名爲業識。四者
妄境界。所謂六塵。熏習義者。如世間衣服實無於
香。若人以香而熏習故則有香氣。此亦如是。真如净
法實無於染。但以無明而熏習故則有染相。無明
染法實無净業。但以真如而熏習故則有净用。
云何熏習起染法不斷。所謂以依真如法故有於無明。以
有無明染法因故。即熏習真如。以熏習故即有妄心。
以有妄心故即熏習無明。不了真如法故。不覺念
起現妄境界。以有妄境界染法緣故。即熏習妄
心。令其念著造種種業。受於一切身心等苦。此妄
境界熏習義即有二種。云何爲二。一者增長念熏
習。二者增長取熏習。妄心熏習義有二種。云何爲

二。一者業識根本熏習。能受阿羅漢辟支佛一切
菩薩生滅苦故。二者增長分別事識熏習。能受凡夫
業系苦故。無明熏習義有二種。云何爲二。一者根
本熏習。以能成就業識義故。二者所起見愛
熏習。以能成就分別事識義故。云何熏習起净法不
斷。所謂以有真如法故。能熏習無明。以熏習因緣力
故。則令妄心厭生死苦樂求涅盤。以此妄心有厭求
因緣故。即熏習真如自信己性。知心妄動。無前境
界。修遠離法。以如實知無前境界故。種種方便起
隨順行不取不念。乃至久遠熏習力故。無明即滅。以
無明滅故心無有起。以心無起故境界隨滅。以因緣俱滅故
心相皆盡。名得涅盤成自然業。妄心熏習義有
二種。云何爲二。一者分別事識熏習。依諸凡夫二乘人等。
厭生死苦隨力所能。以漸趣嚮無上道故。二者意熏
習。謂諸菩薩發心勇猛速趣涅盤故。真如熏習義
有二種。云何爲二。一者自體相熏習。二者用熏
習。自體相熏習者。從無始世來具無漏法。用
熏習者。備有不思議業作境界之性。依此二義
恒常熏習。以有熏習力故。能令衆生厭生死苦
樂求涅盤。自信己身有真如法發心修行。問曰若如
是義者。一切衆生悉有真如等皆熏習。云何有
信無信無量前後差别。皆應一時自知有真如
法。勤修方便等入涅盤。答曰真如本一而有無量
無邊無明。從本已來自性差别厚薄不同故。過恒
河沙等上煩惱依無明起差别。我見愛染煩惱依
無明起差别。如是一切煩惱依於無明所起。前後無量差别。
唯如來能知故。又諸佛法有因有緣。因緣具足乃得
成辦。如木中火性是火正因。若人無知不假方便。能自
燒木無有是處。衆生亦爾。雖有正因熏習之力。若不值遇於諸
佛菩薩善知識等。以之爲緣能自斷煩惱。入涅盤
者則無是處。若雖有外緣之力。而内净法未有
熏習力者。亦不能究竟厭生死苦樂求涅盤。若因
緣具足者。所謂自有熏習之力。又爲諸佛菩薩等
慈悲願護故。能起厭苦之心。信有涅盤修習善根。以
修善根成就故。則值諸佛菩薩示教利喜。乃能
進趣嚮涅盤道。用熏習者即是衆生外緣之力。
如是外緣有無量義。略説二種。云何爲二。一者差
别緣。二者平等緣。差别緣者。此人依於諸佛菩薩

等。從初發意始求道時乃至得佛。於中若見若念。或爲眷屬父母諸親。或爲給使。或爲知友。或爲怨家。或起四攝。乃至一切所作無量行緣。以起大悲熏習之力。能令衆生增長善根。若見若聞得利益故。此緣有二種。云何爲二。一者近緣。速得度故。二者遠緣。久遠得度故。是近遠二緣分别復有二種。云何爲二。一者增長行緣。二者受道緣。平等緣者。一切諸佛菩薩皆願度脱一切衆生。自然熏習恒常不捨。以同體智力故。隨應見聞而現作業。所謂衆生依於三昧。乃得平等見諸佛故。此體用熏習分别復有二種。云何爲二。一者未相應。謂凡夫二乘初發意菩薩等。以意意識熏習。依信力故而修行。未得無分别心與體相應故。未得自在業修行與用相應故。二者已相應。謂法身菩薩得無分别心。與諸佛智用相應。唯依法力自然修行。熏習真如滅無明故。復次染法從無始已來熏習不斷。乃至得佛後即有斷。净法熏習即無有斷盡於未來。此義云何。以真如法常熏習故。妄心即滅法身顯現。起用熏習故無有斷。論曰。即此文中自有五門。云何爲五。一者總標綱要門。二者立名略示門。三者通釋熏習門。四者分剖散説門。五者盡不盡别門。第一門中自有六意。云何爲六。一者相待相成似有意。謂欲顯示染净諸法。皆悉相待而得成立。無有唯自建立法故。二者本無性空非有意。謂欲顯示染净諸法種種名字。於本無中權假建立。一切皆悉非自名故。三者相待相成顯空意。謂欲顯示染净諸法由相觀故。從本已來無有自體自性空故。四者自然虚空無礙意。謂欲顯示一切諸法。非有非有故自然作空。非礙非礙故常作無障礙義故。五者非作非造自然意。謂欲顯示一切諸法。有佛無佛相熏相生無斷絶義。法爾道理性如是故。六者不守自性無住意。謂欲顯示一切諸法。作緣起陀羅尼義故。總標如是等無量義。故名爲總標綱要門。如本復次有四種法熏習義故。染法净法起不斷絶故已説總標綱要門。次説立名略示門。於此門中即有二門。云何爲二。一者净真法相門。二者染妄法相門。所言真者。自性清净本覺藏智。所言妄者。離脱體相本上無明。

染妄門中即有三種。云何爲三。一者無明。二者業識。
三者境界。一真三妄如是四法。能作熏事本數
名字。今此文中舉一。後有并兼中有。應審觀察。
所以者何。一切染法皆悉有熏習之事故。如本
云何爲四。一者净法名爲真如。二者一切染因名
爲無明。三者妄心名爲業識。四者妄境界所謂
六塵故已説立名略示門。次説通釋熏習門。於此
門中即有二門。云何爲二。一者比量譬喻善巧門。二者
法喻合説安立門。比量譬喻善巧門者。譬如衣服從本已來。
亦無芬香亦無鄙香一嚮無氣。而
士夫衆入於班多伽耶娑叉提鄔林時。會末耶提以熏
習故而有穢香。入於梵檀只多那林時。陀摩鍵多
以熏習故而有香氣故。如本如世間衣服實無
於香若人以香而熏習故則有香氣故。法喻合説
安立門者。勝義道理亦復如是。自性清净無漏性德。
從無始來一嚮明白。亦無垢黑亦無染污。而以無明而
熏習故則有垢黑。無明藏海從無始來一嚮闇黑。亦
無智明亦無白品。而以本覺而熏習故則有净用。
如是染净但是假立。染非實染净非實净。皆是幻
化。無實自性。如本此亦如是。真如净法實無於染。但
以無明而熏習故。則有染相無明染法實無净業。
但以真如而熏習故則有净用故已説通釋熏習門。
次説分剖散説門。於此門中即有四門。云何爲四。一者黑品
相熏有力門。二者白品相熏有力門。三者發起問答决
疑門。四者舉緣廣説開通門。第一門中即有二門。云何
爲二。一者總問總答顯宗門。二者歸總作别散説門。第
二門中具此二門應審觀察。第四門中自有二門。云何
爲二。一者總標軌則决定門。二者因緣各示生解門。如
其次第説相可見。云何熏習起染法不斷者。即是總問謂
通總問一切黑品相熏相生不斷義故。自此已下即總答分。
就於即此答説分中。從净妙藏乃至粗重。背本嚮末漸次
轉勝説其次第。説相次第應審觀察。根本無明不能自有。當依真
如方得止住。所以者何。真如之性如虚空界。至部實主於
障礙及無障礙中。爲作歸依無所礙故。如本所謂以依
真如法故有於無明故。如是無明得自所已。氣力殊勝功
能自在。能熏真如令作妄法。增不了相加闇鈍
用。譬如愛父生諸男女。如本以有無明染法因故即
熏習真如以熏習故則有妄心故。如是微細業

識妄心。因無明故自體生已。還熏無明能令增長。譬如生
子養能生父。如是熏力更增長故。不能通達平等
如理圓满一心故。起轉識之惑念。生現相之妄境。生死
之海更深。涅盤之岸彌高。如本以有妄心即熏習
無明不了真如法故不覺念起現妄境界故。如是
境界之風。還熏現識之海。起七識之波浪。此識樂著
境界之塵。彼境面嚮識眼之前。遍造諸惡之業。
具受一切苦報。三有之輪環循。四毒之賊浪起。如本
以有境界染法緣故。即熏習妄心令其念著造
種種業。受於一切身心等苦故已説總問總答顯宗
門。次説歸總作别散説門。就此門中即有三重。云何
爲三。一者境界。二者妄心。三者無明。是名爲三。如是三種各
有二故即成六數。如其次第初以爲後後以爲初漸
次顯示。初重云何。此妄境界有如實熏習之力故。增
法執念。有如有熏習之力故。長人執著。人法二執具足
起故。過於恒沙上煩惱類皆悉發起。是故名爲境界
熏習。如本此妄境界熏習義則有二種。云何爲二。一者增長
念熏習二者增長取熏習故。中重云何。業識妄心有上
熏之力故。已得出離三乘聖人。而能令受變易細苦。有下
熏之力故。未得出離一切凡夫而能令受分段粗苦。是
故名爲妄心熏習。如本妄心熏習義有二種。云何爲二。一者
業識根本熏習能受阿羅漢辟支佛一切菩薩生滅苦
故。二者增長分别事識熏習能受凡夫業系苦故。後
重云何。無明住地自體本故。能熏初末令得成就。通達遍
故。能熏事識令得成就。何故唯舉初後中間不顯。有二
意故。云何爲二。一者有成就意。二者空成就意。云何名爲有成
就意。舉邊得有現中有故。云何名爲空成就意。舉中空
無顯邊空故。後義云何。於契經中如是説故。當何契
經。謂熏習經。彼契經中如何説耶。謂熏習契經中作如是
説。轉識現識末那三識。非從無明而得成就。所以者何。根
本無明唯邊成就非中成就。此文後義直釋彼經。是
故明知此義得成。如本無明熏習義有二種。云何爲二。
一者根本熏習以能成就業識義故。二者所起見愛熏
習以能成就分别事識義故已説黑品相熏有力門。
次説白品相熏有力門。云何熏習起净法不斷者。即
是總問。謂通總問一切白品相熏相生不斷義故。自此已
下即總答分。就於即此答説分中。自有二熏。云何爲二。一者
無始自然熏。二者始有建立熏。無始熏者。從無始已來有

因果之二位故。始有熏者。因修力故。有因果之二位故。本因果者其相云何。謂無始來有三賢十聖之位故。有三身四德之果故。始因果者其相云何。今修行時方乃有無始之十地故。顯本有之因果故。本因果者次第云何。從無始來以有十種本覺真智。及十種如實法界故。能熏十種枝末無明。以有一種法界心故。能熏習根本無明故。是名本地。如本所謂以有真如法故能熏習無明故。始因果者次第云何。謂雖未得十信之位。而以本熏習之力故。則自心中厭生死苦求涅盤樂。以此力故。即熏習真如性。自信佛性入十信位。知心虚妄入十解位知境界空入十行位。修出嚮法入十嚮位。以如實般若知境界空故。無量方便發起隨順法界性行。不取涅盤不念生死。入極喜地乃至金剛。自久遠熏習故。發解脱道無明頓斷。根本盡故枝末皆無。本末黑品無所有故。得法身涅盤。成應化業用故。是名始地。如本以熏習因緣力故則令妄心厭生死苦樂求涅盤以此妄心有厭求因緣故即熏習真如自信已性知心妄動無前境界修遠離法以如實知無前境界故種種方便起隨順行不取不念乃至久遠熏習力故無明則滅以無明滅故心無有起以無起故境界隨滅以因緣俱滅故心相皆盡名得涅盤成自然業故。已説總問總答顯宗門。次説歸總作别散説門。就此門中即有二門。云何爲二。一者妄染熏習門。二者净法熏習門。染法門中即有二種。云何爲。一者是粗。二者是細。所言粗者。即是意識。所言細者。十一末那。意識熏者其相云何。四十心凡夫及諸二乘。以意識中本覺智分。熏意識中無明痴分。厭生死苦欣涅盤樂。漸漸轉勝嚮佛道故。如本妄心熏習義有二種。云何爲二。一者分别事識熏習依諸凡夫二乘人等厭生死苦隨力所能以漸趣嚮無上道故故。十一末那熏習義者。其相云何。從初聖地乃至金剛。如其次第。以清净分薰染污分。證入無上菩提道故。以菩薩等斷無明故。如本二者意熏習謂諸菩薩發心勇猛速趣涅盤故已説妄染熏習門。次説净法熏習門。就此門中自有二門。云何爲二。一者總標門。二者開釋門。總標門者。總標其名。如本真如熏習義有二種。云何爲二。一者自體相熏習二者用熏習故。開釋門中有二門。云何爲二。一者法身自然熏習門。二者應化常恒熏習門。所言法身熏習門者。本覺性智從無始來。圓満功德具足智

慧。自自作自無他力故。如本自體相熏習者。從無始世
來具無漏法故。所言應化熏習門者。如是本覺發
過恒沙無量無邊不可思議種種業用。一切衆生諸心
相中隨應教化。斷一切惡修一切善。具百行之因。滿萬
德之果故。如本用熏習者。備有不思議業。作境界之性
故。如是二門不相捨離。於一切時於一切處。常恒熏習起信生
解。建立修行造作不轉。到正後二地。達真俗境令無礙故
如本依此二義恒常熏習以有熏習力故能令衆生厭
生死苦樂求涅盤自信己身有真如法發心修行故。
由此義故。三身本有理故顯了。已説白品相熏有力門。
次説發起問答决疑門。此决疑門義理難解文教更
閉。作釋非散説無定通人不能明瞭。是故今更作種種
釋。具足開示曉行者心。如其次第問答之相應審觀
察。一切衆生皆有本覺。有衆生數而無本覺。皆有
理故。所以者何。大覺尊者如是説故。此義云何。一切衆
生從無始來具足本覺。從無始來無本覺故。若依初門
一切衆生悉有本覺。如是本覺唯是一體遍諸衆生。一一
衆生各有别覺。一切衆生唯有一覺無别覺故。若爾
衆生唯應是一。所有本覺一故。本覺應非一。能有衆生
多故。此事不爾。所以者何。意趣别故。謂本覺心平等性
故不能异種。一切衆生差别性故不能同種。不能异
種故一。不能同種故多。若爾此文云何通耶。謂馬鳴
尊者大宗地玄文本論中作如是説：譬如虚空中，
清净滿月輪，獨一無二體，遍現於千器，本覺亦如是，
獨一無二體，遍於諸衆生，種種心相中，譬如一段云，
覆彼滿月輪，千器諸月輪，皆隱没不現，無明亦如是，
唯一體無二，遍到諸衆生，能作熏習事。
有二義故無相違過。云何爲二。一者自宗决定。二者
引攝决定。言自宗决定者。顯示同一相續義故。言
引攝决定者。顯示差别相續義故。彼玄文論爲顯
初義。是起信論爲顯後義。以此義故無相違故。
是故馬鳴尊者虚空地地論中作如是説：
譬如以蓮葉，覆一器月輪，而餘器月輪，
終不隱現前，無明亦如是，覆惑人覺時，
已覺人本覺，終不能隱覆。
此文爲明何義。爲欲顯示差别相續之義故。復次
文殊師利論議第一神力殊勝慈悲圓滿虚空功德
契經中作如是説：

有無量無邊，無明煩惱障，遍到衆生身，
能作障礙事。
此文爲明何義。謂欲顯示精進修行之義故。云何
顯示。謂有衆生作如是念。若無明體唯是一種。
遍於一切諸衆生者。無明唯一衆生衆多。易可斷
除。何須敢勞可修行也。如見世間相。多人作一事。爲難
之不足不勤修行。爲欲對治如是懈怠痴衆生
故。如來説言有無量無邊無明能覆佛性。以此義
故一無明義而得成立。若爾一衆生煩惱盡時中。餘
一切衆生皆悉亦可盡。所以者何。唯一無明故。若一人
斷時餘人不能斷者。不可得言同一無明。復次有
衆生界斷絶過失故。此事不爾。無明雖一相續别故。
其相云何。頌曰：譬如夜闇一，
遍到十室中，滅一室闇時，餘滅不可言。
論曰：夜闇雖一。而能遍到十室之中。闇一室一亦不
可言。室十闇十亦不可説。於一室中人以明燈照室
之中。闇盡滅無餘。明圓顯遍照一室中。闇盡滅無
餘亦不可言。餘九室闇具有不滅燈照一室闇不滅
者亦不可説。無明煩惱亦復如是。言夜闇者喻於無明。
言十室者喻衆生身。言明燈者喻於智慧。是故當知。
無明雖一相續别故。斷及不斷各各不同。若一衆生
煩惱盡時。余諸衆生不能斷者。煩惱未盡衆生身
中本覺佛性。爲無明覆。煩惱已盡衆生身中本覺
佛性。無明所覆已盡出離。離障佛性爲障佛性。天殊地别。何
故今言同一佛性。不分其體遍諸衆生。本覺佛性等
虚空界。無所不遍無所不至。無所不通無所不當。
平等平等一味一相無有差别。而無明藏中本覺佛
性爲染覆障。法界之外本覺佛性離染覆者。此俱
攀緣慮知之心現量境界。非是自性中實理心。是故
當知佛性之理。唯是一種等無差别。是故馬鳴尊
者大宗地玄文本論中作如是説：月輪現千器，
若有濁水器，現而非分明，若有清水器，圓現而明瞭，
晦明雖不同，唯一滿月輪，本覺亦如是。
一切衆生從無始來。皆有本覺無捨離時。何故衆生先
有成佛。後有成佛。今有成佛。亦有勤行。亦有不行。亦
有聰明。亦有闇鈍。無量差别。同有一覺皆悉一時發心修
行到無上道。本覺佛性强劣别故。如是差别。無明煩惱厚薄
别故。如是差别。若言如初者。此事則不爾。所以者何。本

覺佛性圓過恒沙之諸功德無增減故。若言如後者。此
事亦不爾。所以者何。一地斷義不成立故。如是種種無量
差別。皆依無明而得住持。於至理中無關而已。若如是
者一切行者。斷一切惡修一切善。超於十地到無上地。圓满
三身具足四德。如是行者爲明無明。如是行者無明分
位非明分位。若爾清净本覺從無始來。不觀修行非得他力。
性德圓满本智具足。亦出四句亦離五邊。自然之言不能自
然。清净之心不能清净。絶絶離離。如是本處爲明無明。如是本
處無明邊域非明分位。若爾一法界心。非百非背千是。非中
非中背天。非天演水之談足斷而已止。審慮之量手亡而已住。
如是一心爲明無明。如是一心無明邊域非明分位。三自一心。
摩訶衍法一不能一假能入一心。不能心假能入心。實非我
名而目於我。亦非自唱而契於自。如我立名而非實我。如
自得唱而非實自。玄玄又玄。遠遠又遠。如是勝處爲
明無明。如是勝處無明邊域非明分位。不二摩
訶衍法。唯是不二摩訶衍法。如是不二摩訶衍
法爲明無明。已説有覺門。次説無覺門。何故一切衆生
無有本覺耶。無本覺故。何故無本覺耶。無衆生故。何故
無衆生耶。無所依本覺故。率此二門應廣通達。如本
問曰若如是義者一切衆生悉有真如等皆熏習。云何
有信無信。無量前後差別。皆應一時自知有真如法。勤
修方便等入涅盤。答曰真如本一而有無量無邊無明。
從本已來自性差别厚薄不同故。過恒河沙等上煩惱
依無明起差别。我見愛染煩惱依無明起差别如是。一
切煩惱。依於無明所起前後無量差别。唯如來能知故
已説發起問答決疑門。次説舉緣廣説開通門。就此門中
即有二門。云何爲二。一者總標軌則決定門。二者緣相
散示生解門。於第一門即有三種。云何爲三。一者法體説。
二者譬喻説。三者契合説。又諸佛法有因有緣因緣具足
乃得成辦者。即是法説。謂諸佛法當待因緣無自立法。所
以者何。以法爾故。所言因者。本覺性種所言緣者。權
實别用。以此二事故諸法得成立。應審觀察。已説法説。次説
喻説。如木中火性是火正因。若人無知不假方便能自燒
木無有是處者。即是喻説。此中譬喻即有四種。云何爲四。
一者木喻。二者火喻。三者人喻。四者燒喻。所言木者。喻
於染法。所言火者。喻於智慧。所言人者。喻於衆生。所言燒
者。喻於對治。第一譬喻其意云何。所謂阿梨羅多掩屍。
木即具五事。云何爲五。一者根源深固無能超過。二者幹

枝花葉。乃至果實生利銛刺。三者香氣極穢。四者毒
蟲樂著。五者眷屬無盡。是名爲五。無明染法亦復如是。
根本無明甚深廣大無能過故。一切種種枝末不覺
迷惑過失無有量故。第二譬喻其意云何。所謂伏火
即有七事。云何爲七。一者幹亡義。能令枯木乃至死故。
二者生長義。能礙寒氣令得生故。三者莫測義。不知
所故。四者隱藏義。不能見故。五者出現義。出火炎故。六
者隨有義。隨木有故。七者隨無義。隨木無故。是名爲
七。本覺般若亦復如是。熏習染法至盡滅故。受熏流轉
故。所住之處不思議故。無明藏中密隱没故。具足出現
無所餘故。隨染有無本覺有無故。第三譬喻其意云何。
謂假人者有二種故。云何爲二。一者婆羅利多提假人。者
那屍阿多羅假人。彼第一人即知五事。云何爲五。一
者知出火木。二者知鑽轉木。三者知漸頓時。四者知止
住所。五者知成就次。是名爲五。若第二人不知此事終不
得火。修行諸人亦復如是。亦有方便無方便故。第四譬喻其意
云何。謂火燒木即有三事。云何爲三。一者舍利作鈍事。謂火
燒即諸刺木等不能害故。二者舍异作同事。謂作鈍即
都合灰故。三者背末還本事。謂同相即與地等故。是名
爲三。治道次第亦復如是。謂斷障故。證得理故。歸一心
故。已説喻説。次説合説。此合説中即有二門。云何爲二。一者
總説。二者别説。言總説者。總所爲故。如本衆生亦爾故。言
别説者。别所爲故。此别説中即有三門。云何爲三。一
者緣闕單因無力門。二者因闕單緣無力門。三者因緣
具足圓成門。緣闕單因無力門者。譬如雖木中火性
從本已來有伏藏火。而不假方便無以得火。如是雖無明
藏中如來之性。從本已來有自性清净心。而不待修行之功
無以得佛故。如本雖有正因熏習之力。若不遇諸佛菩薩
善知識等。以之爲緣能自斷煩惱入涅槃者。則無是處故。
因闕單緣無力門者。譬如有人雖具足方便。而彼木中
若無火性終不得火。如是一切行者。雖具修行無量方便。而
衆生心中若無本覺佛性。終不得佛故。如本若雖有外緣之
力而内净法。未有熏習力者。亦不能究竟厭生死苦樂
求涅盤故。因緣具足圓成門者。譬如木中有火性亦具
方便。火炎出現燒木無餘。因緣具足者亦復如是。内中有本
覺之佛性。外中具修行之功能。圓百行之因。满萬德之果。三
智俱行四德雙開。如本若因緣具足者。所謂自有熏習
之力。又爲諸佛菩薩等慈悲願護故。能起厭苦之心。信有涅

盤修習善根。以修善根成就則值諸佛菩薩示教利喜。乃能
進趣嚮涅盤道故已説總標軌則決定門。次説緣相散示生
解門。就此門中即有二説。云何爲二。一者總説。二者別説。
就總説中即有二意。云何爲二。一者能緣。二者所緣。言能緣者。
即應化身。能爲衆生造作成本覺之境界故。如本用熏
習者故。言所緣者。即衆生界。一切諸佛所化徒故。如本即
是衆生外緣之力故。就別説中即有二門。云何爲二。一者有
簡擇緣。二者無簡擇緣。如本如是外緣有無量義。
略説二種。云何爲二。一者差別緣。二者平等緣故。所言
有簡擇緣者。即有二意。云何爲二。一者能緣之人。二者所
緣之境。能緣人者其分齊云何。所謂發心以爲其初。如
來之地以爲其後。能作此緣。所緣境者其分齊云何。所
謂通於邪定不定二種衆生故。復次通於正定聚故。
如本差別緣者此人依於諸佛菩薩等。從初發意始求
道時乃至得佛於中。若見若念。或爲眷屬父母諸
親。或爲給使。或爲知友。或爲怨家。或起四
攝。乃至一切所作無量行緣。以起大悲熏習之力。能
令衆生增長善根。若見若聞得利益故故。自此已下明
善根已成熟未成熟之差別。謂有衆生善根已熟。應
化之身即便應時速令得度。亦有衆生善根未熟。
應化之身時節久遠令使得度。如本此緣有二種。
云何爲二。一者近緣速得度故。二者遠緣久遠得度故。
自此已下於近遠緣各開二緣。顯示因果之差別相。
云何爲二。一者增因緣。二者增果緣。增因緣者。彼二種
緣各各增長十地萬行故。增果緣者。彼二種緣各各
增長如來之地圓満果故。如本是近遠二緣分別。復
有二種。云何爲二。一者增長行緣二者受道緣故已
説有簡擇緣。次説無簡擇緣。就此文中即有二門。云
何爲二。一者是總。二者是別。總説中言平等緣者。一
切諸佛菩薩。皆願度脱一切衆生。自然熏習常恒
不捨者。即是慈悲願力緣焉。所謂一切諸佛菩薩。於
一切時於一切處。常恒熏習一切無量諸衆生中。而
能作境。發起伏藏善根之氣常不捨故。以同體智力
故。隨應見聞而現作業者。即是實行。所謂應化上佛。以
隨轉自在無礙之力故。隨時隨處隨宜隨事隨樂。順順如
如顯示八種利益之業。教化衆生無有餘故。所謂衆
生依於三昧乃得平等見諸佛故者。即是顯示觀佛正法。
謂一切諸佛出現衆生界中。譬如角中毛。重重無數

不可説劫。如是雖有無量無邊。而若不修奢摩他
者終不見佛。是故發心已去一切諸菩薩等。以
三昧力觀見諸佛法性之身。平等平等無有差别。同
一真如同一法身。异唯見自。我自無別。是故説言平等見佛
已説總説門。次説別説門。就此門中即有二門。云何爲二。一
者未入正位。二者已入正位。云何名爲未入正位。謂十信凡
夫一切二乘三賢菩薩等。未得正體智。未證後得知。未證
如理故。如本此體用熏習分别。復有二種。云何爲二。一者未
相應。謂凡夫二乘初發意菩薩等。以意意識熏習依信力
故。而修行未得無分别心與體相應故。未得自在業修
行與用相應故。云何名爲已入正位。謂十地菩薩内得
正智外得後智。一分智用與如來等。唯本熏力自然
修行。增長真如能滅無明故。如本二者已相應。謂法
身菩薩得無分别心。與諸佛智用相應，唯依法力。
自然修行熏習真如滅無明故已説分剖散説門。
次説盡不盡別門。此門爲明何義。爲欲顯示一切妄
法非道理故無始有終。一切净法契道理故有始無終
故。復次爲欲顯示真妄二法。極相違故不俱行故。復次爲
欲顯示真妄二法無有勝劣。其體相等無有廣狹其
作業同故。如本復次染法從無始已來熏習不斷。乃
至得佛後即有斷净法。熏習則無有斷。盡於未來。
此義云何。以真如法常熏習故。妄心則滅。法身顯
現起用熏習故無有斷故。

釋摩訶衍論卷第五。

（九）俄 TK78《釋摩訶衍論卷第八》①

【題解】

夏或元寫本。綫訂册頁裝。未染麻紙，軟。共 18 個整頁。高 20 釐米，半頁寬 12 釐米。每半頁 8 行，行 19—21 字。楷書，墨色濃匀。有校改補字。與俄 TK77. A38I、A38II 爲同系列寫本。俄 TK79. TK80 與本號字、紙近似，爲同時代同範疇寫本。

【前缺】

① 《俄藏黑水城文獻》第二册，第 195—203 頁。

龍樹菩薩造姚秦□□□□[①]摩多奉 □□[②]
□□[③]解釋分。次説□[④]行信心分，就此分中即有七
□□□□[⑤]七。一者能治所治契當門。二者信心品類
分剖門。□□[⑥]修行方便善巧門。四者廣釋魔事對
治門。五者贊歎三昧功德門。六者两輪具闕益損
門。七者勸劣嚮勝不退門。是名爲七。能治所治契當
門者。其相云何。本曰。是中依未入正定聚衆生
故。説修行信心分。論曰。言是中依未入正定聚衆
生者。即是所治。所謂所化之境界故。故説修行信
心分者。即是能治。所謂能化之教法故。所化境界其
量云何。謂攝二聚之衆生故。□[⑦]何爲二。一者邪定聚。
二者不定聚。是名爲一。所以者何。此二衆生皆悉
未入正定聚故。言契當□□[⑧]相云何。謂二衆□□[⑨]
各契教□□[⑩]故。契□□□□□□[⑪]定聚衆生故□□□[⑫]門。
□□□□□□□□□□□[⑬]行門。□□□□□□□□□[⑭]
□□□□□□□□□□□□□□□□□□□[⑮]
行故。復次通利益故□□□[⑯]治所治契當門。次説
信心品類分剖門。本曰。何等信心。云何修行。略説信
心有四種。云何爲四。一者信根本。所謂樂念真如法
故。二者信佛有無量功德。常念親近供養恭敬發
起善根。願求一切智故。三者信法有大利益。常
念修行諸波羅蜜故。四者信僧能正修行自利利他。
常樂親近諸菩薩衆。求學如實行故。論曰。就此

---

① 疑爲“三藏筏提”。
② 疑爲“詔譯”。
③ 疑爲“已説”。
④ 疑爲“修”。
⑤ 疑爲“門。云何爲”。
⑥ 疑爲“三者”。
⑦ 疑爲“云”。
⑧ 疑爲“者其”。
⑨ 疑爲“生中”。
⑩ 疑爲“説”。
⑪ 疑爲“相云何。謂欲邪”。
⑫ 疑爲“説信心”。
⑬ 疑爲“欲彼不定聚衆生故説修”。
⑭ 疑爲“所以者何。進入次第其”。
⑮ 疑爲“法爾故。謂未信人先起信故。其已信人直修”。
⑯ 疑爲“已説能”。

文中則有三門。云何爲三。一者直問信心品類門。二者直問修行品類門。三者略答顯示信心門。是名爲三。言直問信心品類門者。所謂總問信心量故。如本何等信心故。言直問修行品類門者。所謂總問修行量故。如本云何修行故。就第三門中即有三門。云何爲三。一者總答門。二者總問門。三者廣答門。言總答門者。所謂總答其所説故。如本略説信心有
□□□□□□□□□□□□□□□□□□□□□□□[①]
□□□□□□□□□□□□□□□□□□□□□□□□□[②]
心平等門。二者信佛欣有功德門。三者信法精進修行門。四者信僧令心無諍門。是名爲四。言信本令心平等門者。所謂樂信爲自根本真如理法。由無明力種種差别。一切諸心皆悉會一令平等故。如本一者信根本所謂樂念真如法故故。言信佛欣有功德門者。所謂樂信無上大覺如來世尊。欣求所有無量無邊一切功德故。如本二者信佛有無量功德常念親近供養恭敬發起善根願求一切智故故。言信法精進修行門者。所謂樂信三世諸佛。爲自恩父爲自恩母爲自恩師。不能改壞不能生滅。虚空金剛不動軌則。有不可思議殊勝利益。常恒轉轉於一切時於一切處。修行一切助道品故。如本三者信法有大利益常念修行諸波羅蜜故，故言信僧令心無諍門者。所謂樂信一切無量菩薩僧衆以兩勝行爲自内德。若遠若近
□□□□□□□□□□□□□□□□□□□□□□□□[③]
□□□□□□□□□□□□□□□□□□□□□□□□[④]
絶故。如本四者信僧能正修行自利利他常樂親近諸菩薩衆求學如實行故，故已説信心品類分剖門。次説修行方便善巧門。本曰。修行有五門能成此信。云何爲五。一者施門。二者戒門。三者忍門。四者進門。五者止觀門。云何修行施門。若見一切來求索者。所有財物隨力施與。以自舍慳貪令彼歡喜。若見厄難恐怖危逼。隨己堪任施與無畏。若有衆生來求法者。隨己能解方便爲説。不應貪求名利恭敬。唯念自利利他回嚮菩提故。

① 疑爲“四種故。言總問門者。所謂總問其所説故。如本云何”。
② 疑爲“爲四故。就第三門中故有四種門。云何爲四。一者信本令”。
③ 疑爲“隨自聞時隨自見時。隨自思時往詣僧所。至心聽受種”。
④ 疑爲“種深法種種深經。種種深論種種深理。種種妙事不斷”。

云何修行戒門。所謂不殺不盗不淫。不两舌不惡口不妄言
不綺語。遠離貪嫉欺詐諂曲嗔恚邪見。若出家者爲
折伏煩惱故。亦應遠離憒鬧常處寂静。修習少欲知
足頭陀等行。乃至小罪心生怖畏慚愧改悔。不得輕
於如來所制禁戒。當護譏嫌不令衆生妄起過罪
故。云何修行忍門。所謂應忍他人之惱心不懷報。亦當
□□□□□□□□□□□□□□□□□□□□□□□□□□□[1]
□□□□□□□□□□□□□□□□□□□□□□□□[2]
久遠已來。□□□□□□□□□[3]無有利益。是故應勤
修諸功德。自利利他速離衆苦。復次若人雖修行
信心。以從先世來多有重罪惡業障故。爲魔邪諸鬼之
所惱亂。或爲世間事務種種牽纏。或爲病苦所惱。有
如是等衆多障礙。是故應當勇猛精進。晝夜六
時禮拜諸佛。誠心懺悔勸請隨喜。回嚮菩提常不休
廢。得免諸障善根增長故。云何修行止觀門。所言止者。
謂止一切境界相隨順奢摩他觀義故。所言觀者。謂
分别因緣生滅相隨順毗鉢舍那觀義故。云何隨順
以此二義漸漸修習。不相捨離雙現前故。若修止者
住於静處端坐正意。不依氣息不依形色不依於空不
依地水火風。乃至不依見聞覺知。一切諸想隨念皆
除。亦遣除想以一切法本來無相。念念不生念念不
滅。亦不得隨□□□□□□□□□□[4]心。心若馳散即
□□□□□□□□□□□□□□□□□□□□□□□□□[5]
□□□□□□□□□□□□□□□□□□□□□□□□□□□[6]
於一切時常念方□□□□□□□[7]習淳熟其心
得住。以心住故漸漸猛利。隨順得入真如三昧。深伏
煩惱信心增長速成不退。唯除疑惑不信誹謗。
重罪業障我慢懈怠。如是等人所不能入。復次依是
三昧故。則知法界一相。謂一切諸佛法身。與衆生身
平等無二。即名一行三昧。當知真如是三昧根本。
若人修行。漸漸能生無量三昧。論曰。就此文中即有五

---

① 疑爲“忍於利衰毁譽稱譏苦樂等法故。云何修行進門。所謂於諸”。
② 疑爲“善事心不懈退。立志堅强遠離怯弱。當念過去”。
③ 疑爲“虚受一切身心大苦”。
④ 疑爲“心外念境界。後以心除”。
⑤ 疑爲“當攝來住於正念。是正念者。當知唯心無外境界”。
⑥ 疑爲“即復此心亦無自相。念念不可得。若從坐起去來進止所作”。
⑦ 疑爲“便隨順觀察。久”。

門。云何爲五。一者總攝答前所問門。二者通達總問所
説門。三者略答建立門數門。四者略問廣答散説門。
五者贊歎三昧殊勝門。是名爲五。言總攝答前所問門
者。所謂總答彼前問故。如本修行有五門能成此信故。
言通達總問所説門者。所謂總問其所説故。如本云何
爲五故。言略答建立門數門者。所謂建立大門數故。如
本一者施門二者戒門三者忍門四者進門五者止觀門
故。□□□□□□□□□□□□□□□□□□□□□[1]
□□□□□□□□□□□□□□□□□□□□□□[2]
觀察。此五種門中各各具二門。云何爲二。一者略問
門。二者廣答門。是名爲二。如其次第不亂數量。應
審思擇。第一修行施門中。言云何修行施門者。即是
略問門。所謂開問。故後後諸門應如是知。就應答
門中即有三種施。云何爲三。一者財物施。二者隨應施。三
者教法施。言財物施者。所謂若有衆生來到我所乞我
所有。則便不疑隨時隨處。皆悉施與無所顧惜故。何等
物名爲財物耶有幾種物。所謂有二種財物故。云何爲
二。一者内物。二者外物。是名爲二。就内物中亦有二種。云
何爲二。一者無色。二者有色。言無色者。則是心識。言
有色者。即是諸根。若有衆生來到我所。乞我心識。
即便不惜隨時施與令彼歡喜若有衆生來到我
所。隨其所用乞我一一有色妙根。即便不惜隨時施與
令彼歡喜。是名爲二種内財物。云何爲二。一者有識。二
者無識。言有識者。
□□□□□□□□□□□□□□□□□□□□□□[3]
□□□□□□□□□□□□□□□□□□□[4]
便不惜隨時施與令彼歡喜。是名爲二種外財物。
如本若見一切來求索者所有財物隨力施與以自
舍慳貪令彼歡喜故。已説財物施。次説隨應施。云何
名爲隨應施耶。謂或有衆生五根壞失不能具
足。或有衆生病苦無量不得安隱或有衆生其心
愚痴不能明瞭。行者爾時以賢士。則隨其所應隨其
所當。隨其所宜隨其所用。能善揀擇能善分別。除

① 疑爲“何故次第如是。謂修行六度次第法如是故。次”。
② 疑爲“就略問廣答散説門中。故有五門故。故有五門應審”。
③ 疑爲“即是妻子奴婢等類。言無識者。則是宫殿舍宅衣服”。
④ 疑爲“嚴具等類。若有衆生來到我所乞此等物。即”。

彼苦惱令歡喜故。是故説言隨應施焉如本若見厄難恐
怖危逼隨己堪任施與無畏故。已説隨應施。次説
教法施。云何名爲教法施耶。謂有衆生若時不時若親
不親。若貴不貴若愚不愚。若夫不夫若女不女。
若惡不惡若人不人。如是等類來到我所。欲求
法時則便不惜。發起無量無邊廣大圓滿大慈悲心。
決斷彼疑。分除煩惱徐增智慧。攝取彼人不墮惡
□□□□□□□□□□□□□□□□□□□□[①]
□□□□□□□□□□□□□□□□□□□□□□□□□[②]
求名利恭敬唯念自利利他回嚮菩提故□□□[③]
修行施門。次説修行戒門。就此門中則有四門。云何
爲四。一者建立戒相攝宗門。二者成就戒品勝處
門。三者具足戒行不輕門。四者守護不令誹謗
門。是名爲四。言建立戒相攝宗門者。所謂建立十
種清净防轉戒故。如本云何修行戒門所謂不殺不
盜不淫不兩舌不惡口不妄語不綺語遠離貪嫉欺
詐諂曲嗔恚邪見故。言成就戒品勝處門者所謂若
爲具足戒品。常當遠離散亂雜處。常當親近
寂静勝處。安住其中不捨離故。如本若出家者爲
折伏煩惱故亦應遠離憒鬧常處寂静故。言具
足戒行不輕門者。所謂修行種種妙行起深信心。
不得輕賤如來所制師母戒故。如本修習少欲知
足頭陀等行乃至小罪心生怖畏慚愧改悔不得
□□□□□□□□□□□□□□□□□□□□□□□□[④]
□□□□□□□□□□□□□□□□□□□□□□□□[⑤]
□□□□□□□□[⑥]罪。具足利他圓满
□□□□□□□[⑦]如本當護譏嫌不令衆生妄起
□□[⑧]故故已説修行戒門。次説修行忍門。就此門
□□[⑨]有二門。云何爲二。一者顯示略忍伏我門。二者顯

---

① 疑爲“道。令到無上大菩提故。是故説言教法施焉”。

② 疑爲“如本若有衆生來求法者隨己能解方便爲説不應貪”。

③ 疑爲“故已説”。

④ 疑爲“輕於如來所制禁戒故。言守護不令誹謗門者。所謂護持”。

⑤ 疑爲“佛眼睛戒。終不破失具足自利。種種放逸譏嫌衆生”。

⑥ 疑爲“不令發起妄想過”。

⑦ 疑爲“莊嚴大覺海故”。

⑧ 疑爲“過罪”。

⑨ 疑爲“中即”。

示廣忍無我門。是名爲二。言顯示略忍伏我門者。所謂若有衆生。造作惡阿世耶之境令惱我心。行者爾時其心能忍不動惱故。如本云何修行忍門，所謂應忍他人之惱心不懷報故。言顯示廣忍無我門者。所謂或有衆生。以飲食衣服等種種財物。施與我所利益歡樂。或有衆生。以劍杖等種種怖相來到我所。損滅我依正令不得自在。或有衆生。以粗惡誹謗等種種穢語。若遠若近毁嫌於□□□□[①]生。以正作等種種之德贊歎我身。如□□□□□□□□□□□[②]堅固□□□□□□[③]
□□□□□□□□□□□□□□□□□□□□□□[④]
□□□□□□□□□□□□□□□□□□[⑤]
何爲二。一者通示修行精進門。二者□□□□□[⑥]進門。言通示修行精進門者。所謂於諸種種妙事其心轉勝。勤欲精進終不息故。如本云何修行進門所謂於諸善事心不懈退立志堅强遠離怯弱故。就别釋修行精進門中故有二門。云何爲二。一者無障修行精進門。二者有障修行精進。言無障修行精進門者。所謂行者作如是念。我從無始過去時來。唯受虚妄不實身心。都不能受金剛不壞之身心者無餘因緣。唯妙行中不勤行故。我若懈怠如前不行。嚮未來去。亦復受都無有利益虚妄身心。無出離期。我自身尚不得出離都失自利。何况救濟所餘種種有苦衆生具足利他。作是念已。即便發起大精進心。修行行因之海。莊嚴满德之果。建立两利無闕偏故。□□□□□□□[⑦]
□□□□□□□□□□□□□□□□□□[⑧]
應勤□□□□□□□□□□□□□□□□□□[⑨]

① 疑爲“我。或有衆”。
② 疑爲“是等種種事中。其心平等”。
③ 疑爲“不動。如須彌故”。
④ 疑爲“如本亦當忍於利衰毁譽稱譏苦樂等法故故已説修行”。
⑤ 疑爲“忍門。次説修行進門。就此門中則有二門。云”。
⑥ 疑爲“别釋修行精”。
⑦ 疑爲“如本當念過去久”。
⑧ 疑爲“遠已來虚受一切身心大苦無有利益是故”。
⑨ 疑爲“修諸功德自利利他速離衆苦故。言有障修”。

行精進門者。所謂若有衆生。有無□□□□□[①]
業障故。爲魔外道及惡鬼神之所惱亂不能修
行。或有衆生。爲現在世種種事務之所牽纏不
能修行。或有衆生。爲一切諸種種病苦之所逼惱
不能修行。如是等諸衆生雖耳聽聞軌則尊辭。
眼中觀見文教説相。而不能勤修行生厭求心。
然若其心勇猛精進。發起種種勝妙方便。存堪
任心。業障之海漸漸波息。功德之岳彌彌峰高。八
風不飄。九結不縛故。如本復次若人雖修行信心以
從先世來多有重罪惡業障故爲魔邪諸鬼之
所惱亂或爲世間事務種種牽纏或爲病苦
所惱有如是等衆多障礙。是故應當勇猛精
勤晝夜六時禮拜諸佛誠心懺悔勸請隨喜□□[②]
菩提常不休廢得免諸障善根□□□□□□□□[③]
□□□□□□□□□□□□□□□□□□[④]
□□□□□□□□□□□□□□□□□[⑤]
總釋觀輪門。三者略釋決擇隨順門。□□□[⑥]
釋決擇止輪門。是名爲四。言總攝總釋止輪
門者。謂止慮知之心。礙散亂之思。安住於一
中寂静性。不出於一切境界相。隨順定攝陀阿羅
觀義故。如本云何修行止觀門所言止者謂止一切境
界相隨順奢摩他觀義故故。言總攝總釋觀輪門
者。謂明揀擇因緣之道理。審分别無常之形相。能善
通達能善遍知。隨順觀攝陀阿羅觀義故。如本所
言觀者謂分别因緣生滅相隨順毗跋舍那觀義故
故。言略釋決擇隨順門者。謂定隨時彼觀即順觀
隨時中彼定即順。具足具足不離轉故。如本云何隨
順以此二義。漸漸修習不相捨離雙現前故故。就
廣釋決擇止輪門分四。云何爲四。一者成就止
輪因緣門。二者直示修行止輪門。三者
修行止輪得益門。四者揀入不入分際門。□□□□[⑦]

---

① 疑爲“始過去之餘”。
② 疑爲“回嚮”。
③ 疑爲“增長故故已説修行”。
④ 疑爲“精進門。次説修行止觀門。就此門中即有四門”。
⑤ 疑爲“云何爲四。一者總攝總釋止輪門。二者總攝”。
⑥ 疑爲“四者廣”。
⑦ 疑爲“是名爲四”。

□□□□□□□□□□□□□□□□[①]
□□□□□□□□□□□□□□□□[②]
□□□□□□□□□□□□□□□[③]
衣服具足因緣。五者飲食具足因緣。□□□□□□[④]
因緣。七者舍宅造立因緣。八者言語不出因緣。九者坐
像造立因緣。十者坐其座中因緣。十一者出入時節
因緣。十二者知識善友因緣。十三者印知邪正因緣。
十四者植善林樹因緣。十五者字輪服膺因緣。是
名十五種大因緣言住處寂静因緣者。謂若爲
修彼止輪門。居山林等空閑處中。遠離散亂聚落處
故。所以者何。散亂處中彼止輪門難成就故。言獨
一不共因緣者。謂若爲修彼止輪門。一界内中二人
共住不得理故。所以者何。互動煩故。言所居方善
因緣者。謂若爲修彼止輪門。居止東西之两方
中。南北方中不得居故。所以者何。有覺輪故。言
衣服具足因緣者。謂若爲修彼止輪門。必當用三
種衣故。云何爲三。一者黄色。二者赤色□□□□[⑤]
□□□□□□□□□□□□□□□□□[⑥]
□□□□□□□□□□□□□□□□[⑦]
□□□□□□□□□□□[⑧]
伊陀耶。所余穀等不能用故。所以者何。彼□□□□[⑨]
耶有仙性故。復次若無用婆尼禄等故。受用時節唯
用自中。無有定故。言結界護净因緣者。謂若爲修
彼止輪門。離自居室一俱盧舍量中。誦一百十遍大神
咒。其相云何。謂即誦咒言啯啳哋，那羅帝，婆叉尼
阿摩唧迦陀帝婆婆阿阿婆婆㗭陀闍佉那，鄔呵，
伊陀帝，奄奄奄奄帝，哆跛陀陀唧，摩那屍雙帝，
奢陀尼筏，叉羅尼鳩訶阿訶鳩多吚，奄阿陀陀帝，
摩訶伽耶帝，摩訶阿伽耶帝，鍵多尼，阿羅羅羅羅羅

① 疑爲“就第一成就止輪因緣門中。即有十五種”。
② 疑爲“云何爲十五。一者住處寂静因緣。二者獨”。
③ 疑爲“一不共因緣。三者所居方善因緣。四者”。
④ 疑爲“六者結界護净”。
⑤ 疑爲“三者白色”。
⑥ 疑爲“如是三衣一時用故。所以者何。毗叉羅蟲不”。
⑦ 疑爲“能入故。言飲食具足因緣者。謂若爲修彼”。
⑧ 疑爲“止輪門。必當用幹練伽摩”。
⑨ 疑爲“伽摩伊陀”。

羅羅羅羅羅羅阿帝娑婆呵。若誦此咒已訖。即便
結界護净。所以者何。種種毒類不能入故。言舍宅
造立因緣者。謂若爲造修定舍宅。當具十事。
云何爲十。一者門户事。唯嚮東方非余方故。二者高下
事。東方漸高□□□□□①三者方角□□□□□□□□②
□□□□□□□□□□□□□□□□□③
□□□□□□□□□□□□□□④
□□□□□□□□□□□□□□□□□⑤木。是名爲五。□□□□□⑥
□□□□□□□□□□⑦者户重事。重十户故。八者
□□□□□□□□□□□□□⑧事。其高一丈重十重
□□□□□□□□□□□□□⑨誦咒故。其相云何，若
爲出。即誦咒言：喃嚹啄帝，摩訶鳩毗那
呵阿羅婆提，陀陀阿伽度，般枳阿枳尼，
遮娑训諾帝，婆枳摩毗摩，婆枳摩阿那，
阿那屍枳尼，屍枳娑婆呵。
若此神咒誦一千遍。即便順時皆悉開通。若爲
入時。即誦咒言：南無喃枳那，南無筏屍陀，
□□□□□□□□□□⑩啝那，南無鍵陀尼娑
□□□□□□□□□□□⑪百遍已訖。即便順
□□□□□□□□□□□⑫因緣者。謂若爲修彼
【中缺】⑬
嚮東方非餘
方□□□□□□□□□□□⑭陀羅帝及黄坐具

① 疑爲“西方漸下故”。
② 疑爲“事。於一方中各一丈”。
③ 疑爲“故。四者品重事。重十重故。五者作物事”。
④ 疑爲“唯用五種非餘種故。云何爲五”。
⑤ 疑爲“一者金二者銀三者銅四者鐵五者松”。
⑥ 疑爲“六者户塌事”。
⑦ 疑爲“等其地量無差别故。七”。
⑧ 疑爲“户樞事。無音聲故。九者壁墻”。
⑨ 疑爲“故。十者出入事。彼諸户中各”。
⑩ 疑爲“南無諵阿帝，南無諵阿”。
⑪ 疑爲“婆呵。若此神咒誦一千五”。
⑫ 疑爲“時皆悉開閉。言言語不出”。
⑬ 闕文如下：“止輪門。於一切時於一切處不出言故。所以者何。隨其言説心識出故。言坐像造立因緣者。謂若爲造修定坐像。當具五事。云何爲五。一者作物事。用松木故。二者高量事。如自身半不增減故。三者方角事。於一方中各四尺故。四者方嚮事。唯”。
⑭ 疑爲“故五者坐上具事。唯用黄”。

□□□□□□□□□□□[①]因緣者。謂若爲修彼
□□□□□□□□□□□[②]座中。云何爲十。一者足等事。
两膝末中其两母指。互相契當令無差故。二者膝等事。
两膝平攝令無差故。三者腰端事。其腰端直無
戢𪘐故。四者手累事。两手相對右手爲下左手
爲上。左手爲下右手爲上。經一日已互互易變不忘
□□□□□□□□□□[③]上故。五者頸端事。其頸之質
□□□□□□□□□□□□□[④]面端事。其面相貌不
□□□□□□□□□□□□□[⑤]相事。其口之相不癀不
□□□□□□□□□□□□□□[⑥]其氣息令無差違
【中缺】[⑦]
□□□□□□□□□□[⑧]言印知邪正□□□[⑨]
□□□□□□□□□□□[⑩]至像量須金剛□[⑪]
□□□□□□□□□□□[⑫]其云何。謂即誦咒言
坦咥婆羅枳陀尼 遮
哆耶 掩阿屍帝那娑婆，呵
【後缺】

（十）俄 A6V.3《大乘起信論》[⑬]

大乘起信論
馬鳴菩薩 造
真諦三藏 譯

---

① 疑爲“故。是名爲五。言坐其座中”。
② 疑爲“止輪門。當具十事坐其”。
③ 疑爲“失故。亦復其手置根”。
④ 疑爲“端直不動定建立故。六者”。
⑤ 疑爲“仰不俯令平相故。七者口”。
⑥ 疑爲“狹開中間故。八者鼻相事。出”。
⑦ 闕文如下“不出一故。九者眼相事。其眼根量不上不下平等舒故。十者止眼事。置其眼處安置大虚空字輪中。恒不離故。是名爲十。言出入時節因緣者。謂若爲修彼止輪門。唯用辰及午之二時。此余時中不出入故。言知識善友因緣者。謂若爲修彼止輪門”。
⑧ 疑爲“深智慧人以爲友故”。
⑨ 疑爲“因緣者”。
⑩ 疑爲“謂若爲修彼止輪門。隨”。
⑪ 疑爲“印”。
⑫ 疑爲“即便了知邪及正故相”。
⑬《俄藏黑水城文獻》第五册，第 163—164 頁。

歸命盡十方，最勝
最勝業遍知
色無礙自在，色無礙
救世大悲者；法得
及彼身體相，體得
法性真如海，無量功德藏；
如實修行等。爲欲令衆生，
除疑舍邪執，起大乘正信，
佛種不斷故。論曰：
有法能起摩訶衍信根，
是故應説。説有分。云何
爲五？一者因緣分，二者立義
分，[1] 摩訶衍者，總説有二種。云
何爲二？一者法，二者義。所言
法者，謂衆生心，是心則
攝一切世間，出世間法。依
於此心，顯示摩訶衍義。
何以故？[2] 是心生滅因緣相，
能示摩訶衍自體相用
故。所言義者，則有三種。云
何爲三？一者體大：謂一切
法真如，平等，不增減故；
二者相大：謂如來藏
具足無量性功德
十二因緣有生下老相
有身無明至二相登頭
盡盡

① 疑有脱文。
② 疑有脱文。

俄藏黑水城漢文佛教文獻密教部佛經

（一）俄 TK287《金剛劑門》①

【題解】

西夏寫本，蝴蝶，白口。未染麻紙。共 4 頁。紙幅高 9 釐米，寬 13 釐米。字心高 76 釐米，寬 10 釐米，天頭 1.6 釐米，地脚 1.2 釐米。每半頁 5 行，行 10 字。四周單邊，中烏絲欄。楷書，墨色濃，不勻。

種種毒藥
芥子，麝香，小便
亦得白戎氎韝柴硬
香白芥指羅末頃帶
白酥貴脯根安息
□□□□□□□
了捺光吽吽
呱巴怛拽咘捺覽惘嗨
哩怛不吟二合怛撈吽
吽吽單怛野唵拽嘚二合
曼憹撈帝所有魔王
王作障礙心生怕怖一
切法門不能回遣其
王於一金剛座師所將
種種七寶財務盡戒布
施，願救我苦師無言所

① 《俄藏黑水城文獻》第四册，第 375—376 頁。

答汝禮此劑門，依法作
之，汝等得命，王住喜
悦，因生信心求此劑
門，文名略義，廣阿帝
今此劑門處在天雲
金剛本續内阿帝
今此劑從金剛座師
傳爲曼搓拶帝國王
次傳與爲帝國王
次僧與得菩薩行
法師次僧傳與智惠
多心法師次僧與糠
麻結次僧與白色布
師處於施礙舊王住
釋説漢本也
上來所出現承傳次
弟亦竟阿帝

（二）俄 TK184《聖妙吉祥真實名經》[①]

【題解】

元刻本。蝴蝶裝，白口，上方版心題“真實名”，下方印頁碼。白麻紙，薄，皺。共4個整頁，10個半頁。紙幅高16.5釐米，寬22釐米。版框高13.8釐米，寬19.2釐米。天頭1.2釐米，地脚1.8釐米。每半頁7行，行13—15字。四周單邊。宋體，墨色深。

【前缺】
具足有大慈悲者，汝爲利益有情故，
具足智身妙吉祥，誦真實名是大益，
能作清净除罪業，於我精勤應諦聽，
善哉吉祥持金剛，手持金剛汝善哉，
密主我爲此事故，爲汝巧妙令宣説，
汝今一心應諦聽，唯然末遏鏤善哉，
復次釋迦出有壞，一切密咒大種性，
密咒明咒持種性，於其三種令觀察，
世間及出世間性，顯作世間大種性，

① 《俄藏黑水城文獻》第四册，第155—161頁。

殊勝廣大手印種，大種大髻應觀察，
言詞之主演偈頌，密咒王者具六種，
將令顯出於無二，無生法者自宣説。
啞阿長呼依倚引烏鄔引　嘆喥引阿嗃引噉
啞悉低二合哆㗝哩二合低一句孃捺没隆二合低
【中缺】
有義成就满誓願，捨離一切諸虚妄，
無盡法界實離妄，勝妙法界極無盡，
具大福田勝福足，智中廣大殊勝智，
具足智者解有無，無二種中而積集，
諸常見中勝禪定，誓修静慮是智王，
自解各各皆不動，最上勝者持三身，
具足正覺五身性，遍主五種智自性，
【中缺】
三世界中獨一音，遍虚空界聲哮吼
諸有聲中皆殊勝。
此下四十二頌。出現無量壽佛中圍。
故贊妙觀察智即二百七十五名數。
真實無我真實性，即是真際無有字，
宣説空性衆中勝，甚深廣大聲哮吼，
即是法螺具大聲，亦法犍椎大音聲，
超越無住圓寂性，十方法中即大鼓，
【中缺】
救世間尊意無私，救中救者而無上，
盡空邊際悉受用，解一切中智慧海，
解散一切無明嚳，亦能破壞三有網，
能滅無餘諸煩惱，到彼輪回大海岸，
勝智灌頂具頭冠，真實究竟令莊嚴，
滅除三種諸苦惱，滅三毒得三解脱，
决定解脱諸障難，住於如空平等中，
超越一切煩惱垢，能解三時及無師，
諸有情中即大尊，功德帶中之鬘帶，
諸有身中即解勝，虚空道中真實住，
持於如意大寶珠，遍主一切寶中勝，
圓满是大如意樹，勝妙浄瓶大中勝，
能作有情諸利益，随順有情而利益，
亦解善惡及時辰，遍主解記具記句，
【中缺】

大空即是五種字，空明點者六種字，
種種諸空無種種，十六半半具明點，
亦無支分超於數，即四静慮之初首，
瞭解一切静慮支，明解静慮種族性，
具静慮身身中勝，受用身者一切勝，
化身即是殊勝身，持彼化現之種性，
種種化現十方中，依法利益於有情，
【中缺】
亦能退諸魔軍旅，究竟正覺救世間，
是堪供贊禮敬處，亦是恒常承侍境，
應供咏處最殊勝，真堪禮敬勝上師，
一步能游三世界，如空無邊實鎮押，
清净三明是清净，具六神通隨六種，
菩提勇識大勇識，大神足者超世間，
達彼智慧之實性，亦獲智慧之體性，
一切自明令他明，殊勝丈夫於一切，
超離一切諸譬喻，能智所智殊勝主，
尊者即是法施主，宣説四種手印義，
有情奉施殊勝主，决定所入三種住，
微妙義中净吉祥，三世間中大勝福，
具足吉祥皆成辦，曼祖悉哩勝吉祥。
［此］下五頌。如次結贊五智。大圓鏡
清净法界妙觀察
平等性成所作智。如次一頌一智也。
勝施金剛我敬禮，真實邊際我敬禮，
出現空性我敬禮，正覺菩提我敬禮，
正覺貪著我敬禮，正覺欲者我敬禮，
正覺歡喜我敬禮，正覺戲論我敬禮，
正覺微笑我敬禮，正覺笑者我敬禮，
正覺語者我敬禮，正覺心者我敬禮，
出現無者我敬禮，出現正覺我敬禮，
【中缺】
若不能究竟不能清净地者。令到
彼岸福智二足皆悉圓滿令其清净。
義無有上。若未解者令解。未得者
令得。自此至於一切如來微妙法理
真實持故。我爲宣説開示顯解令
其攝受。持金剛金

剛手。此者我於汝種性中。及一切密咒
【中缺】
也。亦是察度諸解脱道决定出生處。
亦是不斷如來種性。增長菩提勇識
大勇識種族種性。亦能攝伏於他一切
作狂敵者。破壞一切外道。退舍四魔
軍將之力。亦是真實攝受一切衆生。
决定成熟一切趣嚮聖果。諸净梵四
宫之静慮。諸一心之禪定也。亦是調伏
身語意三。精勤禪定能離一切合
集。亦舍一切煩惱及隨煩惱。滅除一
切障礙。解脱一切系縛。亦是解脱一
切諸藴。滅諸亂心成辦一切出生處。舍
離一切盛衰事。亦能關閉一切諸惡趣
門。開示解脱衆樂勝道。令其不入輪
回之中。而能轉大法輪。建立一切如來
傘蓋幢旗。一切妙法正法之宫。亦是菩
提勇識。於密咒門而修習者速得成
就。亦是瞭解菩薩摩訶薩精勤般
若波羅蜜多之定。解了一切精勤無
二戲論之空性。一切到彼岸之二足。究竟
真實清净一切究竟地。各各瞭解諸
聖四諦。一心體解一切諸法四種念住。此真
【中缺】
貴勝族中。能成一切端嚴［勝］相顔
色美妙。於諸世人皆悉愛樂可意。
若與相隨情和悦樂見者歡喜。於
諸人中端正嚴好。具大福相發言
無滯。隨所生處得宿命智。受用廣大
多諸部從。所受無盡眷屬無盡。於
有情中最極殊勝。亦復具足殊勝
功能。自然具足六波羅蜜。所有功
德經於净梵四宫。具足念及正念
方便願力智。亦是一切諸數義中。
得無怖畏及能言説。無有愚痴句
句顯了。成大聰慧具有廣解。無
懈怠心少欲知足。利益廣大情無
愛著。即是一切有情殊勝所信之

處。亦成恭敬師及上師。此人先所
未聞工巧技藝神通一切教法。若
文若義皆悉解了。戒及活命。最
極諸行最極清净微妙。出家及成
近圓。不令忘失一切智智性大菩
提心。决定不入聲聞羅漢緣覺
乘中。持金剛金剛手。如是具足
【後缺】

(三) 俄 TK76《佛説大乘無量壽决定光明王如來陀羅尼經》[①]

【題解】

西夏刻本。經折裝，未染麻紙。共 13 折半，27 面，高 20.8 釐米，面寬 9 釐米。版框高 15.3 釐米，天頭 3.7 釐米，地脚 1.8 釐米。每面 7 行，行 14 字。上下單邊。宋體，墨色不匀。冠佛畫 2 面。

佛説大乘聖無量壽决定光明王如
來陀羅尼經一卷
西天中印度摩伽陀國那爛陀寺傳教大師三藏賜紫沙門臣法天奉詔譯
如是我聞。一時世尊。在舍衛國祇樹
給孤獨園。與大苾芻衆千二百五十
人俱。皆是漏盡意解無復煩惱。逮得
己利心善解脱。衆所知識大阿羅漢。
復有智慧廣大功德。莊嚴威儀具足
諸尊。菩薩摩訶薩等。爲聞法故皆悉
來集。於衆會中有大慧妙吉祥菩薩
摩訶薩而爲上首。爾時釋迦牟尼佛。
湣念未來世中一切短命衆生。令增
壽命得大利益。爲説不可思議秘密
甚深微妙勝法。是時
世尊告大慧妙吉祥菩薩言。汝等諦
聽。從是南閻浮提。西方過無量佛土。
有世界名無量功德藏。國土嚴麗衆
寶間飾。清净殊勝安隱快樂。超過十
方微妙第一。於彼無量功德藏世界

① 《俄藏黑水城文獻》第二册，第 157—162 頁。

之中。有佛名無量壽决定光明王如來無上正等菩提。今現住彼世界之中。起大慈悲爲諸衆生演說妙法。令獲殊勝利益安樂。

佛復告妙吉祥菩薩言。今此閻浮提世界中人壽命百歲。於中多有造諸惡業而復中夭。妙吉祥菩薩。若有衆生。得見此無量壽决定光明王如來陀羅尼經。功德殊勝及聞名號。若自書寫若教他人書是經竟。或於自舍宅或於高樓。或安精舍殿堂之中。受持讀誦遵奉禮拜。種種妙華燒香粖香。塗香華鬘等。供養無量壽决定光明王如來陀羅尼經。如是短壽之人。若能志心書寫受持。讀誦供養禮拜。如是之人復增壽命滿於百歲。

復次妙吉祥菩薩。若有衆生聞是無量壽决定光明王如來名號。若能志心稱念一百八遍。如此短命衆生復增籌命。或但聞其名號。志心信受遵崇之者。是人亦得增益壽命。

復次妙吉祥菩薩。若有恒時心無暫舍。志誠思求妙法。善男子善女人等汝應諦聽。我今爲說無量壽决定光明王如來一百八名陀羅尼曰。

曩謨(引)婆(去)誐嚩(無可反)帝阿播哩弭跢(引)
愈(轉舌)霓野(二合反)曩素(上)尾黏(寧吉反)室止(二合)怛
帝啪(仁祖反)囉(引)惹(仁佐反)野怛他(引)誐哆(引)野
(引)囉賀(二合)帝三(去)麼藥(二合)訖三(二合)没馱
(引)野怛儞也(二合反)他(去)唵(引)薩(轉舌呼)嚩僧
塞迦(二合引)囉波哩舜馱達(他割反)嘌麼(二合)帝誐
誐曩三(去)母努蘗(二合)帝娑嚩(二合短呼)婆(去引)嚩
尾舜弟麼賀(引)曩野波哩嚩(引)黎娑嚩
(二合引)賀(引)。

妙吉祥菩薩。此無量壽决定光明王如來一百八名陀羅尼。若有人躬自書寫。或教他人書是陀羅尼。安置高樓之上。或殿堂内清净之處。如法嚴飾種種供養。短命之人復得長壽满足百歲。如是之人於後此處命終。便得往生於彼無量壽决定光明王如來佛刹無量功德藏世界之中。當釋迦牟尼佛。説此無量壽决定光明王如來陀羅尼經時。有九十九俱胝佛。一心异口同音。亦説此無量壽决定光明王如來陀羅尼經。是時復有八十四俱胝佛。一心异口同音。亦説此無量壽决定光明王如來陀羅尼經。是時復有七十七俱胝佛。一心异口同音。亦説此無量壽决定光明王如來陀羅尼經。是時復有六十六俱胝佛。一心异口同音。亦説此無量壽决定光明王如來陀羅尼經。是時復有五十五俱胝佛。一心异口同音。亦説此無量壽决定光明王如來陀羅尼經。是時復有四十四俱胝佛。一心异口同音。亦説此無量壽决定光明王如來陀羅尼經。是時復有三十六俱胝佛。一心异口同音。亦説此無量壽决定光明王如來陀羅尼經。是時復有二十五俱胝佛。一心异口同音。亦説此無量壽决定光明王如來陀羅尼經。是時復有十殑伽河沙數俱胝佛。各各心無差別异口同音。亦皆説此無量壽决定光明王如來陀羅尼經。此陀羅尼經。若復有人若自書若教人書。如是之人於後。不墮地獄不墮餓鬼不墮畜生，不墮閻羅王界業道冥官。永不於是諸惡道中受其惡報。如是之人由是書寫此無量壽决定光明王如來陀羅尼經功德力故。於後一切生處。生生世世得宿命智。此無量壽决定光明王如來陀羅尼經。若自書若教人書。如是之人則同書寫八萬四千法藏。所獲功德而無有异。此無量壽决定光明王如來陀羅

尼經。若復有人若自書若教人書。如
是之人便同修建八萬四千寶塔。所
獲功德而無有异。此無量壽决定光
明王如來陀羅尼經。若自書若教人
書。如是之人若有五無間地獄之業。
由是功德力故。其業皆悉消除。此無
量壽决定光明王如來陀羅尼經。若
自書若教人書。如是之人不墮魔王
及魔眷屬。不墮藥叉羅刹道中。不墮
非横死亡。永不受是諸惡果報。此無
量壽决定光明王如來陀羅尼經。若
自書若教人書。如是之人臨命終時。
有九十九俱胝佛。面現其前來迎是
人。往生於彼佛國土中。汝等勿生疑
惑。此無量壽决定光明王如來陀羅
尼經。若自書若教人書。如是之人當
來永不受其女人之身。此無量壽决
定光明王如來陀羅尼經。若自書若
教人書。如是之人常得東方彦達嚩
主持國天王。南方矩伴拏主增長天
王。西方大龍主廣目天王。北方大藥
叉主多聞天王。密隱其身隨逐衛護。
若復有人爲於此經。能以少分財寶
布施之者。是人便同以三千大千世
界满中。金銀琉璃硨磲瑪瑙珊瑚琥
珀。如是七寶盡持布施。若復有人供
養此經典者。便同供養一切真實法
藏。若復有人能持上妙七寶。供養毗
婆屍。試弃。毗舍浮。俱留孫。羯諾揭牟
尼。迦設波。釋迦牟尼如來應正等覺。所
獲福德不能度量知其數量。若復
有人供養此無量壽决定光明王如
來陀羅尼經。所獲福德亦復不能度
量知其限量。又如四大海水充满其
中。不能得知一一滴數。若復有人書
寫供養。受持讀誦此無量壽决定光
明王如來陀羅尼經。所獲福德亦復
不能度量知其限數。若復有人書寫

是無量壽决定光明王如來陀羅尼
經。處所地位則是成就諸佛真身舍
利寶塔。應尊重禮拜。若有衆生耳聞
此陀羅尼者。此之衆生永不受飛鳥
四足多足异類之身。當來速得成就
不退轉無上正等菩提。若復有人。積
聚金銀琉璃硨磲瑪瑙珊瑚琥珀。如
是七寶如妙高山王盡能捨施。所獲
福德不可度量知其數量。若復有人
爲此無量壽决定光明王如來陀羅
尼經。而能布施之者。所得福德亦復
不能度量知其限數。若復有人書寫
此無量壽决定光明王如來陀羅尼
經。禮拜供養者。如是之人則爲禮拜
供養十方諸佛刹土一切如來。而無
有异。

爾時釋迦牟尼世尊。説彼伽他曰
修行布施力成就，布施力故得成佛，
若入大悲精室中，耳暫聞此陀羅尼，
設使布施未圓満，是人速證天人師，
修行持戒力成就，持戒力故得成佛，
若入大悲精室中，耳暫聞此陀羅尼，
設使持戒未圓満，是人速證天人師，
修行忍辱力成就，忍辱力故得成佛，
若入大悲精室中，耳暫聞此陀羅尼，
設使忍辱未圓満，是人速證天人師，
修行精進力成就，精進力故得成佛，
若入大悲精室中，耳暫聞此陀羅尼，
設使精進未圓満，是人速證天人師，
修行禪定力成就，禪定力故得成佛，
若入大悲精室中，耳暫聞此陀羅尼，
設使禪定未圓満，是人速證天人師，
修行智慧力成就，智慧力故得成佛，
若入大悲精室中，耳暫聞此陀羅尼，
設使智慧未圓満，是人速證天人師，
佛説是經已。諸大苾芻衆及諸菩薩。
一切世間天人阿素囉彦闥嚩等。聞
佛所説。皆大歡喜。信受奉行

佛説大乘聖無量壽王經

（四）俄 TK21.1《佛説大乘聖無量壽决定光明王陀羅尼經一卷》[①]

【題解】

西夏刻本，經折裝。偏藍麻紙。共 19 折，38 面。高 12.5 釐米，面寬 6.3 釐米。版框高 8.7 釐米，天頭 2.3 釐米，地脚 1.5 釐米。每面 6 行，行 13 字。上下雙邊。宋體，墨色深匀。冠佛説法圖 2 面，左右單邊，上下雙邊。中有多處闕文。

佛説大乘聖無量壽决定光明王
陀羅尼經一卷
西天中印度摩伽陀國那爛陀寺傳教大師三藏
賜紫沙門臣法天奉詔譯
如是我聞。一時世尊。在舍衛國祇
樹給孤獨園。與大苾芻衆千二百
五十人俱。皆是漏盡意解無復煩
惱。逮得已利心善解脱。衆所知識
大阿羅漢。復有智慧廣大功德。莊
嚴威儀具足諸尊。菩薩摩訶薩等。
爲聞法故皆悉來集。於衆會中有
大慧妙吉祥菩薩摩訶薩而爲上
首。爾時釋迦牟尼佛。湣念未來世
中一切短命衆生。令增壽命得大
利益。爲説不可思議秘密甚深微
妙勝法。是時世
尊告大慧妙吉祥菩薩言。汝等
諦聽。從是南閻浮提。西方過無量
佛土。有世界名無量功德藏。國土
嚴麗衆寶間飾。清净殊勝安隱快
樂。超過十方微妙第一。於彼無量
功德藏世界之中。有佛名無量壽
决定光明王如來無上正等菩提。
今現住彼世界之中。起大慈悲爲
諸衆生演説妙法。令獲殊勝利益
安樂。

① 《俄藏黑水城文獻》第二册，第 1—5 頁。

佛復告妙吉祥菩薩言。今此閻浮
提世界中人壽命百歲。於中多有
造諸惡業而復中夭。妙吉祥菩薩。
若有衆生。得見此無量壽決定光
明王如來陀羅尼經。功德殊勝及聞
名號。若自書寫若教他人書是經
竟。或於自舍宅或於高樓。或安精
舍殿堂之中。受持讀誦遵奉禮拜。
種種妙華燒香粖香。塗香華鬘等。
供養無量壽決定光明王如來陀
羅尼經。如是短壽之人。若能志心
書寫受持。讀誦供養禮拜。如是之
人復增壽命満於百歲。

復次妙吉祥菩薩。若有衆生聞是
無量壽決定光明王如來名號。若
能志心稱念一百八遍。如此短命
衆生復增籌命。或但聞其名號。志
心信受遵崇之者。是人亦得增益
壽命。

復次妙吉祥菩薩。若有恒時心無
暫舍。志誠思求妙法。善男子善女
人等汝應諦聽。我今爲説無量壽
決定光明王如來一百八名陀羅
尼曰。

囊謨[引]婆[去]誐嚩[無可反]帝阿播哩
弭跢[引]愈[轉舌]霓野[二合反]囊素[上]尾
黠[甯吉反]室止[二合]怛帝咀[仁祖反]囉
[引]惹[仁佐反]野怛他[引]誐哆[引]野[引]囉
賀[二合]帝三[去]麼藥[二合]訖三[二合]没馱[引]
野怛儞也[二合反]他[去]唵[引]薩[轉舌呼]嚩
僧塞迦[二合引]囉波哩舜馱達[他割反]
嘌麼[二合]帝誐誐囊三[去]母努蘖[二合]
帝娑嚩[二合短呼]婆[去引]嚩尾舜弟麼
賀[引]囊野波哩嚩[引]黎娑嚩[二合引]
賀[引]。

妙吉祥菩薩。此無量壽決定光明
王如來一百八名陀羅尼。若有人
躬自書寫。或教他人書是陀羅尼。

安置高樓之上。或殿堂内清净之
處。如法嚴飾種種供養。短命之人
復得長壽满足百歲。如是之人於
後此處命終。便得往生於彼無量
壽决定光明王如來佛刹無量功
德藏世界之中。當釋迦牟尼佛。説
此無量壽决定光明王如來陀羅
尼經時。有九十九俱胝佛。一心异
口同音。亦説此無量壽决定光明
王如來陀羅尼經。是時復有八十
四俱胝佛。一心异口同音。亦説此
無量壽决定光明王如來陀羅尼
經。是時復有七十七俱胝佛。一心
异口同音。亦説此無量壽决定光
明王如來陀羅尼經。是時復有六
十六俱胝佛。一心异口同音。亦説
此無量壽决定光明王如來陀羅
尼經。是時復有五十五俱胝佛。一
心异口同音。亦説此無量壽决定
光明王如來陀羅尼經。是時復有
四十四俱胝佛。一心异口同音。亦
説此無量壽决定光明王如來陀
羅尼經。是時復有三十六俱胝佛。
一心异口同音。亦説此無量壽决
定光明王如來陀羅尼經。是時復
有二十五俱胝佛。一心异口同音。
亦説此無量壽决定光明王如來
陀羅尼經。是時復有十殑伽河沙
數俱胝佛。各各心無差别异口同
音。亦皆説此無量壽决定光明王
如來陀羅尼經。此陀羅尼經。若復
有人若自書若教人書。如是之人
於後。不墮地獄不墮餓鬼不墮畜
生。不墮閻羅王界業道冥官。永不
於是諸惡道中受其惡報。如是之
人由是書寫此無量壽决定光明
王如來陀羅尼經功德力故。於後
一切生處。生生世世得宿命智。此

無量壽决定光明王如來陀羅尼
經。若自書若教人書。如是之人則
同書寫八萬四千法藏。所獲功德
而無有异。此無量壽决定光明王
如來陀羅尼經。若復有人若自書
若教人書。如是之人便同修建八
萬四千寶塔。所獲功德而無有异。
此無量壽决定光明王如來陀羅
尼經。若自書若教人書。如是之人
若有五無間地獄之業。由是功德
力故。其業皆悉消除。此無量壽决
定光明王如來陀羅尼經。若自書
【中缺】
不可度量知其數量。若復有人爲
此無量壽决定光明王如來陀羅
尼經。而能布施之者。所得福德
亦復不能度量知其限數。若復有人
書寫此無量壽决定光明王如來
陀羅尼經。禮拜供養者。如是之人
則爲禮拜供養十方諸佛刹土一
切如來。而無有异。
爾時釋迦牟尼世尊。説彼伽他曰
修行布施力成就，布施力故得成佛，
若入大悲精室中，耳暫聞此陀羅尼，
設使布施未圓满，是人速證天人師，
修行持戒力成就，持戒力故得成佛，
若入大悲精室中，耳暫聞此陀羅尼，
設使持戒未圓满，是人速證天人師，
修行忍辱力成就，忍辱力故得成佛，
若入大悲精室中，耳暫聞此陀羅尼，
設使忍辱未圓满，是人速證天人師，
修行精進力成就，精進力故得成佛，
若入大悲精室中，耳暫聞此陀羅尼，
設使精進未圓满，是人速證天人師，
修行禪定力成就，禪定力故得成佛，
若入大悲精室中，耳暫聞此陀羅尼，
設使禪定未圓满，是人速證天人師，
修行智慧力成就，智慧力故得成佛，

若入大悲精室中，耳暫聞此陀羅尼，
設使智慧未圓满，是人速證天人師，
佛説是經已。諸大苾芻衆及諸菩
薩。一切世間天人阿素囉彦闥嚩
等。聞佛所説。皆大歡喜。信受奉行
　　佛説大乘聖無量壽王經

(五) 俄 TK22《佛説大乘聖無量壽决定光明王如來陀羅尼經一卷》[①]

【題解】

西夏刻本。經折裝，未染麻紙。共 4 折半，9 面餘。高 12.5 釐米，面寬 6.3 釐米。版框高 8.5 釐米，天頭 2.3 釐米，地脚 1.6 釐米。每面 6 行，行 13 字。上下雙邊，宋體。墨色中，首尾缺，下有水漬印。與俄 TK21 同一版本。

【前缺】
世尊告大慧妙吉祥菩薩言。汝等
諦聽。從是南閻浮提。西方過無量
佛土。有世界名無量功德藏。國土
嚴麗衆寶間飾。清凈殊勝安隱快
樂。超過十方微妙第一。於彼無量
功德藏世界之中。有佛名無量壽
决定光明王如來無上正等菩提。
今現住彼世界之中。起大慈悲爲
諸衆生演説妙法。令獲殊勝利益
安樂。
佛復告妙吉祥菩薩言。今此閻浮
提世界中人壽命百歲。於中多有
造諸惡業而復中夭。妙吉祥菩薩
若有衆生。得見此無量壽决定光
明王如來陀羅尼經。功德殊勝及聞
名號。若自書寫若教他人書是經
竟。或於自舍宅或於高樓。或安精
舍殿堂之中。受持讀誦遵奉禮拜。
種種妙華燒香粖香。塗香華鬘等。
供養無量壽决定光明王如來陀

① 《俄藏黑水城文獻》第二册，第 8—9 頁。

羅尼經。如是短壽之人。若能志心
書寫受持。讀誦供養禮拜。如是之
人復增壽命满於百歲。
復次妙吉祥菩薩。若有衆生聞是
無量壽决定光明王如來名號。若
能志心稱念一百八遍。如此短命
衆生復增壽命。或但聞其名號。志
心信受遵崇之者。是人亦得增益
壽命。
復次妙吉祥菩薩。若有恒時心無
暫舍。志誠思求妙法。善男子善女
人等汝應諦聽。我今爲説無量壽
决定光明王如來一百八名陀羅
尼曰。
曩謨[引]婆[去]誐嚩[無可反]帝阿播哩
弭跢[引]愈[轉舌]霓野[二合反]曩素[上]尾
顊[寧吉反]室止[二合]怛帝嘲[仁祖反]囉
[引]惹[仁佐反]野怛他[引]誐哆[引]野[引]囉
賀[二合]帝三[去]麼藥[二合]訖三[二合]没馱[引]
野怛你也[二合反]他[去]唵[引]薩[轉舌呼]嚩
僧塞迦[二合引]囉波哩舜馱達[他割反]
嘌麼[二合]帝誐誐曩三[去]母努蘗[二合]
帝娑嚩[二合短呼]婆[去引]嚩尾舜弟麼
賀[引]曩野波哩嚩[引]黎娑嚩[二合引]
賀[引]。
妙吉祥菩薩。此無量壽决定光明
王如來一百八名陀羅尼。若有人
躬自書寫。或教他人書是陀羅尼。
安置高樓之上。或殿堂内清净之
處。如法嚴飾種種供養。短命之人
復得長壽满足百歲。如是之人於
後此處命終。便得往生於彼無量
壽决定光明王如來佛刹無量功
德藏世界之中。當釋迦牟尼佛。説
此無量壽决定光明王如來陀羅
尼經時。有九十九俱胝佛。一心异
【後缺】

（六）俄 TK23《佛説大乘聖無量壽決定光明王如來陀羅尼經一卷》[1]

【題解】

西夏刻本。經折裝，未染麻紙，共 3 折半，7 面，高 12.5 釐米，面寬 6.3 釐米。版框高 8.8 釐米，天頭 2.4 釐米，地脚 1.6 釐米。每面 6 行，行 13 字。上下雙邊。宋體，墨色中。首尾缺。下有水漬印。與俄 TK21 同一版本。

【前缺】

明王如來陀羅尼經。功德殊勝及聞
名號。若自書寫若教他人書是經
竟。或於自舍宅或於高樓。或安精
舍殿堂之中。受持讀誦遵奉禮拜。
種種妙華燒香粖香。塗香華鬘等。
供養無量壽决定光明王如來陀
羅尼經。如是短壽之人。若能志心
書寫受持。讀誦供養禮拜。如是之
人復增壽命满於百歲。
復次妙吉祥菩薩。若有衆生聞是
無量壽决定光明王如來名號。若
能志心稱念一百八遍。如此短命
衆生復增壽命。或但聞其名號。志
心信受遵崇之者。是人亦得增益
壽命。
復次妙吉祥菩薩。若有恒時心無
暫舍。志誠思求妙法。善男子善女
人等汝應諦聽。我今爲説無量壽
决定光明王如來一百八名陀羅
尼曰。
囊謨引婆去誐嚩無可反帝阿播哩
弭跢引愈轉舌覧野二合反囊素上尾
顊甯吉反室止二合怛帝⿰口祖仁祖反囉
引惹仁佐反野怛他引誐哆引野引囉
賀二合帝三去麽藥二合訖三二合没馱引
野怛你也二合反他去唵引薩慱舌呼嚩

[1] 《俄藏黑水城文獻》第二册，第 10—11 頁。

僧塞迦二合引囉波哩舜馱達他割反
嘌麼二合帝誐誐曩三去母努蘖二合
帝娑嚩二合短呼婆去引嚩尾舜弟麼
賀引曩野波哩嚩引黎娑嚩二合引
賀引。
妙吉祥菩薩。此無量壽决定光明
王如來一百八名陀羅尼。若有人
躬自書寫。或教他人書是陀羅尼。
安置高樓之上。或殿堂内清净之
處。如法嚴飾種種供養。短命之人
復得長壽满足百歲。如是之人於
後此處命終。便得往生於彼無量
壽决定光明王如來佛刹無量功
德藏世界之中。當釋迦牟尼佛。説
此無量壽决定光明王如來陀羅
尼經時。有九十九俱胝佛。一心异
【後缺】

（七）俄 TK24《佛説大乘聖無量壽决定光明王如來陀羅尼經一卷》[①]

【題解】

西夏刻本。經折裝。未染麻紙。共 3 折半，7 面，高 11. 2 釐米，面寬 6. 2 釐米。版框高 8. 8 釐米，天頭 1. 2 釐米，地脚 1 釐米。每面 6 行，行 13 字。上下雙邊，宋體，墨色濃。首尾缺。已裂爲三段，中有佚文。與俄 TK21 同一版本。

【前缺】
口同音。亦説此無量壽决定光明
王如來陀羅尼經。是時復有八十
四俱胝佛。一心异口同音。亦説此
無量壽决定光明王如來陀羅尼
經。是時復有七十七俱胝佛。一心
异口同音。亦説此無量壽决定光
明王如來陀羅尼經。是時復有六
十六俱胝佛。一心异口同音。亦説
此無量壽决定光明王如來陀羅

① 《俄藏黑水城文獻》第二册，第 11—12 頁。

尼經。是時復有五十五俱胝佛。一
心异口同音。亦説此無量壽决定
光明王如來陀羅尼經。是時復有
【中有缺文】
不可度量知其數量。若復有人爲
此無量壽决定光明王如來陀羅
尼經。而能布施之者。所得福德亦
復不能度量知其限數。若復有人
書寫此無量壽决定光明王如來
陀羅尼經。禮拜供養者。如是之人
則爲禮拜供養十方諸佛刹土一
切如來。而無有异。
爾時釋迦牟尼世尊。説彼伽他曰。
修行布施力成就，布施力故得成佛，
若入大悲精室中，耳暫聞此陀羅尼，
設使布施未圓滿，是人速證天人師，
修行持戒力成就，持戒力故得成佛，
若入大悲精室中，耳暫聞此陀羅尼，
設使持戒未圓滿，是人速證天人師，
修行忍辱力成就，忍辱力故得成佛，
若入大悲精室中，耳暫聞此陀羅尼，
設使忍辱未圓滿，是人速證天人師，
修行精進力成就，精進力故得成佛，
若入大悲精室中，耳暫聞此陀羅尼，
設使精進未圓滿，是人速證天人師，
修行禪定力成就，禪定力故得成佛，
若入大悲精室中，耳暫聞此陀羅尼，
設使禪定未圓滿，是人速證天人師，
修行智慧力成就，智慧力故得成佛，
若入大悲精室中，耳暫聞此陀羅尼，
設使智慧未圓滿，是人速證天人師。
佛説是經已。諸大苾芻衆及諸菩
薩。一切世間天人阿素囉彦闥嚩
等。聞佛所説皆大歡喜信受奉行。

（八）俄 B2.2《無量壽如來念誦修觀行儀軌一卷》[1]

① 《俄藏黑水城文獻》第六册，第 2—10 頁。

無量壽如來念誦修觀行儀軌一卷

特近試鴻臚卿大興善寺三藏沙門大廣智不空奉（詔譯）

爾時金剛手菩薩。在毗盧遮那佛大集會中。從
座而起合掌恭敬。白佛言。世尊。我爲當來末法
雜染世界惡業衆生。説無量壽佛陀羅尼。修
三密門證念佛三昧得生净土入菩薩正位。不以
少福無慧方便得生彼刹。是故依此教法正念修
行。决定生於極樂世界上品上生。獲得初地。若在家
□□□□□□□□□□□□□□□□□□□□□□□□[1]
念誦儀軌。或於勝地或隨所居。塗拭清净建立方
壇。上張天蓋周匝懸幡。壇上分布八曼荼羅。磨白
檀香用塗聖位。於檀西面而安無量壽像。持念者
於壇東。面西對像而坐。或敷茅薦或坐卑脚小床。每
日三時散種種華燒種種香置二閼伽。或用盆杯
及寶金銀銅石瓷玉等器未經用者。盛满香水
置於壇上。於壇四角安四賢瓶。香花飲食燈明塗
香隨力所辦。一一加持滘重供養。行人每日澡浴著
新净衣。或用真言加持以爲澡浴。即思惟觀察。一切
有情本性清净。爲諸客塵之所覆蔽。不悟真理。
迷失菩提。淪溺生死。受無量苦。是故説此三密加
持。令自他皆得清净。即以二手蓮花合掌。誦净
三業真言三遍。真言曰。

唵娑嚩（二合）婆（去引）嚩秫□馱（引一）薩嚩達磨（入引二）娑嚩
（二合）婆（去引）嚩秫（准上）度憾。

由此真言加持故。即成清净内心澡浴。每入道場時。
對本尊前端身正立。蓮花合掌閉目運心。想在
極樂世界。對無量壽如來并觀音大勢諸菩
薩一切聖衆。則以身五體投地。想於一一佛菩薩前
恭敬作禮。即誦普禮真言。

唵安薩嚩怛他（去）蘖多（一）播（引）那满娜曩（去引）喃
迦嚕（引）弭。

即右膝著地合掌當心。虔誠髮露懺悔無始已
來一切罪障。則隨喜諸佛菩薩聲聞緣覺一切有
情所修福業。又觀十方世界所有如來成等
覺者。請轉法輪。所有如來現涅槃者。請久住世不
般涅槃。又發願言。我所積集。禮佛懺悔隨喜勸

① 疑爲“出家願生净土者。應先入曼荼羅得灌頂已。然後從師受”。

請。無量善根以此福聚回施一切有情。願皆同生
極樂世界。見佛聞法速證無上正覺等菩提。然
後結跏趺坐或半跏趺坐。右壓於左。以香塗手。
先結佛部三昧耶印。二手虛心合掌。開二頭指微
屈。各附中指上節。又開二大指。各拈二頭指下第
一文。結印成。又想無量壽如來三十二相八十種
好了了分明。即誦佛部三昧耶真言曰。

唵怛他(去)誐睹(一)納婆(二合)嚩(引)耶裟嚩(二合)
賀(引二)

誦三遍或七遍。安印頂上散。由結此印及誦真言。
警覺佛部一切諸佛。皆來集會加持護念修真言者。
速令獲得身業清净。罪障消滅福慧增長。次
結蓮花部三昧耶印。

二手虛心合掌。二大指二小指各頭相拈。余六指微屈。
如開敷蓮花形。即成。結此印已。想觀自在菩
薩相好端嚴。并無量俱胝蓮花族聖衆圍繞。即
誦蓮花部三昧耶真言曰。

唵跛那謨(二合引)納婆(二合)嚩(引)耶娑嚩(二合引)賀(引二)

誦三遍或七遍。加持安印於頂右便散。由結此印及
誦真言。警覺觀自在菩薩及蓮花部聖衆。皆
來加持行者。獲得語業清净。言音威肅。令人樂
聞得無礙辯才説法自在。次結金剛部三昧耶印。二
手左覆右仰。令背相著。以右大指叉左小指。以左大指叉右
小指。中間六指縛著手腕。如三股杵形。即成。結印當
心。想金剛藏菩薩相好威光。并無量執金剛眷
屬圍繞。即誦金剛部三昧耶真言曰。

唵嚩日嚧(二合引一)納婆(二合)嚩(引)耶娑嚩(二合)賀(引二)

誦三遍或七遍。加持安印於頂左便散。由結此印
及誦真言。警覺金剛藏菩薩并金剛部聖衆。皆
來加持行者。獲得意業清净證菩提心。三昧現前
速得解脱。次結被甲護身印。

二小指二無名指。右壓左内相叉。二中指直竪頭相拄。
頭指屈如鈎形。附中指背勿令相著。二大指并竪拈
名指。即成。結印當心誦真言。印身五處各誦一遍。
先印額。次左右肩。印心及喉。是爲五處。即起大慈悲心遍緣
一切有情。願皆被大慈悲莊嚴甲冑。速令離諸障難。
證得世間出世間上上殊勝成就。如是觀已。即成被金
剛甲。一切諸魔不敢障難。護身真言曰。

唵嚩囉二合引擬你三合鉢囉二合拈萬協反引跛跢二合引野娑嚩賀

由結此印誦真言。慈心滑念力故。一切天魔及諸障者。悉見行人威光赫奕由如日輪。各起慈心不能障礙。及以惡人無能得便。煩惱業障身不染著。亦護當來諸惡趣苦。疾證無上菩提。次結地界金剛橛印。

先以右中指入左頭中指間。右名指入左名小指間。皆頭外出。以左中指繳右中指背。入右頭指中指間。以左名指繳右名指背。入右名小指間。二小指二頭指各頭相拄。二大指下相拈。即成。結此印已。想印如金剛杵形。以二大指嚮地觸之。誦真言一遍一觸於地。如是至三。即成堅固金剛之座。真言曰。

唵抧裹抧裹一嚩囉二合嚩日哩三合步引囉满馱
步囉满馱三吽引泮吒四

由結此印及誦真言加持力故。下至金剛輪際。成金剛不壞之界。大力諸魔不能摇動。少施功力大獲成就。地中所有諸惡穢物。由加持力故悉皆清净。其界隨心大小即成。

次結金剛墻印。准前地界印。

開掌探竪二大指。如墻形即成。想從印流出熾焰。以印右旋繞身三轉。稱前地界。即成金剛堅固之城。墻界真言曰。

唵薩囉薩囉一嚩囉二合鉢囉二迦引囉吽泮吒三

由結此印誦真言及觀行力故。隨心大小。成金剛光焰方隅墻界。諸魔惡人虎狼師子。及諸毒蟲不能輒近。次結大虚空藏菩薩印。

二手合掌。二中指右押左外相叉。縛著手背。二頭指相蹙如寶形。即成。想從印流出無量諸供養具衣服飲食宫殿樓閣等。如瑜伽廣説。即誦大虚空藏菩薩真言曰。

唵誐誐曩三去婆嚩一嚩囉二合斛引三

修行者縱使觀念力微。由此印及真言加持力故。諸供養物皆成真實。一如極樂世界中行廣大供養者。次想壇中有紇哩二合入引字。放大光明如紅頗梨色。遍照十方世界。其中有情遇斯光者。無不皆得罪障消滅。

次結如來拳印。

以左手四指握拳。直竪大指。以右手作金剛拳。

握左大指甲。即成。以此拳印印地。誦真言加持七遍。
變其世界。如來拳真言曰。
唵步(引入)欠(一)
由結此印及誦真言加持威力故。即變此三千大
千世界。成極樂剎土。七寶爲地。水鳥樹林皆
演法音。無量莊嚴如經所説。即誦伽他曰。
以我功德力，如來加持力，及以法界力，願成安樂剎。
行者由數習此定。現生每於定中。見極樂世
界無量壽如來在大菩薩衆會。聞説無量
契經。臨命終時心不散亂。三昧現前。剎那迅速則
生彼土。蓮花化生證菩薩位。
次結寶車輅印。
二手仰相叉。右押左。以二頭指側相拄。二大指
拈二頭指下第一文。即成。送車輅真言曰。
唵 睹嚕 睹嚕 吽 引
結此印。想成七寶莊嚴車輅。往彼極樂世界。
請無量壽如來并諸菩薩眷屬乘此車
輅。不散此印。以二大指嚮身。撥二中指頭。便誦
車輅真言曰。
彌莫悉底哩耶(二合)地尾(二合)迦南怛他(引□)蘖
多南□唵嚩日朗(二合)擬(妍反以)娘(引二合二)迦囉灑(二合)耶娑
嚩賀(引三)
則想車輅來至道場住虛空中。則結迎請
聖衆印。二手右押左内相叉作拳合掌相
著。左大指屈入掌。右大指曲如鈎。嚮身招之。即
誦迎請真言曰。
唵阿(去引)嚕(引)力迦(半音引)曀醯呬娑嚩(二合)賀
由結此印誦真言奉請故。無量壽如來不捨
悲願。赴此三摩地所成净土道場。并無量俱胝
大菩薩衆。受修行者供養速令得上上成就。
次結馬頭觀自在菩薩印。作辟除結界二手
合掌。二頭指二無名指屈入掌。各自相背。并二
大指微屈。勿著頭指。即成。誦馬頭明王真言
曰：唵阿蜜栗(二合)姤納(二合)婆嚩吽(引)泮吒娑嚩
(二合)賀
誦三遍。即以印左轉三匝。辟除一切諸魔皆自
退散。以印右旋三匝。即成堅固大界。
次結金剛網印。

准前地界印。以二大指。拓二頭指下第一文。即
成。誦真言三遍。隨誦以印於頂上右旋便散。網界真言曰。
唵尾娑普(二合)囉捺(二合)乞灑(二合)嚩囉(二合)半惹(自攞)囉吽
由結此印及誦真言加持力故。即於上方。覆以金
剛堅固之網。乃至他化自在諸天不能違越
而生障難。行者身心安樂。三摩地易得成就。
次結金剛火院界印。
以左手掌掩右手背。令相著𢬵竪二大指即成。
成想從印流出無量光焰。火以印右旋三匝。即於
金剛墻外。便有火焰圍繞。即成堅固清净大界。
火院真言曰。
唵阿三(去)莽(上)擬寧吽(引)泮吒
次結獻閼伽香水□①
以二手捧閼伽器。當額奉獻。真言三遍。想
浴聖衆雙足。閼伽真言曰。
曩莫三(去)曼多没馱喃(一)誐誐曩三(去)摩
糝麼娑嚩(二合)賀(引二)
由獻閼伽香水供養。令修行者三業清净。
洗除一切煩惱罪垢。從勝解行地。至十地及
如來地。當證如是地波羅蜜時。得一切如來甘
露法水受與灌頂。
次結花座印。
准前蓮花部三昧耶印。稍屈指令圓滿即是。
結此印已。想從印流出無量金剛蓮華。遍供
此極樂世界中。無量壽如來及供大菩
薩一切聖衆。各皆得此金剛蓮花爲座。蓮
花座真言曰。
唵迦麼攞娑嚩(二合)賀
由結蓮花座印誦真言加持。行者獲得
十地滿足當得金剛之座。三業堅固猶若金
剛。次結廣大不空摩尼供養印。
二手金剛合掌。二頭指蹙如寶形。并竪二大
指即成。誦廣大不空摩尼供養陀羅尼曰。
唵阿(上)謨(引)加(去)布惹(自攞反二)麼抳(尼整反)鉢納
麼(二合)嚩日嚕(三合)怛他(去)蘖哆尾路(引)抧帝
(三)三(去)满多鉢囉(二合)薩囉吽(引四)

---

① 疑爲"印"。

此廣大不空摩尼供養陀羅尼。才誦三
遍。即成於無量壽如來集會及微塵刹土
中。雨無量廣大供養。所謂種種塗香云
海。種種華鬘雲海。種種燒香雲海。種種
天妙飲食雲海。種種天妙衣服雲海。種種
摩尼燈燭光明雲海。種種幢幡寶帳寶蓋雲海。
種種天妙音樂雲海。普於諸佛菩薩衆會。
成真實廣大供養。
由結印誦此真言供養故。獲得無量福聚。
猶如虚空無有邊際。世世常生一切如來大集
會中。蓮花化生得五神通。分身百億。能於雜
染世界。拔濟苦惱衆生。皆安樂。即於現
世受無量果報。當來得生净土。
次應澄心定意専注一緣。觀無量壽如來。了
了分明如對目前。具諸相好。并無量眷屬及
彼刹土。念念忻趣。現獲得三昧成就。虔誠一心
願生彼國。心不异緣念念相續。即誦無量壽
如來贊歎三遍。贊曰：贊在經卷，此不書之。行人每日三
時。常誦此贊歎佛功德。警覺無量壽如來。不
舍悲願。以無量光明照觸行人。業障重罪悉
皆消滅。身心安樂清净遍悦。久坐念誦不生勞
倦。心得自在疾證三昧。即入觀自在菩薩三摩地。
閉目澄心。觀自身中圓满潔白。猶如净月仰
在心中。於净月上。想目哩二合引字放大光
明。其字變成八葉蓮花。於花臺上有觀
自在菩薩。相好分明。左手持蓮花。右手
作開敷葉勢。是菩薩作是思惟。一切有情
身中。具有此覺悟蓮花。清净法界不染
煩惱。於蓮花八葉上。各有如來入定結跏趺坐。
面嚮觀自在菩薩。項佩圓光。身如金色光明
晃耀。即想此八葉蓮花。漸舒漸大量等虚
空。即作是思惟。以此覺花照觸如來海會。願
成廣大供養。若心不移此定。則能於無邊有
情深起悲滑。以此覺花蒙照觸者。於苦煩
惱悉皆解脱。等同觀自在菩薩。即想蓮
花漸漸收斂量等己身。則結觀自在菩薩印。
加持四處。所謂心額喉頂。其印以二手外
相叉。二頭指相柱如蓮花葉。二大指并竪即

成。誦觀自在菩薩真言曰：
唵嚩囉二合達磨紇哩二合入引
由結此印誦真言加持心額喉頂故。即自身等
同觀自在菩薩。
次結無量壽如來根本印。
二手外相叉作拳，竪二中指頭相柱。如蓮華
葉形。結成契已。誦無量壽如來陀羅尼七
遍。以印於頂上敬陀羅尼曰：
曩謨引囉怛曩二合怛囉二合夜耶一娜莫阿去
哩野二合引弭多引婆去引耶二怛他去蘗跢引夜囉
曷帝三去藐三没馱引耶怛你也二合他四唵阿蜜
嘌二合帝五阿蜜嘌二合妒引納婆二合吠六阿蜜嘌
二合多三婆去唵吠七阿蜜嘌二合多悉第蘗陛
八阿蜜嘌二合多悉第九
阿蜜嘌二合多帝際自曳反十
阿蜜嘌二合多尾訖磷二合引嚕簡帝十一阿蜜嘌二合多尾訖磷
多誐弭寧引十二阿蜜嘌二合多誐誐曩吉哩二合引底迦
隸十三阿蜜嘌二合多嫩上努批娑嚩二合隸十四薩
縛囉他二合娑馱寧十五薩縛羯磨訖禮二合舍乞
灑二合朵孕迦隸娑縛二合賀引
此無量壽如來陀羅尼。才誦一遍。即滅身
中十惡四重五無間罪。一切業障悉皆消滅。
若苾芻苾芻尼犯根本罪。誦七遍已。即時
還得戒品清凈。誦满一萬遍。獲得不忘失菩
提心三摩地。菩提心顯現身中。皎潔圓明猶
如凈月。臨命終時。見無量壽如來與無量俱
胝菩薩衆。圍繞來迎行者。安慰身心則生
極樂世界上品上生。證菩薩位。即取蓮子數
珠。安於手中。二手捧珠合掌。如未敷蓮
花形。以千轉念珠真言加持七遍。真言曰：
唵縛囉二合獄呬耶二合惹自攞反跛三去麼曳引吽引
加持已。即捧珠頂戴心發是願。願一切有
情所求世間出世間殊勝大願。速得成就。
則以二手當心。各聚五指如未敷蓮華。左
手持珠。右手大指名指移珠。誦陀羅尼
與娑嚩二合賀字聲。齊移一珠。念誦聲不
急不緩不高不下。不應出聲。稱呼真言字
令一一分明。心觀此三摩地所成凈土。及前所

請來無量壽佛。相好圓満在於壇中。如
是觀行了了分明。專注念誦之，不令間斷。遠
離散動。一坐念誦或百八遍，或若不満百八遍。
則不充析願遍數。無量壽如來加持故。則身
心清净。乃至開目閉目。常見無量壽如
來。則於定中聞説甚深妙法。於一一字一一句。悟
無量三摩地門無量陀羅尼門無量解脱門。
此身同觀自在菩薩。速能至於彼國。誦數畢。
捧珠頂戴發是願言。願一切有情。得生極樂世
界。見佛聞法。速證無上菩提。次結定印。則觀身
中菩提心。皎潔圓明猶如満月。復作是思惟。
菩提心體離一切有情物。無蘊界處及離能取
所取。法無我故一相平等。心本不生自性空故
故即於圓満清净月輪上。想有紇哩𠰒字門。從字流
出無量光明。道觀成極樂世界。聖衆圍繞無
量壽佛，廣如經説，如是念誦修習三摩地已。
欲出道場。則結本尊印。誦根本陀羅尼七遍。
以印頂上散。即誦贊歎。次結普供養印。誦廣大不空摩尼供養陀
羅尼。又獻閼伽。心中所有祈願啓白聖衆。唯
願聖者不越本誓成就我願。如是念誦供
養發願已。即結前火院印。左轉三匝解前所結
界。復結寳車輅印。以二大指嚮外。撥二中指
頭。誦本真言奉送聖衆。次結三部三昧耶
印。各誦真言三遍。然後結被甲護身印。印身
五處。即對本尊前。虔誠發願禮佛。任出道
場，隨意經行。常應讀誦無量壽經。懷增
上意樂精勤念誦。印佛印塔樂行□壇施。
修持禁戒忍辱精進禪定智慧。所修善品
皆悉回嚮。共諸衆生同生净土上品上生。證歡
喜地獲得無上菩提記别。
無量壽如來心真言。
唵阿密㗚多第拽賀囉吽
此法通一切蓮花部無量壽如來，念誦法誦
十萬遍，満得見阿彌陀如來，命終決定得生
極樂世界。出北經槐字型大小
此真言誦一遍。敵誦阿彌陀經一遍不可説遍秘故勝故。破重障難（不能具説）
無量壽如來發願陀羅尼念誦修觀行儀軌 終。

（九）俄 TK207《陀羅尼》①

【題解】

元本。潢麻紙，薄，軟。高 20. 2 釐米，面寬 12. 5 釐米，共 7 行，行字數不一。楷書，墨色中，有雙行小字反切注音。據蘇州戒幢佛學研究所宗舜研究，文出《無量壽如來觀行供養儀軌》中“無量壽如來根本陀羅尼”。

□□耶三□
納婆二合吠阿三婆
□阿密嘌□合□□□陛八阿密嘌□□名悉第九阿
密嘌二合多帝際自曳反十阿密嘌二合多尾訖磷二合零儞反引帝十□
阿密嘌二合多爲訖磷多詆引弭嚀十二阿弭嘌二合多誐誐
□□□底迦鵌十三阿密嘌三合多嫩上弩批娑嚩□□
□嚩羯磨□□□
【後缺】

（十）俄 TK301《無動如來陀羅尼》②

【題解】

西夏刻本，經折裝。未染麻紙。共 1 折，2 面。高 19. 2 釐米，面寬 10. 2 釐米。版框高 14. 5 釐米，天頭 2. 7 釐米，地脚 2. 1 釐米。每面 6 行。上下單邊，宋體，墨色中。有雙行小字注釋。

多嚕二合
二合灑顊怛囉□合
帝跛婆去囉帝引十一賀
十二鉢囉二合賀多顊鉢囉
薩囉嚩二合羯囉摩二合鉢藍□引
二合野十四阿音懸屈胸二合毗夜二合引夜睹
十五薩嚩二合賀佛言有十三大罪，無懺悔者，有此無動如
來陀羅尼，一切極重大罪，血能消滅，若不滅者，我當自代，彼有情受

① 《俄藏黑水城文獻》第四册，第 214 頁。
② 《俄藏黑水城文獻》第五册，第 1 頁。

諸苦惱，若有人發菩提心，依返本害
安壁上，盛於板上，怒有睹此陀羅

罪患皆消滅，何況一日誦一遍，其
人增無量福德，臨命終時，十萬聖

衆，各持華蓋來迎，生於净土，佛
舒金色辟摩頂受誦，成無上菩提

昔於闐國有一苦
傳尼厭患妙身

【後缺】

（十一）俄 A20V.11《大佛頂如來密因修證了義諸菩薩萬行首楞嚴經卷第十》①

【前缺】

精妙圓未
稱有
草樹
執婆吒
知見
通皆涅
精妙末
而於寂滅
萬草木皆
成十方
知無知
菩提亡失
絳遠圓
於寂滅
便於圓化一切
流觀塵成就各
住解是人則墮
心役身事火崇
亡失知見是名
因求妄慮果違
於寂滅精妙未
因所因執即
菩提亡失知
違遠圓通皆
而於寂滅精妙
空界十二類内

① 《俄藏黑水城文獻》第五册，第 274—287 頁。

勝解者是人則
才成其伴侶迷
爲心成能事
住天我偏圓種
而於寂滅精妙末
心從彼流出十
流地作真常身
即惑不生亦迷
則墮常非常
提亡失知見是
遠圓通皆涅

【中缺】

大佛頂如來密因修了義諸□□□
楞嚴經卷第十
阿難彼善男子。行修三摩怛□□□□□□[①]
人平常夢想銷滅寤寐恒□□□□□□[②]
如晴空。無復粗重前塵影□□□□□□[③]
地河山如鏡鑒明。來無所粘□□□□□[④]
受照應了罔陳習唯一精真。□□□□□□□[⑤]
露。見諸十方十二衆生。畢殫其□□□□□[⑥]
各命由緒。見同生基猶如野馬□□□□□□[⑦]

【中缺】

歸立常真因生勝解者。是人則□□□□□□[⑧]
毗迦羅所歸冥諦成其伴侶。迷□□□□□□[⑨]
見。是名第一立所得心。成所□□□□□□□[⑩]
涅槃城生外道種。
阿難又善男子。窮諸行空已滅生□□□□□□□[⑪]

---

① 疑爲“提想陰盡者。是”。
② 疑爲“一。覺明虚静猶”。
③ 疑爲“事。觀諸世間大”。
④ 疑爲“過無踪迹。虚”。
⑤ 疑爲“生滅根元從此披”。
⑥ 疑爲“類。雖未通其”。
⑦ 疑爲“熠熠清擾。爲浮”。
⑧ 疑爲“墮因所因執。娑”。
⑨ 疑爲“佛菩提亡失知”。
⑩ 疑爲“歸果違遠圓通。背”。
⑪ 疑爲“滅。而於寂滅精妙”。

未圓。若於所歸覽爲自體。盡□□□□□□□[①]
所有衆生。皆我身中一類流出□□□□□□□[②]
墮能非能執。摩醯首羅現無□□□□□□□[③]
佛菩提亡失知見。是名第二立□□□□□□[④]
果違遠圓通。背涅槃城生大□□□□□□[⑤]
又善男子。窮諸行空已滅生滅。□□□□□□□[⑥]
圓。若於所歸有所歸依。自疑身□□□□□□[⑦]
方虚空咸其生起。即於都起所□□□□□□□[⑧]
無生滅解。在生滅中早計常住。□□□□□□[⑨]
生滅。安住沉迷生勝解者。是□□□□□□[⑩]
執。計自在天成其伴侣。迷佛菩□□□□□□[⑪]
名第三立因依心。成妄計果違□□□□□[⑫]
槃城生倒圓種。
又善男子窮諸行空已滅□□□□□□□□□□[⑬]
若於所知知遍圓故。因知立解□□□□□□□[⑭]
情與人無异。草木爲人人死□□□□□□[⑮]
無擇遍知生勝解者。是人則□□□□□□□[⑯]
霰尼執一切覺成其伴侣。迷佛□□□□□□[⑰]
是名第四計圓知心。成虚謬果□□□□□[⑱]
解[⑲]槃城生倒知種。

---

① 疑爲“虚空界十二類内”。
② 疑爲“生勝解者。是人則”。
③ 疑爲“邊身。成其伴侣。迷”。
④ 疑爲“能爲心。成能事”。
⑤ 疑爲“慢天我遍圓種”。
⑥ 疑爲“而於寂滅精妙未”。
⑦ 疑爲“心從彼流出。十”。
⑧ 疑爲“宣流地。作真常身”。
⑨ 疑爲“既惑不生亦迷”。
⑩ 疑爲“人則墮常非常”。
⑪ 疑爲“提亡失知見。是”。
⑫ 疑爲“遠圓通。背涅”。
⑬ 疑爲“生滅。而於寂滅精妙未圓”。
⑭ 疑爲“十方草木。皆稱有”。
⑮ 疑爲“還成十方草樹”。
⑯ 疑爲“墮知無知執。婆吒”。
⑰ 疑爲“菩提亡失知見”。
⑱ 疑爲“違遠圓通。背”。
⑲ “解”疑爲“涅”。

又善男子窮諸行空已滅生滅。□□□□□□□①
圓。若於圓融。根互用中已得隨□□□□□□□②［ ］
發生。求火光明樂水清净。愛風□□□□□□□③［ ］
各崇事以此群塵。發作本因立□□□□□□□④
生無生執。諸迦葉波并婆羅門。□□□□□□□⑤
水。求出生死成其伴侣。迷佛菩提□□□□□□⑥
第五計著崇事。迷心從物立妄求□□□□□□⑦
遠圓通。背涅槃城生顛化種。
又善男子窮諸行空已滅生滅。而
【中缺】
上菩提。大妄語成外道邪魔。所□□□□□□⑧
獄。聲聞緣覺不成增進。汝等□□□□□□□⑨
此法門於我滅後傳示末世。普□□□□□□⑩
義。無令見魔自作沈□。保綏□□□□□□⑪
其身心入佛知見。從始成就不□□□□□□□⑫
先過去世。恒沙劫中微塵如來。□□□□□□⑬
上道。識陰若盡則汝現前諸根□□□□□□⑭
能入菩薩金剛幹慧。圓明精心□□□□□⑮
净琉璃内含寶月。如是乃超十□□□□□□⑯
回嚮四加行心。菩薩所行金□□□□□⑰
圓明。入於如來妙莊嚴海。圓满□□□□□□⑱

---

① 疑爲“而於寂滅精妙未”。
② 疑爲“順。便於圓化一切”。
③ 疑爲“周流觀塵成就。各”。
④ 疑爲“常住解。是人則墮”。
⑤ 疑爲“勤心役身事火崇”。
⑥ 疑爲“亡失知見。是名”。
⑦ 疑爲“因。求妄冀果違”。
⑧ 疑爲“感業終墮無間”。
⑨ 疑爲“存心秉如來道。將”。
⑩ 疑爲“令衆生覺了斯”。
⑪ 疑爲“哀救消息邪緣”。
⑫ 疑爲“遭岐路。如是法門”。
⑬ 疑爲“乘此心開得無”。
⑭ 疑爲“互用。從互用中”。
⑮ 疑爲“於中發化。如”。
⑯ 疑爲“信十住十行十”。
⑰ 疑爲“剛十地等覺”。
⑱ 疑爲“菩提歸無所得”。

此是過去先佛世尊。奢摩他中□□□□□□[①]
分析微細魔事。魔境現前汝能□□□□□[②]
除不落邪見。陰魔銷滅天魔□□□□□□[③]
褫魄逃逝。魑魅魍魎無復出生。□□□□□[④]
諸少乏下劣增進。於大涅槃□□□□□[⑤]
【中缺】
而不前進生勝解者，是人則□□□□□□[⑥]
緣獨倫不回心者。成其伴侶。迷□□□□□□[⑦]
見。是名第十圓覺泯心。成湛明□□□□□□[⑧]
涅槃城生覺圓明不化圓種。
阿難如是十種禪那中途成狂因□□□□[⑨]
中生滿足證。皆是識陰用心交互□□□□□□[⑩]
頑迷不自忖量。逢此現前各以所□□□□□[⑪]
而自休息。將爲畢竟所歸寧□□□□□□□□□[⑫]
【中缺】
生未識禪那不知説法。樂修三昧
□□□□□□[⑬]勸令持我佛頂陀羅尼咒。若未能
□□□□□[⑭]或帶身上。一切諸魔所不能動。汝
□□□□□[⑮]如來。究竟修進最後垂範。阿難
□□□□□[⑯]佛示誨。頂禮欽奉憶持無失。於大
□□□□□[⑰]佛。如佛所言五陰相中。五種虛

---

① 疑爲“毗婆舍那。覺明”。
② 疑爲“諳識。心垢洗”。
③ 疑爲“摧碎。大力鬼神”。
④ 疑爲“直至菩提無”。
⑤ 疑爲“心不迷悶。若”。
⑥ 疑爲“墮定性辟支。諸”。
⑦ 疑爲“佛菩提亡失知”。
⑧ 疑爲“果違遠圓通。背”。
⑨ 疑爲“依。或未足”。
⑩ 疑爲“故生斯位。衆生”。
⑪ 疑爲“愛。先習迷心”。
⑫ 疑爲“地。自言滿足無上菩提”。
⑬ 疑爲“汝恐同邪。一心”。
⑭ 疑爲“誦寫於禪堂”。
⑮ 疑爲“當恭欽十方”。
⑯ 疑爲“即從坐起聞”。
⑰ 疑爲“衆中重復白”。

□□□□□[①]我等平常未蒙如來微細開示。
□□□□□□[②]銷除爲次第盡。如是五重詣何爲
□□□□□□[③]宣大慈。爲此大衆清明心目。以爲
□□□□□[④]生作將來眼。
□□□□□[⑤]真妙明本覺圓净。非留死生及
□□□□□[⑥]虚空。皆因妄想之所生起。斯
□□□□□[⑦]真精。妄以發生諸器世間。如演
□□□□□[⑧]影。妄元無因。於妄想中立因
□□□□□□□□[⑨]然。彼虚空性猶實幻生。因緣自
□□□□□[⑩]妄心計度。阿難知妄所起説
【中缺】
圓。於命明中分别精粗。疏决真□□□□□□[⑪]
求感應背清净道。所謂見苦斷□□□□□□[⑫]
滅已休。更不前進生勝解者。是□□□□□[⑬]
聲聞。諸無聞僧增上慢者成□□□□□□[⑭]
提亡失知見。是名第九圓精應□□□□□□[⑮]
遠圓通。背涅槃城生纏空種。
又善男子窮諸行空已滅生滅。□□□□□□□[⑯]
圓。若於圓融清净覺明。發研深妙
【中缺】
袈裟衣是戒耶，乞食是
是戒耶，如是觀已，於自
修無所著，於法無所住

---

① 疑爲“妄爲本想心”。
② 疑爲“又此五陰爲并”。
③ 疑爲“界。惟願如來發”。
④ 疑爲“末世一切衆”。
⑤ 疑爲“佛告阿難精”。
⑥ 疑爲“諸塵垢乃至”。
⑦ 疑爲“元本覺妙明”。
⑧ 疑爲“若多迷頭認”。
⑨ 疑爲“緣性。迷因緣者稱爲自”。
⑩ 疑爲“然。皆是衆生”。
⑪ 疑爲“伪因果相酬。唯”。
⑫ 疑爲“集證滅修道居”。
⑬ 疑爲“人則墮定性”。
⑭ 疑爲“其伴侣。迷佛菩”。
⑮ 疑爲“心成趣寂果違”。
⑯ 疑爲“而於寂滅精妙未”。

【中缺】
長勞果違遠圓通。背涅槃
□□□□□[①]
□□□□□□[②]行空已滅生滅。而於寂滅精妙未□□[③]
□□□□[④]留塵勞恐其銷盡。便於此際坐□□□□□[⑤]
□□□[⑥]增寶媛。縱恣其心生勝解者。□□□[⑦]
□□□□[⑧]執。吒抧迦羅成其伴侶。迷□□□□[⑨]
□□□[⑩]是名第八發邪思因。立熾□□□□[⑪]
□□[⑫]背涅槃城生天魔種。
□□□□□□[⑬]行空已滅生滅。而於寂滅精妙
【中缺】
元立固妄因。趣長勞果違遠圓通。背涅槃城生
妄延種。
又善男子窮諸行空已滅生滅。而於寂滅精妙未圓。
觀命互通却留塵勞恐其銷盡。便於此際坐蓮
花宮。廣化七珍多增寶媛。縱恣其心生勝解者。是
人則墮真無真執。吒抧迦羅成其伴侶。迷佛
菩提亡失知見。是名第八發邪思因。立熾塵
果違遠圓通。背涅槃城生天魔種。
又善男子窮諸行空已滅生滅。而於寂滅精妙未
【中缺】
□□□□[⑭]計明中虚。非滅群化以永滅依。爲所
□□□□□[⑮]者。是人則墮歸無歸執。無想天

---

① 疑爲“城生妄延種”。
② 疑爲“又善男子窮諸”。
③ 疑爲“圓。觀”。
④ 疑爲“命互通却”。
⑤ 疑爲“蓮華宫。廣化”。
⑥ 疑爲“七珍多”。
⑦ 疑爲“是人則”。
⑧ 疑爲“墮真無真”。
⑨ 疑爲“佛菩提亡”。
⑩ 疑爲“失知見”。
⑪ 疑爲“塵果違遠”。
⑫ 疑爲“圓通”。
⑬ 疑爲“又善男子窮諸”。
⑭ 疑爲“若於圓明”。
⑮ 疑爲“歸依生勝解”。

□□□□□[①]成其伴侶。迷佛菩提亡失知見。是名

□□□□□[②]心。成空亡果違遠圓通。背涅槃城生

□□□[③]

□□□□□[④]諸行空已滅生滅。而於寂滅精妙未圓。

□□□□□[⑤]身常住。同於精圓長不傾逝生勝解

□□□□□[⑥]貪非貪執。諸阿斯陀求長命者成

□□□□□[⑦]菩提亡失知見。是名第七執著命

【後缺】

（十二）俄 TK102.1《佛頂放光無垢光一切如來心陀羅尼》[⑧]

【題解】

西夏刻本。經折裝。未染麻紙。共 6 折，12 面。高 10.2 釐米，面寬 6 釐米。版框高 7.7 釐米，天頭 1.3 釐米，地脚 1.1 釐米。每面 6 行，行 10 字。上下雙邊，右單邊。宋體，墨色中。首行有梵文種子字 2 個，下漢字“七”。接刻陀羅尼經與六字大明心咒，中又有梵文字 6 個。

七

佛頂放無垢光一切如來

心陀羅尼經云，此陀羅尼

九十九百千俱胝那由

他殑伽沙如來同所宣説。

若有衆生得見聞隨喜者。

所有三世一切罪業當墮

地獄惡趣乃至傍生。悉皆

破滅。若書此咒安於塔中

如九十九百千俱胝那由

① 疑爲“中諸舜若多”。

② 疑爲“第六圓虚無”。

③ 疑爲“斷滅種”。

④ 疑爲“又善男子窮”。

⑤ 疑爲“若於圓常固”。

⑥ 疑爲“者。是人則墮”。

⑦ 疑爲“其伴侶。迷佛”。

⑧ 《俄藏黑水城文獻》第二册，第 397—398 頁。筆者按：雖然題爲《佛頂放光無垢光一切如來心陀羅尼》，但實際上應是《密咒圓因往生集佛頂無垢浄光咒》見《大正新修大正藏》第 46 册 No. 1956《密咒圓因往生集》。

他殑伽沙如來一一如來
全身舍利置於塔中而
無有异，若有此塔生恭敬
者，所有過去短命之業而
得消除，復增壽命。諸天護
持，此人命終舍此身時，便
得往生安樂世界。若誦一
遍。同彼十殑伽沙等如來
所。而種善根獲大福報。五
無間業悉皆滅盡。乃至地
獄傍生焰魔羅界。一切罪
障皆得解脱。復得長壽。命
盡即生安樂世界。乃至若
有專注念誦。久患瘡痍便
得痊差。意所求事皆悉獲
得。若復有人聞念誦聲。所
有罪障悉得解脱。其念誦
聲觸於傍生及諸蟲蟻一
切業道悉得解脱。若於冢
間掘取骸骨。咒其沙土二
十一遍散於骨上。彼之神
識隨其方處。所墮地獄悉
皆解脱。生善逝天。若誦百
千遍。命終之時。被焰魔王
使以索系頸牽入焰魔羅
界。彼界之内一切地獄。悉
皆破壞返生怖畏。尋令回
還而得解脱。謂彼行人法
王之使。住静慮道無有疑
惑。欲生安樂世界隨願往生也。

（十三）俄 A20. 2《一切如來心陀羅尼》①

一切如來心陀羅尼
唵引薩囉嚩二合怛他去蘖哆南没哩帝二合
鉢囉二合嚩囉尾蘖多一婆去曳舍麼

① 《俄藏黑水城文獻》第五册，第 269—270 頁。該件文書爲一行漢文，對應一行梵文。筆者僅録漢文。

野娑嚩(二合引)銘(引二)婆(去)誐嚩(無滿反)底(一)薩囉嚩(二合)播
閉毗藥(二合)娑嚩悉底(二合)婆(去)嚩睹輅(一)母顊
母顊(一)尾母顊尾母顊(一)左哩
左囉寧(一)婆(去)野尾蘖帝(一)婆(去)野
賀囉抳(一)冐(引)地冐(引)地冐馱野
【中缺】
□□□□□□怛尾焰(二合)波羅(二合)熾孃(二合)播囉弭
跢摩賀□哆嚕(二合)摩賀尾□□
怛囉(二合)阿(上)□□□□满怛囉(二合)際□三(去)麼
【後缺】

（十四）俄 TK129《佛説金輪佛頂大威德熾盛光如來陀羅尼經》[①]

【題解】

西夏刻本，經折裝。未染麻紙。共 7 折半，15 面。高 19.3 釐米，面寬 7.9 釐米。版框高 15.3 釐米，天頭 2.8 釐米，地脚 1.1 釐米。每面 5 行，行 15 字。上下單邊，宋體，墨色中。句末偶有尾花。在題記末有朱筆勾畫。

【前缺】
光明上照尼吒天，下燭泥犁十八獄，
前將五星爲侍者，後以釋梵作威儀，
眉間放大日月光，光中化佛無邊億，
二十五有諸含靈，既嚮皆榮罪消□，
若有惡星臨命者，須念熾盛光□□[②]
隨處念者現神通，惡星退者命延永，
或現身爲大元帥，震動乾坤萬國中，
或現勇猛聲金剛，摧滅降伏諸外道，
縱有運逢灾患者，土星剛曜照臨身，
公私口舌及冤讎，一切灾殃皆解脱，
我今稱念真言教，願降神通議我身，
十纏九結永消除，萬善千祥悉圓満。

佛説金輪佛頂大威德熾盛光如來陀
羅尼經

如是我聞，一時佛在凈居天宫説文□，

---

① 《俄藏黑水城文獻》第三册，第 77—79 頁。
② 應爲“如來”。

大集會，告諸游空天衆，二十八宿，十二
宫神，九曜諸天等，言：我於過去娑羅樹
王佛所受此大威德熾盛光如來吉祥
陀羅尼，即説咒曰：
南無三滿多没馱南阿鉢囉底
賀哆舍娑娜喃唵佉佉佉呬佉呬
吽吽入嚩囉入嚩囉鉢囉入嚩囉
鉢囉入嚩囉底瑟吒底瑟姹瑟嘫哩
瑟嘫哩娑普吒娑普吒扇底迦
室哩曳娑嚩賀
佛言此陀羅尼能除一切世間八萬種
不吉祥事，復能成就八萬種大吉祥事
一切衆生，如遇年灾月厄土火惡星妖
怪惡人臨逼於身，皆當至心誦持此咒，
一切灾障，自然消散，所有冤家，毒藥不
能爲害，起噁心者，返受其殃，此佛如來
是諸星辰之本，師若人空念如來名號，
一切灾禍盡變吉祥，何况清净誦持真
言，焚香持花供養尊享，普告四衆信
受奉行。
佛説金輪佛頂大威德熾盛光如來陀
羅尼經。
囉睺星真言每月八日降下
唵囉護曩阿蘅囉囉惹野
娑訶
金星真言每月十五日降下
曩謨三滿哆没馱喃唵吠那業
薩嚩賀
計都星真言每月十八日降下
唵嚩囉計睹諾乞義惹野
娑訶
土星真言每月十九日降下
曩謨三滿哆没馱喃唵替曳
娑訶
水星真言每月二十一日降下
曩謨三滿哆没馱喃唵嚩贈
那野娑訶
木星真言每月二十五日降下

曩謨三満哆没馱喃唵印那
囉野娑訶
大陰星真言每月二十六日降下
唵戰怛囉素哩野庾諾乞
義坦囉惹野娑訶
大陽星真言每月二十七日降下
唵阿謨佉寫設底喃娑嚩訶
火星真言每月二十九日降下
曩謨三満哆没馱喃唵摩
利多娑訶
伏願天威振遠
聖壽無疆
金枝鬱茂，重臣千秋，蠢動含靈，
法界存土齋成
佛道雕經善友衆
尚座素宗鑒杜俊義朱信忠杜俊德
安平陳用李俊才杜信忠袁德忠
杜彦忠杜用牛智惠張用訛德勝
杜宗慶薩忠義張師道等
乾祐甲辰十五年八月初一日重開板印施

（十五）俄 TK130《佛説金輪佛頂大威德熾盛光如來陀羅尼經》[①]

【題解】

西夏刻本，經折裝。未染麻紙。共 3 折，6 面。高 19.6 釐米，面寬 8.2 釐米。版框高 16.5 釐米，天頭 3 釐米，地脚 1.3 釐米。每面 5 行，行 13—14 字。上下單邊，宋體，墨色中。行款與俄 TK129 同名經有异。

【前缺】
若有惡星臨命者，須念熾盛光如來，
隨處念者現神通，惡星退者命延永，
或現身爲大元帥，震動乾坤萬國中，
或現勇猛聲金剛，摧滅降伏諸外道，
縱有運逢灾患者，土星剛曜照臨身，
公私口舌及冤讎，一切灾殃皆解脱，

① 《俄藏黑水城文獻》第三册，第 80 頁。

我今稱念真言教，願降神通議我身，
十纏九結永消除，萬善千祥悉圓満。
佛説金輪佛頂大威德熾盛光如來陀
羅尼經
如是我聞，一時佛在净居天宫説
文殊大集會，告諸游空天衆，二十
八宿，十二宫神，九曜諸天等，言：我
於過去娑羅樹王佛所受此大威
德熾盛光如來吉祥陀羅尼，即説
咒曰：
南無三満多没馱南阿鉢囉底賀
哆舍娑娜喃唵佉佉佉呬佉呬吽
吽入嚩囉入嚩囉鉢囉入嚩囉鉢
囉入嚩囉底瑟吒底瑟姹瑟嗽哩
瑟嗽哩娑普吒娑普吒扇底迦室
哩曳娑嚩賀
佛言此陀羅尼能除一切世間八
萬種不吉祥事，復能成就八萬種
大吉祥事一切衆生，如遇年灾月
厄土火惡星妖怪惡人臨逼於身，
皆當至心誦持此咒，一切灾障，自
然消散，所有冤家，毒藥不能爲害，
起噁心者，返受其殃，此佛如來是
諸星辰之本，師若人空念如來名
【後缺】

（十六）俄 TK131《佛説金輪佛頂大威德熾盛光如來陀羅尼經》[①]

【題解】

西夏刻本，經折裝，未染麻紙。共 1 折，2 面。高 20. 5 釐米，面寬 8. 2 釐米。版框高 15 釐米，天頭 4. 2 釐米，地脚 1. 3 釐米。每面 5 行，行 13 字。上下單邊，宋體，墨色深，不匀。

【前缺】
咒曰：

① 《俄藏黑水城文獻》第三册，第 81 頁。

南無三满多没馱南阿鉢囉底賀
哆舍娑娜喃唵佉佉佉呬佉呬吽
吽入嚩囉入嚩囉鉢囉入嚩囉鉢
囉入嚩囉底瑟吒底瑟姹瑟噉哩
瑟噉哩娑普吒娑普吒扇底迦室
哩曳娑嚩賀
佛言此陀羅尼能除一切世間八
萬種不吉祥事，復能成就八萬種
大吉祥事一切衆生，如遇年灾月
【後缺】

（十七）俄 ДХ1390《大威德熾盛光消灾吉祥陀羅尼》[①]

【題解】

西夏刻本，未染麻紙，厚，粗。高 32.1 釐米，寬 22.8 釐米。上殘，地脚 1.9 釐米。上半部爲跏趺坐於蓮臺的佛像，頸部缺損。下部爲陀羅尼經文，共 11 行，行 8 字。上下、右雙邊，寫刻體，墨色深。

□□□大威□熾盛□[②]
消灾吉祥陀羅尼曰
南無三满多没馱喃
阿鉢羅帝□□多舍
薩馱喃　佉佉
佉呬佉呬 吽吽
入嚩囉 入嚩囉
鉢囉入嚩囉 鉢囉
入嚩囉　底瑟吒
底瑟吒 □□□
薩□□
【後缺】

（十八）俄 TK294《陀羅尼等》[③]

① 《俄藏黑水城文獻》第六册，第 133 頁。
② 疑爲“光”。
③ 《俄藏黑水城文獻》第四册，第 382 頁。

【題解】

西夏刻本，經折裝。未染麻紙。共 1 面。高 17. 1 釐米，面寬 8 釐米。版框高 15. 4 釐米，天頭 0. 7 釐米，地脚 0. 7 釐米。存 2 行，行 10 字。上下單邊，宋體，墨色濃，有雙行小字注釋。據蘇州戒幢佛學研究所宗舜研究，該陀羅尼文出唐佛陀波利譯《佛頂尊勝陀羅尼經》。

【前缺】
耻(二合)帝(四十九)麼抳摩抳(五十)
賀麼抳(五十一)怛闊哆(五十二)部跢
護將(五十□□)
□□□□□
【後缺】

（十九）俄 A9. 2《陀羅尼》①

【題解】

元寫本。綫訂册頁裝。未染麻紙。共 14 個整頁，1 個半頁。未染麻紙，薄。高 11. 1 釐米，半頁寬 6. 5 釐米。字心高 9. 5 釐米，天頭 0. 9 釐米，地脚 0. 7 釐米。每半頁 6 行，行 11—12 字。上下單邊。楷書，墨色中，不匀。據蘇州戒幢佛學研究所宗舜研究，此爲《佛頂尊勝陀羅尼經》。

【前缺】
□满哆□□□□秫弟□
嚩怛他蘖□(八十二)紇哩(□合)
野(八十三)地瑟□(二合)囊(八十四)
耻(二合)哆(八十五)摩賀母□□□
嚩賀

（二十）俄 TK164. 3《勝相頂尊總持功能依經録》②

【前缺】
梵言烏實稱舍覓捫夜捺

① 《俄藏黑水城文獻》第五册，第 206 頁。
② 《俄藏黑水城文獻》第四册，第 35—38 頁。

寧六[切身]蟾薩薩兮怛須[引]釋哆[二合引]怛三□
此云勝相頂尊總持功能依經録
詮教法師番漢三學院兼偏袒提點嚷臥耶沙門鮮卑寶源奉敕□
天竺大般彌怛五明顯密國師在家功德司正嚷乃將沙門㗭也阿難捺傳
敬禮一切如來
如是我聞，一時世尊在三十三天諸天□
處善法堂内。
爾時有一天子，名曰至堅，住於廣大勝妙殿
内，天女圍繞，共相嬉戲，天樂自娱。於其
夜分空聲報言：至堅天子，汝七日内必
當命終。生贍部洲，經歷七趣，然後墮
地獄中，從彼解脱。設生人中，貧窮下賤，
生無两目。至堅天子聞此語已，驚□□
竪惶怖。速疾往帝釋所，稽首頂足，□
啼两泪，具白前事，唯願天主當奈之□
爾時天主聞此語已，極生驚□□□□
念：何謂七趣，默而思惟，觀□□□□□
獼猴毒蛇烏鷲，於爾所趣，皆食不净。
爾時天主見斯事已，如瘡刺心，憂愁不
樂，念誰能救是所歸投。復作是念，唯有
如來應正等覺是所歸趣。
爾時帝釋至於曉時，持衆花香，種種飲
食，往世尊所，頭面禮足，旋繞七匝，恭敬供
養。退坐一面於世尊所，具白至堅七趣
之事，唯願世尊哀憫救拔，説此語已。
爾時世尊於頂髻上放大光明，照十方界，
還於口中現微笑相，告帝釋言：天主當
知，有一總持名曰勝相頂尊母總持，能
與一切如來令受灌頂，能護一切有情净除
業障，令趣樂趣所生之處，能憶宿命。若
誦一遍，設壽盡者現獲延壽，一切地獄
餓鬼傍生獄主世界，悉皆成空，能開一
切佛國天界之門，隨願往生。帝釋天主
前白佛言：惟願世尊演説微妙總持章句。
爾時世尊受天主請，説此總持曰：
其心咒曰
唵麼嚨[二合]莎訶[引]
其總持曰：

唵捺麼末遏斡帝薩嚩喝吟二合邏迦
不囉二合帝覓石實怛二合引也目嘹引也丁
捺引麻怛涅達引唵没嚨二合没嚨二合没嚨二合
商嘹也商嘹也覓商嘹也覓商嘹也
啊薩麻薩満怛啊斡末引薩厮拔囉
捺遏矴遏遏捺莎末斡覓熟寧
啊唥重伸錢丁六鳴薩嚩怛達引遏怛引
須遏怛斡囉斡捞捺啊没哩二合怛啊
唥重石該引麻訶引麼唨囉満喝囉二合
鉢寧啊引訶囉啊引訶囉麻麻啊瑜
珊嘹引囉引你商嘹也商嘹也覓商嘹
也覓商嘹也遏遏捺莎末斡委商
寧嗚實你二合舍覓嘮也鉢哩熟殢引
薩訶厮囉二合囉實彌珊左殢矴薩嚩
怛達引遏怛啊斡邏鷄你折怛鉢引囉
彌怛引鉢哩□□□彌薩嚩怛達引
遏怛麻矴嘹舍目彌不囉帝實提二合
矴薩嚩怛達引遏怛吃哩二合嘹麼唨吟二合
實怛捺啊殢實提二合矴唵麼唨吟二合
麼唨吟麻訶麼唨吟二合末囉二合葛引也
三訶怛捺鉢哩熟甯薩嚩葛哩二合
麻啊斡囉捺覓熟寧不囉帝你斡哩二合
怛也麻麻啊瑜哩二合覓熟寧薩嚩怛
達引遏怛薩麻也引啊殢實達二合引捺引
啊殢實提二合矴唵嗂你嗂你麻訶引
嗂你覓嗂你覓嗂你麻訶引覓嗂你
麻帝麻帝麻訶引麻帝麻麻帝須
麻帝怛達怛引目引怛光帝引鉢哩熟
寧覓嘮婆二合怛目殢熟寧形形嘮
也嘮也覓嘮也覓嘮也厮麻二合囉厮麻
二合囉厮拔二合囉厮拔二合囉厮拔二合囉也厮
拔二合囉也薩嚩目怛啊殢實達二合引捺引
啊殢實提二合矴熟甯熟甯目甯目寧
末唄吟二合末唄吟二合麻訶引末唄吟須末
唄吟末囉二合遏哩二合唥重嘮也過哩二合唥重
覓嘮也遏哩二合末囉二合唥重撮辣遏哩過哩三合
唥重末唄哴唨三合末永末囉二合三末永

末唎吟二合末唎哩二合你末唎囉合口末斡𪘲
麻麻折哩囉合口薩嚩薩咄喃撈葛引也
鉢哩熟寧末斡𪘲銘薩嗏引薩嚩遏
帝鉢哩熟殢實撈二合薩嚩怛達引遏怛
實撈二合嘛薩麻引說引薩衍𪘲目涅
目涅西涅西涅麼嗏也麼嗏也覓磨
嗏也覓磨嗏也麼撈也撈也覓麼
撈也覓麼撈也商嗏也商嗏也覓商
嗏也覓商嗏也薩满怛引捺二合引磨撈也
磨撈也薩满怛引囉實彌二合鉢哩熟寧
薩嚩怛達引遏怛㖫哩二合鵌也啊殢實
達二合引捺啊殢實提二合矴麼喻吟二合麼
喻吟二合麻訶引麼喻吟二合引麻訶引喻囉
二合满㖃囉二合鉢寧莎訶
天王當知□，此總持八十八億□
膚恒河沙數諸佛同説，攝受一□
如來智印。所印普蓋一切短命薄
福惡趣，迷昧有情，故説爲諸天
衆贍部有情，付囑於汝。若聞一遍，
滅百千刧所積惡業，終不復生地
獄餓鬼傍生下趣所生之處，恒得值
佛生菩薩衆及勝族中，若書總持
置於高幢樓閣山塔，遇影蒙塵
暫一見者，亦復不生三惡道中。一切
諸佛，共所攝授，授菩提記，令不退
轉，况復有人禮供誦持，此人即是如
來嫡子，大法棟梁，舍利寶塔，現無
患苦，命終之後，往極樂國蓮花化
生，值諸如來，即能光顯一切法藏。
若爲亡殁，於白芥子加持此咒二□
一遍，散骸骨上，便得遠離三惡□
苦，得生天□天主。應爲至堅天□
作如是説。
爾時天主承命，往彼爲説總□□
法勤修。經六晝夜，至第七日，脱□
趣難，壽命復增。
爾時至堅喜不自勝，而作歎□
奇哉，正覺。奇哉，妙法，奇哉，僧伽，□

哉，如是總持救我大難
爾時天主與至堅等無量天衆□
諸供養，共詣佛所，廣伸供養。□
百千匝，踴躍稱歎，退坐聽法。
爾時世尊舒金色臂，爲至堅□
子演説妙法，授菩提記。

勝相頂尊總持功能依經録

（二十一）俄 TK165.2《勝相頂尊總持功能依經録》①

【前缺】
梵言烏實稱舍覓拶夜捺
寧六切身蟾薩薩兮怛須引釋哆二合引怛三□
此云勝相頂尊總持功能依經録
詮教法師番漢三學院兼偏祖提點嚷臥耶沙門鮮卑寶源奉敕譯
天竺大般彌怛五明顯密國師在家功德司正嚷乃將沙門嘐也阿難捺傳
敬禮一切如來
如是我聞，一時世尊在三十三天諸天會
處善法堂内。
爾時有一天子，名曰至堅，住於廣大勝妙殿
内，天女圍繞，共相嬉戲，天樂自娱。於其
夜分空聲報言：至堅天子，汝七日内必
當命終。生贍部洲，經歷七趣，然後墮
地獄中，從彼解脱。設生人中，貧窮下賤，
生無兩目。至堅天子聞此語已，驚恐毛
竪惶怖。速疾往帝釋所，稽首頂足，悲
啼两泪，具白前事，唯願天主當奈之何
爾時天主聞此語已，極生驚怪作如是
念：何謂七趣，默而思惟，觀見猪犬野牛
獮猴毒蛇烏鷲，於爾所趣，皆食不净。
爾時天主見斯事已，如瘡刺心，憂愁不
樂，念誰能救是所歸投。復作是念，唯有
如來應正等覺是所歸趣。
爾時帝釋至於曉時，持衆花香，種種飲
食，往世尊所，頭面禮足，旋繞七匝，恭敬供

① 《俄藏黑水城文獻》第四册，第46—49頁。

養。退坐一面於世尊所，具白至堅七趣之事，唯願世尊哀憫救拔，説此語已。爾時世尊於頂髻上放大光明，照十方界，還於口中現微笑相，告帝釋言：天主當知，有一總持名曰勝相頂尊母總持，能與一切如來令受灌頂，能護一切有情凈除業障，令趣樂趣所生之處，能憶宿命。若誦一遍，設壽盡者現獲延壽，一切地獄餓鬼傍生獄主世界，悉皆成空，能開一切佛國天界之門，隨願往生。帝釋天主前白佛言：惟願世尊演説微妙總持章句。爾時世尊受天主請，説此總持曰：

其心咒曰

唵麼嚨(二合)莎訶(引)

其總持曰：

唵捺麼末遏斡帝薩嚩嘚唥(二合)邏迦
不囉(二合)帝覓石實怛(二合引)也目嘹(引)也丁
捺(引)麻怛涅達(引)唵没嚨(二合)没嚨(二合)没嚨(二合)
商嘹也商嘹也覓商嘹也覓商嘹也
啊薩麻薩满怛啊斡末(引)薩厮拔囉
捺遏矴遏遏捺莎末斡覓熟寧
啊喻(重)伸鑁(丁大)嚩薩嚩怛達(引)遏怛(引)
須遏怛斡囉斡揫捺啊没哩(二合)怛啊
喻(重)石該(引)麻訶(引)麼嚨囉满嘚囉(二合)
鉢寧啊(引)訶囉啊(引)訶囉麻麻啊瑜
珊嘹(引)囉(引)你商嘹也商嘹也覓商嘹
也覓商嘹也遏遏捺莎末斡委商
寧嗚實你(二合)舍覓嘐也鉢哩熟殢(引)
薩訶厮囉(二合)囉實彌珊左殢矴薩嚩
怛達(引)遏怛啊斡邏鶏你折怛鉢(引)囉
彌怛(引)鉢哩□□□彌薩嚩怛達(引)
遏怛麻矴嘹舍目彌不囉帝實提(二合)
矴薩嚩怛達(引)遏怛吃哩(二合)嘹麼嚨唥(二合)
實怛捺啊殢實提(二合)矴唵麼嚨唥(二合)
麼嚨唥麻訶麼嚨唥(二合)末囉(二合)葛(引)也
三訶怛捺鉢哩熟甯薩嚩葛哩(二合)
麻啊斡囉捺覓熟寧不囉帝你斡哩(二合)

怛也麻麻啊瑜哩[二合]覓熟寧薩嚩怛
達[引]遏怛薩麻也[引]啊殢實達[二合引]捺[引]
啊殢實提[二合]矴唵啂你啂你麻訶[引]
啂你覓啂你覓啂你麻訶[引]覓啂你
麻帝麻帝麻訶[引]麻帝麻麻帝須
麻帝怛達怛[引]目[引]怛光帝[引]鉢哩熟
寧覓嘐婆[二合]怛目殢熟寧形形嘐
也嘐也覓嘐也覓嘐也廝麻[二合]囉廝麻
[二合]囉廝拔[二合]囉廝拔[二合]囉廝拔[二合]囉也廝
拔[二合]囉也薩嚩目怛啊殢實達[二合引]捺[引]
啊殢實提[二合]矴熟甯熟甯目甯目寧
末唎吟[二合]末唎吟[二合]麻訶[引]末唎吟須末
唎吟末囉[二合]遏哩[二合]喻[重]嘐也過哩[二合]喻[重]
覓嘐也遏哩[二合]末囉[二合]喻[重]撮辣遏哩過哩[三合]
喻[重]末唎哴嚨[三合]末永末囉[二合]三末永
末唎吟[二合]末唎哩[二合]你末唎囉[合]末斡汸
麻麻折哩囉[合]薩嚩薩咄喃揨葛[引]也
鉢哩熟寧末斡汸銘薩嗏[引]薩嚩遏
帝鉢哩熟殢實揨[二合]薩嚩怛達[引]遏怛
實揨[二合]嚩薩麻[引]説[引]薩衍汸目涅
目涅西涅西涅麼嗏也麼嗏也覓磨
嗏也覓磨嗏也麼揨也揨也覓麼
揨也覓麼揨也商嗏也商嗏也覓商
嗏也覓商嗏也薩满怛[引]捺[二合引]磨揨也
磨揨也薩满怛[引]囉實彌[二合]鉢哩熟寧
薩嚩怛達[引]遏怛吃哩[二合]鯩也啊殢實
達[二合引]捺啊殢實提[二合]矴麼嚨吟[二合]麼
嚨吟[二合]麻訶[引]麼嚨吟[二合引]麻訶[引]嚨囉
[二合]满嘚囉[二合]鉢寧莎訶

天王當知然，此總持八十八億供
膚恒河沙數諸佛同説，攝受一切
如來智印。所印普蓋一切短命薄
福惡趣，迷昧有情，故説爲諸天
衆贍部有情，付囑於汝。若聞一遍，
滅百千劫所積惡業，終不復生地
獄餓鬼傍生下趣所生之處，恒得值
佛生菩薩衆及勝族中，若書總持

置於高幢樓閣山塔，遇影蒙塵
暫一見者，亦復不生三惡道中。一切
諸佛，共所攝授，授菩提記，令不退
轉，况復有人禮供誦持，此人即是如
來嫡子，大法棟梁，舍利寶塔，現無
患苦，命終之後，往極樂國蓮花化
生，值諸如來，即能光顯一切法藏。
若爲亡歿，於白芥子加持此咒二十
一遍，散骸骨上，便得遠離三惡趣
苦，得生天□天主。應爲至堅天子
作如是説。
爾時天主承命，往彼爲説總持加
法勤修。經六晝夜，至第七日，脱惡
趣難，壽命復增。
爾時至堅喜不自勝，而作歎言
奇哉，正覺。奇哉，妙法，奇哉，僧伽，奇
哉，如是總持救我大難
爾時天主與至堅等無量天衆賫
諸供養，共詣佛所，廣伸供養。逮
百千匝，踴躍稱歎，退坐聽法。
爾時世尊舒金色臂，爲至堅天
子演説妙法，授菩提記。
勝相頂尊總持功能依經録。

（二十二）俄 TK137.3《大佛頂白傘蓋心咒》①

大佛頂白傘蓋心咒𠙶
捺麻厮但(二合)達(引)須遏怛(引)也啊囉
訶(二合)矴薩滅三莫捺薛怛涅達(引)
唵 啊捺令覓折寧 覓(引)囉末唎
囉(二合)噤吟末(舌齒)捺末(舌齒)噤禰末唎囉
(二合)鉢(引)禰 發(怛)吽□啮嚕(二合引)發(怛)
莎(引)訶(引)
經云初心行文誠心誦咒，身心明净見
十方佛，得無生忍，或書宅中，或帶身上
一切諸毒，所不能害，若自他誦，水火不

① 《俄藏黑水城文獻》第三册，第191—192頁。

能爲害，惡咒不能逐心，諸毒入口，化成
甘露，惡星，毒人，諸惡鬼王常加守護，十
方如來，所有功德悉與此人，常爲諸佛
同生一處，若人毀犯衆戒，造諸重罪，誦
此咒已，悉皆除滅。凡所求願，應意成就，
隨願往生十方净土，若諸國土，饑荒疾
疫刀兵鬥諍一切厄難，書此神咒，安城
四門，或高幡上或身佩戴，或安所居，禮
拜供養一切灾厄，悉皆消滅，天龍歡喜
風雨順時，五穀豐殷，人民安樂，十二由
旬，成結界地，一切菩薩及諸天等，常隨
衛護也。

（二十三）俄 A13《佛眼母儀軌》[①]

【題解】

西夏寫本。蝴蝶裝，無口，中有頁碼。未染麻紙。共 8 頁。紙幅高 13.7 釐米，寬 19 釐米。字心高 9.6 釐米，寬 14.9 釐米，天頭 2.3 釐米，地脚 1.8 釐米。每半頁 5 行，行 13 字。四周單邊。楷書，墨色濃匀。有校補字。

敬禮聖懷相全
西天金剛座大□□□佛眼聖母儀軌
夫修習者，欲求佛果，若染衆
疾難可證於果，離疾病故，作
佛眼母儀軌者，吸收面等并同前
　　一
説安穩毯上跏趺而坐，結三昧印，
發菩提心，爲利有情要除種種
疾病，故作此定，如有曼拏羅
最爲勝妙，無則於石片上或净
地，亦得其曼羅心，與西南微高
東北漸低，次將白檀香水塗四
方，一肘量放，上塗圓壇以在，
手無明指書一覽字，七字周圍
想佛眼母咒：

① 《俄藏黑水城文獻》第五册，第 236—240 頁。

唵嚕嚕悉布（二合）嚕（一）撮粗帝悉達

二

（二合）席捺嚷揚（六）倫你（二）薩羅末（二合）阿

哩達（二合）薩捺你（四）馬麻薩囉（二合）

末（稱名）善定姑嚕割訶

彼二十三字并皆左繞竪立，次

將白花咒外莊嚴一匝，伸伍

供養，若無供養，施白檀水及

施白花，亦得，一剎那間，圓檀想爲

月輪上想白色覽字，餘咒字

等皆想白色意，觀此定，右手

中指挂於數珠，拇指掐之，念咒一百八

三

遍，或千遍，若疲倦時，花等撥

在一處，二手掬花置頂上，時月

輪咒字入於頂中，變成白色甘

露，一身充滿所有煩惱，宿障病

患等病如黑水，想足下而出滲

入地中，身如白玉，想之其法事

自利利他，有八種，内此是利他

中一也。

第二而手塗白檀水，合掌持花，

白色上想月輪覽及咒字，并

四

念咒等，并如前想咒字，畢時，

亦花抛於頂上，從月輪咒字并

成白色甘露，至身白玉等并同

前想，則一切疾病定得痊瘥。

第三云晝夜六時或早辰黄

昏作此定時，發菩提心，頂月輪

上想一覽字，以咒圍繞，恒觀此

定，誦咒二十一遍，若念畢時，彼

等變成白智甘露，至身如白玉

等前想一切病患，定痊瘥。

五

第四云心月輪上想一覽字，以

咒圍繞如前，念咒畢時，彼等

變成白智甘露，身滿足時，身

如白玉等，如前想則一切病患
定痊瘥矣。
利他截病四種内，第一云於
净地上塗曼拏羅，置新瓷
瓶，入檀香水，眼見爲度於水
面月輪上想覽字，亦咒右繞，
伸五供養，口嚴白色花鬘，無
　　六
供物，則亦白花及看水内供
養，亦得念咒人者，若有衆
多净戒比丘，最爲勝妙，無則
一人念之，亦得觀瓶中月輪，
咒等隨力念咒，若疲倦時，
月輪咒字消融爲智甘露滿
瓶之想，如此一日至三日，或誦十
日，念咒障遍已，於瓶中水灌定，病
者頂上及飲，則一切病患悉
得痊瘥，若水灑於病人，則必得
　　七
擁護柔和吉祥矣。
第二云無憂樹葉上，以乳水
想成五鈷許次將乳水無憂
葉上畫三角法，言彼内想月
輪至持咒并同淺説，誦咒畢
香水想成菩提心，自性墨以
筆取墨於菩提樹葉上書
法生宫中間書覽字，佛眼母
咒在繞覽字書之，於咒尾上添
某甲名，并所陳願其葉上
　　八
字從尾至頭，以牸牛乳洗下
一切病患，如垢膩清净想之，
彼水灑於門外，若病未瘥，恒
書洗則一切疾患悉得消除。
　　佛眼母儀軌竟。

(二十四) 俄 A5.2《求佛眼目儀軌》[①]

① 《俄藏黑水城文獻》第五册，第 135—139 頁。

求佛眼母儀軌

西天金剛座 大五明傳

上師 李法海 譯

敬禮微妙上師

夫修習者，欲求佛果，若
染衆病，難可證佛果，要
離病，故做佛眼母儀軌，
者，洗手面等，并同前説
安穩座上，跏趺而坐，結三
昧印，發菩提新，爲利有情
要除種種疾病，故作此
定，如有曼捺辣最爲勝
妙，無則於石片上或净地
亦得其曼捺辣心與，西
南微高，東北漸低，次將
白檀香水，塗四方，一時量
於上，復塗圓壇上一枝，以左
手無明指，畫一覽字周
圍，想佛眼母咒：

唵嚕嚕悪布二合嚕撮穩饻
悉達二合席捺哴拶六倫你薩
囉末阿哩達二合薩捺你馬
麻薩末某甲稱名善丁孤嚕
割曷

彼三十三字并皆左繞
竪立，次將白花咒外莊
嚴一匝，伸供養，若無
供養，施白檀水及施白
花，亦得一剎那間，圓壇
想爲月輪上想黄花，覽
字余咒等皆想白
色，意觀此定，右手中指
挂於數珠，母指掐之，語
中念咒一百八遍，或千遍
若疲倦時，其花等撥
在一處，二手掬花置頂
上，時月輪咒字入於頂中，
變成白色甘露，一身充

满，所有煩惱宿障病患
等疾，如墨水，想足下而
出，滲入地中，身如白玉，想
之其法事，自利利他有
八種，内此是自利中一也，
二云二手塗白檀水，合
掌持白花上想月輪覽
字及咒字，并念咒等
并如前想咒，念畢時，
亦花抛於頂上，從月輪
咒字，變成白色甘露，至
身白如玉等，并同前想，
一切疾病定得痊瘥矣。
第三云晝夜六時或
早辰黄昏，作此定時，發
菩提心，頂上月輪上想覽
字，以咒圍繞，恒觀此定，
誦咒二十一遍，或百八遍
等，若念畢時，彼等變
成白智甘露，至身如白
玉等，并同前説，則一切
病患定痊瘥矣。第四
云心月輪上想一覽字，以
咒圍繞如前，念咒畢時，
彼等變成白智甘露，身
满足時，身如白玉等，并
如前想，則一切病患定
痊瘥矣。
利他截病四種内
第一云於净地上塗曼拏
羅，置新瓷瓶，入檀香水，
眼見爲度於水面，月輪
上想覽字，亦咒圍繞，
申五供養，口嚴白花，色
鬘無供物，則亦曰白花及
香水，内供養亦得念咒，
人者若有衆多净戒，
比丘最爲勝妙，無，則一人

念之，亦得觀瓶中月輪，
咒字隨力念之，若疲倦
時，月輪咒字消融爲智
甘露满瓶，想之如此，一日
乃至三日或至十日，念咒
億遍，已於瓶中水灌病
者頂上及吸飲，則一切病
患悉得痊瘥，若水灑
於病人，則必得擁護，□
和吉祥矣。第二云無
憂樹葉上以乳水想成
五股杵，次將乳水無憂樹
葉上畫三角，法生宫殿
内想月輪，至持咒并同前
説，誦咒畢時，將字母乳水
等變成智甘露，想灌
患人頂，除病同前。
第三云若身染鬼神之
病，或著疫氣等時，於
疼痛處月輪上想覽字
亦咒圍繞恒觀此頂，誦二
十二遍，若念畢時，彼等
變成白智甘露，至身如
白玉，如前想，則一切病患
得痊瘥矣。第四云欲
瘥速疾，將阿折廝怛二合
樹葉想成手印，花工棎
阿曷樹枝爲筆想成方
便之杵，白檀香水想成
菩提新，自性墨以筆取
墨，於菩提樹葉上畫法
生宫中見書覽字，佛眼
母咒，左繞覽字，書之於
咒尾，上添某甲名所陳願
事，其葉上字從尾至頭
以牸牛乳洗下一切病患
【後缺】

（二十五）俄 TK306《佛母大孔雀明王經卷下》[①]

【題解】

西夏刻本，經折裝。未染楮紙。共1面。高21釐米，寬9.7釐米。天頭2.7釐米，下部殘損。面5行，行存13字。上單邊，宋體，墨色淺。有雙行小字注釋，已裱。

【前缺】

捺末那河王。爍蜜怛囉(二合)河王。尾濕嚩□□□□□[②]

阿麼囉河王。跢麼囉河王。半者囉□□[③]

素婆(去)窣堵(二合)河王。鉢囉(二合)婆捺哩(二合)迦河王。答布多□□[④]

尾麼囉河王。遇娜嚩哩□□□□□□□□[⑤]

呬讕娘伐底河王。

【後缺】

（二十六）俄 TK174.1《佛頂心觀世音菩薩大陀羅尼經卷上》[⑥]

【題解】

西夏刻本，經折裝。未染麻紙，厚。共10折，20面。高18.4釐米，面寬8.7釐米，版框高16釐米，天頭1.5釐米，地脚0.9釐米。每面5行，行14字。上下雙邊，宋體。墨色中。已裂爲2段，有佚文。與法國國家圖書館藏敦煌文獻P.3916寫經文大體一致。

【前缺】

此威神悉能離苦解脱

爾時觀世音菩薩重白釋迦牟尼佛

言，我今欲爲苦惱衆生説消除災厄

臨難救苦，衆生無量自在王智印大

陀羅尼法，以用救拔一切受苦衆生，

除一切疾病，滅除惡業重罪，成就一

---

① 《俄藏黑水城文獻》第五册，第6頁。

② 疑爲“蜜怛囉河王”。

③ 疑爲“河王”。

④ 疑爲“河王”。

⑤ 疑爲“河王。泥連善那河王”。

⑥ 《俄藏黑水城文獻》第四册，第119—121頁。

切諸善種智，速能滿足一切心願，利益安樂，一切衆生煩惱障閇，唯願慈悲哀湣聽許。

爾時釋迦牟尼佛言汝大慈悲宜影速説，時觀世音菩薩從法座起，合掌正立，即説姥陀羅尼咒，曰：

那謨喝囉二合怛那怛羅夜唧二那謨啊利唧三婆路咭啼四攝伐囉耶五菩提薩埵跛那摩訶薩埵跛耶二合摩訶迦嚧尼迦耶七怛姪他八啊錢陀九阿錢陀十跛利跛帝十一𤦲醯夷醯十二跢嵷他薩婆陀羅尼十三曼荼囉唧□醯夷醯十四鉢囉磨輸馱菩跢耶十五唵十六薩婆砍荖伽唧陀羅尼十七因地利唧十八怛姪他十九婆嚧枳帝二十攝伐囉唧二十薩婆咄瑟吒三十烏訶唧彌三十薩婆訶

爾時觀世音菩薩説此陀羅尼已十方世界，皆大震動，天雨寶花頻紛亂下爲供養此陀羅尼薄伽梵蓮花手自在心王印，若有善男子善女人得聞此秘密神妙章句，一曆耳根身中所有百千萬罪悉能除滅，此陀羅尼能滅十惡五逆誹謗闡提非法説法或於三寶師主父母前起驕慢心或世世造業殺生害命或三朝滿月嫁女婚男横殺衆生，犯無邊大罪，在於已身中日真真不覺不知天不容地不載，千佛出世不通懺悔者，如是之人舍此一報身當墮阿鼻無間地獄中受其苦楚，一日一夜萬死萬生，經八萬大劫，受罪永無出期，若有慈順男子女人欲報父母深恩者，遇見此佛頂心陀羅尼文字章句能請人書寫受持讀誦，每日於晨朝時嚮佛前燒香念誦此陀羅尼經，如是之人，不墮於地獄中受罪，乃至百年命盡臨欲終時，心不散亂，見十方聖衆，菩薩各持花台幡蓋，猶如日輪霞

光滿室，來迎是人，往生净土，諸大菩
薩舒金色手摩頂授記，口誦善哉善
哉，善男子善女人生我國中，護如眼
睛，愛惜不已，此陀羅尼功德無量，何
况有人聞見書寫受持供養，其福不
可稱量，若復有一切女人身，欲得成
男子身者，至到百年捨命之時，要往
生西方净土，蓮花化生者，當須請人
書寫此陀羅尼經，安於佛前，以好花
香日以供養不闕者，必得轉於女神
成男子身，至百年命中猶如壯年，屈
伸臂須如一念中間，即得往生西方
極樂世界，坐寶蓮花時，有百千婇女
常隨娱樂不離其側，又設復有善男
子善女人，若見聞此佛頂心自在王
陀羅尼經印，若書寫讀誦親觀者，彼
【後缺】

（二十七）俄 TK174.2《佛頂心觀世音菩薩救難神驗經卷下》[①]

便致殺其母，遂以託蔭此身，嚮母胎
中抱母心肝，令慈母至生産之時分
解不得萬死萬生及産下來端正如
法，不過兩歲便即身亡，母憶之痛切
啼哭遂即抱此孩兒抛弃水中，如
是三遍，託蔭此身嚮母腹中，欲求方
便，置殺其母至第三編，准前得生嚮
母胎中百千計校抱母心肝，令其母
千生萬死悶絶叫唤，准前得生下，特
地端嚴相，兒具足不過兩歲，又亦身
亡，母既見之，不覺放聲大哭，是何惡
業因緣，准前抱此孩兒直至江邊，已
經數時，不忍抛弃水中，遂感觀音菩
薩化作一僧，被百納，直至江邊，乃
謂此夫人曰：不用啼哭，此非是汝男
女是弟子三生前冤家，三度託生欲

① 《俄藏黑水城文獻》第四册，第 121—122 頁。

殺母不得，爲緣弟子常持佛頂心陀
羅尼經并供養不闕，所以殺汝不得，
若欲要見汝冤家，但遂貧道手看之，
道了以神通力，一指遂化作一野叉
之形，嚮水中而立，報言，汝緣曾殺我
來，今欲來抱怨，蓋緣爲汝有大道，心
持佛頂心陀羅尼經，感得善神日夜
擁護，所以殺汝不得，我今此時即蒙
觀音菩薩與我授記了，從今後永不
與汝爲怨道了，便沈水中，忽然不見，
此女人雨泪交流，禮拜菩薩，便即歸
家，真心發願，貨賣衣裳，更請人書寫
此經一千卷，倍加受持，無時暫歇，受
年至九十七歲，捨命嚮秦國化成男
子之身，若有善男子善女人能寫此
經三卷，若於佛室中以無色雜彩作
囊盛之，乃至隨身供養，是人若住若
卧，危峻之處，常有百千那羅延金剛
密迹，大力無邊阿吒鈸拘羅神，身持
劍輪隨逐所在作衛無難不除，無灾
不救，無邪不斷，又昔有一官人，擬赴
任懷州縣令，爲無錢作上官行李，遂
於泗州普光寺内院主邊借取常住
家錢一百貫文，用作上官，其時寺主
【後缺】

(二十八) 俄 TK164.2《聖觀自在大悲心總持功能依經録》[①]

【題解】

西夏刻本，蝴蝶裝，白口。版心題“大悲”“尊師”“後序”，下有頁碼。白麻紙。共 24 頁。紙幅高 13.63 釐米，寬 17.7 釐米，版框高 9.4 釐米，整頁寬 15.4 釐米，天頭 2.8 釐米，地脚 1.1 釐米。每半面 9 行，行 13—15 字。上下單邊，左右雙邊，宋體。墨色深，不匀。冠佛畫 3 幅，每幅 1 頁，有梵文種子字。(1) 聖觀自在大悲心總持功能依經録。首題有 3 行梵文經題音譯。(2) 勝相頂尊總持功能依經録。首題前 3 行爲梵文經題音譯。背有梵文種子字。

① 《俄藏黑水城文獻》第四册，第 30—35 頁。

梵言：麻訶[引]葛㗚禰葛捺㖃啊□□
阿斡浪鷄帝說吟捺吟禰啊[六寧切身]□□
薩兮怛須[引]嘚囉[二合引]怛吃三叱哩兮怛□
此云聖觀自在大悲心總持功能依經録
詮教法師番漢三學院兼偏袒提點嚷臥耶沙門鮮卑
寶源奉敕譯
天竺大般彌怛五明顯密國師在家功德司正嚷乃將沙門㗚
也阿難捺傳
敬禮聖大悲心觀自在
如是我聞，一時佛在波怛嘛山聖觀自
在官，與無量無數大菩薩俱。
爾時，聖觀自在菩薩於大衆中起，合
掌恭敬，白世尊言：我有大悲心總持，
爲諸有情，令滅重罪，不善魔障，一切
怖畏，令満一切所求，故願許聽説。
佛言：善男子，汝以大悲，欲說咒者，今□
是時宜，應速説，我與諸佛皆□□
喜。聖觀自在菩薩白世尊言：若□□
苾芻，苾葛尼，優婆塞，優婆夷，童男□□，
受持讀誦者，於諸有情應起悲心，□□
如是發誓願言：
敬禮大悲觀自在，願我速達一切法。
敬禮大悲觀自在，願我速得智慧眼。
敬禮大悲觀自在，願我速能度有情。
敬禮大悲觀自在，願我速得善方便。
敬禮大悲觀自在，願我速乘智慧舡。
敬禮大悲觀自在，願我速得越苦海。
敬禮大悲觀自在，願我速得戒足道。
敬禮大悲觀自在，願我早登涅盤山。
敬禮大悲觀自在，願我速入無爲宫。
敬禮大悲觀自在，願我速同法性身。
我若嚮刀山，刀山自摧折。
我若遇沸湯，沸湯自清凉。
我若嚮地獄，地獄自枯竭。
我若嚮惡鬼，惡鬼自飽□。
我若嚮非天，噁心自消□。
我若嚮傍生，自得大智慧。

如是發誓願已，志心稱念我之名□
亦應專念我導師無量光如來，然後
應誦總持一遍或七遍者，即能超滅百
千億劫，生死重罪。若有誦持大悲咒
者，臨命終時，十方諸佛皆來授手，隨
願往生諸净土中。又白佛言：若有衆
生，誦大悲咒墮惡趣者，我誓不取
正覺；若誦此咒，不能翹獲無量等
持及辯才者，我誓不取正覺；若誦
此咒，一切所求不成就者，不得名爲
大悲心咒，唯除不善心不專者。若
有女人，厭女求男，誦大悲咒不成男
子者，我誓不取正覺。若少疑惑，願
必不果。説此語已，於大衆中，端坐合
掌，於諸衆生起大悲心，熙怡歡悦，説
此廣大圓滿無礙大悲心微妙總□□
句曰：

其心咒曰：

唵麻禰鉢啲二合銘吽

其總持曰：

唵捺麼囉嘚捺嘚囉二合夜引耶捺
麼啊引唥夜二合啞引斡邏鷄帝説囉引
也磨殢薩咄引也麻訶薩咄也麻訶
引葛嚕禰葛引也怛甯達引唵薩
嚩末嚓捺齊啲捺葛囉引也薩嚩
巴引鉢薩麼啲羅二合嗚趣折捺葛囉
引也薩嚩月引殢不囉二合舍麻捺葛
囉引也薩嚩哝帝嗚巴啲囉二合斡
覔捺折捺葛囉引也薩嚩末英商
嘚囉二合引捺引也怛星捺麻廝屹唥
三合膽嗢嚓合口啞引唥夜二合啊斡邏鷄
矴説囉怛斡禰嚹斡啭緊捺麻吃哩
二合嚓剡啞斡唥二合怛英折引銘薩嚩
啊唥二合達薩嚓捺熟末精怛捺□
嚩薩咄喃引巴引鉢麻唥二合遏覔□
嚓葛怛甯達引啊斡邏鷄邏葛麻□
邏葛遏帝嗢形兮麻訶引磨殢薩
咄形磨殢薩咄形麻訶引磨殢薩咄

形不吟(二合)也磨殢薩咄形葛嚕你葛㾡
麻(二合)囉㗚哩(二合)嘹㓹眠形兮啊吟夜(二合)
啊斡邏鷄帝説囉(引)鉢囉麻昧(引)嘚哩
(二合)即怛葛嚕你葛光喰光喰葛吟
(二合)鵮薩(引)嘹也薩(引)嗽也覓涅(合口)寧兮
寧兮銘啊囉(上腭)吃鵮吃麻覓欥
吃麻西嘹養鷄説囉辂護辂護委
吟(二合)閻矴麻訶委吟(二合)閻矴嘹囉嘹
囉嘹囉你説囉囒辣囒辣覓麻辣
啊麻辣磨吟(二合)帝啊吟夜(二合)啊斡邏
鷄帝説囉屹哩(二合)實捺啊嘴捺嘐怛
(引)麻孤怛啊蘭屹吟(二合)怛舍哩(引)囉
攬末不囉(二合)攬末覓攬末麻訶(引)
西嗺須嘹(引)嘹囉末辣末辣麻訶
末辣麻辣麻辣麻訶麻辣囒辣
囒辣麻辣囒辣屹吟(二合)實捺□□
折屹吟(二合)實捺斡吟(二合)能□□□
實捺(二合)鉢舍你吟(二合)遏(引)怛□□□
嗺麻(二合)訶斯怛(二合)嘐也葛囉你舍□□
吟説囉屹吟(二合)實能(二合)薩吟(二合)鉢屹
吟(二合)怛也吃濃鉢委(引)怛嗢形嗢形
斡囉(引)訶麼渴嘚吟(二合)波囉嘹訶你
説囉捺(引)囉(引)也能末辣嚕鉢委
舍嘹(引)吟兮你辣幹達兮麻訶(引)訶
辣(引)訶嚩(引)永舍你吟(二合)嘴怛邏
葛星囉吃永舍捺(引)舍捺㪇□□
舍永舍捺(引)舍捺麼訶永舍捺
舍捺你吟(二合)麼屹折捺和羅和羅
麼搒麼搒麼和羅麼和羅訶(引)辣
訶(引)嚩麻訶(引)鉢嗺麻(二合)捺(引)没□□
薩囉薩囉西吟西吟桑□□□
目涅目涅目嘹也目嘹也目□□□
怛斡你辣幹達哝形哝形□□□
哝形哝形斡(引)麻㾡定(二合)怛纖訶磨
渴訶薩訶薩麼搒麼搒麻訶□□
嘚訶(引)㾡你吟(二合)捺寧你哝形哝□
磨磨麻訶星嗺養宜説囉末嘹

末嗏斡引拶合口薩引嗏也薩引嗏也
永涅合口厮麻二合囉厮麻二合囉端合口兮
末遏剢邏葛引啊斡邏鷄厮端合口
怛達引遏怛嗏嗏形彌嗏吟舍喃不
囉二合薩嗏也彌莎訶星嗏引也莎訶麻
訶星嗏引也莎訶星嗏養宜説囉引
也莎訶你辣幹達也莎訶斡囉訶
麼渴也莎訶纖訶麼渴也莎訶麻
訶引捺吟纖訶麼渴也莎訶西嗏
永涅引嗏囉引也莎訶鉢㗈麻二合訶
厮怛引也莎訶引麻訶引鉢㗈麻訶厮
怛也莎訶末唎囉二合訶厮怛引也□□
麻訶引末唎囉二合訶厮怛引也莎□□
吟二合實捺二合薩嶺二合鉢屹吟二合怛吪
濃二合鉢委怛也莎訶麻訶□□□
麻光嘚嗏囉引也莎訶拶屹□□□
㗈㗈囉引也莎訶蟾渴□□□
㗈二合你吟二合捺引嗏捺葛囉□□莎
訶目嗏捺葛囉引也莎訶斡引麻
厮幹嗏泥舍厮定二合怛屹吟二合實
捺二合啊嘴捺引也莎訶斡引麻訶
厮怛月引吪吟二合拶吟二合麻你斡薩
捺也莎訶邏鷄説囉引也莎訶麻
訶邏鷄説囉引也莎訶薩噂西
殢説囉引也莎訶囉屹折囉屹折
嚩莎訶孤嚕囉屹折麼吟二合引帝喃
莎訶捺麼末遏斡帝啊吟也二合啊
斡邏鷄帝説囉引也磨殢薩呥也
麻訶薩呥也麻訶葛嚕你葛也星涅
合口當名满嘚囉二合鉢嗏引你□□訶
爾時，聖觀自在菩薩説總□□□
受持者令除灾害及諸魔，故□□□
偈曰：
若行山谷曠野中，或逢虎狼□□□，
虺蛇蝮蠍鬼魅等，聞此總持不□□。
若人乘舡入海中，暴風毒龍摩竭獸，
施礙羅義魚鱉等，聞此總持皆馳散。

若逢軍陣冤敵繞，諸惡群賊欲劫財，
一心若誦大悲咒，彼等咸捨惱害心。
若人土法所收録，囚禁扭械及枷鎖，
一心誦此大悲咒，王起慈心得解脱。
若入鬼神行毒家，授以毒食欲相害，
一心稱誦大悲咒，變其毒食成甘露。
女人臨難産厄時，諸魔所惱苦難忍，
一心稱誦大悲咒，魔鬼散去得安娩。
或中暴惡毒龍氣，熱病侵身受極苦，
一心稱誦大悲咒，得除惹患壽延長。
龍鬼熱惱而流腫，惡瘡廊癤澎□□，
一心稱誦大悲咒，三唾塗之□□□。
有情不善濁所動，冤咒鬼神所逼惱，
一心稱誦大悲咒，行灾鬼□□□伏。
五濁重罪法滅時，痴心顛倒□□□，
夫婦相背貪外染，晝夜三時□□□，
一心稱誦大悲咒，淫欲火滅除倒心。
我若廣説總持力，於一劫中無窮□。
若有誦持大悲咒者，若入流水或□□
中而沐浴者，於其水中，所有衆生□
沾浴水，諸所呵責，一切重罪皆得□
滅，往生净土，蓮花化生，再不復受濕
卵胎生，况受持者哉　受持讀誦此
總持者，若行路中，大風觸身毛□
及衣，若餘有情過於風下，吹其身
者，所有一切重業罪障消盡無餘，
更不復受三惡趣報，常生佛前，當
知受持大悲咒者，所獲福報不可思議。
　　聖觀自在大悲心總持功能依經録

（二十九）俄 TK165.1《聖觀自在大悲心總持功能依經録》[①]

【題解】

西夏刻本，蝴蝶裝，白口，版心題“大悲”“尊勝”“後序”，下有頁碼。未染麻紙。有油漬印。共 18 個整頁，2 個半頁。紙幅高 12.9 釐米，寬 18 釐米，版框高 9.5 釐米，整

① 《俄藏黑水城文獻》第四册，第 41—46 頁。

頁寬 15.7 釐米，天頭 2.1 釐米，地脚 1.5 釐米。每半頁 9 行，行 13—15 字。上下單邊，左右雙邊。宋體。墨色濃，不匀。(1) 聖觀自在大悲心總持功能依經録，首缺右半頁，共 9 頁半，有尾題。(2) 勝相頂尊總持功能依經録，首題 3 行爲梵文經題音譯。所缺頁可與俄 TK164 同名經後序相關部分配補。

【前缺】
如是我聞，一時佛在波怛𠻬山聖觀自
在宫，與無量無數大菩薩俱。
爾時，聖觀自在菩薩於大衆中起，合
掌恭敬，白世尊言：我有大悲心總持，
爲諸有情，令滅重罪，不善魔障，一切
怖畏，令滿一切所求，故願許聽説。
佛言：善男子，汝以大悲，欲説咒者，今正
是時宜，應速説，我與諸佛皆作隨
喜。聖觀自在菩薩白世尊言：若有苾
芻苾，芻葛尼，優婆塞，優婆夷，童男童女，
受持讀誦者，於諸有情應起悲心，先須
如是發誓願言：
敬禮大悲觀自在，願我速達一切法。
敬禮大悲觀自在，願我速得智慧眼。
敬禮大悲觀自在，願我速能度有情。
敬禮大悲觀自在，願我速得善方便。
敬禮大悲觀自在，願我速乘智慧舡。
敬禮大悲觀自在，願我速得越苦海。
敬禮大悲觀自在，願我速得戒足道。
敬禮大悲觀自在，願我早登涅盤山。
敬禮大悲觀自在，願我速入無爲宫。
敬禮大悲觀自在，願我速同法性身。
我若嚮刀山，刀山自摧折。
我若遇沸湯，沸湯自清凉。
我若嚮地獄，地獄自枯竭。
我若嚮惡鬼，惡鬼自飽满。
我若嚮非天，噁心自消滅。
我若嚮傍生，自得大智慧。
如是發誓願已，志心稱念我之名字
亦應專念我導師無量光如來，然後
應誦總持一遍或七遍者，即能超滅百
千億劫，生死重罪。若有誦持大悲咒

者，臨命終時，十方諸佛皆來授手，隨願往生諸净土中。又白佛言：若有衆生，誦大悲咒墮惡趣者，我誓不取正覺；若誦此咒，不能翹獲無量等持及辯才者，我誓不取正覺；若誦此咒，一切所求不成就者，不得名爲大悲心咒，唯除不善心不專者。若有女人，厭女求男，誦大悲咒不成男子者，我誓不取正覺。若少疑惑，願必不果。説此語已，於大衆中，端坐合掌，於諸衆生起大悲心，熙怡歡悦，説此廣大圓滿無礙大悲心微妙總持章句曰：

其心咒曰：

唵麻禰鉢啢[二合]銘吽

其總持曰：

唵捺麼囉嘚捺嘚囉[二合]夜[引]耶捺
麼啊[引]哰夜[二合]啞[引]斡邏鷄帝説囉[引]
也磨殢薩咄[引]也麻訶薩咄也麻訶
[引]葛噜禰葛[引]也怛甯達[引]唵薩
嚩末嚓捺齊啢捺葛囉[引]也薩嚩
巴[引]鉢薩麼啢羅[二合]嗚趣折捺葛囉
[引]也薩嚩月[引]殢不囉[二合]舍麻捺葛
囉[引]也薩嚩哝帝嗚巴啢囉[二合]斡
覓捺折捺葛囉[引]也薩嚩末英商
嘚囉[二合引]捺[引]也怛星捺麻厮屹哰
[三合]膽嗑嚓[合口]啞[引]哰夜[二合]啊斡邏鷄
矴説囉怛斡禰啭幹嗠[緊]捺麻暰哩
[二合]嚓剡啞斡哰[二合]怛英折[引]銘薩嚩
啊哰[二合]達薩嚓捺熟末精怛捺薩
嚩薩咄喃[引]巴[引]鉢麻哰[二合]遏覓□
嚓葛怛甯達[引]啊斡邏鷄邏葛麻帝
邏葛遏帝嗑形兮麻訶[引]磨殢薩
咄形磨殢薩咄形麻訶[引]磨殢薩咄
形不哰[二合]也磨殢薩咄形葛噜你葛厮
麻[二合]囉暰哩[二合]嚓剡眠形兮啊哰夜[二合]
啊斡邏鷄帝説囉[引]鉢囉麻昧[引]嘚哩
[二合]即怛葛噜你葛光啷光啷葛哰

二合嚩薩引嚓也薩引嗽也覔涅合口寧兮
寧兮銘啊囉上聲吃嚩吃麻覔欥
吃麻西嚓養鷄説囉辭護辭護委
吟二合閻矴麻訶委吟二合閻矴嚓囉嚓
囉嚓囉你説囉嘬辣嘬辣覔麻辣
啊麻辣磨吟二合帝啊吟夜二合啊斡邏
鷄帝説囉屹哩二合實捺啊嘖捺嘐怛
引麻孤怛啊蘭屹吟二合怛舍哩引囉
攬末不囉二合攬末覔攬末麻訶引
西嚨須嚓引嚓囉末辣末辣麻訶
末辣麻辣麻辣麻訶麻辣嘬辣
嘬辣麻辣嘬辣屹吟二合實捺二合鉢屹
折屹吟二合實捺斡吟二合能屹吟二合
實捺二合鉢舍你吟二合遏引怛捺形鉢
嚨麻二合訶斯怛二合嘐也葛囉你舍引嘐
吟説囉屹吟二合實能二合薩吟二合鉢屹
吟二合怛也吃濃鉢委引怛嗑形嗑形
斡囉引訶麼渴嘚吟二合波囉嚓訶你
説囉捺引囉引也能末辣嚕鉢委
舍嚓引吟兮你辣斡達兮麻訶引訶
辣引訶嚹引永舍你吟二合嘖怛邏
葛星囉吃永舍捺引舍捺嶄切身
舍永舍捺引舍捺麼訶永舍捺
舍捺你吟二合麼屹折捺和羅和羅
麼撈麼撈麼和羅麼和羅訶引辣
訶引嚹麻訶引鉢嚨麻二合捺引没系
薩囉薩囉西吟西吟桑哴
目涅目涅目嚓也目嚓也引彌
怛斡你辣斡達喺形喺形你辣斡達
喺形喺形斡引麻厮定二合怛纖訶磨
渴訶薩訶薩麼撈麼撈麻訶啊怛
嘚訶引厮你吟二合捺寧你喺形喺形
磨磨麻訶星嚨養宜説囉末嚓
末嚓斡引撈合口薩引嚓也薩引嚓也
永涅合口厮麻二合囉厮麻二合囉端合口兮
末遏剜邏葛引啊斡邏鷄厮端合口
怛達引遏怛嚓嚓形彌嚓吟舍喃不

囉二合薩嚓也彌莎訶星嚓引也莎訶麻
訶星嚓引也莎訶星嚓養宜説囉引
也莎訶你辣幹達也莎訶斡囉訶
麼渴也莎訶纖訶麼渴也莎訶麻
訶引捺吟纖訶麼渴也莎訶西嚓
永涅引嚓囉引也莎訶鉢喻麻二合訶
厮怛引也莎訶引麻訶引鉢喻麻訶厮
怛也莎訶末唄囉二合訶厮怛引也莎訶
麻訶引末唄囉二合訶厮怛引也莎屹
吟二合實捺二合薩嶺二合鉢屹吟二合怛吃
濃二合鉢委怛也莎訶麻訶引葛辣
麻光嘚嚓囉引也莎訶撈屹囉二合養
喻喻囉引也莎訶蟾渴本首没
喻二合你吟二合捺引嚓捺葛囉引也莎
訶目嚓捺葛囉引也莎訶斡引麻
厮幹嚓泥舍厮定二合怛屹吟二合實
捺二合啊嚌捺引也莎訶斡引麻訶
厮怛月引吃吟二合撈吟二合麻你斡薩
捺也莎訶邏鷄説囉引也莎訶麻
訶邏鷄説囉引也莎訶薩嚩西
殢説囉引也莎訶囉屹折囉屹折
嘞莎訶孤嚕囉屹折麼吟二合引帝喃
莎訶捺麼末遏斡帝啊吟也二合啊
斡邏鷄帝説囉引也磨殢薩咄也
麻訶薩咄也麻訶葛嚕你葛也星涅
合口當名满嘚囉二合鉢嚓引你莎訶
爾時，聖觀自在菩薩説總持已爲受
持者令除灾害及諸魔，故説清净
偈曰：

若行山谷曠野中，或逢虎狼諸惡獸，
虺蛇蝮蠍鬼魅等，聞此總持不□害。
若人乘舡入海中，暴風毒龍摩竭獸，
施礙羅義魚鱉等，聞此總持皆馳散。
若逢軍陣冤敵繞，諸惡群賊欲劫財，
一心若誦大悲咒，彼等咸舍惱害心。
若人土法所收録，囚禁扭械及枷鎖，
一心誦此大悲咒，王起慈心得解脱。

若入鬼神行毒家，授以毒食欲相害，
一心稱誦大悲咒，變其毒食成甘露。
女人臨難産厄時，諸魔所惱苦難忍，
一心稱誦大悲咒，魔鬼散去得安娩。
或中暴惡毒龍氣，熱病侵身受極苦，
一心稱誦大悲咒，得除惹患壽延長。
龍鬼熱惱而流腫，惡瘡廊癤澎膿血，
一心稱誦大悲咒，三唾塗之尋自滅。
有情不善濁所動，冤咒鬼神所逼惱，
一心稱誦大悲咒，行灾鬼神自歸伏。
五濁重罪法滅時，痴心顛倒欲火燒，
夫婦相背貪外染，晝夜三時無暫停，
一心稱誦大悲咒，淫欲火滅除倒心。
我若廣説總持力，於一劫中無窮盡。
若有誦持大悲咒者，若入流水或大海
中而沐浴者，於其水中，所有衆生身
沾浴水，諸所呵責，一切重罪皆得消
滅，往生净土，蓮花化生，再不復受濕
卵胎生，況受持者哉？受持讀誦此
總持者，若行路中，大風觸身毛髮
及衣，若餘有情過於風下，吹其身
者，所有一切重業罪障消盡無餘，
更不復受三惡趣報，常生佛前，當
知受持大悲咒者，所獲福報不可思議。

聖觀自在大悲心總持功能依經録溉

（三十）俄 TK102. 2《觀自在菩薩六字大明心咒》①

觀自在菩薩六字大明心咒
唵 麻禰鉢□銘二合吽
莊嚴寶王經云。此六字大
明。是觀自在菩薩微妙本
心。若人持誦此咒。於持誦
時有九十殑伽河數如來。

① 《俄藏黑水城文獻》第二册，第 398—399 頁。筆者按：雖然題爲《觀自在菩薩六字大明心咒》，但實際上應是《密咒圓因往生集觀自在菩薩六字大明心咒》見《大正新修大正藏》第 46 册 No. 1956《密咒圓因往生集》。

微塵菩薩集會。天龍藥叉
虛空神等而來衛護。七代
種族皆得解脱。腹中諸蟲
當得不退菩薩之位。又若
依法念誦。是人則得無盡
辯才。清净智聚及大慈悲。
日日得具六波羅蜜圓满
功德。是人口中所出之氣。
觸他人身蒙所觸者。即起
慈心離諸嗔毒。當得不退
菩薩。疾證阿耨菩提。若以
此咒戴持之者。則同如來
金剛之身。以手觸於餘人
之身。其蒙所觸者及所見
有情。皆速得入菩薩之位。
而永不受生老病死愛别
離苦。又如满四大洲男女
等人。一切皆得七地菩薩
之位。彼菩薩衆所有功德。
與念此咒一遍功德而無
有异。若人書寫此六字大
明陀羅尼。則同書寫八萬
四千法藏而無有异。若人
以天金寶造作。如微塵數
【後缺】

（三十一）俄 TK136《六字大明王功德略》[1]

【題解】

西夏刻本，卷軸裝，未染麻紙，軟。高 18. 5 釐米，寬 69. 5 釐米。共 3 紙，紙幅 41 釐米。版框高 12. 5 釐米，天頭 4. 2 釐米，地脚 2. 3 釐米。每紙 30 行，行 11 字。上下雙邊，宋體，墨色深。

六字大明王功德略
謹依大莊嚴寶王經云

① 《俄藏黑水城文獻》第三册，第 174—175 頁。

佛告除蓋張菩薩，善男子，彼
觀自在菩薩，摩訶薩，有微妙
本心六字大明王陀羅尼，難
得值遇，若人能稱年其名者，
得生於觀自在菩薩，身毛孔
世界之中不受沉淪，當證圓
寂之地，若人持誦此咒之，時
有九十九殑伽河數如來及
如微塵，數菩薩，天龍，八部爲
其衛護，及聽受，故來集會，若
念一遍者，七代種族皆得解
脱，於自身中所有諸蟲，當得
不退轉菩薩之位，若有人聞
見持咒之人，聲色及觸其身
者，皆得不退轉菩薩之位，若
能依法念此六字者，得爲無盡
辯得滿悲智，日日得俱六度
圓满之功德，能净生死。佛告
除蓋障言善男子，如四大洲
所有四足，所有毛數，一切羽
族，所有毛數，四大海水，以一
毛端取之，所有水滴之數，如
須彌山碎作微塵，所有塵數
以天年月，满足一劫，於其晝
夜，常降大雨，所有雨滴之數，
如是我皆能數，一一之數，若
念此六字大明王一遍，所獲
功德，而我不能數其數量，又
念此陀羅尼一遍，所有功德
者，如一俱竑佛在於一處，經
天一劫，而亦不能數盡功德，
若有人書寫此六字大明王
陀羅尼者，則同書八萬四千
法藏，若有人以天金寶造作
如微塵數佛像，已一日中慶
贊所供養，所獲果報，不如寫此
六字大明王陀羅尼中一字，
所獲功德然此陀羅尼者，是

一切諸佛菩薩之所敬禮，若
念一遍，即同供養一切諸佛，
如是功德，不可具述，即說陀
羅尼曰：
唵麻襧鉢捺銘⼆合吽
六字大明王經功德略
乾祐乙巳十六年季秋
八月十五日，比丘智通施。

（三十二）俄 TK137.4《聖六字大明王心咒》[①]

聖六字大明王心咒卐
唵麻襧鉢啼⼆合銘吽卐
寶王經云此六字咒是觀世音菩薩微
妙本心，若有知是微妙本心，即知解脱，
若人受持六字咒時，有九十九殑伽河
沙數，如來復有微塵數菩薩悉皆集會
一切天空八部等皆來衛護，七代種族
皆得解脱，腹中諸蟲得不退轉，身中項
□帶持咒者，若有得見帶持之人，則同
□於金剛之身，又如見於舍利寶塔，及
見如來等，無有异。依法念誦陀羅尼者，
得無盡辯才，清净智聚得大慈悲，日日
得具六波羅蜜圓满功德，口口所出之
氣，觸他人身，發起慈心，離諸嗔毒速疾，
證得無上菩提，以手觸於餘人之身，是
人速得菩提之位，帶持之人所見一切，
异類□情悉，皆速得菩薩之位，而永不
受生老病死愛别離苦，其餘功德廣如
□□
□□□以來，機政餘暇，景仰玄化思濟。
【後缺】

（三十三）俄 TK135《聖六字增壽大明陀羅尼經》[②]

① 《俄藏黑水城文獻》第三册，第 192 頁。
② 《俄藏黑水城文獻》第三册，第 171—173 頁。

【題解】

西夏刻本，卷軸裝，未染麻紙。高 19.7 釐米，寬 145 釐米。共 3 紙，紙幅 58 釐米。版框高 16.5 釐米，天頭 2.4 釐米，地脚 0.9 釐米。每紙 30 行，11 字。上下右雙邊。宋體，墨色深。

□聖六字增壽大明陀羅尼經
西天譯經三藏朝散大夫試鴻臚
卿傳法大師臣施護奉詔譯
如是我聞。一時佛在舍衛國
雙樹給孤獨園。爾時尊者阿
難有大疾病。佛自知已即詣
彼所。敷座而坐告阿難曰。汝
今諦聽我有六字大明陀羅
尼。能消灾患增益壽命。汝若
受持非但自身。復令四衆苾
芻苾芻尼優婆塞優婆夷。長
夜安隱遠離衆苦。
復次阿難此六字大明陀羅
尼。七十七俱胝佛。并六大威
德師同所宣説。六大師者。一
如來應正等覺。二帝釋天主。
三多聞天王。四持國天王。五
增長天王。六廣目天王。如是
聖賢异口同音。説陀羅尼曰
難底黎難底黎難睹哩(去)都
摩哩(半)拏哩俱嚫致(引)摩度
摩帝(引)娑嚩(二合引)賀(引)
佛告阿難。此六字大明章句
有大威力。若復有人王法難
中驚怖。大水難中驚怖大火
難中驚怖。賊劫難中驚怖冤
家難中驚怖。衆惡難中驚怖
鬥戰難中驚怖惡曜難中驚
怖。如是諸難害身之時。一心
稱念大明章句。擁護某甲令
得解脱。作是語已是諸衆難
速得消除。　二
復次阿難若諸有情。患諸疼

痛頭痛項痛眼耳鼻痛。牙齒
舌痛唇口頰痛。胸脅背痛心
痛肚痛。腰痛胯痛遍身疼痛。
及瀉痢痔瘺風黄痰陰諸惡
重病。如前稱念大明章句。佛
大威德令一切日月星曜。羅
漢聖賢發真實言。與某甲弟
子應作擁護。息除灾患令得
安樂。所有刀劍毒藥。虎狼師
子蚖蛇蝮蠍。諸惡禽獸皆不
爲害。瘧病不著亦不中夭。乃
至阿波娑摩囉部多毘舍左。
鳩盤茶等一切鬼將。悉皆遠
離不敢爲患
復次阿難若諸有情鬼魅所
著。連年積月而不捨離。以此
真言加持於綫系患人手。時
金剛手大藥叉主。以忿怒力
破鬼魅頭令作七分。又令大
智舍利弗大神通目干連。持
戒羅睺羅及汝阿難陀。皆來
擁護令得安隱。若不爾者須
彌山王。離於本處大海枯竭。
日月墮落大地崩裂。如來應
正等覺無有妄語。阿難此六
字大明陀羅尼。神通威德得
未曾有。若隨喜聽聞。是人恒
得長壽無病衆惡不侵。何况
受持讀誦書寫供養。是名成
就最上增益之法。阿難聞已
信受奉行。　三
聖六字增壽大明陀羅尼經
右願印施此經六百餘卷，資薦
亡靈，父母及法界有情同往
净方。
時大夏天慶七年七月十五日
哀子仇彦忠等謹施。

（三十四）俄 TK123《千手千眼觀世音菩薩廣大圓满無障礙大悲心陀羅尼》[①]

【題解】

西夏刻本，經折裝，未染楮紙。共 1 折，2 面。高 25 釐米，面寬 9.8 釐米。版框高 21.8 釐米，天頭 2.4 釐米，地脚 0.8 釐米。每面 5 行，行 16 字。有雙行小字注釋。上下單邊，寫刻體。墨色深匀。

千手千眼觀世音菩薩廣大圓满無障礙
大悲心陀羅尼
南無［喝］囉怛那哆囉夜耶此是觀世音菩薩本身大須慈悲用心念
□南無阿唎耶此是如意輪菩薩本身到此，存心念二婆盧羯帝
［爍鉢］囉耶此是輪鉢觀世音菩薩，若欲念，存心取捨利骨，素誦此咒，轉鉢菩薩菩提薩
［埵婆］耶此是不空骨菩薩押領天兵四摩訶薩埵婆耶此是菩薩種子
□□誦名之身五摩訶迦盧尼迦耶此是馬鳴菩薩本身，手把拔析羅六唵此語
□神悉合掌聽誦七薩皤囉罰曳此是四天王本身降魔八數怛那怛
寫此是四天王部落鬼神名字九南無悉吉栗埵伊蒙阿唎耶
此是龍樹菩薩本身，大須用心誦，勿疏失菩薩性□十婆盧羯帝室佛楞
【後缺】

（三十五）俄 TK292《文殊禪定》[②]

【題解】

西夏寫本。未染麻紙。高 10.6 釐米，寬 7.3 釐米。共 5 行，行 11—12 字。行楷，墨色濃。

文殊禪定
夫修習者，端身正坐，具嚴六
印，發願爲利，法界有情，故我
願證得文殊卄此然後念偈：
我及有情，令除愚痴，俱獲智惠。

---

① 《俄藏黑水城文獻》第三册，第 57 頁。
② 《俄藏黑水城文獻》第四册，第 381 頁。

（三十六）俄 TK75《文殊菩薩修行儀軌》[1]

【題解】

西夏寫本，綫訂册頁裝。未染麻紙，粗，共 20 個整頁。高 10.7 釐米，半頁寬 7.5 釐米。每半頁 5—7 行，行 14 字。楷書，墨色濃淡不匀，有校補字。末有梵文種子字。“明”字偶有缺筆。

願證文殊，次念變空咒，一念間
一切萬法盡成空空中想一赤色，
於嘿字變成八葉蓮花，上想白色，
亞字變成月軫上想一智，
釛釛靶上放光遍照法界一切
有情盡成白色文殊卄卄光，四
入釛靶，中其釛，成一面二辟，白色
文殊卄卄右手執智釛所砍空，
想左手持經印在心，頭頂戴寶
冠，身身瓔珞莊嚴，其身專心
想之念咒，不論多少，若疲厭特
放施食也。
若放施食時，面前置一净器，入
無損壞食，念遣魔變空一遍，
然後食底想色得順字。
奉送念末羅朦撣指三遍，
畢

六字咒

唵末經阻捺麻

開智咒

囊謨曼祖悉哩，孤麻羅野，
莫地薩坦縛野，摩訶薩怛，
縛業，麼訶迦盧沅迦野，怛
禰達，唵米哘弘摩禰米哘，
馬衣野莎訶。

變空咒

唵薩末凡束哆薩麻捺麻

① 《俄藏黑水城文獻》第二册，第 147—157 頁。

薩末凡束坦欲

梵語阿耶曼祖室哩二合沫捺囉

一

梵語阿耶曼祖室哩二合沫捺囉割

薩鉢囉二合哩冐地鉢囉二合咀顫類曩麻

捺囉顫

磨言聖證等王妙吉祥，能增長，勝

慧陀羅尼。

敬禮於三寶

稽首文殊大導師，

善除塵垢心已净，

無量功德莊嚴身，

魔説妙法濟群品，

天龍大力修羅等，

悉皆捧足而頂禮。

曩謨曼祖室哩二合酟麻羅没達野怛

禰也二合唵四五阿羅唧六碧羅唧七殊

溺壁殊溺八高捺顫九壁高捺顫十高捺

野十一壁高捺野十二壁麻羅上聲十三羅捺鉢

帝十四嚕嚕授嗔十五吽吽咩十六發想發

坦發婆訶

若有人認志誠心於此，心持念誦

經一月日，其人便能成就心意明

了，音聲清澈，身色嚴好。若念一

遍，即能超越千劫輪轉。若常持

受悟宿命智，若一億遍能成勇

猛，若念二億遍，多我慧解，若念三

億遍，親見妙吉祥，廿廿若有人

先造五無間罪，念此物持，若不成就

前功德者，如我造五無間罪，□□

於一切諸佛聖正等王，妙吉祥，能

增長勝慧陀羅尼。余有功能如本經滿誦此經者，時志□□

成道吉祥偈

吉祥最上護名知足勝妙勝宫内，

爲無屈尊職位微妙受薩項，

乘騎白色大象，生於瞻部，妙

吉祥，如是微妙皆得安樂。

吉祥王舍城中微妙宫殿，梵子

母是無國離，欲陷典明，妙天
受胎，十月智惠圓満釋迦種。
吉祥薗彌林問稱意架凈憂因，
攀枝降時凈梵帝釋顔蘭察□
空中游四方下生蓮花
吉祥無比妙業，殿内將到仙人前，
占相畢後，説爲三界具攝怖，
吉祥少年强力伎藝文章能射在
於中畢竟超過一切人，天上
生釋種，内采女圓繞去邪惡，
吉祥出世王公觀世生老病死□
宫人皆睹諸天迎護騰空去
爲超三界，别除術責琉璃□
吉祥諸天神力布角色壞色加而善
鬘羅攞你也，邊難行無遺，畢
牟尼從三昧起吉祥，娑乳麻□
吉祥從蓮花生最勝菩提樹王下，
結跏趺坐入不動，定除語魔，
超具不變耳露具足成正覺，
吉祥鉢攞捺西國内母尊轉輪□
占五俱輪，演説集甘露，依
天龍非天人非人等四面法
吉祥秒慢貢高外道六師三歸，伏
調御天受娑放極惡暴醉象，
於最上仙猿王恭敬施蜂蜜，
吉祥猶如蓮花孺童相，好釋迦種
轉輪聖王種族凈飯帝王子，
從降生至娑攞林中誓願畢，
吉祥以慈悲力一切衆生能救庶
無邊有情上樂道，中今歲除
勝地城邑之側微妙誓願竟。

七寶供養

所有一切如來前，奉獻於此大寶輪
願斷相續輪回有，常得轉於妙法輪。
唵薩縛怛達揭怛攞吃囉捺□
眉有一切如來前，風氣如意大寶珠，
斷除饑渴貧苦，種種資財願豐足。
麻禰囉捺

奉此美女大寶故，無明黑闇蠲除已，
勝惠丁達法輪理，雙證方便及智慧，
覺帝覺囉捺
奉此補神大寶故，於内外密及三乘，
以無量智堅開力，一切功德皆具足。
麼所囉捺
奉此香象大寶故，令滅一切諸有見，
跨於無比最上乘，速能往至一切智。
褐厮麻囉捺
奉此良馬大寶故，遠離輪回諸有道，
願得醉上神足力，速能往詣正覺出。
斆浪葛馬阿説囉捺
奉此將軍大寶故，於煩惱免得勝勢，
摧滅諸餘之冤欲，原得最上無垢染。
葛帝遏囉捺
覆護無爲一切有情尊
請召
覆護無爲一切有情尊
蠲除世間所有諸魔類
云何如實演説真空理
某甲出有懷等我求請

三身供養偈

善來善來出有懷
我爲真實具福祐
受我所奉獻供已
於此應當而安住。
唵阿閧
雖於自性清净智
本無執著之垢染，
爲净群生惑種子，
我今沐浴於如來。
唵不羅兀等
願仙神通威德力，
憐湣我及諸有情，
供養法事未畢間，
唯願安居此花座，
唵補厮巴鉢麻葛麻辣耶
具八種因清净無垢水，

以衆吉祥身集相和合，
於勝勢前奉此獻供故，
無邊有情願具大吉祥。
唵阿閼
香於旃檀骨金相和合，
所有作行上妙清净水，
於勝勢前奉此洗足故，
一切有情塵垢願清净。
唵不羅兀等
俱生及爲變异相和合，
所有馨香芬馥諸少香，
獻於勝逝自性佛鼻中，
無邊有情戒垢願清净
唵燈巴
水陸所生及意中變現，
如是菩提因枝勝妙花，
獻於静慮自性佛鬘上，
一切有情願俱諸相好。
唵補廝巴
清净明朗微妙之燈燭，
能破無明黑暗此智炬，
獻於勝勢自性佛目前，
令諸有情五眼皆清净。
唵阿浪迦
旃檀骨金阿閼等香水，
遠離臭穢如是妙塗香，
鮮於方便自行佛心上，
有情願獲無漏五蘊軀。
唵遏禰
色香美味真實具威德，
攝受百味勝妙此肴膳，
獻於勝勢自性佛口中，
有情願獲如那囉途力
唵禰尾帝
以無彼供而供故，
爲求正覺成就故，
饒益有情大慈尊，
唯願醫王志納受，

唵折怛

甲子乙丑海中金，丙寅丁卯爐中火，
戊辰己巳大林木，庚午辛未路旁土，
壬申癸酉刀刃金，甲戌乙亥山頭火，
丙子丁醜潤下水，戊寅乙卯城頭土，
庚辰辛巳白蠟金，壬午癸未楊柳木，
甲申乙酉泉中水，丙戌丁亥屋上土，
戊子己醜避暦火，庚寅辛卯松柏木，
□辰癸巳長流水，甲午乙未沙石金，
丙申丁酉火，戊戌己亥木，
庚子辛醜土，壬寅癸卯金薄金，
甲辰乙巳點燈火，丙午丁未天河水，
戊申己酉大宅土，庚戌辛亥金，
壬子癸丑木，甲寅乙卯井泉水，
丙辰丁巳土，戊午己未火，

（三十七）俄 TK103《佛説普遍光明焰鬘清净熾盛思惟如意寶印心無能勝總持大明王大隨求陀羅尼經》[1]

【題解】

西夏刻本，經折裝。未染麻紙，薄，軟。共 3 折半，7 面，高 21. 3 釐米。面寬 6. 7 釐米。版框高 19. 3 釐米。天頭 1. 5 釐米，地脚 1 釐米。每面 5 行，行 21 字。有雙行小字注音。上下單邊，宋體。墨色偏淡，首尾缺。

一切如來灌頂陀羅尼

唵[引一]阿上蜜嘌[二合]多[上]嚩儗[二]嚩
囉嚩囉[三]鉢囉[二合]嚩囉尾入秫入
第[引四]吽[引]吽[引五]發吒[豐音下高]發吒
[六]娑嚩[二合引]賀[引七]

一切如來結界陀羅尼

唵[引一]阿上蜜嘌[二合]多[上]尾入路枳
顊[二]薩婆[去]僧[去]絡乞灑[二合]抳
[上三]阿[上]羯哩灑[二合]抳[上四]吽[引]吽[引]
發吒[引]發吒[六]娑嚩[二合引]賀[引七]

一切如來心中心陀羅尼

① 《俄藏黑水城文獻》第二册，第 400 頁。

唵(引一)尾麼黎(引二)惹也嚩擬(三)阿(上)
蜜嘌(二合)帝(四)吽(引)吽(引)吽(引)吽(引五)
發吒發吒(引)發吒發吒(引六)娑嚩(二合引)
賀(引七)

（三十八）俄 TK107《佛説普遍光明焰鬘清净熾盛思惟如意寶印心無能勝總持大明王大隨求陀羅尼經》①

【題解】

西夏刻本，經折裝。潢麻紙。共 30 折，60 面。高 12.9 釐米，面寬 6.7 釐米，版框高 10.3 釐米，天頭 1.5 釐米，地脚 1 釐米。每面 5 行，行 13—14 字。有雙行小字注音。上下單邊，宋體，墨色深匀。有朱筆點句。已裂爲 8 段，有佚文。首缺。

【前缺】
持。入一切法平等出生薩婆若智。與
八十四俱胝那庾多菩薩衆俱。爾時
世尊從頂毫相。放大光明其光名曰
現一切如來光網。由此光明。普照三
千大千世界乃至如恒河沙數佛世
界。於彼世界所有如來。於大莊嚴樓閣
無量寶莊嚴師子座上説法。并一切菩
薩及大聲聞苾芻苾芻尼清信男清
信女。天龍藥叉乾闥婆阿蘇羅蘖路茶
緊那羅摩户羅伽。悉皆照曜顯現分明。
爾時世尊普爲一切説伽陀曰。
云佛告大梵此隨求陀羅尼是過去
九十九億諸佛同共宣説，若有人依
法書寫佩戴，所有一切惡業重罪并
皆消滅，當知是人一切如來加持一切
菩薩護念一切天龍守護離一切灾
横除一切憂惱，滅一切惡趣，不被一
切水火雷電毒惡之所傷害，心所求
者，有願必徙廣如經説
五部宗秘論云
昔有一長者，犯王合屠膾，項上欲臨刀，

---

① 《俄藏黑水城文獻》第三册，第 3—15 頁。筆者按：應是《普遍光明清净熾盛如意寶印心無能勝大明王大隨求陀羅尼經卷上》。

刀刃如塵碎，彼有夜叉窟，王令送於内
夜叉見罪人，合掌送出外，王嗔由不止，
令送於河海，海水不能沉，有神奉出海，
王問汝何能，我答無所解，佛説有隨求。
臣昔曾持戴

佛説昔遍光明焰鬘清净熾盛思惟如
意寶印心無能勝總持大明王大隨
求陀羅尼曰有環子處是虚聲
唐開元三朝灌頂國師和尚特進試鴻臚卿開
開府儀同三司肅國公食邑三千户實封三百
户贈司空謚大辯正大廣智大興善寺三藏
沙門不空奉 詔譯

囊莫薩・嚩怛他去引薩跢去引南上引二囊
謨引囊莫二薩・嚩没・馱三冒引地薩
多嚩二合四没・馱達・摩僧去祇岐曳反毗藥
二合五唵引六尾補攞蘗・陛七尾補攞尾
麼黎引八惹也蘗・陛九嚩無滿反囉二合入嚩
二合引攞蘗・陛十誐底丁以反誐賀寧十一誐
誐囊尾戍引陀寧引十二薩嚩播引跛
尾戍引陀寧引十三唵引虞拏鼻嚩同上
底十四誐誐哩抳尼整反十五擬倪以反哩擬哩十六
儼麼鼻哩儼麼哩十七虐賀虐賀十八蘗
・誐哩蘗・誐哩十九誐誐哩誐誐哩二十儼
婆去哩儼婆去哩廿一誐底誐底廿二誐麼
顊誐擬廿三虞顒矩反嚕虞嚕虞嚕機同上
廿四佐黎引阿上佐黎引廿五母佐黎引廿六惹
曳上尾惹曳引廿七薩・嚩婆去野尾蘗
帝廿八蘗・婆去三去婆去囉抳上廿九悉
哩悉哩三十弭哩弭哩卅一岐上哩岐哩卅二三
去满跢引八羯囉灑二合抳上卅三薩・嚩設
咄嚕二合鉢囉二合沫・他去顊卅四囉乞灑
二合・囉乞灑二合麼麼卅五薩嚩薩多嚩二合難
上引佐卅六尾哩尾哩卅七尾蘗・跢引嚩無等反囉
拏上婆去野曩引舍顊卅八蘇上哩蘇
哩卅九唧哩劍麼黎引尾麼黎四十惹曳惹
野引嚩無鉢反奚去引四十一惹野嚩無滿反底四十二
婆誐嚩同上底四十三囉怛曩二合麼矩吒四十四
麼邏引馱哩四十五嚩護尾尾馱四十六尾唧怛

囉二合吠武每反引灑嚕引跋馱引哩抳上四十七
婆去誐嚩底四十八摩賀引尾你也二合引禰
上·囉乞灑二合囉乞灑二合麼麼五十薩·
嚩薩怛嚩二合引難上引左五十一满跢
去引薩·嚩怛囉二合五十二薩·嚩播引跛尾
戍引馱韈五十三户嚕户嚕五十四諾乞刹
二合怛囉二合麼引邏引馱引哩抳五十五
囉乞灑二合囉乞灑二合牿引麼五十六阿
上曩闥寫引五十七怛囉二合拏跛離引野
拏寫五十八跛哩謨引左野銘引五十九薩·
嚩耨契毗藥二合六十贊膩上贊膩上贊膩
牿六十一吠引武時反誐嚩底六十二薩·嚩訥瑟
吒二合韈嚩引囉抳六十三設咄嚕二合博
乞灑二合鉢囉二合沫·他去韈六十四尾惹
野嚩引呬韈六十五護嚕護嚕六十六母嚕
母嚕六十七祖去嚕祖嚕六十八阿引上欲播
引攞韈六十九素上囉嚩囉沫·他去韈
七十薩·嚩禰上引嚩跢引布引呲帝七十一
地哩地哩七十二三去满跢引去嚩路枳
帝引七十三鉢囉二合陛鉢囉二合陛七十四素上
鉢囉二合婆去尾秫弟引七十五薩·嚩播引
跛尾戍引上馱韈七十六馱囉馱囉馱囉抳
七十七達囉達儗七十八素母素母七十九嚕
嚕左黎引八十佐引攞野納瑟鴿二合八十二布
引囉野銘引阿去引苫去室哩二合嚩
補八十二陀難上惹野劍麼黎引八十三乞史
二合抳吃史二合抳八十四嚩囉禰上·嚩囉能
上引矩勢引八十五唵引鉢納麼二合尾秫第
八十六戍引馱野戍引馱野秫第引八十七跛
囉跛囉八十八鼻哩鼻哩八十九部嚕部嚕
九十懵上誐攞尾秫第九十一跛尾怛囉二合
穆企九十二朅祛蘗反擬抳渴擬抳九十三佉
上囉佉囉九十四入嚩二合哩多始儗九十五
三去满多鉢囉二合娑上哩跢引九十六嚩
婆去悉多秫第九十七入嚩二合攞入嚩
二合攞九十八薩·嚩禰上嚩誐拏九十九三
去麼多羯囉灑二合抳薩底也二合嚩
底一百多囉多囉哆引入哩野牿引二曩

引誐尾路枳帝二擺護擺護三護拏
鼻護弩四乞史二合抳乞史二合抳五薩·
嚩屹囉二合賀薄乞灑二合抳六冰畢孕反
蘖哩冰蘖哩七祖母祖母八素母素
母九祖尾左儗引十多囉多囉曩引誐
尾路枳顊十一跢引入囉野睹牿引十二娑去
誐嚩底三十阿上瑟吒二合摩賀引娑去
曳引毗藥二合·三去母捺囉二合娑引上誐
囉十五鉢哩演二合擔引十六播引跢上引擺
十七誐誐曩怛嚩二合十八薩·嚩怛囉二合·
三去満帝引曩十九禰引舍満第曩
十二嚩囉二合鉢囉二合迦引囉二十一嚩囉二合
播引舍満誕去宁引曩廿二嚩囉二合
入嚩二合擺尾秫詩律余濰反弟引二十三部哩
部哩廿四蘖·娑去嚩·底廿五蘖·娑去
尾戍引馱顊廿六鈎俱玉反乞史二合·三去
布囉抳上二十七入嚩二合擺入嚩二合擺廿八左
擺左擺廿九入嚩二合裹顊三十鉢囉二合襪
武末反囉灑二合睹禰上嚩卅一三去満帝
引曩卅二你寧逸反弭庾二合娜計引曩
卅三阿上蜜嘌二合多嚩同上囉灑二合抳卅四
禰上引嚩跢·嚩跢入引囉抳卅五阿上
鼻詵上左睹銘引卅六素上蘖·多嚩
左曩卅七密嘌二合多嚩囉嚩補嚩引卅八
囉乞灑二合·囉乞灑二合麼麼卅九薩·嚩
薩怛嚩引二合難引上左四十薩·嚩怛囉二合
薩·嚩娜引四十一薩·嚩娑去曳引毗
藥四十二二合薩冒引鉢捺囉二合吠引毗藥
二合卅三薩冒引鉢薩藝引毗藥二合四十三薩
·嚩訥瑟吒二合娑去野鼻引怛寫四十五
薩·嚩迦裹迦擺引賀四十六尾屹囉二合
賀尾嚩引娜四十七耨薩嚩二合鉢曩納
顊弭跢上引懵上薩哩也二合四八播引跛
尾曩引舍顊四九薩·嚩藥乞灑二合
囉乞灑二合娑五十曩引誐顊嚩囉抳五十一
薩囉抳娑儗五十二麼擺麼擺麼擺
嚩·底五十三惹野惹野惹野睹牿引五
十四薩·嚩怛囉二合薩·嚩迦引攬五十五悉

鈿睹銘引五十六伊上牸引摩賀引尾
你琰二合五十七娑上引馱野娑馱野五十八薩·
嚩曼拏上攞娑去引馱顆五十九伽引去哆
上野薩·嚩尾微反覲曩二合六十惹野惹
野六十一悉遞悉遞素上悉第引六十二悉
地也二合悉地也二合六十三没地野二合没地野
二合六十四布引囉野布囉野六十五布囉抳
布囉抳六十六布引囉野銘阿引苫去引
六十七薩·嚩尾你也二合地誐多上没哩帝
二合六十八惹愈引多哩六十九惹夜嚩·底七十
底丁逸瑟姹二合底瑟姹二合七十一三去麼野
麼拏鼻播引攞野七十二怛他引去蘗
多上訖哩二合乃野秫入第引七十三弭也二合
嚩無可反路迦野牸引七十四阿上瑟吒二合鼻
引摩賀引娜引嚕拏婆去曳引七十五
薩囉薩囉七十六鉢囉二合薩囉鉢囉二合
薩囉七十七薩·嚩引嚩同上囉拏尾戍引
馱顆七十八·三去满跢入迦囉引满拏
上攞尾秫入第引七十九尾蘗·帝尾蘗·
帝八十尾誐·多麼攞尾戍上馱顆八十一
乞史二合抳尼貞反乞史二合抳八十二薩嚩播
引跛尾秫第八十三麼攞尾蘗·帝引
帝惹嚩·底嚩囉二合嚩·底八十四怛嚩
二合引路枳也二合引地瑟耻二合帝八十五娑
嚩二合引賀引八十六薩·嚩怛他上引蘗哆上
没㗚馱二合曩鼻入色訖帝二合八十七娑
嚩引眷賀引八十八薩·嚩冒引地薩多嚩
二合引鼻入色訖帝二合八十九娑嚩二合引賀
引九十薩·嚩禰·嚩多引鼻色訖帝二合
九十一娑嚩二合引賀引九十二薩·嚩怛他去·
蘗哆訖哩二合乃夜引·地瑟耻二合哆
九十三紇哩二合乃曳引九十四娑嚩二合引賀引九
十五薩·嚩怛他引蘗哆·三去麼野悉
第九十六娑嚩二合引賀九十七印捺凝二合
印捺囉二合嚩底九十八印捺囉二合弭
也二合·嚩路枳帝娑嚩二合引賀引九十九没
囉二合憾銘二合没囉二合憾麼二合你庾二合
乞史二合帝娑嚩二合賀一百引尾瑟弩鼻二合

曩莫塞訖哩二合帝娑嚩引二合賀引二摩
系引濕嚩二合囉满你多布引爾跢
引曳娑嚩二合賀引二嚩囉二合馱囉嚩
囉二合播引抳麼攞味引哩也二合地
瑟耻二合帝引娑嚩二合引賀引三地哩二合
哆囉瑟吒囉二合引野薩嚩二合引賀引四
尾嚕引茶去迦引野薩嚩引二合賀引五
【中缺】
誐尾路枳跢引野薩嚩引二合□□
・嚩誐襧尼嘗反引毗藥引二合娑嚩引二合賀引二
曩乞灑二合誐妳引毗藥二合薩嚩引二合賀
引十八囉乞灑二合娑誐妳引毗藥□合□
嚩二合引賀引十九讞達・嚩誐妳引毗藥
二合薩嚩二合引賀引十九阿上素二囉誐妳
引毗藥二合引娑嚩二合引賀引廿一誐嚕拏
誐妳引毗藥二合娑嚩二合引賀引十二緊捺
囉誐妳引毗藥二合娑嚩二合引賀引十三麼
護引囉誐誐妳引毗藥二合薩嚩二合引
賀引廿三麼努鼻灑引毗藥二合薩嚩二合引
賀引廿四阿上麼努鼻曬引毗藥二合娑
嚩二合引賀引廿五薩・嚩乞囉二合系引毗藥
二合娑嚩二合賀引廿七薩・嚩部引帝毗藥
二合娑嚩二合引賀引廿七畢儗二合帝引毗
藥二合娑嚩二合引賀引廿八比舍引際引毗
藥二合娑嚩二合引賀引廿九阿上鉢娑麼二合引
儗毗藥二合娑嚩二合引賀引卅禁俱添反畔
引妳引毗藥二合娑嚩二合引賀引卅一唵引
度嚕度嚕薩嚩引二合賀引卅二唵引睹嚕
睹嚕娑嚩二合引賀引卅三唵引母嚕母嚕
娑嚩二合引賀引卅四賀曩賀曩薩嚩設
咄嚕二合喃上引娑嚩二合引賀引卅五諾賀諾賀
薩・嚩訥瑟吒二合鉢囉二合訥瑟吒二合腩上引
娑嚩二合引賀引卅六鉢左鉢左薩・嚩鉢囉二合□
丁結反刎他亦反迦引鉢囉二合底也二合弭也二合怛
囉二合引喃上引曳引麼麼鼻阿上呬帝史拏
入帝鈐引薩吠徵脱反衫設哩引嚂入嚩
二合攞野訥瑟陸虚反二合唧哆上引喃引娑
嚩二合引賀引卅七入嚩二合哩跢引野娑嚩

(二合引)賀(引卅八)鉢囉(二合)入嚩(二合)哩跢(引)野娑嚩(二合引)賀(引卅九)你(寧五反引)鉢多(二合)入嚩(二合)攞(引)野娑嚩(二合引)賀(引四十)・三(去)满多(引)入嚩(二合)攞(引)野娑嚩(二合)賀(引四十一)麼抳(上)跛捺囉(二合)野娑嚩(二合引)賀(引四十二)布(引)囉拏(二合)跛捺囉(二合引)野娑嚩(二合引)賀(引四十三)摩賀(引)迦(引)攞野娑嚩(二合引)賀(引四十四)麼底哩(二合)誐拏(引)野薩嚩(二合引)賀(引四十五)藥乞史(二合)抳(引)喃(上引)娑嚩(二合引)賀(引四十六)囉乞麼(二合)枲(引)喃(上引)娑嚩(二合引)賀(引四十七)阿(上引)迦(引)舍麼底哩(二合)喃娑嚩(二合引)賀(引四十八)三(去)母捺囉(二合)嚩(引)枲(星以反餘准)顊喃(引)娑嚩(二合引)賀(引四十九)囉(引)底哩(二合)左囉(引)喃(引上)娑嚩(二合引)賀(引五十)你・嚩娑拶攞(引)喃(餘準此)娑嚩(二合引)賀(引五十一)底哩(二合)散(引)地野(二合)左囉(引)喃(引)娑嚩(二合引)賀(引五十二)吠(武每反引)攞(引)左囉(引)喃(引)娑嚩(二合引)賀(引五十三)阿(上)吠(引)攞(引)左囉(引)喃(引)娑嚩(二合引)賀(引五十四)蘗・婆(去)賀儗(引)毗藥(二合)娑嚩(二合引)賀(引五十五)蘗・婆(去)散跢(引)囉抳護噜護噜娑嚩(二合引)賀(引五十六)唵(引)娑嚩(二合)賀(引五十八)僕(引)娑嚩(二合)賀(引五十九)部嚩(無博反)娑嚩(二合引)賀(引六十)唵步囉步(二合)嚩(同上)娑嚩(二合)娑縛(二合引)賀(引六十一)唧置唧置娑嚩(二合引)賀(引六十二)尾置尾置娑嚩(二合引)賀(引六十三)馱囉抳娑嚩(二合引)賀(引六十四)馱囉抳薩嚩(二合引)賀(引六十五)阿(上)屹顊(二合)曳娑嚩(二合引)賀(引六十六)帝(引)祖(去引)嚩補娑嚩(二合引)賀(引六十七)唧理唧理娑嚩(二合)賀(引六十八)悉哩悉理娑嚩(二合引)賀(引六十九)没地野(二合)没地野(□七十九)嚩(二合引)賀(引七十)悉地野(二合)悉地野娑嚩(二合引)賀(引七十一)满拏(上)攞悉□□□嚩(二合引)賀(引七十二)满拏攞满第娑□(二合引)賀(引七十三)枲(引)麼满陀顊娑□(二合引)賀(引七十四)薩・嚩設咄噜(二合引)喃染(自攬反)婆(去)染婆(去)娑嚩(二合引)賀(引五十七)娑

擔二合婆去野娑擔二合婆去野娑
嚩二合引賀引七十六親七引反娜親娜薩嚩
二合引賀引七十七牝匹引反娜牝娜娑嚩□□
賀引七十八畔惹畔惹娑嚩二合引賀□□
満馱満馱娑嚩二合引賀引八十謨□
野謨引賀野娑嚩二合引賀引十□□
扼尾秫入第娑嚩二合引賀引八十二素引
哩曳二合素哩曳二合素哩野二合尾秫
第引尾引戍引馱顊娑嚩二合引賀
引八十三贊涅儗二合娑嚩二合引賀引八十四乞
囉二合系毗藥二合娑嚩二合引賀引八十五諾
乞刹二合怛儗二合毗藥二合娑嚩二引賀
引八十六始非引尾顆反娑嚩二合引賀引八十七扇引上
底孕二合娑嚩二合引賀引八十八娑嚩□□
底野三合野寧娑嚩二合引賀引八十九始鏤
無旨反羯哩扇引底孕二合羯哩補瑟
置二合羯哩麽邏沫・達顊娑嚩二合引賀
引九十一室哩二合野引沫・達顊娑嚩二合
賀引九十二室哩二合野入嚩二合攞顊娑
嚩二合引賀引九十三曩母呰即以反娑嚩二合引賀
引九十五吠誐嚩・底丁以反娑嚩二合引
賀引九十六

一切如來心陀羅尼咒

【中缺】

十二冒引地冒引地十二冒引馱野冒
馱野三十没地哩没地哩四十薩・嚩
怛他去蘖多紇哩二合乃也五十乳自録反
瑟齪二合十六娑嚩二合引賀十七
唵引一嚩囉二合嚩・底二嚩囉二合鉢囉
二合底瑟耻二合帝秫第三怛他去蘖
多四母捺囉二合地瑟姹二合曩上引
地瑟耻二合帝引五娑嚩二合引賀引六
唵引一母顊母顊二母顊嚩儗三阿上
鼻詵上左睹繪引四薩・嚩怛他去蘖
多上五薩・嚩尾你也二合鼻矖引㕑
居降反六摩賀引嚩囉二合迦嚩無可反左十
母捺囉二合母涅哩二合帶引八薩・嚩怛他
去蘖哆上屹哩二合乃也引九地瑟耻

二合多上嚩無滿反囉二合娑嚩二合引賀引十二

　　一切如來灌頂陀羅尼咒

唵引一阿上蜜嘌二合多上嚩擬二嚩

囉嚩囉三鉢囉二合嚩囉尾入秫入

第引四吽引吽五引發吒豐音下同發吒

六娑嚩二合引賀引七

【後缺】

(三十九) 俄 TK108V《陰騭吉凶兆》[①]

【前缺】

及星官各立位者□□

本命星官本本元神六

地府真君善惡二章□□

當尼土地五道臨□□□□

命禄官衣禄官□□□□

財禄官法□□□□□□

上有神弓三張聖前九□□

福業樹上取神弓□□□□

者夜食少僔。

善射得長命者三□□□□

得短命者壽命不長□□□

處主掌分配衆生□□□□

方掌得長若射得下方掌

司生掌身填遛□思若□

者得長命三世富貴福禄□

珍重感賀注生財禄□□□

司壽生身貫伯文□□□□

命曰相屬相若於納□□□

分明合同寫狀两□□□□

身名到冥司日照□□□□

【後缺】

---

① 《俄藏黑水城文獻》第三册，第 18 頁。筆者按：疑爲《受生經》抄本。

（四十）俄 A20.1《大隨求陀羅尼》①

【題解】

原刻本。蝴蝶裝，白口。版心題“大隨求”“般若心”，中有卷頁碼，下有總頁碼，地脚處“中”字。被裝裱折疊成經折裝。未染麻紙。共 33 折半，67 面。高 13.5 釐米，整頁寬 13.4 釐米。版框高 11.5 釐米，整頁寬 13 釐米，天頭 1.5 釐米，地脚 1 釐米。每半頁 6 行，梵文與漢文對照，行 10 字。四周雙邊，梵文種子字，漢文宋體字，墨色中。

駄寧引薩囉嚩二合播引跛尾戍引駄寧引一
唵引虞引拏再轉嚩同上底一誐誐哩捉尼澄反
哩擬哩一儼鼻哩儼麽哩一虐
賀虐賀一櫱囉誐二合哩櫱囉誐二合哩一誐
誐哩誐誐哩一儼婆去哩儼婆去
哩誐底誐底誐麽顊誐嚩一
虞嚕虞嚕麌嚕捉一左梨引阿去
左黎引一母左黎引一惹曳上尾惹曳引一
薩嚩二合婆去野尾櫱誐帝不櫱婆香去婆
婆去囉捉上悉哩悉哩弭哩弭
哩岐哩岐哩三去满跢引入羯囉灑二合
捉上一薩嚩二合設咄嚕二合鉢囉沫他去顊一囉
乞灑二合囉乞灑二合麽麽一薩囉嚩二合薩怛嚩二合難上引
佐一尾哩尾哩一尾薩囉跢二合引嚩無可反囉
拏上婆去野曩舍顊一蘇上哩蘇哩一
唧哩劍麽黎引尾麽黎一惹曳
惹野引嚩正鉢反呬一惹野 嚩無满反底一婆誐
嚩同上底囉怛曩二合麽矩吒一麽邏引駄
哩一嚩護尾尾駄尾一唧怛囉二合吠去
灑嚕引跛駄引哩捉上婆去誐嚩同上底一
摩賀引尾你也二合引尾一囉乞灑二合囉乞灑二合
麽麽一薩嚩薩二合薩怛嚩二合引難上引左一三去满
跢上引薩囉嚩二合怛囉二合薩囉嚩二合播引跛尾戍引
駄顊户嚕户嚕一諾乞剎二合怛囉二合麽
邏引駄引哩捉一囉乞灑二合囉乞灑二合牿引鼻麽

① 《俄藏黑水城文獻》第五册，第 259—269 頁。該經文爲梵文與漢文對照，筆者僅録漢文。

麼一阿上曩闉寫也二合怛囉二合拏跛囉引野
拏寫也一跛哩謨引佐野銘引一薩囉嚩二合
耨契毗藥二合引一贊膩上贊膩上贊膩頸一
吠去引誐嚩哩二合薩囉嚩二合訥瑟吒二合顊嚩引
囉抳一設咄嚕二合嚩引呬顊一護嚕護嚕一
母嚕母嚕一祖嚕祖嚕一阿去引欲
播引囉顊一素上囉嚩囉沬他去顊
薩嚩二合禰去引嚩跢引布引唋帝一地哩
地哩一三去满跢引去嚩路枳帝引一鉢囉二合
陛鉢囉二合陛一素鉢囉二合婆去尾秫第引一薩
囉嚩二合播引跛尾戍引馱顊一馱囉馱
囉馱囉抳一馱囉達𡀔一素上母
素母上嚕嚕佐黎引一佐引攞野訥
瑟鴿二合布引囉野銘引阿去引苫去室哩二合嚩布一
馱難引惹野釰麼黎引一乞史二合抳乞史二合
抳嚩囉禰去嚩囉能上引矩勢引一唵引
鉢納麼二合尾秫第一戍引馱野戍引馱
野秫第引一跛囉跛囉一鼻哩鼻
哩一部嚕步嚕一懵誐攞尾秫
第跛尾怛囉二合穆企去一朅擬抳朅
擬抳佉囉佉囉一入嚩二合裹多始
𡀔三去满多鉢囉二合娑上哩跢引一嚩婆去引
悉多秫第一入嚩二合攞入嚩二合攞一薩嚩二合
禰去嚩誐拏一三去麼多羯囉灑二合抳
薩底也二合嚩哩底二合多囉多囉跢引入囉
野𩋾引一曩引誐尾路枳帝一攞護
攞護一户努鼻户努一乞史二抳乞史二合抳一
薩囉嚩二合屹囉二合賀薄乞灑二合抳一冰旦反郢薩哩
冰薩哩一祖母祖母一素母素
母一祖尾佐𡀔引一多囉多囉曩裹
誐尾路枳顊跢引入囉野睹𩋾引一
婆去誐嚩底一阿上瑟吒二合摩賀引婆去曳引
毗藥二合三去母捺囉二合娑引誐囉一鉢哩演二合怛囉二合
播引跢引上羅一誐誐曩怛覽二合薩囉嚩二合怛囉二合
三去满帝引曩一禰舍满第曩一嚩
囉二合鉢囉二合迦囉一嚩囉二合播引舍满誕去
審引曩一嚩囉二合入嚩二合羅尾秫第引一部

哩部哩(一)蘖囉婆(二合)嚩哩底(一)蘖囉婆(二合)尾
戍(引)馱顊鉤(入)乞史(二合)三(去)布囉抳(上一)入嚩(二合)
羅入嚩(二合)羅(一)左羅左羅(一)入嚩(二合)理顊(一)
鉢囉(二合)韈(武來反)囉灑(二合)睹禰(上)嚩(一)三(去)满帝(引)曩(一)
你弭庾(二合)娜計(引)曩(一)阿(上)蜜栗(二合)多韈(同上)囉灑(二合)
抳禰(上引)嚩多嚩多囉抳(一)阿(上)鼻
詵(上)左睹銘(引一)素薩囉多(二合)嚩左曩(一)
密栗(二合)多嚩囉嚩補曬(引一)囉乞灑(二合)囉
乞灑(二合)麼麼(一)薩囉嚩(二合)薩怛嚩(三合)難(引)左(一)薩
薩嚩(二合)怛囉(二合)薩嚩(二合)娜(引一)薩囉嚩(二合)婆(去)曳(引)毗藥(二合)
薩囉冐(二合)鉢捺囉(二合)吠(引)毗藥(三合)薩囉冐(二)鉢薩
啞屹(二合)毗藥(三合)薩囉嚩(二合)訥瑟託(二合)婆(去)野鼻(引)怛
寫也(三合)薩囉嚩(二合)迦裹迦囉(引)賀(一)尾屹囉(二合)
賀尾嚩(引)娜(一)耨薩嚩(二合)鉢囊(二合)訥顊弭
跢(上引)懵(上)蘖哩也(三合)播(引)跛尾曩(引)舍顊(一)
薩囉嚩(二合)藥乞灑(二合)囉乞灑(二合)娑(一)曩(引)誐顊
嚩囉抳(一)薩囉抳娑嚕(一)麼攞
麼攞麼攞嚩哩底(一)惹野惹野
惹野睹輅(一)薩囉嚩(二合)怛囉(二合)薩囉嚩(二合)迦(引)
覽悉亭誕(二合引)睹銘(引一)伊(上)輅(引)摩賀(引)尾
你琰(三合)娑(上引)馱野娑馱野(一)薩囉嚩(二合)满
拏(一)攞娑(上引)馱顊(一)伽(引)哆(上)野薩囉嚩(二合)
尾(微反)覲曩(三合)惹(平)野惹野(一)悉第悉第
素(一)悉第(引一)悉地也(二合)悉地也(三合)没地野(二合)没
地野(三合)布(引)囉野布囉野(一)布囉抳
布囉抳(一)布(引)囉野銘阿(引)苦(引)薩
囉嚩(二合)尾你也(二合)地誐哆(上)没嘌帝(三合)齋愈(引)，
多哩(一)惹野嚩哩底(丁從反)底瑟吒(三合)
三(去)麼野麼拏(鼻)播(引)攞野(一)怛他(引去)
蘖哆(上)嚧哩(二合)乃野秫第(引一)弭也(二合)嚩(無可反)路
迦野輅(引一)阿上瑟吒(二合)鼻(緊呼)摩賀(引)娜(引)嚕
拏婆(去)曳薩囉薩囉(一)鉢囉(二合)薩囉
鉢囉(二合)薩囉(一)薩囉嚩(二合)嚩(同上)囉拏戍(引)
馱顊三(去)满哆(入)迦囉(引)囉曼拏(上)攞
尾秫(入)第(引一)尾蘖嘌帝(二合)尾蘖嘌帝(三合)尾
誐囉哆(二合)麼攞尾戍(上)馱顊乞史(二合)抳(尼貝反)
乞史(二合)抳薩嚩(二合)播(引)跛尾秫第(一)麼

攞尾蘖嘌帝二合帝惹嚩哩底二合嚩囉二合
嚩二合哩底二合怛喇二合引路枳也二合引帝一娑嚩二合引賀引
薩囉嚩二合怛他引蘖多上没嘌馱二合曩鼻
色訖帝二合娑嚩二合賀引一薩囉嚩引一冒引地薩怛嚩二合引
鼻色訖帝二合娑嚩二合引賀引一薩囉嚩二合禰嚩跢引鼻
色訖帝二合娑嚩二合引賀引一薩囉嚩二合怛他去蘖哆訖哩二合
乃夜引地瑟耻二合哆一紇哩二合乃曳引一娑嚩二合引賀引一薩
囉嚩二合怛他引誐哆三壬麼野悉第一娑嚩二合
賀一印涅嚩二合印捺攞二合嚩哩底二合印捺囉二合弭也二合嚩
路枳帝娑嚩二合引賀引一没囉二合憾銘二合没囉二合憾麼二合禰庾二合乞史二合
帝娑嚩二合引賀引一尾瑟弩鼻二合一曩莫塞訖哩二合帝娑嚩二合引賀引一
麼系引濕嚩二合囉満你多布引哧跢曳
娑嚩二合賀引嚩囉二合馱囉嚩囉二合播引抳麼
攞味引哩也二合地瑟耻二合帝引娑嚩二合賀引一地哩二合哆囉
瑟吒囉二合野薩嚩二合賀引一尾嚕引荼去迦引野薩嚩引二合
賀引一尾嚕引博乞灑二合引野引薩嚩二合引賀引一吠入武□□二合引
麼拏引野薩嚩二合賀引一拶咄摩賀引囉引，
惹曩莫塞訖哩二合哆引野薩嚩二合引賀焰麼
野薩嚩引二合一賀引一焰麼引布引哧多曩莫
塞訖哩二合跢引野娑嚩二合引賀引一嚩嚕拏野引娑嚩二合引
賀引一麼嚕跢引野娑嚩引二合一賀引麼
嚕跢引野娑嚩二合引賀引一阿上屹曩二合曳娑薩嚩引二合一賀引□
曩引誐尾路枳跢引野薩嚩引二合一賀引一禰
嚩誐禰引尼以反毗藥引二合一薩嚩引二合一賀引一曩引誐誐禰引
毗藥二合引薩嚩引二合一賀引一藥乞灑二合誐禰引毗藥二合薩嚩二合引賀引一
囉引乞灑二合娑誐禰引毗藥二合娑嚩二合賀引一獻達
囉嚩二合誐禰引毗藥二合娑嚩二合引賀引一阿素上囉誐
禰引毗藥二合引娑嚩二合引賀引一誐嚕拏誐禰引毗藥二合
娑嚩二合引賀引一緊曩囉誐禰引毗藥二合娑嚩二合引賀引一
麼護引囉誐誐禰引毗藥二合娑嚩引二合一賀引一麼
努鼻囉引毗藥二合娑嚩二合引賀引一阿上麼努鼻囉引毗藥二合引
娑嚩二合引賀引一薩嚩蘖囉二合屹囉系引毗藥二合娑嚩二合引賀引一薩
囉嚩二合部帝毗藥二合娑嚩二合引賀引一哩嚩二合帝引毗藥二合娑嚩二合引
賀引一比舍引際引毗藥二合娑嚩二合引賀引一阿去鉢娑麼二合引
嚩毗藥二合娑嚩二合引賀引一禁畔引禰引毗藥二合娑嚩二合引賀引一
唵引度嚕度嚕娑嚩引二合一賀引一唵引睹嚕
睹嚕娑嚩二合引賀引一唵引母嚕母嚕娑嚩二合引
賀引一賀曩賀曩薩嚩二合設咄嚕二合喃上引

娑嚩二合引賀引一諾賀諾賀薩嚩二合訥瑟吒二合
鉢囉二合納瑟吒二合喃去引娑嚩二合引賀引一鉢左鉢左
娑嚩二合引鉢囉二合底也二合剔二合迦鉢囉二合底也二合弭也二合怛囉二合引
喃上引曳引麼麼鼻阿上呬去帝史引二合拏入帝
釤引薩嘌吠二合衫引舍哩引囕入嚩二合攞野
訥瑟吒二合唧哆上引喃引娑嚩二合引賀引一入嚩二合哩跢引
野娑嚩二合引賀引一鉢囉二合入嚩二合哩跢引野娑嚩二合引賀引一
鞞切引鉢多二合入嚩二合攞引野娑嚩二合引賀引一三去满多引
入嚩二合攞引野娑嚩二合賀引一麼抳上跛捺囉二合野
娑嚩二合引賀引一布羅拏二合跛捺囉二合引野娑嚩二合引賀引一摩
賀引迦引囉野娑嚩二合引賀引一麼底哩二合誐拏引
野娑嚩二合引賀引一藥乞史二合抳引喃上引娑嚩二合引賀引一囉
乞灑二合枲引上喃上引娑嚩二合引賀二合一阿去引迦引舍麼底哩二合
喃鼻娑嚩二合引賀引一三去母捺囉二合嚩引悉顊喃引
娑嚩二合引賀引一囉引底哩二合左囉引喃上引娑嚩二合賀引一你
娑嚩左囉引喃引娑嚩二合引賀引一底哩二合散引地野二合
左囉引喃引娑嚩二合引賀引一吠去引囉引左囉引喃引
娑嚩二合引賀引一阿上吠引囉引左囉引喃引娑嚩二合引賀引一
蘖囉婆二合賀嚹引毗藥二合引娑嚩二合賀引一蘖囉婆二合散
跢引囉抳護嚕護嚕娑嚩二合引賀引一唵
娑嚩二合引賀引一娑嚩二合入短娑嚩二合賀引一僕引娑嚩二合引賀引一部嚩無博反
娑嚩二合引賀引一唵步嚕步二合嚩日上娑嚩二合入娑縛二合引賀引一唧
置唧置娑嚩二合引賀引一尾置尾置娑嚩二合引
賀引一馱囉一抳娑嚩二合引賀引一馱囉抳娑嚩二合引
賀引一阿屹顊二合野娑嚩二合引賀引一帝引咀去引嚩補
娑嚩二合引賀引一唧理唧理娑嚩二合賀引一悉哩
悉哩娑嚩二合引賀引一没地野二合没地野二合娑嚩二合引賀引一
悉地野二合悉地野二合娑嚩二合引賀引一满拏上攞悉
第引娑嚩二合引賀引一满拏攞满第娑嚩二合引賀引一
枲引麼满馱顊娑嚩二合引賀引一薩囉嚩二合設
咄嚕二合引喃喋平婆去喋婆去娑嚩二合引賀引一娑擔二合婆去
野娑擔二合婆去野娑嚩二合引賀引一親上娜親娜
娑嚩二合引賀引一牝二引娜牝娜娑嚩二合引賀引一畔惹
畔惹娑嚩二合引賀引一满馱满馱娑嚩二合引賀引一
謨引賀野謨引賀野娑嚩二合引賀引一麼抳
尾秫入第娑嚩二合引賀引一素哩底二合素哩底二合素
哩野二合尾秫第引尾引戍引馱顊娑嚩二合引賀引一
贊涅嚹二合素上贊涅嚹二合布囉拏二合贊涅嚹二合娑嚩二合引

賀引一乞囉二合系毗藥二合娑嚩二合引賀引一諾乞剎二合底怛𠰒二合毗藥二合
娑嚩二合引賀引一始尾顊切娑嚩二合引賀引一扇引底孕切娑嚩二合引賀引一
娑嚩二合娑底野二合野寧娑嚩二合引賀引一始鍐無肯反羯哩一
扇引底孕切羯哩一補瑟置二合羯哩一麽羅
沬囉達顊娑嚩二合引賀引一室𠰒二合羯哩二合娑嚩二合賀引一室哩二合
野引沬囉達二合顊娑嚩二合賀引一室哩二合野入嚩二合攞
顊娑嚩二合賀引一曩母呰即以反娑嚩二合賀引一麽嚕
呰娑嚩二合賀引一吠引誐嚩哩底二合娑嚩二合賀引一
計五百句一千八百九十九字

（四十一）俄 ИНВ. No. 4270《大隨求陀羅尼》①

【題解】

宋寫本，經折裝，未染麻紙。軟。共 14 折，28 面。悉心高 22. 7 釐米，面寬 11. 4 釐米。天頭 1. 8 釐米，地脚 2. 2 釐米。每面 7 行，行 16 字。有雙行小字注音，并有補貼挖改字。上下單邊，中烏絲欄。自第 7 面起，改爲朱絲欄。楷書，墨色中。

【前缺】
□□□□□□□，□□□□□□□
諦相於心月輪現，故號隨求能□□
【中缺】
依法念滿略義遍，此生證於歡喜□，
現身不遭諸枉横，火焚水溺及灾傷，
不爲軍陣損軀形，盗賊與心自歡喜，
侵犯波羅十惡罪，四煞重緊殺真人，
五逦根本七無遮，憶念隨聲盡消滅，
□言聖力功無量，故我稱贊不思議，
□以勝福施念生，同證無爲超悉地，
□請十方三世界，菩薩聲聞緣覺衆，
□擁護法菓義王，天龍八部悉雲集，
我今欲誦大隨求，各起慈悲來加護，
□聞之者悉障除，凡是有情成贊覺。
大隨求梵語題目：
没馱引婆史檜引薩囉嚩二合怛他誐哆散满跢支嚩

---

① 《俄藏黑水城文獻》第六册，第 303—308 頁。

攞麼邏□三尾秫弟娑普二合哩多震多摩尼母捺
囉二合紇哩二合娜野阿跛囉唹哆馱囉抳摩賀引
鉢囉二合底引娑囉摩賀尾你也二合囉惹馱囉抳他
佛説一切如來普遍燄鬘清净熾盛思維寶印
心無能勝總持大隨求大明王陀羅尼曰：
曩謨引薩□□嚩引怛他蘖踐喃曩謨曩謨薩囉
嚩□□没引馱□冒地囉怛嚩一漫裏馱達囉麼僧□祇畔
蘖怛你也二合他唵尾補囉薩二合陛尾補羅尾麼餘善
□□□薩嚩曩二合入嚩二合囉蘖□陛誐底二合誐賀類
□曩尾成馱顭引薩邏嚩引播跛尾戍馱顭引唵引
□拏嚩底十誐誐哩拉引征哩征哩引□麼哩引□麼
哩引虔賀虔賀引蘖□誐哩蘖□誐哩引誐誐哩引誐誐
哩引繩婆哩引繩婆哩引誐底誐底引誐麼顭引誐鵌引
底噜底噜引底噜抳引左黎引阿底黎引母左黎引業
曳引尾惹曳引薩□嚩二合婆去野尾薩嘌希二合蘖囉
婆二合引三婆去囉抳上悉哩悉哩引珥哩珥哩引歧哩歧
哩引三満跢引羯囉灑二合薩囉噜二合護咄噜二合鉢囉二合
縁池顭一薩囉嚩二合□咯灑二合咯灑二合麼麼薩哩嚩二合
薩怛嚩二合應大引尾哩尾哩一尾薩囉跢二合嚩□三□囉引
拏一薩去□曩舍顭一拽哩地辣哩一唧哩唧哩□麼
黎一婆誐□馱底囉怛曩二合麼類吒麼握引馱裹抳
□□□尾馱尾唧怛囉二合馱灑囉跛馱裹抳婆
□□□摩賀尾你也二合禰尾阿略吃満二合阿略吃
□你二合舲麼麼阿曩闥寫引怛囉二合拏跛囉引
野拏寫跛哩贊引左野銘薩囉二合嚩耨契野藥二合贊
膩上贊膩上贊膩顭吠引□持瓦誐嚩戍薩置嚩二合訥瑟吒
顭嚩引囉持設咄噜二合博乞灑二合鉢囉二合沫哩他顭尾
惹野嚩引呬顭護噜護噜母噜母噜怛噜怛噜
阿引欲播囉顭素上囉嚩囉沫裹他顭灑囉嚩禰
裹嚩多引布引唹啼地哩地哩三大満跢去引嚩路枳帝
鉢囉二合陛鉢囉二合陛素上鉢囉二合婆去尾秫弟引薩囉嚩
播引跛尾戍上引馱顭馱囉馱囉陀羅抳達囉達嚩引
□母素母噜噜左黎引佐引攞野訥瑟鷲二合布引
□□□阿去引以占去室哩二合嚩補馱離上惹野劍麼黎
□□□□嚩囉禰二嚩囉能上引矩勢引唵引
□□求海法西竺奥文九十九意也，尊宣説
無能最勝行，行開地獄之門，句句閉塵勞

之苦，金鈴振而鬼神潜，消王杵擲而魔軍
勝碎香割饞起上窮無頂之方，妙韵初宣
下腹九山之獄，聞之秘密殁故者，盡得生
天都之微言，見存者一聞千悟如斯妙理
雖盡贊揚。大隨求陀羅尼第二會。
仰啓十方三世佚，歸命毗盧妙覺尊，
知炬總持紺月輝，寶蓮性海相應體，
□毫秀氣紫金光，琉璃影透真如會，
□□□□□法界，甘露施轉微塵内，
□□□□□□□，頂禮化身千百億，
□樂城中無量壽，兜率天宫慈氏尊，
清凉山内千佚師，威德國中普賢衆，
尊師觀音大勢至，尊伽持咒梵仙人，
四方護世四天王，三十三天衆天子，
世梵龍神并八部，星宫月宫及日宫，
修羅乾它緊羅拏，移宫金灑龍王衆，
最尊最勝千化身，七金山内頂輪王，
徧天元師大异迦，縛俱屈吒大摧碎，
六足尊綱并部衆，忿怒金剛不動尊，
□檀穢迹大火頭，青面威光伏自在，
□□□尋諸賢聖，總願慈悲暫降伏，
□□□□在王城，祇闍山内集天人，
娑婆世界大梵王，憐憫衆生而啓佚，
常見凡夫行十惡，萬劫千生地獄中，
若居浮世欲修行，又過三灾兼衆苦，
惟願如來慈滑故，宣説隨求大總持，
免離輪回落三塗，宿殃横家罪消滅，
佚乃眉間塵毫相，徧照三千及大千，
宣説無能勝總持，名爲寶印成根本，
亦號隨求心即得，亦成普徧焰發那，
善人戴佩在身時，能滅無間諸消苦，
［火］不能燒水不溺，王不嗔能刀不傷，
□□□曆耳根時，曠劫塵殺罪消滅。
□□□尾秣第戍引馱野戍馱野秣第引踐囉
□器鼻哩部嚕部嚕懵上誐攞尾秣第跛
□怛囉二合提企朅袪□反疑扼朅疑扼佉囉佉囉入嚩二合
哩多始佉皪三满多鉢囉二合娑上哩跢引嚩婆去
悉多秣第入嚩二合囉嚩二合囉薩嚩二合嚩禰上□嚩誐拏

三麼僞囉灑二合抳薩底也二合嚩哩二合底多囉多囉跢入引
囉野輅二引曩引誐尾路枳帝擺護擺護護砮鼻
護砮乞史二合抳乞史二合抳薩囉二合嚩屹囉二合賀嚩
乞灑二合抳冰半口反蘖哩冰蘖哩祖母祖母素母
素母祖尾左嵰引多囉多囉曩誐尾路枳顐
□囉野睹輅引婆去誐嚩底阿上瑟吒二合摩賀
□□□三去母捺囉二合娑上引誐囉鉢哩演二合檐
□□□擺誐誐曩怛覽二合薩囉二合嚩怛囉二合三満帝
□禰引嘌舍満帝曩嚩曩二合鉢囉二合迦引囉嚩
囉二合播引舍満誕去寧引曩嚩囉二合入嚩二合擺尾
秫詩律能准反第引部哩部哩蘖囉二合婆去尾戍馱顐
鍋具玉反乞史二合三布囉抳上入嚩二合擺入嚩二合擺左擺
左擺入嚩二合理顐鉢囉二合韈成末反囉灑二合睹禰上粟嚩
三満帝引曩你事遠反弭庾二合娜計引曩阿上蜜曩
二合多韈上口囉灑抳禰引上粟嚩多粟嚩跢引入囉抳阿上
鼻説上左睹銘引素上蘖多嚩囉二合嚩左曩蜜
嘌二合多嚩囉嚩補囉引咯乞灑二合乞咯灑二合麼麼
□囉嚩薩怛嚩引難引左薩囉嚩怛囉二合薩□□
□□□囉二合嚩婆去曳略藥二合薩□二合冒鉢捺囉二合
□□□二合薩粟二合冒鉢薩粟二合霓毗藥二合薩□□嚩
□□吒二合婆去野鼻怛寫薩囉二合嚩迦裹迦囉
引賀尾屹囉二合賀尾嚩引捺槈娑嚩二合鉢曩訥
裹顐弭跢引懵上蘖哩也二合播引跛尾曩舍顐
薩囉二合嚩藥乞灑二合咯乞灑二合娑曩誠顐嚩囉
抳薩囉薩囉薩囉抳薩嵰麼擺麼擺麼
嚩哩底惹野惹也惹也睹輅引薩囉二合嚩怛
囉二合薩囉嚩迦引攬悉鈿去睹銘引倨輅引
摩賀引尾你琰二合娑引馱野娑馱野薩□二合嚩満
拏上擺娑□引馱顐伽云引哆上野薩囉二合嚩尾微反覲
□□慈野惹野悉地悉第素上悉第引悉
□□□地也二合没地野二合没地野二合布引囉野布囉
□□□地布囉抳布引囉野銘阿引苦引去薩去
□□你也二合地誐哆上没哩帝二合齋愈引多哩
惹野嚩哩二合底底□□瑟姹底瑟姹二合三麼野麼
拏鼻播擺野薩囉三合怛他去引蘖哆上嚈哩二合乃野
秫第引弭也嚩参可反迦野都輅引亞瑟吒二合鼻
引摩賀引娜引嚕拏婆去曳引毗藥二合薩囉

薩囉鉢囉二合薩囉鉢囉二合薩囉薩囉二合嚩囉

拏尾戍馱顊三三滿哆入迦囉引滿拏上攞尾秫

入第引尾蘖帝尾蘖帝尾薩跢麼攞尾引

戍上馱顊乞史二合梍尼貞反乞史二合梍薩囉二合嚩播引跛

□□葛麼攞尾蘖哩二合帝帝惹嚩哩二合底嚩

□□□底怛喇二合路梍也二合阿引地瑟耻二合帝娑

□□□

□□求法印，從一真法界流出，二足稱尊，三趣聞之盡生天，四魔詆絶伏地，五眼圓明，六根清净，七善法紙無雜念，八正道員正方圓，九結遠離極無邊，十行無虧，皆具足我等，金言已諷，願賜威神照燭者。

鈎索鏁鈴鎮四門，護魔結界除障礙，
悉令安慰城内人，諸伕總持力廣大，
然後依法寫隨求，沐浴清净親持戴，
□□國王衛大陣，不思議力無龍對，
□□□□滿虚穹，夜叉軍陣在云内，
□□□□梵師來，凡悉干戈心膽碎，
□□車乘數百萬，儀式戰懷皆降退，
能令魔□□威魂，故號隨求得自在，
羅睺昔處耶輪腹，其母將身投火坑，
胎中憶念此隨求，紅焰變成蓮花水，
豐才長者遭龍毒，因苦臨命在須中，
無垢爲誦此隨求，才經一遍還復舊，
毗藍商主入大海，中遇龍王雨雷雹，
將此隨求挂帆頭，魔竭龍等皆降退，
摩耶國王慈滑衆，求子夜夢净居天，
□□夫人戴隨求，應時有孕生太子，
□□□□往比丘，有一净行婆羅門，
□□□□此隨求，便生三十三天上，
□□爲興□羅戰，身上頂戴此隨求，
□□交鋒皆殊勝，天宫女樂歸□殿，
念此真言爲有情，伏願大師證明此，
句句摧邪除障惱，此處土地及龍神，
現在道場諸聽衆，一聞獲大總持門，
一曆耳根當清净，一聞此咒離諸苦，
即説隨求妙章句。

怛他蘖哆没(栗)馱業

傳　　没(栗)馱冒地薩怛嚩 毗瑟訖帝婆嚩賀

哩(二合)嚩(引)哆

衆失　乞(哩)地瑟耻哆紇(哩二合)乃曳

自在

□地

麼囉野地

底(二合)印嚩囉(二合)

□

没囉(二合)憾銘(二合)没囉(二合)憾麼(二合)你庾(二合)

乞史(二合)帝

尾瑟努(二合)□莫塞訖(二合)帝　娑嚩賀

□□□□□□□□□□□

【後缺】

(四十二) 俄 A8.1《彌勒真言》[①]

贊佛稱贊慈尊

邊無限善根所引生，故志

道圓而粹融顯寶除音

而真識明圓满寶身盧

舍那佛

志心皈命禮八項成道質三

類化迷身乘蒙駕日輪

降王官托陰教宣三藏

摧邪山插漢之□峰根，彼

五乘竭，欲海濤天之浪，千

變萬化，此界他方千百億

化身，釋迦牟尼佛

志心歸命禮，兜率天宫，主

彌勒大慈尊具□蓮體

菓唇螺□□□年中居

補處八萬歲時，住龍花

現身於額寶宫中説

法處，摩居殿内，大喜大

舍大慈大悲，彌勒菩薩摩

① 《俄藏黑水城文獻》第五册，第190—193頁。

訶薩。
兜率天宫能化主一生，補
處大慈尊龍花，三願
相逢會演金言，知足
六時宣妙法，我今身
業歸命禮，願天眼通，遥
證明欲求親近往天宫。
志心稱贊慈尊，號彌勒
真言曰：唵梅底哩薩縛顯
我今稱贊慈尊號顯藏
我邪淫殺盗愆我今稱
首禮，回願往生，彌勒佛□
志心歸命禮，兜率天宫
主彌勒大慈尊鬘絞青
螺眉，彎初悦，若能二因兼
積，六事齊修，引接於九
品花間游，願於七重垣内
大喜大蛇大慈悲彌勒
菩薩摩訶薩
閻浮金彩嚴身赫頻
婆果色絶唇紅七辯
垣宣不退輪，一音常演
無生法，我今語業歸依
禮，願天耳通遥證聞
摩訶薩
眉際玉毫珂珮潔頂上
瓀螺翠黛凝内宫外
院化迷徒。晝時夜時談
真教，我今意業皈依
禮，願他心通遥證知欲
親近往天宫，志心稱贊
慈尊，號彌勒真言曰
唵梅底哩 薩縛訶
我今稱贊慈尊，號願
滅我貪嗔邪見心，我
今稽首禮，回願往生彌
勒佛國。
志心歸命禮，遇現未來世

十方一切佛，遺刑處都
波攝生修睹路諸爲行菩
薩衆緣覺及聲聞帶識
合情類，雲游火上生諸障
願皆除志心，今懺悔報障，
業障煩惱障所有一切罪
障，願皆消滅，滅滅悉皆消除，
志心皈命，懺自從無始世
元暨此生身造惡果，無邊
志心，今髮露，凡夫顛倒執
常皆覺，含塵起根本
隨火種現□資生將潤
生髮業，或本新同起或
種現相資，造八難七遮爲
十惡五逆，或人執法執或
行别俱生三業，一切愆隨
懺皆消滅，願以此功德普
及諸有情近奉彌勒尊
遠值龍花會懺悔發願
已志心皈命頂禮大悲彌
勒尊佛。
一切普念處，世界虚空如
蓮花不著水，心清净□
於彼稽首禮，無上尊
三壇等施，六度齊修，無
漏果因，共成佛道。
一心敬禮，盡十方法界，常
住唵薩囉嚩，佛馱野
掌無宰都帝
一心敬禮十方法界，常住
唵薩囉嚩，達摩野，南無宰都帝
一心敬禮，盡十方法界，常住
唵薩囉嚩。僧伽野難無宰都帝。

（四十三）俄 A14《金剛亥母集輪供養次第録》①

① 《俄藏黑水城文獻》第五册，第 241—244 頁。

【題解】

西夏寫本。包背蝴蝶裝，無口。僅第 1 頁有頁碼。未染麻紙，共 7 頁。紙幅高 13. 8 釐米，寬 23. 5 釐米。字心高 10. 4 釐米，天頭 1 釐米，地脚 1. 4 釐米。每半頁 8 行，行 13 字。上下單邊，左右無邊。墨色中匀。有校改校補字。

亥母集輪供養次第録
敬禮一切上師
夫修習人欲作亥母集輪供養
者，應於月八，十五日，二十三，二十五，
月盡或勝星等吉祥之日。作
三日七日一月等供養，時於屍堂
林等處，集輪宫内作一曼拏
羅，於上彩一雜色或赤或白
八葉蓮花於花臺上，以西惡囉
持一法空等，其壇周圍満
花香燈土菓燈供養，各置
八分，又備施食二盤，一分内入食，
一分内入三白三甜。又備幢幡寶
蓋種種嚴飾，又於師前左右作
二曼拏囉，於王壇上攙一法生
宫右上置八塗，探傷畫一魔，驢上置馬薩
方可差一具記句人，令作行人，其
行人於師處嗚耳，請入宫内，坐
屍布上，又其行人須諸禪定，人嚮
外沐浴，又别差行人作忿怒相，執
杖守門而立，其禪定人等而啓句曰
具勝記句青色妙吉意。
爲見超出輪回世間諸勇識
啓白執持具寳德枝者，
諸勇母中願入開此門，
白已方令入内，於師處施花禮拜，
次第嚴肅而坐其師面前，而頭
器内満盛，須羅依要門標授，已於
一明鑒上塗須羅，攙須歁羅已
書一法生宫内，中央書一啣字，啣字
周圍數合字咒，於三角内書唵
囉吽，宫外四方書四應耶，於曼拏
羅中置一馬尼，上用一頭器盛，標授

者須羅，以鏡置上，已師用須羅灑
諸供養皆盛甘露，方令行人於師
等處施花，發禮拜，白云：
勇識勇母哀滑念，處恭勇識及勇母，
檀越障消福满故，願住無二三昧中，
三摩底吃羅麻訶。
如是白已，各各作亥現前解行人於
師等處，修等六處作香點，施紅花
各入定念咒百八遍已，方可師前動
法鼓及鈴杵時，胸間啲字出光，召
請自性宫中亥母并六甲佛母，降至
面前，湯中作禮拜供養等，念□拶
吽鉢和捺入鏡壇，字別咒内融爲
不二，如是想已於鏡壇佛母等處，意
作禮拜，種種供養贊歎隨意而
作，次作懺悔求哀禱祝已，各於令
手持須羅羅怛別急皆想甘露，
自性以聲頌中供養壇内亥母，佛
母等皆得受用歡喜用皆得，別
想已此種集中各取少分，聚成一分，
置在一遍，又各人面前一一明想相，
傳上師於彼師處虔誠哀祝，亦
用聲誦，求乘標授成就已，其上師
等一一想入身内想傳標授，成神
之力作，已得想，次令行人左右執
須羅，右手持麻薩，交手白云：
勇識勇母哀滑念，我今以此妙種集，
次恭敬心而奉獻，隨意歡喜願納受。
師客云
耶白一切廣大智，勝集熾盛燒煩惱，
得此勝妙法及者，一意須割皆應識。
行人又云：
觀若最勝真净法，勿起疑情令得罪，
勝旅雜種猪狗子，自性一味而受用三說
師應右掌右結三尖卯置上答云：
今此如來真經發，離於貪著之垢染，
一切執著皆解脱，此真性者我敬禮。
已上皆三說師結蓮花印結別時，行人云：

阿粗粗和師云悉帝撈和受，取二食，
以左無名指取須羅，先供頂上上師，次
供胸間輪内師，次工舌上味母，若自
吃二食時，口想壇坑，二手想舀满，二
狗將甘露，如供養本佛而吃飲，想
余人准次，其餘種集如常受用，已
次將各人殘食聚成一盤，將先出
食入殘食時，用聲頌奉已，傾入
殘食，手結法生印，覆殘食上，口
嗔須羅已頌：
唵渴渴渴泗渴哂，烏即厮怛吽發莎訶
咒，次奉施食者一盤，依施食儀，奉尊
亥母等一盤，依别儀奉施，礙鬼
神等，若送食時，先殘之食，前行
餘食，後行隨動法鼓，鉢。杵。弃在
净處，回已念百字咒，真嚴二十一遍
等，作懺悔，求索成就，并奉送鏡
壇佛母等，已將須羅歃點額喉
心三處時，口送三字咒，請於三葉，次
以頭器内須羅飲諸行人，方令行
人依内燒施吃飲甘露種集等，次
作歌舞贊歎游戲時，莫失我慢，
若作禔惡六加行者，自作形嚕割
慢慧，作亥母慢，後求請五欲樂，
成就，念吉祥偈，已奉送自智佛，融
記句佛興，已不二，復作佛慢，後
聚曼拏羅，上緑色弃在山峰，
或須處或水中乃至四威儀中，不
捨我曼，任意東西矣。須惠帝割割阿巴粗

金剛亥母集輪次第録。

（四十四）俄 ИНВ. No. 274. 1《金剛亥母略施食儀》[①]

【題解】

西夏寫本。西夏文刻本經折裝《佛説佛母出生三法藏般若波羅蜜多經》卷第十裱紙。

---

① 《俄藏黑水城文獻》第六册，第 275 頁。

未染麻紙。共 8 塊殘片。1. 金剛亥母略施食儀，（1）高 18 釐米，寬 27.5 釐米。（2）高 18 釐米，寬 27 釐米。各 18 行，行 20 字。2. 金剛亥母自標授要門。3. 金剛修習母究竟儀。4. □壽定儀。（1）高 13.5 釐米，寬 26.5 釐米，上下殘，行 14 字。（2）高 13 釐米，寬 22 釐米，共 16 行，上下殘，行 14 字。5. 金剛修習母標授瓶儀。（1）高 12.5 釐米，寬 27 釐米。共 17 行，上下殘，行 12 字。（2）高 9 釐米，寬 27 釐米。共 9 行，下殘，行 9 字。

【前缺】
達馬常割羅□□達　馬□□□□□□□□□□
晝末哩(二合)捺□薩曷怛吧捺□竭抹諍□
倡吽吽發怛 發怛
誦一遍已，施與一切世間宣行母等□□□□［魯］想受
用鼓者，次奉一切護法身一切□□□□□□□誦咒一
遍，已施與一切護法神，一切鬼神等，得飽滿歡喜
想□動法鼓鈴杵，誦真實求住偈，曰：
以我真實堅固力，如來悲施威神力，
法界自性功德□，密咒命咒威神力。
心中坐自頂上安慰印，可鎔佛入身，鎔身入佛，二身相
鎔而成其空守空而開，若覺倦時，頃起佛幔，欲念
咒輪方息，旋輪轉心緣子輪而誦咒曰：
唵唵唵薩末羅捺 捺鷄你野末囉(二合)斡囉你
野末囉(二合)并嚷揔你野 吽吽吽發怛發怛
發怛 莎訶。
其咒念數百千遍等，隨力念之，念咒畢時，出光發
願，求索成就，念百字咒三遍，回嚮菩提，四威儀中，莫
□佛幔，若如是□此類修，則心護二種成就，一共成就
金剛
□
敬禮一切真實上
凡修定省於寂静宫内想□
三寶，次資菩提心云爲剎一切□
我速證佛，然於自頂花日輪上□
分明專想其師消融，入自身内想諸罪垢，皆得清
净，自身刹那變成金剛亥母，裸體赤色二面二臂，右
亥面覷上左忿怒，面覷下各三目，齜牙潔齒，右手
善根矣
金剛亥母略施食儀 竟
寢定儀

粗麻諤 法師 傳
敬禮微妙諸上師
夫禪定行人，若將寢時，先皈依三寶，發菩提心，起
佛幔已，其佛心顯，想一赤色啷字，專緣啷字，而令
寢之，若如是睡，則不成愚痴，睡得福無量矣。
金剛亥母略施食儀

（四十五）俄 A19《金剛亥母禪定》①

【題解】

西夏寫本。包背蝴蝶裝，無口，中有頁碼。白麻紙。共 4 頁。紙幅高 14 釐米，寬 23.8 釐米。字心高 11.4 釐米，寬 18.8 釐米，天頭 1.4 釐米，地脚 1.3 釐米。每半頁 8 行，行 14 字。四周單邊，楷書，硬筆。墨色濃匀。有校補字。封面左側寫“天”字，或爲千字文藏書號。“明”字缺筆。

金剛亥母禪定　那悉多　傳
夫修習者，面嚮西，坐皈依三寶，發卄等
心，已於自頂上蓮花曰輪上想上師，坐
延促隨力分明專想，然後容師入身
想三業清净，并得四戒，圓満自身，頓
成亥母，裸形赤色，二面二臂而各三自
散發皆披，右亥面覰上，左忿怒面，覰
下額嚴，五骷髏露牙切齒齒，右手
執鈎鐮，左右執満血法梡，作吃飲
相，左抱闊單，渴頂嚴八輻輪，耳璫項
珞，手脚胯制腰帶等皆入骨形，
成拳左翹右如作舞勢，死屍曰輪上
立，肌膚柔軟，色相圓満，且於九相，初身三
相者，一六幻龜，二勇犍，三曰恭惡。次語
三想者，一響笑[渴]，二訶恨[希]，三吞瞰[頻]，
復意三相一慈悲，二證湛，三稀有是名，
九相遍身，毛孔出赤火，并有火城
圍繞，如同劫火，如是想已，彼蔔次法生
宮内三角上想唵

① 《俄藏黑水城文獻》第五册，第 257—258 頁。

啊吽三字，在嚴中有一啷字，以合字咒，左繞輕
提下，部閒上氣時動法生宫内，
急禔轉轉力故，圓團此衆出赤色光，觸養邦字字亦出光，
字相願入倡帝脉内，上銜解者，大衆輪頂字時，消落保色凉泠落心
與光相纏二不頓，發空樂想，若不親於亥面上想，如來上衛
然後海綿中圓上想赤色，應驢左
轉，氣下降時，想宫左轉，如是周而
復始，想必涅槃也，後疲倦時想修下啷字，周圍
咒字左轉，□□□□□□
□□□□□□
□□□□□□
若
倦時求成就祝贊四恩，回嚮念百字
咒，出定後一切時中莫玄我慢若如，
是修定者，得二種果報，一化報而
獲五驗八功，二果報得證三身五智，

金剛亥母定竟

善放施食時，穩坐面前，置清器，
盛勝妙食，皈依三寶，發卄等心，自成我
慢，口誦唵字時，請召一切勇識勇
母等四因等，口稱訶字時，其食變成
廣大甘露，其器亦大，口稱吽字時，令
一切勇識勇母及四因等皆受用甘
露，其念唵啞吽三遍，飽滿歡喜
想誦本佛咒，亦得求常成就，祝贊
四恩，回嚮念百字咒，彈指三下，其食
置在净地上也。畢。

出定儀

若修出定儀者，凡吃飲食時，自作
本佛慢，兩手成舀慢二勺，口想壇
坑，胸下想智母，其食想智甘露，將
此甘露供本佛，想已如是，諦舞戲
妓一切時中，莫失佛慢，如是受用，
不失者，成供養儀，得福無量。
若睡覺時，觀一切法，如幻如夢，次皈
依三寶，發卄卄心，次作本佛慢等，專
佛二寢也，若如是者，非愚痴，睡
獲無量福，離一切障難矣。

(四十六) 俄 Φ249. Φ327《金剛亥母修習儀》[①]

【題解】

西夏寫本，卷軸裝，未染楮紙。(1) 高 13. 4 釐米，寬 46. 5 釐米。卷心高 10. 9 釐米，天頭 1. 1 釐米，地脚 1. 3 釐米。共 36 行，行 14—17 字。(2) 高 13. 3 釐米，寬 47. 3 釐米，卷心高 10. 7 釐米，天頭 1. 5 釐米，地脚 1. 1 釐米。共 34 行，行 14—16 字。均爲紙折行。楷書，墨色偏淡。有校補校改字。

金剛亥母修習儀

敬禮金剛空行母

夫修禪定者，早晨起時，沐浴清净，於立意
樂安穩處坐，先作六種緊要心法，然後發
願云：爲利一切有情故，願我證得金剛亥
母，身發願已。次念：唵啞吽三字，標授地宫。
又念：須麻你咒，逆順二遍，而遣其魔。續念
變空咒一遍，想一切皆空，然於空處想一
哪字，變成蓮花。想一珊字變成死屍，屍
心上相依覽字，變成日輪，日輪上想一哪
字，哪字放光，遍照法界，有情蒙光照，
攝三業清净，光回復入哪字，内變成金
剛亥母，二面、二臂，正面忽怒，右面青黑色
亥頭，各具三目，亥面中目上覷赤色，應□
右手執鈎鐐嚮上近耳，左手掌具血，法
梡挾闊單渴頭發散垂，頂嚴十字杵
骼有五骷髏繞右展左，身體赤色，作窈
窕相，五十一個新人，頭爲瓔珞或骷髏，亦得
次亥母胸間相赤色三角法性，宫中心想慧
性，赤色哪字出光，嚮烏進國請智亥母，至
於面前意作五供養，念撈後鉢和標入記句，
身爲一不二，次嚴六甲咒而作用花者，胸中
赤色哪唵，心中青色飲養喉中白色㖂哩二合
□額上黄色㖂嚕二合頂上緑色，吽吽諸
肢上烟瑟發怛二合發怛次三字標授者，頂上

① 《俄藏黑水城文獻》第六册，第 106—108 頁。

嚮白色八輻輪，嚴白色唵字，喉中八葉蓮
花上，嚴赤色阿字，心頭日輪上，嚴青色吽
字，此是三業清净也。次嚴者，自心哰字出
光，請召自性宫中大樂，五輪佛至空中時
求索觀定，如允許嚮大樂，心頭吽字出光，
有四天母，黑色空行母，緑色粗麻母，紅色具
色母，黄色頭生母。此四天母各執滿甘露器，
與自灌頂，所有塵垢，悉皆清盡，於大樂
佛女四天母處作五供養，供養已天母復如
吽字大樂隱歸本處灌頂已，頂上殘一滴
水，成十字杵，或不動佛亦得於上想上師。
【中缺】
坐蓮花日輪上，此乃增長定也。
若作究竟定者，依遣增長定上微分提
闕上下二風，於自杵根想六角輪上亦
想，六角輪下輪旋轉身脉皆開頂上，上師
本尊從頂而入，遍身想圓滿之了，其樂
增長，若蘂性勝，復想爲空，若空强勝，
復守蘂定舉要而言，空樂境中，均平等
之，若疲倦時，方可念咒，若念咒者，或對瓶
念咒，或吴平人意念咒，切如對瓶念咒者，
於瓶佛心頭蓮花日輪上，想赤色哰字，周
圍左繞咒字，自己心頭蓮花日輪上想赤
哰字咒尾左繞咒字，正念咒時，自己無名
指上纏綫從自胸中出於咒字内瓶，佛
心咒字復胸中出入口中至心頭咒字内，
如是往復輪轉不絶，隨念遍數，不論
多少，若念畢時，作供養，放施食，若放施
食者面前置一法椀，入秘密等食，念甘
露金剛咒：唵末囉曳舍吽。而遣其魔然。
放食上想一啞字，其食變空，空處想一
唵字，成廣大法椀，外自裹紅内想一吽
字，出光變成五蘂五肉，吽字再出光召
請空中智亥母，心頭智亥母，甘露入記句，甘露
内爲一不二，念唵啞吽七遍，而標授之，然
後自心字種出光召請瓶佛及空中一切
智亥母等，至於空中意作供養其佛
等，舌上各想一赤色吽字成空心杵，覶

想法梡自結手印，念俵食咒三遍，而奉
於食，想佛等吸飲甘露，飽满歡喜，如
受法樂想，次作五供養，求索二世成就，
如允許想，次年百字咒，五七遍，補三業之
闕，次請忍後回嚮年十二因緣咒，并念唵
末囉蒙，彈指奉送，歸本位。畢。

金剛亥母修習儀竟。

（四十七）俄 ИНВ. No. 274. 2《金剛亥母自標授要門》[①]

初皈依三寶，次發菩提心，爲刹一切有情離苦，得
果，故頓我速證□果菩提入自標授要門，發願
已，自身一刹那間成本尊佛幔，然於自頂花日輪
上想上師坐□□明隨力專想，若覺倦時，□
師入身净三業障，方於問問法生宫内，想一啣字
其字放光，若請自性宫中金剛亥母，至於面前
意作供養已，其佛頂上想一八葉輻輪，上想一白色
唵字，喉中雜色八葉蓮花上想一赤色啞字，心頭
輪上想一青色吽字，臍下法生宫内想一赤色啣字。

敬禮金剛亥母

夫標□儀者□□色瓶一座，無時用七寶慈瓦瓶□
亦得黑想等而熏度之用，金錠紅帛爲頂，衣入□
五藥五陂三白三胡净水菓枝上紅傘等，然後自□
起本佛，我幔已慈誦灑净咒：
唵 末囉二合辣□吽石割囉嚕嚩羅馬

灑净已次念變空咒

唵灑末五束哩□灑末捺麻，薩末瓦束拶欲
其變成空空□想一啣字變成廣大净清□
相乳海於中想赤色三角，法生宫内想一赤色□□
蓮花，於上想馬麻尾於彼心前，復想一日輪上想
赤色啣字，其字變成金剛修習母，赤色二面二臂身手
印等同前，想之，復次於臍心喉額頂□□肢上，次等

排六甲咒

唵啣欲養哰吃令二合，鷄吃令二合，吽吽發怛發怛，次標授言
者，誦：唵阿吽三字，而净三業，次誦智勇母者，自
臍内，字種出光，自住宫内，請金剛亥母至面前，□

---

① 《俄藏黑水城文獻》第六册，第 276 頁。

作五供養，或亦作意，得念：搽吽鉢和。標授入記句。
夫修習人生出行者，凡吃食時，兩手想舀满二勺□
壇坑臍下，法生宫内，相智金剛亥母，其食：唵啞吽□
字内標授成智甘露，將甘露供智亥母，想若如
吃食者，護福無量印，成供養儀也，凡所施爲莫忘□
曼則得福，無量誠，無量罪矣。
粗麻謁 法師傳
敬禮一切真實上師
夫修亥母，自標授要門者，於寂静宫内安福而坐。

(四十八) 俄 TK74《大集編□□□聲頌一本》①

【題解】

西夏寫本。綫訂册頁裝。白麻紙，薄，軟。共 79 個整頁。高 16.9 釐米，半頁寬 8.7 釐米，天頭 2 釐米，地脚 1 釐米。每半頁 7 行，行 17—20 字。烏絲欄。上下單邊，左右雙邊。楷書，墨色濃匀。首缺，有尾題。天頭有朱筆所畫小圓。偈題或偈中亦多有朱筆火珠紋。

【前缺】
□□
□□切正覺等，隨於勝惠□□
　　請師偈
連起大勇猛
清净妙音聲
即抄之自性
偈
記句上微妙戒
現切□□
　　遣魔偈
輪尊出有壞，金剛亥母大勝惠
業空行母，一切勇猛□母等
殊勝金剛師，一切護法善神等
惠存念我，願令孟勇金剛
真空清净法界雖不動，不捨世間行行之儀，
方便示□猛利可畏身，焰熾大恙怒處我護，

① 《俄藏黑水城文獻》第二册，第 108—147 頁。

智是柔知自性雖不動，具有食啖身肉之嗔，
以語音聲猶如千龍吼，於彼焚满魔衆我□
□於猶如劫火□戲中，大念怒王依法舒□
能令燒滅魔聚我□
偈
□於妄念最上之本智，法身如空應身如□
能除無明亦権有情苦，二足中尊正覺願降
近善分别超於思議境，法性因同生於一切德，
道興滅諦及宣自性首，柔善妙法自性願降臨，
於其無二方便勝惠内，巧辯憂喜三界之持受，
無垢勝惠能除煩惱病，令住修善大衆願降臨，
爲作一切友情尊護首，而能摧壞一切衆魔等，
云何證悟諸法真實理，有壞上樂中間原降臨，
最勝言吉祥微妙此宫内，請召一切有壞願降臨，
吉祥上樂中尊方便惠，并妄大樂輪内四天母，
如是意輪勇猛及勇母，復次語輪勇猛并勇母，
□次身輪勇猛及勇母，往并四門四隅烏類□，
讓現柔怒所成諸行，
我，勇猛空行母衆願降魔，
□正覺所集□妙身，除無命暗宣説真經，
是持一切金剛體性者，一切成就工師願降□，
并其八龍及於八護田，無遺眷屬此處願降臨，
我今勿遣彼等一切前，於净身語意業而敬禮，
如來應供正遍知，最上三寶處，我今歸命禮：

供養偈

曼捺釋，曼捺釋
阿遏水，阿遏
生足水，不囉□
妙花座，布厮巴
天妙香，□孩巴
□天妙花，布厮并
因緣自性所出抹香袋奉獻最上三寶前足嚕捺
生所有種種天妙燈難有情故哀納受唵呵浪迦
天妙塗遏禰
天妙食你尾底
天妙業參辣
天妙衣厮巴難析
天幢幡捺嗬囉阿寧

寶瓔珞蘭捺阿浪葛囉
八吉祥阿允鴿遏
七寶燈薩怛囉捺
純音生□怛
七寶錯囉捺
　　贊歎偈
世尊大慈妙莊嚴，明行圓满一切智，
能施福惠如大海，於諸如來我贊禮，
自性本净離諸歟，能依此行脱惡脱，
一味甚深玄妙理，於聖妙法我贊禮，
解脱道中最解脱，持净戒行堪恭敬，
勝妙福田生善處，於彼大衆我贊禮
次贊五方佛司餘□□懺悔偈
我昔貪欲恚愚礙故，從於身語意業之所生，
所作罪障而令不覆藏，如是一切我今皆懺悔，
十方一切勝逝并勢子，及於一切獨覺學無學，
復令一切有情諸惠行，我是一切我今皆隨喜，
如是我今一切世尊前，勸請轉於無上妙法輪，
所有十方一切世間燈，次等成就菩提正覺者，
云何正覺欲入涅槃者，爲於一切有情利益故，
惟願父往刹塵之數劫，我今虔誠合掌而令往，
禮拜供養及於懺悔等，隨喜善根兼與所修持，
復令所修微妙諸善根，我今一切回嚮善根果，
　　吉祥偈
晝亦吉祥夜吉祥，晝夜六時皆吉祥，
一切時中吉祥者，願贊如來大衆妙位恒擁護
　　回嚮偈
藴集智中所畜生，積聚一切福惠事，
一切有情取此善，原令證得二妙果，
　　禮贊偈
二手合掌住於頂，猶如蓮花開敷相，
身語處敬威儀中，上樂中團我敬禮，
二手合掌住於額，餘三句同前
二手合掌住於喉，餘三句同前
二手合掌住心頭，猶如蓮花開敷相，
身語虔敬威儀中，上樂輪處我贊禮，
二手合掌住於胸，猶如蓮花開敷相，
於極虔敬身語内，上樂輪處我贊禮，

二手合掌置密處，猶如蓮花開敷相，
身語虔敬威儀中，工樂輪處我贊禮，
一切正覺所集身，是持金剛之自性，
亦是三寶之根源，一切正覺我贊禮，
百施等及於護方，住八屍堂護神衆，
所發誓願弘妙法，一切護神我敬禮，
體黑身矬具大威，除遣毒者右鈎刀，
右持法椀飲滿血，吉祥大黑我敬禮。
如來應供正遍知，上樂中圓處，我今歸命禮。
二十供養次念四密供養同八供養又念
唵金剛寶珠最無上，唵金剛勇識略某者，
唵，金剛妙法而歌咏，唵金剛諸行皆能作，
唵末囉二合布斯并次并呵浪迦遏禰
唵無始無終勇識者，金剛勇識而大悦，
是於晋賢之自性，如近金剛清净主，
唵於彼三有自性者，法爾本理離諸有，
自性清净勝於有，三有勝者能成就，
唵三有安隱至極微，而能净除大苦者，
至極快樂妙方便，恒令持此勝記句，
唵一切貪欲快樂者，所欲囚者皆令施，
自己作佛之我慢，於自他處而奉獻。

供養偈

有壞如能具大慈悲者，我等亦令具有福惠事，
願令受此微妙阿遏供，具慈悲者願令哀的受，
唵阿遏吽
自性清净微妙本智内，尊等雖無能所執垢染，
爲净一切有情業障故，如是善逝等前做沐浴。
唵不囉瓦
出有壞尊具大神通力，利益一切有情護得故，
所於奉獻供養未畢時，亦令有壞住於妙花座
唵布斯八鉢麻
具八無垢微妙之香水，典諸斛等吉祥而相和，
勝勢之前奉此妙阿過，願令有情證得吉祥事。
唵阿遏
香與旃檀此等爲相和，能作諸行微妙清净水，
奉於勝勢之體令沐浴，諸法忽然之垢願清净
唵不囉瓦
於波俱生真蜜令相和，極能充足柔善此妙香，

奉施正覺勝惠性鼻内，諸性所犯垢染願清净
唵次并
水陸所生及與意中現，菩提枝分美妙此勝花，
奉獻自性微妙勝勢頭，有情願具想好而究竟
唵布厮并
具足種種微妙而莊嚴，而能具足最工此抹香，
施於戒性奉獻勝勢身，願令有情戒行而清净，
唵足嚕捺
無垢紅曜清净而爲和，離無明暗微妙此智燈，
是願自性奉施勝勢眼，願令諸性五眼極清净
唵呵浪迦
旃檀等及骨金令相和，離於惡穢甘露此妙塗
是方便性奉獻勝惠勢，有情願證無漏五藴體，
唵遏禰
五穀相和葡桃等及酒，劇組娓蝴持受於甘露，
能充諸事奉獻勝勢口，願令有情具證醍醐力，
唵續哩拽
微妙色香具足種種味，以令核受而作百味食，
具足自性奉獻勝勢口，有情願證無受子之力，
唵禰底項
大肉等及五肉令相和，具足每位甘露此肉等，
爲具十力奉獻勝勢口，願令有情證得十净力，
唵鳩薩
四大力生阿漫哩□果木導，具足勝味種種此妙果，
是勝美味奉獻勝勢口，願令有情證得忍辱力，
唵癸辣
具足衆色細軟能充足，此是班攞哩葛天妙衣，
爲除羞耻奉獻勝勢身，願令有情解脱寒熱苦，
唵厮巴囉折
微妙天蓋救情具足傘，而彼摧魔寶幢旗幡等，
爲令敬事奉獻勝勢身，我等願證無上解説道，
唵囉捺呵浪葛囉
云何昔時具力居士者，勝勢之前而奉於吉祥，
然亦如彼奉獻八吉祥，願令有情證得吉祥事，
唵阿説鳩遏
大何昔日轉輪聖王者，能赦貧窮種種此妙寶，
奉獻有壞中圍之等前，願令有情净除極苦惱
唵薩怛囉捺

奉此如是微妙供養者，爲證一切正覺菩提故，
利益一切有情大尊者，經令有情受此妙音聲，
唵涉怛
始從於今究竟正覺者，修習母及并諸勇猛象，
於近游戲方便勝惠等，奉此無供願令大歡喜，
唵袚啼
一切身中具諸微妙法，勝勢尊首而作妙歌咏，
於此歌咏而彼修習母，願令疾速而受大喜樂，
唵你矴
復次除外廣大供養等，真實妙高大海及池沼，
於彼最勝一切妙林等，如是願令相續而降臨。
唵囉捺

十六天册

碧你琵琶啝星龍笛銘單渴天鼓矇囉杖鼓
褐星喜哭辣星搦腰乾嘿底妙歌你嘿底妙華
布司并妙花次并妙香呵浪迦妙燈遏禰妙塗
阿大奢勝色囉薩妙味厮巴折妙觸怛銘妙法

贊歎偈

出無二本智所生，爲普遍諸法自性，
贊吉祥上樂尊師，具抱亥母我贊禮，
敬一切正覺勝義，速能示最上成就，
贊空行梓麻媚捺，具色母等我贊禮，
出慈悲體内沂生，爲方便勝惠無二，
解一切方便行體，意輪猛母我贊禮。
禮切與茅二自性，於布梨等住八位，
令具分段等勇猛，最掇母等我贊禮，
敬應以語體所生，爲方便勝惠無二，
事行於地上一切，語輪勇母我贊禮，
具三至弟六自現，侄葛麻嚕巴等位，
贊具苗芽等勇猛，護地母等我贊禮，
禮應以身體所生，爲方便聲惠無二，
事行於地下一切，身輪猛母我贊禮，
敬徒七至十自性，於零怛二合布梨八位，
具大力等者勇猛，輪力母等我贊禮，
贊慈悲本體無動，現種種方便之律，
贊烏頭必守門者，獄帝堅等我贊禮，
贊寂滅法身自性，變化現種種之身，
爲方便勝惠之行，上樂尊處我贊禮，

能猶如夏天雲雨，令日出普照顯現。
贊三十七中集輪，一切我今稱贊禮，
法菩提三十七分，住宫等十地勇主，
并勤行修習解脱，具中圍者我贊禮，
聚一切正覺集身，贊是持金剛自性，
是最上三寶本源，一切上師我贊禮，
敬所有一切護神，誓願力擁護正法，
贊陰持記句勝友，護法神處我贊禮。

懺悔偈

有壞上樂并及中尊者，勝惠金剛亥母修習母，
住於四方空行四母等，身語意輪勇猛并勇母，
安住記句空行八天母，依止八屍堂林護神等，
證於成就一切上師等，并及現在金剛諸上師，
復次於彼金剛知友等，并及母妹一切空行等，
護持妙法吉祥大黑等，如是一切無餘滑念我，
佛等面前所懺業障者，自從無始及於至今身。
又從今日一切時等内，身語意三所造一切罪，
如是所犯一切罪障等，所有佛等面前皆懺悔，
或時晝夜違闕禪定等，或時違犯本佛勝妙意，
或時間斷空行母施食，或時違犯根本粗重等，
或犯記句違闕之事等，或時違犯金剛上師意，
或時違犯金剛密友意，或時違犯護法善神意，
如是所犯一切業障等，集輪中圍等前皆懺悔，
視察悉哩金剛首察母，察供養種備辦所察母，
斷記句迹内外間察母，自在勝察三昧暖察母，
金剛救察頌咒百察母，憶念暖察住於屍察母，
於彼十二大察所犯過，如是所犯一切罪障等，
願令中圍大察哀納受。

吉祥偈

云何吉祥最勝法界令所生，
吉形嚕葛爲大怖王之幡熾，
於彼勝惠金剛亥母而作戲，
如是最勝真諦上樂額吉祥，
云何吉祥雜色蓮花葉之上，
四方種姓四母觀視勇猛面，
具蓮花輪瓔珞鈎刀而嚴飾，
去何吉祥四隅蓮花葉之上，
菩提之心旃檀骨金妙香水，

於彼蓮花四器而令最上飲，
云何吉祥虚空體内修勝行，
微妙八輻輪上青色杵嚴飾，
處集近處勇猛修習無二戲，
云何吉祥於彼上方修勝行，
微妙八輻輪上紅蓮與瓔珞，
田及近田勇猛修習無二戲，
云何吉祥於彼下方修勝行，
微妙八輻於上白色爲瓔珞，
集及近集勇猛修習無二戲，
云何吉祥中圍四門四隅等，
於烏頭等陰母奪意具二色，
於慈悲行能作一切有情益，

回嚮偈

蘊集智中所畜生，積聚一切福惠事，
一切有情承此善，願令證得二妙果，

下卷禮贊偈

普遍諸法爲自性，吉祥飲血中尊師，
實爲天母爲不二，明王悉哩形嚕札，
亦令具有空寂悲，即是三界之自性，
熾燔光明如劫火，具抱亥母稱贊禮，
如來應供正遍，知吉祥，形嚕剖金剛亥母處我今歸命禮

供養偈

方便勝惠具大悲，我今具有福惠願，
受此阿遏妙供養，願令慈悲二持受
唵阿遏吽
自性清净本智中，雖無能所執垢染，
爲除有情垢染故，方便勝惠受沐浴。
唵不囉瓦
尊具神通變化力，爲利我及主有情，
奉獻供養未畢時，願令亦如住花座，
唵布廝巴
奉此廣大阿遏水，願令三業皆清净，
爲證身語意果故，一切功德圜具足。
唵阿遏吽
奉此微妙洗足水，願令清净卒暴垢，
自性清净本智内，無垢功德願成就。
唵不囉斡

奉獻於此美妙花，不善諸垢皆清净，
勝惠功德皆成就，願西歓智而降臨
唵次并吽
微妙種種而嚴飾，能充殊勝此抹香，
奉獻持戒自性身，願令有情戒清净，
唵足呤捺吽
奉此最上微妙燈，能除無明之黑暗，
於智光明自性中，願令五眼極清净，
唵阿浪迦吽
奉此微妙最勝滏，所犯垢藏皆清净，
成就無漏妙塗香，願令證得五藴智。
唵遏禰吽
五穀相和葡桃酒，勝妙甘露實先足，
奉獻勇猛勇母口，有情願證醍醐力，
唵續哩拽吽
奉獻最勝微妙食，清净能除貪著味，
而令具足無漏定，願令克證不二味。
唵你尾底吽
與大肉等爲相和，殊勝微妙此肉味，
爲證十力奉口中，願令有情具十力。
唵鳩薩吽
四大力等所出生，具味種種此妙果，
妙味奉獻勝勢口，有情願證忍辱力。
唵發辣吽
具有種種細軟長，微妙天服班攞哩，
爲羞耻故奉勝身，有情願離寒熱苦，
唵斯巴囉折吽
於其微妙最勝傘，并及殊勝幢幡等，
奉獻摧冤勝勢等，願令有情證大乘，
唵捺啰囉呵寧吽
熾焰珠寶莊嚴身，并及寶珠瓔珞等，
奉獻勝勢微妙神，願令有情證上乘。
唵囉捺和啣葛囉吽
昔日具力居士者，云何奉獻吉祥物，
我今奉獻八吉祥，有情願證吉祥事。
唵阿説鳩遏吽
昔日轉輪聖王者，救濟貧窮種種寶，
奉獻方便勝惠處，有情願離貧窮苦。

唵薩怛囉捺吽
奉獻殊勝妙供養，爲證究竟菩提故，
利益有情大慈尊，願令慈悲哀納受。
唵涉怛吽
始從於今究竟覺，修習母及勇猛衆，
而於方便勝惠内，奉獻微妙殊勝舞。
唵袚帝吽
一切具身妙法中，宣唱佛之勝歌咏，
於彼最上修習母，速疾受於喜悦事。
唵禰底吽
復次余外諸供養，微妙可意勝音聲，
能除有情之苦惱，猶如春雲哥哥住。
唵咈星吽
復次除外諸供養，珍寶妙高及大海，
及於最勝妙林寺，願令相續而降臨，
唵囉捺吽

五歌樂

奉獻金剛色聲音味酒母供養故，最極金剛秘密此壇場，
金剛最極秘密歌舞等，奉獻最上大樂勝目眼鼻舌身前
色生香味燭母二手奉妙説妙香妙味琵琶妙衣，修習勝色生香味燭找十方，
極能哮吼具威勢，勝色生香味燭天母融眼耳鼻舌身内，
如説色生香味燭有三種者，亦令奉獻諸佛等，
奉獻供養而演説，彼者是於有壞等，
有壞衆鳴爲本體。

贊歎偈

出無二本智所生，爲普遍諸法自性，
最上樂中尊王師，形嚕割者我贊禮，
能化現種種猛相，怖衆魔具大劫火，
是解脱脱門明王，形嚕割這我贊禮，
咬四牙現大怖畏，於彼處腸等纏縛，
而能啖食大肉等，轉空行母等法輪，
五種智及身語意，救有情者我贊禮，
有金剛空行母等，滅諸念猶如斷木，
爾所同時間行母，諸空行母我贊禮，
贊真空慈悲自性，是三界之中本體，
住猶如劫火猛焰，殊勝亥母我贊禮。
懺悔偈捺麼
吉祥有壞上樂中尊師，勝惠金剛亥母修習母，

有壞猛母與我而存念，我於晝夜違闕禪定咒，
或時犯於本佛勝妙意，或時違犯空行母施食，
或違犯於根本粗重過，或犯記句違闕之事等，
或造五無間業千不善，因於煩惱所造一切罪，
或時違犯金剛上師意，或時違犯金剛密友意，
或時違犯護法善神意，或時違犯住八屍堂林，
如是所犯一切業障等，有壞猛母面前皆懺悔。

吉祥偈

云何吉祥最上法界令所生，
吉形嚕割諸怖畏中熾火身，
勝惠金剛亥母空内而作戲，
如是最勝真諦上樂願吉祥。
回嚮善根偈
蘊集智中所出生，積聚一切福惠事，
一切有情承此善，願令證得二妙果。

禮贊偈

是於大樂慈悲性，空行及與辣麻母，
頭生母兼具色母，四空行母我敬禮，
如來應供，正遍知空行辣麻等四母處，我今歸命禮。

供養偈

空行具大慈悲者，我今具有福惠願，
受此阿遏妙供食，願令慈悲而持受。
唵阿遏吽
自性清净本智内，雖無能所執垢染，
爲除有情垢染故，空行母等受沐浴。
唵不囉斡
尊具神通變化力，爲利我及有情故，
奉獻供養未畢時，願令亦如住花座。
唵布厮巴
奉此廣大阿遏水，願令三禁皆清净，
爲證身語意果故，一切功德願具足。
唵阿遏吽
奉獻微妙洗足水，願令清净卒暴垢，
自性清净本智内，無垢功德願成就
唵不囉斡
奉此美妙賢善華，而於清净令所生，
奉獻空行四天母，大慈悲者哀納受。
唵布厮并吽

一切林中衆妙香，能充勝鼻此妙香，
奉獻空行四天母，大慈悲者哀納受。
唵次并吽
微妙種種而嚴飾，極妙殊勝此抹香，
奉獻空行四天母，大慈悲者哀納受
唵足嚕捺吽
摧壞藥叉妙吉祥，賢善離暗此勝燈，
奉獻空行四天母，大慈悲者哀納受。
唵阿浪迦吽
於其真實令相和，微妙殊勝此妙塗，
奉獻空行四天母，大慈悲者哀納受。
唵遏禰吽
五穀相和葡桃酒，微妙殊勝此甘露，
奉獻空行四天母，大慈悲者哀納受。
唵續哩拽吽
一切微妙净食燈，具足香味及妙食，
奉獻空行四天母，大慈悲者哀納受。
唵禰尾頂吽
而於大肉燈和合，具勝妙味此肉等，
奉獻空行四天母，大慈悲者哀納受。
唵鳩薩吽
四大力等所出生，具味種種此妙果，
奉獻空行四天母，大慈悲者哀納受。
唵發辣吽
具有種種細軟衣，微妙天服班攞辣，
奉獻空行四天母，大慈悲者哀納受。
唵廝巴囉折吽
於彼微妙罪勝傘，丙級殊勝幢幡等，
奉獻空行四天母，大慈悲者哀納受。
唵捺嘚囉阿寧吽
熾焰寶珠莊嚴身，并及指環瓔珞等，
奉獻空行四天母，大慈悲者哀納受。
唵囉捺阿浪葛囉吽
昔時具力居士者，云何奉獻吉祥事，
奉獻空行四天母，大慈悲者哀納受。
唵阿說鳩遏吽
昔時轉輪聖王者，救濟貧窮種種寶，
奉獻空行四天王，大慈悲者哀納受。

唵薩怛囉捺吽
奉此速生妙供養，爲證究竟菩提□，
奉獻空行四天母，大慈悲者哀納受。
唵涉怛吽
始從於禁空行母，空行母及勇猛衆，
而與方便勝惠内，奉獻舞供願受喜。
唵袱帝吽
一切具身妙法内，宣唱尊之勝歌咏，
於彼最上空行母，速疾受於喜悦樂。
唵禰底吽
復次余外諸供養，微妙可意勝音聲，
能除有情之苦惱，猶如春云各令住。
唵哷星吽
復次余外諸供養，珍實妙高及大海，
及與最勝妙林等，願令相續而□□。
唵囉捺吽

贊歎偈

具不動金剛大智，大金剛界者賢會，
最勝語金剛中圍，空行母者我贊禮，
贊究竟有義金剛，悉能求一切成就，
令正覺體内所生，辣麻天母我贊禮，
大無量光明自性，語金剛摧諸妄念，
於貪著至勝彼岸，頭生母者我贊禮，
最微妙勝勢實珠，於虛空金剛無垢，
亦離諸染相清净，具色母者我贊禮。

懺悔偈

住於大樂輪中四天母，空行母及如是辣麻母，
嘚捺浪訶并及具色母，願令四空行母護念我，
尊等面前所懺業障者，我於晝夜違闕禪定者，
或違犯於四空行母意，或違闕於空行母施食，
或違犯於根本粗重過，或犯記句違闕之事等，
或時違犯金剛上師意，或時違犯金剛密友意，
或時違犯護法善神意，或時違犯住八屍堂意，
如是所犯一切業障等，四空行母面前皆懺悔。

吉祥偈

云何吉祥種種雜色花葉上，
於四性惠觀視四方勇猛面，
於彼鈎刀蓮花瓔珞而嚴飾，

如是最勝真諦上樂願吉祥，
云何吉祥方隅微妙花葉上，
菩提心及旃檀大香骨金水，
於彼蓮花四器之内而吃飲，
如是最勝真諦上了願吉祥。

回嚮善根偈

蘊集智中所出生，積聚一切福惠事，
一切有情承此善，願令證得二妙果。

禮贊偈

八輻輪上青杵而嚴飾，證法界理住於八輻者，
於八勇猛女及八勇母前，以三業中處敬我贊禮，
如來應供，正遍知意輪勇猛勇母處，我今歸命禮。

供養偈

而於意輪具足勇猛母，我等具有微妙勝福惠，
奉此勝阿遏供養水，願我慈悲滑念而持受。
唵阿遏吽
於彼自性清净本智内，雖然弃舍能所執垢染，
爲令清净有情之罪垢，意輪勇猛勇母作沐浴。
唵不囉瓦
尊等我及一切有情故，爲利我及一切有情故，
奉此殊勝供養未畢間，亦令堅固住於妙花座。
唵布四巴鉢麻
云賢何妙麻遏白色母，微妙吉祥種種相續乳，
如彼奉獻有壞天人尊，意輪勇猛母出奉阿遏。
唵阿遏吽
云何帝釋并及龍王等，香與旃檀等及相和塗，
如彼岸奉獻有壞天人尊，意輪勇猛勇母我沐浴，
唵不囉瓦
云何解脱賢妙惠母者，具足妙色優鉢羅花等，
如彼奉獻有壞天人身，意輪勇猛母處奉妙香。
唵次并吽
具足種種美妙而嚴飾，普能充足殊勝此香袋，
爲令禁戒有情清净故，奉獻意輪勇猛勇母等。
唵足吟捺吽
云何者時國王能安仁，并及貧窮之女近喜母，
而依彼意奉獻於燈鬘，意輪勇猛母出奉妙燈。
唵阿浪迦吽
於其種種真實而相和，皆吟極微殊勝此妙塗，

如彼奉獻有壞天人身，意輪勇猛母處奉妙塗。
唵遏禰吽
五穀相和并及葡桃酒，持受爲與醍醐皆甘露，
奉獻意輪勇猛母前，願吟有情皆證醍醐力。
唵續哩拽吽
云何昔時顯明國王者，并及救護居士救濟人，
如彼奉獻種種妙飲食，意輪勇猛母處奉妙食。
唵你尾頂吽
大肉燈及五肉燈令相和，具足美味甘露此肉等，
奉獻意輪勇猛勇母前，願令有情皆證十力果。
唵鳩薩吽
四大力生阿没哩二合果木等，具足勝味種種此妙果，
奉獻意輪勇猛勇母前，願令有情俱證忍辱力。
唵發辣吽
具足衆色細軟能無足，此是班攞哩葛天妙衣，
奉獻意輪勇猛勇母身，願令有情解脱寒熱苦。
唵廝巴羅折吽
微妙天蓋救情具足傘，而能摧魔寶幢旗幡等，
奉獻意輪勇猛勇母前，願令友情俱證大乘果。
唵捺嘚囉阿寧吽
具光秒主熾焰而嚴身，珍珠瓔珞并及指環等，
奉獻意輪勇猛勇母等，速令有情證得無上道。
唵囉捺阿浪葛囉吽
云何昔時具力居士者，勝勢之前而奉於吉祥，
如是供養意輪勇猛母，願令有情結症吉祥事。
唵啊説鳩遏吽
云何昔日轉輪聖王者，救濟貧苦種種此妙寶，
奉獻意輪勇猛勇母等，願令有情皆證一切苦。
唵薩怛囉捺吽
於彼最妙尋香賢王者，人天所有種種妙音聲，
如彼奉獻有壞天人尊，意輪勇猛母處奉妙聲。
唵涉怛吽
始從於今究竟正覺等，修習母及并衆勇猛等，
於彼殊勝方便勝惠内，奉獻如是微妙種種舞。
唵袮帝吽
一切具樂殊勝妙法内，宣唱佛之微妙歌咏贊，
而於微妙方便勝惠内，如是奉獻意輪速受樂。
唵禰底吽

復次餘外種種供養等，如是微妙悦意勝音聲，
爲利一切有情之苦惱，猶如春雲哥哥而令住。
唵啢星吽
復次餘外種種供養等，如是珍寶妙高及大海，
及於最上殊勝妙林等，願令如是相續而降臨。
唵囉捺吽
贊歎偈
出慈悲體内所生，爲方便勝惠無二，
解一切方便行體，意輪猛母我贊禮，
禮初與弟二自性，於布梨等住八位，
令具分叚等勇猛，最掇母等我贊禮。
懺悔者捺麼
於彼意輪八猛八勇母，不捨慈悲哀湣護念我，
我於晝夜違闕禪定等，或時違犯八猛母之意，
或違闕於勇猛母施食，或違犯於根本粗重過，
或犯記句違闕之事等，或時違犯金剛上師意，
或時違犯金剛密友意，或時違犯護法善神意，
如是所犯一切業障等，意輪猛母面前皆懺悔。
吉祥偈
云何吉祥虚空界内修勝行，
八輻青色勝妙輪上杵嚴飾，
處及近處勇猛修習無二戲，
如是最勝真諦上樂願吉祥。
回嚮善根偈
藴集智中所出生，積聚一切福惠事，
一切有情承此善，願令證得妙二果。
禮贊偈
八輻紅輪蓮花而嚴飾，及具苗芽并諸勇猛母，
與護天等兼及八勇母，身語意三清净我贊禮，
如來應供，正遍知，語輪勇猛母處，我今歸命禮。
供養偈
而於語輪具足勇猛母，我等具有微妙勝福惠，
奉此殊勝阿過供養水，願令慈悲湣念而持受。
唵阿遏吽
於彼自性清净本智内，雖令弃舍能所執垢染，
爲令清净有情之罪垢，語輪勇猛勇母做沐浴。
唵布囉瓦
尊等具有微妙神通力，爲利我及一切有情故，

奉此殊勝供養未畢時，亦令堅固住於此花座。
唵布厮巴
云何賢妙麻遏白色母，微妙吉祥種種相續乳，
如彼奉獻有壞天人尊，語輪勇猛母處奉阿遏。
唵阿遏吽
云何帝釋并及龍王等，香與旃檀等及香和塗，
如彼奉獻有壞天人尊，語輪勇猛母處而沐浴。
唵不囉瓦
云何解脱賢妙惠母者，具足妙色優鉢羅花等，
如彼奉獻有壞天人尊，語輪勇猛母處奉妙花。
唵布厮并吽
云何昔時貨看勝子者，人天所有種種妙香等，
如彼奉獻有壞天人尊，語輪勇猛母出奉妙香。
唵次并吽
具足種種美妙而嚴飾，普能充足殊勝此香袋，
爲利有情禁戒清净故，奉獻語輪勇猛勇母等。
唵足吟捺吽
云何昔時國王能安仁，并及貧窮之女近善母，
而依彼意奉獻於等鬘，語輪勇猛母出奉妙燈。
唵阿浪迦吽
於其種種真實而相和，戒吟極微殊勝此妙塗，
如彼奉獻有壞天人尊，語輪勇猛母出奉妙塗。
唵遏禰吽
五穀相和及葡桃酒，持受爲於醍醐此甘露，
奉獻語輪勇猛母口，願令有情皆證醍醐力。
唵續哩拽吽
云何昔時顯銘國王者，并及救護居士救貧人，
如彼奉獻種種妙飲食，語輪勇猛母處奉妙食。
唵你尾頂吽
大肉等及五肉令相和，具足美味甘露此肉等，
奉獻語輪勇猛勇母等，願令有情俱證十力果。
唵鳩薩吽
四大力生阿漫哩二合果木等，具足勝味種種此妙果，
奉獻語輪勇猛勇母等，願令有情俱證忍辱力。
唵發辣吽
具足衆色四軟能充足，此是班攞哩葛天妙衣，
奉獻語輪勇猛勇母身，願令有情解脱寒熱苦。
唵厮巴囉折吽

微妙天蓋救情具足傘，而能摧魔寶幢旗幡等，
奉獻語輪勇猛勇母前，願令有情俱證大乘果。
唵捺嘚囉阿寧吽
具光妙寶熾焰而嚴飾，珍珠瓔珞并及指環等，
奉獻語輪勇猛勇母等，原令有情速證無上道，
唵囉捺阿浪葛囉吽
云何昔時具力居士者，勝勢之前而奉於吉祥，
如是供養語輪勇猛母，願令有情證得吉祥事。
唵阿説鳩遏吽
云何昔日轉輪聖王者，救濟貧窮種種此妙寶，
奉獻語輪勇猛勇母等，願令有情速離一切苦。
唵薩怛囉捺吽
於彼最妙尋香賢王者，人天所有種種妙音聲，
如彼奉獻有壞天人尊，語輪勇猛勇母奉妙音。
唵涉怛吽
始從於今究竟正覺者，修習母交并諸勇猛衆，
於彼殊勝方便勝惠内，奉獻如是微妙舞供養。
唵裓帝吽
一切具樂殊勝妙法内，宣唱佛之微妙歌贊咏，
而於微妙方便勝惠内，如是奉獻語輪速受樂。
唵禰底吽
復次餘外種種供養等，如是微妙悦意勝音聲，
爲除一切有情之苦惱，猶如春云各各而令住。
唵啢星吽
復次餘外種種供養等，如是珍寶妙高及大海，
及於最上殊勝妙林等，願令如是相續而降臨。
唵囉捺吽

贊歎偈

敬應以語體所生，爲方便勝惠無二，
事行於地上一切，語輪猛母我贊禮，
具三至弟六自性，住葛麻嚕巴等位，
贊具苗芽等勇猛，護地母等我贊禮。
懺悔偈捺麽
住於語輪八猛八勇母，不捨慈悲哀潛護念我，
我於晝夜違闕禪定等，或時違犯八猛母之意，
或違闕於空行母施食，或違犯於根本粗重過，
或犯記句違闕之事等，或時違犯金剛上師意，
或時違犯金剛密友意，或時違犯護法善神意，

如是所犯一切業障等，語輪猛母面前皆懺悔。

吉祥偈

云何吉祥住於地上修勝行，
具彼八輻紅輪蓮花與嚴飾，
田及近田勇猛修習無二戲，
如是最勝真諦上樂願吉祥。

回嚮善根偈

藴集智中所生，積聚一切福惠事，
一切有情承此善，願令證得二妙果。

禮贊偈

八輻輪上白色而嚴飾，於諸大力并及勇猛等，
如是輪力母等八勇母，身語意三虔敬而贊禮，
如來應供正遍知，身輪勇猛母處，我今歸命禮。

供養偈

而於身輪具足勇猛母，我等具有微妙勝福惠，
爲令清净有情之罪垢，身輪勇猛勇母作□□。
唵阿遏吽
於彼自性清净本智内，雖令捨弃能所執垢染，
爲令清净有情之罪垢，身輪勇猛勇母作沐浴。
唵不囉瓦
尊等具有微妙神通力，爲利我及一切有情故，
奉獻殊勝供養未畢時，亦令住於堅固妙花座。
唵布廝巴
云何賢妙麻遏白色母，微妙吉祥種種相續乳，
如彼奉獻有壞天人尊，身輪勇猛勇母受阿遏。
唵阿遏吽
云何帝釋并及龍王等，香及旃檀等内相和合，
如彼奉獻有壞天人尊，身輪勇猛勇母做沐浴。
唵不囉瓦
云何解脱賢妙惠母者，具足妙色優鉢羅花等，
如彼奉獻有壞天人尊，身輪勇猛母處奉妙花。
唵布廝并吽
云何昔時貨香勝子等，人天所有種種妙香等，
如彼奉獻有壞天人尊，身輪勇猛母處奉妙香。
唵次并吽
具足種種美妙而嚴飾，普能充足殊能勝此香袋，
爲利有情禁戒清净故，奉獻身輪勇猛勇母等。
唵足嚕捺吽

云何昔時國王能安仁，并及貧窮之女近喜母，
而依彼意奉獻與燈鬘，身輪勇猛母處妙奉燈。
唵阿浪迦吽
於其種種真實而相和，節能極微殊勝此妙塗
如彼奉獻有壞天人尊，身輪勇猛母出奉妙塗。
唵遏禰吽
五穀相和并及葡桃酒，持受醍醐爲於此甘露，
奉獻身輪勇猛勇母等，願令有情皆證醍醐力。
唵續哩拽吽
云何昔時顯名國王者，并及救護居士救濟人，
如彼奉獻種種妙飲食，身輪勇猛母出奉妙食。
唵禰尾頂吽
大肉等及五肉令相和，具足美味甘露此肉等，
奉獻身輪勇猛勇母等，願令有情俱證十力果。
唵鳩薩吽
四大力生阿漫哩二合果木等，具足勝味種種此妙果，
奉獻神龍勇猛勇母等，願令有情俱證忍辱力。
唵發辣吽
具足衆色洗染能充足，此是班羅哩葛天妙衣，
奉獻身輪勇猛勇母等，願令有情解脱寒熱苦。
唵厮巴折吽
微妙天蓋救情具足傘，而令摧魔寶幢旗幡等，
奉獻身輪勇猛勇母等，願令有情俱證大乘果。
唵捺啊羅阿寧吽
具光妙寶熾焰而嚴身，珍珠瓔珞并及指環等，
奉獻身輪勇猛勇母等，願令有情速證無上道。
唵囉捺阿浪葛囉吽
云何昔時具力居士者，勝勢之前而奉於吉祥，
如是奉獻身輪勇猛母，願令有情證得吉祥事。
唵啊説鳩遏吽
云何昔日轉輪聖王者，救濟貧窮種種此妙寶，
奉獻身輪勇猛勇母等，願令有情皆離一切苦。
唵薩怛囉捺吽
於彼最勝尊者賢王者，人天所有種種妙音聲，
如彼奉獻有壞天人尊，身輪勇猛母除奉妙聲。
唵涉怛吽
始從於今究竟正覺等，修習母及并與勇猛衆，
於彼殊勝方便勝惠内，奉獻如是微妙種種舞。

唵袚帝吽
一切具樂殊勝妙法内，宣唱佛之微妙歌咏贊，
而於微妙方便勝惠内，如是奉獻身輪速受樂。
唵禰底吽
復次餘外種種供養等，如是種種悦意妙音聲，
爲令一切有情之苦惱，猶如春云各各而令住。
唵哪星吽
復次餘外種種供養等，如是珍寶妙高及大海，
及於最上殊勝妙林等，願令如是相續而降臨。
唵囉捺吽

贊歎偈

禮應以身體所生，爲方便勝惠無二，
事行於地下一切，身輪勇母我贊禮，
敬從七至十自性，於不哩怛二合布梨八位，
具大力等者勇猛，輪力母等我贊禮。
懺悔偈捺麼
住於身輪八猛八勇母，及於方便勝惠護念我，
我於晝夜違闕禪定等，或時違犯八猛母之意，
或違闕於空行母施食，或違犯於根本粗重過，
或犯記句違闕之事等，或時違犯金剛上師意，
或時違犯金剛密友意，或時違犯護法善神意，
如是所犯一切業障等，身輪猛母面前皆懺悔。

吉祥偈

云何吉祥於彼下方修勝行，
於其八輻輪上白輪爲瓔珞，
集及近集勇猛修習無二戲，
如是最勝真諦上樂願吉祥。

回嚮善根偈

蘊集智中所出生，積聚一切福惠事，
一切有情承此事，願令證得二妙果。

禮贊偈

烏頭母及并與孤頭母，復及犬頭母等亥頭母，
獄帝堅等天母住四隅，擁護方隅等處我贊禮，
如來應供正遍知，烏頭母等八大天母處，我今歸命禮。

供養偈

擁護方隅慈悲尊，我等亦具福慧行，
受此阿遏妙供養，願令慈悲而持受。
唵阿遏吽

自性清净本智内，雖無能所執垢染，
爲除有情垢染故，願令如來受沐浴。
唵不囉瓦
汝具神通變化力，爲利我及有情故，
奉獻供養未畢間，願令亦如住花座。
唵布厮巴
奉此阿遏供養水，願令三業皆清净，
爲證身語意果故，一切功德皆具足。
唵阿遏吽
奉此微妙洗足水，願令清净裁垢染，
自性清净本智内，無垢功德皆成就。
唵不囉瓦
於此美妙善賢花，而於清净令所生，
奉獻方隅八天母，大慈悲者哀納受。
唵布厮并吽
一切林中衆妙香，能充勝鼻此妙香，
奉獻方隅八天母，大慈悲者哀納受。
唵次并吽
微妙種種而嚴飾，極妙殊勝末香袋，
奉獻方隅八天母，大慈悲者哀納受。
唵足嚕捺吽
摧壞樂義妙吉祥，賢善離暗此勝燈，
奉獻方隅八天母，大慈悲者哀納受。
唵阿浪迦吽
於其真實令相和，微妙殊勝此妙塗，
奉獻方隅八天母，大慈悲者哀納受。
唵遏禰吽
五穀相和葡桃酒，微妙殊勝此甘露，
奉獻方隅八天母，大慈悲者哀納受。
唵續哩拽吽
一切微妙净食燈，具足香味及妙食，
奉獻方隅八天母，大慈悲者哀納受。
唵禰尾頂吽
而於大肉燈和合，具勝妙味此肉等，
奉獻方隅八天母，大慈悲者哀納受。
唵鳩薩吽
四大力等所出生，具味種種此妙果，
奉獻方隅八天母，大慈悲者哀納受。

唵發辣吽

具有種種細軟衣，微妙天服班囉辣，

奉獻方隅八天母，大慈悲者哀納受。

唵廝巴折吽

於彼微妙最勝傘，并及殊勝幢幡等，

奉獻方隅八天母，大慈悲者哀納受。

唵捺嘚囉阿寧吽

熾焰寶珠莊嚴身，并及寶珠瓔珞等，

奉獻方隅八天母，大慈悲者哀納受。

唵囉捺阿浪葛囉吽

昔時具力居士者，云何奉獻吉祥事，

奉獻方隅八天母，大慈悲者哀納受。

唵阿説鳩遏吽

昔日轉輪聖王者，救濟貧窮種種寶，

奉獻方隅八天母，大慈悲者哀納受。

唵薩怛囉捺吽

奉此殊勝妙供著，爲究竟競菩提果，

奉獻方隅八天母，大慈悲者哀納受。

唵涉怛吽

始從於今空行母，空行母及勇猛衆，

而於方便勝惠内，奉獻舞供願受喜。

唵裓帝吽

一切具身妙法内，宣唱尊之妙歌咏，

於彼最上空行母，速疾受於喜悦樂。

唵禰底吽

復次余外諸供養，微妙可意勝音聲，

能除有情之苦惱，猶如春云各令住。

唵咈星吽

復次余外諸供養，珍寶妙高及大海，

及余最勝妙林等，願令相續而降臨，

唵囉捺吽

贊歎偈

雖慈悲本體無動，現種種方便之行，

贊烏頭四守門者，獄帝堅守我贊禮。

懺悔偈捺麼

住於四方烏頭狐頭母，犬頭母及并與亥頭母，

獄帝堅母并及獄帝使，獄帝牙母兼與獄帝壞，

願令八空行母護念我，我於晝夜違闕禪定等，

或時違犯八空行母意，或時違闕八母之施食，
或違犯於根本粗重過，或犯記句違闕之事等，
或時違犯金剛上師意，或時違犯一切業障等，
八空行母面前懺悔。

吉祥偈

云何吉祥中圍四門四隅等，
於烏頭等天母奪意具二色，
慈悲利益調伏一切有情類，
如是最勝真諦上樂願吉祥。

回嚮善根偈

藴集智中所出生，積聚一切福惠事，
一切有情承此善，願令證得二妙果。

禮贊偈

一切正覺所集中圍尊，是持一切金剛王者體，
是其最上三寶自性者，往八屍堂師等我贊禮，
百施等及護方并護田，兼八天龍天力所居者，
諸陰母衆并及大布畏，身語意三虔誠我贊禮，
如來應供正遍知，住八屍堂林成就上師護法善神
等處，我今歸命禮。

供養偈

曼捺辣曼捺辣
阿遏水阿遏
洗足水不囉瓦
妙花座布廝巴
微妙花布廝并
微妙香次并
末香袋足嚕捺
微妙燈阿浪迦
十方一切世界微妙塗奉獻住八屍堂林唵遏禰
中所有種種微妙香爲有情故哀納受禰尾底布攞玩吽
維妙果發辣
維妙義廝巴折
勝妙傘捺嘚囉阿寧
金瓔珞囉捺阿浪銘囉
八吉祥阿説鳩遏
七寶等囉捺
妙音聲涉怛
七寶錯囉捺

贊歎偈

一切上師等正覺，能與成就妙法者，
住八屍堂上師等，成就八師我贊禮，
乘騎白象二執杵，其身白色護妙法，
汝者是於天中王，百施中圍我贊禮，
乘於烏王持果木，其身黄色護正法，
汝者是於施財主，施財中圍我贊禮，
乘於水獸持蛇索，具身白色護正法，
爾者是於獸中王，水神中圍我贊禮，
乘於馬形持三鈷，其身青色護正法，
爾者於是獄帝王，獄帝中圍我贊禮，
乘於羖羊持火爐，其身赤色護正法，
爾者是於仙中王，火神中圍我贊禮，
乘於水獸持棍棒，身如烟色護正法，
爾者是於施尋王，施尋中圍我贊禮，
乘於鹿王執持旗，身如厭色護正法，
爾者是於風神王，風神中圍我贊禮，
乘於屍座執持鈎，其身緑色護正法，
爾者是於夜叉王，夜叉中圍我贊禮。

懺悔偈捺麼

住八屍堂成就上師等，百施并及護方護田等，
及八天龍并及陰母衆，如是一切勿違護念我，
汝等面前我今懺悔者，我於晝夜違闕禪定等，
或時違犯八空行母意，或時違犯空行母施食，
或於違犯根本粗重過，或犯記句違闕之事等，
或時違犯金剛上師意，或時違犯金剛密友意，
或時違犯護法善神意，或時違犯護方護田意，
或犯八龍住八屍堂意，所犯汝等面前皆懺悔，
覺察悉哩金剛首察母，察供養種備辦所察母，
斷記句迹内外間察母，自在勝察三昧暖察母，
金剛救察誦咒百察母，憶年瑗察於住屍察母，
於彼十二大察所犯過，如是一切所記罪障等，
願令中圍大察哀納受。

方隅八天母供養偈

初誦烏頭母咒偈

唵啞吽唵啞末囉二合割割星啞吽薩麻野悉噹
薩麻野厮擔啞吽
奉獻烏頭天母供養故，唯願納受天母供養戲，

唵烏嚕葛星獏狐頭母
唵説納割星天頭母
唵須割囉星亥頭母
唵夜麻捺底野獄帝堅母
唵夜麻頂底夜獄帝使母
唵夜麻哆室矴你野獄帝牙母
唵夜麻馬達你夜獄帝壞母

四方空行母供養偈

初誦空行母咒偈唵捺鷄你野吽
奉獻空行母供養故，唯願納受天母供養故，能供入所供。
不動金剛具大智，法界金剛大賢能
勝語金剛中圍語，空行天母我贊禮
次辣麻母咒偈唵辣麻野吽
有義金剛究竟覺，一切如來皆成就，
正覺體内令所生，辣麻天母我贊禮。
次頭生母咒偈唵啨捺浪形禰吽
大聲金剛無量光，離於妄念本智内，
貪著至於勝彼岸，頭生天母我贊禮。
次具色母咒偈唵録卑禰野吽
勝勢寶珠極甚深，虚空金剛無垢染，
本自清净不能染，具色天母我贊禮。
次金剛亥母咒偈唵末囉咩嚕攞捺禰野吽
是於空寂慈悲性，亦是三界之本體，
猶如劫火光熾盛，金剛亥母烏贊禮。

二十種舞供養

二手作於金剛拳，實按在於兩胯間，
忿怒搦及而宣唱，其身窈窕如三折，
指搦母手是搦母，瓔珞瓔珞空行母，
覆於一切是此舞，於彼猶如彈琵琶，
亦如令做吹笛子，亦令如作拍拍板，
亦如扇子令摇扇，亦令如做兼憧勢，
又令如作蓋壇被，又令如作舒展旗，
又令如作張於傘，又令喜悦而作笑，
又如怒畏而作怒，又如作搦而作搦，
亦如窈窕作窈窕，猶如射箭抱子勢，
又如令作抛擲杵，又如令作禮拜儀。

贊歎偈

出無二本智所生，爲普遍諸法自性，
贊吉祥上樂尊師，其抱亥母我贊禮，
具不動金剛大智，大金剛界者賢會，
最勝語金剛中圍，空行母者我贊禮，
贊究竟有義金剛，惠所求一切成就，
令正覺體内所生，辣麻天母我贊禮，
大無量光明自性，語金剛摧諸妄念，
於貪著至勝彼岸，頭生天母我贊禮，
最微妙勝勢寶珠，於虚空金剛無垢，
亦離諸染相清净，具色母者我贊禮，
具不動金剛大智，大金剛界這賢會，
三中圍勝語金剛，身語意輪我贊禮，
大無量光明自性，語金剛摧諸妄念，
於貪著至勝彼岸，烏頭母者我贊禮，
最微妙勝勢寶珠，於虚空金剛無垢，
亦離諸染相清净，獄帝堅等我贊禮，
諸上師等於如來，令能與妙法成就，
能調毒夜叉身形，是除遣勇識尊者，
亦積壘三城作佛，極勇之者我贊禮，
身矬黑具大威德，能除毒右執欽刀，
在洗椀擎飲满血，最嚴人頭我贊禮，
怒時足踏大地震，動怖作哮吼妙高，
破記句者取其心，具記句者我贊禮。

轉法輪偈

無比最上三寶尊，及於十方正覺等，
唵三麼轉於大樂妙法輪，
復次無上三寶尊，并及十方正覺等，
有壞中圍上樂輪，及大勝惠金剛母，
妒是并四空行母，一切勇猛勇母等，
於彼金剛上師等，一切護法善神等，
奉此殊勝秒供養，爲證正覺菩提果，
利益有情大樂輪，願令慈悲哀納受，

回嚮善根偈

藴集智中所出生，積聚一切福惠事，
一切有情承此善，願令證得二妙果。

六十二佛名

捺麼敬禮吉祥形嚕割，捺麼敬禮金剛亥母，
空行母，辣麻母，頭生母，具色母，看捺割巴辣

最掇母，麼訶乾剖辣，掇眼母，乾割辣，具光母，
咬牙勇，天鼻母，須怛米羅，猛惠母，無量光，
及矬母，金剛光，蘭鷄説哩册，金剛身，樹影母，
阿獄哩，夜羅巴帝母，具發金剛，大畏怖母，大勤勇，
風力母，造吽金剛，飲酒母，最賢勇，折麻禰尾母，
金剛賢，最賢母，大畏怖，馬耳母，惡眼勇，
渴割捺母，大力勇，輪力母，金剛寶，嗐捺浪賀母，
馬項勇，常帝禰母虛空心，輪甲母，形嚕割，
最猛母蓮花舞自在，天力母，衆明主，輪縛母，
金剛勇議，大精進母，烏頭母，獏狐頭母，大□□
玄頭母，獄帝堅母，獄帝使母，獄地牙母，獄帝□母
金剛勇識，□□□□，蓮花舞自在，形嚕割，金網母，
金剛王，金剛亥母，夜禰母，令怖母，令動母，
令礙母，最掇母，四大本續，成就上師，一切護神。

懺悔偈

吉祥上樂形嚕割，二十四宫勇縛等，
有壞金剛亥母者，三十七中勇母等，
願令一切存念我，我今弟子某甲者，
於彼吉祥建壇處，赴入最上妙中圍，
彼時受時於禁戒，或犯十四根本罪，
或犯八種粗重罪，或犯不共記句罪，
如是所犯不覆藏，於彼勇猛勇母前，
我今懺悔特禁戒，如是我今令所□，
稽首歸依金剛身，我今弟子某甲者，
自徙無始至於今，截除一切身業罪，
稽首歸依金剛語，我今弟子謀者者，
自徙無始至於今，截除一切語業罪，
稽首歸依金剛意，我今弟子某甲者，
自徙無始至於今，截除一切意業罪，
稽首歸依身語意，我今弟子某甲者，
五無間及十不善，所作惑業重罪者，
我亦羞慚不覆藏，中圍佛前皆懺悔，
懺除罪垢清浄時，後不復造一切罪。

回嚮祝贊文

住十方界諸佛菩薩，出有壞吉祥，形嚕剖及諸
伴遠智緣所生，勇猛勇母過去現在金剛上師護
法善神，唯願慈悲，我及施主供養三寶，中圍諸
佛金剛上師及諸護神并諸贊歎親誦行善奉

獻，施食禮拜，承持所修福智二足功德，等於空界，一
切有情，我及施主皆成利益，速能願證無上菩提
餘等旨和隨願所成又願示現報，化二身恒利，有情雖
不證於究竟正覺，我及有情世世願得男子之身，
五根具足無病長壽，身相端正，獲大智惠，受用
威德，願皆圓備。又願恒供最上三寳恭敬上師，
遇善知識遠離惡友，五種煩惱皆清净，又願
我及施主住於此世，疾病障難咒術惡猛諸不
祥事願皆消除。又願此世善根八寒八熱近邊
孤獨諸地獄中受苦，有情餓鬼饑渴畜生負重
一切諸苦願得解脱。又願所修功德一切有
情之相，嗔恚殺害駡詈，或囚枷鐐疾病饑饉□
兵難等一切諸苦願皆消滅。又此善根皇帝
萬歲國界安寧，萬民快樂，常習善根，風雨依時，
五穀豐稔，一切時中，隨心滿足。又此善根發心，
施主善友男女安設供養，隨喜弟子造食，人
等願或世間八種成就。又此善根，懷孕女人安
穩脱難，聾者聞聲，啞者能言，盲者能見道，痴
者智惠。

哀納偈

有我心意愚痴故，於勝行做非法道，
凡所有身能擁護，是等諸佛哀納受，
未得及與未瞭解，法中我無力能故，
我今所作非法過，唯願諸佛哀納受。

回嚮善根偈

藴集智中所出生，積聚一切福惠事，
一切有情承此善，願令證得二妙果，
皇帝國王及施主，兼於一切有情等，
具足無病而長壽，願令恒常得安樂，
復令習善法王臣，施主父母并眷屬，
無邊一切有情類，速離一切諸過失，
具足最上菩提心，願令降生於净土。

吉祥偈

晝夜吉祥夜吉祥，晝夜六時皆吉祥，
一切時中吉祥者，願諸如來大衆上師妙法諸神恒□
吉祥上樂中圍者，造作供食次弟儀，
所護一切諸善根，我及一切有情等，
施主父母并眷屬，願見吉祥上樂面。

大集遍□□□聲頌

（四十九）俄 TK262. 2《大黑根本命咒》[①]

【題解】

西夏寫本，綫訂册頁裝。未染麻紙。共 7 個整頁，1 個半頁。高 20 釐米，半頁寬 12. 3 釐米。字心高 14. 2 釐米，天頭 3. 2 釐米，地脚 2. 5 釐米。每半頁 9 行，行 17—19 字。上下單邊，楷書，墨色有濃淡。有校補字，校改字寫於同頁背面誤字部位。中夾有梵文、西夏文字。

夫修習□善於施食則於白麵前置割八
□□□□廣大之器内盛黑豆豇豆五穀麥稞
□悉大肉魚肉牛肉蔥瓜諸般血等食已自作勝
惠佛幔已其食變空空中想一□字變成風輪
上想一覽字變成火壇壇上三角上想三發變成
新人□上想一□字變成廣大法輪内想五
藥五肉上想吽字出光召十方世界一切如來
智甘露流入椀内火動火熾煎煉甘露依□□
□以增長大黑六□□□□□□□□□□□□
及十方食肉者等來至面前空中伸供贊歎
其伸的鞞舌上吽米變成想獨股空心杵，杵頭復想八色吽
變成光筒結印誦咒
唵麻訶割辣也舌薩捺阿八葛哩依捺阿八
辣賫麻曷葛辣也阿養依搶囉捺嘚囉也阿
巴葛哩喃拽帝末囉帝搒禰厮麻囉厮喃
形□啷帝厮達薩嘚囉曷和渴號號囉囉以
吃哩捺捺鞢捺捺曷捺捺捺曷捺巴搒搒
溺捺咩京捺薩末□室達馬囉野□□□
誦咒五七遍想護神伴繞等飽满歡喜求賞
願事差満自在及降伏等法事皆悉成就已
誦百字咒三遍補闕誦唵末囉膢彈指奉送，
夫修習者欲放施食則用怯満盛血肉誦三
字咒變成甘露合掌應誦咒曰
唵麻曷葛辣依喉擔末哩渴號號吽發又
誦咒三遍末囉願事允須既已奉送不現也

---

① 《俄藏黑水城文獻》第四册，第 331—334 頁。

命咒

唵麻曷葛辣號捺吃哩怛吽贊

空行母咒忿

唵捺機你當帝皷丁皷怛吽發

擁護母咒忿

唵囉機你囔綾入憹領憹上吽發

柔善母咒忿

唵囉辣機你囔陵憹領憹囉辣吽發

勾標母咒猪

唵葛機你光行翁行翁葛吽發

勇猛母咒獅

唵薩你薩星松現松薩吽發

殺害母咒象

唵麻曷葛辣□□□嘚囉折也阿□囉合哩入八

囊怛渴囉拶拶唵曷□你紅□欲吽怛吽曷吽發

　　贊歎偈

廣大寒林基地中，怖畏熾盛如劫火，

彼中大黑烏眼處，吽字中出於大黑，

其身肥矬而驗肚，誦喝喝聲施怖畏，

身上莊嚴於毒地，喉蔔俱有三□□，

右手熾盛而執釖，能吃不善之人心，

左手執持於法椀，青色舍舍食心血，

赤發黄鬢熾盛竪，新人頭鬢而莊嚴，

伴繞排於六個母，各各張口而飲血，

擁護修習具獠牙，恒常愛樂於血肉，

冤人脉命而飲之，虎皮三佑莊嚴系，

猶億日月於光明，無記句人恒念殺，

語誦吽發大吼聲，黑龍圍繞於大黑，

脚振地時大海混，其水波濤壞爲塵，

汝之化身满虚空，烏鵂大黑做法行，

其鵂尖利手赤色，遍满身上塗抹血，

吃於冤人人上接，兼吃腹髒及腎等，

手執法椀盛满血，以此吃飲而吐吐，

伴繞十方食肉者，各各張口而飲血，不是

彼彼盡皆圍繞之，過去未來現在時，

諸佛妙法我護持，汝大力者願執持，

專心抱持金□橛，口中火盛大海幹，

雷聲黑云而積聚，一切□龍皆□禮，

閃電至極如熾火，面嚮黑云執天鐵，
此金□火而降雹，不敬上師毀秘密，
食肉吃飲破戒血，壞滅正覺妙法人，
大黑作法而作之，自作自受而令服，
誦贊歎已。
唵麻曷葛辣囉捺㖓哩二合怛吽發唵
麻訶割辣禰疼合口覽疼末哩二合吟末二合
禰不哩撈車羯磨野唧怛辣也嘚囉
囉吃殺末哩二合吟末唧怛吃囉撈撈不哩二合
撈唧怛辣也疼末哩二合吟末二合煞車羯磨也
唧怛辣也麻曷割辣艮葛浪浪以悉恪
辣也悉禰上口辣也嚕洛撈辣麻曷葛辣也
吽嚳切身麻曷葛辣悉禰屹囉汁汁長長
悉嚕撈長疼末哩吟謀唵麻曷葛辣
殺平殺平吟末以嘚吟㖂嘚囉麻囉也發
大黑根本咒竟

（五十）俄 TK262.4《大黑贊》[1]

吽自性中而出生，具鷲鳥名大尊者，
衆色蓮花日輪上，勇猛而坐誦贊禮，
如黑□撈利開色，一面四臂窈窕相，
頭髮赤黄散覷上，開口咬牙稱贊禮，
聅舍威猛眉毛竪，蛇及大寶而莊嚴，
每穿骷髏作頭冠，呵呵善聲稱贊禮，
口中流血生恐怖，眉毛眼接發黄色，
三眼視毒皆通赤，作善悦相稱贊禮。
五欲樂菓右持釖，满血法梡莊執義，
以人頭中作數珠，大拙補處稱贊禮，
身肢圓满并依多，虎皮粘表勇猛相，
俞如大劫熾火光，蜜主忿怒稱贊禮，
身語意中而出現，汝以自然羅義身，
化出無量忿怒相，斷除我慢稱贊禮，
爾時允許護正法，修者用時剎□主，
速疾施與勝成就，於大黑處稱贊禮，
摩訶葛辣飲血王，千種大黑而圍繞，

① 《俄藏黑水城文獻》第四册，第335頁。

十方食肉爲何從，百萬摩訶而圍繞，
【中缺】
擁護與正法，中圍及佛殿，擁護禪□□，
□食及法行，斷紀記句命，折付□□□，
拖三毒□□，僧修悉壽命，世間出□□，
速證大成就，擁護修習衆，圍繞□□□，
所須皆具足，一切悉鳥礙，汝從持金剛，
有此大誓願，我今求擁護，隨心勿違逆，
復歸本□位，後請願降臨。

（五十一）俄 B59《大黑求修并作法》①

【題解】

元寫本。綫訂册頁裝。未染麻紙，薄，軟。共 34 個整頁，2 個半頁，并有多小塊殘片。高 23 釐米，半頁寬 14 釐米。每半頁 11 行，行 17 字。楷書，墨色濃匀。有雙行小字注釋，又有校改校補字。

【前缺】
□□□□□活得法師者塵
酒□婦人有一女子年一十
□自念云我女兒應莫染□
女獲取染示真守術者，將□
□言你女若悟誤得法師□
□□身合歡委悔罪障，故□
□□□□只在委中我等□□
　即先許教令□□□
　授我方□□□□
　同女□
伏故天應耶，女子十答曰身空苦寒法□□
令指唵内鐮上上臥女，云我在室内，若復□
两生寒大時，須得我母懷抱，方令寒應急彼□
□□天，悉心故將女依懷抱法，師氏有宿俸
□□大念心生欲心與女加行，女國見女□
與法師應作加行其母，即住王前，白云
□女已與法師共相染欲，國王答言你女雖

① 《俄藏黑水城文獻》第六册，第 42—59 頁。

□法師染與不生男女，則飾無辨驗母，復還
□經月歲生一女，母又詣王所報知誕女之
争，王復答云鬚生得男，則堪爲辨驗後果，誕
生一男子，報知國王，彼王稱令教法師獲男
女妻子及夯酒一杯，同道歸來，若我逢見法
師，當面毁譽母，一一依王教與法師同道往
隨其王逢見法師便生耻，弱法師會得所設
方便略即將妻擲弃變成鷄厮涅，纏在腰上
□手攜男左手攜女俱作抛擲變成鈴杵，又
□酒鉺變爲酒海，將欲漂没，王宫須便空中
□□觀音白法師曰：你爲些小毁譽事情，總
恐□□事法師原稟菩薩教旨，即便彈指彼
化酒海，漸次滅少及法師陞入虚空，即是不
見也，□二正定分二，二初增長，次究竟
初中分三，初加行，次正宗，後結歸。
初中分三，初作五種衆心，次發四無量心，
後驗執著，且初五種衆心者，一金剛跏趺
二端身正意，三手印三昧印，四舍柱上齶
五□仰鼻尖也，次發四無量心者，應起蒠
□□指之心或起慈悲心亦得也。後離執
□□二。初想離著者，誦變空咒三遍，即想
一切法空也。二自性離執著者，本自清净
何須誦咒也。第二正宗旨於空寂，住頓想
雜色蓮花日輪上，襲右踏烏麻怖畏而立成
禾麻花色相吉祥形嚕葛，佛一面二臂三目
咬牙黑髮結髮五骷髏，發帶須門，手補十字
杵上嚴青色不動，佛發結上面亦嚴十字杵
左畔具光半月新人頭爲發，虎皮作袥七寶
爲環串具嚴六印，二手執鈴杵，挾闊單渴抱
亦色亥母，一面二臂三目咬牙散披黑髮五
□骷髏帶虎皮爲袥骷髏瓔珞，右手怖指執
□□想上，左手掌滿血法椀抱本佛口角，左
□□佛右服右足與佛同踏烏麻而立，具嚴
□□□是諦觀佛相也。三結歸者，若覺疲倦
時，依文誦咒也，第二寵竟者，情器二界標入
亥母，亥母標入自身，自身標入蓮花，蓮花標
入日輪，日輪標入有義佛，自性彼佛標入
彌陀佛自性彼佛標入寶生佛自性彼佛標

入衆明主佛，自性彼佛標入不動佛，自性彼
佛標入金剛，雖識虚空自性法身體其相鎔
次□知鏡面上呵氣須臾漸小，斷絶前迹，唯
□□□修習人求手印，成就有三期日上根
□□定克護，中根人一七日，下根人必護
□此生不護，則中有身上决定成就也，彼利
門相襲，次第者鈴杵法師傳覽覺師彼師傳
金剛座法師，彼師傳阿滅葛囉嚕八恒草頭
路辪訛，彼師父傳大吉祥，彼師父阿師彼師父
浪布師彼師父阿浪座住彼師處傳若上師
彼師出净信弟子授得此法，無信人勿侍者
矣，自標授利門也。（若作請求終則其中不同者，除亥母餘同知之。）
敬禮妙微上師
大修習人若作念咒儀則依前作增長定已
□疲倦念咒者，自誦：唵室哩（二合）八囉（二合）形形嚕
□□吽吽發怛捺鷄你撮辣薩扒囉莎訶。
□□目口出，復入亥母口中，却蓮門中出，復
入杵道，如是出杵誦咒，或誦觀佛色印，誦或
觀心頭吽字，衣繞咒字誦也，若作獨勇猛，求
修念咒者，字種徘徊，想咒或想身色，念咒亦
得取標同前，此者親念儀也。
敬禮微妙上師
夫修習人欲施食時，面前法器内，入血肉施
食，應將法梡頓想内赤外白，誦唵阿吽咒三
遍，標授變成耳露自己吽字出光，請三十七
□□屍堂林至面前時，作五供養，訖彼佛等
□上各想五空杵心，自己左手散法梡，右手
□在器上誦：唵八囉阿囉哩和拶吽邦訶
八囉（二合）捺鷄禰三界也。悉擔得哩折和唵阿
吽咒三五七遍，想佛等方通隅順杵光筒内
吃飲餘食，誦渴渴咒，施於屍堂林，神等受飲
已應索所察就佛等允許念唵末（二合）曷離蒙奉送

六十二佛永誦

唵薩瓦渴渴渴呬呬㠀唧悉怛末伽烏唧悉怛末捺互訶

吉祥大黑正文

敬禮吉祥形嚕葛

具吉飲血尊，共天母輪處，敬禮大黑主，
修習今書録，受戒具記句，悉心兼敬師，

思進及智惠，勇猛堪求修，意樂寂静處，
□□陰母林，獄帝怖畏處，血與毒藥等，
塗坐穩毯褥，自作樂佛定，入已容有情，
毀師壞正法，此等違除故，我今求黑神，
如是起願已，内外諸座境，刹那作空定，
面前蓮日輪，能依黑吽字，想已出竟明，
請毒盡消除，有稱悉安穩，復回入吽字，
字種刹那變，大黑名鷲鳥，一面具四臂，
上紅丙恒菓，次□鈎利劍，訖上手囉怛，
法梡内極満，次持闕單渴，具虎皮三袺，
□□發鬘黄，三目咬牙怖，骷髏寶池□，
□蓮日輪上，勇猛而安住，然於自心頭，
字種出光明，召請智勇誦，供捞吽邦和，
標入堅固苦，頂唯入心頭，蓮花日月輪，
上吽啞唵字，標授身語意，真實供贊已，
唵摩訶葛辣野二合吽發。
咒者隨力分，持誦依要門，唵時標授食，
以本咒施之，然作真實供，八足令贊歎，
善満自在伏，囑咐所作行，然送智勇識，
記句標入自，如是持舉者，驗相禾現間，
精進令求修，驗生作法行。
我今奉施上師敕，大黑求修次第造，
所獲功德嚮群生，能出魔障願自在。
□□妙上師，頂禮蓮花足，八囉摩訶葛辣。
録寫作行儀，先已作親念，寂處毒藥益，
土作寛人相，樺皮及屍布，紫礦毒血等，
鷲烏及人骨，輪相褥喉字，尾加馬羅也，
依劑門書之，入已舌即等，堅尉抹毒刺，
忽後從足上，緊卷屍發系，須先想心頭，
入已舌即等，竪討抹毒刺，次作所宗佛，
我慢大堅固，心吽字出光，委曲識性者，
依劑門勾標，捞吽鉢和者，標入系自在，
然抛毒藥鹽，一七或三七，一月内求行，
緊爐壘辣針，狗骨枝火然，如此不伏時，
起大慈悲心，聖教應不懷，從放左足上，
大鐵器裓割，毒藥血藥熱，棘針燒蘭葛，
滅依師要門，埋伏及弃水，毒筆書冤像，
彼舌烏麻塵平呼，咒名書人器，梅合黑綫纏，

黑色衣中裹，埋在不祥地，親求歡喜時，
定死反痴魔，勿應生疑惑。

覺昌師　造

敬禮吉祥形嚕葛

夫修習人先已作大黑，親念福足訖，欲作法行時，用冤人迹土或大水合流處，土古城土絶門人土屍林等諸不詳土與之熱相和作一榮量，簡葛然屍林布上用毒藥鹽菜子作末，并人血等相和，爲以人脛骨或鷲烏翎筒内作筆，畫冤人相，彼相心頭仍依喉（喉字）字畫輪中央，書一唵字，周圍字頭嚮外，左書八囉摩訶葛辣（[illegible]）吽發，然自入所樂佛定心頭，及面前大黑心頭，出無數智大黑嚮覺人擁護佛神等處，如是白云矣。

爲毁滅正法，護冤神汝聽，彼是大毒心，
破壞三寶師，滅法害有情，惱諸修習人，
隨千闍那下，拯受地獄苦，我今速遠離，
受色界天供，汝者莫擁護，具業人速舍。

依此委曲已，於護神處真實供養，若是智神者，奉送於所依宫位，或標入自身若是世間神，則令折伏囑咐法行，將冤人想令神等舍離，應如是緊誦：唵八囉（二合）摩訶葛辣也（[illegible]）阿葛栗折也摎吽吽發，咒出無數大黑化身遠離護神，冤人用鐵鉤鉤心，羅梭縛項及種種器械中，摇捷想彼等不得自在，令勾標入前畫相内誦：八囉（二合）摩訶葛辣也（[illegible]），馬囉也吽吽發咒用毒藥菜子熱水將畫相灑潑已，然從足緊卷以黑色綫十字系定，蘭葛心頭，又依先出神等已，鹽菜子毒藥水内蘸棘針於無根及枝節上，竪討安息香上，令熏訖，復毒將藥菜子三熱水依前，誦大黑間名咒，灑潑然與大黑伸供養贊歎囑咐法行，如是晝夜六時，作二十一日，此者求修法行竟衣。

敬禮吉祥形嚕葛。

夫修習者，作一三角爐内，點抹針及將骨枝火然，將蘭葛姣道内用鐵或棘針木勒拘定，誦：唵八囉（二合）摩訶葛辣也（[illegible]）馬辣也吽吽發咒於火上，炙熾依前作二十一日，六時作則於彼冤人生痛患等，其法住你將蘭葛沐浴矣。
以者打球修習法行儀竟也。

敬禮吉祥形嚕葛

夫修習者，若依先作法，如不伏時，面前作三
角黑色爐塗抹毒藥等，内入毒木棘針，點屍
火被火中增長大黑標智等，伸供養奉施食
已作勾標行等行，然將利劍從左足小指割
截於毒藥鹽菜子血水内蘇過，應想黑神大
張口舌上嚴一覽字，誦前間名咒，奉在口内，
令首相之，此者燒施儀竟也。

敬禮吉祥形嚕葛

夫修習者，將爐灰以法器械或瓦坯梡内盛
黑色衣囊，於大黑座底或十字道上令栓，深
一肘量，坑水毒藥等於片石上畫十字杵，梅
股上書：唵摩訶葛辣也。厮擔八也吽吽
發咒於坑口，上蓋壓用土埋，定自作大黑幔
右足中踏之，此者埋伏儀竟也。

敬禮吉祥形嚕葛

夫修習者，先已作大黑親念福足訖已欲作
法行時，用斷種梡或疾梡，然將具蕭松台杆
入在梡内，取屍火燒作炭，畫冤人相，舌上左
書：唵八囉二合摩訶薩葛辣也某甲嗚摩怛扒八帝吽
吽發，咒其勾標等依餘□作之，然□□□相
法梡相合沙黑綫十字系定，用皂衣内裹，應
將毒藥等水潑灑，已於大黑處或十字道上
依先埋伏作，則彼冤人定生懶魔，若是悔過
告求來時取出梡相，用水洗净，其并痊瘥，此
者令生懶魔儀竟者矣。

敬禮吉祥形嚕葛。

夫修習者，用樺皮或屍布上少草烏頭活人
畜生血及諸般獸角，灰相和於鷲烏翎杆中
冤人相舌廣大可蓋胸腹上書：
唵八囉二合摩訶葛辣也某甲厮擔二合懶孤嚕覽吽發
咒，將相背壘水青紅綫，或人發内十字，系已
然，用冤人大香足及土，破碎衣及黑土等相
和無十二因緣咒，栖栖庵子内印取塔，然用
一肘量具黑毒藥木□□□□□□，栓或法人劍或纏桃
木，并鐵栓等，可一個從塔底掄至頂，莫漏露

栓尖將前葡葛入在穴内，混合置於自宿卧
鋪，仍置排銅鐵木菜子芥子并施食自作
所樂佛佛定面前增長大黑，自己心頭吽字
發光，從口中却大黑，口中致之心，從心種
上頓出執鐵鈎羅梭忿怒，然自結鐵痛常，鈎
印發誦：唵摩訶葛辣車迦麼囉及神阿葛
折也吽拶吽發咒，將冤人人以羅梭勳縛用
鐵勾勾心鐵鈍打至面前，標入栖栖塔内，藺
台葛，彼冤人想令護神遠離孤，然一身念：
諸神厮擔，八懶孤嚕覽咒，倦時奉施食囑咐
法行奉送，誦百字咒：如是，每日四時作七日
畢，揀擇日辰於十字道等住以片石，書十字
杵，胸中書：唵摩訶葛辣也厮擔八懶孤嚕
覽吽囉發咒，四杵尖上各書一吽字，令時坑
口鎮壓此者，絶語儀竟也。

敬禮吉祥形嚕葛

夫修習人，敬想鬼神等，住作法者，用紙書藺
葛，心頭書：唵摩訶葛辣也基甲，馬囉也吽發咒
入在施食内，應誦求修咒，次奉施食矣，此者
緊行施食儀畢者，應誦：

唵摩訶葛辣悉唵薩馬寧□□提唵摩訶葛辣不
哩二合，藻覽□哩栗八二合賣懼渴囉拶拶不哩二合拶責
怛辣辣也，辛没哩哩八二合能哩二合賣怛辣也，鼓浪
哩二合能栗八二合舍哩二合折折基甲□□摩訶葛辣艮葛艮□
悉銀二合辣也，悉銀辣也十嚕天嘿辣摩訶葛辣也
臂十二如身，摩訶葛辣也基甲，悉銀二合，吃囉十四二合，汁汁長十五悉浪
發長十六轉陵二合勸歎十七二合唵摩訶葛辣十八平折平折十九
馬馬嘚囉二合救嘚囉二合馬囉也發二十

本咒一億等，依文令親念，然作次緊行，
如是應無疑，精進而求修，勿犯自記句。

作摩訶葛辣，緊行時東畔設種種肉，南畔設
種種心，西畔設種種血，北畔設種種骨，隨胸
腦等上搉幢幡等，如是排置訖，然以血書藺
葛搉在施食器上，每日四時奉，莫要抛弃也。
令依薩頓放自作親念，畢時將前食抛弃也。
此者親年廣大施食儀竟也。

唵摩訶葛辣也基甲，三麻也依□□擔馬哩渴兮渴兮
屹哩二合，寒屹哩寒基甲三麻辣渴兮渴兮於捺扒捺基甲

囉怛辣渴兮渴兮知捺辣渴兮可惜曷捺曷捺某甲蘭哩捺曷捺曷某甲八須怛辣渴兮渴兮利纏辣渴兮渴兮八撈八撈某甲折怛二合莫斯辣浪渴兮渴兮，摩訶葛辣某甲，賫怛馬囉馬囉也賫怛渴兮渴兮，此者施食咒儀竟也。

每日三時或四時將施食想成奉施食如前奉施求修，則應生内驗其□者尊舍安中聽鳥穴緊依上或夢自意欲統甲軍或宰殺畜生，或親手拖頭，冤人如此驗相，生時彼冤人住，亦種種不祥，驗生其驗者，見鷲鳥拍打翎羽，啄嘴□地發不神之聲，及受所住宅内慈烏整巢銜帶禽獸血肉入來，則其法畢成此時，囑咐行者云，施食偈頌曰：

廣大墓地寒林住，令彼怖畏如劫火，
赤黑熾盛於彼中，摩訶葛辣慈頭像，
吽字中出於大黑，其身肥矬而大肚，
出呵呵聲令怖畏，身上莊嚴於毒蛇，
三目晃耀其拙樸，右手鈎刀出猛焰，
失記句者分段壞，左手掌於血法梡，
青色金剛食心血，頭髮赤黄熾焰竪，
以斷人頭爲瓔珞，施礙金剛冤魔降，
恒時張口而滴血，獠牙尖利而咬唇，
恒常好乘於血肉，冤人命脉而壞之，
虎皮三袑莊嚴系，身具億日之光明，
口誦破記馬囉也，出於吽字發怛聲，
黑龍圍繞於大黑，若時脚振大地時，
一切蟲毒壞爲塵，汝變化身歸空界，
鷄頭大黑作法門，其觜尖利手紅赤，
觜上恒帶於赤血，吃破記句上半身，
及最髒腹心腰子，兩手至拯而满掬，
以此吃令而奔走，伴繞十方食肉者，
無憂不伏於彼汝，過去未及來現在，
如來妙法汝護持，毁滅正教令作壞，
大力常持至時分，勿作慢意釘甚栓，
口中火盛大悔乾，雷聲黑云而繚亂，
傳惡龍王大哮吼，發出電光至極熾，
天鐵霹靂如降雨，金剛火中而降雹，
不敬上師毁秘密，願食破戒血肉等，

毀滅正覺妙法人，最大黑像作法行，
自己自作自成熟，摩訶葛辣作付作，
汝受佛敕令覺念，囑咐作行願成就。哩聲
施食頌竟如是每四時發大嗔心，令此偈作
法時。頻頻句召標入蘭葛，此者作法儀竟矣。
敬禮吉祥形嚕葛。
殺行曼撩中，亦用辣針木，
三角而積累，所備種等者，
猛死刑戮人，彼血及骨肉，脂等勿留殘，
置於習人右，毒藥并菜子，與黑芥子等
仍置習人左，屍布及人皮，上畫冤人像，
入不祥器中，葛辣怖畏神，令諦想大黑。
張口露利牙，内作緊燒施，求修時蘭葛，
鈎刀殺人器，剉碎作燒施。
唵摩訶葛辣也薩扒二合折拱切智身嚕八捺訶捺訶巴
拶巴拶殢捺咩捺某甲馬囉也吽吽發
此者念奉施，每一咒一遍，咒多蘭葛少，
習人宿鋪底，此二俱成愆，行人應弃舍，
彼時修習者，咒少蘭葛多，誓度犯記句，
毒龍神座底，或僧門間下，虎處護法心，
緊行燒施畢，衣帽昏黄色，血肉等施食，
伸供大黑神，埋入三角坑，黑梡及不祥，
厭稀兼蘭葛，緊依勾標法，然誦此鎮咒，
二十九日期，子時令埋伏。
唵摩訶葛辣也，薩嘌扒扒嚕巴捺訶捺訶巴
拶巴覽層捺層稟捺稟捺斯擔把也斯擔把
也麻訶耶麻訶耶馬囉七口也馬囉吽吽發發
其法行者於至拯破法人住許作時須受得
師敕方可施行也。勸者作種施及理化□□也
則吉鷲烏尊，頂禮蓮花足，上師所傳法，
恐妄故書寫。
釋此大黑求修并作法分八，一親念中習人及
宫位者，文受戒至怖畏，住者釋此文中易解，
交血與毒藥等塗者，釋於前宫内掃灑潔已，
壇或曼捺辣上用種種毒藥，暨人駝驢大小
香相和飾一肘量，圓曼捺辣中央畫三角，法生
宫内畫手印，置花以阿遏等三種水安息香
大肉駝驢大香合和爲香，仍囉上聲寧六加身巴等毒藥

所生具穢氣青花元馨花等作供花人，猪
駿羖羊等脂内點燈，毒藥共血和爲塗黑青
稞豌豆黑芝麻蕎麥面燈作段，獻食於上，塗
血更前面中造吉祥施食，上嚴駿羖羊，黑馬
黑羊燈肉排，設依文也，文坐穩毯褥者，釋等
常易解也。文自作至光明者，文自作至光明
者，釋文顯易，知文諸毒者，釋嚮有情作礙是
也。文盡消除者，釋光觸時著，能消除具毒心
也，文有情悉安穩者，釋念令諸群生應啓十
善心，如有不歸依善者，彼光變成熾焰及種
種器械，將不者令作燒燃滅壞，其所害人，識
性想成吽字，標入持金剛意或入自也，文復回
至語意者，釋文顯易知也，文真實供贊已者，
釋應奉供養，釋元則意想供養阿遏木咒：
唵八囉二合摩訶葛辣也阿嘌二合遏不囉二合啼囉割曷
濯足水咒莎丁散飲水咒阿咒馬腩施香咒
歎并施花咒，補厮并施燈咒阿浪迦施塗咒
遏禰施食咒禰尾帝 然誦八足贊也。
唵摩訶葛辣至力分者，釋文中易解文持誦
依要門者，釋自及大黑心頭，是日輪上吽字
在蓮，親念咒，然誦咒時咒字緊旋色同四種
行具無量光明，從自己口中出入面前大黑
口中彼大黑心意能歸順自己，其光復從大
黑心頭出，却入自心時，消除自己宿障增長
□善神力吉祥威嚴等，如是出標無間斷想
之，若作緊行，則其光想成火焰并種種器械
燒割冤魔等也，文倦時至求修者釋文顯□
知文驗生作法行者，釋有三等人求修上亦
三十七日及月分處驗生矣，其驗者，夢時持
咒黑黑人或鷲烏於自室上坐，吃飲施食，則
是親念驗相也。彼時方許行矣。此者親念儀竟矣。
第二求修儀者，分五，初造藺葛文，夫修習至
捺量藺葛者，釋塗曼捺辣，至施食同親念，上
作三角黑爐上然將毒藥鹽菜子等合和爲
水，置設其中等者，用冤人大小香迹土迹毒
藥水和合，依文造藺葛，心頭入三角輪，以杖
於穀道内輪出一穴置之，然文屍林布至爲
黑者，釋文中易解於中等者，用紫磷汁是也，

文以人脛骨至吽發者，釋隨意依蘭葛晝頂
上書疑心上書名胸中書拶也。第二冤人隨
離護神勾標者，文然自樂自定至神等捨離
者，釋佛自作定，面前曼捺辣，上增長黑神，作
供養，然自作及大黑心中出光等文中顯也，
文應如是緊誦至羅梭縛酒等者，施自心吽
字，出光入面前大黑心中復出忿怒
將冤人用鐵鍉束足，少鐵鍉捶韃鈴中教生
昏時也，文及種種至令勾標者，釋自結金剛
鉤印，語緊誦。
唵八囉二合摩訶葛辣也某甲阿葛嘌二合折也拶吽吽發
令勾標面前也，文入前書内，至蘭葛心頭者，
者頭者釋誦拶吽邦和八囉阿騰折也拶授
標入相等夢口中知之，然置在爐内也。第三求
修文又依先出神等至聞名咒，灑潑者，釋神
咒上師語中知文之，次晝夜六時修作也。
第四修暇時文，然與黑至法行者，釋文中易知也。
第五期限文如是晝夜六時作之，十一日者
釋有三種人求，一上品七日是也，中品三七
日，下品人一月分，應生驗相矣，其驗相者，夢
持咒黑人及驗鷲烏嚮已作伴繞時，則是也，内
驗也，外驗者，復彼冤人身生病患兼不祥事
等是也，如前所無驗，則擔勉勵求之矣，此爲
求修法行儀竟。第三大求修文，夫修習者作
一三角爐内者，釋用石灰末，羖羊馬靴等相
和塗飾也，文點棘針，至於火上炙焰者，釋自
誦咒持筋蘭葛於五焰火上炙焰者也，文依
前者，釋勾劍標冤人用毒藥水等灑潑是也。
二十一日或一月，曰修作也，文六時者，釋晝夜六
時是也，文作則者，釋曰内外驗生也，其外驗
者，彼冤人身生疾病，内驗者自受鷲烏，冤人
銜啄至宅内來是也，文被冤人至住作者，釋
文顯易知，文將蘭葛沐浴已者，釋其心頭輪
取出用上水洗净，於寂静地住置放是也，此
者大求修儀竟矣。
第四燒施文，夫修習者，若欲先作至黑色爐
者，釋面前各是一肘深半肘量，一二角爐承
火及爐唇各高闞四持也，文塗抹毒藥等者

釋用羖羊馬血與石炭末相和塗抹，爲黑内
日輪上畫一利劍承火，上畫火唇，上畫劍，周
圍上畫劍，周圍畫鐵鉤也，文内入者，釋用燒屍
木積累三角也，文毒木棘針者，釋用二物，爲
熱木與積累三角，内入之左畔，置文所説供
養，集及説施食，右吽置種種毒藥，種種毒
肉，黑毒青稞，黑芝麻，豌豆、蕎麥、毒白芥子、菜子
鹽及三熱菜子承血相和，置之棘針，施木□
設施蘭葛等物也，文點屍火，彼火中增長大
黑者，釋於想成空於其空住，想覽字成火，彼
内蓮日輪上增長大黑也，文標智至施食已
者，釋同親念儀也，作勾標等行者，釋自起大
悲心，應想彼人作無因果事，依作勾標法，然
自作形嚕葛，共觀定心中出吽字，入面前蘭
葛，胸中將彼心種吽字逼起，相隨從左鼻中
出，復入自右鼻中時，作不二行，然將標屬所
識性想成所樂佛，從智母生王門内出，伸供
已送入持金剛身也。文然利劍者，釋是戮
人器上飾毒藥，相一覽字於火上炙之，則其
刃欲要剛利，然手熱執誦：
唵八囉二合摩訶葛辣也某甲馬囉也是也，文從右
足小指至受用想之，釋所備種集從施術，次
第燒之，然囑咐行，奉送智神，其記句標入自
己也，此者燒施儀竟矣。
第五埋伏儀，文夫修習者，將爐穢至十道上
者，釋文顯易，解文令一肘量，坑者釋先先作
三角也，文以毒藥等至悉擔巴也者，釋文顯
易，解其中等之一字，雄黄是也。文吽發至足
中踏之者，釋悉擔巴也，尾孤嚕覽也，此者
住作法者，釋作曼捺辣，至念咒依親心咒，念
作也，文用紙書蘭葛至吽發咒者，釋書一三
角内，書蘭葛心頭間名咒，胸上書拶字，頂上
書名或書所住地分，頓想心頭空寂，却於空
住想不哩二合，或得哩二合字中增長鬼神，自己化身
雖彼護神大黑化身勾標鬼神，其殺打咒上
師語中知之也，文入在施食，内者釋前相，入
在施食，頓想空寂，於空住想一養字，變成風輪
覽字成火輪，上阿字三個，骷髏上想外白内

赤，法梡内想種種集，上阿字月輪上吽字
成劍或勾刀，其風動火盛，煎煉種集，月輪消
融不哩（二合）字，或嘚哩（二合）字想成鬼神，作勾標等行
文，應誦求修咒者，釋語誦神咒，手執種集，拋
拋打也。文奉施食者，釋與大黑中圍，及化無
量化身，請多護神如燒施施，奉送識性，用利
劍割截，想鬼神血肉，誦表施食咒，尾添鬼神
等，大張口吃飲，已然，作供贊，求願，念百字咒
奉送智大黑，其記句大黑，標入自身也，上師
語要門，心中年密隱。
敬禮微妙上師
釋此大黑求修有三，初伸供等，次釋本文
埋伏竟矣。
第六令生痴魔，文夫修習者，先已作至燒作
炭者，釋文顯易，解文書冤相，舌上畫書左者
釋用前炭爲筆，二器内盡冤想，舌上可膽胸上
左書唵等咒也。文唵八囉（二合）摩訶割辣也，其
病痊瘥者，釋文中知也，此者痴魔儀竟矣。
第七絶他語。文夫修習者，吽發咒，釋依文造
作蘭葛也，文然用冤人大香至露拈尖者，釋
作文造栖了及自宿鋪下，作三角爐，并鎮口
片石也，文仍置佛排銅鐵，末至并施食者，釋
如文，誤之也，自作佛定至孤嚕覽咒者，釋念
唵摩訶葛辣也（某甲），語及神悉擔（二合）八懶孤嚕覽
同前鐵末等知之也。文將相背壘至十字緊
已者，釋依文作之也，文將前蘭葛至宿卧鋪
底者，釋如在栖栖中，依前勾標拋打置於宿
鋪下，如是七日，隨力誦咒拋打也，文倦時
奉送施食，至七作日畢者，釋文中易知，文揀
擇日底至時坑中鎮壓者，釋如文，作埋伏，行
此者，絶他語儀竟矣。第八施食
遣除鬼神，故書録緊施食。
文夫修習者，每日求修施食文知之，此食
是嚮鬼神作緊行也，夫修習者欲嚮鬼神作
後善根回嚮，初中分二，初正伸供，此解説
初者自利利他，有八種儀飾文知此中，後二
初贊歎者，文云具吉祥飲血等，其天母輪住
文顯易知，次標者，敬禮是也，第二解説者，文

云大黑，主修習令書録文顯易知第二。
本文分三，初修習人自性，次揀擇宫位，彼修
習次第，初者，文云受戒具記句，一頌是也，文
顯易知，次第揀則宫位者，分三，初所樂宫，文
云意樂寂静住，一嚮是也，次速生精進者，文
云或住陰母林一頌是也。後修習次第分三
初入定次結歸後作法也。初中分六
初作二足行，分二，初福足者，文云害，有情至
所顯已者，文顯易之知，次智足者，文云内外
諸塵境至空定者，文顯易知。
第二增長佛者，自作佛定者，入已面前蓮日
輪至勇識而安住，文顯易知。
第三標智者，文云然於自心頭至堅固，喜者
文顯易知。第四標受三業者，文云頂喉及
心頭至身語意者，文顯易知。
第五供護者，文云實供贊已，顯易知。第六念咒者
唵摩訶葛辣，至持頌依要門者，文顯易知。
次結歸分四，一奉施食者，文云倦時，標受
第二勾者依施食儀奉施，第二供贊□□
云然作至贊歎者，依八足贊也，
第三囑咐行者，文云善满至作行者，文顯易知。
第四奉送者，文云然送者自者，文顯易知，知
後作法，文云如是至法者，行驗生時，依法行
作也。後善根回嚮，文云我今奉標至願，自
在者，文顯易知矣，此者釋大黑求修儀竟也矣。
敬禮微妙上師
夫修習者，欲作大黑化身，令彼冤人生怖畏
儀中，上置斷種發椀内，黑馬黑犬鷲烏等血
者，或置輪亦得，内以毒藥畫一三角爐
然入種集及舌鷲烏五根并心等施食其法
行，全精此鹽之施食物，令欠少者矣也。
此者令冤人生生怖畏施食儀竟，文中云義
先已作親念者，有其三種，一是驗者，二百日
期限，三二十一遍咒也。寂静毒藥鹽者，作三
角爐也，土者作冤人相者，足土也，緊礦毒血
等者，爲墨也，鷲烏及人骨者，作筆是也，輪相
如喉字者，字形三角也，尾加
馬囉也者，大黑七字下添也，依修門書之者

其咒左繞也。須先想心頭者，泥想開穴也，心
吽字出光者，光出時，上具行神也，委曲識
者，後人佛神等也，然抛毒藥鹽者，蘭葛上種
打也，一七或三七者，求修日嚴是也，起大悲
悲心者，破法人不伏時，自己慚愧，由彼人入
三塗，故我作此法行，彼人教壽撥樂也，毒藥
血熱藥者，此種集用蘭葛間燒也，頌儀竟。
三熱藥者，裹撥胡椒良姜也，文如是白云者
召彼人佛神等來至面前，白彼人事也。又闍
那者，梵語此云旬也，文若是世間神，則令
做鍛煉勾標也，折伏亦得，文熱水者，熱藥汁
也，文摩囉日者，二十九日也，文造像心入輪者，
以物上書三角，輪上書入也。文黑器不祥，内
者，亦文更用一法梡也。
廣大施食也，文内先作一三角爐，四下依文
置施食也，然後求修一一施之，物令弃舍，此施
食通緊善，若恒時放標受通余施食驗生，則
方可送在净地也。文中三種所依者，外依黑
羊牛已青紙上書命咒已，依禪定增長大黑
標智，同方施食，囑咐施與所依物也。内所依
物也者，幢内書命咒也，密所依者，具心三脉，
中心入命咒，右脉入金銀珊瑚碧鈿珠子，一
右入麝香韶腦丁香肉豆蔻骨金入已於皂
物内裹之隱密收之也，若如此施所親依□
者，無驗則物内取出心，於心中脉口上自已
口相合誦命咒百遍已上，不許物内再裹依
前取之也，彼神彼人生怖畏，文内未曾嘗著
酒肉施行神時，面前頓想行神，囑咐神施與
施食也，其中文内彼人所在地分，潑酒亦得
也，施食文内，五藥及魚等，并豌豆黑物等者
五藥同集輪王藥也，魚等者等人馬羊諸般
禽，黑色肉也，黑物等著，緑豆小豆及蕎麥諸
黑色物也，就中供養已吽字出光神，杵字上
出光收食也，四種念咒法行儀内，作時自神
都增長，然後念念余義在文也，若求夢法行
則自己作本佛及作神幔，亦得也，咒字出光
召請神等來時，方可依文囑咐行也。
敬禮微妙上師。

破教諸冤人，葛辣變化身，令生大怖畏，
逾限痴魔等，限約莫過少，如此作無礙。
夫修習者，欲作摩訶葛辣，化身令彼冤人教
生怖畏者，屍堂林等幽寂静，住用人脛骨三
枝與地上釘作三脚上置斷種法椀，内入黑
馬黑犬鷲鳥血自依文增長行大黑烏頭，然
於器下燒棘針火令血煎費時，將蘭葛於氣
上翻覆熏之，誦咒：
摩訶葛辣虞不陵二合摩訶葛辣 薩斡也馬也烏□
瓦六瓦虞得哩二合嘚哩 摩訶葛辣艮葛囉艮囉
葛嘚嚕折孤嚕虞虞不陵二合陵摩訶葛辣兩切後身
咒七日或二十一日則自居室内無數化身
現來勿生怖畏，彼復冤人住現黑西天。
吼此燎地鷲烏等相若是失了物色，則其化
身等於冤住作啰催索物色，彼嚮大黑住奉
來曾人嚧著酒肉施食如來求修日嚮畢時，將
前血於冤人室上或所住地方分内潑灑也，如
是作法二十一日，逐旋撿冤人莫殺殁矣，此
冤人生怖畏儀竟矣。
敬禮微妙上師
夫修習者，欲放大黑施食，則用法器内入五
藥及魚等，并豌豆五等内作施食，仍置黑色
花等供養，如余文三字標受已自面前增長
大黑標智作三業清净舌上，想吽字變成金
剛杵，彼尖嚴一吽字，阿遏等見有，則手執奉
施無則意中供養已，想吃飲施食，然誦：
唵訶摩葛辣也，舌薩捺阿八葛哩，依住恒阿八
廝二合唧摩訶辣掩依住舍囉捺嘚囉也，阿葛哩喃
拽帝不囉二合，帝擀悉麻囉席捺依□斡實怛薩
得囉二合渴渴渴兮兮兮馬囉馬囉畂哩二合寒畂□
寒扒捺扒捺曷捺曷捺怛曷怛曷八捺八□
溺喃咩鷄囉吽捺薩嘌扒斡實怛馬囉也吽吽發
咒，七遍等已然，作真實供養八足贊歎囑咐
緊行則别作贊歎，然求索柔善圓満自在降
伏成此念：扒囉熒奉送智記句標入自身
伴繞等頓想空寂也，此者施食儀竟。
敬禮微妙上師
夫修習者，欲作念咒儀，則自及面前神心頭

蓮花日上，右繞咒字，自所作柔善圓满自在
降伏法行，行法時，其咒字色同四行想之誦
咒時，其咒字其光從自口出入面前大黑口
中，復後從大黑心頭出，却入自心中，如法此出
標，誦念著作柔善行，則其咒字出時，想自宿
障消除，入彼大黑時，想令生柔善行也，彼光
咒中，中間出則標則想，令白色然，咒字出光
想諸魔障悉皆消滅也。若作圓满行，則其咒
字出時，想自壽命吉祥大黑威勢等圓满行
入彼大黑時，想念鈴聲圓满行也，中間及外
出光時，想黄色，府藏内七寶盈满也，若作自
在法行時，其咒出時，想自於一切原魔上得
自在也，入彼大黑時，想令生自在興業，中□
□外出光時，想紅色勾標怛也，若作降伏□
則其咒出時想光割截冤魔入彼大黑□□
令生降伏行也，中間及外出光時，想黑色割
截冤魔矣，此者作四種法行，念咒儀竟。

敬禮微妙上師

夫修習者，欲求吉凶者，夢者自頂上想七字咒
其咒出光，遍虚空，一切聖賢及護法神等，囑
咐誦咒一百八遍，其咒想入頂中，令寢則所
求一切法行，夢中警覺矣，此者求吉凶夢竟。

敬禮微妙上師

若依前作法不成，則自增長黑色，殺害烏頭
母，一面二臂，右手執勾刀，嚮上左掌满成法
梡於屍上，拳右展左而立，更彼母左右肩上
各想一字母，然誦：下有字母

捺禰捺禰 摩訶葛哩 閼斂閼斂此辣夜燒
唧馬八囉哩薩當薩點 婆帝葛帝京囉京
囉葛巴曷婆帝 京囉馬閼馬巴 西西蘇
吪渴吪不囉二合某甲馬囉也發

咒則决定成也，此者回蓋行儀竟矣。

敬禮微妙上師

夫修習者，欲作擁護法時，息想黑色空行也，
右執勾刀嚮上，右掌斬人，具满血頭器，當□
於山上三角内而立，每角應想空行母□□
母柔善母等身色手印本有大黑人頭，并同主尊□□
母心頭想一黑色三角輪内，想黑色當字，三

角上想當喺浪，各一字，自誦三道咒，則外輪
空行母上出光時，一切不吉祥者，盡爲吉祥
擁護母出光時，所有間斷魔障皆令消除，柔
善母出光時，冤人等嚮自己作緊行者，復爲
柔善也，心頭四字出光，則當字光出時，想自
己，令一切人尊敬所獲功驗，亦然也，喺字光
出時，想一切住得自在也，喺字光召出時，想
自與切人語言之際盡爲和合隨順也，若此
三法也行中欲作一切法，則即將前字種内
可增長一字種變成主母餘母，復爲伴繞也，
彼三母者，能作柔善法行矣，此者主宰僮冤者竟。
敬禮微妙上師
夫修習者作緊行時，自依文增長殺害母
於山，山鑌鐵利劍三角輪内而住，每角上各
想虎頭鳥獅子頭母身色手印，一同主尊，然
主母心頭相想似三角輪同前内上想黑色
當切除身字三角上各想吪讜當切除身三咒自誦，次三
道咒尾加捺寧咒，則内外輪左緊旋輪虎頭
母出光勾標冤人來至面前，獅子頭母出光
想遠離冤人、擁護神等，鳥頭母出光想□□
人置在輪上以緊旋轉輪刃中截割□□□
頭四字種光出時想冤人神識昏迷也，彼三
母者，能作法行竟者也。
敬禮微妙上師。
夫修者欲作緊行時面前作各面，見十二指
量一三角爐，塗飾黑色徘徊以血點内積累
棘針，然用菜子足迹土、小便迹土及冤人大
香等相和，造撲量蘭葛，心頭釘一人骨栓縠
道内入一嘚哩二合融囉置在棘針上，□上各排大麻
油燈一盞，三面各設血肉施食一盤，自增長
所無佛定獲智大黑已然，爐三面上各面上
想摩訶葛辣，一面辟黑色怖畏相，右上手
持兼，下手執嘚哩二合，熱辣右手弓箭，下手捉
新人頤三目赤發上竪於山屍上而立左右
各想一□義相，各一面二臂，右持棍棒，左執
死飛禽近口，似食稞形於屍上而立嶠。
唵摩訶葛辣 靡怛葛哩嚀 靡屹哩二合悉捺
八哩阿莫吪渴渴渴兮兮兮 怛曷怛曷

鉢撈鉢撈 馬囉也馬囉也 洺波怛也悉
波怛也 康得浪(二合)吽發 咒誦三億遍已然
用泥相南畔尖上作一高四指量，闊八指□
空心方黑塔，用面作四個藺葛置□□□□
彼塔頂上插狸狐翎一支，自念：
唵葛哩(二合)葛哩摩訶葛哩(二合)囉葛怛鷄賓□
捺吃囉(二合)莎訶捺哩悉擔八也□吽吽發
咒將藺葛以白芥子拖打及羖羊血潑灑如
是誦咒功驗於所住門上，火星迸散時方作
緊行者，用莕草作一藺葛，屍布上畫一三角
輪内復内畫一冤人相，額上畫姓，心頭畫名
胸上畫一撈字，已將相背，壘入在藺葛，心中
自作前增長佛幔，心種出光召冤人，標爲一
不二應顱内點火，誦前咒，將藺葛奉施與贊
底葛則凡所作法無有不成也，此者緊行儀竟。
敬禮微妙上師
夫修習者欲作勾標法，則前塗一三角曼捺
辣，以紅絹上畫所勾標人相，置壇上，於三角
上各插一醋柏木拴彼絹相，上置一法椀，内
入血肉，施食自已，依文增長行神字種出光
上具無數虎頭母，勾標入識性標入相内，別
將一法椀合在相上，自誦曷鷄你茄捺你等
咒尾加某甲，麻善銘孤嚕撈咒，三日則其人就
詣作法住，前來應將增長内施食，奉增長内施食
奉與行神等，如所標入嚮修行人住告求□
□則方相合法椀，取其起，若不□□□□
□□標者勾標(□□云矣)
敬禮微妙上師
夫修習者欲作一切行隨意所成法，則取吉
住土相和合，泥一圓曼捺辣大小隨意上用
墨煤摻一六輪輻，彼輪胸及每輻上各摻釖
一口，輪角上各置大芝麻油燈一盞，然壇輪
上依前增長智大黑伴繞六母，其母等出光
作柔善緊行二種法行自誦：
捺鷄禰捺禰等二咒，七日已，彼神等消鎔
入輪内，應前摻增墨煤種集收取，用絹袋内
盛頂或戴或項懸，則所祈一切法，無不成矣。
若作吉利法行，則誦空母當底羊咒，若作擁

護法行，則誦擁護母浪陵等咒，若作柔善圓法行，則誦柔善母浪陵等咒，若作勾標法行則誦能標母咒咣等等咒，若作離別法行，則誦勇猛母(常住七身)星(轄口)等咒，若作緊法行，則殺害母泥放等咒，如是求願修習，人心若如意珠所作法行，無不成矣也。

西番路贊幹金剛覺圓譯本付與顏鉢(常切除身)及浪吟等奉持各得大切驗，此自心内如雨錢囊中間取藏，復將彼囊鑄合一般，如法娑□□持勿覺人如也，此者一切求修□□□□

根本咒

唵摩訶葛辣 悉底薩馬𡁆(六切身)捞 唵摩訶□辣
不囉(二合)鼓覽鼓嘌八(辦舌)賫怛 渴囉捞捞不哩(二合)捞
賫怛辣也 鼓没哩(二合)嘌八(辦舌)能哩(二合辣寧)賫怛辣也
鼓没嘌(二合)嘌八(辦舌)哩(二合辣寧)折折(某甲)摩訶葛辣
艮葛浪艮葛浪 悉浪辣也 悉浪辣也 嚕六
捞辣 摩訶葛辣也(二合)臂(切身)摩訶葛辣也(二合)悉銀咣囉(二合)
汁汁逐逐悉浪(二合)捞長(除口切身三倫)陵勒謨唵摩訶葛
辣 折平折折平馬馬嘚囉(二合)𠄟六嘚囉(二合)馬囉也發

心咒

唵摩訶葛辣也(二合)吽發怛(二合)

命咒

唵摩訶葛辣也(二合)𦢊捺㖓哩(二合)怛吽發怛

大黑八足贊歎

吽自性種所生者，名稱鷲烏大黑尊，
雜色蓮花日輪上，具勇猛處我贊禮，
身似點捞密黑色，一面四臂具窈窕，
頭髮赤黄髫上竪，張口路平我贊禮，
捲舌眉竪具威勢，寶與毒蛇莊嚴身，
骷髏爲冠嚴額上，誦喝喝聲我贊禮，
口中滴血令怖畏，眉眼發睫皆黄□，
赤色三目具嗔畏，嘱咐游嬉□□□，
□上平果下利劍，左掌血梡□□□，
以新人頭爲瓔珞，汝大拙撲我贊□，
肥満肚大垂壘腹，著虎皮粘忿怒相，
具於光明似劫火，意主頂嚴我贊禮，
身語意三種變成，羅叉形相汝自性，
顯出種種忿怒象，遠離諸魔我贊禮，

昔時誓願護聖教，修習呼召時來至，
施與最勝成就故，大黑尊者我贊禮。
空行母咒 捺鷄禰 當帝 鼓頂 鼓怛
擁護母咒 囉鷄禰 浪陵 隴領 隴囉
柔善母咒 辣鷄禰 浪領 隴領 隴辣
勾標母咒 葛鷄禰 吪斤 翁斤 翁葛
勇猛母咒 薩鷄禰 薩星 松先 松薩
殺害母咒 和鷄禰 瓷坑 紅怛 紅曷
□將此□寫之功德，回嚮真如至菩提。
□普及法□諸有情，同證四身大樂理。
□　畢
□□吉祥形嚕割
夫修習者持咒者，自或他人若身染疾病，若
□者，則預先前七字真言，加行數足方□□
□劑門法行□□□作曾烏親神咒□□□
□神終不可□□□入藉争光，非□□□□
□時自己增長本尊佛幔，誦親心咒千□□
□然時净水沐浴其身，以檀香汁於左右手
□□□□□□輻輪之中，心書發某甲，病苦善
帝畫□□□□輻輪上書七字咒，如畫輪已
然□增□□□□觀心頭吽字，出大光明，以
光召請□□母標入左手輪内，字母伸諸供
養，奉獻□食，應誦前咒千八十遍，將手按在
病者頂上，想輪字母而出咒，光入梵眼完満，
一身所有疾病猶如墨汁，想出穀道，誦七字
咒，則拯惡重病尚得解脱，何况餘矣。
【中缺】
自標受劑門
敬禮大樂自性
釋此自標
【後缺】

（五十二）俄 A7《慈烏大黑要門》①

【題解】

①《俄藏黑水城文獻》第五册，第 180—189 頁。

元寫本。綫訂册頁裝，未染麻紙。共 15 個整頁，高 9.3 釐米，本頁寬 9.3 釐米。每半頁 7 行，行 9—10 字。隱欄。楷書，墨色濃匀。有朱筆批點及校補字，又有多種梵文符號。

鵞烏大黑要門
師傳□□囉□高師傅囉麻没隆
囉庶甫捺縛囉麻著吪
夫修習者竟樂宫内結
加趺坐，未作定時，先念净
法界咒，念攬字二十一遍，自
身清净，遍法界衆生盡
皆清净，然伸五供養，發
菩提心，唵啞吽三字，標受
自身頓成鵞烏大黑，一
面四臂咬牙列齒，作我謾
坐熾身嚴九龍上，二手上
右手執智釖，上左手執棍
棒，下二手，右手執人心，左
持法椀，满成魔血，似吃
飲相，散發頂嚴，不動佛
額嚴五骨髏三自穿虎
皮裓積井九施等正律
有四師子頭，青黑色，頭
散發，赤黑色，左伴有四師
子頭，鐵色面前黑色慈
烏頭，立九施礙乘云立
其施礙，各具三目，穿虎
皮裓，盡持鉤兼并法椀，各
一面二臂行人所作增長，已
自前想心開成八葉蓮花，
中間有紅色月輪上想黑
色吽字，圓轉周圍繞□
輻輪外繞杵，杵外繞火焰，
自作本佛，我謾如火焰，在
已須彌山頂上，已復是如
增長智，佛智，佛心中輪輻
自種已復增長自身謾
摇念咒，心中頓想我謾心

中輪轉，轉時出光與智佛
已出二光，相接誦咒百
遍已下不可，誦咒畢時
若皮倦時，面前制一浄
器，满成施食，入肝血蘿
蔔葱蒜唵啞吽三字，標
受唵字成器，啞字成甘
露，吽字召佛，然此念吃
食咒：唵磨訶葛辣
折羅薩磨訶葛囉吽囉
帝厮曼布車布吔依怛
麻慓喝喝兮。
大黑根本咒
唵磨訶割囉折薩辣
阿巴割令欲我撈撈喝
撈喝撈厮并囉折吔吔
麻囉辣 割囉囉囉
吽吽帝厮麻曼布車
布吔命吃捺麻囉囉囉
薩訶吽吽罷
隨意咒
唵磨訶割囉吽罷唵
常娘娘娘悉比娘娘
合光麻囉吽吽罷
親心咒
唵磨訶割辣吽罷
施昌共咒
唵磨訶割囉也厮箕南
南南南吽吽割囉吽吽
罷
共施食咒
唵磨訶割囉也丁悉麻
曼布車吔依打麻慓
喝喝喝兮
修習人若惱害時，覓死
人，布衣大小，一寨黑羊血
草烏頭執與種集墨□
硯盡，惱害人形相，黑成

子念咒，加持作法人
心頭自種□出黑色
光，從口中出，入惱害人右
鼻胻中，光頭上現一鐵鈎
鈎取人心，左鼻胻中出標
至面前，布上形狀無二此
能勾召七遭，上制本佛，念
緊咒，發忿怒之相，黑戒子
抱打，念親心咒一萬遍，尾
添作礙捺，故，麻囉野搒吽
罷，此人已發灾難，修人習
隨意修習人，依法修習
若人不歸敬，時荷梨勒
五穀五種香藥苟兒子心
種集灌入心中，欲死人斤
系口，如修習人面前道一
寨坑埋之，此能長誦咒，加
持如富有人不信心，人若
不歸敬，盡皆標入心内，如
此念咒加持念親心咒一
萬遍，尾添所求隨意，吽
吽罷，盡皆成就，就此修習人
别人生鎮損心，化皮上婦
女，悦水與墨硯，畫此形
相，其心頭書一唱□
制在三面妙塔，心内埋在
行人門勝常是起慎□
心達，此人見修習人將生
罷悕心，此人不敢正聚所
求隨意，修習人凡有血
净諍論時，婦女月水大
珠同硯，横死人心，心頭去
取，合集一處，涅二面人，一
似官人，一似諍論，人净衣，書
上本佛字，種其二面人相
皆婦女頭髮，斤復念根
本咒一萬遍，白戒子抱打
修習人所求隨意，習人

一切意類鬼神一切意類
護神，如惱害時，修習人
融一時辰，作種種擁護□
大肉，羊血，摇旗，次念緊咒
召智佛放廣大施食，所
有作礙一百遍，麻囉囉囉吽吽
罷，不能爲害修習人所
求成就，次念咒時，施食
禪定，不許間闕，不許亂
亂穿，若爲師敕，所作不
成，呼聲長是作害，依修
習所求圓满，衆人歸敬。
夫修習者所作作行先
念福足三十萬遍，然後
所作法皆得成就，伸五
供養，依法不作不能所成
　　五供養真言
唵麻拶囉布悉并吽
唵麻拶囉㐬并吽
唵麻拶阿囉迦吽
唵麻拶遏你吽
唵麻拶你未帝吽
　　四面咒
唵酔磨何何何吽吽罷
唵吃訶你你你吽吽罷
唵吃全訶巴埋吽吽吽吽罷
唵麻拶令拶吽吽罷
　　四面咒
唵醉麻你你你吽吽罷
唵吃□□□□
唵吃令訶你你你吽吽罷
唵吃令訶巴埋埋埋埋吽罷
唵麻拶吟拶吽吽罷
手印執持南無降
魔杵，我今歸命南無
寶生佛其身青色
南無放光明，南無手
印，執持摩尼寶，我

今歸命南無稱贊禮
南無西方極樂，南無
彌陀佛，其身紅色
南無放光明，南無手
印，執持南無妙蓮花
我今歸命南無稱禮
南無北方獻儀，南無
□□佛□其身六□緑
□南無放光明
南無手印執持南無
交降魔，我今歸命
南無稱贊禮
南無中方毗盧，南
無遮那佛，其身黄
色，南無放光明，南無
手印執持千輻輪
我今歸命南無稱贊
禮

（五十三）俄 TK329《四字空行母記文卷上》[1]

【題解】

西夏寫本。卷軸裝，未染麻紙。高 23 釐米，寬 332. 7 釐米。共 6 紙，紙幅 57. 3 釐米。卷心高 20. 2 釐米，天頭 1. 4 釐米，地脚 1. 6 釐米。每紙 32 行，行 20 字。楷書，硬筆，墨色濃匀。有雙行小字注釋與校改校補字。已裱。

【前缺】
□□□□□□□□□續次
無所遺留，後以諸處修行所起□□□□自在故
得觀音標授，及智成就師等標授，故名葛麻辣
石辣。次修行至救度善，如求修於渴，征國内作戲
誦輪行於八墓地中，作集輪，上師嚮龍樹山庵内了
悟真理。次烏哩延國中，遇大黑天師，標授師云：汝
爲密結集在師，因此故稱小足師於後，得大威德，似
同金剛手，金剛手標受得不壞世尊之名，次大寒

① 《俄藏黑水城文獻》第五册，第 116—120 頁。

林墓地内，覺證法體，身心輕安，心境融鎔，空案自
顯得智空行母等，標受得戒敕已。次後西番
國内現種種神變，不可具述，然此永修者，小黑足見
智空行母，依理傳敕與諸衆生，作大利益，故説此
求修傳流於世。今師相傳者，有速近二種，遠則
真實究竟明滿。傳與文殊□字□摩悬麻尾見吃演説師子音，此傳第
八地菩薩阿拽丁瓦，傳與菩提勇識來拽外，傳與
須遏麻曷厮帝，空行母此三是出世聖人，此傳與勝
勢銘得哩瓦，此傳與西麻忿寶曷空行母此傳與征捺波標厮大黑尾師此傳
與市辣麻捺乙鐘小黑尾巴
上來皆是速傳已竟　近則
辣麻捺乙鐘傳與辣麻周乙，此傳與斜悉當章
吃普宗此傳與辣麻松巴薩散哩結章光正覺寶□□□此傳與
辣麻葛悉兼名無上，此傳與辣麻昆曷著□
上來皆是近傳已竟。
此師次第相傳者，令修習人能起帝，信礙樂之心，
亦得標受成就也，叙師功能竟，二標何教者，幾
演法，有敕教二種，敕則佛所説，故具五成就，教則後
人所集具五因，由今此求修二種，俱標何故敕中標
則是空行母親傳，有四本續，今此是大修習本續
内標故此内有便云勝惠二本續此，系勝惠本續
中標也。勝親書秘密此勝親秘密内所標，或金剛空行母本續所標此法，
是空行母所傳兼所傳之師，皆是證得聖人，亦同
諸佛，無二及依本續而傳，故敕中標也。二教中所
標者，師具種種神變，及依本續利益等五種因由，具足故
教中標也。言敕教二種，俱標何教竟。
三釋亥母得名者，亥母耳傳，求修劑門也，言亥母
者，法體無二，應物現形，是毗盧之妙體，法身之
真用，故現亥母之身軀，傳密契之妙法，説法應機故
詮内外密求修也。又言亥者，表斷陰陽之見，非
離晝夜，離二邊也，欲義釋則無增愛之，念現無
分别，性又起於輪回，度諸有情令得圓寂，入法界，
故此望增義，説究竟，説則阿瓦惡帝，遠離二邊
以無執著，空樂常顯，不著時分而初生故，故名
亥也。言母者，表現勝惠之相，法性之理，具出生
故空無質礙，能利有情出生，諸法内契於理
内合衆生，長養義故望增義説也，究竟説則中脉體空
能生涅槃，生死之脉，具四輪相轉生諸脉長養身，

軀所生世出間世皆從阿瓦惡帝而出生故，故名
母也，有此無比具勝德故，故名亥母也。
言求修者趣嚮所修萬行之根本也，此中有内外
密三種求修，所説此屬密求修也。此亦有三種一
外求修者，濃曼捺辣修習禪定施食念咒供養
懺悔等法行，并依修次第分明，二依内求修習者，
自身增長本定，依托四輪不觀外佛及色末中
圓等法但觀自身皆是五大五佛母自性脉輪
轉動不可出聲，佛欲分明意常想念，若放施食，自
身增長，風輪等法，自受□甘露飽满，歡喜觀身
法樂，煩惱息除，依法修習，自顯故名内也。三密波習
者，所依法體，諸法平等，無執著想觀，即不亂是
覺心，不昧是咒，情寄不即生施食，又密者依加行
師覺言還旋師遣决問修習者也。四釋有何利益者與
速近作其利益，近則於諸上師依法修習，得證
成就，速則與後修習之者，及末法時代，諸有情
等具信之人也。五分科幾段者，具有五種，初明起
發，二釋自體，三依上種下三品，説勝劣解不解
等義，四明見解定果等，五物釋結歸。一明發
起有四：一首標題目，二明歸敬，三敬禮贊歎
四遮自説云許之義理。初標題目者有二，初華
梵翻，二依華言釋。初者言室哩者吉祥末囉
者，金剛也。養機你者，修習母也。西底者，求修也
華翻已竟，不依華言釋者。言吉祥者有二，
一自吉祥者，自悟真理，無外所證，本自清净，故明自
吉祥。二他吉祥者，依法修習，慈悲渾厚，盡諸有情
得利益，故名他吉祥。言金剛者，金即不壞堅固，爲
義剛，即能摧衆魔，息除煩惱，快利爲義，從喻得
名，表顯法身，無相可得，等同虚空，遍衆生心，了諸
妄想，無分别相，一念悉知，三世知法，故空樂自性，
亦復如是，譬如幻師，亦現無邊隨順，衆生無心所
現大樂妙性，本無煩惱貪嗔等念，即是五佛母了知
佛母是空樂自性，無深無壞，故名金剛。言修習母者，
修則所觀空樂無别念想，萬行具足，故名爲修習者，
黯然用觀習於其性，不生情寄所觀妙樂習種，自顯
母是能勝惠性，故佛與衆生及余諸法，無不從此
而出，故名爲母。問者標梵題，有何利益，答有
三種利益，一佛出西天，證望覺處所演妙法，□□

機怛語説故，二念釋主之恩，三能熏種子
此三利益，今標梵題也。二歸依禮拜者，有一所禮處
者，於法界性究竟金剛亥母處禮，二能禮者
小黑足師前智空行母處禮拜也。三用何禮者，
以三華中歸敬而禮義同餘本，四爲何禮者爲
遣間斷及與修者，願得標受利益故，三贊歎敬禮
者有二，初依果説，後依道説。初果説者文
言真空慈悲乃至稱贊禮一頌文也。初總明
後别釋，初總名者，法身無相同，喻虚空應於物
機悲心影現於報化是爲三界自性，智心應顯梵
燒妄念，如同劫火與諸有情作饒益也。後别釋
言真空者，法身如空也。慈悲具自性者，是報化云而二身利
益有情言是三界之本體者是欲界化身，本體衆明主
體無法身色界本題。言猶如劫火焰熾盛者，其三身自
性無邊可得如火能燒世間諸相法故。二依道
説者，具有二種。初增長，後究竟。初增長
者，本具九相也忿怒相也。言三世界之本體者，即指
三業清净，故是三界之本體也。身清净故即
勝妙宫，是欲界本體，何故法生宫内所出生故，
語清净者，誦咒字母色相出入增長是界之本題也
意清净者想亥母身，表相歸空亥母，無分别，同
法身，故是五色界本體也。言猶如劫火大垢熾盛
者，亥母赤色智性如火，即大樂性普遍三界是
大樂本體也。後依究竟説，則言真空者，大樂
自性無念思，故普遍法界等同虚空。謂空觀故亥也言慈悲
空樂自性非同虚空，妙性不昧離諸妄想常受
法樂遍諸有情遠離憂惱，故名慈悲也。言三
世界等者，孔型無因離思念，故無色界本體大悲
明顯，故是欲界，本體色相一味故是色界本體，其
三義者，實無自性融成一味，同爲無分别明，故名
三界本體故，亦如真智燒諸妄想，體空無相同
歸不二大樂，自性無或業種改猶如劫火等也。
言修習母處我贊禮，如法無身無相真智影現
具相莊嚴殊勝，無比於此三身，令具足，故敬禮修習
母衆也。第四遮自説允許之義遮，文云上師相
續次第傳也。或問今此求修佛説説耶，汝自説
耶，若佛説者，有重説之愆，汝自説者，智過於佛
答從佛所説耳口相傳，後修習人智淺識昧，利益

此等兼得標受敕，故二述此文，故無量演自說之慜，
演是悟解之境界者，此求修簡异非器瞭解宗本
境，達性空理離斷常見，速離執著，是大手印之境
界也。科文是解釋發願久許之義理者文云真實□
義四字門者，於求修内，四輪字母四空行母等四大
佛母及觀墓地勝妙工等，依内外之法修習，最勝内
四大相應攝外四大同成一味心境，融鎔彼自交微法
體，無二故名真實與利他，故法體示現觀相佛身及
四字母，依理明解，速離二邊，故名勝義，言十六半
半明點相者，是十六半者，是八半者，八之半即四字
也，此則助頭前四字之文也。又指第四之義，即頭空樂
不二勝義，簡异前三遠離邊際故，言□相者是
四輪字母及想空行等相也。言明點者，簡離邊際
無闕漏故，明即不昧點，則離相是標前所觀之法，處
又明點者，即指第四方便勝惠之義，明則是勝惠
之，自性點則是方便之自性，又明者即空即悲點
者，是樂是智，今與空樂悲之便方勝惠不二，合説
故明點也。又則臨終舍受劑門法中所歸明點空
樂不二認於本智，故名明點勝義相也。言修習母
之求修儀者，依前釋，今利益修習之者，所造修
習母者，内外密三種求修等法也。言略集義中，我
演説者，今此求修於集輪根本，續及出現亥母，本
續等略集也。問先本續已説此法，今汝云何更重
演説耶？答然雖本續具有此義，云續顛倒文義
隱藏不顯二説我今得師標受，及與指敕依師劑
言，取前本續中，略顯現二説也。上來王段别總是
言發起已竟。後明體義者有二，初明先所作，
後正釋體義。初亦有四，一觀修習宫位，二作曼
捺辣，三明非所作次第，四釋所作行相。一觀修習宫
者，具内外二種也，或意樂宫内而修習，今此行人隨力而
住修習此法，二曼捺辣者，於修作次第内明顯知之也。
三明非所作次第者於□，此則具識住持不捨乃至真
知密之也。言此則具識住持不捨者，此則是二字正
指非所作内識，不隨諸緣等，故明非所作。言具識者
此分别之識，具無分别識性，雖緣諸法，不著六根，何
分六境，然雖六塵所起，皆是金剛自性即色等昧□□□□□
言住持不捨者，所緣諸法，住持自性不捨，具識一切諸
緣，喻同嚮聲有而全空，意不隨改，故言由外四緣大緣

成，故於身無著者，今修者，觀自身相，皆導地水火
風四大緣會而合集，故如同電光，不可所執，實無
自性，無自性，故法身示現亥母身相，故力凡身
恒觀佛幔，不著外身，不住凡心，又推四大空無自性
即了真如法體，自顯煩惱惑亂，即相空如雲，自
在起處，無縱滅處，無迹逍遥自在空樂自顯也。
言内識不隨煩惱緣者，由内智分明，故不隨沉亂等緣，
沉亂者，如雲障，空所礙，故空即無相，云是幻有故，不相礙
或沉亂起時，以心治之，不可别用，若隨亂緣，則心不止
故以止心也。若隨昏沉則定心不明，故令要得自悟明
顯也。言所起妄念，真智察之者，行者若依前自解
了諸煩惱妄想等法，皆是自心無别，所起若起若妄念
以勤勇心窮此根本，本是自心既了自心，心不可自斷，
以無别心可斷其心，如空合空，故非所作也。行者若
依非所作，則樂自顯成就自證。内外諸法，□自身於如，將觸如□□如空
四釋所作行相文云，起廣大勤乃至智中泯絶故也。
言起廣大勤者，行者不離所解之理，起廣大勤
勇所解之心，亦莫執著，憑宗本之義，心自明□
任運自在勿著一切恒常，用此觀失時，復令得名頭
或時起諸妄念，則於自解明知之中泯絶。但觀妄念□如無縱
若其觀則如禽騰空勿著情迹也，
上來四段物是先所作已竟。

四字空行母記文卷上。

（五十四）俄 Φ315《黑色天母求修次第儀》[①]

【題解】

西夏寫本，未染麻紙，薄，軟。高 22.5 釐米，寬 45.5 釐米。卷心高 20.4 釐米，天頭 0.8 釐米。地脚 1 釐米，共 28 行，行 26 字。楷書，墨色中。

黑色天母求修次第儀
釋此大黑色天母求修，大科分四：一起緣由者。此天母是西天
刹帝利種姓也，父名瞥迎捺，母名遍行母。此生一女，更有二兄，
大者名俱舍，小者名俱舍集。將此女嫁侍與一般刹帝種姓也。
彼有二妻内，此女是小妻，爲夫增嫌，故令野外放猪，更彼處亦

① 《俄藏黑水城文獻》第六册，第 127 頁。

有刹帝利種姓少童放猪。爲此女陰作情行，腹中有孕，故更加增
嫌，打拷不能存活，故於家中偷驢一隻、劍一口，奔騎而走，投江去，來
至中路上，爲饑餓故，降生於子時。子斷命剥皮爲净脱血肉。女人百
吃已，到於江邊，發彩云，若死後願待於羅叉女，若饑影食，敢五百
人爲肉之，若渴特飲，彼五百人馬之血。發願已，欲要投江，其驢不肯
入江，故於劍中劈一劍，驢及女人一齊入江，即將感得羅叉女身□□□
間有情故，吉祥形嚕割，折伏此羅叉女已，其女言：我更不惱害衆□
生，護持於正法。因此，吉祥形魯割説：大於黑色天母本□也，工廣義
深，衆生難入解放。此賢壞諸魔法師，略集造此本也。此師傳與□嚕
上師□傳與所□師次第相傳也。此者於發起緣由已。竟工釋題日
者，梵云摩訶，此云大割喇者，黑色；了畢者，天母；薩怛撩者，求修；□羅
麼者，次第。通云大黑色天母求修於事也。言此者，此世間天母嚮
此母爲尊，故名黑也。言黑色者，悟得無辣無變易故，黑色，言天者，悟
此尊高法理，故名天也。言母者，擁護一切衆生如悲母，故名母也。或天
母有其四種，一白色，發嚴海螺母；二赤色，喜笑母；三黄色，□行母；四大
黑獨發母。四種母内，此是大黑獨發母也。言求修者有三：□□□□□
果，三求修方便是也。言次第者，此求修法事次第是也。到此□□□□□
已竟。三：正釋本文，中分二，一能□人者，西天譯主折機右是□□□□
處者，即吉祥金剛空行母是也。三造人歸敬□□，集諸怖□□□
壞母是也。言集諸怖畏令壞母者，此母能壞聚集諸魔，故□□
言黑色母者，我敬禮。夫即造人歸敬□也。此者歸敬禮拜竟。
三解釋□文云□修習次第等二句
□□□□壞諸魔
【後缺】

（五十五）俄 TK238《□修行儀軌一卷》①

【題解】

元寫本。未染麻紙。高 11 釐米，面寬 9 釐米，共 6 行，行 9 字。楷書，墨色偏淡。後有簽押。末行西夏文字，被劃去。

□結繩晴除前，每餘中
□旁雲過此處方可
□修行儀軌一卷□
記盧盧盧結

① 《俄藏黑水城文獻》第四册，第 248 頁。

盧
□發交發

（五十六）俄 TK21. 3《功德山陀羅尼》[1]

功德山陀羅尼
捺謨佛陀耶，捺謨達摩耶，
捺謨僧伽耶
悉地護嚕嚕，悉度嚕，枳利波，
吉利婆，悉達利，布嚕利，莎訶，
大集經云
佛説功德山陀羅尼，若人誦此陀
羅尼一遍，如禮大佛名經四萬五
千四百遍，又如轉大藏經六十萬
五千四百遍，造罪過十剎土入阿
鼻大地獄受罪，劫盡，更生，念此陀
羅尼一遍，其罪皆得消滅，不入地
獄，命終决定往生西方極樂世界，
得見阿彌陀佛上品上生者。

（五十七）俄 TK25. 2《功德山陀羅尼》[2]

功德山陀羅尼
捺謨佛陀耶，捺謨達摩耶，
捺謨僧伽耶
悉地護嚕嚕，悉度嚕，枳利波，
吉利婆，悉達利，布嚕利，莎訶，
大集經云
佛説功德山陀羅尼，若人誦此陀
羅尼一遍，如禮大佛名經四萬五
千四百遍，又如轉大藏經六十萬
五千四百遍，造罪過十剎土入阿
鼻大地獄受罪，劫盡，更生，念此陀
羅尼一遍，其罪皆得消滅，不入地
獄，命終决定往生西方極樂世界，

---

① 《俄藏黑水城文獻》第二册，第 6—7 頁。
② 《俄藏黑水城文獻》第二册，第 13 頁。

得見阿彌陀佛上品上生者。

（五十八）A21.5《供養陀羅尼》[①]

【題解】

共 4 個整頁，1 個半頁。每半頁 5—7 行，行 14 字。楷書，墨色有濃淡。

歇西世〔黄色〕吃哩底吽 無□□你哩底□
花手〔白色〕補悉并吽，香母〔烟色〕顫并吽□
燈母〔燈色〕泥并吽，塗□□薩塵吽□
味母〔白色〕阿舍成吽，尖色母〔赤色〕囉星成，
觸母〔绿色〕斯不囉成吽，法母〔白色〕嚕銘吽
七寶供養
十萬一切如來前，此大輪寶應□□
續有流轉斷滅時，願常永轉法輪住。
唵拶答囉捺
十萬一切明满前，如意寶珠亦准□，
實修饑饉貧乏者，種種資財願□□。
唵云云囉捺
大麗女寶亦應施，勝惠法界理能□，
無明黑暗滅盡時，智惠方便願度□。
唵云彼底行貝囉捺
大臣寮寶亦應時，内外秘密三來□，
任持無量應智時，集諸功德願且□。
唵云摩訶囉捺
大香像寶亦應時，一切惡見實應□，
此真無彼實驟馬，巧住一切智中游。
唵云云喝囉底割囉捺
大騰馬寶亦應獻，斷滅有流轉道盡，
實得四神足力時，正覺戒中去游□。
唵云侶囉割囉捺
大丘此寶亦應獻，他冤害己實□□，
煩惱怨賊尚殊勝，親近真有願證得，
唵云割底割囉捺

---

① 《俄藏黑水城文獻》第五册，第 297—299 頁。

西番贊六波羅蜜
肱怛彰戰敏辟，拔喉頻巴嗔侵
倉征纏波敏臂拔喉頻巴嗔侵
倉征纏波喉捺覽波米拽頂任虛
南無釋迦牟尼，肱怛聲囉室也。
挨吃臨族，珊草

西番五供養

唵啼丸哦閫满唵哪征長曬□
養泥瓦满厮去泥掩藏哦哪哦
□部厮去瓦莎，西方五方
中方母厮鷄尚巴厮難搒你貢多薩
剌我移摸别藏别捺，康囉悉
多難得剌，别藏丈八母東方，舌别
那正心悉芭你貢多剌剌卧移
摸别藏，别捺那，正悉難得剌
别藏八母
西方浪漂蘭真對剌你貢多厮訛
剌卧移摸，别藏别捺蘭真厮
難得剌别藏丈八母西方，漂厮難
瓦達夜你貢多麻剌卧移摸别
藏，别捺般麻悉難得剌别藏
丈八母北方，蝙漂矩征骨芭你貢多
鏡剌卧移摸别藏别捺訛□
悉難得剌别藏八母

（五十九）俄 A21V.2《陀羅尼》[1]

珊悉巴室
令昌令捺
唵那正
　商西機
　令捺舌
十亥天母

① 《俄藏黑水城文獻》第五册，第 300—301 頁。

（六十）俄 TK327《中有身要門》①

【題解】

西夏寫本，蝴蝶裝，無口，中有頁碼。白麻紙，厚。共 7 頁。紙幅高 14.1 釐米，寬 22.1 釐米。字心高 11.2 釐米，天頭 1.8 釐米，地脚 1.1 釐米。每半頁 7 行，行 14 字。隱欄。楷書，墨色濃匀。有雙行小字注釋與校補字。校改字寫於同頁背面誤字位處。“明”字大多缺筆，也有少數不缺筆。首頁背下方寫“張”。或爲千字文藏書號。與俄 A15《夢幻身要門》、俄 A17《捨身要門》行款、字迹、紙質相似。

中有身要門

糠麻蘗上師　傳　崑厮當　譯

夫中有身者，各有三種，中有三者
謂生死夢想輪回也。身三種者，謂熱
習氣意身是也。然此三種何法系
屬與貪嗔痴爾相系屬，謂生死中
有身與慧主系屬夢想，中有身與
憶識系屬輪回，中有身與師父師母
系屬一生死，中有與惠主係數者，諸
謂執著道家憑師訓的指，方得决
了，系屬義者，要依他身發俱生
喜空樂，無二謂和合，時以無執心而
入於定，須要具德上師，具德手印，其
具德弟子正合掌，時在定無著，
樂生不貪方得傳受，第三主戒也，
若資與印欲合會，時於師父師母求
請標授至會合，是樂生無執，復印
無至得入光明，習此精純臨終捨喜，
復得現行者，必證聖果，若解脱
道家依風脉身心而發喜樂，不生
貪著之心，而作定者，亦得無執之走
者，依此習之。

二

第二與痴相系者，屬睡，是昏暗，即
屬痴標也，系屬意者，因睡夢生爲

① 《俄藏黑水城文獻》第五册，第 106—112 頁。

前憶識而相應者，於夢境中識如
是夢，若以憶識射之，識得夢時，餘
有夢法，亦隨得生，若得夢法而現
行，時證聖道者，是爲夢與憶識相
系屬也，其有此睡而爲道者，如因於
睡得入光明，定者是也。
第三真與上師師母系屬者，此中
有身，若見行滑，心起嗔時，彼男女
身想認父母或師父師母者，其嗔便
息，嗔心息，故認得。光明者更無別法，
想應也，然輪回中有身六根皆具無
　　三
障礙，初三日般意入平生後三日半，
方知何處受生相，當樂之時，忽見六
道有情所作之事，就中偏見，父母交
會於父母中，新生嗔時，嗔夫認爲上
師，嗔母認爲師母，唯願師父師母標授，
於我起敬回嗔必得生樂，生樂無
執，故得延中有之身者，光明自性，復
得現行矣。前文多段別總是其共説
要門竟。後説心中自現要門
者，臨遺不聽則專心發願，受中有
時，願識中有之身，恒發是願，若地
歸水，水歸火，火歸風，風歸識，後隨三
時境覺悟修行。初於生死中，有識
認光明，次於輪回中有識認幻身，及
　　四
後認厄胎之法，初識光明者，若風大
入識，唯出單風時，爾時内心名之爲明，
内境如微烟，外境如日出，次現盛時，内
次現明，盛是内如螢火，外如月出，次現
明盛空時，内如燈光，外同黑暗，次現得
光明時，内如天心，外如東方白當，你之
時修生光明，如送物人本有，有光明
如等後人，若得二光相壇識認不惑，湛
然守定者，燒盡障礙，即證道果，得
成正覺，更不經受中有身也。若未證
聖所執中有，如魚出水，如天起云，忽

然頓現者，即是自然幻身，亦是不净
幻身，應當識認，然次幻身，六根皆
具無障礙，具足業報，神足神爾時

五

手生所習諸師要門及諸法門，皆得
覺知，就中篇覺，增長佛身，就上作
於增長輪者，即是二幻，俱入身也。
昔作此增長竟忽入光明定者，此前
功行增其四十六億由，功勝障消，故
胎之法厄胎法者，由前不證，故分明
得見，六道有情，就中偏見，父母交會
之事，若見此事。觀父母如師父師母，緣師父師母標授於我。
心無憎愛生大樂者，容樂守定入
光明中。其中有中，若見衆生行染欲者，是受生處，不應生心往去，又於中有身
覺無修身見礙者，是輪回中有身，應須識於禪定，此事切在他業自專，認入更於
定上加四方，便必不受胎也。四方便者
一應作是忘，由前滑染妄受輪回，今

六

又縱欲心，後者所窮深生厭離，復入光
明定者，必不受於胎髒也。二增長中厄
者，作增長佛身，即得厄之，三觀一切
法如幻化，故即得厄之。四觀一切法無唯
可得，而用此心入定，空者亦得厄之。依
上對治力，故於初中有厄得受生。第
二七後輾轉具厄上四方，便可專一法
亦得厄之，依上方，便增習對治，於增
長定，必有其覺，各是有學，俱入身
也。於此佛身，作影相者，□若離情
執，契合無生者，即是無調無學
之法身，亦名無覺俱入身也。然用上
方便，經七七日不克證者，於輪王等
勝受生位，恣意揀擇於彼生身，必

七

蒙領受，曾所習法，現證聖果，再不
重受，中有身也。然初生死中有厄
執次第者，現明境時，厄得嗔種三
十七中，煩惱現明，盛時厄得，貪種
四十種，煩惱現明盛，空時厄得痴種

七刹那無明。第四現得光明時
曾不習定，故雖現不識由業緣力
【後缺】

（六十一）俄 TK271《密咒圓因往生集》[①]

【題解】

西夏刻本，經折裝。未染麻紙。共 10 折半，21 面。高 10. 3 釐米，面寬 6 釐米。版框高 7. 8 釐米，天頭 1. 3 釐米，地脚 1. 1 釐米。每面 6 行，行 10 字。上下雙邊，宋體，墨色中，不勻。已裂爲 3 段，有佚文。

大寶樓閣隨心咒
唵麻禰捺哩吽發達
尊勝心咒
唵没隆二合莎引訶引
阿彌陀佛心咒
唵啊密嘌二合怛矴嚙曷囉
吽
阿彌陀佛一字咒紇
智炬如來心破地獄咒
捺麻啊實怛二合引石低引喃引
薩滅三莫嚓光引低引喃引
唵謁引捺引斡末引西
哩溺哩　吽
文殊菩薩五字心咒
啊囉鉢拶捺
毗盧遮那佛大灌頂光咒
唵啊麼遏 昧嚨拶捺
麻訶引母嚨囉二合麻禰
鉢嚨麻二合嚗辣不囉二合
斡哈怛二合也吽
七倶胝佛母心大准提咒
捺麻薩不怛二合喃引薩滅三莫
嚓光引低引喃引怛涅達

① 《俄藏黑水城文獻》第四册，第 359—363 頁。該件有梵文有漢文，僅録漢文。

【中缺】

吟拽二合啊彌怛引末引也怛達引遏
怛□遏啊隆訶二合矴薩滅三莫嚓引
也怛涅達引唵啊依嘌二合矴
啊密嘌二合多納末二合永啊密嘌二合
怛三莫用啊密依嘌二合怛遏吟喻
二合啊密嘌二合怛西嚀啊密嘌二合怛
矴嘀啊密嘌二合怛覺屹磷廬間反二合引
矴嘀啊密嘌二合怛覺屹磷同上怛

【中缺】

如來形象不如書寫此六字中一字，功德若有得此六字大明是人貪嗔痴毒不能染著，其有戴持在身中者是人亦不染著貪嗔痴病。

金剛薩埵百字咒

唵　末唧囉二合薩咄 薩麻也 麻
鶆切身鉢引辣也　末唄囉二合薩咄
嘚永二合那 鉢帝實達二合嚨吟
二合囊銘末斡 須多商銘末斡　須
波商銘末斡 啊鶚切身囉屹二合多
銘末斡 薩吟末二合西濰切身銘
不囉二合也嘐 薩吟末二合葛吟
麻二合須撈銘即怛 實哩二合咩孤
嚕吽　訶訶訶　和末遏梡
薩吟末二合怛達引遏怛　末唧囉二合
麻銘悶引撈末唧哩二合末斡麻
訶引薩麻也　薩咄　啞緊

十二因緣咒

唵英嚓吟麻二合引形珞切身不囉二合
末斡引形引珞舌齒矴善引怛達引遏
多纈末嚓怛二合碇善引撈咩禰
哴嚓嘆梡合口斡引溺引麻訶引
實囉二合麻捺英　莎引訶引

今此咒句准經翻譯即是頌曰。
諸法從緣起，如來説是因，

彼法因緣蓋，是大沙門説。
若造佛像。安置舍利如芥
子許。或寫法頌安置其中。
如我現身等無有异。凡修
功德誦此慶成。
已上十五道咒之功德在密
咒圓因往生集門須者撿之
密咒圓因往生集録
蓋聞王道無私赴感而隨
機，萬類法身無相，就緣而
應物千差是以羅身雲於五
濁界中，灑法雨於四生宅内
唯此陀羅尼者是諸佛心印
之法門，乃聖凡圓修之捷
徑，秘中之秘印，三藏以導機
玄中之玄，加聲字而詮體
統該五部獨稱教外之圓宗，
抱括一乘以盡瑜伽之奥，
旨土散屍霑神離五趣，風
吹影觸識泝天宫一念加
持裂惑障於八萬四千頃剋
攝受圓五智而證十身，神
功叵測，聖力難思，睹斯勝利敬
發度誠於圓因往生集内
録集此咒，二十一道异諸
賢哲誦持易耳，將此功德
上報四恩下濟三有生身
父母速得超陞累劫怨親
俱夢勝益印散施主長福
□□□□□□□□□□□
【後缺】

(六十二) 俄 TK328《顯密十二因緣慶贊中圍法事儀軌》[①]

【題解】

① 《俄藏黑水城文獻》第五册，第 112—115 頁。

西夏寫本，卷軸裝。白麻紙。高 25 釐米，寬 242 釐米。共 5 紙，紙幅 55. 8 釐米。卷心高 22. 3 釐米。天頭 1. 5 釐米，地脚 1. 1 釐米。每紙 28 行，行 17 字。楷書，墨色有濃淡，有雙行小字注釋。

薩羅

等逸字放

白紅三道□□□□□□□□□□□□

白芥子，吉祥草，何梨勤母，丁香，桂花，將上來

色等，首座面前標授神咒。唵薩嚩怛達識

怛阿尾拶母麼訶割捺野麼訶怛把夜羅訶

啼，怛捫捺常拶夜拽難怛夜阿訶羅帝

怛吽吽枯嚕嚕拶囉發機怛吽發怛莎訶

此咒出在菩薩十六鬘瓔珞經，其咒誦二十一遍，標授

自身成想三界，諸佛之師，其身純白，召請無量

曇形象，束記丁□頑□字變成無量明

點，入無量像頂中，次放二盤施食，一盤施與

形象中，依止邪魔神道。次施一盤時，吽字

放光，入無量形象，其光復回入邪魔口中，首

座執杵，其魔所的發菩提心，作外擁護，自身

放光照無量形象，光明入無量形象中，所有

身心，自處以遣無量形象頂，輕自身面前

想一三角火壇之執壁麻，高聲吽，咬牙睜

眼年頂論魔咒：唵發發喝拮請囉吽吽發

此咒出如來想好功德經次去語之魔，咬牙睜眼，左手掘

桂花在高之遞燒，念去語輪魔咒：

唵刺割耶拶夜吽吽發，此咒出在智明王經依

前三角火壇中，左手高之，燒執麝香，念去意輪

魔咒：唵啮哩把夜吽吽發。此咒同前。三

輪已得，清净三輪中，佛供養本師，敬禮無量華

供養師載去六根之魔，先去眼根之魔，咬牙睜

眼，手掘安息香，高之遞燒，誦眼根咒：

唵眉捺末稽請捺喝囉吽吽發。此咒出在十如來相俗□功德

次去耳根魔，咬牙睜眼左手高之掘白芥子，遞燒

壇中，誦耳根咒：亢吽稽請訶訶發怛亢。此咒出

在天人智經次去鼻根魔，咬牙睜眼，左手高之手，掘指

木，遞燒誦鼻魔咒：唵拶耶也鷄把米拶吽

吽法怛。此咒出在十六是等秘密五經，次去舌根

魔，依前高之手，掘香遞燒咒曰：

唵啞啞和捺發夜後發怛。此咒出在花嚴菩
提十鼻無量三昧經，次復去身稽請根魔，依前高之手，掘
吉祥草，遞燒誦身根咒：唵發怛吽稽請野莎
訶。此咒出在同前三昧經。三輪已得清净形象，
得其圓满師施二盤施食，即施與三輪清净，
施時想作純白色甘露，其甘露三柳，舌尚有智
杵，所急飲吃之，皆令飽满，皆令清净，歡喜各
自歌舞贊歎供養。次復施食一盤，想作甘
露供養六根，亦金剛舌。急飲甘露，皆念六根
清净歌舞贊歎，亦供養之本師，去魔已三輪
清净，六根圓满，令一切形象金剛沐浴咒曰：
唵薩嚩怛達誐怛阿尾實割三摩野悉哩吽
次將金刀無量形象跪踡在面前，剃其髭法，所
受出家受三五戒，菩薩戒，或如來戒，各自圓满
師施髭發，咒曰：唵遏捺捺魔訶過捺吽吽發
怛。次復師施頭冠，左右掘訶梨勒遞燒，念咒
唵捺賞賞吽吽發怛怛。次復并迎右耳塞拔
二鼻中咒：唵須麻你夜捺吽吽發怛
已上三道肘，同前花嚴三昧經。若慶贊塔儀
軌。先於首座面前標授所用法物等，紅傘
一頂，黄旗二口，净衣二件，净瓶一個，瓶衣五色，錦十
流水葉枝旃檀七寶龍腦麝香安息香等
次首座面前想一啉字，成八葉蓮花，花上想一
色阿字，變成月輪，輪上安置一瓶，標授先請東
方阿閦佛，次南方至西北方，安四方，次請中方毗盧
遮那佛，亦成宫殿安神咒：
唵杜甯甯伽寧薩哩縛發吽吽莎訶。於瓶
内入千流水，想作水晶宫殿，後入七寶瓶，系底入
葉枝，五色綫傘蓋，次誦以標圓满咒：唵西囉
囉賀咯啼莎訶。答誦咒時令不斷絶，一日一夜
或至七日十日，次咒圓，故請牢彼形象所造塔
依從東門帝標一瓶，種種香湯，以浴東門形像
咒曰：唵啞麻哩，密麻哩末哩麻哩薩末□
咒尾述莎訶。次第四方盡同前沐浴
次復開光明，將金杵潤其两耳，咬牙睜，眼左
右手高之掘母，丁香遞送燒壇中誦神咒。
唵發捺夜喝撈吽吽發怛。以復施發帶手
掘壇香遞燒咒：唵訖哩捺把夜吽吽發怛

已上二通咒出在文殊秘密王經云。次復施旃檀緊金細砍之，將金
杵亦開眼，晝開光咒：
唵訶咯彌者，夜吽吽發怛。此咒出在三身報圓滿經
次施耳鐶鈗釧咒曰：唵遏宿彌怛夜吽吽發
怛。此咒出在十五褁王神經。次復施花鬘瓔珞衣服
等咒：唵薩嚩怛他誐達阿未母摻野吽吽
發怛。次作供養歌舞，贊歎供養。
次復四部弟子，亦作五供養，拈二十五佛，回施奉
送，次師灌頂，先求諸五方佛各歸本，倍念
十二因緣真言，或吉祥偈。次復諸佛歡喜歌
舞，贊歎其瓶内水或煎湯藥，或灑浄在虚
空，或灑禪房，以許之，相違過，歡喜奉送。
次塔似傘旗等咒：唵薩嚩破麻捺，云善
夜達吽吽發怛。於首座心中，光入塔上浄瓶，
内若無真佛舍利，此光入瓶内時，及誦咒，舍利
满故咒曰：唵麼薩捺夜怛囉捺衣著摻
夜吽吽發怛。其光回入道，首座由鼻窮
中繞塔，供養獻食，六十四分花香燈塗菓食六十四盞等
亦供養圓满，故歌舞贊歎，禮三十五佛，回嚮
以首座奉送，左手執花，誦木曇朦七遍，其花
傾在瓶壇内，歡喜奉行。若慶贊龍神電
宅舍等，先自身想作莫字變成大黑天神
取新楊柳枝，以右手提柳，取千流水，置在面
前，誦十二因緣晝，念满一百八遍，著在水内，次念贊
宅咒：唵夜囉咒割怛嚕怛伍夜拽達辟
束夜捺摻賀吽吽莎訶此咒出在回緣諸行經也。此咒隨
力分念之，水灑在宅舍，先遣一切諸魔，後灑浄，
若慶贊龍宅，定得五種安樂，一得龍神擁
護，二無警怖，三身無邪染，四宅神安寧，五子
孫長壽。次取好泉水置在法梡内，念安樂擁
護咒。唵灑囉囉没隆隆賀囉怛辟束捺莎訶。
此咒隨力分念，云其咒水相作甘露，本在右手内
左手執鈎鐮，舍在吉祥金剛口，遞稱咒子孫龍
神身内，所有惡蟲出去，身心明眼，如寶珠，一盤
龍等皆得安樂，身心寧息，心息作大擁護，令
生歡喜也。若慶贊井時先以持，次想甘
露之泉井底之想一啷字，純放白色甘露，光變
成八功德水念咒：

唵捫捺捺馬賀割耶薩縛米賞捺耶阿囉捺
怛捺葛嚕莎訶
顯密十二因緣慶贊中圍法事儀軌已畢

（六十三）俄 TK153. B60《建置曼拏羅真言》[①]

【題解】

宋寫本，經折裝，未染麻紙。共 54 折，108 面。高 19.8 釐米，面寬 9.5 釐米。每面 5—6 行，行字數不一。楷書，墨色濃勻，有朱筆圈點。墨筆校改。

【前缺】
蓮華藏真言，種智真言，被禮薩怯真言
曩謨三满哆没馱喃唵
唵嚩囉二合薩幡吽
唵薩哩嚩尾吉
五輪著他真言
□薩哩嚩怛他誐哆播囉那
□满那能迦嚕彌
修行殊勝行，净地波羅蜜。
如破魔軍衆，釋師子救世。
我以降伏魔，此建曼拏羅。[②]
唯願慈悲重加護三説
謹白當居士地堅牢他天陞諸眷屬，
暫離寶位於地天，乞一肘臂地建置
曼拏囉會，祈禱悉地願背成就於此
結界之，他四方各百由旬，惟願地天所佳
東北隅爲做證明垂加護。三説振鈴處
□二合彌尾索義二合部哆臬薩哩嚩没馱
喃哆以曩振鈴佐哩也迦二合曩野尾
始灑數部彌播囉彌多振鈴素佐摩

① 《俄藏黑水城文獻》第三册，第 349—368 頁。

② 上述六句見於《大藏經》第 75 卷 NO2398《胎藏抄》NO2488《澤抄第一如來》，《大正新修大正藏》第 18 册 No. 0914《火吽軌别録》，《大正新修大正藏》第 18 册 No. 0912《建立曼荼羅護摩儀軌》，《大正新修大正藏》第 18 册 No. 0911《建立曼荼羅及揀擇地法》，《大正新修大正藏》第 18 册 No. 0852b《大毗盧舍那成佛神變加持經蓮華胎藏悲生曼荼羅廣大成就儀軌》，等 23 部經書。最後一句爲：我畫漫荼羅。

囉二合賽彌怛他婆誐能捨契僧四
那哆二合嚕振鈴怛馱賀摩囉佐養吃
哩，怛錢二合曼拏囉鄰佐哩契咩憾
無畏真言，金剛杵真言，金剛墻真言
曩莫三满哆没馱喃唵蜜哩
啼尾哩野娑嚩賀
唵枳哩枳哩嚩囉二合部哩普嚩
满馱满馱娑嚩賀
唵娑囉娑囉嚩囉鉢囉迦衆
吽發吒金剛明犬真言
曩謨薩哩嚩怛他誐哆毗藥二合薩哩
嚩婆野尾誐啼毗藥二合尾濕囉二合目
契毗藥二合薩哩嚩馱欠嚩婆素怛囉二合
洛叉麼賀嚩囉哩薩哩嚩怛他
誐囉奔你也二合你哩吃二合佐啼吽吽怛囉
洛叉阿怛洛二合阿鉢囉啼和啼娑哩
夫水者性净，真常體圓三善布九天之
雨露潤大地之焦枯，兜率天宫梁項
演三乘之教，彌陀國内渠開九品
之蓮，可以内净人心，可以外嚴佛事，水
有如是之功，歎不能盡。
稽首真言秘藏三乘妙法，甚難思
聖力威猛振魔軍，普現十方三世界，
辟支天仙羅漢衆，新來降福數無邊，
志得焚香封十方，爲依證明重加護。三説
次念軍吒利大灑净陀羅尼真言
曩謨囉怛曩怛囉夜耶曩謨
達謨嚕嚩囉誐啼娑婆賀
業障盡消磨
涅蓮河邊成道，曰十方佛刹普入耳
知各將异菓獻如來，未後滑勤
爲第一施主，今將菓供養一切衆
生，亦復然諸佛，菩薩降道場唯願：
慈悲哀納受三説
唵薩哩嚩怛他誐哆頗囉布佐
銘鉫三母怛囉薩頗拏三摩曳吽
頗羅嚩細彌頗曩嚩細你頗那嚩
細你唵誐誐般欠娑嚩賀

志心菓供養游遍金繭寶刀剪
分臠肝碎玉，懺摘下鳳心酸珍味落
教盤成道曰阿閦佛池間，仙樂
韵揚迎瑞氣，衆仙旋舞懺磨冤
身座彩蓮端，假是菓供養巍巍
蕩蕩賢聖像，百禽銜花繞壇場，雙號
法中王真言曰曩謨三満哆
没馱伽喃達摩噜嚩囉啼薩婆
訶業障盡消磨
本是南山靈异草，依時採摘折薪
芽，能除熱腦去昏沉，將獻如來諸
聖衆，施主今將茶供養，一切衆生亦
復然，諸沃菩薩降道場，唯願慈悲
哀納受。三說唵薩哩嚩怛他誐多
滴訖哩二合哆布惹銘鉫三母怛囉薩頗
拏三摩曳吽滴訖哩哆嚩細你滴
訖哩哆嚩細你滴訖哩哆嚩細你唵
誐誐般欠娑嚩賀
志心茶供養藿草復香龍芽小
團金鳳餅蘆芽撥雪轉馨香，
將獻法中王昏沉病從地永消，
亡精勤通意超登果岸，嚮佛因地是
無殃，普願證清凉，假是茶供
養巍巍蕩蕩賢聖像，百禽銜花繞
壇場，雙號法中王。真言曰：曩謨
三満哆，没馱伽喃，達摩噜，嚩
囉誐諦薩婆訶，業障盡消磨。
爾時龍王名無熱常於鱗甲，出甘
泉，現阿耨蓮池中形住琉璃南
海岸，施主將水供養一切衆生，亦
復然諸佛菩薩道場，唯願慈
悲哀納受三說唵薩哩嚩怛他
誐哆阿伽布惹銘鉫三母怛囉薩
婆拏三摩曳吽阿伽嚩細你阿伽
嚩細你阿伽嚩細你唵誐誐般次莎賀
志心水供養妙體，滌塵埃，真净盼中
爲甘露，九龍親吐沐王身，得悟世間
空，觀音力，甘露在瓶中，能滌饑羸

燋渴苦，我今分灑奉真容，總願證通
明。更是水供養巍巍蕩蕩賢聖
像，百禽銜花繞壇場，雙號法中王。
真言曰：曩謨三满哆没馱伽喃達
摩噜嚩囉誐啼薩婆訶，業障
盡消磨。
如來持鉢，巍巍相忽，逢老母弃喻將虔
心奉獻紫金容，感得果證生於天，施
主今將食供養一切衆生，亦復然諸
佛菩薩降道場，唯願慈悲哀納受。三説
唵薩哩嚩怛他誐哆，末鱗布惹
銘□[①]三母怛囉薩婆拏三摩曳吽
末鱗嚩細伱末鱗嚩細伱末鱗嚩細伱
唵誐誐欠娑嚩賀
志心食供養珍食，最爲先意惜我
佛，成到曰乳糜粥獻悟根圓，方座
寶紅蓮，舍衛國行化度多緣老
母，傾伸將供養他心玄鑒施無損感
果得生天。更是食供養巍巍蕩蕩
賢聖相，百禽銜花繞壇場，雙號法
中王，真言：曩謨三满哆没馱伽喃
達摩噜嚩囉誐啼薩婆賀，業障盡消磨。
爾時菩薩名無盡即脱瓔珞獻觀音
轉獻如來釋迦尊多寶佛塔，施一
分，施主今將珠供養一切衆生，亦復
然諸佛菩薩降道場，唯願慈悲哀納受
唵薩哩嚩怛他誐多哆虞呬布惹銘
鉫三母怛囉薩頗拏三摩曳吽
虞呬嚩細伱虞呬嚩細伱虞呬嚩細伱
唵誐誐般欠娑嚩賀
□□□供養童女初發願爲度群
生深罪垢耶，殊所愛應機圓心，奉
獻觀音佛受記南海證菩提祈
四生衆登聖果，回光六道盡歸依普
願離群迷，更是珠供養巍巍蕩蕩
南無心信禮東方世界，摩訶曼拏羅

① 疑爲“鉫”。

聖衆唵嚩囉二合部主金剛堅固自
性身阿閦尊沃
南無一心信禮南方世界摩訶曼拏羅
聖衆唵囉但那部主福德尼
嚴聚身寶生尊佛沙志
南無一心信禮四方世界，摩訶曼拏羅
聖衆唵達哩摩部主他受用
智惠身無量壽佛
南無一心信禮北方世界，摩訶曼拏羅
聖衆唵羯哩摩部主作種種變
化身不空成就佛
南無一心信禮中方瑜伽大教主三世平
等净妙净身金剛界大悲大慈。
大毗盧遮那佛
南無一心信禮靈山不毁鶴堂身
裹满三極功圓萬德，具一切智號天人
師順世無常，示生滅法是我等
本師釋迦摩尼佛
南無一心信禮地前地上悲僧智僧修
六度以還圓，曆之極二煉行證真
斷障，有智故上化菩提解難除危
有悲，故下化薩埵彌勒遂居兜率
院觀音端莊補陀羅山文殊項珮
金色光普賢間錯珠瓔琚禮一切等
菩薩摩訶薩懺念
我修真言行者比丘某今一□男歸奉爲修
緣，施主酬了心願懺除三業罪自
從過去世流轉於生死，今對大
聖前運心而懺悔，我昔所造諸惡
皆因無始貪嗔痴從造罪過河的
招一切我今皆懺悔志心懺悔并句懺
無邊罪同歸，法性空智誠皆
懺悔，誠皆懺悔。
釋迦動現雙林滅，鬖鬤愁云抱風生，
警地動天日無光，山岳崩摧聲哽咽，
百戰盡死無血泪，山林色惨霧忽了，
山河爲業水難流，坯體樹葉皆凋落，
是凡是聖惡啼哭，爲甚如來入涅槃，

若以香花證塗獻，而能成就佛供養，
是諸衆等人踋跪嚴持香花，如法
供養。鉢囉須彌鉢囉捫佐度
波喻賀度波禨燈伽囉度波喻
怛凌度波尾津怛囉尾土土凌三满
哆布惹曩底戌唧般喃迦嚕彌
昔日耶殊陀羅尼使迹王宫作貴妃
爲遭厄難爇銘香，感得火坑青蓮
赴施主，今將香供養一切衆生，亦復
燃諸佛菩薩降道場，唯願慈悲
哀納受，哀納受，哀納受，唯願慈悲．
唵薩哩嚩怛他誐哆度波布惹
銘铈三母怛囉二合薩頗拏三摩曳吽
度波嚩細你度波嚩細你度波嚩細你
唵誐誐般欠娑嚩賀
志心香供養親獻紫金仟沉水香
山玉兔，髓寶台蓮座相龍延身
臂其心燃，旃檀國荔覆復祥烟
鳳倚鱗停嚴佛事，金枝玉葉普
朝天億蔓根相連，假是香供養，
巍巍鐸鐸賢聖相，百禽銜花繞檀場，
執好法中王。真言曰。
曩謨三满哆没馱伽喃達摩嚕
嚩囉誐諦薩婆賀，業障金消磨
萬花開時皆有蕊蓮華生在於
逕中蔓殊沙花天界有心定花開
得佛成逸多花開沃出世一枝花榭
佛涅槃，施主今降蒼供養一切衆生，
亦復燃諸佛，菩薩降道場，唯願慈
悲哀納受。三説
唵薩哩嚩怛他誐哆補瑟波布
惹銘铈三母怛囉薩頗拏三摩
曳吽補瑟波嚩細你補瑟波嚩細
你補瑟波嚩細你唵誐誐那欠娑賀
志心花供養彩獻法王台優波羅
椛相契復兜羅綿手爲拈回寧用
寶刀裁因中論不發掩逕埃，千
體回超三界外，七枝共獻梵天開

結菓獻如來，假是花供養
巍巍蕩蕩賢聖相，百禽銜花遠
壇場，執號法中王。真言曰。
曩謨三満哆没馱伽喃達摩嚕
嚩囉誐諦薩婆賀。業障盡消磨。
昔日尊者阿羅律，偶因赴免入寺中
腰間取箭剔昏燈感得天眼爲第一
地獄三塗多黑暗，汝燈一盞遍分明
施主今將燈供養，一切衆生亦復然
諸佛菩薩降道場，唯願慈悲哀納受，
唵薩哩嚩怛他誐哆彌波布佐銘錒
三母怛囉薩頗拏三摩曳吽你波
嚩細你你波嚩細你你波嚩細你唵
誐誐般欠娑嚩賀
志心燈供養，一點四方明下照泉台，通
九地傍輝海藏顯群星，無處了分明
阿囉律�免法王庭心内善瑞增妙
行，腰間取箭剔昏燈，天眼自通靈，
更是燈供養巍巍蕩蕩賢聖相，百禽
銜花繞壇場，執號法中王。真言曰：
曩謨三満哆没馱伽喃達摩嚕
嚩囉誐啼娑婆訶。業障盡消磨。
細末旃檀及沉水變异和合號爲塗楷
身磨臂悉巡修灌頂醍醐爲第一
施主今將塗供養一切衆生亦復然
諸佛菩薩降道場，唯願慈悲哀納受。
唵薩哩嚩怛他誐哆猶馱布惹銘
錒三母怛囉薩頗拏三摩曳吽
猶馱嚩悉你猶馱嚩悉你猶馱嚩悉你
唵誐誐般欠娑嚩賀
志心塗供養，證湛出軀停銀色，大行中
銜應曰琉璃池内顯寒星，清緊似
水晶，�發願獻佛，表精誠玩累，四生
塵埃，六通八解，惠圓生一滴甚分
明，假是塗供養巍巍蕩蕩賢聖
像，百禽銜花繞壇場，雙號法中王。
真言曰：曩謨三満哆没馱伽喃
室戰囉利嚩囉播嚩曳摩賀藥叉

梟羅播哆曳曩謨嚩囉骨嚕二合馱
野摩賀能瑟吒囉得迦吒佩囉嚩野
阿梟母娑囉婆囉輸婆舍賀娑哆
吃哆軍囉哩唵怯怯怯囉怯呬護嚕
護嚕底吒底瑟吒满馱馱馱阿賀
曩耶賀那諾賀賀賀播佐佐佐秦那那那
顛那那誐哩佐佐佐建哩佐達哩佐耶尾
娑普吒吒吒野薩哩嚩尾勒那尾曩
野迦喃摩訶誐囉波底奈尾哆案馱
迦囉野吽吽發發娑嚩賀
護魔灑净真言
曩謨三满哆没馱喃唵鉢囉底
曳三彌誐誐那三彌三满哆訥乞哩二合誐
底唵鉢囉二合吃哩二合啼尾秫地達哩麽
馱都唵尾秫馱甯沙賀
持他無畏真言
曩謨三满哆没馱喃薩哩嚩怛他誐
哆唵啼瑟姪那啼瑟瑟諦唵
阿佐哩尾摩哩三摩拏哩唵鉢囉二合
吃哩二合屐踧哩秫地莎賀
衢魔曳明王塗烟真言
没他也虞摩耶母那能僧呬檜室鄰佐
娑那满那佐能産檜軍檜化閉哩迦據
那佐能尾哩焰吃哩二合欲娑怛他婆能地也二合
能怛他叉那喻哆彌迦怯羅拏鉢囉二合倪
也二合薩哩衢佐嚩囉能喻哆波囉彌哆薩
哩哩嚩羅波底吃哩哆二合波度曼拏那婆
嚩底曩迦迦迦嚩難拏薩哩嚩嚕計尾
目吃哩二合哆素羅曼拏若彌悉瑟吒嚽怛
囉二合嚩寧部哆尾底哆曩迦迦迦三没哩
都佐野啼囉娑嚩梟素誐哆嚩囉二合吃哩
呬曩曼拏拏惹嗡迦嚕啼
楷增真六言下綫真言無色綫真言
唵曳娓嚩吠嚕佐曩野莎賀
唵嚩囉素怛囉二合野娑嚩賀
唵囉嚩迦摩賀
香雲遍满法界，處此夜開啓瑜伽部
諸佛菩薩降道場，按引群生髮彼岸

稽首薄迦梵，大毗盧遮那，
能爲自在王，演説金剛界，
無邊功德海，十五解脱輪，
三十七智身，我今歸命禮，
我依金剛頂，瑜伽大教王，
開演一佛神，如來三密藏，
是成無化喻，量三量第一，
唯佛不共知，相應成佛門，
爲令悟入身，圓成净法身。
蕩賢聖像百禽銜花繞壇場，
雙號法中王，真言曰：曩謨
三満哆没馱伽喃達摩嚕
嚩囉誐諦薩婆訶，業障盡消磨。
□時童女年八歲，爲求佛果大
菩提處心奉獻摩尼珠，證往
南海無垢界，施主今將寶供
養一切衆生，亦復然諸佛菩
薩降道場，唯願慈悲哀納受。
唵薩哩嚩怛他誐哆囉怛那
摩曳吽囉怛曩嚩細尼唵誐誐
般般人娑嚩賀
志心寶供養瓔珞六銖衣妙麗
世服應難比一心真趣布金遲
將獻抱精誠，無盡意獲果，
道圓成示化顯超彼岸置
立寶供顯，因名各一分裹分明
假是寶供養巍巍蕩蕩賢聖
像百禽銜花繞壇場，雙號法中王，
真言曰：曩謨三満哆謨馱伽喃
達摩嚕嚩囉誐啼薩婆賀
業障盡消磨。
金剛菩薩舍受故得成無上金剛寶
□□言詞赦咏故，願爲我作金剛事
薩埵僧吃囉二合賀
囉怛曩摩嚕怛囕二合
唵嚩囉二合達哩摩伽耶乃
羯哩摩句嚕二合鈴
運心普供養十方一切刹明有諸供養

繞香花鬘燈塗香珍菓燈衆伎采歌舞
勝妙幢幡蓋懸瓶衆香水阿佉香雲海
台散寶樓閣劫樹諸寶顱虡心普供養奉獻
□佛大菩薩本尊賢聖衆唯原慈悲哀納受
□□□嚩怛他誐啼毗藥二合尾濕囉二合
目契毗藥二合薩哩嚩嚩馱欠温囉誐啼
娑婆囉你輅唵誐誐曩欠莎賀
諸有妙吉祥，贊揚三寶德，
曼拏囉聖衆，度心恭敬禮。
曩謨没馱野虞囉尾曩謨達
哩摩野彌曩謨僧伽耶摩
賀底吃哩二合毗藥二合喻銘達哆曩謨
爲瑟抳沙陀囉你摩阿曼拏羅
□也唵嚩囉二合囉怛曩賀素
【中缺】
　　先入贊四成事真言
唵薩哩嚩怛他誐哆布祖烏波薩馱曩
野阿怛摩喃禰哩舍也二合馱耶彌薩哩嚩怛
他誐哆嚩囉二合薩埵鼻瑟佐輅吽
唵薩哩嚩怛他誐哆布佐鼻瑟伽耶阿怛摩
喃你吃哩二合舍也二合馱耶彌薩哩嚩怛他誐多嚩
囉二合囉怛那鼻瑟佐輅怛落三説
唵薩哩嚩怛他誐哆布佐鉢囉二合嚩禰馱曩
耶阿怛摩喃你吃哩二合舍也二合馱野彌薩哩嚩
怛他誐哆嚩囉二合達哩摩鉢囉二合嚩你馱
曩野輅吃哩二合以
唵薩哩嚩怛他誐哆布佐迦哩摩抳阿
怛摩喃彌你吃哩二合舍也二合馱耶彌薩哩嚩怛地誐
哆嚩囉二合羯哩摩骨嚕二合輅惡
唵薩哩嚩怛他誐哆伽耶嚩故唧哆嚩
囉二合鉢囉二合拏每嚩囉二合满那能迦嚕彌
唵嚩囉吻
歸命十方等正覺，最勝妙法菩薩衆，
以口身意清净業，滑勤合掌恭敬禮。
小散寶真言三禮真言
唵薩哩嚩馱没達哩摩
僧伽喃曩謨寧都帝
唵薩哩嚩他誐哆播囉那满那

能迦嚕彌
三世薄伽梵，背因此法成，
是故諸如來，敬禮如是法。
夫香者，柏和氛氳六殊馥鬱纏熱金爐
之上霞顯寶剎之中，騰瑞靄已爲台
結祥雲，而作蓋通信心知所爲達衆
聖之慈門，一柱才熱十方普遍隨清風
而涌出祥霧，透碧霄而散彩賣霞
將臨君聖之期，先須志誠供養。
八葉蓮華真言浄三業真言遍照真言金剛起敬真言
囉儒鳥波誐哆薩哩嚩達哩麼
唵娑婆嚩秫馱薩哩嚩達哩摩
欠嚩囉二合馱度憾
嚩呬囉吽
囉達那怛落
唵達哩摩底瑟吒吃哩仍
羯哩摩惡
大圓满覺，應迹西乾，心包大虚，量廓沙界，
佛功真海，秘密甚深，兢伽沙劫，難盡贊揚。
南無一心信禮十方法界常住衆奉和
没馱
唵薩哩嚩僧伽達摩野
爲利諸有情，今得三身故。
清浄身語心，歸命禮三寶。
没馱
唵薩哩嚩達哩摩曩謨牢都諦
僧伽喃
懺悔真言隨喜真言勸請真言回嚮真言
唵薩哩嚩布波薩普吒諾賀諾嚩
囉二合野娑嚩賀
唵薩哩嚩怛他誐哆奔捉也二合訥母那能
布佐名伽三母怛囉二合娑婆璘三摩鼻吽
唵薩哩嚩怛他誐哆地瑟吒布佐名伽三母
怛囉嚩薩唾呬馱曩顫瑟拏你
唵薩哩嚩怛他誐哆商悉哆薩哩
嚩哩薩埵喃薩哩囉他建哩摩馱
都悉他帝帝哩婆輅都
唵薩哩嚩怛他誐哆商悉哆薩哩

薩埵喃薩哩嚩悉馱藥三摩彌
躭怛他誐哆室佐囉底瑟吒躭
南無爲居不動理證，無生隱慈悲希入此欠
舍之刑先忿怒威拳之祥篋中寶刃
抽時而切玉如霜臂二金磓揮杵而
摧山若粉，納供養於志誠，智肯托
邪魔於永劫，永霄今於此地。祈吉
祥，唯願慈悲垂加護。三説

觀佛眼真言塗慰結界真言

没馱嚕佐你野莎賀
唵嚩囉二合諦哩二合瑟致摩吒

金剛合掌真言結界真言

唵嚩囉二合慈禮吽
唵嚩囉二合満馱吽

除染真言召無満遮掩

唵嚩囉満馱怛落吒
唵嚩囉吠舍惡

知堅固真言三昧耶真言大悲箭真言

嚩囉母瑟致鋑
唵三昧薩埵鋑
三昧耶斛素囉哆薩埵鋑
播耶吽馱囊也斛婆鋑嚩囉二合
吽吽發吒

金剛運真言

唵嚩囉二合鉢囉二合摩三昧耶薩埵鋑

此法輪真言

吽哲系薩普吒野摩訶尾囉誐嚩囕
嚩囉二合馱那薩啼曳囊哲

大敬真言

唵娑囉哆嚩囉二合嗍吽鋑斛三摩
薩埵鋑

大衆真言

唵摩訶素怯嚩囉二合婆馱曳薩哩嚩
薩埵睺藥二合嗍吽鋑斛

名罪真言

唵薩哩嚩播波吃哩二合響拏尾戍馱囊
嚩囉二合薩埵三摩曳吽

推四非真言

唵嚩囉二合播哩尾薩普吒野薩哩

嚩播満波哆曩䫂鉢囉二合同義也

薩哩嚩播波誐啼毗業二合薩哩嚩

怛他誐哆嚩囉二合薩埵三摩曳吽怛薩

净三業真言

唵嚩囉二合羯哩摩尾戍馱曩野薩

哩嚩蘭拏䫂没馱薩帝曳曩三摩

曳吽嗡

菩提心真言

唵贊怛落二合哆哩三満哆佯怛囉二合

枳囉抳摩訶嚩唧哩二合抳吽三昧

耶斛素囉多薩埵入贊

定中禮真言三業真言觀心如月明真言

三摩地嚩唧哩二合抳吽

唵薩哩嚩怛他誐哆播囉那満那能迦嚕彌

唧哆鉢囉二合底尾登迦嚕彌

發菩提心真言安住明王真言

嚩囉二合吽

囉怛落怛落二合

唵速叉摩達哩摩吐哩以

羯哩摩惡

嚩囉二合吽

囉怛曩怛落

唵尾瑟吒達哩摩吃哩仍

羯哩摩惡

金剛堅固真言

嚩囉二合吽

囉怛曩怛落

唵怛哩二合姹達哩摩吃哩仍

羯哩摩惡

斬魔真言

嚩囉二合吽

囉怛曩怛落

唵娑婆囉達哩摩吃哩仍

羯哩摩惡

金剛漸真言

嚩囉二合吽

囉怛曩怛落
唵僧賀囉達哩摩吃哩仍
羯哩摩惡

金剛界真言

薩埵訖哩二合
囉怛曩吃哩二合
唵嚩囉二合達哩摩吃哩二合摩句城
羯哩摩吃哩二合

身觀真言證真實智真言

唵野他薩嚩囉怛他誐哆薩怛他憾
阿鼻三冒地吽
唵薩哩嚩怛他誐哆嚩囉二合後瑟吒怛落
吃哩仍
惡
嚩囉
唵囉怛曩底瑟吒涉犃
達哩摩
唵羯哩摩底瑟吒洪犃
唵薩哩嚩怛他誐哆濕哩嚩鼻瑟佉犃鋑
唵嚩囉二合薩埵鼻瑟佐犃吽
囉怛曩怛落
唵嚩囉二合達哩摩鼻瑟佐犃吃哩仍
唵嚩囉二合羯哩摩鼻瑟佐犃惡
馱怛二合綴吠
薩埵嚩
唵嚩囉二合囉怛曩摩囉鼻瑟佐犃鋑
達哩摩
羯哩摩

天魔不壞真言

唵砧入贊
都史野斛
唵嚩囉薩埵惡
薩埵怛哩二合舍野
唵嗡吽鋑斛
三昧耶薩埵鋑吽
尾摩嚕捺地
唵阿佐囉吽

嚩囉吃囉二合
野毗藥二合韇吃哩二合尾勒那娑作吃
哩二合悉地嗚哆冒鼻嚩唧哩二合
嚩囉軍拏哩你都毗藥二合馱毗藥二合
摩河牢都娑難曩謨
四增門真言
嚩囉二合吽
唵囉怛曩曩嚩嚕日濕拏迦吒怛落
達哩摩吃哩仍
羯哩摩三摩野鉢囉吠舍惡
阿演部薩哩步嚩回迦娑落
囉鉢囉二合拏彌哆勢沙迦數囉
摩嚕索荼得吃哩二合多難陀婆
嚩娑嚩蹈部尾難陀嚩娑嚩
遠來一切諸有情，唯一堅固秘密者，
永能摧伏暴惡魔，見證無邊離自性。
我今依教申軍請，願諸聖衆云聚集。三説
三摩惹嗃
唵嚩囉矩舍嗃
播舍吽
唵嚩囉薩普吒吽
吠舍惡
播捉吽
唵嚩囉健吒吽
健吒斛
以此振鈴傳法語，十方佛刹普聞知，
願此鈴聲超十萬，無邊勝云來染。三説
唵那喻迦
曩謨三满哆没馱喃阿嚕勒迦
嚩囉二合怛哩二合迦
曳呬曳呬娑嚩二合賀
五方真言
唵嚩囉二合馱都鍐
阿吃哩二合毗染勿勿野吽
囉怛曩三婆嚩怛囉二合
唵嚕計濕二合囉惹吃哩仍
阿目迦悉他惡
金剛聖衆真言

薩埵吽
囉怛曩怛落
唵達哩摩嚩唧哩吃哩仍
羯哩摩惡
薩埵惡達哩摩吃哩
囉惹嗡帝叉拏談
囉誐斛嚩悉都錢
唵嚩囉婆嚩素唵婆灑怛覽
囉怛曩囉羯哩摩鈎
諦惹唵落吒憾
計都怛覽藥叉吽
賀娑嚇嚩散他鋑
唵嚩囉囉細斛唵補瑟閉唵
摩哩怛落叉囉路計禰
擬諦擬獻帝台
怛哩遲哩叉矩舍吽
度閉惡薩普吒鋑
吠舍惡
　　四菩薩真言
路惹禰野
唵摩嚕計野娑賀
阿畔拏二合嚩悉禰
唵阿哩哆囉野娑賀
　　十六賢護真言
梅帝哩二合野
阿目情怛哩二合舍曩也
薩哩嚩播野惹憾
唵薩哩嚩戍伽多謨你嚕帝
獻馱賀悉底野娑賀
戍囉野
阿伽舍誐囉播野
倪曩計都
阿彌哆鉢囉二合播野
贊捺囉
唵惹哩你跛捺囉鉢囉二合播野娑賀
囉嚩二合誐囉播野
唵惡吃二合野摩帝娑賀
鉢囉二合意播曩洪吒

唵三满多曨怛囉野娑賀

十大明王真言

曩謨三满哆迦野嚩矩唧哆嚩囉二合

郝唵

阿佐難蹈鬘德迦

阿吒賀娑摩迦賀

鉢囉二合硯得迦尾勒那得迦

禰拏難拏素唵婆

鉢囉二合得迦播哆囉

嚩囉二合吽發吒娑賀

唵如波羯哩摩嚕薩唧野鉢二合須

彌鉢囉二合迦囉摩囉迷都烏舍摩囉

喃獻陀羅佐囉命哩舍哩起怛囉二合三

满哆善哉布佐囉迦鉢囉二合須禰鉢囉

彌喻藥度波彌余賀度波嚩登常迦

度波與怛凌度波尾喻怛囉二合尾吉凌

三满哆摩賀他摩帝摩賀他嚕阿

帝波尼喃波吒不得迦迦囉摩囉你都

烏舍摩喃獻陀羅佐囉唧哩舍哩烏

戍沙怛囉二合怛你怛他誐哆摩嚕怛哩二合

度波嚩悉你唵不誐誐曩欠娑嚩賀。

廣大供養一切供，能令利益照世間。

我等福鮮業根深，難感如來久住世，

我等生逢濁惡世，有幸得逢甘露門，

是夜建置曼拏囉，

唯願慈悲常加護。三説

没馱

唵薩哩嚩達哩摩

僧伽喃

曩謨密都諦

（六十四）俄 TK39. 2《般若無盡藏真言》①

般若無盡藏真言

納謨薄伽伐帝一鉢唎若波羅蜜多曳三怛

姪他四唵五紇唎二合地廳逸反唎二合室唎二合六戍嚕上最出反力儞反二合

① 《俄藏黑水城文獻》第二册，第 25 頁。

知[□□反七]三蜜栗知佛[方逸反]社曳莎訶
唵烏倫泥娑婆訶

(六十五) 俄 TK39.3《補闕真言》[①]

南謨喝囉怛那哆囉夜耶[一]佉囉佉囉[二]俱住俱
住[三]摩囉摩囉[四]虎囉[五]吽[六]賀賀[七]蘇怛拏[八]
吽[九]潑抹拏[十]娑婆訶

(六十六) 俄 A9.4《本尊禪定》[②]

本尊禪定
天竺上師□傳□
若作禪定，當早辰起秀於軟□
褥上坐，面嚮於南，頭髮敬垂，死
□爲坐，意發願云爲利一切有情
□自他願發體形嚕葛，佛
發此願，自身頓成吉祥形，嚕
葛具嚴。六印次於心頭，想一
雜瑟凝字，變成八葉蓮花，上想
赤色覽字，變成日輪，於日上輪
想一青黑色厚字，出光召請本
尊上師等來至面前，空中曼
撥辣上依上而住作，七支加行，起
四無量心，已次念真空咒：
唵熟寧怛你捺末囉[二合]薩末厘
啞嘚麻光欲
一遍已想一切諸法，皆悉全空於
空中想一雜色啭變成八葉
蓮花，上想赤色覽字，變成日輪
於日輪上想青色吽字，一念變成
吉祥形嚕葛，一面二臂三目，具
嚴六印，神青黑色，展右拳左
而立，右手持杵，左手持鈴，足鐺
爲麻怖畏而與亥母相抱，其

---

① 《俄藏黑水城文獻》第二册，第 25 頁。
② 《俄藏黑水城文獻》第五册，第 207—214 頁。

亥母一面二臂，紅色具嚴，五神
根發，右手鉤鐮，左手法梡，作此
想已，頂上白色唵字，喉中赤色
阿字，心頭青色吽字，年三十一咒
標授三葉清净，然心頭吽字出
光，召請十方勇猛勇母，成五方
佛，各手執甘露净瓶，灌於自
頭，惡業消除，其身清净堅固，
此頂必獲大樂，此者增長禪
定已竟。
此作究竟定者，前來三字，出
光照標三界，一切有情盡出光
明，光回收入唵字，出入阿字，出入
吽字，自身亦入吽吽，劫入曷字，
字字入肩，肩入半月，月入明點，點
成捺怛，自性似無恒用，此定即
得成就，究竟定畢。
若疲倦於欲念咒者，一頓成
本佛，我慢手印等同前時，於
心頭上吽字出光，召請前來，勇
猛母等來至面前，空中曼捺
辣，圍繞而座，光回收入吽字
中次於舌上想一吽字，變成空
心十字杵臍中復言吽字，所
彼白色光，光中具有七尋到
於舌上等杵臍中吽字，念咒一
遍，隨念金光出，融入前來，圍繞勇
猛母等杵臍中吽字，勇猛母
等，亦念咒一遍，融入彼等，心頭
吽字，字出光後，到彼等舌臍
中，吽字念咒一遍，融入自己舌
杵臍中，咒字念咒一遍，亦隨光
融入心頭吽字，如是輪轉，不論
多少隨力念之，若持誦已，光
字收入心頭吽字，中没持咒定
竟畢。
若放施食時面前置一法梡，入
於酒内之類，或所辨飲食亦成

入之既盛滿，已然食上念四面
咒：
唵須麻你出吽吽發怛
唵屹哩捺出吽吽發怛
唵屹哩捺巴野野吽發怛
唵阿捺野和末遏末末囉囉
拶野吽吽發怛
誦三遍已，即返諸魔，既返魔
咒，念變空咒一遍：
唵薩末無束捺薩末捺麻薩
末瓦來怛欲
其食皆空於空中想一阿字
變成廣大法椀，想有甘露於
結頻字，印召請空中知五輪諸佛
勇猛母八神上師等來舌上想
一吽字變成空心五服金剛杵
吃飲甘露念俵食咒三二遍
唵阿囉哩和拶吽鉢和末囉捺
羯你薩麻野悉端啰哩折和
念此咒已以想一切諸佛等鈎满
令生歡喜意，作五供養，贊歎想
之余殘甘露施與護法等神
并趣衆生平等，施與念偈咒三
遍：
唵薩瓦怛達遏怛乾路結帝唵
三麻囉二合三麻囉吽
盡得飽满想之，後作七支加行
求哀懺悔：
最上三寶我皈依，
各各懺悔一切罪，
隨喜有情諸善根，
正覺菩提意中持，
我發最上菩薩心，
一切有情悉皆度，
勝行意深菩薩心，
爲衆生故願成佛。
訪求成就所求圓満，然後念
百字咒三遍：

唵悉哩末囉形嚕割薩麻野
馬你鉢粗野 形嚕割咄
那巴底悉達 嘚哩哆彌末
瓦 須哆常彌末瓦 須彼常
彌末瓦 啞侶囉哆彌末瓦
薩主悉 泥銘 巴囉拽撈
薩末割囉麻 須撈銘唧怛
悉哩養 抓嚕吽 賀賀賀賀
和末裼末 薩末怛他誐怛
末囉麻銘母撈 末囉麻瓦
摩訶薩麻野 薩唾啞
然後奉送施年捺末囉贊
彈指三遍，依此作者。
本佛六甲胄咒：
唵訶捺麻希 薩訶吽 彼折捺
形吽後和發怛欲
變母六甲胄
唵啣欲養吃哩摩吃哩吃隆吽
吽怛欲。
本佛親心咒
唵 吃哩訶訶吽吽發怛
亥母親心咒
唵末囉銘嚕撈你野吽發莎訶
亥母合字咒
唵唵唵薩吟斡莫怛捺鷄你
末羅$_{二合}$瓦囉你末囉$_{二合}$銘嚕
撈唯你拽吽吽吽發怛發
怛發怛莎訶
唵唵唵薩味嘚嗉
嗉祴禰野 味囉斡
嗉禰野 味囉唥嚕撈
嗉禰野吽吽吽發怛怛怛割囉
唵啣降養 嘫哩炩
嘫陵陵陵吽吽發怛
唵喝嗉嘛形割葛吽
莫折怛形吽吽和發怛降
啣字 覽字 吽字 唵字 啞字 吽字
【梵文】

□供
□□□黨民圓
發以頓圓身□□□□□□□

（六十七）A21.3《吉祥金剛手燒壇儀》[1]

【題解】

元寫本，綫訂册頁裝。共 6 個整頁，每半頁 6 行，行 12 字。楷書，墨色濃，有校改字。

敬禮吉祥金剛手
修習人若作多聞天王壇時，先
作禪定，設施食已後，作壇，其壇
深闊衣常烈
四時若燒善壇時，白色圓滿，心
二層八葉蓮花，其心中蓮花上
各想一個薄字，變成龍王，外層
蓮花上八施礙，東葉上搒麻粗
神手持寶，南方葉满賢施礙
持净瓶，西方葉上寶賢施礙，持
宫殿，北方葉上身施礙，持劍，東
南方角葉上，真性施礙，持抄刀，
西南葉上願是施礙，手持槍，矖
北葉上把搒割施礙，手持寶珠，東
北方葉上惡積施礙，手持榜牌。
又皆想之修習人，壇中想外并字，
薄字上手印等，放光遍照一切有
情光，觸著時，三昧葉，又得清净光
回收入字母中變成天王手印，其手印上
各各再嚴字牧放光遍照法界，有
情光回收入手印，字母中一刹那中
變成多聞天王，一面二臂左手持七
寶塔，由是持三股叉，圍繞八龍王
八施礙等，盡皆變成多聞天王，
然禪定人心中□字出光，請

① 《俄藏黑水城文獻》第五册，第 293—296 頁。

召自性多聞天王，并圍繞八龍王，
八施礙各一，施礙引百千施礙
請至面前，來時念遣毒咒：
唵末囉野割囉吽發，此咒念一遍
其種種毒盡皆消滅，然後多聞
放光與施食供養，取伏年撈吽
鉢和記句天王與施礙等作無二
想，更於天王處施與食，其多聞
皆後想一亡字，變成三角火壇，
壇上想一吽字，變成記句火神，念
請火神咒曰：唵怛鷄你撈吽
鉢和珂爍你吽撈，智火神一面
二臂三目，右手持數珠，左手持火
瓶，騍□羊來到面前作供養，
念撈吽鉢和與記句火神，如一不二
然後取火燒之，念撈囉囉囉吽，方
可次第布施種集，若燒善壇時
種集菓木生葉等三白三甜五
穀等燒之，真言曰：唵阿彌利怛
上怛哩渴渴渴呬吽吽法，念善底吉
祥莎訶，布施種集一遍，供養贊
歎等，如是七遍百八遍，誦力作
心，布施種集已竟先火神處，
放施食等奉送，然後多聞天王
及施礙處放施食，取伏求成
就擁護，若修習人起金剛手戒
慢多聞天王處，住分此某甲等住
所發誓願，擁護等盡皆住力擁
護也，然後禪定，人念并字三十二
遍，其多聞及施礙等各各奉其
駭馬皆行面，望師宜至不見師
面中間各各騍馬而去。
到此處多聞燒壇，若燒滿壇時
黃色增長佛等同前火神寶珠
上座種集七寶五穀，若布施時念
八舌丁吉祥莎訶，布施已畢。
供養等著同前，若燒主壇□
紅色半月增長佛者，同前火神

驟蓮花王却□坐種集，使酒肉
若布施種集時，多同咒記句等
添補厮巴吉祥莎訶，供養贊歎
取代同前。
若燒緊壇時，黑色三角壇增長
佛同前火神死屍座五種集，屍血
屍肉屍骨，種種血黑酥燒□針
此本布施種集時，此種集想冤家
血肉，布施念多門真言，皆後添馬
囉野發，供養取伏不同也。
吉祥金剛手燒壇儀已竟

（六十八）俄 A21.4《修青衣金剛手法事》[①]

【題解】

共 2 個整頁。每半頁 6—7 行，行 13 字。楷書，墨色濃。

若要求修青衣金剛手法事
者，先須依作金剛手，我慢持
鈴杵諸香水中，點灑宫殿時，念
唵末囉野喝囉吽發
退魔竟莊嚴，其宫挂金剛手
功德等，次作曼拏囉，用字牛
五種及種種香藥，依一十曼拏囉
六度所成桒花十朵，本佛上師八金
剛手是也，次攝瓶用青色，瓶青絹
青綫等，依集輪種集同依數入之
了，念變空咒，其瓶變空空，住想没隆
字變成宫殿，於中想邦字，變成乳
海，乳海中想雜色紇哩字，變成八
葉蓮花，蓮花上想白色啊字，變成
月輪，月輪上想青色吽字，放光遍
照一切有情，光回入吽字，變成青衣
金剛手，攝受三葉六根自己，心中□
字出光，請昔成九金剛手，住在空□

① 《俄藏黑水城文獻》第五册，第 296—297 頁。

作五供養，放施食其九佛與記句，
佛薩須念渇咒其記句，佛肖作□
空中九佛，想念不□□□□
頂時想四天母，灌頂沐浴□□□
俗瓶，若念真言時，勿消成□□□
斷瓶不請，智佛不明□□□
也，次攝受法□□□
作青衣金剛手禪□□□□
□等時印竟自己心或□□

（六十九）俄 A5.1《念一切如來百字懺悔劑門儀軌》[①]

西夏寫本。蝴蝶裝，無口。白麻紙。共 10 個整頁，1 個半頁。紙幅高 9.1 釐米，寬 17 釐米。板框高 6.5 釐米，寬 14.5 釐米，天頭 1.4 釐米，地脚 1.3 釐米。每半頁 7 行，行 19 字。四周單邊，楷書，硬筆，墨色濃匀。

念一切如來百字懺悔劑
門儀軌
西天金剛座 大五明傳
上師 李法海 譯
敬禮一切如來
夫修習者，欲證佛果，菩
提先應消滅遮性二罪，
及增福慧，故頌如來百
字懺悔儀者，從白月一
日爲始，至十五日，終不食
五辛，吃三白食，早辰起
時，沐浴清浄已，面前座
上置大菩提之像，於彼
佛前發菩提心，云爲利一
切諸有情，某懺遮性二
種罪，爲證佛果，菩提故
誦此如來百字咒，爾時作
諸供養，若不辨，則念七
枝輪，亦得，然後誦百字
咒，至捺麻處，禮佛一拜，誦

① 《俄藏黑水城文獻》第五册，第 134—135 頁。

至一百八遍爲限，若疲
倦時，善根回嚮，與一切有
情，如此念咒時，眼見青衣
比丘，或夢境中現或空
中出聲，云善男子，汝之
罪障，悉得清净，而爲警
白，或食三白物，及著新
鮮衣，或遇勝饌等，現種
種境，則是滅罪之狀也。
此境隨業厚薄於年月
日時中遲晚必見，若未
現境，恒用白月一日始
作此儀也，見境已後，取
舍任情矣。

（七十）俄 TK128.2《持誦聖佛母般若多心經要門》[①]

持誦聖佛母般若多心經要門
蘭山覺行國師沙門德慧奉敕譯
奉天顯道耀武宣文神謀睿智制義去邪惇睦懿貢皇帝詳定
敬禮般若佛母
夫般若者，三世界諸佛出現之源，六度萬行
究竟之因，理智冥符，空有無礙，遠離二邊
即契中道所以暫時憶念，頓摧業障，悉增
福惠等，同佛行，超越二乘，爲菩薩首，濟三
塗之苦，施人天之樂，若復有人晝夜時中，
修此觀行讀誦，受持所獲功德，盡劫無窮，
故龍樹菩薩見此功德，依彼佛敕集成一
本聖母多心經觀行要門，祖祖相傳至
於今，爾廣獲其益矣。
若善男子善女人，持誦聖佛母多心經者，
每日早晨或空閒時，於寂静處，掃室令净，
遍布名花，灑妙香水，其室中央置般若佛
母等像，其像面前花香燈燈諸般供養隨
力置之，并置一盤白净施食，然善男子善
女人，其像面前，端身而立，焚燒妙香，應發

① 《俄藏黑水城文獻》第三册，第 74—77 頁。

願云；

爲利法界一切有情離苦獲樂，故我今持

誦聖佛母般若多心經。

如發願已而禮，三拜其像，面前軟穩毯上

跏跪合掌，專觀佛像，應誦所有十方世界

中，乃至回嚮衆生及佛道，如誦一遍，而禮

三拜，結跏趺坐，二手合掌而執花米，應如

是想：自己面前於虚空中鈍響般若佛母

一面二臂，身金色，二手心前作説法印，

左右肋下而出两根優鉢羅花，過於二肩，

其二花臺上各置般若經，頭髮結系具喜

悦容。額嚴寶冠，身嚴衣珞花，月輪上結跏

趺坐，光明皎潔，佛母徘徊，頓想無量諸佛，

菩薩聲聞羅漢如是想已，然善男子，善女

人專觀佛會，應誦聖母多心經。如是我

聞，一時佛在乃至信奉行誦一遍已，手

中花米，抛在空中，般若佛會，即是佛會，猶

如霆雨從空而來，入自己頂，遍满一身，想

爲不二，自從無始所積業障，諸惡重罪，猶

如墨汁，流出足底，入於地中，無盡福惠，想

令圓满，如是周而復始，誦聖佛母多心經，

三遍，七遍，二十一遍至百八遍，隨力誦已，

奉施食者，應如是，作於施食上誦：唵啞吽

咒三遍，其食變成百味甘露，自己心間出

光照耀虚空，以光召請般若佛會，至於面

前，意作供養，誦奉食咒曰：

唵啊渴浪麼渴薩呤我捺麻捺啊呤拽

啊興徐切口鉢捺咄怛唵啞吽發莎訶

咒三或一遍，其彼佛會受食歡喜求索，願

事想，令允許其彼佛會從空而來，入自己

頂，遍满一身，想爲不二，然善男子，善女人，

於一念項，頓舍妄念，不思不慮，凝然而住，

久久習之，若起妄念，心散亂時，所見萬象

如夢如幻，虚虚影影，而令觀之，應作回

施云：

諸佛正法菩薩僧，直至菩提我歸依

我以施等諸善根，爲有情故願成佛。

如誦一遍，起般若佛母，慢方可起之，隨意

游行，依如是例，每日持誦，則其善男子，善女人持誦一遍聖佛母多心經者，等誦一部大般若經所獲功德，於現身上下不遭八難，衆人愛敬，心無邪見，但契真理所作所爲，皆同佛行，不成過愆，無始已來，所積宿障，十不善業，五無間等諸惡重罪，頓然消滅無漏，福惠自然增進，所有冤敵，一切邪魔，慈心相嚮，恒常復助，辯才智惠，諸病不侵，永無夭壽，所祈隨意十方諸佛，一切菩薩憶念，其人一切諸天常隨擁護，臨終之時，住於正念，十方諸佛速來接引，安慰，稱善，隨意往生諸佛净土，無量功德悉得莊嚴，速能證得無上菩提也。

持誦聖佛母般若多心經要門竟

御製後續

粵以真空絶相聲色，匪求妙有，不無凡庸叵測，惟我正覺，恢運悲心，有感必通無機，不應因言顯不言之奧，懋闡真空，示物名不物之玄廓，昭妙有施捨萬行，慧徹三空，俾乘般若之舟，庶達波羅之岸，甚深之法，實在斯經，文簡義豐，理幽辭顯，括十二部之分教，總六百卷之大經，色即是空，萬浪風恬而真性寂爾。空即是色，千江月印而妙用昭然，不執二邊，不著中道，决滅五蘊，滌除六塵，一切衆生，仗兹而度苦厄，三世諸佛，依此而證菩提。朕觀勝因，遂陳誠願，尋命蘭山覺行國師沙門德惠重將梵本再譯微言，乃集真空觀門，施食儀軌，附於卷末，連爲一軸於

神妣皇太后周忌之辰，開板印造番漢共二萬卷，散施臣民，仍請覺行國師等燒結滅惡趣中圍壇儀，并拽六道及講演金剛般若經，般若心經，作法華會，大乘懺悔，放神幡，救生命，施貧濟苦等事，懇伸追薦之儀，用答劬勞之德，仰憑覺陰冀賜冥資，直往净方，得生佛土，永住不退，速證法身，有願：

六廟祖宗恒游極樂，萬年社稷，永享昇平，

一德大臣，百祥咸萃，更均餘祉，下逮含靈，
天生十九年歲次丁亥五月初九日
奉天顯道耀武宣文神謀睿智義去
邪惇睦懿恭皇帝謹施

（七十一）俄 A15《夢幻身要門》①

【題解】

西夏寫本。蝴蝶裝，無口，中有頁碼。白麻紙。共 5 頁。紙幅高 14.3 釐米，寬 21.9 釐米。字心高 11.6 釐米。天頭 1.5 釐米，地脚 1.2 釐米。每半頁 7 行，行 13—15 字。隱欄，楷書。墨色濃匀，有校補字。"明"字缺筆。本號與俄 TK327《中身要門》A17《捨壽要門》行款、紙質，字迹相似。

夢幻身要門
夫行人以夢爲門者，要證佛果者，須
依幻身修習。修習之法，五種不同。一，無
睡令睡；二，先求勝夢；三，要識其夢；四，
令夢增長；五，調習於夢。初，無睡令睡，
有二：初結身印，枕右穩卧，無令此身有
所困乏。復想境印，自己喉中四葉蓮
一
花，日輪上，從正右布阿侣怛羅四字，
花苔上唵字，依此寢寐。初專阿字；執境
稍昧，復緣侣字；執境多昧，細執不
生，復專怛字；欲擬入睡，緊專羅字；
若將正睡，方專唵字，一嚮睡之。又或
眉間只緣一個白色明點，寢之亦得。
二，先求勝夢者，將臨正睡，發大願云：
如或睡著，願作好夢，夢見種種諸佛
刹土，騰空自在，身上出水火，身下出水，
現於奇通。現此夢時，願識是夢，
以專切心，恒發此願。三，要識其夢
者，由前願力功，才睡著時，便作好
夢，正緣夢時無執實，心由是識夢，故
名爲識夢位同頂位。既識知已，就上審觀

① 《俄藏黑水城文獻》第五册，第 244—246 頁。

二

而明識之。四，令夢增長者，夢境所現
人，狡等類，俾令增長，満三千界。
五，調習於夢者，所夢人，狡，變作無主
母及出世空行母，大小眷屬，前後圍
繞，悉皆嚴持骨骰，纓絡，曲刀，法梡，
轉變無量，此夢境相，悉如幻夢，水
月，虹蜺及影像解。或觀此境，如己本
尊之相或二尊，狡參亦得，一一復作
無量想。若能依此勤修不怠，功行
日深者，得見水月正覺之面，及自
得覺圓満之樂；忽然失笑無已；寤
聞音聲在夢，音聲無有別异；夢
中吃飯，寤時吃飯，亦無別异；或感
前聖衆以梵行天語與自説法。初令身

三

語爲宗而修行，後時審諦無失心
善爲宗令修行。或於彼聖，自求要
門，由此修習，攝授力故，無漏法樂，自
然顯發，此是自攝授夢幻身觀也。
復次，睡覺出定之時，作自標授者，觀
諸有法與夢，定同。復觀諸法幻化，水
月無別异者，發生大慧。又復睡覺，
應作是觀，用一明鏡，照自身形，鏡中
影現，審視端的；去鏡緣影，於意憶熟，
令其顯現，方乃贊言譽平生德業，
影像不喜。復以毁辱要劣過愆，亦
不生嗔。何以故？即是幻影無實躰故。
久久之間，毁譽不動，標影入身，自與
幻影亦無別异。如前毁譽，無嗔無

四

喜，審的不動。復出影像，如前毁譽，
終而復始而調習者，决悟自身猶如
幻化，水月，無有別异。若悟心境同化
幻者，所有情執，定不再生。於諸人
物，改换多端，變化自在，睡夢與寤，
同一幻化。若如是者，方得名爲住無
分別性也。最上成就，於此生中而自

證得矣。或於如前夢幻定中，無如上自
在者，日久不廢，於夢識夢，必認中
有幻夢之身。不假多功，亦獲最上
成就，更不重受，後有身也。然上正
文出大幻化密意樂本續，後彼雲
湛融具足清净睡。又耶末曇雲，休
恬睡也。此爲明證。

五

夢幻要門竟

阿侶怛羅唵

（梵文）

（七十二）俄 A16《甘露中流中有身要門》[①]

【題解】

西夏寫本。蝴蝶裝，無口，中有頁碼。白麻紙。共 5 頁。紙幅高 13.8 釐米，寬 23.5 釐米。字心高 10.6 釐米。天頭 1.8 釐米，地脚 1.6 釐米。每半頁 8 行，行 13 字。上下單邊，左右無邊。楷書，墨色中匀，有校補字。校改字寫於同頁背面誤字位處。三處“明”字缺筆，一處不缺筆。首頁背面下方寫“月”字，或爲千字文藏書號。本號與 A14《金剛亥母集輪供養次第録》行款、紙質，字迹相似，但“明”字不缺筆。

甘露中流中有身要門

少黑法事傳

敬禮一切諸佛

然次中有文，分二段，初叙德承襲，
後正顯要，門幻復分二，初總顯行德，
後别列傳人□，初而正上師，具有三
德，即身語德意也。初身德者，身
□□□□□苦痛，二語者能
□□□□哩音義及風精，自在能
伏邪魔。三意德者，六通具足，觀
於六通及□也，間皆是法身，境
界，若有此上師攝受相者，三
業之中，各有二相，初身相外者，身
身熾盛，是身内相，方能消苦痛。

① 《俄藏黑水城文獻》第五册，第 247—250 頁。

次語外相者，能德風精自在，語内相
者，能伏邪魔。後意外相者，能除
執有諸境界相，立早内相者，能德五
執明樂三種境味，後引列傳人，有
三，謂佛菩薩，三種上師也。佛者文殊
師子，音也，菩薩者，救度佛母也，成執
上師者，是德蜜拽瓦等五十四師也。此
此要門及後所説者是也。上叙德承
襲竟。
敬禮一切真上□上師。
敬禮吉祥□令行母。
後正顯要門者，然中有身義，雖有
多種，此乃甘露中流，中流有中義
也。此復分二，初總攝普，該共同中有，
後湛融無生不共中有。初復分三，
一出體，二得名，二料煉。初出體者，
總標輪回涅槃而爲體故。二得名
者，不屬輪回涅槃亡見，故名爲中，
又不著方便勝慧之二邊，故名爲中，
有若屬輪回墮在五道，若屬涅槃，
隨善樂中不落二邊，居止中間
名中有也。二料煉有三，一拯惡中有
二，無記中有三調善，中有初拯惡
中有者，於現有身造諸惡業，後
受報時，非土石受不可染他，如面
有垢，對鏡難成，此亦如是自造
諸惡，中有現時，惡不能藏迷，於現
有土石等境，忽示變作業報，獄□
阿婆等境耳。聞傷殺哀苦等聲，
如是等境，唯識所重，無有作者，
舍此現有幻化之身，現於黑暗獄諸，
阿婆境時無憂一人能救護者，凡所
見聞，無不皆是地獄之境，如得瞻
病之人所見之境，皆作黄色，無有餘
色而可見也，是名拯惡中有，
二無計中有者，現有身中，若善若
惡，都不經作名無，無計業，由此業，
故舍於此身，後中有現時，如天似晚，

遠見人來，疑問當類，不能明識，此
中有境，亦復如是，由痴業故墮
傍生中是名，無記中有。
三調善中有者，於現有身純作白
葉葉菜，此葉因已舍現有，現中有
時所見之境，如日出者，感人天
果，如下麥種而得麥果，非得穬麥等，
非由果葉得，人天果是名，調善中
有，後湛融無生，不共中有者，方
四初不生滅。心中有喻如日，心此即
是宗二斷輪回涅槃，種三昧中有
此上師要門及自智力方得了達，
既了達已，以增長究竟而爲其道，
增長能除粗重煩惱，究竟能除微
細煩惱，於此二中應做空明無二之解。
先不了者，以智了之已曾了者，審
知無謬，已審□者，令其增長四威
儀，中無亂而修，莫看禪境，若如
□□是法，流河正流也。又復斷輪
□□□□有於究竟中，即增長，
故不落哏嘚囉，是斷輪回種也。
又究竟次第中兼風脉道作本
佛觀及脉明點觀，故不滯善定
與種舍并斷空者，是斷涅槃，別
也，依此修禪，不斷絶者，名法河正
流，即是禪定。三了自境界如夢
幻中有者，如前入定，若出定時見
【後缺】

（七十三）俄 A17《捨壽要門》①

【題解】

西夏寫本。蝴蝶裝，無口，中有頁碼一、三，缺二。白麻紙。共 2 頁。紙幅高 14. 2 釐米，寬 22. 1 釐米。字心高 11. 6 釐米。天頭 1. 5 釐米，地脚 1. 3 釐米。每半頁 7 行，行 14 字。隱欄，楷書，硬筆，墨色濃匀，有校補字。“明”字缺筆。首頁背面下方寫“烈”

① 《俄藏黑水城文獻》第五册，第 251 頁。

字，或爲千字文藏書號。本號與俄 TK327《中有身要門》A15《夢幻身要門》行款、紙質，字迹相似。

舍壽要門
敬禮真實上師
夫欲達舍壽要門者，先須了之諸受生
門，若有不樂住輪回者，先調風息，有
其三等，一約得三十六息，是下等。二約
得七十二息，是中等。三曰得一百八息，
是上等。調息既熟，或遇四大不安死相，
現時作回云：法危不逮，作舍壽定
者，身心於發願及作本佛，我慢穩
整，身心於九門上，嚴塞字種，謂净
梵眼中，鉗字二目中，吽字二耳中，養字
鼻中，滿字吽字亦得舌上尋[illegible]，眉間心頭
二皆吽字，胸中啞字，大小道中窮字
各與九門，嚴字閉塞諦，觀萬法，猶如
緣，啞字急稱拽紇二十一遍，望上牽
之透蓮花時，啞吽相融，令望上冲
至二十二遍，光明素斷所想啞字，出
净梵眼中，入本佛心，必得現身下品
成就。
舍壽要門竟
（梵文）
鉗尋窮養吽啊啊

（七十四）俄 A18《拙火能照無明》[1]

【題解】

西夏寫本，包背蝴蝶裝，無口，中有頁碼。未染麻紙，共 8 頁。紙幅高 14 釐米，寬 23.7 釐米。字心高 10.9 釐米，寬 18.9 釐米，天頭 1.4 釐米，地脚 1.6 釐米。每半頁 8 行，行 14 字。四周單邊，楷書，硬筆，墨色濃匀。有小字注釋與字序顛倒勾畫符號。“明”字皆缺筆。書脊殘留包背痕迹。

能照無明風息執著其行之法

① 《俄藏黑水城文獻》第五册，第 252—256 頁。

敬禮成就諸上師
得法欲報上師恩，住於意樂成就處，
備於資身諸飲食，既具四緣深害息要門精進，
能舍緣務大義夫，如似澄湛清净水，
忽爾如魚出其中，刹那增長作佛身，
此中總説二種道，一者即是成熟道，
二者即是解脱道，初説成熟之道者，
於中總説有四主，復説解脱之道者，
具有增長及究竟，增長次第或刹那，
於中究竟復有二，初是收散有相後俱生無相，
具散身中脉與風并戒心偈得道所求故，風識明點次相依，
依之生得與無執，心依於身非身生，
及住身内亦不生，猶如舟船與舍宅，
本道生相及風脉等與果兼具者，蓋爲真實上師恩，
上但方便非餘義，我今不説是真實，
於内勝解所生境現量證情故，非是語言可宣説，
執著及與解脱道，貢巴割异加行地指四緣果用等，
緊切精進求修時，决定得入命停息增出息處中脉處，
内發令熱均和驗，創覺似熱而發生，
次現如烟之等境，諸疾有四不能礙此熱風□，
是故修者果此身，身中必得此驗後，
更發種種諸盤驗，亦得四喜次第生，
能奈外有之寒暑，身上蚤風而减少，
血肉肌膚而鮮澤，所有垢膩不污身，
深入細綿而輕軟，伸縮處處皆安樂，
鼻涕口唖自然少，身中能發异香氣，
不貪世味知厭足，耳内得聞清勝音聞吉祥善妙音，
睡眠等蓋不能伏，他有疑難能决答，
所發言論他信解，善能撰集文句義，
及治他人諸病失，能隱自德他不知，
所處言論合教理，於世物中知厭足，
憐湣愚徒不出離，心慕離喧寂静處，
性毫禪栖不群居，念念樂習於本定，
覺了自身如不有，所居國邑無定止，
自所居處不遮設，諸空行母來萃止，
於夢境中蒙授記，不吉之夢自然除，
撰集法味如廚首於法含在故，所有五通次第生，
合藥成就等皆獲等餘七種，自然内外得相和，

死亡障礙不能侵(及無惡死相)，要坐劫量而可得(常在定故)，
知時欲去得自由，非得天魔之所礙(功不依次，故名非時)。
如是邪境不可信，執之爲是魔所標，
就彼爲是嚮自非，雖是其樹木是根(是方便故)，
雖是功德非無執，雖是宗(即禪定也)境相契會，
四魔怨讎不能侵(亦不怖彼)，於是决如滑痴者，
不辨是非及外境，唯住自覺自照中，
如同瓶内之明燈，唯是勝智自照處，
譬如痴人所作夢，亦如童女受欲樂，
若就文言立假名，故得名之大手印，
若就名相而舉者(如觀音文殊等要有名相故)，得入命增處住時，
冷熱均和功德者，四種諸疾不能礙，
飲食等事皆弃舍。大小便等悉皆無，
最上成就從此得，若因此道作商客，
空思不行何日倒，行故貿物得增長，
湛融依此勝方便，禪境(其示成就悉皆得)滋味次第得，
不衣此勝方便者，所獲境味具非常(方便不勝種境有同)，
似有所解不增明，正覺深意密語事(不知多方便執一非餘故)，
衆生依此修解行，是雖爲是反成非，
善具聞思諸人者，言詞雖利義非銛，
煉磨能斷邪障者，雖不作意(依勝方便法身自顯)自隨生，
雖有多聞不能斷，若以多聞能斷者，
何説多聞入地獄，自覺心中現發者(依方便故)，
非守多聞而獲得，看方不達於藥性，
如何得治患人疾，不修定者亦如是，
有勝智慧及主時，或有人眼自見體，
我今於此不爲是，雖是於月非十五，
但是識心非真如，雖是其影未是身，
具是表於相似分，由是要依方便道，
樂欲執著道之人，現有及欲(是光明覺女)之思中作，
若欲意中修作者(將)，任意選擇所好者，
與彼相對作戲弄，順自心意恣人爲，
是即名爲意中作，依現覺女作之時，
諸本續説須具相，湛融意中所欲者，
隨意具相現覺是，及以衆中清秀者，
作密行時不著慾，與此何同居静處，
無怖意中休密行，不擇一切之親疏，
若依迴异殊勝者(已得光明定者是)，依時功過無增減，

若無功德之人者不具二道者，不可生心思憶彼不用思二女，
諸本續中之所説，依於親屬之事者，
正覺敕語思量事，或有見謂是真實，
不依正理妄修作，如是之人壞正法行，
不曉加行湛融人，不應同席而共居，
不當覺女共依止，決意與彼依止者，
此乃是爲凡俗境，無有功能成過患，
能依加行方便者，一二之人所達境，
非是衆人所到處，由是諸修秘密者，
失方便成意謬作，但招譏嫌非功德，
秘密最應密修作，其深秘密是方便，
而我不説是勝宗亦無相究竟故，如同耳中誤入水，
復灌入水方便出，又如腹内慢入毒，
即用毒藥方得出，猶如以楔而脱楔，
亦如垢中能除垢上四喻喻四欲離欲，如要對治一種病，
藥餌差別要衆多，由此方便應可寳絡動也，
或有外人作是言，由入增長功德故，
無生真理法身中，能現二種之色相，
而與有情作饒益，我今不爲其正法説，
然此法身離諸相，何得現於色相身，
不爾以何爲正説，入地一切諸菩薩，
及衆生心清凈故，乘於往昔誓願力，
及以大悲攝受故，由此而現非本有，
喻如幻師變幻物，幻師不如幻物中去，
此是幽玄難解理，亦是無二理之宗，
聖意所宗大手印，即是自覺光明性，
亦是理智不二性，此非言説顯示義，
若依文字而表示，如來金口之所説，
雖自本有解者希，兩目專緣與盲等，
是方便道維念境，有相身中而學者，
妄想習情自上息，煩惱之心漸漸除，
無執境界自顯彰，此是湛融漸次道，
文詞之中所撰集，非是衆人之境界，
悲器人處應保惜，是法器者乃方授，
具諸禪境及所宗，或得少分禪境味，
清凈行等乃應授，欲報上師深恩者，
一身獨居在静處，常令心意有所歸，
念念數憶無常至，恒想三塗生懼者，

付體承襲相傳法，又復初密湛融身，
次須保惜所受法，後護生得境味身，
此三種者可秘藏，爲具信者我宣説，
後賢當念上師恩，囉厮二合吧上師之境味，
依文顯示故寫録。
拙火能照無明　竟

（七十五）俄 TK322.5《鐵發亥頭欲護神求修序等》[1]

（1）鐵發亥頭欲護神求修序
鐵發亥頭欲護神求修序
添釋沙門智深述

（七十六）俄 A11《密教念誦集》[2]

【題解】

西夏寫本，綫訂册頁裝。未染麻紙，薄。共 33 個整頁，1 個半頁。高 11.3 釐米，半頁寬 10.3 釐米。每半頁 6 行，行 11 字。楷書，墨色濃匀。有小字校補。

雖於自性清净智，
本無執著之垢染，
爲净群生惑種子，
我今沐浴於如來。
唵同前云云不囉瓦珊葛囉鉢
底拶野莎訶。
受我所奉獻供故，
於此應當而安住。
唵薩縛怛達誐怛阿閦補
拶銘遏薩麽囉厮巴囉
捺三麻曳吽。
奉洗足水
辣耶莎訶，七種供養，
具八種因清净污垢水，

① 《俄藏黑水城文獻》第五册，第 82 頁。
② 《俄藏黑水城文獻》第五册，第 215—231 頁。

以種吉祥種集相和合，
於勝逝前奉此獻供故，
無邊有情願具大吉祥，
唵薩嚩怛怛誐怛阿闍補
拶鉢遏薩摩囉斯巴囉捺
三麻曳吽，奉洗足水
香與旃檀骨金相和合，
所有作行勝妙清净水，
於勝逝前奉此洗足故，
一切有情塵垢願清净，
唵同前云云不囉瓦珊葛囉鉢
底拶野莎訶。奉香
俱生與變异相和合，
所有馨香芬馥諸妙香，
獻於勝勢惠自性鼻中，
無邊有情戒垢願清净，
唵同前云云歎巴云云吽。
奉花
水陸所生及意中變現，
如是菩提因至勝妙花，
獻於静盧自性佛頭上，
一切有情願具諸相好。
唵同前云云補斯并云云 吽
清净明朗微妙之燈燭，
能破無明黑暗此智炬，
獻於勝聲〔勢〕自性佛目前，
令諸有情五眼皆清净。
唵云云阿盧加云云吽奉塗
旃檀骨金阿闍等香水，
遠離臭穢如是妙塗香，
獻於方便自性佛心上，
有情願獲無漏五蘊體。
唵云云遏捺云云吽奉食
色香美味真實去威德，
標授百位勝妙此肴膳，
獻於勝勢自性佛口中，
有情願得如那羅延力。
唵云云你味啼云云吽奉衣

具威德力所有微妙衣，
珍玩妙好無比廣大供，
獻於勝勢功德莊嚴身，
有情願得無盡之妙體。
唵云云厮巴囉折云云吽動鈴
以無此供而供養。
爲求正覺成就故，
饒益有情大慈尊，
唯願醫王哀納受。
唵云云你咏云云吽巧飾八天母
唵末囉 囉惺吽 吃哩捺怛
唵末囉 麻你嘚浪摩訶囉帝
唵末囉唴二合哩帝云云㖶巴常命
唵末囉 你令帝喃 常怛莎吾彼
唵末囉㖶并吽薩瓦布唧
唵末囉 布厮并嘚喰 巴辣葛米
唵末囉 阿囉迦唴二合哩巴囉捺怛祢
四住禮
唵云云薩嚩怛達誐怛 葛
野鉢唧怛不囉捺銘捺末唧
鉢實怛捺孤嚕朦
唵云云逋左鉢厮達捺阿磨
辣野銘野達野彌云云末囉
薩哆阿㖶丁厮哆莎朦
唵云云逋左阿微室葛阿麻
辣野銘野怛野彌云云末囉
阿微申拶朦
唵云云逋左不囉瓦怛野阿
麻囉野銘怛野彌云云末
囉囉捺不囉瓦怛野朦
唵云云逋左渴麻捺阿麻辣野
銘野怛野銘云云末囉囉渴□
孤嚕朦。二十供養
唵薩嚩怛達誐怛補悉并補
拶銘誐薩莫怛厮巴囉捺麻
曳吽。
唵云云㖶并云云吽
唵云云啞囉迦云云吽

唵云云遏你云云吽
唵云云你尾底云云吽
唵云云啞渴㖠目渴薩囉瓦捺
麻啞拽啞犾巴囉咄怛云云吽
唵云云目單葛辣啞蘭葛
辣云云吽
唵云渴薩囉薩吉怛薩吴
渴阿犾怛囉云云吽
唵云云阿犾怛囉母泥阿囉割
囉銘鉢悉囉云云吽
唵云云拶都嚕摩訶不囉捺
西鼻喝囉云云吽
唵云云末囉摸提即怛云云吽
唵云云末馨末那瓦二合捺麻
巴囉蜜云云吽
唵云云阿犾怛囉摩訶商怛葛
馨浪室哩巴囉蜜怛云云吽
唵云云啞犾怛囉摩訶捺麻要
縛目陁渴逮底巴囉蜜怛□□吽
唵云云珊薩囉波梨捺曳啞
犾怛囉摩訶蜜哩耶巴囉
蜜怛云云吽
唵云云娑烏渴碧褐囉怛捺
巴囉蜜怛云云吽
唵云云啞犾怛囉令舌即捺薩
瓦二合捺末星末捺那摩訶蜜
哩野巴囉蜜怛云云吽
唵云云遏拽你野怛捺云云吽
唵云云末遏你野怛捺云云吽
唵云云唧怛你怛捺云云吽
唵云云虞形你耶云云吽
稀有偈
稀有稀有正等覺，
正覺作行上妙集，
滅除一切諸惡趣，
有情令獲佛菩提。
贊歎偈
有似虚空離塵微妙色，

智惠之子五色及與相，
功德海深真實具悲心，
舒無此手置之我頭上，
愛樂忍辱住於安忍道，
標授段段自子身散亂，
猶念慈悲體上卦白乳，
稀有奇特尊住我贊禮。
八天母
薩埵須薩葛囉 捺星
囉捺馬𠇗怛哴 褐星
唵末囉 唵末囉 吽
捺麻吽葛野你 紇哩帝
渴麻怛哴末瓦　你令帝
薩悉巴𠇗悉巴你　補悉并
令真囉捺 彌 𠇗并
唵那征 唵那征 吽
長悉機你囉悉巴 阿囉迦
囉捺長悉巴玉 遏你
四天母供養
補廝并 薩埵須珊割令
𠇗 并　囉捺馬𠇗怛哴
唵末囉 唵末囉 吽
阿囉迦 渴麻渴野你
遏你 渴麻孤嚕蒙
梵音四天母
補廝并 薩埵須珊令
𠇗 并　割麻孤
唵末囉 唵末囉 唵末囉
阿囉迦 嚕蒙
遏你 葛麻你怛野吽
睒恩偈
警轉於微妙法輪，
三世界諸趣有情，
令斷除一切惡趣，
恭敬禮釋迦師子。
盡虚空法界自性，
爲利益一切有情，
指教示自己真性，

恭敬禮金剛頂尊，
想意念平等自性，
諸處在三界衆生，
以真實於與灌頂，
恭敬禮寶珠頂尊，
具差别緣慮自性，
雨微妙甘露法雨，
諸有情令得止息，
恭敬禮蓮花頂尊，
令有情離諸苦惱，
成所依隨順自性，
修種種作行之者，
恭敬離種種頂尊，
令光明遍照三界，
能所有一切有情，
而能令得見聖帝，
恭敬禮滅儀頂尊，
手執持如意寶幢，
能施與一切衆生，
令想念皆得圓满，
恭敬禮利釰頂尊，
以白色傘蓋莊嚴，
令三界一切衆生，
而能令獲勝善飾，
恭敬禮白蓋頂尊，
及能飾瓔珞歌舞，
禮此等四個天母，
手持花香及燈塗，
贊敬禮彼四天母，
依信燈自性生起，
住四方四門之内，
以鐵鈎羂索鏁鈴，
恭敬禮四守門者，
於四方四門裹面，
住非回行嚴之下，
實喜尊位住者，
恭敬禮菩提薩咄，
及净梵勇猛母燈，

住四方諸守護者，
火娭精及與風神，
恭敬禮部多住等。
七寶供養
所有一切如來前，
奉獻於此大寶輪，
願斷相續輪回有，
常得轉於妙法輪，
唵云云撈乞囉捺補撈云云
所有一切如來前
奉獻所有大寶珍，
願除饑渴貧之苦，
種種資財願豐足。
唵云麻你灌捺云云 吽
蜂刺美女火寶故，
無名點暗得蠲除，
勝惠悟入法界禮，
只證方便及智惠。
唵云云覓底囉捺云云吽
奉此輔臣大寶故，
於内外蜜及三乘，
以無量智堅持者，
一切功德皆具足。
唵云云麻葛囉捺補云云
奉此香象大寶故，
令滅一切諸惡見，
跨於無比最上乘，
速能往至一切智。
唵云云曷廝囉捺云云，
奉此良馬大寶故，
遠離輪回諸有道，
願得最上神足力，
速能往詣正覺土。
唵云云囉捺你浪葛阿説云云吽
奉此將運大寶故，
於煩惱竟得勝勢，
摧滅諸餘之竟敵，
願得最上污垢染。

唵云云葛帝葛囉捺云云

六勇識偈

如是十方界中内，
一切最勝之妙勝，
無邊勇識大自性，
勝金剛住我贊禮，
明满如來應正覺，
調伏有切作利益，
具化身智大自在，
金剛勝巧我贊禮，
大智金剛勇猛行，
真智金剛無礙，
所有作行利有情，
行金剛住我贊禮，
能具悲心作勝行，
惠於六度彼岸故，
衆衆吉祥形嚕割，
虚空金剛我贊禮，
十方所有勝衆行，
能是妙智真實性，
身作窈窕出有壞，
金剛搦攞我贊禮，
五欲樂供養手印。
色香微妙具大意瓔珞，
諸方分中所有最上色，
欣樂皆以奉獻應供養，
受此最具成就付與我，
唵云云穴并云云吽
諸方分中畢爲未畢竟，
贊功德海所有妙音聲。
唵云云折怛云云 吽
諸方分中所有最上香，
旃檀骨金及於阿闕等。
唵云云遏你云云吽
諸方分中勝妙真飾饌，
所有馨香美味諸飲食。
唵云云囉薩云云吽
諸方分中所有勝妙觸，

柔軟妙好衣勝與卧具。
唵云云厮巴囉折云云吽
付五戒戒
出此三蜜記句上，
智之甘露無垢染，
令以清净天妙水，
受不動佛之灌頂。
唵云云薩嚩怛達誐怛阿
微陛掺鵮
所有諸佛大寶王，
微妙寶此法冠珠，
衆寶珠中最無上，
究竟正覺令灌頂。
唵云云末囉二合阿微陛掺吽
諸正覺之金剛皆，
今日令汝受灌頂，
依彼諸佛成就故，
汝應受此金剛戒。
唵云云阿微陛掺彌底厮怛
末囉薩末耶厮談。
諸正覺之此鈴戒，
今日令汝受灌頂，
依彼諸佛成就故。
汝今應受鈴此戒。
唵云云末囉巴禰末囉葛麻
葛浪麻瓦阿微陛掺鵮
諸正覺之名號戒，
今日令汝受灌頂，
依彼諸佛成就故，
汝應手持名號戒。
唵云云末囉米怛阿微生掺彌。
弃八戒
此是切諸正覺。
手中所持金剛手上杵，
聖因弃入金剛手，
此戒汝應恒手持，
唵云云啞怛末囉二合三末野底
悉達拽折怛捺囉拽彌薩

怛怛怛唎吽
贊六波羅蜜
云何正覺布施波羅
蜜多皆圓備，具大悲
者布施波羅蜜多，
皆圓備具大悲者，我
以如是不久而能得
南無釋迦牟尼。
布施　持戒　忍辱
精進　禪定　智惠
持戒　破戒　忍辱　嗔恚
精進　懈怠　禪定　敬亂
智惠　愚痴
有義羅梭供養
有情藥大逼迫身，
降於慈水除執惱，
西番六波羅蜜
肱怛彰戰敏臂撥哴，
類巴嗔侵蒼征纏，
波哴覽波米拽頂唐
南無釋迦牟尼
肱怛　聲囉　室巴
旋乞臨　旋巴　珊單

六度偈

如是布施自性水，
慳貪垢染能清净，
布施波羅圓满故，
如是布施我贊禮。
安樂宫中救度者，
世尊觀音我贊禮。
大悲羅梭施有情，
遠離障礙盡消除，
種種化現度有情，
有義羅梭我贊禮。
無染蓮花種具足，
喻如龍王降伏毒，
猶如劫火焰熾中，
忿怒馬項我贊禮，

法法無二真實持，
一法天母出現者，
集魔降伏現意身，
一法受持我贊禮，
三世最上其功德，
精勤人處常饒益，
不違敕教解天母，
忿怒天母我贊禮。
正覺圓蕩目如蓮花水，
如是吉祥今日汝願成，
灌頂弟子三業得清凈，
所説妙法最上不動尊，
名種三界人天應供養，
妙法衆生一切令成善，
天人及與非人應供養，
最上慚愧具足吉祥者，
大悲金剛無二勇識者，
堪與衆生爲顯福田聚，
願見本尊除障得成就，
大衆歡喜勇猛集輪會。

哀納偈

由我心意愚痴故，
於勝行作非法過，
凡所有身能擁護，
是等諸佛哀納受，
未得項馬未瞭解，
諸佛我無力能故，
我今所作非法過，
唯願諸佛哀納受，
佛爲利益有情故，
法眼相應與成就，
□環養□正以空，
復求請時願降臨。

五輪灌頂偈

相好自在具足如金剛，
三世界中遠離三垢者，
上師與我真實懺悔愆，
諸佛灌頂與我得成就

一切勇猛勇母集輪會，
正覺妙法及與伽僧處，
我金歸命三寶福田生，
大乘清净無動三障法，
十方如來真實説灌頂，
菩提無我自在得成就，
所説變現金剛身蓮花，
二世如來同戒受灌頂，
生死輪回出大慈悲者，
敬禮大覺正覺得成就。
【後缺】

（七十七）俄 Φ214《親誦儀》[①]

【題解】

西夏寫本，卷軸裝。白麻紙，薄，軟。高 23 釐米，寬 157 釐米。共 3 紙，紙幅 51.7 釐米。卷心高 21.5 釐米，天頭 0.8 釐米，地脚 0.5 釐米。每紙 27 行，行 18 字。楷書，墨色濃淡不一。

唵梵
此咒三遍出七遍，天王
普施與經鬼三上諸大鬼神
誦姿咒曰 唵外實囉斡捺莎訶 唵
唵市吟捺鉢嘚囉炭莎訶 唵麻禰鉢嘚囉英莎□
鉢唵孤冷囉英莎訶 唵薩不囉拶捺英莎訶 唵嘚怛屬
怛捺英莎訶 唵鉢即葛英莎訶 唵即尤孤捺裹英
薩訶，此咒一遍時，彼等大力鬼神想令飽满，次一意中誦
唵浪三十二遍已然，動金剛則還三十二遍已然，動金剛鉢杵
或無鉢杵亦得應念奉食偈曰：護此天王多聞子
執梵狼辣身黄色，擁護母得自在，具大威勢印面多
能令敵懷諸處衆，作緊行時他嚴護，有大光明及神通
拯□妙色其美足，以神穹力伏時天，盡天衆處能贊誦
於義廣大自勝處，歌聲供養爲奉食，利益護持我害故
唯願慈悲哀納受，汝等色相威神力，我及我等諸養盡
并與施事唵尾等，長奇無病借富貴，吉祥大力名福者

① 《俄藏黑水城文獻》第六册，第 70—72 頁。

令施廣天等發具，誦此偈已，參前作王供養訖，所頸
事既令無許誦：唵依密囉捺英和無散鉢光辣
指奉送江施食弃在北方也，此者奉廣大增儀竟
次説義客施食餓者 如前所説，以面不
作相，則只奉餘食二盤内，一盤奉本尊，求所願事，餘
一盤奉天母等儀式同前，其施食者，而有廣略也，次於
天王處奉極略施食儀者同前，置施食一盤，已於上
誦：唵啞吽七遍，其食器頓成廣大如三千界量
於内想滿月甘露，然自心吽字出光，召請北方天王
并施礙養屬等至面前時，意作五供養，應求請云
爲擁護我母，故受此施食天王等，各舌出光筒□
飲食時誦：阿渴浪麼渴母咒三遍，想天王等飽滿
歡喜覺受梡，樂求所願事□已誦：唵猥莫囉
斡捺英和彈指奉送時，施食弃在北方也。次多聞
天王處奉施食察茇儀者，持咒人欲令天王爲
擁護□□預先奉施食，應求夢境，其奉施食儀
者，寂静宫中嚮北，應挂天王幀相一面，前置種種供
養如前，應置廣客施食已然，修習人天王相前
意坐應起，本佛幔自心吽字出狗光，召請須彌
善悲多聞天王，并施礙等，至面前時，標入幀相
中，想爲不二，於彼等處，作五供養，請觀幀相
應誦天王心咒，曰：唵猥莫囉斡捺英莎訶，此
咒誦千遍乃至多遍，隨力誦已，於天王處，如前例
應奉施食天王等飽滿飲，喜求浪須夢，令奉送
已，將施食弃在北方，於其夜，復彼幀相前鋪孤
舌草，枕右舒左，想多聞天王，住自己心而令安眠，或
悦意宫室内眠卧，亦許所夢告凶之事，險時察度
也，次多聞天王誦儀者，修習人於林藪或墓
冢或大水邊或空寺等内，或寂静宫内觀誦亦可，如初
作觀誦時，須撿太自在天日，其日於宫等内嚮北應
挂天王幀相面前，唯前文備置供養施食，已修
習人燒香發願坐幀相前如前，本佛處應奉
施食求請云某甲依法求修，天王等爲我護神
標受於我，無已奉送，次諸護神等處奉食求
願時，擁護無已，奉如是，奉施食已，起本佛幔心中
吽字，出於狗光，請須彌山北天王等施礙，想住面前誦
唵猥莫囉捺阿遏補撈莎訶咒一遍，奉阿遏
水傾入受納器中。次誦唵猥莫囉瓦捺鉢麻葛麻辣耶

莎訶咒一遍，應奉花□奉天王施礙想住花□。次誦
唵猥莫囉斡捺不囉斡囉薩喟葛囉不囉底撈
莎訶咒一遍，奉洗足水傾入受納器中，如前作五
供養已，求請願云汝曾形嚕割處受於佛，敕未
成正覺之間，常爲擁護之神者，今我求修佛果
汝願作護神，想令□杵如幀相中，爲不二已，爾
時修習人觀彼幀像，誦觀心咒置於千遍，或隨
力誦如是一飯誦咒畢時，如前奉食，求情奉
誦將施食弃在北方，依此每日一飯，两飯乃至三
飯，誦未畢之間，及誦畢時，决定現於境相之
非，其境相者，二種，一現境相，而夢境相，出現境
相者，自心恐怖或乞堅或頭痛或近在人處
降則亦是。或見旗幢或見刀劍器械等，或見
天王及圍繞等如是見時，即持奉於施食，祈所
願事等也，二夢境相者，或夢太水而無斷絶或夢
出家僧或夢死活蛇或受冤人放火自燒或夢
大石非人等或受師不惡相等，或夢天王圍繞等
如是前件相，小現幾種者，乃得親念之功驗也，
如是親誦時，凡作法事，彼定我就如一次親誦畢
時已後，二日□所辨親誦奉於施食，若不間斷
則所祈無所不成，若作此法事者，未親誦已
前勿作非法，更親念十萬遍，自此之後，亦不作
非法，則證湛甚深殊勝之功，此親誦儀已竟。
天慶丙辰三年十二月 廿五日 寫 勘了

（七十八）俄 A21V.1《除毒咒召請咒執火咒施食咒》[①]

唵末囉野葛囉吽發 除毒咒
唵怛鷄你撈吽鉢和訶謼你吽
撈　召請咒
撈囉撈囉吽　召請咒 執火
唵阿密怛昆哩渴渴渴兮
吽吽發　施食咒

① 《俄藏黑水城文獻》第五册，第300—301頁。

（七十九）俄 TK191《密教雜咒經》[1]

【題解】

元寫本。卷軸裝。未染麻紙。高 23.6 釐米，面寬 37 釐米．共 18 行，行 24 字，有雙行小字注音。楷書，墨色中。有校補字。

【前缺】

麝沉檀□鈸怛囉□□

□□□至者，金銀玻璃珊瑚鈿，五種穀大麥小麥蕎麥□豆者，稞長流，水乳瓶底下□

八葉低□花□五色，綫五色，絹□肆無系，結菓枝□蓋□

芥子等種集竟。若正標瓶時，先作本佛禪定，放施食已，左手

執瓶，右手執白芥子瓶，口合在處□上熏度，竟念遣魔咒，手執

介子竟作離魔障想，然後時瓶置蓮花上，於内入二十五種種

集水乳等時，一一念本弘心咒，標受入之，并用系瓶色絹作八

葉蓮花相，用五色綫系瓶頂上兼瓶内入結菓傘蓋已，然後

手結三肢叉印，念：唵末囉約啮舌二合吽石渴平粗嚕怛囉二合篤

咒遣魔，已念變呈咒而想瓶空空處，想黄色没淫二合，子成七寶

瓶宫瓶内想白色哪字變成乳海於中後想赤色哪字，成八

葉蓮花花花上想白色啊字，成月輪輪輪上想啮哩二合，字放光

遍照法界，有情消除二障，皆得清净光，四入啮哩二合，字其字□

成阿彌陀佛，聖衆圍繞，佛心中蓮花，月輪上字母放光，請西

方世界阿彌陀佛及聲中至響□空中，依止隨力作供養，已

取復云：今爲某事，屈諸聖衆，願佛慈悲□舍本誓成就我

願住此宫殿，如佛允許，已念：摻吽鉢，和其智。佛與瓶内記句，佛

共成不二，然後與瓶内，佛施食供供已，左手執五色綫，右手

執教珠，念南無阿彌陀佛，或念阿彌陀佛心咒，亦得正念。

【後缺】

（八十）俄 A3《密教咒語》[2]

【題解】

---

① 《俄藏黑水城文獻》第四册，第 193 頁。

② 《俄藏黑水城文獻》第五册，第 123—126 頁。

西夏寫本。蝴蝶裝，未染麻紙。共 7 個整頁，紙幅高 9 釐米，寬 6 釐米。整頁寬 14 釐米，天頭 1.4 釐米，地脚 1.1 釐米。每半頁 6 行，行 8—9 字。隱欄。楷書，墨色深匀。有校補字。

迦如來相自心一念想
一月輪彼上想所親誦
者，咒字皆具金色，右
繞而排觀彼咒字而誦
咒曰：
唵麻你莫喇裹 吽
總持
唵覓布辣，遏吟覓馬你
不囉(二合)覓怛達遏怛你
捺哩折你馬你 馬你莎
不囉(二合)覓永麻哩薩遏
囉吟(合口)皮吟吽吽撮
辣撮辣目嚨永邏吉
矴號纈不嚀嘚(贈冷切)
遏吟覓莎訶
其咒誦百遍千遍或
隨力誦，念咒畢時，其
咒月輪等盡歸㖿字而
起作四威儀也。
若奉施食，則自己面前
置一净器，入白净食，
彼上念三字咒七遍，
其器變成三千大千
世界，等量甘露充滿
自心㖿字出光召請
釋迦佛金剛首金剛
寶等圍繞至面前，時意作
五供養，求情作受食
想誦
捺麻薩瓦怛達遏怛
阿瓦魯揭諦唵三末
囉三末囉吽
誦七遍已而作歡喜
想求索成就，然念末

羅蒙彈指奉送
如來百咒
捺馬悉哩二合，野溺割
六倫㖿一怛達割怛聞二
薩末怛囉二合不囉二合伭
褐怛八不易呼二合伭三怛
麻囉二合怛巴里嘲四
唵阿薩麻薩馬五
珊幔上聲怛多六阿難
三倫怛八不伭舍薩六倫
你八褐囉褐囉悉馬
二合囉悉馬二合囉捺九彈舌
比割怛十囉割十一保怛
捺囉麻二合丁十二薩六倫
囉薩羅十四薩六倫馬
八穩褐薩褐薩十五
得囉二合野得羅野十六割
割捺馬訶巴囉穩伽你
十七撮粹撮粹捺十薩
割領割曷。消施咒
嗱麼薩满怛 不囉味
囉拶也 怛他遏怛也
啞囉曷底 三滅三莫
怛也嗱麼曼嘲室哩
孤馬囉，莫嚀薩埵也麼
曷薩埵也麻曷葛嚕
禰葛也怛嚀他唵
你㘓辣我滅 你辣我
石哩拶也 拶也 麻
形麻曷曷 捺輕 捺哥
難我麻巴昤商捺也
莎訶
唵唵唵薩哩二合味嘆
怛 捺裓禰野 莫囉幹
哩二合捺禰野 末囉 秉
㖿拶禰野吽吽吽發
發發莎訶
　　文殊智真言

南無 曼祖室利孤麻
囉沫達野怛你他，唵
阿囉唧，并囉唧商你
并麻囉　摻野巴帝嚕
嚕摻你　吽吽吽發
怛發怛發怛　莎訶怛

（八十一）俄 TK163《密教儀軌》①

【題解】

西夏刻本，經折裝。未染楮紙。共 3 折，6 面。高 20.8 釐米，面寬 8.8 釐米，版框高 18 釐米，天頭 1.9 釐米，地脚 0.8 釐米。每面 6 行，行 15 字。上下單邊，宋體。墨色中匀。首缺。

【前缺】
或想金色一面二臂，右手作施印，左手
執優鉢羅花頭戴寶冠頂嚴净瓶，身著
衣瓔半跏趺坐身出光明其光尖上出
於無量菩薩化身利益有情
左畔蓮華輪上觀音菩薩其身白色
或想金色一面二臂，右手作施印，左手
持蓮華，頭戴寶冠頂嚴彌陀，身著衣瓔
半跏趺坐，身出光明其光尖上出於無
量菩薩化身利益有情
乃至回嚮衆生及佛道等畢時。若不辯則不誦亦得
專觀佛身隨力應誦阿彌陀佛根本咒曰：
捺麼囉嘚捺嘚囉也逸捺麼啊吟拽
啊彌怛發也怛甯達啊囉訶帝薩
滅薩合口莫嚓也怛甯達唵啊彌帝啊
彌多喻末永啊彌帝遏彌禰啊彌
矴啊藥吟嚓寧遏遏捺屹吟折疙折㖒葛哩逸
矴永屹囉重聲帝啊彌帝遏彌禰啊彌
矴啊藥吟嚓寧遏遏捺屹哩帝葛
吟薩吟斡屹吟折疙折㖒葛哩逸

① 《俄藏黑水城文獻》第四册，第 28 頁。

莎訶
或應隨力誦心咒曰
唵啊彌怛發吃哩莎訶
或應隨力念佛名號曰
捺麼阿彌陀佛
如是總持心咒佛號，俱誦亦得力不辦
則或誦總持或誦心咒，念佛號隨意
作之：
頌咒畢時應奉施食。若不辦則不奉亦得
奉施食儀者於净器中入白净食其施
食上誦唵啞吽咒攝受三遍變成甘露
已於佛等處誦奉食咒曰：
唵啊彌怛發吃哩嘿捺啊啜哩怛渴
渴渴號吽
咒三或一遍佛菩薩等吃飲甘露而令
歡喜求所願事允許既已其彼佛等變
【後缺】

（八十二）俄 TK218《懺悔文》①

【題解】

宋寫本。卷軸裝。未染麻紙。高 29. 2 釐米，面寬 58 釐米，2 紙。卷心高 28. 2 釐米，天頭 0. 2 釐米，地脚 0. 8 釐米。共 24 行，行 20 字。烏絲欄，楷書，墨色匀。已裱。

【前缺】
□□南方火頭金剛爲結□
□金剛爲結界，謹請北方□□
□請下方或頭金剛勝□
□不捨本體，不辭劬勞，遠□
□方大神龍王七界王結界□
□天神龍王七界王結界□
□天神龍王七界王結界□宅
□請北方天神龍王七界王結界金剛宅
謹請上方大神龍王七界王結界金剛宅

① 《俄藏黑水城文獻》第四册，第 222—223 頁。

謹請下方大神龍王七界結界金剛宅
謹請中方大神龍王七界王結界金剛宅
謹請諸神擁護，謹請上方□天王，謹請刀利天王。
謹請□大將軍，謹請賚積世界諸善神，謹請
□□世界諸善神王，謹請東方諸善神王。
謹請南方諸善神王。謹請西方諸善神王。
謹請北方諸善神王，謹請上方諸善神王。
謹請東方天帝釋，謹請四方天帝釋，謹請□□
天帝釋，謹請北方天帝釋，謹請上方□□
謹請中方天帝釋，謹請□
謹請南方梵釋。謹請西方□
釋，謹請上方梵釋。謹□
九地般囉迦神散諸大將□
善神護伽藍神□歸五□
閻羅天子□□
【後缺】

（八十三）俄 TK259《密教儀軌》①

【題解】

西夏寫本，蝴蝶裝。白口，潢麻紙。共 9 塊大小不一殘片。紙幅高 21 釐米，寬 29 釐米。字心高 18 釐米，寬 12.5 釐米。天頭 2 釐米，地脚 1.2 釐米。每半面 8 行，行 18 字。四周單邊，中烏絲欄。行楷，墨色濃。有雙行小字注釋。

次結誦各咒於頂上僧長金剛頂尊喉中蓮
花頂尊額上寶珠頂尊眉間種種頂尊
額近上及鼻間上儀威頂尊此之額近上眉間
鼻尖左畔巧飾母等四母頂上花母
頂旋上及二辟上塗母耳上幢母腰上釛頂
【中缺】
□大手印者審褅視察中圍佛等各各身色
□被於花心月上想五股青色金剛杵（突舉大手）
（口來囉堯）然後自己主主伴皆應産頂光作寶珠
□母印誦唵末囉囉捺阿征伸摻稚
□尊釋迦頂尊額右耳上畔腦後左耳上畔印

① 《俄藏黑水城文獻》第四册，第 326—328 頁。

□七寶法冠意想四方頂尊十六賢護同得准
【中缺】
□次結金剛記印以二大拇指拈二小指根
心□在掌内誦唵末囉阿永□囉啞念十
□二十一遍四十九遍乃至一百八遍意想
【中缺】
□□□□□於如前作金剛拳一誦
□□□□□内左外誦唵末囉捺
□□□□□金剛鈴想怒二手如前
□□□□□□□□□□□□□□
【中缺】
□□□□□合門□□□
□□□誦吽好視察智喇利性想三字變成
□□□隅以半紅赤黄三股杵嚴
□□□成浮海於中誦吽成所作智須山種
□□□嚮山王水中出水各八萬庚
□□□則覺沙界次結金剛鈴
□□□想彼皆金剛所成四面四
□□□蓮花囉遏比黄金
□□□象菩薩身妙緑白色右
□□□手按身次誦咒時
□□□□□□□□上有
【中缺】
印次誦唵巴麼□□□□□
系輜輪上蓮花行頂□□□□
昧印次誦唵米□□□□
比輜輪上行頂尊其□□□□□
施無畏印□誦唵舉□□□□
儀頂尊身白佛色右手□□□□
次誦吽守於離帝隅□□□□□
東方金剛頂尊心咒曰□□□□
唵米則哩吽發其説放□□□
而出遍照法界有情□□□□□
於本咒光咒相融變咸□□□□
色結震地印復念前咒□□□□
頂尊口中而出令住面□□□□
身放五色光利益有情□□□□
依知之次誦唵囉那□□□□

皆真空性於彼空中誦□□□□
瞇色月輪於上又誦赤色□□□
二月相疊於上想青色□□□□
臍上復嚴一青色小吽□□□□
□逢遍虛空界利有□□□□□
月輪杵等共成轉法輪□□□□
結金剛體自性母印二手□□□
指以頭二指壓中指輩□□□□
【中缺】
作行金色釋迦身佛印與同前誦金剛□□□
能彼手印面前想四室所成十字杵東□□□
黃金西赤色蓮花比帝青是當佛座□□□□
次於面前七種供養以七法而作標受□□□
净者做三尖印誦咒想遣除一切魔執□□□
空誦變空咒令空三增長天母誦七咒時面□
前空中想有咒字母一道咒成一天母，誦閼□
摎吽時成白色阿閦母誦□□□□□□□
唵啞丹怛阿伏巴囉比斯達薩米囉麻米囉□
次二手相叉二□掌心須誦唵米囉發□
嘚囉怛咒三遍三挈開前記印
想三葉無始罪垢消除，如黑墨汁足下流出□
百咒三遍怛斯怛米囉嘚囉旨名末厄□
當名米厄吽哩捺也，銘也，阿溺底斯達薩米□
魔林切泥身名不囉也捺捺後遏捺後遏和末囉嘛斯地
誦次咒三遍□身語意三葉清净今令堅固□
誦囉捺印於□上次誦捺麻印咒於喉上次□
葛麻印於頂上如次咸杵寶花交杵前咒□
咒唯叚二半餘皆同前，次作金剛寶珠印結□
唯舒二頭指□□相合中曲如鈎作寶珠鬘□
唵米囉囉□阿微伸摎鵶於自頂上額右□
耳上畔腦後□左耳上畔每誦前咒如前印之□
受成七寶五□之冠決是次等進定儀軌次誦啞字心頭□□
【後缺】

（八十四）俄 TK266《密教儀軌》[①]

① 《俄藏黑水城文獻》第四册，第 350 頁。

【題解】

元寫本，綫訂册頁裝。未染麻紙，薄。共 2 個整頁，高 21.8 釐米，半頁寬 14 釐米。每半頁 7 行，行 15 字。楷書，墨色濃匀。原訂綫已殘損，頁面脱落。另有小塊殘片，墨色淡。

【前缺】
請如來心智甘□□□□□□□□
唵壓吽三字攝受三遍記□□□□
自心出光性上下方照諸如來□□
覺歡喜下方照著一切有情成喜
樂金剛悉皆召請近食而往彼諸佛
舌想空心杵受用食時應念咒曰：
唵啊渴浪藝□□麻獠□□
風輪形似弓蟻二角□□旗於上□□
色囉字變成火輪形相三角於上觀想
三白割字成個頭上想白色啞字成
度大器漏盛甘露上復月輪已心中
吽字出光而觸風輪成動火熾煎煉
器内五藥五肉并月輪等悉皆□□□
成智甘露食氣出光性□□□□□□
【中缺】
□□□□捺咄怛唵□□□□□□□□
而念三遍或七遍□力奉施□
作贊歎念百字咒圓满福足奉
送客佛於彼施食弃清净地用
嚮善根矣。
次作究竟定者觀器性□□□□
【中缺】
光明火蓮花度□□□□
□入唯字字入脚脚入□□□□
半月漸次入於明□□□□□□□
自性於彼空性無□□□□□□
唵啊吽吽發怛□□□□□□□
唵啞莎訶□□□□□□□□
【後缺】

（八十五）俄 TK286《密教儀軌》[1]

【題解】

西夏寫本，蝴蝶裝，無口，白麻紙。共 1 個整頁，紙幅高 13.7 釐米，寬 20 釐米。字心高 9.7 釐米，寬 14.7 釐米，天頭 2 釐米。共 11 行，行 12 字。四周單邊，楷書，硬筆。墨色濃匀。一説爲俄 A5《念一切如來百字懺悔劑門儀軌》與《求佛眼母儀軌》之後即《利他截病四種内》的續文。

時將字母乳水等變成智甘露
想灌患人頂，病如前。
第三云弟身然鬼神之病，著疫
氣時，於疼痛處月輪上想覽
字，亦咒圍繞恒觀此頂誦二十
一遍，若念畢時，彼等變成白智
甘露至身，如白玉等，如前想
則一切病患頂痊瘥矣。
第四云欲瘥速疾，將折厮怛二合
樹葉想成手印花宫采阿曷
樹枝爲筆想成方便之杵白檀

（八十六）俄 TK321.1《密教儀軌》[2]

【題解】

元寫本，綫訂册頁裝，未染麻紙，粗。共 36 個整頁，2 個半頁。高 14.6 釐米，半頁寬 10.3 釐米。字心高 711 釐米，天頭 2 釐米，地脚 1.5 釐米。每半頁 6 行，行 12 字。隱欄。楷書墨色濃。有校改校補字與朱批。據蘇州戒幢佛學研究所宗舜研究，文出《妙法蓮華經藥王菩薩本事品第二十三》。另附其他佛典小塊碎片。

輪悲六趣而沉苦海，外現□
内行慈悲，願爲於三界後西□
求作於□□如竟者，即斯護神□

---

① 《俄藏黑水城文獻》第四册，第 374 頁。

② 《俄藏黑水城文獻》第五册，第 14—33 頁。

敬禮最妙上師
西天得大手印□□班薩鉢尼造
於此生信者，四莫悉盡蠲除
有情離障難，敬禮欲護神
將釋此求修大科分二出現緣
由，後正釋本文，且初出現緣由者，
昔於天竺佛滅度六百年中，
有一國王，名曰善勝，其王爾時
興隆三寶，十善化良時，主染
患不遇，命終妃後名曰妙見，王歸
識後，後及婇女共計救人遂發勝
心，舍俗人入道爲比丘尼，居中印
土那蘭陀寺與衆同止，爾時
彼中有一婇女，犯於淫戒，大衆
得知，共謫議去女人障重深，
於大衆不可同居，衆欲餘四罰出，
爾時妃後白大衆言某等自
後更不重犯，諸佛禁戒唯願
大衆捨我等僫衆等不從而罰
出衆，即時九人見衆不從，共發
願去某等，後餘所生之處，常
爲大力羅叉女等，恒常惱亂諸
修習人，而爲障礙，既願發已彼
等名終隨願受生，此欲護神而
陀陰於此俱靈周羅叉王所而
爲其女，始誕生下具大神通
時女辭父赴中印土，比畔大海
岸邊有大毒樹，彼上彼止恒
時惱害，諸修習人作於障礙，
所以黑色天母以悲心中作大
緊行，折伏於彼，既折伏已於
天母處共發大誓願，我常住
世，爲護法神，與修習人恒作
擁護也。上來出現由序已竟
次後正釋本文就此文中分爲
三十八段
初正明禪定，二伏冤魔，
三逮立中圍，四應奉施食，

五藏病加行，六折伏盗賊，
七害冤法事，八截諸疾病，
九憎樂法事，十樂和要門，
十一生熱患要門，十二追盜加行，
十三截風法事，十四脱獄加行，
十五截買賣議，十六經策利怛，
十七買賣門通，十八生熱患，
十九生風疾，二十冤人離鄉，
二十一藥上加切，二十二足疾要門，
二十三净眼行，二十四勾召神鬼，
二十五擁護田苗，二十六回避兩受，
二十七截熱患，二十八除方惠本病，
二十九求資糧行，三十勾標勝惠，
三十一冤人哩俄行，三十二班衣緊行，
三十三哩誐乘六，三十四自他擁護，
三十五唯他自擁護，三十六龍王施食，
三十七度輪法行，三十八緊行匋標法。
初明禪定者，修習人早辰起
時，沐浴令净著新鮮衣，樂静
宫内，灑掃嚴飾，懸護神挂
幀像，置諸供具於神面前，軟
毯褥上跏趺而坐，然後應作懺
性罪儀，念三密咒懺諸惡業，令
得清净，次令作法於吃净行儀
念偈咒等，想自灌頂，然發願
云爲利，有情故我作此法，願令
成就既發願已。
一刹那間自身頓成一面二臂，欲
護神像，身青黑色，頭髮上□
猶如鐵色，足似馬蹄，穿紅背
子，系皂腰繩，手持弓箭，作
满拽勢，於箭頭上，具一火圈，
於旋風中，展左拳，右窈窕而
立，分明想之，然後應念此咒，不
輪多少，其咒曰：
割欲啰，燈燈矴説，弓弓青，
特麻囉披，窮哩唻，喝移捺，
喰喰唧哩，鷄怛折甘甘齸齸，

割欲嚕，薩薩速速，車經麼，
馬囉野，折吃囉曷嚕，折吃
囉曷嚕。
若誦咒，特勿咽津唾弃在净
石之上，行者若誦福足之時，絶
語持齋，或食净素，在院誦
福足至三十萬，則若福満時有，
二種驗，一者現驗，二者夢驗。言現
驗者，有四，一者自出音聲，二者
室内見旋風，三者衆人貴敬，四
者房内見梵僧來。二者夢驗
者，此中有六，一者自等高山，二
者吃於血肉，三者自吞刀斧，四
者逢大軍陣自得其勝，五者
自爲國王而爲上師，六者夢中
親見欲護神面作供養奉食，
求索成就者，若如事者，最上
吉祥之驗相也者，方應作法，
若不爾者爾返著矣。
第二伏冤魔者，修習若諸有
情造十惡業，不敬三寶，不信正法
不孝父母，害諸護，有情如是等人
者，行自身依前增長箭上火焰，
其人想至面前誦咒，射彼冤人，其
人若悔，火焰復回入前火團，
其人病苦，必得解脱，若不悔，
則冤人神識，要相離者，前起
佛慢發嗔怒，想前火箭射
彼冤人，必不解脱，其人必死，若作
謹緊行時，速便造像，四指八指
量，亦得如是作决定成就，
若諸行者就其小利而作法行
者，觸犯記句，現世定遭水火難等，
死必墮於金剛地獄也。
第三建立中圍者，於自面前作一
肘量，三角之宫，塗黑色，上書前
手印，具焰弓箭，竪釰亦得，自入
弟乃本佛之室，面前中圍頓想，

爲空於其空處想，一啜隆字某
變成險峻勝如之宫，其中内央想
一日輪彼上想一黑色割字放光，
利有情已光回復，入本字内没
一刹那間變成青色，法性神像，
然後行人心種出光，召其主隅地
宫内神來至面前，誦四字咒，智爲
記句爲一不二，若持咒於自心頭
花日輪上，吽割字放光，從自在
鼻中出入面前，神在鼻之中，神
在鼻出入自在，鼻之中如是
輪轉不論，實出在瘦儀時出
定也。
第四奉施食者，若放施食時，
於有驗法椀内満盛血肉，火所辨
食置在面前，念三密咒而爲標
授，變成净清之食，然念變空咒，
其食器等俱想爲空，然念真
空咒於其空處，頓想法椀内妙
甘露食，然自心花日輪上想一
黑色吽字，其字放光，悦頂而出，召
請智神來至面前，宫中依止伸
供養，已被神舌上想一黑色割
字變成五股空心智杵，念俵食咒
五七遍，已想飽满，求索願事想，
念觀喜回嚮，奉送念百咒字也。
第五截病法行者，然起本佛慢
自發願云，爲利益諸有情故，而
作此法，然歸依三寶，已一刹那間，
自身頓成鐵猪，護神口中吐火，若治
風疾或治一切惡瘡，於其瘡上用
誦此咒
噭噭畞哩二合怛折折弓弓
雔雔割欲内薩哩征喝哩哩哩
啞哩啞哩薩薩速速
念此咒時，咒聲與火從口而出，唾
於瘡上，一切惡瘡如火燒之，行者
喜其咒，唾勿令咽之，若入腹中，恐

生病患，如是，若誦五七遍，則所有
惡瘡無不痊瘥。
第六擁護盜賊者，諸盜賊害
已來時，方作此法，若正作時，用横
死人發血骨，黑犬血，黑牛血，駝骨，
灰菝草屍林灰走鬼，如此等種
准同爲細末，將羖羊血爲丸次將
奈動葉木作四指，或八指，人像以
二手皆系於頂頸上，次用斲篇
麻木七枝，各長四指，然將人藥置
在面前，起本佛慢，應誦此咒：
唵末囉二合渴熟號嘧怛雖發怛
灰訶念此咒時，想系一切
拯惡有情，此咒誦三十萬遍，則然
用欒五七丸，入水，合子内或逢云丸
畜人類等時標彼識性與悔不，二
次用前木圍之用横人發，死爲索
遍身紮纏入木合子内，而倒置
之内取藥一二丸，於坡像上面抛打
之，次蓋合子口，然次五綫色於合子
上，十字系之，將合帶自左肋之下，
然後念咒百八遍，則决定而成或
回心則解索等，其像正坐定
得解脱矣。
第七害冤法事者，用人衣一片，黄
臈半两，足印土有刺針一個，㽞六
輻輪道書十字咒，二物相和，造
冤人像，四八指量，卧在輪心，其針
釘在心頭，則其人定亡，釘在舌上，
則定得失音或諸膚，則頂住惡
瘡矣。
第八截諸疾病者，若截一切病患，
則以大麥麨中作一人相，面前置之
其人所有一切病患標在行人
左手之内，念割欲辱等咒，病咒相
和變成治病甘露之藥，然先掌
内入清凈水，灌患人頂，其水若入
患人頂上，則一切病苦，悉皆消弭，

猶如墨汁足指而出，一切病患入
數人中，然以數人嚮患人等，心所疑
住作怒，忿驅遣相面乃弃之若斯，
作則諸疾病等無不痊瘥矣。
第九做互離法行者，用鐵錠或
斷命等可一種内造釰一口，長四指
或八指，其釰應置自己面前，依先
作慢念咒三千遍，其和合人想
至面前，行人在持釰嚮和合人分
明砍之，其和合者，當日互見相
達而生增嫌，猶如仇讎自然而
不和合者矣。
第十和合法行者，自起護神慢彼
相達識性，標在面前於地宫内，召
欲護神來至面前，與不和合者
而諫勸之，願令和合，令不相達，若
依此則三五日中，决定和合，猶如水
乳不相離也，若不然，則別作緊行，
必定愛樂互相隨意也。
第十一令生熟患儀，以前第七種集
中造八指哩俄像，於上塗三種血，以
毒藥草烏頭良薑菓，撥胡
椒句彼識性用針棘火上以哩滅
灸之前必生熱患矣。
第十二追盗賊法行者，若諸賊盗
偷拈他人物色將去已後不知下
落時，行人起本佛慢召請，護神云
所失者，物速便將來，若不將來
放汝不吾而護神時，伏彼盗賊不的
自在生大障難，若心悔，則其失物
等回與主人，其盗賊者，心定得脱
難矣。
第十三截風法事者，預用黑絹
幡，一個上書欲護神像，念本咒百
八遍，已用石合一個於白絹上，牛黄
麝香，乳香等此等相和，隨力彩
畫八個風神各一面二臂二手執旗
各各乘鹿，置於面前，誦變空

咒，頓想爲空，於其處空想八個
黲色，舌空變成八神，然自心中字
種出光召請智風神來至面
前伸供養矣與相不二捐弃八
神入石，河内嚮風隅，上挑三角
坑深一肘量將石合入在彼中
用土填實，將前黑幡立在彼上，
如前增長，欲護神已其風必止。
第十四脱獄加行者，自身頓成
欲護神已心種出光勾所屬識性
來至面前，然召智神至行者
前囑咐神云，令諸官屬即放
彼，其在獄者，即是我師，勿令
加害，於此神處，應奉施食如
是，若作一二日，則獄定得脱，若
不然者，其官屬等身心恍惚
自生疾患欲護神等自然折
伏而得脱矣。
第十五障他經紀法行者，自起
護神慢心種出光，召欲護神來
至面前奉供食，已囑付神云彼
家買賣，令交滯礙，然自右手
持釰用食一盤，於經紀家門，前去
則奉欲護神食神，亦右手持釰趕
諸買賣者，而令散去，若至三
更，如是作七日，則决定經商斷絶
也矣。
第十六經商吉利者，如前起慢
召欲護神，奉供食已，念咒千遍，想
護神歡喜，行人付囑神云：汝諸人
處，而令勸喻，凡有衆不嚮别住，專
注此門，若如是，則决定經商加倍
運動矣。
第十七買物利便法行者，自己而
置七寶器内，入所辦食，行人起本
佛慢心中青黑色割字放光從頂
而出，至地宫内召彼護神來至面前
如宫座念三字咒三遍，標授食已念

俵食咒曰：
唵割欲辱，末哩移喃，渴渴渴兮
兮兮灰訶
此咒念五七遍，想飽满伸供求願
彼神允許所皆遂矣。
第十八亦令生熱患儀者，依前造
像，入在熱患，骷髏口中，但逢九日
於墓地中，掮三角坑，深一肘量，彼
中壇之，則定生熱患，其人必上。
第十九令生疾法行者，同前造像。
入牛角中，泉至於南水流嚮北
於此泉邊。離一肘量，掮三角坑
深一肘量，坡中埋之，此上放護神
食，次放龍王施食，皆飽歡喜
想披護神敕彼於龍，其牛角中
人不經數日，中交定生夙疾若
欲解時，取前哩俄心中之輪，將
種集水念咒洗之，若不然，則於世
世中其子孫等夙疾不斷矣。
第二十冤人離鄉法行者，依法
盡輪及足印土等入牛角中，用黄
臈羖羊脂中塞口，弃流水中，則於
水神處而奉食飽满，歡喜護
神敕云令彼人冤速赴他方，勿住
於此，若如是作法，其冤人等决定
而去矣。
第二十一咒藥成毒法行者，將藥置
在面前，行人起神慢，念咒拽弓箭，上
發火，火入前藥内，咒一百八遍，其藥
成毒，若冤人則决定而去矣。
第二十二訊足法行者，自起神慢
召欲護神來至面前，奉食伸供
念咒千遍，行人若有去處，手執馬
鞭，系有所務，刹那而至矣。
第二十三净眼法行者，用白楊木
作無眼髗子五雙於黑舍内，勿令追，
於内用新白毯一片，然自而右頰上用
黑馬蹄白血塗之，左面上末白麵，自

將骰子於白毯上，不住擲之，若擲時
念召鬼神咒，鬼若未來，恒念咒擲
骰子，鬼若來時，與自同擲骰子，然
後行人付囑鬼云：吾與汝等爲仰
資法友兄弟等，允許自問，鬼神
所知之事，彼等一一決定説之，問已放
與水，施食一椀而付囑云：某後若
請時，速疾降臨，奉送而去。
第二十四勾召鬼神法行者，用新人
頭一個，黄松刀一口，赤銅刀一口，熟羊頭一個，松明
柴一束，梅花枝一條，長四五尺，然自棵
形次將赤砂青澱南墨於自身上
花點塗之，至日没時，將種准赴無人
處，十字道上或山道上，若去時，應
誦此咒
啞張啞張破張破張魔張魔
張留留屋嚕二合屋嚕二合提哩二合辣
麻常若至十字道上，見咒點
念，然後虚脥而坐面前，唯著些小
之火，將前人頭黄松刀子置自畔右
五尺量許。
將梅花枝自左畔置，次將羊頭
銅刀置在懷中，然自吹火猶如
鬼火，旋死旋活，行人頭低，但仰頭
割吃時，面前或見一人，身長一丈，或
七八尺，彼亦裸形戴三尖白毡帽子，手
執白杖一條，來至面前，若問行人，但
割羊頭，用被人然後行人於方便
取梅花枝打彼三五下，急奪彼杖
而作折勢彼告已時自於彼處而令
倚囑所有事務，彼定允許然用白
黑毛綫一條長十五尺，於彼杖上念金
剛手肘，標授纏之及㿽金剛手輪系
彼杖上所求隨意矣。
第二十五擁護苗家法行者，行人
於寂静住端身而坐，入定召神誦
咒奉食，然㿽輪依法標授，并同前
作所不同者，應發願云爲利有情

饑餓苦，故令五穀豐成，發願已其
輪入在生瓦器内而以相和用紅綫十
字系之，埋地中央，則五穀決定豐
盛矣。
第二十六回遣惡夢法行者，於寂静
處跏趺而坐，應願發云：爲利自經
一切惡夢，速令回滅，故作此法事，次
入定召神誦咒，伸供奉食，然素絹
上，依法㿻輪標授同前，所不同者，
既㿻輪已然觀彼輪，念根本咒千
二十八遍，其輪摺折綫系紥
戚礦之果，系左臂上一切惡
夢悉皆回滅而爲擁護矣。
第二十七熱截患法行行者，於意
樂處，跏趺而坐，入定召神，誦咒
奉食伸供，次用種准而作汁患
人額上而作明點，或惡瘡上點
之，亦得所不同者，具種准者，南
樊召童子小便，此相和於人患□
中入少許，則其熱患病悉皆消
除，一些邪病不能侵染矣。
第二十八除方惠本并法行者，於寂
静意樂宫内，跏夫而坐，然發願云
爲利自他一切病，故作此法事，發
願已入定召神誦咒伸供奉食，并
同於前，次用種准汁而作明點
同治瘡儀所不同者，病人睡軀
入護神定誦千八遍，尾添某甲囉吃
囉囉莎訶。
依次修習至十日，則其所有病患等
悉皆痊瘥矣。
第二十九求祝資糧法行者，於寂
静意樂處，跏夫而坐，發願入定
召神誦咒伸供奉食，并同於千某
甲現今資糧闕少，願令具足，每日依
此處，心作法則所求資糧，隨意满足
而自在矣。
第三十勾標勝惠法行者，於静寂

意樂處，跏趺而坐，發願云某作
此法，願令成就，然自入定，召神誦
咒，伸供奉食，次用產不下死者婦
人，燒處者厭不論灸少諦觀彼
厭誦根本咒三千遍，尾添某甲巴
伸孤鹿和誦已將厭吹在所好婦
人身上決定自來此是驗也，而勿
受用，若受用則犯天壽，若
□□時用則無妨者矣
第三十一殘害哩俄儀者，於五月五
日，探冤人及印土造四八指哩俄依
心頭刲三角坑於槿皮上書書
哩俄名像，入在三角坑内，入定念
咒百八遍，次用四指量鐵金剛栓一
個法骨亦得若臨壞時，其面嚮日，
語誦本咒，尾添冤人名，馬囉野
吽發，將金剛栓於冤人心上一咒一刺
如是每日加行作法，至三日満時，决
定成就，法事畢時，將前哩俄弃流
水中，念解脱咒：啞諦莎訶。
第三十三扮依緊行儀行者，若或他
人害已來時，用赤螻蟻穴中土牛肝
□每穰冤人足□土，此善相和蓮
□指量哩俄像形次於樺皮入前哩俄心頭，三
角坑内自作所宗慢於自己心字
種出光勾臂識性與像不，二次將哩
俄於有龍泉近脣埋之，或十字道
上埋之亦得，次將在一片上㿽十字
杵而蓋於坑，然將自所尊著
於上扮之，誦於本咒，尾添哩俄
世界未壞時，我不放汝，如是扮
之五七次及諸護神處而施於食
自付囑云世勿放彼，然後行人手
結鎮冤不自在印，手結作拳，舒右
指勾左拇指，次舒左右二小指，相底
□所宗之咒於弃坑上，印七遍□
於本佛處，而付囑云世彼勿方
哩□也。

第三十三哩俄卒亡儀者，將前中准
足印土輪等入在羖羊角中，若入
泉眼内，則決定卒生病亡矣。
第三十四自他護擁儀者，自師施
主眷屬或遠或近，有諸難時，作
此擁護，自害他時，隨意他害已
時不能以欲擁護神金剛手輪中而
擁護也。
第三十五唯自擁護者，自作木佛
慢，召欲護神至面前，誦咒伸供奉
□已自心吽字發出光照著時，地成金
□也，周圍成金剛城，内成金剛帳，
□□火焰满三千世界分□想之，自
□咒曰：
唵末囉(二合)囉吃囉囉吃囉吽
此咒念時，於一切時中而爲擁護。
第三十六龍王施食儀者，夫修
習者，若放龍王施食時，於净器内
盛三白三甜食，置在面前，念三字
咒三遍，攝授成所好甘露，然自心
中種字出光召彼龍王來至面前
似天人形，頂嚴五蛇，下節似蛇尾
二手合掌作恭敬相，於彼舍上
而出光筒，趣於食内，然食俵食
唵薄英耽末哩渴渴呬呬
訶此咒誦五七遍□□等
□□求所祝事想龍□□□送不
矣
第三十七度輪法行，夫修習者若
作攝授諸輪法事時，其輪置在面
前，念護方咒，抛白芥子，遣魔，已次
念變空咒，其輪想空於其空處想
白色捗吃囉。
三字復成其輪，然自心中字種出
光召請護神，心中語自在輪與面
前輪威儀不二，然念緣生咒二十一遍
加持花米，抛在輪而爲標授此上
誦本咒一百八遍而爲加行者矣。

第三十八緊行勾標法行者，若作
□行時，取足印土病文中三種土用
□般血，并相和皇四□□□將前□
□□授芥子中亦□□□□□□□□
□打之即成。
□爾時用彼人夜一片，令燒作灰
與足印土相和，如前造像爲彼識
性，與像不二，亦稱彼名一咒一抛而打
憚，則决定隨意也。九種准者
川烏頭，草烏頭，桐砂，砒霜
巴頭，猪舌尖，諸般血與夜眼，
犬香尖。
藺同石烏河囉野吽發唵割莎
訶啣哩哩嘚龍龍馬囉拶囉
□割曷發後，捺折浪，訶莫
□囉屹哩捺麻□□□
【中缺】
修習不問
此説金剛亥
食已手作

（八十七）俄 ИНВ. No. 272《密教儀軌》[1]

【題解】

西夏寫本。西夏文刻本經折裝《佛説佛母出生三法藏般若波羅蜜多經》卷第八裱紙。蝴蝶裝，白口，未染麻紙。存大體完整的 2 頁。另有 4 塊殘片。字心高 19.5 釐米，整頁寬 27 釐米，每頁 16 行，行 16—17 字。有雙行小字注釋。四周單邊，中烏絲欄。楷書，墨色濃。四塊殘片分别高 18.2 釐米，寬 13 釐米；高 16 釐米寬 7 釐米；高 8.7 釐米，寬 12 釐米；高 18 釐米，寬 4.3 釐米。

□□四菩薩乃至北門亦然，初念一遍時成
慈氏菩薩，其身黄色一面二臂，右手執龍挂
花左手持雀頂瓶，按在臍上，欲東門北嚮
爲首右饒至北門。次念一遍時，成不空見菩
薩，其身極黄色，右手執蓮花，左拳按胯，次

① 《俄藏黑水城文獻》第六册，第 273—274 頁。

誦咒時，成除一切罪障菩薩身，自白色光然
二手執鐵鈎□中右手執鈎左手執半杵，次誦咒時成破一切憂
菩薩，其身白黄色，右手執空杖，左拯拳，按身
此是依世俗次第生起竟
次於山頂上想誦黄色没二合字變成寶
瓊勝妙宫中央八輻輪，最高餘皆漸下，於
彼輪上誦阿心阿三字，一刹那間成白色，師
子座上誦啜哩變成衆色八葉蓮花，上誦
啞字，變成白色月輪此是中尊者也，周圍誦四十遍，啜
哩阿三字，成諸伴遠座此是增長勝妙宜及座也於中央花月
輪，於上想青色吽字成釋迦心咒，色放光遍
中□七誦□□□□□□□□□□□□□□
標水戒法冠戒杵戒□□□兮戒，弃入戒，
彼諸有情既得戒，已□□中圍佛無异現作
七種供養，意中巧飾等□供養此是心中圍繞爹有彼等
有情歡喜感激恭敬，□掌异口同音以瑜伽
金剛頂尊本疏中所説□偈而伸贊咀此處入砂思偈上爲
砂思故伸其酸歎貪次作金剛勇猛□句印法記，舒二中指，
二小指，二母指，誦：唵□待畢，麻帝怛娘
銅經中身没緣色也右手執蓮花，□□如前，次誦咒時成
普賢菩薩，身黄光，然右手執大寶德，左手如
此上九項尊全跏趺而坐□賢護勇猛跏趺坐
餘伴繞增長記句佛已，□應請智佛自己□
前新置七種供養，作三尖印誦咒遣魔已，應
七法而拖受之，作開門印結二金剛拳，舒二頂
尖相合，誦：唵薩畢下羅永云也。三誦□
分開之開也，自心中化出□黄色金剛王，收支鐵□
【中缺】
□化出千□色金剛行色怒，亦結前印，遍
□擁護輪外周圍作於圍城。須麻你咒，勝勢
□怒於前二手之上，舒二放指□□咒，想心中化出無數
□黑色勝勢息怒，亦結前印與擁護輪内，成一
□圍城。第三金剛拳息怒結金剛記，開拳
□放如墨誦：唵末羅二合末捺板二合，想心中化
無數黄色金剛拳息怒，亦結前印於城上，同
□於帳至此是□依往□□□實，復想如火熾然，息怒賫成
放物色光和四門中出，遍照法界一切
作利益已，光回入於本咒，光咒相融成□

勇猛母身白色一面二臂，右手執杵，當首□
鈴，按胯，右跏趺，坐具其身，融成白色光，教
金剛杵令住面前，東花葉上，次下三勇猛□
【中缺】
次誦啊字自在
執三股杵作舞
四隅中火隅上成
誦：唵末羅保厮
花母，二手持花□
時風隅上成赤色□
曇岸溺吽時，自□
娑，次誦溺字時□
【中缺】
佛等（此是六時增長心竟），次心花月上吽字成釋迦心
畔有想金剛勇猛母咒：唵末羅末□
月輪□上□前□□□□□□□□□
【後缺】

（八十八）俄 Φ221V、Φ228V、Φ226V.1《八種粗重犯墮》[①]

【題解】

西夏寫本。（1）八種粗重犯墮，楷書墨色中。72 行，行 21 字。（2）常所作儀軌八種不共。22 行，行字數不一。楷書，非一人所寫。墨色濃匀。（3）大乘秘密起發。69 行，行 37 字。行楷，墨色中。有校補字與勾畫。（4）惜財者像。白畫像。（5）惜財者偈，共 4 行，五言、七言偈語相雜。楷書，有校改字。

八種粗重犯墮
馬鳴菩薩造
最上尊師於花足，以真實心而頂禮。
諸本續中所宣説，粗重犯墮略演説。
且最上尊師者，是聖天菩薩，所禮住；能禮人，馬
鳴。初欲禮足功驗，因禮聖天之足，有多應驗，□
聖天之威德。後馬鳴啓最上志成，三業虔恭，頂
禮聖天之花足也。
聖天問禮者：禮住云何禮，禮因，禮緣。故馬鳴造十四根、

① 《俄藏黑水城文獻》第六册，第 80—83 頁。

八粗重，依禪定本續中，略開演觸犯儀軌。

持密禪定母，强爲自受用。此中有二種，

初是新授戒母，二已授戒母。

無有人見禪定母，勇猛等要受用，作無二加行。故不依法作强受用者，犯粗重罪。

西天有一在於竭囉怛山初受大乘戒人，見持禪定母，要行淫染，令誑受用禪定母。實不解無二加行，於禪定母處起淫染心故，馬鳴菩薩造第一粗重罪。此是説初受戒人犯罪。二，已受戒人犯罪者，勇猛等先來受戒，解無二加行。女人創初發心受戒，勇猛等不依法作，犯第一重罪。

西天競伽河側，有一禪定人，名折囉没怛，自七歲來時，受大乘秘密戒。因有一女人河邊過來，見自女人顔貌端嚴，此法師心中起淫染心，言：你受大乘秘密戒，速疾成佛。因自性遂淫欲。故馬鳴造第一重罪。第二頌云：

弃舍自禪定，於趣輪中諍。

初受戒人，不了聚輪義中諍話，犯罪。

西天有一人，實持禪定人，八月十五日，於屍堂林中持禪定。或至一更來，有多勇猛作集輪時，於時此人問師：因緣法滅後，再不作？師當時生瞋，默然不答。勇猛等警疑。依此，馬鳴造第二重罪。

非器有情處，説秘密法者。

此中有二種：一初，未受戒人處説此法者，或見本尊等像，或見秘密禪觀文字，犯罪。

二後，持禪定者，先受大乘戒已，不作禪定，不念真言，不放施食等，經一年，不依法修習者，此人處以不説秘密法。若説時，犯粗重罪。若再受戒時，［許］説法，不犯罪。第四頌云：

具信心有情，所説顛倒法。

此中有二種：一，無説句師，不解秘密法。第二習故，所説顛倒法。

西天有一法師，名山及多羅，先受小乘别解脱戒，能講三乘、五性一切法門。見此一人法師説，有多人受戒，却將顯教法，充作秘密而説，實不解秘密，就利養故，所説顛倒法。因此馬鳴造第四粗重。第五頌云：

我慢聲聞者，共宫在七夜。

持秘密禪定人與小乘聲聞不得同房在七
夜，犯粗重罪。
西天有以發誓，常持小乘戒，或於一日，逢著一個
持禪定人，同房共住七夜。持禪定人依法修作，法師
心生譭謗。馬鳴因此造第五粗重。第六頌云：
若不作法師，密者自受用。
持禪定者受大乘秘密戒已，不作禪定，不令真
言，不放施食等，系破戒。再不受戒，多年名持禪定人
有犯重罪。
西天有一般彌怛法師，常與人受密戒。有一人受
了密戒已經一年，於上師處并不學此法戒相。此
人不肯懺悔，死入地獄。因此馬鳴造第六粗重。
第七頌云：
不解禪定智，密者起我慢。
持禪定者不解此教法義，强言：我能解秘密法。
誑初受戒人。實不解，妄生解。犯粗重罪。
西天有一法師，實不解秘密法，或與多人説法。有
一僧到説法處：法師，你説法有其差別。此法師生瞋。
犯粗重罪。第八頌云：
無記句明母，倚託故受用。
持禪定者，要行加行，倚託秘密法，於無記句母，住
作加行，犯粗重罪。
若或此故觸犯者，依此建立於壇場。
隨依聚輪所作法，以實思慮皆懺悔。
若有人犯此粗重，須是集輪中作懺悔，對本尊
面前名白懺悔，方可滅罪了畢。

（八十九）俄 Φ221V、Φ228V、Φ226V. 2《常所作儀軌八種不共》①

常所作儀軌八種不共 吉祥形魯割　造
敬禮三身尊，樂主不二智，吉祥上樂輪，
造不共根本，世間常左轉，重不謗者勝惠，第二
不弃舍本尊，第三又不二記句，第四無礙及所贊，第五
梵行無瞋等，第六是不共根本，第七别續十不説，第八
是故持咒者，决定得成就，若犯記句者，决定墮惡
是故勤精進，常擁護記句證得佛菩提。

① 《俄藏黑水城文獻》第六册，第 83—84 頁。

常左行者修習之人，諸國及於野所行時，地生母
咒生母，覺生母等相逢時，修習之人，母身上機語等
相應，若不相應時，犯根本，第二六到衆生，内爲
勝惠，不許埋共根本，中説是勝惠有記句，無記句，
盡不許埋犯根本，第三集輪中得戒，後依别本
續中修作者犯根本。
第四者十日等供養時，五肉五藥受用時，依種種性生，不哭者
犯根本，第五者白月十日，黑月二十五，作供養時，五肉五藥
無犯記句人我不萌避者，犯根本。第六依於行手師□
應對本尊佛，若不想本尊佛，如常人行之時，犯本根。
第七者依於行手印時，攝授二根，應想四毒面前那□如不
攝受二根者，不想四毒等，犯根本。第八者依持手印時
菩提心不指收攝回至本處，若不□是睿行處，手犯根
本，共根本内犯句及授戒時許此，有二種，即唯□□□□
□□□根本了。

（九十）俄 B64《金剛乘八不共犯墮》①

金剛乘八不犯墮
吉祥形嚕割，説一切衆生爲執著世間貪欲
欲中執四種四種本續續以内説出二種戒也
一共説戒，二不共説戒，且初不公説戒内分爲三
種本續也。一是金剛空行母本續，二合口金剛明
點本續，中説歸敬三身，以最勝樂自性不二好體
我皈依最上吉祥集輪者，不共根本，我開讀
言三身者，一是法身，二是報身，三是化身，此三
身佛爲不離大樂，真性大乘性是三種體，故三
種體，故三身種此大樂性勝，故云三身最勝樂自
性也，與大樂性無二金剛與亥母無二妙體者，二佛手印
各爲妙體，我皈依言最上吉祥集輪者，若有修習
母於上師初，傳禪定觀心中無疑，便人常作禪定，
念真言放施食等不間斷，現有靈驗，現空行母，警
覺説二十四宫，内有咒生母，共你兩個爲知識去現
身上得大手印，成就此修習人二十四宫去來，見空行
母身動手動脚動口動腿動種種儀軌，此修習人
不解生其疑心，雖到二十四宫，一刹那間，空行母降

① 《俄藏黑水城文獻》第六册，第 66—68 頁。

靈，不得成就，若或空行母機施行壇作法，修習人無
其疑心，見空行母所作儀軌，一時位受空行母等行與
大乘心印法門，一時行得左轉三遍，作曼拏點供養
取伏空行母新生歡喜，賢聖成就與空行母爲知識也。
第一言不共機□我諸集者不共者，其兩個不共
畜生两個不共人照有記句不，畜生龍與□畜不共
顔，則有龍王，若是□人身記句不依此八種者，犯本續
内前三種與第四種不共，第四中與方便本續勝怒
本續不共方便本續□，四識者勇母少説菩提心，弃功
能勝惠，本續則説勇母，多勇識少多説菩提心，立功
能及菩提心，□不満觸犯二十，於此不共前三種及方便
本續不依此八種者，成大罪勝惠本續内不依此八種
者，犯記句。言凡夫意中常左轉者，若有修習人到
與空行母前，何得法，已後所彼善曼拏□，若不左轉，勝
犯哩勿戒也，言一切勝惠不生修者有二種説
一種説若受持記句修習人，一如勝惠不得毁，緊爲勝惠
内有食□亥母及二十四宫空行母，金剛亥母等難□成死不
到女人之身者，毁一切人者犯記句，二種説一切勝惠
不生蕩者，且遍説理實則西元有二十四宫空行母及十六
天母等根於人間潛藏者，有修習人毁者，犯記句者，盡
一切女人不須毁，有二種母，一時天生母，二是隨聖母，若願者
犯記句，一言於自本尊不移换者，修習人從來後得
冠者，文殊禪定及一切禪定，如自後入大乘密教集
輪中來作此本佛禪定，多年不見靈驗，憤相心生，退却
作顔者，文殊禪定等禪定移换集輪本尊犯記戒
言記句等中不二解有二種也，一起高傲心胸滅知
識，同其受得記句戒者，譭謗者自贊毁也起二心者
犯記句戒，第二説修習人起談心吃食等，若集輪
合口中五肉五藥五甘露寶像□□□犯記句，言復不著於
無記句者，若有修習人作集輪時，有四種是墓地宫内
二海河岸上，三是誠十無人住處等舍裹，作若誠眉奉并
有人處作集輪時，若有無記句人見法事，見功德，見作
法周，見五藥五肉，見入禪定，念真言，放施食，或問其
法，衆生或見勇識母作不二加行時，放有三種也，
一加行，二法門禪定，三真言儀軌，且動加行錯行者，有二
一化生中，二勝生中。初化生者，作作加行時標受自他也
二根依法作無，二加行等想心満蕩處成吽字，出光到頂珠，
上逆而去入阿瓦倡虚虚上遇到心頭，即本尊佛心頭吽字

出两道脉日月，一一脉邦中四輪，温入於欲字，不得偏落
若不依此犯記句化生衆。二胎生屍薩布瓦歎自身，一念
圓空空像成本尊亥母相抱而生坐心頭相二青吽字
是主界自性，此吽字出光，聞者二口變成明珠，頂住映澈
自身從頂至足盡皆明朗，杵頭上吽字出光，入花宫變
成赤色阿字，出光勝惠，口中入輪轉一百八遍，七字真言
出光成吽字，改變成六角輪，每角上成一本尊，每一本尊
上改變成無論佛，佛一時消成一滴真如，□出光開中道
到吽字，字煉三界，自行變成明點吽字，内没一真直至捺
怛者，不如是作者犯記句胎生罪，二法門禪定，要一禪
定時，須是記句師處受得記句，傳與本尊佛，禪定不得
錯亂不依此者犯記句。三其言儀軌上師處傳
加□不依此者犯記句 儀軌者，若有集□江事不浮
無記人句，乃不同壇不同師處觸犯施句人，自費所集
輪法，庸不説不見不依此者犯記句罪，言此即於此净
行者，若先如此一作，設請處犯記句，無觸犯時，此即名爲净
行也。言具足八種并無嗔者，此前八種具足。言此即不
失根本戒，余本續中不聞須者，准金剛空行母本續中
説此八種不共犯墮落，故云余本續中不開遍也，一是觸犯
無功能，二是觸犯主遇。言持咒持此離罪愆者，文答云
禪定現世獲成就，言不依此者犯記句，赤文答云必定
墮於地獄中也。言應當常護記句，智者殷勤而
修此這，捨離一切過愆，不犯記句時，必獲三身五智之菩
提矣。

金剛乘八種不共犯墮　對子

（九十一）俄 Φ234《多聞天陀羅尼儀軌》①

【題解】

西夏寫本。卷軸裝，白麻紙，薄。高 23 釐米，寬 93 釐米，共 3 紙，紙幅 41 釐米。每紙 18 行，行 21 字。隱欄，楷書，墨色有濃淡。有校改校補字。

【前缺】

敬禮出有壞吉祥形嚕葛，修習人預先欲要多聞天
王處，奉廣大施食，則月初八日或十五或三十日奉之，其

① 《俄藏黑水城文獻》第六册，第 104—105 頁。

施食者，用粳米或白米飯，亦得須一石禰已上，爲妓者
不辦，則隨力所置十盤，於中第一盤應奉本尊，置於面前
内入酒肉，竪插雜色旗幡等。第二盤奉於天王，内入酥
煮禽獸，各十六般，如無酥，則水煮。亦得於施食中央置
一無目僧相，合掌放坐，此僧頂上復置三角面燈盞，并
竪旗幡，彼施食四方四隅各置施食一盤，内入熟肉并
插雜色旗幡及等一盞，此是八施礙王施食也。如是置
已然，修習人面嚮北坐，前置阿遏洗足，五供養等已起，
本佛我幔先本佛處，依每日例應奉前置施食并阿
遏五供養等求屬。云我未證正覺之間，令教天王爲我
擁護之神，標授於我，名許既已應奉送之，次天王及八施
礙處奉施食儀者，於施食上誦：唵末喉囉拽吃折吽咒令
手結三股叉，即遣除魔礙已。又於施食上誦：莎末瓦咒
施食成空於其空處想九個白色没隆字，變成九個七
寶廣大法器，量如樓閣，彼等器中各想一青色㗳字變成
天之百味飲食，於上想白色唵字，消融入彼食中
其食增長無垢清净，又彼食中想一赤瑟蚵字，消融
變成甘露。復彼食上想一青黑色吽字，入彼食中，其食
出光召請諸佛心中智，甘露入彼食中，想爲不二誦唵
啞吽三字咒標授三遍。復次手結金剛法界印，誦：唵
阿渴魯目渴等咒三遍，想彼施食光明熾盛，次結佛眼
目印誦：唵嚕嚕斯布嚕撮辣帝實達啞捺浪拶
禰薩吟軌陌吟達薩捺禰莎訶咒三遍，變成殊勝施
食，又復結虚空藏印，誦捺麻薩吟斡怛怛遏矴群切身
薩吟斡塵夢群，薩吟斡怛㗳鳴嘫遏斯拶囉捺遏遏
捺希麻上股渴莎訶。咒三遍想食增長满虚空界。
次誦：唵啞彼哩怛，豈捺哩訶捺訶捺，吽發咒一遍
標授施食，有面前食復想一白色□字，或想白色㘕哩
二合字亦得，其字變成八葉雜色蓮花，各花葉下想無數小
花葉，然吹螺生鼓等及燒安息乳想秋米麵等，結鐵鈎
手印，然自心吽字出鈎光，召須彌山北面輪捺宫中，多聞
天王，其光照著斡捺及眷屬等，亦各心中出鈎光等相，鈎
想標來時，應誦此偈：世尊已弃游行座，今當正是惡濁時，
所有溺在煩惱泥，來至此座非殊勝，汝曾釋迦師子前，
誓願擁護於正法，及有情處作饒益，此偈誦一遍已續誦
請召咒曰：唵外實螺斡捺英薩末哩末囉末喞囉薩麻
也，拶吽鉢和唵外莎訶。此咒誦多遍則或自頭痛或心
戰撼或懼怖，此等相中若現一，則乃天王降臨之相，或降近

□□□□□□□□之相，二十亦有親見天王之面，如是□
【後缺】

（九十二）俄 ИНВ. No. 274. 3《金剛修習母究竟儀》[1]

□□□□母
□□□□者，身正坐發願成佛，已想空想
□□□□而作赤色，上有日輪上師傳釋定師亥
□□□□師眉間出白色光或赤色光，照一行
□□□□離嫉妒垢除我慢時得净瓶戒。次作
□□□□舌覺心遍满七萬脉中得□□貪垢
□□□□密戒，爾時於樂無執净□□戒後
□□□□人心光遍自身，離於痴垢，光明照
□□□□然亥母融入師身，坐自頂□輪上
□□□□處奉曼拏羅施食金□□粗等。
□□□□剛修習母究竟儀 畢

（九十三）俄 ИНВ. No. 274. 5《金剛修習母標授瓶儀等》[2]

色纏手安臍輪而請咒時□
佛子□□□
八迎或多少不定随力誦已，作
事，具瓶内置壇角上，此奈
□主等灌頂及灑净房□
□□□送智佛
金剛修習母標授瓶儀
偈力咒數畢時，一切罪垢及
□師，永除根本，想其頂上二佛
□外瑩澈，如是想已，然後
善根矣。唵悉哩二合末囉
□與欲巴粗也，形嚕割 丁
□須彌末瓦，須哆當彌末瓦
阿顛囉哆彌末瓦，薩末席溺
阿末個令二合麻 須撈命潔
孤嚕吽 霞霞霞霞和

① 《俄藏黑水城文獻》第六册，第 277 頁。
② 《俄藏黑水城文獻》第六册，第 278 頁。

發菩提心已，自一刹那□
葉蓮花，蓮花上想□
形嚕割金剛亥母□
印如是想已，其形嚕
白色吽字，其字出五
心欲請白色智甘露□
出佛右足，流入自頂
諸罪垢及根犯隨
如是誦咒二十一遍
【後缺】

(九十四) 俄 ИНВ. No. 274. 4《□壽定儀》[①]

□□□□那悉多 傳
□□□□師
□□□□定者，自身作增長佛𰨻，腹内令空
□□□□上想亥母臍間，法生宮内，想啣字内
□□□□瓦倡帝脉出净梵眼中入頂□□□
□□□□自臍啣字中，如是隨出□□□□
□□□□□
□□□□後合掌誦請忍偈
□□□□萬所有□如來 及□
□□□□忍仁怒哀□□□□勝□
誦□□□唵末羅二合矇彈指
各□本位，次年百字咒三遍
執鈎□左手心頭持法梡，滿盛四□
發分入□嚴五枯髏，項貫五十一新□
單□□嚴八輻骨輪，耳璫項瓔手□
珞皆是□骨，所成拳，左翹，右如作舞□
日輪上□肌膚柔軟如十六歲少童□
且有九相，初身三相，一窈窕，二永健，三□
一能嚮笑曷曷，二呵浪希希，三吞吃類類，後意□
三稀有是名，九相遍身，毛孔出智，火□
如同劫火，如是想已，復次劑間法□

① 《俄藏黑水城文獻》第六册，第 277 頁。

(九十五) 俄 A20V. 15《亡牛偈》第五册 P279—280

亡二四牛

擎頭戴角出塵埃，猶有□□□□□

百劫浪隨奔竟去，一朝牽□□□□

監官扇上清風起，函谷關□□□□

今日翻身秋色晚，金英□□□□□。

亡半三牛

細草香泉分已甘，覺場高□□□□

人知銷一方全一，牛到亡□□□□

巢父飲河還共曉，庖丁解□□□□

蓮花會上曾垂喻，火宅門□□□□

亡四兩牛

只牛貪愛苦争先，不免□□□□□

濱覺循塵休得也，了心□□□□□

溈山谷口眠莎草，雪嶠□□□□□

放去牧來欲歸去，鷺鷥□□□□□

亡五一牛

竺國先生指牧牛，漸淳漸□□□□

波羅花結成還解，滄海□□□□□

五岳峰高云色静，四溟浪□□□□

却須記取韶陽語，千百□□□□□

牛亡人有

抽牽已盡性還淳，不見群□□□□

鞭索俱無雖息意，妄緣□□□□□

誰知心月輝三界，自覺□□□□□

重疊溪山烟水還，落花□□□□□

人牛俱亡

牛也無從人也空，混然□□□□□

有爲有作紅爐云，無證□□□□□

我慢山中張兔客，死生河□□□□

到頭會得從來底，明月□□□□□

全塵六牛

多生相逐步心田，今捉芒□□□□

遍體皮毛皆細密，出身蹄□□□□

六塵坌汗云容曳，一性澄□□□□

拽得回頭人費力，春花春□□□□

亡一五牛

一已知付五好你，依前犇□□□□
牢牽繩處略回鼻，痛下鞭□□□□
鷲領甘泉靈夜潤，雪山香□□□□
饑餐渴飲平生事，云任高□□□□

俄藏黑水城漢文佛教文獻經、律、論疏部佛經

一、經疏部

（一）俄 TK116《摩訶般若波羅蜜多心經注》①

【題解】

金刻本，蝴蝶裝。白口。未染麻紙。共 14 個整頁。紙幅高 19 釐米。版框高 15.2 釐米，殘寬 19.5 釐米。天頭 2.3 釐米，地脚 2.1 釐米。左右皆殘損。每半頁存 5 行，行 10—12 字。有雙行小字注釋。上下單邊，宋體，墨色深匀。首殘。原以每紙 2 個蝴蝶頁，再經裁切成蝴蝶裝。書口印“一”至“七”。

□□□論摩□□□□
羅蜜多心經將釋經題都□
五句以明衆生本心
第一摩訶此是梵語，唐言大也，爲破凡夫妄執塵境堅著世間
故多隔礙名之爲塵，欲令衆生攝諸妄念，不染世間，悟心境，空洞，然舍受十方世界
第二般若此是梵語，唐言智惠爲破，凡夫皆心取境堅執
邪見墮在愚痴，欲令衆生皆境觀心悟心無我，故名般若第三波
羅此是梵語，唐言清淨爲破，凡夫不悟自心，憑六根學唯覺六塵隨惡
雜亂墮於不淨，欲令衆生皆□合覺，本來清淨，故名波羅第□②波
□□□者和也，□□諸□□□□□□□□□不具足，無□□欠少，故名害多也

---

① 《俄藏黑水城文獻》第三册，第 29—35 頁。

② 疑爲“四”。

第五心經心經者即是大道也□□□凡夫不識本心，唯學多□□分别名相，心隨境轉輪回，大道墮於邪見，欲令衆生反照，心源本來空寂，實無少法可得，無所分别，即歸大道也，已上經題大意雙令自悟心源，廣大智惠，清净和合無二，本來具足無所分别也。

觀自在菩薩此破凡夫歷劫，皆心唯觀諸法，被法所拘不得自在，大意雙令衆生皆經觀□悟心無有可得，何以故？切如色法因心□□□觀起心無有處所實不可得心□□□□□□□有等□□□不念□等此□□□□□□□□□□□□□□□□□□□□□□□□□所攝一□□得自在如是之□□心非心了境無境心境两忘無了可□□然無礙故名自在菩之言了薩之言見見諸法本來空寂，故名菩薩也，行深般若波羅蜜多時此重舉經題意更破小乘心，外求法之人不悟自心本來具足妄求言教以爲智惠，名爲般若，息諸妄念，以爲清净，故名波羅，見種種法推析念空合成一體，爲蜜通達諸法，妄有修證，墮在聲聞，名淺般若，此是皆心求法，今更舉深般若以明大乘，對破淺病菩薩了見，諸法本來空寂，實無生滅，故名深般若心本清净内外圓明，故名波羅，心外無法，法外無心，心法無二，故名爲密性，舍萬法不假修證，故名曰多如是，悟者是名大乘□名行深般若波羅蜜多，時過去現在□□□不可得□□□□照□□①蘊皆空，度□□②苦厄□□□□□□□□□□□常觀境，故名爲色貪□□法希望修證故名爲受攀緣諸法，流□□息故名爲想精持禁戒，行頭陀事，故名爲行種種分别隨法流轉，故名爲識，凡夫之人，被此五法所障，不悟本心，故名爲陰不出三界輪回不停，故名爲苦厄，菩薩反照，心源本來清净，觀前五法并無生處，本來空寂實無纖毫可得，故云照見五蘊皆空，度一切苦厄也舍利子此是身心二相亦是重明五蘊之法，舍者是色，利子者是受想，行識。又舍者是人利子是法亦是法亦是人，人法二相此有多義，不可具宣，以要言之，此都是萬法之根本，今欲明萬法不離身心，故云舍利子也色不异空凡夫妄執深信便與心外見色不知色，因心有推心，本無色，因何立，故云色不异空空不异色凡夫皆心見法，謂言心□□□□□空因心生，但語□□□□□得□色□异，故云空不异色色即是空□□色心不得不异色，故即空，故云色即是空空即是色前□心起故即色心不得不异色，故即空，此猶是空色，因心所生，今即不然，心正有之時，即是空心正無之時，即是有，何以故？且衆生心正有時，實無生處，即是色，即是空，心正無時現能應用即是空，即是色，此先舉身心一切萬法，例皆是也，故下文云受想行識，亦復如是。舍利子，是諸法空相非唯五陰子，但了心空諸法自空，故云是諸

---

① 疑爲"見五"。

② 疑爲"一切"。

法空相也不生不滅，不垢不净，不

增不減法法是心心，無體段有何生滅，故云不增不減等也

是故空中無色，無受想□①

［識］□□□空□□□色不可得故□□色推心不可得，故云無受想行□□

無眼耳鼻舌身意此六如□夫確執妄

系爲實種種惡業因果而生，故六根中積業潤生，恒沙罪障，無有休息，此六根以心

爲本心，若休復根境俱空，自然明澈，故云無眼耳等無色聲

香味觸法此六塵因六根所覺，引起成勞塵污真智，故名

爲塵，但能反推一根無有主宰，根即無主，塵境自忘無眼界，乃

至無意識界此十八界經文略舉眼界，即諸界可

知因六根生六塵，生六識，故成十八界，流出分别各各不同，故名爲界，從無量戒來

妄系造業，徇逐色聲，不覺不知隨念流轉，不悟衆生，本性無异，但能想念不生□□

塵色應時消落，故云無□□也無無明迷人□□五陰□□

界障□本性不□□□悟達本心，根□□空意識無有無有障礙，故云無無明□□

亦無無明盡，乃至無老□②

境塵是有，即有可盡，本心是無，將何爲盡，從無爲至老死，并是十二因緣，今但舉一

緣以用例諸無明若是有老死，即不虚無明，從本無故云，無老死也亦無

老死盡盡者，滅也，十二因緣若有即死可盡，因緣本無，故云無

老死，盡也無苦集滅道此四諦心有所

求系著與法，故名諦，精勤修正心無間歇，名若廣尋經論，貪求妙理，名集所斷諸妄念

至求常寂名滅遠離煩亂，精研佛理，名道，今更明四聖諦，名藥以破前病，心本清虚

不聞修證，名苦諦，性會萬法，豈籍尋求□集諦，妄念無生，本自常寂，名滅諦净□□

二邪正不殊名隨即此藥，是對治□□□語□□□□□□□□□□□□□□

□之

無智亦無得推照諸法了無□□名智，諸法本空，合假

推照故云無有智，有法可證，名得自性清虚，實無一法，故云無得以無所

得故，菩提薩埵了諸心不可得，故名菩提了諸法不

可得故名薩棰心法一如并無所得，故云菩提薩棰依般若波

羅蜜多故，心無挂礙此是梵語經題

具釋雙是衆生智惠清净無可分别，反照自心，離諸塵妄，故名依般若波羅蜜多微

有少法，可得即是挂礙，心境自空，誰念誰者，寂然無事，有何挂礙無挂

礙故，無有恐怖心無所著，有何所求，心如□□

無有恐怖，故云無有恐怖遠離顛倒夢□③

心對求法名顛□□□□□倒無□□□名夢心有所緣，名想忽悟心源了□□□

故云遠離顛倒夢想究竟涅槃心若有□□有可滅心本

① 疑爲“行”。

② 疑爲“死”。

③ 疑爲“想”。

無生實無可滅，故名涅槃，究者，窮也，竟者，盡也，窮盡三世塵勞妄念，本無生滅，故名究竟涅槃三世諸佛，依般若波
羅蜜多故，得阿耨多羅三
藐三菩提。故知般若波羅
蜜多，是大神咒，是大明咒，
是無上咒，是無等等咒咒者契也，如來密印心行俱契，故名咒□咒者，定也，自達本際無有動静，又咒者□□□心見故名咒，此自有多義，不可具□□□□心無有涯□生□□□□□□□□□□□□□□□□□□□□□□□□□□□□觀無窮大明咒，一切萬法□□□□□□□能越者是無上咒，心之一字，不□□□□無罔測邊際，不可此咒是無量等等□□□［能］
除一切苦，真實不虚一切諸佛因此咒心獨超三界，不受輪回，故云除一切，若直指本心決定是佛，不假修證，故云真實心無變异離諸誑惑，坦然常住，故云不虚也故説般若波
羅蜜多咒咒是衆生本心以言指心，故云般若波羅蜜多咒
即説咒曰發言詮興，云即説咒曰故揭諦揭
諦系著名諦揭者，除塵勞妄念，智惠蕩除，故云揭諦。又揭諦者，悟身空，又揭諦者了心空悟人法二法波羅揭諦有何妄念可□□□波羅揭諦波羅僧揭諦清清净何立業病□□□，别故名波畢僧揭諦也［菩提薩］
婆訶菩提是道，薩婆訶是行悟□□□，悟即是菩提，菩提言了薩婆訶言見了見本心實無處，故云薩婆訶，又菩提是心，薩婆訶是一切法，本來是心，故云薩婆訶如是神咒直指本無動
静，不可起心求心，心無生滅，
不可以生滅求心，非内外中間
不可嚮内外中間求心，非一切
處求，求不可得，即知無一切
心以無一切心，故即一切攝
不動以不□□□□□□□□

【中缺】

動故竊見時人不了□□
治他病，心外見法魔境，現
前自心屬魔，云何救，彼經
云，自疾不能救，云何救他疾
縱令治得業，系幻身雙是
小鬼劣魔，懼其雄豪，自家
隨境未免輪回，捨生趣生互
爲怨懟，瑞萊出世爲度□

【中缺】

持年恒沙教法雙爲□□□
念不生諸緣，頓息無邊病本
隨年消除，歷劫罪山，一時崩
倒，如是功德，不可思議，拯拔
群迷，頓超佛位，蜜持斯法，是
大悲心智者，心行愚人，口誦經
文，載理甚分明，聞者審
心無差，謬矣。
【中缺】
□□性無邊，豈籍心之□□□
如非相詎，假言之所詮，是故衆
生浩瀚無窮法海，渺茫何拯若
也。廣尋文義，猶如境内求形，
更乃息念，觀空又似日中逃影
此經喻如大地，何物不從地之
所生，諸佛唯指一心，何法不
□心之所立，但了心地□□
【後缺】

（二）俄 TK149《金剛般若經抄第五》①

【題解】

宋刻本，卷軸裝，未染楮紙，薄。高 34 釐米，寬 2032 釐米。共 40 紙，紙幅 51 釐米。版框上下邊綫多高低不齊，一般高 26. 6 釐米，天頭 3. 7 釐米，地脚 2. 5 釐米。每紙 28 行，行 21 字。偶有雙行小字注釋。上下單邊，寫刻體，墨色深匀。有朱筆圈點。有鏤刻，以小字雙行抄補。每紙首行右側上方刻小字“抄五”或“抄第五”，并刻用紙字數，自“四”至“四十三”，各紙末尾或刻助印施經功德名單：白水縣王式通前施及二片、比丘悟緣并王仁福、比丘悟緣一片、白水党、伏龍存曹永□施一片、蒲石村楊言施一片、蒲城縣前行尚祚施一片、伏龍村女弟子曹氏一片。有的則辨識不清。

【前缺】
衆生説：又解云菩提涅槃而爲两頭八聖道支名之爲
擔禪定爲肩，精進爲步，如是名爲荷擔，佛道疏第五等
者，外道不信，小乘不聞，名希聞信，即是希聞及希信也，
疏證前如來等者，世尊如來，三界大師，四生，慈父及説

① 《俄藏黑水城文獻》第三册，第 254—279 頁。

此經唯爲大乘，其故何？□經須菩提若樂小法者，菩提
小乘外道，聞之不信，非是如來獨爲大乘疏，謂二乘也
者，謂二乘人根器狹小於大乘法，不生忻樂而又不□
自利功德，由此不能受持讀誦習二空智，斷除二障□
二生死，諸發菩提亦不能見利他功德，由此不能爲人
□既起大悲心，廣度四生，令至彼岸，疏謂諸外道等者。
或有執我如指，即量或有執我量如，拯微贊轉身中作
□業等，疏不能聽受等者，小乘執法外道，著我皆悉不
能聽受，讀誦，爲人演説以此經中正明我空及法空故，
故彼不能聽受等也，經以諸香花者，香能毗臭，表除惡
也，花能結實，表生善也，疏第六等者，舊云尊經及身得
其福也，今又解云，尊重佛身而得福也，故下疏云：塔中
有佛，即是色身，經中有佛，即是法身，總名身也。疏總令
敬經等者，經之與處，天等供養，散以妙花，燒以名香，必
獲勝福。如塔不殊放光，疏云封閉法身，名塔竪像，靈台
日廣。鄭玄云生日即死日。廣梵語，牢堵波，此云告顯處，
准聖教説有八萬户人烟之處，置一佛塔，感梵天福，若
是佛塔十三層級以上，皆得表超十二緣生法，故若辟
支佛，許十一級，表觀行等十一支，故若阿羅漢許置四層
觀四諦，故超三界，故若輪王塔，而無層級未階聖故，然
以十善化於人故，故得造塔。疏在在處等著，大般若經
云，佛告臨屍伽甚深般若波羅蜜多，隨所在處當知，即
是如來生處，得菩提處，轉法輪處，得涅槃處，何以故？一
切菩薩，一切善法，一切如來，從此生故。疏塔中有佛等
者，即靈牙舍利，緣畫像安置塔中，乃是人天植福之
處，疏處中有經等者，有經之處，必有所詮法身，佛欲問
日，法身之理，遍一切處，何在有經？答曰：雖遍一切，不得
經詮，即不知，故與無不殊，若得經詮，方知有，故名爲有
佛，亦無妨也，又問三身如來皆是所詮，何故但言有法身
耶？答曰：報化二身，法身爲體，總名法身，亦無妨難，又功
德法所成之身，總名法身，不唯理法，名爲法身，故無妨
也。疏法實爲佛僧所敬者，因過去佛所説法故。思惟修
習方得成佛，所以須敬，此以教法及與行法，名爲法實，
又涅槃經云，諸佛所師所謂法也，以法常故，諸佛亦常，
此即理，法名之爲法，以言常故。既是佛師，得不敬耳，諸
佛之言，即報化也。諸佛尚敬僧，准可知疏爲人輕賤等
者，爲者被也。彼人輕賤是減業緣，男子女人所造重業，
經雖有力，未能全除，要人輕賤，障方得離。持經爲離障

之因，輕賤爲離障之緣，言輕賤者，或遭棒打或被謗誣
或被罵詈，或被輕笑。如斯毁辱，實亦多門，隨受多少，無
量劫罪，總得除滅，況更遠得無上菩提經之功德，誠爲
拯也。疏初離業障等者，惡業既多，信心難發，名之爲障，
今既持經了因了果，不迷聖道，名之爲離。疏謂過去生
十不善等者，即大三世前生爲過去，今生爲現在，來生
爲未來。或即今生等者，即小三世，約一生内，日月歲時
總皆分得，三世行相，應自思之，業能招苦等者，十不善
業，而分三品，上品招地獄，中品招畜生，下品招餓鬼。准
雜集論遭業因由，總有五種，一他所教勸，上教下也。二
他所勸請，下請上也三無，所了知四顛倒，分别謂執無罪
五根本分别知罪，故作前三業，輕不必受果，後二業重
必招其報。疏以今世人輕賤等者問大品經，説書寫此
經乃受持等，即地大錢國土之中，四天王等，乃至十方
國土之中，諸天子等執所守護，令非人等不能得便，云
何今言持經之人，被人輕賤，爲當諸天不能守護，爲是
佛經無威力耶。答：先世罪業，故被輕賤。疏過去重業，現
在輕受等者，問一切罪業，爲復定受，還有不受。答諸教
不同，且瑜伽第九卷説：業有二種，一者定報，此即
受，謂造得已更不曾起追悔心，故决定須受。二不定報，
謂造得已起患悔心，勤求懺悔，或受不受，如佛在時，
生冤王殺害其父，合入地獄，此是定業，後得耆婆勸王
佛所勤求懺悔，即得免之。法具經云：非空非海中非入
山石間無有地方，所脱之不受報。此説一類不懺悔者
即須受也。寶積經云：假使經百劫所作業不亡，因緣會
遇，時果實還自受。俱舍頌云：愚作小罪墮惡道，智作大
罪亦脱苦，鐵丸小小能沉水，鐵鉢雖大亦能浮。又琉璃
王沙釋種已，佛令懺悔，其王乃言：丈夫見作不應悔，世
尊乃言：於後七日當墮地獄，獄火燒身。王既聞已，乃造一
船，置於恒河中，流之間避過七日。七日满時，火從水底上
焚於王落在地獄。疏故云：消滅者，消重滅輕，各别配也，
疏明離餘障者，煩惱所知是業障，餘若斷此障，即得無
上菩提涅槃。或煩惱障，乃與報障，名餘障也。疏下第八
句等者，既持此經，而能速證清净法身，言十八法者，一
身業無誤失，二口業，無誤失，三意業，無誤失，四無有不
定心，五無有不擇舍，六無有忘失念，七欲五減，八勝解
無減，九念無減，十定無減，十一惠無減，十二精進無減，
十三身業智爲前導，十四語業智爲前導，十五意業智

爲前導，十六知過去世無著無礙，十七知未來世無著
無礙，十八知現在世無著無礙，是爲十八。問曰：無不定
心與定無減而有何别？答曰：無不定心，通心心所，若定
無減唯取定數，又不定心，約體而談，若定無減，即約用
説用不少，故别義如是，次無忘念與念無減亦準此説。
又問：其不擇舍行相云何？答：恒擇有情可化，即化無有，
不擇而舍可化不同，二乘由是不擇舍根，熟人而不化
故，又問智爲前導行相云何？答曰：導是引義引三業，故
余義易知，不勞具釋，疏第二劫也者，梵語阿僧衹，此云
無數問，從因至果，雙是三衹，何故經言，無量僧衹，答謂
從第二阿僧衹初至今佛位，有其無量小阿僧衹，故名
無量阿僧衹也。言燃燈佛前等者，在燃燈佛之前也，
即初二劫得值八百四千萬億那由他，佛有説即約十
信一位所逢佛數，八百四千等，今取前二阿僧衹劫供
養十一恒河沙，佛不如持經，何以故？以持經福能生三
惠，證法身，故供養佛，福得色身，故大乘三劫都供養過
二十有六恒河沙，佛若俱舍云：三無數劫，滿逆次逢勝
觀燃燈寶釁佛，初釋迦摩尼解釋云：第三劫满，遇勝觀佛，
第二劫满，遇燃燈佛，第一劫满，遇寶釁佛，最取初發心過
右釋迦文小乘三劫供養多少佛世尊耶？答俱舍頌云
三無數一切劫内七萬五千，第二劫内七萬五千，第三劫内
七萬五千。疏那由他等者，即華嚴經，心王菩薩問佛數
法，世尊答云：善男子一百落叉爲一俱，伍俱伍俱伍爲
一阿臾多，阿臾多，阿臾多爲一那由他等，其阿僧衹屬其一
百第二十數，然彼經中僧衹數，衹本有六十梵文脱落少
其八數謂存五十二數故也，疏校量顯勝也者，將前所
説二無數劫供養十一恒河沙，佛所得之福，不及持經
疏，持經功德，成聞思等者，謂持此經增三修惠熏習正
智斷除二障，當證法身，故得名勝。疏供養功德等者，供
養多佛，是色相，因感有相，身名不離色，言隨順世間者
世間有情多行供養，今與彼同，故名隨順，疏與上相逢
等者，持經顯法身，供佛顯報身，所以凡夫持經勝於普
薩供養，言成就種種勢力者，十王不一名，爲種種。言得
大妙果者當得三身，名大妙果，疏果有二種等者，持經
正得三身，如來如來傍感十王花報也。疏正報之果等者，
舊云第七疑中，持經四句，感得法身，名爲如前，今又解
云，即前當得阿耨多羅三藐三菩提，是正報也。言今此
所論等者，地上菩薩爲十王身，若是一類，智增菩薩，已

入變易化身爲王，若是一類，悲增菩薩未入變易實身
爲王，疏十王等者，初拯喜地爲鐵輪王化瞻部州，亦云
閻浮王，二離垢地爲金輪王，化四大洲，三發光地爲切
利王，言切利者，梵語訛，略具正應云恒利奢，此云三十
三，從數爲名，謂妙高頂四面，各有八天子，居帝釋處中
君臣合説是故名爲三十三，天四焰惠地爲夜，摩王此
云時分，所謂受了，有時分，故五難勝地爲兜率天王，此云
知足受樂，知足故亦云喜足，修喜足行，故六現前地爲
化樂王，梵云須彌陀或云尼摩羅，此云了變化，謂樂自
變五塵境界於中受樂，雖有業報，所生樂境，從勝爲名，
名樂變化，天七遠行，地爲他化王，梵云波羅尼密陀，此
云他化自在，謂有勝天令他劣天變化五塵於中受樂，
顯已自在，故以爲名，八不動地，爲初禪王修清净行得
生彼，故名九善惠地，爲二禪王十法云地爲第四禪摩醯
首羅王醯首羅者，此云大自在，天經狐疑不信者，狐
即喻也，疑是法也，狐具三義，一小前大後，二其色中和
不白不黑三死必守丘，疑亦三義一小前大，後謂初疑，
僧次法後佛，二者中和，謂於非善非惡境中而不了故，
即是法執异，熟生疑，是無記性，若煩惱，疑即通有覆，不
善二性，上界有覆，下界不善，三死必守丘，先疑三寶，後
信三寶，不離舊處，是守丘，義顯修行，此經等者，依經修行，
順於法界，法界無邊，福亦如是，愚人不了，別妄推求求之
既疲因而狂亂，如來潸此不具宣揚，故且略明前之九
句，非謂唯爾言，耳不能聽，即亂者，耳報，發識不分明，故
令意識亂，不得説言耳識亂也。以臨要説狂之與亂，唯
意識故，然狂亂言，前後不定，或狂爲亂，爲其果，或亂
爲因，狂爲其果，俱舍頌云：心狂唯意識，由業异熟生，及
怖害違憂除北洲在欲，釋云：心狂唯意識者，即第六識，
言由業异熟生者，宿造狂因，令諸有情不安樂，故今受
狂，報名异熟生，即五因中是第一也，言及怖害連憂者，
餘四因也，怖者，因被惡獸驚，故害者，因被他人損，故違
者連病，四大乘違憂者，因事而起憂愁，由此四因皆致
狂也，言除北洲在欲者，北洲狂餘三洲，有在欲，有狂
上，二界無經，當知是經義等者，即指前來因深過深無耳
無説離我法等名之，爲義下位，不爲名不思議，言果報
亦不等者，即上九旬所名勝，利名爲果報，下位不達，名
不思議，不思議者，即是歎莫不及之詞，疏存我能度疑
者，存留其我方能度生若不存，我云何度生，故成疑也。

言此之一疑等者，論無囑當疏主叙之疏，若菩薩不住於事者，即身事報恩，果報總爲所住，心爲能住身，心俱空名爲無也。疏云何如來等者意云能所住空，云何令彼如是住等返此意，云既令菩薩如是住等，即有能住，何言不住？經云，何應住者，爲住能修心夜，爲不爾耶？云何降伏其心者，爲作相云，我能降耶？爲不爾耶。問曰：前申三問，今申三問，其義何别？答曰：初問，令於所度，所修，所降伏，中而不住著，今令於彼能度，能修，能降伏，中爾不住著，大雖是同意義，全别，然復有義，前爲舊聽，今爲新來。然復有義，前爲樂略，今爲樂廣，然復有義，前令正修，如真見道，今仿法，如相見道，然復有義空生樂聞，所以再問如來愛法所以重宣義，既百途，且略云爾，經佛告須菩提等者，此大意云男子女人發菩提者，應當生起度生之心，非謂存其能度之相，故不逮也。經何以故者，何所以故，不存能度，次下答云，若菩薩有我相等者，即非菩薩，故不存也。經所以者，何者承上句，言即非菩薩起此征，云所以非者，行相何耶？經須菩提實無有法等者，魏本經云：實無有法名，爲菩薩發菩提心。意云實無有法名爲菩薩，實無菩薩發菩提心，此中法者，即五藴法，是法空義，或是行法如次下説。疏執有菩薩疑者，執真諦中有菩薩也。此疑起者，因前經云實無有法發菩提者，所以問云：若無菩薩，何故釋迦遇燃燈時身爲菩薩行，菩薩行是大意也，言一疑菩薩自體行有者，自體是身行，是行法，疑菩薩身即菩薩行真中有也。論若無菩薩者，以魏經云實無有法名爲菩薩，故今牒云：若無菩薩，云何釋迦如來等者，意云若無菩薩及菩薩行，云何釋迦於彼佛所行，菩薩行，佛知有疑乃問，空生釋迦如來，遇燃燈佛於真諦中，實有菩薩修菩薩行得菩提，不經不也。世尊等者遇燃燈時，於真諦中，無有菩薩修其行法尚得菩提，疏菩提以無所得而得等者，無分别智，證真理時，不見自身及不見行由，不見故最會真如此，即正是無得之得，是真得也。有得之地是虚妄也。疏彼時菩薩等者，菩薩爾時，位居八地，尚有法執所知，障在名微細執，細執在，故尚不稱真香，執如存，豈符妙理，問曰何者爲細，何者爲粗？答曰第七爲細，第六爲粗。又問八地已去，生空無漏，長時相續，何有細執？答曰第六識中生空漏，不能伏除法執，第七故有細執，亦無妨也。經佛言如是等者，前言無法，得菩提等順其真諦，今佛印可，所以所言如是，如是實，無有法，佛得菩提，實無有發者。蘊法行法，總名爲法，如來之言是佛自稱，意云我於爾時不見五蘊，及所修行得於無上大菩提，爾經須菩提，若有法等著者，如來之言，亦是自呼，意云我於昔時若見有法不應，彼佛與我授記，疏若得菩提等者，謂有疑云，若不見法修無相行，爲菩提，因八地菩薩入無相海行，無相行，何故不得大菩提果，應先答云行未满，故不得菩提，次這顯云，若得菩提，何須授記大意深隱，宜用心，身因論生論，彼佛何故號爲燃燈？答曰：准彼增一阿含經，説過去有佛號曰寶藏，彼佛在世，有三種行，以化於人，上品衆生令修禪定，中品衆生令讀經典，下品衆生令乞燈油，供養三寶。爾時衆中有一比丘，名曰聖友，年已朽邁，根性闇鈍，無前二行。但乞燈油以供養佛時，王有女，名曰牟尼，在高樓上見此比丘，每行乞油，因而唤問，時勞比丘具陳上事，此國王女聞已歡喜，語比丘言：自今已後，若要油燭，但來相見，我給施之，更勿諸處而求，覺也。是時，聖友忽於一時住於佛前，自申意云：我今年邁，根性鈍濁，不能禪誦，但能乞油照燭於佛，以此善根普施衆生，使我當來得值諸佛。時寶藏佛見此比丘，意願堅固，即爲授記，汝於來世當得作佛，號曰燃燈。時此比丘即得授記，舉體歡喜，奇特殊勝，异於尋常，其牟尼女見已，問言何故今日顔色异常？聖友答云：世尊甘露灌注我頂，爲我授記，是以歡喜。牟尼女云：我今欲見寶藏如來得見已不？答曰可得是時王女尋便命駕至世尊所，五體投誠，求於授記，寶藏如來知時未至，不與授記。是時王女發誓願，云：若佛不與我授記者，終身不起。佛告女曰汝時未至，於當來世，有佛號曰燃燈如來與汝授記。王女得問，輾轉授記心生歡喜，從地而起，禮佛而歸。昔聖友者，即燃燈佛，牟尼女者，即我身也。經以實無有法等者，此順成也，順於真諦，無所得，故方蒙遠記，疏彼時菩薩者，彼時釋迦位居八地，號爲乘伽摩納，仙人在蓮花城，當時國王名勝屍王，見定光佛居其菜善龍王宫中，放大光明，王乃往，彼頭面禮足，得聞正法，即請如來入蓮花城受我供養，世尊受請，王即歸城，卑辨迎請，從城至山，可三十裹，掘地至睬杵，禁令堅香汁灑地，道側栽花，亦作欄楯，燃燈燒香，散衆名花，乃下敕云：不得有人賣香花者，買香花者，若犯必罪。我自供養彼如來，故王即别敕彌伽摩納先住佛所，相度是事，摩納自將金錢五百，買得五莖上妙蓮花，將至佛所，散在佛上，而成蓮蓋，隨即而行佛從□發化地泥摩納脱衣，以敷泥上，掩泥未便，即更解發以布泥上，摩納發願，若定光佛不授我記，我今於此形枯命竭，終不起也。時定光佛即以其足踏發而過，諸人不敢踏摩納發，佛言摩納，汝今還起，汝於來世當地作佛，號釋迦牟尼，聞此記已，涌身空中，高七多羅樹，發猶布地，故疏説言菩薩等也，梵語多羅，此云七刃七尺，曰刃若七多羅，去地三拜四十三尺，彌伽摩納此云儒童，儒者，柔也，温和之，兒童者，獨也，無家室也，温雅獨處，名曰儒童。疏疑諸菩薩所求果無者，所求即是三身佛也，次言樂果與此語，倒體無有异言，無菩薩等者，空生微云，若無菩薩因，即無如來果，何故世尊説有如來？以前大言當作佛等，是説有，故疏謂是法身如來也者，化不异真，故曰法身，法身如來乃是諸法所依，如義如謂如常不動之義，不以化身爲實如來，故不達前説，有如來然復有義，何以故者？承前微云，何所以故？實無有法，便得授記，釋中意云，以如來者，即諸法所依，如義若不執，實即稱真理，所以蒙記如來之言，即是前文當作佛號釋迦等諸法之言，即是有爲法如，謂真如思之可見言第二所求，有取疑者彼所求佛，而有所取，取於法身，此疑起者，從前經云：如來者即諸法，如義既有如來，即有所得，故成疑也。若彼如來等者，勝前經中諸法，如義當知諸佛等者，意云即受用佛有彼所得法身如來。疏若有人等者，凡夫二乘起增益謗言佛世尊而得菩提經，須菩提實無有法等者，問曰：此與前文以實無有法得阿耨等有何别耶？答前約菩薩今約佛説，故二不同經之意云，實無行法，實無有佛得菩提，爾天親論云彼菩薩行若言實有此，即虚妄，如是如來得菩提果，若言實得此亦虚妄。疏菩薩分證等者，行相易知，然此疏中上言能取影取所得，下言所得影，取能取取之，與得義乃同也。疏第三所求，無得疑者，疑佛世尊於涅槃果，而無所得此疑起者，從前經云實無有法，佛得菩提，若如是者增上慢人而起謗云，佛全不得無上菩提，何得轉呼天人師耶？論若如是者，若無有法，佛得菩提，次有人者，凡人不了，將謂全無心，既生疑口中便説，不是契真，便爲謗矣。經如來所得者，所得之言，表是有得非全無也。疏遠離有爲等者，此有二義，除句依他，次句遍計，無此二故，名爲無實。問曰依他幻有遍計全無，若言無虚理，即可，爾何言無實？答曰：凡夫不達，謂爲實故，亦無失也。又問若言凡夫謂爲實者，即是遍計，何不但言遠離要執更言有爲其義，何也？答曰：凡夫人等，若於有爲，泛作實解，即通三性，心心所法，若言妄執，唯是染心，故須別説次成就無爲等者，無相無爲，真如妙有，神用莫測，豈是虚哉？經是故，如來等者，由上大言如來所得，無實無虚，是故如來説一切法，皆是佛法，若佛不得如是法身，即不能知一切諸法皆是佛法，是大意也。問曰何處經文説一切法皆是佛法？答曰大般若云一切諸法皆同一相，云何一相所謂無相。又法花云諸法從本來當自寂滅相，又净名云一切法亦如也，皆次義也，今言一切皆是佛法，一切有爲攝相歸性，皆是佛法者，是佛所得真如法也。疏如來體真等者，如來體會真如理故皆佛法，凡夫妄執離如剎有故成世間言非是妄情等者妄情所執不即真如執爲實，故以此，亦知諸經論中説有爲法，即真如者，并約諸佛菩薩説之，以體達，故經譬如壬申長大者，如來法身竪窮三世，名之爲長，横遍十方，名之爲大，問曰因何有此喻文來耶？答曰：由前經言一切法者，即非一切，今舉喻云，如佛長大，非大，爲大，謂非世間之大身，故世間之身有限量，故恰似此中法非法義，故此文來不唯如是。又此文意亦是生下度生嚴土，若不爾者，何故下言菩薩亦如是等？故知此中喻况之，文通前後，使方盡理也。疏泛言，人身等者，意云若是泛指世間人身名長大者，皆非長大，下結指云，故知長大，唯曰佛也。疏彼須菩提等者，真諦記説，空生即是青龍，陀佛聞佛略説而能深解，疏人身長大等者，喻即假設理即法身，言非有爲等者，意云法身，非是世間所知有相之身，名非大身，但是諸佛所知，解身名爲大身，證前所説一切法者，即非一切，非一切者，非是世間所知一切，世間所知條然有體，不可説得是佛法，故疏度生嚴土，疑者此疑，從前第十一疑之所起也，謂魏經云實無有法，名爲菩薩故論勝云，若無菩薩等，如文可見言爲何義？故等者意云因何諸佛及菩薩因中發心度衆生也。論起心修行等者，應云爲何義，故諸佛菩薩發心修行莊嚴佛土。疏意説菩薩已知法性平等等者，即通地前，地上菩薩必知真界而無自他，亦不度生，今假設言若有菩薩作是言者，定非菩薩。疏所以然者，所以説言非菩薩者，起倒心，故執有自他，非菩薩也。疏菩薩了知一切法空等者，菩薩了知真界之中，無實蘊，法名爲菩薩疏，引彼昔説等者，舊云即是引前實無衆生得滅處者，證於此處，真法界中無有菩薩能度衆生，今有解云指前經云，凡所有相，皆是虛妄，凡所有者，即一切義皆虛妄者，即無我義，或有解云泛指諸經説無我義，亦無失也。此是引義不是引文，以上無文説一切法無我等故。疏諸佛國土等者，有爲之法，如幻夢，故名爲皆空。菩薩了知，應不執云我能莊嚴，設起心雲，我能莊嚴，定非菩薩不順真故經，何以故者？何故張妍而非菩薩言離相等者，不執離，如實有國土，名爲離相，幻化之法，無定性，故與彼真如不一异，故亦復不執，離心實有名爲離相，以如夢境，即夢心，故若取相心，返此二義，説行相也，問前説嚴土是斷，疑情今説嚴土一時漸，疑二各別也。經若菩薩通達等者，了知五蘊，所和合，相如瓶盆等名爲無我，復知蘊體各別之法，如幻化，故名爲無法，舊人解云，離我執故無能莊嚴離法，執故無所莊嚴，疏世出世間等者，資加两位，名爲世間地上菩薩，名出世間，疏達無我法者，通達自身而無主宰，名爲無我通達，自身無實，自性名爲無法，論前説菩薩等者，此叙次前度生疑中，而不見有能度菩薩所度衆生，論不見清浄佛國土等者，此叙次前嚴土疑中，而不見有所莊嚴也，言何以故者，何以故言不見耶，次下答云，以不見法名爲佛，故論或論或謂諸佛等者，或者不定之詞於法未决名之爲，或即是不了不見，所以將謂一嚮如無目人全無所見，故説有眼欲顯諸佛，但見依他幻化之物，都不見實名，爲不見是大意也。疏此中明佛五眼等者，問何以五眼次第如是？答從淺至深漸次明。故又問若如是者，惠眼觀空勝於法眼，何故先説？答能所生故，由證真，後法眼方能見俗諦故。既爾，何名從淺至深？答多分門，分別一釋名，二出體，三問答初中復二，初總釋後別釋，且初也言五眼者，五即是數，眼即是法，法帶五數，數能釋法，名帶數他別釋分。五初，肉眼者，血變凝成名之，爲肉眼持業釋者，理恐不然，勝義眼根非血成，故二天眼者，復有二種，一修身者，一切禪定皆得名天，依天修得，故名天眼，天之眼，故依主釋也。二報得者，清浄光潔，名之爲天，天趣之眼，故名天眼。三惠眼者决擇爲惠，照矚爲眼，當體彰名，持業釋也。四法眼者，即一切俗諦之法，法之眼，故從境立名，依主釋也。五佛眼者，佛即屬人，眼即屬法，佛之眼故依主釋也。二出體者，初肉眼者，通漏無漏，皆用所造净色爲性，次天眼體若報得者，即用天趣所造异，熟色爲體性，若修得者，即用色界，通果色中所造净色，而爲體性，三惠眼者，體即二空，根本智是四法眼者，體即二空，後得智是五佛眼者，總以四眼而爲體性，第三問答，略有十重，一問唐梵之中，如何分别？答梵云所尋，此云行盡，照矚一切實色，故名爲行盡。二問即云行盡，何故名眼？答眼是其體，行盡是用，今據體呼，故名爲眼，或眼行盡，俱是其用以照矚時，必行境故隨義皆得。三問，假色不照，何名行盡？答實色盡，故名爲行盡。四問即言眼者，照矚爲義，五眼之中，如何分别？答皆照矚，故五問各緣何境？答凡夫肉眼，但見自地障内實色趣遠，不過一百由旬，即輪王眼二乘肉眼，雖同凡夫，然能遠見，凡聖异，故菩薩肉眼，極遠唯見大千世界，若佛肉眼見十方境，天眼有二，一報得者，凡夫但見自地之中，障内障外一切粗色，不見上地微細色也。若聲聞人，如凡夫見，但遠近别。若諸菩薩報得天眼，見有遠近，最極遠者，見大千界，有云不定如初，地中見大千界，二地已去，倍倍而增，次修得者，凡夫能見一四天下障内障外，上地下地粗細色等，若二乘人有三品别下品，天眼見小千界，中品天眼中千界，上品天眼見大千界，此中且約總相而言，非决定語如阿般律，上品天眼見三千界，猶如掌中奄摩勒果，豈不更見掌外之事。故約大網總相言也，若諸菩薩修得提天眼，初地能見百佛世界，二地能見千佛世界，後後倍增佛位，天眼見一且色次，惠眼者，緣真如境，二空根本，智爲體，故隨其三乘緣於二空，而有异，故次法眼者，緣彼三乘教法，爲境或緣衆生根性爲境，或緣一切俗諦爲境，若是佛眼普緣一切理事等境，六問何者有漏，何者無漏？答肉天二眼因，唯有漏，佛果無漏，餘之三眼，皆唯無漏。七問三性之中，如何分别？答肉天眼因，唯無記果，唯善性，餘之三眼，唯是善性。八問三界之中，如何分别？答欲界唯有報得。天眼及有肉眼無餘，三眼以惠眼等依定起。故問報得天眼，肉眼何别？答報得天眼即是肉眼，但見障内障外异，故次色界中，定有五眼，見近遠色，能起根本，後得智，故次無色界有後三眼觀空名，惠達俗名，法佛眼即前鼓，亦有也。九問三乘位次，何爲有無？答且初聲聞資加二位，肉眼定有，天眼不定，餘三位無，若後三位肉眼，惠眼，此二定有法眼，佛眼，而言定無，天眼不定，以證理，故得有惠眼，後得短促不能緣於教法等，故而無法眼或有法眼，但緣事法名法眼，故其天眼中修者，即有不修者，無次緣覺，人如聲聞，說次明大乘前智二位，除佛眼，餘之四眼即有一說一云，如小乘位，未回心時說其行相，尋上可知，二云四眼定有以能修習大乘行願功用轉勝生空，後得能緣法，故初地已去，唯除佛眼，餘四定有，若是佛位五眼定有緣，前四眼成佛眼故，故能樹云譬四大河流，至天池，總名爲海，佛眼亦爾。十問肉天二眼爲同爲异？答在因有别，在果無差，或約示現而各有别，以疏中言肉眼能見障内色故，故知二眼各有异也。疏是故文云等者，化身如來，净飯爲父，摩耶是母，名有父母肉眼體性，以净四大所造之色，而爲體性問意，易知經須菩提於意，云何等者化身如來，還有天眼見於障外，細遠色不經如是世尊等者，爲前肉眼有多障礙，更明天眼，令諸菩薩修習此眼，見細遠色。疏亦有依定等者，化身如來，初出家時住郁頭藍，學得上定後定修得天眼等，通其天眼根，即以色界所造，净色而爲體性經，如來有惠眼者善現已知，世尊如來有根本智，内證二空，固有惠眼經如來有法眼者，以佛具足一切種智，即後得智，能了三乘所有教法，及了一切有爲事法，故有法眼，經須菩提於意云何等者，惠眼了真，法眼了俗，世尊已有，還有佛眼，雙照真俗二諦，已不疏自下。第二明五眼所見境者，即下經云若干種心是佛所見之境體也。疏此中所以舉恒沙等者，謂外難。云前舉恒沙校量，顯勝此舉河沙將爲何用？疏自答云爲欲耳。爲籌算法，故此中文意，籌即是算，如言籌子或運算元等，今將此沙爲籌爲算，顯世界等，如文可知言，如是世界等者，舉界正爲顯有情多，故下經云爾所國土中，所有衆生言如是有情者，明有情多顯心，多也。即下經云若幹種心，言如是四重，輾轉校討等者，因何辯沙，依沙數界，依界說生依生說心，此衆生心因衆生起，衆生復因世界所起，其世界者，因沙而起。疏此之河沙等者，四河中沙兢伽最多。問世尊說經，偏指恒河，布指餘者，有何所以？答有四義故，一由沙多，二佛常近彼而說法故，三雖經劫壞名常定，四由世間人呼爲福水故。偏舉之，其河初出無熱鬧，池闊二十裹，深二十裹，長四十，非唯爾也。疏如一恒河中等者，一個河中沙已無量，一顆之沙，點一恒河，復將衆多恒河中沙，而點世界，世界即是四大洲也。言責其多也，責即問也。經佛告須提等者，舉彼所依世界，多者顯能，依生亦是多也。疏漂蕩隨流，種種顛倒者，如水本净，風擊成波，六識本净，至即生眼隨色流，耳隨聲流，鼻隨香流，舍隨味流，身隨觸流，意隨法流，隨境造業，業所引故，便生六道，故名隨流言種種顛倒者，心緣六境，逐妄迷真，名爲顛倒，又顛倒者，不净於害，計樂無無常，計常無我計，我名種種倒，言二出世心者，謂聖人心定惠相，應由此定惠，能引凡夫至聖果，故名出世間。言住四念處者，一觀身不净，二觀受是害，三觀心無常，四觀法無我。觀身不净，復有五種，一種子不净，父母和合成此身故，二住處不净，在母胎中，生藏之下，熟藏之上，两盈中間，母若飽時，猶如两石相磕地獄，母若饑時，如倒懸地獄，母若吃熱食，如鑽堂地獄，母若吃冷食，如寒冰獄等等，内相不净，肝膽脾胃大小腸等。四外嚮不净，髮毛爪齒九孔長流。五究竟不净無常，爛壞等是，爲第一不净觀也。二觀受是害，受有三種，初害受，二樂受，三舍受。觀其害受，名爲害苦身自是害苦上加苦，名爲害苦。觀其樂受，名爲壞害，正樂之時，緣於樂境，樂謝之時，名爲壞害。觀其舍受，名爲行害，念念遷流名之爲行性逼迫，故名之爲害。三觀心無常心，心所剥船落謝名爲無常。四觀法無我，於十八界推求，我體不可得，故觀身不净，能除净倒觀受是苦，能除樂倒觀心無常，能除常倒觀法無我，能除我倒，若是大乘四念處者，智惠强，故不假别觀，但即總相觀身如虚空觀受内，外空觀心，但有名觀法，不可得，爲四念處也。言第二明佛能見之智也者，顛倒之言，顯是虚妄不實之義經，何以故者？何所以故，知心顛倒虚妄不實。疏如是諸心等者，意云此諸心等，依何境住而言顛倒虚妄不實，經如來説諸心等者，意云此上諸心，非是聖人。四念處心所以顛倒虚妄不實，若答疏中所聞，義者應云此上諸心，不依四念，但依六塵，所以顛倒虚妄不實疏，六識不一等者，即是眼識，乃至意識，名爲諸心，今又解云，指前所説若干種心，名諸心也。經所以者，何者所以，諸心非出世心，但是虚妄顛倒心者，行相何耶？疏意亦同，但語略也。經過去心不可得等者，過去之心不可得，有四念處，義未來現在，唯此説之，又有説云：過去已滅

未來未生，現在不住，三世推求不可得故，故知顛倒虚
妄不實無著。論云過去心不可得者，已滅故，未來心不
可得者，未有故，現在心不可得者，第一義故，現在是妄理
中無，故問無漏之心，三世推求不可得，何但凡心答
聖人之心，順於如故，不執著，故能斷妄故與真如，理不
定异故，不可例也。又文一切有爲皆與真如而不定异，
何但無漏？答曰誠如所問，然賛悟者，知無定异，凡夫不
知，執爲定异，由堅執故，所以名妄，若達有爲如幻化者，
即與真如不一不异，由不一，故可名爲虚，由不异，故可
名爲實。不同妄心，所執之法，一嚮定异，一嚮名妄，無漏
之法，但可如幻虚疏不實，不可名妄，不顛倒故，疏福德
非善疑者，疑諸菩薩所修不實，非是善性，此疑起者，因
前經云若干種心，如來悉知，釋云總是凡心，皆住顛倒，
會人因此疑菩薩心，亦是顛倒住六塵，故又是虚幻不
真實，故即所修福非是善性，正違菩薩布施善性，今明
菩薩心，不顛倒所修福德，是其善性，即斷疑也。論若如
是者，牒上所明若干種心，皆是顛倒。論菩薩所修福德，
等者，即知菩薩心亦顛倒所修福德。何名爲善？疏如前所
明等者，謂前第三第七疑中，皆明布施不及持經以是
人天生死因，故疏此中所明等者，指此布施與智相應
是無漏業離前顛倒，名爲舉勝對有相施，名爲對窮，言
遠離等者，意云今此乃是離倒者也。疏如來梵文等者，
正舉菩薩無顛倒心而行布施，三輪清净得福多不，疏
印順此施等者，如是二字印順施也，世尊之言，即白師
也言，舉無限因者，配經文中，以是因緣，答無限果者，配
福德多，即是空生。大此無限果多之義，故云甚多。問曰何
名無限？答曰以諸菩薩修無相因，契真如，故無有限量
因，既無限果，亦同然，故佛切德一一無邊，名無限果，經以
福德，無故者，知福無實相，即多也。言但見空無者，幻無
自性，故曰空無。或見真空無形狀，亦名空無。疏諸佛
相好疑者，第三疑云一切賢聖皆以無爲法，而有差别，外
人復疑，既從無爲立諸佛名，何故説有相好名？佛今明
法，身無其相，好不違前文是斷，疑也。論若諸佛以無爲
得名等者，一云若受用佛，從無爲法，以得名者，何故復
説相好名佛？二云若法身佛從無爲法以得名者，何故
復説相好名佛？以會中人不解法，故將謂化身便是，報
身及與法身，所以疑云既是一佛，何從两處而立名字？
下答意云法身報身從無爲立化身，如來從相好立汝

自不知三身各异，妄生疑慮，是大意也。問曰法身如來即是無爲，何故更言從無爲立？答曰無爲是法，法身屬佛，如法性身，依法性土，故弗違也。又問報身如來，亦有相好，云何今言是化身乎？答曰彼是佛境，非梵夫境，今説凡夫所見相好，故不相違。又問相好何别？答彰顯名相，姿美爲好，又問云何彰顯？答曰能顯諸佛五藴身故。云何姿美？答曰令相轉真是姿美，義言八十種好者，智度論云一如來指爪狹長，薄閏光潔鮮凈如赤銅葉，二如來王足纖長，牖直節骨不現三，如來手足平等無差於諸指間皆悉充密，乃至七十九如來頰容常少不老，好巡舊處，八十如來手足及胸臆間俱有吉祥，喜旋德相，文同綺盡色類，朱丹是名八十隨形妙好，經佛可以具足色身，見不者，一云法身可以色身見不，二云報身可以現在粗身而得見不。問曰何以得知亦説報身，答曰受樂報佛，亦是，凡小所迷，謬故，今亦今知報化各异所以兼問理合爾，故不唯有理，亦有文故，何者如前經云譬如友人身如須彌山王，論中即説是報身。佛又言譬如人身長大，即言法身，以此准知更無相顯二身，雙取義乃周足。疏隨好非真者，非是法身，及報身，故報身如來若對法身，雖非是真，若對化身亦是真，故言一世諦者，若約二諦，分别之時，但是有爲總是世諦，若約真俗八諦論時，即粗淺者，名爲世諦，今約粗淺對勝妙法。以分真俗即知報身，亦是真諦。言不同法身等者，意説法身可以名爲，具足色身。問曰法身無形，何名色身？答曰不定异，故空即色，故或又解云不同等者，不同報身具足恒沙，真實功德以報身，佛由功德法之所成，故亦名法身，言此中問答相好雖殊者，相即如來三十二相，好即前文八十隨形，其中問答一一行相，并如前説，故云無别。經云如來説諸相，具足等者，舊云如來説諸相具足者，是俗諦，佛即非具足者，非真諦。佛是名諸相具足者，結歸俗諦，更有二解如圖中叙問，何故？佛現三十二相八十種好，答爲對輪王三十二相，又涅槃經説西國中有八十天祀神廟，彼諸外道各事一廟，如來化彼，故於一身現八十種好，又有處説爲對梵王八十種好，故佛現之，若不現者，便言不如也。疏如來説法，疑者疑化身，佛離法界，外面有所説論，若如來等者，若法身，佛八十種好，三十二相不可得兼，論云何如來説法等者，意云云何念言如來説法，如來之言即佛自呼我是能

説。法界外法是所説法即佛字眼我能説法。何言
不一色身見耶？經莫作是念者，莫起念云化身如來，離
法界外二有所説，即是謗佛，何以故，不能解得所説之
法，不離法界，由不離，故從七辯於舌端而常無説流八
音，於聽表和廢嘿然，疏第一義中等者，第一義中無法
可説離真法界，亦無有説，疏世諦之中，假名等者，世諦
之中而有所説，不離法界，亦是有説，問所觀相好，不離
法身，應不可見所説，文義不離法身，應不可聞，即可見
聞，如何法身不見不聞？答即色若觀空見色亦見法，執
色若爲實見，色不見法，隨心有异，理不相違，疏何人能
信疑者，於其末世，有何等人能信此經，論若言諸佛，説
者是無等者，此中意説佛之與法，即法界有離，法界無
思之，可見經彼非衆生等者，經文太略，應合先言，亦有
衆生而生信解，然後方眼彼非衆生，疏能説所説等者，
真諦門中雖無能説，及所説法有大乘性，諸衆生等能
信此經。疏非是凡夫體者，彼信經人，非凡夫體，凡即無
住。疏明有聖等者，顯信經人是有大性根，熟人也，問有
性未熟，亦不生信，何但無性？答無性一嚮不生信，故所
以偏説。又文二乘定性，亦不生信，何但無性？答有廣惠
人能生信故，不同無性，一嚮不信不可相例。疏有解彼
非衆生等者，真諦離相，無衆生，故不可辯於信不信也。
疏非不衆生等者，俗諦之中有信者故，經何以故者，何
所以故？彼非衆生，衆生非不衆生經須菩提，衆生者牒上所
征二類，衆生具足，應言須菩提，彼非衆生，非不衆生者，
次雙釋云如來説非無性衆生，是有性，故名爲衆生，此
四句中，上之二句釋非衆生，下之二句釋非不生，若但
云彼非衆生，非不衆生有何珠异，故知如上疏。佛有取證
疑者，疑受用佛證法身時，而有所得，此疑因前第十二
云實無有法佛得菩提，至於此處，會人思惟，疑佛有得
是故，名爲有取證，疑論若如來不得一法等者，以下經
言爲無所得耶。意云爲是都無一法，可得耶。論牒此云
若言如來不得一法，名菩提者，次下難云，云和離於上
上等者，上上之言即是十地相望之語，初地望於地前，
名上二地望，初名之爲上，後後準此，或上上者是前前
義，初地爲前，二地爲後，等其問意云云，何漸離上上地
故輾轉末後得菩提耶。經如是如是等者，爲令空生起
決定心，修無得因，得無得果，故言如是等，言印成菩提
者，印可述成菩提，無得也。疏若有少法等者，自受用身

證法身時，若有所得，非是真證，未泯相，故疏此即第一
明無增减者，此真如理，在於佛果，而亦不增，在凡位中
而亦不减，即是經中無高下。義言真法界中等者，衆生
無德即是减義，諸佛有德即是增義。今真界中無生無
佛，何有增减，言即無上也者，配經文中釋名阿耨菩提
之義，意云即由平等，無高下，故所以名爲無上菩提經
以無我無人等者，謂有問曰若言平等無有高下，何故
佛證無上菩提，凡夫不證？今經意云諸佛無我，故得菩
提，凡夫有我所以不得。疏第二明净平等者，前言平等通
其凡聖，此言平等唯在佛位，故名爲净，平等也以一
切佛同我，故通證理，故名净平等。疏諸佛如來等者
三世諸佛皆同無我所證法界平等無差。舊問答云諸佛
總有三同六异，何故此中而説平等？答此約法身而論
平等，若三平等約受用身一，壽命平等二身量平等，三
所依法身，悉皆平等，六异之義，約化身明一種族异，拘
留孫等是婆羅門，今釋迦佛是王，種族二姓氏异，前之
三佛姓迦葉氏，釋迦大佛姓釋迦氏，三説法异，前之三
佛説華經，不説涅盤經，釋迦大佛説法華了，更説涅
槃，爲衆生類根性鈍，故四結集异前迦葉佛涅槃已後，
法住七日，佛法即滅，無結集，故今釋迦佛藏滅度之後，正
法一千年，示法一萬年，有結集，故五壽命异前迦葉佛
壽二萬年，今釋迦佛壽一百歲，六設利羅异多寶如來
全身舍利，世界愛如來碎身舍利，此隨舊文，且言六异理
實諸佛化顯無量差别，言是故無上者問經文之
中無無上言，今疏文中結指何也？答以下文中，則得阿
耨菩提之語通此唱，故阿耨等言即是無上菩提義故，
然疏中語并是論文經修一切善法等者，謂有問曰若
以諸佛無我等故的菩提者，二乘無學，亦無我等，何不
得耶？答修一切善，則得菩提，彼不曾修六度萬行是故不得
經須菩提所言善法等者，謂有問曰若言修善得因菩提
凡夫施寶即捨身命，何不得耶？答所言善者，是無漏善
非是人天。十善之法，是生死因，不清净也。疏是名善法
等者，無漏六度能斷障染，與佛爲因，名爲最極清净善
法，疏無記非因疑者，疑名句文是無記，性非法身因，今
明本質聲名句，文無漏善性爲菩提，因是斷疑也，論若
一切善法等者，此叙前文修六度善，滿足之時，正得菩
提論，即所説法等者，即此如來所説之法，受持讀誦不
得菩提以名，句文是無記，故此約小乘薩婆多難，彼許

名等是無記，故疏所以重舉等者，前文已明三千大千，今此有說，故云重也。俱捨頌云：四大洲日月蘇彌靈欲天梵世各一千名，一小千界，此小千千倍說名一中千此千倍大千皆同一成壞，釋云小千界者，即初一頌謂一千個四洲，日月蘇彌，靈山欲天，梵世鐵圍山，總圍繞之，更將一個二禪蓋之名，小千界，中千界者，頌云此小千千倍等者，此小千界至一千倍，即一千個小千界義二禪一千三禪，一個名中千界，大千界者，頌云，此千倍大千，此之一字，指中千界，千個中千成大千界，此大千界，都有百億四大洲也。然億有四十萬爲億，百萬爲億，千萬爲億，萬萬億爲億，今約千萬爲億，故成百億疏，明所說法等者，理實此經。世尊所說無漏善性，今從小乘且說無記，謂有宗說十八界中，前十五界是其有漏，五根五識并五境界爲十五也，後之三界通漏無漏，意根意識法境界也，說名句文，自性無說，今大乘云從許無記，然若受持，亦勝前，施作緣因，故作緣因者，望法身佛而作了因望報身佛，而做生因，疏况大乘教等者，况我如來具十八界，皆是無漏，名句文三善性所攝，受持讀誦豈不能得無上菩提，疏若魏本經等者，舊云一數勝即是百分不及一等，二力勝經福少分，能破我法，施福不能斷，感染故，三不相以勝持經之福等於法界數，不能及，施福有限數，能及故數，謂此數所五日呼之，四因勝施非佛因經，爲佛因。問經舉數勝，何兼譬喻？答由上四勝世間之法，更無喻。故問經言百分不及一者，經福施福取於何者？答今取持經，四句之福，分爲百分，内取一分與施福，并施不及一千萬億分，準此思之，疏佛度衆生疑者，前疑世尊有說法，想今疑世尊有度生想，故文遮言，勿謂如來有作念也，此疑起者，因前經云是法平等，釋云真如之理，凡聖共有名爲平等，若爾何故如來作是念，云我度衆生，佛即在高，衆生處下，違前平等，故成疑也，今明真界，佛不度生，不違前文，設俗諦中，佛亦不念我能度生，既無能所不違前前文平等之義，疏外人雖有疑等者，會人有疑，今舉空生意，取所等，故云汝等經須菩提，莫作是念者，世尊出現正爲度生，何故？遮言莫作是念，莫作是念者，莫於真界見所度也，言度生勿見等者，意云佛現度生，今言勿見其故，何耶？勿即莫也，見即念也。疏一真法界等者，一真法界是法身，體恒沙緣起是化身佛，及衆生等言緣，無自性等者，若了能度所

度，無實即見法界，無有差別，佛不能度生義在一真法界
中也。疏若使諸佛見彼者，意顯所度，體是無也，言我
能度者，意顯能度體，亦無也，此言無者，謂真諦中無形
狀，故若俗諦中，如幻事，故總是無義，言以取執，故者執
取衆生，以爲所度，執取自身爲能度，故經如來説有我
者，即非有我者，佛於諸法，得自在，故説爲我等，三説如
疏疏一寄對標勝者，寄謂託也，對者望也，標者顯也，託
以對望一切，凡夫不自在，故顯佛自在，假説爲我，疏然
俱生我等者，准唯識論俱生煩惱三界，共有一十六法，
欲界有六，謂貪嗔痴慢及二見色界，有五無色界，亦五
各除其嗔三界，合論共爲十六，其身邊見唯第九品阿
般舍人分分漸除阿羅漢，人方能斷盡言，我執習氣除
佛者佛位之中，現行種子習氣，皆無言，餘聖皆曰未亡
者，即二乘人，但斷種現不捨習氣，地上菩薩不斷種現，
雖舍習氣而未盡故，疏由此如來等者，因由上説種習
两亡顯佛世尊獨自在，故假説我所言我者，自在爲
義，或説過去者，就因位身，亦説有我，謂如經云如我昔
爲歌利王等，或隨世流布者，西天世俗皆稱其我世尊順
彼亦説有我，疏引佛同説等者，舊云即引魏經第十八
疑彼非衆生證與此處，即非我，今又解云，引佛同説
者，謂此經言，如來説即非凡夫者，如來之言即指餘，佛
以一切佛皆作是説，名爲同説，若如前解甚大懸遠，以彼
魏經與此秦經都是一經，豈佛引彼證於此耶，故知
非也，言證成其義者，證前凡夫有我之義，以如來説，非
凡夫，故非凡夫者，非有聖性，凡夫人故以有性，人不執
心外有實，我故言爲明聖，説等者聖人説我，是其假説
凡夫説我是妄執故，疏謂愚暗，凡夫者，無性人也，言非
有聖性者，非是有性，凡夫人也，此文來意，爲斷疑情外
人疑云，若前説言凡夫之人，以爲有我，即持經人應執
有我若許執，我不能持經，以經明説無我義，故佛今答
云前言，凡夫以有我者，即非有性信經，凡夫，但説愚迷
外道凡夫，故不違也，疏相比法身，疑者疑與化身三十
二相，比見法身，此疑起者，因前經云如來不應以具足
色身見，釋云法身如來，於隨好身不能親見，今於相身，
比即應通今斷此疑，比見不得是大意也，論雖相成就
至法身爲體者，成就相好，不可得見法身，如來以相好
身，非法身體，如來正以法身爲體，故此叙前文第十六
疑如來不應以具足色身見等論，而如來法身等者，法

身，如來應以見相一分，比智比度，知見法身如來，何謂也？爲福相成就，故爲者以也成就者，得也，以福相身所證得故，應合比見，或又解云是彼福相，成就身上所證得，故爲者是也，言汝謂等者，汝意將謂福相之身，證得法身，如是比度觀法身耶，經須菩提言等者，理實不合以相觀真，今言如是，即是設答，問餘本經言，不以諸相觀見如來何故，此文獨异，餘本答，餘本之中，就實翻對以空生意，不須觀相見法身，故今此經中約須菩提就
餘人意，假設答言如是如是，以相觀佛，故不逮也，又理有二，一俗，二真，真雖無相於俗諦中，可以分明三十二相觀如來，故佛依真問善，現約俗以答，如來故不違理，問觀能證佛，知所證理，亦是本分，何故不許？答化身無心，不親證理，示現證，故所以不須疏，不可親得證見法身者，意云不可現量，親見法身，證是現量，疏而思福因等者，恐於福相成就之身，比度得見法身如來，故答如是疏，若以福因等者，若以化佛福相之身比度得見法
身如來，輪王亦有福相之身，應亦比度得見法身，言輪王者，若大乘説人壽百歲，增至千歲，有鐵輪王王贍部洲輪寶量廣，一俱廬舍，而又一百二十五輻，表有一百二十五子，從壽千歲增至萬歲，有銅輪王王南東洲輪
寶量廣二俱廬舍，二百五十輻，表有二百五十，太子從一萬歲至五萬歲，有銀輪王王南東西如是三洲，輪寶
量廣三俱廬舍，有五百輻表，王有其五百太子，從五萬歲至八萬歲，有金輪王王四大洲，金輪量廣，四俱廬舍有一千輻，表有千子，俱舍頌云：輪王八萬，上金銀銅鐵輪，一二三四洲，逆次獨如佛，他迎自往伏諍陣，勝無害相，不正圓明，故與佛非等釋云，言輪王八萬，上者上即前義八萬歲，前而已出世，故名上也，言金銀銅鐵輪者，有金輪，顯名金輪王，其餘准知，言一二三四洲者，上四輪王逆次配也，順次合云四三二一洲，言獨如佛者，輪王十善化人，猶如世尊不并化也，言他迎自往伏
者，若金輪王望風順化輪至他國，盡來降迎，若銀輪王

自往諸國威勢，纔近彼便歸伏，若銅輪王亦是自往
比見便伏，言諍陳勝無害者，爲鐵輪王自往諸國布

陳集戈陣，必勝强而不加害，故云無害，言相不正圓明者，輪王雖有三十二相與佛懸殊，此之四望欲往諸國
七寶，導前四兵，從後言七寶者，輪名自在，主珠名光藏云馬名香山精馬，名勇疾風，主藏名寶峰，主兵名大智女名離垢眼，涅盤經云即於東方有金輪，寶其輪千輻

轂輪具足，非工匠造，自然成就，而來應之，象寶端嚴如
白蓮花，七支善住，馬寶紺艷，毛如金色，行疾如風，女寶
端正微妙，第一身毛孔中出旃檀香，其自遠視見一由
旬耳，文鼻嗅亦復如是，舌能覆面，如赤銅葉，心聰睿哲
有大智惠於諸衆生，常有軟語，珠寶純青，猶如琉璃，大
如人髀，是金翅鳥肉搏之心，能放闇中，照一由旬，若天
降雨，滴如車軸，此珠寶力能化作蓋，遍一由旬，遮此大
雨，不令下過，主藏身寶，自然而出多饒，財寶巨富無量，
庫藏盈溢無所乏，少報得眼根能見地中所有伏藏，隨王
所須，皆能辦之，或時以手攪大海，水隨十指，頭出十寶，
勇健猛利，謀略第一，善知四兵，若任困者，即見聖王，若
不任者，退令不見，言四兵者，一象兵，二馬兵，三車兵，四
步兵，經須菩提白佛言：世尊等者前來，恐謂相身之上
比見法身，故答如是。如來遂以輪王置詰，便即領解無
相法身，不以色身，而能比見，以化相身無實心，故經爾
時世尊等者文曰：空生已言，不可以相比見法身，今何
更詰？答曰：恐心浮泛，故重詰責，或須菩提雖生□餘者
猶迷，故重詰責，舊人解云前文是散，此文是定，於其定
中，比見不得，故此重明，今謂不爾定唯現量無比度，故
問曰：經文不許色聲，見佛意在何也？答曰：凡夫人等執
化身佛親證法身，復執能詮親詮法身，今經意云唯根
本智，親證法身，其變化身無有實心，唯是化心，都無緣
慮，如何能證法身無爲？有法身理本無言説，如何執聲
親詮理法，若因化身觀自受用起，根本智證法身，理即
不遮也。若知言詮詮法身時，如手指，月不能親著，如是
法身，路色聲疏遠，迂會知極，名爲邪道。疏福因感果，疑
者，疑前五度感得法身，論若有人言等者，意云由前五
度，感色相身，由此之故，方得法身，故論説云即知福德
力得大菩提疑福得力，疏得法身，論若如是如來即以
等者法身，如來即用福相而能感得，即應比見違前不得，
故成疑也。疏此中疑意等者，由五度，故感得相，具由相
具故方證法身，若相不具，即不得故，故言應一相具爲
因，得耶言此宗剩一不字等者，問餘五本經，無其不字，
唯此經有，何者爲正？答有無總得，若無之時，道理即顯，
若有不字，即可説言，豈不以具足相故得菩提耶。疏既
念迷因等者，念具足相而感法身，即是迷因，法身自用
正智爲因，不以相具爲因，得故相是色，故言謗因無報，
疑者謗修前五波羅蜜，因不得法身，名爲無報，論若不

依福德力等者，若前五度不感法身菩提果者，即請菩
薩失福德因，及失果報，因果俱失，即是經中斷滅之義，
外人疑意將謂五度，雙感丈六便爲報身，化緣盡已入
無餘，依通二乘人身智俱滅，永無有故，名之爲失，即如
此者，争如不修，是大意也。經汝若作是念等者，空生之
意恐新發意，小菩薩等起斷滅，想不修五度，所以示相，
而懷疑心，欲令如來决衆疑，故疏無果報者，不得法身，
名無果報，次便於菩提等者，即於化身生空，菩提生斷，
滅義以身，滅時智亦滅，故言起於斷見者，計死後無是
斷見也。次空見者，全無因果，是空見也，言定性二乘者，
謂作念云，我若證得無餘涅槃身，智俱滅，便無是矣。然
此疏中二種斷滅，并非經意，以經本説發菩提人生斷
滅，故學者宜思經莫作是念者，莫謂菩薩所修五度，總
無因果經，何以故者，何以令我莫作是年，疏菩薩發心
等者，菩薩不説無因果，故修五度，因而能感得報身果，
故盡未來際，受大法樂，豈斷滅哉。疏謂是時間菩薩等
者，資家菩薩所行布施，名有漏施，疏知一切法，無我者
以法空智，雙斷二障，證二如也。疏得無生法，忍者牒魏
經也得有三人，初地分地八，相續得佛果，圓滿得其
無生忍而有三種，一本性無生忍，謂初地後了遍計性
本來是無，但由無明覆障惠眼，妄執我法，以之爲實，今
至初地惠日朗，然照彼我法，本來是無名日，本性無生
忍也。二自然無生忍，謂初地後，觀彼依他如夢如幻，無
自然生名曰自然，無生忍也。散惑苦無生忍初地，菩薩
斷分別，障名無惑也。永更不受三塗，苦果名爲無苦因
果，俱襄名曰惑苦無生忍也。若八地後了遍計，故得本
性忍了，以他，故得自然，忍俱生煩惱，永不生故名爲無
惑舍分段，故名爲無苦，於此忍可名爲惑苦，無生忍也。
其佛位中了達遍計及依他起行相，如前斷種舍習，名
爲無惑，舍變易身，名爲無苦，故得惑苦，無生忍也。疏如
是菩薩等者，古云地上菩薩，若如次前以恒沙界七寶
施者施實，雖等勝處，有异以漏無漏不同故也。今又解
云其前布施是取相，施唯是凡夫，今次後施是無相，施
不唯，聖人亦通資加二位菩薩以經，但言知法無我，不
言證，故其無生忍通真，似故，疏存人我等者，凡夫布施
唯求未來人天果報，名取我相，須得財實受用之，具名
爲資身，疏存法我者等者，不能了達現在五蘊，是幻不
實，名取法我，從擬行施，慮空不活，名見衆生，此言衆生

即指藴體是法我也，言有貪著者福德故言不受者，
不貪世福，名爲不受經，是故説等者，不貪指福，既得涅
槃，故説不受世間之福，若無漏福，菩薩亦受而不貪著，
但領納，故名爲受也。疏執應迷真，疑者執應化身，即是
真佛名爲迷也。論若諸菩薩不受等者，牒前經中以諸
菩薩不受福德，本以不貪，名爲不受，今難意者，即以不
領名爲不受難之意，云若諸菩薩全不領受如是福者，
云何果位能以福德陰覆群生，令獲利樂利樂，即是受
用之義，如佛舍彼二十年福陰，覆末法，諸弟子等先既
不受此福，何來疏事？同世間者，同世間人行住坐卧，經
若來若去等者，謂周昭王二十三年契約十五日，從兜
率天降在王宫，至二十四年四月八日，無憂樹下而誕
生，故名之爲來言，若去者，即周穆王五十二年二月十
五日，佛入涅槃，名之爲去，言若坐著，每説法時右足押
左，名吉祥坐，言卧者，右肋著地，如師子王，名之爲卧，
言是人不解我所説義者，凡夫之人，認此去來坐卧之
身，言是法身，故言不解經如來這，無所從來者，法身真
體，無去無來，應化摧施，或行或坐，真應既别不可執應，
便謂真佛理，既顯疑心亦斷。疏化真一异，疑者疑法，
化身爲一，异此起者，因前經云若來若去，又云無
所從來，亦無所去，因此疑云法化，二身爲一爲异。若定
是一，即去來等，何故不同，若定是异，云何經言一切諸
法共同一相。世尊乃舉世界微塵不一异以顯法化不一异用斷疑情
疏此中所舉二喻者，一如來喻，二善現喻，言意降塵界
者，即是微塵即世界也，言總相别相者，世界爲總塵，聚
爲别總喻法身，别喻化身，由此世尊等者，因由二身不一
不异，世尊假設界塵之喻爲明如是真應之義，疏意顯
爾許世界等者，三千世界所有微塵，總爲一聚而成世
界，此即喻中以多成一，亦是攝多歸一之義，言以喻佛
身至同一法性故者，佛身之言，即是法身，功德變化，總
爲化身，功德是法，變化是人，如是人法，同一法性，同一
法性者，同顯一性，亦是攝多歸一之義，法喻相對行相
可知言此中總明以塵爲聚等者，聚即是界，故喻法
身，塵喻化身，如文自顯。疏攬塵成聚等者，攝塵成界，無
别微塵。攝會歸真，無别化體，言塵事各别等者，事
即粗事，粗事細塵，既不定一，名爲各别法合如文，疏總
塵爲聚等者，總將微塵成世界，聚寬廣無邊，喻顯法身，
而無有邊，疏一聚計塵等者，若將世界碎爲微塵，其塵

甚多，顯化佛也。經何以故者，何所以故，言甚多耶。爲异
世界實有明多爲异，世界假有名多經，若是微塵，衆等
者，應先答云是假有故名之爲多，若是實有，佛則不説，
等意云若是异界，實有塵者，佛則不説，是碎世界之微
塵也。疏衆是聚義等者，此言聚者即是微塵，堆聚之義
如買豆聚不同，前疏以聚爲界，謂世界相，雖名爲聚，然
有山川水陸之异，故不同也。詳此疏意，離塵無聚，故聚
名假佛説，此微塵名聚明知是假離塵無，故若塵外
有，即不名爲微塵聚，故不名聚者，即配經中佛則不説
是微塵衆，此是疏意，然不順經，以經本爲問答塵多應
以多義擇其衆，字即可相順，謂應説言，若是衆多微塵
實有佛則不説是，即世界之微塵衆，以離世界别無體
故所以説爲即界，塵也。經所以者，何者所以説塵布施
實者，行相何耶？經佛説微塵衆等者，意云佛説微塵，非
是异界，别有微塵，但是不异世界之塵，故不實也。疏由
斯少异等者，此有二義一約，能説人而不同，故二約彼
開曉領解别，故名爲少异。若是解釋經中行相與前同
也，前則微塵，不异世界，此則世界不异微塵，返復解之，
以顯二身，不一不异，然此疏中，雖將二喻配屬師資，理
亦難信，何者以前經文，佛先審問，空生乃答，漸次更征
輾轉更釋征，即是佛釋，即是善現，云何可説前是佛説，後
是空生，今詳經義，若就意論，總是佛説，以佛本意，明彼
界塵，不一异，故若約此句，則空生説，以須菩提述佛意
故疏是假相也者，問前將世界喻佛法身，今説是假其
故，何耶？答隨順俗諦，即説世界，喻似法身，今明假者，爲
破外道，故不違也。今又解云離塵無界，名之爲假，即塵
有界，故喻法身不相違也。經何以故者，征前世界，今現
實有，何故云假經，若世界實有等者，意云若界异，塵
實有體者，則是外道之世界也，一合相言，即是世界之
别名，故疏一合相等者，爲諸外道執器，世界爲一實相，
令佛教中顯彼世界多法合成，别無自體，名一合相，然
外道宗不説名爲一合相也。經如來説一合相等者，意
云如來所説一合相者即非异塵之一合相，是不异塵
一合相，故此喻法身不异化身，條然有也，言無差别，義
名一合相者，多塵共聚成一世界，既成其一，名無差别，
既無差别，名一合相，謂是一個和合相，故經貪著其事
者，貪即執心事，即世界不了是假執之爲實名著其事，
言總聚色等者，即是世界，疏此法，合也者，以法化身，合

前世界微塵喻也。言初斷障顯理者，以二空智斷除二
障，顯二空理，即法身言能生化用者，法身能起化身
用，故言合前不一者，以法王化，而不定一合，前界塵亦
不一也。疏問答辯益，不言是化者，令生獲益，不言是化，
若言是化，便招疑謗，云化身是假，不親證理所
説之法，有何利益爲遮此，故不言化也。言合前不异者
攝化歸真，而不异也，言合前别喻者，以所説法是殊勝，
故顯能説佛，亦是殊勝，勿以化故便言非勝合前微塵，
别相，喻也。言一斷人見取障者，取彼人見以爲實，故名
人見取人見之取依主釋也。此取即是所知障中法，執
心也，言而斷法，見取障者，法見執取取即是障，唯前可
解，此人見取及法見取，并是法，執要須斷之法身，方顯
言如來爲遮外道，我故等者，爲遮外道，妄執我故，説有
我見我見即是能執之心，由我見故妄執爲我，别無我
體有情，雖信我體是無，然於我見執執爲實，故今遮遣
令知見體，虚妄不實，疏故今問言等者，問空生云有人
説言佛説我見體是實有同於外道，是人解我所説義
不疏佛爲利生等者，衆生妄執五藴之身，而爲其我起
惑造業輪回生死如來大悲哀滑，彼故遂假説云，但有
執心都無我體，此即言世尊顯境是無，且説心有然是幻
有非復凡夫，執心實有，若是實有，不實妄者，佛不應斷
蓋爲横執虚妄不實，所以斷也，言又亦不同分諍者，二
乘無學，名爲分諍言有此我見等者，我見之言是所執
境，微細妄執是能執心，體即法執，我見之執依主釋也。
二乘有此法執，在故不能圓證清净法身，言是故如來
於此二見者，凡夫法見二乘，發見名爲二見，以前疏言
非如凡夫，執見爲實，次言不同分諍等，故或即前文人
見執取法，見之取名，二見二。疏但隨世俗等者與俗諦
中假説我見令知境空心不空，故言本無實也者，見是
横執虚妄不實，經與一切法等者，前明我見虚妄不實，
今令准知一切有漏虚妄不實如幻如化，故言如是知
見，信解疏明能治也者，能治即是法空之智，即知見等
問前明我見次明斷，何是生空，何言法空，答若達所
執我體空者，是生空，智若達能執見，體空者即是法空，智
以能執心體是法，故所以疏云，由此見者，名爲法，執言
菩薩，了違法等者，了達即是能觀之智，法即是彼所觀
五藴觀四藴，空是無能見了，色藴空是無所見，又人法
見名爲所見，此見之取名爲能見，菩薩了達體非實有，

故無生滅疏二智三昧等者，二智之言，即加行智及根
本智，三昧之言，及所依定，此智三法，是能顯了一真法
界，是所顯了疏聖道，加行名知等者，聖道即是初地聖
智，加行乃是四加行，智近聖道，故名爲加行，此加行智
能伏二障變影，緣如似根本智，名相似惠未能證見，且
與知言第一義，智名見等者即根本智，親見真如不
帶名言，離能所取名第一義，智亦名真實惠，實斷二障，
上智爲依此定位忠義聚妄所鑒，理不虛，總名爲信信
是實義，或此定中王所清浄，總名爲信由，此信故發，生
解心如十信後起十解，故所以經言如是信解，經不生法，
相者前令於鑒不起執者，此令於法亦不起執法即是
境相，是行相，即是不生執法，行相故蘊不生法相，言初
名能治者，即法空智疏，此中相字等者，合言法想即是
法知所知障也。能緣名想所緣名相，今以理解相是行
相，即疏能緣，不必須就想音呼也。言隨俗說也者，謂隨
俗諦說有執法之行相也，疏即非法相等者，非實許有
諸法之上，能執行相此中，但取能執行相爲所對治疏，第
二別就化用何前別有喻者，唯青龍疏爲斷第二十七化
說無福疑疑前化身有去來等，非是法身，亦非是其能
說法者，即爾所說之經，持說無福爲斷此疑故有校量，
疏一現化身等者，即我世尊現丈六身三十二相八十
種好，令諸有情睹相，生善長衆生福。疏二現化說等者，
我佛世尊二現化語，演說三乘十二分，教令諸有情受
持讀誦熏習智種，令發現行斷除二障，謂得涅槃，身化
語化不异法身，故福勝也。疏問答辯益不言是化者，同
小乘諸經不說是化，彼說化身，是報身故，若大乘經佛
自說云：我是化身。如何今者不言是化？答雖說是化不
言離真，條然別有，即真說故，又解對不敬者言非化身
若雖生敬，執爲實者，即是化經。云何爲人演說者，化
身是假，云和爲人演說法時成正說乎？若不是真正云何
受持其福勝，彼此解同疏。或又解云用何等心爲人演
說，或可問云，云何言爲八演說其福勝，彼舉經答云
不取於相如，如不動意，云佛說法時不取相，云我是化
身，故成正說。此答初問。又云用不取相不動之心爲人
演說，答第二問。又云以不取相如，如不動爲人演說，所
以勝彼，答第三問。疏不取離法身等者，謂佛不執離法，
身外別有化身，名不取相，即成正說，若是化衆生不
信而無利益，即不正說。此約佛說更有二解，如此前抄

言如如不動者，有云上言如者信，寂曰如下言者，境寂曰心境俱寂，故名如如言不動者，智證法身無所分别，名曰不動，又有解云上言如者，即是如是義，下言如者即是如義如是真如不被四相所遷動，故智度論云不動不分别，是諸佛法身，即由上來，如如不動，所以如來説法之時不取於相，今又解云約持經人用以似真如不同之心爲人演説，是不取相經，何以故者，何所以故不取相如如不動，下頌答云一切有爲如幻化，故不應取等，若依論勢而解釋者，何所以，故佛入涅槃以佛如來不動不揺，常應説法，何入涅槃。疏證寂起説，疑者證疑之言，是不動義，起説之言，是説法義，此疑起者，因前經云不取於相如如不動，釋云不取於相明説法也，如如不動顯證，寂義證寂，即是常住之義，上句説法下句常住，即常説法，何入涅槃，今斷疑云佛有悲智，由有智，故不住有爲而入涅槃，由有悲，故不離有爲在於生死爲人説法，是斷疑也，或又解云前令行人不取於相如如不動爲人演説，意令順同一切佛，故以一切佛常爲衆生如是説，故由此所以論申難云，若佛常説何入涅槃，或因前經無所從來亦無所云，無來無去，即是常義，所以論中舉此爲難經一切有爲法者，即首陳也如夢等者，即同喻也，應立量云諸有爲法皆是無常皆是無我所作性故如夢幻等，復立量云諸有爲法虚妄不實，所作性故如夢幻，所作性者，是緣生義，故中論云因緣所生法，我説即是空，斯之謂也。此大意云有爲如幻不堅牢故所以如來示入涅槃，令執常者知有爲法，皆無常故，佛尚涅槃，我等何免故，言如夢亦顯如來從任自在宜可説法，即便現身，宜入涅槃，便是歸寂滅，况佛長在靈鷲山等，亦即是便，是常説法，故非實滅矣。疏魏經及論等者經九喻者，一切有爲法，如星翳燈幻露，泡夢電云，釋曰星喻意識，星在暗夜，微有光照，太陽陞空，星光即隱如第六識在凡夫界，强能分别，若至初地，聖智朗耀計度無能，故喻於星取非恒義，二翳者喻第七識，如眼有翳見空花等，謂第七識，四惑所翳恒執第八而爲實我，故如翳也，取不實義，三燈者喻前六識，燈具四緣，方有照燭器爲依緣，油爲潤緣，住爲攀緣，火爲親緣，前之六識，亦具四緣，六根爲依緣，境爲攀緣，六識相應食爲潤緣，六識種子而爲親緣，方能生起，六識現行。所以喻燈油盡即滅，是無常義，若幻露泡夢電五喻，疏中自釋第

九云者，喻第八識，云能合雨，識能合種，聚散不恒，亦無
常義，疏此中六唯六燈者，同梵本是一，唐言何故六九有
殊，五同一异，如同何相攝。答若約數名即有不同，以義貫
之，理將無失，即以影喻攝，彼魏經星翳燈云影，是總故
所以通攝大般若經云，一切有爲其如影像，無有實體，
託質而現不可投持有爲之法，因妄習生，無一實體，故
説如影。疏遷流造作等者，謂色受等被生住等四相，所
遷故曰有爲，疏如夢所見等者，譬如在夢，廣得財寶，悦
暢自心，故云似有夢覺，境空本是虚妄，了知非實，疏已
生有爲等者，即法合也。故去有爲，本無實體，但由念故，
度似過去，過去體無難從念起，故如夢境，疏幻作由宅
等者，幻若假幻者，即色心等，從緣生者，似真幻，故名爲
識變器世間而爲所依，如咒術，師所幻之境，皆無實體
疏水上泡等者，答前雨滴鼓起一泡，後滴復來，前泡即
滅，如是念年才生即滅，疏樂受等者，即是法合等，取害
受及舍也，若領樂境，名爲樂受，領納苦境，名爲苦受，
領中容境，名爲舍受，三受易心，緣起不定，如水上泡，疏
影者，影響無别，囑當等者，其餘喻自分明，以喻配
法，唯有影喻，即不明之名，無囑當疏，總喻有爲等者，大
般若經云一切有爲，其如影像，無有實體，託質而現，不
可捉持。疏濕潤成露等者，夜分初至，濕氣上生，積潤草
頭而成珠露，危懸極甚，不可久留，太陽既臨，旋復墮落，
疏愛潤成身等者，貪愛煩惱，潤總别業，更假精血方始
得生，身有大小，命有短長，隨業而受，不可保信，即净名
云速朽之法，不可信也。疏猶如電光等者，陰云之内，忽
舒電光，速疾難留，旋起旋滅，無常性，故現在諸法有情
無情，山河大地，日月星辰有細，四相刹那壞滅，如奔流
度刃疾焰過鋒，故云如電。疏影作如是觀等者，前疑如
來常如涅槃，又能説法，今斷疑云，佛根本智當證涅槃，若
後得智常説法也。疏總明如來等者，明化身佛不住涅
槃，起大悲心，現丈六相，爲衆説法，令彼離害，疏由大智
故等者，化身如來，由有大智觀有爲法如夢幻等，都不
染者，常證涅槃，疏無常共等者，無常是悲，説法化生，而
有生滅，故明無常共常是智，以悲兼智，名爲共常，悲心
廣運，四生九有，爲兼智故，而不染著有爲之法，所以説
法不妨常入涅槃，悲若無智，在生死中，不能離染漂流，
三界，而不能證涅槃之理，疏常共無常等者，常是智也，
智證真理，故得明常，以智兼悲名，共無常，智觀生死，其

性本空，後起悲心，廣度衆生，而無問斷，故云常爲衆生
説法，此即涅槃，不妨説法，智若無悲，即墮偏聞，唯能自
利，聞利衆生，今即雙行，所以證如，亦復説法，又解菩薩
大智，上求菩提，即是離相，下度衆生，即是隨相，隨相與
離相，缺一不可，隨相缺離相，即成有漏，便是施明，如沙
數，人天業轉，深離相聞，隨相即隨，偏空體者寂滅以離
相得隨相，故觀空萬像，沸騰隨相，得離像，故有涉而
一道清净，又云觀空而不礙，有涉有而不礙空，所以然
者，事即理故，色即空故，言佛説是經，已者，明佛化畢衆
絶疑心，一會人天希信已満，所以洪音乃止妙唱，休施名
佛説是經，已言比丘者，梵語比丘，此云乞士，上從諸佛
乞法以資惠命，下從檀越乞食以濟色身，是内護衆言
比丘尼者，即女聲嚮，女聲中呼比丘，故名比丘尼，言
優婆塞者，此云清信士，正云鄔波索迦，此云近事男也，
言優婆夷者，此云清信女，正云鄔波斯迦，此云近事女，
言一切世間即有情世間，人天等也，所言天者，即二
十八天俱舍，論云自在光潔神用名天，所言人者，涅盤
經云多思名，人言阿修羅者，此云非天行多諂媚，無天
實行言，聞佛所説者，時衆問圓，咸皆領悟，如來付囑令
使流通，言皆大歡喜者，既或法味，領受在心，顔雙無怡
心神適悦，名大歡喜，信受奉行者信，即不生疑慮，受乃
領法在新，奉則遵經微言，行則依言，仿學欲使法鼓常
鳴，法燈永耀，自他兼濟，故曰奉行疏大，文第三明流通
分者，如來説經，妙理斯畢，非唯當機，獲益亦乃曠劫，提
攜傳演莫窮，名流通分無者，菩薩流通分中而有二頌，
且初頌曰若聞如是法，於大乘無覺，我心過與石，究竟
無因，故第二頌曰：下人於此深大法，不能覺知，及信嚮
世間衆生多如此，是以此法成荒廢，解云於大乘無覺
者，覺悟也，言過於石者，頑愚無智，過於石也。言無因
者，無種姓也，後頌易知不勞解釋，疏釋此文意者，釋流
通意，如頌所明，疏諸佛稀有，總持法者，即四總持法義
咒，忍法謂名，教義即義理，咒謂言詞攝多功德，破除灾
患，忍謂智也，親證真俗而能忍，可疏不可，稱量深句義
者，能詮所詮二種甚深，凡夫二乘，豈能稱量，疏從尊者
聞及廣説者，舊云自從空生請説此經，直至於今，所有解
釋名爲廣説，今又解云指無著，師名爲尊者，理似不當以
彼不從空生聞，故疏回此功德，施群生者，始從初聞，至
今廣釋所有之福，總與群生，群者，衆也，生即四生，此

即衆生之异名也。言略示等者，結略指廣初之两句結
此疏，略後之两句指彼青龍大云，廣疏自上凡聖皆有
回嚮無著天親已如前釋青龍，疏主回嚮頌云：玄妙理非
愚測，憑論略敷，揚福善濟，含生速證，無所證大云，疏主
回嚮頌云，我承三寶，加持力以贊，甚深實相，義回斯功
德，施群生速到涅槃真法界，公哲抄主，回嚮頌云我與
佛法中喜得贊般若，心生大歡喜，踴躍充遍身，現在及
未來，諸佛所依處，法界内衆生常願持般𦧲清抄主回
嚮頌云：欲善贊甚多微妙理，先憑衆聖與加持，開演真宗
獲福田，法界生靈普霑益。

金剛般若經抄第五

雕印功德，廣大如虚空，究竟如法界。
皇庭宴肅，率土豐登。勾當者實相通神，助緣
者彌盧積福。飛行水陸，帶角披毛，俱沐良因，齊
登覺岸。時大中祥符九年四月八日雕畢。
朝散大夫行尚書駕部員外郎知丹州軍州兼管内勸農事輕車都尉借紫梁（押印）施一卷

（三）俄 TK158《夾頌心經一卷》[①]

【題解】

西夏刻本，經折裝，甲種本。未染楮紙。共 19 折半，39 面。高 17. 6 釐米，面寬 8 釐米，版框高 14 釐米，天頭 2. 4 釐米，地脚 1. 3 釐米。每面 5 行，行 15 字。上下單邊，宋體。墨色不匀。首缺。

【前缺】
頌曰
六年求大道，行深不離身，
智慧心解脱，達彼岸頭人，
聖道空密密，如是我今聞
佛行平等意，時到自超群。
照見五藴皆空頌曰
貪愛成五藴，假合得爲身，
血肉連筋骨，皮裹一堆塵，
還徒生樂著，智者不爲親，
四相皆歸盡，呼甚乃爲真。

① 《俄藏黑水城文獻》第四册，第 1—7 頁。

度一切苦厄頌曰
妄孽身爲苦，人我自心迷，
涅槃清净器，誰肯著心依，
陰界六塵起，厄難業相隨，
若要心無苦，聞造悟菩提。
舍利子頌曰
達道由心本，心净利還多，
如蓮華出水，頽覺道源和，
常居密滅相，智慧衆難過，
獨趣三界外，更不戀娑婆。
色不异空，空不异色頌曰
色與空一種，未到見两般，
□乘生分别，執相自心謾，
空外無别色，非色義能寬，
無生清净性，悟者即涅槃。
□□□□空即是色頌曰
□□□□色，非色色無形，
□□□□一，净土得安寧，
□□□□妙，非色色分明，
色空皆非相，甚霧立身形。
愛相行識亦復如是頌曰
受想納諸緣，行識量能寬，
遍計心須□，□病不想懺，
□勝心無□，□執悟真願。
故云亦如是，性相一般般。
舍利子頌曰
説舍論身相，利言一種心，
菩薩金剛力，四相勿令侵，
達道離人執，見性法無音，
諸漏皆總盡，遍體是真金。
見諸法空相頌曰
諸佛説法空，聲聞有相求，
尋經覓道理，何日學心休，
圓成真實相，頓見罷心修，
迥然超法界，自在更何憂。
不生不滅頌曰
重舍清净體，無相本來真，
如空皆總遍，萬劫體長存，

不供皆不著，無舊亦無新，
和光塵不染，三界獨爲暮。
不垢不净頌曰
真如越三界，垢净本來無，
能仁起方便，説細及言粗，
空界無有法，是現一輪孤，
本來無一物，豈合两般呼。
不增不減頌曰
如來體無相，满足十方空，
空上難立有，有内不見空，
看似水中月，聞如耳畔風，
法身何增減，三界號真客。
是故空中頌曰
菩提不在外，中間覔也難，
非相非非相，量測失機關，
世界非世界，三光照四天，
本來物障礙，甚處有遮攔。
無色無受想行識頌曰
無色本來空，無受意還同，
行識無中有，有盡却歸空，
執有實不有，依空又落空，
色空心俱離，方始得神通。
無眼耳鼻舌身意頌曰
六根無自性，隨相與安排，
色分□齋響，人我意談諧，
鼻或分香臭，身意欲情乖
六處貪愛斷，萬劫不輪回。
無色聲香味觸法頌曰
證智無聲色，香味觸他誰，
六塵從妄起，凡心自惑疑，
生詞休生死，菩提證此時，
法性空無住，雙恐悟他逢。
無眼界乃至無意識界頌曰
六識從妄起，依他性所開，
眼耳兼身鼻，誰肯自量裁。
舌意行顛倒，心王却遺回。
六識中不久，頓悟嚮如來。
無無命亦無無明盡乃至無老死亦無

老死盡頌曰
十二緣因有，生下老相隨
有身無明盡，二相等頭齋。
身盡無明盡，受報刼來期，
知身如幻化，急急悟無爲，
無苦集滅道頌曰
四諦與三界，頓教義分明，
苦斷集已滅，聖道自然成，
聲聞休妄想，緣覺意安寧，
欲知成佛處，心上莫停留。
無智亦無得頌曰
法本非無有，智慧難測量，
歡喜心離垢，發光满十方，
難聲放前現，遠行大道場，
不動超彼岸，善惠法中王。
以無所得故頌曰
密滅體無得，真空絶手攀，
本來無相貌，權且立三壇，
四智開法喻，六度號都關，
十地三乘法，衆聖測他難。
菩提薩埵頌曰
佛道真難識，薩埵是凡夫
衆生［要］見性，敬佛莫心孤，
世間善知識，言論法細粗，
頓悟心平等，中間有相除。
佷般若波羅蜜多故頌曰
般若言智慧，波羅無所依，
心空性廣大，内外盡無爲，
性空無礙辯，三界達人稀，
大見明大法，皆贊不思議。
心無挂礙頌曰
解脱心無礙，意弱太虚空，
四□□一物，上下悉皆同。
未往心自在，人法不相連，
訪道不見物，任運出煩籠。
無挂礙故無有恐怖頌曰
生死心恐怖，無爲性自安，
境忘心亦滅，性海湛然寬，

三身歸净土，八識離因緣，
六通隨實相，復本却還源。
遠離顛倒夢想頌曰
二邊純莫立，中道勿心修，
見性生死盡，菩提無所求，
身外覓真佛，顛倒一生休，
静坐身安樂，無爲果自周。
究竟涅槃頌曰
究竟無生性，清净是涅槃，
凡心莫測聖，未到即應難，
有學却無學，佛智轉深玄，
要會無心理，莫著息心源。
三世諸佛頌曰
過去非言實，未來不爲真，
現在菩提子，無法號玄門，
三身同歸一，一性遍合身，
連理非三母，一法得無因。
依般若波羅蜜多故地阿耨多囉
三藐三菩提頌曰
佛智深難測，慧解廣無邊，
無上心正遍，建立萬餘般，
菩薩多方便，普報爲人天。
故知般若波羅密多是大神咒，是
大明咒頌曰
般若爲神咒，能除五藴疑，
煩惱皆斷盡，清净自分離，
四智波無盡，八識有神威，
心燈明法界，即此是菩提。
是無上咒頌曰
無上稱最勝，板濟爲群迷，
摩訶三界主，願廣起須悉，
能順衆生意，隨流引化迷，
人人超彼岸，由我不由伊。
是無等等咒頌曰
佛道成千聖，法力更無過，
真空滅諸有，爾現化身多，
來爲衆生苦，去爲世間魔，
劫石皆歸盡，唯我在娑婆。

能除一切苦，真實不虚頌曰
佛願慈心廣，世世度衆生，
弘法談真理，普勸急修行，
回心悟實相，苦盡見無生，
永息三惡到，坦蕩了轟轟，
故説般若波羅密多咒頌曰
故説真如理，求悟還心回，
六賊十惡滅，磨山合底摧，
神咒除三毒，心花五葉開，
果熟銀盤獻，步步見如來。
即説咒曰：
揭諦揭諦波羅揭諦
波羅僧揭諦菩提薩婆訶
頌曰
揭諦本宗剛，扶機建法幢，
如來最尊勝，凡心莫等量，
無邊無中際，無短亦無長，
般若波羅蜜，萬代古今常，

夾頌心經一卷

蓋聞般若多心經者，寔謂腥昏衢
之高炬，濟苦海之迅航。拯物導迷，莫
斯爲最。文政睹兹法要，遂啓誠心，意弘
無濁之言，用報父母罔極之德。今則
特舍净賄，慇命良工，雕刻板成，印施
含識。欲使佛種不斷，善業長流。
薦資考妣，離苦得樂，常生勝處，常
悟果因。願隨彌勒以當來，願值
龍華而相見。然後福沾沙界，利
及□□。有識之儔，皆蒙此益。
天慶□□盛國慶五年歲次癸丑八月壬申朔，陸文政施。

（四）俄 TK159《夾頌心經一卷》[①]

【題解】

西夏刻本，經折裝，乙種本。未染楮紙。共 18 折半，37 面。高 18.4 釐米，面寬 8 釐

① 《俄藏黑水城文獻》第四册，第 8—14 頁。

米，版框高 14 釐米，天頭 2. 5 釐米，地脚 1. 8 釐米。每面 5 行，行 15 字。上下單邊，宋體。墨色不匀。首缺。與俄 TK158 同名經可互補所缺。两者行款、字體、紙質相似，但有异刻字。俄 TK159 “敬”字缺筆，但俄 TK158 不缺筆。

夾頌心經

若有人受持此經者，先須至心命，净口業真言

净口業真言

修唎修唎摩訶修唎修修唎

薩婆訶

安土地真言

唵嚩日囉怛訶賀斛

普供養真言

唵誐誐囊三婆縛韈日囉斛

般若波羅蜜多心經

達摩大師三十七頌頌曰

智慧清净海，理密義幽深，

波羅到彼岸，嚮道祇由心，

多聞千種意，不離綫因針，

經花絲一道，萬劫衆賢欽，

觀自在菩薩頌曰

菩薩超聖智，六處悉皆同，

心□觀自在，無礙大神通，

□□□正受，三昧任西東，

□□□□遍，不見佛行從。

□般若波羅蜜多時頌曰

六年求大道，行深不離身，

智慧心解脱，達彼岸頭人，

聖道空密密，如是我今聞

佛行平等意，時到自超群。

照見五藴皆空頌曰

□[①]愛成五藴，假合得爲身，

血肉連筋骨，皮裹一堆塵，

□□□[②]樂著，智者不爲親，

□□□[③]歸盡，呼甚乃爲真。

---

① 疑爲“貪”。

② 疑爲“還徒生”。

③ 疑爲“四相皆”。

度一切苦厄頌曰
妄孽身爲苦，人我自心迷，
涅槃清净器，誰肯著心依，
陰界六塵起，厄難業相隨，
若要心無苦，聞造悟菩提。
舍利子頌曰
達道由心本，心净利還多，
如蓮華出水，頽覺道源和，
□□□①滅相，智慧衆難過，
□□□□②外，更不戀娑婆。
色不异空，空不异色頌曰
色與空一種，未到見两般，
二乘生分别，執相自心謾，
空外無别色，非色義能寛，
無生清净性，悟者即涅槃。
色即是空空即是色頌曰
非空空不有，非色色無形，
□空同歸一，净土得安寧，
針□□爲妙，非色色分明，
□□□③非相，甚霧立身形。
□□④行識亦復如是頌曰
□⑤想納諸緣，行識量能寛，
遍計心須滅，我病不想懺，
解脱心無礙，破執悟真願。
故云亦如是，性相一般般。
舍利子頌曰
説舍論身相，利言一種心，
□⑥薩金剛力，四相勿令侵，
□□□⑦人執，見性法無音，
諸漏□□⑧盡，遍體是真金。

---

① 疑爲“常居密”。
② 疑爲“獨趣三界”。
③ 疑爲“色空皆”。
④ 疑爲“愛相”。
⑤ 疑爲“受”。
⑥ 疑爲“菩”。
⑦ 疑爲“達道離”。
⑧ 疑爲“皆總”。

□[①]諸法空相頌曰

諸佛說法空，聲聞有相求，
尋經覓道理，何日學心休，
圓成真實相，頓見罷心修，
迥然超法界，自在更何憂。

不生不滅頌曰

重舍清凈體，無相本來真，
如空皆總遍，萬劫體長存，
不共□□[②]著，無舊亦無新，
和光□[③]不染，三界獨爲暮。

不垢不凈頌曰

真如越三界，垢凈本來無，
能仁起方便，說細及言粗，
空界無有法，是現一輪孤，
本來無一物，豈合兩般呼。

不增不減頌曰

如來體無相，满足十方空，
空上難立有，有内不見空，
看似水中月，聞如耳畔風，
法身何增減，三界號真客。

是故空中頌曰

菩提不在外，中間覓也難，
非相非非相，量測失機關，
世界非世界，三光照四天，
本來物障礙，甚處有遮攔。

無色無受想行識頌曰

無色本來空，無受意還同，
行識無中有，有盡却歸空，
執有實不有，依空又落空，
色空心俱離，方始得神通。

無眼耳鼻舌身意頌曰

六根無自性，隨相與安排，
色分緣齋響，人我意談諧，
鼻或分香臭，身意欲情乖

---

① 疑爲“見”。

② 疑爲“皆不”。

③ 疑爲“塵”。

六處貪愛斷，萬劫不輪回。
無色聲香味觸法頌曰
證智無聲色，香味觸他誰，
六塵從妄起，凡心自惑疑，
生□[①]休生死，菩提證此時，
法性空無住，雙恐悟他逢。
無眼界乃至無意識界頌曰
六識從妄起，依他性所開，
眼耳兼身鼻，誰肯自量裁。
舌意行顛倒，心王却遣回。
六識中不久，頓悟嚮如來。
無無命亦無無明盡乃至無老死亦無
老死盡頌曰
十二緣因有，生下老相隨
有身無明盡，二相等頭齋。
身盡無明盡，受報却來期，
□□[②]如幻化，急急悟無爲，
無苦集滅道頌曰
四諦與三界，頓教義分明，
苦斷集已滅，聖道自然成，
聲聞休妄想，緣覺意安寧，
欲知成佛處，心上莫停留。
無智亦無得頌曰
法本非無有，智慧難測量，
歡喜心離垢，發光滿十方，
難聲放前現，遠行大道場，
不動超彼岸，善惠法中王。
以無所得故頌曰
密滅體無得，真空絶手攀，
本來無相貌，權且立三壇，
四智開法喻，六度號都關，
十地三乘法，衆聖測他難。
菩提薩埵頌曰
佛道真難識，薩埵是凡夫

① 疑爲“詞”。
② 疑爲“知身”。

衆生□①見性，敬佛莫心孤，
世間善知識，言論法細粗，
頓悟心平等，中間有相除。
佷般若波羅蜜多故頌曰
般若言智慧，波羅無所依，
心空性廣大，内外盡無爲，
性空無礙辯，三界達人稀，
大見明大法，皆贊不思議。
心無挂礙頌曰
解脱心無礙，意弱太虚空，
四□□一物，上下悉皆同。
□□□□□□□□□□□②
□□□□□③任運出煩籠。
無挂礙故無有恐怖頌曰
□□□④恐怖，無爲性自安，
□□⑤［境忘］心亦滅，性海湛然寬，
三身歸净土，八識離因緣，
六通隨實相，復本却還源。
□□□⑥倒夢想頌曰
□□□□□⑦，中道勿心修，
□□□□□⑧，菩提無所求，
身外覓□□⑨，顛倒一生休，
静坐□⑩安樂，無爲果自周。
究竟涅槃頌曰
究竟無生性，清净是涅槃，
凡心莫測聖，未到即應難，
有學却無學，佛智轉深玄，
要會無心理，莫著息心源。

---

① 疑爲“要”。
② 疑爲“未往心自在，人法不相連”。
③ 疑爲“訪道不見物”。
④ 疑爲“生死心”。
⑤ 疑爲“境忘”。
⑥ 疑爲“遠離顛”。
⑦ 疑爲“二邊純莫立”。
⑧ 疑爲“見性生死盡”。
⑨ 疑爲“真佛”。
⑩ 疑爲“身”。

三世諸佛頌曰
過去非言實，未來不爲真，
現在菩□[①]子，無法號玄門，
三身同□[②]一，一性遍合身，
連理非三母，一法得無因。
依般若波羅蜜多故地阿耨多囉
三藐三菩提頌曰
佛智深難測，慧解廣無邊，
無上心正遍，建立萬餘般，
菩薩多方便，普報爲人天。
故知般若波羅密多是大神咒，是
大明咒□□[③]
般若爲神咒，能除五蘊疑，
煩惱皆□□[④]［斷盡］，清净自分離，
四智波無盡，八識有神威，
心燈明法界，即此是菩提。
是無上咒頌曰
無上稱最勝，板濟爲群迷，
摩訶三界主，願廣起須悉，
能順衆生意，隨流引化迷，
人人超彼岸，由我不由伊。
是無等等咒頌曰
佛道成千聖，法力更無過，
真空滅諸有，爾現化身多，
來爲衆生苦，去爲世間魔，
劫石皆歸盡，唯我在娑婆。
能除一切苦，真實不虚頌曰
【後缺】

（五）俄 TK148《觀無量壽經甘露疏科文》[⑤]

① 疑爲“提”。
② 疑爲“歸”。
③ 疑爲“頌曰”。
④ 疑爲“斷盡”。
⑤ 《俄藏黑水城文獻》第三册，第 241—254 頁。

【題解】

西夏刻本。卷軸裝。潢麻紙。高31.2釐米，寬918釐米。共16紙。紙幅60釐米。版框高23.8釐米。天頭4.3釐米，地脚3.1釐米。每紙27行，行字數不一。上有小字科文，下有雙行小字注解。上下單邊，宋體墨色中。鈐有朱文方印“翠野樓記”。“明”字皆缺筆。每紙第三行右側刻小字“甘露疏科　三”至“甘露疏科　十六”。

觀無量壽佛經甘露疏科文

第一列：

【前缺】

後正明三　初列章一　次主辯五　後總結以　一顯彌陀勝總　二彰三寶勝能二　初叙意三 後正名經經　三除衆生障　四修求勝行二　五利益今後二　二明經頓漸二　初標意二　後正明二 初標指[illegible]　後正明二　三定經宗趣二　初氿義釋利名三　初總然　後別別　復依聞名宗趣二　斯經所被機二　五往生易騰二　六問答通疑　七釋經題目　八正釋經文　初總標五　後別顯二 初明十易四　一叙大意初　二標義門今　三隨標顯十　四總結勸二　初指陳直勸上　後信行委勸信　後顯十勝二　初對前顯意二　後正顯其相三　初總標列十　次别顯示十　後通結指上　出别顯示十　後通結指上　一生值三寶勝十　初叙意一　次正明經　後結勝三　二速得聖法勝二　初叙意二　後正明二　後因願文佛　初自經經　次智論智　後大經二　三生得身相生二　初叙意三 後正明二　四無噁心唯善勝二　五無苦純樂勝二　六所須隨念勝二　初叙意六　後正明二　七壽命長遠勝二　八修行不退勝二　初叙意八　後正明二　九國非界系勝二　初叙意九　後正明二 十國土莊嚴勝二　初叙意十　後正明二　六問答通疑二　初總標意六　後别通釋十　一通佛何身疑二　二通國土無化疑二　初報化何土問二　後納處無异二　三通唯求一方疑二　四通遍求極票疑二　初遍永彌陀淨土　問四　後主勝願彌斯生答三　五通不求兜率疑二　初舍此兜率求彼　問五　後隨機量緣願生 答二　六通極樂處遠疑二　初極樂處遠難生　問六　後勝業難惡易生　答二　初隨文縱彼答答　後聖業難思答二　初總明非遠二　後别名難思二　七通求生闕悲疑二　初引論問七　後依論答二　八通成益取捨疑二　初成益取捨問八　後約處難易答二　九通此修勝彼疑二　初此修勝彼　净方問九　後約此讚歎　如實答三　十一通善得生疑二　初善問何生得聖問十　後因緣俱勝將成　答二　初標具因緣答 後廣爲釋成二　初因緣俱勝釋若　後引教例成釋二　七釋經題目二　初正釋經題三　後别明翻譯來　八正釋經文二　初科判二　初總科一經總　後别明序分二　初雙指二序二　後别明證信二　初置之因由初　後立之所以爲　後釋文三　初序分二　次正宗分　後流通分　初證信序二 後發起序三　初叙大意第　次舉餘經至　後明今序三　初正明今　次通難二　初難次　後釋二　初舉事成功釋夫　後隨機應現釋二　後釋文二　初總别科分文　後依科釋文二　初名殺父四　一大子囚禁父王四　二夫人密奉主食二　初置食奉王　後王隨奉食　三二聖爲王説法一　四王因法食得安　初恭禮聖主　後敬請目連二　初王請目連授戒二　初王伸至請二　後目連乘應二 後佛□□慈説　法二　後明害母二　初科分自　後正釋四　一闍王幽聞其□三　初王欲害母四　次二臣諫救五　後敕臣幽閇　二韋提因禁請佛四　一恭禮法王　二叙昔慈念　三志請親教三　四重復悲禮二　三如來□□現宮三　初遥鑒丹誠　次敕侍隨赴擊　後佛自現宫　四夫人見佛□請三 初見佛五　次哀歎三　初見佛悲哀　次嗟生惡子合如文　後歎遇非親　後請法二　初請説樂處二 後請説净因二　初懺悔往業二　後請説生因唯　第二正宗分二　初科分自　後正釋三　初三種

净業[二]　次十六妙觀　後聞法獲益　初放光現土[三]　後宣示净因[二]　初光[照順鑾王種聖]　果[二]　後舉[果勸修顯示净]
因[三]　初告示聖果[二]　初釋文[天]　後通難[二]　次勸修净因[二]　初勸示韋提[二]　後遠被當來[二]
後正示净因[二]　初示三净業[三]　初總標　次别顯[三]　後總結　初孝敬慈善行[三]　次具戒威儀行
[二]　後大心二利行[二]　初釋菩提心[三]　初願文意[教]　次明行相[二]　後引經成[二]　初自經[經]　後大
經[大]　初明體性[然]　後顯相用[二]　後釋二利行[二]　後結歎顯勝[二]　初總釋文意[此]　後願意勸修[二]
第二明十六妙觀[二]　初對前顯意[自]　後科釋經文[二]　初科分[文]　後正釋[二]　初結前標後[二]　後
正示妙觀[二]　初標告許説[三]　後正示觀門[二]　初標指義類[第]　後科釋今文[二]　初科分[今]　後正釋
[十六]　一落日玄鼓觀[二]　二湛水凝琉觀[三]　三寶地圓成觀[二]　四寶樹寶顏觀[二]　五寶池德水觀
六總前諸寶觀　七寶蓮花座觀　八三身寶像觀　九彌陀法身觀　十觀音實相觀　十一勢至
真身觀　十二自性普觀觀　十三雜觀三聖觀　十四上品三生觀　十五中品三生觀　十六下
品三生觀　初科分[第]　後正釋[三]　初結標　次示行[二]　後結石　初示觀行[二]　後令諦觀　初明
樹體量[二]　後廣顯莊嚴[二]　初科分[二]　後正釋[二]　初樹相莊嚴[三]　後光現奇樣[二]　初光成幢蓋
後蓋現佛國[二]　初正釋[現]　後釋成[心]　五寶池德水觀[二]　初叙意科分[第]　後正釋經文[三]　初舉觀
境　次明觀行[二]　後結觀名　六總前諸寶觀[二]　初叙意科分[第]　後正釋經文[三]　七寶蓮花座觀
[二]　初對前顯意科分[自]　後依[科正總經]　文四　一標告許説[二]　二三聖現身　三韋提敬請[二]　四酬請
魔説[二]　初教起行　後示行相[六]　一示座令觀　二廣名座相[二]　三結歸觀名　四明座因本
五顯觀利益[三]　六結觀正邪　八三身寶像觀[二]　初總叙意[第]　後别釋文[二]　初結標[二]　後征釋[二]
初征　後釋[二]　初[凡明諸佛法身隨心]　應現[二]　後[正示彌陀等三聖實]　像[二]　初科判[第]　後釋文[三]　初示觀行[二]　次結觀
名　後顯觀益[二]　初顯除罪[觀]　後明三昧[二]　初論正明[智]　後指傳證[如]　九彌陀法身觀[二]　初對
前顯意[第]　後正釋經文[二]　初結標　後正顯[二]　初科判經文[二]　後正顯觀法[三]　初顯觀行[三]　次
結觀名　後結邪正　十觀音實相觀[二]　初顯意[第]　後釋經[二]　初結前　後正明[四]　正明觀法[二]
初標舉　後正明[二]　初總明身量　後别明勝相[二]　初明身嚴相[十]　後明余相好[二]　初指余相
好　後指异佛相　二結指觀名　三舉益勸修[三]　四結勸邪正　十一勢至真身觀[二]　初標舉[第]
後正示[四]　十二自往普觀觀[二]　初顯意[第]　後釋文[二]　初攝前標舉　後正示觀門[四]　十三雜
觀三聖觀[二]　初對前顯意[第]　後正釋經文[三]　初標指　次正明[二]　後結名　十四上品三生觀[二]
初對前顯异[二]　初對前顯示[二]　後辨行同异[然]　後正釋文經文[三]　初上品上生[三]　初標告
次正釋[四]　後結指　次上品中生[二]　初辨差降[二]　後釋經文[三]　初標　次釋[四]　後結　一修净
因[四]　二值勝緣　三得往生　四生後利益[二]　後上品下生[二]　初辨差降[三]　後釋經文[三]　十五
中品三生觀[三]　初中品上生[三]　初標　次釋[四]　後結　次中品中生[二]　初辨差降[三]　後釋經文[三]
後中品下生[二]　十六下品三生觀[二]　初指陳[第]　後正釋[三]　初下品上生[三]　初標　次釋[四]　後
結　初辨差降[二]　後釋經文[三]　次下品中生[二]　後下品下生[二]　三聞法獲益[二]　初見土睹聖
後悟道發心[三]　初發心樂生　後佛記生意[會二]　三流通分[二]　初叙意科分[自]　後正釋經文[二]　初
玉宫六通[二]　後耆山流通[二]　初釋還山重説[現]　後釋衆喜敬辭　三慶遇回嚮[四]　一傷昔[自]　二
慶今[雖]　三謙陳[不]　四回願

第二列：

【前缺】

□□□勝[六]　□□□勝[七]　八滅罪勝[八]　九普化勝[九]　十攝生勝[十]　初叙意[初]　化正明[十]
後結指[佛]　初列義門[行]　後正顯示[二]　初叙意[四]　後顯示[二]　初標意[三]　後正明[二]　初利盡[經]　後

利後經 初總明諸教四 一藏教一 二通教二 三别教三 四圓教二 後佩指此經二 初標義門四
後隨標顯二 初料簡二 後普收二 初通助所被後 後引證結成致 新解發心 得生易二 隨修少善
得 生易二 初叙意二 後正明二 初現果文三 後因願文佛 三凡修觀得生易二 四慈光願攝
得生易二 初叙意四 後正明三 五諸教贊勸必生易二 六諸佛贊懺得生易二 初叙意六 後正明二 七衆聖加
獲得生易二 八二聖化折得生易二 初叙意八 甘露疏科三 後正名二 初經明二 後傳證廣 初自經明二聖告化四
後他經顯執至習折三 九念滅重罪得生易二 初叙意九 後正明二 十臨終聖死得生易二 初明得法大 後顯依録比
初現果文大 後因願文佛 初叙意四 後正明二 初叙意三 後正明二 初顯國故 後因願佛 初
叙意七 後正明二 初依經明二 後引論明二 初明婆沙論略明十 後指别論廣顯十 初依經明
故 後引論明二 初現果二 後因願佛 初三身何身問一 初標具三身答 次依標顯二 後以理
結勸教 後通具三身答 初准教説异答 後正明今義三 初舍多取一文三 後量機成益答二 初
聖主緣强答 次經顯生衆二 結示遍求良 初緣種有异二 初總指緣種答 後應緣隨求二 後引
論釋成二 初引論問智 後依遍答二 初直明業 後經證故 初引教明難思二 後配指於此經二
初悲智隨樂异三 後成德慶生异二 甘露疏科 初引論標指答 後依標顯示二 初附論雙顯
二 後以經雙證二 初約此贊勝答 次據彼超勝如 後總釋成四 一此惡善難實 二彼土善易宜
三指論雙證故 四傷迷勸思嗟 初例顯少善成聖如 後引經廣明 得生早 初配屬佛 次通難經
後釋文二 初釋所詮七字二 後釋能詮經字經 初釋佛説二字佛 後釋觀等五字二 初正釋二
後釋疑二 初問問 後答三 初標答 次顯第 後結故 初科分今 甘露疏科六 後正釋三 初
信聞時主四 次彰所化處二 初釋游化處游 後釋居止處者 後述同聞衆二 初叙意科分三 後
隨釋經文二 初除生極惡故然 次大權應現故闍 後法王悲救故法 初標舉王子 二隨順惡人
二 初釋調達二 初明宗族行業者 後明學通造遞二 後釋惡友二 三禁父重圓二 四制臣絶往
三 初正釋經文者 次總顯經意然 後别示權迹二 初釋經文大 後顯經意請 初釋前三句如
後釋後二句二 初釋初三句三 甘露疏科七 後 後二句如 一王問門人 二人實答 三王
聞瞋怒二 四執劍害親 一具力舉例諫 二以事拯違諫二 三王懼審問 四耆婆重諫二 五
王悔恕親 初釋文作 後顯意一 初總釋經文知 後問答通妨二 一身相 二坐相 三侍衛合如文
四天衆 五雨花 初釋文唯 後顯意然 初樂生業處二 後不樂思處二 初不樂惡境二
後願離惡人二 初釋投誠今 甘露疏科八 後釋懺悔二 初釋文三 後顯意識 初現處
次光相合如文 後照量 初放光普照三 次光聚成台 後臺現諸國二 初叙意二 後釋文二 初
光照王頂 後見佛證果二 初勸修 後許説合如文 初示修 後得王合如文 初總明二恩孝 後别明
二行二 初釋孝敬行二 次明慈不沙二 後顯十扇形修 初釋具戒二 後釋威儀二 初引經釋下
後總釋成具 初釋經文二 甘露疏科九 後指傳正如 初釋三歸受 後具衆戒具 初正顯示依
後引論明二 初自利行二 後利他行二 初顯經意聖 後經勸修大 初結前所説二 初敕聽所
爲 後贊文令持 初明所爲 後顯勝益二 後標後所明 初佛許宣明 次韋提陳見 後請
爲未來二 初勸修 後指處合文如 初告示修習二 後正明觀行三 初舉境 次明行三 後結明
初科分第 後正釋三 初明觀行二 初示相二 甘露疏科十 後結石 初承前漸想三 後定成實
見二 初釋文般 後事證如 初誡審觀 次令常憶 後結略見 次顯觀益二 初令持説 後正
顯意 後結邪正二 初釋初一句二 後釋後二句二 初實樹重行二 後樹量高廣二 初業句象也實光等
嚴二 次網宮童子珠光勝 嚴二 初珠網羅覆 次樹具多網 後網間莊嚴二 初花宮莊嚴 後天童寶飾
二 後寶樹間錯花果莊 嚴二 初寶樹交錯成 行二 後花葉果實莊 嚴四 一葉生花實 甘露疏科十一 二葉量修廣

三具衆色畫　四現异花果　初標指　後正明三　初明觀行三　次顯生益　後結邪正　初示所觀二　次明觀成　後結觀石　初敕聽許説　後令爲衆宣合　初見佛敬禮　後伸言致請　初陳己見　後爲他請合　初花葉莊嚴　後蓮臺寶飾二　初總明台體　後别名嚴相二　初應作此觀　次誡令諦觀　後正顯觀益　初引經問問　甘露疏科十二　後以理答二　初釋文嚴　後通難二　初疏釋經初　後引經顯二　初佛身現觀心二　後觀心即佛身二　初教起行二　初觀聖主像二　後觀二聖像二　初觀二花座　後觀二聖像　後顯觀成二　初見三聖光依周滿寶　土　後聞四事靈音演妙　法二　初常聞演法　後令符契經二　初令觀佛身二　初顯佛身三　次顯相好二　初相好光明　後光照攝生如文　後顯勝益二　初歎其勝　後獲勝益　次明見佛心二　初配經文初　甘露疏科十三　後釋經意三　後舉益勸修二　初舉益　後勸修二　一身色相　二頂發相合　三頂圓光相二　四句身光相二　五頂冠佛相　六面金色相　七眉間毫相二　八神化勝相　九手莊嚴相二　十足輪文相　初舉觀除罪勸　次聞名獲福勸　後示相令修勸　一示觀行二　二結觀名　初總指身同

後别明勝相二　三顯觀益　四通結指　一示觀行二　二顯觀成　三結觀名　四聖常護　甘露疏科十四　後觀二菩薩三　初二聖身周　次首相有异　後同助佛花　初約觀因緣釋第　後約行定散釋又　一修净因二　二值勝緣　三得往生　四生後利益三　初本國見聞益　次他方供佛益　後還得總持益　初疏釋初　後經顯昔　一釋解義二　二釋信因果深　三釋不謗法三　四釋回願以　初本國見聞益二　後他方供佛益二　初顯經益此　後明時分言　初標　次釋四

後結二　一修净因　甘露疏科十五　二值勝緣　三得往生　四生後利益二　初標　次釋四

後結下勝文二初别後　初先造衆惡　後遇修净因圓成因　一明生因二　二值勝緣　三得往生　四生後利益　初標　次釋四　後結别通　初辨差降三　後釋經文三　初夫人悟道　次侍女發心二　後諸天發心　初釋經文發　後通達妨二　初引論問問　後以理答二　初阿難請問二　後依問宣説四　一正答名持二　甘露疏科十六　二舉益勸持二　初舉益二　後勸持二　初聞名　後念持　三付囑令持二

四衆喜奉行

第三列：

【前缺】

初顯行相二　後明利益二　□□□佛二　□相念佛二　一實相念佛二　初念佛行一　次净業行三　初總標二　次别顯一　後結勝此　後妙觀行三　初依經顯十　後依論顯二　初正顯行相二　後結略指廣□　初顯行相二　後明修相二　初標舉二　後正明三　初恭敬修二　初明性相一　後指傳成知　次無餘修二　初明性相三　後引傳成西如　後無間修二　初正明四　後印證故　初正明今

後結指是　初簡非器初　後明是器反　初叙意初　後正明三　初依文正明二　次指教同説大　後引傳正成如　初自經經　次大經大　後傳成如　初叙意三　後正明三　初慈攝經　次光攝又　後願攝二　初叙意五　後正明二　初經明三　後傳證如　初叙意七　後正明二　初經明二　後傳證如

初彌陀經彌　後鼓音王經三　初叙逢佛經初　次喻顯教門二　後得法化生我　初總明言三品得生如　後别先下品生相十　初叙意十　後正明二　初現國文二　後因願文佛　初現果二　後因願佛　初現果二　後因願佛　初正明壽遠二　初現果文故　後因願文佛　後釋其所以三　初直明故

後征釋於　初總相明二　後别正顯又　初往生論往　後智度論二　初無量壽經顯相大　後無量覺經贊勝二　初文理具三身二　初准文　後准理准　後處機唯報化二　初净相無二今　次教證見殊故　後結歸本義准　初以理直答答　後引教釋成二　初菩薩略間　生數故　後佛廣爲説　生衆二　初明次界往生衆佛　後見他方往生衆二　初求兜率二　初顯若著　後證彼無　後求極樂二　初生非齋熟

故二 後因緣各异故三 初智度論智 後金剛經金 初指配二 後結歸仗 初正顯又 後結指故 初難行道二 初法説二 後喻明譬 後易行道二 初證難行道如 後證易行道三 初廣明少客得生二 初自經顯意二 後他經釋成二 初發心專念得生大 後隨修回嚮得生又 次略示遠 順損益二 初示疑諍之 損二 初疑修少 益損二 後謗毁聖 惡損二 後明信求之 益二 初信嚮得生益寶 後修求得生意稱 後結勸求生四 初釋觀字二 初釋觀無 後證經故 後釋四字二 一釋如是二 初下連合釋且 後離釋本文二 二解我聞二 初隨相釋二 後就實釋又 三辨一時二 初隨相釋一 後就實釋又 四明説主佛 初聲聞二 後菩薩二 初標類舉數 後顯名上首三 初釋文殊師利二 次明法王子法 後顯爲上首切 初引文釋字二 復疏結指此 初學神通其 後造逆業二 初引經釋二 後總釋成數 初依經顯王名若 後引文明因果二 初總顯示□ 後引經正二 初顯戒相八 初通常日頻授二 後通遍受八戒二 後通疑難二 初明佛遺意二 次顯尊者名二 後釋爲王 説法二 初釋罵母王 後釋毁聖沙 初以事言離諫 後拒威止怒諫 初釋經文者 後通疑難二 初釋文請 次顯願請 後通妨二 初通佛身隨 顯二 後通赴請不均二 初二請赴一問問 後重機成益答二 初總釋濁 後别釋二 初釋閻浮濁 後釋濁惡二 初懷閻浮濁惡二 後釋三塗盈滿二 初釋不樂意不 後釋不樂處二 初正釋前 後釋成二 初釋懺名求 次娑懺障其 後明懺法二 初標現多國 次示土差别二 後總戒所現 初廣現多國三 次示廣見 後樂生極樂三 初總陳諸國 次别敕樂生三 後請示凈因 初釋見佛敬禮王 後釋超證勝果自 初舉經問問 後以理答答 初明孝順行孝 後明奉事行奉 初别釋二行二 後總釋成此 初釋慈心慈 後釋不殺三 初正釋二 初釋成若 後傳證如 初利彼故不殺心 後親疏故不 殺二 初三昧海經觀 後梵網經梵 初十疑論十 後往勝論往 初略釋勸 次廣釋初 後經成故 初正釋三 後例成如 初依緣見土二 初釋法以 後顯喻如 初釋妙覺 事拯 後釋心喜獲 益二 後見獲勝益二 初釋衆生濁苦若 後釋請見慈尊云 初征起 初起行二 後觀成三 次正明二 後結名 初誡令觀水 次想水爲水 後冰作琉璃三 初教示正觀 次觀成境著 後廣顯莊嚴二 初地下實性 成擎二 後地上諸相 莊嚴二 初金繩間錯二 後寶界莊嚴二 初寶界分齋二 後色光莊嚴二 初明衆色光 次明光相狀 後變相莊嚴二 初化成台觀 後幢樂莊嚴四 出本觀行 經釋二 後相觀符 經釋三 初正釋實 後印證大彌 初釋由旬由 後明數量准 初總明諸樹具實 花葉三 後别明花葉實色光 嚴二 初天童住宮 次寶珠瓔嚴 初珠光遠照如天 後衆寶間映二 後光明威曜二 初正釋行 後證成大 初七寶爲水釋二 後水色七寶釋二 一明水體因 二水分异派 三金作渠沙二 四池敷寶蓮二 五水現奇益二 初隨心適意二 後聲演妙法二 初水聲演法 後靈禽贊德三 初寶界瓊樓諸天作 樂 後异樂器音歌詠三 寶二 一寶色光明 二葉量修廣 三葉數繁博 四葉間珠嚴 五珠出千光 六光成寶蓋合 初數量 後嚴相四 初金珠網飾 後臺現寶幢 初總叙教意答 初釋成 後證故 初正釋二 後誡勸二 後以義釋成二 初法性身於 後應化身一 初總標故 後别顯二 初正顯二 後釋成二 初誡令觀佛二 初釋初三句是 後釋後三句多 後正明觀象二 初起行二 後觀成二 初觀心發明 後見土嚴相二 初釋經文行 後指傳證如 初示身相 次明身量三 初身量高廣 次毫映五山合 後目澄四海 初逐難總釋鬱 後歎勝難量佛 後顯身光二 初釋初二句既 次釋見佛心觀 後釋心體相二 初誡勸 後示修二 初正明光量 後光中聖像 初引經釋略 後釋經文合 初眉毫色相 後光中聖相 初明嚴相三 後明勝用 一光明相三 二頂冠相二 初冠有實 花台 後臺中現 净國合 三頂鬘相二 出行拯十 方界 後處顯像實花合 初行相二 後坐相三 四威儀相二 初此往彼想 後至彼行相四 初示相令觀 初不觀大神疑二 次小像不

成疑[二]　後小像非真疑[二]　後拂其疑念[三]　一總標　二征起[合]　三正顯[三]　四結歸　初發三心[四]　復修三行[四]　一總標　二征起[合]　三正顯[三]　初釋慈具戒[二]　次釋誦大乘[二]　後釋六念回嚮[六]　初正釋[言]　次釋成[以]　後引證[如]　四結歸[二]　初順釋[不]　次反釋[然]　後釋成[四]　初顯經益[此]　後明時分[二]　一修净因　二值勝緣　三得往生　四生後利益[二]　初别　後通[合]　初指勝益[和]　後釋聖果[二]　一修净因　二值勝緣　三得往生　四生後利益　初先造重惡　後遇修净因　一明生因[二]　二值勝緣　三得往生[二]　初釋經文[難]　後通違妨[二]　初會違[二]　後通妨[二]　初問[問]　後答[二]　四生後利益[三]　初正釋[答]　次引證[二]　後結成[是]　初正會女人[三]　後例會根缺[二]　初問經名　後請受持[合]　初正釋[此]　後釋成[謂]　初釋文[行]　後引證[如]　除罪勸　獲勝勸[二]　初正釋[初]　後釋成[以]

第四列：

【前缺】後印證[二]　初印證[此]　後印證[故]　初顯行相[二]　後以經成[三]　初離心相[故]　次離境相[合]　後結歡勝[此]　初直釋[三]　後教顯[二]　初標舉[住]　初總征[四]　後别釋[一]　後征釋[二]　初定中顯其行視[□]　一菩薩請問[般]　二彌陀應答[佛]　三隨答覆文[問]　四隨問再答[二]　初示觀仁[答]　後顯觀成[行]　後出定如實[證知二]　初明證[二]　後顯益[三]　出證實相[四]　次值諸佛[得]　後指傳成[如]　出審所簡[徒]　後實悟知[二]　初知佛未信[劫]　後悟法唯心[二]　初直明唯心[後]　後微起釋成[二]　初明法唯心[何]　後明佛唯心[以]　初信解文[三]　初修因[經文]　次值緣[行行]　後得生[行見]　後發心文[三]　初以經明[經]　次引論明[天]　後指傳成[如]　初經顯[佛]　後論顯[生]　初總指諸教[彌]　後結勤令信[陀]　初大本經[二]　初贊佛[故稱]　後勸生[請食]　次彌陀經[二]　初明行[令]　後贊生[戒]　後自經[二]　初念佛離難[波]　次聞經願生[佛]　後佛贊得生[於]　初喻顯[十]　後法合[若]　初臨終遇緣[經]　次乘緣往生[如]　，後引事成之[往]　初經顯[經]　後事成[然]　初無惡[故]　後爲善[大]　初無苦[故]　後純樂[大]　初喻顯[經]　後法合[□]　初疏釋[就]　次經釋[十]　後結釋[是]　初直明[十]　後征釋[何]　初指穢徒[賀]　初標[若]　次顯[人]　後結[是]　後顯净土[二]　初廣贊勝[清]　後明所以[若]　初約[處]　後約機[約]　初菩薩問[故]　後佛爲答[佛]　初總指[十方净土三]　初菩薩復征[普]　以佛説所以[佛]　後結贊因由[是]　後正明佛[净土三]　出攝次指彼[佛]　後正明彼衆[二]　初明[十三佛國]　生衆[其]　次名[十方世界]　生衆[佛]　後指廣結略[我]　初引論文[答]　後釋論意[意]　初論證顯[又]　次指傳成[如]　後總結勸[故]　初總指[令]　後配顯[經]　初標[答]　次釋[燃]　後結[故]　初聲道難得[離]　後難事其多[二]　初標廣[此]　後略述[略]　初法碩[多]　後喻明[如]　初直指經意[故]　後局情違失[三]　初實彼失[若]　以顯□意[以]　後引經成[經]　初顯疑損[大]　後結勸信[彌]　初引經助[稱]　後引得證[往]　一引經示教勸[二]　二行簡易生勸[良]　三引生靈瑞勸[且]　四結示同生勸[既]　初離□樂勸[大]　次示教除疑勸[又]　後悲念留經勸[舍]　初約教理釋[又]　後約□□釋[又]　初約信順合釋[又]　後約法體唯釋[二]　初正釋[二]　後通妨[婆]　初釋我[我]　後釋聞[耳]　初標類　後舉數[舉]　初釋初文[興]　後釋後文[二]　初指教顯[二]　後通以南[二]　初問[問]　後答[二]　初正答[二]　後舉例[亦]　初現果得名[正]　後往國名號[悲]　初教他殺父[傳]　後自造三逆[獨]　初涅槃經[言]　後未生怨經[表]　初名往殺因[經]　後顯今因果[以]　初證調達[故]　復證闍王[大]　初依□問[問問]　後以理答[答答]　初滿王意故[世]　後佛悲救故[此]　初證須名氏[二]　後遍遣所以[以]　初證翻釋[二]　後引經成[增]　初顯王過患[二]　後明聖説法[宫]　初相例問[問]　後意别答[二]　初釋不赦父[答]　後釋□赦母[諫]　初問[問]　後答[答]　初隱顯相例問[問]　後真□無違答[五]　初釋不赴王請[答]　後釋躬赴□請[夫]　初釋五濁[二]　後釋十惡[十]　初引經列名善　依經顯嚮[□□如]　初釋三塗[三]　後釋盈满[此]　初地獄[地]　次餓鬼[餓]　後畜生[畜]　初此界多惡[以]　後樂土唯善[安]　初顯行相其　後明此經[今]　初總釋文[所]　後通疑難[二]　初問[問]　後答[答]　初釋經文[二]　次釋經意[奉]　後

指答處令　初正釋經文樂　後問答通妨二　初正通樂生妨二　初偏樂樂樂　問問　暗緣顯生　答答　後因通不樂　妨二　初問問　後答二　初疏略答答　後經廣明三　初正明不樂失四　一菩薩指機問無　二佛答不樂因佛　三菩薩明彼　失慈　四佛重示不且樂才法　次反顯得生益若　初惡慧分別　失慈　後取相執著　失夫　後別明愚妄　失二　初釋初句行　初通明深讀　後別顯二　後釋後句二　初經顯故善　後傳正如如　初正釋得益二　初正釋二　初得勝法心故　後籍勝依仗此　後證成二　後歎勝令求母　初釋文生　後顯意淨　初舉境二　後起行　初釋經文由　次顯經意初　後引傳成如　一方具百寶　二珠有千光合　三光多色　四色光映地合　初名幢想　後名莊嚴四　初寶幢擎地　後幢相莊嚴二　初釋字義雜　後顯行相行　初釋經文意唯　後通妨結成以　一有多花幢　二衆樂莊嚴合　初議八風八　後總釋文清　三光出清風　四樂演妙法　初正釋約又　後證成故墳　初略釋經文諸　次引經廣顯大　後結指此經令　初標具衆色　後色光顯映二　初色光互出　後衆寶樂嚴　初釋初句其　後釋後句二　初正釋言　後釋成由　初正釋水　後釋成良　初正釋又　後證成故　初釋經文巢　後引經證瀰　初池有多花　後花量修廣合　初釋經文摩　後引經證故　初珠出金光　次光化靈禽合　後鳴贊三寶　初釋文不　後通妨二　初問問　後答答　一寶幔羅帷　二妙珠映飾　三珠出色光　四色現奇樣三　初總顯偏异　次別現异相　後隨心現利合　初隨相釋成　後隨心釋二　初總釋二句隨　後別釋現利二　初隨意利用或　後隨心利益或　初以損誡令　後以義勸沮　初釋是　後證故　初釋初二句二　初釋是　後證良　後釋後二句二　初正釋諸　後證成教　初釋經文相　後顯經意釋　初屬當初　後釋文二　初釋嚴相二　後釋誡規見　初釋拈嚴七　後釋別嚴四　一地相莊嚴實　二池相莊嚴實　三樹相莊嚴實　四虛空莊嚴實　初身毛光量　後身圓光量二　初正明光量　後佛侍難量　初正釋心　後證成故　初示相令觀　後觀成例見二　初例見餘相　後例見諸佛二　初見諸佛　後得勝意合　初臂嚴相　次掌嚴相　後指嚴相　初項圓光　次舉身光　後智慧光合　初光明普照　後因光得名合　初正明鬘相　後指具餘相　初坐摇寶剎　次廣集分身合　後廣演法度生　一花敷光照　二眼開睹聖合　三聞音演法　四符經不遺合　初疏叙疑惡雙後　後經遺釋無感阿　初正釋志言　後引證如如　初釋志誠心二　次釋深心二　後釋回願心言　初慈心不殺二　初疏總釋落　次經別釋二　後總結成護　初釋慈心沙　後釋不殺二　初尼戒經戒　後楞伽經楞　後具諸戒行二　初釋成具　後引證如　初總釋行　後別釋二　初正釋又　後證成故　初引經明花　後通疑難三　初問問　後答答　初本國見聞益　後他方供佛益　初釋羅漢阿　次釋明通三　後釋解脱八　初釋經文三　後通違難三　初會違文三　初牒文論　次會釋釋　後證成故　後通疑難二　初少喜頓難雖　後音微緣　勝釋三　初正釋釋　次證成故　後勸信佛　初問問　後答答　初正答　後證成如　初指經勝益此　後教顯實相智　初現果文故　後因願文佛　初會釋於　後證成二　初引經證故　後指傳證如　初配經文初　次釋經意問　後總釋成解　初配文顯意有　初釋喻芬　後合法念　後正釋經文二

（六）俄 TK251《大方廣圓覺修多羅了義經略疏卷上之二》①

【題解】

① 《俄藏黑水城文獻》第四册，第 321 頁。

金刻本。經折裝。未染麻紙，粗。共1折，2面。高20.2釐米，面寬9.5釐米，版框高16.4釐米，天頭3.5釐米，地脚0.4釐米。每面6行，行15字。上下雙邊。宋體，墨色深。中2行陰文“善男子，六塵清净故，地/大清净，地清净故，水大清净。火大風大亦復如是。”殊爲少見。

【前缺】
皆名塵者，坌□[①]心識故，□[②]凡夫説也，□[③]［亦］
云六境，此通凡聖，言色等者，眼等所取
故，色有通别，今即别也，謂唯眼所取，有
見者對變礙之，最粗顯故，聲等可知
唯意所取法塵一境通於一切，三内外
四大□□□□□□□□□□□□□□[④]
□□□□□□□□□□□□□□□□[⑤]
即於根塵不取，發識牽心之義，直取四
大之體也。寳積經説四大各二，謂内及
外，地界二者。内謂自他身内所有堅者，
謂髮毛等。外謂身外所有堅者，土木
等。水界二者，身内潤性泪汗等，身外潤
【後缺】

（七）俄 TK303《十子歌等》[⑥]

【題解】

西夏寫本，經折裝。未染麻紙。共1折，2面。高9.3釐米，面寬5釐米。每面大字3行，有雙行小字注釋。楷書，墨色中。有西夏文殘片6塊。

十子歌
□□標三類者□□□□
□□持國後哭害□□□
□□禮佛頂□□□□□

① 疑爲“污”。
② 疑爲“約”。
③ 疑爲“亦”。
④ 疑爲“善男子，六塵清净故，地大清净，地”。
⑤ 疑爲“清净故，水大清净。火大風大亦復如是”。
⑥ 《俄藏黑水城文獻》第五册，第3—4頁。

□□是持經者常□□□

土衆爾時有大力鬼王名吉般□□

多住與林野，管諸鬼衆，故號爲王。來至道場而爲上首與十□□□

此居岩穴，其形可畏，通變拯，多不屬人，天住居鬼趣即從□□□

【中缺】

見滅□□十□□□報□□妄存真似楊聲，止

□知境從心現龍是自心，若加□□□□反鬧或鬧論

【中缺】

□净土也，在悟在迷，不離自心者也，□

有應反問云何不知心遍是佛，即心□

人經花嚴説心，佛與衆生是三無□

是彼□即衆生心既净結，即佛

□□□净即是以由於能依净□□

□□□道品云於是維摩□□□□

【中缺】

雖具

重界

分别念數無不了知變□□三種□譬□□歡諸□□

涅槃云如人覺知有賊賊□□能爲二起功□□□漸次增

【中缺】

净將前四行□□□□門皆是諸□□□我即静

四中皆無觀□□□問既□□文纏悟一門之□□緣故□□

意但食單省□□□行者忘□，即此四中并休□□□融睿□□

本空習起還□□□文初化□，然休時非休作□□□普現全□

觀者名爲□□□早之解

【後缺】

二、律疏部

（一）俄 TK150.2《四分律行事集要顯用記卷第四》[①]

【題解】

西夏寫本。綫訂册頁裝。白麻紙，薄。共 53 個整頁。高 21 釐米，半頁寬 13 釐米。

① 《俄藏黑水城文獻》第三册，第 280—345 頁。

字心高16.7釐米，半頁寬11釐米，天頭2.7釐米，地脚1釐米。每半頁8行，行17—22字。有雙行小字注釋。四周單邊。楷書。墨色濃匀。有校改補漏字，有的錯字在頁背位置寫出正確字。以潢麻紙爲封面，原有題簽已佚失。尾題前有較大字體加寫梵音音譯。

四分律行事集要顯用記卷第四
蘭山通圓國師沙門智冥集
奉天顯道耀武宣文神謀睿智創義去邪惇睦懿恭皇帝詳定
篇聚名報篇第十三
隨戒釋相篇第十四比丘二百五十戒中寫四分本戒□十三僧殘戒
中卷自行四篇，聚名報，第十三分四，初立意二
顯戒護三明，篇聚四彰來報，今初謂上衆行，綱
領既存，凡欲秉持衆法，須自清净，此文在衆後，
共前故卷得稱中，以此篇來意者，上十二篇明其衆
法，衆法雖明，然於戒品體相輕重理，須悲識達輕重
篇聚爲先，故於衆行自恣篇後，有此自行篇，聚
篇來篇者，五篇聚，爲六聚，并彰蓋號照體曰明酬因
名報一位三均，隨犯輕重，立爲五篇，定來報之短，
長隨六處之苦，器分爲六聚，其有果由因成不感
果，聚中加一，立七聚名。出俗五衆所以爲世良田者。實
由戒體故也。以形法两起，故名出俗，由僧二尼三故云五衆，其五并據有戒，信之爲世良田者，良善也，如世肥田，能生苗稼，結成子實。
出俗五衆亦復如是，由戒體争爲生檀越□□良知招人天，花報苗稼，遺結當來，善提果實真實，由於戒體清净故也。是以智論云。
受持禁戒爲性。剃髮染衣爲相。是以者覆收上義，起下詞也，論第三十一無二性相有何异耶？答云
望自體邊爲性，望他緣邊爲相，沙門釋子受持禁戒爲性，剃髮染衣爲相，如火熱是性，烟焰是相，應作四俱分别，一有性無相，如維摩詰，示有妻子，常
修梵行，有持戒無出家相。二有相無相，如十三難，無戒沙彌有出家相，無持戒性，三性相俱有，即善比丘，内舍戒德，外俱威儀，四性相俱無，即俗流也。
今若冰潔其心。玉潤其德者。乃能生善種號曰福田。
今若持成之心，如冰清潔，所修道德，如玉潤澤，乃能彼歸敬之人善種芽，生號福田。不然縱拒。自貽伊戚。貽，遺也，道字去聲呼
贈也伊唯也，戚憂也，不然者，則返上也。若不如是總縱三毒，拒道聖制，即自贈以喜，懼性憂惡趣，受大苦報，有遺失也。伊誰也？若從三度拒，遺佛例自遺失其善種良
田，長受憂戚，此是自作受苦，誰人與汝便招六聚之辜。報入二八之獄。辜者，罪也，六聚之罪，墮八熱中，前六地獄
二八之獄者，唯俱舍，論根本地獄，有十六種，謂八熱八寒，八熱者，一等活，二黑繩，三衆合，四蜚叫，五大號叫，六燒燃，七極燒燃，八無間。八寒者，一皰，二皰裂，三歇折露，四郝郝凡，五虎
虎凡，六青蓮花，七紅蓮花，八大蓮花，此二八獄重即入前無間次，即入於前七，輕者入於八中。故五篇明犯。違犯持行自成
七聚。彰持順持諸犯冥失。違彼二犯持自行成若須二痴，諸犯冥失。而新學之徒率
多愚魯。未識條例。甯辨憲章。率立業，愚者痴識教也，魯鈍也，憲者也，謂新學之徒，例多痴鈍，未識戒條，
持犯體例，寧辨律法，開剎爲章。隨戒。昏同霧游。罪報類之觀海。謂受戒後欲隨戒相，昏暗同其露中游行，
把罪招報類之觀念，不知邊際之分備也。致使順流長逝。貪蜜滴而忘歸。爲成重業。
豈超悟而知返。逝往也，即無知犯罪，順生死流長往苦趣，貪蜜海者，長阿含經云衆生貪等五欲密海處，在生死於涅槃無漏，永弃不
覺由著生死，不返本源，故曰忘歸爲成重業，下墮三塗，貪受苦報，豈能開發超越覺悟，知返真歸理出離本源。故毗尼母論云。僧尼毁
禁而受利養。不現在受者。爲嚮地獄故也。比丘受人信施，不如法者，爲地
所墮爲貪他，施貪不如法，修道心生從逸，因此常墮三塗，若無三塗受者，食即腹破，衣服離身，故也。然則業隨心結。報逐

心成。輕重之業，各隨心結，故律云犯則同心，若本無心，即不犯也。由輕重之心，常來收報，各有輕重。必先張因果。張持犯之界因也。
廣明相號。廣明五篇十聚相，狀名號。使持戒佛子觀果知因焉。欲使行人觀苦，從涅槃可
受珠報果，因持戒得觀八寒八熱，可怖界果，因犯成得鈍知如此必修，勝因也。二顯戒護所以犯戒，果報罪業
極大者有戒護是生善中，最建立功强故，使違損招
重報，明瞭論述戒護多種。且略引之。謂在心者名之
爲護。但防竟地在身口者名之爲戒。防三惡也有護不必有戒。
有戒其必是護等。引論四句文也，一有唯是護而蠶戒，爲住防心不起諸念，即是弃護，不防身口而非是戒，二有但是
戒二非是護，謂雖有受體，起不正思惟，不動身口，即但是戒，無防非心非是護也，三有亦是其成起念智，舍即是其護防，身口非亦是其活四有非是
護亦非是戒，起不正思惟，即非是護鬘，法身口二業，亦非是戒，正引一三等，除二句經中明佛贊得戒護人有多
章句。略述八種。一者如王生子爲民所敬。得戒護人生
聖種中。後必得聖。如紹王位。二者如月光明漸漸圓満。
戒護亦爾。諸功德等隨時增長。乃至得解脱知見。三者
如人得如意寶珠隨願皆果。得戒護人欲生善道乃
至菩提。必定能得。四者如王一子愛惜紹位。得戒護人
因戒護故。必得成聖。理須愛惜不得毁損。五者如人一
目愛之甚重。此人亦爾。由戒護故得離生死至得涅槃。
六者如貧人愛少資糧。此愛戒故便得慧命。七者如國
王三事具足便愛此國。一足財。二欲塵。三正法。得戒護
人亦爾。住戒護中無量功德。心安無憂悔長生正法。
八者如病人得好良藥。戒護亦爾。不應弃舍。由此離
一切惡故。如是因緣功業深重。不可輕犯。犯致大罪。
三明篇聚分三，初通論篇，篇聚皆是所造之罪引，名
報者，所感地獄之來果，五篇者，一波羅夷。二僧伽婆屍
沙。三波逸提。四波羅提舍尼。五突吉羅。六聚者。一波羅
夷。二僧伽婆屍沙。三偷蘭遮。四波逸提提舍尼，五波羅提提舍
尼。六突吉羅。復云七聚者於其第六突吉羅，中分身
惡作口惡，説故成七聚。凡入篇，罪必具三，均是其果，罪
如初篇四戒，同號波羅夷，即是名，均治罰覺，摒即是
體内罪，方便是究竟，均五品覺，三名五篇也。若因果相
雜不具三均，即入聚攝衆罪一處，故名爲聚，爲六聚者，
定其來報年却遠迎墮八熱中，前六地獄輕重各殊，
爲六聚，口不離身，但六立聚分七聚者，以偷蘭遮因
果相，雜惡説之，罪唯通因，咋不三均，謂有果由因成
自有因不感果，開成七也，爲凡所造罪，皆先攪因，方
得成果，上二篇罪各有遠吹，近三方便爲因，助成果
罪如發心，欲盗遠方，便輕吉進步，去次方便重吉至彼
執提物近方便偷蘭遮，離本處成果波羅夷，若根本
未成前三可懺，若已成就前三逐根本，悉不可懺此

即隨順義。律中説罪有五部，此兼爲帶隨一部中各有二義，一成就根義，二隨順根本義，要先起方便根本業始成，故云成就根
本義攬因成果，於所成根本業，疏不可識其方便業，隨順根本，亦亦可識，故云隨順根本義，四分律中，因成果也，更無别因，明瞭論中攬因成果因體
仍存，促果，由是義故以因俱不可識也下三篇雙有遠近二方便輕重二吉無偷蘭
遮，六聚之名皆是梵語，下以義翻次别六聚分六，一波
羅夷，此去極惡，三意釋之。一者退没。由犯此戒。道果無分故。二者不共住。非但失道而已。更不入二種僧數。三者墮落。若準目蓮同罪
報經云墮燃燒地獄，若性觀佛三昧經，犯墮三重食他心施墮阿鼻地獄故。依目蓮問罪報經，出六聚罪報。若犯此淫盗殺妄四波
羅夷，罪當墮八熱地獄中，第六燒燃之獄受苦，經人間歲
教九百二十一億六十千年，犯一重戒，如斷人頭，不復還活者，如
人身四處得生死胸腦心咽，隨傷一處，即便命謝，四
根本戒隨毁一重，自余諸戒用則無力，由戒無力，不發定
慧。即渝表其法身惠命，此望現身不能得成聖果，爲言
若别别防非各各解脱於一婦女，身上有三淫道，還
將自己貪嗔痴三單心，或貪與嗔共，或貪與痴共，
或嗔與痴工，或貪嗔痴三共，總成七毒心，曆三淫道，
隨一一道，何心中犯三七共成二十一遍戒，若但一貪心犯
一淫道，於彼一女當身上之更有二十淫戒，仍屬未犯
豈况自餘盡法界，際，一一人邊有無量戒，何曾有犯，
今見有人犯一戒，遂即雷同隨過皆犯，故百喻經
云昔有一人，牧二百五十頭牛，常逐水草，經喂飼時
有一虎啖食一牛，其人作念數，即不全，何用牛爲使
驅臨崖，盡排殺之。比丘亦爾，即失戒雷同俱犯，愚痴
甚也，寧可一時發一切戒，不可一時犯一切戒，二僧伽婆屍
沙云衆餘，若犯此戒，罪衆僧，分房舍利養有餘，殘者始分也，故名衆餘。或云僧殘，若犯此摩
觸漏失等戒，如人被殘咽喉義，須造救由鄰重，
故若犯此罪，無心悔過，遏僧應强和與法别住，已從僧乞六夜摩那，稱此悦云，衆即六夜行悦衆已至於第七日，清净比丘二十人集已將此人入衆爲作
羯唐還清净僧造赦者，有鄰衆罪，故也。犯此罪者，當墮第五大號叫地獄，經
人間歲數二百三十億四十千年，三偷蘭遮此云玄大障此相
粗重曰大能礙善道曰障由能成初二两篇之罪故也，罪通正從，獨頭起者
罪則屬正爲方便，有罪屬從也因果相雜，若與上二篇爲方便，屬因罪
若犯破僧盗四錢等，屬獨頭果罪，此獨頭果罪有其三品，其上品者，謂盗僧食具十方，現前僧
物偷四錢集非人重物等對大衆懺。其中品者，破羯磨僧盗三錢一下，僧私之物，一有衣，一無衣，相觸作僧，殘境界對小衆懺。其下品者露身行著，外道衣畜
石鉢食生肉血等，對人懺，上中二品是重偷，爛在僧殘後，其下一品是輕偷，爛在提舍尼後若犯此罪，當墮第四號叫地獄，
經人間歲數，五十七億六十千年，四波逸提，此云墮墮在燒
煮覆障地獄，問六衆所犯者皆墮地獄，何獨得命，答如彼五塵皆是色，法唯眼所取，獨受色名，今此亦爾由彼，餘五别名所掄，雖立總號，即是别名，
僧有一百二十於中三十因財事犯，即畜長離衣等，名尼
薩耆波逸提，此云舍墮有三種，一舍財，二舍相續心，三舍
罪，今取捨財，若不盡舍，還更相染，即不成舍由，因財生
犯貪慢心强制舍入僧，故名舍墮。九十不因財犯，即小妄

語殺畜生等，此是單墮，無財可舍，故名單墮。若犯此罪
當入第三衆合地獄，經人間歲數一十四億十年千五波羅
提提舍尼，此云嚮彼悔，謂嚮彼一比丘尼應一説所作罪
悔過，髮露其罪，消滅名嚮，彼悔即取非親尼食等，若
犯此罪，當墮黑繩地獄，經人間三億六十千年，六突吉羅
此云惡作分二，若不修整等衣名身惡作與不恭敬，人
説法名口惡，説覆通因果，若與上五聚爲方便，屬因
若當聚中犯是果，或云應當學亦云守戒，此罪微細，特
之極，雖故隨學隨守以立名，十誦中，天眼見諸比丘犯
罪，如駃雨下，豈非專習在心，勤加守也。此罪雖小，若
犯之者，當多第一等活地獄，經間九百千歲，唯六天壽量，訶六聚罪墮地獄隨數，以千萬爲億等之，此吉羅罪，唯四天王天壽量墮泥犁中，提人間等術，小數九百萬歲，今言九百千者，謂此歲數，即不滿千萬，即不及一億，故就小位以十爲一數等之百萬著即九百千也後僧尼同异，若僧尼二戒廣，則八萬四千如來在世，一期三百五十，度説法皆説六波羅蜜，總成二千一百，配四大六衰，四大者，地水火風，六衰者眼耳鼻舌身意，此十各有二千一百，成二萬一千，貪此密等分個有二萬一千，總爲八萬四千法門，僧尼皆可修學略則僧二百五十尼五百也，此乃諸部
通言，不必定數，論其戒體，唯一無作約境明相量乃
塵沙。今依律中僧有二百五十尼三百四十八，且爲持犯
蹊徑小路也。僧有二百五十者，四波羅夷十三僧殘二不定三十
舍墮，九十單墮，四提舍舍尼，一百衆學法，七滅諍，尼三
百四十八者，八波羅夷，十七僧殘，三十舍墮，一百七十八單
墮提舍尼，一百衆學法七滅諍，所以多於僧者
報劣志弱情結垢重也。四障來報，分二初來報，輕
重今此一篇廣明相號，欲使行者知其來報，若
果長短怖與現在所造罪因，今有犯戒而受
利養，不現受苦者，爲後嚮地獄，故凡所起業
并由三毒而生，之所起我心爲本，我執爲頭
引生一切諸煩惱，故由妄覆心，便結妄業，有多
輕重不同，必曰三性而生受報，淺深輕重心犯輕
戒，得罪重，謂無慚耻心，作無謂難，咸由起見，謂無
因果，或不信被此戒得，此報由此故，感報重如伊
羅鉢龍於過去世，迦葉佛時不信佛戒中有波逸
提報，故壞伊蘭樹葉，死多龍中，風動樹時腦血
流注，問迦葉佛未記免時，令逢釋迦，汝可問也，後
逢釋迦，問免脱時，釋迦乃至記彌勒成佛，方盡，若
際若不由如此心，偶爾破戒。俱有慚耻，明信因果，重
翻成輕。今隨三性具列罪相。一者善心犯戒。如
僧祇中。知事比丘闇於戒相。互用三寶物。隨所違者
并波羅夷。或見他厭生與其死具。看俗殺人。

即語典刑之人願與一刀，勿使苦惱。此并慈心造
罪。而前境違重。不以無知便開不犯。由是可學
皆結根本。若論來報受罪則輕。由本善念更
不增苦。二不善心犯戒。謂識知戒相。或復闇學輕
慢教網。毀呰佛語。如明瞭論述云。有四種粗惡意犯
罪。一者濁重貪嗔痴心。二者不信業報。三者不惜
所受戒。四者輕慢佛語。故而造則得重果。以此文
證。由無慚愧初無改悔。是不善心。故成論云害心
殺蟻。重於慈心殺人。三無記心犯戒，謂先元非
攝護。隨流任意性非善惡泛爾而造。如比丘方
坐高談。虚論費時。損業縱放身口。或手足損傷草
木地土。非時入俗壞身口儀。如是衆例并通犯。
標唯除恒懷護持誤忘而造。此非心使不感來業。
非即如上。前爲方便。問無記無業云何有報。答
有二義。初言感報者。謂先有方便後入無記
業。成在無記心中故言感報。而實無記非記果
也。二者不感總報非不别受。如經中頭陀比丘。不
覺殺生。彼生命過墮野猪中。山上舉石。因即崩
下還殺比丘。又知事誤觸净器。然無記犯亦
墮作啖糞之鬼。然上業苦綿積生報莫窮。
虚縱身口污染塵境。既無三善可附。唯加三惡
苦輪。以此經生可爲歎息。涅盤經云若言。如來
説。突吉羅如上歲數入地獄者。并是如來方便
怖人。如是説者。即是魔民。大聖懸知，未來有此
故先説示以定邪正，勿得縱心，罪境曾不及知一
犯尚入刑科，多犯理須長劫，後傷時謬謗，今此不
知數者，多目毀傷，云此戒律所禁止，聲聞之去於
我，大乘弃同糞土，猶如黄葉木牛木馬，止誑
小兒此之戒法，亦復如是誑汝聲聞，小子原夫大
小二乘，理無分隔，對機設藥，除病爲先，故粗野
初唱，本爲聲聞，八萬諸天便發大道蔓林，告滅
終顯佛性，而有聽衆果成羅漢，以此推之，悟觸
在心，不唯教旨，故世尊處世深達物機，凡所施
爲必以威儀，爲主，但由身口所發事，在戒防三
毒，勃具要由心，使今先以戒捉次，以定縛後，以慧
殺理，次然呼今，有不肖之人，不知自身位地
妄自安托，云是大乘輕擺真經，自重我教，即勝
鬘經，説毗尼者，大乘舉智論云八十部者，結集時變雜波八十度

誦次律藏名八十部即屍波羅蜜，即六度中第二度也，六度豈是小乘經耶？如此經論不如
其耳，豈不爲悲，故摩耶經云若年少比丘親於衆
中毁訾毗尼，當知是爲法滅之相，憂涅槃經中，羅刹
乞微塵浮囊菩薩不與譬護吉羅也。豈大乘中止
善恣惡耶？而故達迎自陷深殃，今爛舉大乘者，行
非可采，言過其實，耻已毁犯，謬自褒揚，若生善
受利須身秉禦之處，口應我應爲之，若污戒起，
非違犯教網之處，便云我是大乘，不開小教故佛
藏經云立鳥鼠比丘之喻。如彼蝙蝠非鳥非鼠，聞欲捕鳥，即入穴爲鼠，聞欲捕鼠，即非騰空爲
鷹，其身□戒，但乘聞冥破成比丘，亦復如是，即不入與布薩，自恣復不能入於王者，使命不名，白衣不名，出家如彼，蝙蝠非鳥非獸也
驢披師子之皮。十論經云佛言若有衆生起於愚痴惡口，謂智惠不離邪見，貪者名稱説是大乘教他誦讀，自不詞，
伏於大乘道，如以之人身，雖得人身，亦失二乘之果，常趣苦道，不欲親近諸有智者，而唱是言，我是大乘，譬如有驢著師子皮以爲師子，有人
遠見者，亦謂師子驢來鳴時，無能區别，即出驢聲，已遠近者，皆知非實，師子諸人見已皆悉□之云，此弊惡驢非師子也。此曰抄主席極劣人
恐口無知，初舉爲彼塵，蒙故曲因張，猶恐同染悲夫。
隨戒釋相篇第十四，分四一來，意釋名二，總序隨戒，三
通顯四法，别釋四相，今初前已辨其篇聚名嚮違犯果
報，上士隨依曉鏡，心目欲使全持無犯雜行猶多，若
不隨事曲陳細相難識，故前篇復有此篇，來順本
受體曰：隨對境防，非日戒，若就境説，則無量無邊，且
約制論，有二百五十隨一一戒具釋成持成戒犯之
相，相謂相狀及行相也。總序隨戒比丘二百五
十戒依之修行善識，其種相者使發生定慧克剪
煩惱，種謂淫盗殺等相，謂犯等因，不至果，即是輕相，慣因成果，即是重相，議而順修，以戒净，故發生定慧，克剪諸煩惱。若闇於所
緣，隨染惑，豈能反流生死方便沉淪苦趣，心爲能以戒相不燒即是
所依差不議知名之爲閑，致使順貪嗔痴破諸戒品多墮流於惑，出聚本等邁流生死斷惑，出纏高陞采境，今乃遣犯大聖所制，一則不能反生四流，二乃方便
沉淪苦趣所以依教出相，具顯持犯必準此行之庶無禍
害焉，庶者望也，意令後進，議相准行望無惡趣之禍害焉。然戒是生死舟航出家宗要。
受者法界爲量持者，麟角猶多，屍波羅蜜能到彼岸，故喻舟航麟角猶多者，麟瑞
獸也，鳥形一角，綿内有肉，毛則五色，腹下黄，身長一丈二尺，壽一千二百歲，君王有德，則現，昔堯舜發之於耶，今顯持戒者，小如麟一角，猶爲多也。良田未
饒，本詮故得隨塵生染，本詮者，原佛制持戒爲調三毒，今其永修道，獲益，故戒經云戒净有智惠，便得第
一道良田，未曉佛今制意，故隨六塵生樂著也。若達持犯，依修證果也，三通顯四法，一
者戒法，此即體通出離之道，戒者警禁爲義，員警身口，禁防七支法則也，以此警禁與行人心而
爲執則依因，此法近免三塗，受人天樂遠，超生死證大涅槃，故云體通出離之道二者戒體即謂畜生樂
行之本，納法在心，名爲戒體，即作無，作體，一切善法之所聚處，即衆行本三者戒行，謂方便修
成順本受體，隨戒奉行，知名爲戒行，如七毒起對治，令息三依，一鉢加法，受持如是，方便修習。戒就即順本
來清净之體。四者戒相，即此篇所名亘通篇聚，此爲所明隨緣具闕，戒就犯不
犯横亘遍通五篇七聚，并爲戒相。問前標宗中已明四法，今此文中何故
更明？答前標宗中略標四種集律之網要顯此，并

爲出道之本，依成果之宗極，故標於抄表，今此叙者，
顯屬別人，若無戒法可憑，自行無由，成立又前即辨
能領之心，此論所發業體，彼略此廣，故更明也。四別
釋，四相分，四初明戒法，二出戒體，三彰戒行，四顯戒
今，初此戒法者是聖道之本，基作出離之元因，
故遺教經云，依因此戒故得生諸禪定及滅苦智
慧，又成實論云：戒四捉賊，定如縛賊，慧如殺賊，賢
聖行智，若會證之極，勿過於慧，若標亂從真，勿
過於定，主持建立，勿過於戒，所以三寶隆安，六道
歸憑，能生衆行，聖賢依止者，必宗於戒，故律云
如是諸佛子，修行禁戒，本終不回邪流，没溺生死
海，故結集三藏。此教最先毗尼，是佛法壽命毗尼
藏住佛法住，故先結之，所以爾者餘經但泛明化
迹通顯果因。餘經但泛明，如來出世化衆生，迹通顯善惡二因，招其苦樂兩報事隨理通言，無
所寄，凡明一事説理，通釋言無所寄者，寄相也，事相質礙有所依附，理乃虚無，依附也，凡諸事相，即就理明，故顯事言無所寄也。意實
深遠，昏情未達，雖欲進修，勘得其要，多滯筌相，由迷
教旨，滯久也，淹也，筌者，取魯竹器置，筌本望得魚由迷筌，旨不得，其魚尋教，本望達理，迷教相不得其理。今戒律大藏，主
持功强，凡所施造并皆粗現，粗現者，爲對定慧理教爲言，今律約事諸離過，行儀相，外彰名爲粗現。
此人則形服异世法則，執用有儀，形除鬢發，服同□潔，名爲异世，實秉之法，但心念等終至曰四執度
隨事用，各有儀。住既與俗不同，僧則四念處住俗則住六塵，又約僧房不同俗舍，僧隨至處須衣，自然及以作法，標僧房界法也。雜行
條然自別，衆自共行，智能過非俗，無以行，故條然別也。若能依法弘修是入道之根
本，今此戒法，依彼梵本，具立三名，一名毗尼，此翻爲
律，律者，法也，謂犯不犯輕重等法，并律所明，即教
詮也，二屍羅，此翻爲戒，戒者，制也，制不善法。三名波
羅提木義，此云處處解脱，近則身口七支非犯緣非
一，各各防護，隨相解脱。遠則因戒克聖絶彼塵累，故
律云除戒無星礙縛著，由此解。此三名次第者，律則
據教，不孤起，必詮行相，戒則因之而立，戒不虚因，必
有果克，故解脱絶縛，最在其後，若疑先受，若中
若下，更求增勝，故須重受，依本臁臁次，二出戒體，
分四戒，一體相狀，二受隨同异，三緣經寬狹，四發戒校
量，今初戒體相狀者，謂出彼作無作，體做戒以方便色，心爲體無作以非色非心爲體。依止戒法
誠心領納，方發戒體，此別解脱戒，人并受之，及論明
識，止可三五，皆由先無通敏，不廣慾問，致令正受昏
於體相，同難之體，發戒之相。盲夢心中緣成而起，盲人都不見其色，曉識何相狀，夢中環境皆無的□
今不了體相，如盲夢人心，但見十僧衣鉢具足，法界秉法而得成就及論得不眇同河漢，眇者大遠邈也，在地曰河，在天曰漢，
取相隔越遥遠之義，今但識增上緣，成不知音，依發得戒否，如其河漢相去眇邈，不知分舉。故於隨相之首諸門示
現唯知己身得成戒否，然後持犯方可修離。法體行相四種爲諸

門也，欲令新舉見此諸門，知自身心得戒已否，若得戒者，於其戒相一門，具明持相，犯相方可修持得離於犯，若自了知不得戒者，無持可修，無犯可離，應須重受。

問解脱戒可有幾種，答戒本防非非，通萬境戒，隨境標則，無量無邊也。今以義推要，唯二種作戒及無作戒二戒，通收無境不盡。作義者，謂初受持於諸惡境，作斷惡境，作斷噁心於諸善境，作修舉意名爲作戒，前境雖多，以義取之，無非作戒，又同色心爲體，無作義者，於羯磨役人運防，非義同前境，遍同法界，無作俱能防諸境，非又同非色非心爲體，前境雖多，二戒通收，無不盡也。若單立做休詸時，不能防非，又不可常作，故須無作長時防非，若單立無作，則起無所從，不可孤發要賴作生生法相藉故立此二，若淳厚至重，心發作無作，若輕浮心但有其作，不發無作，所言作者身口方便，造趣營爲名，即報色身，善思所動，起方便色，即檀場禮請蹦跪合掌，此方便色名作戒也，故舉喻云如陶家輪動轉之時名之爲作言，無作者一發續現，謂第二刹那發生第二刹後相續不斷。始末恒有，初獲爲始，臨四舍前爲末，中間縱入無記性中，無作不捨，故云恒有。四心三性，識受想行爲心四也，善惡無記是三性也。不藉緣辦，其緣戒者要藉因緣之所成，辦無作戒者，一法已後，不假緣辦，任運常轉，身動滅已作戒，落□唯有無作而恒不失。出作體者，二論不同，若依薩婆多論二戒，俱以色法爲體，由善思力鼓動報色，成方便色身，作是可見有對色口作是不可見有對色爲作戒體，不取報色也，法處中可見無對色爲無作戒體，若依實論由善惡思引無記色聲成善，惡色聲即取此無記，色聲及善惡思爲戒體作無作戒，非色非心爲體，今依本宗約成論，以釋成論所辨正通四分，曇無德宗。故成論運作戒用身口，業思爲體，動身後語二思爲其體也。論其身口乃其造善惡之具。猶如了刀，但是殺具要，假人力則能發業身口，亦爾但是造善惡之具，不能自稱要由，心使方成業體。所以者何如人無心殺生，不得殺罪，故以心爲體。論自徵起云論其身口，乃是造善惡，具所以者，何如人發心殺此衆生，要以身作，能成其事，非但意業得殺生罪，云何而言是造業，具非言體也，釋所以云，如人行殺要，須有心無心行殺，不得殺罪，又云汝言身口業，非意者，是事不殺，何以故，佛説心爲法，本意差別，離惡業，故無身口業，若無心者，雖殺父母亦無遍罪，故知身口是造業，具也之所成，皆由心也。故遍言心非不用與身口，具也。文云是三種業，皆但是心離心無思無身口業。是成論第九三業輕重品，文是身口意成其業，體皆但是心由心起，思成善惡業，謂心心所起時雖异離心，王外無别心所，故云離心無思等，證前作戒心爲體。若指色爲業，體是義，不然十四種色悉是無記非罪福性，席彼單以資色爲體，汝執是色聲，爲作戒，體者是義，不然十四種色悉是無記非罪福性。作戒既是善性所標，云何得以無記性色而爲善性作成體也。無作戒者，以非色非心爲體，謂善作成成初立標口心於一切境，斷惡修善，盡其一身，羯磨竟後，發生死無作之業，能感人天三乘聖果，羯磨疏云謂白四所發，形其業體一發續現經，四心三性更不藉緣，辨住運常起，故名無作以非色非心爲體者，既非色心，即種子，以成論宗許有種，故助此種子非青黄等，故云緋色又無緣，思故曰非心，此雖彼論，分同大乘，然非正義，若依大乘正義，釋者唯法範云其别解脱律儀及法處中，一分無表以善思種子，上有防身語惡戒功能，及發身語善戒功德，多體，即此種子，亦非色心能清色心革兵成聖。非色者，非塵，大所成。塵則五塵，謂色生舌味觸，大謂心大地水火風色，無記性，隨能發心，假名善惡，今無作戒，其性是善，故知非色。以五義來證一色有形段方所。色有大小質礙形段及有隨方所屬處所。二色有十四，二種别。十四種者，爲五根五塵及四大也，二十種者，顯色十二形，色有八顯，色者青黄赤白光影明暗烟云塵霧，唯記性形色有八者，高下長短方圓邪正，通三□。三色可惱礭衆生身色可惱壞也，婆娑論云請欲不隨心惱諸成如箭中，謂能全根娑怖也，非情色所掘焚燒即變壞也。四色是質礙。山河名壁隔絶往來即是

賈礙，所色是五識所得，色境眼識所得，觸境，身識所得。力至無作俱無，此義故知非色
無作俱無上乘五義，意所緣，故知非也。唯言非心者，體非緣思，故名非心。緣謂攀緣覺，思慮分別，觀義慮爲義其無作
戒體非緣思，故名非心。亦有五義證一心是慮知。□心常思慮，爲性，故日慮知。分別二心有
明暗。意識若隨五識取境，等六識，獨取境，則如是晝日緣境分明，此則如夜，分緣境情體。若三性通三性。謂善惡無記。
四心有廣略。意識緣三世，識，緣現在境爲略。境爲廣五五心是報法，無作亦不具
此，心有頑鈍，及以總利如上根，人心有九孔，或七孔者，狀若蓮花，在其鈍根，人或一或二，或全無孔，故俗諺云：心孔不同，則報法也。隨其利鈍，明前因，令無作體，從現作成之
所生，五種義，故由因亦具次故知非心。故以第三聚非色非心爲體。即結無作體歸法聚收也，此無作不具功，謂前二種五
義即知第三非色非心，聚爲體也。故涅盤經云戒者雖無形色，而可護持，非觸
對善修方便，可得具足。雖無長等形色而有受，雖非觸對者，所引色可以護持，身根能對礙顯此受所引
色雖非可觸可對道善修習，三毒，可令二時俱無，對治觀性調伏鈍犯故云具足。二受隨同异。受中有作無作隨中有作無作，此作與無作各有同有异。
二種無作五義同之一者，名同受隨，俱名無作。受謂檀場戒體，謂受後對境隨隨
如法境作諸事方便成善，受體常令清淨，是隨中作戒，是隨中無作受隨二種，作業，既成根本，無作名同。二者義同，同防七
非，三者體同同以非色非心爲體，四敵對防非同受
中無作體，在對争防與隨中無作一等。謂受是影，防雖懸，心防隨是對境，對别至方非，此
還約對境，境無别，即與隨中對故云一等。五多品同如成實論，戒得重發，非羸不定
以許受可重發，混沌，故無作有强羸上中下多品隨心，從心業結鏡淳，亦有多品也。故云多品同。中有此二無作，有四種异，一受
中總發一願心，情非情境，一切總得隨中，無作别發，性不頓
修，次第漸成，二長短不同，受中無作，懸疑盡壽，一形隨
隨中無作，從方便色心，俱事止即無，故名短也。三寬狹
不同，受中任運，三性恒有，隨肩善性，二無名狹，四根條
两别受爲根本，隨依受起，故云枝條受隨二作，有其五同一
名同。俱名作戒二義同。同防七非三體同。同以色心而爲其體四短同。作事了已同持而謝五狹同
唯俱善性二作有四種，异一受中總斷隨中别斷。受中斷行於一切思善，遮不作隨中，斷行約
境而生境，及處，通情與非情，方有行生，不可頓能悉盡心所即目此行所以爲隨作也。二受本隨條，三受是懸防隨中
對治四受，作一品，終至無舉，隨一品定。受中作戒，本下品，下品常定，心終至無舉，中上之心，例之亦分。
隨中作戒，多品由境，有優劣，心有濃淡，故心分三品
不防本受是下品，心三緣境，寬狹謂緣，三世發得
戒者，其戒則寬，若但緣現在之所法者，其戒則狹，
四發戒數量，然所發戒隨境無量要而言之，過情與非情有
無二諦，標相皆盡，既境無邊，隨境發戒，亦復無邊戒德高廣
理通法界，約如是義，出家之衆，應須頂戴尊仰於戒也。三障
戒行，既受戒已發於戒體，隨受而行，對境起治令不違犯，由此
方便，善能成就，故云戒行受是要期思，願隨是稱願修行
謂聖場初受，先起動身法語二思，立要期，願誓盡身命，普於一切，情非情境，空有二體，斯惡修善，發得受體，故云受是要期思，願也，隨是稱願修行者，一受色已後，至命
盡前順，持行，彼要期期二故云稱願修行隨行依受，起受體藉，隨防如城池等，擊賊之
譬城，謂城廓敵寇所以，池謂濠塹牢成，助伴弓則是，
禦敵器具，本爲防於外寇侵代，故建城池，寇賊至時，須人
於上懸挂敵器械等禦悍，方能免難，城池二種怨喻受

體弓刀禦敵喻於隨形起，對治門，秉持投受體，本擬防
未起非惡，境起時要，須行者隨中方便，對境具治，起不
犯心，方免二犯，又如築營宮宅，先立院墻，周迎即謂檀
場，受體也，後便隨處營構，盡於一生，謂受後隨形，若但
有受無隨直是空願之院，不免寒露之弊。弊因也喻有受無礙，不能免，非三塗苦也。
若但有隨無受此行或隨生死由是局狹不周，譬同
無院屋宇，不免怨賊所穿。喻有隨形而無受體，不免顯惱，及六塵，賊之所穿過，切大乘聖財全空竭也。必須受
隨相資，方有所至也。四顯戒相，文中分二初立釋相，意後隨
戒釋相，今初語相而有境，斯是緣，則綿亘標心，通漫
綿徽也，至遍也，凡法界境均理而言，俱是成相，發心緣慮，則徽細難測，周遍無量，普於其上標心，成持則通漫無□准。今約戒本人，并誦持文
相易明持犯非濫。以其戒本常誦持，故易明也，待犯非濫者，准律文中，對所犯緣精細檅别，故持犯非叨濫也。自余萬
境，豈得漏言。謂戒本，但别二百五十，自餘戒境量等虛空，豈得漏於分别之言而不明也。准例相成，薄知綱領。
謂上古人於節本止作皆精識，持犯我今唯彼古人之例，相承於彼，自余萬境，亦復薄知，持犯相欽也。後隨戒釋相分十一四波羅夷
分四一淫戒。淫是所防之過，戒是能防之行，能所通舉，故云淫戒，淫者遠也，耽著也，謂以色境情懷蕩逸著，不已也。諸戒之中，此戒在初，故名爲一。此中制意
者，可畏之甚，無過女人劫，初之時，人有光明，由女人生身光
消滅衆，共號爲惡，物敗正毁德。敗其正念，毁衆自共三行之德。皆由女色淫欲
雖不惱人，令心系縛耽著難舍，爲罪大，故聞聲見色，但有
染，心皆詰吉羅，若有犯者，生死苦惱熾然不絶，過患之極
障道之源，不得涅槃。故制緣中，佛在毗捨離國須提羅子
持信出家，往故村乞食，與故舊妻行不净，行舉過，白佛
因斯故制佛總呵云：痴人，汝非威儀，乘法或也非沙門，非勝士也非净
行，成穢業也非隨順，違三世諸佛教也如來呵已爲十種利，故制此戒，一標取
於僧由依廣教七支離過，能標衆生，取其執執。二令僧歡喜，半月一説行净無違不憂惡趣受語極苦，故歡喜。三令僧安
樂，依教奉行，必獲大果，受用無窮，安而嘗樂。四未信者令者信，由依此成威儀動人，諸未信者，令生正信。五已信者，令
增長，先見舉戒後生大信，云何是人盡去可奉戒，一食修道等由具戒，故信信倍增。六難調伏，破戒作惡，心性剛强，名曰難調，佛爲制戒，呵責治罰。
不得動轉改過順伏，故曰調伏。七慚愧者安樂，行清净者，制諸惡人，不入衆數，布薩自恣清白具足，離惡人惱，故約安樂。八斷現
在有漏，由成處防，恒生正念，不令隨塵，起於雜染，迷離摇打，乃至死苦，故曰斷現，在有漏。九斷未來有漏。由依光教悔過
進舉調伏三毒障，未來煩惱之，皆令除滅，故名斷未來有漏。十令證法久住。准善見論有三種正法，久住云何爲一教正法，久住由人舉修正法具顯，故
曰久住而傳信正法謂三藏中十二顯陀禪定，三體等由信力，故具行入住者廣盛，故曰信正法，久住三得道正法，以住謂得四沙門涅槃道果等由，無漏道，力正法久住，故不下諸戒條列此
意知犯有三趣一人二非人。標於四趣，天子修羅神鬼地獄，以此四趣，具神用皆備，故合爲一非人相也。三畜生三
趣正境，各有五種，具人趣五等者一，人婦二，人童女三，人二，形四
人黄門，五人，男子淫處，女人三道，謂大小便道，及口男子二
道，臨境有四，一覺，二睡眠，三死屍木壞，四少分壞。如上多類，但
自有心，不問他有心無心，本是正道，設作非道，想及疑。此律淫戒
不聞疑想，但是正道，疑作非道，想疑皆重。或有五囊隔。一有囊五隔，二有隔無囊，三囊隔俱有，此句無犯，斯無囊無隔，皆重也。并死人
顯中，但使入淫處。如頭許皆重，律云牛馬猪豖鵝鷄之
屬，莫問心懷疑想，但是正道皆重，又摩得伽論第三
優波離問淫分舉，答曰大便道過皮波羅夷，小便到過

節波羅夷，口過齒波羅夷，此爲分齋也。此論與四分毛頭
不同也，染淫國粗，現人并知，非及論文，犯皆結正約相示
過耳，不欲聞獲致輕笑生疑生怪。生疑者謂佛説爲受染心説爲□悌，心説生怪者，佛是世間法王
得説此惡言。故善見云此不净法，語諸聞説者，慎勿警怪，生慚
愧心，志心於佛，何以故如來慈滑我等，佛是世間法王，離
於受染，得清净處爲滑，我等説此惡言，爲結戒，故
又觀如來功德，便爲慊心，若佛不説，以事我等，云何知
波羅夷羅罪，有笑者，驅出結或大重具四緣，成一是正
境，男則二道，女則三道，二興染心，謂非餘順眠等三起方便四與境合，使犯若他强
來造自於出入住三時之中，全無樂心，如□内於毒蛇口
中，及自睡眠無所覺知，開不犯也，脱奉此難内，指口中
劫齒指唯舉指痛，則免罪律云蓮花色尼爲人所逼，佛問
受樂否，答言如熱鐵，入身佛言，不犯若是非道劫作
道想。律中有女犯罪與王王，剩根弃之，此丘於骨間行淫，佛言偷欄遮骨間非是道相，心故得方便偷欄遮也。及死屍多分
壞此上行淫，皆蘭若僧尼玄相教作者能教犯偷蘭不
作犯吉羅。若所教入隨教而做能教者，得偷蘭遮，謂非也，受衆故，但得偷蘭遮，若不作者，能教恐犯突吉羅。若下三衆相
教作與不作，俱犯吉羅二盗戒，非理損他財名之爲盗，若强取者，名爲劫盗，私竊取者，名爲偷盗，亦名不與取他元不與
自便取故立盗名也。分二初通諭此中制意者，世間資財形命之本，人情由
此保重極深，出家之士，理須舌已所珍，以濟舍識，今反侵
多他物以順自懷過中之甚，勿過於此，是故，聖制緣中，佛在
羅閾城有檀尼迦比丘在蘭静處草屋坐禪，爲人持去乃
作全成瓦屋佛令打破詐宣往命，取彼要財，王民呵責
使無入村，勿復安止比丘以過，白佛，佛呵制戒盗戒微細最
爲難護，謂六塵爲大，色聲香味觸法污□根識，故云粗也，地水大風空識，此六廣大名，六大也。有主之物，他所
吝護非理致損，斯成犯法，俗令山澤林藪不令占護其中任
取是無主物若山澤先施功者，不惜盗損盗損成犯此
中犯相，總具六緣，一有主想三有盗心，心重物五興方便
六舉離本處，必具成犯，後别釋分四，一三寶物分二，初通論
知事，若不精識律藏，情能詮舉處善達用與者，體所詮成相并師心
處，分多成盗損，互用三寶物皆成盗罪，故寶梁大集等
經云僧物難掌佛法，無主我聽二種人三寶物，一阿羅漢
二須恒陀，以爾者，諸餘比丘戒不具足心不平等，不令
是人爲知事也，復有二種，一能净持戒懺知業報，二畏异後
世罪有諸慚愧，及以悔心如是二人自無瘡疣，護他人
意。其心平等無發嗔痴，若無瘡疣，僧則清净，及將俗人能齋與食者，爾悟因果，令懷歡而退，名護他人意，若不爾者，令他得罪長淪苦海。如此之人，方
可爲之，後别明盗，物分五，一佛物者，正望佛邊，無期盗罪，由佛
於物，無我所心，無惱害，故望守護神，同非人物結蘭，故十誦
律云盗天神像衣結蘭，若有主望主蘭五結重下，掃得塔

上土亦净處弃之。塔上土者，是施主物機，地弃之，損施主福也。若盗像及舍利并净心供養自作念言，彼亦是師我，亦是師如是意者，無犯，若爲轉易計，真結罪，若施主專爲已造設盗供養亦結其罪，若護主幀被盗不償，慢墮即償二法物法是無情無我所心，亦望護主，計直結罪，律中有比丘盗他經卷，佛言計紙墨結重佛語，無價故不口吹結上塵及佛穢氣損色，損施主福也，若燒故鈍得重罪，入燒父母不知有罪犯，輕若借會結，拒而不還，令主生疑蘭主絶望重。主生疑者，爲復還我爲竟不還，由彼主心，未斷絶，故蘭若主心絶，定知不還結波羅夷。盗寫秘方重。秘方特昔無舉須價今既既寫故陀重也三僧物有四，一常住常住，一謂衆僧房舍衆具由園人畜體通十方，十方衆僧於此住處，常有分，故稱爲常住。二謂但得當界常同受用，假使一切僧集，亦不得分賣復名常住，此一嚮准入重標二十方常住爲供僧常食體通法界僧同受用，故名十方唯有當界不移餘處，故名常住，若分生科結重。謂造食具生科物俱不許分望一切，僧皆得爲生，故結重也。若將僧家長食還房，若去僧物如己物，行用與人，皆蘭三現前爲上現前爲施主，扃施現前僧物，一物現前，謂唯奉施現在僧物二人現前，謂現前僧分奉施物，故重言也。施主未付與盗者，望本主結重，若已付僧盗者，亦望本受施僧結重，若僧未分付一人收掌，亦望此護主結其罪也。四十方現前爲亡五衆輕物，此物施通，有僧結得，故曰十方。若作法時，隨現在前集者，皆有分，故曰現前若未羯磨，從十方僧得罪輕。謂計人不論五但犯偷蘭。若已羯磨望現前僧得重罪。謂人數有限，則可滿五夷。若四方僧物而盗取者，其罪至重，故大集云盗僧物者，罪通五逆，然通三寶僧，物最重隨損一毫，則望十方凡聖，一一結罪，故諸部中，多有人施佛物者，佛并答言可以施僧，我在僧數施僧，得大集報。又方等經云，五逆回重。我亦能救盗僧物，我所不救，若負佛法，物從價還如阿鼻而得早出，何况不償者，永無出期，昔有比丘精進聰明，其貌端正，有一婆羅門女見比丘聰明作尼，舉道比丘愛之，其女先念其行不净，往瞻婆過，用佛法僧物約各一千錢，此比丘聰明說法令，人得道果，自思懺罪愆，便欲還償往瞻婆國，乞大得物還道中爲七步蛇螫，比丘知行豈不必死，於六步内便處分弟子將物還債，我立住待汝，弟子如語，將物還債，訖來便行一步，命終墮地獄，謂是温室便舉聲頌咒，咒願獄卒聞咒音數十人得度，獄卒便舉義打比丘，即命終生三十三天，四三寶互用知事愚痴互用并重，故僧祇律云

寺主摩摩帝，此翻爲經營人，即知事人，互用佛法，僧物謂言不犯佛
言波羅夷，佛法二物不得互用，由無有人爲佛法，物作
主，故復無可諮白處，若佛塔，物諸天，看此應生佛想，
風吹两爛，各從自分不得轉易，祭物供養以如來
塔物，無人作價，故若用僧物修治佛塔，僧和得用不
和合者，勸俗修補法亦應爾，若準此義，佛堂之内而
設僧席，僧房之内安置經像，妨僧受用，并是互用，由
三寶位别各標分齋，故若無妨暫安理得無損，問常
往招提僧發是何物，答常住物者，是大衆物，招提此云
四方僧物，即房舍四事。因諸居士爲阿難，在寺内别起房，四事具足，阿難即施做招提也。僧發此
云現在對面施物也。又佛法二物，若施不扃，得更互用
房中設像，作隔，得其住佛塔，僧房使人牛馬不得
互用，四方僧地内不和僧不得作佛塔，爲佛種花果
結果子，花不得采供養，若塔地内水皆屬佛塔，不得别
用，或雖塔地用，僧切力造得當，計功取此，外則止，若過
真犯重，以人天於此，生佛塔，想故計直外，更不應用
僧園中，花得供佛，取柴應從限，不得過取，若多隨
意取，不聽砍活樹。緣中有客比丘乾生，合砍房前□濕故倒。用僧柴薪樹葉者，
此要具戒清净，應僧法者，同一利養，同一説戒，許若
少行，鈍乘僧用者，得罪無量縛中，齋州聖山品寺
有僧卒亡，見觀音爲舉石函出記衆僧罪藉，并爲
取僧樹葉薪等染作雜用，皆入地獄受苦。此僧再蘇具
説此事，斯由成清净，故不合取也。若得伏藏，初便起心通
施三寶，得隨意用常分中之不得互用，本造釋迦改作
彌陀本造，本品改作涅槃，但違施主，心告佛作菩薩經
作論因果，全乘結重東西二龕佛法財物，有主不得通
用無主及主不扃得通用，不應用盡佛彩色作人畜
鳥獸形，爲佛前供養者，得主欲造房，不得回作食
回者犯偷蘭欲供此像，回供彼像者，告此處僧物，不和僧
不得將與彼寺，與者告以還當僧，故不犯重也。若在近
寺，破無卧具供養，通結一界，彼此互用，五用與借貸，若
白衣投比丘，未度者，白僧與食，若爲僧乞，白僧聽將僧
食在道。若僧不許，或不白行還，須償不者。犯重若不
打鐘一飽犯重，鳴槌長曰十方共食，不犯若作盗心，不鳴鐘食，一旦犯重。不得將僧食出界
而食本無還心者，犯重雖復打鐘，猶不逸盗，以物體
標處即定，若僧差遠，使路耶。乞食之所和，僧將食
在道，若行至寺外斯由人畜用僧物者，犯重擬供常處。
僧却與僧家人畜犯吉。以何屬常住，故不犯重，但非福田，故結小罪。佛物四種，用各有别，

一佛受用物不得互轉，謂堂宇衣服床帳等物，但佛僧曾
經受用天人供養不得輒用，不得互易，設爾佛柱，壞光下
施僧，亦不得用。擬造堂殿材植，便敬如塔人，不得用盜，
戒微密難識，其相受施，要須善治通塞。總施三室爲通，唯施一室爲塞。二施
屬佛物，得出息買供具，若得佛家牛畜，亦不得使，使佛
牛奴，得大罪，三供養佛物供佛，花多得賣贖香燈油幢
多作幢蓋，不轉變本質。謂綾錦等是幢幡，本質施主本意時綾錦等造幡供養，今即幡多，却欲敗作佛前幢蓋，換用薩幡
綾錦本質是不轉變與本質也，違施主本施佛心。四獻佛物，問此獻佛物與供養佛物，有何別
耶？答供養佛物，如幢幡等，永屬於佛，獻佛物，者暫獻還
收，如南山抄主，凡有新衣，皆焚香獻佛，然後乃著表敬
心，故由無心暫獻，不永屬佛，其獻佛飲食及果實湯菜
元作舍心，無還收意，即屬佛。若新獻還作收意，例俗舍
佛盤，即不屬佛也。若佛於佛既已頗費食無再用，故待佛
人得食，若持咒，人食佛前食，解咒無力，亦得施貧
人，及水陸有情若三寶物，更互借貸粉餅，券記其於
貸某時還，僧中讀疏分明唱記付囑，後人違者，結犯十
誦別人得貸三寶物，若死計直輸還塔僧。若供養國王大
臣知事得用十九文，准小錢三百四文，不須白僧，若更要
者，白僧給之，二人能損，得隨索隨與僧俗，見僧過者，
與食極困苦者，聽與食檀越在獄，往問必貧，無食亦
開與食，若病，比丘索僧貴價藥不得，過小錢四十文，净
人下番，不與衣食，與上番亦與。若長使供給衣食，説若
法人凡至所在，皆應迎送，供給飲食等，十誦云此人替
補處，故須供給，二盜人物償。收也護慎物謹慎藏鎖被賊
却不償，若主掌懈慢不勤，償録爲賊，所却者償，若寄
付他物，好心誤破不償，故破即償。，若借他人物，不問故，誤差
損一切，須償，若衆中失物時，便作意舍，不得推繩及投
竄等。緣中六群比丘失衣鉢，欲作投竄比丘，白仙自今已去，不得自他作投竄作者，告投竄者，竄者藏也，若衆失勸，衆主欲取，所失之物，盡所住起，若干人於
一夜闌各至某空房中，而過有墮者，將物放下而去，明白得物不知誰人，將到意在投得其物，藏人之過，故若投竄亦不得，檢校準繩有不許頌咒，而取唯總持
部即得頌咒，取所失物，律不得者，但約諸法皆空失，即舍不亂，净心也。總持部得者，謂者謂全盜者，不成盜罪，遠彼未來墮惡趣故。若主未
舍，賊未作得想還奪不犯，若主已舍，賊做决得，想或
主已舍，賊被巡逼，即却弃之，故物而去，其主與賊於物
俱舍，是無主物，餘人收得，物屬後主，無主若取，亦成賊，
奪賊物，若餘處有物，被賊取自雖未知，彼人已作得
想亦不得奪，宫司捕得，勾比丘與得，受若見賊將物
去，方便逐取，亦得。或善言告乞或惡言，恐隸得者，無犯方便逐取也。雙不得告宫。恐□得賊
賊將人去不得不贖直多自身被賊獲之，得離賊走，又賊
偷物，來好心布施或因他逐恐怖，故施得手，莫從賊

乞恐成教他盗，後主識者，若索還，與，若狂人施知有
父母親屬不得受，無親即得，不應誘他家人叛主去。若比丘見
他奴語云故在爾法此間，辛苦何不叛去，至彼處，可得，逼爾依語離主，比丘犯重。若看守宫私物人自將所
守物施，即是物主得受，不應從乞。若乞若乞而施，即教他盗
盗義極多且約眼耳鼻舌身心於六塵處，起不如法行，或
犯重或犯輕，若食毒藥或爲蛇螫，人有秘方要術，見
者皆愈欲見，須價比丘，偷看不與，價直隨直結，罪此
明盗色，有頌咒治病，此咒是秘法，得直方教比丘
竊聽計直，犯罪有藥□，即得差比丘有病，盗□有藥，
當即得差比丘，有病盗□有藥觸能，差病比丘有
病盗觸，皆計直犯罪，有方心緣，得差比丘受法心，緣
得差不與價直，犯罪又於地水火風，空識皆有犯盗
地水易知，盗大者，去僧廚下火，令釜冷或他房中炭
或伺彼不在，而取，計直犯也。有咒扇藥塗比丘偷摇，
即是盗風不與價值，犯重若起閣險他空界，妨他起造
即名盗空，智慧屬識人有伎倆不空度，他須與價
真比丘方便就彼舉得不與價直，即是盗識，自外諸
緣，不可録盡，但知非理損財解盗，無義不取也，三耶
人畜生物盗鬼神物蘭。此物在廟當堂冢内望非人遺給，偷蘭遮者，物不在廟堂冢間，内如令俗法所遏，送寒
衣，不焚燒者，或屬下祭祀鬼神所有繒綿衣等，系樹而去，鬼神於此無守護心，故取無罪。盗畜物告。一切念獸殘取告虎亦告由不斷，望故舉盗
胡桃成，獲取者，望人爲主邊結重，師子殘無犯，以斷望故。若有護主結重四科，撿雜想，若
有主物，始終作無主想，即不結犯，先作有主想，後作無主
想，犯前方便蘭，先作無主想，後作有主想，犯主若見無
主物，作有主想，蘭十誦中有六盗心，一盗心，一苦切取謂言
詞苦，切非理罵辱，意存送物以相謝也。二輕慢想，取
謂居尊位時，已陵他望，彼恐懼所要不惜也。三以他名
字取，謂假説託他有感德，人稱彼名字，其人令我來
取某物。四拄突取，謂賣不還價，借不還物，言辭拄觸
言已還也。五受寄取因，先寄物，或全拄寵，不肯供還，或
言往時，領得一物，以少還他。六出息取除，出息一種，餘
并結重，依鄉俗收利而非是盗，若增時減俗，即成
盗也。摩得伽中三種盗心，一强奪取，二軟語取，謂詐相
親附不親，雇正理隨，言順意望他物也。施已還取，謂得將
物施他，後悔還奪，又心舍與他，他雖未得，後悔不與，亦成
犯限。本一切巧悻倚託威勢詞辯華説，但主不自與，
而取之者，過五錢，皆犯重，言五錢者是古大銅錢，一
文准今小錢十六文，盗小錢八十文或重也，問盗五錢
成重，是何等錢。答有三解，一依彼王舍國法用何

等錢，准彼錢爲限。佛因在王舍城文頻婆娑王羅云：大王國内何罪合死？王言盗五錢死，佛依此法制重戒也。二隨佛法處用何等錢即以爲限。是古人錢，准今小錢八十文以具爲正也。三佛依王舍國盗五錢得死罪依而結戒，今隨有佛法處依國盗幾物，斷死即以爲限。依此難，唯如此國法，强盗滿尺則是極刑。竊盗五十定罪，至從流離多盗者不加至死，論今惟死，此則無死比丘，多竊少有强者，以此推窮難可依事。若貴處盗物，賤處賣，計貴處價結，貴時盗物賤是賣，計貴時價結。若教人盗及燒埋壞色一切，但損主者，自雖無物入已，皆計所損之直結。若知事人處分將常住僧物，媒嫁净人，媒具供給網維同到云竟結重，若共諍園地建埋，判得偷夏喝大得物，皆重，若移標相而盗地者，舉一顯標，蘭舉二頭標夷地，深無價，下至金剛際，十六萬八千逾繕那乃至移從一繩墨，盗一發許皆重。借他一鉢非理用損減，他五錢亦結重罪，盗離本處成犯者，若有人處，雖離未作得想未成，究竟若空静處，未離已作得想動，即成重，若盗犯地中伏藏，望地主結作盗心，告掘地得，提捉物告動物蘭離處，奂一切賭博告盗他，他水令注以己地，由苗未死蘭苗死，隨其直結罪。染盗戒相隱極難分了，略列犯緣令知網領，若多衆務而欲高陞者，必羅盗網，終無有出期。不犯者，四分云與想，已有想糞掃，想暫取，想見親厚意者，皆無犯三殺人戒。偷傷命名殺人趣，超餘欲使命根，故名殺人戒，義如前。制意者，人趣報勝善隱所招形心俱足，受盗之器，又以我執心同受壽命，於遐齡，怨結情强，遞相酬於累劫。既身披忍服，誠合懷悲，今起嗔忿，斷彼命根，違慈惱他損害道器，過中之甚，是以聖制緣中，佛在捨離城爲諸比丘説不净觀，彼觀成已，厭患身命，更相贊死勸死，難提比丘受雇殺人，佛在衆少阿觀難實答因請改觀爲説數息佛自呵之，故制斯戒犯，具五緣，一是人，二人想，三起殺心，四興方便，五斷命。具此五緣而成殺罪下至胎中初識，最後臨終一念，後識而行於殺殺，有二種，一者自殺有八，一自殺。謂不遣人，親自殺也。二現身相。謂若以手著瓦石刀杖等，而自殺也。三口説。謂口贊免使何用，此活不如早死，彼聞受語而自殺也。四身口俱現相。如今世中有厭身者，或投淵赴火，或自墜高出寡，聞比丘合掌唱善或扶登山，或辯火具，火與墜石系腰沉水，收緣過命也。五坑陷。如人游行，必從此過，故設坑窖，令墜死也。六倚撥。謂先施極聞全。七與藥，八安殺具。或繩或刀或後與藥，并是殺具，見彼殺具，用而四者，并得殺罪。二具教他有十一種，一遣使。謂亦彼人所在方處，令往殺也。二往來使。受語彼往來，遂患來復使往殺。三重使。謂令一人往彼行殺，恐殺不了，隨更使人相續往殺，彼人若死，本末得重，本爲能教，末爲所教。四輾轉使。初遣張人往行，彼行殺人後張人即遣王人，王人尋又遣彼李人，如是輾轉，乃至百千，皆得重罪，初一唯能教，後一所教，中間輾轉，互爲能所。五求男子。謂於人中求有膽勇無畏男子。六教人求男子，七求持刀人。前求男子，但求膽永，今但求其持刀而往。八叫人求持刀人，就遣書。謂自作書，遣使殺也。十教遣書。謂令作他書，遣彼殺也。十一遣使歎謂

上所列諸相，若未命斷，并住方便蘭，但令命斷，稱本期
者，夷若自毁傷。准律不得自傷。護形乃至斷指，應知不得自殺己身，殺者，蘭身續命，别解脱戒，謝罪無科處，但結前方便蘭。
刃强與病人藥食或不欲起，不欲舒。舒者展脚與接磨致死。癰未熟
而强破，應與藥食治療而不與如上致死皆蘭。不作殺彼，意即不犯。
重罪，由强與食藥治方便偷蘭。此中不犯者，耳目所不及思慮，所不倒若擲
刀杖瓦石林，設著彼身而死，及扶抱病人如而死，
或共舉重物，力所不制，若乘高屐，危石落殺人，及系
禽獸以致殺傷者，由無殺心，無罪也。四大妄語戒。體示衆録
名處過重，欺深爲大，成業在口，各語戒是能，治之行，故曰大妄語也。制意者，無畏聖道，非凡所證，
由未得，故冒假虚談，自言已證，惑亂群心，欺誑於他，
希招名利，假法訙時，過中之甚，故顯制也。緣中佛在
毗捨離國時，世穀貴，乞食難得。婆求河邊有安居
者，便共稱贊得上人法，信心居士減食分施，後往佛所，
因問可云實得道，尚不應嚮人説，豈説於虚。但爲飲
食，是口腹制賊，妄伪誑他説，已得過人法，制犯有九
緣，一對境是人，二人想，三境虚，四自知境虚，五有誑他心，
六説過法，七自言已證，八言章了了，九前人解具緣成，
犯從不净觀已上至四果已來。謂貪欲多者，作不净觀，嗔恚多者，作慈悲觀，愚痴多者，作十二因緣觀者。
我多者，作十八界觀思，各九，多者數息觀，乃至須陀羅果斯陀舍果，阿那舍果，阿羅漢果。若云我證得皆犯重，若
現身相，前人不疑重，疑則蘭。謂僧盡坐，有人唱言得羅漢者，起有凡夫，此近起前人信者，夷生疑者蘭。
問此不净等是淺近小法，何以犯重，答是甘露之初門
一切聖人由之而入，又四分云天龍視鬼神來供養我等
亦同犯重，若嚮此説，乃嚮彼説一切皆重。自稱是佛
天人師等蘭。人多大信有故。若言某處皆非凡夫者，越毗尼
我亦在衆中蘭以那是指，故此中不犯者自知得有不
净觀，若嚮同意大比丘説無犯若戲笑，若瘨疾説
屏處獨説，欲説此錯説彼，皆不犯重，而犯吉羅以那，
言説執儀故也。第二十三僧殘文，分十三，故失精
戒。方便動轉標心究竟名之，爲故體分盈流，稱之爲失。制意者，淫欲惡作，法正是生死之源
障道之本，理宜制斷，令梵行清净故也。緣中佛在舍
衛國，迦陀夷欲意熾盛獨處一房，飲食豐足，隨意弄
失諸根，悦預比丘白佛，可責。言云何此不净手，受
人信施。由此故，制若故弄陰而出精者，事雖私房，龍
天善神一切知見，不生信敬，更不衛護犯具三緣。一標
心作究竟，意二方，便動轉三體，分盈流便，犯睡時不净，
出若覺發心動身，蘭身不動而心動，告若手捉根而眠，
擬出精者，眠中若出殘亂，意睡眠有五過失，一者惡夢，二
諸天不護，三心不入法，四不思明相，五意云出精。喜好也，田亂意，故好出精也。

得五吉羅，以愛故不犯殘也，教他出蘭若睡時，不覺時
不得生樂心，染開睡眠無犯要，無前方便也。若行時自
觸两輕而失若觸衣而失一切不作出精意，而自出者，無
犯二摩觸女人。自相捫摸爲摩，二境交對白觸。制意比丘出家理應超絶塵
染，栖心累外，爲世執，則若觸女人，則喪世人宗敬之心
故制緣中，佛在舍衛國，迦留夷比丘知佛已制前，便往
在門外，伺諸夫人，將至房中，提手捫摸，采者便笑
不樂者，便嗔恚駡詈，出房語諸比丘，言大德我常謂是。
安隱無患出，無哭變，無怖懼處，今更於中遭遇笑變，恐懼
本謂水能滅火，今更水中生火，少欲比丘察至來，白於佛，
因而呵之，具五緣成犯，一女人，二女人想，三有染心，四身相
觸，五著便結，犯此戒禁，微防著斷大源，但自有染心，觸
彼無衣婦女，從發至足，一一身分不問，受了不受樂，皆殘。此破古義
古人觸麼受樂，即犯僧殘不受樂，即犯偷蘭，今抄解者，但有染心，往觸彼女，著使僧殘何得更論受了，不受染也。若人女彼來觸
自比丘動身受樂，亦殘不動身而受樂蘭，若無染心，但
犯吉羅，以上俱約，二俱無衣，若一有衣，一無衣蘭。動身重蘭不動，輕蘭受樂，重蘭
不變樂輕蘭。二俱有衣吉。動重吉不動輕吉受樂，重吉不樂輕吉。若觸二形，意在女人，殘在
男子及自觸身并畜生女，并吉若發發相出爪爪相觸
悉蘭以無覺，能觸無故覺。問提受手是身分内，有適乘，可容結罪發爪，是身外分，無起適乘，何結罪耶。答雖發爪。
無覺由起内有染污，心相觸，故蘭。手指相觸，或指控他背提共婦女，提器异
物持繩戒告欲心動，物潜水著女身，蘭母及近親久别
相見抱捉，比丘當正念，住不犯，若母女好媒病患及水
火刀兵深坑惡獸，難物染心，延救者無犯，若女人爲水標
漂没，開比丘手，難起淫心。但捉一處，莫救到岸，不應
故觸得殘女人，瀉水注比丘手生欲心，蘭若城門道窄及
鬧處逢婦女。俟人少時過，若女人有所須令净人
與無者，持著著床幾上，語言取之，若婦女擔重債，舉傍
無净人，比丘爲舉著，高處令自擔之，若就女人取計，
針綿等當語置地，然後比丘自取與相觸，或相打解救，
但無染心，不犯，三與女人粗語戒。淫欲鄙惡緣是不善名，應今説相狀，表彰與口白語。制。
意者沙門之法教導導爲先，粗語如前，何异穢俗，損
道不輕，是故聖制緣中佛在舍衛國迦留陀夷比丘聞
佛制前二戒已使於女人前，欲心嚮彼，説粗惡語因佛
呵制七緣成犯，一謂人女，二女想，三有染心，四粗語，五
粗語想，六言章了了，七前人知解粗惡語者，非梵行
也，未必須至醜惡，不妨言涉善事，而意表於淫欲，知
僧祇云此比丘見婦女著赤衣，形露便云大赤好否，比丘意以女根爲赤色
婦女，但解其語，不解其意，答云新染衣來但結蘭

若相領其意殘，若爲女人就法引不净，觀九瘡九孔
惡露不净，應令弃舍或説毗尼，言次相及但無欲心，一切
不犯四嚮女人，難叹身索供養戒。自舉已德，名爲勤身，持欲□我各索供養。制意者，
毒中罪極無過女人叹索供養，貪中大惡，又損法身，故須
持制緣中佛在舍衛國時迦留陀夷聞佛已制三戒，引
制戒犯具七緣，一女人，二人女想，三内有染心，四叹身説粗
語想，六言章了了，七前人知解爲叹自身端正，顔色大
性多聞，有行業索淫欲，以充供養者，殘叹身不索淫
欲，必實行索欲俱蘭若爲女人説法，及説毗尼言次
相及而女謂叹自身，并無犯五媒嫁戒。往來彼此如合婚姻，故名媒嫁。制
意者和合婚姻招生死之本結枸分穢爲障道之源出
家離著，彌須遠彼事俍濫妨修道業涉於譏醜不
免世呵具斯請過，所以制之緣中，佛在羅閲城伽羅與
丘本是大臣，善知俗法，城中嫁娶盡往諮問伽羅與
彼和合時婚對者，若逢好處，便生歡喜，不好便生嗔
恨，居士呵比丘舉過因而制戒犯，具六緣，一是人男
女，二人想，三爲媒嫁，四媒嫁想，五言詞了了，六受語往
還報便犯。若持男意語女，持女意語男，若公爲婦或
雙私通乃至須臾往來，具其三者殘，一受囑，二往説，三
得言還報，具二蘭，具一吉，爲媒那女子及畜生告若
殘，求好馬種蘭，媒指腹及自媒蘭，若爲白衣持書
往還告勸婦早歸夫家，蘭夫妻修勸知殘，若父母
及信心男子在禁及病，并爲佛法僧事開持書往
還，不犯六無主僧，不處分過量房戒。無人爲辯名無主□自造房，稱不處分大不依限
故言過量。制意者出家祛滯入道清瑕，從是閑齋客身，取足
今若廣枸越理，多求迫嬈人，非增長貪結，故制緣中
佛在耆闍崛山中，佛聽比丘作私房時，有曠野園國
比丘便廣作大房，乞求煩多并砍神樹，惱亂二處，故
制若造大房具有五過，一須人經營妨修道業，二
長已食貪結，懷少欲知足故，三處處乞覺惱亂，人非人
二趣不生信敬，壞滅正法，令不久住，故四專住自由不乞
處分容障僧事多惱亂，故五或自損行建其慈道，多
損生命，壞梵行，故六緣成犯，一無主，二爲己，三自乞求，四
過量不處分，五過量不處分想，六房成結犯。若歇造
房，無妨難處地平治一來，至僧損指授處分，若不可
住一切僧，共往看之，若可信者，即當聽作，若長丈二廣
八尺，已下小房，不須乞處分，已上須乞，若長二丈四盡尺，
廣一丈四尺，是如法量，以上過量難處者，爲有虎狼

蟻子窟，四街道中多人聚戲，淫女市肆放牧惡獸，
險處田園社樹，噴暮墓逼村，近道等是難處也。妨
處者，爲舍四周無二丈一尺六寸空地，不容草連回轉
處，若舍心周一尋地内有塔地，官地，比丘尼外地，道居士地，
大石流水，大樹沉深等是其妨處，難處損自妨處惱
他，若是長中減二尺，廣中增二尺，互見互過，皆殘，若過
量不乞處，分給結二殘，妨難二處結二告，若減量無妨，
難爲佛口面講堂，爲僧多人住房草菴小，容身
屋者，不犯七有，主僧不處分房戒。（有主專任自由妨難，二處不乞處分也。）制
意者，神鬼雖無形軀所屬，有吝護來取便損壞惱物，
非輕是故，須制問既有主爲辦何須砍樹。答取下地
擬施基，故多人受用被呵非也。緣中佛在拘彌國邊嗔
王爲闡施造房，砍要路神樹，因而制戒，犯具六緣，一
有主，二爲己作，三過量，四不處分，五不處分想，六作緣
成便犯，若有施主爲已造房而不制止過量，而造
不造乞僧處分二殘，妨難二處二告餘如前，若房屬
己，房主若死若遠去，隨意處分，若與三寶親交白衣
自賣取錢隨心，自在唯不得賣地。地是僧物，僧不須賣
房得罪，若房主不自處分者，屬私房僧法次第往之，
八物限量，重罪謗他戒。（内無三寶故曰無限淫事，虚證爲重呵。）制意者，事和理順覺
道增華虚謗乖違業報，滋廣冒涉清衆，令混穢流
爲過不輕，故制妨撿。緣中佛在羅閲城，尊者逻婆摩
羅子，手出火光，爲僧和事佛贊第一慈地，比丘因僧吹
分得惡房，又得惡清，便與妹尼設計謗，方佛令
結問，具述所修緣因而制戒，謂出家同住，和合爲先，今乃
内懷嗔忿，横枸虚伏，塵坋良善，甄在衆外，惱彼一生，
廢修正業也。犯具八緣，一是大比丘，二作大比丘想，三内
有嗔心，四無三根，五下至對一比丘説，六重事加誣，七言詞
了了，八前人知犯罪，非見聞疑名曰無根，凡見聞疑三根者，
二根爲親見，及聞疑根有二，一從見生疑爲見二人，從林
中出不净污身，二從聞生疑爲聞二人暗處共語，床動
作聲，若聞非梵，行聲要三根，不互若聞却道見見劫。
道聞乃至見殺云盗皆名玄説，并結殘若有能謗者
至於僧中白僧言，願諸大德爲我等歡喜判次事我
等亦歡喜奉行，衆僧爲判此事，若言衆僧爲我判此
事，莫停留，若是者我當奉行，若不事者，我不受如此惡
者，衆僧應語言汝且禮佛及爲説遷延至晚，教明
曰如來是至，三猶剛强者，語云此處無律師不能斷，可往

餘處，治謗罪，實有五種一真實。謂實犯罪二想實，三事實如殺
王人還道，殺王人也。四三根不玄實。五四戒不玄實，依實不
犯，若及此五謗他犯殘，九假根謗戒。异猶不實名曰假根，虛告僧徒，目治也證。制意
者内懷恚恨，虛假謗僧，壞法非輕，特須制斷，緣中佛在
羅閲城慈地比丘見羊行淫，便言此羥羊者是遝婆子
也，母羊者是慈地尼也。便語諸比丘言，我今親見非前無
根。比丘告問，便自臣伏，舉過白佛因集制戒，此戒假异事，
上見根道，見此事上犯也。以非實犯假餘事，謗此有五
種，一對异趣。將畜謗人，名爲累趣。二异罪。此六聚中見犯餘，聚决初聚謗也。三异人。謂有比丘與所謗人名字同故。
以後人犯，謗此人也。四异時。謂當見欲在農時犯，便言我見出家，此言二謗彼也。五假響。若比丘於山容穀中語，則響聲隨應乘，此來謗故以犯也。
十破僧違諫戒。邪法壞衆，勸而不捨；名曰破僧，稱之違諫。制意者，僧衆和合，義無乘
异，理應詳遵，如水乳合而反倚傍理教説相，似語惑亂，
群心壞僧斷法，墜陷無故，爲惡滋甚，故須聖制，緣中
佛在尼彌樓國，度八釋子，詣瞻波國，并證增上地唯
提婆達多得神足，證佛却還羅閲城，提婆達多自
身殺佛，又教闍王害父惡名流布，利養斷絶，便結惡
伴，别衆而食比丘舉過，因兹制戒，具五緣成犯一
先立邪三寶。謂調遠自稱爲佛，替正佛宣説五邪法，贊四依八正法實三圓達多等。四替身子目連等僧宣。三二行
化於時。邪三寶雖立，若不行化者，無容設諫以如來法輪化被三千，該通通道俗以彼調達。唱五法是説四依，非與如來競化乃至地神唱告，能合三錢界法轉禅
輪不轉禅法不行，故鼻奈耶云諸佛常法，食時僧壞至暮還後，中間人天悟道者，天地暗冥，若暮不和天地，翻覆也。三如法僧設諫。四
固執不捨，五羯磨競犯。據破僧罪獨頭果蘭，初唯别人
厚諫墮後違僧三諫殘，此是破法輪僧佛在即有佛滅
即五若破惡知識及二人三人，欲作非法羯磨，或爲僧
塔和尚圓梨知識，親友等作損減，作方便，令不得住寺，
若破是人者，不犯十，一助破僧達諫戒。衆僧作法，諫諫調達時，四伴影響助成被僧
奪設諫而不受，故曰助破。制意者非法固執，以破僧倫邪心，决微滅法，非
久是，故聖制緣中，佛在羅閲城提婆達多固執五法，一
盡形乞食，二著糞掃夷，三常受露墜，四不食酥鹽，五不食
魚肉以教比丘衆僧。諫持時伴黨比丘助破僧諫，比丘舉過
因此制戒犯，具五緣。一明有人作破僧事，二衆僧如法
諫，三四伴伴助破諫僧，四僧如法設諫，五作三法竟便結不
犯，若前十二惡家惡形，擯謗達僧諫戒。外傷俗信名爲污，家内犯盛儀，故曰惡行，作法數席名贊，
經稱受恚，曰謗一理，喻彼不受僧教，名達僧諫。制意者本欲華光緇侣慈滑白衣，今
反行於惡行，污家滅法，令僧擯出罰异，革先非請自
法六生地净善，故制緣中，佛在舍衛國，阿濕卑富那
婆蹉等在羈蓮聚落行惡行，污他家，衆多比丘經過
便覺舉以白佛，佛令舍利弗等往彼治，擯當作法時，
彼等謗云六人同犯，偏罰二人，有受恚怖痴。舍利弗

言二人道路改過懺，已無罪可治，治非是有愛，二人走
閃，王宫人不現，前法不應，治非是有怖汝等二人，進不
善悔，退不善走，現在舍合治，非是有恚，我等如是
善達，擯方非是有痴，彼等固執不受，以過白佛，佛
種種呵，因制斯戒，具六緣犯，一作污家惡行事，二心無
改悔，三作法驅擯，四非理謗僧，五僧如法設諫，六三法
竟犯。污家有四，一依家污家，從一家得物，却與一家
所得之處聞之不喜失他，施主深厚之福，所與之處
恩當報恩，不與之處，即不報恩，即被前人平等之
心，下三皆爾，二依利養污家，若比丘如法得利，乃至
鉢中之餘，或與白衣，或不與白衣。三依親友污家。若
比丘依王，若大臣力，或爲一白衣，或不爲一白衣。四依
僧伽藍污家。若僧花果枝葉或與白衣或不與白
衣，俗人言與我物者，我當供養，不與我者，我不供養，
若俗人先有信心供養衆僧，造立寺舍，令彼退滅
是名污家惡行者，自種花樹及以溉灌，自摘花自
作發與他，及人教作上事，若村落中两女人同床坐起，
同一器食，言笑歌舞倡伎俳説。倡伎者，倳樂也。非説者，優也即是，引導之首，令行主也。雜説言詞
取笑衆也作鳥聲蹙唇嘯聲受雇，戲笑餘酒，非時食等，
皆名惡行，凡出家人無爲無欲清净自守，以道
爲心，若爲俗人信使往來廢道正業，廢出離，故由以
信施物與白衣，故即婆前人平等好心於得物者，歡
喜愛樂不得物者，從使賢善無愛敬心失他，前人
深厚福田又倒亂佛法，故凡在家人常於三寶求清
净福，割損肉血以種善根。今出家人反持僧物贈遺
白衣，令俗人反於出家人所出，希望心又若一少物
贈遺白衣，因此起七寶塔，造立精舍，乃至四事供
養满閻浮提，一切聖衆亦不如静坐清净持戒，即是
供養真實法身。法身空寂，遠離心相。今持戒離相，吃空寂理，即是供養真實法身。若準父母病人
小兒妊身婦女牢獄系下及寺中容作者不犯，若種龍
樹，自取花教人，貫花持供養佛法，僧有無犯，若人欲
打虎狼賊處，走避不犯，若渡溝渠坑，跳躑不犯，若同伴
在後，嘯唤不犯，若爲父母，若爲病人，若下牢獄，若
篤信優婆塞，有病若在獄者持往，若爲塔僧，病
比丘事，開持書往返，一切無犯十三惡性，拒僧諫戒。
很戾不調稱爲惡性，善語不從觸僧命，名爲拒僧諫。制意者，凡思雖多，知非蓋少，必資
明道，方净戒身，故俗因諫友不失於令，名道由諍
交不羅於犯網，今闡陀心迷勸喻不從，倚傍勝人，反

欲匡衆，制緣中佛在拘睒彌國，尊者闡陀惡性，
拒諫便言佛是我家，佛因釋種，故法是我家，法佛
所説，故乳今依我釋種出家，我是佛法根本，正應
教諸大德，何用大德教我，比丘舉過，佛令設諫，故制
斯戒，犯具五緣，一自身不能離，惡將欲做罪，二諸善
比丘如法勸諫，三不受來諫，自持凌他。四僧如法設諫，
物三法竟犯，殘其能諫，人若慈心，有益聰明利根，廣
聞傳見，利生爲法化他，普同久修，兼人方得諫他，若
僧嫌有損無智鈍根寡聞，少見求名爲利，標已扃自
新舉未周，不應諫他，若初諫便舍無犯，若所諫事實
不應順而拒遞者，不犯本心，實不准違諫，忽然錯説違諫
之語不犯。鶴（乎聲呼之）術折囉（合口呼之腸此云智腸）

四分律行事集要顯用記卷第四

（二）俄 TK142.2《四分律七佛略説戒偈》①

四分律七佛略説戒偈

忍辱第一道，佛説無爲最，出家惱他人，
不名爲沙門。
此是毗婆屍如來無所著等正覺説是戒經
譬如明眼人，能避險惡道，世有聰明人，
能遠離諸惡。
此是屍弃如來無所著等正覺説是戒經
不謗亦不嫉，當奉行於戒，飲食知止足，
常樂在空閒，心定樂精進，是名諸佛教。
此是毗葉羅如來無所著等正覺説是戒經
譬如蜂採花，不壞色與香，但取其味去，
比丘入聚然，不爲戾他事，不觀作不作，
但自觀身行，若正若不正。
此是拘留孫如來無所著等正覺説是戒經
心莫作放逸，聖法當勤學，如是無憂愁，
心定入涅槃。
此是拘那含牟尼如來無所著等正覺説是
戒經
一切惡莫作，當奉行諸善，自静其心意，
是則諸佛教。

① 《俄藏黑水城文獻》第三册，第 231—232 頁。

此是迦葉如來無所著等正覺説是戒經
善護於口言，自净其志意，身莫作諸惡，
此三業道净，能得如是行，是大仟人道。
此是釋迦牟尼如來無所著等正覺於十二年
中爲無事僧説是戒經，從是以後，廣分别説諸
比丘自爲樂法樂沙門者，有慚有愧樂學戒者，
當於中學
我今説戒經，所説諸功德，施一切衆生，
皆共成佛道。
　　四分律七佛略説戒偈竟

（三）俄 A26.2《無上圓宗性海解脱三制律》①

　　無上圓宗性海解脱三制律
通理大師　作
聞夫靈心是佛，幻影元真，見聞之性，
難思語默之源不測，三毒絶相，體即
圓明八識，無縱性非生死，人靈本聖，
蟻智同玄，倒見一迷夢，纏三有，今諸
知識，了心即佛，神光照而無生，見性唯
真，惠眼觀而絶迹，難思難議，無狀
無形，本自解脱，廓然清净者矣，然以
行者，悟心創啓，迷見猶興恐再失於
靈源，慮重淪於苦海，由是比丘失趣，
净名指以重醒善財二真文殊覺，而
再悟，古既有亡有失，今則宜慎宜
防，儻誤一生，輪回萬劫，可不警哉，所
以自宜立志，人各絶塵，使惠日恒
明，令迷云無翳者也。夫迷根者，内
執實我，外染虚塵，苦惱不窮，生死
無盡，六塵爲病，細若恒沙，一世成
迷鹿，唯三種，其三者何？所謂色財名
也。既知能誑，則誓永亡心，若輕違脊甘
痛决今對，現前善友，三世聖賢，願作
正明，乞爲師執，其三行相，一一具條
列之於下，一曰色欲，夫色欲者，皆真

① 《俄藏黑水城文獻》第五册，第 308—313 頁。

常本沉生死源苦海，以此而波深愛
河，因玆而浪闊，凝之甚也。如蛆耽味
於糞坑，迷之熾，然似蛾狂投於猛焰，
銅柱之苦，因此而與鐵床之迍由斯
而起，遂致諸佛，偏責衆聖，苦呵障
道之深，莫過於此，所罽賓上士，昔
喪目與塵中，獨覺高人曾辱身於
山下鹿耶苑内，諸神墮地於林間，天
子宫中郁，藍天失通，於樓上焚天廟
之舍，擊愛子咽，吴主欲亂而亡，
殷紂色迷而滅，傾家敗國，辱族危
身，障天道於此生，受輪回於永劫，
爲患之本，禍莫大焉，故經云生死
輪回，貪愛爲本，又經云：若諸世界六
道衆生，其心不淫，則不隨其生死相
續，汝修三昧，本出塵勞，淫心不除，
塵不可出，又云若不斷淫，修禪定
者，如蒸沙石，欲成其飯，經百千劫。
只名熱沙，何以故？此非飯本沙石成，
故，汝以淫身求佛妙果，縱使得妙悟
皆是淫根，根本成淫，輪轉三塗，必
不能出，必使淫根身心俱斷，斷性
亦無，於佛菩提斯可，系冀如我，此
説名爲佛説，不如此説即波旬説，方
知大過，無越於玆，誓永斷除的，無
違犯。一自今後，如有犯者，衆
内直覺，便速勾追當三寶前，善知
識所痛决三十，若心永息，依大懺門
如法清净，隨衆修行，如更依前，便速
追取，痛决如初，其心若息，依净如前
復更重違，决罰如次，犯經十度，杖满
三白，不净弃除，永無再録，或依律
制，舍戒侍衆在僧之末，居勤策端
以一年爲役，方再受，具十度如前。
一日世財，夫世財者，能與弊著善發
愛，情失則怨妒俱生，得則慳危竟
起，毒箭無比，猛焰難防，所以福增
作犬，於宅中刁提爲蛇，於庫内無厭

之者，沉禍患之坑，知足之流，得清閒
之趣障，迷大法墜溺淪泥定水飄風
法身怨刺，必須永弃，無得仍存爲
無事之人，作絶塵之慮，畜積爲意，豈
不耻乎，而况律中長衣不捨，犯輕篇
罪應須舍墮故經云衣鉢之餘分寸
不畜，乞食余分施餓衆生，準此經
文，豈容餘積以恣慳貪，常見既存
真源定隔，養我之謀未滅，不活之
畏難亡，口稱解脱之人，心在輪回之
位，可不誑歟？只如迦葉冬夏身，但三
岳以雲深，範蠡越清溟而岸遠，
此蓋功成不守智，察未然了患，全
身辭榮免辱，卓然逸士迥异常，夫
世綱不拘，閑雲無系矣，况又許由
洗耳於下水，巢父牽牛與上泉，子
推不赴於堯皇，莊生篾然於榮貴，
世賢若此，釋氏不然，何不愧矣，是
以竪竪壯志潔操清心，儻染虚名
濫爲釋子，而况韜光晦迹，隱鋭藏
鋒，滑後彰愚，辯才示訥者，歟蓋以
明珠可秘，唯畏人和，行貴不形，但防
他覺，鬼神不測，人意難尋，慮染虚
名，恐成魔事，豈况違真，非器詐意，
稱高虚號，師子之皃，實乃野幹之
類，持黄金易糠粃，上德堪悲，用人
糞作旃檀，賢夫可笑，欲昧賢聖，擬誑
人天，如彼盲夫，瞞乎明目，但增其醜，
轉益其乘賢聖所呵人天，可鄙佛
法大賊，可不慎哉？故經云不得親近
國王大臣宰官人等，倚旁此經，以求
名利，如來所誡行者宜遵，不得昧
心曲相和會，然諸大士非此所拘，夫
何以然，良爲我人不有憎愛，元無
四序，無以變大虚，百川不能親，皓月
矣，然今行者自知冷暖，體覺順達
不得昧己之情，乃作誑他之罪。
一自今後，不問大名及與小職官，

私所與朝闕所封，但受一名，即成達，
犯衆内知覺亦速，追取依制，决罰捨
則，清净不捨如前，責經十度，杖滿三
百，不净弃除，永無再録，或依律制，
右件所制，人各遵依，懲非咎於即時，
决漂淪於曠劫，雖則法非持犯，性
離悟迷，無作無修，不取不捨，然以
習情曠代過夢境，以餓昏見咎彌年，
睹空花而忽變，所以制無所制，如是
制之得無所得，所以得之，故經律云
雖無形相而可護持，可令戒光舒照，
朗然而性海，恒明智月星空，炳焕
而覺源絶翳，色貪不染，靈心是清
净法身，財念無交，見性乃真，常寶
藏名心花萃，我岳之峰，仞高摧榮
竟根枯愛河之波瀾永息，遂得境
風忽止，識浪俄停，真源之水湛然，
佛日之光大照矣，豈不善哉，各須
謹守無得輕違，受愧責於友前，遺
辱名於身後，可不慎哉，謹守在懷，
始終如一者也。
無上圓宗性海解脱三制律 競

三、論疏部

（一）俄 A38. I V《分門記》①

四天麼，言澡穀者，洗手曰名早，洗身因名
浴，言因緣者，因此緣此因以□以即體因
异意體因。
第三第四第八闕於能化教法出具門
第五第七第八闕於所化衆生分際門 八因内闕
大虚空王，迹處之空，空處之迹，印迹之鳥。
言教理行果者，教有能伏姓理之功。

① 《俄藏黑水城文獻》第五册，第 358—359 頁。

□有所伏出水之德，行□花取伏之能，
果有結實讎因之德，遍記所執緣智實性，
衣他起性，故者因由所依之義。
遍記，所執心者緣慮之義。
真撿於妄，如捷於倒，名爲真如。
言一味一相者，同一無漏味，同一解脱相。

（二）俄 ИНВ. No. 1366B《佛經科文》[①]

【題解】

西夏寫本。西夏文刻本經折裝《大般若波羅蜜多經》卷第二百三十六封套裱紙。未染麻紙。A. 五更轉。共3塊殘片，楷書，拙，墨色偏淡。（1）高19.8釐米，寬5.7釐米。共2行，行14字。（2）高19.6釐米，寬27.7釐米。共13行，行14字。與法藏敦煌文獻P.2270《五更轉頌》相似。B. 佛經科文。共3塊殘片。楷書，墨色有濃淡。（1）高24.2釐米，寬21.9釐米。共11行，行14字。（2）高11.3釐米，寬10.2釐米。共3行，行7字。（3）高11.3釐米，寬6.2釐米。共3行，行7字。據蘇州戒幢佛學研究所宗舜研究，此爲《釋摩訶衍論》卷第八科文。C. 佛經論釋。高13.8釐米，寬8.8釐米，天頭1.8釐米。共4行，行10字。楷書，墨色偏淡。據蘇州戒幢佛學研究所宗舜研究，此爲《釋摩訶衍論》卷第七科文。D. 佛名經。共2塊殘片。烏絲欄。楷書，墨色中。（1）高22.4釐米，寬21釐米．共9行，行11字。每行2個捺印佛像，居每句首。（2）高9釐米，寬32釐米。共14行，行4字。僅存上部。有捺印佛像。

　　□同垢色象不須如是
　　衆生心若有垢法□□
修行信心分　現故
能活所治契當　次説修行信心分
所治　是中依未入正頂聚衆生
能治　故説修行信心分
信心品類分剖門 何等信心
直問信心品類門 云何修行
直問修行品類門 略説信心有四種
略云顯示信心門 云何爲四
一總答門　一者信根本治根本念
【中缺】
歸總作別散説門

① 《俄藏黑水城文獻》第六册，第295頁。

二衆然熏習門
粗
【中缺】
總問想答顯宗門
無垢自然熏
正有□□
【後缺】

（三）俄 TK79.2《龍論第一下半》[①]

【題解】

夏或元寫本。綫訂册頁裝。未染麻紙，軟。共 48 個整頁。高 20.5 釐米，半頁寬 13.5 釐米。每半頁 7—8 行，行 15—21 字。有雙行小字注釋，多人所寫，有楷書，有行書，字大小不一，墨色有濃淡。有改補字。尾題缺。“明”字不缺筆。與俄 TK80 爲同系列寫本，與俄 TK77. TK78. A38I、A38II 爲同時代同範疇寫本。案：這两個原件爲一殘本，多達九十八頁。《龍論》其實是龍樹所造論的簡稱，考其中論部分的内容，所抄乃是題爲龍樹造的《釋摩訶衍論》可證。但整個抄本，内容却不單單有《釋摩訶衍論》更多的是對此論的解釋。根據調查，題爲《龍論》的抄本，其實是遼本法悟所著《釋摩訶衍論贊玄疏》卷二中的内容，見《卍續藏經》72 册。

【前缺】
論：離一切苦至總相之樂故。普緣三
聚宣説两重，欲令無量之根永離無常之
苦，獲二依果證一心源故。又分叚粗苦變易
論：苦二俱遷滅，云無常苦，即由無常苦
通□，故論云離一切苦，總相之樂，此非常
業。論，三十二總相，法中有菩提覺，法涅槃
寂静樂得巴不失，云突竟樂菩薩，大悲
彼衆生離苦得樂，所以造論，論非求世
□□□□四心一會通佛恩，二念會法久依□悲念有情四遠離
朝著又傳者，要具五德一心，無所得不求名利，二説游實相，不
帶我人三正見多聞，樂修，禪寂四持戒，離相不説，他非五尊重
聖言，不雜世典，由是種種因緣，是故論説不求名利。論
第二因緣至成正覺故。解釋分中總有三門今取前二顯示
正義，對治邪執爲能化門根本義者，一心法界作智作理

① 《俄藏黑水城文獻》第二册，第 208—255 頁。

之本真俗二門，爲實爲假之本，七種對治遣人遣法之本望，
人作本義顯可知若能達此成正覺故。又言根本之義者謂
彼一心即所求之本，直妄二門，所入之本，真妄二門所入之本，七種
邪執所值之本，故名如來根本之義。論令諸衆生至衆生，
故，行化衆生就顯偏指邪定聚人非於其卜人中，不通餘聚
言攝十億等望，上敬意寬狹之异。論正解不謬至第二因
緣。謂由開示邪定區别轉邪，定聚入不定聚，漸此觀故或不謬
或示正義令全生正解，對治邪執令不謬解，又正義之功治邪之
巧令遣謬解，使拂邪心出一闡提入十信位。論第三因
緣至三種發心。謂一切菩薩發心修行趣，嚮諸佛所證果道，
皆由此論分别開示，故與彼法爲正因緣，又取解釋分
發趣道相三種發心爲能化門。論善根成就至
諸衆生故。所化衆生也上品十信，成就發心三品三
賢，解行發心，三品十地，即證發心，前九信心名信成就
者，由是上品形彼中下皆名，就又十信心，既未入位許
雜亂修，名人同修，齋成品得名成就，又上品十信十
解，一分即信，成就發心十解，多分十待十嚮，即解行
發心，又上品十信三品十解者，即信成就發心也，三品十行
三品十嚮者，即解行心也，三品十地即證發心，謂十地
三品同彼十信，長分三故，亦可地地入住出心，分成三品，如
上一百二十種説三賢，各三准興二説。論於摩訶衍
法至第三因緣。不定聚一分即十信上品，正定聚全曆
三發心出自分位入勝進位勝自位故。超過自分謂得
後位時，功行勝前名爲超過非同薩埵等，超刼之事。
論第四因緣至出興門。四分中宣説開示信
如佛法僧修施戒忍進與彼爲因被不定人。又修行信
心，緣有四，謂從第四因，因第七因，此初因中，能化教法
信體唯一隨境分四，謂信如及三寶，故行體聚五施，戒
忍進及彼止觀未明後，一但云四行對邪定聚，説四信心，對
不定人説修五行進入，次第法如是，故謂未信人賢令起
信，其己信人直令修行故。論善根微少至不名成
就。位人不同前來與定位，位各分三品别异，通計
聖凡正定不定共有一百五十品，人今論意謂不定聚人
别分三品，以十信人微薄闇鈍，發心求道，其實甚難從
第三因分出不定，十信上品，此第四因分出中品五六七因，
分出下品，依論分齊三品十信，後五善根具足名爲上
品前五善根，未具名爲中品實義爲論，唯第五心名
爲中品以次下説，前四種心皆下品，故今望前四轉齊第

五，故皆中品分初心業障海，深二心見執過厚，四心怖信難成，如是三種皆下品，故不同正定，如後問答此中所化，但取十信前五，心人善根微劣未是具足，欲化是人令獲後五，轉爲上品入信成就，故此下文信心分釋爲邪定，人説信心分爲不定，人説修行分未信，令信已信，令修其法爾故或通利故據此中説四五六七爲因之根，但取不定中下二品，蓋就顯説無相違過，前後因根準此可解。又所化衆生，五心中品者，雖後後下品，勝前前中品，然於自分來殊勝，故望能詮法不相應，故論文多就顯相説故。論修習信心至第四因緣。謂令行者修習八種勝行圓满後，五心入於三賢正定之位。論第五因緣至出興門。第四分中進門之終唯取有障修行精進一節論文與彼爲因講者，引彼於此應叙。謂諸行者欲修信心多諸重障，令行禮懺等，行除滅宿障，故乃至地免諸障者，今具引云以從先世已來多有重罪惡業障，故魔邪諸鬼至所惱亂，爲世間事務種種牽纏，或爲病苦所惱，有如是等，衆多障礙，是故，應當勇猛精勤晝夜六時禮拜諸佛，誠心懺悔，勸請隨喜回嚮菩提常不休廢，得免諸障等。論此中衆生至分際門。所化衆生由障重福微，故唯初心下品。論消惡業障至第五因緣。令十信中初心下品禮懺勸請隨喜回嚮得免諸障善根增長。又罪既重，勤誨彌深，苟不滑勤，何能懺滅。論第六因緣至作正因緣故。第四分中取止觀行一節論文與彼爲因。又最後修行止觀之行，粗細次第法，應爾故止，則結初門，觀亦斷惑正路定惠，雙起故名止觀。論凡夫二乘至一切二乘故。化衆生此中攝，彼二聚，少分，謂十信心，取初二下品之心，邪定聚中，唯攝二乘，由彼二乘志意狹劣於無上乘，猶如敗種故判邪定，别以止觀化彼二類。稱贊大業功德頌云：佛言我觀世間無有天魔，梵釋沙門婆羅門等與親蘗菩薩爲惡知識，如二乘者，以是因緣，親蘗菩薩不應與同住一寺，止住房，同處經行同路游，適若於大乘得不壞信，則開許與彼同居，引令發心趣大乘果，故然上經論重加毁責，爲敬激彼速發大心，勿執此文輪輕聖衆，横招殃咎。論對治心過至第六因緣。兩輪具闕益損門中修止對治凡，著有過失，又舍二乘樂，空過失修，觀對治二乘離悲狹劣過失又除，凡夫懈怠過失，故知两輪通治，凡小衆生心過。論文相合，顯示但總相説，凡夫二乘，見執過失。論第七因緣至出興門。第四分末與彼爲因謂引不定下品衆生令趣中上及正定故。論此中衆生至分際門。十信前四心下品衆生其心怯弱，意欲退轉，如來方便但令念佛，令生他方，既得往生由

見佛故終無有退，漸次得入正定聚故。論必定不退至第七
因緣。所依所師，二俱殊勝，年年勝進，永無退轉。論第八因緣
至出興門。全與第五分作能化門爲彼因緣故。論此中
衆生至分際門。邪定聚人若無勸誘退入無性，故須此分化
彼怯弱令獲益故。又所化衆生就顯難指邪定，聚人其實通論
亦有餘類。論爲示利益至第八因緣。説德令忻示過令離
故謂爲示。信顯毁益損令其修斷，即論所作之善巧也。
論一切諸教法至總别不同故。謂立義分攝盡百億經
最初一因攝益三聚衆生，但立一分一，因根法皆同，故者，解釋前
是何？更開除三分七因耶，言爲欲顯示總别不同，故者解釋前問謂
根有利鈍，教有廣略，利根廣解，釋分别明，四法則名爲略，如
是别説雷根業廣，鈍根業略，是故分因總别有异，初分因即是
總明三分七因乃是别釋，具則成益，闕乃無功，又何故？開三分
而别釋者，若難此文，不唯解釋，言我分兼，後二份亦釋彼故
不爾何言？一切教法皆盡，立義分應，後二分非是立義，所立法故
俱前，别明後，總釋論。何故二乘人至輕其過失，故二乘四處者，
一二六八，此之四處皆有邪定，二乘人根器狹劣捨小
趣大難故重明，爲顯行者，性少慈悲志，就實别此
餘生類，發心難拯菩薩大悲類。頻加勸發言邪定
三處者，一二八於前四中，除第六因以彼唯取二乘
人故答中爲顯邪定，對彼二乘過輕微故。爲彼异
生未聞小教染其心故，過失輕微，發心則易，猶
如素絲易染成色，變珠做緣甚極嚴牙。論
何故不定人至輕其過失故。何故十信别分三品
謂三上四中五六與七，皆屬下品，爲顯不定，未成信
根，未得入位，發心甚難，故别開三品，言所故正
定，人至輕其過失，故問答正定聚。何故不開三品
但合明耶，爲顯入位，行人已見法身，動不逾矩，
漸寡悔尤，故合顯示十信之人，别分三品，不同
常例，已見上文，但未知由於此辨明三賢十聖
非是不分入住出故但不長分三品之异，故與不
定相例對。論有何因緣至次第如是。因緣何
唯八種信等次第何然。論頌曰至次第如是
故。上二句答增减下二句答其次第。論令此
論中至唯立八種，此論義攝，謂隨一因，攝十，故
不增减，但立分因，言由是義，故至八十
故由一中含十，故置等言。論因緣次第至
十種地故。顯前八因，逗根次第由前五分已辨

能詮是故，此中但明行法，則治障行，次第法，爾釋前法如
是，故八因所明修行，位地從下至上，自淺至深理定合然故
言法，爾意云謂從邪定引入不定，進至定，復從住入行
從行趣嚮依嚮入地，由所治障，縛粗細別故能治行，解釋劣
异，故易難修斷法，應示，故不約能詮八因，次第亦非真如
雜亂次第邪定聚人多起，邪見謗菩薩藏成阿闡提今
十信位深信真如，三寶净德能正，對治闡提重障，雖謗毁，猶
帶我人，謂已堪任，餘非善巧，今十住位深信真如，無我哩
故斷著我障，又此菩薩初起生空，猶畏生死長時若藴，今
修十行，陞空自在離諸怖畏，斷畏，苦障十行，位中雖離怖畏，然
於長，却嚴因接物，惑起心捨入，十嚮方得斷除捨離心障，既
入十地，則斷除异生性等十種重障，佛非所被故不别説。
又地前菩薩，由爲斷除四種障，故則能成就四位四行四因，
斬一由斷闡提，不信障入十信，位成信樂大乘，行爲净德因
感鐵輪報二由斷外道著，我障故入十住位，成就般若行爲
我德因感銅輪報三由斷，畏苦障，故入十行位成破
虚空器，三昧爲樂德，因感銀輪報四由，斷獨覺，捨有情
障，故入十嚮位成大悲行，爲常德因，感金輪報此由斷
异生性等十種重障，得入十地，唯感金輪勝劣异，故次第
轉勝亦法爾，故言刑法法爾者，前顯法字通此二義
謂二因，各明修行，漸增之法，既無優劣，故八次第法性
應爾本。論云圓吾一演者，准次釋意謂圓，與音無有前後，
一時敷演故，若有前後如疏顯失亦可諸音通，一時故
本論云如來廣大深法者，全域末偈云諸佛，即如來屬
不二，大乘深即此深生屬所入生廣大二文全屬能入門總此意云，謂光明等經
攝根無闕，何須馬鳴，重造此論，况無增加，顯理勝力，應
是欲求世間稱贊名利燈飾，畢竟尊信不盡理
耶，或復論主，畢竟貴面世人尊重信已，能解於
佛經不盡理處，而做論耶。又畢竟者疑問之初謂有問
云，畢竟尊者信佛，所説不盡，或不爾則是重繁
進退不或，若爲通會第一段。論謂光敏大覺至更
無加躍力。此則釋成法無加顯難，有繁言失謂
一百契經逗根周圓，攝法滿足，無所缺少，何煩不動位
中大士更造斯論，重傳彼法，言今造此論至稱贊等
事耶，此難既加顯，應娑布求稱贊等難成，求利失
言，畢竟尊信至難問門，歹成前難，并結無上大覺世出
世間，畢竟尊重已爲衆生宣説，諸教今更造論信
知佛經未盡其理耶。難佛經未盡失然，此三難，前二望

於後一，又復二難，若免前二定，招後一，若逃後一還中前
二又復前。論答日至當須造論。諸佛教理心二
反復相成，性大用用元體作故，唯一味或木即本，故一味一
相即入一心，或相即性，故一味臆想即能入一真。又雖傷別心
本平等就所入解教，從千差性本平等，納能入明雅，攝
題榜示，腈綸差別，詞論簡牘卷帙不同，理本平等。又佛
教法説分多端，終無异，故名不別音。本是一故名，部分或就
所入以本取末，名爲別或就能入與本，平等名爲不分然，
所化根有利有鈍，樂廣樂略，致能化人，説經論，有廣有略。
伽陀修梨毗羅方，此云廣略則遮陀屍修梨毗羅，方此廣
略，論則猶法也，初根依經後器須論由此裹故假造論。
又言所謂馬鳴至或不別，謂諸如來所變教理，即是
真如稱性大用，唯是常住無有起滅，一味平等無有移轉，
無有起滅，故三際常説無有移轉，故十方遍説諸慈悲者，
隨彼有情問見不通結集流布，雖攝題榜示詞翰簡牘鳩
集傳寫安布，不雖同，然備本教曾無有异，謂由來乘無
差別，故説一味理，無增，故言平等或不分成异味，釋上一
味或不別令增減成上平等，或復反此，或通釋二義，明一
苯教定無有异，又言一等者，以海水咸謂之味，如虚空等，一
謂之平等移轉，據一期起滅，就刹那多榜示，則名經名
論翰墨簡牘則卷，論卷期性不分互釋，平等俱不別互釋
分析差別也，謂此即是四種無爲，故准一味等。言然而衆
生至因緣，各別謂隨其根性，有利有鈍，隨其心，行樂廣樂
略故，説衆生根性不等，令受教法，令解文義者，由所有异致
能化不同是，故令其受解，各別言謂或有衆生。至當須
造論初根依經取解，後根依論方通，對此類根，故須造論。
論復次至則不須論。以佛在世能化業勝所化
根利一聞便解復何須論。言復次如來至能化圓満，初佛
在世，後佛滅後此攝能所化二俱殊勝。言分玩四千至
至種异類，能化勝相八萬四千色相，際身表業，四種心智是意
表業梵元秒音，即語表業，作業殊勝，具通三業無量無
邊，種種异類者，謂佛一音頓演，無邊异類法門，故説圓音
一演异類，諸師章疏，將上异類，速下等，解意説，异類之
根覺等，生解二論踪義別，各有所憑花嚴經説一切諸法
説義句悉能開示一切佛發，則一切佛法則异類法也。故論
所釋异類屬法，無垢稱經云：佛以一音演説法，衆生隨類
各得解，隨類各解別异類根也。故賢者説异類，在根
然對喜學三藏新譯論云：佛色勝一味，開演無邊，義味故

不須論無邊義味，即當此論异類言也。則屬於法，由此
當論解符本。言或有衆生至而得解者，所化根本勝此有
四根，總觀如來三業，即觀十業十勝，而得解者，三根别緣
如來三業，所謂見色音觀意，隨於一業，各得解，是故，論
説衆生等解，亦有根，宜觀察二業而得解者，謂觀
身語身意説意文，巧略影顯示，故有言梵圓等者
如疏，釋圓音云一一語音遍窮生界此則知圓而其音韵恒不
雜亂此則釋得，次文即説雙具次二方，始得解，明知此二不相離也，
次無量下，唯明异類，次或有下，唯明等解。言如是平
等，嘖嘖不須論，主伴俱勝，故不假論。論若佛滅後至
優婆提耶衆。後以佛去世能化主劣所化根雜
假經論而器异樂廣略而根殊，既有忻廣略之人故須造
廣略之論優婆提耶此云論議。言經論機异等
者，總指機根謂四根三機言，云何爲四，至略無力
依他根攝機在根，但辨其四有力無力各通廣
略故。言如是四種至優婆提耶衆無力，二根得
論，方解故須造論。論何故至有其分覺故
微釋根緣門，中具收三聚根性門中但化無力
寬狹相違，故伸此問，良以因緣門中，馬鳴誓願
梵語僧那，此云誓願樂廣大無邊際，故具收
三聚根性門中，親受論教實行之人，自由際，故
但明無力，故前後文所説各异。論以何因緣
至現造作論，教問答廣略，何以世尊説廣略
經復何馬鳴，造廣略論蓋有宿願，至於今
生，師説廣略經，資造廣略論，四聖象種者
如俱捨説一衣服，喜足聖衆二飲食喜足聖
種三假，具喜足聖種四愛了，斷樂修聖種
謂樂斷煩惱，樂修道也。種則因也，能生聖象
故名聖種，此四增上所生諸善，漏及無漏是
聖因，故又種者，類了。由具四行得預聖人之流
類，故四聖種體即是無貪問第四種聖象，既
非洗足，如何亦用無貪爲體，答以能弃捨欲
貪有貪故此第四，亦無貪性。問何須此四種
聖種耶？答前三聖種助道生，具最後聖
種，助道事業，以諸弟子舍俗生，具及俗事
業，世尊哀滑，立此助道生，具事業，令修行
者解脱，非久也。問何故安立如此二事？答頌言
爲治四愛生，一衣服愛，二飲食愛，三際具愛，

四有無有愛，沾四愛，故立四聖象種，故云四
聖象種也。論以何因緣至其相，云何問？答
廣略此即問起謂性及論俱通廣略行相，云何
又本願聖分明顯説故，上半正答前文，下半
解釋明上二句出於經論，两種廣略，嘎系因
緣，故出現耳。言二十世尊至清净之法，
正引經文有二，初昔緣後陳今世前中，復二
十億經對樂廣根略説十億經，引樂略根
此初重教廣略之因。言即我弟子至總持
衆生顯弟子，願於佛滅後，造一百本廣略論
藏爲欲引攝廣略二根，此後重教廣略之因
然馬鳴造論，望佛出世，亦有同時，今但云滅後
者，依异類根多分説也。言以何因緣至造
作論教，謂述今世雙明主伴两重教興，論
何故至個開二種故？文答所入法別，問两重
所入故降摩訶衍，明別答两重，所入故有两
節論文與此段中，可細思之根本摩訶衍中
開八種故者，此答前重八種，所入以依不二離
言果海能之義，即當因分爲利衆生，假以言，
詮説作根本摩訶衍法，據此初重所入未分
一心三大於前重門，方始分出心體相用，故次
論言一心法界及三大義各二種故，後重得
雖亦云分出一心三大，然是所入第一義諦，不同
前重能入門中一心三大，唯其真俗二諦，莫謂一
心三大，名同便將前門而爲後，法三諦科楝
義理，難通一心，法界三大義中各開二種，
故者此答後重所入八種，謂一類稍劣，
根宜聞彼，前重根本所入體，唯是一隨門立
八，便起疑云。若前所入體性有多，依門取入
易生瞭解，既體唯一隨門説八，云何領解？
如來善巧爲度彼根，遂就根本摩訶衍
法一體性上元非心大强，假施設一心三大全
將前重所入根本法爲利，而火根假立名爲心，
體相用名難同前八門一心三大，然前門是
所作真俗諦二諦，今此法屬能做第一義諦
若望前重所入門，依總摩訶衍，此後所入別摩
訶衍雖是能依，對後重門還是能作所依所
入摩訶衍根本，摩訶衍中開八種，故者雙

攝初後两種八法由，對能入門者誡命根本，故
一心法界三大義中，若開二種者，雙釋初後
两中八法由，依一心法開成初重二法，謂一體
一心摩訶衍，三自一心摩訶衍，復更開成後
重二法，謂一體摩訶衍，三自摩訶衍，此法
界開成司法，其體相用三大義中各開四種
故成十六，又指文配屬根本摩訶衍中開八
種故者，即是本云摩訶衍者，總也，此但初重
所入之法，次云一心法界及三義中各開二
種，故者，亦即本云説有二種，云何謂二，一者
法，二者義也。次但初重能入之門，斯則約前
重門而爲後法也

論何故能入門等者，問答能入門先别問两
重能入門後别。答两重能入門，然次答文亦
有两節，一心法界及三大義各二種故者，
即答前重入把門，諸依根本摩訶衍法
作起能依一心三大，即此一心三大各其真
俗分成八門，以此把門化於上智，依真俗
門頓術修行，造證趣求前八本法是故，論
言一心三大各二種，故或個開二種門故者，
此答覆重能入把門，論言或者良以後重所
入一心三大已自有，名不同前，重所入本法不
對能入未有名字，但總呼爲根本大乘，今
此後重所入本法，如來善巧，爲彼鈍根於
無名法，不對能入已假簡歷心體相用，若
望能入或開真俗各有二種入第一義，是
故論言或各開二故，以可或字望，前重門已開
真俗二門不同於後重門，或復如彼，亦聞真
俗二門不同故，或字龍樹菩薩知立義分
文言少約理趣，深云預慨，後人於兹迷昧，故在
文前先明大格，此或吾帶下義，自通諸智惠
者，幸宜詳審，又前二段，爲一心三天各開，故成
初重八門，或各開二種，或猶更也，更於一心三
大開成後重八種，此則唯作司法，雙開初後
两重八門，由依一心，法開成初重二門，謂一體
一心，門復更開成後重二門，謂一體門三自
門，此一法界開成四門，其體相用三大義中
各開四種，故成十六問，初門後法一十六種，可

言依彼四種開成初法，後門名中，不言一心三
大，云何亦説四法開成，答法是門之體，門是
法之用，依法，故做門，由門故顯法。體用因果
不可定异。初門後法，既依四開成初法後門
亦理定應爾，由是法義二種大乘具攝一切
三十二法，謂两重二門二法。如是八種依一心
法名，法大乘其餘两重門法，共有二十四
種依三大義名義，大乘由此義，故能入門，
中亦應説云根本摩訶衍，中開八種等門
法體用影略故耳。不二摩訶衍，非所入非
能入亦所入，亦能入，非法非義，亦法亦義，而
與衆業，通作所以屋頂局，故又謂一心下，即
是初重能入之門，謂前法上下不攝四名，故令
門上持攝四也，以前真於摩訶衍，中開成八
種非於四門，故無四名，或各開下即是後重。
能入之門謂前法中已攝四名，故令門内不
更攝也，而云或者顯不定義，謂前已於一
心三大四上開成八所法，今復於此四上開
成八能入門故立，或言謂或作門或作法，故
而云門者，撿前法，故此則唯於初中門開以
第二重門之興法，唯於初重門開，故入立
義之所言法者，謂衆生心等此牒，初重門
開爲後重門法，二故又下文云一體一心門
三自一心門等，良以一心望一體等，而具非
一非异二義，由此一心與彼非异，故屬初重門
由非一故，屬後重發，亦是前合之，爲一後開
之成，二若望初法，亦具二義，由非异義一味
無差，由非一義故，分两重，故下頌曰平等。一
更無有别异，各攝諸法故，然終不能雜亂釋
曰前之三句正上非异，後之一句，證上非一，問
此，但初重門之興法，二牙相望，明不一异，云
何證上後法乎？答開初重門爲後，重法後
法初門無二體故，故得證也。問所入十六既於
根本一心三題大五法上開云何？上云摩訶衍
一耶，答上談屍體直説是一，今依下文
應義分中淵，淵説開，故有五若是下，云
摩訶衍者，總説有八種者，亦可便説九法，
中開令既但云説有二種一法二義，此義

復三故，但有五其體是一就義，談多入
映珠，喻法准曷了本摩訶衍者，至到
如來地故。判斯一唱總有三門，一者總體
門，二者别相門，三者不動門，從摩訶衍者，
下即前二門，然有两重從一切諸佛下即後
一門遍通两重初二種門，有两重者，且第一重
總體門云摩訶衍者，總是八因之内，第一因
緣，總中能化教法，正是根本，第一義薩摩
阿衍，但隨氣門立八差别其名，如次不繁預
出，以摩訶衍撿能入門，正用數字，勤屬前重
八種本法，其八能入承文辨訖，摩訶衍，中含
有不二并及後重所入八法，開總體中釋
論明指摩訶衍者，十六所入并及不二，共七種
名摩訶衍，三字之中，備包不二，亦舍後重
所入八法，開總體以立義分者，字正牒初
開總體之文，學應思有二種，云何爲二，一
者法，二者義，然此四句釋論不解，無文指
屬，在初及後，敬詳龍樹不之陳，竟欲令
講學住思，觀察細窮四句，通含两勢以此
法義在前重門唯是所作能依之義三諦
中屬真俗二諦，又此法義在两重法，唯是能
做所依之體，三諦中屬第一義諦，故知四句
勢貫两重正符立義文，前問合答前重
門云一心法界及三大義，各二種，故答後
重法云一心法界三大義中，各開二種故，方
知本論攝法，寬通以少含多義斯見矣。
又此法義别因心境謂及閙，法個分心境，法
即一心法界，義即三種答疑，義者境也，此
中不遮心中有境，内有心，難無顯説，理必
然，故所門言，法者，謂衆生心者，即所依門，
此中两句含後重法，故講開立牒，以者言
衆謂思衍之聖生，謂四種之凡覺，能人顯門
依法心，謂一心，以心釋法，謂一一心，及多一心，即
是後重所入本法，論指一心，本周八處不可
分離唯一體相，故是心則攝一切世間出世間
法者即攝末門是心，但指上衆生心是猶此
也此心爲本攝出世法爲真如門攝世間法
爲生滅門所攝二門即真俗二諦能攝一心唯

第一義依於等者即建立門依於此心開二種
門顯示大乘開二種法何以故者？即徵問也
云何依心句中開二種門，顯示已下開二種法
是心等者答前二問，先答真如門，依心所
作，若體相如還，即顯示所入本法摩訶衍，
故中體字例後三自唯目能入一體之門，後答生
滅門依心所作若因緣相還能顯示所入
本法摩訶衍故自體相用唯能入門故於
依心句中開二種門，顯示等中開二本法，
所言義者，已下顯示所入六法，能入六門，第二
重中三門之内，略所依門及攝末門或舉後重
攝前故或以上流下故，但有第三建立牒前二
義，故言義者今此後重義中三大，即是所入
摩訶衍法恐濫前重能入八門，故列名時不
舉三大，但直攝舉摩訶衍名達士詳之庶
無惑耳一者，體大即二所入謂一切下即二能
入謂一切法不增不減，即俗諦門真如平等
不增不減，即真諦門二者相大，即二所入謂
如來下即二能入如來藏功德即俗諦門具足性
功德即真諦門三者用大即二所入謂能生下
即二能入能生世間因果即俗諦門能生出
世間善因果，即真諦門後不動門，十方如來
三世菩薩皆乘因分三十二種深妙法門入如
來地故。又然斯一分文始十行經玄百億覺
皇法印聖象規繩微妙甚深，固難思議如下
論説，若於此論發愛信心，當如是人，實真佛子
一切諸佛親所愛受記無量菩薩之所護念，若
能受持讀誦思維觀察所得功德，不思議
不可説等，然觀釋論但厭大義，不細指文，恐
後舉人難窮根底，令先依文出意指，屬法
門貴令一件津涯，不厭其煩，廣釋兹一
分略述二解，初順文解，後依意解，初文有三
所入根本總門，體二能依趣，入别相三通達執
則不動門前二門中合分爲三，初重門法二後
重門法摩訶衍者，總者即是初重門，所入根本八
法，雖此總言通於两重，由後法下文廣釋，是
故，此文具屬初重，其初八門，但隨法有由法，爲
體門爲義，用以用隨體更不别明或説有

二種云何爲二者，法二者，義四句論，文不唯
攝列後重，抑亦釋成初重，則初八門，此中顯示
由貫两重，是故，釋論不别指判，後重門法有
二初法，大乘後義，大乘初中有二，所言法者，謂
衆生心此，即第一本法，所依决定門，心即所入
二種本法由，依此法建立二種能入門，故所謂
一體及與三自是故名爲本法所以。言是心則
攝一切世間法，出世間法者，第二根本攝末分
際門世間出世間法，如次，即是根本一心所攝
枝末生滅真如二能入，故名，根本攝末依於此心，
顯示摩訶衍義，至體相用，故者，第三建立
二種摩訶衍門由，依衆生心建立真如生滅二
門，顯示趣入二種本法，名摩訶衍，後義大乘
所言義者，則有三種，云何爲三，一者體大謂一切法
真如平等，不增减，故等此如前法，亦具三門論
約影兼但長後一建立二種摩訶衍門，言體大
者，總標所入二種本法，謂一者一切法，不增不
减摩訶衍，二者真如平等不增不减摩訶衍，
言一切法真如平等不增不减者，總標能入
二種别門，謂一者一切法不增不减門，二者
真如平等不增不减門，此具顯示二門二法
四種之義，如是相大用大，亦各具四例，體可
解問，此立義分備標數三十三如上所明，但
三十二法，何故不説不二摩訶衍？答若門相
法形差别，開示則三十二法所示，攝若融通含
總離於差别，即是不二問，爲欲總取三十二法
方成不二，爲各别取，亦名不二。答於諸法中
不生二解，豈是法數多少之相，但能離於對
待差别，乃至一塵亦名不二，如是諸法，若總
若别無尋自在，皆不二也，又不二之法，是所
依總體由依此體，具差别義，用而建立爲三
十二法，今明能依三十二法，即亦顯示不二法
竟由能所依不相離，故問以本影末，以親影
疏於理可，爾今不二法，衆乘本體，諸教通宗
一切行人之所歸趣，何不分明顯示而唯影略
明耶？答是法極妙甚深，獨尊離於根，宜離
於教，説通達執，則不動門，文相明，故不煩預
釋，後依意解分二，初建立法門，以爲宗本後

通達因果，彰其甚深，前中有三，初標舉征
列，次依列釋成後，會釋論，文摩訶衍者，總此
總標也，准大周新譯起信論，云摩訶衍略，有
一種然此總彼略言別義同，但爲標舉之詞，未
是建立法數，下文謂衆生心等方是建立總別
法，故此即標舉摩訶衍者，即是三十三法之總名
也，此中總言而有二義，一者名總摩訶衍，名周遍
該通三十三法，略無餘文，故下輪説云諸佛甚深，
廣大義，我今隨分總持説，彼言總者，具足，該
攝三十三法，二者體總謂，即两重所如本法對
能入門，是總體，故下輪爲顯門法，各别是
故説云此中總言於两處，中是總體故，不遮
名總遍以諸法説有二種，此別標舉謂將建
立法門名數樹，爲宗趣，先牒屬總別標舉，
云何爲二，此即依標二生征問，一者法，二者義
即依前文開列其數，謂两重八法，由彼一心，
法界而開成，故名法大乘，二十四法由彼三大
義理而開成，故名義大乘，次依列釋成有二
初法後義，法中有三，初本法所依所言法者，
謂衆生心，此即建立不二摩訶衍，法謂由此法體
絶對待性離言詞，思直依體明難，可顯示故
就所依方便建立是别説門中顯示通依之
體，由斯不二遍法義，故謂能與彼若法若義
三十二總所依，是故論説衆生心耳，此心先
辨爲法，所依是心，則標一切世間法，出世間
法，此即第二以本標末，此文不唯顯示標法
分際，抑亦釋其爲依所由，由能標彼，真妄諸
法，是故，與彼爲總，所依上之二門，本原玄理
二論，所明此論，下文不廣解釋，依於此心顯
示摩訶衍義等，此即第三建立門法，謂依法次
前衆生體建立顯示，能依八種法大乘義
何以故下，問答釋成是心，真如相即示摩訶衍
體故此即雙立初後两重四重門法，即初重
一體一心門之與法及與後重一體門法，由衆生
心具彼凝然絶待之相，名曰真如，即爲能示摩
訶衍之體性，故由此真如靈明絶待名，爲一心
依正無差復名，復名一體，下論云是故一切法
從本已來，唯是一心，故名真如，取意安立故成

两重，由此論名如意論，故故説此文通立四種
既何故，但説即是示摩訶衍，體而不言心
答大覺契經中，唯影一體，故又舉一體兼一
心影顯示，故是心生滅因緣相，能示摩訶衍，
自體相用，故此即雙立初後，两重四種門法，
謂即初重三自一心門之與法及與後重三自
門發，謂衆生心具彼隨隱顯之相，名曰生滅
即謂能示摩訶衍，自體相用，故由此生滅靈
鑒無差，名爲一心作依止德業，復名三名楞伽
經説如來藏，若生若滅，猶如伎兒故，取意安
立，成故两重由此論，名如意論，故故説此文通
立四種，既爾何故但説能示摩訶字體相
用，而不立言心，答大覺契經中彰三自故，又
舉三自兼一心影，顯是故，此第三門則是一
心起信，正所詮顯自下第二名義大乘，應
同於法，亦具三門，前二影略唯辨，第三建立
門法，謂衆生心具有依止功德作業之義，
名曰三大釋，斯三大即謂三門，初體大門，言
體者，大雙立初後四種本法，謂初重有二，
一者一切法，不增不減，體大摩訶衍，二者真
如平等不增不減體大摩訶衍，及與後重真
妄二法，謂於初重法中，除其體大二字，即
是後重二種本法，言一切法真如平等不
增不減者，雙立初後四種門法，謂初重有
二者，一切法不增不減體大，門二者，真如
平等不增不減體大門及與後重，真妄二法
門亦於初重門中，除其體大二字，即是後
重二種法門，問體大之言，既屬本法，則能入門
闕於體大，其一切法真如等，言不名體大，唯
應顯示後重之門，云何以立初重門耶？答名
無得物之功，物無當名之實，但求旨趣周備
何責名言异同，必若同者如所入本法，但言
體大何，得輒易名摩訶衍，彼既許爾此何不
然，彼此异，因不可得，故門彼易體大爲本法
者，名言無闕，今初重門欲將何文名爲體大？
答法者，用之性門者，性之用如是，性用皆
是性用，皆名體大，由一切法真如等，文義
含通别通爲所依止即名體大，别彰勝用

名法名如，是故一切法等之文，便名大乘，不爾
此文欲何所標，今初重之門，通別雙具，故言
體大後重之門，唯彰別用，但言諸法及真如
等，又體雙言通於門法，两處用之，則無所闕
今此體大融俗衆命二論依之門，成八法，如
是相大用大，皆唯此釋，應審思擇法界，真如
二論，依相八成八種秘蜜，心性二論，依用分成
八種後會釋論，文問准下，釋論依於摩訶衍
者，總一句輪中具足，顯示初重門法，從所言法
者等文，方始顯示後重門法，令此後解標句
總標三十三法，釋文具釋三十三法，通將上下
論文建立两重門法，豈不遣於釋論文耶，答佛
説不得諸法，正性皆爲名言所覆，何不亡詮
舍二日而欲反義對文，且立義分諸論，同宗或
號摩迦囉，或言寶册，標標良由安立善巧
義味甚深，豈得輕浮臆量，當教且如初重
門法名字全用下論立法，文句不可初重
唯標無釋後重，但無標建立執或定無此理
龍樹意令初後不雜，故於標句取意，先明初
重門法，此則預取下文，建立之意，於鏢局中先
顯示訖不遮下文，建立之處，且含两重法體
故，今所解善，順釋論後門，文義顯至文，當知
如是二解，前順顯文後順理，任情取捨摩
訶衍者，總者斯則唯屬初重所入，即是上云
根本摩訶衍中，開八種故，然字自狹之寛通
具三義一約文唯屬初重所入，即此文是二就
義，亦通後重所入，如次指，云所謂亡上及下
臨故應降下云，依於此心顯示摩訶衍總義
等三亦就義唯屬三十三種之能詮，故第
十論釋文大偈中，我今通隨分總持説云能説
字相門，唯以總字詮三十三，彼文指是此中總
及唯望上及下，臨故理應全遍立義一分，應
云摩訶衍這總總説有二種等，不爾云何能通
詮哉？非是通取摩訶衍者，總五字，爲能説自相
門下，聞名言總三字，故此三義前二總體命，總即
所詮，故論文云所入根本總體門，於两處中總體
故後一總説名總，即是能詮，故論文云我今隨分
總持説能自相門，自説有二種至二者，義者斯

則唯屬初重，能入即是上云一心法界及三大義
各二種故以初所被根性利，故不須廣説已生解，
故龍樹菩薩不别釋者，由於文前及於所入已顯
此名人多易了，故下繁叙已釋初種次指，後重
所言法者，謂衆生心下次廣開説，初重之門二彼
爲後重門法，二故由鈍衆生聞，初略説不能解了
故牒初門重廣分别得名，两重量有以焉，非同
常例不分两重，故初略標而後廣釋，斯財初重
總説略説後重，别説後重廣，故二异也，是心
是二人所入法也真如相即示門也摩訶衍法也體故門也下論釋
此即回體字在摩字上，文云即顯示一體摩訶
衍，次一準此回上上易了是心是一切一心一切所入法也生滅因緣
相門也能示摩訶衍法也自體相用故門也言一切法者
即隨緣也亦世間也真如評等者即不變也亦出世間也不增不減故者通上二也
二者相大法也謂等三句門也言如來藏者隨即緣也亦世間也
言具足無量性者即不變亦出世間也功德故者通上二也三
者用大法也謂下至故門也謂真如門理性不變，唯
善净故與善名而生滅門真妄和合通染通
净不立善也，故清凉釋生復無際言是用
大通於染净問，寧違賢首用唯善耶，答彼
分順達，須性是善，今據體用性起，爲用望
義，不同二師無違上提今論二門説故論論至住思應觀
此及科判也，打飯科判總有二例，一者判文，二者
義判，今前二門即其義判，謂两重所入，總體入
其初門，復將两重能入别相入，第二門是故説初
二種門，有其两重住思應觀。又前二科各相望
萬成五對，謂能所本末，總别體相於能所中依入
别，故若實解盡五對之義，一部論文思過類，
又通科一分，總作三門及前二門更開两用文
雖具要須撿擇故觀講學住思應觀
論摩訶衍者至有八差别，前二門中合分爲
三，一初重十六，二後重十六，三總結二門，初中
分三，一顯示法門，二對明同异，三總結前義首
中又三，一牒門解釋，二顯論通標，三立法因由。初
中復三，一正顯所入法，二因彰能入門，三引教成前
此初牒前本論指屬科名，論云何爲八至，訶
衍所入八名略解一二，第一，一體一心摩訶衍，謂
依根本摩訶衍，上作起能依所依絶依待上，一

體，復又作起能依所做抱待靈鑒，一心
一體爲別一心爲總別實彰，故須別舉此之四
字俱屬其門，所入根本摩訶衍法，從門受名一
體一心摩訶衍作依主釋，第二三自一心摩
訶衍亦依根本摩訶衍，上做起能依所對待
撿染三字，復有作起能依所作對待靈鑒，一
心三自，亦別一心，亦總然斯四字，俱屬所入本法
從門受名，三自一心之摩訶衍亦依主釋法中既
爾義中亦然，但於義中體大名字，梯對法中一心
總各體大字，上多字名目，梯對法中一體三自相
用例，知不繁具指，細尋論文義，亦可見。又列
釋八法，謂所依爲體，堅實名心二俱無差，皆號
爲一則一體异一心，體心雙顯一體之一心，總從
別名，故由此爲門，方能入彼摩訶衍法，一體一心之
摩訶衍依門立號，故後之七法，皆仿此釋，然此
八種總有三對，謂即法義門，即法真俗，初二名
法，後六名義一體一心等文，皆屬門標摩訶衍
字并在法，收一體一心是出世間真勝義標三
自一心，名爲世間妄世俗，表後六義中，亦名具二
義但與法中前後成异法，中先真後俗，義中
先俗後真，爲表真俗，非定异，故問能入之門是
體是心，其摩訶衍爲目法，答諸教之中將用顯
體，以果比因，令諸衆生方便瞭解，今此義用既名
體心，即此體心便爲本，法由性，深隱難可了知，總
相名爲摩訶衍法，如識了別爲其功，復用了別爲
自在故。又一者，一體即下第二重爲門也，一心
即下第重爲清也，三自，即爲下門一心即爲（下清）無量
至不減（即法下門）體大（即爲下法）寂静至不減（即法下門）體大（即爲下法）
如空（即爲下門）相大（即爲下法）具至德（下門）相大（下法）能生至果（下門）
用大（下法）能生至善因果（下門）用大（下門）上來指初重
門以爲後重門法二故，論辟如定建立名故
妄本一身未有多名，由王福力，感招棆現棆有
四殊，金銀銅鐵，金棆未應名金棆王，餘三亦然
棆是依報體非王身王是正報，體非棆實棆雖
非王由王所感是故，王身立彼輪號棆之王，故作
依主釋王比本法棆，况門名雖門因法作門，非是
法從法由門，顯法非是門，故所入法，從能入門以彰
自號，作依主釋，喻既分明，法應深信。論大覺契

經至乃至廣説。謂八種本法門，隨法立不假

別名明趣，入彰其爲門，依用由門，功力欣趣，證入

故皆云趣入彰門，用故身法即是本法异名，准

唯識論體，依聚三義，説明爲身，令取體，依此中

屬，當直目所入八種，本法謂自體不無故爲門

所依故謂名大乘，亦名身法，然前二法不置心

言名參後中經文略故，又與易名影，餘名故

體大中言諸法差別，純净一相，即通本輪謂一

切去真如等文，五六二種顯了者，功德之相顯

現明瞭即是相大説名顯了七八二種自在無

礙者，出生作業功能自在，是故用大名爲無礙

妙因果者，因亡招引之功果，絶熟變之相，嚮超

世俗，故稱爲妙，此一段在今取體依下記之故云

身也本論所牒應是此經，故次論云馬鳴菩

薩正標彼之是，故説言摩訶衍者，總約義也

斯則舉經之同屬論之綱論馬鳴菩薩至摩訶衍者總

後顯標立義，分中初之五字，包標彼經

八種身法又牒前段開總體文，論此中總言

至及下臨故，此解總字貫通前後，望上即

貫前重所入下臨，即貫後重所入是總體故，

两重能入非總體故，此即正符開，總體文，又

謂两重所入俱名爲總言，通上下臨者至也，

至於下故有望上及下，臨者應流，至與後重所入

【後缺】

（四）俄 TK80. 2《龍論第二上半》①

【題解】

夏或元寫本。綫訂册頁裝。未染麻紙，軟。共 50 個整頁。高 20. 3 釐米，半頁寬 13. 2 釐米。每半頁 8 行，行 19—22 字。有雙行小字注釋，多人所寫，楷書，墨色有濃淡。有改補字。尾題缺。“明”字不缺筆。與俄 TK79 爲同系列寫本，與俄 TK77. TK78. A38I、A38II 爲同時代同範疇寫本。據蘇州戒幢佛學研究所宗舜研究，俄 TK79. TK80 内容較今存世遼本法悟《釋摩訶衍論贊玄疏》卷二更爲詳盡。

正解第二論從四法相至心量識

① 《俄藏黑水城文獻》第二册，第 257—306 頁。

論頌曰至九論已説故，初一白明此所有次二白辨此所
無邊白頌九論説，論論日至生滅門，明此論有無以是
□□□□詮□故先列示後重法中二法門，二門今解釋分具
明二門二不廣釋所入法者，若入二門，建本法，故意云顯示後
重四種法大乘體下解釋中，明二門以是行人親所復故略念
□欲令行者真契遠故。論何故餘法各差別故。此釋餘
論一心邊解釋初重四法大乘，其融俗歸真等三論解初重
一十二中義大乘，如次顯示體大四義，相大四義，用大四義衆命
令一等三論解釋後重一十二種義，大乘體相用三各各分四，故最
後二論，共命一種非法不二之體，二論別者廣説略説各
個別异，無重濫失。言何故餘發至已解釋故。後釋
餘法二十九種，何故不命餘九論中已具釋故。論所
謂至善因果門，七論略明四立義，相同解釋個四八論共
許三十二矣。論不動本源至各差別故。二論獨明一
本源玄理唯釋不二法門，如是二論應有立義，不二大乘
應有因緣，如無因緣，則無立義，應唯三分，若闕初二云何前
論通指五分教法，出具法如是，故答仰觀二論，必具五分，次
前論説十論，建立同一相，故後難善遷前難，奚通不二大乘
應有因緣許不離根裹，豈不建前離根，宜故，然准有欲顯
於無，雖説因緣非同因分稱根，施受令其斷修實被之
根，但欲令從，知此不二，無實所被，故宜建根，宜故如是因緣
亦不無既具因緣，明有立義，同不二大乘，既屬果分賢首
清凉准其文理，皆説不具教相，應故此論上文，亦説不二
離教説，故今和却指本源玄理二論，同釋不二大乘，豈不
前非教相，應離教故，應有二解，一兩輪雖設不二大乘，但令知
有不可剖析曲示放於人，故亦明爲不可説也，亦猶因相方
逮於無相，非言安了孚絶言不以論詮曷知離教二賢
首清凉，龍樹之易，據因果分各別相從，而明以果就因，是
應爲四白分別有，唯離言謂性海果分有唯帶言，謂修
行，因分有亦離亦帶，謂因果無礙，有非離非帶謂因果。
形奈四齊現契斯宗矣。論何故諸論至各闕。二門
不修，問謂十論立義，分具標三十三，何故？解釋分説四或
明一，問意云建立門中各明四種或唯明一，其故何耶？
論爲欲顯示至不知其量四，四義有別，答二分具闕四義
不同一立義，就法體唯一不可分散，故全本屬解釋，當據
義門有多，各別詮顯，故闕其數，二立義解釋，二分俱闕，數
目擬增，智者思維欲長，學人惠力，三立義教理，本數備
收，已是甚深，皆起尊重，解釋教理，各委辨明，又顯一

極玄咸生贊歎，四重能入廣大如空，两重所入無窮
如海不二大乘性德，果分口欲，談二詞喪心欲，緣而慮
云固亦可法門廣大通指，两重能所義理無窮，别目不二
性海，言不具談思，不定量總顯因果，皆絶言慮，又解
云備總本數，表法體，無殊闕略其餘彰義，門有异
故斯二門具闕，不同二欲，令學者方度成，故謂力有二種覺法
力思擇力，今標釋各别，欲增其力，故三爲除慢，法心出生
尊重心故，四爲顯深廣，言思無礙，故法門義理如次
即是能詮所詮，教廣如空，理深若海，雖復論之，
簡册不多一字，法門窮海墨，故所攝本經，極廣大
故或鬧即是散施二種所入能入相對名，故義理乃是
不二之法，出生無窮，猶如海，故言妙澄神海者，意言同
海澄澈神聖，如是十得，百川味耳。論本呈分别
發趣道相，謂依斯一分，判依三門，即顯揚開示一心二門
三自四鏡等，如來根本正實義理，故次則次行人依論一
次爲方便對説七種邪過失，故後即分别解釋三種
滑心趣嚮，諸果道之相故。論如是三門解釋四門法，大門
數量，言四法者，二法二門，釋論指屬，初門正顯四種法
門，後二門中辣障倀因成净彼義本顯示正義者，至
不相離故，依一心法，即總所依衆生心體，由依此心建立
四法，俱説二門影顯法，故二門覺攝是故，名皆所横不同故
名爲各無有遺餘説，爲總攝有總標指，言通於上二意
云皆總標，故各總標故，又本心真如門者，心即一一心法也，
真如則是門也，生滅門者，即一切心法也，生滅則是門
也。論一心發至法相門，於一心法有二，所入并開示二門
故成四種。論二法二門至，立其名故，總問略答，明示能
行，各有十名，究體無差，隨切立言二法，上咎門至其相
云何？此問名字并其行相。言各有十種名至其名，
故初句標各數，次句指經説，後半明同异謂，體性無别
隨其功用。立名不同，長行釋頌：如次可解，論頌曰
至二種本法，頌答取下廣大等，此言九對此毗摩言
九曰梵語次第翻譯於文，易見或名摩訶衍者，以下
列門十异名中，既無此名，明知此非通門也。論二種
本法，至云何爲十，長行釋中標指，論一者至條
污品法故。廣大神王有行二顯名，合説喻□□□
中名同依异，法中體同用异，但取喻體不取經，一心具
故今十義中，六八俱十直依法説，其餘十種法，喻對彰十
種之名，舍於二義，一者一體三自二種本法相，令標舉同

名廣大神王乃至同名一心分離別舉，則各各爲金剛主
海乃至二心多一心，二者十種總名，即顯二法平等一味，
不可分折一三差别即是所依不二之由，大總持如來
之藏體，即通名不二法，故前則同體名别，後則體同
義别，名同未必體同，體同必具名同，是故。論云名同
義别，廣大神王者，通標一切諸大神王，爲欲喻顯二
種本法，而於中四開二種法，中説言出生真如，謂一一心具
凝，然義依體顯依，名爲出生大圓覺經，佛告文殊
菩薩，有大陀羅尼門，名爲圓覺，流出一切清净真
如，菩薩提涅槃及波羅蜜教，授菩薩等亦依體顯
義，此意同。論自體契經至染净故。謂安極
疑二種本法，爲同爲异，佛即造作説法之相，乃與一
答釋，遂舉二喻曉，况两法金剛神王，两配一一心主海，神
王一義，指陳如多一心，言自體契經至爲衆更説
文殊師利，陳疑啓請，謂衆生極疑疑種本法，爲同爲
异，故伸啓請。言佛造作相，至其相，各差别。如來
舉喻顯二，各别决衆疑心，不應謂一言造作相者，瑜伽
八十六云：如來將欲説法之時，現四種相，一從極下座，安詳
而起陞極高座，儼然而坐。二安住隨順説法威儀，三
發聲數音示將説法，四而自顧，視如龍爲王，故云作相又
造作相者，發體深玄，難可宣示，遂依彼造作相，用以告
文殊，又不假呼名現相而答，楞伽經云：或有佛刹矚視
顯法或有作相或有揚眉等。言謂如金剛至
净法故，法喻對顯二相各别初喻，雙顯光明眷屬後
唯眷屬。論二者至而爲自在故，太虚空王有二初
顯名合説，第一空王以總大靈容東西，得自在，第
二空王以容色而得自在，色容受等者，意言以空容
諸以空中容受色故，合二本法，於義可見，解云以容受
等者意言，以空容受於色，而得自在，故此文云於一切
色得自在，故容受大種故其上以空受，準此可了
意云如總大虚容東西别空，何不自在，同所入總了法
容體相别門，有何難哉？以并就義而假説，故以無住處
者，謂於無住，空得自在，住處則是障礙，義故又二者，
名爲至而爲自在，舉喻顯空自在，空王者謂彼真如
離諸障礙，説名爲空，即依真心，所顯理空，方行首楞
嚴經，説空生大覺中如海一漚，發彼經亦説依止真
心建立大空，義無上法王親證空鏡，於空自在，名爲
空王或大菩薩分證此空，亦名空王色自在空王者，

即所礙色
中空界色也，由體虚疏容受諸色，名爲自在諸大神
等能於此空主持無礙，故説爲王，又空色二法能於
容受得自在，故説名爲王前，則王屬於人，能主持故
後則王日於法，得自在故，言二種本法，至而爲自在，故
此約法，合真如一心，體絶諸相，猶如虚空無住，處故生滅一
心與相俱轉，有差別，故説有住處，問二種本法，各有所一
依摩訶衍故，和故一體文法，獨無住處，答爲表此法平
等，絶相其體，非是取相，心等可住之處，説無住處，非無
所依，名無住處。論金剛三昧至容受大種故。
謂一心真如本法理性能容真門，自體容無絶安立處，
猶如大虚能舍衆空本來於彼東西等處，無住者，故放
於諸障礙無有障礙者，然一多一心於障無障，能持故如空
色，使得住故又於諸障礙無有障礙者，生滅門中五種，有
爲四種無爲，能障所障皆名障礙，一心本法爲彼所依容
受，彼故故諸本法名無障礙，不障礙，彼能依法，故又諸
有爲法，名有障礙，諸無爲，法名無障礙，本法通爲二，
爲所依是故説，云令諸法，言一心至住處者，此之四句，前
二法説後二喻明，各上屬法，各下目門，體則性也，性自空
故同喻本義，本來無故，謂大虚空，本來於彼東西等
處，無住著，故即當容受，體相別真，於諸障礙等者，即次
喻云於一切色等也，令住諸法者，即次喻云容受大種故，若
自門中通有障礙，及無障礙，二種義，故對真如門，無障
生滅門内，并名障礙，故言於諸障礙意言如空於色無
有障礙，使色得住耳。論三者至而爲其德故。出
生龍王有二顯，各合説又先喻後法也。言順理契經
而爲徒衆，正如爲宫殿，法性爲相伸，恒沙净德，亦爲
徒衆，言無始契經至無有斷絶，故言標嵐者，云毗藍
或云旋藍，皆是梵音語呼召有是，此云迅猛風也。法中説云
差別平等，謂差別説諸法合前標嵐平等諸法，合前證
水動亂清潤如染，法因各別故。論四者至通生染
净法，故顯名合説，執所出生，立其名故，又立總別名以喻
顯法。論如如契經至涅槃法，故真如所入，利圓者也。
良以性本無惑，體六是真清净解脱，功德圓満故，所被
根是圓，頓器又利圓者，故者即下所説清净解脱者也。
如二祖云本無煩惱，元是菩提，此豈非本來功德圓満者
焉非爲圓根名利圓者，以是頓根，故名圓者。論如如契
經至利圓者故。此引教證先明一體，金翅烏心爲如意

珠者，觀佛三昧經説，金翅鳥王明曰正音於衆，羽旋快
樂，自在於圓浮提，日食一龍即五百小龍於四天下，更
食一日數亦如上，周而復始，經八千歲，終相既現諸龍，吐
毒不能食，饑逼慞惶，求不得安，從金剛山直下，從
大水際至風論際，爲風所吹還，上金剛山如是七返，然後一
命終以其毒，故令十寶同時大起難陀龍王懼燒此山，即
降大雨滴如車軸，鳥肉消餘心在又直下七返，如前住金
則山，難陀龍王，取爲明珠轉輪聖王，得爲處意心珠德勝
唯益龍王，如一體法，唯生真如，唯被清净圓根解脱。論
本性契經至涅槃法，證三自法，鬼變爲珠，通生諸總濟
彼海中雜類有情，猶三自法具二自在，出生染净，通二
轉諸衆生故。論五者至，亦復如是故。謂有毫通
顯五趣，名爲亂色，二俱稱毫雨，皆色次下，梵語無别异
故。又立總别名，以喻顯法，白毫之毛，圓須寸説
名方寸第二方寸，其色亦白，由現五趣，雜亂衆色
從被立名説爲亂色白毫之狀，來見正文，今類釋
之如觀佛三昧海經説如來出生眉間白貓，满足五
尺，如琉璃個放已右旋如玻梨珠，太子漸大
亦隨年長至聖道場，端正耳一丈五尺，有十楞現
映蔽衆目如萬億日，今此方寸多是輪王梵王福
德，天人所成就者，此於如來勝劣，雖殊形狀相
似衆生身份者，如□毛今□非執受亦有情
分標照用分明，猶如明鏡或時所照諸衆生等
一一身分，皆悉分明如鏡濫形炳，然影現又方寸者
謂是毫毛形方寸故，次論云如是二毫，譬如明
鏡，故云方寸，一者自毫方寸者，然此毫字後人寫誤
應是色字次引證中唯是自亂亂二言有异
其必薩伊尼禄两名全同，故知是毫字誤矣，若爾寧
知色字非誤，答同准彼前後所翻諸名及此論云五
者名爲方寸，即譯彼薩你羅，但名方寸，不言毫色二
言之名二憑述理論，云第一方寸中，唯現前天像此則白色非是白毫
第二方寸中通現前五趣此前亂色，二皆現色不言現毫，故知色
字是對毫字是誤。論標無量至伊尼禄，故就一就多
設自説亂，雖殊體性無异，隨受一名俱通，二號法，喻可解
論六者至屬與行爲相，如來藏如來藏者，有此二顯名相，前五
從喻當後五約法建號，此如來藏正是所入徒，真入門
彰源轉至名，徒生滅門，得與行與相之名。又屬二種
本法，此真如相，相本自盡故説名爲遠轉遠縛，其生

滅法與彼能重染净諸法俱行俱轉，非一非异故，説名
爲與行爲相。論實際契經至如伎見故。引教證
成此引二經釋前两藏，以二心從能如解，唯有覺者，離流
轉，因是一是白名遠轉也，唯有如如離靈知縛亦一亦
白名遠縛也。一一白白摘讀两用或復通用在義，無違
又此明一體之法，唯有覺者即是一心，唯有如如即是真理。
謂有此藏洞照凝然故，經雙標如如覺者，離流轉因等
者者二句所離即生滅中覺，不覺二也，故行异云真如
門，一心一念爲縛等，今此二名相，行耳立遠，望俱异義，同
水火轉即是行并遷流義也。縛俱相同即是爲相之
所縛也。其唯有覺者，俱離流因互釋難有如如，俱
離慮知縛互釋，斯則遠轉真之异名，遠轉如之别號
故唯識云真，謂真實表無虚妄，如謂如常，表無變
易，又真入門，云無遣無立是也，言一一白白者可有二
義一云作上結詞上一即唯有覺者下一即唯有難有如
非同生滅門，有不覺如故有二也，今詞難覺如故，但
一也上白結漓慮知縛既絶二黑故名二白，一云生滅門各
上標下釋意言一白是一白，白是白非同生滅門，對多名一
待黑名白，故云一一白白又多一心，亦從所解，若能與其唯本
法善，不善引者切總相説善即是覺，不善不覺爲
者作也，即當爲與義受若樂者，告即生義樂，即涅槃一
於惑於覺與力爲因，生死涅槃從此出現，與音俱等者
即一法界有爲無爲二種自在，與彼能重爲無爲多一
法和合不异，故受若樂定，俱是轉故楞伽云如來
藏這能遍俱造一切趣生，譬如伎兒變現諸趣，故又猶如伎
兒者，即幻術人也，故下文云譬如非幻幻人於諸幻事隨□
其所應俱力用，故如幻自身，爲諸類身而自身不現，故□
法難思之故，下釋云藏者，即覆義，又論楞伽契經至□
猶如伎兒故者，明三自法，此同七卷經中第五卷文，大惠□
菩薩文蘊處界生滅之相若無於我，誰生誰滅？佛言
大惠如來藏是善不善，因能遍與造作一切趣生，譬
如伎兒變現諸趣，此經遍明下轉之義，能受然重，故説
爲因俱彼妄，令名受苦樂等不同列道，執實有我
造業受果，然唯録此經前後總經四譯三存，闕初比
凉天竺三藏曇無讖名楞伽經四卷成部，此本現
闕，二宋天竺三藏求邪跋陀羅譯名楞伽阿跋多羅心
實經，亦分四卷，三元魏天竺三藏菩提留支譯名入楞
伽經十卷成部，四大唐天後代幹圓三藏實叉難陀譯名

大乘入楞伽經，合七卷。此復三本現存，今論所引两節心
經，文初如來藏，爲善不善因三經皆同後云受苦樂
俱因則俱宋唐二經，全同，唯魏本不同，彼弟云如來藏不
受苦樂非生死因，應是楚本，頌有參差，亦慮後人傳
寫錯失，不爾既許隨緣爲善不善因何故不得隨緣
受苦樂果，又此文意反顯成謂如來藏，若不受苦樂
則便非是生死之因，既許爲因，當知此藏必受苦樂。
論七者至如住劫時，純白法界如空，劫是無雜，物故意云，以
喻顯法空劫之中，依正俱盡絶於情器差别性，故言純白
一法界者，是純白之一法界，亦從門得名非自體，純白故餘
説真如門即是理，法界者唯當釋家門也，彼不門法，故其餘
九法亦從門立名，非是自名耳。無盡法界如住劫一
時有萬物，故無是門名本法，從彼以彰名故。論真
如法界，至如有長特，故空種即純白，遍種即無盡空
種，無礙者種則性也，意云真如空理之心性，故遍種無
愛者種亦性也，意云事發周遍之實性，故此四字上
一是門下三皆法是空之種，無礙是遍之種，無礙并依
主釋也，故上法界亦是性也，不同常義，釋事法界
分异名界，不分門法，故作相即今分門，是無盡之法界，俱以
事爲門，趣入法界，法界非即事，故亦可種者，類世謂體
真如空相真如空又如實空不空種類不一，故此
中字上二門，是下二，是法空種之無礙，名依主釋也，
次後一名，準此知之，其二長字，并上劫義。論八者，至
義如前説摩訶衍，此中有二，一者一體摩訶衍大覺經
證如第一論，又摩訶衍立名引教備如前説。論九者，
至如順明珠明此顯明相，第一義諦亦名中實如順明
珠現衆悉像，故法喻雙顯。論中實契經至如同异珠
故離近釋中真心解實理，遠離真俗二種，近故由此本
法名爲第一義諦，於文有據，亦如前引自體契經，廣
大神王非世間法非出世間法，以銘大法爲第一義諦
上下明證其文，非一如异同珠者，异屬所現影各差别
同屬能現珠明無异標，差别影歸同體明，故云异同次
同异珠系此而説，又其獨明珠一切异物，若對此珠
爍同一色等住中實，攝一切法皆即是真如，不變故一
順明珠若對衆物珠同异物種種色，現别住中實對於一
切染净諸法隨緣轉故。論十者至隨能作立名
此五總别名重言是一等者，上標下釋，謂先標云是一是一
切次釋或云是一一心，是一切心，初隨所作，立名謂本法，爲

體門法爲義，義從體生，説名所作真如，平等一
味是一之心，從所作門，立其名，故依主釋也，理實此心從
自能作，亦得名，一爲欲撿异生滅一心，且作是説，後隨能
作立名，由所作生滅，差别無量，今云一者即是心俱一，
從能依立其名，其故持業釋也。由一是者，即當門也，意屬
法也，是一切者，亦當門也，意屬法也，謂心法唯一門，隨説二
也，故次經云心法非一因所作一，故假名爲一心法非一切因，所作
一切，故假名爲一切，此則上標下結，立也，亦可是一連讀上
即體真下，即相真是一切，是一切連讀，上即覺義下即
不覺，初解理憂後義，文繁，第一一心等者，以其真如，門所
入之法，但名爲心非一多，故耳從門名，一也。不同生滅門所
入法故，何者謂第一一心隨所作門，可得名一刑待，第二一
心所作一切門，故此則一一心所作之一所待多一心所作之多，故不可
説，隨自能作，名一以無所待他能作多故第一一心不可從自
能作立名，唯從所作而立其號，第二能作望，自所作一
且得名，一也。故次經云生滅一心，因多故，一此則能做一，對
自所做之多得名，一也。亦可對前前第一一心非一故，第二
一心名一，此即第二能作之一，待前第一能作，非一得名一也。
第一能做即名非一第一所作對此名一，故經云心法非一等一
斯則第一所作，待自能作及對所做，故立一名，第二能作
對自所作及待他能作，故得名，二門即是二諦，一心即第
一義，故次經云非大非小等，又上文云而廣大神王非世
間法俗諦非出世間法真諦，又理近真心爲中實故論一心
法契經至非一非一切，身子征問陳述昔日所聞之義，謂
説心體本絶，諸相不可形量取，故非大非小不可染净
知故非法非法絶於對待故非同非异，數分區窮，故
非一非一切體絶百非略言，其四上三因，舉第四正來欲
難今經是一等義，言何因緣至相違過耶。謂今説
言因一故多故，一則此心性數分可取，將非所説前本地經
後一心經成相違耶。論佛言善男子至是名爲十
如來答説謂會釋兩經不相違，皆先解真如，心□
心法非一本，絶數量因其所作真如門，法俱本等，故一
體即是一此心隨所作門，假名爲次，解生滅門，心心法非一切
絶數量，故因其所做生滅門，俱本别故，體是一切，是故
此心隨所做門，假名一切若爾何故不名一切心耶。答而言
一心不説一切但隨能作立名不彰一切文號，雖復名一非
數分，故前後義無有相違問上之十義，所説多同，皆
説一體一心唯心生净法，三自一心通生染净，有何差别，分

成十義，如其不別繁文，何用答？咋觀似濫至義無參
略陳十對之殊，用表諸門，不雜一明所生純净，雖染异
故二神王，二明能攝無住有住异，故入二空王，三明所具
體性德用异故，如二龍四明所被解脱三聚別故，如二意
珠五明所照，一味別差异，故如二方寸六明力用無轉有轉
异故，即二種藏，七明自體無相有相別故，如二劫時八明
選載一體三自別故，即二本乘九明，爲依真如生滅別
故如二明珠十辨五名所作能作別故，即二一心由是
十種義趣，不雜老爾，云何下文但名三异，如次所説异
應成多，答二法相對，异實有多，而但名三從顯説，故
又上十義，多就門明以類相從，不離三故。論如是十
名至十種別名□佛説根本名字雖殊途同歸，此所
攝□，論論曰至是名爲十，謂偈頌列名俱存梵語長
行，釋義并用，方言無雜亂者，表此如來藏，無能所藏
雜亂義，故不二平等，無彼染净之差別，故一道清净心
無有多相分异歧，故大總相門難理自理無別相持成
他相，又一者名爲如來藏門，無雜亂，故者即下十藏
中第四真如，真如藏也。非同生滅理，爲他智雜故亦
□□不同毒餌無雜釋藏雜者，染也，其遠轉是染法
故即是以門而顯法也。今言雜者是亂也，但言真如
更無他智雜亂故，故論云真如門理唯自理非對一
智也。如來藏門相濫撿辨若何，爲答此問門爲
開爲真如真如等，如來藏則通真俗二諦，攝故法開
爲遠轉遠縛等如來藏，唯囑其第一義諦，故知前
後名字雖同義不濫。論如來十名至法門名字
泛真异名皆此攝故。論論曰至是名爲十論釋生
滅十名，翻真立故一對前二二對前一三四五名，如次對前
四五六名，六對前三其後四名，次第同前配至所有言二
者，名爲如來藏者，即下十藏，中後六藏也，通能所
義如釋，故云覆藏，通能所也，問今此二門名如來藏
望前二法名如來藏，門法名濫，云何辨异，答此具二義，一
云如六七識通名意識，但意至識意，即是識二義异，
故二名無濫，今此亦爾但無雜無亂，全覆即覆藏二
二義別，故二名不濫，二云彼法開爲遠轉遠縛等二藏
別名此門開爲真如，真如等七藏別自故各曆然，略不
相濫，問義即如是云，何元初合立通？答名爲表二法一
同一體故爲圓十數合六藏，故是故門法各立總名者
爾前門爲藏，不包多藏，得圓十數，云何亦不立別名

耶？答二門餘名五者，有去來門，有上下，故者，即
次文云生滅，有二位一嚮上二嚮下又如第三云始覺，
皆凡嚮聖上上去去爲次第轉，故隨染本覺，皆聖嚮
凡下下來來爲次第轉，故流轉等者，准餘教釋義
通開合具和釋者，謂死流轉，故涅槃還滅故。又
開釋者，謂流，即集諦則生死因轉，即苦諦則生
死果還，即道諦則涅槃，因滅諦，則涅槃果，前門一
第八翻次釋之論，乳山市十名至法門名字。泛俗諦
异皆次攝故。論有三异二同，至同至同名异義
故，初句總標同异，次句釋三异，第三釋二同墨
白總標釋上義。論云何爲三异？至是名爲三异
此釋三异本法微妙難可了知，約依緣門方便
顯示俱依异者，謂初重之門，自依彼初重本法
今分初門而爲後法，故此後個依初重根本之法，若
總所依，即衆生心不可成异，故略不説其能入門
平等差别各有异，故所緣境界各取所依本法
爲境即依彼轉復緣彼故以義照體，故説爲緣如證
自生緣自證故，若爾本有契經，云甚深真理餘境境
唯自所依緣爲境界，故應如本法，亦緣彼門，何故？但
言緣於所依，然爲示顯爾法，境外具做是説，不妨亦
名緣彼門，故又各依所依摩訶衍者，謂後重一體大乘
依彼初重二體一心摩訶衍等，足驗前門不是後法，斯爲
良證三諦，科撿已如前辨文，豈不前文自説根本，總
摩訶衍如一圓珠，體惟是一，今言依异其相云何？答雖如
一珠，然成依异，恐理難名，番須喻顯，如世一父二子，依异一子爲俗
一子爲僧，父雖一體，約僧望俗，義説二故，若云僧，父如一
體所依也，亦云俗，父如三自之所依也。一體大乘三自
各緣所依，根本大乘爲自境界，亦可一心各緣所
作，自能依門爲境界，故下論云甚深真理，非能境
界，唯自所依緣爲境界，又各有所摩訶衍者，謂此
後重一體大乘，依彼初重一體一心大乘等，故若爾應此
枝從根本摩訶衍中，開何言一法三義中開以前，但
説開出重門後重法非是初重法，後重重法，故答曰
爲初重門，本依初重法中開云，今既全以初門爲後重
法，則更離此無别初門，故説重法便依初重，若是但
就門説，故云彼一法三義中開望義不同，故無相違言
各緣自依者能依也。下引本有經云甚深真理非
喻境界，唯所依緣爲境界，故又本輪云自體顯

照一切法，故此并法體了上假義如鏡，體照
上影像也，同名异義，故這此句通出形對後門
异少同多之因由也。又謂行法异中，真如門内自有修
證非取异門，一心一念异門心念，若生滅縛不生爲行以此
門中無斷，縛唯取寂滅寂静爲行若依。皇上解云
一心即是所入本法，一念則屬能入行門，是及念從法，爾
來本不生長衆生障，縛如是之念，即是真門寂静
妙行美哉，睿見回洞真乘詞簡，理周窮源，微妙生
滅門，修以智斷，惑生位始覺斷生相惑，滅爲始覺，
斷滅相惑，住异例然，降两攝中，故不别説體相
异中引楞伽證具寂滅者，名爲一心證真如門，與本
等故衆滅體相同一心，故又一心者，名如來藏，證生滅
門，與本别所入一心，非染净如來藏門，具有染净故
生滅藏爲本義别。言云何爲二同，至是爲二同。謂
异義故，釋頌末白總成上義，論云何爲七异，至是名
爲七异，此明七异，言人衆异，謂三聚有情在真如門，無有
染相，平智皆如故無垢稱經，説一切法皆也，至於彌勒亦如也是
故唯有清净解脱法門，异中隨其二門，各標本法非染非
净，然亦能染亦能净，是故，體從於用法從於門，義亦
得名清白染净，又能如門，性自任持清白染净，故名爲
有所依别中一體之門，依一一心三自子們，依多一心，故各成异
行法异中生練不縛，謂諸煩惱猶如生食，能爲换
故説名爲生纏縛有情難處離，故説名爲縛亦生
亦縛，二用俱故，又衆生所縛染法，能縛是生之縛
能所异，故如是生縛本自寂滅，故説不生真契此
即説爲行也，或一心一念生起成縛不生，成行故達摩
碑云心有也，曠劫二湍湍，凡夫心無也，刹那二證正覺，生
滅門中具二種相，謂功德四相。過失四相，行能人能以德生
德滅，對治於彼失生滅，即説爲行真如門，體其本
法能作所作名，是其一故俱本等生滅門，法能作是一
所作是多説俱本，别次引經證説，即同十卷中第一也寂
滅即是所作真如，由俱本等是，故經説即是一心則證
真如俱本等，義又此意明一心爲本，能作於門，是故一心從
其所作，明如來藏，即真如如生滅，真如二如來藏，此
則雙證所作二門，何故？法中不説人行位次，謂人能行依行
成位，如是等義，相顯爲門，本法玄微，隱故不説，又一
心一念生縛等者，即下文云一切諸法唯依妄念而與差别
若離心念，則無一切境界之相，謂此中一切善惡都不思

量，自然能入而爲行，故又如清凉云，欲了真如性
須忘妄執情有心生死路，無念涅槃城煩惱，誰爲主
菩提尚假名不存分别見佛見自然成生滅生等即
下功德四相滅，彼過患四相也，寂滅者，名爲一心等者，釋此經
文而又二師一海，東疏云言真如門者，即釋彼經寂滅
者，名爲一心也，心生滅門者，即釋彼經一心者，名爲如來
藏也，所以然者，以一切法無滅本來寂滅雖是一心
是名心真如門，又此心體先有本覺而隨無名動
作生滅，故於此門，如來之性，隱而不現，名如來藏，乃
至是名生滅門二，龍樹意云寂滅這，即門十名第八
寂滅寂静門，一心者，即法十名第十一一心，復言一心即法
十名第十一且心如來藏，即門十名第二名也，但彼曉疏不
分門法判釋經文，宜待釋論，各緣自依者所依也。二
解，一云以能依門緣彼各自所依法，故以生滅門行相
易知真如門，但約門法平等義，近假説緣故，不爾何以
下十心中并無真如門名之心也。玄生疾門中，但於門内理
爲所依體智是能依用緣體亦得云，各緣自依也。
如珠發光還照珠體，如此撿二所證差别即此義也。
初義爲正，以俱前法相，翻説故言，云何一同所謂遍
同故爾門周遍故言，何故如是异名异義故，通釋
上義謂前法中，遍俱同今云名异足顯遍同是，故頌
文更不别釋，一同之義，有异名异義者，此俱通出形
對前法异多同少之因也。論二門位地至無障有障
故，此段文中，具伸文頌答三經證真餘教指俗二
門，真如二門位地别异，所以曲多途文理昭然長分大段
賞析判文，宜知此例，然證真中引大本經四句，如次賢凡
亂住初後亂住果聖亂住或此四句，初即凡
位始終相，即以則因果始終相，即次則聖位始終相即
後則因位始終相，即次經總明因果賢聖雜亂住位分
流經中，初七句正明亂住，後一句出亂位由。三意云真
如理性豐等一味無有差别位地之故相説諸地更玄
相，即後句釋成云寂滅有何次謂寂滅之性平等
一味有何勝少差别位次十地爲初地等者，清凉解曰
初之七句約義配同最後一句據理都泯十地則爲者
同證如矣，初則爲八地者，初不爲煩惱所動同不動
矣，九地則七者，第九同第七，無生矣，十亦復
爲八者，純無相觀，俱八同矣。第二爲第三者同，
信忍矣，第四爲第五者同，順忍矣。第三爲第

六者，第三地中獲三慧，第六地中得勝般
若同慧義矣。珍修契經至或起如是無舉
喻證前雜亂義生五十一歲者，應是一歲每
生五十歲，二字母相，共計五十一，權回一歲，句昔
讀之或生五十兒在一歲，母故表五十一雜亂位
故下文所有五十一位始覺智故一歲母者喻
於信心五十歲，兒即喻因五十心也。勢通開合
開則各別喻五十一位，除信心如於等覺，合則
但喻生云一地，五十一歲正符男子即喻果位
大覺一人，謂初信即五十位，即五十位即是佛位
後即於初中即初後義想解，最後二句謂就
法中雙拂有無之相，如是所説亂位住之位
真如理中不可定，有絶諸相，故不可定，無宜
合澄故是故説言，豈無等又能真就喻中約
取非取行相別故，謂離取非有取，則非無亦如
楞伽契經説，譬如水泡似摩尼珠，愚小無智，依
摩尼想許者，追逐而彼水泡，非摩尼取不取，故論
餘契經中至當顯説，餘經顯生嚮嚮上等者
始覺治或趣嚮上位，本覺治或趣嚮下位，故生滅
門分上下位。言心生滅門至分界別故。問答
生滅理謂此門中本始二覺，所證真如能證所
證，相對説故，是故，唯在生滅，所攝又心生滅門，正
智等者，此段二節而具三意，一則逐難前境，异無二如，則是所緣
境故若爾生滅無違，真如有妨，何者真如，門中無
文，説有能緣心故答曰既説真如俱本同等本具能
緣，末亦能緣，不爾何云等耶？顯宗記云如如不動動用
無窮，又真如若闕能緣文德，何名不空净法，満足耶。
斯則若據體真不望俱等，則無能緣者，約相真如及俱
本等，則有心義，去情思之勿湍，言説三則逐難辨前
位异二如，則是位所證故。言二門真如至智自理故
謂二門真理絶待有待，各差別，故言二門位地至無
障有無故。真如門中無所治障，輕重不同，故雜亂住
生滅門中，對所治障，厚薄不同，故能治性嚮別故。論
舉是一隅至法相門，此明位地，其餘二門，人衆等六不同之
義，類此應觀。論以真如至一切法，故皆名總攝。從一
謂字下解皆字，然字下解釋皆字，然自下解各，而字
下解總。言謂以真如門至而非生滅故，此明皆攝
若舉真如法無發非如，所謂心如色如一切諸法皆

即真四入法界，體性經説，若業若果報一切諸法，悉是
實際，若舉生滅攝一切諸法，無非生滅，然法本無差
由隨妄想遂分染净因果等别，故説生滅攝一切法。
又無二法而非真如者，演奥妙云空一切無假無
中，而不空也，次生滅攝難而知之，此約二門非异。言
然真如門至一切諸法。此明個攝如是二門，雖皆標盡
一切法體，然其義理個不相濫，一謂一切法，各
具二義，即凝然絶待，義隨緣起滅，義舉其初
義者真如門，所有隨緣亦緣，待故舉其後義者
生滅門所有凝然亦隱顯故，是故依法通真通
俗義，各差别，真如不標，隨緣生滅不説絶待，故
説二門玄各不標。又然真如門下至諸法者，斯
據二門非一言而總攝至一切法，故此明總標之言
義意寬隨門標法，無所遺，故故説總言非謂二門
更三相攝名爲總也。論所以者，何至圓满門，征釋别
結攝法覺平義各别，故又遍攝無遺，故曰平等説名皆
攝義不相濫云，各各别故云各攝總言通二皆標總，故各
總攝故。言皆悉平等者，即二門非异各各别故者，即二
門非一由，各各别故真如中無生無滅中無真如，猶若水
静波動，即是非一是，故上云然真如等由皆悉平等，故
真攝生滅，全是真如生滅攝真如，全是生滅是
故上云總攝生滅等，但真如中不存彼相非是真如，一
嚮不攝生滅之法，自别有真如中所攝一切法，故生滅標
真義相示爾。論此義云何至直説，答故文答顯因門
文答便涅槃，故俱言真性相不離，故真妄交徹故。謂
真如凝然生滅隱顯，云何皆各攝一切法，如是二用由一
心貫王不相離，故説二門遍説諸法，又謂真表門等者，一
謂不同上來非一非异，委曲門答，故云直也。論本曰至難證相
應故。此唱本也，次文委釋，此不預陳但相真如四句，四德
不細辨名至文具出，斯真如門，大惡者，夫真如無念非
相念二能能知渡相無生，豈色心而能見，無念念者□
念真如無生生者，即生實相無住唱住涅槃無行
而性，即超彼岸如如不動動用無窮，念念無求本無
念此荷譯記論建立名字門者，以本文中門發法各立二種名也
法中心言第十門，第九名名也一法界第七名葉門中
真如第十名也，大總相門，第九名也理應超間两次，讀
云心者，即是一法界，復云真如者，即是大總相法門
體耳。言真如者，至立其名故，此即釋前立義分中

心真如義，一法者，即前總心下降，建立二種异名，謂純白一
法界，無盡一法界，此名真如門之异名也。隨其動用立
名別故言一心真如，至故略不立問，答不立餘名，謂所
入本法能入門法，皆具十名，今此論文，因所入中偏
取一法界，復何能入中，偏取大總相，各除九唯立此
名其故，何取蓋一法界作大總相，造作功業，相應相當
由是偏舉所餘就九名法望於門作用義隱，是故不説
各具十名者，即前門法，各有十種异名是也。作業當故
者，作則造也，屬彼能之法體，故業則用也，屬彼所造之
門用故。此義云何至法門體者，顯示二名相當之義，
以心出上一之體也，謂非彼二三名一改義真心爲一之體其門
亦非對小名大既門與法，二俱給待攻法之一體作彼一
門之大業，又一者，非對二三當體絶待故名，爲一横竪周
遍，故一作大業，有一心之體與廣大用無所不容，無所
不遍，體爲用，依故説爲作此，俱但釋成一，作大業釋，
義之次，加其心名，有以法之通和，通體持彼門之
總用法界執持包含一切無所闕遺漏，法作總業，法者，執一
特該通一切故作總業，又以法之界性，造彼門之義，相界是
實性真理甚深，義相體相皆能作故，故界作相業又界
即性也，相猶體也，故説界者能作相業，是故上云做業
當故，此千俱，釋本一法界，大總相竟自下屬本法門體法
謂一法界門，謂大總相是法之門，能所异，故依主彰名或
异名云屬主立名，門即是體門，望與體性用同，故業聲持
業如是名字，并歸門者，門能顯法，最遍勝故然本法及
門雙建立故應云法契門异，今云爾者從顯説故，種種別
相等者，謂除此外，應更取餘能入所入各九异名作業相
當配而釋之，且一心之名作真如之號，心則竪實義真離虚
妄，義二即相當，故心作真也。一則無二義如則無异義，得一
相當故一作如也，不同前名，如次而做，故上撿云必非如是，亦
可率取嚮前名下所詮，別相具而釋之，但取此二名下之相
非取餘九前已撿，故又率取嚮上能作所作種種別相一一
審觀又例余云應伸作所種種別相，依前建立并同
异文應思審。論所謂心性至爲差別故。論真
撿妄對妄顯，真能撿真能撿真中非字，就遮説
謂真如法非生非滅，離起離盡，故無字約表。論其
體，即是無生無是，一是常故，又是非是，即體名真體
非生滅之法，有無體外説，真性無有餘，生滅相所撿
真門中是字目自性能表四相業等，自性是生滅，故

有言屬差別所表色心彼共相文生滅，故無相有
相二异故，又謂真如法至差別故，對妄顯無生滅
非生非滅等者，釋前不字，義通遮表，謂失遮云此
真如，法非生非滅離起盡，故次表詮云其體即是一
無生願凝然性故又是非即體名有無體外顯謂
此真如即體非是生滅之法，而性無性無餘生滅相
所雜亂故論説不生不滅非如生滅等者，顯此
真如門，不同生滅門，謂有諸隨緣起盡體是生
滅無爲之法，體雖常住由具相具名，有生滅，又有
爲自相工差別，不同能表四相是生是滅，所表色
心有彼共相之生滅，故名有生滅，即真妄二門，無相有相，故
成別异，又謂真如法飛陞非滅等者，以真如法釋本心性
以本心性釋上體字[因屬本文]以非滅及無生滅皆釋本文不生
不滅不者，非也，無也，以是非即體。論有無體外説故。
論復次至亦不住故，拂迹入玄，非字不義，可不言非
若言之，恐人誤執振興爲非，以言不所以者，何此釋成
云，次真如法絶，百非離千，是正遣雙非不住影出，而雙是
雙是無拍故，又後撿濫明起是非，謂顯真入非是生滅
故論言不勿錯生解真如之理，體即是非故名爲不，
次釋成云真如之法，絶百非離千是俱表遮悉皆
離，故又復次非是等者，古師云心[真心]不是無[則此滅也]心不非
有心不菲無是有是無，即墮是[前二所遣]非有非無即墮非[後二所遣]
如是是非之非，未是非非之是，今以雙非破两是，是破
非是猶是非義，以雙非破两非，破非非破即是是如是
雙是非是非非之是，未是不菲不非不是不不是
非之惑，綿微難見神清慮静細而研之，論一切諸
法，至妄境界故。假有顯無先名假有後顯實無生
滅門中，以有心念則有一切差別境界，顯真如門，既無心念
故無一切差別境界，顯真如門，既無心念，故無一切差
別相，如因翳眼則有空花，若離翳眼孰見空花，故楞
嚴云見聞如幻翳三界，若空花圓復翳相，除塵消覺
圓凈言一切諸法至是無故，今此正名真如門，義何故
説，彼生滅妄念，及諸境界，故論釋云，旦假彼有顯此
是無謂此真如性離詮緣故，假妄門方便顯示即彼一
切差別諸法由妄故有由真故，無是故，對妄顯此真理
言若離心念至妄境界故。境自心省心，云境自心故説離
念境界，皆無戲論之識即本末不覺，及染清凈諸心
由有漏故分別故不能稱真，皆名戲論。論是故一切

至離絶之故。謂體真如離絶三種虚之相，論言説
名字至其相云何？問彼三相數量行相，論言説
有五種至契經异説故，謂上三句標舉數量第
四句指陳經説兼明行相。論論曰離言説相，謂言
説下列明數楞伽下因教證如是，下指正要相言説
者，妄計妍蚩虚起愛憎，於境執著發言説故夢言
説者，曾經境界無有定實憶，昔攀緣起諸夢境
即從夢覺緣念思度妄，謂吉凶生言説執言説者
昔曾怨對，宿有業經，今偶現前言，説無始言説者
多生熏□曩劫，貫習不假强緣，任運起説引教證
中，我説法者，以汝等者，我今説法念，汝衆生墮
在執著生人，我見不了法性妄起言説，爲對彼愚
非前四言説，故我説法又或爲汝等一切衆生在生
死界不了斷修妄與言説，爲治彼凡亦非前四故我
説耳或佛用衆生所發世間言論説實相，故稱
勝義言明如義語實空真德不無實，是不空亦可簡
异門妄法名空空則是實，法名空空則不實，亦
可法性空實，所顯體故，但空不實能顯門，故離二相
者，謂離實空二種相故，中間不中者離亦實亦空
故不中之法者，即指不是亦實空亦空，中間之法故
離三項則顯一理，即遣异門，唯有自門談體，談相
稱實稱是，故名爲如如如説上言，如者稱可之義
顯上言可契合如如理，故所撿離非就真門
以真門門非所撿，故門難三昧經佛所説者，義語
非文不言義者，皆是妄語，生滅門中佛所説者，既
非如義應皆妄語，若許生滅，有如義語，今真如門
撿門撿之不盡於此，两途若爲通會，答如義有二真
如如義如上所引三昧經説二生滅如義，諸佛所
説一切契經□顯如故，論楞伽契經中至熏習而生
引經釋相先明前四，今所引經，俱留支本文義
全同其餘二經文句，少差别，義旨無异，然四眼説
前之三種内因，必具復假外緣分别生其後一種行
相微細，不假外緣，雖依内種任運而起，就前三中初
一現在緣起，後二過去緣起，就後二中初一泛緣前境
後一追念宿怨且相言説者，謂由妄情分别執者，色等
境相發起言説相執言説，從境立名夢言説者，昔境
界虚妄不實，猶如夢境，名境界夢覺，已智依者知
即憶念之義，謂憶念之義，謂憶念彼曾受用境發言

説，即此言説依夢境生名，夢言説執者，言説念本所
作業□□□間略其宋唐二經，皆云憶念怨讎，先所作
業，謂最年執著宿怨作業生起言説無始言者，謂由
前慣習力故熏成，戲論煩惱種子生起言説如嬰兒等
所有言説任運生起，此等言説起滅動摇不能顯示，
第一義諦，第一義者，無自他相，言語有相不能顯示第
一義者，但唯自心種種外相，悉皆無有言語，分别不能
顯示是故妄想言説不得實義。又執著色等諸相
而生者彼疏注云謂以自妄受增遂計色有研醜□於
言説念本受用虚妄境界者謂夢。因所經之境
隨憶而生，依經界受僧者，爲從睡覺，雖受境無性
而妄謂吉□段生言説念本所作業而生者，謂先曾
怨對□□□事，今遇緣憶起於言説，從無始來等
者，謂無如時來，計著言説習種成性，今不假緣系住
運，發與言説，又三昧契經至如如説故。引經明後一
於中二初身子問後如來，答且初問云一切萬法等皆即
指教法，皆是能詮名言文字如實之義，性離文字
不可□□□，故宣説諸法，後如來答有二初對根
起説後所説不同，初云以汝衆生在生説，故等者，我
説法者，以汝衆生意在所生言説事，故謂不思實
義，但改言説，難自持著，音韵呼吸語評論我爲對
治彼凡愚等是故説法，智度論云，但五我心中臆想分
别覺，觀心説是散亂心語，不見實事，如風動水則無
所見，又解説法者，緣爲汝等一切衆生不能捨言觀
察實義專在彼所聞言説，今彼子達實義，是故説
法萬行首楞伽經，佛告阿難汝等尚以緣心聽法，此亦
緣非得法性，如人以手指同示人因指當應者同，若復
觀指以爲同體，此豈唯亡失同輪，亦亡其何以故，以所
標指□□。故後所説不同有二，初總標二説，後别
釋二相，初文易知，後中云如義語者，實如空不空
等者，謂實有二義，一空二空不妄法本，無名之爲空
陣法具名曰不二，皆名實故，經説云時空不空，空
亦二義，一實二不實真法名實，幻法不實，二皆名
空，故□□□實不實離二相者，則上所説實空二
相言三相者，謂亦實亦空，中間之相，屬其第三，今此真
性中邊相寂，故俱名離復離前説三種假相二相
離於上二種，單句所謂空不空相，實不相離於中間
離不中則離，第四俱非句相謂非空不空，非實不

實，名爲不中，如實之義，離於四句，謂三界推尋厘
乃稱可如如説，故楞伽經云復次大惠如來説法，離
於四句，謂一异等佛言等者，分二，初雙標生佛二
説，後雙釋二説，且初標者，謂佛言我説法者下
超中二句惠後二句，讀之即屬佛説以汝衆生在生
説故者□□生説或但直讀屬所謂機，世言在生
者在墮者也，生人我也，意言汝等説者皆墮人，我著
相説，故後雙釋中二初我，所下略指，後非義下釋
言實空不空者，屬相真如，故頌云遠離四句相（則實空也）
圓满四法□（實不空也）空實不實者，屬體真如，此句借包
遮表□□□，表者，謂空是實，即轉三實德離斷邊
也，故頌曰□□三實德，空是不實，即轉言遺離常邊
也，遮是爲空□實即第二轉言遺離常過也，故論曰
言真如者，亦無有相，雙證上二空無不實，即離三假
離斷過也。故頌云遠離三假相而言義者，楞伽云大惠
云何爲義（疏云初徹），謂維一切妄想言説相（疏云後釋謂離妄及言者明言）
語（道斷心行處滅此是不忠義第一之義）斯則如如之境，故云義也，如義語通真
門，全其能詮，言皆屬第五不爾相，真如是何語耶，三
相二邊中間三也，言如是五中至離言説相，此即科撿
唯五言説，能得真義，論文但據前之四種名，離言
説非是□□□佰緘默，又前四言説就虚妄説故者。斯
則通□□□門也。如下净名及隨順門遣常無常
言説明察。論名各有二種至離名字相。二名二
字各引□□有二别至字應名字二名者，謂假
多字或□□□字影名者，能成文字真心所作如如
影，故從阿□者諸教所設四十二字母，有此爲門
出生□□□句文及生一切菩薩如行中證字影
各直同□□如影也，大海經中證依空空真猶虚空
空字若咱□言名有二種至字影名字字者謂
假多字成此名，故字影名能成之字真心所作如如
影，故言楞伽經至名爲名身引經釋成初字字多從
阿字至可字即諸教説四十二字母，有此爲本出
生一切聲名句文及生一切菩薩妙行具行如花嚴般若
等説道品經花嚴經云善男子，我唱如是字母時此四十
二般若波羅蜜門等，首入無量無數般若波羅蜜
門然諸經□□旨多同名，言少异花嚴經中阿字爲
首陀字。□□□般若經阿自爲首釋字，爲後天大品經
四十二字□□□并度論，皆以阿字存初恭字在後，此

經乃説□□□首呵字，最後此蓋梵音輕重不同
或後説□□□各异，今此名身依字母生是説言
□□□□□□□多次名身等者，七卷經，第三云名身者
□□□□□□□各別如從阿字，乃至呵字，言字差別
□□□□□□□此字言意説從字，名有差別，若依今
□□□□□□□通名上則無妨也。言鏡中
□□□□□□□也，名似影也，故大抄云如師資説聽共
對一鏡，即其也言，隨品契經至爲影名故，引經
釋成後影字名鏡□共説等者，真心鑒物
猶如明鏡，佛之身説真心所現名爲影真心鏡中諸
佛同宣稱共説此，作即是真心之影，故能顯示真實之
□雖一切名皆從□生，然能取之緣，嚮皆有异，諸佛
菩薩稱施歲順真理，故能詮實，凡夫二乘妄想安立
□□□□□□□顯示故楞伽，説輾轉緣生不能顯示
□□□□□□□［女］想言説違達皆真性極疏遠故説名
□□□□□□□等者，真若鏡也，名似影也，大抄云如師
□□□□□□□鏡，即其事也，又同鏡明名如影也。言
□□□□□□□爲字身，謂聲長短音韵高下者
□□□□□□□何相屈曲差別，方能作字，即撿風鈴還
□□□□□□□立字名等故，論大海契經至應如
□□□□□□□字空真猶虚空字若鳴也，文中有
□□□□□□□焉等者，此此舉喻顯大明照爍不
□□□□□□□空聲傳於下世，謂此芥從空而出
□□然大智明□是雖假諸佛，咽咽胸臆激
稱順真空故□□與前通融鏈諸相悉不現前
□□□□□□□此字依字而出，大般若經云如是
□□□□□□□邊際除如是字表諸法空更
□□□□□□□義不可詮爍不可顯示不可
□□□□□□□察離諸相，故譬如虚空是
□□□□□諸空所亦復如是諸法空義皆
□□□□□□□譬如虚空等者，真似虚空
□□□□□三據云二者依空字，記中別釋喻
□□□□□□如是二中至離名字相此即科撿
□□□□□□□我論約前二故爍爲離，又各初
□□□□□□□真理者，即通生滅名字
□□□□□□□一切外道九種變論等難以
□□□□□□生滅門耶，答曰此據通相就顯
□□□□□□□而論心量有十至爲境界，故

□□□□□□□識心即前所入法十名中
□□□□□□生滅門如但不能緣真如
□□□□□□□第十識心即真如門所依本
□□□□□□□體能鑒用照體獨立故
能悟八法□□□□覺分故引證極顯尋義自
何以故如□□□□□識心。依頌列名前六種
□□□□□□□次後二識，法相大乘，所詮
□□□□□□□俱行俱相如來藏心一一識心
□□□□□□□如來藏心，又多一識心者，
□□□□□□□十一切心也，故下該攝安
□□□□□□□所入法也。言如是十中至經
□□□□□□□録彼絶待真如，由是論説。雖
□□□□□□□至緣爲境界故，謂第十
□□□□□□□法體能照用，故説爲緣
□□□□□□□至如其次第，餘論畢竟平等云满三德耳
□□□□□□□故成畢竟平等德
□□□□□列釋□者撿如十種异執道以九十立道
□□□□□□□爲本而轉由離名字相
□□□□□□□衆生等執取，計名煩惱
【後缺】

（五）俄 TK142.3《大乘起信論立義分》[①]

大乘起信論立義分
馬鳴菩薩造梁天竺三藏真諦譯
歸命盡十方，最勝業遍知，色無礙自在，
救世大悲者。及彼身體相，法性真如海，
無量功德藏，如實修行等。爲欲令衆生，
除疑捨邪執，起大乘正信，佛種不斷故。
論曰：有法能起摩訶衍信根，是故應説。
説有五分：云何爲五？一者，因緣分，二者，
立義分，三者，解釋分，四者，修行信心分，
五者，勸修利益分。立義分，摩訶衍者，總
説有二種：云何爲二？一者，法，二者，義。
所言法者，謂衆生心；是心則攝一切世
間法出世間法；依於此心，顯示摩訶衍

① 《俄藏黑水城文獻》第三册，第 232—233 頁。

義。何以故？是心真如相，即示摩訶衍體
故；是心生滅因緣相，能示摩訶衍自體
相用故。所言義者，則有三種：云何爲三？
一者，體大，謂一切法真如平等不增減
故；二者，相大，謂如來藏具足無量性功
德故；三者，用大，能生一切世間出世間
善因果故。一切諸佛本所乘故，一切菩
薩皆乘此法到如來地故。已説立義分，
【中缺】
諸佛甚深廣大義，我今隨分總持説，
回此功德如法性，普利一切衆生界。
　　大乘起信論立義分竟

（六）俄 TK142.4《施印題記》[①]

蓋念荷
君後之憂恩，上窮罔極戴
考妣之元德，旁及無涯。欲期臣子之誠無出
佛乘之右。是故暢圓融宏略者，華嚴爲冠，□□
樂玄猷者，净土惟先。仗法界一真之妙宗，仰彌陀
六八之弘願。今安亮等，懇斯威福，利彼存亡。届
亡妣百日之辰，特命工印普賢行願品經一□有
八卷，繪彌陀主伴尊容，七十有二幀。縛施有緣。
仍肇薨逝之辰，暨於終七，恒興佛事，廣啓法筵。
命諸禪法師，律僧，講主，轉大藏及四大部經，禮千
佛與梁武懺法，演大乘懺悔，屢放神幡，數請祝
壽僧誦法華經，常命西番衆持竇集偈。燃長明
燈四十九海，讀聲不絶，大般若數十部。至終七之辰，
詮義法師設藥師琉璃光七佛供養，惠照禪師奉
西方無量壽廣大中圍，西天禪師，提點等，燒結滅
惡趣壇，矧六道法事。襲此功德，伏願：
帝統延昌，邁山呼之景算；
正宫永福，享坤載之崇光。皇儲協贊於［千秋］
【後缺】

① 《俄藏黑水城文獻》第三册，第233頁。

（七）俄 TK285《九事顯發光明義》[1]

【題解】

西夏寫本，蝴蝶裝。無口，中有頁碼。白麻紙。紙幅高 14.1 釐米，寬 21.8 釐米。字心高 11.6 釐米，半頁寬 8.8 釐米，天頭 1.3 釐米，地脚 1.3 釐米。每半頁 7 行，行 23 字，隱欄。楷書，硬筆，墨色偏淡，有校補字。“明”字缺筆。

一剎那中忽爾經過空無有益若曾
修定識得光明與定相應者，煉盡
習情速證果也
九事顯發光明義
如經所説一切衆生，無不具有法身，光
明因二障，故不得顯發，因九事故而得顯發
亦名九體無覺，言九體光顯者，一嬰兒時光
顯，謂作嬰兒時，脉通乳海，血未充，故息光
顯後漸長大血苦脉結，故妄生分別而後昧却其
元，分別性似同在禪，故二悶絶時，光顯三大辭時光顯
四睡眼時光顯五臨終時光顯六宿因故顯，謂前世曾習
今得顯發，亦名自然顯，七中道間，故顯，八付主時顯，謂付主
時業惑輕故光明顯發，九剎那顯是受第三主戒是也，然
九體光顯内前之三體未必爲道因，後之流體正是道因也。
【後缺】

（八）俄 TK220《佛經論釋》[2]

【題解】

元寫本。未染麻紙，薄，軟。高 18.8 釐米，面寬 14.2 釐米。共 9 行，行 19 字。楷書，墨色中。有校補字。殘損嚴重。左邊紙邊黏未染麻紙，薄，軟。高 19 釐米，寬 12.5 釐米。卷心高 15 釐米。天頭 2.1 釐米，地脚 1.8 釐米。烏絲欄。每行畫有波形花紋。

【前缺】

---

① 《俄藏黑水城文獻》第四册，第 374 頁。
② 《俄藏黑水城文獻》第四册，第 224 頁。

□□唯是身業，言啈
啈救晴□□□者性聲餘异
□□□險□□槃無無住住涅槃□□四涅槃
□語□槃圓寂梵語顯此云不，梵語槃此云坐住
□滅一斷來，是名涅槃，空□□
□流見流無名流，□□□□布施□□者欲流
□□□住，精進願住，禪定力住
□方願力智，六度果

（九）俄 ИНВ. No. 1366C《佛經釋論》[①]

【前缺】
見答曰諸佛如來清□
平等等回一切處，無有作意
故説自然，但依衆生心
現衆生心者，猶如鏡作鏡
【後缺】

① 《俄藏黑水城文獻》第六册，第295頁。

俄藏黑水城漢文佛教文獻諸宗、目録音義部佛經

一、諸宗部

（一）俄 ДX2823《三寶等問答》[①]

【題解】

西夏寫本。綫訂册頁裝。白麻紙，細。厚。共 9 個整頁，2 個半頁。高 5.5 釐米，半頁寬 4.5 釐米。每半頁 3 行，行 4 字，偶有 5—6 字。楷書，墨色濃。以問答形式解釋三寶三種，四諦二種、衆生九物成身、四大二種等名相。據蘇州戒幢佛學研究所宗舜研究，文出《法門名義集》。

【前缺】
問三寶有
幾種答有
三種二體
三寶法身
體有妙覺
名爲佛寶
法身體有
妙軌名爲
法寶法身
體有雜違

① 《俄藏黑水城文獻》第六册，第 147—149 頁。

諍名爲僧
寶二别相
三寶丈六
化身以爲
佛寶所説
言教次爲
法寶大乘
十信已下
少乘初果
已上以爲
僧寶三住
持三寶渥
龕塑像以
爲佛寶㸦
□問□□
三體□□
□□□□
僧寶是名
三種三寶
又問四諦有
幾種，有二
種，一者小乘
有作四諦生
死果爲苦
諦煩惱業
爲集諦寐
滅爲滅諦
戒定惠爲
道諦甚是
戒防非正惡
名爲戒甚
是定擊心一
贊名爲定
甚是惠了
别之義名
爲惠二大乘
元作四諦，小
乘中不合假

釋。又文衆生
幾物成身，
答九物成身
何名九物，答
四大五蘊是
名九物，問
四大幾種，
答有二種，一
者内，二者外。
隨清潤以爲
水大遍體，
温暖以爲火，
大出息入息
以爲風大，又問
何名空色，二大
【後缺】

（二）俄 TK134《立志銘心誡》[1]

【題解】

宋刻本，蝴蝶裝，白口。版心題“立”，下有頁碼。未染麻紙。共 5 頁。紙幅高 20. 5 釐米，寬 28. 5 釐米。版框高 16. 5 釐米，寬 22. 9 釐米，天頭 2. 3 釐米，地脚 1. 9 釐米。每半頁 7 行，行 14 字。四周雙邊。宋體墨色深。有朱筆點。與俄 A26 西夏寫本《立志銘心誡》文字大體一致，可互補所缺。

通理大師立志銘性海解脱三制律（封面）
通理大師製
夫上士者，不以世名是貴，但可道德
爲容，其世名也，一時暫美，其道德也，
萬古恒清。暫美，則如輪回於千劫；恒
清，則超流轉於多生。超流轉則常樂
之鄉易往；入輪回乃苦惱之路難行。
曾有吝無爲而濟不作而施有力，能
恩無思可議，蓋日月也。無有作者，無
我無依無屬無思，力成大事，無作大

① 《俄藏黑水城文獻》第三册，第 165—170 頁。

用，亦乃如斯。窮處窮時無休無盡，於中求索，何作何依？不知何物，尋討無根。力成大事，然復遇緣，施作對物，翻心廓爾如空，隨根利物，於諸方内，在衆時中，榮乃推他，厚應歸己，卑心如地，奉友如天，年耆臘宿者，爲父爲師，歲幼新學者，如朋如弟，顔無愠色，語必慈音。意地明柔，情田忠慎，遇榮不喜，逢辱無憂，功必推人，罪當責己。他愆須掩，己過勿藏。位不自居，能不自伐，賢必爲友，惡不爲朋，不黨其親，不欺有德，益人之事，誓必當行，危人之心，誓必當斷。願聞忠語，不納諂言，不受人之惑，不掩人善行，不失信住，必依賢恒察，私心不欺，暗室明天常照，隱罪難藏，邪欲才生，鬼神先覺，心容不皆，言行相符，作事防心，審思開口，虚詞不發，實語方陳，有益之事則談。無益之言不説，但論道德，防禁是非，見諍必和，逢危須救，謗聲遮止，美譽同揚，不念人愆，惟思人德，宿恩常憶，舊過莫追，死不思讎，恩常加報，不念其失，但見其能，則天下皆親，天下皆德矣。而復處下不耻，位高不矜，負恩不應輕，施恩不應持，言動須慎，衣食勿奢，居盛念衰，逢高思墜，悟一深理，嗟彼迷失，得片石衣滑其裸者，居松堂之下，念苽舍之中，獲温室之安，憶眠霜之苦，身當福有，須思貧逼之人，口受珍羞，必念餒乏之侣，得利防害，居安思危，善不可不修，過不可不改，禍患過爲本，福德善爲根，福不可常，依無善則其福滅，禍不可常生，改過則其禍歇，或進或退，言動以和柔，居下居高，施爲勿剛，刺爲早盡，敬在上竭慈，但進賢能，勿入人罪，以靈敬士，勿白觀人，他以怨來，己須親應，人形毒害，自必恩加，人盡成剛，己心爲水，人

欲强者，便推爲强，人欲高者，便推爲
高，動静恒柔，方圓任器，宜有違順，憎
愛於其間哉。若遇舍毒之輩，哀彼迷
牽，忽逢危難之緣，知身罪得於舍毒
之者，報之以恩，我昔惱君，君今怒我，
我之宿罪，縱使殺身，亦和甘心，而况
怒矣。直饒有人前世無罪，今輒怨憎，
横見欺凌，枉遭謗辱，應當思忖彼有
智耶，彼無智耶，彼有智者，欲令成就
忍，波羅蜜是我恩師，云何遭遇，但應
仰報，豈敢懷違？若無智者，乃是悲田，
如母聞子返駡之時，母轉歡心，但更
撫摩，曾和愠色？湣其痴小，惟與深恩。
前亦如斯，彼蓋煩惱，内攻迷魔，密使
性未狂，歇力不自由，以此悲心，但垂拔
【後缺】

（三）俄 A26.1《立志銘心誡》[①]

【題解】

西夏寫本。綫訂册頁裝。未染麻紙。共 20 個整頁，2 個半頁。高 17.5 釐米，半頁寬 10.8 釐米。字心高 12.3 釐米，天頭 2.5 釐米。地脚 2.7 釐米。每半頁 6 行，行 13—14 字。隱欄，楷書，墨色濃匀。本號《立志銘心誡》與俄 TK134 宋刻本文字大體一致，可互補所缺。

【前缺】
藏爲不自居，能不自伐，賢必爲友，
惡不爲朋。不黨其親，不欺有德，益
人之事，誓必當行，危人之心，誓必當
斷，願聞忠語，不納諂言，不受人惑，
不掩人善，行不失信，住必依賢，恒
察私心，不欺□□□明天常照，隱罪
難藏，邪欲才生，□補先覺，心容不
背，言行相符，作事防心，審思開口，
虚詞不發，實語方陳，有益之事則

① 《俄藏黑水城文獻》第五册，第 306—308 頁。

談，無益之言不説，但論道德防禁
是非，見諍必和，逢危須救，謗聲遮
止，美譽同揚，不念人愆，惟思人德，
宿恩常憶，舊過莫追，惡不思讎，
恩常加報，不念其失，但見其能，則
天下皆親，天下皆德矣。而復處下
不耻位高，不矜貧恩，不應輕施恩，
不應持言，動須慎，衣食勿奢，居盛
念襄，高思墜悟一深理，嗟彼迷
夫得片名，衣滑其躶者，居松室之
下，念苊舍之中，獲温室之安，憶眠
霜之苦，身當富有，須思貧逼之人，
口受珍羞，必念餒乏之侶，得利防害，
居安思危，善不可修，過不可不
改，禍患爲本，福德善爲，根福不
可常依，無善則其福滅，禍不可常
生，改過則其禍歇，或進或退，言動
以和柔，居下居高，施爲勿剛，刺爲
畢盡，敬在上竭，慈但進賢能，勿入
人罪，以靈敬士，勿見觀人，他以怨
來，己須親應，人形毒害，自必加恩，
人盡成剛，己心爲水，人欲强者，便推
爲强人，欲高者，便推爲高，動静恒
柔，方圓任器，豈有違順憎愛於其
間哉。若遇含毒之輩，哀彼迷牽，忽
逢危難之緣，知身罪得於含毒之
者，報之以恩，我昔惱君，君今怒我，
我之宿罪，縱使殺身，亦合甘心而
况怒矣？直饒有人前世無罪，今輒
怨憎，横見欺陵，枉遭謗辱，應當
思忖，彼有智耶，彼無智耶，彼有
智者，欲令成就，忍波羅密是我
恩師，云何遭遇，但應仰報，豈敢
懷違，若無智者，乃是悲田，如母聞
子返，駡之時，母轉歡心，但更撫摩，曾
何愠色，滑其痴小，惟與深恩，前亦如
斯，彼蓋煩惱，内攻迷魔，密使性，未
狂歇力，不自由以此悲心，但垂拔

濟，豈合念咎，思欲心讎，若起違心
與痴何异，若逢危難，慧眼當開，
誰自誰他，何人何物是危難耶，非
危難耶，危於何人，難於何物，難在
何方，危歸何所，是何夢影，幻焰空
花，誑惑愚夫，穀響徒喧，毛輪虚眩
是何恍惚生死漚散，水本澄然天
地崩摧空元湛爾狀名，莫擬危難
何聲水聒山溪風吟穀口其誰能
識而可敬哉，克志當行誓無違矣。
立志銘心誡 竟

（四）俄 A26.4《色財名志詞》[①]

法第沙門　道潤上
色色苦因，毒食害怨，親溺賢德，善
損身名，能敗家國，仙人失神，通聖
士生染惑菩提成，處强魔寶藏開
時，大賊儒君尚有存貞廉釋子争
無切約勒。
財財障道，招灾增瓦，業壞聖胎，善
人遠去，惡友親來，弃寶獲忻悦，偷
合動徘徊施行，天宫往貪衣地獄
□□生死界中，知此過是非鄉里，出
塵□。
名□□□□物如□□□似乾誠禪
□□□□□□□□□□用以六
□□□□路深荊苦□□王大患□出
□□貞清道約來是智，窮途未信
□□象外靈□□□□懷中榮辱
□□清塗
□□□□堅意已□思他怨弃聖
□□□□呵常忌十□密防深六
於東□□□□□□□九天之位不下
嵩峰□□輕萬□□□潛歸云路
曳尾之龜，可録□□之木堪悲或

① 《俄藏黑水城文獻》第五册，第 315—316 頁。

和光以陸潛或□□而云隱世名
不顧道德，惟隆否泰，任天□□□
命□□□□□□□
世則□□□□高□□□道□
祖傳燈於唐代無名位而德□□
古慧遠隱迹於虎溪，非紫綬而道
高千古，然其世有高而不名，名而
不高，高而不名者，爲物外之真實
名而不高者，乃塵中之世，士不可
【後缺】

(五) 俄 A26. 3《沙門恒潤啓》[①]

恒潤啓近善定處獲捧
三解脱律及立志誠心銘文辭精
要，筆格孤高内外典章，明同日月，
絢目清心，警神爽骨，伏門 覺皇
宣教應根而演乎一乘，釋子弘經，
救病而陳乎，二品是則，上貧名病，中
品財病，下品色病，觀夫色染最重，其
如蛇首，觸之痛傷財病，非輕有類，
刀劍得而自害，名聞大患，譬若毛繩，
縛人徹骨，况以起三毒，發三行，輪三
界，墮三塗者哉，似蟻巡環，終而復始，
如蠶作繭，吐絲自纏，以斯皆覺合
塵，顯妄隱真，沉溺衆生，莫斯爲最
耳，故我 上人應病設藥，演法隨根
運同體之大悲，談一靈之深，觀衆衆
萬類尚是，真空世内三畓，争爲實有，
所以名實體起大虚妄，類若干誠，
財無正主，五家本竟，如鹿逐陽，色無
實樂，妄想情生，同夢所見，是以愛色
財名，悉是情意，一誠心志，三過咸祛，
翻過成德，歸正舍邪，况達靈源，盡無
差别歟，是故，自然净三葉，崇三寶，除
三障，證三身者也，如睡得覺，似醉獲

① 《俄藏黑水城文獻》第五册，第 313—315 頁。

醒，迷心本絶，痴狂夢境，何存好醜，應
知變，凡成聖，皆暗嚮明登，般若之台，入
涅槃之苑矣，由是三過永離，不復爲
愆，以此名爲三解脱律是知，我上人
性游物外，威靈而難思，難議，身現人
間，踪迹而堪依，堪仗，□靈之妙藥，瘵
三病之深痾，巧化殊規，未之有也，實
謂登寶山之捷徑，越苦海之迅航，
入聖超凡起唯是乎，恒潤，宿生何幸，偶
獲，嘉章不釋，披詳深契，愚性如
貧遇實，若病逢醫，感慶盈懷，翹思
仰 賀雖自遵行，爲未廣利，今則
轉布，甘澤普潤，群萌見聞，奉持
咸歸，實際而已謹於，两文共是，
四端謂色財名志，隨於别目，各構荒
詞，用傳俾意，伏乞示導，禪餘希
垂，榮覽。

（六）俄 TK241《注華嚴法界觀門卷上》[①]

【題解】

西夏刻本。卷軸裝。未染麻紙。共 28 紙。紙幅高 32.7 釐米，寬 45 釐米。版框高 23.6 釐米，天頭 5.8 釐米，地脚 3 釐米。每紙 16 行，行字數不一。上下單邊。宋體，墨色深匀。有朱筆圈點。正文上有小字科文，下有雙行小字注釋。自第 2 紙起，每紙上方刻印小字“法界上 二”至“法界上 二十八。

白指尊法賜紫遵式治
□□嚴法界觀門序
□□州剌史裴休撰
□□□□切衆生身心之
【中缺】
□□□心如此之靈通也。
初明衆生迷藏□矣衆生之迷也。
爲發起因二身反在於心中。若大海之
初四衆生迷惑一漚爾。而不自知。有廣大

① 《俄藏黑水城文獻》第四册，第 250—277 頁。

後明迷惑□□□□。而不能用。轂觫而
□□□籠檻。而不自悲也。
後明如來大悲□□世尊初成正覺。歎曰。奇
觀機設教二哉。我今普見一切衆生。具
有如來智慧德相。但以妄
後明爲説□□□著。而不證得。
□□□法界性。説華嚴
初説經令悟經。令一切衆生。自於身中得
法界上二見如來廣大智慧。而證法
次歎德令欣界也。
□□□□諸□神妙智用。
□□法性相理事。盡修行
法界上三心數門户。
三集觀文之真可謂窮理盡性者也。
所以二□此經雖行於世。而罕
初顯經深難悟□□□有杜順和尚。歎曰。大
□法界之經也。自非登地。
何能披其文。見其法哉。吾
後藉觀門通釋設其門以示之。
於是著法界觀。而門有三
初明正設觀門□□□真空門。簡情妄以
顯理。二曰理事無礙門。融
後顯觀門勝益事理以顯用。三曰週遍含
容門。攝事事以顯玄。
四顯注解之□由分□□融萬象之色相。全一
□□□性。然後可以入華
初彰觀門之深妙嚴之法界矣。
實尚然此觀雖行於世。而罕能
後明略注之修備入之。有圭山禪師。歎曰。妙
□□□之門也。自非知樞
初明注解□□□深。識閫閾之廣陝。
又何能扣其門而入之哉。
次顯勝益於是直以精義注於觀文
之下。
後舉喻顯使人□注而見門。得門而
入觀。由觀以通經。因經以
後廣通疑難證性。
初問答通釋三朗然如秉炬火而照重

後疑盡悟圓關矣。

初約經通釋或問曰。法界真性。超情

離見。動念則隔。疆言則乖。

初大經繁廣乖理世尊欲令衆生悟自身之

初定宗法體。何必廣説而爲華嚴。

□□□聞諸圭山云。法界

法界上五□象之真體。萬行之本

後華嚴經稱性

相應答三源。萬德之果海。

初以理通釋三故如來演萬行之因華以

初明性德普週嚴本性。而顯示諸佛證法

次辨稱性説經性之□德也。故九會之經。

品品有無量義。或刹塵數

後顯德用難思三因地行願。或恒沙數果位

初正辨圓融德用。行布差別。無礙圓融。

故佛身一毛端。則遍一切

次約悟顯玄含一切也。世界爾。衆生爾。

後以注通妨塵塵爾。念念爾。法法爾。無

一法定有自體而獨立者。

次反尚述倒證此本法。故能凡聖融攝。

自在□礙。納須彌於芥中。

後結答前問擲大千於方外。皆吾心之

法界六常分爾。非假於他術也。

次約觀通釋二世人見説諸佛菩薩神辨必謂假於他術，或謂虛誕之辭，此二疑皆非也

初經廣觀略相違問若言假於他術者，豈可聖人動不合理而假妖怪以惑人哉？若言虛誕□□有魔妖精魅尚能神變，況法身聖人獨不能爲之哉。

由是觀之。則吾輩從來執

初定宗身心我人。及諸法定相。豈

非甚迷甚倒哉。

後申難然則華嚴。稱法界而極談。

猶未爲廣也。

初約門難廣略問曰。華嚴理深而事廣。文

博而義玄。非法身大士不

後約觀門難得失能證入。

今數紙觀文。豈能盡顯

後經略觀略相應答之哉。

若觀門以文略義廣爲得。

初正答前難則大經以文繁義局爲失

法界上七矣。

初舉喻答曰。吾聞諸圭山云。夫欲

睹宗廟之邃美。望京邑之

初正明巨麗。必披圖經而登高

□□□可盡得也。

後反顯不登高而披圖。則不可謂

真見。不披圖而登高。則眊

二法合三音冒目少睛光然無所辨。

故法界具三大。該萬有。性

初合宗苗京邑相功德用。備在心。不在經也。

如宗廟京邑之美麗在城中不在圖上。

明因果。列行位。顯法演義。

次合圖經勸樂生信。備在經。不在觀

也。如宗廟之遠近街衢之簡陋在圖不在台。

後合高臺觀者。通經法也。入觀通經以證性如登高台

圖而望京邑也文者。入觀之門也。如高臺下

有門得其門,然後可陞也。注者。門之樞鑰

□□□所深非善用□者不能開也。

□欲證法界之性德莫若

法界上八經。性德廣大非經備説不能盡也通經之法

四結答前問義莫若觀。法義雖廣，不出三重，法界非觀，不能入也。

□觀之重玄必由門。觀境幽深

□□□可入也辟三重之秘門必由

後明三重所以二樞鑰。

夫如其則經不得不廣。門

不得不束矣。

初問然則其門何以爲三重。

答曰。吾聞諸圭山云。凡夫

見色爲實色。見空爲斷空。

内爲筋骸所梏。外爲山河

初明真空觀所眩。故困踣於迷塗。局促

□□下。而不能自脱也。

於是菩薩開真空門以示

初約所被機

以明因起之。使其見色非實色。舉體

是真空。見空非斷空。舉體

是真法。則能廓情塵而空

後約能被法

以顯勝益色無礙。泯智解而心境俱
冥矣。
菩薩曰。於理則見矣。於事
次理事無礙觀猶未也。於事開理事無閡
門以示之。
初明所因使觀不可分之理。皆圓攝
法界上九於一塵。本分限之事。亦通
後顯勝益遍於法界。然後理事圓融
無所挂閡矣。
後周遍舍容觀菩薩曰。以理望事則可矣。
以事望事則未也。於是開
初明所因周遍含容門以示之。
□□□□□隨事而一
後顯勝益一可見。全理之事。隨理而
一一可融。然後一多無礙。大
後約注解通釋三小相含。則能施爲隱顯神
用不測矣。
初通略注問曰。觀文有數家之疏。尚
未能顯其法。
初注文太略無益問今略注於文下。使學者何
以開心目哉。
初定宗答曰。吾聞諸圭山云。觀者
見法之智眼。門者通智眼。
後申難令見法之門。初心者悟性
之智雖明。不得其門則不
後注略生智爲妙答能見法。此文即入法之門矣。
但應以智眼於門中觀照
□□若別張義目而廣釋
初通標觀問答之。是於門中復設門也。又
法界上十一此門中重重法界。事理無
邊。雖百紙不能盡其義。徒
二以智造玄答以繁文廣説。蕪没真法而
惑後人爾。
三約題顯義答且首標修字者。欲使學人
冥此境於自心。心慧既明。
自見無盡之義。不在備通
四正明略注答教典碎列科段也。
然不指而示之。則學者亦

無由及其門。故直於本文
五總約名題答關要之下。隨本義注之。至
其門已。則使其自入之也。
次縱奪除疑故其注簡而備。不備則不
能引學者至其門。不簡
則不能使學者專妙觀。
初呈疑夫觀者。以心目求之之謂也。豈
法界上十二可以文義而至哉。
後通釋問曰。略指其門誠當矣。吾
恐學者終不能自入也。
後攝迹通難答曰。吾聞諸圭山云。夫求
道者必資於慧目。慧目不
初問能自開。必求師以抉其膜
也。若情膜未抉。雖有其門。
亦焉能入之哉。縱廣何益。
後答問曰。既遇明師。何假略注。
後疑盡悟圓答曰。法界難睹。須依觀以
修之。觀文難通。須略注爲
次釋觀文明樞鑰之用也。
三重玄妙惑者稽首贊曰。入法界之
初釋題目術盡於此矣。
初釋注題注華嚴法界觀門
初釋所注之題□□蘭若沙門宗密注
法界上十五
後釋能住之人修□□熏習造詣
後釋觀題大方廣佛華嚴所依經也。大方廣是所證
初明所集觀題法。佛華嚴是能證人。
初釋能修大者體也。諸佛衆生之心體。方廣即體之相用。佛者果也。華嚴因也。
後釋所修華喻萬行。嚴即大智。大智爲主。運於萬行。嚴大方廣。成佛果也。
初明所依經略無經字。意不在文。
初標舉
次解釋法界
後科簡清凉新經疏云。統唯一真法界。謂總該萬有。即是一心。
後明能依觀然心融萬有。便成四種法界。一事法界。界是分義。一一差別。有分齊
初明所觀
初宗標宗故。二理法界。界是性義。無盡事法。同一性故。三理事無礙法界具性
後別明義分義。性分無礙故。四事事無礙法界。一切分齊事法。一一如性融通。
次明能觀重重無盡故。

後能通之門觀情盡見除。冥於三法界也。

初明三重所以門此八九紙文約此成觀故。有三重

次攝迹通妨除事法界也。事不獨立故。法界宗中無孤單法故。若獨觀之。即是

□□□□觀□□□

後明能集之人若分析義門。即有其四。今以對能觀之智。故唯三重。

初明化迹此三但是一道竪窮。輾轉玄妙。非初法界外别有第二第三。既不旁横。

故云三重。不云三段。

次辨宗乘京終南山釋杜順集

姓杜。名法順。唐初時行化。神异極多。傳中有證。驗知是文殊菩薩應現身也。

後集觀因由是華嚴新舊二疏初之祖師。儼尊者爲二祖。康藏國師爲三祖。

初明所集義境此是創制。理應云作。今雲集者。以祖師約自智。見華嚴中一切諸佛。

後結成所集一切衆生。若身心。若國土。一一是此法界體用。如是義境。無量無邊。

後釋本文遂於此無量境界。集其義類。束爲三重。直書於紙。生人觀智。不同制

述文字。故但雲集。此則集義。非集文也。

初分章□□第一理法界也。原其實體。但是本心。今以簡非

後正釋□□□□故云□□非形□□□故云空也

第一真空觀理事無礙第二即此名之法界

法界上十五

第二理事無礙觀周遍含容第三事事無礙法界

第三周遍含容觀第一真空觀法於中略開

初總標四句十門

後别釋四

一會色歸空觀一會色歸空觀

二明空即色觀二明空即色觀

三空色無礙觀三空色無礙觀

四泯絶無寄觀四泯絶無寄觀。

初標三就初門中爲四

初略科判前三簡情。

次科簡前三四後一顯理

初明新空前三中一簡斷空。文中結釋云。是真非斷故。

二明實色四二簡實色。文中結釋云。無體之空非青黄故。

初總明言實色者。約妄情計爲確然實有自體。故不以形顯二色。分假實也。

二别釋

三出所以

四會通約情計於形顯俱爲實故。然此文中以顯色例形色也。

三雙簡三雙簡文中直云會色歸空。空中必無色。故

四總會通□□□□□簡情計斷空實色。據文則初二句影略互彰。協力廠商雙簡也。

後會實性

後釋四實性論亦簡空亂意菩薩計三種空。恐煩觀智。不必和會。和會亦不全同也

初簡斷空四一色不即空以即空故標也

初標二征法界上十六何以故征也。次下釋也。最後結也。餘皆仿此。

三釋初釋上句色不即是斷空故不是空

初明斷滅四也釋上句也

初通明斷空者。虚豁斷滅。非真實心。無知無用。不能現於萬法。

二别顯三結成此有二種。謂離色明空。及斷滅空。離色空者。空在色外。如墻處不空墻外

四引證是空。斷滅空者。滅色明空。如穿井除土出空。要須滅色

後約人顯法今簡异此。故云不是斷空也。故中論云。先有而後無。是則爲斷滅。

初正明然外道小乘皆有斷滅。外道斷滅歸於太虚。二乘斷滅歸於涅槃。

後引證故肇論云。大患莫若於有身。故滅身以歸無。勞勤莫若於有智。故絶

初出所以智以淪虚。又云。形爲桎梏。智爲雜毒。楞伽云。若心體滅。不异外道斷滅戲論。

二釋真空以色舉體是真空也 故云

三簡斷滅以即空故釋下句也

四結所歸四結二以色等本是真如一心。與生滅和合。名阿梨耶識等。而爲能變。變起根

初結釋身器界。即是此中所名色等諸法。故今推之。都無其體。歸於真心之空。

法界上十七

後結標不合歸於斷滅之空。以本非斷空之所變故。

二簡實色四所言歸者。下有其文。

初標良由即是真空故非斷空

二征也結成所釋

三釋是故言由是空真也故不是

空斷也也結所標也上結下句。下結上句。

初釋上句二色不即空以即空故

初所簡因由何以故。

後約人顯法以青黄之相非是真空之

理故云不即空釋上句也

後釋下句以聞經説色空。不知色性空。便執色相以爲真空。故須簡也。

初明影略釋通伏難此簡凡夫及初心菩薩。不簡小乘。小乘不計色爲即空故。

後約義破色顯真空然青黄無體。莫不皆空空無也

故云即空真也釋下句

初標然前云色舉體是真空。此云青黄無體莫不皆空者。雖云青黄。即兼長短

後釋等。必依質礙有青黄等故。空有三義以破於色。

初縱破一無邊際義。謂空若有邊。則有色法在空界外。

後奪破空既無有際畔。則占盡十方邊量。無有其外。更於何處而有色等法耶。

初釋無邊義二無壞義。諸惑者云。空雖無外。何妨色等秖在空界之中。故以無壞義破之。

二釋無壞義謂若有物入於空中。則隨此物大小分量。穿破於空以容其物。如橛入地

初立義因由中。釘錐之類入於木中。皆隨橛等大小分量穿於地等。若地等不破。則不

二縱奪正破容㯋等而入。

三託喻反救救曰。如水不可穿破。而容物入水中。何妨虚空亦爾。

四就理奪破破曰。水雖不破。然物入時。隨物大小分量。排之以容其物。以水性至柔。不

三釋無雜義妨流動移轉故。虚空豈同此水。被排之動轉耶。

初立義標難三無雜義。謂惑者又云。空界無外。空體無壞。不妨萬物皆在空中。以空是

虚通無挂礙故。能含容故。

後以理推破破曰。若物在空中。空又不壞不轉。其物與空應相混雜。如一團堅密之

初以色入空成雜破物。方亭一尺。此方尺分量之空。既不壞不轉。元在本方一尺分量之處。則

次不雜俱存乖義破□□□尺之物。豈非雜耶。若言不雜。則須一去一存。若言俱存又

不雜者。則一尺之分。各占五寸之地。如此轉不相應也。

後色空相違非理破若言俱存俱遍一尺之分。理亦不然。何者。以空與色有二相違。不應全體

法界上十九

初標牒所疑同遍當處。何者二違。一空是無物。色是有物。二空是虚通。色是質礙。不可

後正顯相違方尺分中。言全是無物。復言全是有物。又不可言全是虚通。復言全是質

礙。豈有此理耶。

四結顯故上云青黄之相。非是真空之理。此云青黄莫不皆空也。是知虚空既無

邊無壞無雜。則空中必定無有色。故

云即空也。

三雙簡四良以青黄無體之空非即

初標青黄故云不即空也舉其無體之空。

二征結非色相。明空非有。豈得明耶。

三釋二三色不即空以即空故

初釋上句何以故

後釋下句以空中無色故不即空

四結會色無體故即是空釋也

初先此門良由會色歸空空中必無

初結釋色決定而斷也。般若心經云。是故空中無色。無受想行識。十二處。

後結標十八界。十二因緣。四諦等。佛頂云。云何是中。更容他物。

後通結前三是故由色空無也故色非空

法界上二十真也也上皆當句

初正顯四上三門以法簡情訖總結三門

初標四色即是空

二征何以故

三釋凡是色法必不异真空以諸

四結色法必無性故從緣有故。依他無性。即圓成故。

初攝前顯理是故色即是空

次三性會釋既非滅色存色。不即不離。故即真空。空非色相。無遍計矣。依他緣起無性。

後引古義證無性真理即是圓成。古人云。色去不留空。空非有邊住。

後結例四如色空既爾一切法亦然

初結例所以思之

二引教證成色是法相之首。五蘊之初。故諸經凡欲説空義。皆約色説。

三正明結例如大般若列八十餘科名數。皆將色例也。舉要而示。則六道衆生。及十方

四約教結成諸佛菩薩二乘人等。五蘊十二處十八界也。此宗染净無二相故。

二明空即色應云受想行識不即是斷空等。其青黄等文。即云領納等相。非是真空之

初總標理等。乃至諸佛。即云神通光明等相非是真空之理等。

法界上二十一即不可以身相見如來也。

次略引教證第二明空即色觀者於中

後會通前門亦有四門

後别釋四簡情顯解。標征釋結等。一一如前。四門但文勢相翻。以成後文空色無礙。泯絶無寄。

初簡斷空四當般若心經空即是色等文也。

初標唯第三句。非敵對相翻。義亦不异。一一反上以成中道更無别義也。

二征一空不即色以空即色故

三釋二何以故

初釋上句斷空不即是色故云非色

後市下句釋上句也

四結真空必不异色故云空即

二簡實色四色釋下句也

初標要由真空即色結下句也故令斷

二征空不即色也結上句也

三釋二空不即色以空即色故

初釋上句何以故

法界上二十二

後釋下句以空理非青黄故云不即

四結色釋上句也

初結釋然不异青黄故言空即色

後結標釋下句也

三雙簡四要由不异青黄。故不即

青黄結釋

初標故云。即色不即色也結標

二征三空不即色以空即色故

三釋何以故

初釋上句空是所依非能依故不即

初對前會釋色釋上句也

後舉前喻以顯對上空中無色。無色方是色之所依故。如鏡中之明無影也。

後明下句必與能依作所依故即是

初正明此色也釋下句也

初法釋無色故能與色爲依。

後顯喻如鏡中之明。無影像故。方能與影像作所依也。故不即是影。

法界上二十三

後科簡前句此不敵對反上文者。以空中無色。有理有文。色中無空。文理俱絶。故但約

初總明能所依持而簡也。

後别顯有理者。摩尼珠中。必無黑等色。有文者。如上所引。經云。是故空中無色。

四結無受想等也。理絶者。珠所現色。色處必有明珠也。文絶者。諸聖教中。悉不

初先結當句見有色中無空之文也。

初結釋良由是所依故不即色是

後結標所依故即是色結釋

後通結前三是故由不即色。故即色也

四顯解以義結標

初正顯四上三門亦以法簡情訖。

初標四空即是色

二征何以故

三釋凡是真空必不异色以是

法無我理即真空體也。謂二空所顯之真如也。非

四結斷滅故真如不守自性也。上皆釋竟。

後結例是故空即是色結也

法界上二十四

三空色無礙如空色既爾一切法皆然思

初標之真空既不异色。亦不异一切法也。如前所例。

初釋妨顯真第三。空色無礙觀

次約文辨義雖有空色二字。本意唯歸於空。以色是虚名虚相。無纖毫之體。故修此觀

者。意在此故也。

後結歸名題文中舉色爲首云空現。舉空爲首不言色現。還云空不隱也。

次釋是故但名真空觀。不言真空妄色觀。

初色不礙空謂色舉體不异空全是盡色之空

故則色盡而空現

次空不礙色空舉體不异色全是盡空之色

後約注通釋故則空即色而空不隱也

初科簡色空之文。各有二句。皆先標無礙所以。下出無礙之相。

次正釋謂若色是實色。即礙於空。空是斷空。即礙於色。今既色是幻色。故不礙空。

空是真空。故不礙色也。

後會异本有本云。色不盡而空現。亦通。然不如無。

後約人結顯是故菩薩看色無不見空

法界上二十五觀空莫非見色無障無礙

四泯絶無寄爲一味法思之可見。

初標第四泯絶無寄觀

初標科文二。初釋此觀。後總辨四門。初中三。初正泯絶。後征釋所以。

後科問初中文云不可等者。既本文自釋。今不注亦得。後文勢輾轉不同。今亦略

別配釋於文下。

後釋謂此所觀真空不可言即

初征釋此觀色空若即色者。聖應同凡見妄色。凡應同聖見真空又應無二諦。

初明泯絶不即色若不即者。見色外空。無由成於聖智。又應凡聖永別。

聖不從凡得故。上二句。拂前第二觀也。

初拂明空即色亦不可言即空色若即空者。凡迷見色。應同聖

二拂會色歸空智見空。又亦失於二諦。

不即空若不即空者。凡夫見色應不迷。又凡夫所見色。長隔真

三雙拂結例空。應永不成聖。上二句拂前初觀也。

四輾轉拂迹一切法皆不可拂上結例。上云如色空既爾。一

法界上二十六切法亦然。是也。

五結成行境不可亦不可見彼等皆不可。亦同分別。此語

亦不受受即是念迴絶無寄般若現前

初是行之境非言所及言語道斷非解所到心行

處滅故不可智知故。

後行即是境是謂行境有二境

一是行之境。今心與境冥。冥心遺智。方詣兹境。明唯行能到。非解境故。

後釋所以二者如是冥合。即是真行。行即是境。行分齊故。

初泯絶所以何以故以生心動念即乖法

體失正念故第二征而釋也

真空理性。本自如然。但以迷之。動念執相。故須推破簡情顯理。

次釋成泯絶今情忘智泯。但是本真。何存新生之解數。若有解數。即爲動念。動念生

心。故失正念。

後結明正念正念者。無念而知。若總無知何名正念。此下總辨四門。

後總辨四門又於前四句中初二句八門

皆簡情各前三句顯解各當末句第

法界上

初正分解四三句一門解終趣行第四

句一門正成行體

初科分略市已上正分解行也。此下反顯相須。如目足更資也。

又初句會色歸空。無增益謗。二明空即色。無損減謗。三空色無礙。不是雙

一離謗顯勝非。無戲論謗。四泯絶無寄。不是亦空亦色。無相違謗。四謗既無。百非斯絶。

已當八部般若。無相大乘之極致也。况後二觀輾轉深玄。

三約教會通又初句當色即是空。次句當空即是色。第三當色不异空空不异色。第四

即當不生不滅。乃至無智亦無得也。

四科簡三觀又乍觀文相。似當初句空觀觀真諦。次句假觀觀俗諦。三四二句中道觀

初憑文配屬觀第一義諦。三即雙照明中四即雙遮明中。

細詳觀文所宗。即不然也。以雖有空色等言。但爲成於真空觀也。名題昭然

次約總籠异若此。即空假真俗三觀三諦已備。次理事無礙。復是何觀。故知不然。次下

後以理本破反顯行解相資云。

次反顯相資若不洞明前解無以躡成

此行由前成此

初由斛成行若不解此行法絶於前解

法界上二十八

次絶解成行無以成其正解絶解爲真解也。由此成前。

次絶解成行無以成其正解絶解爲真解也。由此成前。

後攝解成行若守解不捨無以入玆正

行會解成行

後結成真行是故行由解成行起解絶。

注華嚴法界觀門卷上

（七）俄 TK242《注華嚴法界觀門卷下》[①]

【題解】

西夏刻本。紙質、形制皆同於俄 TK241。共 18 紙。首缺。自第 2 紙起，每紙上方刻印小字“法界下 十四”至“法界下 卅”。

【前缺】

四喻指爲真理

後事法即理如水即波無動而非濕故

初標即水是波思之。

次釋□□□□□門

初正釋謂緣起事法必無自性無

次引證自性故舉體即真

後喻顯故説衆生即如不待滅也

後會通净名云。一切衆生皆如也。又云。一切衆生即寂滅相。不復更滅。

五相非對如波動相舉體即水無异

初真理非事門相也

初標前門法身流轉。名曰衆生。此門衆生寂滅。即是法身。法身衆生。義一名异。

後釋九真理非事門

① 《俄藏黑水城文獻》第四册，第 278—295 頁。

初定宗謂即事之理而非是事

次顯因以真妄异故實非虚故所

後喻指依非能依故後門義。應一一反此三對。但文小异爾。

法界下十四

後事法非理門如即波之水非波以動濕

初標异故。

次釋四十事法非理門

初定宗謂全理之事事恒非理

二顯因相性异故前云。真妄虚實。今但有一對。能依

非所依故

三結示是故舉體全理而事相

四喻指宛然。

後會道如全水之波非水以動義

非濕故

第三結勸七八於解常一。九十於諦常二。此下結勸也。先結束前義云。

初結束前義□□□□同一緣起

法界下十五

初真空四義□□□□□□己同他。第三門也。二泯他存己。五也。三自他俱存。九也。

四自他俱泯。七也。

次妙有四義妙有四義。一隱他存己。六也。二顯他自盡。四也。三即十也。四即八也。

後明總義一□是總故不配之。上結束。下别收十門云。

約理望事則有成三也有

次别收十門壞五也有即七也有離九也事望

初理事對明於理有顯四也有隱六也有一八也

次結釋五礙有异十也逆五六九十順三四七八自在

即成即壞等

後約注可簡無障無礙成不礙壞等同時頓

初明後八隱顯登殊起非前後也

後顯初對無别异相又事無體藉緣。可言成壞等。不可言隱顯等。理性本有。可言隱顯等。

不可言成壞等。不會初二者。是總相故。餘之八門。依

後勸修此成也。又相遍門無别异相。非如隱現等殊故。此下勸修云。

第三周遍舍容深思令觀明現是謂理

初標題目事圓□無礙□

法界下十六

後釋文本三周遍含容觀第三事事無礙也。文

三。一標。二釋。三結勸。

初總標事如理融一一事皆如理故融通也。謂若唯約事即

彼此相礙。若唯約理。即無可相礙。亦無可遍容。今以事如理融。故有

次正釋十門無礙。遍周遍攝含容無礙理含萬德

無可同喻。略如虚空二義。謂溥遍含容。交參彼此涉入

初理如事門自在同時互爲能所略辨十門一爲法義

體用之本。二是周遍。三是含容。此三備矣。四釋二也。五釋三也。六七皆收

初標三四五也。八九融攝六七。十收八九也。

初釋所標一理如事門

由此真理全爲事故。如事顯現。如事差別。大小一多。變易乃至無量無盡也。

後會异本有本標云。理如事現。事如理遍。乍觀釋中。多遍現義。細尋成局闕餘義相故。

次釋謂事法既虚相無不盡不待

泯之理性真實體無不現

初正釋真理即與一切千差萬別之事俱時曆然顯現。

二喻顯如耳目所對境也。亦如芥瓶。亦如真金。爲佛菩薩比丘及六道衆生

法界下十七

形像之時。與諸像一時顯現。無分毫之隱。亦無分毫不像。

三法合今理性亦爾。無分毫隱。亦無分毫不事。

四簡异不同真空觀。及以理奪事門中。唯是理現也。故次云。此則事

後約人證無別事即全理爲事上釋也下

以人證云

三事如理門是故菩薩雖復看事即

初標是觀理然説此事爲不即

後釋理不壞事故

二事如理門一一事。皆如理溥遍廣大。如理徹於

初總標宗旨二三世。如理常住本然。

初出偏因由謂諸事法與理非异

初正明所因先出遍之所由由前門理如事故即。事不异理。故遍

後屬對前後此與前門互相如爲一對。又與後門以非一非异互望。能遍能含爲一對。

後正顯所宗故事隨理而圓遍總標宗也。下別示遍相

遂令一塵溥遍法界法界

次別示遍相全體遍諸法時此一微塵

後結例諸法亦如理性全在一切法中

且指一事爲例釋之

三事合理事門如一微塵一切事法亦爾

初標例諸佛菩薩緣覺聲聞。及六道衆生一一皆爾。

後釋三三事含理事門文二。一正釋此門。二總融三門。

初正釋此門謂諸事法與理非一故存

初釋三本一事而能廣容標宗

初總標能舍宗如一微塵其相不大而能

容攝無邊法界

次擔一塵例合義由刹等諸法既不離法界

後明多法如理現是故倶在一塵中現

初正釋指一爲例也。由上一事。含於理故。餘一切事。與所含理。體不异故。隨

所含理皆於一事中現也。

後會通然此亦與理非异。方能含。今但標非一者。約存本一事爲能含法故。

後結例又以對前門故。

後總融二門如一塵一切法亦爾結例

法界下十九

初總標此理事融通非一非异故總有四句 爲能含邊。皆具與理非一非异義。由非一故。有體爲能含。由非异故。

初明第一句有用方能含也。

初釋當句一一中一

上一中有下一也。上一是能含。下一是所含。下一是能遍。上一是所遍也。

後例余三餘三句一一例知。

二解三句二一切中一三一中一切四

一切中一切

三通示所因各有所由思之

四約注科簡通論四句。皆上爲能含。即當所遍。下爲能遍。即當所含。

初通論含遍若準下一多相望不同。即第二句是遍義。第三句是含義。末句互爲含

後別明含遍遍。初句皆闕也。但應云攝入。至下當明。

四通局無礙門釋第二門。二門唯通。今不

四通局無礙門三壞相。有不遍故兼局。

初標謂諸事法與理非一故局即

法界下二十

次釋二非异故故通令此事法不離

初局不礙通一處即全遍十方一切塵内

後通不鎵局由非异即非一故全遍十

後結方而不動一位

王廣狹無礙門三即遠即近即遍即住無

障無礙。

初標五廣狹無礙門釋第三門

次釋二謂事與理非一故狹即非异

初狹不礙廣故故廣不壞一塵而能廣容

十方刹海

後廣不礙狹由非异即非一故廣容十

後結方法界而微塵不大

六遍容無礙門是則一塵之事即廣即狹

即大即小無障無礙。

初標六遍容無礙門

初辨二門因由六七二門。皆合前四五。兼之二三。以廣容溥遍不相離故。二四唯遍。三

法界下二十一

五唯容。故今合之。同時具二。

後述成二門但以一多反覆相望。故成六七二門。文中有兩對。初明遍即是容。後明

次釋一容即是遍。初中云。

初遍即是容謂此一塵望於一切由溥遍

初顯因二即是廣容

初正釋此門以一望多。故有遍容義。以有彼多可一一遍故。可悉容受故。

後科簡後門若多望一。即無此義。以所望唯一。無可言遍言容。但應云攝入。即當後門。

後辨相故遍在一切中時即復還

攝一切諸法全住自中

初正釋謂一遍多時。還攝所遍之多在我一內。

後喻顯若以鏡燈喻者。如四方四維布八鏡。又上下各安一鏡爲十。於中安一燈。

後容即是遍即十鏡互入。如一鏡遍九鏡時。即容九在一内也。

初顯因又由廣容即是溥遍故

後辨相令此一塵還即遍在自内

一切差别法中但覆上也一容九時。即能遍九。

後結是故此塵自遍他時即他

法界下二十二

遍自能容能入同時遍攝

無礙思之。

初標七攝入無礙門

次釋二謂彼一切望於一法反上也。故名義

皆殊。亦有兩對。以入他即是攝他入即

初入即是攝二前遍。攝即前容。以多望一無多可遍。故云入也。無多可容。故云攝也。

初顯因故一切全入一中之時即令

後辨相二彼一還復在自一切之内

同時無礙思之

初正釋多入一時。還攝所入之一。在我能入多内。

後顯喻如九鏡入彼一鏡中時。即攝彼一鏡。還在能入九鏡之内。同時交互。故云無礙。

後攝即是入二又由攝他即是入他反上能入爲能攝也

初顯因故一法此是所攝全在一切中時

彼多攝之還令一切是能入也恒在一

後辨相内一是所入

後結同時無礙思之謂九各攝一。在已中

法界下二十三時。九即同入彼一鏡内也。

初標二八交涉無礙門

初簡异前門六七二門。約一多互望。能所義别。故有遍容攝入之殊。

後正辯此門今此多能攝一入一。即此一亦能攝多入多。即能即所。即攝即入。即一即

次釋二多。一切一時溥收無礙。故云交涉。謂交相關涉也。

初標舉四句二謂一法望一切有攝有入

通有四句

初科簡句數雖似八句。二二合故。

初問問既總上二門。何得但云攝入不言遍容。

次答答前約一多相望義别。故分二門名殊。今同時互即。故遍即是入。容即是攝。

後出所以若更開遍容四句。即文義成重。若句句云攝容一切。遍入一切等。即文句

後問答對辯繁雜。故但云攝入。即是遍容也。

初對前門問答三問若一多相即。何得此還標云一望一切。後門云一切望一。

初問答雖且舉一爲首。而亦同時回互。故釋中初句一望一切云攝入。次句一

切望一云攝入。三即一望一。四即一切望一切。文昭然也。

次答二門且相對。各舉一例。其實一一回互自具。故第十門總之名溥融也。

法界下二十四

後會通然二門義不重者。至後門當示。

後對後門問答三謂一攝如舉東鏡爲能攝也。同時即爲能入及所攝。是下一

入字也。此能入即彼所攝。此能攝即彼所入。彼謂一切也。故上釋云。即能

後正釋四句四即所。即攝即入。即一即多矣。一切如舉九鏡爲所攝也。同時

初一望一切即爲所入及能攝。便是後舉一切字。一一例上反之。一入即上

能攝之一。同時便爲此能入及所攝也。一切即上所攝。同時

二一切望一便爲此所入及能攝也。故以两句爲一句。據此句。以一望多。秖合云遍容。不

三一望一合云攝入。今由此門一一反覆相即故。回互無礙也。

四一切望一切一切攝一正是上一入一切也一切入一

正是上一攝一切也。文勢一一反上釋之。

後結一攝一一入一如東鏡攝彼西鏡入我東鏡中時。即

九相在無礙門我東鏡便入彼西鏡中去。

一切攝一切一切入一切圓滿

初標常如此句。但以言不頓彰。故假前三句。三句皆遍也。

次釋二同時交参無礙同時具如上釋。

九相□□礙門我攝餘法在他法中。他又

法界下二十五

初標舉四句攝餘法在我法中。此彼互在。故云相在也。

初簡异前門謂一切望一以一切在初者。反於第八。其實亦一望一

切。四句。乃至亦有入有攝亦有

後正辨此門四句

此與前句不同。前但此彼同時攝入。

後正釋四句今則欲入彼時。必別攝餘法。帶之將入彼中。發起重重無盡之勢也。

初第一句二攝一入一

初明能攝（上一是所攝。下一是所入。二皆是所。則顯上必别有能攝之法爲主。本文）

恐句中雜閙難會。故略
之也。餘三句亦然。

後明攝入（且此句者。應云一能攝一入一。如東鏡能攝南鏡。帶之將入西鏡之中。即）

初法喻（東鏡爲能攝能入。南爲所攝。西爲所入也。）

次法合（此即釋迦世尊攝文殊菩薩入普賢中也）

後會通（直舉一切佛爲能亦得）

二第二句攝一切入一

初喻顯（如東鏡攝餘八鏡。帶之將入西鏡中時。即東鏡爲能攝能入。八鏡爲所攝。西）

次法合（鏡爲所入也）

法界下二十六

後會通（則一佛攝一切佛。一切衆生。帶之同入一衆生中。）

三第三句（都以九鏡及一切佛。爲能亦得。）

初以喻正顯攝一入一切

後就喻會通（如東鏡攝南鏡。將入八鏡中也。或九鏡皆攝東鏡。將入九鏡中也。）

四第四句攝一切入一切

初直明當句（此中正明諸法互相攝入。一時圓满重重無盡也。）

二科簡前三（前三句。且趣舉其一。令漸次見其義用。）

三正辯圓融（論其諸法交涉相在。即以同時。今現見鏡燈但入一燈當中之時。即鏡鏡）

中一時各有多多之
燈。無先後也。

四約人顯妙（即諸佛菩薩六道衆生。不有即已。有則一刹那中。便徹過去未來現在十）方

後結（一切凡聖中也。）

十普容無礙門三同時交參無礙（前三句都在第四中。名同時也。）

初標十溥融無礙門

次釋三謂一切及一溥皆同時更

互相望（八九。互闕一也。）一一具前两

初約八九二門重四句溥融無礙

法界下二十七（溥融八九。令各各一時頓具。故云一一具前两重四句。）

次會通前九門（然則亦總融前九。前九輾轉相由。故不出一及一切。互相望故。前九）

後結顯無礙（文不頓顯。故此攝令同一刹那。既總别同時即重重無盡也。）

後結歸觀心二准前思之

且准八九二門思之者。據第八門。初句
云一攝一切。一入一切者。且明我之

初約八九互融三（自一攝他一切時。此一即復單己入他一切。未言帶所攝一切。復將入他一切。）

初明八九互闕二（第九門云。我攝一入一等者。但明所攝所入。又不明一與一切。一一互）

初釋第八門（望。皆爲能攝能入。）

後釋第九門（今若合二門。令一望多時。即多望一。同時一一各具能所者。即成两重四句。）

初以一法爲能攝入。一一對四句。所攝入
者。一一法攝一入一。此是八中第三句。

次顯普融别相二（全與九中初句合也。二一法攝一切入一。此是八中初句上半。第三）

初標（句下半。與九中次句合也。三一法攝一入一切。此是八中第三句上半。初句）

下半。與九中第三句合也。四一法攝一切入一切。此是八中初全句。與九

中第四句合也。

初舉一法爲能攝入次以一切法爲能攝入。一一對四句所攝入者。一一切法皆攝一入一。此是

後舉一切爲能攝入八中次全句。與九中初句合也。二一切法皆攝一切入一。此是八中末

法界下二十八句上半。次句下半。與九中次句合也。三一切法皆攝一入一切。此是八中次

後結成普融句上半。末句下半。與九中第三句合也。四一切法皆攝一切入一切。此

後會通十玄之義是八中全末句。與九中末句合也。

後結勸如是二門交絡配屬。即重重無盡。主伴互融之門豁開也。

三明略偈彰觀

行甚深二將此十門。遍配一切法義。方成十玄之義。若但將此十以配於十玄。即文勢别也

初釋題目令圓明顯現稱行境界無

障無礙深思之令現在前。

初所注之題注華嚴法界觀門

後能注之人杭烏山沙門智藏注

後釋本文三若人欲識真理空

初真空觀空中無識亦無人，理上無假亦無真，但看空中飛鳥迹，一生之内見全身。

初會相歸性身内真如還遍外

二明相即性直指衆生及萬像，内外皆從真起妄，悟之内外并皆真，真妄何曾有體狀。

三正顯無礙情與無情共一體

有情相上起無情，無情不離有情妄，情與無情體性同，同異之中總無相。

四泯同平等處處皆同真法界

法界下二十九三界悉是唯心造，情與無情皆合道，森羅萬像并皆如，處處看如無不好。

次理事無礙觀四只用一念觀一境

初理遍於事見心自性本來空，無生無滅境心同，如事觀時是本行，大智圓明法界中。

二事遍於理一切諸境同時會

三界塵勞迷裹有，十方塵刹悟時空，悟空只從迷裹悟，三界一空前後同。

三理融通智於一境中一切智

四智通徹理一境之中多智生，一多法界自圓明，一境本來無體性，一多之智亦空聲。

一切智中諸法界

後周遍含容觀一切智由悟一境，凡夫悟即悉達多，從兹處處見如來，何用真智待王歌。

初理如事一念照入於多劫

曠劫已來生死際，智慧鑒之無一物，煩惱如空無所依，一切諸佛從中出。

二事如理一一念劫收一切

處處寂滅即是收，處處皆同真法性，卷舒自在心無倦，不須更論邪與正。

三時處無盡時處帝網現重重

大勇無方該時處，處中有網網中逢，欲識圓明法界體，但看網上一真珠。

一切智通無挂礙

四智照無盡一念處通遍法界，生死涅槃同一塊，山河石壁不相妨，即是智通無挂礙。

法界下卌

注華嚴法界觀門卷下

恭惟

毗盧現相，稱性演百千偈之大經，彰生佛也無二，如一味
時雨，甘苦自分；
曼殊化身，隨機設三十重之妙門，明階降也非一，似三獸
渡河，淺深各异，是故定慧祖師歎云奇哉，顯决文約義豐，
理深事簡。以科注釋其義，引學者擊其門。至於悟入大經
法界，則方通相虚，萬象性實一真也。相國裴公制序，指示
惑者，贊斯法門，都可謂入聖玄術，出凡要路。意稱詞存簡
易，尤忻舉網提綱。花嚴經云：張大教網，於生滅河，漉人天魚，置涅盤岸。此之觀文，若唯注
而不科，如無綱之網。若但科而不注，如無網之綱。科注别
軸，稍勞披覽。故有先賢移其科格，以就觀文。既觀下有
注，文上有科，三者備矣，一經顯焉。使諸修觀之徒，講宣之侣，
無煩眩目。移科之意，其在兹乎。今者德真，幸居
帝裏，喜遇良規。始欲修習，終難得本。以至口授則音律參
差，傳寫者句文脱謬，致罷學心，必成大失。是以恭舍囊資，
募工鏤板，印施流通，備諸學者。若持若誦，情盡見除；或
見或聞，功齊種智。仰此上乘，遍嚴法界。延
龍算於皇家，曜
福星於官庶。道如堯舜之風，國等華嚴之境。總期萬類，
性反一真。不間冤親，將來無對。溥冀含情，悉如我願。
大圓鏡中，欲垂慈照者也。
皇朝天盛四年歲次壬申八月望日，污道沙門釋法隨勸緣及記。
邠州開元寺僧西安州歸義劉德真雕板印文，謹就
聖節日散施。

（八）俄 TK186《注清凉心要》①

【題解】

宋刻本。經折裝。未染麻紙。共 10 折半，21 面。高 27. 4 釐米，面寬 10. 8 釐米，版框高 21. 5 釐米，天頭 4. 5 釐米，地脚 1. 4 釐米。每面 5 行，行字數不一。上下首尾單邊。宋體，墨色深。以潢麻紙爲封套，雙框陰文題簽。冠佛畫 3 面。邊題：清凉答順宗、圭峰蘭若三門宗密注。有“善友施”白文印，上方鈐紫色雙框方印“李醜兒灾經記”。已裱。

① 《俄藏黑水城文獻》第三册，第 167—173 頁。

將釋心要文三清涼答順宗

初釋問答人二順宗者曆帝記云大唐第

十一代順宗皇帝是也

初釋帝主清涼者，佳好也，准碑文云，師本

越州人，俗性夏侯氏，十一便投

後清涼師體真寶林寺，年满，其屍羅解

通三藏義等，其問答義在嚮下也

二釋疏主圭峰蘭若沙門宗密注

三釋問答義二順宗皇帝所問心要法門

初順宗問二心者所證之理也，門者能生之文

也，法者，執生物解也。因文生智，以

爲執則悟此心。

初通釋地誠爲要哉。

裴公云觀者見法之眼門

後引證者，通智眼，令見法之門也。

華嚴疏主清凉國師澄觀答

後清凉答三至道本乎其心。諸佛，衆生迷悟本也。

初正答四心法本乎無住。萬法之宗本乎無住即心

初標者體也，淨名經云：依無住本，立一切法。無住心體靈

二釋心之相知不昧。瑩淨之理

三體用性相寂然。性即空，空絕迹相，即是星象，紫然。包含

德用，該攝内外。性包含於神用；具塵沙之無邊；

四出因立相該攝於内外；亦不再於中間。能廣無外也能深。

無內也非空非有。妙有不空；真空不有。不

生不滅。非四相所遷也求之不得，弃

初釋迷悟之不離。明一真心，地記取捨之情。

迷現量則或苦紛然。返本還源悟

二縱奪除疑真性則空明廓徹。返本還源

雖即心即佛，唯證者方知。

凡聖一真，猶來見佛見在，即凡情念，即佛智與理冥境，與神會者，方知也。

三釋迷相然有知有證，則慧日沉没於

於有地。若存體知，則棄内而外求，即滯於有。若無

照無悟，則昏云掩蔽於空

四釋悟相門。若忘智忘照，即好急緣，而内照即滯於無。

但一念不生，前後際斷。要心

五通妨難六不生二際俱短照體獨立，物我皆如。

要智現前我及我所悉皆同體直照心源，無智

初通妨無得。至理虛玄言忘慮絕，不可以識，識不可以行得。

不取不捨。性自天真，本無取捨。無對無修。

本非能待，豈有修作。

二喻然迷悟更依，真妄相待。迷即

六，凡悟則四，聖真智，生妄念，滅妄若起，真智隱。

三反合前喻若求真去妄，如避影以勞

形。若有取捨，勞形役智。若體妄即真，似

處陰而影滅。妄無自性，舉體即真。

四顯無是相若無心妄照，則萬累都捐。

既忘心照，煩惱自空。若任運寂知，則衆

行圓起。起即體之用，用而無用，何假因耶。

五就觀釋四放曠任其去住。不看彼此靜鑒

見其源流。動靜不失，理也。語默不失

初止觀雙泯玄微。語默全真動靜豈離法界。

去住合道

二止觀雙彰言止則雙忘智寂。止觀俱泯

論觀則雙照寂知。止觀齊彰

語證不可示人。寂然之理，不可説示。説

三正明中道理非證不了。唯證相應悟寂

無寂。智與理冥真智無知。真知之理。泯能知智。

四輾轉拂迹入玄以知寂不二之一心。以即理之智也

契空有雙融之中道。證不二之理也

無住無著。二邊不立，中道不安。莫攝莫

六征釋所以四收。三法界性，延促無礙。是非两忘，能所

雙絶。斯絶亦絶，般若現前。

法界真性思慮亘窮，若絶能所，則真智現前也。

初征釋般若非心外新生。不從外得智

性乃本來具足。非新新有然本

二理智相資寂不能自見，實由般若之

功。理非智不能顯也。

三雙泯般若之與智性翻覆相成，

智非理，不能生。四

本智之與始終兩體雙絶。

四了達果相

釋成問二本末俱泯

證入則妙絶圓明。體無瑕翳

初明證果悟本則因果交徹。凡聖相入心心

作佛無一心而非佛心。念念全真

二因果交徹處處證真，無一塵而非佛國。

即染而淨真妄物我，舉一全收，二而

次通結四不二心佛衆生，炳然齊致。不二而三

迷則人隨於法，法法萬差

初結迷悟而人不同。迷真逐妄悟則法隨於

人，人人一致而融萬鏡。物象無體

二結佛迹言窮慮絶，何果何因？本離言念

體本寂寥，孰同孰异？非同异境

三雙結體用唯志懷虛朗，消息冲融。佩道

之聲，契之即種。

四喻顯其猶透水月華，虛而可見。喻之也

無心鏡像，照而常空矣。虛心之鑒

後倡頌三心要法門頌

欲達心源净，所迷之理須知我

初頌頌迷相空。萬物自虛形容何虛實。緣生本無

念慮本無從。起處不真

次頌頌悟豁爾靈明現。似日初出倏然世

界通。即無障礙真金開伏藏。情系理現

後半真要赫日出暝曚。智起惑忘

體用同時試將心比佛。性無异故與佛始

終同。真妄無别

［李醜鬼宅經記］

注心要法門善友施。

（九）俄 TK270《顯密圓通成佛心要集卷上》①

【題解】

西夏刻本，經折裝。未染麻紙。共 4 折，7 頁半，高 20.5 釐米，面寬 9 釐米。版框高 15.5 釐米，天頭 2.8 釐米，地脚 2.2 釐米。每面 6 行，行 13 字。上下單邊，宋體，墨色淡，不匀。中有梵文。

【前缺】

五臺山金河寺沙門道殿

凡欲誦此陀羅尼密咒者，先須金

剛正坐，結印安心，然後手結净法

界印，口誦其咒二十一遍，真言曰

① 《俄藏黑水城文獻》第四册，第 358—359 頁。

唵蓋（梵文）
次誦護身真言二十一遍，結印觀
想真言曰
唵齒臨（梵文）
次誦六字大明真言一百八遍，真
言曰
唵麼抳鉢訥銘二合吽
(梵文)
已上三咒，功德靈應，并如本經，廣
説然後誦，准提真言與一字大輪
咒一處同誦一百八遍，七俱胝佛
母心大准提陀羅尼真言曰
南無颯哆喃三藐三菩馱俱胝喃
(梵文)
怛你也他唵折隸主隸准提娑婆
(梵文)
二合訶部林二合(梵文)
佛言此咒能滅十惡五逆一切罪
障。成就一切白法功德。持此咒者。
不問在家出家飲酒食肉有妻子。
不揀净穢。但至心持誦。能使短命
衆生增壽無量。迦摩羅疾尚得除
差。何況餘病。若不消差無有是處。若
誦满四十九日。准提菩薩令二聖
者常隨其人。所有善嗯心之所念。
皆於耳邊一一具報。若有無福無相
求官不遂貧苦所逼者。常誦此咒
能令現世得輪王福所求官位必
得稱遂，若求智慧得大智慧。求男
女者便得男女。凡有所求無不稱
遂。似如意珠一切隨心。又誦此咒
能令國王大臣及諸四衆。生愛敬
心見即歡喜。誦此咒人水不能溺。
火不能燒。毒藥怨家軍陣强賊。及
惡龍獸諸鬼魅等皆不能害。若欲
請梵王帝釋四天王閻羅天子等。
但誦此咒隨請必至不敢前次。所
有驅使隨心皆得。十齋日者所謂一

日，八日，十四日，十五日，十八日，二十三日，二十四日，二十八日，二十九日，三十日
【後缺】

（十）俄 A6V.4《究竟一乘圓通心要等雜抄》[1]

究竟一乘圓通心要
通理大師集
夫佛性者，即是行者，
虚明心也，内外擁顯十
方，觀察不見其根，實無
形相冥冥杳杳難説難思
昭昭虚虚能聞能見思
斯則名菩提性也，然今六
道認影，爲身迷自菩
提，沉輪苦海，此身幻相，
四大假合，中無實是，細
粉爲塵，誰爲自體，一一細
窮析塵體性分析成空，
虚尚歸無人在何所，又此
身中覓之，唯塵而無處
得見聞，覺性乃至成空，亦
不見有虚心踪迹行者
如是觀身無觀心無物
若如是時我何所在苦
乘何人生死，何物若如是
則猶彼虚空無去無來
非彼非此行者，悟知亦非
虚，空空可思此虚明性，不
而可觀無虚空相，云何
可思，莫不是無亦非是
若實是無知無者，誰
知非是無，無亦尚無，而説
於有知，有知無知非有無
知亦非知，大不思議誰敢
開口，故花嚴經云如空

① 《俄藏黑水城文獻》第五册，第 165—180 頁。

無所依，又云性空即是
佛，不可得思量，若如是
則豈三界可纏輪回能
轉，六塵所然，八境風飄，
生死去末而可得耶，可
謂清净涅槃常樂者
矣，若此大悟於一切時，皆
無爲而無不爲，如見
色時，是誰見耶，尋夫此
見無一切相非心可緣非言
可説，見色分明，不知誰見
不思議則無有見而能
矣，見如虚空，非虚空相
無爲見也，佛性見也，其
見物者，本無形相，内外
推尋，實不可得，若眼
見者，現今有人開目眼
時，而不見色，乃至氣
絶，開目睛存而不見
物，只如有人心，思餘事
開目對人而不能見有
目，對聲而不能聞，思維
事訖方始能見，方始能
開，方知諸根，但爲其門
也，見則見也，不見則根
不能見，如人在房，户牖
開廓外見諸境，但人能
見，非户牖觀人，若不觀，雖
開户牖開，不能觀此，亦如
是心見則見心，若畏
觀根，不能了行者，爾時
勿觀六根，直觀見性，實
不思議，故設其相，詰不
能開，擬想其容，神光自
滅，諸根皆説法界，真如菩
提涅槃名，言道斷尋，
思路絶今，此見性無不
目睹，其容二廳不聞其

響，非其如者，還是何
法，若如是悟，普觀法
界一切含虚無，一衆生
而不解脱，而不清净，皆
是其如，皆涅槃故，此
明性亦不可得，不可謂有本
同一性，亦明無性，故上經云
皆同一性。所謂無性，豈有
虚性，而可擬乎，若能大
悟此之心性，見色之時，不知
誰，見猶若虚空，豈能分
别，此是何人，當知見者，
無我無人，非彼非此，不生
不滅，無去去來，心不可思，
言不可議，如是而見如，
是而開覺，知亦如是，
禮敬如是贊歎如是，養
供如是。穀得得
處處出欲得菩
菩提菩薩菩
故花嚴經云法本寂
無，取亦見性，空即是
佛，不可得思量行者
行行行
行行推推行行
但當隨聲後説
供説虚空臧菩薩
若病普菓
恒作是念，我今此身
四大和合，所謂髮毛爪
齒皮肉筋骨髓腦
垢色皆歸地氣，夜
緣緣假假假
萬愚愚萬
萬行門中不捨一法也，
一心傳心不立文字，故
云一心傳心不立字也，
我説此法亦如幻夢，

涅槃無得得得
但住家處處處
大通通通
虚家家通
勝勝處通通
大道不須傳柤西末
怛意何傳真言，不
假在發真樂樂
樂樂樂樂
對竟不生煩惱，假
名機立菩提，色空名
闇本聖土土土巳
有因名假號土
普於十方世界中，
所有種種勝妙花
十方一切來如前，
我今真實而奉
大通智勝
口
言女
大
五月廿一日衆生
印父山上黄
伴出小少少
璞玉十方世界中
所有十方人天勝妙花
十方一切如來前
我今實真而舉現，
觀自在菩薩，
若是智人應如是，
今見施爲運動，一
切時中皆是本心，
色無常常之
時，何得不見，答心在汝
前自不見醜鬼鬼
土便時剪
糧糧便麥剪
暘麥暘麥暘剪

米暘揚
智慧清净海，理密義機深，
波羅到彼岸，嚮□道
祇由心多聞千種意，
不離緣因，針經花絲
一道葛，劫衆賢欽
觀自在菩薩頌曰
菩薩越聖智
六處悉皆同心空
觀自在無礙大神通
禪門入定三昧住
西東十方游杵游
曆遍不見佛行路
行深般若波羅多蜜
六年求達到，行深不離身，
智慧心解脱，達彼岸頭，
聖道空寂，寂如是
我我今聞供行平
等意時到自超群
貪受成成五藴
一藴假合得爲身
血肉連筋骨皮
果衣堆堆塵早迷
迷徒生樂著智
不爲
究竟一乘乘圓
夫佛性者即是行
者，虚明心也，内外
推尋，十方觀察，不
見根實，無形相
真真香香，難説難
思，昭昭虚虚，能聞能
非彼非此，行者悟知，亦非虚空，
虚空可思，此虚明性而
不可觀云何
遇涅槃經云
語悟鋃鋃之
涅

槃醜剑醜怒
請出
我我
大方萬非一蕩
養□諸妙花果與燈
珠子事
者子實
道心清寒恒於
答曰
習西□
當頂爲習
早直福洞丙
栖
惶燈燈□山實
長鳴輪燈人長灾
著呑吴調如□
道家一門清凈大
意，無煩惱，得
八萬四千諸得
得得吉得
高我成我
我我
求□我我
我得
我求得
復次吉祥持金剛難條幅
榻中勝調伏，教教大杳
念八萬四千諸教門，了
述知不離自身，心無常，菩
提真究竟，此則名爲
意，説説説説説説説
攝離身無别道，谷穀
年離火更無欲容
述欲知處源，
意
源源源
韵庚梗敬麥耕耿
陌清凈罷錫青惠

徑，昔九有宥屋侵
侯厚侯屋幽黝幼
侵寢沁緝葉
参拯證職
盤敷
正題敷
慮魚後
後後
言語道斷，推思路絶，
佛證法身，猶若虛空，用
物現行，如水中月，只如
現今一切蓮用虛虛
雖能能明鑒一切一力
虛性空總
故花嚴經云
法性本空，資無
取，亦無見，性空
即是佛，不可得
思量
□□□如是解，諸佛常
□□□當知大悟，萬唯心實
乃萬法，言不可説，心不可思，
道有生死，三界輪回，彼此
憎愛，人我怨親，而可得
耶，於一切時恒常大悟，虛
得得得得得
德德述我我
童子小子亦生不識
童子□孔善貝下如
食無明故則
善善善
執虛如垢
屹初
性合不捨怒滅□
長生舟藥□□
□□然不青總□□□
番番虛

（十一）俄 ДХ591《衆生心法圖》[①]

【題解】

西夏寫本，未染麻紙，軟。數塊殘片拼接而成。高 111 釐米，寬 42 釐米，楷書，墨色濃。上下抄經文，有小字雙行注釋。中以直徑 39 釐米的圓形順時針方嚮標出：衆生心法、相答疑、用大義、體答疑。兩側分列七言偈。皆殘損。

□□□□□□化無□佛，集身不二真如海，文義巧妙修多羅，
□□□□□□□者施
□□□□□□□爲人
□□□□□□□□□□□□□□□□□□□
釋□□□□須者
初□□□□□心即積一
歸心□□□□□□□□□□□□□□作於
心真□□□□何以故是
心生□□□□祈禱稱是
體相心用故□□□□□□□□□□□□□□□□□□□□□□□所
□義者即有三種，云何爲三
□□者體大□□□□□□一切法真如
□□□□□增不□故□□□□□□□□□□□□□□
□二者相大□□諸如來□□
□□□□□□□□
□□□□□□□□□□間出世
□語能□□□□□□□□□□□□□□□□□□□□□□
聞善□□□□□□□□□□□□□□□□□□□□□□□
□□□□□□□□□□□□□□□□□□□□□□□□□□□□□□□□
□一切□□□□□□□□說一切
菩薩□□□□□□□□□到如來
地故□□□□□□□□□三十二種□□□三解
【中殘缺不清】
三自摩訶衍，心生亥門，
具足性功德摩訶衍，具足性功德，
顯生一切世間果摩訶衍，世間因果
妙生一切出世摩訶衍，

① 《俄藏黑水城文獻》第六册，第 131 頁。

摩訶衍□當□是别不增不滅門，
□□□□一味平等不增不滅門
一味平等不增不滅門，
一體摩訶衍，
心真如門，
□□□法□□□滅□□摩訶衍，
三自一心門，三自一心摩訶衍，
具□功僧相大摩訶衍，具足功德相大門，
木□功德
如
奉法　　　性因果用大門
能生一切世間善因果□□□□衍出世間善□□□□門，
□□□□□□□□□□衍□□□□□門，
□□三種一味五□□□衍□□□不□疑門，
一杵一心門，一體一心摩訶衍①
稱佛微妙法，歸命誦於法界，□□□□□利乘一切□如群生，
□□□□□□□□者唯個二大乘深妙獨尊屬於果海，故論云性德間得海
□□□□□□□□者爲欲接引上根衆生命，將不二果海轉爲因分無名之中，傳□名
□□□□□□□體相用，但隨能入所作之門，真俗不同，説八差别，故論云摩入轉從
□□□□□□□故此法時不分設□中□□□□而無量□□，何名根本，除不二果海，自餘因分，皆以此爲依，故義
□□□□□□□名義行相如。何謂依根本摩訶衍中作起能依真諦，以理自
□□□□□□□作根本抱摩訶衍，又依根本總摩訶衍中作起能依□□□
□□□□□□□生，依門趣入，所依根本總摩訶衍，又依根本摩訶衍上作起□
□□□□□□□衍，又依根本摩訶衍上作起能依絶待真諦，無二體大引□
□□□□□□□重者，謂有一類好略劣根，衆生於前重總不能悟入，如來爲□
□□□□□□□根本，總體通該法義，言法義者，即心境也，心即所依顯密之法，
□□□□□□□不遮境中有心，心中有境，以於此法義之中，皆具取照義，故斯
□□□□□□□是前重能入八門也，何者謂前是所依真俗二諦，令此法屬
□□□□□□□及下品，故問即是四種，何成十六耶？答一心本法克惟唯由，二□
□□□□□□□以理自理，以體絶符，真如門依斯趣入所依摩訶衍法，於又一□
□□□□□□□入所依根本摩訶法，又於體大之上，作起能依俗諦差别門□
□□□□□□□入所依摩訶衍法餘用，用中各門法可以意得，故此於圝中□所□入之門各□
□□□所□□□□□□□□□則名義無，何故？後重能所法中開
征前重門，故開一心字及三大字，愚意詳之，非撿前門，開一心字及三大
之言，即是總名故，一體一心等别名之中，不帶根本字，後重一來，生心體

① 上文18行，爲筆者從中間往右録文，是一環形，中間有十輻，先録環，後録輻。

開一心等字也，勘則義顯法體，不分義門，得別也。然上三十三種，其不二
□□□其□於□中不顯其名餘三十二種，俱屬因分者，應於梲，故順於梲，故然果因二分
果海離緣，故不可説□□起明之□□二所贊就□是則可説□□從爲三十二種義略榮云
言詮皆名因分，則可倍□□可説者覺果則忘修□□離言□□問依此所釋，并釋
深玄理。二論同釋不二大乘，豈不相違耶？答有二解，一云两論雖無不二□
故亦□不可説也，亦濁因相，方違於無相，非言安了乎？絶言不以論詮，易知□
論果分□并不□爲教而知，應故離教説也，本須絢麗，據因果分相，從而明以果，就□
證處，離言故明以果，能因可資言者，此不二大乘却莫全同因分三十二種□□□
解答言，此就□□□□□佛境，攝屬圓教，彼三十二不離中須豈待全同？具□□□
耶，故二論中，別申如□也，□□因從果因亦絶言者，與彼不二果海，何別答此
也？以□□□□□者爲欲動示同□門語聖通總遍□□□□□摩訶衍義幽深微密，覺者宜造次顛沛，具足，故不
爲釋子坐右之銘焉。

（十二）俄 TK71V《華嚴感通靈傳記》①

【前缺】

大非小塵塵諦了此華嚴經是不思議之典，非情量所拘，説大，説小，經云十方諸
佛於一微塵中常轉如是無量法輪，無有間斷金光孕於口中上元年，中洛州敬受寺有
僧歸洛州覲友，路投店宿，與一僧同宿，見此僧問主任素酒肉啖之，其敬受寺僧怒而呵之，續見其僧綏發梵音誦
華嚴經，口角两邊俱放光明，狀若金色，誦至五帙以上，真光漸收，却如僧口。又禪師修德專業華
嚴，書寫此經，讖誦之時，金光遠照徹百餘裹紅蓮生於舌表如意元年，漳州有尼戒行
精苦，常誦華嚴，忽然坐化，三年墳上生紅蓮五莖，因發墳破棺，見從舌上而生，光彩鮮艷。

【後缺】

（十三）俄 ДX3185《説性空之法》②

【題解】

西夏寫本。白麻紙。高 20.1 釐米，寬 17.4 釐米。共 8 行，行 15 字。楷書，硬筆，墨色中。

不可得思量，此等經文如來別有甚
深意趣，爲務及息，故作是説，此義云

① 《俄藏黑水城文獻》第二册，第 94 頁。
② 《俄藏黑水城文獻》第六册，第 162 頁。

何爲有一類怖畏生死之人。如來真説
性空之法，及説契合性空之法，使令衆
生速離生死，擊縛即言性空生死自滅，
故云務急若劇圓見須要理事，只
修色空俱蓮方是真修，離此無别，請
有智者應可細詳。

（十四）俄 TK254《中華傳心地禪門師資承襲圖》①

【題解】

宋或西夏刻本。蝴蝶裝。白口，版心題“承襲”，下有頁碼。未染麻紙。共 2 個半頁。均斷裂。紙幅高約 28 釐米，半頁寬 17. 3 釐米。版框高 23. 6 釐米，半頁寬 15. 1 釐米。天頭 2. 5 釐米，地脚 2. 2 釐米。每半頁 7 行，行 18 字。有雙行小字注釋。上下單邊，左右雙邊。宋體，墨色中。另有殘片若干。文中注釋“牛頭”指唐代沙門法融在金陵牛頭山創牛頭宗。有避諱缺筆字“真”“明”。

【前缺】
有塵埃。評曰。此但是染净緣起之相。反流背習
之門。而不覺［妄］念本空。心性本净。悟既未徹。修
豈稱真也。劍［南］復有净衆宗旨。與此大同。復有保［唐］宗。所解似同。所修［全］异。不可繁
叙。他日面奉。一一辨之。
洪州意者。［起］心動念。彈指動目。［所］作所爲。皆
是佛性。全體［之］用。更無别用。全體［貪］嗔痴。造善
造惡。受樂受［苦］。此皆是佛性。如麫作［種］種飲食。一
【中缺】
悟色相皆空之處，乃是不空之珠□牛頭見解如此也，聞説空
等者諸部□□説空之經也，計瓷□一願等者計，本覺性亦空□鎖有秘有等者，聞□説諸法空寂
之處了了能□是本覺真心，却云不了不知心體不空，涅槃□説入擴空者，謂擴□中無物，名爲
擴空非謂□□□名真心之中，經□分别貪瞋等，念名爲心□□謂無心言無者，但□□遣却心中
煩惱也，故知□頭但顯其非朱顯其是從此已□皆喻菏澤之意，何如直云
瑩净圓明方□珠體唯空寂知也□□若但説空寂而不顯知，即□何异虚空，亦
如圓顯瑩净□見團雖圓净而無□明性，何明摩，是何能現影，洪州牛頭但説無一□切不顯靈知
□□□□知時州相此相皆空故經
□知彼宗謁空妄
□空，切皆然但是

① 《俄藏黑水城文獻》第四册，第 323—324 頁。

□净圓明即於
知無不迷念
愛懸一一皆
□性了結不成此
□將前益此此乃
□無供果即是
礙
切所
□□□
見令人認得
至成佛也荷
等種種之言
相猶是遮遣
空無知是當
心本體也，故
變不斷，但隨
理□□□□
【後缺】

（十五）俄 A4V《照心圖一本》[①]

【題解】

每半頁 5 行，行 12—14 字。楷書，墨色深匀。有校補字。“明”字缺筆。

□
夫見性者，復有二種，一者真
見，二者妄見。何名妄見，見物
逐物，住生心，古人云隨物生心，
即落魔界。何者有物，有
見無物無見，故云妄見，或
有人云開眼見，合眼無見，
何以故，爲所轉故。頌曰
妄見無是非正理，
堆裏搗沙要作米，
石人踏碓何曾動，
木女扇糠早晚起，
對物見者是緣心，

① 《俄藏黑水城文獻》第五册，第 130—133 頁。

衆生迷妄以言真，
隨物□□□□□
真見者，見物之時，見不隨物，
何以故？見物同體無差别，故
問曰：見無生滅物，有生滅，豈
有同體？答曰：衆生不了妄
見，生滅了知，無法當體，即空
本無生滅，佛頂經云見與見
緣本諸相，如虚空花，本無
所有見與及緣無是菩提妙
□命體衆生不了妄見，生滅
□語甘露明頓同佛體，交誰生
滅，菏澤記云知即知心，空寂
見即見性無生，肇公云若無
知無所不知，真心無見，無所
不見，故云真見是也。
真見本自離言語，
善財雇草今是葉，
冬苽圓圓誰人摶，
菰子彎彎甚人曲，
真見本自無言説，
隨緣見物無分别，
見與見緣并想相，
脱體全空似朗月，
二安心門者，須要止觀處
融言止者，沮心不起，名止觀
者，了性相俱空，故名觀獨，
有止即昏，單有觀即亂止
觀處融，昏亂不生，故曰定
惠，定即寂也，惠即照也，寂
照處融，故曰平等，何名
定中惠，惠中定？答曰：心寂
昏，名定，中惠照中不亂，名惠中
定，寂照俱泯，本自圓成，古人云
寂寂本寂照，照本照，若起
寂照，何時得了。金剛三昧
經云：千思萬慮，不依道理
徒爲動亂，法失本心，王問曰：何

名理行？答曰：道即理也，禪即行
也，禪無憶想，道絶功熏，故曰
理行。佛頂經云狂性自歇歇
即菩提勝净妙明體同法界。
忠國師云：無功之功，功不虚契。
六祖云：一切善惡都莫思量，
自然得入菏澤。云不思一物，即
是汝心，故名□□□□□
本是而勤修，惑元空而須□要須
備修萬性矣。頌曰：
達理修行有何爲，石馬鐵牛盡要行，
閼來吃盡千山草，晚夜歸來無肚皮，
□心無作須要修，能□□□□□□，
無念爲宗金爲體，贊修萬行有何□，
心無能所不望福，執起名無念一□
承襲圓云過善修而無修過惡周而
無周間是説見性復及安心，亦言無作
何須萬行。答曰衆生見性，雖本無作
從無始已來，妄認四大爲我性，以習
成卒難頓盡於所説見性，皆是解，
悟來是證，悟須要内所安心，外即備
修萬行，故經云：頌曰
止觀處修無所用，鈎綫才起漚波動，
意在深潭少人知，不動干戈本自平，
寂本不亂照不昏，寂照處融理何窮。
非寂非照□言説，靈知不昧理行真，
發行門者須□□修萬行，唯
以無念爲宗，問何名無念，凡作
一切萬行解行。照心圖一本。
如患夢

（十六）俄 A20V. 15《亡牛偈》①

亡二四牛
擎頭戴角出塵埃，猶有□□□□□
百刼浪隨奔竟去，一朝牽□□□□

① 《俄藏黑水城文獻》第五册，第 279—280 頁。

監官扇上清風起，函谷關□□□□
今日翻身秋色晚，金英□□□□□
　　亡半三牛
細草香泉分已甘，覺場高□□□□
人知銷一方全一，牛到亡□□□□
巢父飲河還共曉，庖丁解□□□□
蓮花會上曾垂喻，火宅門□□□□
　　亡四兩牛
只牛貪愛苦争先，不免□□□□□
濱覺循塵休得也，了心□□□□□
溈山谷口眠莎草，雪嶠□□□□□
放去牧來欲歸去，鷺鷥□□□□□
　　亡五一牛
竺國先生指牧牛，漸淳漸□□□□
波羅花結成還解，滄海□□□□□
五岳峰高云色静，四溟浪□□□□
却須記取韶陽語，千百□□□□□
　　牛亡人有
抽牽已盡性還淳，不見群□□□□
鞭索俱無雖息意，妄緣□□□□□
誰知心月輝三界，自覺□□□□□
重疊溪山烟水還，落花□□□□□
　　人牛俱亡
牛也無從人也空，混然□□□□□
有爲有作紅爐云，無證□□□□□
我慢山中張兔客，死生河□□□□
到頭會得從來底，明月□□□□□
　　全塵六牛
多生相逐步心田，今捉芒□□□□
遍體皮毛皆細密，出身蹄□□□□
六塵坌汙云容曳，一性澄□□□□
拽得回頭人費力，春花春□□□□
　　亡一五牛
一已知付五好你，依前犇□□□□
牢牽繩處略回鼻，痛下鞭□□□□
鷲領甘泉靈夜潤，雪山香□□□□
饑飡渴飲平生事，云任高□□□□

（十七）俄 ИНВ. No. 1044《禪宗文獻》①

【題解】

西夏寫本。西夏文刻本經折裝《大般若波羅蜜多經》卷八十八封套裱紙。未染麻紙。高 5.4 釐米，寬 20.1 釐米。地脚 2 釐米。共 10 行，行 4 字。有雙行白話小字，卡數，墨色濃。上部截去。據蘇州戒幢佛學研究所宗舜研究，文出《佛果圜悟禪師碧巖録》卷第一。

【前缺】
身處酌然
三處誠舉看
不看相塗裹
阿南正阿北在
□相安饒你
建見流使等
言句何故
□有不見
南地便道
出語不知
未見本
不單傳

（十八）俄 TK133《真州長蘆了和尚劫外録》②

【題解】

宋刻本，蝴蝶裝，白口，版心題"劫外"，下有頁碼，未染麻紙。共 38 頁。紙幅高 23 釐米，寬 31.5 釐米。版框高 17.3 釐米，寬 24.8 釐米，天頭 3.3 釐米，地脚 2.4 釐米。每半頁 8 行，行 17 字。四周雙邊，宋體，墨色深。有尾花。

真州長蘆了禪師劫外録・序
長蘆了禪師，芙蓉之孫，丹霞之子。得法於鉢

① 《俄藏黑水城文獻》第六册，第 289 頁。
② 《俄藏黑水城文獻》第三册，第 127—164 頁。

盂峰上，以無所得。而得説法於一葦江邊，以無所説而説，云行水止，從而問法者，常千七百人，以無所聞而聞。餘嘗造其室，窅然空然。温伯雪子之忘言，净名居士之杜口。余亦莫能知也。觀其抱美玉於空山，混銀河之秋月。視之不見，言之莫及。時時顧堂上之草深，憐户外之屨満於是萬金良藥，湔腸易骨。斯須之間，病者起走，人人輕安，得未嘗病。又如雷雨既作草木萌動。頃刻霽止了無痕迹。天清物春，雨已無用。雖然豈直如是而已哉。木鷄啼霜，石虎嘯云。鳥鳴山幽，蟬噪林寂。世有望角知牛，聞嘶知馬者，其庶幾曆其藩乎。師語蓋上堂，法要，偈頌，機緣，凡若干篇。中橋居士吴敏序。

真州長蘆了和尚劫外録

侍者　德初　義初編

上堂。僧問：三世諸佛，嚮火焰裏，轉大法輪，還端的也無。師呵呵大笑云：我却疑著。僧云：和尚爲甚麼却疑著。師云：野花香満路，幽鳥不知春。僧禮拜。師云：今日遭人毒手。

師乃云：柳眼争芳風烟混秀。未露處密移春色，不萌時暗染溪光。寒岩樵子歌謡，野渡漁人鼓腹。所以道，正則龍銜异寶，偏乃鶴宿銀籠。且道，不落正偏，作麼生相委。良久，云：萬機休罷處，一曲韵無私。

上堂。僧問：如經蠱毒之鄉水，也不得沾他一滴，未審此意如何。師云：及盡始通身。僧云：通身後如何。師云：方知撲不破。

師乃云：不假舌頭説，熾然無閑歇。深密密處，光彩頓生，明歷歷時，混融皎潔。若也和身放倒。隨流任真，始信百般計校，不成運用。本無欠缺，雖然恁麼，金屑雖貴落眼成翳。

上堂。僧問：百草頭上罷却平生時如何。師云：亦無藏身處。僧云：恁麼則遍界露堂堂。師云：切忌作面目。僧云：不作面目又作麼生。師云：泥牛觸散嶺頭云。

師乃云：卓錐無地甚處安身。瞬息不通，如何駐擬。所以把定乾坤眼，綿綿不漏絲毫。融通造化，的的更無滲漏。正恁麼時，打破畫瓶，一句作麼生相委。良久，云：雲散水流去，寂然天地空。

上堂。云：傍參密旨，妙會玄宗。句在混沌前，豈涉今時路。無舌人解語。無情者皆聞。通途消耗不分時，靈脉浩流無間處，且道不借借作麼生。良久，云：堆堆全體露，秖麼不曾藏。

上堂。僧問：不落風彩還許轉身也無。師云：石人行處不同功。僧云：嚮上事作麼生。師云：妙在一漚前，豈容千聖眼。僧禮拜。師云：秖恐不恁麼。

師乃云：智不到處，道著即頭角生。心不泯時，認著即影像現。百匝千重都擺撥，騰今照古本無虧。木鷄啼斷海雲昏，石虎嘯開山色秀。光境俱忘即且置，不授手是甚麼人。良久，云：青松生古韵，白發笑寒岩。

上堂。云：機輪密處，靈草未生。溢目不登，揚眉自曉。有時意到句不到，白雲藏玉鳳。有時句到意不到，秋露滴銀河。有時意句俱到，妙盡不當今，虚明不出户。且道，意句俱不到，又作麼生。良久，云：不傳千聖口，莫嚮萬機求。

上堂。云：暗裹抽横骨，彌天包已彰。明中坐舌頭，匝地無紋彩。混不容其迹，照不留其痕。金烏子夜出乾坤，停午濃雲生岳面。且道，須彌那畔，甚麼人擔荷。良久，云：莫行玄處路，功盡合平常。

上堂。僧問：如何是學不停午。師云：海底銀輪秀。僧云：如何是意不立玄。師云：無影樹頭春。僧云：恁麼則未露之機，當鋒得妙。師云：亦須轉却。僧云：轉却後如何。師云：不落混融機。師乃云：窮微喪本體妙失宗。一句截流，淵玄及盡。是以金針密處，不露光鋩。玉綫通時，潛舒异彩。雖然如是，猶是交互雙明。且道，巧拙不到，作麼生相委。良久，云：云蘿秀處青陰合，岩樹高低翠鎖深。

上堂云：轉功就他，是嚮去底人。玉韫荊山貴。轉位就他，是却來底人。紅爐片雪春。功位俱轉，通身不滯，撒手忘依。石女夜登，機密室無人掃。正恁麼時，絶氣息一句，作麼生相委。良久，云：歸根風墮葉，照盡月潭空。

上堂。云：粗中辯細，門裏出身。量外不孤，機梭暗泄。暖氣雖消岩上雪，冰壺未破劫前春。六門活計冷翛然，萬頃琉璃寒徹骨。且道，滴水滴涷，一句作麼生相委。良久，云：歸堂問取聖僧。

上堂。云：居動而常寂，處暗而愈明。不墮二邊機，當頭誰敢觸。正按傍提有據，真慈妙應無窮。雖然句在未萌，要且不離當處。且道，畢竟如何。白雲留不住，依舊出青霄。

上堂。僧問：泥牛常運步，爲甚麼不許觸波瀾。師云：虚空暗點頭。僧云：恁麼則子就父時，猶有依倚。師云：更有一人未肯在。僧云：未審是甚麼人師云：紅爛通身火裏看。

師乃云：虚玄及盡亮處偏枯。明湛不摇，想中滲漏。是以千峰瀉翠，萬穀流春。靈苗秀而氣未萌，瑞彩分而天欲曉。光融月水，影混空潭，葉照忘痕，如何辯异。木龍吟子夜，妙在未聞前。

上堂。云：藏身處没踪迹，浩意融時誰辯的。没踪迹處莫藏身，驀移步處妙難尋。枯根石裏花明秀，劫外風光密密新。所以道，三十年在藥山，秖明此事，諸仁者作麼生是此事。良久，云：白髮顔如玉，靈然不墮今。

上堂。云：無功妙旨，不涉玄微。一念潛通，全機密運。易奏空山流水曲，難傳虚室夜明符。暗中靈句許誰知。化外威光須自看。雖然恁麼，不尋青嶂路，争到白雲根。

上堂。云：妙化潛敷，無中忽有，漚紋才擬，失湛乖真。九霄凈處廓無疆，四海清時明徹底。若知有者個消息，堪報不報之恩。其或未然，天水混時秋一色。衆星攢處紫微高。

上堂。云：家音歷歷，的要難通。紹了非功，忘其擔荷。户外有云從斷徑，坐中無照勝然燈。既知活計見成，便合深沉消耗。爲甚麼更有途中事。良久，云：功齊超歷劫，運步不當陽。

上堂。僧問：密密見成，還得尊貴也無。師云：用在萬機前，不勞呈巧妙。僧云：恁麼則一句靈然通途絶朕。師云：是阿那個一句。僧擬議。師云：過犯彌天。
師乃云：剎塵一掃大小量空。念劫兩融前後際斷。不離當處，圓應無窮。安住是中，周游不怠。正恁麼時，木童敲月户，六用虚明。石笋暗抽條，孤摽秀密。且道，是誰境界。良久，云：江岸風濤急，蘆村景色幽。
上堂。云：見聞不昧，聲色純真，動静無虧，去留本妙。若也盡底承當得去，始信法法圓成。便能隨處立宗，返常合道。其或未然，满襟秋露濕，一鑒冷無痕。
上堂。云：未休休去，未歇歇去，豁然寶鏡當台，無限清光满户。所以道，一句子當明不當照，一句子當照不當明，或若當照當明，又作麼生。良久，云：枯枝頭上雪，不待太陽春。
上堂。云：莫怪石頭饒舌。便道靈源皎潔。功成照不失虚，妙盡明無間歇。如今果爾難藏。盡逐秋光漏泄。爲報海内道人，參取個中時節。
上堂。僧問：午燈非照燭，夜炬满天紅時如何。師云：猶墮傍來路。僧云：如何是嚮上之機。師云：明暗盡時俱不照。
師乃云：披毛游火聚，焰裹藏身，戴角混塵泥，光中轉步。靈珠絶點，片玉無瑕。一念廓融，千機秀髮。正恁麼時，坐　傍來路子。更有道得底麼。良久，云：曆然超化表，浩劫體難分。
上堂。云：明簾未卷，秘殿光舒。妙體潛彰，真規尚密。直得龍吟碧海，鳳舞丹霄。大地鋪祥，長空布瑞。正恁麼時，借位誕生一句作麼生相委。良久，云：金印未開沙界静，玉輪轉處不當風。
上堂。云：裹許明如日，絲毫無隔礙。一靈不假胞胎，四大孰然主宰。如今徹底露堂堂，運用隨緣常自在。雖然如是，猶是平常行履。且道，超宗越格，如何相委。虚空無面目，不用巧妝眉。
上堂。云：終日分别，秖是分别自心。堪笑念彼觀音力，畢竟還著於本人。黄頭老衲有理難伸。爲甚麼有理難伸。賊是家親。
上堂。僧問：影草不施，千途罷賞。未審，其中事作麼生。師云：當堂不正坐。僧云：恁麼則全功轉去也。師云：轉嚮甚麼處。僧云：古渡夜明秋色晚。師云：須是者漢。

師乃云：人迷曉徑，户挂凋林。出没混融，凝流皎潔。妙體靈然無影迹，通身及盡不當陽。水聲松韵一溪深，月色波光全體妙。正恁麼時，落在誰人分上。良久，云：满船空不夜，穩密上鈎時。

上堂。云：两洗摩尼增秀色。全身不昧一絲頭。靈河傾瀉曾無間，添得滁山水逆流。所以道，真慈妙應，赴感隨緣。大寂光中，本無出没。雖然恁麼，不因登絶頂，争見白雲高。

上堂。云：鏡鏡相照，光光相入，猶是影像邊事。頭頭上見，物物上明，呼爲了事底人。直饒不涉緣不受位，全體混密，一念浩融，猶有類在。作麼生是异類。良久，云：入門非隱的，妙在未分時。

上堂。云：密密親近去，時時奉重他，猶存孝養在。不見親近孝養奉重，始得尊貴。雖然恁麼，烏兔任從更互照，碧霄雲外不相干。

上堂。僧問：不求諸聖不慕已靈時如何。師云：古鏡臺前荒草秀。僧云：便恁麼去時如何。師云：金烏銜片玉。

師乃云：沿流無定止，真照不留踪。千峰秀處鶴難栖，萬水澄時魚自穩。樵人罷賞，釣客迷巢。古渡深云同歌絶韵。正恁麼時，知音底在甚麼處。良久，云：玉兔常當午，白日不移輪。

上堂。云：勝净妙心，本周沙界。精真廓爾明白洞然，靈花密秀异前春，風味混成塵外句。直得寒林布彩，野水流芳。寂爾不凝如何體异。當陽不踏今時路，得意無私鳥道玄。

上堂。云：日用鎮長靈，古今常不改。如何特地新。各要施三拜及盡無依，體自玄。雙六盆中休喝彩，既休喝彩作麼生辯得失。良久，云：十語九中，不如一默。

上堂。僧問：古路不逢時如何。師云：相隨來也。僧云：恁麼則萬象光中全身出没。師云：猶是往來人。僧云：如何是非往來人。師云：古路覓不得。

師乃云：一牛飲水密混溪雲。五馬不嘶暗彰風骨。不落曉機即且置。太綿密忒露現作麼生回玄。良久，云：白頭蠶婦織，歷歷夜鳴梭。

上堂。云：機回明位，妙盡轉身。一夢青山，満船忘月。子夜雲收碧漢，中秋露濕銀河。蘆花深處鷺相逢，談笑飲茶無處避。正恁麼時，更須知有一人不合伴。

上堂。云：靈鷲深機，少林密旨。山岳高低而异唱，水雲去住而自聞。得之者頭角强生，失之者功勋徒爾。所以道，莫求悟，本無迷。日出東方夜落西。雖然恁麼，且道，據個甚麼。良久，云：不勞澄九鼎，流動百花新。

上堂。云：離心意識達本情忘，千聖頂𩕳撥開萬象根源徹透。當明隱照，入户忘歸。野老謳歌，石人拊掌。正恁麼時，還有知落處底麼。良久，云：雪山香草秀，不見白牛踪。

上堂。云：百億毛頭，花發不犯春風。三冬雪裹争芳，全彰浩意。云凝縠曉，滴水冰生。活計見成，憑誰受用。良久，云：頭上青灰三五鬥，明明不墮曉來機。

上堂。云：秖恁麼休尋覓，成見堂堂忘得失。假使心通無量時，歷劫何曾异今日。呵呵大笑，云：聖僧堂裹坐，金剛門外立。廣長舌相耀乾坤，半夜烏飛白如漆。

上堂。僧問：皮膚脱落盡，唯有一真實。未審，其中事作麼生。師云：户掩春風，不停宿客。僧云：恁麼則，緑岩云抱處，幽蘚翠成堆。師云：猶是半超之句。僧擬進語。師喝。云：猶嫌少在。

師乃云：一念未生時，萬里無寸草。通身紅爛處，遍界不曾藏。鳥道忘依，雲踪有异，直得恁麼，猶是究妙失宗。所以道，任你天下人樂忻忻，獨我不肯。且道，據個甚麼。良久，云：魚行沙暗動，終不犯清波。

上堂。云：默耀堂堂，見成密密。通途隱的，回玄難分。家風枯寂妙明前，活計荒虚玄路外。若能撒手，恁麼去。絶後再蘇，擴身恁麼來。當頭不犯，始解隨變任化與物推移。其或未然，雲藏無影木，丹鳳不栖梧。

上堂。云：鶴夢無依，寒巢卧月。雲容不挂，野渡澄明。功忘莫守玄微，位轉須知嚮背。所以道，凋林迴秀，靈桌密移。一句截流，如何辯异。還知端的麼，白牛耕盡寒岩雪，禽鳥不鳴天地春。

上堂。云：運步不當機，個中無肯路。明密浩難齊。未前超佛祖。及盡回途恁麼來。撒手相逢没回玄。所以一切處行履，一切處不收，一切處見成，一切處莫睹。山僧今日也大無端。

上堂。云：旨外明宗，玄中辯的。古帆不挂，洞水逆流。黄蘆渡口奏陽春，偃月城頭吹畫角。豈止异苗翻茂。須知别有圓音。更休爛炒浮漚。便請乘時撒手。且道，落在甚麼人分上。良久，云：錦綉溪邊去，新豐路已分。

上堂。云：風暖寒堤春回草緑，雲迷古路家破人亡。太陽門下覓無踪，枯木岩前花自笑。直得髑髏吟處，韵韵難齊雪月混時，功功不共。諸仁者到者裏，且作麼生措手。良久，云：靈絲動處金鈎密，不觸波瀾暗裏收。

上堂。云：移身密處，意句難通，驀路分時，風雲迴秀。户外野花開似錦，造化不知。岩前芳草軟如綿，随根自發。豈在忘機息見。斷臂安心，大施門開，更無辜負，雖然恁麼，春力不到處，空山中夜泉。

上堂。云：純清絶點，似鏡長明，照不失虚，萬象體妙。細中之細，雪盡冰消。功就之功，任運成見。諸仁者，還知有不鑒照底麼。良久，云：枯椿花爛熳，青草渡頭空。

上堂。云：世尊有密語，古渡春殘。迦葉不覆藏，落花流水。見聞覺知路絶，四維上下通身。玉鳳舞中霄，金輪舒半夜。正恁麼時，作麼生是不驚异。良久，云：海底驪珠貴，光分宇宙迷。

上堂。云：不變易處，未可安身。無閑斷時，更須放下。直得羚羊挂角氣息都無，猶滯化城未臻實所。且道，混不得類不齊，合作麼生。玉壺霜漏永，天外翠峰高。

上堂。云：幻滅滅故，非幻不滅。光無不透，明無不徹。長歌吹起桌頭風，永夜恣眠蓬底月。正恁麼時，浮定有無，鈎機密泄，三寸離鈎，要知時節。既知時節，爲甚麼？容露柱多口饒舌。良久，云：却是長蘆倒一説。

上堂。云：歇須歇得靈，用須用得密。丹霄步轉，清曉風回。野菊含金，山泉漱玉。正恁麼時，作麼生是一念萬年。良久，云：六户明如晝，懸崖撒手看。

上堂。云：舟移遠浦，風度長淮。秋露满襟，寒江溢目。隱顯雙明不觸，相逢两刃無傷。是須陌路到家。休問沿流時節。雖然恁麼，不回枯木暖，争辯石頭吟。

上堂。云：大徹底人無徹可徹，大歇底人無歇可歇。非但玉樹開花，亦乃石人腦列。少林三拜强荼糊，至今有理難分雪。

上堂。云：風光溢目，翠色满林。香岩上樹之機，夾嶺出身之句，直下道得，堪報不報之恩。其或未然，祥云籠紫閣，瑞雪點紅爐。

上堂。云：朝哺飲啄，無處藏身。乃顧謂大衆云：秖今東邊也著，西邊也著。還有回避得底麼。良久，云：一時勘破了也。

上堂。云：虚而靈，寂而妙。明密浩然，猶落鑒照，作麼生是不落鑒照。直饒玄會得，猶是眼中塵。

上堂。云：道得第一句，不被柱杖子瞞。識得柱杖子，猶是途路中事。作麼生是到地頭一句。

上堂。云：處處覔不得，秖有一處不覔自得。且道，是那個一處。良久，云：賊身已露。

上堂。云：口邊白醭去，始得入門。通身紅爛去，方知有門裏事，更須知有不出門底。良久，云：唤甚麼作門。

法要

示衆云：撒手便行，嚮甚麼處去。不與萬法爲侣，聞見覺知路子已斷。明密密佛眼也覷不見。大休大歇，秖是及得盡，用得活見得徹，明得透。轉處純熟，無毫髪許滲漏。口頭更無佛法氣味，命脉自斷，光影俱透，如萬仞懸崖放身，廓忘依倚。便能坐斷天下人舌頭，機機穩密觸處混融，一念萬年，真常體露，但行住坐卧，參到藏身不得處，躲避不及處。便乃全體擔荷。孤明歷歷無段無形。萬象光中，頭出頭没，更無欠少。秖麼見成，個點靈然，元無斷續。恁麼覷得内内外外圓陀陀地，養得爛骨堆地，始得無過，患然後一時掃却，嚮乾坤那畔千聖萬聖望不及處去，方知有嚮上事。珍重。

示衆云：參得快活，用得自在。便知有休歇底路子，髑髏前鑒顧業識打得斷，夢影銷落，徹頂徹底，明而無痕。盡虛空大地一時脱落，上下四維混混無把無捉。坐斷佛祖言句，不被天下老和尚熱瞞，根底透漏絶消息。盡却今時一味，恁麼去，忘踪忘迹，無方無所，没涯際，絶畔岸。揚眉瞬目，千里萬里，有甚麼開口處。但隨分著些精彩，風塵草動，觸境遇緣，盡底承當，更無别法。千變萬化，自然打成一片常光見前，任運不昧。秖個一片常光，任運亦須忘了。唤作智不到處，切忌道著道著。即頭角生。珍重。

示衆云：命根斷底人，驀然轉得來了。日用全是本光。違順得失，不見有一絲頭許。出没應機，得大自在。謂之隨順世緣無挂礙。既能常不昧，無閑斷一念，通身恁麼去，猶恐墮在肯重，未得十成。更須轉取舊時光彩，得到無辯處。巧妙嚮背，净盡都忘，方知不動步常在屋裹。但忘教似枯木石頭墻壁瓦礫。絶知絶解，自然虛明歷歷，無一絲毫特地費心力處。珍重。

示衆云：盡虛空大地甚處得來，徹頂徹底，元是個段光明。彌满洞耀，不落意句，亘塵沙劫，曆恒紅沙世，廓無變易。若一念窮得，源底明透，直截擔荷，便與三世諸佛齊肩，猶落階級，未爲嚮上。若掃却玄妙階級，智境法塵，嚮未摇三寸已前，澄想俱盡，照而無迹，明而無痕，混混密密，千聖亦摸索不著。秖個摸索不著，亦非本有。知落處底，合作麼生。珍重。

示衆云：單傳直指，秖要默而契，密而證。動静見聞一時忘却，應乎昔已來不管，善惡净盡俱削個裹虛豁豁，觸事無礙，事事即真，隨處見成。處處不昧，運用應變，日新無窮。甚麼處更得四大百骸，千頭萬緒都盧。秖是個段風彩充寒遍満，無路轉身綿亘古今曆窮大劫秖是者一念初無移改。若坐著即住在一色，若圓轉即溢目光寒，如總不恁麼，塵劫已前千聖那畔，天地不可蓋載處，合作麼生。珍重。

示衆云：眼光落地，畢竟阿那個一轉公案是得力底。從來秖爲差別散亂心想昏了，便爲外塵外緣所粘所縛。情見不透疑病轉深，所以古聖出頭來，秖是爲人解粘去縛，破病除疑。唯要離見超情，明證本有。故曰，千種言萬般解，秖要教君常不昧，若常不昧則鎮長明，鎮長靈，鎮相隨，歷劫已來虚妄定亂一時空寂。甚麼處更得千差萬別來。所以道，一切諸法唯依妄念而有差别。若離心念即無一切差别境界。正恁麼時，虚空無挂針之路，若有一絲頭便入驢胎馬腹。明眼漢作麼生，開口若擬議，便成两橛。珍重。

示衆云：情境不透，見覺不圓。亮處偏枯，便有嚮背。蓋取捨擇，過患未盡，識想流注。若一念混密净盡承當，任運見成，不須管帶命脉自斷，四大自脱，明歷歷，照體廓然。魔佛俱掃，甚麼處更得迷悟生死一絲頭來。出家兒灰念枯坐索性打教，脱脱落落，盡底劃斷，將破皮袋，殼漏子，衣單下子細點撿。不可開眼受瞞去也。臘月三十日眼光落地，紛然失路。過在今時參究不徹。

示衆云：坐得脱，歇得到，疑想俱盡絶根株，明歷歷無可趣嚮。也須是個徹底放下，死一遍了，驀地蘇息。個些精彩，若萬鏡臨台，絲毫不昧，便恁麼擴身，猶恐墮在絶點純清，未透真常流注。何况争鋒競鋭，隨照失宗，認識情著影響，還出得陰界麼。枯木生花，始與他合。是老人，不識好惡底語，捨不得者，俱爲滲漏。直須净盡灰歇，參教穩密密地，渾金璞玉去，那一人尚未肯在。

示衆云：但有言句，都無實義。千説萬説，試爲我拈一毛頭來看。從朝至暮，虚空裹喃喃地。

苦哉，飽吃飯了，開眼寂語。阿你分上，甚生次第。混耀炟赫，密露堂堂。没根株，絶邊岸，見成大用，快活不徹，有恁大活計。何不占取，秖管依他作解，認口頭聲色，還知道記個元字脚，萬劫作野狐精麼。快須忘前失後去，家破人亡去，路斷忘歸去，垢盡明現去。良久，云：不合恁麼道。珍重。

示衆云：唤作如如，早是變也。百草頭上，不露面目，直截嚮那畔，移步轉身。還更有撲不破眼麼。類不收，混不去，百般伎倆不成，蓋妙在體處。若失些子光彩，明露大地，便爲日用所留，不能透塵墨劫前威音路外。若是大徹大悟，大闡提毁佛謗法，不入衆數底漢，咬釘咬鐵，坐斷歷劫來路子，靈然皎潔，浩脉不通。愈精愈明，愈休愈歇，混混没踪迹。不變易，無間歇，脱造化。還有索性便恁麼去者麼。珍重。

示衆云：盡十方世界是一顆明珠鑊湯爐炭，劍樹刀山，發大悲光，演微妙法。若具無礙智眼，歷歷不昧，猶是驀路相逢，未得穩坐。透玄關出金鎖，妙盡到家，十成無辯，猶有氣息在。所以道，有一人無出入息。速道速道。則曰不道。爲甚麼不道，則曰不將來。秖個不將來，還有窮得根底，明徹底麼，也須是忘來忘去，忘得眼如眉，迷嚮背。永斷今時路子，口邊土生去始解作活計。

示衆云：平白地構得徹底人，直截嚮裹許擔荷。放得停穩，養得淳熟。坐却三寸舌頭，明如百千日月。便能截紋彩斷機絲，一物不爲萬緣冥應，成見密密，妙露堂堂。秖麼秖如今無能無伎倆。若猛著精彩，歷劫來路子，秖是當念，不移易一絲毫，照體虚凝，迥絶依嚮。古聖廓爾大悟了，被人逼著，語帶玄而無路，心涉妙以難行。則曰乘舟者迷，登機者失。當知，尊貴不落意思，没量大黄面老兒，尚秖得一場懡儸，如今信彩開口，還知無利益麼。也須是性燥都忘了，决定不流入第二念。曆然明徹去，方知不到衲僧口裹。

示衆云：悟得紙衣下用，秖解恁麼去。明得一色邊事，未會先師意。自余隱風倒卓，灌溪步歸，無業問隨後之人，大顛説無聲三昧。或聞鼯鼠而便脱，或爲愚痴而再來，或竪指而休，或翻舡而往，一一坐亡立化。個個逞神現通。其密也目擊正容，其混也忘踪失迹。用得純熟，撒手自由。满路光生，迥無依著。此雖衲僧平常轉身時節，未足爲奇。若也已見未明，不知有嚮上事。要構古人，也大不容易。知今眼光落地，如生龜脱殼，似方木逗圓。爲形軀所留，被風火所苦。蓋一生念念散亂，心識絲飛，臨終之時，暫欲澄心静慮，閉眉合眼，不爲幻妄磨滅，豈易得耶。也須是硬鱍鱍，壁立千仞。一念恁麼去，萬事俱忘去，徹底剥了去，氣息都無去，那邊了却去，直使行如鳥道，坐若虚空，空想亦無。個點靈然明密密地，任運卓爾恒無改變。豈知有今時周由者也。如石室在杏山，踏碓抬起脚，了忘却放下甚麼處去來。先聖則曰，親近來。又道，擬親即疏，擬近即遠。要知此事，大難大難。如今還有明暗盡處，光景落時，不昧死生底麼。良久，云：五蘊身全尚不知，百骸散後何處覓。

機緣

師初見丹霞。霞問：作麼生是空劫已前自己。師擬對。霞云：你閙且去。一日登鉢盂峰，豁爾契悟。徑歸見霞，方侍立。霞劈耳便掌云：將謂你知有。師忻然禮拜。來日，霞上堂云：日照孤峰翠。月臨溪水寒。祖師玄妙訣，莫嚮寸心安。便下座。師云：今日陞座，更瞞我不得也。霞云：你試舉我，今日陞座看。師良久。霞云：將謂不瞥地。師抽身便出。霞一日在方丈後坐。師問訊霞見來不顧。師云：維摩道個甚麼。文殊便生贊歎。霞微笑。師禮拜。霞云：你不待我爲你説。師云：我又不是患聾。

師見石門和尚。門問云：終日勞勞，成得甚麼邊事。師云：須知有不勞勞者。門云：作麼生是不勞勞者。師云：要且不敢安名立字。門云：你是識來不敢，不識來不敢。師云：總不恁麼。門云：畢竟如何。師良久。門云：正是勞勞者。師拂袖便出。

師在南陽再見丹霞侍立次。霞云：你爲我净
發得麼。師便安排水於霞前而立。霞云：你得
恁麼純熟。師云：猶是奴兒婢子。霞云：那一人
在甚麼處。師不對。霞云：也是奴兒婢子。
師過香山庵中，見師叔。問：近離甚麼處。師云：
丹霞。山云：還見丹霞麼。師良久。云：不離一步。
山云：不虚參見丹霞。師云：也不得草草。山云：
秖如僧問思和尚，佛法的的大意，廬陵米價
作麼生。師珍重。便行。
師見深州。州問云：甚處來。師云：丹霞來。州
云：親見作家來。師云：且莫壓良爲賤。州拽柱
杖。師捉住云：和尚尋常大小便利，教甚麼人
勾當。州便喝。師云：勘破了也。
師見保寧。寧問云：江河競注而不流，豈不是
遷中明不遷。師拈火夾竪起，云：和尚喚者個
作甚麼。寧云：老僧命根在子手裏。師放下火
夾便行。師到智海見佛鑒，鑒見來駐步望師，
師近前方擬問訊。鑒便歸。方丈師隨後云：且
容轉身吐氣。鑒回頭。師不審，便回。
師到法云，見佛照從法堂出。師云：好個阿師
恁麼去也。照覷師。師便下法堂。有僧云：也須
子細。師云：和尚尋常嚮你道甚麼。僧云：拈却
山河大地，明暗色空，嚮甚麼處，安身立命。師
云：你且來，我更問你一轉公案。僧隨師至三
門。師云：夢見法云麼。
師見云蓋。蓋問云：女子出定話，你作麼生會。
師云：合取皮袋。蓋云：不然我且入定，你試出
看。遂斂足而座。師和身推倒，便出。
師見長盧祖照。照見來，便問：甚處僧。師云：川
僧。照云：年多少。師云：二十六。照云：猶自亂走
在。師撼禪床云：秖在者裏。照便喝。師禮拜。
祖照一日，同師到延壽堂。照問病僧云：你作
甚麼。僧云：傷風頭疼。照云：傷左邊傷右邊。僧
無語。師云：者僧却安樂，秖是不肯參堂。
佛眼到長盧。師詣知客寮，問訊眼見來於書
案上，拈起鏡子，便照師云：者野狐精。眼放下
鏡子。師便出，至晚澡浴，眼自攜浴具，到廚門
前，見師來。眼云：如何如何。師云：和尚莫要個

人隨後麽。眼提起浴，復云：已在者裏。師揖云：
燒湯已辦。眼便過，師便行。
佛果到長盧。西方丈師相見，了相并而坐。果
便舉廓侍者問德山公案以肘築。師云：因甚
两度不彩他師。亦築云：莫謗人好。果大笑。師
云：者賊。佛果令僧馳書到。師開見，頌云：宣化
渡頭作别，譬如两鏡相照。何止千里同風全
提嚮上一竅。師問：僧作麽生是嚮上一竅。僧
擬分疏。師云：且莫辜負。師復有頌答云：運用
堂堂本妙，徹底不落鑒照，一言及盡鋒鋩。秖
個更無孔竅。
師見超首座。舉參仰山偉和尚，一日入室，蜂
子打窗。偉云：你還捉得麽。超云：捉得。偉云：你
試捉看。超以两手，怯偉項叫云：捉得也。偉笑
云：你秖解騎虎頭。超云：要虎尾也不難。放手
便禮拜。師云：仰山可惜痛棒放過了超視。師
良久。師云：者漢猶自弄精魂。
師問僧：甚處來。僧云：天甯卓和尚處來。師云：
天甯嚮你道甚麽。僧云：舉雪峰道望州亭與
你相見了也，更來者裏作甚麽。師云：天寧被
你當面勘破。僧云：和尚也不得瞞人。師竪拂
子。云：你唤者個作甚麽。僧云：拂子。師云：却是
你瞞我。
師問僧：近離甚處。僧云：云居。師良久。云：見和
尚麽。僧云：見陞座舉洗鉢盂話。了呵呵大笑
云：此個公案甚是穩密。又呵呵大笑云：此個
公案甚是穩密。師云：云居爲甚麽脚跟不點
地。僧云：甚麽處是云居脚跟不點地。師云：隨
我舌頭走。僧擬議。師打。云：你夢見。
師問僧：甚麽處來。僧云：佛果和尚處來。師云：
室中嚮你道甚麽。僧云：覿面相呈不得蹉過。
師云：苦哉，作者個語話。僧云：未審，和尚此間
如何。師云：蹉過了也。僧擬議。師便打。
師問僧：近離甚麽處。僧云：五祖。師云：五祖有
何言句示衆。僧云：法堂上有牌，牌上有字。云：
五祖有三轉語，方來衲子道看。師云：我者裏
一轉也無。僧云：問頭何來。師喝。云：吃五祖多
少飯。也僧擬議。師云：草賊大敗。

師問：暫到甚處僧。僧云：祥云庵主。師云：庵中事作麼生。主云：種田慱飯吃。師云：吃許多辛苦作甚麼。主云：若不恁麼争到者裹。師便休。一日來辭乞頌。師云：前日公案未了，畢竟庵中事作麼生。主云：舊時院子，今要遷移。師喝。云：甚麼處去也遂與。頌云：相逢相揖眼如眉，百鳥銜花未得歸，回首春風吹夢斷，舊山云散月明時。

師問僧：枯木裹龍吟，甚麼人得聞。僧云：不墮凝然者。師云：猶有朕迹在。僧云：作麼生是絶朕迹底。師云：半夜不挑燈。

偈頌

兀兀忘機巧，灰來已得純，虚明無間斷，净妙絶疏親。密户寒燈曉，靈花古洞春，回途賡雪韵，門裹緑苔新。

湛寂凝然透，孤明徹底空，秋風生古韵，曉日上寒松。量外千差泯，機前六用通，應緣成底事，畢竟不留踪。

意句難分別，風騷路外求，提刀空四顧，駐步失全牛。落眼情塵脱，歸根景象幽，萬緣俱不到，佛祖莫能酬。

徹證無疑礙，情塵迥脱然，全機忘照外，一句未分前。枯木雲籠秀，寒潭月夜圓，回頭開正眼，芳草破春烟。

秖麼堆堆地，常光密露時，玄途明絶朕，妙體廓忘依。正去功中轉，傍來曉路歸，絲毫都及盡，不覺口如眉。

絶點純清處，由來是半提，虚空休照鏡，混沌莫妝眉。隱隱忘兼帶，寥寥罷曉機，雪消寒穀曉，花笑不萌枝。

路斷無依著，空船載月歸，力窮忘一色，功盡喪全機。密混凝流處，融通嚮背時，古帆風静夜，任運應高低。

不犯清波句，澄江浸一鈎，桌頭風色静，蓬底夜明秋。雁影沉寒水，蘆花隱白牛，須知耕鈎外，穩密類難收。

密密梭頭事，機絲不挂時，木鷄啼曉户，石女夜生兒。巳發寒灰焰，難埋古冢碑，荒郊春草緑，風暖共依依。
鳥道通身去，迢迢劫外參，隨流忘朕兆，痴兀未曾閑。瞬視成途轍，揚眉落二三，秖應無見頂，子夜白雲漫。
師一日晚參，大衆圍繞法座，定立片時師令侍者出報云，時寒各請歸堂，大衆久而不散，師遂出據坐片時，大衆佇望，師起身便歸方丈後，有頌：
寒明一點墮空林，朕兆依稀已觸今，目擊正容成滲漏，青天白日轉迷人。
有時示衆云，盡大地是個熟鐵丸下得口，也通身紅爛下口不得，也通身紅爛如何免得此過。自頌：
乾坤那畔類難齊，千聖從來不識伊，家破人亡迷肯重，夜深寒塔影空垂。
有時問僧，命根不斷，不到牢關，命根斷後，嚮甚麼處去。僧無語。師有頌：
萬縁歇盡照無時，撒手忘依有路歸，劫外一壺春色暖，靈苗石上正芳菲。
僧問，如何是空劫已前自己。師云，白馬入蘆花。自頌：
綫道難分處，須知不是伊，牛頭安尾上，豈借太陽輝。

宣和癸卯寔堂自贊

三十六年作怪，撞入者個皮袋，一千七百衲僧，被你熱瞞忒殺，如今坐斷舌頭，直下大千俱壞，劫外迢迢曉未萌，莫把虚空妝五彩。

（十九）俄 TK132《慈覺禪師勸化集》[①]

【題解】

宋刻本。蝴蝶裝。白口，版心題“化文”，下有頁碼。紙幅高 20. 3 釐米，寬 31. 2 釐米。版框高 16. 8 釐米，寬 20 釐米，天頭 2 釐米，地脚 1. 5 釐米。每半頁 8 行，行 15 字。上下單邊，左右雙邊。宋體，墨色中。

① 《俄藏黑水城文獻》第三册，第 82—126 頁。

慈覺禪師勸化集序
朝請大夫，前通判成德軍府事，上柱國，賜紫金魚袋崔振孫譔
實際理地，不受一塵；言語道斷，千聖不傳。故釋迦掩室於摩竭，净名杜口於毗耶。事相門中，不捨一法，故諸佛菩薩傳一大藏教，歷代祖師，垂示宗風。乃至一句一偈，謦咳動作，無非佛事矣。
慈覺禪師，傳正法眼，久坐道場，其爲偈頌文贊，莫不直指佛心，發揮道妙，足以開人天之耳目，爲苦海之津梁。門人編録成集，屬餘爲序。余素知師者，義不得辞，於是乎書。崇寧三年九月初八日序。
蓮池勝會録文，念佛懺悔文，
念佛發願文，發菩提心文，
念佛防退方便，净土頌，
戒酒肉文，坐禪儀，
自警文，在家修行儀，
事親佛事，豪門佛事
軍門佛事，鄽中佛事
公門佛事人生未悟歌二道
鎮陽洪濟禪院慈覺和尚勸化文并偈頌
門人普惠編
蓮花盛會録文
夫以念爲念，以生爲生者，常見之所失也。以無念爲無念，以無生爲無生者，邪見之所惑也。念而無念，生而無生者，第一義諦也。是以實際理地，不受一塵，則上無諸佛之可念，下無净土之可生。佛事門中，不捨一法，則總攝諸根，蓋有念佛三昧，還源要術，示開往生一門。所以終日念佛，而不乖於無念；熾然往生，而不乖於無生，故能凡聖各住，自位而感應道交；東西不相往來，而神遷净域此不可得而致詰也。故經云：若人聞説阿彌陁佛，執持名號，乃至是人終時，心不顛倒，即得往生阿彌陁佛極樂國土。夫如來世尊，雖分折，攝二門，現居净，穢两土。然本聖之意，豈直以娑婆國土，丘陵

坑坎，五趣雜居，土石諸山，穢惡充满，以是爲可厭。極樂世界□黄金爲地，寶樹參

【中缺】

世界，水鳥樹林，咸宣妙法，正報清净，無實女人。然則修行緣具，無若西方；淺信之人，横生疑謗。竊嘗論之，此方之人，無不厭俗舍之喧煩，慕蘭若之寂静，故有舍家出家，則殷懃贊歎。而娑婆衆苦，何止俗舍之喧煩；極樂優游，豈直蘭若之寂静。知出家爲美，而不願往生，其惑一也。萬里辛懃，遠求知識者，蓋以發明大事，决擇死生。而彌陁世尊，色心業勝，願力弘深，一演圓音，無不明契。願參知識，而不欲見佛，其惑二也。叢林廣衆，皆樂栖遲；少衆道場，不欲依附。而極樂世界，一生補處，其數甚多，諸上善人，俱會一處。既欲親近叢林，而不慕清净海衆，其惑三也。此方之人，上壽不過百歲，而童痴老耄，疾病相仍，昏沉睡眠，常居太半。菩薩猶昏隔陰，聲聞尚昧出胎。則尺璧寸陰，十喪其九；而未登不退，可爲寒心西方之人，壽命無量，一託蓮苞，更無死苦，相續無間，直至菩提。所以便獲阿惟越致佛階决定可期。流轉娑婆促景，而迷於净土長年，其惑四也。若乃位居不退，果證無生，在欲無欲，居塵不塵，方能能興無緣慈，運同體悲，回入塵勞，和光五濁。其有淺聞單慧，或與少善相應，便謂永出四流，高超十地，抵訶净土，耽戀娑婆，掩目空歸，宛然流浪，并肩牛馬，接武泥犁。不知自是何人，擬比大權菩薩，其惑五也。故經云：應當發願，願生彼國。則不信諸佛誠言，不願往生净土，豈不甚迷哉。若夫信佛言而生净土，則界系之所不能拘，劫波之所不能害。謝人間之八苦，無天上之五衰。尚無惡道之名，何况有實；唯一乘之法，决定無三。歸依一體三寶，奉事十方如來。佛光照體，萬惑

潛消。法味滋神，六通具足。三十七品助道法，應念圓成；三十二應隨類身，遍塵刹土，周旋五趣，普被諸根；不動一心，遍行三昧。灑定水於三千，引衆生於火宅，自利利他，皆悉圓满。然則惟心净土，自性彌陁，蓋解脱之要門，修行之捷徑。是以了義大乘，無不指歸净土；前賢後聖，自他皆願往生。凡以欲得度人，先須自度，故也。嗚呼！人無遠慮，必有近憂，一失人身，萬劫深悔。故率大海衆，各念彌陁佛，百聲千聲，乃至萬聲，回嚮同緣，願生彼國。竊冀蓮池勝會，金地法朋，綺互相資，必諧斯願。操舟順水，更加櫓棹之功，則十萬之遥，可不勞而至也。

元佑四年冬，宗賾夜夢一男子，烏巾白衣，可三十許，風貌清美，舉措閒雅，揖謂宗賾曰：欲入公彌陁會，告書一名。宗賾乃取蓮華勝會録，秉筆問曰：公何名？白衣者云：名普慧。宗賾書已，白衣者云：家兄亦曾上名。宗賾問曰：令兄何名？白衣云：家兄名普賢。白衣者遂隱。宗賾覺而詢諸耆宿，皆云：華嚴離世間品，有二大菩薩名。宗賾以爲，佛子行佛事，助佛揚化，必有賢聖幽贊。然預此會者，亦豈小緣，普賢變名易號，不知誰何。今更以二大菩薩爲首云。

念佛懺悔文

某甲普及四恩三有法界衆生，法身壽命，本智光明與阿彌陁佛同一體性，而無量劫來，不了自心，起惑造業。或不孝父母，不順師長，殘忍無慈，殺生偷盗，不净邪淫，妄言綺語，两舌惡口及貪嗔痴。十惡熾然，無罪不造，隨順邪師，不信三寶，或破五戒，八戒，十戒，二十五戒，二百五十戒，五百戒，十重四十八輕，三千威儀，八萬細行。具足闡提，撥無因果，誹謗大乘方等經典，破人善事，無悲憫心，不肯勤進同梵行者。乃至殺父殺母，殺

和尚阿闍黎，出佛身血，破羯磨轉法輪
僧，殺阿羅漢，破塔壞寺，殘毀經像，驅役
僧徒。或令罷道，侵損互用，現前十方三
寶財物，不净説法，污梵行人。如是普於
三寶聖衆，師長，父母，法界衆生，造種種
罪，或自作教他，或見作隨喜，重重重重
無盡無盡，遍周法界，充塞虚空。今對
阿彌陀佛皆悉懺悔。唯願阿彌陁佛威
神力故，如湯消冰，應念化成無上知覺。
又復，阿彌陁佛四十八願憐憫有情，
放净光明，攝取不捨。所居極樂，衆寶莊
嚴，菩薩往生，永不退轉，修行無間，直至
菩提。本師釋迦牟尼及十方諸佛殷
勤勸贊，一念乃至十念，一日乃至七日，
稱名繫念，决定往生。我等愚迷，不信不
順，或時聞已，心則輕笑；見念佛人，噁心
毁破。設有信者，無决定心，若存若亡，或
進或退，業緣深重，世務牽纏，身在道場，
心緣世諦，口談極樂，意戀娑婆。於念佛
時，心多散動，三種净業，片善無成，十六
觀心，一事不徹。臨命終時，或遭横死，墻
崩屋倒，樹折岩摧，水火漂焚，蟲傷獸嚙，
刀兵遽至，毒藥暴傷，卒病臨身，不遑念
佛。或纏綿重病，苦迫身心，宛轉號呼，難
安正念。或無善友，助發净因。由是種種
罪障，因緣，臨命終時，不得見佛，不得往
生净土，還復流轉娑婆五濁惡世，三塗
八難，隨業受生，五痛五燒爲最極苦。未
來生死，無有盡期，或墮胎生，金鏁之難，
五百歲中不得見佛。此皆從昔已來不
信，阿彌陁佛，不信往生净土，身口意
業，輕慢譭謗，以是因緣，雖復發心，多諸
障難。我今稽首，阿彌陁佛唯願天眼
見我，天耳聞我，他心鑒我，大慈大悲，哀
憫攝受，聽我懺悔，令我普及四恩三有
法界衆生，罪障，業障，煩惱障，所知障，不
信佛言障，懶惰修行障，三塗長夜障，五
濁惡世障，邊地疑城障，不聞三寶障，凡

是往生一毫之障，悉願消除，一切清凈，正信現前，不疑不退，決定往生極樂世界，速成正覺，轉大法輪，圓满普賢廣大行願，懺悔，已歸命禮。阿彌陁佛。

念佛發願文

願某甲普及四恩三有法界衆生，從今已去，安住第一義諦，修佛凈業正因，孝養父母，奉事師長，慈心不殺，修十善業，受持三歸，具足衆戒，不犯威儀，發菩提心，深信因果，讀誦大乘。勸進行者，念佛，念法，念僧，念戒，念施，念第一義天，以至誠心，深心，回嚮發願心，稱佛名號，贊佛光明。觀佛依正十六妙境，念佛本起四十八願。籌量三輩，深入五門，隨順三種菩提門，信受十方諸佛教。或以散心定心，而修散善定善，依經起行，畢命爲期。唯願阿彌陁佛法力冥加，神通顯益，令我等凝神覺路，暗蹈大方，進止威儀，不離見佛，如執明鏡，自見面像。及於夢中，常見彼國衆妙樂事。慰悦我心，令生增進，哀憫覆護，法種增長。承佛威神，遠離魔事。又復無量劫來業惑塵勞，皆爲梵行，善根功德，同入大因，積集諸緣，并用回嚮。臨命終時，無諸障難，七日已前，預知時至，身無痛苦，心不顛倒，深心安樂，如入禪定。遇善知識，教稱十念，阿彌陁佛與諸聖衆，現在其前，放大光明，授手迎接。自見其身，垂金剛台，隨從佛後，如彈指頃，往生彼國。生彼國已，見佛色身，衆相具足，見諸菩薩，色相具足，光明寶林，演説妙法，聞已即悟，無生法忍。身真金色，等無差別，三十二相，六通自在，具大辯才，演一切智，那羅延身，壽命無量，供養如意，妙服自然。不聞惡名，不著身見，諸上善人，俱會一處，住正定聚，永不退還。究竟至於一生補處，受用清凈，大乘法樂。晝夜六時，供養阿彌陁佛；每日清旦，奉事十方如來。聞法受記，得陀羅尼，化身自在，周遍十方，無佛國中，成等正覺，極重苦處，游戲神通。隨衆生心，應所知量，對現色身，晝夜説法，無有休息。念念中令不可説，不可説，衆生發菩提心；念念中令不可説，不可説，衆生住普賢行。福慧資糧，悉得圓满，同成無上正等菩提。各各莊嚴净土，各各攝化衆生，如阿彌陁佛等無有异。唯願阿彌陁佛慈悲證明，所有虚空世界盡，衆生及業煩惱盡，如是一切無盡時，我願究竟常無盡。發願已，歸命禮阿彌陁佛。

發菩提心要略法門依華嚴，悲華二經集

先應深信三寶，恭敬供養，
然後决定勇猛，立大誓願。

南無佛，南無法，南無僧，我今發心，不爲自求人天福報，緣覺聲聞乃至權乘諸位菩薩，唯依最上乘，發菩提心。願與法界衆生，一時同得阿耨多羅三藐三菩提。如是三説亦應每日或六時，三時，一時於尊像前處，奉香花，發此大願。

發心之後，隨其所修一一善業，皆悉回嚮，願成阿耨多羅三藐三菩提。亦應常勸一切衆生發菩提心，彼若不能，當須代發。

勸念阿彌陁佛防退方便并頌二首

普勸道友日念阿彌陁佛，或百聲，千聲乃至萬聲，回願往生西方净土。各於日下，以十字記之。念佛之時，一心專注，不得异緣。常念娑婆衆苦，五濁煎熬，况乎一失人身，何時可復。幸諸道友，始終精勤，寶蓮華中，决定見佛。

三界炎炎如火聚，道人未是安身處。
蓮池勝友待多時，收拾身心好歸去。
目想心存望聖儀，直須念念勿生疑。
他年净土華開處，記取娑婆念佛時。

净土頌

西方多樂事，浩劫杳難宣。壽量曾無盡，光明豈有邊。

道風吹緑蕙，定水發紅蓮。海會朝宗處，
天花落座前。
海衆咸清浄，菩提道易成。心心皆正念，
物物契真乘。
性地瑠璃瑩，圓音衆鳥鳴。會須登覺岸，
莫遣墮疑城。
足蹈無憂地，身居不老鄉。六時朝聖主，
清旦詣他方。
寶殿隨身去，天花遍刹香。歸來還本住，
禅悦未何長。
莫謂西方遠，西方在目前。雖然過十萬，
曾不離三千。
念佛才開口，花池已種蓮。信心如不退，
决定禮金仙。
池凝功德水，風動管弦音。羅網幔空界，
樓臺映寶林。
六根常合道，萬境了唯心。不是人難到，
都緣信未深。
行業分三輩，蓮花共一池。既然登極樂，
决定獲阿惟。
障盡舒光日，心開見佛時。個中無限樂，
同道者方知。
極樂真如理，彌陁智慧光。迷時沉此土，
悟即往西方。
浩浩輪回息，迢迢壽命長。信根才一念，
心地已清凉。
信重終須往，疑多未可知。浄心憑一念，
功行越僧祇。
更列阿惟位，還將補住齊，進修宜勇猛，
不必待多時。
人問禅家者：宗門萬事忘，既然超極樂，
何必往西方？
却聽禅家語：西方是本鄉，馬鳴親訓誨，
龍樹亦稱揚。
莫話娑婆苦，娑婆苦殺人。貪嗔痴亂意，
皮肉血爲身。
羅刹怨憎窟，無明陰入林。會須登極樂，
歸路莫因循。

莫話娑婆苦，娑婆苦最深。邪魔常作伴，
疾病每相侵。
聲色妖淫地，禪那淡泊心。會須登極樂，
歸路莫沉吟。
莫話娑婆苦，令人涕泪交。三灾輪内轉，
五痛火中燒。
鶴樹光長掩，龍華會正遥，會須登極樂，
歸路莫辝勞。
莫話娑婆苦，韋提白世尊。劫逢煩惱濁，
兒號未生冤。
調達心何逆，瓶沙恨莫論。會須登極樂，
此惡未嘗聞。
極樂不離真法界，彌陁即是自心王。
眉間毫相無方所，露柱燈籠亦放光。
懇修齋戒莫因循，千聖同開念佛門。
一旦功成歸净土，白毫光裏奉慈尊。

戒酒肉文

夫有爲雖僞，弃之則功行不成；無爲雖真，趣之，則聖果難剋。刹那悟道，要須長劫煉磨；頓悟一心，必假圓修萬行。身田未净，法器難成；世味不忘，寧專妙道。况夫三界之内，六道之中，衆生皆我父母，四大皆我故身。菩薩大悲，猶護生草；凡夫粗行，反食衆生。肉非自然，皆從斷命，殺他活已，痛哉可傷。探其根源，實非清净，推其敗壞，不忍見聞。人方耽味，自謂甘香；净眼傍觀，如啖膿血。人羊相食，因果無差，命債轉多，如何解脱。至若酒爲毒水，濁亂有情，三十六失之禍胎，八萬塵勞之業海。未了真心，常居幻夢，况資狂藥，轉墮迷途。醺醺竟日，兀兀浮生，如以全身，自投糟甕。况復一杯才舉，萬禍潜生，五刑三千，據款結案。世尊制戒，尚禁毛頭過酒器與人，五百世無手。故知酒肉爲患極深，雖快一時之心，終嬰萬劫之苦。蔬食度世，清樂有餘，般若光中，精修梵行，隨緣銷舊業，更莫造新殃。若欲改往修來，便請一刀两段。其如習力深重，且戒日中已前，非唯匹下有餘，亦乃修行有漸。所以道：莫因三寸舌，空負百年身。努力勤修，同登妙覺。

坐禪儀

夫學般若菩薩，先當起大悲心，發弘誓願，精修三昧，誓度衆生，不爲一身獨求解脱爾。乃放舍諸緣，休息萬事，身心一如，動静無間。量其飲食，不多不少；調其睡眠，不節不恣。欲坐禪時，於閒静處，厚敷坐物，寬系衣帶，令威儀齊整。然後結加趺坐，先以右足安左上，左足安右胜上。或半加趺坐亦可，但以左足壓右足而已。以以右手安左足上，左掌安右掌上，以两手大拇指面相柱。徐徐舉身前欠，復左右摇振，乃正身端坐，不得左傾右側，前躬後仰。令腰脊頭項骨節相柱，狀如浮屠。又不得聳身太過，令人氣急不安。要令耳與肩對，鼻與臍對，舌柱上齶，唇齒相著。目須微開，免致昏睡，若得禪定，其力最勝。古有習定高僧，坐常開目。嚮法云圓通禪師亦訶人閉目坐禪，以謂黑山鬼窟，蓋有深旨，達者知焉。身相既定，氣息既調，然後寬放臍腹，一切善惡都莫思量，念起即覺，覺之即無，久久忘緣，自成一片，此坐禪之要術也。竊謂坐禪乃安樂法門，而人多致疾者，蓋不善用心故也。若善得此意，則自然四大輕安，精神爽利，正念分明，法味資神，寂然清樂。若已有發明者，可謂如龍得水，似虎靠山；若未有發明者，亦乃因風吹火，用力不多。但辦肯心，必不相賺。然而道高魔盛，逆順萬端，但令正念現前，一切不能留礙。如楞嚴經》天臺止觀，圭峰修證儀，具明魔事，預備不虞者，不可不知也。若欲出定，徐徐動身，安詳而起，不得卒暴。出定之後，一切時中，常作方便，護持定力，如護嬰兒，即定力易成矣。夫禪定一門，最爲急務，若不安禪静慮，到這裏惣須茫然。所以探珠宜静浪，動水取應難。定水澄清，心珠自現。故圓覺經云：無礙清净慧，皆依禪定生。法華經云：在於閑處，修攝其心，安住不動，如須彌山。是知超凡越聖，必假静緣，坐脱立亡，須憑定力。一生取辦，尚恐蹉，况乃遷延，將何敵業。故古人云：若無定力，甘伏死門，掩目空歸，宛然流浪。幸諸禪友，三復斯文，自利利他，同成正覺。

自警文

神心洞照，聖默爲宗；既啓三緘，宜遵四實。事開聖説，理合金文，方能輔翼教乘，光揚祖道，利他自利，功不浪施。若乃竊議朝廷政事，私評郡縣官僚，講國土之豐凶，論風俗之美惡，以至工商細務，市井閒談，邊鄙兵戈，中原寇賊，文章伎藝，衣食貨財，自恃己長，隱他好事，揄揚顯過，指摘微瑕，既乖福業，無益道心。如此游言，并傷實德。坐銷信施，仰媿龍天。罪始濫觴，禍終滅頂。何也？衆生苦火，四面俱焚，豈可安然，坐談無義？

在家菩薩修行儀

在家菩薩，先當事佛，務極嚴謹，永斷葷酒，堅守齋法，於諸欲染，誓不擬犯。親近知識，發明己見，隨其悟入，如理修行。若初心之士，未能頓除葷酒，且食早素。一月之間，已能減半，久習淳熟，自能永斷。未能長齋及欲障厚者，先且奉行五戒，然後進登菩薩清净大戒。若未能親近知識者，但應讀誦大乘，助發正見。若未悟摩訶般若者，但依佛語修行，時中亦不虚弃。學般若菩薩，應當勤發願云：南無佛，南無法，南無僧。願身心安樂，進道無魔，般若光中，精修梵行。念念之間，常以般若供養十方諸佛；念念之間，常以般若發悟一切衆生。普願一切衆生，頓悟摩訶般若波羅蜜多，同成無上正遍知覺。

事親佛事

夫孝子之事親也，日以鷄鳴盥音灌漱畢，
敬念精誠，立於寢門之外。微聲謦欬，安
詳而入，温恭省問：安否如何。起則奉其
衣服，沃音屋盥音灌奉其盤水。所服湯藥，審
而後進。徐稟晨羞意饌何物，更益珍甘，
盡其精製，視其寒温，嘗其旨否。父母嗜
之，則喜色見於面目，喜氣達於音聲；意
所不欲，則敬請易饌；固無他命，則下色
怡聲，勉以强食，問其所以。微或不康，則
具湯藥而進之，事竟而食，則視於父母
而爲多少。食已進見，問其起居，言必雍
容，盡於愛敬，先意承志，務達其心。疾痛
苛養，敬抑搔之，出入卧起，敬扶持之。果
實湯茗，隨意而具，沐浴洗頮音誨，燂音尋湯
而請。復問晡時，欲何飲食。侍奉之儀，皆
仿前式。父母所處，冬則燠密，夏則清凉。
父母欲寢，則相其裀席厚薄，必使安體。
衾稠單復，務於適宜，寒則温衾，熱則扇
枕。俟其安寢，然後退宿，復思明日之事
焉。此猶世間之孝也。當念三途長夜，惡
趣輪回，雖欲報恩，如何息苦。應於朝夕
勸進父母歸依三寶，發菩提心，調伏貪
嗔，不昧因果，披尋古教，瞻禮聖容，於佛
禁戒，隨力奉持，發明大事，因緣修習。念
佛三昧，或行檀以助道，或宴坐以澄神，
此皆未來成佛之因，歷劫無窮之孝。事
親至此，不可以有加矣！

豪門佛事

竊以良田萬頃，日食二升；大厦千間，夜
眠八尺。黄金潤屋，誑謼閭閻；白玉堆山，
終歸夢幻。若是作家手段，便須勇猛修
行，發最上菩提之心，行杰出世間之孝。
參真善知識，爲立地成佛之人，依圓頓
大乘，入位後普賢之行。應是從前虎狼
心行，虵蠍性靈，與一切人爲灾爲害，耽
荒酒色，烹宰禽魚，籠系衆生，飛鷹走犬，
乃至兒求乳母，性命交加，婢畜精飽，禍

通水陸，如是等類，皆不應作。然後治生產業，先願利他，雖獲俗利，不以爲喜。常行謙下，莫縱驕奢。須信不痴不聾，不作阿家阿翁。但無私己之心，即是大人之相。貧窮老幼，曲爲悲憐；鄰里親知，等心濟惠。恩臨婢僕，各盡歡心。聽於己分之余，供給所生父母。常荷金輪，統禦文武，護持既有家財，須應等第。所謂泥多佛大，水長舡高，便須直下承當，不得日中逃影。莫以同儕陞進，格外增添，應憐退落之家，隨宜減放。切忌多招生户，酌然衆口銷金。若非荷擔衆生，何表大乘法器。幸身康健，火急修行，欲知金粟如來，便是維摩居士。

軍門佛事

竊以諸軍將士，雖居用武之門，若善參詳，自有修行之路。目對旌旗之色，見性分明；耳聞金鼓之聲，圓音不昧。操弓執矢，各現神通；舞劍揮戈，遍身是手。高聲唱喏，起自何來；驟馬翻身，承誰恩德。乃至執勞運力，無非菩薩行門。今者天下太平，軍中無事，全家飽暖，盡荷君恩。若在行間，莫生容易，著衣吃飰，唯恐難消，一片丹心，常思報國。内則孝養父母，外則敬順人員。親近良朋，求聞己過。怖今生之流落，百事小心；思没後之沉淪，自求多福。不得賭錢吃酒，逾濫嚵慵，鬥打相争，妄言綺語，愛人便宜，管他閑事，輕犯王法，譭謗三寶。忽若排連階級，次第陞遷。既是人員，須知疾苦，公心部轄，守己清廉，賞罰分明，作事平等，撫恤長行兵士，悲憐老幻貧窮。雖然慈不主兵，且與暗行方便。尋常小罪，豈免擔擎，事不奈何，量時行遣。且大約計之，一營五百人，每家共三口，司空僕射，運菩薩心，即一營之中，一千五百人安樂。員寮節級，修菩薩行，即一都之内，三百人快活。由是龍天擁護，營幕光輝，自利利他，皆成佛事，非但今身福壽，蓋爲累劫津梁。復願世世生生，不迷本性，在在處處，常轉法輪，爲苦海之神舟，濟群生於覺岸。

中佛事普勸諸行百户修真實慈悲行

竊以居鄽業市，萬别千差，門門古佛家風，各各道人活計。或作鬻香大長者，或現維摩彼上人；或爲投子賣油翁，或效趙州吃茶去；或販玄沙白紙，或賣青州布衫；或打神山之羅，或糶廬陵之米，所以盤山肉案頭悟道，彌勒魚市里接人，若能直下承當，可謂成佛有分。其或機輪未轉，智眼猶迷，且須據實修行，亦有超陞之路。先當歸依三寶，發菩提心，孝養二親，懇修齋戒，或禪林問道，或古教照心，參詳日用之中，萬事須知損益。若夫心行真實，語言真實，買賣真實，鬥秤真實，尺寸真實，物貨真實，材料真實，價例真實，錢陌真實，數目真實，州土真實，如是等類，皆所應作。或以惡爲美，變舊爲新，潤幹爲濕，減大令小，添和外物，全假不真，异物相代；或昧官司，多圖國利，隱藏商税，不懼公方，巧匠良工，神通變化，同財共本，遞互相謾，衣食主人，暗行侵盗，逋逃債負，抵諱不還，取息太傷，横侵行利；或屠宰之家，殺生求利，烹炮血肉，販賣禽魚；或苦使驢騾，虐害牛馬；或雇他自活，誘陷良人；或酒肆謀生，淫坊度日；或造作弓箭，巧制鎗刀，如是等類，皆不應作。始則知之減半，終則慎之全無，再三回互，不行決定，須當改業。由是心田廣大，氣宇高閑，視身世如浮云，比黄金於糞土。肢體尚能布施，錐刀何足挂懷，悲智自然增明，衣食自然豐足。不離市肆，已出塵埃，雖無瓔珞天冠，便是肉身菩薩；况復神栖贍養，定知成佛無疑。嗚呼！一百二十行市，八萬四千塵勞，悟之者爲菩薩選佛之場，迷之者乃凡夫造業之地。譬若小罌聚蚊，啾啾狂鬧；微膻鬥蟻，擾擾紛争。爲圖口飯片衣，雙管欺賢罔聖，可謂機開旋轉，巧智玲瓏，天眼龍睛，神出鬼没，所以神龍忿怒，福德銷磨。縱然邪裹得來，又被業風吹却，籃中攜水，脱體全空，火上弄冰，片時光景，雙怪漏卮，難滿誰知，惡罐易盈。地獄阿傍，持叉相待，鑊湯爐炭，定業難逃。漸次針咽炬口，依前馬腹驢胎。縱然得個人身，受盡貧窮困苦。操瓢策杖，乞食巡門，四海無家，欲何依怙？饑寒内切，誰肯哀憐？命寄朝昏，身填溝壑，三塗八難，萬劫千生，可憐慷慨丈夫，却到這般田地。所以特伸管見，願救頭燃。應是從前巧伪，一時拈放一邊，却來作個實頭道人。所謂傍生路上，驀鼻牽回；地獄門前，攔胸把住。滅餓鬼喉中之火，解貧人衣下之珠，無上菩提，两手分付。取要言之，常願利他自利，不得謾人自謾。諦觀三世諸佛，不出一個實字。

公門佛事并頌

夫以公門吏役，紛擾萬端，既無聽法之緣，誰識修行之路？真如佛性，翻成巧伪之心；平等真慈，流入貪殘之行。不覺老之將至，寧知身後如何；忽然墮落三塗，便是千生萬劫。所以恭陳十勸，普告未聞，庶興悲願之懷，念濟沉淪之苦。不捨凡夫事業，頓圓菩薩行門。西陪蓮社之游，東受龍華之記。

一者，回心嚮道。竊以公事無非佛事，公門即是佛門，若能善用其心，種種皆成法利。變業火作清凉之地，即塵勞爲解脱之鄉。上寬制禦之勞，下息冤憎之苦。

萬緒紛紛業火煎，幾人甘露沃心田。
須知佛事無他事，即此塵緣是道緣。

二者，忠報國家。既乃分司列職，各有□事，常鬚子細精勤，不得因循鹵莽。而□全家衣食，仰給公門，若也公家誤事，便於私計不安。但存報國之心，自然公私俱濟。

全家衣食仰公門，唯念精勤報國恩。

王事不前空飽暖，他年無地可容身。

三者，孝養父母。世出世間，以孝爲本，現在父母即現在佛。有好衣令父母著，有好食令父母吃，有財物令父母用。不作非違之事，恐貽父母之憂。至如早入公門，暮歸私舍，終日之間，父母之養，委在妻子，宜當謹察，勿縱粗心。其如侍養不勤，甘旨不給，丁蘭木母，尚形泣泪之悲父母肉身，甯不動念。父母既終，孝養無所，常行好事，常念濟人，資導神靈，往生净土。

早供甘旨莫因循，謹率妻孥奉至親。

木母尚猶曾泣泪，老人争得不傷神。

四者，不留獄訟。蓋以一人犯罪，舉族憂惶，鄰里親知，爲之不樂，將他喻己，豈可安然？若察其無罪，速令疏放歸家。若實有罪之人，早與結絶文案。乃至勾追照證，不得引蔓生枝，若能如是用心，便是與人安樂。

一家有罪百家憂，引蔓生枝早晚休。

要會與人安樂處，但於公事莫遲留。

五者，寬恤罪人。寒須暖獄，夏必凉牢，灑掃并除，常令净潔。饑者與食，渴者與飲，寒者與衣，老者無令失所，病者粥藥扶持，等觀貧富，如我至親。縱饒情理難容，不得心生叵耐。常以善言慰喻，勸令持念觀音，所冀依憑聖力，别有解脱之門。無以粗言，故相寒熱，人非木石，陰理昭然，但有好心，必有好報。

饑寒老病要温存，惡語争如愛語親。

但有好心憐庶獄，自然陰報不虧人。

六者，减省刑禁。人間至苦，無甚獄囚，萬種悲酸，不堪名狀。時與暫寬禁系，慎無非理摧殘。至於勘鞠之間，切爲减其鞭棰。重囚若减一百，十人减得一千；輕囚若减五十，千人减得五萬，如斯積累，已成無限。陰功况有妙門，更爲於中裁減。
晝地爲牢入尚難，那堪枷鏁重如山。
從來獄吏修陰德，雙在無情棰楚間。
七者，用法從輕。公案未成，先就情輕推
勘；引條定罪，亦須宛轉從輕。明知回互
稍難，更爲尋求出路。若於大小公案，逐
一如是用心，天龍鬼神，常相佑護。設使
官員執見，應當方便諮聞，但自公廉，勿
憂罪責。
莫將殘忍害衆生，唯以真慈運至平。
公案不須論大小，一時先且問情輕。
八者，護持三寶。末法僧尼，豈容無罪。第
一且看佛面，再三護惜袈裟。若令改過
修行，實謂此恩難報。至若編民有過，尚
許贖刑，僧尼誤觸憲章，寧無矜免？
吾門弟子日衰微，全在官司暗護持。
縱有萬般凡俗行，且留三事福田衣。
九者，全身遠害。或職名在上，或年事稍
高，應當供敬如父如兄；或乍入公門，或
後生年少，應當愛之如子如弟。官員慈
善，常須加意小心，忽若稍有威嚴，更是
不得慢易。切忌耽迷酒色，枉費錢財，縱
能非理多求，争似如法儉用。若乃主持
官物，應須如護眼睛，常教出納分明，不
得侵欺損壞。滅身之禍，無出貪婪；安樂
法門，莫如清儉。人有言云：避法而安，知
而不爲；冒法而險，爲而不知。此言甚好，
返復思之。
俯仰謙和福自生，常思清儉畏嚴刑。
公家財物無多少，護惜應如護眼睛。
十者，隨力修行。有命之物，一蟻無傷；不
義之財，一錢無取。斷除邪染，心口相應，
對諸佛前，懺除先罪，發大弘願，誓證菩
提。或守常齋，或持常素；或未能永斷葷
酒，且戒日中已前；或參禪問道，契佛心
宗；或讀誦大乘，熏發正見；或兼修衆善，
深種福田；或專念彌陁，求生净土，但知
隨力隨分，皆爲成佛正因。若能相勸奉

持，便是燈燈續焰。
公門何處不修行，戒定熏修道愈精。
從此利他兼自利，一輪明月照寰瀛。
人生未悟歌輔國大師撰
夫説娑婆界内，五濁世中，有八萬四千塵勞，具六十二種邪見。自迷本覺，未悟真如，恒居生死界中，似蟻巡環；長在四生之内，如輪碾道。萬類忙忙，雙貪現在之歡；兀兀痴痴，豈懼當來之業。戒香，定香，惠香，豈肯焚修；貪心，嗔心，痴心，恒時熾盛。觀三寶則目視云霄，聞善事則佯佯不聽。隨從惡党，順似波濤；違害良緣，逆如荊棘。不思惡路，無意修行；貪戀浮花，嗜著財色。縱意則忙擾追求，如渴鹿逐於春陽；恣情則迤邐貪婪，似飛蛾投於聚火。不觀此體，四大所成；未顧斯身，五蘊積聚。世似風燈，命如石火，年光一似水上浮漚，色力恰如草端之露。作業自成，何殊造蠒之蠶；食飽長閑，有似守家之犬。况復四虵逼迫，二鼠交侵，妄心爲六境所牽，痴意被千回八拽。六根顛倒，八識恒迷，有限色身，無常雪體。鴉鬢倏忽成霜，玉皃逡巡變鬼。選甚王侯將相，不論貴賤高，老苦隨身，病緣悲切，形容改變，克限有期，一息歸空，對面千裹。满庫珍財，終歸他物，惟有荒郊丘冢，却是自家住處。假使夫力如神，妻皃若玉，時至後，財寶無量，奴婢豐多。一旦死至，頓然割捨，三寸氣斷，雙目光落，四肢俱冷，一時消疏。生前無毫善之心，死後有乖離之狀。口中雙含精錢两文，面上秖蓋白練一片，餘外資財，能得將歸身邊，唯有葦席一領，木匣一具，雙此相應作伴。眷屬悲切，皃女號咷，弃送在於荒郊，嗟歎咸歸故里。平生志氣，獨處虛云，一旦長辝，永占霜月。忙忙皃女搥胸，妻子哭斷肝腸，諸有智者，如何不驚惶？如何不驚怖？前念既滅，後念仍存，業引波濤，魂游地獄。鑊湯滚沸，驅入則肉變熟爛；鐵床輝炎，叉上則幹燋俱碎。饑吞鐵丸，五臟燒燃；渴飲鎔銅，四肢炎起。刀山峭峻，難辞痛苦與他登；劍樹霜峰，號咷努力與他上。痛苦千𨠔，恓惶無限。自嗟歎，身雖有親情兒女，到此何能相救？縱有美婦貞妻，到此恩情斷絶。若有僮僕知識，到此不能交涉；满庫珍寶財物，到此不能贖之。苦痛尤深，時稍長遠。此者皆是己身自作自受。凡有心識之人，若是如此了達，如此險難，能得不驚惶，能得不驚怖，更有何意？放逸則有似於騰猿，縱身則若於狂象。雙貪噬味，無不是肥肉美酒；作悦馨香，無不是熏蘭麝體；受妙服者，無不是珠玉綺羅；耳樂淫聲，無不是錦衾絲竹。假如便作金輪勝王，七寶千子，王四天下，世間快樂，最爲第一。若是了達，且在危厄，來世苦惱，亦可猒之，何况凡粗。弊五欲塵境，戀之不肯舍，貪之不肯休，如饞狗嚼於枯骨，似蒼蠅唼於糞團。雖聞前法，受僧家教事，又不肯依行，將爲此身，永在人間，長壽安樂。若你身心安樂，諸根圓備，受命長遠，其奈有老苦，病苦，死苦，不覺便是到來。如牽羊入於屠肆，驅囚入於法場，望活則一脚脚遠，去死則一步步近。雖復家有千金，官居九品，良田萬傾，墅地百區，一旦死至，財不能贖之。更有一類人，多嗜著年花少俊，多嗜著才藝過人，多嗜著身手有力，多嗜著家計豪强，菩薩戒云：人命無常，過於山水。今日雖存，明亦難保，莫教此身，明日來墜。在諸趣之中，受苦長劫，恁時欲要似今日身安健，心從款，執香爐，掐數珠，念佛名號，持佛禁戒，禮佛形像，必不可得，衆人等恁時悔將何及？

未悟歌　郎師撰

每傷世事，不覺長歎。貪求名利者，忙忙

似火；持齋念佛者，兀兀如閑。不思隨喜，
唯慕攀緣。親者貧而不秋頓弃，疏者富
而曲奉多猷。非遵有道，但縱無端，男兒
愛腰排玉佩，女子樂耳墜金鐶，食恣珍
饌，服飾羅紈。不念耕夫織婦，終朝忍餓
受饑，心罔行於正直，性貪惟於曲盤。驅
榮奴僕，焉知險難；任情刑罰，恣意傷殘。
馬前後，呼呼喝喝；門内外，簇簇攢攢。要
打者，叫聲動地；要駡者，悖氣冲天。失之，
則立便枷虐；得之，則當下始安。誅剥黎
庶，雙推閏官。又不知興廢在僻傾之際，
存亡當瞬息之間。一旦身謝，命掩幽泉，
面覆片白，口含两錢，財物被衆人分割，
自家却獨受迤邅。殺鬼驅後，琰魔面前，
業縛或手足皆拴，或併馳於屍糞，或逼
迫於倒懸，或鑊湯煮，或利火燃，入便經
百千劫。更其有大月長年，痛如斯之極
苦，求勉脱以無緣。亡人算未百日，妻子
早别選官員。哀哉，此事一一甯宣，又何
不早脱後患，速懺前愆？親近善友，追慕
良緣，恒侍陰騭，每慕聖賢。若斯□□□
護佑，神理知憐，合減福而增益，合壽促
而得延。不惟獲聲名，施報意，以證因果
周圓。是故，有智君子，忽修因而儼然。
慈覺禪師勸化文竟
□□□佛憫□

二、目録音義部

（一）俄 Φ221. Φ228. Φ266《大乘入藏録卷上》[①]

【題解】

五代寫本，經折裝，潢麻紙，薄，高 24.6 釐米，寬 248 釐米。共 5 紙，紙幅 47 釐米。

① 《俄藏黑水城文獻》第六册，第 72—79 頁。

卷心高 20. 9 釐米，天頭 1. 4 釐米，地脚 2. 3 釐米。共 152 行。烏絲欄，楷書，墨色濃匀。下部略殘。據中國社會科學院宗教研究所方廣錩研究，藏經未按《開元録》順序，而單純按帙多少排列，每 10 卷歸堆合帙。故可知該藏主要用於佛堂供養，而非供人閱讀。

《大乘入藏録》［卷］上，開元釋教録經當寺藏□□□，玄逸法師略録章目注［跳］□□□。

大乘經律論入藏者總六百卅三部。二千七□□□□，三百六十一□。

經，五百一十部。二千一百七十二卷，二百六帙

律，二十六部。五十八卷。五帙

論，九十七部。五百一十四卷，五十

《大乘經》，五百一十部。二千一百七十二卷。

《大般若波羅蜜多經》六百卷。唐玄奘譯，六十帙。一萬三千□□□。

《大寶積經》一百二十卷。唐菩提流志譯，一十二帙。一千九百九十一紙。

《大方廣佛花嚴經》八十卷。周實叉難陀譯。八帙。一千三百三紙。

《大方廣佛花嚴經》六十卷。東晋沙門佛陀跋陀跋譯，六帙。一千八十紙。

《新譯大方廣佛花嚴經》卌卷，北京沙門澄觀譯。

《大般涅盤經》卌卷，北凉沙門曇無讖譯，四帙，七百卅紙。

《大方等大集經》卌卷，北凉沙門曇無讖譯，四帙，六百二十一紙。

《摩訶般若波羅密經》四十卷，後秦羅什譯，四帙，或卅卷，六百二十五紙。

《不空絹索神變真言經》卅卷，唐菩提流志譯，三帙，七百二十紙。

《放光般若波羅蜜經》卅卷，西晋無羅叉譯，三帙，四百六十五紙。

《大法炬陀羅尼經》廿卷，隋闍那崛多譯，二帙，三百紙。

《大威德陀羅尼經》廿卷，隋闍那崛多譯，二帙，二百七十紙。

《陀羅尼集經》二十卷，唐天竺沙門阿［地瞿］多譯，或十二卷，二帙三百三十五紙。

《寶星陀羅尼經》十卷，唐波羅頗羅蜜安多譯，一百三十紙。

《大灌頂經》十二券，東晋沙門白屍梨蜜多譯一百二十紙。

《大佛頂萬行首將嚴經》十卷，唐天竺沙門般利蜜帝譯，一百四十紙。

《大方等大集日藏經》十卷，隋那連提耶舍譯二百五紙。

《大集月藏經》十卷，北齊那連提耶舍譯二百四十紙。

《大方等大集菩薩念佛三昧經》十卷，隋笈多譯一百三十紙。

《大乘大集地藏十輪經》十卷，唐玄奘譯一百六十五紙。

《大薩遮尼乾子經》十卷，後魏菩提留支譯一百卅紙。

《大悲分陀利經》十卷，三秦失譯一百七十紙。

《道行般若經》十卷，後漢支婁迦讖譯一百七十紙。

《光贊般若經》十卷，西晋竺法護譯，或十五卷二百一十五紙。

《小品般若經》十卷，後秦羅什譯一百五紙。

《金光明最勝王經》十卷，唐義浄譯一百五十紙 .

《寶雨經》十卷，周達摩流支譯一百四十一紙。

《入楞伽經》十卷，後魏菩提流支譯一百七十紙。

《十住斷經》十卷，後秦涼州竺佛念譯二百五十紙。
《正法花經》十卷，西晉竺法護譯一百九十紙。
《花手經》十卷，後秦羅什譯，或十二卷二百卅紙。
《悲花經》十卷，北凉曇無讖譯二百紙。
《月燈三昧經》十卷，高齊那連提耶舍譯一百九十五紙。
《觀佛三昧海經》十卷，東晉沙門佛陀跋陀羅譯一百六十紙。
　右《陀羅尼集》已下每部一帙。
《菩薩瓔珞經》十四卷，前秦沙門竺佛念譯，或二十卷，三百卅紙。
《無垢稱經》六卷，唐玄奘譯，上二經共二帙。九十七紙。
《賢劫定意經》十三卷，西晉竺法護譯，或寸卷，一百九十紙。
《大乘入楞伽經》七卷，周實叉難駝譯，上二經共二帙。一百三十紙。
《大佛名經》十二卷，後魏菩提留支譯，二百五十紙。
《五千五百佛名經》八卷，隋闍那崛多譯，上二經共二卷。一百三十一紙。
《方廣大莊嚴經》十二卷，唐提婆訶羅譯二百二十紙。
《普曜經》八卷，西晉竺法護譯，上二經同帙一百五十紙。
《大方廣十輪經》八卷，失譯，附北凉未一百一十紙。
《大須彌藏經》二卷，高齊那連提耶舍譯，上二經同帙。卌紙。
《大哀經》八卷，西晉竺法護譯一百二十紙。
《大集譬喻經》二卷，隋闍那崛多譯卅五紙。
《妙法蓮華經》八卷，姚秦弘始年羅什譯一百五十紙。
《蓮花面經》二卷，隋那連提耶舍譯二十五紙。
《法集經》八卷，後魏菩提留支譯一百卅紙。
《諸佛要集經》二卷，西晉竺法護譯，上二經同鐵卌五紙。
《六度集經》八卷，吴代康僧會譯一百五十紙。
《自在王菩薩經》二卷，後秦羅什譯，上二經同帙。卅五紙。
《大般泥洹經》八卷，東晉法顯譯，或十卷一百卌紙。
《大吉義經》二卷，後魏沙門曇曜譯，上二經同鐵。卅九紙。
《大集大虚空藏菩薩所問經》八卷，大興善寺沙門大廣智不空奉詔譯，一百六紙。
《仁王護國般若經》二卷，大興善寺三藏沙門大廣智不空奉詔譯，上二經同帙。卅二紙。
《大方便佛報恩經》七卷，漢代失譯一百卅紙。
《稱揚諸佛功德經》三卷，魏沙門吉迦夜、曇曜譯，上二經同帙。五十五紙。
《添品法花經》七卷，隋沙門上行興笈多譯一百五十紙。
《維摩潔所説經》三卷，後秦羅什譯，上二經同帙。六十紙。
《勝天王般若經》七卷，陳代月婆首那譯，一百卅紙。
《等目菩薩經》三卷，西晉竺法護譯，上二經同帙。或二卷。五十二紙。
《寶云經》七卷，梁扶南沙門曼陀羅仙譯一百廿紙。
《阿惟越致遮經》三卷，西晉竺法護譯，上二經同帙。六十紙。
《阿差末經》七卷，西晉竺法護譯九十五紙。

《四童子經》三卷，隋闍那崛多譯卅五紙。
《大毗盧遮那經》七卷，唐天竺輸婆迦羅譯一百卌紙。
《大孔雀王咒經》三卷，唐義净譯。上二經同帙。六十紙。
《合部金光明經》六券，隋沙門寶貴合前後譯，或八卷。一百廿紙。
《大樹緊那羅經》四卷，後秦羅什譯，上二經同帙。六十五紙。
《大明度經》六卷，吴支謙譯九十五紙。
《如來興顯經》四卷，西晋竺法護譯，上二經同帙。六十五紙。
《度世品經》六卷，西晋月支沙門竺法護譯一百廿紙。
《羅摩伽經》四卷，西秦沙門聖堅譯，或三卷，上二經同帙。七十紙。
《廣博嚴净經》六卷，宋沙門智嚴譯八十紙。
《不退轉法輪經》四卷，《僧佑録》云：安公古异經，見《長房録》。七十五紙。
《勝思惟梵天所問經》六卷，後魏沙門菩提留支譯一百一紙。
《思益梵天所問經》四卷，後秦羅什譯，上二經同帙。八十紙。
《大方等大云無想經》五卷，北凉曇無讖譯九十紙。
《大悲經》五卷，北齊那連提耶舍譯，上二經同帙。八十七紙。
《大集賢護經》五卷，隋闍那崛多譯八十五紙。
《菩薩念佛三昧經》五卷，宋代沙門功德直於荊州譯，上二經同帙。九十八紙。
《金剛頂瑜伽中略念誦法》五卷，唐金剛智譯八十二紙。
《蘇悉地羯羅經》五卷，唐輸婆迦羅譯，上二經同帙。九十三紙。
《信力人印經》五卷，魏沙門曇摩流支譯九十五紙。
《般若長安品抄》五卷，前秦曇摩婢譯，上二經同帙。九十五紙.
《菩薩處胎經》五卷，後秦竺佛念譯一百一十五紙。
《漸備一切智德經》五卷，西晋竺法護譯，上二經同帙。一百五紙。
《無盡意經》五卷，宋沙門智嚴譯八十五紙。
《十住經》五卷，後秦羅什譯，上二經同帙。九十五紙。
《解深安經》五卷，唐玄奘譯七十五紙。
《深蜜解脱經》五卷，後魏菩提流支譯，上二經同帙。七十紙。
《央掘魔羅經》四卷，宋求那跋羅譯七十六紙
《寶女所問經》四卷，西晋竺法護譯六十四紙。
《大方廣寶篋經》三卷，宋求那跋陀羅譯，上三經同帙。四十一紙。
《弘道廣顯三昧經》四卷，西晋竺法護譯五十五紙。
《如幻三昧經》四卷，西晋竺法護譯，或三卷五十七紙.
《占察善惡業報經》二卷，外國沙門菩提登譯，入隋録，上三經同帙。廿八紙。
《持人菩薩經》四卷，西晋竺法護譯。或三卷五十四紙。
《持世菩薩經》四卷，後秦羅什譯七十八紙。
《大法鼓經》二卷，宋求那跋陀羅譯，上三經同帙。卅一紙。
《七佛所説神咒經》四卷，東吴失譯七十三紙。
《道神足變化經》四卷，西晋安息國沙門法欽譯五十紙。

《未曾有因緣經》二卷，南齊沙門曇景譯，上三經同帙。卌紙.

《大方等陀羅尼經》四卷，北京沙門法衆譯六十三紙。

《僧伽吒經》四卷，後魏優禪國月婆首那譯，或三卷五十一紙。

《孔雀王咒經》二卷，梁代扶南沙門僧伽婆羅譯。卌二紙。

《普超三昧經》四卷，西晉竺法護譯，或三卷六十八紙。

《無所有經》四卷，隋闍那崛多譯六十二紙。

《無上依經》二卷，梁内史劉文陀與真諦譯。上三經同帙。卌一紙。

《楞伽阿跋多羅寶經》四卷，宋求那跋陀羅譯九十二紙。

《首楞嚴三昧經》三卷，後秦羅什譯五十二紙。

《大乘密嚴經》三卷，唐地婆訶羅譯，上三經同帙。五十五紙，

《持心梵天經》四卷，西晉竺法護譯，十七品。九十一紙。

《等集衆德三昧經》三卷，西晉竺法護譯。五十紙。

《集一切福德三昧經》三卷，後秦羅什譯，上三經同帙。六十紙。

《海龍王經》四卷，西晉竺法護譯七十三紙。

《菩薩行方便挽界經》三卷，宋求那跋陀羅譯，五十紙。

《三劫佛名經》三卷，梁代失譯，上三經同帙。六十紙。

《五佛頂經》四卷，唐菩提流支譯一百廿一紙。

《舊維摩經》三卷，吴月支國支謙譯五十五紙。

《廣大寶樓閣善住經》三卷，唐菩提流支譯，或二卷，上三經同帙。卌一紙。

《觀察諸法行經》四卷，隋闍那崛多譯，或三卷。五十五紙.

《大方廣佛三戒經》三卷，北凉曇無讖譯。卌六紙。

《力莊嚴三昧經》三卷，隋那連提耶舍譯，上三經同帙。卅八紙。

《阿彌陀經》三卷，吴支謙譯，或二卷。五十五紙。

《諸法本無經》三卷，隋闍那崛多譯，或二卷。卅九紙。

《後譯荼毗分經》三卷，唐沙門若那跋陀等譯卌紙。

《摩訶摩耶經》二卷，南齊沙門曇景譯，上四經同帙。廿六紙。

《聖善住意天子經》三卷，後魏瞿曇般若留支譯五十七紙。

《須天真人天子經》三卷，西晉竺法護譯卌六紙。

《無言童子經》二卷，西晉竺法護譯卌二紙。

《善思童子經》二卷，隋闍那崛多譯廿一紙。

《菩薩本行經》三卷，東晉失譯卌七紙。

《般舟三昧經》三卷，後漢支婁迦讖譯五十紙。

《金剛三昧經》二卷，《僧佑録》云：安公凉古异經，見《長房録》。廿七紙。

《樂瓔珞莊嚴方便品經》二卷，姚秦曇摩耶舍譯，上四經同帙。廿五紙。

《千手千眼觀音菩薩陀羅尼》三卷，唐沙門伽德慧達月等譯合城，二卷卅八紙。

《不空絹索陀羅尼自在王咒經》三卷，唐寶思惟譯卅四紙。

《不空絹索陀羅尼經》二卷，唐寶思惟譯卅七紙。

《倀真陀羅尼經》三卷，後漢支婁迦讖譯，上四卷同帙。五十八紙。

《大方廣圓覺修多羅了義經》二卷，唐罽賓沙門佛陀羅多羅譯，或二卷。廿六紙。

《牟梨曼陀羅尼經》二卷，梁代失譯卅二紙。

【後缺】

（二）俄 TK252《新集藏經音義隨函録》①

【題解】

宋寫本。蝴蝶裝。白麻紙。共 14 個半頁。紙幅高 16. 9 釐米，半頁寬 13. 2 釐米。字心高 12. 9 釐米，半頁寬 11. 5 釐米。天頭 2. 5 釐米，地脚 1. 8 釐米。每半頁 7 行，行字數不一。大字下雙行小字注直音或反切音。四周單邊。楷書，墨色濃。首尾缺。

【前缺】

唱嚩無可反同聲相近唱哆都我反瑟吒

上音見下音醜雅相切，□音相似湍激上音褍下音擊峙

音時呼痔唱也以可反唱娑蘇我反唱伽

上聲輕呼唱他他可反之上聲唱奢屍苛反，婆字高呼

唱義楚我反唱娑蘇紇反紇音很没反多上聲

唱壤輕呼音讓而兩切曷攞音羅即可切多

上聲唱婆蒲我反破音相似唱婆蒲我反□上聲唱

娑蘇紇反訶婆訶婆字并上聲呼之唱瑳七可反音

瑳上聲唱伽上聲巨野反唱挐好可反唱娑

蘇紇反頗音叵普可反唱娑蘇我反娑之上聲唱也

夷舸反舸音加可古我反娑蘇舸反音鑔唱侘耻加反音詫譮

咸綜音鍐祖宗切，理經也，謂整理經緯之都本也

癲癎上音顛下音閑兕詛下亦做虛阻琉反使敗露也

痊瘉上詮下愈唱攘下音穰鞋呼婆嚕音坦

多遠□□擯音殯□第七十七卷

將殄音殄徒典反滅也傭音容旃荼上旃下荼

犗音戒犍牛也艥按集二音捃亦作攈音皸居運反君之去聲

冠王官上貫下官秏音好去聲號音相似劬音衢

炷音注滎音滎哽噎上音梗綆下音咽入聲

第七十八卷

攛音攛又音患撤音轍壞也鞅音怏於兩反汩音骨

坑井上音坑下淨呲笈下去□反又音及□名矛

① 《俄藏黑水城文獻》第四册，第 321—322 頁。

音牟鎧音愷苦改反鋸音據斧音府鉗鑷上音

鈐下鑷鉤鉗上句下鉗貿音茂銖音殊島音擣

椰音耶銛音纖勁徑音相似貓狸上貓下狸鼠

音黍暑音相似磁音瓷慈耆音耆其音相似楔音屑

□音相似繕音善膳皰音胞技藝上妓下藝音

相似鏁音鏁吞噬上吐根反，音吞下音逝齡音令滲

【後缺】

俄藏黑水城漢文佛教文獻禮頌俗講部佛經

(一) 俄 TK250《禮佛文》①

【題解】

西夏寫本。經折裝。未染麻紙，粗。共 3 折，6 面。高 17 釐米，面寬 8. 3 釐米，字心高 14. 4 釐米，天頭 1. 5 釐米，地脚 1. 2 釐米。每面 7 行，行 13 字。烏絲欄，淡。楷書，墨色中，不勻。有校補字。

光名南無日光明佛南無無變寶
佛南無花勝□南無妙勝佛
南無法光明清浄開敷蓮花佛
從此以上二十五佛名等一切賢聖
白衆等聽説午時無上偈，人生不浄進
如若所無根彩化至日中，等得其時，新
花不久鮮色於亦非常，妓人命如刹那
須更難可寶，進勸主中等懇求無上
道□回嚮發願了也
　　黄昏禮佛文
南無清浄法身毗盧遮那佛南無圓满
寶身盧遮那佛南無千百億化身同
名釋迦牟尼佛南無東□□彌等光
明如來十方佛等□□□□□□婆
屍如□□去七佛
南無普光如來五十三佛□□□□佛

---

① 《俄藏黑水城文獻》第四册，第 319 頁。

南無東方善德如來十方無量佛等，
一切諸佛，南無拘那提如來賢劫千
佛等一切諸佛，南無釋迦牟尼三十五
佛等一切諸佛，南無東方阿閦如來十
方無量一萬五千佛等一切諸佛
南無寶集如來二十五佛等一切諸佛
南無法光明清净開方蓮化佛
南無東方虚空解脱諸世界非有如來號
虚空。功德清净爲真等，目端正功德相重
光明化波頭摩琉璃光寶定香最上香
供養已説種種莊嚴頂髻，無量無遍
日月光彩力莊嚴變化，莊法界出生
□□導往如來，南無毫相日月光明
莊嚴寶蓮花賢如金剛，身如毗盧遮
那五章礙眼，圓满十方放光照一切佛
刹，相王如來，南無過賢未來盡十
方三世一切主佛前歸命，禮三懺悔
志心懺悔一些業障礙，皆從妄相生
若欲懺悔者，端坐觀實想衆罪如
霜露惠日等消除，是故，應志心懇懺
六根罪懺悔，已志心歸命禮三寶
衆罪界懺悔諸福盡隨喜及主佛
功德願成無上智，去來現在佛於諸
衆生最勝無量功德海，歸依合掌禮
志心發願，願衆等生生值諸佛世世
恒問解脱，音弘誓平等度衆生，畢意。

（二）俄 TK250V《禮佛文》[①]

於無遍界無遍無量作佛事供
供養已恭敬一切普誦
摩訶婆若波羅蜜
如來妙色身，世間無喻等，
無比不思議，是故今敬禮
如來色無盡，智慧亦復然，
一切法常住，是故我歸衣，

① 《俄藏黑水城文獻》第四册，第 320 頁。

敬禮常諸三寶，歎佛相號：
天上天下無如佛，十方世界亦無此，
世間所有我盡見，一切無憂如佛者，
佛有如是功德，法界有情共成無
上道
敬禮清净法身毗盧遮那佛
敬禮圓満抱身盧遮佛
敬禮千萬百億懷慎東名釋迦牟
尼佛
敬禮東方善德佛，敬禮東南方無有德佛，
敬禮南方旃檀德佛，敬禮西南方寶施佛，
敬禮西方無量名佛，敬禮西北方化得佛，
敬禮北方相德佛，敬禮東北方三乘行佛，
敬禮上方光重德佛，敬禮下方名德佛。
敬禮光當來下生彌勒尊佛
敬禮舍利形相無量寶塔
敬禮十二净尊經甚深法藏
敬禮諸大菩薩摩訶□
敬禮諸聲聞覺□□□□□□□
敬禮二十八天釋梵王等敬□常主三寶
爲皇帝皇后聖化無窮敬禮常主三寶
爲大千主王福延萬大敬禮常主三寶
爲文武百官恒居禄位敬禮上主三寶
爲師僧父母反善知識敬禮上主三寶
爲遇王主師恒爲道首敬禮上主三寶
爲造寺諸乘生清土敬禮上主三寶
爲十方寺主六度圓満敬禮上主三寶
爲寺舍衆生和同如乳敬禮上主三寶
爲龍王歡喜風雨順時敬禮上主三寶
爲五穀風燈萬性安樂敬禮上主三寶
爲國土青年法論上轉敬禮上主三寶
爲三途八難受苦衆生緣界禮答經禮上主三寶

（三）俄ДX1445《禮佛文》[1]

① 《俄藏黑水城文獻》第六册，第134頁。

【題解】

西夏刻本，未染麻紙，厚。高 9. 9 釐米，寬 29 釐米。上下殘。左右雙邊，共 19 行，行存 12 字。寫刻體，墨色不匀。

□□□□□□□□□□□□□□□□□□□大藏經
□□□□末法之中
□□□□□□□□一心敬禮，以是敬禮
□□□□□□此中千佛者，拘留孫
□□□□□□事禮念時多若不轉
□□□□□□卷末説偈云　無
□□□□□□應起隨喜心，一人勸多
□□□□□□菩薩 南無
□□□□佛南無多摩羅跋旃檀香
□□□□尼幢燈光佛，南無惠炬□
□□□□慈藏佛，南無旃檀窟莊
□□□□華光佛，南無琉璃莊嚴王
□□□□静光佛，南無善寶月音妙
□□□□佛，南無常光幢佛，南無□
□□□□心力王佛，南無阿閦毗歡喜□
已上五十三佛 南無當來
□□□□師利菩薩，南無□賢菩□
□□□□南無地藏菩薩，南無大鵝
□□□□我等與衆生，皆共成□
【後缺】

（四）俄 TK284《禮佛儀軌》①

【題解】

元寫本，蝴蝶裝，無口。未染楮紙。共 1 個整頁。紙幅高 13. 3 釐米，寬 28 釐米。字心高 9. 9 釐米，寬 23. 8 釐米，天頭 1. 8 釐米，地脚 1. 5 釐米。共 19 行，右半頁 10 行，左半頁 9 行，行 10 字。四周單邊，楷書，硬筆，墨色偏淡。

禮佛儀軌
最上三寶處

① 《俄藏黑水城文獻》第四册，第 373 頁。

善明稱吉祥王佛
寶明智嚴光音自在王佛
金色聖光妙行成就佛
無憂最勝吉祥佛
應供吉祥□我今歸命禮
法海雷音佛
法海勝惠游戲神通佛
藥師琉璃佛
本師釋迦牟尼佛
聖舍利寶塔處
文殊菩薩處
救度佛母處
金剛手菩薩處
菩提勇識大勇識我今歸命禮
阿難尊者處
十二葉義處
釋梵四王處

（五）俄 TK284V《七佛供養儀》[①]

【題解】

字心高 10 釐米，高 23.7 釐米，天頭 1.8 釐米，地脚 1.5 釐米。共 17 行，右半頁 8 行，左半頁 9 行，行 15 字。四周單邊，楷書，硬筆，墨色偏淡。有雙行小字注釋。

七佛供養儀
初遣魔，次標授供物，次僧長面，
次召請聖衆，次三別供養，
次行道白文，次通禮三寶，
次別禮七佛，後禮諸聖衆，
後結歸回嚮。
凡准諸系供養體列從召請已後
多修七支珈行，今此亦然，又此供
有魔有□魔列一一佛前，各修加
行一遍，略則末後，唯作一遍，然廣
者，如初通禮三寶，已潜神矚目緣念，

① 《俄藏黑水城文獻》第四册，第 373 頁。

諸佛色相威儀誠心贊歎供懺悔，
隨喜等已次復行道白文禮第一佛
餘行如前，唯之第二第三乃至諸聖
衆，一一如前修作者，修敬畢□行道
一通通設施食伸供一遍祝護，永願奉
曷伽請忍奉還回嚮。□則□於懺悔等，文宗後唯作一遍即可□□

（六）俄 A8.3《五方禮一本》[①]

五方禮一本
南無衣法净土，無相無爲清
净法身，毗盧遮那佛
南無衣壽應度無漏紫
他圓満寶身盧舍那佛
南無衣變化度容顯十
方千百億化身釋迦牟尼佛
南無兜率天主自賓釋迦
常來下生彌勒尊佛
南無東方有國命净琉
璃満月界總藥師琉璃光佛
南無西方净土極樂爲名
我等道師阿彌陀佛
南無衣金剛界東方
南無衣金剛界南方
南無衣金剛界西方
南無衣金剛界北方
南無衣金剛界中方
南無抖窮三覺横邊十方
一身多身禮一切諸佛，
南無諸佛滅後唯覺人召
令満天上人間，禮浮土寶塔
南無一音所演，隨神萬計
五教三乘，甚深法藏。
南無等覺二分内成外凡
諸尊菩薩摩訶薩，衆
南無緣覺大師羅漢上

① 《俄藏黑水城文獻》第五册，第 196—198 頁。

人，三明六通禮，一切賢聖僧，
普爲四思三有，其法界
有情，昔願斷除三障業，
歸命禮懺悔，
志心懺悔我等自從無
量劫，生死留我至如今
佛在之日，我沉淪，今得人
身佛滅度，機自身多
著難恨不兼如來金色
身，我今對佛對法對僧
前法路懺除諸業障，懺
志心發願，緣眼常觀十方
佛，願耳常聞說法因，願
量常拯解□香，願舌
常贊波羅蜜，願身不
邪非觸，願意休攀有
相緣，我發此願與常來
盡德果，行菩薩道，發
願已志心歸命禮，三寶
普念取世界如空，虛如蓮
花不著水，心清凈，超無
早起首禮無上尊
三壇等是六度舉，修無
漏果因，共成佛道。
皈依諸如來，五智十身
佛願共諸中生同入金剛
□依最上乘喻，早密教
於共諸衆生心，入金剛界
皈依蓮花主□□□□□
情願共諸衆生，思金剛界□
皈依三寶已所修諸功德
是一切有情，此共成佛道，
白象等各禮剎偈

（七）俄 A12. 1《釋迦贊》[①]

① 《俄藏黑水城文獻》第五册，第 232—234 頁。

【題解】

西夏寫本，綫訂册頁裝。未染麻紙。共 7 個整頁，2 個半頁。高 13.7 釐米，半頁寬 7.4 釐米。每半頁 3 行，行 12 字。楷書，硬筆，墨色中匀。

【前缺】
種種雜類諸雀白鶴孔雀□
陵晝夜六時念三寶南無□
樂念念佛念法念僧
波佛號曰彌陀三修净□
到饒王佛前發誓願南無往生
樂念誓度有緣娑婆
聞名真須稱念七日定得往生
觀音勢二日持台立南無□□
樂念彌陀佛親自來迎
西方寶樹拯栽玉葉金花，
枝織手拔開上弦管南無往□
樂年法曲□有風吹
西方寶綱玲瓏逍遥散在□
空牟尼點上敲金磬南無往
生樂年碧玉樓頭聲鐘□
彌陀身有光明菩薩體褂□
衣云裹天男歌妙法南無往生
樂念天女偈贊無生
西方寶池寶閣裹有九品蓮
台，無限衆生，花上座南無生□
樂念五云仙衆來迎
普勸門徒弟子修取往生
因蓮花會裹相見南無往
生，樂含莫忘此時相勸
釋迦贊畢 真言曰
影捺囉馬[一]馨丁穴 鉢囉
抹瓦[二]馨丁穴 丁禪 怛也
多[四]呀瓦怛釘[五]禪撈□
哴捺[六]瓔斡我 斡帝[七]麻，
褐薩囉 馬囉[八]

（八）俄 A4《護國三寶偈》[①]

西夏寫本。蝴蝶頁黏連成經折裝。8 個整頁，1 個半頁，每頁中有頁碼，自“一”自“八”。17 面。高 8.7 釐米，整頁寬 12.9 釐米，半頁寬 6.5 釐米。每半頁 5 行，行 9 字。無欄，楷書，墨色濃匀。

護國三寶偈
此世界中及與他世界
最上宫内所有殊勝寶
如是人中第一天中天
等，齋如來尊者無少分
是故説爲最上殊勝寶
如是真諦，汝願得安樂，
漏盡離欲無爲甘露法
能仁釋迦牟尼親演説
如此寂滅無爲真甘露
與此妙法等同無少分
是故説爲最上殊勝寶
如是真諦汝願得安樂
爲求無上依理真實説
恒修道師無比禪定故
如是獲得不二金剛定
與此等持同等無少分
是故説爲最上殊勝寶
如是真諦汝願得安樂
八悲大聖人等實堪贊
及與名稱四種二人者
彼大仙人數趣無爲故
是故殊勝是處善逝説
於此布施獲得大果報
猶若肥隆地中植種子
是故説爲最上殊勝寶
如是真諦汝願得安樂
若人用意堅固滑勤故
亦能入於牛怛馬法中

① 《俄藏黑水城文獻》第五册，第 126—130 頁。

得此意者能入甘露門
速能證得離垢之涅槃
是故説爲最上殊勝寶
如是真諦汝願得安樂
如斯見者速入於真諦
身見及與禁戒取執勝
疑或等類三種之煩惱
一時弃捨現成真聖諦
是故説爲最上大衆寶
如是真諦汝願得安樂
以於身語意中三種内
諸善不業誓願不復造
若以造作惡業不覆藏
我執心故此是爲不可
是故説爲最上大衆寶
如是真諦汝願得安樂
猶如諦釋大樹處地上
四方風起而令不能動
親見最妙聖帝道之人
此與賢聖大衆以同等
是故説爲最上殊勝寶
如是真諦汝願得安樂
最大智惠尊者真實説
以修四種聖帝或修入
若捨身命意中憶念者
是人現世不逢於八難
是故説爲最上殊勝寶
如是真諦汝願得安樂
大猛火聚被風吹壞散
以手取及不可知限量
能離諸結系縛勝誓子
得入不可指與無爲界
是故説爲最上大衆寶
如是真諦汝願得安樂
一切有情人與非人等
此等悉皆汝願得安樂
最上道師人天應供養
敬禮正覺汝願得安樂

一切有情人與非人等
此等悉皆汝願得安樂
寂滅利欲人天應供養
敬禮妙法汝願得安樂
一切有情人與非人等
此等悉皆汝願得安樂
諸集尊中集會爲上首
敬禮大衆汝願得安樂
所有世間出生來到此
或在地上或居虚空中
常與一切衆生起慈心
晝夜依時恒修微妙法
此是勝怨敵上能勝人
真實語中演説無虚妄
一切大怖畏衆得解脱
如此真諦汝願得安樂。
護國贊三寶偈

（九）俄 A21.6《三寶三尊四菩薩贊歎》[①]

【題解】

共 5 行，行 14 字。楷書，墨色有濃淡。

　　三寶三尊四菩薩贊歎
世尊大悲實微妙，明行圓满解一切，
能志福德如大海，稱贊如來敬禮拜，
清净法藏并離欲，以行善行脱惡道，
一義微妙成最上，稱贊善成法欲禮。

（十）俄 A8《贊佛稱贊慈尊》[②]

【題解】

① 《俄藏黑水城文獻》第五册，第 299 頁。
② 《俄藏黑水城文獻》第五册，第 189 頁。

西夏寫本。綫訂册頁裝，未染麻紙。共 23 個整頁，高 10.6 釐米，半頁寬 10 釐米。每半頁 7 行，行 9—10 字。烏絲欄，楷書，墨色濃淡不一，部分硬筆書寫。封面潢楮紙，硬。有雙框題簽。内有刻版圖案。正文分爲 7 個部分。(1) 彌勒真言。近 15 個半頁。(2) 寅朝禮。7 個 半頁。(3) 五方禮一本，近 9 個半頁。(4) 三皈依。共 4 個半頁。(5) 尊天樂。共 3 個半頁。(6) 四菩薩，2 個半頁。(7) 大獻樂啓請并真言。5 個半頁。

背寫 5 種文獻。(1) 光定八年請尊者疏。2 個半頁。(2) 開啓文。2 個半頁。(3) 卦名。6 個半頁。(4) 皈依偈。4 個半頁。(5) 云何梵。1 個半頁。天頭 1.4 釐米，地脚 1.1 釐米。每半頁 6 行，行 8—9 字。隱欄。楷書，墨色深匀。有校補字。

(十一) 俄 A8.6《四菩薩》[①]

□文殊菩薩出現清凉
□神通力化現多方身
聖金毛師子，眉方毫光
衆生仰持寶蓋熱名
香處，成皈命，惟願遥
聞生中國，度過朋，君乃
方快樂福壽千春吉祥
主生生世願相親親親親親
普現菩薩應現俄眉
多聖力相好，容儀身，
乘六牙白象體卦銍
衣稽首禮銀色界願
遥知王爐香蓺希鑒
清誠垂恩度救度生
靈，風調雨順天下和平三
寶即頻稱□普賢名名名
維磨菩薩金粟如來居
世生净土發往家家家家家

(十二) 俄 A8.7《大獻樂啓請并真言》[②]

大獻樂啓請并真言
謹女經云佛説大獻樂陀
羅尼真言曰：

---

① 《俄藏黑水城文獻》第五册，第 200 頁。
② 《俄藏黑水城文獻》第五册，第 200—201 頁。

爾時世尊在王舍城中將
諸弟子共會，説法乃是
梁主四乾闥婆王弟一
度行躡金蓮花上
坐禰音樹下六殊衣上智嚮
□嚮异香八切德，如捨沙布
地名月寶池，每至清霄
奏樂響出諸漏鳳簫傳
般若之音，龍笛奏若
養如來弟子亦曾供養過
去未來現在諸佛及恒沙
海會聖衆七佛祖師，亦
曾嚮於兜率天宫供養
彌勒菩薩，至於净土引
他□濁惡衆生願生彼
□乾闥婆王，若二樂音
□□婆王弟三矣，乾闥
婆王第四矣，音乾闥王來詣
佛所，繞佛三匝，部住一面
頂禮佛足而白佛言：世尊
弟子因發弘誓，願
劫劫生生常會音樂，供
空六曲，化生童子，捧鸚
鵡而來詣本源登地聖人
隔羅二見其佛性，被有
征風吹動諸寶行樹及
寶羅網，譬如百千衆樂，
同生居作弟子亦曾出
【後缺】

（十三）俄 B2.3《西方净土禮》[①]

西方净土禮　依流水調
無注沙門　慈覺大士普平　集
請佛
一心敬禮西方無量壽佛四十八願群生

① 《俄藏黑水城文獻》第六册，第 11—20 頁。

父，唯願大悲弘誓齊我生死輪回
告我今虔誠請哀滑垂降，赴歡佛
彌陀智海人天主，悲願弘深法中王
身越大虚無等回，色超檀金亦無窮，
朗豪五峰理乘回，紺目四海瑩騰光，
圓光化佛千萬億，菩薩侍從數難量，
八萬四千諸相好，騰輝發耀照群方，
攝取有緣辭濁界，接歸極樂離灾殃。
減不本如，如亘古亘今常浩浩功圓萬
德，果满三祇，正莊嚴相好無量，若有三
心克備，或復十念因成皆接嚮九品蓮中，開
會於一生補處，南無大悲大顯大聖大慈我
等導師阿彌陀佛。
志心歸命禮，西方阿彌陀佛琉璃性地道界
真金七重行樹響珊瑚八德蓮池清湛湛
花開九品，永無煩惱之名補處一生成就菩
提之記，願共諸衆生當同生净土，南無
大悲大顯大聖大慈，我等導師阿彌陀佛。
志心歸命禮，西方阿彌陀佛寶幢岌岌金
像，巍巍放八萬四千種光命，映五百億妙花宫殿珠，
簾齋挂影，透丹霞玉鐸風飄聲流法界
願共諸衆生當同生净土，南無大悲大顯
大聖大慈我等導師阿彌陀佛。
志心歸命禮，西方阿彌陀佛，風柯水鳥皆
和，圓音台觀園林盡傳般若，經行無金沙
岸上目擊金顔宴坐於妙室寶花中。耳聞
妙唱，願共諸衆生當同生净土，南無大悲
大顯大聖大慈我等導師阿彌陀佛。
志心歸命禮，西方阿彌陀佛。響聲斜漢鵝栖
摸，横空七層欄間，紺摩尼八級楹莊會莊
帝青寶紫金台樹，碧玉園林同游，我是
大聲聞共會，莫不諸菩薩，願共諸衆生
當同生净土，南無大悲大顯大聖大慈我等
導師阿彌陀佛。
志心歸命禮，西方阿彌陀佛，金鐘玉磬磬
梵韵，交参寶殿瓊樓軒忽相映，人满花
佛，遍林間，身枝瓔珞聖方知體，挂珠璣
凡不識，願共諸衆生當同生净土，南無大

悲大顯大聖大慈我等導師阿彌陀佛。
志心歸命禮，西方阿彌陀佛，真珠網慢珊瑚
枝秀，芬芳玻璃楷犀靈瑞花香馥鬱波
揚秒旨，聞即誦悟無生光闡真詮，見著靡
除情解，願共諸衆生當同生净土，南無大同前。
執行難歸命禮，西方阿彌陀佛，七珍樓閣烟嵐而
彩，方千光，四色荷蓮菡萏而影曬，八承一心清
净，萬境蕭然，不聞五痛之聲，唯聽三德三常
之道。願諸衆生當同生净土。
志心歸命禮，西方阿彌陀佛。彌天寶珍，采遍
地珍珂，舉足處皆是道場，矚目時無非佛事，
祥烟嫋嫋，瑞氣騰騰，繽紛兮繚繞，丹霞
霏微兮，融通碧湛。願共諸衆生當同生净土。
志心歸命禮，七寶花上見後世之良朋，八德
池傍，逢往生之知識，因修十念，果遂三心，
擺脱八萬塵勞，堪化三千界衆，願共諸衆當
同生净土。
志心歸命禮，西方阿彌陀佛，塵塵净土非
極樂，乃唯心念念彌陀，悟如來全自性來
還華藏按接物何涯，往復神都見佛無
量。願共諸衆生當同生净土。

已上中間十會或
作十念文亦得

志心歸命禮，瓶攜甘露，手執楊枝，灑定水
於塵方，駕慈舡於苦海，隨聲頓至，無刹
土，不現全身，應念圓成，有心願皆當果遂，
大悲大顯大聖大慈觀世音菩薩摩訶薩。
志心歸命禮，眉彎新目目綻秋蓮，發蠻
紺發翠青青，冠從寶瓶，光晃晃掌持法
印，足蹈芙蓉，輔翼無量光，如來攝受念佛
三昧者大悲大顯大聖大慈大勢至菩薩
摩訶薩。
志心歸命禮，蓮池勝友净土群英，一一身相
紫金容各各心光超日月，俱悉佛記同證
菩提琉璃地上共經行寶樹行間齋宴坐
圓修萬行清净大海衆菩薩摩訶薩。
志心懺悔我性與佛殊無晏由迷自已作凡
夫漂沉生死没休，期蓋因造化犯輪回業，無
量劫來諸罪障，於佛陳懺，頓消除身心

清净出犯籠隨願，往生佛果，懺悔已。
志心歸命禮，阿彌陀佛，志心發願。
仰顯如來，光攝受照，我而盡片善心，四十八
願，願相應，我願决然生髮，願已。志心歸命禮
阿彌陀佛，處世界如虚空，如蓮花不著水
心清净超於彼，稽首禮無上尊。
一切恭敬自皈依佛，當願衆生體解大道
發無上意。
一切恭敬自皈依法，常願衆生深入經藏
智慧如海。
一切恭敬自皈依僧，當願衆生統理大衆
一切無礙。
歸去來兮歸去來，聖賢迎接賜金台，
神陞飛詣香蓮沼，九品花間託净胎，
歸去來兮歸去來，黄金地内七珍排，
樹欄上面張殊網，樓閣中間施竇台，
歸去來兮歸去來，竇蓮苞綻出花胎，
雙眸盲豁毫糧月，两耳聾開教震雷，
願生西方安樂刹，親見彌陀聞妙法，
九品蓮花上品生。
歸去來兮歸去來，竇堂四面列層階，
一登登至無登處，永不重登山與崖，
歸去來兮歸去來，金繩道側萬池開，
五德蓮敷八德承，七珍林蔭四珍楷，
歸去來兮歸去來，蓮池九品列花台，
菩薩既能觀世音，願嚮諸音聽我音，
南無大悲大顯大聖大慈能救時間苦能满我
等所求心願，諸佛摩訶薩。
滅罪真言 唵三摩尼薩嚩訶
西方净土禮洪濟禪院比丘　普珂開板

(十四) 俄 A12. 2《小西方贊》[①]

小西方贊
西方耶尼佛果拯樂世遥長菩提
有八龍王，唯有中尊大覺□

① 《俄藏黑水城文獻》第五册，第 234—236 頁。

難測難量師子蓮臺寶座□
間白毫光相照十方乾達婆□
奏樂梵音縛嘹量异種□
花寶座虛鶴歌舞雙雙單□
頻伽孔雀○白蓮千葉馨
諸天聲聞羅漢國王大臣□
聽宣揚香烟繞圍繞震□
千上難量得聞此神妙我佛□
悲閆彩苦海衆生休貪色相
生兜率内宫上宫上月輪光香烟
圍繞蓮經深妙，意瞻仰六根
定如醍醐灌頂，仙樂自然
亮一會永贊西方
小西方贊畢
願將以此最功德

（十五）俄 Φ311《親集耳傳觀音供養贊歎》[①]

【題解】

西夏寫本。卷軸裝。未染麻紙，薄，軟。高 9. 5 釐米，寬 932 釐米，共 22 紙，紙幅 48. 5 釐米。卷心高 15. 8 釐米，天頭 2. 3 釐米，地脚 1. 8 釐米。每紙 27 行，行 18 字，或 2 句七言偈。楷書，拙，墨色濃淡不勻，有校補校改字。標題相同者，偈語或同或异，不完全重復。標題下多雙行小字注解。已裱。

【前缺】
□你，你去帝□
□瓦厮怛哩，吽往捺
□舌怛
□□標授三集并增長擁護，渴
贊時壇主依議□覺想自他擁護
□□上師嚴定輪，虔敬□□□□□，
□□師心放光明，普請法界佛世尊。
□佛慈悲與標授，融成光明入師身，
□□成光入白頂，三密次第標授已，
足下頓想六輻輪，執修自身成觀音，

① 《俄藏黑水城文獻》第六册，第 110—126 頁。

六輪亦想六觀音，各各面想於自身，
定戴寶冠月輪上，想金色身無量光，
十方諸佛菩薩衆，周回圍繞中尊坐，
自心亦想六輻輪，輪胸觀妙上師尊，
六輻具嚴六觀音，面嚮上師舉悲心，
身□又想金剛帳，馬項聖者面外嚮，
□□赤色光熾盛，一面二臂摧四魔，
□□亦想劍火帳，三重大小隨心坐，
□□□處嚴字種，盡成觀音住其中。
增長定偈，贊稱壇主□□
又復興起菩提心，自他蘊執想成空，
空中啭字成蓮花，花上啞字成月輪，
月輪上嚴吃二合字，放光遍照諸有情，
有情蒙光除罪障，光回復入吃哩二合字，
其字變成觀世音，一面四臂具悲心，
頂嚴無量光如來，衆寶瓔珞莊嚴身，
其□潔白妙難思，下右手執水晶珠，
左執白色妙蓮華，上手近心蓮花合，
有著裓悉除二合哩皮，不捨六趣慶痴迷，
悦意安居花月上，光照朗耀明觀想。
究竟定偈，贊時壇主明觀自性。
心想字中放光明，遍照情器盡消成，
清净潔白之光聚，光聚回入自身形，
自勝成光八字種，字復爲空空亦空，
意無索整住本性，是了究竟大禪定。

請咒偈（依贊時壇主明想法界無盡觀音於大慈光互照標念咒百遍。）

空中頓□觀世音，如前莊嚴相好身，
具大慈悲喜舍念意，舍標哀滑有情心，
如前花心月輪上，吃哩二合字種具光相，
周圍右繞六字咒，殊勝七字明觀想，
吃哩二合字放無量光，照標有情除罪障，
光回復入字亦勝，成白障側孫魯相，
如是誦咒而入觀，上根親見觀音面，
□根夢寤獲勝驗，下根障除漸伏見。

增長中圍偈（此時壇主結虚空菩薩印，依儀觀想標授宫）

諦想壇心吃哩二合字，變成上師觀音身，
六葉蓮上六字種，亦成諸佛菩薩衆。
壇想衆寶妙中圍，如前明想擁護儀，

寶壁光明同極樂，無量莊嚴應無極，
以我誠心功德力，如來真言加持力，
及以法界自性力，此界願成極樂刹。

召請智佛偈

□心字種放光明，普請法界智中圍，
上師觀音三寶尊，不機慈悲住空中。

迎請聖衆偈增生黶爐共念威識求請

稽首法界自性宫，顯密無盡三寶尊，
願以大悲標授力，不捨慈悲赴壇中。
【中缺】
稽首正覺聚集身，亦是最上三寶根，
真相傳妙諸上師，不捨慈悲赴壇中，
稽首寶陀落伽峰，聖觀自在大悲尊，
願勵隨順有情心，不捨慈悲赴壇中，
稽首大聖馬項尊，及請清净賢聖僧，
各依本願度有情，不捨慈悲赴壇中，
稽首十方法界中，顯密護法善神衆，
時揚聖化度有情，不捨慈悲赴壇中。

三種供養偈

善來善來出有壞，我爲真實具福祐，
我所受奉獻供故，放此應當而安住，
唵云云阿閼 云云吽
雖於自性清净之，本無執著之垢染，
爲净群生盛種子，故我沐浴於如來，
唵云云囉瓦瑪葛囉不囉帝拶野云云吽
請佛神通威德力，憐湣我及諸有情，
供養法事未及間，唯願安居此花座。
唵云云補厮并剖割麻辣野 吽
三寶白文云
衆各蹦尨白文已起，立虔誠禮贊三寶偈
衆各湣從此禮敬請佛聖誦五天
偈時普賢十行二誠心運想。
歸命帝綱刹塵佛法僧，能除衆生痴怒欲貪喜，
我以身口意業虔恭敬，頂禮最上三寶蓮花足，
如來應供正遍知遍法界帝綱重重無盡。
今食施主
佛法僧我今稽首禮，爲法存亡哀湣願標授，
亡過弟子

七拜至千拜，隨意作禮，禮已澄定身心。

心贊三寶偈 讚時壇主念功德山陀羅尼一百八遍，皈依三寶亦得。

心嚴五知明逾世，體具十身量善空，
無漏果因今不共，有情因满境令同，
理包一味深如海，義列千端高掩天，
普應萬機乘者异，遐非一雨潤無邊，
理事二和同水彩，智北雨异若形聲，
標生兼自祈當果，助佛傳燈度有情，
我今贊稱勝福利，願成自化成佛因，
三業罪障盡消除，悉證三身無二果。

不空牟尼供養偈壇主結印依儀運想

不空牟尼咒印力，觀音净土大集會，
及餘無邊刹土中，普雨種種廣大供。

勾召亡魂偈讚時壇主依觀行録召之

亡過弟子業牽纏，六道輪回受生處，
以我願定咒印力，三寶標授功德力，
觀音慈悲我修力，及以法界自性力。

施財安位偈 讚時壇主依觀行録施財撫□□咒□心安位

王國弟子某甲處，所有一切諸冤敵，
如來咒印惠施力，彼等所好皆满足，
解冤釋結令歡喜，此時物起嗔如意，
歡喜且住此宫位，我爲汝等微妙益。

奉曼拏羅偈依前奉之

我今諦想松嵬字，變成四大須彌峰，
亦成勝妙清净宫，降臨道場來受供，
莊嚴八寶遍法界，四大部州及小州，
奉請諸佛來依止，施花鬘處我敬禮。

奉十種供養偈 依觀行録三明想奉之

具八因清净無垢水，以衆吉祥種集相和合，
於施勝勢前奉獻阿閦，故無邊有情願具大吉祥。
唵云云阿閦云云吽
香藥栴檀骨金和合，所有净塵垢染妙净水，
於勝勢前奉獻洗足故，一切有情塵願清净。
唵云云不羅瓦云云吽
水陸所生及意中□，如是菩提因枝勝妙花，
以净慮性奉於佛頭故，一切有情願具諸相好。
唵云云補斯并云云吽
俱生及與變异相和合，所有馨相馥鬱微妙花，以知惠性奉於佛鼻故，無邊有情戒願清净。
唵云云惡鉢云云吽
清净明朗微妙之燈燭，能破無名黑暗之智焰，
以大願性奉於佛耳故，令諸有情五眼清净。
唵云云阿路迦云云吽
旃檀骨金龍麝等香水，遠離濁穢清净勝妙塗，
以方便性奉於佛心故，有情願獲無漏五蘊身。
唵云云閑你云云吽
色香美味真實具乘德，標授百味勝妙智肴膳，
以勝力性於佛口故，有性願獲邦羅□之力。
唵云云你尾囉云云吽
自性投合最勝天妙衣，能令畜生清净□□，
以勝惠性奉於佛身故，令諸有情能顯□□。
唵云云瓦厮怛哩云云吽
自性微妙變現如意□，能嚴儀出功德護相如，
以清净意遍獻佛國土，願令有情具惠除苦憐。
唵云云囉怛捺云云吽
絲竹□鉞割光鈴鼓等，變現種種微妙天樂□，
以精進性奏於佛耳鼓，令諸有情願護圓满□。
唵云云舌怛云云吽

不空牟尼供養偈 壇主結印誦咒依偈運想

不空牟尼咒印威神力，觀音菩薩净土大集會，
及余無量死邊剎土中，普雨種種微妙廣大俱。

通念五夫偈 衣僅運想威依普賢五求六得

依於貪嗔痴等諸煩惱，發動身口及意諸罪愆，
而與十方諸佛賢聖愆，以虔誠心發路寶懺悔，
住於三世正覺勝勢子，聲聞圓覺一切尾聖□，
種種善根皆悉無有餘，離於嫉妒真實而隨喜，
爲諸有情最上無此燈，證於圓□平喬正覺□，
住十方界一切如來前，一心恭敬請轉妙法輪，
諸佛如來將欲示涅槃，以善逝燈爲利有情故，
拯微塵數佛刹劫海中，我僅勸請恒住於生界，
禮拜供養懺悔及隨喜，請轉法輪并請諸如來，
如是種種善根威神力，願諸捨生速正佛菩提。

振鈴偈 動道具時□想宣傳六字神咒，征因法界警覺三賓利益群生具修萬行，求趣佛果

以此振鈴傳法語，十方佛刹善聞知，
願此鈴聲召十方，九邊聖衆皆來集。
唵云云涉怛云云吽

行道已師白文云白時壇主悲想上師深憶極思求□標授

禮贊上師偈依前十行二運想

歸命一切正覺聚集身，亦是最上無比三寶根，
又乃持金剛主之體性，故我頂禮諸佛師蓮花足，
如來應供遍知具大標授，能與成就真
法界存亡
妙上師處，我全稽禮爲令辰施主哀湣願
亡過弟子
標授七種至百千，拜隨標授

禮已澄證神贊相傳上師偈贊時明想業恭敬傳上師三業標授

師即正覺聚集神，亦是最上三寶根，
持金剛主之體性，一切師處我贊禮，
真理巧化湛融身，湣物興起大悲心，
普度有情隨機應，月幢真師我贊禮，
親見化身得標授，悲憫有情皆普救，
自性解脱名正覺，惠幢真師我贊禮，
九世爲最大五明，現身顯隱化群虚，
證大手印得自在，天寶真師我贊禮，
參師訪道違玄微，隨機演密度群迷，
勇猛解處皆解脱，三尖真師我贊禮，
正覺師處親伏痛，學窮顯密度群蒙，
親見觀音得標授，西戒真師我贊禮，
真性真師求法問，披槃三藏解圓通，
得記翻成真妙語，善譯真師我贊禮，
於彼真妙諸上師，我以虔誠伸贊歎，
我及有情離三塗，速證圓满菩提身。

不空牟尼供養偈壇主結印誦咒運想

不空牟尼咒印力，觀音净土大集會，
及餘無邊刹土中，普雨種種廣大供，

奉曼捺辣偈依前奉之

自性清净微妙諸法上，本無善惡福智之二相，
爲有情鼓演集二足故，我誠心奉獻曼捺辣，
衣服飲食妙寶婁閣等，法界緣起自性清净供，
奉獻三世上師佛法僧，爲有□施主亡過故湣悲哀納受。

十種供養偈

十方一切帝網世界中，所有種種緣起勝□□如處□□
我今誠心虔懇普救□，真妙上師慈悲哀納受。

五夫偈

我昔所造諸惡業，此由無始貪恚痴，
從身語意之所生，一切我今皆懺悔，
十方一切云云十方一切云云諸佛云云所有云云

振鈴偈

以此鈴傳法語，十方佛刹普聞知，
願此鈴聲召十方，無邊聖衆此來集。
行道已觀意菩薩白文云 白時壇主起大悲心，如同觀音現六□身隨機化標。

禮贊觀音菩薩偈

歸命大聖慈悲願力最，隨顯現身名爲觀自在，
猶如意珠能雖有清净。故我虔敬頂禮蓮花足，
菩提勇識大勇諸識大聖慈尋聲救苦，性觀
音菩薩我今稽首禮。法界存亡今展施主亡過弟子
哀滑願標授七拜至百千拜，澄定身心念觀音根本

贊偈 贊時壇主贊大悲總持二十一遍獲誦三字咒立大千遍亦得

南無最上三寶尊，南無明满諸上師，
南無大悲觀世音，南無護法善神衆，
我於無量無邊劫，備受苦惱恒流轉，
今始得逢妙法門，故感佛恩伸贊歎，
其身潔諸白染尊，頂戴無量光如來，
慈悲心眼睹群生，悲眼觀者我敬禮，
爲示方便及智惠，示顯意且平等故，
二手隨心蓮花合，勇猛合掌我敬禮，
如來真心之所宗，最勝秘密三數珠，
瑩净潔白右手持，執持秘密我敬禮，
煩惱於泥不能染，體示清白離垢穢，
無染蓮花左手持，執蓮花者我敬禮，
波爾清净無垢染，體具月光之王母，
總持母佛意中身，六字佛母我敬禮，
光明妙舍體衆德，猶如意珠深廣大，
有情所敬隨念得，如意尊者我敬禮，
若有無量諸衆生，具受無邊大苦惱，
聞名稱念即解脱，是故我今稱贊禮，
以此贊歎諸功德，警覺觀音大悲尊，
悲願光照罪消除，同證法界菩提身。

贊咒功德偈或通衆高聲六字咒百八遍或動道於亦得

菩薩昔在地獄中，祈陀佛會現神通，
除蓋見疑因請文，世尊親説六字功，
六字明王神咒尊，即是觀音妙本心，

若有得知即解脱，畢竟克證大悲神，
持誦之時空虚中，恒沙如來菩薩衆，
無量天龍八部徒，常隨圍此護人身，
或有受持此咒尊，七代當獲解脱因，
腹中所有諸蟲類，當成不退菩薩身，
若有聞見持咒人，色生相照著其身，
同見金剛不壞體，悉成不退大悲因，
若人誦此大明王，定儀智惠悟真常，
無盡辯才此受得，日日能圓六彼羅，
若自口中所出現，觸他身首罪消亡，
男女斷貪俱速證，大悲明満菩提光，
假若四天諸人類，盡證七地菩薩位，
誦咒一遍之功能，與彼菩薩等無异，
若人盡現此咒行，如寫如來親所明，
八萬四千真數藏，彼等功德自然成，
若人以天金寶中，造如來象數微塵，
一日分中□塵畢，不僅書寫一字功，
又如三千世界中，充満一切諸毛群，
所有毛端我知數，不知誦咒一遍功，
又如三千世界中，所有大地盡微塵，
我能知其微塵數，不知誦咒一遍功，
若人得此如意心，蠲除痴垢貪斷嗔，
永思輪回諸苦趣，其餘功德在經中。
大乘莊嚴豹王
經中廣説功能

誦咒成驗偈

若人修習三種觀，上根親見觀音面，
中相蒙悟瓊勝驗，下根障除漸得見，
中下所現功驗象，或蒙浴身流穢污，
晝時樂修諸善根，智心明朗覺無常，
或夢飲乳身出光，晝體身安心拯迹，
好度有情勤修善，夢吹法界修橋梁，
或夢上師或觀音，或摩自頂説劑門，
晝時好行其惠施，衆人恭敬讎灾因，
或夢登高過□路，或師僧净與甘露，
晝時真妙上師心，衆求妙法勤供養，
若能得現如上境，此是近證成就相，
不越此世成七坐，秘證無上菩提果，
若約十分六個月，僧習無間障消滅，

數満一十五億時，法行或就住敵悦，
兕數未是匆問欲，緊偉上師真妙語，
隨意舍或勝□□，相傳上師如是説。

奉满妙羅偈 贊時壇主依大悲满捺羅□奉之

五種清净香水我奉施，殊勝塗杵□□時□戒，
微小有情利他是眉眼，悲心□勤不恨是□進，
能離不善雜亂是禪定，殊勝分明解空是智惠，
三業便利而作满捺羅，奉施本尊大悲觀意處，
大波羅蜜依此而圓满，本尊觀音慈悲而□□，
我及法界一切諸有情，永離苦海能安於彼岸。

十種供養偈　依前如常

勝妙水　唵云云　阿蘭云云吽
汝足水　唵云云　不囉無云云吽
勝妙花　唵云云　補願并云云吽
勝妙香　唵云云　數并云云吽
勝妙燈　唵云云　阿囉迦云云吽
十方一切帝網世界中，我今誠心虔□世□□
所有種種無量，觀音菩薩慈悲哀納受。
勝妙塗　唵云云　閼你云云吽
勝妙果　唵云云　你尾矴云云吽
勝妙衣　唵云云　瓦斯怛哩云云吽
勝妙實　唵云云　囉怛捺云云吽
勝妙藥　唵云云　舌怛云云吽

不空牟尼供養偈

不空牟尼兕印威神力，觀音菩薩净土大集會，
及餘無量無邊刹中土，普雨種種微妙廣大供，

通年五戒偈　如常

依於贇歎痴等諸煩惱，發動身語及意諸罪愆，
而於十方諸佛賢聖前，以虔誠心髮露實懺悔，
住於三世正覺勝勢子，聖圓圓覺一切凡聖衆，
種種善根皆悉無有餘，離於嫉妒真實而隨喜，
爲諸有情無比最上燈，證於圓满平等正覺尊，
住十方界一切如來前，一心恭敬請轉妙法輪，
諸佛如來將欲示涅槃，以善逝等爲利有情故，
拯微塵數佛刹劫海中，我今勸請恒住於生界，
禮拜供養懺悔及墮毒，請轉法輪并請諸如來，
如是種種善根威神力，願請捨生速證佛菩提。

振鈴偈

以此振鈴轉法語，十方佛刹普聞知，
願此鈴聲召十方，無邊聖衆此來集。
唵云云涉怛云云吽
聖衆等白文云
合文已禮贊馬項聖者等偈 從此運十行
歸命大聖大悲馬項尊，及諸煩惱無盡賢聖僧，
各依本願化搎諸有情，故我頂禮海衆蓮花足，
菩提勇識大勇識馬項明王蓮花恐怒清净賢

今嚴施主

聖衆。我今稽首禮爲法界存亡哀湣願標授
亡過弟子

坐定聖衆偈

三身四智證菩提，教理行果難思議，
恒修慈悲喜舍衆，最上三寶我敬禮，
示現憤怒飲血王，威光熾盛照十方，
一面二臂身赤色，馬項憤怒我贊禮，
烈焰光中熾盛身，消除煩惱斷貪嗔，
普爲有情顯真智，馬項聖者我贊禮，
右手棍棒伏魔軍，左作怖指翳痴嗔，
面目嗔怒空輝火，馬項聖者我贊禮，
或現三面六臂身，威嚴不捨大悲心，
恒度有情隨機現，馬項聖者我贊禮，
宣揚界定解脱門，智惠無礙若虚空，
通達甚深微妙法，三賢十聖我贊禮，
威光無量照十方，恒行四標六波羅，
普度有情須離苦，三賢十聖我贊禮，
身相微妙色端嚴，助揚佛會化有緣，
各各心光超十方，海會聖我衆贊禮，
影響真稚墮機應，鄰拯亞聖數無窮，
悲願悉同觀世音，海會聖衆我贊禮，
善相忿怒諸護神，誓願保護修習人，
能助行人勝成就，諸善神衆我贊禮，
以此贊歎勝功德，警覺法界諸聖衆，
悲願光照有情身，究竟圓满菩提因。

奉曼拏羅偈 亦依大悲曼捺辣奉之如前

五種清净香水我奉施，殊勝塗抹三業持禁戒，
微小有情利他是忍辱，悲心滑勤不厭是精進，
能離不善雜亂是禪定，殊勝分明解密是智惠，

三業便利而作曼捺辣，奉施馬項尊等聖賢處，
六波羅蜜依此而圓満，馬項尊等賢聖□□□，
我及法界一切諸有情，永離苦海能達於彼岸。

十種供養偈　如常

阿閼水　唵云云　阿閼云云　吽
洗足水　唵云云　不羅瓦云云　吽
勝妙花　唵云云　補悉并云云　吽
勝妙香　唵云云　願并云云　吽
勝妙燈　唵云云　阿邏迦云云　吽
十方一切帝網界中，奉施馬項聖者賢聖前，
所有種種無比□□□所有情故慈悲哀納受。
勝妙　唵云云　遏禰云云　吽
勝妙菓　唵云云　你尾帝云云　吽
勝妙衣　唵云云　瓦斯怛帝云云　吽
勝妙寶　唵云云　囉達捺云云　吽
勝妙藥　唵云云　舌怛云云　吽

不空牟尼供養偈

不空牟尼咒威印神力，觀音菩薩净土大集會，
及餘無量無邊刹土土，普雨種種微妙廣大供，

懺悔偈　如常

無始輪回諸有中，身口意業所生罪，
如佛菩薩所懺悔，我今陳懺亦如是。

隨喜偈

諸佛菩薩行願中，金剛三昧所生福，
緣覺生及有 請轉法輪偈 所集善根盡隨喜
一切性燈坐道場，覺眼開放照三有，
我今蝴跪此勸請，轉於無上妙法輪。

請佛往世偈

所有如來三界主，臨般無餘涅槃者
我今勸請令久住，不捨悲願救世間。

回嚮偈

懺悔勸請隨喜福，我燈不捨菩提心，
諸佛菩薩妙衆中，常爲善友不厭舍，
離於八難生無難，住宿命智相嚴身，
遠離愚迷具悲智，悉能満足波羅蜜，
富樂豐饒生勝族，眷屬廣多常熾盛，
四無礙辯十自在，六通諸禪悉圓満，
如金剛幢及普賢，願贊回嚮亦如是，

以此善根同真際，普與含靈證菩提。

振鈴偈

以此振鈴傳法語，十方佛刹普聞知，
願此鈴聲召十方，無邊聖衆皆來集。
唵云云舌怛云云吽

行道已禮拜就坐隨力奉四田施食傳供養等如常　或傳此五供養偈

無限殊因合翠花，一苞嚴勝浄無瑕，
虔恭普奉諸三寶，願物心田秀此花，
法界諸緣共和合，碧霞抽縷散無何，
虔恭普奉諸三寶，願物身嚴五分香，
總攬靈台三事能，合成玄燭瑞光勝，
虔恭普奉諸三寶，願物心燃無盡燈，
性海融通不可疏，靈源通作一杯塗，
虔恭普奉諸三寶，願物心池印海圖，
果海從來不離緣，毗盧所克菓中傳，
虔恭普奉諸三寶，願物心冥法界源。

不空牟尼供養偈

不空牟尼咒印力，觀音浄土大集會，
及餘無邊刹土中，普雨種種廣大供。

普修三徒偈 壇主等牌鏡依觀行録悲心加持，若有標瓶畢時洗浴或爲病人作則念吉祥偈沐浴應人

云過弟子志心聽，自從無量劫來時，
貪恚　　　　地獄
以嗔恚故造諸罪，若或墮在遏鬼中，
愚痴　　　　畜生
地獄　　　本作釋妙尊
餓鬼道中受極苦，憶想甚深微妙法，
畜生　　　十方賢聖僧
如來慈悲
如法雖思放光明，照破六十恒沙劫，
聖僧慈悲
地獄
餓鬼道中得解脱，一時標在智壇中，
畜生　諸如來
汝等歸命微妙法，
賢聖僧
沐浴亡過劫 壇主念大灌頂充咒或念都自在菩提甘露咒亦得
喻如如來降生時，一切諸天親消除，

以此清净天妙水，我今如是作沐浴，
貪滑嗔恚愚痴者，是世間内世三塗，
正遍知覺
湛深妙法，能超越，真師法力，善消除，
賢聖大衆
八解脱定清净水，最勝密咒妙香水，
猶如寶珠無垢染，亡過某甲罪消除，
唯願三寶威神力，亡過六道罪消除，
速發無上菩提心，即得往生安樂刹，
或以吉祥偈聲贊六波羅蜜偈云：
現施諸物如幼化，受施能舍亦等空，
如是布施隨所偈，布施波羅皆圓满，
堅持禁戒離垢染，具足清净無所犯，
此身地水與火風，四大和合本性空，
種種加害無嗔恚，忍辱波羅皆圓满，
精進無涯决定修，懈怠垢净不能侵，
身心具足如是力，精進波羅皆圓满，
如幻如化諸等持，勇猛無怖之正受，
猶如金剛定三昧，參頂波羅皆圓满，
空無相願三脱門，三世平等一味真，
體達三覺如如理，智惠波羅皆圓满，
一切如來之所説，光明熾盛威神力，
菩提勇識精進力，我今所願皆成就。

哀請標授偈

歸命帝亡刹塵中，顯密無盡三寶尊，
能與最上勝成就，相傳標授諸上師，
垂形六道化群蒙，具大悲願觀世音。
垂慈　標授此所有會衆
大忿怒王蓮花主，馬項聖者觀自在，
各依行位度有情，具悲願力諸聖衆，
三寶上師觀世音，保我求生净土心，
壽盡必歸上品中，或贊此偈
最上三寶，最上三寶，
真妙上師，真妙上師，
觀音菩薩，觀音菩薩。
南無本願力誓願救度婆娑，願我臨冥終時於加護法界
馬項聖者，馬項聖者，
海會聖衆，海會聖衆，

護法神衆，護法神衆。

奉過□□偈

奉獻閼伽妙香水，供養十方法界尊，
行者三業願清凈，洗除垢染□□罪，
勝解行地悉圓满，克證十地菩薩果，
願行三世諸如來，同以甘露灌於頂。

親納偈

以此香花等塗果，伎樂衣服幢勝蓋，
我今隨力普奉獻，唯願慈悲哀納受，
我今説此隨分供，三業不勤有所所朱，
敬永攏修滑念力，唯願慈悲哀納受。

請忍偈

由爲我有愚痴欲，於諸善行有所犯，
由此違朱遇患故，唯願慈悲哀納受。
某甲無力可修辨，及難得故不周全，
我今所作有欽犯，唯願慈悲哀納受。

奉送偈

□□□□□□□，□悲願故□□□，
不空事業盡令容，唯願聖衆歸本位，
請此道場三寶慈悲主，馬項聖者及諸賢聖衆，
乘本願力各歸於凈土，若侵請時慈悲願降臨。
次轉法輪念多心經，次念佛云：

觀音勢至□加護，願我滑□

南無量壽如來觀音勢至海會衆初思三有，從相逢□

八大菩薩海會聖衆，法界存亡

我今集偈功德力，諸法本性清凈力，
及諸三寶標授力，願成大悲菩提果。
若灌頂時念十一字吉祥偈。
觀集耳傳觀音供養贊歎，畢。
皇建元年十二月十五日 門資宗密沙門 本明
依師劑門標授中集 畢
皇建二年六月二十五日，重依觀行對勘定 畢。
承爲真本。

（十六）俄 A8.2《寅朝禮》[①]

---

① 《俄藏黑水城文獻》第五册，第 193—195 頁。

寅朝禮
敬禮毗盧遮那佛，
敬禮盧舍那佛，敬禮釋迦牟尼佛，
敬禮彌勒尊佛，敬禮東方一切諸佛，
敬禮洞東南方一切諸佛，敬禮南方一切諸佛，
敬禮西南方一切諸佛，敬禮西方一切諸佛，
敬禮西北方一切諸佛，敬禮北方一切諸佛，
敬禮東北方一切諸佛，敬禮上方一切諸佛，
敬禮下方一切諸佛。
敬禮過現未來一切諸佛，
敬禮舍利刑像無量□□，
敬禮十二部尊經甚深法藏，
敬禮諸尊菩薩摩訶薩衆，
敬禮聲聞緣覺禮一切賢聖僧，
爲二十八天釋梵王衆，敬禮常住三寶，
爲諸離神等風雨順時，敬禮常住三寶，
爲當今皇帝聖化無窮，敬禮常住三寶，
爲天子諸王福延萬業，敬禮常住三寶，
爲文武百官恒居禄位，敬禮常住三寶，
爲過節安寧法輪常轉，敬禮常住三寶，
爲師僧佛母及善知識，敬禮常住三寶，
爲道場施主六度幻遍，敬禮常住三寶，
爲所居住土地□神，敬禮常住三寶，
爲邊方寧青悉干戈，敬禮常住三寶，
爲身四威儀五常合儀，敬禮常住三寶，
爲三塗難受苦，衆生願皆利苦，皈命禮。
懺悔，志心懺悔，普懺六
根三業罪，願令除滅不福生
勸請十方諸如來，留身久
住濟，識隨喜稱贊諸等
根，回嚮菩提證常樂，願諸
衆生入佛惠，生滅永寂，説
無餘懺悔，勸請隨喜回嚮
發願，已志心皈命禮，三寶
白象等聽説寅朝清净偈，
欲求寂滅。樂當集沙門法，
衣食計身命積粗隨□

（十七）俄 A32. 1《演朝禮一本》[1]

【題解】

金寫本，綫訂册頁裝。未染麻紙。共 37 個整頁，4 個半頁。高 18. 5 釐米，半頁寬 9. 3 釐米，楷書，硬筆，墨色有濃淡。（1）演朝禮一本，6 個整頁，1 個半頁。每半頁 4 行，行 12 字。（2）梁武懺，7 個整頁，1 個半頁。每半頁 4 行，行 11 字。（3）陰思鬼限。1 個整頁，1 個半頁。每半頁 4 行，行 14—15 字。（5）佛説壽生經。共 11 個整頁，1 個半頁。每半頁 4 行，行 11 字。（6）延壽真言。半頁，7 行，行 11 字。

住是故我皈依　信禮
常住三寶
信禮清净無垢毗盧遮那佛
信禮圓満□身盧舍那佛
信禮三類化身釋迦牟尼佛
信禮當來下生彌勒尊佛
信禮東方　信禮東南方
信禮南方　信禮西南方
信禮西方　信禮西北方
信禮北方　信禮東北方
一切諸佛
信禮過現未來三世諸佛
信禮舍利靈互禮無量寶塔
信禮五教三乘甚深法藏
信禮諸位菩薩摩訶薩衆
信禮緣覺聲聞禮一切聖衆
爲二十八天釋梵王衆
爲諸隆神等風雨順時
爲當金皇帝聖壽無窮　信禮常
爲太子諸王福緣萬載　住三寶
爲文武官僚禄位常在
爲國界安寧常轉法輪
爲十方施主六度行圓　信禮常
爲僧俗父母善有良緣　住三寶
爲當居土地護法龍神

① 《俄藏黑水城文獻》第五册，第 317—320 頁。

爲身四威儀伍煞含識
爲邊方寧净永息幹□
爲三塗八南六趣死生願皆利
若歸命禮三寶
志心懺悔
菩懺六根三業罪，願令除滅
不福生勸，請十方諸如來留
身九住濟含識隨菩提贊諸
善根，回嚮菩提證常樂，願諸
衆生入佛惠，生滅永息，證死
餘懺悔勸請隨喜回嚮發願
已歸命禮三寶 白象等
同諷演朝倡。
欲來寂滅，樂倡請沙門法□
食計身命精粗，隨衆等諸
衆等寅朝清净，各記六念，念
佛慈悲，機衆苦念法浪藥涔
三塗，念僧福田，應供養，念世
貧窮洗所須年戒防，非護諸
惡，念天長壽，舍圓净六念，已歸命
禮三寶，一切恭信，自皈依佛。
當願衆生，體解大道，發無上意
一切恭信，自皈依法，當願衆生
深入經藏，智惠如海。
一切恭信，自皈依僧，當願衆生
通領大衆一切法，無愛力。
上來演朝禮佛功德，奉報四
恩，然願散周沙界。
和南禮一切賢寳衆
演朝禮一本

（十八）俄 TK323.2《發菩提心要略法門》[①]

發菩提心要略法門忠覺闡釋依花嚴悲華等經集

先應深信三寶，恭敬供養，
然後決定勇猛，立大誓願。

南無佛，南無法，南無僧，我今發心，不爲自

① 《俄藏黑水城文獻》第五册，第 86 頁。

求人天福報，緣覺聲聞乃至權乘諸位菩
薩，唯依最上乘，發菩提心。願與法界衆生，
一時同得阿耨多羅三藐三菩提。如是三說

(十九) 俄 TK323.3《往生浄土偈》①

往生浄土偈　出恩孝法師釋門應用儀
大聖即名無量壽，願施衆生因果壽，
因身置至最後身，果覺終齋根本决，
菩薩既能觀世音，願嚮諸音聽我音，
臨終障礙爲消除，歿後聖賢來引導，
菩薩既能得大勢，願以諸勢助我勞，
東抛穢刹離牽纏，西往浄方無阻滯，
彼土即多浄花衆，願我當來預彼衆，
當爲善友不厭捨，更互引導成正覺，
歸去來兮歸去來，聖賢迎接賜金台，
神陞飛詣香蓮沼，九品花間託浄胎，
歸去來兮歸去來，黄金地内七珍排，
樹欄上面張朱網，樓閣中間峙寶臺，
歸去來兮歸去來，寶蓮苞綻出花胎，
雙眸盲豁毫輝月，两耳聾開教震雷，
歸去來兮歸去來，蓮池九品列花臺，
一生生至無生處，永不重生卵與臺，
歸去來兮歸去來，金繩道側萬池開，
五德蓮敷八德水，七珍林蔭四珍楷，
歸去來兮歸去來，寶堂四面列層階，
一登登至無登處，永不重登峰與崖，
願生西方極樂刹，親見彌陀聞妙法，
九品蓮花上品生，歸去來襲歸去來。
往生浄土偈。

(二十) 俄 TK304《佛經》②

【題解】

① 《俄藏黑水城文獻》第五册，第 86—87 頁。
② 《俄藏黑水城文獻》第五册，第 5 頁。筆者按：此經不見於佛典。

西夏刻本，經折裝。未染楮紙。共1面。高28.2釐米，寬11.8釐米。版框高25.2釐米，天頭2釐米，地脚1.5釐米。面5行，行13字。上下雙邊，宋體，墨色偏淡。

【前缺】
安風雨依時，五穀豐熟，花果茂盛，
永無疫癘，一切疾病不遭，横夭一
切。時中常得安樂，所祈願事，隨意
充足，臨終之時，無諸痛苦，住於正
念三十五佛，而爲上首及與佛刹
【後缺】

（二十一）俄 TK300《願文等》①

【題解】

西夏刻本，卷軸裝。有硬紙軸，未染麻紙，粗。高25.4釐米，寬45釐米。版框高21釐米，天頭3.2釐米，地脚1.2釐米。共24行。上下單邊，宋體，墨色中。

【前缺】
品蓮
臺中
四十八
□□□阿彌陀佛
一十二名彌陀佛
五須彌光彌托佛今稽首禮願生極
南無六神祇壽彌陀佛大慈大悲父母滑念我
願名具足彌陀佛樂國上品之臺中
壽光具足彌陀佛

（二十二）俄 TK324《廣大發願頌》②

【題解】

西夏刻本，經折裝。未染麻紙。共3折，6面。高22.2釐米，面寬9.3釐米。版框高

① 《俄藏黑水城文獻》第四册，第387—388頁。
② 《俄藏黑水城文獻》第五册，第87—88頁。

17.1 釐米，天頭 2.9 釐米，地脚 2.3 釐米。每面 6 行，行 14 字。上下單邊，宋體，墨色深。裂爲 4 段，有佚文。

廣大發願頌　龍樹菩薩造
西天譯經三藏傳法大師臣施護奉 詔譯
所有一切衆生類，過未現在世無盡，
而諸佛剎廣無邊，彼無邊剎塵充满，
又一一塵爲一剎，廣大佛剎如塵等，
一一剎中正覺尊，如塵無量我普禮，
彼塵倍聚諸佛剎，剎中佛佛我稱贊，
我常供養以一心，經如塵數廣大劫，
頂禮諸佛及法衆，我於三寶常歸命，
我悉持以諸妙華，及衆寶聚常普施，
若我已起一切罪，我今普盡而懺悔，
若我未生一切罪，我一切時□□□①
所有一切勝福事，我於一切□□□②
此福回嚮於有情，及佛無上菩提果，
如佛正法中所説，願力堅固復真實，
我常供養諸世尊，願我最後得成佛，
願我生生具深智，常如妙吉祥菩薩，
悲心息苦救世間，願如觀自在菩薩，
賢善愛眼視衆生，願與普賢尊無异，
慈意善觀諸情品，願我常如慈氏尊，
布施願如虚空庫，持戒願如神通慧，
忍辱精進二度門，願我悉如常精進，
定力能攝諸散亂，願我得如金剛手，
□③説十地諸法門，□□□□□□□④
於佛世尊善請問，願我得如除蓋障，
深心智慧具堅固，願我常如堅固慧，
神通無礙善方便，願我得如無垢稱，
善護衆生諸善根，勤勇願如常勇猛，
善説波羅蜜等法，願我得如無盡意，
具足無量妙音聲，願與妙音尊無异，

① 疑爲“常遠離”。
② 疑爲“常隨喜”。
③ 疑爲“善”。
④ 疑爲“説智願如金剛藏”。

近善知識心無懈，願我生生□□□[1]
虛空無喻法能宣，願我得如虛空藏，
地能長養諸世間，普利願如地藏尊，
息除貧苦利衆生，願與寶藏神無异，
語出無盡妙法寶，願我得如曇無竭，
智慧堅利復常勤，願與常啼尊無异，
【後缺】

（二十三）俄 A8V.1《光定八年請尊者疏》[2]

宿誦□□□
觀無量國摩泥尼
山
六聖濱頭盧
尊者
右來□亡過天宙
千秋出之辰□言
香□一件，伏乞
尊者不離
□□降臨
道傷和南謹疏

（二十四）俄 A32.2《梁武懺》[3]

西日梁王皇帝晝夜六腸
生死是無禮
龍顏□問致功因緣，致功和尚
親奏帝，恐金皆下構説
弄意，若比下要免龍會路，
修業界，作福利。
皇帝見喜，心生義理，一作愆
奏，發修大乘皆，供警三寶
愆心禮發弘世，願心生如意，
濟貧窮苦，行慈悲，恒

---

① 疑爲“如善財”。
② 《俄藏黑水城文獻》第五册，第 202 頁。
③ 《俄藏黑水城文獻》第五册，第 321—324 頁。

持解，晝看經。
金銀財錦，倉庫要者并
無，鈿彌是痴是，夫人親奏
皇帝殿前，告訴皇帝路論
無常，怎生度。
痴是因意，彼君殿下疾病
汗等滌利，痴是死，患難救性，
命同羅王差小鬼，梁王殿前
追，痴是不得來持限，即時
守三魂七魄，劍或用鐵索子
縛，痴是賀幽迷路，夫人自
枕煩惱，非是掘沈，痴是進
部，部步步沈飲。
即不合間，梁王作福修善。
誰泪哭聲悲告鬼師細
説，因意如河，免這一難也。
獄出其來時，來到尋覓
右前行内河難度，有金橋
一所，另交過去，推夫人入内河，
痛哭悲提，同蛇咬鐵鈎，來吃
河裹面鐵藏剩水。難行罪
人萬萬千千，一個個哭，悲聲段段
無窮血水魚非稷成請罪人，
捧諸身之皮肉，從百□成
瘡驅見閻羅，業敬照
出細鑠善部公，并無因
果。生命者願家
盡却來，意痴是高言
物間來者，專尋滌善
還你命債，新造功德因
緣，痴是生早登云端。
閻王問言交入鐵城，游説
禮面造業人受罪者，所
萬千千餓鬼，孛邊願發
自生人間，痴是生刀利
之天。梁王遞問致功心
内作針福利救度，度痴
是生天功德，無限懺悔

痴是罪愆，請惡業性皆
消散。梁武十卷，懺輕菩
薩。信心致功因緣救度
痴是生天，一米殿前警
帝，梁王膽戰化衆生身
報修善。痴是護出
在梁王懺。經當傳警天
遍灾，人禮念。痴是神仙
已驅上界朝天，化衆生
永劫修善。將此功德上
祝鳴皇世，教唯願金枝玉
葉帝子永劫不斷，三有
四恩同生，我佛會禮持年
者，毒命十年禮，痴是如□
【後缺】

（二十五）俄 TK111V《懺悔文》[①]

【前缺】
生生世世常
已竟和樂之證等
歸依更不歸刹魔
囉難□謹當意念
□□護彼國
□尾燈合□□
□□哆囉□□摩□耶
□路□□苦海波□□仗塗
□□□□持咒食功德
□□供養願
□□修而克薦勤□□妙之因者
□□香之辰金主靈前宣揚密教
□□焉諦約薩摩縛云陀薩哩縛達
念三遍
□□若取寒熱八般俊黑辰
□□命嵯哆乃鉢三千曾無限

---

① 《俄藏黑水城文獻》第三册，第 24 頁。

□□却不開王對罪者業盡力
□□如來有陀羅尼謹留宣念
□囉諦耶婆訶娑哩諦哩哩迦哩
□□□□
□□必重大□無及此□□□□
□□亡過追黄神□識能生諦
□□伏願人人曾於福主時同
□□□□用年尖障，令其和斬
□□於善朱□長三有四恩
□□界有情同生佛道，爲
□□念十方三世一切諸佛
□□圓遍照，速證秘持之門三藏
□宏父悲滑之藏，中有難之德
□月等，日娑神意者，云過其人化當幾
□專就蓮宫命曾或員宣禮懺文
□□虚神識不體，超生佛界具集
□□□禮懺幾卷
卷
□憑
□大
□伏
□可菠
□謹疏成宣年彼鑾疏
□□功德文疏修示□謹
□□□□□請已□佛具遍智
□□金斯郎將以此禮懺念
□□□□□□□□□智付□萬
□礙宣精□□之戒
□誦五理齊與亡靈受三摩耶
□□落執發哆如所亂句普
□□□能選透□□
□□□□□□□
晝證常來即將
莫佛良因金辰
德報地生界
佛力以生天
□一有四義法界有同生佛
□通勞衆念十方三世一切

□□諷祝大悲神咒多心經

（二十六）俄 A22，A24《圓融懺悔法門》①

【題解】

西夏寫本。蝴蝶裝，無口。白麻紙，厚。共 6 個整頁，2 個半頁。紙幅高 15. 3 釐米，寬 21. 2 釐米。字心高 17. 6 釐米，天頭 2. 1 釐米，地脚 1. 6 釐米。每半頁 8 行，行 16 字。四周單邊，楷書，墨色濃。有雙行小字注釋。

補厮并
惡并
啞邏迦
唵薩囀怛達誐怛誐泥　補撈銘邏三母怛厮巴囉捺三麻耶吽
　你屋底
　悉巴折
　囉怛捺
　發菩提心
南無佛，南無法，南無僧，我今發心不
爲自求，人天福報緣覺聲聞乃至
權乘，諸位菩薩唯依最上乘，發菩提
心。願與法界衆生一時同得阿耨
多羅三藐三菩提三說。
禮敬諸佛
稽首皈依三寶尊，大苦海中大船筏，
能度捨靈登彼岸，是故我今稱贊禮。
如來應供正遍知最勝三寶尊，我今歸命禮：
稽首皈依花藏主，相好通光無邊數，
根根塵塵週法界，願我常隨如來所。
如來應供正遍知毗盧遮那佛，我今歸命禮：
稽首三世諸佛母，海印智鑒無邊處，
能開衆生菩提眼，願我常隨菩薩所。
如來應供正遍知文殊菩薩，我今歸命禮：
稽首一切佛長子，入不思議行願主，
毛孔法界誘善財，願垂撥濟示我所。
如來應供正遍知普賢菩薩，我今歸命禮：

---

① 《俄藏黑水城文獻》第五册，第 301—305 頁。

南無十方佛
等覺諸菩薩
十地諸菩薩
十嚮諸菩薩
十行諸菩薩
如來應供正遍知　我今歸命禮
十住諸菩薩
十信諸菩薩
初趣菩提者，
聲聞緣覺衆，
凡修小善者。
稱贊如來
如來難可得見聲，無量億劫今乃值，
如優曇花時一現，是故應聽佛功德。
天上天下無如佛，十方世界亦無比，
世間所有我盡見，普賢一切衆生前，
隨緣赴感靡不同，而恒處此菩提座，
四八端嚴殊勝相，祇耶三大劫修來，
面如满月目如蓮，天上人間咸恭敬，
花藏世界所有塵，一一塵中見法界，
寶光現佛如雲集，此是如來剎自在，
剎塵心念可數知，大海中水可飲盡，
虚空可量風可係，無能盡説佛功德，
佛昔劫亥修諸行，稱贊十方一切佛，
故有高達大名聞，我今稱贊願亦爾，
欲見十方一切佛，欲施無盡功德藏，
欲滅衆生諸苦惱，宜應速發菩提心。
南無佛，南無法，南無僧，有情無邊誓願度：
福智無邊誓願集，法門無邊誓願學，
如來無邊誓願侍，無上菩提誓願成。
廣修供養
如是十方世界中，所有種種勝妙花，
以此妙花供養佛，願佛慈悲哀納受。
唵云云補厮并云云吽香燈發藥同上例
懺除業障
我昔所造諸惡業，皆由無始貪恚痴，
從身語意之所在，一切我今皆懺悔。
隨喜功德

十方一切諸衆生，二乘有學及無學，
一切如來與菩薩，所有功德皆隨喜。
請轉法輪
十方所有世間燈，最初成就菩提者，
我今一切皆勸請，轉於無上妙法輪。
請佛住世
諸佛欲若示涅槃，我昔志誠而勸請，
唯願久住刹塵劫，利樂一切諸衆生。
常隨佛學
我隨一切如來學，修習普賢圓滿行，
供養過去諸如來，及與現在十方佛，
未來一切天人師，一切意樂皆圓满，
我願普隨三世學，速得成就大菩提。
恒順衆生
我常隨順諸衆生，盡於未來一切劫，
恒修普賢廣大行，圓满無上大菩提。
普皆回嚮
我此普賢殊勝行，無邊勝福皆回嚮，
普願沉溺諸衆生，速往無量光佛刹。
哀納攝受
歸命十方極三際，無盡三寶樂滑念。
攝受法界所有衆。
本師毗盧遍照尊，法界融爲身語心，
垂慈使我常蒙三業恩
七佛聖母文殊尊，法界彰羅智鑒中，
垂慈使我速圓種智心
普賢圓融法界身，離垢光明妙色身，
垂慈使我神游毛孔中
訪友情滑不暫回，蒙教悲泣擬難行。
垂慈願我生生如善財
普賢文殊遍照尊，慈心廣博悲願深。
垂慈使我不忘菩提心
求生净土
於此花藏世界主，無盡如殑伽沙數，
過去無量到彼岸，勝妙無比諸佛國，
住與七寶宫殿内，能排師子座位上，
世尊如來遮那佛，諸大菩薩皆圍繞，
皆是童男童女相，願我往生於彼國，

速證無上菩提道，證得無上菩提道，
後轉法輪回嚮燈
圓融懺悔法門 竟
七友加行
所八於一八以諸十二我昔四十方一四十方所八所有四禮
禮敬稱贊供養懺悔隨喜請轉回嚮
文殊智真言。
【後缺】

（二十七）俄 A6V.1《供養偈》①

【題解】

西夏寫本。綫訂册頁裝，未染麻紙。共 40 個整頁，高 10.7 釐米，半頁寬 7.9 釐米。字心高 8.3 釐米。天頭 1.2 釐米，地脚 1.3 釐米。每半頁 7 行，行 12 字。隱欄。楷書，墨色中匀。有校改校補字。

五供養
普於十方世界中，
所有人天勝妙花，
十方一切如來前，
我今真實而奉獻，
是知心外無五，物外無心。
七寶供養
唵十方一切如來前
此大輪寶應供養
後有流轉斷滅時
願常永傳法輪住
唵薩唯末怛曼怛撈羅捺
境亡心滅
唵十方一切明满時
如意寶珠以應施，
食修饑謹貧乏者，
種種資財願具足
唯捺
唵 大力女寶以應施

① 《俄藏黑水城文獻》第五册，第 160—163 頁。

勝惠法界現行已
無明黑暗滅盡時
智慧方便願雙證
被底至唯隆
唵大臣僚寶以應施，
内外秘密三□者，
住持無量應真時，
集諸功德照具足。
摩訶羅捺
唵大魯象寶以應施
一切惡見實應斷
此實無比實□凝其
□住一切智中起。
曷西諦葛雜捺
唵 大勝馬寶以應施
斷滅有流轉道盡
宴得四禪是力修
正覺界中具□習
犿離葛薩你
唵大將此寶以應施
他怨已害實退除
煩惱怨賊尚殊勝
親近真如須證得
葛諦雜□捺
保末迷倒隔玄進要自願
忙受苦辛，今日曠然，如有悟
爲重作個出家人，通理作
如何得温死生開。

五供養

普於十方世界中
所有人天勝妙花
十方中一切未前
我今實真而奉

（二十八）俄 A9. 3《禪定施食并神咒》①

① 《俄藏黑水城文獻》第五册，第 207 頁。

禪定施食并神咒□

(二十九) 俄 TK164. 4《御製後序發願文》[①]

御製

聖觀自在大悲心總持□□□

總持後序發願文:

朕伏以神咒威靈，功被□□之界，□□□
妙，力通億劫之多。惟一聽於真荃，可□□
於塵累。其於微密，豈得名言，切謂□
在大悲，冠法門之密語，頂尊勝相，□
佛印之真心。一存救世之至神，一盡□
生之幽驗。大矣，受持而必應，聖哉，□
信而無違。普遍法界之中，細入微□
之内。廣資含識，深益有情。聞音□□
獲勝因，觸影者普蒙善利。點海□
滴，亦可知其幾何；碎刹爲塵，亦可□
其幾許。唯有慈悲之大教，難窮福□
之玄功。各有殊能，迥存异感。故大□□
感應云：若有志心誦持大悲咒一□□
□遍者，即能超滅百千億劫生□□
□□命終時，十方諸佛皆來□□□□
□□諸净土中。若入流水□□□□□
□□□其水族衆生占浴□□□
滅重罪，往生佛國。又勝相頂尊□□
云：至堅天子誦持章句，能消七□□
生之厄。若壽終者，見獲延壽，□□
占塵，亦復不墮三惡道中，授□□
記，爲佛嫡子。若此之類，功效□□
睹兹勝因，倍激誠懇，遂命工□□□
印番漢一萬五千卷，普施國内。臣□
志心看轉，虔誠頂受。朕亦躬親而□
服，每當竭意而誦持。欲遂良緣，□
修衆善。聞闡真乘之大教，燒□□□
之壇儀。讀經不絶於誦聲，披□□□□
大藏。應千國内之聖像，悉令□□□

---

① 《俄藏黑水城文獻》第四册，第 39—40 頁。

金妝。遍施設供之法筵，及集□□□
盛會。放施食於殿宇，行法事□□□
□□□心，悉竭精誠之□□□
□□□一二，豈可詳悉□□□
□□□伏願：
□□□宗皇帝，超陞三□□□□□
□□□□四生，達一真之□□□□
默助無爲之化，潛扶□□□□
子之孫，益昌益盛。又□□□□
基業泰定，邇遐揚和睦□□□□
隆昌，終始保清平之運。延□□
而克永，守歷數以無疆。四方□□
枕之安，九有獲覆盂之固。祝應□□
誠之感祈，臻福善之微長。遇平□
畢無變亂，普天率土，共用□□
有所求隨心皆遂爲祝
神聖。乃爲頌曰：
法門廣辟理淵微，持讀□□□□□
大悲神咒玄密語，□□□□□□□
奉天顯道耀武宣□□□□□□□
去邪惇睦鏈恭皇帝□□□□□□

（三十）俄 TK165.5《御製後序發願文》①

御製
聖觀自在大悲心總持并勝相頂尊
總持後序發願文：

朕伏以神咒威靈，功被恒沙之界，玄言勝妙，力通億劫之多。惟一聽於真荃，可頓消於塵累。其於微密，豈得名言，切謂自在大悲，冠法門之密語，頂尊勝相，總佛印之真心。一存救世之至神，一盡利生之幽驗。大矣，受持而必應，聖哉，敬信而無違。普週法界之中，細入微塵之內。廣資含識，深益有情。聞音者大獲勝因，觸影者普蒙善利。點海爲

① 《俄藏黑水城文獻》第四册，第 50—51 頁。

滴，亦可知其幾何；碎刹爲塵，亦可量
其幾許。唯有慈悲之大教，難窮福利
之玄功。各有殊能，迴存异感。故大悲心
感應云：若有志心誦持大悲咒一遍或
七遍者，即能超滅百千億劫生死之
罪。臨命終時，十方諸佛皆來授手隨
願往生諸净土中。若入流水或大海中
而沐浴者其水族衆生占浴水者皆
滅重罪，往生佛國。又勝相頂尊感應
云：至堅天子誦持章句，能消七趣畜
生之厄。若壽終者，見獲延壽，過影
占塵，亦復不墮三惡道中，授菩提
記，爲佛嫡子。若此之類，功效極多，朕
睹兹勝因，倍激誠懇，遂命工鏤板雕
印番漢一萬五千卷，普施國内。臣民
志心看轉，虔誠頂受。膺亦躬親而□
服，每當竭意而誦持。欲遂良緣，廣
修衆善。聞闡真乘之大教，燒結秘密
之壇儀。讀經不絶於誦聲，披典必全於
大藏。應千國内之聖像，悉令懇上於
金妝。遍施設供之法筵，及集齋僧之
盛會。放施食於殿宇，行法事於尊榮
然斯敬信之心，悉竭精誠之懇，今略
聊陳一二，豈可詳悉而具言以兹
勝善，伏願：
神考崇宗皇帝，超陞三界乘十
地之法云越四生，達一真之性海
默助無爲之化，潛扶有道之風，之
子之孫，益昌益盛。又願以此善力
基業泰定，邇遐揚和睦之風，國本
隆昌，終始保清平之運。延宗社
而克永，守歷數以無疆。四方期奠
枕之安，九有獲覆盂之固。祝應□□
【後缺】

(三十一) 俄 TK41.1《金剛般若波羅蜜經施印題記》[①]

① 《俄藏黑水城文獻》第二册，第 27 頁。

【題解】

西夏刻本，經折裝。甲種本。未染麻紙。共 1 面。高 28. 7 釐米，面寬 10. 5 釐米。版框高 22. 2 釐米，天頭 3. 7 釐米，地脚 2. 8 釐米。上下上邊，左單邊。宋體，墨色偏淡。

大夏乾祐二十年歲次己酉三月十五日
正宫皇后羅氏謹施

（三十二）俄 TK21. 4《施印題記》[1]

蓋聞無量壽王經者，諸佛秘印，海
藏炎詮聞名乃六度齋圓誦持，則
三塗彌滅般若心經者神功叵測，
聖力難思，高談無二，云門直顯，莫實
云理，今微僧智寶，宿有良緣，幸逢
斯典，咸獲衣中，云實六趣，此連
延證常栗云果，普施傳持，同露此
善者矣。
時皇建元年十一月初五日衆
聖普化寺連□□□□□沙
門智寶謹施
□天智圓刁
索智深書

（三十三）俄 TK25. 3《施印題記》[2]

蓋聞無量壽王經者，諸佛秘印，海
藏炎詮聞名乃六度齋圓誦持，則
三塗彌滅般若心經者神功叵測，
聖力難思，高談無二，云門直顯，莫實
云理，今微僧智寶，宿有良緣，幸逢
斯典特陞弘願命工鏤板，伏願三
界九有咸獲衣中云實六趣，此生
延證常栗云果，普施傳持，同露此
善者矣。
時皇建元年十一月初五日衆

① 《俄藏黑水城文獻》第二册，第 7 頁。
② 《俄藏黑水城文獻》第二册，第 14 頁。

聖普化寺連批張蓋副使沙
□□□□□
【後缺】

（三十四）俄 TK39.4《施印題記》[①]

大夏乾祐二十年歲次己酉三月十五日
正宮皇后羅氏謹施

（三十五）俄 A8.4《三皈依》[②]

皈依佛補住慈氏如來
居内院蓮花臺，人間早
願下生來，便是龍花
三會瑶珂珮歌樂散
花五蘊仙隊，隊隊走魔
告皇加瑞瞻相，好證散
□妙崇敬禮，捧慈尊
□頂霄韶歌，具出三
界，兜率堂天，面禮千□
皈依法王釉舍又寶偈
詮三姓命不二紫檀香
墨布金書鎮在龍王
宮裹，釋空義聞者，凡
夫便登地十十十花藏海
中游戲，今夏满嚮風列
劫來人世，散天花供養
當今皇帝，當今帝
子王孫，千秋萬歲。
皈依僧羅漢聲，無鼓應
供養十方具隨白珂相
敢舟唇解輪三乘法
□祇圓住福得常盜
囊中明主資明主王并□
金枝永茂，持今錫降

① 《俄藏黑水城文獻》第二册，第 25 頁。
② 《俄藏黑水城文獻》第五册，第 198—199 頁。

龍虎身被□□紫檀
衣進止歲儀庠序真
堪暮曠與人天大家豪
福

（三十六）俄 A8V. 4《皈依偈》[1]

稽首皈依天宮秀
願降神通乘救護
慈悲妄對内宮生
面奉慈尊觀禮頂
願生彌勒天宮院
蓮開親禮慈尊面
白毫照我罪消除
生死漂流從此斷
唯願不逆群生意
無始時難得來值
我金回願往天宮
願見慈尊視禮足
面滅三障諸煩惱
願得智□□□□
前有罪障□消除
世世常行菩薩□
魏魏福□□金相
堪衆生吉此命禮
成今回願往天宮
願見慈尊親供養

（三十七）俄 B2. 1《往生極樂偈》[2]

【題解】

元寫本，綫訂册頁裝，未染麻紙。共 24 個整頁，3 個半頁。高 22 釐米，半頁寬 14 釐米，字心高 17. 1 釐米，天頭 2. 7 釐米，地脚 2. 3 釐米。每半頁 9 行，行 20 字。隱欄，楷書，墨色濃。有雙行小字注釋與校改校補字。（1）往生極樂偈，2 個整頁，1 個半頁。

① 《俄藏黑水城文獻》第五册，第 204—205 頁。
② 《俄藏黑水城文獻》第六册，第 1—2 頁。

(2) 無量壽如來念誦修觀行儀軌一卷，16 個整頁，1 個半頁。(3) 西方净土禮，6 個整頁，1 個半頁。

白衆等各誦往生極樂偈
三界炎炎如火聚，道人未是安身處，
蓮池勝交待多時，收拾身心好歸去，
目想心存望聖儀，直須念念勿生疑，
他年净土花開處，記取娑婆念佛時。
普願衆生苦輪息，總令除熱得清凉。
皆發無上菩提心，同出愛河登彼岸。
無邊煩惱斷，無上法門修，誓度諸衆生，
皆願成佛道。
唐彦琮　法師　集
志心歸命禮，西方彌陀佛，法藏因彌遠，
極樂果還深，异殊參作地，衆寶聞爲林，
華開希有色，波揚實相音，何當蒙授手，
一遂往生心，願共諸生衆，往生安樂國，
志心歸命禮，西方彌陀佛，濁世難還入，
净土願逾深，金繩直界道，珠綱縵垂林，
見色皆真色，聞音悉法音，莫謂西方遠，
唯須十念心，共願諸衆生，往生安樂果，
志心歸命禮，西方彌勒佛，已成窮理聖，
真有遍空威，在西時現小，俱是暫隨機，
葉珠相朠節，沙水共澄輝，欲得無生畢，
彼土必須依，願共諸衆生，往生安樂國，
志心歸命禮，西方彌陀佛，五山毫獨朗，
實手印恒分，地水俱爲鏡，香花同作云，
業深誠易往，因淺實難聞，必望除疑惑，
超然獨不群，願共諸衆生，往生安樂國，
志心歸命禮，西方觀世音，千輪明足下，
五道現光中，悲引恒無絶，人師亦未窮，
口宣由在定，心静更張通，聞名皆願往，
日發幾花臺，願共諸衆生，往生安樂國，
志心歸命禮，西方大勢至，慧力標無上，
身光被有緣，動捶諸實國，侍坐一金蓮，
鳥群非實鳥，天類豈真天，須知求妙樂，
會是戒香全，願共諸衆生，往生安樂國，
志心歸命禮，西方彌陀佛，心帶真慈滿，

光含法界圓，無緣能攝妄，有想定非難，
□隨本心變，宫移身自安，希聞出世境，
須共入禪者，願共諸衆生，往生安樂國，
志心歸命禮，西方彌陀佛，回嚮漸爲功，
西方路稍通，寶幢承厚地，天香入遠風，
開華重布木，覆綱細分空，正爲樂無窮，
願共諸衆生，往生安樂國，志心歸命禮，
西方彌陀佛，欲選當生處，西方最可歸，
間樹開重閣，满道布鮮衣，香飯隨心至，
寶殿逐身飛，有緣皆得入，止是往人稀。

（三十八）俄 A8V.2《開啓文》①

□□□
見故論依信禮常
住三寶，聞佛如來，乃
四生之辰，能仁捨金
論而而於夜半與
神求佛果，乃六年
若行法王聖德者
盡宣揚四辰，即有
金辰修密孝男所
神意者，涌心奉
爲六過化當我七□
辰厚力蓮宫命

（三十九）俄 TK206《太子出家歌辭》②

【題解】

元寫本。經折裝。未染楮麻紙，軟。共9折半，19面。高17.6釐米，面寬9.5釐米。每面4行，行5—9字。楷書，墨色濃匀。

【前缺】
回馬嚮南門

① 《俄藏黑水城文獻》第五册，第202頁。
② 《俄藏黑水城文獻》第四册，第211頁。

□破碎茅庵路旁存
□商一患見身
念見答言告□□□
哉，病是前［經］
爲不小父母毀師傅
今世患纏身
太子見道痛傷情，
回馬看西門
見破碎茅庵路旁存
卧商一死人身
面上塵倷義□□
太子見了痛傷□□
見鴨鳴鵲啄狗見分
嚮車匿有何因。
車匿答言告除君，
這人路死是前緣，
爲蹉跎不孝到其中
死在這路傍存
太子見道泪紛紛
回馬看北門
見僧人托鉢念經文
問和尚有何因
和尚答言告除君
我名姓號沙門
爲修行不退到如今
證果得榮金身
太子下馬嚮塵中
前來禮□□
願求出世利名因
備説修些行因
和尚言罷騠神通
早不見了高僧
太子即時到回宫
到父王前話言論
見□早來游四門
見老病死亡人
見待雪山修道六年中
辭父王舍夫人

梵王聞言火心急
一肆天杵震長心
容顏不改泪分分
我捨稷爲何人?
净梵皇帝□□□
點金燭明執火登
開鑠緊閉不通分
太子早把香焚,
二更樂震蓮天
頻妃粉狀鑾
不肯受快樂，覓生前
卧龍床垂眼眼，
子時三更備朱宗，
耶殊又知聞，
舍請恩愛泪分分
恰念信香繼郡中
大你有難把香焚
我在雪山摇觀看
願你得玉體我金身
情假同共柱天宫
四更廉前不□□
太子早出得□□
城上頭留下馬蹄踪
恐擺帶泪了四門人
□更王宫哭聲頻
早不見了除君
雪山修道六年中
柱中在雪山中
太子盤多石□□而［從］
餓虎打盤□□□
入牙剥□要食啖
太子心樂衣如然
粗見咸花繞佛前
□□□福名後人傳
□□□修善
【後缺】

（四十）俄 TK267《彌勒上生經講經文》[①]

【題解】

西夏寫本，綫訂册頁裝。未染麻紙，軟。共 5 個整頁，1 個半頁。高 18.7 釐米，半頁寬 13.2 釐米。前 4 頁字大，行 11 字。後 1 頁半字小，每半頁 6 行，行 13 字。楷書。墨色濃淡不匀。有校字與句逗。

【前缺】
夜叉揵達等，皆集至我佛
會裏乞歡喜。
世尊舌嚮放千光，照其光明
中化佛種，無量，异口同音□
説清净妙理，上征至梵天□□
【中缺】
四衆陀羅，一時皆來會重□□
佛所説，秘密苦空法義百萬
億陀羅尼，雙手合掌，佛前禮
志心歸依。
有一菩薩，名曰優波離者，在
生中起，來是白佛言禮麻麻正
中衆經説阿逸多逸自當
來做佛出世，此人凡夫，以爲諸
漏之體，雖復出家，不修禪□
怪如何依出世，後大衆□□□
【中缺】
命終後，生何國裏引
佛高波離諦聽聽，善思念，乃
之經無數限，意萬遍，十二年
命終後，并生天上兜率，宫化
生無量引
一生補處，菩薩成，道證果，有
此寶冠，種種變化，其始寶
女執百億寶，無數瓔珞
現祥瑞，遍施光稍引

① 《俄藏黑水城文獻》第四册，第 351—354 頁。

寶樹行裹，莊嚴風氣，陀□□
【中缺】
此樹相根觸苦，空義□□□
提即從，坐中便起，遍禮佛
法深弘誓，若我福德發
願造善法堂，令我額上自然
出珠光像，梵牟尼衆寶蓋，
赫耀徹上，光明中花勝無量引
諸女衆，演説世，無窮諸天
聞者皆發道心，生挐敬重。
師子座四角頭生此蓮花
【中缺】
寶網鈴，遍周遮帳引
有五天神，一一寂，妙無此一寶
幢幡，得名，二三香㡾四喜樂
五正音，各現祥瑞，今爲善
略而説偈引
作是觀者，修行名爲正觀，若他歡
者，名爲邪，觀不正，内加觀祥思，惟
嚮兜率天上，功用行自知無覺
命終執時，皆現彌勒菩薩，放
白毫光，照遍满河沙，天子面
謏陀羅，來迎排行，佛見喜□□
【中缺】
□回示
見一天人，若見一蓮花，滅除都千二遍
劫，生死之罪功德，恭敬開坐五十劫
生死之罪，發歡喜，禮佛而退
祝贊當今
皇帝聖壽萬歲，文武官僚禄位
轉千高。願萬民修行，在兜率天
上。願衆生盡登彼〔岸〕。
小石花心動

（四十一）俄 A6V. 2《命友吟》[①]

① 《俄藏黑水城文獻》第五册，第 162—163 頁。

命友吟
獨倚寒松命友朋
永休萬事
道釋二門同一根
妄生勿别不知因
果朱物外争勝貧
竟悟心通處處真
爲人語話莫路幾
合行到處問不知
若西林自身常無事
菓與閒人説是非

(四十二) 俄 A8.5《尊天樂》[1]

尊天樂
志心信禮釋迦牟尼佛爲
三界時四生父王毫眉際
現品進口談妙法。聞群
生如朽木真霑甘露罷
十，總隨刑三十二相，俱
現慈悲相，故請苦，我今
稽首禮，品唯願垂嘉
護當來時世舍閻□
生净土土土土
志心信禮兜率天宫主
住四千年居補住内宫，天
子造品外院，因牢土七重
圓八色渠四寶住水涌
繞梁棟花生衆天女
住不退轉超十住慈尊
其萬德品蓮臺結跏趺
修六事生内院，禮真如
志心信禮，觀世音菩薩
現慈悲相，聖容法眉
彎清翠柳品面圓如滿月
閏群生隨方現十方刹

① 《俄藏黑水城文獻》第五册，第 199—200 頁。

頂禮千界三聞名罪
□海滅現香花回聲羅列
□法樂，從天降品絲竹聲，稱
□孫供養觀世音大菩
薩薩薩薩薩

（四十三）俄 A8V.5《云何梵》[①]

云何梵
云何梵此經，究竟到彼岸
願佛開徵蜜，廣爲畢生説

（四十四）俄 Φ221V、Φ228V、Φ226V.5《惜財者偈》[②]

口善心愆業已除，惜你不布施，内□□□□，
耳聞布施意衝衝，藏積共人知。暗藏財□□，
時人命盡歸何處，死時空手去，遣真執妄一，
必悔三業餓鬼用，餓鬼道中饑，鬼道輪回□。
【後缺】

① 《俄藏黑水城文獻》第五册，第 205 頁。
② 《俄藏黑水城文獻》第六册，第 87 頁。

俄藏黑水城漢文佛教文獻疑似部佛經

（一）俄 TK152《佛説天地八陽神咒經》[①]

【題解】

宋刻本，蝴蝶裝。白口，魚尾下版心題“八陽”，下有頁碼“九”。未染麻紙。共 1 個整頁。紙幅高 25. 8 釐米，寬 33. 5 釐米。版框高 22. 9 釐米，寬 29. 5 釐米。每半頁 8 行，行 20 字。上下單邊，左右雙邊，中烏絲欄。宋體，墨色深匀。

【前缺】
和輪調菩薩漏盡和，無緣觀菩薩漏盡和
是時，八菩薩俱白佛言：世尊，我等於諸佛所，受得陀
羅尼神咒，而今説之，擁護受持讀誦八陽經者，永無
恐怖，使一切不善之物，不得侵［損］讀經法師，即於佛
前，而説咒曰：
阿去尼尼去尼，阿比羅曼隸，曼隸多娑婆訶。
世尊，若有不善者，欲來惱法師，聞佛説此咒，頭破作
七分，如阿梨樹枝。
爾時，無邊身菩薩，即從座起，前白佛言：世尊，云何名
爲天地八陽經？唯願世尊，爲諸聽衆，解説其義，令得覺悟，
速達心本，入佛知見，永斷疑悔。佛言：善哉，善哉，善男
子，汝等諦聽，吾今爲汝解説，八陽之經。八者，分別也，
陽者，明解也，明解大乘無爲之理，了能分別八識因
緣，無所得法。又云何八識名爲經，陽名爲緯，經緯相投，以
成經教，故名八陽經。云何名八識？眼是色識，耳是聲

① 《俄藏黑水城文獻》第三册，第 348 頁。

識，鼻是香識，舌是味識，身是觸識，意是分別識。含

【後缺】

（二）俄 TK137.2《佛説無常經》①

佛説無常經亦名三啓經

三藏法師義静奉制譯

稽首歸依無上士，常起弘誓大悲心。
爲濟有情生死流，令得涅盤安隱處。
大舍防非忍無倦，一心方便正慧力。
自利利他悉圓满，故號調御天人師。
稽首歸依妙法藏，三四二五理圓明。
七八能開四諦門，修者咸到無爲岸。
法云法雨潤群生，能除熱惱蠲衆病。
難化之徒使調順，隨機引導非强力。
稽首歸依真聖衆，八輩上人能離染。
金剛智杵破邪山，永斷無始相纏縛。
始從鹿苑至雙林，隨佛一代弘真教。
各稱本緣行化已，灰身滅智寂無生。
稽首總敬三寶尊，是謂正因能普濟。
生死迷愚鎮沉溺，咸令出離至菩提。
生者皆歸死，容顔盡變衰，强力病所侵，
無能免斯者，假使妙高山，劫盡皆壞散，
大海深無底，亦復皆枯竭，大地及日月，
時至皆歸盡，未曾有一事，不被無常吞，
上至非想處，下至轉輪王，七寶鎮隨身，
千子常圍繞，如其壽命盡，須臾不暫停，
還漂死海中，隨緣受衆苦，回圈三界内，
猶如汲井輪，亦如蠶作繭，吐絲還自纏，
無上諸世尊，獨覺聲聞衆，尚舍無常身，
何况於凡夫，父母及妻子，兄弟并眷屬，
目觀生死隔，云何不愁歎，是故勸諸人，
諦聽真實法，共舍無常處，當行不死門，
佛教如甘露，除熱得清凉，一心應善聽，
能滅諸煩惱。

如是我聞。一時薄伽梵。在室羅住

① 《俄藏黑水城文獻》第三册，第 189—190 頁。

逝多林給孤獨園。爾時佛告諸苾芻。有三種法。於諸世間。是不可愛。是不光澤。是不可念。是不稱意。何者爲三。謂老病死。汝諸苾芻。此老病死。於諸世間。實不可愛。實不光澤。實不可念。實不稱意。若老病死。世間無者。如來應正等覺。不出於世。爲諸衆生説所證法及調伏事。是故應知。此老病死。於諸世間。是不可愛。是不光澤。是不可念。是不稱意。由此三事。如來應正等覺。出現於世爲諸衆生。説所證法及調伏事。爾時世尊。重説頌曰：

外事莊彩咸歸壞，内身衰變亦同然，
唯有勝法不滅亡，諸有智人應善察，
此老病死皆共嫌，形儀醜惡極可厭，
少年容貌暫時住，不久咸悉見枯羸，
假使壽命滿百年，終歸不免無常逼，
老病死苦常隨逐，恒與衆生作無利。

爾時世尊。説是經已。諸苾芻衆。天龍藥叉揵闥婆阿蘇羅等。皆大歡喜。信受奉行。

常求諸欲境，不行於善事，云何保形命，
不見死來侵，命根氣欲盡，支節悉分離，
衆苦與死俱，此時徒歎恨，兩目俱翻上，
死刀隨業下，意想并慞惶，無能相救濟，
長喘連胸急，短氣喉中幹，死王催伺命，
親屬徒相守，諸識皆昏昧，行入險城中，
親知咸弃捨，任彼繩牽去，將至琰魔王，
隨業而受報，勝因生善道，惡業墮泥犁，
明眼無過慧，黑闇不過痴，病不越怨家，
大怖無過死，有生皆必死，造罪苦切身，
當勤策三業，恒修於福智，眷屬皆捨去，
財貨任他將，但持自善根，險道充糧食，
譬如路傍樹，暫息非久停，車馬及妻兒，
不久皆如是，譬如群宿鳥，夜聚旦隨飛，
死去别親知，乖離亦如是，唯有佛菩提，
是真歸仗處，依經我略説，智者善應思，
天阿蘇羅藥叉等，來聽法者應至心，
擁護佛法使長存，各各勤行世尊教，

諸有聽徒來至此，或在地上或居空，
常於人世起慈心，晝夜自身依法住，
願諸世界常安隱，無邊福智益群生，
所有罪業并消除，遠離衆苦歸圓寂，
恒用戒香塗瑩體，常持定服以資身，
菩提妙華遍莊嚴，隨所住處常安樂，
佛説無常經

（三）俄 TK323.1《佛説無常經》[①]

【題解】

西夏刻本，經折裝。白麻紙。共 9 折，18 面。高 20.2 釐米，面寬 9.3 釐米。版框高 17.2 釐米，天頭 1.8 釐米，地脚 1.3 釐米。每面 6 行，行 15 字。上下右雙邊，宋體，墨色濃淡不勻。中間夾印小字“二”“三”等。

佛説無常經　亦名三啓經
三藏法師義净奉制譯
稽首歸依無上士，常起弘誓大悲心。
爲濟有情生死流，令得涅盤安隱處。
大舍防非忍無倦，一心方便正慧力。
自利利他悉圓満，故號調御天人師。
稽首歸依妙法藏，三四二五理圓明。
七八能開四諦門，修者咸到無爲岸。
法云法雨潤群生，能除熱惱蠲衆病。
難化之徒使調順，隨機引導非强力。
稽首歸依真聖衆，八輩上人能離染。
金剛智杵破邪山，永斷無始相纏縛。
始從鹿苑至雙林，隨佛一代弘真教。
各稱本緣行化已，灰身滅智寂無生。
稽首總敬三寶尊，是謂正因能普濟。
生死迷愚鎮沉溺，咸令出離至菩提。生者皆歸死，容顔盡變衰，强力病所侵，
無能免斯者，假使妙高山，劫盡皆壞散，
大海深無底，亦復皆枯竭，大地及日月，
時至皆歸盡，未曾有一事，不被無常吞，
上至非想處，下至轉輪王，七寶鎮隨身，

① 《俄藏黑水城文獻》第五册，第 84—86 頁。

千子常圍繞，如其壽命盡，須臾不暫停，
還漂死海中，隨緣受衆苦，回圈三界内，
猶如汲井輪，亦如蠶作繭，吐絲還自纏，
無上諸世尊，獨覺聲聞衆，尚舍無常身，
何況於凡夫，父母及妻子，兄弟并眷屬，
目觀生死隔，云何不愁歎，是故勸諸人，
諦聽真實法，共舍無常處，當行不死門，
佛教如甘露，除熱得清凉，一心應善聽，
能滅諸煩惱。
如是我聞。一時薄伽梵。在室羅伐城住，
逝多林給孤獨園。爾時佛告諸苾芻衆，
有三種法。於諸世間。是不可愛。是不光
澤。是不可念。是不稱意。何者爲三。謂老
病死。汝諸苾芻。此老病死。於諸世間。實
不可愛。實不光澤。實不可念。實不稱意。
若老病死。世間無者。如來應正等覺。不
出於世。爲諸衆生説所證法及調伏事。
是故當知。此老病死。於諸世間。是不可
愛。是不光澤。是不可念。是不稱意。由此
三事。如來應正等覺。出現於世爲諸衆
生。説所證法及調伏事。爾時世尊。重説
頌曰：　二
外事莊彩咸歸壞，内身衰變亦同然，
唯有勝法不滅亡，諸有智人應善察，
此老病死皆共嫌，形儀醜惡極可厭，
少年容貌暫時住，不久咸悉見枯羸，
假使壽命滿百年，終歸不免無常逼，
老病死苦常隨逐，恒與衆生作無利，
爾時世尊。説是經已。諸苾芻衆。天龍藥叉
健闥婆阿蘇羅等。皆大歡喜。信受奉行。
常求諸欲境，不行於善事，云何保形命，
不見死來侵，命根氣欲盡，支節悉分離，
衆苦與死俱，此時徒歎恨，兩目俱翻上，
死刀隨業下，意想并慞惶，無能相救濟，
長喘連胸急，短氣喉中幹，死王催伺命，
親屬徒相守，諸識皆昏昧，行入險城中，
親知咸弃捨，任彼繩牽去，將至琰魔王，
隨業而受報，勝因生善道，惡業墮泥犁，

明眼無過慧，黑闇不過痴，病不越怨家，
大怖無過死，有生皆必死，造罪苦切身，
當勤策三業，恒修於福智，眷屬皆捨去，
財貨任他將，但持自善根，險道充糧食，
譬如路傍樹，暫息非久停，車馬及妻兒，
不久皆如是，譬如群宿鳥，夜聚旦隨飛，
死去別親知，乖離亦如是，唯有佛菩提，
是真歸仗處，依經我略説，智者善應思。
天阿蘇羅藥叉等，來聽法者應至心，
擁護佛法使長存，各各勤行世尊教，
諸有聽徒來至此，或在地上或居空，
常於人世起慈心，晝夜自身依法住，
願諸世界常安隱，無邊福智益群生，
所有罪業并消除，遠離衆苦歸圓寂，
恒用戒香塗瑩體，常持定服以資身，
菩提妙華遍莊嚴，隨所住處常安樂。

三

佛説無常經 依法藏疏刊

（四）俄 TK120《佛説父母恩重經》[①]

【題解】

西夏刻本。經折裝。未染麻紙。共 5 折半，11 面。高 20. 7 釐米，面寬 8 釐米。版框高 15 釐米，天頭 3. 2 釐米，地脚 2. 1 釐米。每面 5 行，行 13 字。上下單邊，宋體，墨色中。首缺。已裂爲 2 段，有佚文。

【前缺】
八者遠行憶念恩，
九者爲造惡業恩，
十者究竟憐愍恩。
佛告阿難，我觀衆生，在於人世，不
思父母有大恩德，無有人慈，不孝
不義，我略説之，汝當善聽。佛言：世
間衆生。阿娘懷子，十月之中，起坐
不安，如擎重擔，食飲不下，如長病

① 《俄藏黑水城文獻》第三册，第 47—49 頁。此版同俄 TK129 内容又不相同，同大藏經所載亦不同。

人，月满生時，受諸痛苦，須更好惡，
恐畏無常，如殺猪羊，血流灑地，且
生一個苦尚如斯，何况更多，十男
五女，有此苦，生得此身，但長頑愚，
不思父母，咽苦吐甘，抱持養育，洗
滌不净，無憚劬勞，忍熱忍寒，不辭
辛苦，幹處兒卧，濕處母眠，三年之
【中缺】
若能爲於父母刺血書寫是報恩
經，是爲報父母究竟憐憫恩
佛言善男子，善女人如上修是真
孝順，男女則爲以報父母深恩，若
不，爾者非孝順，子與諸禽獸無有
异也。
爾時阿難及諸大衆，天龍，八部，人
與非人聞佛所説身毛皆豎，悲泣
哽咽，不能自裁，同發願言，我從今
日乃至未來，寧碎此身，猶如微
塵，終不違如來聖教。
復作誓願，寧自千劫，拔出其舌，長
百由旬，鐵犁耕之，血流成河，終不
違於如來之語，説是語時，衆中有二
萬八千人得無生法忍，阿難白佛
言：世尊當何名此經，我等云何奉
持。佛告阿難是經名爲父母恩重
經，以是名字，汝當奉持，爾時阿難
及諸大衆聞佛所説，皆大歡喜，復
受奉行。

佛説父母恩重經

伏以
父母恩重經者，難陀大聖問一身
長養之恩。
妙覺世尊開十種劬勞之德，行之
則人天敬仰，證之則果位獨尊，誠
謂法藏真詮，教門秘典，仗此難思
之力冀酬。
罔極之慈。男兒呱呱等，遂以
亡考中書相公累七至終，敬請

禪師，提點，副判，承旨，座主，山林，戒
德，出在家僧衆等七千餘員，燒結
滅惡趣壇各十座，開闡番漢大藏
經各一遍，西番大藏經五遍。作法
華，仁王，孔雀，觀音，金剛，行願經，幹
陀，般若等會各一遍。修設水陸道
場三晝夜，及作無遮大會一遍。
聖容上金三遍，放神幡，伸静供，
演懺法，救放生羊一千口，仍命工
【後缺】

（五）俄 TK139《佛説父母恩重經》①

【題解】

西夏刻本，蝴蝶裝。白口。版心題“恩”，下有頁碼。未染麻紙。共 7 頁，除第六頁完整外，第 1. 3. 5 頁缺右半，第 2. 4. 7 頁缺左半。紙幅高 14 釐米，寬 17 釐米。版框高 12. 2 釐米，寬 15. 2 釐米，天頭 1. 8 釐米，地脚 0. 9 釐米。每半頁 5 行，行 11—12 字。四周單邊，宋體，墨色深。冠佛畫左半頁。

佛説報父母恩重經
如是我聞。一時佛在王舍城耆
闍崛山中。與大比丘衆二萬八
千人俱及諸菩薩無量無邊
八部四衆圍繞世尊時有聖
【中缺】
飲食不下，如長病人，月滿生時，
受諸痛苦，須更好惡，恐畏無
常，如殺猪羊，血流遍地，且生一
個苦上如斯，何況更多，十男五
女，有此苦，生得此身，但長頑
【中缺】
［久］不還家，或在他鄉，不能謹
慎，被人謀點，横事勾牽，枉被
刑科牢獄枷鏁，或遭病患厄
難。嬰纏困苦，饑羸無人看視，

① 《俄藏黑水城文獻》第三册，第 198—201 頁。與上書《佛説父母恩重經》兩個版本又不一樣。

被他嫌賤，委弃街衢，因此命
終誰人救療。腿脹壞爛，日曝
風吹，白骨飄零，糞他鄉土，便
共親族，歡會長乖，父母心隨，
求壞憂念，或思啼哭，眼喪光
□，或爲悲哀，氣結成病，或復
【中缺】
耶娘吞熱鐵丸，遍身焦爛，經百
千劫，猶不能報父母深恩。爾時
大衆聞佛所説痛割於心諦，思
無計，同發聲言深心慚愧，我等
今日作何福業修何功德以□父
母深恩。兼令後世孝順男女聞
此教時，依之修學。
佛告大衆善男子善女人，若發
孝順心爲父母，出家修道是
爲報父母深恩。

（六）俄 TK240《佛説父母恩重經》[①]

【題解】

西夏刻本。經折裝。未染麻紙，粗。僅半面。高 22.1 釐米，寬 4.5 釐米，天頭 2.1 釐米，下部殘損。共 3 行，行 14 字。上單邊。宋體，墨色中。經文内夾有“頌曰”，爲俄 TK119. TK120 同類經所無。

【前缺】
第三生子忘憂恩
頌曰
慈母生君日，五臟忽張開，身心俱悶
【後缺】

（七）俄 TK119《佛説報父母恩重經》[②]

① 《俄藏黑水城文獻》第四册，第 249 頁。
② 《俄藏黑水城文獻》第三册，第 43—47 頁。此經和其他版《佛説父母恩重經》不同。

【題解】

西夏刻本。經折裝，未染麻紙。共 16 折，32 面。高 20. 5 釐米，寬 7. 8 釐米。版框高 17. 4 釐米，天頭 2. 1 釐米，地脚 1 釐米。每面 5 行，行 16—17 字。上下單邊，宋體，墨色深。冠佛畫 3 面。右圖榜題：□□□須彌山處，爲父母割肉之處，爲父母剜眼之處，爲父母割心肝之處，爲父母打骨處，爲土木受刀輪之處，爲父母吞鐵丸之處。左圖榜題：爲父母受持條戒，爲父母供養三寶，爲父母布施修福。爲父母書寫經典，爲父母讀誦經典，爲父母懺悔罪愆。尾題缺，每 8 面刻小字“三”“四”“五”。

佛説報父母恩重經

如是我聞。一時佛在王舍城耆闍崛山中。
與大比丘衆三萬人俱及諸菩薩摩
訶無量無邊天空八部圍繞世尊
時有聖者名阿難問於如來世尊父母
恩德，其事云何？彼諸菩薩咸共贊言：善哉
善哉。爾時如來高阿難曰：諦聽諦聽，當爲
汝説，唯然世尊願樂欲聞，佛告阿難父母
恩德有十種，何等爲十，世尊答曰：
一者懷擔守護恩，二者臨産受苦恩，
三者生子忘憂恩，四者咽苦吐甘恩，
五者回幹就濕恩，六者乳哺養育恩，
七者洗滌不净恩，八者遠行憶念恩，
九者爲造惡業恩，十者究竟憐憫恩。
第一懷擔守護恩，累劫因緣重，今來託母胎，
月餘生五臟，七七六情開，體重如山岳
動止怯風灾，羅衣都不挂，妝鏡被塵埃。
第二臨産受苦恩。懷經十個月，産難欲降臨，
朝朝如重病，日日似昏沉，惶怖難成計，
愁泪满胸襟，含啼告親族，唯恐死相侵。
第三生子忘憂恩，慈母生君日，五臟忽張開，
身心俱悶絶，流血似屠羊，生已聞兒健，
歡喜倍加常，喜定悲還至，苦痛徹心腸。
第四咽苦吐甘恩，父母恩情重，滑憐無失時，
吐甘無所惜，咽苦不顰眉，父母聞兒病，
憂深復倍悲，但令孩子飽，慈母不辭饑。
第五回幹就濕恩。母自居其濕，將兒以就幹，
两乳充饑渴，羅袖掩風寒，恩憐常廢寢，
寵弄鎮能歡，但令孩子穩，慈母不求安。
第六乳哺養育恩，慈母像於地，嚴父配於天，
覆載恩將等，爺娘意亦然，不憎無眼目，

不嫌手足攣，但是親生子，終不換兒憐。
第七洗滌不净恩，恩深摧玉皃，改體損盤龍，
男女覓華好，父母脱衣供，雙爲憐男女，
慈母毁形容，及其男女長，母悴似枯松。
第八遠行憶念恩，死别誠難忍，生離實可傷，
子出開山外，母意在他鄉，日夜心常逐，
流泪數千行，如猿泣愛子，寸寸斷肝腸。
第九爲造惡業恩，父母江山重，恩深報實難，
子苦親代受，男勞母不安，聞道差行遠，
時憂夜卧寒，男女若辛苦，常使母心酸。
第十究竟憐愍恩，父母恩深重，愛戀無失時，
起坐心相逐，遠近每相隨，母年一百歲，
當憂八十兒，欲知恩愛斷，命盡始分離。
佛告阿難，我觀衆生，雖霑人品，心行愚懵，不思
爺娘有大恩德，不生恭敬，并弃恩背德，無有
仁慈，不孝不義。阿娘懷子，十月之中，起坐不
安，如擎重擔，食飲不下，長如病人，月滿生時，
受諸痛苦，須更好惡，恐畏無常，如殺猪羊，血
流遍地，受如是苦，生得此身，咽苦吐甘，抱持
養育，洗滌不净，無憚劬勞，忍熱忍寒，不辭辛
苦，幹處兒卧，濕處母眠，三年之中，飲母白血，
嬰孩童子乃至盛年，奬教禮儀，婚嫁宦學備
求資業，攜荷艱辛勤苦，至終不言恩紀。兒行
千里，母心行千里，兒行萬里，母心行萬里，男
女有病，父母病生，子若病除，慈母方差如斯，
養育早願成人，及其長成，翻爲不孝，尊親應
對言語舒翁絳拗眼捩睛，欺凌伯叔，打駡兄弟
毁辱親情，無有禮儀，不尊師範，父母教令元
不依從，兄弟共言，故鄉拗捩，出入往來，不啓
尊堂，言行乖疏，擅意爲事，父母訓罰，伯叔論
非，童幼矜憐，尊人遮護，漸漸長成，很戾不調
不伏虧違，反生嗔恨，弃諸勝友，朋附惡人，習
以性成，遂爲狂計，被人誘引，逃竄他鄉，違背
父母，離家别貫，或因經紀或爲征行，荏苒因
循，便爲婚娶。由斯留礙，久不還家，或在他鄉，
不能謹慎，被人謀點，横事勾牽，被刑科牢，
獄枷禁惡，人扇引不自守身，便爲弱事，或遭
病患厄難，纓纏困苦，饑羸無人看侍，被他嫌

賤，委弃街衢，因此命終無人救療。腿脹壞爛
風吹日曝，白骨飄零，羮他鄉土，親族永隔，歡
會長辭，父母之恩，常懷憂念，或引啼泣，眼暗
目盲，或爲悲哀，氣結成病，或緣憶子襄變，死
亡作鬼抱魂，不曾割捨，或復聞子不崇學藝，
朋逐异端，無賴凶頑，好習無益，鬥打竊盜，觸
犯鄉閭，飲酒摴蒲奸非過失，帶累兄弟惱亂，
爺娘晨去暮還，尊親憂念，不知父母動止，寒
温晦朔朝哺水乖，扶持安床薦枕，并不知問
參問起居，從玆斷絶，父母年邁，形兒襄羸著
耻見人嗔呵欺抑，或復父孤母寡，獨守空堂，
猶如客人寄住他舍，寒凍，饑餓曾無知聞。晝
夜恒常，自嗟自怨，應賫饌物供養尊親，炸
羞慭畏人怪笑，若持財食供給妻兒，醜拙疲
勞，無避羞耻，妻妾約束，每事依從，尊長嗔呵
全無畏伏，或復女適配他人，未加之時，或
皆孝順，婚嫁已訖，不孝遂增，父母微嗔，即生
怨恨，夫婿打駡，忍受甘心，异姓他宗，情深眷
重，自家骨肉，却以爲疏，或隨夫婿外郡他鄉
離别爺娘，無心戀慕，斷絶消息，音信不通，令
使爺娘懸腸各肚，每思見面，常似倒懸如渴。
思漿無有休息，父母恩德無量邊，不孝之
慭卒難陳盡。
爾時大衆聞佛所説父母恩重，舉身投地，渾
堆自撲身，諸毛孔悉皆流血悶絶，辟地良久。
乃蘇高聲唱言：苦哉，苦哉，痛哉，痛哉，我等今
者，深是罪人，從來未覺冥若夜游，今悟知非
心膽俱碎，唯願世尊哀湣救拔。云：何報得父母
恩深。　四
爾時如來即以八種深重梵聲告言大衆：汝
當啼聽，假使有人左肩擔父，右肩擔母，研發
至骨，研骨徹髓，繞須彌山經百千匝，血流没
踝，猶不能報父母深恩。假使有人遭饑餓劫
爲於父母盡以其身臠割碎，壞經百千劫，猶
不能報父母深恩。假使有人爲於父母手執，
利刀剜其眼睛，經百千劫，猶不能報父母深
恩，假使有人爲於父母亦以利刀割其心肝，
不辭痛苦，經千百劫，猶不能報父母深恩，假

使有人爲於父母，打骨出髓，百千矛戟，一時刺身，經百千劫，猶不能報父母深恩，假使有人爲於父母百千刀輪，於自身中，左右出入，經百千劫，猶不能報父母深恩，假使有人爲於父母吞熱鐵丸，遍身焦爛，經百千劫，猶不能報父母深恩。

爾時諸大衆聞世尊語痛割於心諦，思無計，俱發聲言深心慚愧，深心慚愧，我等今日云何報得父母深恩。

佛言佛子欲得報恩爲於父母書寫此經，爲於父母讀誦此經，爲於父母受持齋戒，爲於父母懺悔罪愆，爲於父母供養三寶，爲於父母布施修福。若能如次，名曰孝順之子，不依此行是地獄人。

佛告阿難，不孝之人，命終身壞之，後墮阿鼻地獄，其獄縱廣八萬由旬，四面鐵城圍繞，羅網其地獄熾火洞，然猛烈炎爐，毒熱累奔電爍，熔銅燒鐵流灌罪人，銅狗鐵蛇恒吐烟焰，燒煎煮炙，脂膏燋然，苦痛哀哉，難甘難忍，鈎戟槍槊，柱刀輪如云如雨，空中而下，或砍或刻，苦楚罪人，歷劫受殃，無時暫歇，又令更入諸地獄中，頭戴火盆，鐵車分裂，腸肚骨肉繚亂縱横，一日之中，萬死萬生，如斯痛苦事，無量無邊，是諸罪人等，皆因前生五逆不孝，故受斯苦，

佛言：有善男子善女人，爲父母造此經典，是真報得父母深恩也。如能造一卷，得見一佛，能造十卷，得見十佛，能造一百卷，得見一百佛，能造千卷，得見千佛，能造萬卷，得見萬佛。緣此人造經，力是諸佛等，常當擁護，令其人父母得速生天界，離地獄苦。　五

爾時阿難及諸大衆，天龍，鬼神，夜叉，羅刹，人，非人等聞佛所説，身毛皆竪，悲泣哽咽，不能自裁，同發願言，我等從今盡未來際，寧碎此身，猶如微塵，誓言不違於如來聖教，寧以鐵網周匝纏身，經百千劫，誓言不違於如來聖教，寧以百千劫拔出其舌長百由旬，鐵犁耕之，血流成河，誓言不違於如來聖教，寧以剉碓碎其身軀，誓言不違於如來聖教，寧以斬碎其身，百

【後缺】

(八) 俄 TK70《佛説高王觀世音經》[①]

【題解】

西夏寫本。經折裝。潢楮紙，厚。共 1 折半，3 面。高 22. 2 釐米，面寬 10 釐米，字心高 19. 8 釐米，天頭 1. 3 釐米，地脚 1. 2 釐米。每面 6 行，行 15—16 字。朱絲欄。楷書，墨色濃匀。首尾缺。前 2 面上半部殘損。已裂成 2 段，文字連續。

【前缺】
南無净光秘密佛，法藏
幽王佛，佛告[②]須彌燈王佛，
南無金剛藏獅子游戲佛，
南無藥師琉璃光王佛，南無
王佛，南無善住功德寶王佛；
七佛，南無未來賢劫千佛，南無
南無萬五千佛，五百花勝佛，
金剛藏佛，南無六萬六佛名號，
月殿月妙音尊王佛，南無南方
南無西方皂王神通焰花王佛，
清净佛，南無上方無數精
無下方善寂月音王佛；南
【中缺】
無無量諸佛，南無多寶佛，南無釋迦牟
尼佛，南無彌勒佛，[③] 南無中央一切衆生，在
佛世界中者，行住於地上，及在虚空中，
慈愛[④]於一切衆生，各令安穩休息，晝夜
修持，心常求誦此經，能滅生死苦，消伏於
毒害，那摩大命觀世音，觀明觀世音
【後缺】

---

① 《俄藏黑水城文獻》第二册，第 91 頁。
② 疑“佛告”爲衍文。
③ 疑脱文“阿閦佛。彌陀佛”。
④ “愛”在《大正新修大正藏》版中爲“憂”。

（九）俄 TK117《高王觀世音經》[①]

【題解】

西夏刻本。經折裝。未染麻紙。共 7 折，14 面。高 19.1 釐米，面寬 8.5 釐米，版框高 13.8 釐米，天頭 3.5 釐米，地脚 1.7 釐米。每面 6 行，行 12 字。上下雙邊，宋體，墨色中匀。冠佛畫 2 面。首題下有梵文字樣。

高王觀世音經序
昔高歡國王在相州爲郡，有一
孫敬德爲主，寶藏宫犯法囚禁
在獄中知虚就死，持誦觀世音
普門品，經日夜不輟，於睡中夢
僧言曰：汝持此經，不能免死，持
取高王觀世音經一千遍，當離
刑戮。敬德曰：今在獄中，何時見
本。僧曰：口受與汝。睡覺無遺失，
志心誦持，得九百遍，文案已成
付都市斬之。敬德怕懼，問使人
曰：都市近遠？使曰：何故？敬德曰：
作夜夢一僧人，令教受持高王觀
世音經一千遍，當得免死，今欠
一百遍，請求使慢行，隨路急念
持經一千遍數满，使乃令斬之。
敬德身不損，其刀爲三段，將刀
呈王，王宣敬德，問：汝有何術
得如此？敬德曰：實無術，獄中怕
死，自持觀世音普門品經，夢見
一僧，令持高王觀世音經一千
遍，獲福如是。王謂敬德：汝勝於
我，與聖何异。王處分獄中更有
合死之人，將此經各令持誦一
千遍，斬之。是人悉得如此。王敕
下，國人悉令持誦此經，普壽百
歲，水陸怨債託化梵天，更無輪

① 《俄藏黑水城文獻》第三册，第 36—38 頁。

報矣。

高王觀世音經卍

觀世音菩薩。南無佛。南無法。南無僧。佛國有緣。佛法相因。常樂我净。有緣佛法。南無摩訶般若波羅蜜。是大神咒。南無摩訶般若波羅蜜。是大明咒。南無摩訶般若波羅蜜。是無上咒南無摩訶般若波羅蜜。是無等等咒。南無净光秘密佛。法藏佛。師子吼佛神足幽王佛。佛告須彌登王佛。法護佛。金剛藏師子游戲佛。寶勝佛。藥師琉璃光王佛。普光功德山王佛。善住功德寶王佛。過去七佛。未來賢劫千佛。千五百佛。萬五千佛。五百花勝佛。百億金剛藏佛。定光佛。六方六佛名號。東方寶光月殿月妙尊音王佛。南方樹根花王佛。西方皂王神通焰花王佛。北方月殿清净佛。上方無數精進寶首佛。下方善寂月音王佛無量諸佛。多寶佛。釋迦牟尼佛。彌勒佛。阿閦佛。彌陀佛。中央一切衆生。在佛世界中者。行住於地上。及在虚空中。慈憂於一切衆生。各令安隱①休息。晝夜修持。心常求誦此經。能滅生死苦。消伏於毒害。那摩大明觀世音。觀明觀世音。高明觀世音。開明觀世音。藥王菩薩。藥上菩薩。② 虛空藏菩薩。地藏菩薩。③普王④如來化勝菩薩。念念誦此偈。七佛世尊。即説咒曰。

---

① “隱” 疑爲 “穩”。

② 疑脱文 “文殊師利菩薩。普賢菩薩”。

③ 疑脱文 “清凉寶山億萬菩薩”。

④ “普王” 其他本爲 “普光”。

離波離波帝。求訶求訶帝。
陀羅尼帝。尼訶羅帝。
毗離尼帝。[①] 娑婆訶
十方觀世音，一切諸菩薩，
誓願救衆生，稱名悉解脱，
恐有福薄者，殷重爲解脱，[②]
但是有因緣，讀誦口不綴，
誦經満千遍，念念心不絶，
火焰不能傷，刀兵立摧折
恚怒生歡喜，死者變成活，
莫言此是虚，諸佛不妄説。
高王觀世音經
【後缺】

（十）俄 TK118《高王觀世音經》[③]

【題解】

西夏刻本。經折裝。潢楮紙，厚。共 5 折半，11 面。高 28.2 釐米，面寬 9.9 釐米。版框高 22.6 釐米，天頭 3.1 釐米，地脚 2.7 釐米。每面 5 行，行 16—17 字。上下單邊。宋體，墨色中。首爲序文。

高王觀世音經序

昔高歡國王在相州爲郡，有一人姓孫名敬
德爲主，實藏宫犯法囚禁在獄中，知虚就
死，持誦觀世音普門品經，日夜不輟，忽於
睡中夢一僧言曰：汝持此經，不能免死，我
勸汝持取高王觀世音經一千遍，當離刑戮。
敬德曰：今在獄中，何時得見高王經本。僧曰：
口受與汝。睡覺便抄，更無遺失，志心誦持，得
九百遍，文案已成，事須呈押，王遂令付都市
斬之。敬德怕懼，問使人曰：都市近遠？使人曰：
何故問我？敬德曰：作夜夢中見一僧人，令教
受持高王觀世音經一千遍，當得免死，今欠
一百遍，請求使人慢行，隨路急念，并前所

① 疑脱文“摩訶迦帝。真靈虔帝”。
② “恐有福薄者，殷重爲解脱”其他本爲“若有智慧者，殷勤爲解脱”。
③《俄藏黑水城文獻》第三册，第 39—40 頁。

持經滿一千遍，監使乃高宣王敕，遂令斬之。
敬德身不都損，其刀却爲三段，將刀呈王，王
唤敬德，問曰：是汝有何幻術，令得如此？敬德
曰：實無幻術，獄中怕死，自持觀世音普門品
經，睡中夢見一僧，令持高王觀世音經一
千遍，獲福如是。王謂敬德：汝勝於我，與聖
何异。王便唤法官處分獄中更有合死之人，
將此經各令持誦一千遍，然即斬之。是人悉
得如此。其刀盡成三段，身都不損，高王敕
下，其國人悉令持誦此經，家無横事羅網
普壽百歲，水陸怨債託化梵天，更無輪報矣。

高王觀世音經

觀世音菩薩。南無佛。南無法。南無僧。佛國
有緣。佛法相因。常樂我净。有緣佛法。南無摩
訶般若波羅蜜。是大神咒。南無摩訶般若
波羅蜜。是大明咒。南無摩訶般若波羅蜜。是
無上咒南無摩訶般若波羅蜜。是無等等咒。
南無净光秘密佛。法藏佛。師子吼佛神足幽王
佛。佛告須彌登王佛。法護佛。金剛藏師子游
戲佛。寶勝佛。藥師琉璃光王佛。普光功德山王
佛。善住功德寶王佛。過去七佛。未來賢劫千
佛。千五百佛。萬五千佛。五百花勝佛。百億金
剛藏佛。定光佛。六方六佛名號。東方寶光月殿月妙
尊音王佛。南方樹根花王佛。西方皂王神通
焰花王佛。北方月殿清净佛。上方無數精進
寶首佛。下方善寂月音王佛無量諸佛。多寶
佛。釋迦牟尼佛。彌勒佛。阿閦佛。彌陀佛。中央一切衆生。在佛
土[①]界中者。行住於地上。及在虚空中。慈憂於
一切衆生。各令安隱[②]休息。晝夜修持。心常求
誦此經。能滅生死苦。消伏於毒害。那摩大明
觀世音。觀明觀世音。高明觀世音。開明觀世
音。普王[③]如來化勝菩薩。念念誦此偈。七佛世
尊。即説咒曰。

---

① “土”疑爲“世”。
② “隱”疑爲“穩”。
③ “普王”其他本爲“普光”。

開明觀世音[①]
離波離波帝。求訶求訶帝。陀羅尼帝。尼訶羅帝。
毗離尼帝。[②] 娑婆訶
十方觀世音，一切諸菩薩，誓願救衆生，稱名悉解脱，
恐有福薄者，殷重爲解脱，[③] 但是有因緣，讀誦口不綴，
誦經滿千遍，念念心不絶，火焰不能傷，刀兵立摧折
恚怒生歡喜，死者變成活，莫言此是虛，諸佛不妄説。
　　高王觀世音經
【後缺】

（十一）俄 TK183《高王觀世音經》[④]

【題解】

西夏刻本。經折裝。未染麻紙。共 3 折半，7 面。下部殘損嚴重。殘高 18. 1 釐米，面寬 9 釐米，天頭 1. 2 釐米。每面 4 行，行存 13 字。上單邊。楷體，墨色中匀。

【前缺】
怨債託化梵天，更無輪報矣。
　　高王觀世音經
觀世音菩薩。南無佛。□□□□□□□[⑤]
國有緣。佛法相因。□□□□□□□[⑥]
法。南無摩訶般若□□□□□□□□[⑦]
南無摩訶般若波羅蜜。是□□□□[⑧]
無摩訶般若波羅蜜。是無上咒□□[⑨]
摩訶般若波羅蜜。是無等□□□[⑩]

---

① 疑脱文“藥王菩薩。藥上菩薩。文殊師利菩薩。普賢菩薩。虛空藏菩薩。地藏菩薩。清凉寶山億萬菩薩”。
② 疑脱文“摩訶迦帝。真靈虔帝”。
③ “恐有福薄者，殷重爲解脱”其他本爲“若有智慧者，殷勤爲解脱”。
④ 《俄藏黑水城文獻》第四册，第 153—154 頁。
⑤ 疑爲“南無法。南無僧。佛”。
⑥ 疑爲“常樂我净。有緣佛”。
⑦ 疑爲“波羅蜜。是大神咒”。
⑧ 疑爲“大明咒。南”。
⑨ 疑爲“南無”。
⑩ 疑爲“等咒。南”。

無净光秘密佛。法藏佛。師子吼□□□[①]
幽王佛。佛告須彌登王佛。法護□□[②]
剛藏師子游戲佛。寶勝佛。□□□[③]
璃光王佛。普光功德□□□□□□□[④]
寶王佛。過去七佛。□□□□□□□□[⑤]
百佛。萬五千佛。五百花勝佛。□□□□[⑥]
藏佛。六方六佛名號。東方□□[⑦]
月殿月妙尊音王佛。南方□□[⑧]
花王佛。西方皂王神通焰花□□[⑨]
北方月殿清净佛。上方無□□[⑩]
進寶首佛。下方善寂月□□□[⑪]
無量諸佛。多寶□□□□□□[⑫]
彌勒佛。中央一切衆□□□□□□[⑬]
者。行住於地上。及在虛□□□[⑭]
憂於一切衆生。各令安穩休□[⑮]
晝夜修持。心常求誦此經。□□[⑯]
生死苦。消伏於毒害。那摩□□□[⑰]
世音。觀明觀世音。高明觀□□[⑱]
開明觀世音。普王如來
薩念念誦此偈
【後缺】

---

① 疑爲“佛神足”。
② 疑爲“佛。金”。
③ 疑爲“藥師琉”。
④ 疑爲“山王佛。善住功德”。
⑤ 疑爲“未來賢劫千佛。千五”。
⑥ 疑爲“百億金剛”。
⑦ 疑爲“寶光”。
⑧ 疑爲“樹根”。
⑨ 疑爲“王佛”。
⑩ 疑爲“數精”。
⑪ 疑爲“音王佛”。
⑫ 疑爲“佛。釋迦牟尼佛”。
⑬ 疑爲“生。在佛世界中”。
⑭ 疑爲“空中。慈”。
⑮ 疑爲“息”。
⑯ 疑爲“能滅”。
⑰ 疑爲“大明觀”。
⑱ 疑爲“世音”。

（十二）俄 TK121《佛說聖大乘三歸依經》[①]

【題解】

西夏刻本，卷軸裝。未染麻紙。高 21.5 釐米，寬 197 釐米。共 4 紙，紙幅 57 釐米。版框高 16.1 釐米，天頭 2.7 釐米，地脚 2.5 釐米。每紙 30 行，行 12 字。上下單邊。宋體，墨色中。句末常刻尾花。本號文獻雖爲卷軸裝，但刊刻行款與俄 TK122 同名經經折裝一致。唯字體有肥瘦，尾花略不同。故視爲甲種本。

佛説聖大乘三歸依經
蘭山智昭國師沙門德慧奉詔譯
奉天顯道耀武宣文神謀睿智制義去邪惇睦懿恭皇帝詳定
敬禮最上三寶
如是我聞，一時佛在舍衛國祇
樹給孤獨園，與大比丘衆千二
百五十人俱。爾時，具壽舍利子
獨居静處，入定之時，作是念言：
若善男子，□[②]女人，以虔誠心歸
依佛，法，僧者，獲福若干不能知
量？今佛現在，我當往於善逝法
王之前請問此義。作是念已，時
具壽舍利子至於後餉，從定而
起，往詣佛所，頂禮佛足，退坐一
面而白佛言：世尊，我居静處入
定之時，起是心念：若善男子，善
女人，以虔誠心歸依佛，法，僧者，
獲福若干不知其量？唯願世尊
以大慈悲，願垂演説。爾時，佛告
具壽舍利子言：汝今利樂一切
人天及諸有情，以慈悲心請問
如是事者，善哉！善哉！舍利子，將
此義理以譬喻中當爲汝説。若
有具大神通之人，量等七千由
旬南贍部洲及與小洲之内所

① 《俄藏黑水城文獻》第三册，第 49—53 頁。
② 疑爲“善”。

居物命，移在他方世界，其贍部
洲平治如掌而以金，銀，琉璃，硨
磲，瑪瑙，珊瑚，琥珀，真珠等中建
置浮圖，縱廣等量南贍部洲，高
至梵天，於彼塔處，以將天花，天
香，天鬘，天蓋，幢幡等中而作供
養；然彼具大神通之人，取四大
海水，移在他方世界大海之中，
於彼四大海内，满入上妙芝麻
之油，量如須彌，而作燈炷燃，彼
其燈光明不絶，經於曠劫而作
供養。舍利子，於汝意云何？所獲
福善寧爲多否？舍利子言：甚多！
世尊！甚多！善逝！此者非是一切
聲聞，緣覺之境；此者唯是善逝
之境；此者唯是如來之境。佛告
舍利子言：將此福善，比於善男
子，善女人歸依佛，法，僧所獲福
善，百分不及一千分不及一，百
千分不及一，數分不及一，喻分
不及一，算分不及一。佛說如是
此法門時，三千大千世界六種
震動，所謂動，遍動，等遍動；起，遍
起，等遍起；踴，遍踴，等遍踴；震，遍
震，等遍震；吼，遍吼，等遍吼；擊，遍
擊，等遍擊，及於空中放大光明
及鳴天樂。爾時阿難而白佛言：
世尊，當何名此經？我等云何奉
持？佛告阿難言：是經名爲：三歸
依經。亦名：成就無邊法門。以是
名字汝當奉持。佛説此經已，具
壽舍利子，及大比丘衆，天龍，夜
叉，乹闥婆，阿修羅，迦樓羅，緊
那羅，摩睺羅伽，人，非人等，一切
大衆聞佛所説，皆大歡喜信受
奉行。　三

佛説聖大乘三歸依經竟

朕聞，能仁開導，允爲三界之

師，聖教興行，永作群生之福。
欲化迷真之輩，俾知入，聖之
因。故高懸慧日於昏衢，廣運慈
航於苦海，仗斯秘典脱彼塵
籠，含生若懇於修持，至聖必
垂於感應。用開未喻，以示將來，
睹兹妙法之希逢，念此人身
之難保，若匪依憑三寶，何以
救度四生？
聖大乘三歸依經者，釋門秘印，
覺路真乘，誠振溺之要津，乃指
迷之捷徑。具壽舍利獨居静
處以歸依，善逝法王廣設譬
喻，而演説較量，福力以難盡，
窮究功能而轉深。誦持者，必
免於輪回，佩戴者，乃超於生死，
勸諸信士敬此真經。朕適逢
本命之年，特發利生之願，懇命
國師，法師，禪師，暨副判，提點，承
旨，僧録，座主，衆僧等，逐乃燒施，
結壇，攝瓶，誦咒，作廣大供養，放
千種施食，讀誦大藏等尊經，講
演上乘等妙法，亦致打截截，作
懺悔，放生命，喂囚徒，飯僧，設貧，
諸多法事，仍敕有司印造斯經：
番漢五萬一千餘卷彩畫，功德
大小五萬一千餘幀數珠不等，
五萬一千余串普施臣吏僧民，
每日誦持供養。所獲福善伏願：
皇基永固，寶運彌昌。
藝祖，神宗冀齊登於覺道；
崇考，皇妣祈早往於净方；
中宫永保於壽齡，聖嗣長增
於福履，然後满朝臣庶，共沐
慈光，四海存亡，俱蒙善利。時
白高大夏國乾祐十五年歲次
甲辰九月十五日
奉天顯道耀武宣文神謀睿智

制義去邪惇睦懿恭皇帝施

（十三）俄 TK122《佛説聖大乘三歸依經》[①]

【題解】

西夏刻本，經折裝，乙種本。未染麻紙。共 9 折，18 面。高 20.5 釐米，面寬 9.6 釐米。版框高 16.2 釐米，天頭 3.4 釐米，地脚 0.8 釐米。每面 5 行，行 12 字。上下單邊，宋體，墨色深。經文刊刻行款與俄 TK121 一致，僅字體，尾花略有不同。

　　佛説聖大乘三歸依經
蘭山智昭國師沙門德慧奉詔譯
奉天顯道耀武宣文神謀睿智制義去邪惇睦懿恭皇帝詳定
敬禮最上三寶
如是我聞，一時佛在舍衛國祇
樹給孤獨園，與大比丘衆千二
百五十人俱。爾時，具壽舍利子
獨居静處，入定之時，作是念言：
若善男子，善女人，以虔誠心歸
依佛，法，僧者，獲福若干不能知
量？今佛現在，我當往於善逝法
王之前請問此義。作是念已，時
具壽舍利子至於後餉，從定而
起，往詣佛所，頂禮佛足，退坐一
面而白佛言：世尊，我居静處入
定之時，起是心念：若善男子，善
女人，以虔誠心歸依佛，法，僧者，
獲福若干不知其量？唯願世尊
以大慈悲，願垂演説。爾時，佛告
具壽舍利子言：汝今利樂一切
人天及諸有情，以慈悲心請問
如是事者，善哉！善哉！舍利子，將
此義理以譬喻中當爲汝説。若
有具大神通之人，量等七千由
旬南贍部洲及與小洲之内所
居物命，移在他方世界，其贍部

① 《俄藏黑水城文獻》第三册，第 53—56 頁。

洲平治如掌而以金，銀，琉璃，硨
磲，瑪瑙，珊瑚，琥珀，真珠等中建
置浮圖，縱廣等量南贍部洲，高
至梵天，於彼塔處，以將天花，天
香，天鬘，天蓋，幢幡等中而作供
養；然彼具大神通之人，取四大
海水，移在他方世界大海之中，
於彼四大海内，満入上妙芝麻
之油，量如須彌，而作燈炷燃，彼
其燈光明不絶，經於曠劫而作
供養。舍利子，於汝意云何？所獲
福善寧爲多否？舍利子言：甚多！
世尊！甚多！善逝！此者非是一切
聲聞，緣覺之境；此者唯是善逝
之境；此者唯是如來之境。佛告
舍利子言：將此福善，比於善男
子，善女人歸依佛，法，僧所獲福
善，百分不及一千分不及一，百
千分不及一，數分不及一，喻分
不及一，算分不及一。佛説如是
此法門時，三千大千世界六種
震動，所謂動，遍動，等遍動；起，遍
起，等遍起；踴，遍踴，等遍踴；震，遍
震，等遍震；吼，遍吼，等遍吼；擊，遍
擊，等遍擊，及於空中放大光明
及鳴天樂。爾時阿難而白佛言：
世尊，當何名此經？我等云何奉
持？佛告阿難言：是經名爲：三歸
依經。亦名：成就無邊法門。以是
名字汝當奉持。佛説此經已，具
壽舍利子，及大比丘衆，天龍，夜
叉，乹闥婆，阿修羅，迦樓羅，緊
那羅，摩睺羅伽，人，非人等，一切
大衆聞佛所説，皆大歡喜信受
奉行。　三

佛説聖大乘三歸依經竟

朕聞，能仁開導，允爲三界之
師，聖教興行，永作群生之福。

欲化迷真之輩，俾知入，聖之
因。故高懸慧日於昏衢，廣運慈
航於苦海，仗斯秘典脱彼塵
籠，含生若懇於修持，至聖必
垂於感應。用開未喻，以示將來，
睹茲妙法之希逢，念此人身
之難保，若匪依憑三寶，何以
救度四生？
聖大乘三歸依經者，釋門秘印，
覺路真乘，誠振溺之要津，乃指
迷之捷徑。具壽舍利獨居静
處以歸依，善逝法王廣設譬
喻，而演説較量，福力以難盡，
窮究功能而轉深。誦持者，必
免於輪回，佩戴者，乃超於生死，
勸諸信士敬此真經。朕適逢
本命之年，特發利生之願，懇命
國師，法師，禪師，暨副判，提點，承
旨，僧録，座主，衆僧等，逐乃燒施，
結壇，攝瓶，誦咒，作廣大供養，放
千種施食，讀誦大藏等尊經，講
演上乘等妙法，亦致打截截，作
懺悔，放生命，喂囚徒，飯僧，設貧，
諸多法事，仍敕有司印造斯經：
番漢五萬一千餘卷彩畫，功德
大小五萬一千餘幀數珠不等，
【後缺】

（十四）俄 TK257《佛經》[①]

【題解】

西夏刻本，經折裝。白麻紙。共 2 折，4 面。僅生下半部。又裂爲 2 段，有佚文。殘高 9.1 釐米，面寬 9.2 釐米。地脚 1.1 釐米。每面 5 行，行存 7 字。下單邊，宋體，墨色中。據蘇州戒幢佛學研究所宗舜研究，文出《佛説延壽命經》托名就摩羅什譯。與Дх2824 同名經文字有异，亦别於《大藏經》之同名經。

【前缺】
什奉詔譯
佛住香花園
優婆塞優婆
有比丘名難
從佛而求延壽
神名爲黄縷
一十歲其壽百
百二十歲快得
□□□□□□
聾者能聽盲者見
誦十七神名常
□身行十七神王
□名曰
神名毗遮訶
神名波婆那

① 《俄藏黑水城文獻》第四册，第 325 頁。這一刻本佛經殘片，所刻爲《佛説延壽命經》（也題爲《佛説延命經》）。此經在《俄藏敦煌文獻》第 10 册之俄 Дх02824 號中有一抄本，此刻本殘片所存内容，除個别文字差异外，絶大部分與之相同，現據原様，略抄此經開頭部分如下："佛説延命經爾，時佛在香花園，時與比丘尼比，丘尼優婆斯□，婆夷七萬二千人，俱有比丘名曰難，達壽欲終盡，從佛求延命佛，説十七神名繼黄，縷柏梅積延八，十年其後□□，百歲者延命□，廿歲常得安，隱無諸惡害，病者得愈啞，者得言四百四，病應時消除佛，言諸有病者，持此十七神□，督繼黄縷□，患悉除常當。（後略）"所謂《佛説延壽命經》不見於歷代《大藏經》各種經録均無記載。俄ДХ02824 號僅有首尾二題，但無譯者。此件首署□什奉 詔譯，估計是指鳩摩羅什。但鳩摩羅什所譯經中没有這一部經，而且從卷首的佛説法地點香花園來看，不僅鳩摩羅什没有用過這一特殊地名，歷代藏經中也没有使用。此經當爲後人伪造，托名鳩摩羅什。敦煌文獻中另有《佛説延壽命經》，現存抄本很多。《大正藏》據 S. 2428 録文，把它收入疑似部，但内容與這兩件并不相同。故此件可擬題爲：佛説延壽命經殘頁。

神名金頭陀
□名摩訶波
□□□□陀
【後缺】

（十五）俄 A32.5《佛説壽生經》①

佛説壽生經序

右伏以人生在世，陰司所注，四居幻化之中，得處人倫之內。且夕以六塵牽攣役役，而四序推移，今因覺悟之心，喜遇真詮之教。授持者福祐加臨，讀誦者永除灾障。經云：南贍部洲衆生總居十二相屬，受生來時，縣欠下本命受生錢數，若今生還足，再世劫得爲人，無苦有樂，若世不還，墮冥債，後生惡道，設得爲人，貧窮諸衰，有苦無樂。所以佛運慈悲，轉經折還，此不妙哉？

佛説壽生經

如是我聞，一時佛在毗耶離城，音樂樹下，與八千比丘諸菩薩四衆等説利益法門，爾時阿難回躬合掌而白佛言：世尊，南贍部州衆生有貴有賤，有貧富，有壽有夭，此等不知因何所致？唯願世尊，分别解説。佛告阿難：南贍部州衆生受生來時，各於十二相屬五等庫下借訖本命受生錢數，省記者還訖元欠，作諸

① 《俄藏黑水城文獻》第五册，第326—332頁。

善事，得貴得富得壽，
若不還冥債，不種善根，得
貧得賤得夭。阿難白佛言：
富貴之人以錢還納，貧窮
之人時阿還納？佛言：吾有妙
法，貧窮之人，無錢還納，已
轉金剛經，亦令折還錢
數。若善男子善女人，生實
善心者，轉經文，两得利益，
貴富壽長之因也。若居貧窮，
無有善心，不還冥債，不轉經
文者，睡中驚恐，曼异不詳，魂
離魄亂，時與亡人語話。又有
一十八種横灾：一者遠路阪泊，
惡人窺等灾，二者曠野雷雹
沌雨灾，三者渡河澤江落
塌灾，五者火光無避灾，六者
身現血光灾，七者淹廷勞病
灾，八者大尾癲病灾，九者咽喉
閉塞灾，十者墜崖落馬灾，
十一者中毒車碾灾，十二者蟲
咬刀傷灾，十三者邪鬼魅惑
灾，十四者刑獄杖楚灾，十五者
卒中暴疾灾，十六者惡人連
戾灾，十七者投井自系灾，十八
者宦事纏逸灾。若人還納了
受生錢者，免上件一十八種横
灾，又得十大菩薩常行擁護，
其名曰長壽王菩薩磨訶
薩，延王菩薩磨訶薩，增福
壽菩薩摩訶薩，除障菩
薩摩訶薩，觀世音菩薩
摩訶薩，長安樂菩薩摩訶，
薩，長歡喜菩薩摩何薩，解冤
結菩薩摩訶薩，福壽王菩
薩摩訶薩，地藏王菩薩磨
訶薩。佛告阿難：若善男子
善女人者，轉經文還納了

受生錢，得長命富貴，又得
十大菩薩之所護持，亦得
一切諸星福耀，本命元神，家
宅土地降吉迎祥，又有金星，
木星，水星，火星，土星，太陽星，
太陰星，羅喉星，計都星，紫
光星，曰孛星，行年星，注禄星
等除灾興福。或有前生冤
業，宿世惡緣，息皆消滅。四
時有度，八節無灾。焚燒納
受生錢時，分明并説，漏貫
薄小，納在庫中，管收付，至百
年命終之後，七七已前，更燒
取受生錢經，兼救三世父母，
七代先亡，九族冤魂，皆得生
天。儒流，道士，僧尼，女冠，貴賤
俗輩，還託受生錢者，受生
三世富貴，不還受生錢，不看
受生經者，難得爲人身，若得
爲人，痓殘醜陋，諳啞音聾耳，
衣不弊刑，食不充口，人所惡
賤，不能自在。佛言：若聽吾語，
信我説者，如前所指，皆實不
虚。時諸天龍，人，非人等，聞佛所，
涕泪悲泣，作禮而去。

（十六）俄 TK145《聖大乘勝意菩薩經》[1]

【題解】

西夏刻本。經折裝。未染楮紙。共 6 折，12 面。中下部殘缺。面寬 9 釐米。天頭 2.4 釐米。每面 6 行。上單邊，宋體，墨色中。施印發願文行款與俄 TK121《佛説聖大乘三皈依經》發願文完全相同。應是同批印施者。本號附有同一刻本發願文，7 行，殘損略同。

梵云啊吟拽
磨猻薩咄捺

① 《俄藏黑水城文獻》第三册，第 235—237 頁。

捺須嘚囉
此云聖大乘勝意
蘭山智昭國師沙門
奉天顯道耀武宣文神謀睿智制義去
敬禮一切諸佛
如是我聞一時
【中缺】
衆爾時佛告
有善男子善女
者應供養佛，欲
應聽法，欲具受用
施欲求端正
具辯才者應敬
貴者應捨貢高
應捨諸心一切
□者
親近
舍饋鬧欲求明
理欲生梵天者應
善欲證涅槃
獲一切功德
寶佛説此經已時
及諸人天乃至
喻
窮究□□能而轉
免於輪回佩戴
勸諸信士散
本命之年特
國師，法師，禪師，
旨，僧録，座主，衆
結壇，[攝瓶]，誦咒，作
【缺文】
懺悔，放生命，喂
諸多法事，仍敕
番漢五萬一千
大小五萬一
五萬一千余串普施
每日誦持供養。所獲

皇基永固，寶運
藝祖，神宗冀
［崇考］，皇妣祈早［中］宮永
於福履，然後满朝
慈光，四海存亡，俱
白高大夏國乾祐
甲辰九月十五日
奉天顯道耀武宣文
制義去邪惇睦懿
中宮永保於壽齡
於福履，然後满朝臣庶
慈光，四海存亡，俱蒙
白高大夏國乾祐
甲辰九月十五日
奉天顯道耀武宣文神
制義去邪惇睦懿恭皇帝□□

（十七）俄 Φ337《佛説竺蘭陀心文經》[①]

【題解】

宋刻本。卷軸裝，白麻紙，厚。高 26 釐米，寬 123 釐米，共 3 紙，紙幅 42.5 釐米。板框高 21.6 釐米，天頭 2.3 釐米，地脚 2.1 釐米。每紙 18 行，行 15 字。四周單邊。寫刻體，墨色深匀。

佛説竺蘭陀心文經
爾時佛説無上之法，無上之因，無上之
果，明等等性，發種種喻，及有無空相人
諸生，滅胎化者，至於人非人等蠢動，舍
靈皆本佛性，不能無心相，故有善惡爲
善則福生爲惡，則禍至是故，福從因緣
生，禍亦從因緣至，過去見在報應往來，
猶諸影響，今凡夫俗士不能行平等心，
自是非它巧詐伪殺生害命，以遂已
欲造作口過誑惑衆人，舍清净法界，觀
造苦惱地獄，業積日累月，無有悛心，天

① 《俄藏黑水城文獻》第六册，第 129—130 頁。此經不見於經典。

攏不陰，鬼魅來乘，星辰謫譴於司命，神
識罰出於一身，五土岳獄計其罪業轉，
而入大地獄，以至隔子地獄，受諸極苦，
萬死萬生六道輪回，無有休息，由於一
身造，或與六親造，或與前世中造，或於
累世中造，種種惡業不可懺悔未到命
終，已於生前受諸苦楚病劣，憂惶雖令
生父母親愛子孫，見其不可勝任，無緣
救拔，故佛與三世諸佛及大聲聞，及諸
聖衆，普爲衆生説大威神，秘印咒曰：
唵[引一]阿阿闍惡[二]伐折羅喻沙[三]薩婆
訶[四]那謨[五]喝囉囀囉[六]怛囉夜野[七]那
謨[八]阿利耶[九]婆誐囀帝[十]怛你也他[十一]
曩娑囀[十二]囀囉囀左曩[十三]戍馱地[十四]誐
多地色姹曩地[十五]娑囀[二合]賀[引十六]
此神咒秘印，可以除一切病，故可以消
一切惡業重罪，故可以延壽命，故可以
解冤結，故可以滅虚妄，故可以除口業，
故可以增長諸善根，故可以遠離諸怖
畏，故速能成就一切希求或天宫星辰
爲灾，照臨王國，及庶人之家，或居處家
宅，凶禍死絶之地，邪神魍魎所聚，多致
凶灾，或出入道路，抵忤獰神惡鬼，殃祟
精魅，或宿生累世冤，對因果花報種種
灾殃，無能解謝者，但於晨朝清净齋戒
焚香，誦持此經三七遍乃至百遍，其灾
即除，其福即至不可思議大威神力，
無量無邊不可思議，勿妄宣傳。

佛説竺蘭陀心經

竺蘭陀心文經，大藏所無有也。元豐二年，太
常少卿薛公仲孺死之三年，以地獄之苦不
能往生，依陝西都運學士皮公公弼之女求
是經，以解冤結，公哀許之。大索關中，獲古本於
民間，飯僧誦之。一日，薛卿復附語以謝曰：賴公
之賜，獲生天矣。公詰以特索是經之意，云：佛書
幾萬卷，冥間視此經，猶今之時文，方所信重，故
一切苦惱，悉能解脱。予是以獲其祐也。今三秦
士民，競傳誦之。

衛州管内僧判兼表白仁化寺浄土院兼講唯識因明論僧賢慧校勘
衛州管内副正仁化寺浄土院主講華嚴經傳法界觀僧賢熙校勘。
承議郎楊康國男大名府鄉貢進士據璞、琓、瓌、琚、
瑄、璹，女四娘、五娘，奉爲
亡妣金華縣君石氏小祥，謹鏤板印施
竺蘭陀心文經五百卷，庶緣
勝利，用浸廣於善因，追薦
慈靈，願早
登於浄土。
元豐六年三月日施

（十八）俄 A38. I V《分門記》[①]

四天麼，言澡穀者，洗手曰名早，洗身因名
浴，言因緣者，因此緣此因以□以即體因
异意體因。
第三第四第八閞於能化教法出具門
第五第七第八閞於所化衆生分際門 八因内閞
大虛空王，迹處之空，空處之迹，印迹之烏。
言教理行果者，教有能伏姓理之功。
□有所伏出水之德，行□花取伏之能，
果有結實讎因之德，遍記所執緣智實性，
衣他起性，故者因由所依之義。
遍記，所執心者緣慮之義。
真撿於妄，如捷於倒，名爲真如。
言一味一相者，同一無漏味，同一解脱相。

① 《俄藏黑水城文獻》第五册，第 358—359 頁。

俄藏黑水城漢文文獻西夏新譯佛經

（一）俄 TK128.1《佛説聖佛母般若波羅蜜多心經》①

【題解】

西夏刻本。經折裝，未染麻紙，共 10 折半，21 面。高 22.2 釐米，面寬 11.2 釐米。版框高 16.7 釐米，天頭 3.4 釐米，地脚 2.2 釐米。每面 8 行，行 15—16 字。上下單邊，宋體。墨色深。冠佛畫 2 面。有榜題：一切如來般若佛母衆會。

梵云啊呤拽末遏斡帝不囉哩鉢囉
彌怛唵哩捺也須嘚囉
此云佛説聖佛母般若波羅蜜多心經
蘭山覺行國師沙門德慧奉敕譯
奉天顯道耀武宣文神謀睿智制義去邪惇睦懿貢皇帝詳定
敬禮般若佛母
如是我聞。一時佛在祇舍崛山與大比丘
衆并諸菩薩摩訶薩等，無量衆會簽後
圍繞。
爾時世尊。即入甚深三摩地。於時會中觀
自在菩薩即行甚深般若波羅蜜多。照見
五蘊自性皆空。時舍利子。承佛神力。而白
觀自在菩薩言：若善男子善女人，欲行甚
深般若波羅蜜多者，云何學？願垂演説
時觀自在菩薩告舍利子言：若善男子
善女人，欲行甚深般若波羅蜜多者，應觀

① 《俄藏黑水城文獻》第三册，第 73—74 頁。此經和《大藏經》版有諸多差异。

五蘊自性皆空。色即是空，空即是色，色不
异於空，空不异於色。受想行識，亦復如是。是故
舍利子，諸法性空，不生，不滅，不垢，不浄，不
增，不減。是故空中無色，無受想行識，無眼
耳鼻舌身意，無色聲香味觸法。無眼界，乃
至無意界，無意識界。無無明。亦無無明盡。乃至無
老死，亦無老死盡。無苦集滅道。無智。亦無
無智，無得。亦無無得。是故舍利子。諸菩薩
摩訶薩亦無娑得。故依般若波羅蜜多心
無挂礙，無有恐怖，遠離一切顛倒，究竟涅槃，三
世諸佛。依般若波羅蜜多，故悉得阿耨多
羅三藐三菩提。是舍利子應知。般若波
羅蜜多。是大神咒，是大明咒，是無上咒。是
無等等咒，能除一切苦。真實不虚。故即説
般若波羅蜜多咒曰：
怛甯達唵謁帝謁帝鉢囉謁帝鉢囉
僧謁帝磨溺莎訶
是故舍利子。諸菩薩，摩訶薩。應當修學甚
甚深般若波羅蜜多。復次世尊，即出甚深三
摩地，贊觀自在菩薩言：善哉善哉，汝今所
説，般若波羅蜜多者，諸菩薩，摩訶薩等應
當修學。我等諸佛悉皆隨喜。佛説此經已。
舍利子與觀自在菩薩等無量衆會。天龍
夜叉，乾闥婆，阿修羅，迦樓羅，緊那羅摩和
羅伽，人，非人等。聞佛所説皆大歡喜。
信受奉行。

佛説聖佛母般若波羅蜜多心經

（二）俄 TK140. ДX1336《佛説三十五佛名經》[①]

【題解】

西夏刻本。經折裝。未染楮紙。共 8 折，16 面。高 20. 3 釐米，面寬 10 釐米。版框高 16. 1 釐米。天頭 2. 6 釐米，地脚 1. 5 釐米。每面 6 行，行 15 字。上下單邊，宋體，墨色深匀。冠佛畫 1 面，榜題：長者居士。

① 《俄藏黑水城文獻》第三册，第 201—204 頁。

佛説三十五佛名經出大寶積經優波離會第二十四

大唐三藏菩提流志奉詔譯

復次舍利弗。若有菩薩犯波羅夷者。應對清净十比丘前以質直心殷重懺悔。犯僧殘者。對五净僧殷重懺悔。若爲女人染心所觸。及因相顧而生愛著。應對一二清净僧前殷重懺悔。舍利弗。若諸菩薩成就五無間罪。犯波羅夷。或犯僧殘戒。犯塔犯僧。及犯餘罪。菩薩應當於三十五佛前晝夜獨處殷重懺悔。應自稱云我某甲。

歸依十方盡虚空界一切諸佛。

歸依十方盡虚空界一切尊法。

歸依十方盡虚空界一切賢聖僧

南無釋迦牟尼佛

南無金剛不壞佛

南無寶光佛

南無龍尊王佛

南無精進軍佛

南無精進喜佛

南無寶火佛

南無寶月光佛

南無現無愚佛

南無寶月佛

南無無垢佛

南無離垢佛

南無勇施佛

南無清净佛

南無清净施佛

南無娑留那佛

南無水天佛

南無堅德佛

南無栴檀功德佛

南無無量掬光佛

南無光德佛

南無無憂德佛

南無那羅延佛

南無功德花佛

南無蓮花光游戲神通佛
南無財功德佛
南無德念佛
南無善名稱功德佛
南無紅炎帝幢王佛
南無善游步功德佛
南無鬥戰勝佛
南無善游步佛
南無周匝莊嚴功德佛
南無寶花游步佛
南無寶蓮花善住娑羅樹王佛
如是等一切世界諸佛世尊常住在世。
是諸世尊當慈念我。若我此生。若我前
生。從無始生死已來所作衆罪。若自作
若教他作。見作隨喜。若塔若僧。若四方
僧物。若自取。若教他取。見取隨喜。五無
間罪。若自作［若教他］作。見作隨喜。十不
【後缺】

（三）俄 TK245《佛説三十五佛名經》①

【題解】

西夏刻本。經折裝。未染楮紙。共 6 折半，12 面。高 8. 2 釐米，面寬 8. 7 釐米，版框高 15. 4 釐米，天頭 1. 1 釐米，地脚 1. 1 釐米。每面 5 行，行 10 字。上下單邊。宋體，墨色深。因曾斷裂，故有佚文。而藏書家重裱，致成錯簡。

佛説三十五佛名經出大寶積經優波離會第二十四
大唐三藏菩提流志奉詔□
復次舍利弗。若有菩薩犯波羅
夷者。應對清净十比丘前以質
直心殷重懺悔。犯僧殘者。對五净
僧殷重懺悔。若爲女人□□
所觸。及因相顧而生愛著。
應對一二清净僧前殷重
懺悔。舍利弗。若諸菩薩成

① 《俄藏黑水城文獻》第四册，第 306—308 頁。

就五無間罪。犯波羅夷。或
【中缺】
南無精進喜佛
南無寶火佛
南無寶月光佛
南無現無愚佛
南無寶月佛
南無無垢佛
南無離垢佛
南無勇施佛
南無清净佛
南無清净施佛
南無娑留那佛
南無水天佛
南無堅德佛
南無栴檀功德佛
南無無量掬光佛
南無光德佛
南無無憂德佛
南無那羅延佛
南無功德花佛
南無蓮花光遊戲神通佛
【中缺】
皆得解脱
佛説三十五佛名經三
所有十方世界中，三世一切人師子。
我以清净身語意，一一遍禮盡無餘。
普賢行願威神力，[①] □□□□□□□
一切如來應作如是□□□懺悔，菩
薩若能滅除此罪，爾時詣佛即現
其身爲度一切諸衆生，故示現如
是種種之相而於法界亦無所動。
隨請衆生種種樂，欲悉令圓满。
及請佛功德，願成無上智，
去來現在佛，於衆生最勝，

① “所有十方世界中，三世一切人師子。我以清净身語意，一一遍禮盡無餘。普賢行願威神力”見於《華嚴經普賢行願品》。

無量功德海，我今歸命禮。
如是舍利弗。菩薩應當一心觀
此三十五佛而爲□□。復應頂禮①
【中缺】
□集校計算量皆□□□
耨多羅三藐三菩提，如過去未
來現在諸佛所作回嚮，我亦如
是回嚮。
衆罪皆懺悔，諸福盡隨喜。
言若我此生，若於生曾行布
施或守净戒乃至施與畜生一博
之食或修净行所有善根，成就
衆生所有善根，修行菩提所有
善根，及無上智所有善根，一切
覆藏魔墮地獄餓鬼畜生諸
餘惡趣，邊地下賤及蔑度車如
是等處，所作罪障，今皆懺悔，
今諸佛世尊當證知，我當憶念，
我我復於諸佛世尊前作如是

（四）俄 TK301《無動如來陀羅尼》②

【題解】

西夏刻本，經折裝。未染麻紙。共 1 折，2 面。高 19. 2 釐米，面寬 10. 2 釐米。版框高 14. 5 釐米，天頭 2. 7 釐米，地脚 2. 1 釐米。每面 6 行。上下單邊，宋體，墨色中。有雙行小字注釋。

多嚕二合
二合灑顊怛囉□合
帝跛婆去囉帝引十二賀
十二鉢囉二合賀多顊鉢囉
薩囉嚩二合羯囉摩二合鉢藍□引
二合野十四阿音懸屈胸二合毗夜二引合夜睹

① “及請佛功德，願成無上智，去來現在佛，於衆生最勝，無量功德海，我今歸命禮。如是舍利弗。菩薩應當一心觀此三十五佛而爲□□。復應頂禮” 見於《大寶積經》。
② 《俄藏黑水城文獻》第五册，第 1 頁。

十五薩嚩二合賀佛言有十三大罪，無懺悔者，有此無動如
來陀羅尼，一切極重大罪，血能消滅，若不滅者，我當自代，彼有情受
諸苦惱，若有人發菩提心，依返本書安壁上，盛於板上，慾有睹此陀羅
罪患皆消滅，何況一日誦一遍，其人增無量福德，臨命終時，十萬聖
衆，各持華蓋來迎，生於净土，佛舒金色辟摩頂受誦，成無上菩提
昔於闐國有一苦傳尼厭患妙身

【後缺】

（五）俄 TK327《中有身要門》①

【題解】

西夏寫本，蝴蝶裝，無口，中有頁碼。白麻紙，厚。共 7 頁。紙幅高 14.1 釐米，寬 22.1 釐米。字心高 11.2 釐米，天頭 1.8 釐米，地脚 1.1 釐米。每半頁 7 行，行 14 字。隱欄。楷書，墨色濃匀。有雙行小字注釋與校補字。校改字寫於同頁背面誤字位處。“明”字大多缺筆，也有少數不缺筆。首頁背下方寫“張”。或爲千字文藏書號。與俄 A15《夢幻身要門》、俄 A17《捨身要門》行款、字迹、紙質相似。

中有身要門
糠麻藥上師 傳　崑厮當譯
夫中有身者，各有三種，中有三者
謂生死夢想輪回也。身三種者，謂熱
習氣意身是也。然此三種何法系
屬與貪嗔痴爾相系屬，謂生死中
有身與慧主系屬夢想，中有身與
憶識系屬輪回，中有身與師父師母
系屬一生死，中有與惠主係數者，諸
謂執著道家憑師訓的指，方得决
了，系屬義者，要依他身發俱生
喜空樂，無二謂和合，時以無執心而
入於定，須要具德上師，具德手印，其
具德弟子正合掌，時在定無著，
樂生不貪方得傳受，第三主戒也，
若資與印欲合會，時於師父師母求
請標授至會合，是樂生無執，復印
無至得入光明，習此精純臨終舍喜，

①《俄藏黑水城文獻》第五册，第 106—112 頁。

復得現行者，必證聖果，若解脱
道家依風脉身心而發喜樂，不生
貪著之心，而作定者，亦得無執之走
者，依此習之。　二
第二與痴相系者，屬睡，是昏暗，即
屬痴標也，系屬意者，因睡夢生爲
前憶識而相應者，於夢境中識如
是夢，若以憶識射之，識得夢時，餘
有夢法，亦隨得生，若得夢法而現
行，時證聖道者，是爲夢與憶識相
系屬也，其有此睡而爲道者，如因於
睡得入光明，定者是也。
第三真與上師師母系屬者，此中
有身，若見行滑，心起嗔時，彼男女
身想認父母或師父師母者，其嗔便
息，嗔心息，故認得。光明者更無别法，
想應也，然輪回中有身六根皆具無
三
障礙，初三日般意入平生後三日半，
方知何處受生相，當樂之時，忽見六
道有情所作之事，就中偏見，父母交
會於父母中，新生嗔時，嗔夫認爲上
師，嗔母認爲師母，唯願師父師母標授，
於我起敬回嗔必得生樂，生樂無
執，故得延中有之身者，光明自性，復
得現行矣。前文多段别總是其共説
要門竟。後説心中自現要門
者，臨遺不聽則專心發願，受中有
時，願識中有之身，恒發是願，若地
歸水，水歸火，火歸風，風歸識，後隨三
時境覺悟修行。初於生死中，有識
認光明，次於輪回中有識認幻身，及
四
後認厄胎之法，初識光明者，若風大
入識，唯出單風時，爾時内心名之爲明，
内境如微烟，外境如日出，次現盛時，内
次現明，盛是内如螢火，外如月出，次現
明盛空時，内如燈光，外同黑暗，次現得

光明時，内如天心，外如東方白當，你之
時修生光明，如送物人本有，有光明
如等後人，若得二光相壇識認不惑，湛
然守定者，燒盡障礙，即證道果，得
成正覺，更不經受中有身也。若未證
聖所執中有，如魚出水，如天起云，忽
然頓現者，即是自然幻身，亦是不净
幻身，應當識認，然次幻身，六根皆
具無障礙，具足業報，神足神爾時

五

手生所習諸師要門及諸法門，皆得
覺知，就中篇覺，增長佛身，就上作
於增長輪者，即是二幻，俱入身也。
昔作此增長竟忽入光明定者，此前
功行增其四十六億由，功勝障消，故
胎之法厄胎法者，由前不證，故分明
得見，六道有情，就中偏見，父母交會
之事，若見此事。觀父母如師父師母，緣師父師母標授於我。
心無憎愛生大樂者，容樂守定入
光明中。其中有中，若見衆生行染欲者，是受生處，不應生心往去，又於中有身
覺無修身見礙者，是輪回中有身，應須識於禪定，此事切在他業自專，認入更於
定上加四方，便必不受胎也。四方便者
一應作是忘，由前滑染妄受輪回，今

六

又縱欲心，後者所窮深生厭離，復入光
明定者，必不受於胎髒也。二增長中厄
者，作增長佛身，即得厄之，三觀一切
法如幻化，故即得厄之。四觀一切法無唯
可得，而用此心入定，空者亦得厄之。依
上對治力，故於初中有厄得受生。第
二七後輾轉具厄上四方，便可專一法
亦得厄之，依上方，便增習對治，於增
長定，必有其覺，各是有學，俱入身
也。於此佛身，作影相者，□若離情
執，契合無生者，即是無調無學
之法身，亦名無覺俱入身也。然用上
方便，經七七日不克證者，於輪王等
勝受生位，恣意揀擇於彼生身，必

七
蒙領受，曾所習法，現證聖果，再不
重受，中有身也。然初生死中有厄
執次第者，現明境時，厄得嗔種三
十七種，煩惱現明，盛時厄得，貪種
四十種，煩惱現明盛，空時厄得痴種
七刹那無明。第四現得光明時
曾不習定，故雖現不識由業緣力
【後缺】

（六）俄 TK164.2《聖觀自在大悲心總持功能依經録》[①]

【題解】

西夏刻本，蝴蝶裝，白口。版心題“大悲”“尊師”“後序”，下有頁碼。白麻紙。共24頁。紙幅高13.63釐米，寬17.7釐米，版框高9.4釐米，整頁寬15.4釐米，天頭2.8釐米，地脚1.1釐米。每半面9行，行13—15字。上下單邊，左右雙邊，宋體。墨色深，不匀。冠佛畫3幅，每幅1頁，有梵文種子字。（1）聖觀自在大悲心總持功能依經録。首題有3行梵文經題音譯。（2）勝相頂尊總持功能依經録。首題前3行爲梵文經題音譯。背有梵文種子字。

梵言：麻訶[引]葛嘚禰葛捺啜啊□□
阿斡浪鷄帝説吟捺吟禰啊[六寧切身]□□
薩兮怛須[引]嘚囉[二合引]怛吃三叱哩兮怛□
此云聖觀自在大悲心總持功能依經録
詮教法師番漢三學院兼偏祖提點嚷臥耶沙門鮮卑
寶源奉敕譯
天竺大般彌怛五明顯密國師在家功德司正嚷乃將沙門㗛
也阿難捺傳
敬禮聖大悲心觀自在
如是我聞，一時佛在波怛嘚山聖觀自
在官，與無量無數大菩薩俱。
爾時，聖觀自在菩薩於大衆中起，合
掌恭敬，白世尊言：我有大悲心總持，
爲諸有情，令滅重罪，不善魔障，一切

① 《俄藏黑水城文獻》第四册，第30—35頁。

怖畏，令满一切所求，故願許聽説。
佛言：善男子，汝以大悲，欲説咒者，今□
是時宜，應速説，我與諸佛皆□□
喜。聖觀自在菩薩白世尊言：若□□
苾苾，苾蒭尼，優婆塞，優婆夷，童男□□，
受持讀誦者，於諸有情應起悲心，□□
如是發誓願言：
敬禮大悲觀自在，願我速達一切法。
敬禮大悲觀自在，願我速得智慧眼。
敬禮大悲觀自在，願我速能度有情。
敬禮大悲觀自在，願我速得善方便。
敬禮大悲觀自在，願我速乘智慧舡。
敬禮大悲觀自在，願我速得越苦海。
敬禮大悲觀自在，願我速得戒足道。
敬禮大悲觀自在，願我早登涅盤山。
敬禮大悲觀自在，願我速入無爲宫。
敬禮大悲觀自在，願我速同法性身。
我若嚮刀山，刀山自摧折。
我若遇沸湯，沸湯自清凉。
我若嚮地獄，地獄自枯竭。
我若嚮惡鬼，惡鬼自飽□。
我若嚮非天，噁心自消□。
我若嚮傍生，自得大智慧。
如是發誓願已，志心稱念我之名□
亦應專念我導師無量光如來，然後
應誦總持一遍或七遍者，即能超滅百
千億劫，生死重罪。若有誦持大悲咒
者，臨命終時，十方諸佛皆來授手，隨
願往生諸净土中。又白佛言：若有衆
生，誦大悲咒墮惡趣者，我誓不取
正覺；若誦此咒，不能翹獲無量等
持及辯才者，我誓不取正覺；若誦
此咒，一切所求不成就者，不得名爲
大悲心咒，唯除不善心不專者。若
有女人，厭女求男，誦大悲咒不成男
子者，我誓不取正覺。若少疑惑，願
必不果。説此語已，於大衆中，端坐合
掌，於諸衆生起大悲心，熙怡歡悦，説

此廣大圓满無礙大悲心微妙總□□
句曰：
其心咒曰：
唵麻禰鉢𠴊二合銘吽
其總持曰：
唵捺麼囉嘚捺嘚囉二合夜引耶捺
麼啊引呤夜二合啞引斡邏鷄帝説囉引
也磨殢薩咄引也麻訶薩咄也麻訶
引葛嚕禰葛引也怛甯達引唵薩
嚩末嗏捺齊𠴊捺葛囉引也薩嚩
巴引鉢薩麼𠴊羅二合嗚趣折捺葛囉
引也薩嚩月引殢不囉二合舍麻捺葛
囉引也薩嚩哝帝嗚巴𠴊囉二合斡
覓捺折捺葛囉引也薩嚩末英商
嘚囉二合引捺引也怛星捺麻厮屹呤
三合膽嗑嗏合口啞引呤夜二合啊斡邏鷄
矴説囉怛斡禰嘛幹嵵緊捺麻𠷈哩
二合嗏剡啞斡呤二合怛英折引銘薩嚩
啊呤二合達薩嗏捺熟末精怛捺□
嚩薩咄喃引巴引鉢麻呤二合遏覓□
嗏葛怛甯達引啊斡邏鷄邏葛麻□
邏葛遏帝嗑形兮麻訶引磨殢薩
咄形磨殢薩咄形麻訶引磨殢薩咄
形不呤二合也磨殢薩咄形葛嚕你葛厮
麻二合囉𠷈哩二合嗏剡眠形兮啊呤夜二合
啊斡邏鷄帝説囉引鉢囉麻昧引嘚哩
二合即怛葛嚕你葛光哴光哴葛呤
二合𠺕薩引嗏也薩引嗽也覓涅合口寧兮
寧兮銘啊囉上𦢊吃𠺕吃麻覓欥
吃麻西嗏養鷄説囉䮬護䮬護委
呤二合闍矴麻訶委呤二合闍矴嗏囉嗏
囉嗏囉你説囉囕辣囕辣覓麻辣
啊麻辣磨呤二合帝啊呤夜二合啊斡邏
鷄帝説囉屹哩二合實捺啊啨捺嘐怛
引麻孤怛啊蘭屹吟二合怛舍哩引囉
攬末不囉二合攬末覓攬末麻訶引
西𠴊須嗏引嗏囉末辣末辣麻訶

末辢麻辢麻辢麻訶麻辢𠽽辢
𠽽辢麻辢𠽽辢屹吟二合實捺□□
折屹吟二合實捺斡吟二合能□□□
實捺二合鉢舍你吟二合遏引怛□□□
嚨麻二合訶斯怛二合嘐也葛囉你舍□□
吟説囉屹吟二合實能二合薩吟二合鉢屹
吟二合怛也吃濃鉢委引怛嗑形嗑形
斡囉引訶麼渴嗕吟二合波囉嚓訶你
説囉捺引囉引也能末辢嚕鉢委
舍嚓引吟兮你辢幹達兮麻訶引訶
辢引訶嗕引永舍你吟二合啨怛邏
葛星囉吃永舍捺引舍捺𨋩□□
舍永舍捺引舍捺麼訶永舍捺
舍捺你吟二合麼屹折捺和羅和羅
麼撈麼撈麼和羅麼和羅訶引辢
訶引嗕麻訶引鉢嚨麻二合捺引没□□
薩囉薩囉西吟西吟桑□□□
目涅目涅目嚓也目嚓也目□□□
怛斡你辢幹達噥形噥形□□□
噥形噥形斡引麻厮定二合怛纖訶磨
渴訶薩訶薩麼撈麼撈麻訶□□
嗕訶引厮你吟二合捺寧你噥形噥□
磨磨麻訶星嚨養宜説囉末嚓
末嚓斡引撈合口薩引嚓也薩引嚓也
永涅合口厮麻二合囉厮麻二合囉端合口兮
末遏剜邏葛引啊斡邏鷄厮端合口
怛達引遏怛嚓嚓形彌嚓吟舍喃不
囉二合薩嚓也彌莎訶星嚓引也莎訶麻
訶星嚓引也莎訶星嚓養宜説囉引
也莎訶你辢幹達也莎訶斡囉訶
麼渴也莎訶纖訶麼渴也莎訶麻
訶引捺吟纖訶麼渴也莎訶西嚓
永涅引嚓囉引也莎訶鉢嚨麻二合訶
厮怛引也莎訶引麻訶引鉢嚨麻訶厮
怛也莎訶末喞囉二合訶厮怛引也□□
麻訶引末喞囉二合訶厮怛引也莎□□
吟二合實捺二合薩嶺二合鉢屹吟二合怛吃

濃二合鉢委怛也莎訶麻訶□□□
麻光嘚嚓囉引也莎訶拶屹□□□
嚨嚨囉引也莎訶蟾渴□□□
嚨二合你吟二合捺引嚓捺葛囉□□莎
訶目嚓捺葛囉引也莎訶斡引麻
厮幹嚓泥舍厮定二合怛屹吟二合實
捺二合啊嚌捺引也莎訶斡引麻訶
厮怛月引吃吟二合拶吟二合麻你斡薩
捺也莎訶邏鷄説囉引也莎訶麻
訶邏鷄説囉引也莎訶薩嚩西
殢説囉引也莎訶囉屹折囉屹折
嚩莎訶孤嚕囉屹折麼吟二合引帝喃
莎訶捺麼末遏斡帝啊吟也二合啊
斡邏鷄帝説囉引也磨殢薩咄也
麻訶薩咄也麻訶葛嚕你葛也星涅
合口當名満嘚囉二合鉢嚓引你□□訶
爾時，聖觀自在菩薩説總□□□
受持者令除灾害及諸魔，故□□□
偈曰：
若行山谷曠野中，或逢虎狼□□□，
虺蛇蝮蠍鬼魅等，聞此總持不□□。
若人乘舡入海中，暴風毒龍摩竭獸，
施礙羅義魚鱉等，聞此總持皆馳散。
若逢軍陣冤敵繞，諸惡群賊欲刼財，
一心若誦大悲咒，彼等咸舍惱害心。
若人土法所收録，囚禁扭械及枷鎖，
一心誦此大悲咒，王起慈心得解脱。
若入鬼神行毒家，授以毒食欲相害，
一心稱誦大悲咒，變其毒食成甘露。
女人臨難産厄時，諸魔所惱苦難忍，
一心稱誦大悲咒，魔鬼散去得安娩。
或中暴惡毒龍氣，熱病侵身受極苦，
一心稱誦大悲咒，得除惹患壽延長。
龍鬼熱惱而流腫，惡瘡廊癩澎□□，
一心稱誦大悲咒，三唾塗之□□□。
有情不善濁所動，冤咒鬼神所逼惱，
一心稱誦大悲咒，行灾鬼□□□伏。
五濁重罪法滅時，痴心顛倒□□□，

夫婦相背貪外染，晝夜三時□□□，
一心稱誦大悲咒，淫欲火滅除倒心。
我若廣説總持力，於一劫中無窮□。
若有誦持大悲咒者，若入流水或□□
中而沐浴者，於其水中，所有衆生□
沾浴水，諸所呵責，一切重罪皆得□
滅，往生净土，蓮花化生，再不復受濕
卵胎生，况受持者哉？受持讀誦此
總持者，若行路中，大風觸身毛□
及衣，若餘有情過於風下，吹其身
者，所有一切重業罪障消盡無餘，
更不復受三惡趣報，常生佛前，當
知受持大悲咒者，所獲福報不可思議。
聖觀自在大悲心總持功能依經録瓶

（七）俄 TK145《聖大乘勝意菩薩經》①

【題解】

西夏刻本。經折裝。未染楮紙。共 6 折，12 面。中下部殘缺。面寬 9 釐米。天頭 2.4 釐米。每面 6 行。上單邊，宋體，墨色中。施印發願文行款與俄 TK121《佛説聖大乘三皈依經》發願文完全相同。應是同批印施者。本號附有同一刻本發願文，7 行，殘損略同。

梵云啊呤拽
磨殧薩咄捺
捺須喎囉
此云聖大乘勝意
蘭山智昭國師沙門
奉天顯道耀武宣文神謀睿智制義去
敬禮一切諸佛
如是我聞一時
【中缺】
衆爾時佛告
有善男子善女
者應供養佛，欲
應聽法，欲具受用

① 《俄藏黑水城文獻》第三册，第 235—237 頁。

施欲求端正
具辯才者應敬
貴者應捨貢高
應捨諸心一切
□者
親近
捨舍饋鬧欲求明
理欲生梵天者應
善欲證涅槃
獲一切功德
竇佛説此經已時
及諸人天乃至
喻
窮究□□能而轉
免於輪回佩戴
勸諸信士散
本命之年特
國師，法師，禪師，
旨，僧録，座主，衆
結壇，［攝瓶］，誦咒，作
【缺文】
懺悔，放生命，喂
諸多法事，仍敕
番漢五萬一千
大小五萬一
五萬一千余串普施
每日誦持供養。所獲
皇基永固，寶運
藝祖，神宗冀
［崇考］，皇妣祈早
［中］宫永
於福履，然後滿朝
慈光，四海存亡，俱
白高大夏國乾祐
甲辰九月十五日
奉天顯道耀武宣文
制義去邪惇睦懿
中宫永保於壽齡

於福履，然後满朝臣庶
慈光，四海存亡，俱蒙
白高大夏國乾祐
甲辰九月十五日
奉天顯道耀武宣文神
制義去邪惇睦懿恭皇帝□□

繪畫版書與其他及未定名佛經

一、繪畫版書

（一）俄 TK275《佛説長阿含經護法神主版畫》①

【題解】

宋刻本。未染麻紙，厚，硬。高 7.5 釐米，寬 8.7 釐米。版畫左上角。榜題：神主。背黏數紙寫經，楷書墨色中，寫嚮相反。

（二）俄 TK277《護法神版畫》②

【題解】

宋刻本。潢麻紙。高 15.5 釐米，面寬 8.5 釐米。天頭 5 釐米版畫右上角。榜題：護法神。

（三）俄 TK283《大聖文殊師利菩薩像供養文》③

---

① 《俄藏黑水城文獻》第四册，第 366 頁。
② 《俄藏黑水城文獻》第四册，第 367 頁。
③ 《俄藏黑水城文獻》第四册，第 372 頁。

【題解】

五代刻本。未染麻紙，厚。原爲多見同類殘片，現經藏家裱訂合一。總高 46.5 釐米，面寬 31.1 釐米。四周雙邊。上爲文書菩薩像，右側榜題：大聖文殊師利菩薩。左側榜題：普勸志心供養受持。下爲供養文。此類刻本皆敦煌所出。俄 TK289 爲完整遺物。背有寫本佛經。

（一版）

【前缺】

□□□□供養□□

【中缺】

從法□□陀羅尼

□□心辣囉吽引陸左□□

對此像前□今供養真心一□□

注譯持回施有情同歸常樂□

（二版）

大聖文殊師利菩薩

【中缺】

此五臺山中文殊師利大聖真□

現多嚴威靈叵測久瓊正覺□不

捨大悲隱法界身示天人相與□

菩薩經督梁山攝化有□利□□

□□□□□□□□□□禮敬説

【後缺】

（三版）

普勸志心供養受持

【中缺】

現在佛

□□□

□意惟

□誦□

來同□

文殊□

阿

□□

唵

對

【後缺】

（四版）

大聖文殊師利
【後缺】

（四）俄 TK288《四十八願阿彌陀佛像供養文》[①]

【題解】

五代刻本。未染麻紙，厚。紙幅高 28. 5 釐米，寬 19 釐米。版框高 25 釐米，寬 16 釐米。天頭 1. 9 釐米，地脚 1. 6 釐米。四周雙邊。上半版畫，高 10. 5 釐米。右側榜題缺失，左側榜題：普勸供養受持。下半供養文，高 14。共 13 行，行 14 字。寫刻體，墨色中。本號與俄 TK289《大聖文殊師利菩薩像供養文》均爲敦煌所出，後者更爲多見。

□□□□□□供養受持
夫欲念佛修行求生净國者，先於净
處置此尊像，隨分香花以爲供養，
每至尊前，真心合掌，離諸散動專注
一緣，稱名禮敬。
南無極樂世界，四十八願大慈大悲
阿彌陀佛，願供諸衆生，心歸命禮，十拜
南無極樂世界，大慈大悲諸尊菩薩
一切賢聖一拜
然後正坐，心專注念阿彌陀佛，惑萬惑千，
觀世音大勢，至請尊菩薩各一百八𧮪
以此稱楊念佛功德，資益法界，一切
含生，願承是善聲，同得正念，往生無
量壽國，更禮三拜，即出道場。

（五）俄 TK289《大聖文殊師利菩薩像供養文》[②]

【題解】

五代刻本。未染麻紙，粗，厚。紙幅高 29. 5 釐米，寬 18. 5 釐米。版框高 26. 4 釐米，寬 16. 6 釐米。天頭 1. 4 釐米，地脚 1. 7 釐米。四周雙邊。上半版畫，高 11. 3 釐米。右榜題：大聖文書師利菩薩。左榜題：普勸志心供養受持。下半供養文，高 13. 8 釐米。共 13

① 《俄藏黑水城文獻》第四册，第 377 頁。
② 《俄藏黑水城文獻》第四册，第 378 頁。

行，行 14 字。寫刻體，墨色中。本號與俄 TK288《四十八願阿彌陀佛供養文》均爲敦煌所出。

大聖文殊師利菩薩
普勸志心供養受持
此五臺山中文殊師利大聖真儀□
現多般威靈叵測久成正覺二
捨大悲隱法界身示天人相與萬
菩薩住清凉山，攝化有緣利益，弘
廣思惟，憶念增長吉祥，禮敬稱揚
能满諸願，普勸四衆供養歸依，當
來同證菩提妙果。
文殊師利童真菩薩五字心真言：
阿上羅跛左囊
文殊師利威德法寳藏心陀羅尼
唵引阿味囉吽引佉左㗚
對此像前隨分供養，真心一境，專
注課持回施，有情同歸常樂。
七佛祖師大聖尊文殊菩薩垂滑念
尋聲救苦觀世音大悲聖者垂滑念
念佛三昧誘群迷勢至菩薩垂滑念
□説波羅蜜等法無盡意尊垂滑念願生極樂國
南無一生補處大慈尊寶積菩薩垂滑念我今稽首禮
普現色身酷刑深藥王菩薩垂滑念上是禮臺中
味塵圓通契本心藥上菩薩垂滑念
慈心三昧救迷津彌勒菩薩垂滑念
稽首彌陀慈悲父還會聖血水垂滑念
三寳彌陀海會衆□我求生净土願生極樂國
南無聖者何當夢授手得遂義贊歎我今稽首禮
方五量觀音勢至□加護上壽□□
南無西觀音勢至海會衆得相逢
願我臨終
壽如來八大菩薩海會衆生□□
彌陀應正等覺願與捨生速奉慈悲
南無大慈悲正何與童蒙速奉慈顔
如來所居净土捨命已必生其中
【後缺】

（六）俄 ДХ3143《佛在鹿野苑説法圖》[1]

【題解】

西夏刻本。潢麻紙，細。高 14.8 釐米，寬 8.2 釐米。天頭 2.4 釐米，雙框。榜題：佛在波羅奈國鹿野苑中，爲嶠陳如等五比丘轉正，法輪命善來殺受具戒處。左側僅盛夏不完整的頸部與上身。

佛在波羅奈國鹿野苑中
爲嶠陳如等五比丘轉正
法輪命善來殺受具戒處。

二、其他及未定名佛經

（一）俄 TK272《佛書殘片》[2]

【題解】

宋寫本，未染麻紙。高 5.5 釐米，寬 14 釐米。天頭 0.8 釐米。共 8 行，行存 3 字。上單邊，楷，墨色濃匀。中下部被裁去。

【前缺】
妄想之□□□□□
□一毒□□□□□
精進軍□□□□□
之賊臣□□□□□
惡之門□□□□□
之路逡□□□□□
部領塵□□□□□
觀色聲□□□□□
【後缺】

---

① 《俄藏黑水城文獻》第六册，第 161 頁。
② 《俄藏黑水城文獻》第四册，第 364 頁。

（二）俄 TK275V《佛經》[1]

【前缺】
說不可說佛
不可說佛刹微
說佛刹微塵
【後缺】

（三）俄 TK283V《佛經等》[2]

□□塵□□官業□□□大王
謹請不受四□業□也□菩薩
不單初勞遠來攝護□有精□
□□有天魔外道不得下八□
□□□阿梨樹枝南葉□□□
□□□□謹請時先用前□□

（四）俄 TK310BV《佛經》[3]

【題解】

西夏寫本，原卷軸裝，改爲經折裝。未染麻紙。高 24.8 釐米，寬 24.1 釐米。卷心高 19.1 釐米，天頭 3.4 釐米，地脚 2.2 釐米。共 15 行半，行 17 字。上下單邊，楷書，墨色濃。據蘇州戒幢佛學研究所宗舜研究，漢文佛經出《正法念處經露天品之二十二》。

【前缺】
慢爲妨。
如是人中少
況天中此則是慢。
彼天愛聲觸味香色。念念之中增長傲慢。傲
慢行故。命則稍減。不覺命行。不知命盡。不知

① 《俄藏黑水城文獻》第四册，第 366 頁。
② 《俄藏黑水城文獻》第四册，第 372 頁。
③ 《俄藏黑水城文獻》第五册，第 10 頁。筆者認爲該經爲《正法念處經卷第四十三觀天品第六之二十二夜摩天之八》。

行盡。不知善業若不善業。彼一切時。常恒如
是。乃至命盡。驚慢不止。次第乃至善愛業盡。
業盡則退。臨至退時。爾乃覺知。起如是心。境
界誑我。令我生染。如是慢誑。身壞命終。墮於
惡道。生在地獄餓鬼畜生。如是驚慢。妨世間
道。
又復天衆。以驚慢故。妨出世道。彼一切天。愛
善業故。以正法故。於此天處夜摩中生。以天
慢行。不知自業。不近其餘。少慢行者。不近一
切不慢行天。不樂見佛及法衆僧。於正法中。
【後缺】

（五）俄 A32.6《延壽真言》[①]

佛説壽生經，延壽真言
天羅咒，地羅咒，日月黄羅咒，
一切冤家利我身，磨河般若
波羅蜜。一解冤經，二延
壽真言，三滅五逆之罪。誦此
經免地獄之罪，使得生天不
虚矣。十二相屬子生相。

（六）俄 B63《端供二年王西天取菩薩戒記》[②]

【題解】

宋寫本，未染麻紙，粗，厚。高 26.7 釐米，寬 10 釐米。共 5 行，行 24 字，上粗邊，楷書，墨色有濃淡。有校補字。

端供二年歲次已醜八月十八日，其漢大師智堅往西天，去馬都料
賽亭壯宿一夜，其廿日發去，其大師智堅俗姓董，其漢宋田人
是也，年可卅四歲。其緣從大師二人，其法違大師，俗姓張
其朔方人是也，年可三十七歲，其法詮大師，俗姓陽，年可廿八歲，朔方人是
也。端供二年歲次已醜八月十九日往西天取菩薩戒僧智堅記。

---

① 《俄藏黑水城文獻》第五册，第 330 頁。
② 《俄藏黑水城文獻》第六册，第 65 頁。

（七）俄 B64.1《集輪法事》[①]

【題解】

西夏寫本，卷軸裝，白麻紙，高 22.8 釐米，寬 195 釐米。共 5 紙，紙幅 54 釐米。每紙 29 行，行 21 字。紙折行。楷書。墨色不勻。（1）集輪法師，存 11 行，行 21 字，有校補字。（2）金剛乘八不共犯墮。存 83 行，行 21 字。有校補校改字。

飲
□□都護□□放諸處□□□□□□□
□是放本佛□□□作願標受□□依放□□
儀□標受□□變落爲成甘露，放在光□□彼
求願標入食中□食作無二自性作五供養，六想
十大五輪佛□共標受，七作内外幔拏羅，已標入自
身，復吽字放光□□□出却入右邊勇從右鼻内
次第輾轉入出，若勇母遍却從左入吽字，中師復左手
無名指指弟子頂，旋標受二十四位，次第皆遍。八者
其放衆坐食已作内燒壇受用飲食。九者將餘殘飲
食，其在一盤，師資同放衆生食。上乘集輪法事已竟。

① 《俄藏黑水城文獻》第六册，第 66 頁。

參考文獻

《〈俄藏黑水城文獻〉漢文佛教文獻擬題考辨》
《〈俄藏黑水城文獻〉之漢文佛教文獻續考》
《〈佛説阿彌陀經〉的西夏譯本》
《□壽定儀》
《□修觀行儀軌一卷》
《□修行儀軌一卷》
《阿差末經》
《阿彌陀經》
《阿惟越致遮經》
《八種粗重犯墮》
《般若波羅蜜多心經》
《般若長安品抄》
《般若燈論釋觀聖諦品第二十四》
《般若多心經》
《般若無盡藏真言》
《般若心經》
《般舟三昧經》
《寶集偈》
《寶女所問經》
《寶星陀羅尼經》
《寶雨經》
《寶雲經》
《悲花經》
《本尊禪定》
《補闕真言》
《不空絹索神變真言經》

《大乘秘密起發》
《大乘密嚴經》
《大乘起信論》
《大乘起信論立義分》
《大乘入藏録》
《大乘入藏録卷上》
《大乘入楞伽經》
《大法鼓經》
《大法炬陀羅尼經》
《大方便佛報恩經》
《大方等大集經》
《大方等大集菩薩念佛三昧經》
《大方等大集日藏經》
《大方等大雲無想經》
《大方等陀羅尼經》
《大方廣寶篋經》
《大方廣佛花嚴經》
《大方廣佛花嚴經梵行品》
《大方廣佛花嚴經卷第四十》
《大方廣佛華嚴經》
《大方廣佛華嚴經梵行品》
《大方廣佛華嚴經梵行品第十六》
《大方廣佛華嚴經入不思議解脱境界普賢行願品》
《大方廣佛華嚴經世界品第五之二》
《大方廣佛三戒經》
《大方廣花嚴經》
《大方廣花嚴經卷第四十》
《大方廣華嚴經》
《大方廣華嚴經梵行品》
《大方廣華嚴經梵行品第十六》
《大方廣華嚴經華藏世界品第五之二》
《大方廣十輪經》
《大方廣園覺修多羅了義經略疏》
《大方廣園覺修多羅了義經略疏卷上二》
《大方廣圓覺修多羅了義經》
《大方廣圓覺修多羅了義經略疏卷上二》
《大佛頂白傘蓋心經》
《大佛頂白傘蓋心咒》

《俄藏〈大乘入藏録卷上〉研究》
《俄藏〈景德傳燈録〉非敦煌寫本辨》
《俄藏敦煌文獻》
《俄藏黑城出土寫本〈景德傳燈録〉年代考》
《俄藏黑水城宋慈覺禪師〈勸化集〉研究》
《俄藏黑水城文獻》
《俄藏黑水城文獻〈慈覺禪師勸化集〉考》
《二十夜摩天》
《發菩提心要略法門》
《發願文》
《法華經》
《法集經》
《妙法蓮華經藥王菩薩本事品第二十三》
《法門名義集》
《梵行品》
《方廣大莊嚴經》
《放光般若波羅蜜經》
《分門記》
《佛頂放無垢光一切如來心陀羅尼經》
《佛頂心觀世音菩薩大陀羅尼經》
《佛頂心觀世音菩薩大陀羅尼經卷上》
《佛頂心觀世音菩薩救難神驗經卷下》
《佛頂尊勝陀羅尼經》
《佛國圜悟禪師碧巖録卷第一》
《佛果圜悟禪師碧巖録》
《佛教世俗化與宋代職業倫理建構——以俄藏黑水城文獻〈慈覺禪師勸化集〉爲中心》
《佛經科文》
《佛經論釋》
《佛經釋論》
《佛名經》
《佛母大孔雀明王經卷上》
《佛母大孔雀明王經卷下》
《佛説阿彌陀經》
《佛説般若波羅蜜多心經》
《佛説報父母恩重經》
《佛説長阿含經第四分世紀阿須倫品第六》
《佛説長阿含經護法神主版畫》

《佛説大乘三歸依經》
《佛説大乘聖無量壽决定光明王如來陀羅尼經一卷》
《佛説大乘聖無量壽决定光明王陀羅尼經一卷》
《佛説大乘無量壽决定光明王如來陀羅尼經》
《佛説佛名經》
《佛説佛母般若波羅蜜多大明觀想儀軌》
《佛説佛母出生三法藏般若波羅蜜多經》
《佛説父母恩重經》
《佛説高王觀世音經》
《佛説觀彌勒菩薩上生兜率天經殘字》
《佛説觀世音經》
《佛説護净經一卷》
《佛説金輪佛頂大威德熾盛光如來陀羅尼經》
《佛説菩薩本行經》
《佛説普遍光明焰鬘清净熾盛思惟如意寶印心無能勝總持大明王大隨求陀羅尼經》
《佛説三十五佛名經》
《佛説聖大乘三皈依經》
《佛説聖大乘三歸依經》
《佛説聖佛母般若波羅蜜多心經》
《佛説聖母般若波羅蜜心經》
《佛説聖母般若波羅蜜心經》
《佛説壽生經》
《佛説天地八陽神咒經》
《佛説無常經》
《佛説延命經》
《佛説延壽命經》
《佛説業報差别經》
《佛説竺蘭陀心文經》
《佛説轉女身經》
《佛説轉女身經一卷》
《佛眼母儀軌》
《佛在鹿野苑説法圖》
《父母恩重經》
《甘露中流中有身要門》
《高王觀世音經》
《功德山陀羅尼》
《供養偈》
《供養陀羅尼》

《觀察諸法行經》
《觀佛三昧海經》
《觀彌勒菩薩上生兜率天經》
《觀天品》
《觀天品之二十二（夜摩天之八）》
《觀無量壽經甘露疏科文》
《觀音經》
《觀自在菩薩六字大明心咒》
《光定八年請尊者疏》
《光贊般若經》
《廣博嚴净經》
《廣大寶樓閣善住經》
《廣大發願頌》
《皈依偈》
《海龍王經》
《行願經》
《行願經變相》
《合部金光明經》
《黑色天母求修次第儀》
《黑水城出土藏傳佛教實修文書〈慈烏大黑要門〉初探》
《黑水城文獻的考證與還原》
《弘道廣顯三昧經》
《後譯荼毗分經》
《護法神版畫》
《護國三寶偈》
《花手經》
《華嚴感通靈傳記》
《華嚴經普賢行願品》
《火吽軌別録》
《吉祥金剛手燒壇儀》
《集輪法事》
《集一切福德三昧經》
《偈語》
《夾頌心經》
《夾頌心經一卷》
《建立曼荼羅護摩儀軌》
《建立曼荼羅及揀擇地法》
《建置曼拏羅真言》

《不退轉法輪經》
《禪定施食并神咒》
《禪宗文獻》
《懺悔文》
《倀真陀羅尼經》
《長阿含經第一分典尊經第三》
《長阿含經卷第二十等》
《長阿含經卷第二十雜寫》
《長房録》
《常阿含經第一部分典尊經第三》
《常阿含經第一分典尊經第三》
《常所作儀軌八種不共》
《稱揚諸佛功德經》
《乘起信論立義分》
《持人菩薩經》
《持世菩薩經》
《持誦聖佛母般若多心經要門》
《持心梵天經》
《初分難信解品第三十四之十一》
《除毒咒召請咒執火咒施食咒》
《慈覺禪師勸化集》
《慈覺禪師生平補考》
《慈烏大黑要門》
《慈烏大黑要門》
《大哀經》
《大般泥洹經》
《大般涅盤經》
《大般若波羅蜜多經》
《大般若波羅蜜多經卷第一百九十二》
《大般若波羅蜜多經卷第一百三十八題簽》
《大般若波羅蜜多經卷一百卅八題簽》
《大寶積經》
《大悲分陀利經》
《大悲經》
《大悲心陀羅尼啓請》
《大藏經》
《大乘百法明門論》
《大乘大集地藏十輪經》

《大乘秘密起發》
《大乘密嚴經》
《大乘起信論》
《大乘起信論立義分》
《大乘入藏録》
《大乘入藏録卷上》
《大乘入楞伽經》
《大法鼓經》
《大法炬陀羅尼經》
《大方便佛報恩經》
《大方等大集經》
《大方等大集菩薩念佛三昧經》
《大方等大集日藏經》
《大方等大雲無想經》
《大方等陀羅尼經》
《大方廣寶篋經》
《大方廣佛花嚴經》
《大方廣佛花嚴經梵行品》
《大方廣佛花嚴經卷第四十》
《大方廣佛華嚴經》
《大方廣佛華嚴經梵行品》
《大方廣佛華嚴經梵行品第十六》
《大方廣佛華嚴經入不思議解脱境界普賢行願品》
《大方廣佛華嚴經世界品第五之二》
《大方廣佛三戒經》
《大方廣花嚴經》
《大方廣花嚴經卷第四十》
《大方廣華嚴經》
《大方廣華嚴經梵行品》
《大方廣華嚴經梵行品第十六》
《大方廣華嚴經華藏世界品第五之二》
《大方廣十輪經》
《大方廣圜覺修多羅了義經略疏》
《大方廣圜覺修多羅了義經略疏卷上二》
《大方廣圓覺修多羅了義經》
《大方廣圓覺修多羅了義經略疏卷上二》
《大方廣圓覺修多羅了義經略疏卷上之二》
《大佛頂白傘蓋心經》

《大佛頂白傘蓋心咒》
《大佛頂如來密因修證了義諸菩薩萬行首楞嚴經卷第十》
《大佛頂萬行首將嚴經》
《大佛名經》
《大灌頂經》
《大黑根本命咒：西夏大黑天信仰的一個側面》
《大黑根本命咒》
《大黑求修并作法》
《大黑贊》
《大花嚴經/九會聖衆》
《大吉義經》
《大集編□□□聲頌一本》
《大集大虛空藏菩薩所問經》
《大集譬喻經》
《大集賢護經》
《大集月藏經》
《大孔雀王咒經》
《大明度經》
《大毗盧舍那成佛神變加持經蓮華胎藏悲生曼荼羅廣大成就儀軌》
《大毗盧遮那經》
《大薩遮尼乾子經》
《大聖文殊師利菩薩像供養文》
《大樹緊那羅經》
《大隨求陀羅尼》
《大威德熾盛光消灾吉祥陀羅尼》
《大威德陀羅尼經》
《大獻樂啓請并真言》
《大須彌藏經》
《大正藏》
《大正新修大正藏》
《道行般若經》
《道神足變化經》
《等集衆德三昧經》
《等目菩薩經》
《度世品經》
《端供二年王西天取菩薩戒記》
《敦煌寶藏》
《多罔天陀羅尼儀軌》

《佛説般若波羅蜜多心經》
《佛説報父母恩重經》
《佛説長阿含經第四分世紀阿須倫品第六》
《佛説長阿含經護法神主版畫》
《佛説大乘三歸依經》
《佛説大乘聖無量壽决定光明王如來陀羅尼經一卷》
《佛説大乘聖無量壽决定光明王陀羅尼經一卷》
《佛説大乘無量壽决定光明王如來陀羅尼經》
《佛説佛名經》
《佛説佛名經等》
《佛説佛母般若波羅蜜多大明觀想儀軌》
《佛説佛母出生三法藏般若波羅蜜多經》
《佛説父母恩重經》
《佛説高王觀世音經》
《佛説觀彌勒菩薩上生兜率天經殘字》
《佛説觀世音經》
《佛説護凈經一卷》
《佛説金輪佛頂大威德熾盛光如來陀羅尼經》
《佛説菩薩本行經》
《佛説普遍光明焰鬘清凈熾盛思惟如意寶印心無能勝總持大明王大隨求陀羅尼經》
《佛説三十五佛名經》
《佛説聖大乘三皈依經》
《佛説聖大乘三歸依經》
《佛説聖佛母般若波羅蜜多心經》
《佛説聖母般若波羅蜜心經》
《佛説壽生經》
《佛説天地八陽神咒經》
《佛説無常經》
《佛説延命經》
《佛説延壽命經》
《佛説業報差別經》
《佛説竺蘭陀心文經》
《佛説竺蘭陀心文經》
《佛説轉女身經》
《佛説轉女身經一卷》
《佛眼母儀軌》
《佛在鹿野苑説法圖》
《父母恩重經》

《偈語》
《夾頌心經》
《夾頌心經一卷》
《建立曼荼羅護摩儀軌》
《建立曼荼羅及揀擇地法》
《建置曼拏羅真言》
《建置曼拏羅真言集》
《漸備一切智德經》
《解深安經》
《解釋詞義》
《金剛般若波羅蜜經》
《金剛般若波羅蜜經等》
《金剛般若波羅蜜經施印題記》
《金剛般若經》
《金剛般若經抄第五》
《金剛乘八不共犯墮》
《金剛頂瑜伽中略念誦法》
《金剛亥母禪定》
《金剛亥母集輪供養次第録》
《金剛亥母略施食儀》
《金剛亥母修習儀》
《金剛亥母自標授要門》
《金剛劑門》
《金剛經》
《金剛經等》
《金剛經啓請》
《金剛啓請》
《金剛三昧經》
《金剛修習母標授瓶儀等》
《金剛修習母究竟儀》
《金光明最勝王經》
《金光明最勝王經善生品第二十一》
《金光明最勝王經善生王品》
《金光明最勝王經喜生王品第二十一》
《景德傳燈録》
《景德傳燈録卷第十一》
《净除一切業障如來陀羅尼咒》
《究竟一乘圓通心要等雜抄》

《妙法蓮華經方便品第二偈語》
《妙法蓮華經分别功德品第十七》
《妙法蓮華經觀世音菩薩普門品第二十五》
《妙法蓮華經觀世音普門品第二十五》
《妙法蓮華經觀世音普門菩薩品第二十五》
《妙法蓮華經卷第二》
《妙法蓮華經卷第六》
《妙法蓮華經卷第七》
《妙法蓮華經卷第三》
《妙法蓮華經卷第四》
《妙法蓮華經卷第五》
《妙法蓮華經卷第一》
《妙法蓮華經普賢菩薩勸發願品第二十八》
《妙法蓮華經授學無學人記品第九》
《妙法蓮華經提婆達多品第十二》
《妙法蓮華經信解品第四》
《妙法蓮華經藥王菩薩本事品第二十三》
《鳴沙集》
《命友吟》
《摩訶般若波羅密經》
《摩訶般若波羅蜜多心經注》
《摩訶摩耶經》
《摩訶僧祇律卷第十五題簽》
《牟梨曼陀羅尼經》
《念一切如來百字懺悔劑門儀軌》
《菩薩本行經》
《菩薩處胎經》
《菩薩行方便挽界經》
《菩薩念佛三昧經》
《菩薩問明品第十》
《菩薩瓔珞經》
《普遍光明清净熾盛如意寶印心無能勝大明王大隨求陀羅尼經卷上》
《普超三昧經》
《普賢行願經》
《普賢行願品》
《普曜經》
《七佛供養儀》
《七佛所説神咒經》

《千手千眼觀世音菩薩廣大圓满無障礙大悲心陀羅尼》
《千手千眼觀音菩薩陀羅尼》
《請八金剛》
《請忍偈》
《親集耳傳觀音供養贊歎》
《親誦儀》
《求佛眼母儀軌》
《求佛眼目儀軌》
《勸化集》
《仁王護國般若波羅蜜多經》
《仁王護國般若波羅蜜多經·奉持品第七》
《仁王護國般若波羅蜜多經奉持品第七》
《仁王護國般若波羅蜜多經卷上》
《仁王護國般若經》
《仁王經》
《如幻三昧經》
《如來興顯經》
《入楞伽經》
《三寶等問答》
《三寶三尊四菩薩贊歎》
《三皈依》
《三劫佛名經》
《色財名志詞》
《僧伽吒經》
《僧佑録》
《沙門恒濶啓》
《善生王品第二十一》
《善思童子經》
《捨身要門》
《捨壽要門》
《深蜜解脱經》
《神仙方論》
《圣六字太明王心咒》
《勝思惟梵天所問經》
《勝天王般若經》
《勝相頂尊總持功能依經録》
《聖大乘勝意菩薩經》
《聖佛母般若波羅蜜多心經》

《聖觀自在大悲心總持功能依經録》
《聖觀自在菩薩大悲心陀羅尼經》
《聖六字大明王心咒》
《聖六字增壽大明陀羅尼經》
《聖妙吉祥真實名經》
《聖善住意天子經》
《聖者大悲觀自在妙集功德陀羅尼》
《施印題記》
《十住斷經》
《十住經》
《十子歌》
《十子歌等》
《釋迦贊》
《釋摩訶衍論》
《釋摩訶衍論卷第八》
《釋摩訶衍論卷第八科文》
《釋摩訶衍論卷第二》
《釋摩訶衍論卷第三》
《釋摩訶衍論卷第五》
《釋摩訶衍論贊玄疏》
《首楞嚴三昧經》
《受生經》
《説性空之法》
《思益梵天所問經》
《四分律行事集要顯用記》
《四分律行事集要顯用記卷第四》
《四分律七佛略説戒偈》
《四菩薩》
《四十八願阿彌陀佛供養文》
《四十八願阿彌陀佛像供養文》
《四童子經》
《四字空行母記文卷上》
《宋僧慈覺宗賾新研》
《蘇悉地羯羅經》
《胎藏抄》
《太子出家歌辭》
《唐梵般若心經》
《添品法花經》

《添品妙法蓮花經》
《鐵發亥頭欲護神求修序等》
《通理大師立志銘性解脱三制律》
《陀羅尼》
《陀羅尼等》
《陀羅尼集》
《陀羅尼集經》
《卍續藏經》
《亡牛偈》
《王相應品説本經第九》
《往生極樂偈》
《往生净土偈》
《微妙比丘尼品第十六》
《維摩潔所説經》
《未曾有因緣經》
《文殊禪定》
《文殊菩薩修行儀軌》
《文殊智禪定》
《無動如來陀羅尼》
《無垢稱經》
《無盡意經》
《無量壽如來觀行供養儀軌》
《無量壽如來念誦修觀行儀軌一卷》
《無上依經》
《無上圜宗性海解脱三制律》
《無上圓宗性海解脱三制律》
《無所有經》
《無言童子經》
《五方禮一本》
《五佛頂經》
《五更轉頌》
《五千五百佛名經》
《西方净土禮》
《西夏“秦晋王”考論》
《西夏寶源譯〈圣觀自在大悲心總持動能依經録〉考》
《西夏寶源譯〈勝相頂尊總持功能依經録〉考略》
《西夏寶源譯〈聖觀自在大悲心總持動能依經録〉考》
《西夏佛教史略》

《西夏佛教新探》
《西夏譯本〈持誦聖佛母般若多心經要門〉述略》
《西夏印度佛教關係考》
《惜財者偈》
《熙寧藏》
《賢劫定意經》
《賢愚經》
《賢愚經設頭羅健寧品丹本爲二十一》
《顯密十二因緣慶贊中圍法事儀軌》
《顯密圓通成佛心要集卷上》
《小品般若經》
《小西方贊》
《新集藏經音義隨函録》
《新譯大方廣佛花嚴經》
《信力人印經》
《修青衣金剛手法事》
《修習般若波羅蜜菩薩行念誦儀軌》
《須天真人天子經》
《延壽真言》
《演朝禮一本》
《央掘魔羅經》
《一切如來心陀羅尼》
《疑似部》
《陰鷙吉凶兆》
《寅朝禮》
《瑜伽部》
《瑜伽集要焰口施食儀》
《瑜伽師地論》
《瑜伽師地論三十二》
《禦制後序發願文》
《圓融懺悔法門》
《願文等》
《月燈三昧經》
《樂瓔珞莊嚴方便品經》
《雲何梵》
《雜阿含經卷第三十四簽》
《雜阿含經卷第三十四題簽》
《贊佛稱贊慈尊》